군무원 정보직 9급/7급

이동훈 **정보사회론**

이기론 문제집

이(理) 기본 이(理)론
기(技) 전략 기(技)술
론(論) 최신 논(論)문

H 하이클래스군무원

H 하이클래스군무원

이동훈 정보사회론
이기론 문제집

4판 1쇄   2025년 3월 10일

편저자_ 이동훈
발행인_ 원석주
발행처_ 하이앤북
주소_ 서울시 영등포구 영등포로 347 베스트타워 11층
고객센터_ 02-6332-6700
팩스_ 02-841-6897
출판등록_ 2018년 4월 30일 제2018-000066호
홈페이지_ army.daebanggosi.com

ISBN_ 979-11-6533-548-9

정가_ 43,000원

이동훈 정보사회론 문제집의 도서명을 「이동훈 정보사회론 이기론(理技論) 문제집」이라고 정한 이유는 기본 이(理)론은 물론 4차 산업혁명의 전략 기(技)술 그리고 최신 논(論)문들을 망라한 문제집이라는 의미이다. 한자는 다르지만 원래 이기론(理氣論)은 이(理)와 기(氣)의 원리를 통해 자연·인간·사회의 존재와 운동을 설명하는 성리학의 이론체계를 일컫는 말이다. 「이동훈 정보사회론 이기론(理技論) 문제집」도 이기론(理氣論)처럼 기본 이론, 전략 기술, 최신 논문을 바탕으로 정보사회론 시험에 출제되는 문제들의 존재 이유와 본질을 꿰뚫고 출제원리를 밝힐 수 있는 문제집을 목표로 하고 있음을 분명히 한 것이다. 「이동훈 정보사회론 이기론(理技論) 문제집」을 출간하면서 가졌던 목표는 행정법이나 행정학처럼 정보사회론 시험을 커버할 수 있는 진정한 문제집을 만들어 보자는 것이었다. 2019년 이후 정보사회론 시험에서 기존의 문제집으로 대비할 수 있는 문제가 3~4개밖에 되지 않는 현실을 고려한 것이다. 만족할만한 수준에 도달했다고 할 수는 없지만 어느 정도의 성과는 있었다고 자부한다. 「이동훈 정보사회론 이기론(理技論) 문제집」에는 「이동훈 정보사회론 이기론(理技論) 기본서」가 그대로 녹아 있다고 해도 과언이 아니다. 해설을 쓰면서 「이동훈 정보사회론 이기론(理技論) 기본서」가 얼마나 잘 쓰여진 책인지 저자 스스로도 놀라지 않을 수 없었다. 「이동훈 정보사회론 이기론(理技論) 기본서」의 문장이 그대로 핵심정리나 문제의 해설로 쓰이고 문제의 발문이나 선지로 사용되고 있었기 때문이다. 「이동훈 정보사회론 이기론(理技論) 문제집」의 핵심정리와 해설을 반복해서 읽고 다시 「이동훈 정보사회론 이기론(理技論) 기본서」를 읽어 보면 기본서의 내용들이 관련 문제들과 함께 생생하게 되살아날 것이다. 어느 정도 기본 이론이 정리된 수험생이라면 강의 없이 「이동훈 정보사회론 이기론(理技論) 문제집」의 핵심정리와 해설을 읽는 것만으로도 정보사회론 고득점이 가능할 것이다.

본 교재의 특징 및 장점

1. 최신 출제 경향을 완벽하게 반영한 유일한 문제집

「이동훈 정보사회론 이기론(理技論) 문제집」에는 필자가 필자의 제자들과 정성스럽게 복원한 최신 기출 문제는 물론 정보사회론을 강의하면서 수년 간 심혈을 기울여 만들어 놓은 문제들 중에서도 출제 가능성이 높은 문제들을 엄선하여 수록하였다. 시중의 정보사회론 문제집들이 기출 문제라는 미명하에 더 이상 출제될 가능성이 없는 20년 전 문제들을 수록하고 있는 것과 차이가 있다. 상황이 이러하기 때문에 기존의 문제집으로는 정보사회론 시험을 대비할 수 없었던 것이다. 정보사회론 시험에 실제로 출제될 가능성이 있는 문제들을 엄선하여 수록한 기본서는 「이동훈 정보사회론 이기론(理技論) 문제집」이 유일하다.

2. 출제 가능성이 있는 모든 주제들을 완벽하게 정리할 수 있는 문제집

「이동훈 정보사회론 이기론(理技論) 문제집」에는 출제 가능성 있는 모든 주제들이 빠짐없이 정리되어 있다. 정보사회론 문제가 아무리 어렵게 출제되더라도 완벽히 대비할 수 있는 유일한 문제집이라는 말이다. 시험에 출제될 가능성 있는 문제들을 모두 수록하였다.

3. 정확하고 상세하게 해설한 유일한 문제집

「이동훈 정보사회론 이기론(理技論) 문제집」은 제대로 된 해설을 담고 있는 유일한 문제집이라고 자부할 수 있다. 저자가 문제집을 집필할 때 해설을 지나칠 정도로 길고 자세하게 한 이유는 그 주제에 대해서 나올 수 있는 건 전부 다루기 위함이다. 길고 자세한 해설을 반복해서 본 후에 시험장에 가면 모르는 문제도 맞힐 수 있다.

4. 잘 읽히는 문제집

「이동훈 정보사회론 이기론(理技論) 문제집」은 출제 가능한 주제들을 무리하게 단원별로 묶는 대신 단원에 상관없이 테마별로 정리하여 관련 테마들을 한 번에 정리할 수 있도록 하였다. 조금 구체적으로 보면 중요 이론이나 개념들의 핵심을 정리하여 시험에 출제될 가능성이 높은 이론이나 개념을 한 눈에 파악할 수 있도록 하였다. 문제를 이렇게 분류해 놓으면 반복되는 해설을 건너뛰면서 읽을 수 있다. 또한 문제 밑에 바로 해설을 붙여서 그 문제의 중요성을 한 눈에 파악할 수 있도록 하였다. 답을 쉽게 찾을 수 있는 문제라도 엄청난 분량의 해설이 달려 있으면 해설을 주의 깊게 읽어야 한다. 수험생이 볼 때 중요한 문제와 강사가 볼 때 중요한 문제는 다를 수 있다. 「이동훈 정보사회론 이기론(理技論) 문제집」의 최대 장점은 해설을 읽으면 마치 강의를 듣고 있는 느낌이 들어서 해설이 정말로 잘 읽힌다는 것이다.

5. 「이동훈 정보사회론 이기론(理技論) 기본서」와의 높은 연계성을 가진 문제집

「이동훈 정보사회론 이기론(理技論) 문제집」에는 「이동훈 정보사회론 이기론(理技論) 기본서」가 그대로 녹아 있어서 문제집으로 공부할 때 일일이 기본서를 찾을 필요가 없을 뿐 아니라 문제집만 보다가 기본서를 봐도 관련 문제들을 다 떠 올릴 수 있다. 「이동훈 정보사회론 이기론(理技論) 문제집」을 2~3회독 하면서 기본서의 내용을 보다 명확하고 풍부하게 이해한 후에 다시 기본서로 정리하면 시험이 어떻게 출제된다고 해도 완벽하게 대비할 수 있다.

6. 주요 이론이나 개념들이 색인으로 정리되어 있는 유일한 문제집

「이동훈 정보사회론 이기론(理技論) 문제집」에는 시험에 자주 출제되는 중요한 개념들을 한 곳에 모아 색인으로 정리하였다. 정보사회론 문제집 중에서 색인이 있는 문제집도 「이동훈 정보사회론 이기론(理技論) 문제집」이 유일하다.

감사의 말

책을 출간함에 있어 이루 열거할 수 없을 만큼 많은 분들이 조언과 도움을 주셨다. 이 자리를 빌려 진심으로 감사를 드린다. 특히 한국교육학술정보원의 최윤정 선임 연구원이 바쁜 일정 속에서도 꼼꼼하게 교정을 보아 준 것은 정말 큰 힘이 되었다. 최윤정 선임 연구원은 필자의 아내이다. 그럼 에도 불구하고 남은 오류는 전적으로 필자의 몫이다. 책의 구성 단계부터 출간에 이르기까지 필요 한 모든 일을 맡아 필자의 기대 이상으로 좋은 책을 만들어 준 하이앤북 편집팀과, 언제나 변함없 는 마음으로 지원과 독려를 아끼지 않는 하이클래스군무원 원석주 대표님께 큰 감사의 인사를 드 린다.

이 동 훈

▎ 군무원이란?

군무원은 군에서 일하는 비전투 공무원입니다.
군이라는 조직에서 근무할 뿐 대우는 공무원과 같거나 거의 유사합니다.
급여는 공무원 봉급표를 기준으로 하며 호봉이 올라갈수록 연봉도 계속 늘어납니다.
이러한 이유로 군무원의 인기는 계속 높아지고 있습니다.

일반 공무원과 동일한 대우! 동일한 혜택과 복지!
☞ 공무원 봉급표 기준, 호봉에 따른 연봉 상승, 60세까지 근무 시 평생 연금 지급
☞ 공무원 복지+군인 혜택

일반적으로 공무원에 비해 경쟁률이 낮고 문제의 난이도가 쉬운 편이어서
최근 가장 관심이 몰리는 분야이기도 합니다.
군무원은 영어, 한국사 시험은 공인성적으로 대체하고 9급의 경우 총 3과목(국어+직렬2과목)만
시험을 치르기 때문에 일반 공무원에 비하여 투자시간도 적은 편입니다.

적은 과목! 쉬운 시험! 일반 공무원과 병행 가능!
☞ 영어, 한국사의 부담 없이 단 3과목 응시
☞ 행정법, 행정학 등 군무원 행정직은 9급 행정직과 비슷한 시험과목

또한 군대라는 특성상 남성이 많이 지원할 것이라는 편견과는 달리 군무원을 준비하는 여성도
많고 실제로 성별구분 없이 인재중심으로 채용하고 있습니다.

누구나 응시 가능한 폭넓은 기회!
☞ 성별구분 없는 동등한 인재채용
☞ 행정직, 군수직은 면허, 자격 등의 조건 없이 응시 가능

군무원의 오해와 진실

오해? 선천적으로 체력이 약한데, 군무원 시험을 통과할 수 있을까요?

진실!! 군무원은 군인이 아닙니다. 장교, 부사관처럼 체력검정시험을 보지 않습니다. 체력이 약하다는 이유로 떨어지진 않지만 면접 시 소극적인 태도나 힘없는 말투는 감점요인이 될 수 있으니 주의하세요.

오해? 전투 훈련에 참여하고 체력적으로 힘든 일이 많은가요?

진실!! 무기를 직접 다루는 훈련에 군무원 참여하지는 않지만 훈련이나 전시에 직렬에 맞는 지원이나 행정 업무를 수행할 수 있습니다. 군무원은 규모가 큰 상급부대에 근무하기 때문에 직접적인 전투훈련보다는 행정 및 지원업무가 우선입니다.

오해? 군대라는 특성상 채용 시 남성을 선호하는 것 아닌가요?

진실!! 성별 구분 없이 인재중심의 채용이 이루어집니다. 최근에는 군무원에 관심을 가지고 실제로 준비하는 여성의 비율도 상당히 높아지고 있습니다. 군대는 이미 금녀의 구역이 아닙니다.

오해? 군복을 입고 근무하나요?

진실!! 단정한 사복 착용이 원칙이며 군복을 지급하지 않습니다. 직렬에 따라 작업복을 착용할 수는 있습니다.

오해? 전방이나 산속 같은 오지에서 근무하나요?

진실!! 군부대의 특성상 도심에서 떨어진 곳에서 근무하게 될 수도 있습니다. 또한 순환근무를 하므로 근무지가 계속 변경될 수 있습니다. 근무예정지는 채용공고에 함께 공지되므로 이 부분을 꼭 확인하세요.

1. 주관/시행

국방부	육군	해군	공군
국방부 정책과	인사사령부	인사참모부	인사참모부

2. 응시자격

8급 이하 18세 이상, 7급 이상 20세 이상 응시가능

3. 응시요강

(1) 시험과목

① 계급별 시험과목

9급	7급
국어, 국가정보학, 정보사회론	국어, 국가정보학, 정보사회론, 심리학

② 한국사능력검정시험 성적 필요

9급	7급
4급 이상	3급 이상

③ 영어공인인증시험 성적 필요

시험 종류	9급 응시	7급 응시
지텔프(G-TELP)	Level 2 (32점 이상)	Level 2 (47점 이상)
토익(TOEIC)	470점 이상	570점 이상
토플(TOEFL)	PBT 440점 이상 CBT 123점 이상 IBT 41점 이상	PBT 480점 이상 CBT 157점 이상 IBT 54점 이상
펠트(PELT)	PELT main 171점 이상	PELT main 224점 이상
탭스(TEPS)	400점 이상	500점 이상
플렉스(FLEX)	400점 이상	500점 이상

(2) 시험전형

		1차	2차
필기시험	유형	객관식 4지선다	면접 시험
	문항수	과목당 25문항	
	시험 시간	과목당 25분(9급 75분, 7급 100분)	

4. 선발인원

매년 필요한 인원만큼 상대평가 방식으로 선발(필기합격자: 선발예정인원의 130% 범위 내로 선발)

5. 합격 후 근무처

국방부 직할부대(정보사, 기무사, 국통사, 의무사 등), 육군 · 해군 · 공군본부 및 예하부대

Contents
차례

Theme 01 기록과 기록관리의 원칙 ------------ 14

Theme 02 전자기록 -------------------------- 18

Theme 03 Fedora -------------------------- 22

Theme 04 디지털 기록매체 ------------------ 24

Theme 05 정보의 의미와 특성 --------------- 28

Theme 06 정보의 가치와 유형 -------------- 40

Theme 07 정보경제이론 --------------------- 49

Theme 08 메타데이터와 더블린 코어 ---------- 56

Theme 09 국제 표준 기구(ISO) -------------- 59

Theme 10 MARC와 MODS -------------------- 61

Theme 11 W3C와 RDF ---------------------- 63

Theme 12 온톨로지(Ontology) --------------- 64

Theme 13 메타데이터와 온톨로지
          (Metadata and Ontology) ----------- 66

Theme 14 시맨틱 웹(Semantic Web) ----------- 67

Theme 15 디지털과 아날로그 ----------------- 73

Theme 16 프로그램, 알고리즘, 프로그래밍 언어 -- 75

Theme 17 데이터의 구성단위 ----------------- 78

Theme 18 데이터베이스 --------------------- 80

Theme 19 빅데이터 ------------------------- 82

Theme 20 Data Lake와 Data Fabric ---------- 96

Theme 21 공공데이터 ---------------------- 98

Theme 22 정보사회를 바라보는 관점 --------- 101

Theme 23 정보사회의 특징과 가치 ----------- 103

Theme 24 지식과 지식사회 ------------------ 107

Theme 25 서비스 사회 --------------------- 113

Theme 26 미디어 사회 또는 커뮤니케이션 사회 - 116

Theme 27 체험사회 ------------------------ 119

Theme 28 Anthony Giddens의 구조화 이론과 시공간론
          ------------------------------- 121

Theme 29 위험사회 ----------------------- 124

Theme 30 위험과 성찰성: 벡, 기든스,
          루만의 사회이론 비교 ------------ 127

Theme 31 통신망 사회 --------------------- 131

Theme 32 정보사회와 유비쿼터스 네트워크 사회
          ------------------------------- 135

Theme 33 정보사회 담론 -------------------- 137

Theme 34 기술철학의 주요 이론 ------------- 138

Theme 35 정보기술과 사회변동 -------------- 147

Theme 36 사회체제의 연속성 여부 ----------- 152

Theme 37 네그로폰테 (Nicholas Negroponte) --- 155

Theme 38 앨빈 토플러(Alvin Toffler) ----------- 157

Theme 39 다니엘 벨(Daniel Bell) ------------- 162

Theme 40 정보자본론 ---------------------- 176

Theme 41 조절이론 ------------------------ 180

Theme 42 노동의 유연성 -------------------- 183

Theme 43 노동과정 ------------------------ 186

Theme 44 공공영역론 ---------------------- 188

Theme 45 카스텔(Manuel Castells) ----------- 195

Theme 46 탈근대론 ------------------------ 214

Theme 47 뉴미디어의 확산 ----------------- 220

Theme 48 리오타르의 지식과 정보의 상대주의 -- 222

Theme 49 커뮤니케이션의 이해 -------------- 224

Theme 50 커뮤니케이션의 유형 -------------- 230

Theme 51 비언어적 의사소통 ---------------- 232

Theme 52 커뮤니케이션과 미디어 편향성 ------ 239

Theme 53 현대 매체이론에서 문자의 개념과 역할
          -------------------------------243

Theme 54 포스터(Mark Poster) --------------- 256

Theme 55 플루서(Vilem Flusser) ------------- 262

Theme 56 비릴리오(Paul Virilio) -------------- 268

Theme 57 노베르트 볼츠(Norbert Bolz) --------- 276

Theme 58 귄터 안더스(Gunther Anders) ------- 277

Theme 59 뉴미디어와 소셜 미디어 ------------- 278

Theme 60 정보사회에서 인간의 연결과 고립 ---- 285

Theme 61 소셜 미디어에서의 자기 전시주의 ---- 288

Theme 62 뉴미디어의 재매개론 --------------- 295

Theme 63 비매개와 하이퍼매개 --------------- 300

Theme 64 가상현실(VR)과 증강현실(AR) ------- 302

Theme 65 유비쿼터스 컴퓨팅 시대의 인간 ------ 305

Theme 66 원격현전 ------------------------- 308

Theme 67 메타버스(Metaverse) -------------- 312

Theme 68 케이블 TV와 위성방송 ------------- 314

Theme 69 인터넷 방송 --------------------- 315

Theme 70 IPTV(Internet Protocol TV) ---------- 321

Theme 71 TRS(Trunked Radio System) -------- 322

Theme 72 소셜 미디어의 이해 --------------- 324

Theme 73 Telegram Messenger ------------- 328

Theme 74 인터넷 --------------------------- 330

Theme 75 월드와이드웹(World Wide Web) ------ 346

Theme 76 컴퓨터 네트워크 ------------------ 362

Theme 77 통신 프로토콜 -------------------- 366

Theme 78 네트워크 장비 -------------------- 367

Theme 79 네트워크의 성장 법칙 ------------- 370

Theme 80 커뮤니케이션 환경의 변화 ---------- 375

Theme 81 가상 공동체 ---------------------- 381

Theme 82 제3의 장소 ----------------------- 384

Theme 83 샐린스(Sahlins)의 호혜성 ----------- 385

Theme 84 사회적 자본 ---------------------- 387

Theme 85 부르디외의 사회적 자본 개념 비판 --- 393

Theme 86 네트워크 사회운동론 --------------- 399

Theme 87 디지털 시민성 --------------------- 409

Theme 88 정보사회의 역량 ------------------- 415

Theme 89 집단지성 형성의 세 가지 차원 ------ 420

Theme 90 집단지성과 반전문가주의 ----------- 431

Theme 91 위키피디아의 권위와 신뢰성 -------- 432

Theme 92 테크노리얼리즘 -------------------- 436

Theme 93 GNU와 크리에이티브 커먼즈 ------- 438

Theme 94 오픈 액세스(open access) --------- 441

Theme 95 공유의 비극을 넘어(Ostrom) -------- 445

Theme 96 공유경제의 이론과 실체 ------------ 448

Theme 97 제레미 리프킨 --------------------- 452

Theme 98 공유경제와 구독경제 --------------- 457

Theme 99 현대 자본주의와 동료 생산 --------- 460

Theme 100 동료 생산의 조직(분산과 통합 메커니즘)
------------------------------- 464

Theme 101 동료 생산의 분기(오픈소스 프로젝트)
------------------------------- 466

Theme 102 플랫폼과 지적 재산권(디지털 공유) --- 472

Theme 103 디지털 플랫폼 경제 -------------- 475

Theme 104 '이윤의 지대되기'와 정동 엔클로저
------------------------------- 488

Theme 105 알고리즘, 독점 지대, 과세 -------- 495

Theme 106 거대 플랫폼 기업의 독점 규제 ----- 501

Theme 107 지적 재산권의 안전피난처
(구글의 정동 경제) -------------- 506

Theme 108 유튜브 광고 수익 제한 표시 ------- 511

Theme 109 자유 · 무료 노동: 무료 제공, 사적 전유
------------------------------- 513

Theme 110 클라우드 컴퓨팅(중심화된 웹) ------ 518

Theme 111 서버–클라이언트 네트워크 --------- 523

Theme 112 탈중심화하는 웹(피투피 네트워킹) --- 524

Theme 113 피투피 파일 공유와 지적 재산권 ---- 526

Theme 114 해시테이블 --------------------- 528

Theme 115 정보화 ------------------------- 534

Theme 116 정보화 지표와 지수 -------------- 536

Theme 117 국가정보화 --------------------- 544

Theme 118 개인 생활의 변화 --------------- 547

Theme 119 사회관계의 변화 ---------------- 548

Theme 120 전자정부 ----------------------- 551

Theme 121 전자정부법 --------------------- 565

Theme 122 전자민주주의 ------------------- 573

Theme 123 전자적 공공영역과 e – 거버넌스 ---- 578

Theme 124 기업 조직의 변화 --------------- 584

Theme 125 고용과 노동의 변화 ------------- 593

Theme 126 노동 및 소비의 변화 ------------ 598

Theme 127 정보격차 ----------------------- 603

Theme 128 정보과잉 ----------------------- 619

Theme 129 프라이버시 침해와 감시사회 ------- 620

Theme 130 스몰 시스터(Small Sister) ---------- 632

Theme 131 사이버 범죄 -------------------- 633

Theme 132 인터넷 실명제 ------------------ 636

Theme 133 개인정보 침해 ------------------ 637

Theme 134 잊힐 권리 ---------------------- 645

Theme 135 GDPR의 반대권 ----------------- 650

Theme 136 유럽연합의 플랫폼 사업자 규제 강화법
------------------------------- 652

Theme 137 정보시스템의 불법침입 ----------- 654

Theme 138 컴퓨터 바이러스 ----------------- 661

Theme 139 명예훼손 및 유언비어 · 허위사실 유포
------------------------------- 664

Theme 140 국가 간 정보유통
(Transborder Data Flow, TDF) ----- 670

Theme 141 정보 윤리 ----------------------- 671

Theme 142 전자상거래 --------------------- 673

Theme 143 전자문서교환(EDI) --------------- 677

Theme 144 광속상거래(CALS) ---------------- 680

Theme 145 데이터 처리 시스템 -------------- 683

Theme 146 전자상거래의 요건과 구현 -------- 686

Theme 147 전자 지불 시스템 ---------------- 690

Theme 148 전자서명 ----------------------- 692

Theme 149 개인정보 보호 ------------------- 696

Theme 150 데이터 3법 개정의 주요 내용과 전망
------------------------------- 700

Theme 151 마이데이터 --------------------- 707

Theme 152 디지털 증거와 디지털포렌식 ------- 710

Theme 153 디지털 증거 수집 및 처리 등에 관한
규칙 --------------------- 713

Theme 154 저작권 ------------------------- 718

Theme 155 지적재산권 관련 국제기구 --------- 722

Theme 156 DLP와 DRM --------------------- 726

Theme 157 대체 불가능 토큰(NFT) ----------- 729

Theme 158 폰 노이만 구조 ------------------ 730

Theme 159 컴퓨터의 구성요소 --------------- 736

Theme 160 소프트웨어 ---------------------- 738

Theme 161 중앙처리장치(CPU) --------------- 739

Theme 162 기타 메모리 --------------------- 741

Theme 163 HCl(Human-computer interaction) -- 742

Theme 164 벤야민 사상에서 기술의 의미 ------ 746

Theme 165 수공적 복제와 기술적 복제 -------- 752

Theme 166 시몽동의 인간-기계 관계 설정과
         '정서적 감동' -------------------- 755

Theme 167 들뢰즈와 과타리의 인간-기계 관계
         설정과 공명 · 정동 --------------- 759

Theme 168 포스트휴먼 담론의 지형과 문제설정
         ------------------------------- 765

Theme 169 포스트휴먼의 주체성 생산과
         정동의 윤리 역량 ---------------- 770

Theme 170 포스트휴먼 감수성 --------------- 772

Theme 171 인간을 넘어선 인간 ------------- 783

Theme 172 행위자 네트워크 이론 ------------ 788

Theme 173 4차 산업혁명 -------------------- 792

Theme 174 스마트 사회 --------------------- 807

Theme 175 인공지능의 가능성과 한계 --------- 808

Theme 176 인공신경망
         (Artificial Neural Network, ANN) ---- 819

Theme 177 딥러닝 소개 및 주요 이슈 --------- 828

Theme 178 전이학습(Transfer Learning) ------- 844

Theme 179 자연어 처리
         (Natural Language Processing) ---- 847

Theme 180 대화형 플랫폼 ------------------- 854

Theme 181 콘텐츠 추천 알고리즘의 진화 ------ 855

Theme 182 인공지능과 윤리 ----------------- 861

Theme 183 블록체인(Block Chain) ----------- 868

Theme 184 비트코인(Bitcoin) ---------------- 878

Theme 185 탈중앙화 금융(DeFi) -------------- 884

Theme 186 이더리움(Ethereum) -------------- 885

Theme 187 사물인터넷 --------------------- 889

Theme 188 '양자'와 양자컴퓨터의 기본 원리 ---- 895

Theme 189 5G 서비스 --------------------- 901

Theme 190 미네르바 스쿨(Minerva School) ----- 908

Theme 191 디지털 뉴딜 --------------------- 909

Theme 192 ESG ------------------------- 910

Theme 193 블랜디드 러닝 ------------------- 911

Theme 194 e-Learning -------------------- 912

Theme 195 에이커스(Ronald Akers)의 사회학습이론
         ------------------------------- 915

Theme 196 반다나 시바(Vandana Shiva) ------- 919

Theme 197 Gartner가 선정한 전략 기술 트렌드 -- 920

Theme 198 원소스 멀티유즈 (One-Sarce Multi-Use)
         ------------------------------- 926

Theme 199 학자와 저서 --------------------- 927

Theme 200 정보사회 관련 용어 --------------- 953

Theme 201 COVID-19 관련 이슈(Issue) -------- 985

찾아보기 ------------------------------- 987

핵심정리

(1) 레코드(Records)

- 기록을 레코드(Records)라는 의미로 사용할 때는 형식이나 매체에 상관없이, 법적 의무를 이행하거나 업무를 수행하는 과정에서 생산되는 기록을 말한다.
- 그러므로 이를 구성하거나 증거를 제공하는 조직이나 개인에 의해서 생산, 이관, 수집, 보존, 활용되는 기록을 말한다. 우리나라는 생산자가 속해 있는 처리과 단위에서 이루어지는 기록과 관련된 활동을 포함하여 현재 사용하는 기록물이라는 의미에서 현용 기록물이라고 말한다.
- 따라서 현용 기록물의 경우에는 업무에 대한 증거로서의 가치가 강조된다.

(2) 아카이브(Archives)

- 기록을 아카이브(Archives)라는 말로 사용하는 경우에는 영구기록물이라는 의미와 영구기록물을 보존하는 곳으로서의 기록보존소라는 의미, 두 가지로 사용된다.
- 영구기록물이라는 의미는 기록물을 생산한 기관이나 생산자가 현재는 활용하지 않는 기록물이라는 것이 내포되어 있다.
- 그리고 영구보존을 위해서 평가·선별된 영속되는 가치를 가진 기록(레코드에서 선별된 기록)이라는 의미로 쓰인다.
- 그러나 현재의 업무에 직접적으로 활용되지는 않고 참고적 가치, 연구적 가치, 역사적 가치를 지니는 비현용 기록물이라는 의미로 사용된다.

(3) 도큐먼트(Document)

- 기록을 도큐먼트(Document)로 사용할 때는 하나의 분리된 단위로 취급되는 기록정보나 객체, 즉 기록물 자체를 말하는 의미가 된다.
- 기록을 만들고 이를 정리하여 하나의 관리단위로 만드는 과정을 기록화라고 한다.

(4) 데이터(Data)

- 데이터(Data)는 아직 가공되지 않은 사실이나 형태의 것을 말한다.
- 대개 일정한 형식을 갖추고 있는 경우가 많다.
- 일반적으로는 컴퓨터와 같이 정보처리 시스템 안에서 정보를 전달하고 해석하며 처리하는 데 적합한 형식적 방법으로 정보가 표시된 것을 말한다.

(5) 정보(Information)

정보(Information)는 인간이 감각기관을 통해서 지각하게 되는 지식이나 그 과정에서 전달되고 소통되는 지식을 말한다.

1

기록의 의미에 대한 설명으로 틀린 것은?

① 레코드(Records)는 업무를 수행하는 과정에서 생산되는 기록으로 영구기록물을 포함한다.

② 아카이브(Archives)는 영구보존을 위해서 평가 · 선별된 영속되는 가치를 가진 기록이라는 의미로 사용된다.

③ 도큐먼트(Document)는 하나의 분리된 단위로 취급되는 기록정보나 객체, 즉 기록물 자체를 의미한다.

④ 데이터(Data)는 일반적으로 컴퓨터와 같이 정보처리 시스템 안에서 정보를 전달하고 해석하며 처리하는 데 적합한 형식적 방법으로 정보가 표시된 것을 말한다.

> **정답** ①
>
> **풀이** ① 레코드(Records)는 업무를 수행하는 과정에서 생산되는 기록으로 처리과 단위에서 이루어지는 현용 기록물을 의미한다. 영구보존을 위해서 평가 · 선별된 영속되는 가치를 가진 기록(레코드에서 선별된 기록), 즉 영구기록물은 아카이브(Archives)이다.

핵심정리

단계	현용 단계	준현용 단계	비현용 단계
기록	현용 기록 (활용기록)	준현용 기록 (준활용 기록)	비현용 기록 (비활용 기록)
개념	조직이나 개인의 현재 업무에 정기적으로 이용되는 기록	현재 업무와 관련하여 요구 빈도는 낮으나 참고 되는 기록	현재 업무에는 더 이상 필요하지 않지만, 이차적 활용을 위해 보존되는 기록
담당기관	생산기관 (처리과)	레코드센터 (기록관 · 특수기록관)	아카이브즈 (영구기록물관리기관)
기록의 가치	일차적 가치 > 이차적 가치	일차적 가치 < 이차적 가치	이차적 가치
관리 주체	업무 담당자	레코드 매니저	아카비스트

2

기록의 4대 속성에 대한 설명으로 틀린 것은?

[2023년 기출]

① 진본성을 보장하기 위해서는 기록의 생산, 획득과 관리를 통제하는 규칙, 절차, 정책을 시행하고 이를 문서화해야 한다.

② 신뢰성은 기록의 내용이 업무처리나 활동 혹은 사실을 완전하고 정확하게 표현하고 있다고 믿을 수 있으며, 이후의 업무처리나 활동을 수행하는 과정에서 이를 근거로 할 만한 것인지에 관한 것이다.

③ 무결성은 기록이 표방하는 그대로의 기록인지, 그 기록을 생산했거나 보낸 것으로 되어 있는 그 주체가 생산했거나 보냈는지, 기록에 명시된 시점에 생산되었거나 보냈는지를 입증할 수 있는 기록이다.

④ 이용가능성은 이해관계자들이 합리적이라고 간주하는 시간 이내에 기록의 소재를 확인하고, 검색 · 재현 · 해석할 수 있는 상태를 말한다.

> **정답** ③
>
> **풀이** ③ 진본성에 대한 설명이다.

3

기록에 대한 설명으로 틀린 것은?

① 공적행위가 반영된 결과물로서 활동에 대한 '증거로서의 가치'와 포함된 자료의 '정보적 가치'를 가진다.

② 진본성은 기록의 생산자가 확인될 수 있고 인가를 받았는지 증명할 수 있게 한다.

③ 기록과 관련된 업무활동이 수행된 바로 그 시점이나 직후에 생산된 기록이어야만 신뢰성을 확보한 기록이라고 판단할 수 있다.

④ 무결성은 업무활동에 대한 직접적인 지식을 가진 개인, 즉 그 기록과 관련된 업무활동의 담당자가 생산하였을 때 충족된다.

> **정답** ④
>
> **풀이** ④ 무결성은 기록이 인가받지 않은 변경으로부터 보호되었을 때 충족될 수 있다.

4

기록에 대한 설명으로 틀린 것은?

[2021년 기출]

① 조직이나 개인이 법적 의무를 수행하거나 업무를 처리하는 과정에서 증거와 정보로써 생산, 접수, 유지하는 정보이다.

② 기록의 4대 속성으로 진본성, 신뢰성, 무결성, 이용가능성이 있다.

③ 기록의 무결성 보장 업무는 정보기록자가 담당하는 것이 효과적이다.

④ 비현용 기록은 현재 업무에는 더 이상 필요하지 않지만, 이차적 활용을 위해 보존되는 기록으로 기록물의 행정적 가치, 증빙적 가치, 역사적 가치 등을 종합적으로 검토하여 폐기 또는 보존 여부를 결정한다.

정답 ③

풀이 ③ 진본성에 대한 설명이다. 진본성을 보장하기 위하여 기록의 생산, 수령, 전달, 유지 또는 처분을 통제하는 정책 및 절차 등이 문서로 만들어져야 한다. 이를 통해 기록의 생산자가 확인될 수 있고 인가를 받았는지 증명할 수 있게 하며 기록이 인가받지 않은 접근에 의해 부가, 삭제, 변경, 이용 및 은폐되는 것을 막아줄 수 있다. 반면에 무결성은 기록의 완전함과 변경되지 않았음을 의미한다. 즉, 무결성은 기록이 인가받지 않은 변경으로부터 보호되었을 때 충족될 수 있다. 인가를 받은 어떠한 주석, 추가 혹은 삭제도 명백하게 드러나야 하고 추적할 수 있어야 한다. 이를 위해서는 기록을 수정할 때에 취해야 하는 정책과 업무절차를 규정할 필요가 있다. 기록이 생산된 이후의 변경에 대한 정보를 포함하게 함으로써, 기록물의 무단변경에 대한 추적이 가능하게 해야 한다.

핵심정리

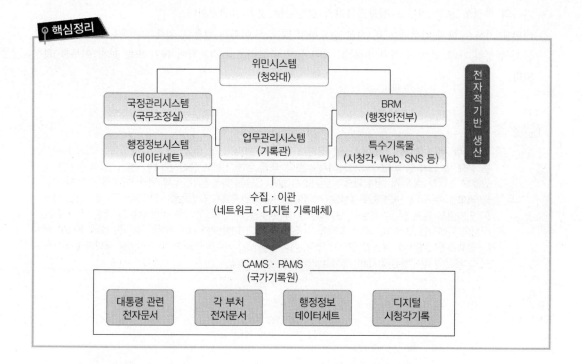

```
                        위민시스템
                         (청와대)

    국정관리시스템                        BRM                  전
    (국무조정실)                       (행정안전부)              자
                      업무관리시스템                            적
    행정정보시스템       (기록관)          특수기록물              기
    (데이터세트)                    (시청각, Web, SNS 등)        반

                       수집 · 이관                            생
                 (네트워크 · 디지털 기록매체)                    산

                         CAMS · PAMS
                          (국가기록원)

   대통령 관련      각 부처        행정정보        디지털
   전자문서        전자문서      데이터세트      시청각기록
```

제16조(공개)

① 대통령기록물은 공개함을 원칙으로 한다.

② 대통령기록물생산기관의 장은 관할 기록관으로 대통령기록물을 이관하려는 때에는 해당 대통령기록물의 공개 여부를 분류하여 이관하여야 한다.

③ 대통령기록관의 장은 비공개로 분류된 대통령기록물에 대하여는 이관된 날부터 5년이 경과한 후 1년 내에 공개 여부를 재분류하고, 그 첫 번째 재분류 시행 후 매 2년마다 전문위원회의 심의를 거쳐 공개 여부를 재분류하여야 한다.

④ 비공개 대통령기록물은 생산연도 종료 후 30년이 경과하면 공개함을 원칙으로 한다.

⑤ 제4항에도 불구하고 대통령기록관의 장은 공개될 경우 국가안전보장에 중대한 지장을 초래할 것이 예상되는 대통령기록물에 대하여는 전문위원회의 심의를 거쳐 해당 대통령기록물을 공개하지 아니할 수 있다.

제17조(대통령지정기록물의 보호)

① 대통령은 다음 각 호의 어느 하나에 해당하는 대통령기록물(이하 "대통령지정기록물"이라 한다)에 대하여 열람·사본제작 등을 허용하지 아니하거나 자료제출의 요구에 응하지 아니할 수 있는 기간(이하 "보호기간"이라 한다)을 따로 정할 수 있다.

    1. 법령에 따른 군사·외교·통일에 관한 비밀기록물로서 공개될 경우 국가안전보장에 중대한 위험을 초래할 수 있는 기록물

    2. 대내외 경제정책이나 무역거래 및 재정에 관한 기록물로서 공개될 경우 국민경제의 안정을 저해할 수 있는 기록물

    3. 정무직공무원 등의 인사에 관한 기록물

    4. 개인의 사생활에 관한 기록물로서 공개될 경우 개인 및 관계인의 생명·신체·재산 및 명예에 침해가 발생할 우려가 있는 기록물

    5. 대통령과 대통령의 보좌기관 및 자문기관 사이, 대통령의 보좌기관과 자문기관 사이, 대통령의 보좌기관 사이 또는 대통령의 자문기관 사이에 생산된 의사소통기록물로서 공개가 부적절한 기록물

    6. 대통령의 정치적 견해나 입장을 표현한 기록물로서 공개될 경우 정치적 혼란을 불러일으킬 우려가 있는 기록물

② 보호기간은 제1항 각 호의 기록물별로 세부기준을 수립하여 지정하되, 대통령기록관으로 이관하기 전까지 지정을 완료하여야 한다. 이 경우 지정 절차 등에 관하여 필요한 사항은 대통령령으로 정한다.

③ 보호기간은 15년의 범위 이내에서 정할 수 있다. 다만, 개인의 사생활과 관련된 기록물의 보호기간은 30년의 범위 이내로 할 수 있다.

④ 보호기간 중에는 다음 각 호의 어느 하나에 해당하는 경우에 한하여 최소한의 범위 내에서 열람, 사본제작 및 자료제출을 허용하며, 다른 법률에 따른 자료제출의 요구 대상에 포함되지 아니한다.

    1. 국회재적의원 3분의 2 이상의 찬성의결이 이루어진 경우

    2. 관할 고등법원장이 해당 대통령지정기록물이 중요한 증거에 해당한다고 판단하여 발부한 영장이 제시된 경우. 다만, 관할 고등법원장은 열람, 사본제작 및 자료제출이 국가안전보장에 중대한 위험을 초래하거나 외교관계 및 국민경제의 안정을 심대하게 저해할 우려가 있다고 판단하는 경우 등에는 영장을 발부하여서는 아니 된다.

    3. 대통령기록관 직원이 기록관리 업무수행상 필요에 따라 대통령기록관의 장의 사전 승인을 받은 경우

5

대통령기록물에 대한 설명으로 틀린 것은?

① 대통령기록물은 공개함을 원칙으로 한다.

② 비공개 대통령기록물은 생산연도 종료 후 15년이 경과하면 공개함을 원칙으로 한다.

③ 법령에 따른 군사·외교·통일에 관한 비밀기록물로서 공개될 경우 국가안전보장에 중대한 위험을 초래할 수 있는 기록물은 15년의 범위 이내에서 자료제출의 요구에 응하지 아니할 수 있다.

④ 관할 고등법원장이 해당 대통령지정기록물이 중요한 증거에 해당한다고 판단하여 발부한 영장이 제시된 경우 최소한의 범위 내에서 열람, 사본제작 및 자료제출을 허용한다.

> 정답 ②
>
> 풀이 비공개 대통령기록물은 생산연도 종료 후 30년이 경과하면 공개함을 원칙으로 한다.

6

대통령지정기록물에 대한 설명으로 틀린 것은?

① 대통령지정기록물에 대하여 보호기간을 따로 정할 수 있다.

② 보호기간은 기록물별로 세부기준을 수립하여 지정하되, 대통령기록관으로 이관하기 전까지 지정을 완료하여야 한다.

③ 보호가간은 15년의 범위 이내에서 정할 수 있다. 다만 개인의 사생활과 관련된 기록물의 보호기간은 30년의 범위 이내로 할 수 있다.

④ 보호기간 중에는 다른 법률에 따른 자료제출의 요구 대상에 포함되는 경우 최소한의 범위 내에서 열람, 사본제작 및 자료제출을 허용한다.

> 정답 ④
>
> 풀이 ④ 보호기간 중에는 「대통령기록물 관리에 관한 법률」에서 정한 경우에 한하여 최소한의 범위 내에서 열람, 사본제작 및 자료제출을 허용하며, 다른 법률에 따른 자료제출의 요구 대상에 포함되지 아니한다.

7

대통령기록물에 대한 설명으로 틀린 것은?

① 비공개 대통령기록물은 생산연도 종료 후 30년이 경과하면 공개함을 원칙으로 한다.

② 보호기간 중에 국회재적의원 3분의 2 이상의 찬성의결이 이루어진 경우에는 최소한의 범위 내에서 열람, 사본제작 및 자료제출을 허용한다.

③ 관할 고등법원장이 해당 대통령지정기록물이 중요한 증거에 해당한다고 판단하여 발부한 영장이 제시된 경우, 최소한의 범위 내에서 열람, 사본제작 및 자료제출을 허용한다.

④ 관할 고등법원장은 열람, 사본제작 및 자료제출이 국가안전보장에 중대한 위험을 초래하거나 외교관계 및 국민경제의 안정을 심대하게 저해할 우려가 있다고 판단하는 경우에는 영장을 발부하지 않을 수 있다.

정답 ④

풀이 ④ 관할 고등법원장은 열람, 사본제작 및 자료제출이 국가안전보장에 중대한 위험을 초래하거나 외교관계 및 국민경제의 안정을 심대하게 저해할 우려가 있다고 판단하는 경우에는 영장을 발부하여서는 아니 된다.

핵심정리 Fedora

(1) 정의

Fedora는 유연하고 확장 가능한 디지털 객체 저장소의 구조를 의미하는 Flexible Extensible Digital Object Repository Architecture의 약자이다. 따라서 Fedora의 구조(framework)는 기존의 시스템 및 서비스와 쉽게 통합하거나 연동할 수 있으며, 접근 및 관리의 용이성과 웹 서비스를 포함한 확장성을 지향한다.

(2) 연혁

Fedora는 1997년 DARPA와 NSF 연구 기금을 받아 코넬 대학(Cornell University)에서 진행한 프로젝트이다. 1999년 버지니아 대학(University of Verginia)에서 Fedora 소프트웨어를 이용해 10만 개의 객체를 대상으로 실험을 수행해 디지털 도서관용 프로토타입을 개발하였다. 이후 2002년 Andrew W. Mellon의 기금 지원을 통해 XML을 사용한 프로젝트를 진행하였고 2003년 5월에 Fedora 1.0 오픈소스 소프트웨어를 발표하였다. 2004년 6월부터 Andrew W. Mellon 기금을 지원받은 코넬대학과 버지니아 대학의 협업으로 2005년 10월에 Fedora 2.1 베타 버전을 발표하였고 이후 꾸준히 버전 업을 통해 2015년 현재까지 v4.3까지 발표되었다.

(3) 목표

• 복합적인 객체로 이루어진 다양한 컬렉션을 쉽게 이용하되 상호운용이 가능하게 한다.

• 복합적인 디지털 객체를 일반화하는 동시에 특징을 잃지 않는 형식이 되도록 고안한다.

• 디지털 객체들은 서비스 및 프로그램과 결합하여 다른 형태로 표현하거나 내용을 변경할 수 있다.

• 차별화되고 안정적인 접근을 제공한다.

• 디지털 객체의 장기적인 관리 및 보존을 고려한다. 이를 위해서 Fedora 프로젝트는 식별 능력, 객체 관계 표현, 콘텐츠 관리, 통합관리, 상호운용 가능한 접근성, 확장성, 보안, 보존, 콘텐츠 탐색과 같은 구체적인 연구 목적에 따라 진행되었다.

(4) 특징

• 기관 리포지터리, 디지털 아카이브, 콘텐츠 관리 시스템, 학술 출판사, 디지털 도서관을 비롯해 디지털 자산 관리 등에 다양하게 사용할 수 있다.

• 디지털 객체 모형을 도입하여 분산형 리포지터리를 지원하는 까닭에 통합과 연동이 자유로우며 저장과 보존, 콘텐츠 변경, 웹 서비스 제공 및 다른 어플리케이션과의 시스템 통합이 가능하다.

• 오픈소스 소프트웨어로 Java와 Apache를 기반으로 하고 있으며, 데이터베이스는 MySQL과 연동한다.

• SOAP, WSDL을 이용한 웹 서비스 기능을 제공하고 있어 웹상에서 저장소의 관리 및 접근이 가능하다.

• 상세한 콘텐츠 관리를 목적으로 하는 디지털 객체 모형(digital object model)을 지원하고 있다.

• 각각의 디지털 객체는 고유의 식별번호(PID)를 부여받고 메타 데이터가 수록되어 관리되기 때문에 복합적인 컬렉션의 관리와 보존이 가능하다.

8

Fedora에 대한 설명으로 틀린 것은?

① 1997년 DARPA와 NSF 연구 기금을 받아 코넬 대학에서 진행한 프로젝트이다.

② 디지털 객체들은 서비스 및 프로그램과 결합하여 다른 형태로 표현하거나 내용을 변경할 수 있다.

③ 각각의 디지털 객체는 고유의 식별번호(DOI)를 부여받고 메타 데이터가 수록되어 관리되기 때문에 복합적인 컬렉션의 관리와 보존이 가능하다.

④ 기관 리포지터리, 디지털 아카이브, 콘텐츠 관리 시스템, 학술 출판사, 디지털 도서관을 비롯해 디지털 자산 관리 등에 다양하게 사용할 수 있다.

> **정답** ③
>
> **풀이** Fedora에 사용되는 고유의 식별번호는 PID이다. PID는 Process ID의 약어로 운영 체제에서 각 프로세스를 식별하는 데 사용되는 고유한 숫자이다. DOI는 "디지털 객체의 식별자(identifier of a digital object)"가 아니라 "객체의 디지털 식별자(digital identifier of an object)"이고 알파벳+숫자 기호 체계이다.

9

유연하고 확장 가능한 디지털 객체 저장소의 구조로 옳은 것은?

① RDF   ② Fedora

③ digital object model   ④ archival Management System

> **정답** ②
>
> **풀이** ② Fedora는 유연하고 확장 가능한 디지털 객체 저장소의 구조를 의미하는 Flexible Extensible Digital Object Repository Architecture의 약자이다.

10

디지털 기록매체와 그 예의 연결이 옳은 것은?　　　　　　　　　　　　　　　　　　[2021년 기출]

① 자기디스크 – 비디오테이프

② 자기테이프 – CD

③ 광디스크 – 하드디스크

④ 반도체 저장매체 – USB 저장매체

정답　④

풀이　① 자기디스크의 예로는 하드디스크가 있다.

　　　② 디지털 자기테이프의 예로는 비디오, 오디오, LTO 등이 있다.

　　　③ 광디스크의 예로는 CD, DVD, Blu–ray(BD) 등이 있다.

　　　④ 반도체 저장매체의 예로는 USB, SSD 등이 있다.

📍 핵심정리　**반도체 저장매체**

플래시 메모리(flash memory)란 데이터를 저장, 보관할 수 있는 반도체의 일종이다. 일단 데이터를 저장하면 삭제나 수정이 불가능한 롬(ROM)이나 삭제, 수정은 가능하지만 전원이 차단되면 모든 데이터가 사라지는 램(RAM)과 달리, 자유롭게 데이터를 저장하거나 삭제할 수 있으면서 전원이 꺼져도 데이터가 그대로 보존되는 특징이 있다. 이러한 반도체 메모리의 특징을 이용하여 정보를 저장하도록 만든 것이 반도체 저장매체이다.

📍 핵심정리　**USB 저장매체**

• USB(Universal Serial Bus)란 컴퓨터와 주변기기 사이에 데이터를 주고받을 때 사용하는 버스(bus : 데이터가 전송되는 통로) 규격 중 하나이다.

• 1990년대 후반부터 대부분의 개인용 컴퓨터에 USB 장치를 꽂을 수 있게 됨에 따라 USB는 현재 다른 규격 버스에 비해 보급률이 매우 높다. 또한, USB는 컴퓨터 전원이 켜진 상태에서도 자유롭게 장치를 꽂고 뺄 수 있어 편의성이 높다는 장점도 있다.

• 이와 같은 USB와 플래시 메모리, 이 두 가지 요소를 결합해 하나의 제품으로 만든 것이 바로 'USB 플래시 드라이브(USB flash drive)', 흔히 말하는 'USB 메모리'다.

- USB 메모리는 대개 손가락 하나 정도의 크기의 막대형 본체에 USB 커넥터가 노출된 형태다.
- 내부는 데이터를 저장하는 플래시 메모리 칩, 그리고 커넥터와 메모리 칩 사이에서 데이터 전송을 제어하는 컨트롤러(controller : 제어기)로 구성되어 있다.

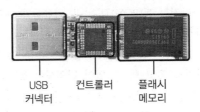

USB   컨트롤러   플래시
커넥터   메모리

⚲ 핵심정리   SSD(Solid State Device)

(1) 의의
SSD는 Solid State Drive의 약자로 글자 그대로 해석해보면 반도체를 이용한 디바이스라 할 수 있다. 하드디스크(HDD)는 자성체를 입힌 알루미늄의 원판들로 이루어진 플래터라는 기기를 회전시키고 그 위에 헤드를 움직여 데이터를 읽고 쓰는 구조로 이루어져 있다. 반면 SSD의 내부 구조는 기존의 HDD와 매우 다르다. SSD는 USB 저장매체를 생각하면 되는데 플래시 메모리로 이루어진 거대한 USB 저장매체를 하드디스크 대신 장착시킨 형태로 이해하면 된다.

〈Hard disk drive〉   〈Solid state device〉

(2) 빠른 속도와 내구성
하드디스크는 기계식이라 외부 충격에 약한데 반해 SSD는 충격에 강한 장점이 있다. 또한 원판을 빠르게 회전시켜 데이터를 읽고 쓰는 하드디스크와 달리 SSD는 전력을 공급하지 않아도 그 내용이 지워지지 않는 플래시 메모리를 모아서 만든 저장장치이기 때문에 직접 기계적으로 헤드를 움직여 정보를 저장하거나 꺼내는 하드디스크에 비해 디지털화된 정보를 전기 신호로 찾으므로 데이터에 접근하는 시간(access time)이 거의 존재하지 않는다.

(3) 낮은 소음과 전력소모량
하드디스크의 경우 물리적으로 원판을 계속 돌려야하므로 그 과정에서 소음과 전력 공급량이 많이 발생하게 된다. 하지만 디지털화된 SSD의 경우 소음이 없으며, 전력소모 역시 하드디스크가 최소 3W 이상인 것에 비해 1W 미만의 매우 적은 수준이다. 결국 같은 배터리 사용 시, 훨씬 오래 이용할 수 있는 장점이 있다.

11

반도체 저장매체에 대한 설명으로 틀린 것은?

① 플래시 메모리(flash memory)는 삭제나 수정이 불가능한 램(RAM)이나 삭제, 수정은 가능하지만 전원이 차단되면 모든 데이터가 사라지는 롬(ROM)과 달리, 자유롭게 데이터를 저장하거나 삭제할 수 있으면서 전원이 꺼져도 데이터가 그대로 보존되는 특징이 있다.

② 1990년대 후반부터 대부분의 개인용 컴퓨터에 USB 장치를 꽂을 수 있게 되고 USB는 컴퓨터 전원이 켜진 상태에서도 자유롭게 장치를 꽂고 뺄 수 있어 편의성이 높다는 장점도 있다.

③ SSD는 직접 기계적으로 헤드를 움직여 정보를 저장하거나 꺼내는 하드디스크에 비해 디지털화된 정보를 전기 신호로 찾으므로 데이터에 접근하는 시간(access time)이 거의 존재하지 않는다.

④ SSD의 경우 소음이 없으며, 전력소모 역시 하드디스크가 최소 3W 이상인 것에 비해 1W 미만의 매우 적은 수준이다. 결국 같은 배터리 사용 시, 훨씬 오래 이용할 수 있는 장점이 있다.

> 정답 ①
>
> 풀이 ① 플래시 메모리(flash memory)란 데이터를 저장, 보관할 수 있는 반도체의 일종이다. 일단 데이터를 저장하면 삭제나 수정이 불가능한 롬(ROM)이나 삭제, 수정은 가능하지만 전원이 차단되면 모든 데이터가 사라지는 램(RAM)과 달리, 자유롭게 데이터를 저장하거나 삭제할 수 있으면서 전원이 꺼져도 데이터가 그대로 보존되는 특징이 있다. 이러한 반도체 메모리의 특징을 이용하여 정보를 저장하도록 만든 것이 반도체 저장매체이다.

핵심정리 스토리지

- 스토리지(Storage)는 저장매체로 분류하는 것보다는 일반서고에 비유되는 전자서고로 보는 것이 타당할 수 있다.

- 전통적인 종이기록물도 분류, 정리 및 소독과정을 거치기 전 임시서고에 보관되고 이후 최종 보존서고로 배치되듯이, 전자기록물 역시 여러 가지 디지털 기록매체 또는 네트워크에 의해 이관되어 온 후, 안전한 관리를 위하여 임시서고에 해당하는 일반 스토리지로 옮겨지게 된다. 이때 일반 스토리지는 정보의 쓰기, 수정 및 삭제 등이 가능한 기능을 갖고 있어야 한다.

- 일반 스토리지에서 여러 기록관련 절차를 거친 최종 전자기록물은 불가피한 경우를 제외하고는 더 이상 수정 또는 삭제가 불가능한 저장매체로 옮겨져야 하는데, 이러한 저장장치는 일정 기간 동안 수정 및 삭제 기능이 불가능하며, 접근 및 정보의 주기적 자동 검사 등 다양한 부가기능을 갖추어야 하는데, 이러한 조건을 갖춘 장치가 아카이빙 전용의 스토리지, 즉 아카이빙 스토리지이다.

- 아카이빙 스토리지는 한 번 생성이 되면 변경되지 않는 고정 콘텐츠를 장기간 위변조 없이 안정적으로 보관할 수 있는 스토리지라고 정의할 수 있다. 즉 스토리지 플랫폼 자체에서 WORM(Write Once Read Many) 기능을 제공함으로써 아카이빙 스토리지에 데이터가 저장된 후에는 절대로 데이터를 수정할 수 없도록 하여 저장된 데이터에 대한 무결성과 신뢰성을 보장할 수 있다.

12
스토리지에 대한 설명으로 틀린 것은?

① 스토리지는 저장매체로 분류하는 것보다는 일반서고에 비유되는 전자서고로 보는 것이 타당할 수 있다.

② 전자기록물은 안전한 관리를 위하여 임시서고에 해당하는 일반 스토리지로 옮겨지게 된다.

③ 일반 스토리지는 일정 기간 동안 수정 및 삭제 기능이 불가능하며, 접근 및 정보의 주기적 자동 검사 등 다양한 부가기능을 갖추어야 한다.

④ 아카이빙 스토리지는 한 번 생성이 되면 변경되지 않는 고정 콘텐츠를 장기간 위변조 없이 안정적으로 보관할 수 있는 스토리지라고 정의할 수 있고, 스토리지 플랫폼 자체에서 WORM(Write Once Read Many) 기능을 제공한다.

정답 ③

풀이 아카이빙 스토리지에 대한 설명이다. 일반 스토리지에서 여러 기록관련 절차를 거쳐야 하기 때문에 일반 스토리지는 정보의 쓰기, 수정 및 삭제 등이 가능한 기능을 갖고 있어야 한다.

정보의 의미와 특성

🔍 **핵심정리** 정보(information)의 어원과 의미

- 정보라는 낱말은 영어인 information의 역어이다. information은 동사 inform의 명사형으로써 inform은 다시 라틴어인 informare에서 유래되었다. 그 뜻은 'give form to', 'give character to furnish with knowledge' 등으로 풀이되고 있으며, information은 'action of informing'으로 풀이된다.
- 정보는 14세기 후반까지는 지시, 가르침의 의미로 사용되었다. 15세기에 이르러 사건, 사실, 뉴스의 통지, 보고, 전달, 소식 등 지금과 같은 일차적 용법이 출현하였고, 부차적으로 formation of mind(or character)로서 좀 나은 조건을 의미하는 잔여적 용법도 남아 있었다. 또 견문이 넓은, 정보에 근거한, 소식통 등 질이 좋다는 의미도 형용사형(예 informend person)의 용법도 남아있었다. 20세기 중반 '정보이론'이 출현하며 공학적 의미가 출현하였다. 구문적(의미론적) 맥락 없이 기호·신호화의 가능성과 그 발생·수량 등을 의미하였다. 20세기 말 '정보사회' 등 '새롭게 출현'하는 사회의 본질적 특성을 지칭하기 위한 용어로 사용되고 있다.

13

정보(information)에 대한 설명으로 틀린 것은?   [2020년 기출]

① 형태 또는 내용을 지니는 무엇인가의 제공(providing)이라는 의미를 지니는 라틴어 'informatio'에서 유래하였다.

② inform은 '영향을 미치다'라는 의미로도 사용되며 inform에 명사형 접미사 ation을 붙인 information은 형성 또는 교육 등 가치지향적인 속성을 가지고 있었다.

③ 지시, 가르침의 의미로 사용되다가 16세기 후반에 이르러 사건, 사실, 뉴스의 통지, 보고, 전달, 소식 등 지금과 같은 일차적 용법이 출현하였다.

④ 컴퓨터공학에서 특정 목적을 위하여 광(光) 또는 전자적 방식으로 처리되어 부호, 문자, 음성, 음향 및 영상 등을 표현하는 모든 종류의 자료 또는 지식을 말한다.

정답 ③

풀이 ③ 14세기에 지시, 가르침의 의미로 사용되었고, 15세기에 사건, 사실, 뉴스의 통지, 보고, 전달, 소식 등 지금과 같은 일차적 용법이 출현하였다.

14

정보(information)의 어원과 의미 변화에 대한 설명으로 틀린 것은?

① 라틴어 informare에서 유래되었는데, forma는 형태, 모습, 본질을 의미한다.

② 고대와 중세 시대에는 구체적인 대상의 형태, 구조, 본질에 대한 정보 전달의 의미로 사용되었다.

③ 르네상스 및 계몽주의 시대에 지식, 사실, 뉴스 등 다양한 내용의 전달이라는 의미로 변화하였다.

④ 산업혁명을 거치면서 구체적인 내용을 넘어 추상적인 개념으로 사용되기 시작하여 20세기 말에는 사회의 본질적 특징을 지칭하는 용어로 발전하였다.

> **정답** ①
>
> **풀이** forma는 형태, 모습을 의미하며, 본질은 의미하지 않는다. informare가 본질에 대한 정보 전달의 의미를 가지는 것은 형태나 모습을 통해 대상의 본질을 드러낼 수 있기 때문이다.

15

다음 중 가장 적절하지 않은 것은?   [2024년 기출]

① 「정보통신망법」은 1987년 「전산망 보급 확장과 이용 촉진에 관한 법률」이라는 이름으로 최초로 제정되었다.

② 「전산망 보급 확장과 이용 촉진에 관한 법률」에는 인터넷을 통한 음란한 정보의 배포를 처벌하는 범죄 조항이 들어 있다.

③ 개인정보 자기결정권이란 자신에 관한 정보가 언제 누구에게 어느 범위까지 알려지고 이용되게 할 것인지를 해당 정보 주체가 스스로 결정할 수 있는 권리를 의미한다.

④ 대법원은 경찰청장이 보관한 지문 정보를 전산화하고 범죄수사 목적에 이용하는 행위가 기본권 침해에 해당하는지를 다룬 사건에서 개인정보 자기결정권을 기본권으로 인정하는 결정을 2015년 최초로 내린 바 있다.

> **정답** ④
>
> **풀이** ④ 헌법 재판소는 경찰청장이 보관한 지문정보를 전산화하고 이를 범죄수사 목적에 이용하는 행위가 기본권 침해에 해당 되는지에 대한 헌법소원 사건에서 개인정보 자기결정권을 기본권으로 최초로 인정하였다(헌재 2005. 5. 26. 99헌마513외).

16

정보의 법적 개념에 대한 설명으로 틀린 것은? [2022년 기출]

① 게임 아이템은 형법상 절도죄의 객체가 될 수 없어서 절도죄로 처벌할 수 없다.
② 알권리는 헌법에 명시적 규정은 없지만 일반적으로 인정되고 있다.
③ 2005년 헌법재판소는 개인정보 자기결정권에 대하여 최초로 인정하였다.
④ 「전자정부법」은 정보격차 해소를 국가의 의무로 규정하고 있다.

> **정답** ④
> **풀이** ④ 「전자정부법」은 정보격차에 대해 규정하고 있지 않다.

17

정보의 법적 개념에 대한 설명으로 틀린 것은?

① 정보라는 용어는 많은 법률에서 각각의 입법목적에 따라 다양하게 정의되고 있다.
② 아이템은 재물에 해당하여 아이템 절도는 형법상 절도죄로 처벌할 수는 있다.
③ 「공공기관의 정보공개에 관한 법률」은 정보를 공공기관이 직무상 작성 또는 취득하여 관리하고 있는 문서(전자문서 포함)·도면·사진·필름·테이프·슬라이드 및 그 밖에 이에 준하는 매체 등에 기록된 사항이라고 규정하고 있다.
④ 「지능정보화기본법」은 정보를 광(光) 또는 전자적 방식으로 처리되는 부호, 문자, 음성, 음향 및 영상 등으로 표현된 모든 종류의 자료 또는 지식이라고 규정하고 있다.

> **정답** ②
> **풀이** 아이템은 정보에 해당될 뿐 형법상 절도죄의 객체인 재물에 해당되지 아니하므로 절도죄로 처벌할 수는 없다.

18

정보 배포의 원칙에 대한 설명으로 틀린 것은?

① 반드시 알아야 할 필요가 있는 대상자에게만 알려야 한다.
② 정보는 사용자의 기호에 맞추어 전달되어야 한다.
③ 배포된 정보와 관련성을 가진 새로운 정보를 계속적으로 배포해야 한다.
④ 정보는 사용자의 사용 시기에 맞추어 적절하게 배포되어야 한다.

19

지식과 정보의 차이에 대한 설명으로 틀린 것은?

[2019년 기출]

① 정보는 자료처리를 의미하는 반면, 지식은 사실이나 견해에 대한 진술이 조직화된 체계이다.

② 정보는 메시지의 흐름을 나타내는 개념인 반면, 지식은 주로 이 흐름으로 생성되는 축적이다.

③ 정보는 단편적이고 특정한 반면, 지식은 구조적이고 결합적이며 때로는 보편적이다.

④ 지식은 '사고되어지는 것'이라는 의미에서 수동적이라면 정보는 '알게 되는 것'으로 능동적 성격을 가진다.

정답 ④

풀이 ④ 지식은 '사고되어지는 것'이라는 의미에서 능동적인 반면, 정보는 '알려지는 것'이라는 의미에서 수동적이라는 성격을 가진다.

♀ 핵심정리

- 데이터 = 평가되지 않은 메시지
- 정보 = 데이터 + 특정 상황에서의 평가
- 지식 = 정보 + 장래의 일반적인 사용의 평가

20

구조화 · 형식화되고 요약된 데이터들로 체계화되어 의미가 부여된 것을 나타내는 개념으로 옳은 것은?

① 정보   ② 데이터
③ 자료구조   ④ 데이터베이스

정답 ①

풀이 ① 정보에 대한 설명이다.

21

문자, 소리, 이미지, 화상 등 기호로 사실을 표현한 것으로 정보와 동일한 의미로 사용되기도 하는 것을 나타내는 개념으로 옳은 것은?

① 기록   ② 자료
③ 레코드   ④ 도큐먼트

> **정답** ②
> **풀이** ② 자료(Data)에 대한 설명이다.

22

정보에 대한 설명으로 틀린 것은?

① 자료를 조직화해서 의미를 부여한 것이다.
② 사실들 간의 관계를 포함하는 데이터의 구조적 특징이다.
③ 정보는 불확실성을 감소시켜주는 요인으로 엔트로피의 감소를 가져온다.
④ 특정 상황에서 특정인에게 그것이 지닌 가치가 평가되지 않은 메시지이다.

> **정답** ④
> **풀이** ④ 특정 상황에서 특정인에게 그것이 지닌 가치가 평가되지 않은 메시지는 데이터이다.

23

정보와 지식에 대한 설명으로 틀린 것은?

① 정보는 메시지의 흐름이고 지식은 그 구조이다.
② 정보는 자료처리이고 지식은 사실이나 견해에 대한 진술이 조직화된 체계이다.
③ 정보는 특정 상황에서 평가된 데이터에 대한 표시이고 지식은 정보의 개념을 보다 일반적으로 표현한 것이다.
④ 정보는 일반적 가치를 부여할 수 있고 지식은 특정한 경우에 한해 가치를 부여할 수 있다.

> **정답** ④
> **풀이** ④ 일반적 가치를 부여할 수 있는 것은 지식이고 특정한 경우에 한해 가치를 부여할 수 있는 것이 정보이다.

핵심정리 — 지식 경영의 지식 분야

- 노후(Know-Who)는 특정 주제를 조직 내에서 가장 잘 아는 사람에 관한 정보이다.
- 노왓(Know-What)은 실질적 기술 지식 및 생각이다.
- 노하우(Know-how)는 어떤 행동을 하는 방법을 다루는 절차 지식이다.
- 노웨어(Know-Where)는 특정 주제에 관한 도움, 지침, 전문성을 얻기 위해 나아가야 할 방향을 다루는 지식이다.
- 노와이(Know-Why)는 생각, 행동, 절차, 서비스의 바탕이 되는 논리 설명이다.
- 노웬(Know-When)은 행동을 취하거나 억제하기에 가장 좋은 시점을 통찰하는 능력이다.

핵심정리 — 노하우(know-how)와 노웨어(know-where)

세계가 하나가 되고 정보화 되어 갈수록 노하우(know-how) 보다는 노웨어(know-where) 시대가 될 것이다. 요즘은 노웨어를 조금 더 세분화해서 노후(know-who)와 구분하기도 한다. 비용과 시간을 들여서 노하우를 축적하기 보다는 내게 필요한 'how'를 어디에, 누가 가지고 있는지를 찾아내어 최적의 결과물을 만들어 내는 능력이 더 중요한 시대이다.

핵심정리

(1) Shannon

모든 정보는 bit 즉 'either-or' 의 선택 상황(컴퓨터에서는 0과 1로 표현)으로 나누어질 수 있다. 따라서 bit가 정보를 구성하는 기본단위이고, 모든 정보는 bit라는 공통된 단위로 계량화될 수 있다.

(2) Wiener

정보란 기호로 전달되는 메시지가 가진 인공적 의미 형식의 구조, 질서의 크기라고 할 수 있다.

(3) Shannon and Weaver

정보는 불확실성을 감소시켜주는 요인으로 엔트로피의 감소를 가져온다.

(4) Daft

정보는 수신자의 행위를 바꾸는 자료이다.

(5) Bartol and Martin

정보는 의사결정자에게 의미 있는 형태로 분석·처리된 자료이다.

(6) Webster

정보는 의미가 있으며 주제를 가지고 있고, 사물이나 사람에 대한 지침이나 지시를 제시한다.

(7) Brooking

정보는 특정상황이나 문제를 묘사하기 위해 조직화된 사실이나 데이터로 구성된다.

(8) Roszak

문명화 과정에서 중심을 차지하는 핵심적 사고(master ideas)는 정보에 기반을 둔 것이 결코 아니기 때문에 사고와 그에 필수적으로 수반되는 질적(의미론적) 관여가 정보에 대한 양적 접근에 앞선다는 견해를 제시한다.

'정보는 의미론적 내용에 관계없이 송신자와 수신자를 연결하는 채널을 통해 전달되기 위하여 부호화된 모든 것을 지칭하는 것이다'라는 방식으로 정보를 탈의미화시켜 다루는 방식이 갖는 위험성을 지적한다.

(9) Cleveland

　정보자원의 생산 및 재생산은 열역학의 법칙을 따르지 않기 때문에 확대하거나 압축할 수 있고 대체 및 이동이 가능하며 누설되기 쉽고 공유할 수 있다.

(10) Thompson

　정보는 고정비용이 큰 반면에 가변비용은 거의 없다.

(11) Harrington

　정보는 의사결정자의 행동 선택에 도움을 줄 때 그 효율성(utility)을 지닌다.

(12) Davis and Olson

　정보의 가치는 의사결정 행위 변화의 가치 정도에 따라 결정된다.

(13) Robinson

　정보는 상대적으로 낮은 비용으로 무한 생산이 가능하며, 사용기간에 따라 감가상각되지 않는다.

(14) Toffler

　정보는 아무리 이용해도 소모되진 않는다.

(15) Machlup

　정보는 단편적이고 특정한 반면, 지식은 구조적이고 결합적이며 때로는 보편적이다.

(16) Teskey

　정보는 '데이터의 구조화된 집합'이며, 지식은 '새로운 정보에 의해 생산되거나 수정될 수 있는 실세계에 대한 모형'이다.

24

다음 연구자들이 정의한 정보 개념에 대한 설명으로 틀린 것은?

① Daft : 정보는 수신자의 행위를 바꾸는 자료이다.

② Martin : 정보는 의사결정자에게 의미 있는 형태로 분석 · 처리된 자료이다.

③ Davis : 정보의 가치는 의사결정행위 변화의 가치 정도에 따라 결정된다.

④ Shannon : 정보는 특정상황이나 문제를 묘사하기 위해 조직화된 사실이나 데이터로 구성된다.

정답　④

풀이　④ '정보는 특정 사항이나 문제를 설명하기 위해 조직화된 사실이나 데이터로 구성된다.'고 본 연구자는 Brooking이다. Shannon과 Weaver는 정보를 불확실성을 감소시켜주는 요인으로 본다.

25

다음 연구자들이 정의한 정보 개념에 대한 설명으로 틀린 것은?

① Toffler : 정보는 아무리 이용해도 소모되진 않는다.

② Brooking : 정보는 불확실성을 감소시켜주는 요인이다.

③ Daft : 정보는 수신자의 행위를 바꾸는 의미 있는 자료이다.

④ Davis : 정보는 의사결정행위 변화 정도에 따라 가치가 결정된다.

> **정답** ②
>
> **풀이** ② 정보는 불확실성을 감소시켜주는 요인으로 본 연구자는 Shannon and Weaver이다. Brooking은 '정보는 특정 사항이나 문제를 설명하기 위해 조직화된 사실이나 데이터로 구성된다.'고 본다.

26

다음 연구자들이 정의한 정보 개념에 대한 설명으로 틀린 것은?

① Shannon and Weaver : 정보는 불확실성을 감소시켜주는 요인으로 엔트로피의 감소를 가져온다.

② Machlup : 정보는 단편적이고 특정한 반면, 지식은 구조적이고 결합적이며 때로는 보편적이다.

③ Teskey : 정보는 '데이터의 구조화된 집합'이며, 지식은 '새로운 정보에 의해 생산되거나 수정될 수 있는 실세계에 대한 모형'이다.

④ Daft : 정보란 기호로 전달되는 메시지가 인공적 의미 형식의 구조, 질서의 크기라고 할 수 있다.

> **정답** ④
>
> **풀이** ④ Wiener의 개념이다. Daft는 정보를 의미 있는 자료로서 수신자의 행위를 바꾸는 자료로 본다.

27

다음 연구자들이 정의한 정보 개념에 대한 설명으로 옳은 것은?

① Shannon and Weaver : 정보는 단편적이고 특정한 반면, 지식은 구조적이고 결합적이며 때로는 보편적이다.
② Machlup : 정보는 불확실성을 감소시켜주는 요인으로 엔트로피의 감소를 가져온다.
③ Teskey : 정보란 기호로 전달되는 메시지가 인공적 의미 형식의 구조, 질서의 크기라고 할 수 있다.
④ Daft : 정보는 의미 있는 자료로서 수신자의 행위를 바꾸는 자료이다.

> 정답 ④
>
> 풀이 ① Machlup의 견해이다.
> ② Shannon and Weaver의 견해이다.
> ③ Wiener의 견해이다.

28

다음 중 정보사회에 해당하는 개념으로 거리가 먼 것은?   [2024년 기출]

① 마누엘 카스텔의 네트워크 사회   ② 피터 드러커의 산업경제사회
③ 다니엘 벨의 후기산업사회   ④ 마크 포스터의 전자적 정보양식

> 정답 ②
>
> 풀이 ② 피터 드러커는 경제사회가 산업경제사회(industrial economy)에서 지식경제사회(knowledge economy)로 전환한다고 본다.

29

다음 중 정보사회에 대한 개념 틀로 가장 적절하지 않은 것은?   [2024년 기출]

① 기술적 차원   ② 경제적 차원
③ 직업적 차원   ④ 시간적 차원

> 정답 ④
>
> 풀이 ④ 정보사회를 바라보는 관점으로는 기술적 관점, 경제적 관점, 직업적 관점, 공간적 관점, 문화적 관점을 들 수 있다.

30

정치경제학적 관점에서 바라보는 정보에 대한 설명으로 틀린 것은? [2023년 기출]

① 정보를 단순한 자원이 아니라 상품으로 취급하여 정보가 어떠한 가치를 가지고 있느냐에 관심을 둔다.
② 정보는 공공재적 성격과 사유재적 성격을 동시에 소유한다.
③ 정보기술의 발전과 그에 따른 사회변동들이 사회적 생산관계의 구조에 의해 설명된다.
④ 정보가 사회에서 가장 중요한 공공재적 성격을 갖는다.

> **정답** ④
> **풀이** ④ 정보사회론적 관점에 대한 설명이다.

31

정치경제학적 관점에서 바라보는 정보에 대한 설명으로 틀린 것은?

① 정보를 단순한 자원이 아니라 상품으로 취급한다.
② 정보는 고정비용이 큰 반면에 가변비용은 거의 없다.
③ 정보는 공공재적 성격과 사유재적 성격을 동시에 소유한다.
④ 기본적 생산관계 동질성을 강조함으로써 정보사회 가능성 측면을 과소평가할 우려가 있다.

> **정답** ②
> **풀이** 정보사회론적 관점에서 바라보는 정보이다.

32

정보를 바라보는 관점에 대한 설명으로 틀린 것은?

① 정보를 바라보는 관점은 기술적 관점, 경제적 관점, 직업적 관점, 공간적 관점, 문화적 관점 등으로 구분할 수 있다.
② 현대 사회를 정보사회 또는 탈산업사회로 보는 관점에서는 지식이 사회의 주된 재화 또는 생산요소로 등장한다고 본다.
③ 정보는 상대적으로 낮은 비용으로 무한 생산이 가능하며, 사용기간에 따라 감가 상각되지 않는다고 보는 관점에서는 정보를 단순한 자원이 아니라 상품으로 취급한다.
④ 더 많은 양의 정보는 새로운 유형의 사회라는 주장에 반대하는 관점도 존재한다.

33

정보를 바라보는 관점에 대한 설명으로 옳은 것은?

① 정보사회론적 관점은 정보를 단순한 자원이 아니라 상품으로 취급한다.

② 의미론적 관점에서 정보의 가치는 의사결정 행위 변화의 가치 정도에 따라 결정된다.

③ 정치경제학적 관점에서 정보는 고정비용이 큰 반면에 가변비용은 거의 없다.

④ 정보이론적 관점에서 정보는 내용에 상관없이 정의되고 에너지나 물질과 마찬가지로 물리적 요소로 간주된다.

34

정보를 정치경제학적 관점에서 바라 본 주장으로 볼 수 없는 것은?

① 정보는 고정비용이 큰 반면에 가변비용은 거의 없다.

② 정보의 가치는 의사결정 행위 변화의 가치 정도에 따라 결정된다.

③ 정보는 의사 결정자의 행동 선택에 도움을 줄 때 그 효율성을 지닌다.

④ 정보는 상대적으로 낮은 비용으로 무한 생산이 가능하며, 사용기간에 따라 감가 상각되지 않는다.

35
정보를 바라보는 관점 중 다음 글의 관점에 부합하는 진술로 틀린 것은?

> 이 관점은 더 많은 양의 정보는 새로운 유형의 사회라는 주장에 반대하는 관점이다. 이는 문명화 과정에서 중심을 차지하는 '핵심적 사고'는 정보에 기반을 둔 것이 결코 아니기 때문에 사고와 그에 필수적 수반되는 질적 관여가 정보에 대한 양적 접근에 앞선다는 견해를 제시한다.

① 정보는 의사 결정자에게 의미 있는 형태로 분석, 처리된 자료이다.
② 정보의 가치는 의사결정 행위 변화의 가치 정도에 따라 결정된다.
③ 정보에 대해 소유하는 것과 알게 되는 것을 구별한다.
④ 데이터, 자료, 정보, 지식·지혜와 같은 현상을 차별화하여 구별한다.

정답 ②

풀이 ② 정치경제학적 관점으로 의미론적 관점에 부합하지 않는다.

정보의 가치와 유형

🔵 핵심정리 정보의 속성(McGarry)

- 정보는 사실(fact)과 동의어로 간주되기도 한다.
- 알고 있는 것, 알고 있다고 생각하는 것의 변화나 강화에 영향을 미친다.
- 정보는 의사결정을 지원하는 하나의 도구로 사용할 수 있다.
- 메시지 선택에 있어 정보는 인간이 가지는 선택의 자유 중 하나이다.
- 필요한 정보량의 결정은 문제의 복잡성 정도에 의존한다.
- 정보는 지식을 생성하는 원재료이다.
- 정보는 단지 수신되는 것이 아니고 외부 세계와 교류하는 콘텐츠이다.

36

McGarry가 제시한 정보 속성과 관련이 없는 것은?

① 정보는 지식을 추출해 내는 원재료이다.

② 정보는 단지 수신되는 것이 아니고 외부세계와 교환되는 내용이다.

③ 정보의 가치는 의사결정행위 변화의 가치정도에 따라 결정한다.

④ 정보는 의사결정에 있어서 하나의 조력도구로 사용한다.

> **정답** ③
>
> **풀이** ③ '정보의 가치는 의사결정행위 변화의 가치정도에 따라 결정한다.'고 본 연구자는 Davis와 Olson이다.

37

정보의 질적 요건으로 틀린 것은?   [2023년 기출]

① 적합성   ② 정확성

③ 용이성   ④ 적시성

> **정답** ③
>
> **풀이** ③ 용이성은 정보의 질적 요건이 아니다.

38

정보의 질적 요건으로 볼 수 없는 것은?

① 객관성 ② 목적성
③ 정확성 ④ 적합성

정답 ②

풀이 ② 목적성은 질적 요건이 아니다. 정보의 질적 요건에는 적합성, 적시성, 정확성, 객관성이 있다.

39

다음 정보의 질적 요건 중 다른 요건의 전제가 되는 요건으로 이 요건이 상실되면 다른 요건들이 모두 무용지물이 되는 요건이라고 할 수 있는 것은?

① 적합성 ② 적시성
③ 정확성 ④ 객관성

정답 ④

풀이 ④ 객관성은 정보가 주관에 좌우되지 않고 언제 누가 보아도 그러하다고 인정되는 것으로서 의사결정에 필요한 판단 근거를 제공한다. 또한 정보의 객관성이 상실되면 적합성, 적시성, 정확성은 모두 무용지물이 된다.

핵심정리   정보가치의 대립 관계

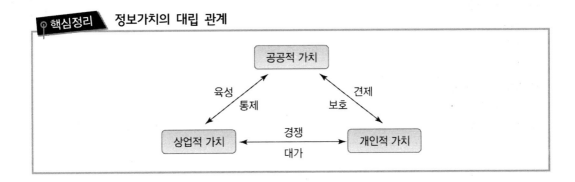

40

Stephen이 분류한 정보의 가치에 대한 설명으로 틀린 것은?

① 미디어를 통해 정보를 '팔고 사는' 경제활동이 이루어지며 미디어 기술의 발전과 함께 사회체제의 미디어 의존도가 높아갈수록 정보의 상업적 가치는 증가하게 된다.

② 정보는 개인적 가치로서 자산(property)의 성격으로 특허나 저작권과 같은 법적 보호의 형식을 취한다.

③ 언론의 자유나 의사표현의 자유, 정보 접촉과 정보 이용의 자유 등은 정보의 공공적 가치와 밀접한 관련이 있는 활동이다.

④ 공공적 가치는 개인 사생활에서도 적용되어 사적 정보가 외부에 남용될 불이익에서 보호받을 권리가 부여된다.

> 정답 ④
>
> 풀이 개인적 가치는 개인 사생활에서도 적용되어 사적 정보가 외부에 남용될 불이익에서 보호 받을 권리가 부여된다.

핵심정리 특성에 따른 분류(발양시발)

(1) 발생원인 기준
- 외부 정보
- 내부 정보

(2) 양적 · 질적 기준
- 정량 정보
- 정성 정보

(3) 시계열 기준
- 과거 정보
- 현재 정보
- 미래 정보

(4) 발생 빈도 기준
- 항상 정보
- 수시 정보

41

다음 중 정보의 특성에 따라 범주화한 유형에 대한 설명으로 틀린 것은?

① 발생 원인을 기준으로 분류하면 외부 정보와 내부 정보로 구분할 수 있다.

② 양적·질적 기준으로 분류하면 정량 정보와 정성 정보로 구분할 수 있다.

③ 시계열을 기준으로 분류하면 과거 정보, 현재 정보, 미래 정보로 구분할 수 있다.

④ 발생 빈도를 기준으로 분류하면 실시간 정보와 수시 정보로 구분할 수 있다.

> 정답 ④
>
> 풀이 ④ 발생 빈도를 기준으로 분류하면 항상 정보와 수시 정보로 구분할 수 있다.

42

다음 중 특성을 기준으로 분류한 정보의 범주에 포함되는 것은?

① 정서 정보
② 제어 정보
③ 의미 정보
④ 현재 정보

> 정답 ④
>
> 풀이 ① 정서 정보는 이용 목적을 기준으로 분류한 유형에 해당한다.
> ② 제어 정보는 이용 목적을 기준으로 분류한 유형에 해당한다.
> ③ 의미 정보는 이용 주체를 기준으로 분류한 유형에 해당한다.

⚲핵심정리 이용 목적에 따른 분류(기정제전)

(1) 기호정보
- 실시간 정보
- 증거 정보
- 지적 정보
- 역사적 정보

(2) 정서정보

(3) 제어정보

(4) 전문정보

43

다음 중 기호 정보에 해당하지 않는 것은?

① 실시간 정보   ② 증거 정보
③ 투자 정보   ④ 지적 정보

> **정답** ③
> **풀이** ③ 투자 정보는 전문 정보에 해당한다.

44

정보를 분류할 때 동일한 유형에 포함시킬 수 없는 것은?

① 제어 정보   ② 정량 정보
③ 항상 정보   ④ 외부 정보

> **정답** ①
> **풀이** ②, ③, ④는 특성에 따른 분류이고 ①은 이용 목적에 따른 분류이다.

핵심정리   이용 주체에 따른 분류(목가비제)

(1) 목적기준
  • 형식 정보
  • 의미 정보

(2) 가치기준
  • 가치 있는 정보
  • 수단적 정보
  • 목적적 정보
  • 서비스재적 정보
  • 가치 없는 정보

(3) 비용기준

(4) 제공시점 기준
  • 사전적 정보
  • 사후적 정보

45

정보와 정보이용 주체와의 관계에서 본 정보의 분류 결과에 대한 설명으로 틀린 것은? [2023년 기출]

① 책과 같이 단순한 글자의 나열이 아니고 받아들이는 쪽에 어떤 의미를 주는 정보를 형식정보라고 한다.

② 어떤 정보를 어떤 사람이 사용하면 다른 사람이 그 정보를 사용함에 있어서 손해를 보거나 방해를 받는 정보를 배타적 정보라고 한다.

③ 정보의 이용주체에 따라 서로 다른 정보를 보유함으로써 정보의 가치가 달라지는 정보를 사적 정보라고 한다.

④ 개인 또는 특정한 사람과 관련된 정보를 비매스컴 정보라고 하며, 이는 클럽정보라고도 한다.

정답 ①

풀이 ① 의미 정보에 대한 설명이다.

46

정보를 이용 주체에 따라 분류할 때 그 기준에 대한 설명으로 틀린 것은?

① 형식정보는 목적에 대한 적합성이 평가되지 않는 단순한 사실이다.

② 수단적 정보는 가치 기준으로 분류할 때 가치 있는 정보에 포함된다.

③ 제공시점을 기준으로 분류하면 항상 정보와 수시 정보로 구분할 수 있다.

④ 비용 기준으로 분류할 때 많은 비용을 지불해도 획득하기 어려운 정보가 존재한다.

정답 ③

풀이 제공시점을 기준으로 분류하면 사전적 정보와 사후적 정보로 구분할 수 있다.

47

정보를 분류할 때 동일한 유형에 포함시킬 수 없는 것은?

① 형식 정보
② 수단적 정보
③ 사전적 정보
④ 미래 정보

정답 ④

풀이 ①, ②, ③은 이용 주체에 따른 분류이고 ④는 특성에 따른 분류이다.

48

다음 중 이용 주체에 따라 정보를 범주화한 유형이라고 볼 수 없는 것은?

① 형식 정보　　　　　　　　② 서비스재적 정보
③ 사전적 정보　　　　　　　　④ 공식 정보

정답 ④

풀이　④ 공식 정보는 조직 특성에 의한 분류에 해당한다.

📍핵심정리　　정보의 전달 대상, 조직 특성, 매체에 의한 분류

(1) 전달 대상 기준
- 공적 정보
- 사적 정보

(2) 조직특성 기준
- 공식 정보
- 비공식 정보

(3) 매체기준
- 매스컴 정보
- 비매스컴 정보

49

다음 중 기능에 따라 정보를 범주화한 유형이라고 볼 수 없는 것은?

① 기술 정보　　　　　　　　② 예측 정보
③ 추론 정보　　　　　　　　④ 공적 정보

정답 ④

풀이　④ 공적 정보는 전달 대상을 기준으로 범주화한 유형에 해당한다.

50

다음 중 2차 정보에 해당하지 않는 것은?　　　　　　　　　　　　　[2023년 기출]

① 초록　　　　　　　　　　　　　　② 시소러스

③ 목록　　　　　　　　　　　　　　④ 색인

> **정답** ②
>
> **풀이** ② 시소러스는 2차 정보에 해당하지 않는다. 2차 정보는 1차 정보를 번역·해설·비평하여 새로운 작품을 만들거나 1차 정보를 효과적으로 검색될 수 있도록 작성된 서지, 색인, 초록, 목록 등을 말한다.

51

정보를 1차 정보, 2차 정보, 3차 정보로 분류할 때, 그 분류 기준으로 옳은 것은?

① 원본의 가치　　　　　　　　　　② 원본의 목적

③ 원본의 획득　　　　　　　　　　④ 원본의 가공

> **정답** ④
>
> **풀이** ④ 1차 정보, 2차 정보, 3차 정보는 정보를 원본의 가공 방법에 따라 분류한 것이다.

52

생성·가공에 따라 분류한 정보들에 대한 설명으로 틀린 것은?

① 창작물이나 새로운 결과의 보고서 등은 1차 정보에 해당한다.

② 검색 사이트를 통해 검색한 정보는 처음으로 창안된 정보나 기록물이 아니므로 2차 정보에 해당한다.

③ 1차 정보를 번역·해설·비평하여 새로운 작품을 만들거나 1차 정보를 효과적으로 검색될 수 있도록 작성된 서지나 색인은 2차 정보에 해당한다.

④ 교과서, 백과사전, 해설요약, 참고자료 해제 등 1차 정보나 2차 정보를 토대로 주제별 개요나 개념을 정리한 정보는 3차 정보에 해당한다.

> **정답** ②
>
> **풀이** ② 검색 행위도 정보를 창안하는 행위로 볼 수 있으며, 검색 사이트를 통해 검색한 정보도 새로운 결과로 볼 수 있어서 검색 사이트를 통해 검색한 정보는 1차 정보에 해당한다.

53

국내·국제·북한의 주요 통계를 한 곳에 모아 이용자가 원하는 통계를 한 번에 찾을 수 있도록 통계청이 제공하는 One-Stop 통계 서비스로 옳은 것은?

① KOSIS

② 디지털 댐

③ 디지털 집현전

④ 공공데이터포털

정답 ①

풀이 ① 국가통계포털(KOSIS, Korean Statistical Information Service)에 대한 설명이다.

07 정보경제이론

핵심정리 재화의 유형

구분		경합성	
		유	무
배제성	유	가방, 옷, 막히는 유료 도로	케이블 TV, 막히지 않는 유료 도로
	무	바다 속 물고기, 막히는 무료 도로	치안, 국방, 막히지 않는 무료 도로

54

MP3나 eBOOK 등 정보재에 대한 설명으로 틀린 것은? [2022년 기출]

① 다른 사람의 사용을 배제하여 자신만의 독점적 사용이 가능하다.

② 한 사람의 소비가 다른 사람의 소비를 감소시키는 경합성을 가진다.

③ 경험재로 실제 사용하기 전에는 그 가치를 판단하기 어렵다.

④ 재생산가능성으로 일단 한번 생성되면 두 번째 이후의 단위를 생산하기가 매우 용이하다.

> 정답 ②
> 풀이 ① MP3나 eBOOK은 정보재이지만 배제성을 가진다.
> ② 정보재는 속성상 경합성을 가질 수 없다.

55

정보사회의 도래와 함께 디지털화된 정보재가 상품으로서 활발히 거래되고 있다. 다음 중 정보재에 대한 설명으로 적절하지 않은 것은? [2024년 기출]

① 생산에 필요한 고정비용에 비해 한계 비용이 극히 작은 특성을 갖는다.

② 비투시적 성격을 갖기에 경험재로 분류된다.

③ 상품의 구매 및 이용에 있어 통제가 용이하지 않다는 점에서 비배제적 성격을 가진다.

④ 디지털화된 상품의 성격상 경합적 성격을 가진다.

56

다음 괄호 안에 들어갈 용어로 가장 적절한 것은? [2024년 기출]

> 정보사회의 출현으로 성장한 온라인 시장에서는 판매자와 구매자 간에 (ㄱ)이(가) 발생하고, 이런 (ㄴ)을(를) 이용해서 자신의 경제적 이해를 실현하려는 기회주의적 행동의 가능성이 있기 때문에 그에 따른 불확실성이 존재한다. 이러한 불확실성에 대한 대응책으로 온라인 시장의 판매자와 구매자 반복적인 거래를 통해 형성된 신뢰와 같은 사회적 관계를 활용하는 이른바 (ㄷ) 전략을 사용한다.

① (ㄱ) 정보 비대칭성 – (ㄴ) 정보격차 – (ㄷ) 배태성
② (ㄱ) 정보 비대칭성 – (ㄴ) 정보격차 – (ㄷ) 단골
③ (ㄱ) 비대면적 접촉 – (ㄴ) 익명성 – (ㄷ) 배태성
④ (ㄱ) 비대면적 접촉 – (ㄴ) 익명성 – (ㄷ) 단골

57

정보재의 기본적 특성으로 볼 수 없는 것은?

① 실제 사용하기 전에는 그 가치 판단이 불가한 경험재이다.
② 동시에 많은 사람이 사용하면 혼잡이 발생하는 경합성을 가진다.
③ 일단 쓰기 시작하면 다른 것으로 바꾸기 어려운 잠김 효과가 발생한다.
④ 다른 사람이 어떻게 활용할지에 대한 통제가 불가능한 비배제성을 가진다.

핵심정리　　역선택(adverse selection)

• 역선택이란 정보가 비대칭적으로 분포된 상황에서 정보를 갖지 못한 측의 입장에서 볼 때 바람직하지 못한 상대방과 거래를 할 가능성이 높아진 현상이다.
• 역선택의 문제는 감추어진 특성 때문에 발생한다.
• 역선택의 현상은 정보를 가진 측의 자기선택(self-selection) 과정에서 생기는 현상이다. 예를 들어 나쁜 차의 보유자는 자발적으로 팔려고 내놓고, 좋은 차의 보유자는 스스로 판매를 포기하기 때문에 역선택의 상황이 발생한다.

핵심정리　　도덕적 해이(moral hazard)

• 도덕적 해이는 정보가 비대칭적으로 분포된 상황에서 정보를 가진 측은 정보를 갖지 못한 측에서 보면 바람직하지 않은 행동을 취할 가능성이 있는데 이와 같은 행동이 나타나는 현상이다.
• 도덕적 해이는 감추어진 행동 때문에 발생한다.
• 정보를 가진 측은 자신의 이익을 추구하기 위해 정보를 갖지 못한 측의 이익에 위배되는 행동을 할 가능성이 있다.

58
정보 비대칭성에 대한 설명으로 틀린 것은?　　　　　　　　　　　　　　　　[2021년 기출]

① 경제활동에 필요한 완전한 정보를 보유하지 못한 때, 특히 거래의 한 쪽이 다른 쪽보다 적은 정보를 보유하고 있을 때 발생하는 현상이다.
② 계약이 이루어진 후 한 쪽에서 자신의 이익을 추구하는 와중에 반대 측에 이롭지 못한 행동을 하더라도 이를 알아차리지 못하는 상황(숨겨진 행동)에서 역선택 문제가 발생한다.
③ 상품에 대한 정보를 구매자가 적게 알고 있는 상황(숨겨진 특성)에서는 정보가 부족한 측이 불리한 선택을 하게 되는 역선택 문제가 발생한다.
④ 거래대상인 중고차에 대해 판매자와 구매자가 보유한 정보에 차이에서 역선택의 문제가 발생한다.

정답　②

풀이　② 거래 당사자나 거래 상품의 특성을 한 쪽만 알고 있는 경우 즉 숨겨진 특성의 경우에는 역선택의 문제가 발생한다. 반면에 어느 한 당사자의 행동을 다른 쪽에서 관찰할 수 없는 경우, 즉 숨겨진 행동의 경우에는 도덕적 해이가 발생한다. 역선택이나 도덕적 해이 모두 정보의 비대칭성으로 발생하는 문제이다.

(1) 잠김 효과(lock-in effect)

　일단 한 가지를 선택해 쓰기 시작하면 다른 것으로 바꾸기 어렵다.

(2) 전환 비용(switching cost)

　새로운 정보재에 익숙해지기 위해 소요되는 비용이다(예 노력과 시간 등).

(3) 네트워크 효과(network effect)

　같은 상품을 사용하는 소비자들의 네트워크가 커질수록 소비자들은 더욱 편리함을 느끼게 된다.

(4) 긍정적 피드백 효과(positive feedback effect)

　정보재는 어떤 단계에 이르면 수요가 폭발적으로 증가하여 시장 전체를 석권하는 단계로 진입한다.

(5) 경험재(experience goods)

　소비자가 직접 사용해 봐야 그 품질을 알 수 있다.

59

구글, 페이스북, 이베이의 공통된 성공 요인으로 볼 수 없는 것은?　　　　　　　　　[2020년 기출]

① 네트워크 효과

② 선점 효과

③ 잠김 효과

④ 음의 피드백

정답 ④

풀이 ① 유저가 유저를 위해 가치를 창출하는 것을 네트워크 효과라 한다. 유저가 참여해서 가치를 창출하고 이는 또 다른 유저를 참여하도록 유인한다. 참여자들은 수요자 입장에서 긍정적인 피드백을 형성한다.
④ 생물의 개체수와 먹이의 관계가 전형적인 음의 피드백 현상이다. 먹이가 풍부한 환경에 있는 생명체는 빠르게 개체수를 늘려나가고 그 개체수 증가는 필연적으로 먹이 부족을 초래하여 다시 개체 수 증가를 억제하는 요인으로 작용하게 된다. 결국 개체수는 원래의 상태로 환원하게 된다는 이론이다. 구글, 페이스북, 이베이의 공통된 성공 요인이라고 할 수 있는 네트워크 효과는 긍정적인 피드백을 형성한다.

60

네트워크 효과로 볼 수 없는 것은?

① 생태계 기반

② 승자 독식 현상

③ 양면(다면) 시장 구조

④ 멀티 호밍(multi-homing)

정답 ④

풀이 ④ 멀티 호밍이란 플랫폼 참여자가 또 다른 플랫폼에 동시에 참여하는 것을 의미하는 것으로 네트워크 효과로 볼 수 없다.

61

정보재에 대한 설명으로 틀린 것은?

① 실제 사용하기 전에도 그 가치 판단이 가능하다.

② 혼잡의 문제가 발생하지 않는 비경합성을 특성으로 한다.

③ 생산량이 증가할수록 평균비용이 감소하는 규모의 경제가 나타난다.

④ 일단 한번 생성되면 두 번째 이후의 단위를 생산하기가 매우 용이하다.

> 정답 ①
>
> 풀이 경험재로 실제 사용하기 전에는 그 가치를 판단하기 어렵다.

62

정보재에 대한 설명으로 틀린 것은?

① 소비자가 직접 사용해 봐야 그 품질을 알 수 있다.

② 수요측면보다 공급측면이 훨씬 더 중요하게 고려된다.

③ 개발초기에 많은 고정비용이 들지만 추가적인 한계비용은 매우 낮다.

④ 생산량이 증가함에 따라 자연독점이 발생하고, 정보재의 생산자는 가격결정자가 된다.

> 정답 ②
>
> 풀이 ② 정보재에 대한 소비자들의 가치평가가 매우 다양해서 공급측면보다 수요측면이 훨씬 더 중요하게 고려된다. 따라서 판매과정에서 전략적인 고려가 매우 중요하다(예 무료견본, 한정판매 등).

63

정보재의 특징에 대한 설명으로 틀린 것은?

① 정보재는 수정·보완하기가 매우 편리하다는 점에서 변환이 쉬운 특징을 가진다.

② 정보재는 일단 생산해도 변하기 쉽다는 점에서 내구재의 특징을 가지는 재화로 볼 수 없다.

③ 정보재는 실제로 사용하기 전에는 그 가치를 판단하기 어렵다는 점에서 경험재의 특징을 가진다.

④ 정보재는 일단 한번 생산하면 두 번째 이후의 단위를 생산하기 쉽다는 점에서 무한 재생산성의 특징을 가지는 재화이다.

> **정답** ②
>
> **풀이** ② 정보재는 한번 생산되면 영원히 존재한다는 특징이 있다. 이러한 면에서 정보재는 내구재(durable goods)의 성질을 가지고 있다. 한편 일반적 내구재인 냉장고, 자동차 등에는 두 가지 특징이 있다. 하나는 여러 번 반복적으로 이용할 수 있다는 점이고 다른 하나는 오랫동안 소멸되지 않는다는 점이다. 정보재의 경우에는 이러한 두 가지 특성을 분리하여 생각할 필요가 있다. 정보재는 소멸되지 않는다는 점은 일반적인 내구재와 같지만, 이용 빈도에서는 정보재의 종류에 따라 한 번만 이용하거나 여러 번 이용하는 정보재가 있을 수 있다. 신문기사나 증권시세 또는 소설책 등은 일반적으로 한 번만 사용하는 정보재이고, 백과사전이나 음악 (CD, DVD) 등은 여러 번 사용하는 정보재에 해당한다.

64

정보가 상품이 되기 위한 조건으로 볼 수 없는 것은?

① 자유롭게 교환될 수 있어야 한다.

② 사적으로 소유할 수 있어야 한다.

③ 개인의 배타적 재산으로 인정받아야 한다.

④ 여러 번 반복적으로 이용할 수 있어야 한다.

> **정답** ④
>
> **풀이** ④ 정보재가 내구재의 성질을 가지는 것은 분명하지만 내구재라는 점은 정보가 상품이 되기 위한 조건과 관련이 없다. 참고로 정보재는 한번 생산되면 영원히 존재한다는 특징이 있다. 이러한 면에서 정보재는 내구재(durable goods)의 성질을 가지고 있다. 한편 일반적 내구재인 냉장고, 자동차 등에는 두 가지 특징이 있다. 하나는 여러 번 반복적으로 이용할 수 있다는 점이고 다른 하나는 오랫동안 소멸되지 않는다는 점이다. 정보재의 경우에는 이러한 두 가지 특성을 분리하여 생각할 필요가 있다. 정보재는 소멸되지 않는다는 점은 일반적인 내구재와 같지만, 이용 빈도에서는 정보재의 종류에 따라 한 번만 이용하거나 여러 번 이용하는 정보재가 있을 수 있다. 신문기사나 증권시세 또는 소설책 등은 일반적으로 한 번만 사용하는 정보재이고, 백과사전이나 음악 (CD, DVD) 등은 여러 번 사용하는 정보재에 해당한다.

핵심정리 정보재의 가격결정

- 정보재는 개발초기에 많은 고정비용이 들지만 추가적인 한계비용은 매우 낮다. 따라서 생산량이 증가함에 따라서 평균비용이 계속 하락하면서 자연독점이 발생하고, 정보재의 생산자는 가격결정자가 된다.
- 정보재에 대한 소비자들의 가치평가가 매우 다양해서 공급측면보다 수요측면이 훨씬 더 중요하게 고려된다. 따라서 판매과정에서 전략적인 고려가 매우 중요하다(예 무료견본, 한정판매 등).

65

일반적으로 시장 점유율이 높다고 반드시 영업이익률이 높다고 할 수는 없다. 하지만 마이크로소프트의 윈도우즈 운영체제는 시장 점유율은 90%에 달하고 영업이익률은 85%를 넘는다. 이러한 사례와 가장 밀접한 정보의 특성으로 옳은 것은?   [2020년 기출]

① 비배재성   ② 매체의존성
③ 재생산 가능성   ④ 경험재

정답 ③

풀이 ③ 재생산 가능성으로 일단 한번 생성되면 두 번째 이후의 단위를 생산하기가 매우 용이하다. 복제의 용이성도 비슷한 의미이다. 정보는 저비용·저에너지로 복제가 가능하다. 영업이익률은 매출액 대비 이익의 비율로서 원가를 낮출 수 있었기 때문이다.

메타데이터와 더블린 코어

66

메타데이터에 대한 설명으로 틀린 것은?　　　　　　　　　　　　　　　　　[2020년 기출]

① "데이터를 위한 데이터", 혹은 "데이터를 설명하기 위한 데이터"라고 할 수가 있다.

② 정보자료원에서 생산하고 관리되는 기록정보를 분류하는 데 필요한 요소들로 정의할 수 있다.

③ ISO 15836은 17개의 메타데이터 요소로 이루어지는 단순 더블린 코어와 한정적 더블린 코어(Dublin Core)로 구성되는데 기초적인 관례들을 표준화하여 검색 및 처리하는 데 사용된다.

④ MODS는 디지털 객체의 서지정보 표준 메타데이터로써 미국의회도서관에서 표준을 개발하였다.

> 정답 ③
>
> 풀이 ③ ISO 15836은 15개의 메타데이터 요소로 이루어지는 단순 더블린 코어와 한정적 더블린 코어(Dublin Core)로 구성된다.

67

메타데이터의 정의로 옳은 것은?

① 데이터의 크기와 형식을 나타내는 정보

② 데이터의 내용과 구조를 설명하는 정보

③ 데이터의 보안과 접근 권한을 관리하는 정보

④ 데이터의 생성일자와 수정일자를 기록하는 정보

> 정답 ②
>
> 풀이 ② 메타데이터는 데이터에 대한 정보를 제공하는 데이터의 일종으로, 데이터의 내용과 구조, 형식 등을 설명하는 정보이다.

```
                          ┌──────────────────┐
                          │   Dublin Core    │
                          └──────────────────┘
        ┌───────────────────────┼───────────────────────┐
┌───────────────┐      ┌───────────────────┐      ┌───────────────────┐
│   Content     │      │Intellectual Property│     │  Instantiation    │
│    (내용)      │      │    (지적재산권)     │      │   (인스턴스화)      │
├───────────────┤      ├───────────────────┤      ├───────────────────┤
│ • title (표제)  │      │ • creator (창작자)  │      │ • date (날짜)       │
│ • description   │      │ • publisher (발행자)│      │ • format (형식)     │
│   (설명)        │      │ • rights (저작권)   │      │ • identifier (식별자)│
│ • type (유형)   │      │ • contributor (기여자)│    │ • language (언어)   │
│ • subject (주제)│      │                   │      │                   │
│ • source (출처) │      │                   │      │                   │
│ • relation (관련자원)│  │                   │      │                   │
│ • coverage (수록범위)│  │                   │      │                   │
└───────────────┘      └───────────────────┘      └───────────────────┘
```

68

더블린 코어(Dublin Core) 메타데이터 요소의 범주에 대한 설명으로 틀린 것은?

① Title(표제)은 자원에 부여된 제목으로 내용(Content)으로 분류된다.

② Subject(주제)는 자원의 내용적 주제(topic)으로 내용(Content)으로 분류된다.

③ Publisher(발행자)는 자원을 현재의 형태로 이용가능하게 만든 실체로서 지적재산권(Intellectual Property)으로 분류된다.

④ Type(유형)은 자원의 내용이 가지는 성격 또는 장르로, 내용의 일반적인 범주, 기능, 장르 등을 표현하고 인스턴스화(Instantiation)로 분류된다.

정답　④

풀이　④ Type(유형)은 내용(Content)으로 분류된다.

69

DCMES에 대한 설명으로 틀린 것은?

① 요소들은 내용, 지적재산권, 인스턴스화의 세 가지 범주로 구분된다.

② 17개 요소들은 평면적인 구조로 설계되어 계층성이 없고, 재량적이며 어떤 순서로든 사용할 수 있다.

③ 구조가 단순하고 요소가 간단해서 목록 비전문가도 메타데이터를 쉽게 작성할 수 있다는 장점이 있다.

④ 웹 자원을 기술하는 데 이용될 뿐 아니라 국내외 기관 레포지터리의 메타데이터로 활발히 활용되고 있다.

> 정답 ②
>
> 풀이 15개 요소들은 평면적인 구조로 설계되어 계층성이 없고, 재량적(optional)이며 반복 가능하고 어떤 순서로 든 사용할 수 있다.

70

DCMES(Dublin Core Metadata Element Set)에 대한 설명으로 틀린 것은?

① 15개 요소들은 평면적인 구조로 설계되어 계층성이 없고, 재량적(optional)이며 반복 가능하고 어떤 순서로든 사용할 수 있다. 요소들은 세 가지 범주로 구분할 수 있다.

② 표제, 주제, 유형, 설명, 그리고 출처 요소가 자원의 내용에 관한 범주에 해당된다.

③ 자원의 지적 재산권과 관련된 범주로 창작자와 기여자, 발행자 등의 요소가 있다.

④ 인스턴스화 요소들은 물리적 · 언어적 특성은 동일하지만 내용이 다양한 전자자원의 특성을 기술하기 위해 만들어졌다.

> 정답 ④
>
> 풀이 ④ 자원의 구현형(manifestation) 속성을 기술하는 인스턴스화 범주로, 날짜(date), 형식(format), 언어 (language), 그리고 식별자(identifier) 요소가 해당된다. 이러한 요소들은 내용은 동일하지만 물리적 · 언 어적 특성이 다양한 전자자원의 특성을 기술하기 위해 만들어졌다. 예를 들어, 내용이 동일한 보고서라 도 HTML, PDF, 워드 파일과 같이 다양한 형식으로 생성될 수 있고, 각기 다른 날짜에 다른 URI를 가지 게 된다. 또한 국제기관의 웹사이트는 여러 언어로 구축되는 경우가 많은데 내용이 동일하지만 언어별 로 다른 인스턴스(자원)이 된다.

국제 표준 기구(ISO)

🔑 핵심정리 국제 표준 기구(ISO)

국제 표준화 기구(International Organization for Standardization, ISO) 또는 영어 약어로 ISO는 여러 나라의 표준 제정 단체들의 대표들로 이루어진 국제적인 표준화 기구이다. 1947년에 출범하였으며 나라마다 다른 산업, 통상 표준의 문제점을 해결하고자 국제적으로 통용되는 표준을 개발하고 보급한다. ISO는 1926년에 ISA(International Federation of the National Standardizing Associations)라는 이름으로 시작하였다. 제2차 세계 대전 기간 중에 활동은 1942년에 멈추었다가 전쟁 이후에 최근에 형성된 UNSCC(United Nations Standards Coordinating Committee)에 의해 새로운 세계 표준화 기구의 형성이 제안되면서 ISA에 접근하기 시작했다. 1946년 10월, ISA와 UNSCC의 25개국 대표들은 런던에서 모임을 갖고 새로운 표준화 기구를 창설하기 위해 하나가 되기로 동의하였다. 즉, 새로운 기구는 공식적으로 1947년 2월에 운영을 시작하였다. 스위스 민법에 의해 설립된 비정부 기구 민간 기구로서, ISO가 정한 표준은 보통 국제 협약이나 국가 표준 제정 시 광범위하게 인용, 활용되기 때문에 국제적인 영향력이 크며 실질적으로 각국 정부의 표준 정책과 깊은 유대 관계에 있다. 특히 유럽연합의 지역표준화 기구인 CEN과의 Vienna Agreement의 체결로 유럽의 표준이 ISO 국제표준으로 채택되는 가능성이 높아, 유럽의 영향이 매우 크다. 각국의 대표 기관을 지정하고 이 기관으로부터 추천받은 전문가들이 표준 개발에 참가한다. 의사 결정은 회원 기관에게 부여되는 1표의 투표권 행사로써 결정하는 방식을 채택하고 있다. ISO는 전기 기기에 관한 국제 표준화를 담당하는 국제 전기 표준 회의(International Electrotechnical Commission, IEC)와는 표준 개발의 지침이 되는 ISO/IEC Directives 를 공동으로 활동하는 등, 상호 보완적인 협조 관계를 유지하고 있다. ISO라는 명칭은 International Standards Organization 또는 그 비슷한 정식 명칭을 줄인 것이라는 오해가 많지만 ISO는 머리글자를 딴 약 칭이 아니고 그리스어의 $\iota\sigma o\varsigma$(로마자 : isos, 이소스), 즉 "같다, 동일하다"라는 단어에서 따온 것이다. 따라서 ISO의 발음은 "아이에스오"가 아니라 아이소(또는 이소)로 읽는 것이 맞다.

71

ISO에 대한 설명으로 틀린 것은?

[2020년 기출]

① ISA와 UNSCC의 25개국 대표들이 미국 뉴욕에서 모임을 갖고 국제표준화기구(ISO)를 창설하였다.

② 상품 및 서비스의 국제적 교환을 촉진하고, 지적, 과학적, 기술적, 경제적 활동 분야에서의 협력 증진을 위하여 세계의 표준화 및 관련 활동의 발전을 촉진시키는 데 있다.

③ ISO 표준 제정 절차는 일반적으로 제안부터 발행까지 6단계로 구성되며, ISO/IEC 기술작업지침서를 준수한다.

④ 기구의 가입은 한 나라 당 하나의 기관에 한하여 허용되고 1년마다 총회를 개최하며, 여기서 이사회의 심의를 거쳐 ISO 권고가 규격으로서 공표된다.

72

ISO에 대한 설명으로 틀린 것은?

① 1946년 런던에서 25개국의 대표들이 모여 국제표준기구(ISO) 설립을 위한 회의를 개최하였다.

② 1947년 스위스 제네바에서 설립되었으며, 현재 167개국 이상의 회원국이 참여하고 있다.

③ ISO 총회는 ISO의 최고 의결기관으로 3년마다 개최되며, 각 회원국의 대표들이 참여한다.

④ 미국에서는 헨리 포드가 국제 표준화의 중요성을 강조하며, ISO 설립에 앞장섰으며 영국의 존 콜린스가 최초의 사무총장을 역임했다.

73

ISO에 대한 설명으로 틀린 것은?

① ISO는 국가 표준을 정하는 각국의 정부 기관들이 참여하는 조직이다.

② ISO의 회원들은 매년 총회에서 ISO의 전략적 목표를 논의한다.

③ ISO는 제네바에 위치한 중앙 사무국에 의해 조정된다.

④ ISO는 다양한 소유권, 산업 및 상업 표준을 개발하고 발행한다.

10 MARC와 MODS

핵심정리 마크업 언어(markup language)

원래 마크업(markup)이란 신문사나 잡지사의 교정 기자들이 쓰는 특수 목적의 표기법으로, 문서의 논리적 구조와 배치 양식에 대한 정보를 표현하는 언어를 말한다. 마크업 언어는 문서에 포함된 문장이나 그림, 표, 소리 등과 같은 문서 내용에 대한 정보가 아니라 그 문장과 그림, 표는 어떻게 배치되고 글자는 어떤 크기와 모양을 가지며, 들여쓰기와 줄 간격, 여백 등에 대한 정보를 의미한다.

핵심정리 하이퍼텍스트 기술 언어(Hyper Text Markup Language, HTML)

텍스트 정보 처리에 관한 국제 표준인 ISO 8879. SGML(Standard Generalized Makerup Language)에 의한 Data Type Difintion(DTD)이다. 이 SGML은 언어를 규정하는 언어인 메타 언어이다. 구조화된 형식을 가지며 HTML브라우저를 통해서 초보자들에게도 쉽게 인터넷에 접근하도록 한다.

핵심정리 확장성 생성 언어(extensible markup language, XML)

확장성 생성 언어로 번역되며, 1996년 W3C(World Wide Web Consortium)에서 제안하였다. HTML보다 홈페이지 구축 기능, 검색 기능 등이 향상되었고 클라이언트 시스템의 복잡한 데이터 처리를 쉽게 한다. 또한 인터넷 사용자가 웹에 추가할 내용을 작성, 관리하기에 쉽게 되어 있다. 이밖에 HTML은 웹 페이지에서 데이터베이스처럼 구조화된 데이터를 지원할 수 없지만 XML은 사용자가 구조화된 데이터베이스를 뜻대로 조작할 수 있다. 구조적으로 XML 문서들은 SGML(standard generalized markup language) 문서 형식을 따르고 있다. XML은 SGML의 부분집합이라고도 할 수 있기 때문에 응용판 또는 축약된 형식의 SGML이라고 볼 수 있다. 1997년부터 마이크로소프트사(社)와 넷스케이프 커뮤니케이션스사(社)가 XML을 지원하는 브라우저 개발을 하고 있다.

74

마크업 언어(markup)에 대한 설명으로 틀린 것은?

① 마크업(markup)이란 신문사나 잡지사의 교정 기자들이 쓰는 특수 목적의 표기법이다.
② 마크업 언어는 문서의 논리적 구조와 배치 양식에 대한 정보를 표현하는 언어를 말한다.
③ HTML은 브라우저를 통해서 인터넷에 접근하도록 하고, 웹 페이지에서 데이터베이스처럼 구조화된 데이터를 지원할 수 있다.
④ XML은 데이터를 구조화하고 의미를 부여하는 데 사용되는 마크업 언어로 복잡한 문서의 논리적 구조를 표현해 줄 수 있는 장점을 가지고 있다.

75

마크업 언어(markup language)에 대한 설명으로 틀린 것은?

① 원래 마크업(markup)이란 신문사나 잡지사의 교정 기자들이 쓰는 특수 목적의 표기법으로, 문서의 논리적 구조와 배치 양식에 대한 정보를 표현하는 언어를 말한다.

② HTML은 텍스트 정보 처리에 관한 국제 표준인 ISO 8879, SGML(Standard Generalized Makerup Language)에 의한 Data Type Difintion(DTD)이다.

③ XML은 확장성 생성 언어로 번역되며, 1996년 W3C(World Wide Web Consortium)에서 제안하였다.

④ XML은 HTML처럼 웹 페이지에서 데이터베이스처럼 구조화된 데이터를 지원할 수 있음은 물론 HTML에 비해 홈페이지 구축 기능, 검색 기능 등이 향상되어 클라이언트 시스템의 복잡한 데이터를 처리할 수 있다.

정답 ④

풀이 ④ HTML은 웹 페이지에서 데이터베이스처럼 구조화된 데이터를 지원할 수 없지만 XML은 사용자가 구조화된 데이터베이스를 뜻대로 조작할 수 있다.

76

문서의 논리적 구조와 배치 양식에 대한 정보를 표현하는 언어로 볼 수 없는 것은?

① XML

② HTML

③ Query Language

④ Markup Language

정답 ③

풀이 ③ Markup Language에 대한 설명이다. XML과 HTML은 대표적인 Markup Language이다. 참고로 질의어 (Query Language)는 데이터베이스와 정보 시스템에 질의를 할 수 있게 하는 고급 컴퓨터 언어이다.

W3C와 RDF

77

RDF에서 "Resource"가 의미하는 것으로 옳은 것은?

① 웹 상의 모든 정보를 나타내는 개념

② 데이터의 속성(attribute)을 나타내는 개념

③ 데이터의 값(value)을 나타내는 개념

④ 데이터의 관계(relation)를 나타내는 개념

정답 ①

풀이 ① RDF에서 "Resource" 용어는 웹상의 모든 정보를 나타내는 개념으로, URI(Uniform Resource Identifier)로 식별된다.

78

다음 개념들에 대한 설명으로 틀린 것은?

① RDF는 메타데이터의 의미와 내용에 대한 공유를 촉진하기 위한 국제표준이다.

② W3C는 월드와이드웹을 위한 표준을 개발하고 장려하는 조직으로 팀 버너스리를 중심으로 1994년 10월에 설립되었다.

③ 이더넷(ethernet)은 제록스(Xerox)사(社)의 팔로알토연구소에서 개발한 컴퓨터 네트워크 기술로 LAN 제품이 등장하면서 성장하였다.

④ 마크업 언어는 문서에 포함된 문장이나 그림, 표, 소리 등과 같은 문서 내용에 대한 정보가 아니라 그 문장과 그림, 표는 어떻게 배치되고 글자는 어떤 크기와 모양을 가지며, 들여쓰기와 줄 간격, 여백 등에 대한 정보를 의미한다.

정답 ①

풀이 ① MDR에 대한 설명이다. 자원 기술 프레임워크(RDF)는 웹상의 자원의 정보를 표현하기 위한 규격이다. 상이한 메타데이터 간의 어의, 구문 및 구조에 대한 공통적인 규칙을 지원한다.

📍 **핵심정리** 온톨로지(Ontology)

- 온톨로지(Ontology)란 사람들이 세상에 대하여 보고 듣고 느끼고 생각하는 것에 대하여 서로 간의 토론을 통하여 합의를 이룬 바를, 개념적이고 컴퓨터에서 다룰 수 있는 형태로 표현한 모델로, 개념의 타입이나 사용상의 제약조건들을 명시적으로 정의한 기술이다.
- 온톨로지는 일종의 지식표현(knowledge representation)으로, 컴퓨터는 온톨로지로 표현된 개념을 이해하고 지식처리를 할 수 있게 된다. 프로그램과 인간이 지식을 공유하는 데 도움을 주기 위한 온톨로지는, 정보시스템의 대상이 되는 자원의 개념을 명확하게 정의하고 상세하게 기술하여 보다 정확한 정보를 찾을 수 있도록 하는 데 목적이 있다.
- 온톨로지는 지식개념을 의미적으로 연결할 수 있는 시맨틱 웹의 도구로서 RDF, OWL, SWRL 등의 언어를 이용해 표현한다. 온톨로지는 일단 합의된 지식을 나타내므로 어느 개인에게 국한되는 것이 아니라 그룹 구성원이 모두 동의하는 개념이다. 그리고 프로그램이 이해할 수 있어야 하므로 여러 가지 정형화가 존재한다.

79

온톨로지에서 개념 간의 연결을 나타내는 구성요소로 옳은 것은?

① 클래스(Class)　　　　　　　　　　② 인스턴스(Instance)

③ 속성(Property)　　　　　　　　　　④ 관계(Relation)

정답 ④

풀이 ④ 온톨로지에서 개념 간의 연결을 나타내는 것은 관계(relations)이다. 클래스는 사물이나 개념 등에 붙이는 이름을 말하고, 인스턴스는 개념의 구체적인 사례이고, 속성은 개념이 가지는 특징을 나타낸다.

80

온톨로지(Ontology) 언어에 대한 설명으로 틀린 것은?

① RDF(Resource Description Framework) : 웹 기반 데이터 모델링을 위한 표준 프레임워크이다.

② OWL(Web Ontology Language) : 관계들 간의 위계, 관계, 인스턴스 내에서의 논리적 제약조건 등을 포함한 언어이다.

③ SWRL(Semantic Web Rule Language) : 추론을 위한 규칙을 정의하기 위하여 사용하는 온톨로지 언어이다.

④ OIL(Ontology Inference Layer) : OWL의 발전된 형태로, 지식을 객체, 속성, 슬롯 등 구조를 사용하여 표현하는 온톨로지 언어이다.

 ④

풀이 OIL(Ontology Inference Layer)은 OWL의 전신이다.

81

온톨로지(Ontology)에 대한 설명으로 틀린 것은?　　　　　　　　　　　　[2020년 기출]

① 단어와 단어 사이의 상관관계를 보다 빠르고 편하게 검색할 수 있도록 돕는 연구 분야를 의미한다.

② 온톨로지의 구성 요소는 클래스(class), 인스턴스(instance), 관계(relation), 속성(property)으로 구분할 수 있다.

③ 원래 사물의 존재 의미를 논의하는 철학적인 연구 영역을 뜻하는 말이다.

④ 대표적인 온톨로지 언어로 WOL(Web Ontology Language)이 있다.

정답 ④

풀이 ④ 대표적인 온톨로지 언어로 OWL이 있다.

메타데이터와 온톨로지 (Metadata and Ontology)

♀ 핵심정리 메타데이터와 온톨로지의 관계

(1) 상황

  서로 다른 데이터베이스가 같은 개념에 대해 서로 다른 식별자(태그)나 서로 다른 단어를 사용하는
  경우가 점점 많아지고 있다.

(2) 문제점

  전문 분야가 같은 경우 데이터베이스 간의 상호 교환에 많은 문제가 야기되며, 장기적으로는 전문
  분야가 다른 경우에도 문제가 누적될 것이다.

(3) 온톨로지 구축에 의한 방법

  • 공유되는 개념화를 정형적, 명시적으로 명세화 하는 도구로서 해결할 수 있다.
  • 메타데이터 세트 또는 메타데이터 요소 간의 호환성을 온톨로지로 유지할 수 있다.

(4) 메타데이터 레지스트리(MDR) 구축에 의한 방법

  • 표준화된 방법론에 의해 메타데이터 요소의 등록, 승인, 삭제 등을 수행한다.
  • 메타데이터 레지스트리 구축에서도 서로 다른 형식의 메타데이터 세트와 요소의 호환을 위해서는
    온톨로지가 필요하다.

82

메타데이터와 온톨로지의 관계에 대한 설명으로 틀린 것은?

① 메타데이터 세트 또는 메타데이터 요소 간의 호환성을 온톨로지로 유지할 수 있다.

② 온톨로지는 공유되는 개념화를 정형적, 명시적으로 명세화하는 도구로서 활용될 수 있다.

③ 표준화된 방법론에 의해 메타데이터 요소의 등록, 승인, 삭제 등을 수행하는 메타데이터 레지스트리
   (MDR)도 일종의 온톨로지로 볼 수 있다.

④ 메타데이터 온톨로지는 데이터베이스 정보의 의미론적 연결을 위한 기술 어휘와 기준의 집합이다.

정답 ③

풀이 ③ 서로 다른 데이터베이스가 같은 개념에 대해 서로 다른 식별자(태그)나 서로 다른 단어를 사용하는 경
   우, 이 문제를 해결하는 방안으로는 온톨로지 구축에 의한 방법과 메타데이터 레지스트리(MDR) 구축에
   의한 방법이 있다. 메타데이터 레지스트리는 메타데이터의 의미와 내용에 대한 공유를 촉진하기 위한
   국제표준으로 온톨로지로 볼 수 없다. 다만 메타데이터 레지스트리를 구축함에 있어서도 서로 다른 형
   식의 메타데이터 세트와 요소의 호환을 위해서는 온톨로지가 필요하다.

Theme 14 시맨틱 웹(Semantic Web)

♀ 핵심정리 시맨틱 웹(Semantic Web)

> 시맨틱 웹(Semantic Web)은 '의미론적인 웹'이라는 뜻으로, 현재의 인터넷과 같은 분산 환경에서 리소스 (웹 문서, 각종 파일, 서비스 등)에 대한 정보와 자원 사이의 관계 – 의미 정보(Semanteme)를 기계(컴퓨터)가 처리할 수 있는 온톨로지 형태로 표현하고, 이를 자동화된 기계(컴퓨터)가 처리하도록 하는 프레임워크이자 기술이다. 웹의 창시자인 팀 버너스리가 1998년 제안했고 현재 W3C에 의해 표준화 작업이 진행 중이다.

83

시맨틱 웹의 특징으로 틀린 것은?

① 접근 방식 : 온톨로지, 규칙

② 목표 : 웹 정보의 의미적 연결 및 추론

③ 추론 : 기계 학습 기반 추론

④ 활용 분야 : 정보 검색, 지식베이스 구축, 데이터 통합

> **정답** ③
> **풀이** 시맨틱 웹은 규칙 기반 추론에 기반하여 인간의 언어의 의미를 명확하게 표현하는 것을 목표로 한다.

84

시맨틱 웹(Semantic Web)에 대한 설명으로 틀린 것은?

① 컴퓨터가 이해할 수 있는 웹을 말한다.

② 기계들끼리 서로 의사소통을 할 수 있는 지능형 웹이다.

③ 자원 기술 개념(RDF)을 기반으로 한 온톨로지 기술을 통해 구현된다.

④ 웹 애플리케이션을 제공하는 하나의 플랫폼으로 데스크톱 컴퓨터의 응용 프로그램을 대체한다.

> **정답** ④
> **풀이** ④ 웹 애플리케이션을 제공하는 하나의 플랫폼으로 데스크톱 컴퓨터의 응용 프로그램을 대체하는 것은 웹 2.0의 특징이다.

85

시맨틱 웹(Semantic Web)에 대한 설명으로 옳은 것은?

① 개방, 참여, 공유의 정신을 바탕으로 사용자가 직접 정보를 생산하여 쌍방향으로 소통하는 웹 기술을 말한다.

② 플랫폼으로서의 웹(Web as Platform)환경에서 집단지성을 이용하여 콘텐츠를 제공하고 공유한다.

③ 기계들끼리 서로 의사소통을 할 수 있는 지능형 웹이다.

④ 게시판, 댓글, 블로그, UCC, 지식백과 등이 있다.

> **정답** ③
>
> **풀이** ①, ②, ④ 모두 웹 2.0에 대한 설명이다.

86

시맨틱 웹의 기술 계층 구조에서 OWL의 기능으로 옳은 것은?

① 데이터 표현을 위한 언어   ② 검색 엔진 최적화를 위한 기술

③ 웹 서비스의 보안 강화를 위한 프로토콜   ④ 데이터베이스 관리를 위한 소프트웨어

> **정답** ①
>
> **풀이** ① OWL은 Ontology Web Language의 약자로, 시맨틱 웹에서 온톨로지를 작성하고 표현하기 위한 언어이다.

87

시맨틱 웹에 대한 설명으로 옳은 것은?   [2020년 기출]

① 키워드 기반으로 최적화된 검색 결과를 보여준다.

② 컴퓨터와 인간 언어 사이의 상호 작용하는 기술이다.

③ 자연어 분석, 자연어 이해, 자연어 생성 등의 기술이다.

④ 컴퓨터가 스스로 정보의 의미를 파악하고 정보를 처리, 추론할 수 있는 환경을 구축한다.

> **정답** ④
>
> **풀이** ① 웹 2.0을 대표하는 페이지랭크는 키워드 기반 검색엔진이다. 반면에 시맨틱 웹에서는 4세대 검색엔진을 사용한다. 4세대 검색엔진은 커워드 기반이 아닌 의미 기반의 검색방법을 사용한다.
> ② 자연어 처리(Natural Language Processing)에 대한 설명이다.

핵심정리 태그(Tag)

어떤 정보를 검색할 때 사용하기 위해 부여하는 단어 혹은 키워드를 의미하며, 꼬리표라고도 부른다. 인
터넷 정보들 중에 사진이나 동영상과 같은 멀티미디어 정보의 등장에 따라 태그(tag)의 필요성이 늘어나
게 되었다. 이러한 멀티미디어 정보들은 텍스트로 작성된 정보와 달리 '키워드'를 가지고 검색하는 것이
불가능하므로 정보 검색을 위하여 계층적으로 분류(Taxonomy)하여 검색하기도 한다. 그러나 가령 여행
중에 촬영한 사진의 경우 '여행'이라는 분류도 가능하지만, 촬영한 도시에 따라서 분류할 수도 있고, 사
진의 이벤트 종류에 따라서 분류할 수도 있으므로 하나의 정보가 여러 분야에 복수로 속하게 된다. 이
러한 경우 계층적인 분류가 불가능하게 되며 또한 분류체계가 방대해져서 검색에 많은 시간이 소요된
다. 그래서 여러 개의 텍스트로 만든 태그를 부여하여 검색하는 데 사용한다. 즉 모든 사용자들에게 표
준화된 분류체계를 유지하는 것이 실제로는 불가능한 현실에서, 특정한 정보에 적합한 단어(태그)들을
모두 나열하게 함으로써 태그의 집합으로 정보를 검색하고 분류하는 것이다. 웹 2.0의 중심 기능으로 사
용자들의 참여에 의해서 중앙에서 통제되지 않고 분류된다고 해서, 이를 폭소노미(Folksonomy)라고 부
르게 되었다. 트위터, 페이스북, 인스타그램 등 소셜 네트워크(SNS)에서 관심 있는 글을 검색하는 데 태
그를 사용하기도 하고, 태그를 일종의 공동관심사를 표현하는 키워드로 간주하여 설정하기도 한다. 태
그가 일종의 커뮤니티 역할을 맡고 있으며, 소셜 네트워크에서 사진을 올리고 서로 공유하는 데 태그의
활용이 증대되고 있는 것이다. 또한 2015년 출시된 네이버의 폴라(Pholar)에서는 친구를 팔로우하는 것
이 아니라 취미에 해당하는 태그를 팔로우하는 시스템을 적용하여 태그의 활용이 더 높아졌다.

핵심정리 해시태그(Hashtag)

(1) 의의

• 해시태그(hashtag)는 트위터 등 소셜 네트워크 서비스(SNS)에서 사용되는 메타데이터 태그로, 해시
기호(#) 뒤에 특정 단어를 쓰면 그 단어에 대한 글을 모아 분류해서 볼 수 있다.

• 소셜 네트워크 서비스나 마이크로블로그 서비스에서 관련된 내용물을 묶어주는 역할을 하는 태그
이다. 사용자들이 관심 있는 주제의 내용물을 쉽게 찾을 수 있도록 도와준다. 보통 띄어쓰기 없이
단어나 문구를 쓰고 앞에 해시기호(#)를 붙여 넣는다. 이 해시태그를 클릭하면 해당 해시태그가 포
함된 내용물이 모두 표시된다. 예를 들어 음식 사진을 올릴 때 #먹스타그램, 셀프 사진을 올릴 때
#셀카 이런 식으로 사용한다. 이러한 일상 속 키워드뿐만 아니라 기업의 마케팅이나 테러의 피해
자들을 위로하는 글처럼 사회적 이슈에도 사용된다.

- 본래 해시 기호(#)는 IT 업계에서 특별한 의미를 강조할 때 사용되었다. 예를 들어, 1978년에 C 프로그래밍 언어에서 먼저 처리되어야 할 키워드를 표시하기 위해 사용되었다. 당시에는 '해시 기호(hash symbol)'라고 불렀다. 그러다 2007년 트위터에서 수많은 정보들이 흩어지는 것을 안타깝게 여긴 사용자 '크리스 메시나(Chris Messena)'가 트위터 측에 "#을 써서 정보를 묶는 것을 어떻게 생각하냐."고 물었고 이를 트위터측이 받아들이면서 해시태그가 시작되었다. 그러나 트위터가 본격적으로 모든 해시태그에 하이퍼링크를 넣은 것은 2009년 7월의 일이다. 트위터는 2010년에 많이 언급된 해시태그를 뽑아 보여주는 '트렌딩 토픽'을 도입하기도 했다. 시작은 트위터였지만, 페이스북, 인스타그램 등 다른 소셜 네트워크 서비스에서도 같은 용도로 해시태그를 지원하고 있다.

(2) 해시태그 운동

해시태그 운동(Hashtag activism, 해시태그 활동주의)은 단순히 홍보 수단이나 가벼운 주제를 묶어 보여주는 역할에서 확대되어 정치·사회 이슈를 만들어내는 해시태그의 사회운동 역할을 말한다. 초기엔 놀이문화로만 이용되던 해시태그가 일종의 콘텐츠를 생산하는 역할을 맡았고, 사회운동 역할로 확장된 것이다. 해시태그를 중심으로 한 시민들의 용기 있는 고백이 모이고 모여 변화의 물꼬를 텄으며, 이게 오프라인으로 결집이 이어지면서 '집단 지성'으로서 힘을 증명한 것이다. 언론에 의해 형성된 여론 아니라 소셜 네트워크 서비스에 의해 시민들 스스로가 주도하는 여론이다.

88

태그(tag)에 대한 설명으로 틀린 것은?

① 어떤 정보를 검색할 때 사용하기 위해 부여하는 단어 혹은 키워드를 의미하며, 꼬리표라고도 부른다.
② 멀티미디어 정보들은 텍스트로 작성된 정보와 달리 '키워드'를 가지고 검색하는 것이 불가능하기 때문에 태그(tag)의 필요성이 늘어나게 되었다.
③ 웹 2.0의 중심 기능으로 사용자들의 참여에 의해서 중앙에서 통제되지 않고 분류된다고 해서, 이를 Taxonomy라고 부르게 되었다.
④ 2015년 출시된 네이버의 폴라(Pholar)에서는 친구를 팔로우하는 것이 아니라 취미에 해당하는 태그를 팔로우하는 시스템을 적용하여 태그의 활용이 더 높아졌다.

정답 ③
풀이 ③ 웹 2.0의 중심 기능으로 사용자들의 참여에 의해서 중앙에서 통제되지 않고 분류된다고 해서, 이를 폭소노미(Folksonomy)라고 부르게 되었다.

89

해시태그(hashtag)에 대한 설명으로 틀린 것은?

① SNS에서 사용되는 메타데이터 태그이다.
② 해시태그를 클릭하면 해당 해시태그가 포함된 내용물이 모두 표시된다.
③ 보통 띄어쓰기 없이 단어나 문구를 쓰고 앞에 해시기호(#)를 붙여 넣는다.
④ 시맨틱 웹 기술을 적용하여 컴퓨터가 처리하기 용이하도록 웹상의 자료에 의미를 부가한 것이다.

핵심정리 태그 구름(Tag Cloud)

(1) 의의

Tag cloud 또는 Word cloud는 메타 데이터에서 얻어진 태그들을 분석하여 중요도나 인기도 등을 고려하여 시각적으로 늘어놓아 웹 사이트에 표시하는 것이다. 보통은 2차원의 표와 같은 형태로 태그들이 배치되며 이때 순서는 알파벳/가나다 순으로 배치된다. 시각적인 중요도를 강조를 위해 각 태그들은 그 중요도(혹은 인기도)에 따라 글자의 색상이나 굵기 등 형태가 변한다. 사용자는 이렇게 표시된 태그 중 마음에 드는 키워드를 발견하고 그것을 선택하여 그 메타 데이터에 원래 연결된 웹 페이지로 이동하게 된다.

(2) 역사

가장 먼저 널리 알려지게 된 계기는 사진 공유 사이트인 플릭커(Flickr)였다. 이후 Del.icio.us나 테크노라티 같은 웹사이트들에서 비슷한 기능을 선보였으며 이를 통해 여러 웹사이트들로부터 인기를 끌게 되었다. 그러나 가장 먼저 대중에 발표된 이러한 형태를 가진 구조는 더글러스 쿠프란드의 소설 「마이크로서프(Microserfs)」에서 볼 수 있다.

(3) 종류

• 태그 구름은 외적인 모습보다는 그 의미적인 면에서 두 가지로 구분된다.
• 어떤 하나의 연결에 연관된 태그들이 얼마나 많으며 어떤 종류인지 보여주는 것이다. 이것은 어떤 내용에 민주적으로 투표된 것과 마찬가지로 여러 사용자들에 의해 그것이 어떤 태그와 연결되는 것이 적합한지를 보여줄 수 있다. 예를 들어 어떤 음악가의 음악이 어떤 장르의 음악인지 보여주는 Last.fm의 경우에 볼 수 있다.
• 가장 대표적인 경우로 각 태그들이 얼마나 인기도가 높은지를 보여주는 표시법으로 사용되는 경우이다. 이때 태그들의 글자 크기나, 색상, 형태들이 인기도에 따라 변화되며 이때 인기도는 사용자들의 선택에 의해 자동적으로 갱신되게 된다.

(4) 네이버의 인공지능 기술 기반 태그 구름

네이버는 '별점 시스템'을 없애고 자체 인공지능(AI) 기술을 기반으로 '태그 구름'을 새롭게 적용하기로 했다. 태그 구름은 방문객들의 리뷰를 바탕으로 제공되는 해시태그(#) 형식의 통계 정보다. 방식은 간단하다. 방문객들이 남긴 후기에서 키워드를 추출해 태그로 구름 형태를 구성하는 식이다. 별점이 일률적인 척도였다면, 태그 구름은 업체의 다양한 특성을 한눈에 확인할 수 있을 거라는 게 네이버의 설명이다.

90

태그 구름(Tag Cloud)에 대한 설명으로 틀린 것은?

① 메타 데이터에서 얻어진 태그들을 분석하여 웹 사이트에 표시하는 것이다.

② 보통은 2차원의 표와 같은 형태로 태그들이 배치되며 이때 순서는 중요도(인기도)이다.

③ 더글러스 쿠프란드(Douglas Coupland)의 소설 「마이크로서프(Microserfs)」에서 유래한 개념이다.

④ 어떤 하나의 연결에 연관된 태그들이 얼마나 많으며 어떤 종류인지 보여주는 것과 각 태그들이 얼마나 인기도가 높은지를 보여주는 표시법으로 사용되는 경우로 분류할 수 있다.

정답 ②

풀이 ② Tag cloud 또는 Word cloud는 메타 데이터에서 얻어진 태그들을 분석하여 중요도나 인기도 등을 고려하여 시각적으로 늘어놓아 웹 사이트에 표시하는 것이다. 보통은 2차원의 표와 같은 형태로 태그들이 배치되며 이때 순서는 알파벳/가나다 순으로 배치된다. 시각적인 중요도를 강조를 위해 각 태그들은 그 중요도(혹은 인기도)에 따라 글자의 색상이나 굵기 등 형태가 변한다. 사용자는 이렇게 표시된 태그 중 마음에 드는 키워드를 발견하고 그것을 선택하여 그 메타 데이터에 원래 연결된 웹 페이지로 이동하게 된다.

디지털과 아날로그

91
디지털(digital)에 대한 설명으로 틀린 것은?

① 사물이나 개념을 특정 단위로 끊어서 표현한다.

② 손가락을 뜻하는 영어의 'digit'에서 파생되었다.

③ 데이터 전송과정에서 매 시간마다 0과 1 사이의 실수값을 전송한다.

④ 매 시간 도체에 흐르는 전류량을 전송해야 할 경우, 아날로그 방식에 비해 디지털 방식이 불리하다.

> 정답 ③
> 풀이 아날로그 방식에서는 매 시간마다 0과 1 사이의 실수값을 전송하는 반면, 디지털 방식에서는 0 또는 1의 값만 전송한다.

92
아날로그에 대한 설명으로 틀린 것은?

① 아날로그(analog) 방식은 사물이나 개념을 연속적인 값으로 표현한다.

② 아날로그 방식에서는 매 시간마다 0과 1 사이의 실수값을 전송한다.

③ 아날로그 방식은 디지털 방식에 비해서 외부로부터의 간섭을 덜 받는다는 장점이 있다.

④ 연속적인 값을 끊임없이 전송해야 하는 경우 디지털 방식으로는 한계가 있어 아날로그 방식이 적합하다.

> 정답 ③
> 풀이 ③ 아날로그 방식과 비교했을 때 디지털 방식은 외부로부터 간섭을 덜 받는다는 장점이 있다. 반면, 연속적인 값을 끊임없이 전송해야 하는 경우 디지털 방식으로는 한계가 있다.

93

아날로그 세상과 디지털에 대한 설명으로 틀린 것은?

① 디지털은 이진법 논리를 사용해서 0과 1의 각종 조합이다.

② 디지털 전환은 아톰(atoms)에서 비트(bits)로 이동하는 변화이다.

③ 숫자, 0과 1의 조합으로 컴퓨터에서 전달하는 언어인 디짓(digit)은 기술적 형상의 소통 도구이다.

④ 디지털은 아날로그 세상의 모태로서 컴퓨터는 아날로그 세계를 구성하는 거의 모든 것을 디지털로 전환할 수 있다.

정답 ④

풀이 ④ 아날로그 세상은 디지털의 모태이다. 컴퓨터는 아날로그 세계를 구성하는 모든 것을 디지털로 전환할 수 있다. 이는 아톰(atoms)에서 비트(bits)로 이동하는 변화이다. 숫자, 0과 1의 조합으로 컴퓨터에서 전달하는 언어인 디짓(digit)은 기술적 형상의 소통 도구이다. 비트는 0과 1로 이루어진 데이터의 최소 단위이며, 컴퓨터를 움직이는 정보를 구성하는 기본 단위이다. 물질이 아니지만, 영상과 소리를 만드는 기초재료이다. 컴퓨터가 처리하는 모든 정보는 비트로 이루어진다. 컴퓨터는 비트로 비트를 처리하고 비트로 비트를 만든다.

프로그램, 알고리즘, 프로그래밍 언어

94
알고리즘에 대한 설명으로 틀린 것은?

① 페르시아의 수학자인 알－콰리즈미의 이름에서 유래된 용어이다.

② 수학적 개념을 컴퓨터가 이해할 수 있는 형태로 구현한 것이다.

③ 알고리즘은 유한 번의 단계를 수행하고 종료되어야 한다.

④ 각 수행 단계는 간단명료한 연산으로 구성되어야 한다.

정답 ②

풀이 프로그램에 대한 설명이다. 알고리즘은 문제를 풀기 위한 단계별 절차를 수학적으로 기술한 것을 뜻한다. 프로그램은 알고리즘이라는 수학적 개념을 컴퓨터가 이해할 수 있는 형태로 구현한 것이다. 즉, 알고리즘은 프로그램의 수학적 모형이라고 할 수 있다. 알고리즘은 다음과 같은 조건을 만족하는 단계별 절차로 구성된다.

95
알고리즘이 되기 위한 조건으로 틀린 것은?

① 외부에서 1개 이상의 데이터를 입력받는다.

② 외부에 하나 이상의 결과를 출력한다.

③ 유한 번의 단계를 수행하고 종료되어야 한다.

④ 각 수행 단계는 사칙연산과 같이, 간단명료한 연산으로 구성되어야 한다.

정답 ①

풀이 ① 알고리즘은 외부에서 0개 이상의 데이터를 입력받는다. 외부에서 0개 이상의 데이터를 받는 것은, 입력이 없을 수도 있다는 가능성을 염두에 두고 알고리즘을 설계하는 것이다.

96

교통 관련 애플리케이션에서 최단 거리를 생성해 주는 최단 경로 알고리즘으로 옳은 것은?

① 데익스트라 알고리즘(Dijkstra's algorithm)

② 선형 탐색 알고리즘(Linear Search algorithm)

③ 브루트 포스 알고리즘(Brute Force algorithm)

④ 순차 탐색 알고리즘(Sequential Search algorithm)

정답 ①

풀이 ① 데익스트라 알고리즘(Dijkstra's algorithm)에 대한 설명이다. 데익스트라는 이 알고리즘을 개발한 사람의 이름이다. 데익스트라 덕분에 우리는 복잡한 지하철 노선도를 암기하고 있지 않더라도 도착지까지의 효율적 경로를 편리하게 알아낼 수 있다.

97

자료구조와 알고리즘으로 구성되는 것으로 옳은 것은?

① DBMS   ② 프로그램

③ 데이터베이스   ④ 프로그램 언어

정답 ②

풀이 ② 자료구조와 알고리즘은 프로그램을 구성하는 가장 핵심적인 요소이다. 프로그램 개발을 집을 짓는 것에 비유한다면 흙이나 모래, 시멘트, 목재와 같은 자재들이 바로 '자료구조'에 해당되고, 이러한 자재들을 이용해서 집을 짓는 것이 '알고리즘'에 해당한다.

98
프로그램의 실행에 대한 설명으로 옳은 것은?

① 컴파일러는 저급언어를 고급언어로 번역하는 프로그램이다.

② 컴파일러의 경우 소스 코드를 모두 읽어 들인 후, 번역하여 실행 파일을 생성한다.

③ 인터프리터의 경우 소스 코드를 한 줄 한 줄 읽어 들여 차례대로 번역하여 실행 파일이 생성한다.

④ 인터프리터 방식의 장점은 빠른 실행이 가능하다는 점이다.

정답 ②

풀이 ① 컴파일러(compiler)나 인터프리터(interpreter)는 이러한 번역을 담당하는 프로그램이다. 두 프로그램은 모두 고급언어를 저급언어로 번역하는 역할을 수행한다.

③ 인터프리터는 컴파일러와는 달리 번역 과정에서 따로 실행 파일이 생성되지는 않는다.

④ 컴파일러 방식의 장점은 빠른 실행이 가능하다는 점이다. 그러나 소스 코드의 크기가 방대하다면 실행 파일을 생성하는 과정에서 많은 시간이 소요된다는 단점이 있다. 반면, 인터프리터 방식의 경우, 소스 코드를 한 줄씩 읽어 번역 및 실행하므로 소스 코드 크기에 영향을 덜 받는다. 그러나 컴파일러 방식보다 실행 속도가 느리다.

17 데이터의 구성단위

핵심정리 데이터의 단위

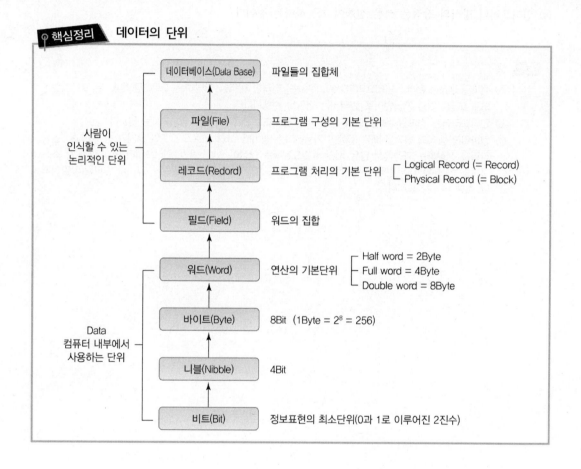

사람이 인식할 수 있는 논리적인 단위

- 네이터베이스(Data Base) — 파일들의 집합체
- 파일(File) — 프로그램 구성의 기본 단위
- 레코드(Redord) — 프로그램 처리의 기본 단위 ┌ Logical Record (= Record) └ Physical Record (= Block)
- 필드(Field) — 워드의 집합

Data 컴퓨터 내부에서 사용하는 단위

- 워드(Word) — 연산의 기본단위 ┌ Half word = 2Byte ├ Full word = 4Byte └ Double word = 8Byte
- 바이트(Byte) — 8Bit (1Byte = 2^8 = 256)
- 니블(Nibble) — 4Bit
- 비트(Bit) — 정보표현의 최소단위(0과 1로 이루어진 2진수)

99

의미를 파악하는 데이터의 최소 단위로 옳은 것은?

[2021년 기출]

① 필드

② 파일

③ 레코드

④ 데이터베이스

> **정답** ①
>
> **풀이** 데이터의 물리적 단위로 실제 물리적 장치에서 사용되는 최소 단위는 bit이다. 모든 물리적 단위는 비트로 표현하지만 최근에는 저장 장치의 용량이 증가하면서 바이트(byte) 단위를 주로 이용한다. 참고로 1바이트 는 8비트이다. 반면에 데이터의 논리적 단위는 정보를 저장·처리하는 데 사용된다. 포렌식의 관점에서 분석 대상이 되는 최소 단위이며, 그 내부는 물리적 단위로 구성된다. 논리적 단위에는 필드, 레코드, 파일, 데이터베이스가 있다.
> ① 필드는 의미 있는 정보를 표현하는 최소 단위이다.
> ② 파일은 프로그램 구성의 기본 단위로서, 여러 레코드가 모여서 구성된다.
> ③ 레코드는 프로그램 내의 자료 처리 단위로서 일반적으로 레코드는 논리 레코드를 의미한다. 정보 저장 및 처리하는 데 사용된다.
> ④ 데이터베이스는 여러 개의 관련된 파일의 집합이며, 관계형, 계층형, 망형 데이터베이스가 있다.

100

데이터의 논리적 단위에 관한 내용 중 틀린 것은?

① 레코드는 하나 이상의 관련된 필드로 구성되며, 특정 개체나 이벤트에 대한 정보를 포함한다.

② 필드는 데이터 레코드를 구성하는 최소 단위로, 특정한 유형의 데이터를 포함한다.

③ 데이터베이스의 테이블은 특정한 유형의 데이터를 저장하는 데 사용되는 논리적 구조이며, 행과 열로 구성된다.

④ 스키마는 데이터베이스의 물리적 구조를 설명한다.

> **정답** ④
>
> **풀이** ① 레코드는 데이터의 논리적 단위로, 하나 이상의 관련된 필드로 구성된다. 이는 특정 개체나 이벤트에 대한 정보를 포함한다.
> ② 필드는 데이터 레코드를 구성하는 최소 단위이며, 특정한 유형의 데이터를 포함한다.
> ③ 데이터베이스의 테이블은 특정한 유형의 데이터를 저장하는 데 사용되는 논리적 구조이며, 행과 열로 구성된다.
> ④ 스키마는 데이터베이스의 물리적 구조를 설명하는 것이 아니라, 데이터베이스의 논리적 구조를 설명한다.

데이터베이스

내비게이셔널 데이터베이스(Navigational Database)

(1) 계층형 데이터 모델(Hierarchical Database, HDB)
- 계층형 데이터베이스(Hierarchical Database, HDB)는 트리구조를 기반으로 하는 계층형 데이터 모델을 사용한다. 계층형 데이터모델에서 데이터는 트리 형태로 구성되며, 각 데이터 요소(개체)들은 상하 관계를 나타내는 링크로 구성된다.
- IBM의 IMS(Information Management System)는 대표적인 계층형 데이터 모델이다.

(2) 네트워크형 데이터베이스(Network Database, NDB)
- 네트워크형 데이터베이스(Network Database, NDB)는 그래프 구조를 기반으로 하는 네트워크형 데이터 모델을 사용한다. 네트워크형 데이터 모델은 개체와 개체 관계를 그래프 구조로 연결하는 데이터 모델이다. 이는 계층형 데이터 모델과 유사하나, 부모(상위 계체)를 여러 개 가질 수 있다는 점이 다르다.
- IDMS(Integrated Database Management System)와 같은 수많은 제품들에 구현된 CODASYL(Conference On Data SYstems Languages) 모델은 네트워크형 데이터베이스 모델에 속한다.

관계형 데이터베이스(RDB)

- 데이터를 계층 구조가 아닌 단순한 표(관계)로 표현하는 형식의 데이터베이스이다.
- 종래 CODASYL형의 데이터베이스의 경우, 데이터끼리 관계 지은 포인터 등을 더듬어 찾지만, 관계형 데이터베이스에서는 그럴 필요가 없고, 표(table)로 자유롭게 가로 세로의 항목(item)을 액세스할 수 있도록 되어 있다.
- 이용자는 '표'의 분할 · 결합을 자유롭게 할 수 있고, 표의 추가, 변경도 다른 영향을 받지 않게 행할 수 있다.
- 종래의 데이터베이스에서는 논리적 데이터 구조(logical data structure)를 의식해서 프로그램을 만들었지만, 관계형 데이터베이스에서는 데이터 항목의 그룹은 집합론이라는 '관계'의 개념에 따라서 정의된다.
- 데이터 독립성이 높으며 결합(join), 제약(restriction), 투영(projection) 등 관계 조작에 의해서 비약적으로 표현 능력을 높게 할 수 있다. 또 이들의 관계 조작에 의해서 자유롭게 구조를 바꿀 수 있는 것이 관계형 데이터베이스의 특징이다.

객체지향형 데이터베이스(Object – Oriented Database, OODB)

객체 지향형 데이터베이스(Object – Oriented Database, OODB)는 1980년대 후반에 등장한 데이터베이스로서, 객체 지향 프로그래밍 개념에 기반을 두고 있다. 이 모델은 데이터와 프로그램을 독립적인 객체의 형태로 구성하여 복잡한 데이터 유형을 처리하기 용이하고 객체들을 이해하기 쉽다는 장점이 있다. 그러나 이 모델은 다소 개념적인 형태로서 실제로는 사용하기 어려운데 아직까지는 완전한 형태의 객체지향형 데이터베이스를 구현하고 못하고 있는 실정이기 때문이다.

101

데이터베이스에 대한 설명으로 틀린 것은?

① 데이터베이스는 여러 사람이 공유하여 사용할 목적으로 체계화해 통합·관리하는 데이터의 집합이다.
② 계층형 데이터모델에서 데이터는 트리 형태로 구성되며, 각 데이터 요소(개체)들은 상하 관계를 나타내는 링크로 구성된다.
③ 네트워크형 데이터 모델은 개체와 개체 관계를 그래프 구조로 연결하는 데이터 모델이다.
④ 관계형 데이터베이스는 데이터와 프로그램을 독립적인 객체의 형태로 구성하여 복잡한 데이터 유형을 처리하기 용이하고 객체들을 이해하기 쉽다는 장점이 있다.

정답 ④

풀이 ④ 객체지향형 데이터베이스(Object – Oriented Database, OODB)에 대한 설명이다.

102

빅데이터에 대한 세 가지 특성으로 옳은 것은?

[2021년 기출]

① 데이터 양(Volume), 데이터 생성 속도(Velocity), 형태의 다양성(Variety)

② 데이터 양(Volume), 데이터의 가치(Value), 형태의 다양성(Variety)

③ 데이터 생성 속도(Velocity), 데이터의 복잡성(Complexity), 데이터 양(Volume)

④ 데이터 양(Volume), 데이터의 가치(Value), 데이터의 복잡성(Complexity)

정답 ①

풀이 ① 빅데이터의 공통적 특징은 3V로 설명할 수 있다. 속도는 대용량의 데이터를 빠르게 처리하고 분석할 수 있는 속성이다. 융복합 환경에서 디지털 데이터는 매우 빠른 속도로 생산되므로 이를 실시간으로 저장, 유통, 수집, 분석처리가 가능한 성능을 의미한다. 다양성(Variety)은 다양한 종류의 데이터를 의미하며 정형화의 종류에 따라 정형, 반정형, 비정형 데이터로 분류할 수 있다. 빅데이터의 특징은 3V로 요약하는 것이 일반적이다. 즉 데이터의 양(Volume), 데이터 생성 속도(Velocity), 형태의 다양성(Variety)을 의미한다. 최근에는 가치(Value)나 복잡성(Complexity)을 덧붙이기도 한다.

♀ 핵심정리

구분	내용	종류
정형 데이터	고정된 필드에 저장된 데이터	데이터베이스 스프레드시트
반정형 데이터	고정된 필드에 저장되어 있지는 않지만 메타데이터나 스키마를 포함하는 데이터	XML HTML
비정형 데이터	고정된 필드에 저장되어 있지 않은 데이터	텍스트 문서 이미지/동영상

- ERP(Enterprise Resource Planning) 전사적 자원 관리

  기업 내 생산, 물류, 재무, 회계, 영업과 구매, 재고 등 경영 활동 프로세스들을 통합적으로 연계해 관리해 주며, 기업에서 발생하는 정보들을 서로 공유하고 새로운 정보의 생성과 빠른 의사결정을 도와주는 전사적 자원관리시스템 또는 전사적 통합시스템을 말한다.

- SCM(Supply Chain Management) 공급망 관리

  기업에서 원재료의 생산·유통 등 모든 공급망 단계를 최적화해 수요자가 원하는 제품을 원하는 시간과 장소에 제공하는 '공급망 관리'를 뜻한다. SCM은 부품 공급업체와 생산업체 그리고 고객에 이르기까지 거래관계에 있는 기업들 간 IT를 이용한 실시간 정보공유를 통해 시장이나 수요자들의 요구에 기민하게 대응토록 지원하는 것이다.

- CRM(Customer Relationship Management) 고객 관계 관리

  기업이 고객과 관련된 내외부 자료를 분석·통합해 고객 중심 자원을 극대화하고 이를 토대로 고객 특성에 맞게 마케팅 활동을 계획·지원·평가하는 과정이다. CRM은 최근에 등장한 데이터베이스 마케팅(DB marketing)의 일대일 마케팅(One-to-One marketing), 관계마케팅(Relationship marketing)에서 진화한 요소들을 기반으로 등장하게 되었다. 고객데이터의 세분화를 실시하여 신규고객 획득, 우수고객 유지, 고객가치증진, 잠재고객 활성화, 평생고객화와 같은 사이클을 통하여 고객을 적극적으로 관리하고 유도한다.

103

빅데이터에 대한 설명으로 틀린 것은?

[2023년 기출]

① 빅데이터란 디지털 환경에서 생성되는 모든 데이터로, 종래의 IT 기술로는 관리하고 분석할 수 없을 정도로 방대하고 다양한 대용량의 데이터를 말한다.

② 데이터 구조에 따라 정형 데이터, 반정형 데이터, 비정형 데이터로 구분할 수 있으며 최근 SNS와 IoT 등의 이용이 급격히 증가함으로 인해 반정형 데이터가 급격하게 늘어나고 있다.

③ 반정형 데이터는 형태가 있으며 연산이 불가능한 데이터로 로그(웹로그, 센서 데이터), XML 데이터 등이 포함된다.

④ 비정형 데이터는 형태가 없고 연산이 불가능하며 형태와 구조가 복잡한 데이터로 텍스트, 이미지, 음성, 동영상 등이 포함된다.

정답 ②

풀이 ② 최근의 빅데이터는 기존의 ERP, SCM, CRM 등 관계형의 정형화된 데이터뿐만 아니라 멀티미디어 등 구조화되지 않은 비정형데이터가 90% 이상을 차지하고 있으며, 그 비중은 점점 높아지고 있다.

104

빅데이터에 대한 설명으로 틀린 것은?
[2020년 기출]

① 빅데이터의 특성을 설명하기 위해 3V(Volume, Variety, Velocity)라는 개념이 사용되고 있는데, 3V에서 Volume은 데이터의 양, Variety는 형식의 다양성, Velocity는 자료의 생성 및 처리 속도를 의미한다.

② 빅데이터는 디지털 환경에서 생성되는 데이터로 그 규모가 방대하고, 생성 주기도 짧고, 형태도 수치 데이터뿐 아니라 문자와 영상 데이터를 포함하는 대규모 데이터를 말한다.

③ 빅데이터는 기존의 기술이나 방법으로 수집, 저장, 검색, 분석하기 힘든 일정한 형식이 없는 대용량 자료로서 구조화되지 않은 형식이 없는 데이터로만 구성된다.

④ 빅데이터 환경은 과거에 비해 데이터의 양이 폭증했다는 점과 함께 데이터의 종류도 다양해져 사람들의 행동은 물론 위치정보와 SNS를 통해 생각과 의견까지 분석하고 예측할 수 있다.

정답 ③

풀이 ③ 빅데이터는 정형화 정도에 따라 데이터베이스에 저장된 정형데이터, 웹문서와 같은 반정형, 오디오, 텍스트문서, 이미지, 비디오 등과 같은 비정형데이터의 유형으로 분류된다. 즉, 빅데이터는 멀티미디어 등의 비정형데이터를 포함한 다양한 유형의 구조화 되지 않은 데이터를 포함한다. 최근의 빅데이터는 기존의 ERP, SCM, CRM 등 관계형의 정형화된 데이터뿐만 아니라 멀티미디어 등 구조화 되지 않은 비정형데이터가 90% 이상을 차지하고 있으며, 그 비중은 점점 높아지고 있다. 즉 비정형 데이터의 비중이 높아지고 있는 것은 사실이지만 반드시 비정형 데이터만이 빅데이터가 된다고 할 수는 없다.

105

다음 글에서 설명하고 있는 개념으로 옳은 것은?
[2020년 기출]

> 많은 데이터 가운데 숨겨져 있는 유용한 상관관계를 발견하여, 미래에 실행 가능한 정보를 추출해내고 의사 결정에 이용하는 과정을 말한다.

① 증강분석
② 데이터마이닝
③ 시민데이터과학
④ 인공지능 주도 개발

정답 ②

풀이 ② 데이터마이닝에 대한 설명이다.

106

다음의 ㉠, ㉡에 들어갈 말의 연결이 옳은 것은?

[2022년 기출]

> ㉠ 은(는) 딥러닝의 발달을 이끌고 있고, ㉡ 은(는) 게임뿐만 아니라 교육, 문화 등 사회 전 분야에 큰 변화를 불러올 것으로 예상되고 있다.

	㉠	㉡
①	4차 산업혁명	빅데이터
②	빅데이터	빅데이터
③	인공지능	인공지능
④	알파고	알파고

정답 ②

풀이 ② 빅데이터에 대한 설명이다.

핵심정리 **빅데이터 일괄처리 플랫폼 하둡**

하둡은 분산 파일시스템인 HDFS(Hadoop Distributed File System)와 분산처리를 위한 맵리듀스(MapReduce)로 구성된 빅데이터 플랫폼이다. 휴대전화, 컴퓨터 등에서 수집된 데이터를 맵리듀스를 통해 처리하고 HDFS를 통해 처리된 데이터를 저장하게 된다. 하지만 이러한 하둡에 대한 우려의 목소리가 나오고 있다. 최근 산업계에서는 제조관리, 에너지관리, 네트워크, RFID, 통신, 금융 애플리케이션, 웹 로그 & 클릭 스트림 분석 등은 실시간 빅데이터 처리 기술을 필요로 한다. 하지만 하둡은 일정 기간 동안 저장한 데이터를 일괄처리(Batch) 방식으로 처리하기 때문에 실시간 데이터 처리가 안 되는 문제점을 갖고 있다. 다만, 하둡은 하둡 에코 시스템 중 하나인 HBase를 이용하여 실시간으로 데이터를 분석할 수 있다.

핵심정리 **일괄처리 플랫폼(Hive)**

Hive는 Hadoop의 분산 처리 프레임 워크 맵리듀스를 프로그래밍 없이 쉽게 개발할 수 있는 툴이다. 특히 SQL과 유사한 쿼리 언어인 HiveQL을 이용할 수 있다는 장점이 있다. HiveQL은 자동으로 맵리듀스 작업으로 변환돼 기존 SQL을 사용했던 엔지니어도 쉽게 맵리듀스의 이점을 얻을 수 있다. 이처럼 Hadoop, Hive 등의 주변 기술과 결합해 종래와 같이 정기적으로 실행되는 전형적인 일괄처리뿐만 아니라 방대한 데이터의 일괄처리도 가능하다.

107

Hive에 대한 설명으로 틀린 것은?

① Hive는 Hadoop 에코 시스템 중 하나이다.

② Hadoop의 분산 처리 프레임 워크 맵리듀스를 프로그래밍 없이 쉽게 개발할 수 있는 툴이다.

③ HiveQL은 자동으로 맵리듀스 작업으로 변환돼 기존 SQL을 사용했던 엔지니어도 쉽게 맵리듀스의 이점을 얻을 수 있다.

④ Hive는 Hadoop의 실시간으로 데이터를 처리하지 못하는 문제를 해결하는 데 활용될 수 있다.

정답 ④

풀이 ④ Hive는 일괄처리 플랫폼이다. Hadoop은 하둡 에코 시스템 중 하나인 HBase를 이용하여 실시간으로 데이터를 분석할 수 있다.

♀ 핵심정리 **빅데이터 아키텍처 구성 요소**

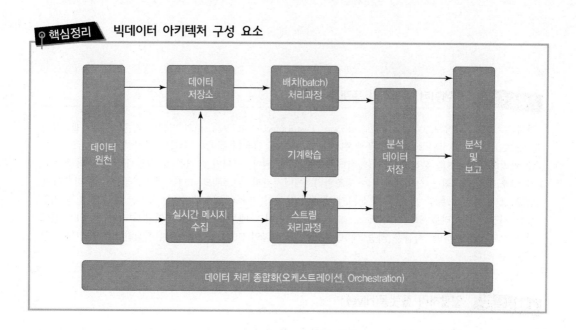

86

- 배치(Batch)는 컴퓨터의 데이터 처리 형태의 하나로써 처리해야 할 데이터를 일정 기간 또는 일정량 정리하여 처리하는 것을 의미한다. 즉 컴퓨터 시스템에서는 처리의 대상이 되는 데이터를 일 단위나 월 단위마다 모아두고 그것을 하나로 종합하여 처리하는 것을 배치(Batch) 처리 또는 일괄처리라고 한다. 데이터 발생 직후에 처리하는 즉시 처리 혹은 실시간 처리의 상대어이다.
- 일괄 처리는 처리의 대상이 되는 작업들을 종합하고 일정량을 나눈 다음 처리 작업을 실행한 후에 처리된 데이터들을 통합한다. 초기 컴퓨터는 지금과 같이 통신망으로 연결할 수 없어 자료가 발생하는 대로 처리하기가 어려웠으며, 운영체제 또한 즉각적인 처리방법을 지원하지 않았기 때문에 일괄처리 방식만을 사용했다. 일괄처리 방식은 컴퓨터 이용 형태로서 오래된 방법이지만, 컴퓨터의 처리 효율을 높일 수 있고, 일정 시점 단위로 처리해야 하는 업무에는 여전히 유용한 방법으로 이용되고 있다.

108
빅데이터 아키텍처에 대한 설명으로 틀린 것은?

① 빅데이터를 처리하기 위한 프레임워크이다.
② 적재기술은 대개 분산 데이터 저장기술을 활용하는데, 분산 파일 시스템으로는 하둡 분산 파일 시스템(HDFS)이나 하이브(Hive) 등이 있다.
③ 데이터 처리 및 탐색기술은 저장된 데이터를 활용하여 분석할 수 있도록 하는 기술로 맵리듀스(MapReduce)가 유명하다.
④ 빅데이터 분석 방법은 데이터의 성격에 따라 매우 다양한 방법을 활용하는데, 전통적인 통계 분석을 비롯하여 데이터마이닝, 텍스트 마이닝, 기계학습 방법 등이 있다.

정답 ②
풀이 ② Hive는 일괄처리 플랫폼으로 데이터 처리 및 탐색기술에 속한다.

109
빅데이터 아키텍처에 대한 설명으로 틀린 것은?

① 데이터 수집기술은 대용량 데이터 수집기술과 실시간 스트림 수집 기술로 구분할 수 있다.
② 적재기술은 대개 분산 데이터 저장기술을 활용하는데, 분산 파일 시스템으로는 하둡 분산 파일 시스템(HDFS)이나 SQL 등이 유명하다.
③ 데이터 처리 및 탐색기술은 저장된 데이터를 활용하여 분석할 수 있도록 하는 기술로 맵리듀스(MapReduce), 하이브(Hive) 등이 있다.
④ 빅데이터 분석 방법은 데이터의 성격에 따라 매우 다양한 방법을 활용하는데, 전통적인 통계 분석을 비롯하여 데이터 마이닝, 텍스트 마이닝, 기계학습 방법 등이 있다.

🗍 핵심정리 A/B 테스트

분할 테스팅(split testing)이라고도 불리는 방법으로 동일한 웹사이트의 구성 요소만 변경해 상이한 집단에 보여주고 그 효과를 측정하는 방법이다. 2012년 미국 대통령 선거에서 당시 오바마 후보는 웹페이지의 사진 변경과 클릭 버튼 변경을 통해 가장 많은 확률로 뉴스레터를 구독하는 웹페이지를 알아내 이를 수행하여 성공적인 선거 캠페인에 기여했다.

110

A/B 테스트에 대한 설명으로 틀린 것은?

① 분할 테스팅(split testing)이라고도 불린다.

② 동일한 웹사이트의 구성 요소만 변경해 상이한 집단에 보여주고 그 효과를 측정하는 방법이다.

③ 2012년 미국 대통령 선거에서 당시 오바마 후보는 A/B 테스트를 통해 성공적인 선거 캠페인을 수행하였다.

④ A/B 테스트는 빅데이터 예측의 정확성이 높아지면서 빅데이터 분석이 기존의 실험 방식을 대체하여 선거에 활용된 사례이다.

111

빅데이터에 대한 설명으로 틀린 것은?

[2019년 기출]

① 빅데이터는 멀티미디어 등의 비정형데이터를 포함한 다양한 유형의 구조화 되지 않은 데이터를 포함한다.
② 전통적인 관계형 데이터베이스 관리 시스템(RDBMS)과는 달리 SOQL, NoSQL 등 비관계형(non-relational) DBMS로 처리된다.
③ 막대한 양과 종류의 데이터에 관한 수집, 저장, 관리, 분석 등을 위해 일괄처리 방식을 주로 사용한다.
④ 트위터와 페이스북, 스마트폰의 메신저 앱, 인스타그램, 유튜브 등에서 엄청난 양으로 쏟아져 나오고 공유되는 텍스트, 이미지, 동영상 데이터가 연속 생성된다.

> 정답 ③
>
> 풀이 ③ 빅데이터 시대에는 수집, 저장, 분석의 대상이 되는 데이터의 양이 방대하고, 매우 빠르게 데이터가 생성되는데, 이러한 빅데이터를 빠르고 정확하게 분석하여 활용하기 위해서는 데이터 처리 속도가 매우 중요하다. 따라서 막대한 양과 종류의 데이터에 관한 수집, 저장, 관리, 분석 등 일련의 데이터 처리과정이 실시간으로 이루어져야 한다.

112

Gartner(2012)가 빅데이터 개념을 구성하는 핵심 특징으로 제시한 3V에 해당하지 않는 것은?

① 가변성(variability)
② 속도(velocity)
③ 방대성(volume)
④ 다양성(variety)

> 정답 ①
>
> 풀이 ① 빅데이터의 개념을 구성하는 핵심 특징으로 Gartner(2012)는 3V, 즉 방대성(volume), 속도 (velocity), 다양성(variety)을 제시하였다.

데이터마이닝 알고리즘에는 다음과 같은 알고리즘 유형이 포함되어 있다.
- 분류 알고리즘: 데이터 집합의 다른 특성을 기반으로 하나 이상의 불연속 변수를 예측하는 알고리즘이다.
- 회귀 알고리즘: 데이터 집합의 다른 특성을 기반으로 수익 또는 손실과 같은 하나 이상의 연속 변수를 예측하는 알고리즘이다.
- 세그먼트화 알고리즘: 데이터를 속성이 유사한 항목의 그룹 또는 클러스터로 나누는 알고리즘이다.
- 연결 알고리즘: 데이터 집합에 있는 여러 특성 사이의 상관관계를 찾는 알고리즘이다. 이러한 종류의 알고리즘은 시장바구니 분석에 사용할 수 있는 연결 규칙을 만드는 데 가장 일반적으로 적용된다.
- 시퀀스 분석 알고리즘: 웹 경로 흐름과 같이 데이터에서 자주 사용하는 시퀀스 또는 에피소드를 요약하는 알고리즘이다.

113

빅데이터와 관련이 없는 것은?

[2019년 기출]

① 분류 알고리즘
② 세그먼트화 알고리즘
③ 데이터마이닝
④ 블록체인

정답 ④

풀이 ①, ②, ③은 데이터마이닝 알고리즘이다. 블록체인은 빅데이터와 관련이 없다.

114

데이터 생산의 계획단계에서 장기보존, 그리고 새로운 목적으로 데이터를 재사용하는 단계에 이르기까지 콘텐츠를 정리하는 업무를 수행하는 데이터 전문가로 옳은 것은?

① 데이터 사서
② 데이터 관리자
③ 데이터 과학자
④ 데이터 큐레이터

정답 ④

풀이 ④ 데이터 큐레이터에 대한 설명이다. 빅데이터 큐레이터는 대용량의 데이터 가운데 가치 있는 정보를 뽑아내는 데이터 사이언티스트 중 데이터를 사업으로까지 연결시키는 직업이다. 이는 데이터의 생성량·주기·형식 등이 방대한 빅데이터의 중요성이 강조되면서 주목받고 있다. 빅데이터 큐레이터는 통계를 다룰 수 있어야 하며 프로그래밍 능력, 인공지능 및 기계학습 이해력 등이 필요하다.

115
컴퓨터 저장 단위를 낮은 단위부터 높은 단위까지 순서대로 나열한 것으로 틀린 것은?

① 테라바이트 - 엑사바이트 - 요타바이트

② 제타바이트 - 페타바이트 - 엑사바이트

③ 킬로바이트 - 메가바이트 - 기가바이트

④ 기가바이트 - 제타바이트 - 요타바이트

정답 ②

풀이

단위	데이터양	십진수
킬로바이트(Kilobyte, KB)	1024 B=2^{10}B	1000
메가바이트(Megabyte, MB)	1024 KB=2^{20}B	1000 000
기가바이트(Gigabyte, GB)	1024 MB=2^{30}B	1000 000 000
테라바이트(Terabyte, TB)	1024 GB=2^{40}B	1000 000 000 000
페타바이트(Petabyte, PB)	1024 TB=2^{50}B	1000 000 000 000 000
엑사바이트(Exabyte, EB)	1024 PB=2^{60}B	1000 000 000 000 000 000
제타바이트(Zettabyte, ZB)	1024 EB=2^{70}B	1000 000 000 000 000 000 000
요타바이트(Yottabyte, YB)	1024 ZB=2^{80}B	1000 000 000 000 000 000 000 000

핵심정리 데이터 자체의 오류

수집된 빅데이터의 크기가 아무리 크더라도 전체가 아닌 부분만을 대표할 때 나타나는 대표성 오류로 '모집단 산정 오류'가 데이터 자체의 오류의 대표적인 예이다. 미국의 IBM이 개발한 인공지능 왓슨 (Watson)은 암을 진단하는 예측력이 높은 것으로 알려져, 초기 국내 병원들이 도입한 바 있다. 그러나 주로 미국을 중심으로 수집된 데이터에 기반한 진단 서비스였기 때문에 국내에서는 진단율의 정확성이 현격히 떨어져서 실효성이 없는 것으로 나타났다. 또한 구글은 이미지 찾기 서비스에서 흑인을 고릴라로 분류하는 오류를 범하고 사과했는데, 이는 이미지 학습 데이터에 흑인의 데이터가 적었기 때문에 나타난 결과였다. 이러한 결과들은 빅데이터가 어떤 맥락으로 수집됐는지에 따라 빅데이터 분석이 오류로 이어질 수 있다는 점을 잘 보여주는 사례이다. 데이터의 오류는 흔히 좋지 않은 데이터가 입력 데이터일 경우 좋지 않은 출력 데이터 결과가 나온다는 GIGO(Garbage In, Garbage Out) 격언으로 불리기도 한다.

116

대용량 빅데이터의 활용이 활발해지면서 다양한 차원에서 빅데이터의 효율 및 효과에 대해 기대가 큰 상황이다. 다음 중 이전과 비교했을 때 데이터 분석의 특징으로 적절하지 않은 것은? [2024년 기출]

① 이전의 통계 분석 방법은 전체 모수에서 추출하는 방법이 중심인 반면에 빅데이터 분석은 전수 조사를 기본으로 한다.
② 이전에는 상관관계 중심의 분석을 시도한 반면에 분석은 인과관계를 분석의 중심에 두고 있다.
③ 빅데이터 분석은 데이터를 작은 단위로 분할하여 의미를 추출하고 추상화하는 작업을 시도한다.
④ 빅데이터 분석의 고도화를 위해 데이터 분할과 추상화를 통해 분류와 예측을 중시하는 분석 전략을 사용한다.

정답 ②

풀이 ② 빅데이터는 사후 처리와 귀납적 접근으로 이론과 연역에 의존하는 기존의 분석 방법론에 비해 보다 경험 지향적(empirical)이고 데이터의 전수조사를 가능케 해 불완전한 샘플링보다 신뢰성이 높으며 방대한 데이터의 상관관계를 파악함으로써 숨겨져 있는 맥락들을 파악할 수 있는 강력한 원자료이다.

117

다음 중 빅데이터와 관련된 설명과 가장 거리가 먼 것은? [2024년 기출]

① 빅데이터 시대란 방대한 크기의 빅데이터를 저장하고 처리하고 분석하는 기술이 발전하면서 이를 활용한 새로운 가치의 창출이 확산된 시대를 의미한다.
② 빅데이터를 처리하기 위한 프레임워크인 빅데이터를 수집하는 수집 기술, 수집된 데이터를 읽고 저장하기 위한 적재 기술, 적재된 데이터의 처리 및 탐색 기술 그리고 분석 및 응용을 위한 기술의 4가지고 구분 가능하다.
③ 빅데이터 시대는 사람, 정보, 지식, 자본, 노동 등이 컴퓨터 네트워크를 통해 서로 연결되면서 정보 유통의 범위와 속도가 획기적으로 확장한 지식사회의 연장선에서 출현했다고 볼 수 있다.
④ 빅데이터의 활용은 많은 장점이 있지만 개인 정보의 노출로 인한 프라이버시 침해, 플랫폼 사업자의 빅데이터의 독점에 따른 불평등의 발생 같은 문제점을 내포하고 있다.

정답 ③

풀이 ③ 자본과 노동, 사람과 지식, 정보 등이 컴퓨터 네트워크를 통해 서로 연결되면서 정보 유통의 범위와 속도가 획기적으로 확장된 사회는 지식사회가 아니라 네트워크 사회이다.

118

빅데이터에 대한 설명으로 틀린 것은?

① 미래 경쟁력의 우위를 좌우하는 중요한 자원이다.

② 방대한 데이터의 인과관계를 파악할 수 있는 강력한 원자료이다.

③ 빅데이터는 정형화 정도에 따라 정형데이터, 반정형 데이터, 비정형 데이터의 유형으로 분류된다.

④ 사후 처리와 귀납적 접근으로 이론과 연역에 의존하는 기존의 분석 방법론에 비해 보다 경험 지향적 (empirical)이고 데이터의 전수조사를 가능케 한다.

> **정답** ②
>
> **풀이** 빅데이터는 예전엔 수집 불가능했던 크기의 데이터를 모아 그 상관관계를 파악함으로써 숨겨져 있는 맥락들을 파악할 수 있는 강력한 원자료이다.

119

빅데이터 분석에 대한 설명으로 틀린 것은?   [2022년 기출]

① 예측이 불가능한 상황에 대해서는 빅데이터를 활용해도 해결책을 제시하기 어렵다.

② 빅데이터를 활용하면 불확실한 상황에서도 예측이 용이하다.

③ 예측불가능한 상황에서도 빅데이터 기반 신경망 학습을 수행함으로써 해결책을 찾아낼 수 있다.

④ 수집된 빅데이터의 크기가 아무리 크더라도 전체가 아닌 부분만을 대표할 때 '모집단 산정 오류'가 발생할 수 있다.

> **정답** ③
>
> **풀이** ③ 과거 데이터가 미래를 정확히 반영하지 않는다는 데이터의 과거 지향적 오류가 있다. 수집된 빅데이터는 이미 어떤 이벤트(사건)가 발생한 다음에 모인 것으로 해당 데이터는 필연적으로 과거 데이터이다. 그런데 과거의 일들이 미래에 똑같이 나타난다는 보장이 없다. 과거와 전혀 다른 상황, 즉 새로운 일이 끊임없이 발생한다. 이러한 데이터 과거 지향적 오류가 발생하면 학습한 데이터 때문에 새로운 상황에 대한 예측력이 떨어지는 경우에 과적합(overfitting) 문제가 발생한다.

120

빅데이터 분석의 특징으로 틀린 것은?

① 전수조사
② 분류와 예측
③ 가설 설정과 검증
④ 상관관계 중심의 분석

> 정답 ③
>
> 풀이 ③ 가설 설정과 검증은 기존 사회과학의 분석 과정이다.

121

빅데이터 분석의 오류 가능성에 대한 설명으로 틀린 것은?

① 데이터의 과거 지향적 오류는 과적합에 해당한다고 볼 수 있다.
② 인공지능 왓슨(Watson)의 국내 진단율의 정확성이 현격히 떨어지는 것은 데이터 자체의 오류에 해당한다.
③ 상황에 맞지 않는 결과가 분석 결과로 제시되는 것도 데이터 자체의 오류에 해당한다.
④ 분석 오류는 확률적인 가능성이 높은 상황만을 염두에 두고 분석하기 때문에 발생한다.

> 정답 ③
>
> 풀이 ③ 분석 오류는 알고리즘이나 통계적 분석 방법을 잘못 적용했을 때 나타날 수 있는 분석 오류이다. 종종 인공지능과 관련된 빅데이터 분석에서 나타나는 오류로 상황에 맞지 않는 결과가 분석 결과로 제시된다. 예를 들어, 질병이 가장 호전되는 상황을 알아내어 치료법을 개발하고자 하였으나, 데이터를 분석한 인공지능이 질병이 이미 심각해져서 집중치료실에서 치료받고 나오는 시점을 가장 호전되는 상황이라고 제시하는 식이다.

122

빅데이터의 오류 중 '분석 오류'에 대한 설명으로 틀린 것은?

① 알고리즘을 잘못 적용했을 때 나타날 수 있는 오류이다.
② '데이터 자체의 오류'와 달리 새로운 현상을 예측할 때 나타난다.
③ 질병이 가장 호전되는 상황을 질병이 이미 심각해져서 집중치료실에서 치료받고 나오는 시점으로 판단하는 것도 분석 오류에 속한다.
④ 빅데이터 분석을 수행하는 알고리즘이 확률적인 가능성이 높은 상황만을 염두에 두고 분석하기 때문에 나타나는 오류도 '분석 오류'의 일종이다.

정답 ②

풀이 ② '분석 오류'는 데이터 자체의 오류 또는 새로운 현상을 예측할 때 나타나는 오류가 아닌, 빅데이터 분석을 수행하는 알고리즘이 확률적인 가능성이 높은 상황만을 염두에 두고 분석하기 때문에 나타나는 고전적인 오류이다. 이세돌 9단과 인공지능 알파고의 제4국 대결에서, 알파고는 대결 중 승리확률이 일정 수준 이하로 떨어지고 난 후, 상대방이 실수하는 경우 승률이 가장 높아지는 방향으로만 사고하여, 수준 이하의 패착만을 두는 오류에 빠진 적이 있는데 이 역시 알고리즘이 잘못된 방향으로 적용된 예라 할 수 있다.

123

빅데이터 분석에서 발생할 수 있는 오류에 대한 설명으로 틀린 것은?

① 알고리즘이나 통계적 분석 방법을 잘못 적용했을 때 나타날 수 있는 오류는 분석 오류이다.

② 수집된 빅데이터의 크기가 아무리 크더라도 전체가 아닌 부분만을 대표할 때 나타나는 대표성 오류는 데이터 자체의 오류에 해당한다.

③ '구글 플루 트렌드(Google Flu Trends)'가 독감 발생 예측에 실패한 것은 모집단 산정의 오류로 데이터 자체의 오류에 해당한다.

④ 데이터의 과거 지향적 오류는 과적합에 해당한다고 볼 수 있다.

정답 ③

풀이 ③ 구글의 '구글 플루 트렌드(Google Flu Trends)'는 분석 오류의 대표적인 예이다. 이 웹 서비스는 2008년에 시작되어 약 25개국의 독감 발생을 예측하는 것을 목표로 했다. 특정 지역에서 독감에 대한 구글 검색 쿼리를 분석하고, 이를 해당 지역의 역사적인 독감 활동 수준과 비교하여 결과를 보고했다. 하지만 이 서비스는 실제 독감 발생률과 크게 다른 결과를 보여주었고, 결국 2015년에 중단되었다. 이 서비스가 실패한 이유 중 하나는 검색 쿼리가 실제 독감 발생률과 직접적인 관계가 없다는 것이다. 예를 들어, 사람들이 독감에 대해 검색하는 것은 실제로 독감에 걸린 것이 아니라 그저 독감에 대한 정보를 찾기 위해서일 수 있다. 또한, 구글 검색 쿼리는 인터넷 사용자들의 행동을 반영하기 때문에 인터넷 사용자들의 행동 변화에 따라 검색 쿼리도 변화한다. 따라서 구글 플루 트렌드는 검색 쿼리만으로 독감 발생률을 정확하게 예측하기 어려웠다.

20 Data Lake와 Data Fabric

핵심정리 데이터 레이크(Data Lake)

(1) 데이터 레이크는 대규모의 다양한 원시 데이터 세트를 기본 형식으로 저장하는 데이터 리포지토리 유형이다. 데이터 레이크를 사용하면 정제되지 않은 데이터를 볼 수 있다. 데이터 레이크는 데이터 저장을 위해 전체적인 대규모 리포지토리를 원하는 기업의 데이터 관리 전략으로 널리 이용되고 있다.

(2) 원시 데이터는 특정 목적을 위해 처리되지 않은 데이터를 말한다. 데이터 레이크에 있는 데이터는 쿼리되기 전까지는 정의되지 않는다. 데이터 과학자들은 보다 고도화된 분석 툴이나 예측 모델링을 사용하여 원시 데이터에 액세스할 수 있다.

(3) 데이터 레이크를 사용하면 모든 데이터가 보존되며, 스토리지에 저장하기 전에 제거되거나 필터링되지 않는다. 데이터는 바로 또는 얼마 후 분석에 사용될 수도 있고 전혀 사용되지 않을 수도 있다. 또한 데이터가 다양한 목적으로 여러 번 사용될 수도 있지만 특정 목적으로 정제되어 여러 방식으로 재활용하기 어려운 경우도 있다.

(4) "데이터 레이크"라는 용어는 Pentaho의 CTO(최고 기술 책임자)인 James Dixon이 처음으로 소개했다. 이러한 유형의 데이터 리포지토리를 레이크라고 부르는 이유는 필터링되거나 패키지화되지 않은 수역과 같은 자연 상태의 데이터 풀을 저장하기 때문이다. 데이터는 여러 소스에서 레이크로 흐르며 원래 형식으로 저장된다.

(5) 데이터 레이크에 있는 데이터는 분석을 위해 필요할 때 변환되며, 이러한 경우 스키마가 적용되어 데이터 분석이 가능해진다. 이는 "읽기 스키마(schema on read)"라고 불리는데, 데이터가 사용 준비 상태가 될 때까지 원시 상태로 보관되기 때문이다.

(6) 사용자는 데이터 레이크에서 데이터를 다른 시스템으로 이동시킬 필요 없이 원하는 방식으로 데이터에 액세스하여 이를 탐색할 수 있다. 다른 플랫폼이나 다른 유형의 데이터 리포지토리에서 분석 리포트를 정기적으로 가져오는 대신 상황에 따라 인사이트 및 보고를 데이터 레이크에서 얻는다. 그러나 사용자는 스키마 및 자동화를 적용하여 필요한 경우 리포트를 복제할 수 있다.

(7) 해당 데이터를 사용하고 이에 액세스할 수 있도록 거버넌스를 통해 데이터 레이크를 지속적으로 유지관리해야 한다. 제대로 유지관리하지 않으면 데이터 관리가 어렵고 비용이 많이 들며 쓸모없는 액세스 불가능한 정크가 될 위험이 있다. 이처럼 사용자가 액세스할 수 없는 데이터 레이크를 "데이터 늪(data swamp)"이라고 한다.

124
데이터 레이크(Data Lake)에 대한 설명으로 틀린 것은?

① 데이터 레이크는 대규모의 다양한 원시 데이터 세트를 기본 형식으로 저장하는 데이터 리포지토리 유형이다.

② 데이터 레이크를 사용하면 모든 데이터가 보존되며, 스토리지에 저장하기 전에 제거되거나 필터링 되지 않는다.

③ 데이터가 여러 소스에서 레이크로 흐르면서 스키마가 적용되어 데이터 분석이 가능해진다.

④ 사용자는 데이터 레이크에서 데이터를 다른 시스템으로 이동시킬 필요 없이 원하는 방식으로 데이터 에 액세스하여 이를 탐색할 수 있다.

정답 ③

풀이 데이터는 여러 소스에서 레이크로 흐르며 원래 형식으로 저장된다. 데이터 레이크에 있는 데이터는 분석을 위해 필요할 때 변환되며, 이러한 경우 스키마가 적용되어 데이터 분석이 가능해진다. 이는 "읽기 스키마 (schema on read)"라고 불리는데, 데이터가 사용 준비 상태가 될 때까지 원시 상태로 보관되기 때문이다.

21 공공데이터

핵심정리 공공데이터

- 공공데이터는 정부, 지방자치단체, 공공기관이 생성, 보유하고 있는 데이터이다.
- 정부는 공공데이터 개방 및 이용활성화를 통해 국민의 공공데이터 이용권을 보장하고, 혁신성장을 통한 일자리 창출 및 사회발전에 기여하는 가치 구현을 하고자 한다.
- 각 공공기관이 보유한 공공데이터 목록과 국민에게 개방할 수 있는 공공데이터를 포털에 등록하면 모두가 공유할 수 있는 양질의 공공데이터로 재탄생하게 된다.
- 이에 '공공데이터 개방 및 이용활성화에 관한 법률'을 제정하고, 공공데이터의 전면 개방을 의무화하여 다양한 정책을 추진하고 있다.

125

공공데이터 관련 다자간 소통 채널을 일원화하고, 데이터 기반의 사회적 가치를 창출하기 위해서 출범한 '민·관 협력 데이터 활용 소통 협의체'로 옳은 것은? [2021년 기출]

① 공공데이터포털
② 공공데이터전략위원회
③ 오픈데이터포럼
④ 오픈스퀘어−D

정답 ③

풀이 ① 공공데이터포털은 공공기관이 생성 또는 취득하여 관리하고 있는 공공데이터를 한 곳에서 제공하는 통합 창구이다. 포털에서는 국민이 쉽고 편리하게 공공데이터를 이용할 수 있도록 파일데이터, 오픈API, 시각화 등 다양한 방식으로 제공하고 있으며, 누구라도 쉽고 편리한 검색을 통해 원하는 공공데이터를 빠르고 정확하게 찾을 수 있다.
② 공공데이터전략위원회는 「공공데이터 개방 및 이용활성화에 관한 법률」에 따라 2013년 12월에 발족하여 공공데이터의 개방 및 활용에 관한 정부의 주요 정책과 계획을 심의, 조정하고 그 추진사항을 점검하고 평가하는 등 공공데이터에 관한 범정부 컨트롤타워 역할을 수행하고 있다.
④ 오픈스퀘어−D는 공공데이터에 대한 아이디어를 가진 사람들이 모여 경험과 기술을 서로 교류하고, 사업화와 창업으로 성장할 수 있도록 종합적으로 지원하는 공간이다. 공공데이터 기반의 아이디어 구체화, 창업부터 지속성장까지, 공공데이터 활용 전(全)주기에 대한 지원 프로그램을 제공한다.

126

공공데이터포털에 대한 설명으로 틀린 것은? [2020년 기출]

① 공공데이터포털에서 원하는 공공데이터를 제공하지 않는 경우 공공데이터 제공 신청서를 기재하여 청구할 수 있다.
② 우리나라는 2013년부터 '공공데이터의 제공 및 이용 활성화에 관한 법률'을 시행하여 공공데이터를 제공하고 있다.
③ 공공 데이터는 공공데이터포털을 통해 파일데이터, 오픈API, 시각화 등 다양한 방식으로 제공되고 있다.
④ 공공 데이터는 누구나 자유롭게 이용 할 수 있지만 공공 복리를 위한 목적으로만 사용될 수 있고 사적 이용은 허용되지 않는다.

정답 ④

풀이 ④ 공공데이터는 누구나 자유롭게 공공 복리를 위해서는 물론 사적 이용도 가능하다. 예를 들어 오픈스퀘어-D는 공공데이터에 대한 창의적인 아이디어를 가진 사람들이 경험과 기술을 교류하고, 사업화. 창업으로 성장할 수 있도록 종합적으로 지원하는 열린공간이다.

핵심정리

(1) API

API는 Application Programming Interface의 약자로 응용 프로그램 프로그래밍 인터페이스를 말한다. 다양한 응용 프로그램에 사용할 수 있는 운영 체제, 혹은 프로그래밍 언어가 제공하는 기능을 제어할 수 있게 만든 인터페이스이다.

(2) 오픈 API

오픈API는 누구나 사용할 수 있도록 공개된 API를 말한다. 데이터를 표준화하고 프로그래밍해 외부 소프트웨어 개발자나 사용자들과 공유하는 프로그램이다. 개방된 오픈API를 이용해 다양한 서비스나 애플리케이션, 다양한 형태의 플랫폼을 개발할 수 있다.

127

공공데이터에 대한 아이디어를 가진 사람들이 모여 경험과 기술을 서로 교류하고, 사업화와 창업으로 성장할 수 있도록 종합적으로 지원하는 공간으로 옳은 것은?

① 오픈스퀘어-D
② 오픈데이터포럼
③ 공공데이터포털
④ 공공데이터전략위원회

정답 ①

풀이 오픈스퀘이-D에 대한 설명이다.

128

API 개념에 대한 설명으로 틀린 것은?

① API는 Application Programming Interface의 약자로 응용 프로그램 프로그래밍 인터페이스를 말한다.
② API는 두 개 이상의 컴퓨터 프로그램이 서로 통신하는 방법을 제공하는 소프트웨어 인터페이스의 일종이다.
③ API는 다른 소프트웨어에 서비스를 제공하는 방법을 정의하고 설명하는 문서 또는 표준을 말한다.
④ API는 컴퓨터 프로그래머가 아닌 일반 사용자가 직접 사용할 수 있는 인터페이스이다.

정답 ④

풀이 ④ API는 컴퓨터 프로그래머가 소프트웨어에 포함시켜 사용하는 것으로, 일반 사용자가 직접 사용할 수 있는 인터페이스가 아니다.

정보사회를 바라보는 관점

129

정보사회를 바라보는 관점에 대한 설명으로 옳은 것은?

① 정보이론적 관점, 경제적 관점, 직업적 관점, 공간적 관점, 문화적 관점 등으로 구분할 수 있다.

② 매클럽과 포랫의 입장은 직업적 관점으로 분류할 수 있다.

③ 경제적 관점은 직업 구조의 변화를 중시한다.

④ 공간적 관점은 정보 유통의 양과 속도 증가로 얻어지는 '시공 축약'을 이전 사회와 구별되는 정보사회의 구성요소로 본다.

> 정답 ④
>
> 풀이 ① 정보이론적 관점은 정보를 바라보는 관점이다.
> ② 매클럽과 포랫의 입장은 경제적 관점으로 분류할 수 있다.
> ③ 직업적 관점이다.

130

다음 정보사회를 바라보는 관점에 대한 설명으로 틀린 것은?

① 기술적 관점은 기술혁신에 의한 정보 및 정보기술의 생산과 유통에 초점을 두고 정보사회를 정의한다.

② 경제적 관점은 정보활동에 대한 소득, 산업 및 취업구조 등 경제지표의 변화에 주목하여 정보사회를 정의한다.

③ 직업적 관점은 전체 노동인구 중 정보 상품을 생산·처리·분배·전달에 종사하는 노동력의 비중을 통하여 정보사회의 변화를 제시한다.

④ 공간적 관점은 지역을 연결하고 시간과 공간의 조직화에 중대한 영향을 미치는 정보통신망의 중요성을 강조하는 관점이다.

> 정답 ③
>
> 풀이 ③ 전체 노동인구 중 정보 상품을 생산·처리·분배·전달에 종사하는 노동력의 비중을 통하여 정보사회의 변화를 제시하는 것은 경제적 관점이다.

131

굴드너와 퍼킨의 주장에 대한 설명으로 틀린 것은?

① 퍼킨은 굴드너와 달리 정보노동자의 수에 근거하여 정보사회를 개념화했다.

② 퍼킨에 의하면 1880년대 이후의 영국 역사는 대체로 교육에 의해 창조되고 비자격자의 배제에 의해 제고된다.

③ 퍼킨은 공적 영역과 사적 영역 전문가들 사이의, 굴드너는 지식인과 기술적 인텔리겐치아 사이의 갈등에 주목하였다.

④ 퍼킨과 굴드너 모두 전체 사회에 대해 각별히 중요한 결과를 가지는 정보노동 영역에서의 독특한 변화를 확인하고 있다.

정답 ①

풀이 ① 퍼킨이나 굴드너는 특정 집단의 질적 기여에서 정보사회의 지표를 찾기 때문에 양적 변화에는 관심을 기울이지 않는다. 사실 그들이 강조하는 집단의 비율이 증가하기는 했지만, 여전히 분명한 소수였다.

정보사회의 특징과 가치

핵심정리   정보 사회 운영 원리의 특징

(1) **질적 사회**

육체적 노동량이 가치를 결정하던 시대에서 정신적 노동의 질, 즉 기술의 질적 차이가 가치를 결정하는 시대로 전환된다.

(2) **거리의 소멸**

정보통신망 연결이 기하급수적으로 확장되어 공간적 차원, 시간적 차원, 인식적 차원 등에서 거리의 소멸이 발생한다.

(3) **경계의 모호화**

모든 사회영역 간 경계가 모호해지는 무경계 사회현상이다.

(4) **소프트화**

- 고정된 사회가 아니라 변화하면서 흘러가는 사회를 형성한다.
- 공간적 거리의 축소와 경계의 소멸로 인해 시스템 내 요소 간 상호작용이 기하급수적으로 증가하는 사회로 시스템의 복잡성이 증가하고, 변화의 복잡성은 불확실성을 증가시킨다.
- 사회 적응을 위해 유연성이 요구되며 유연성은 정보활동의 증가와 불가분의 관계를 나타낸다.
- 산업구조는 물질적 상품의 생산업인 제조업보다 정보통신 산업 비중이 증가하고, 조직구조는 계층질서나 폐쇄체제에서 평등한 개방체제로 변화한다.

(5) **네트워크화**

- 수평적 협력에 의해 움직이는 구조이고, 위계제보다 민주적인 사회를 형성한다.
- 네트워크사회란 네트워크 규모가 확장되는 사회를 의미하며, 각종 네트워크를 타고 흐르는 정보의 통합이 이루어지는 현상을 뜻한다.
- 정보의 분산처리가 이루어지고 있는 사회이다.
- 개인은 조직의 구성원이라는 정체성을 상실하고 자신의 능력과 전문성을 파는 세일즈맨이 되는 사회이다.
- 사회적 네트워크 형성으로 대규모 외부경제 효과를 갖는 사회이다.

(6) **자동화**

사회 전체가 하나의 망으로 연결되고 운영되는 사회자동화를 의미한다.

132

정보사회 운영 원리의 특징으로 볼 수 없는 것은?

① 소프트화
② 네트워크화
③ 종합화
④ 자동화

> **정답** ③
>
> **풀이** ③ 정보사회의 사회 운영 원리의 특징으로는 질적 사회, 거리의 소멸, 경계의 모호화, 소프트화, 네트워크화, 자동화 등을 들 수 있다.

133

정보사회 운영 원리 중 소프트화에 대한 설명으로 틀린 것은?

① 공간적 거리의 축소와 경계의 소멸로 인해 시스템 내 요소 간의 상호작용이 기하급수적으로 증가, 즉 시스템의 복잡성이 증가한다.
② 정보사회의 적응을 위해 유연성이 요구되며 유연성은 정보활동의 증가와 불가분의 관계에 있다.
③ 소프트화는 고정된 사회가 아니라 변화하면서 흘러가는 사회를 형성한다.
④ 사회적 네트워크의 형성으로 대규모 외부경제 효과를 갖는 자동화 사회이다.

> **정답** ④
>
> **풀이** ④ 네트워크화에 대한 설명이다.

134

정보사회 운영 원리 중 소프트화에 대한 설명으로 틀린 것은?

① 고정된 사회가 아니라 변화하면서 흘러가는 사회를 형성한다.
② 수평적 협력에 의해 움직이는 구조이고, 위계제보다 민주적인 사회를 형성한다.
③ 사회 적응을 위해 유연성이 요구되며 유연성은 정보활동의 증가와 불가분의 관계를 나타낸다.
④ 시스템 내 요소 간 상호작용이 기하급수적으로 증가하는 사회로 시스템의 복잡성이 증가하고, 변화의 복잡성은 불확실성을 증가시킨다.

> **정답** ②
>
> **풀이** ② 네트워크화에 대한 설명이다.

135

존 나이스비트가 메가트렌드에서 밝힌 정보사회의 변화에 대한 설명으로 틀린 것은? [2023년 기출]

① 산업사회에서 정보사회로 이행

② 국가경제체제에서 세계경제체제로 이행

③ 양자택일사회에서 다원선택사회로 이행

④ 자조사회에서 제도적복지사회로 이행

> 정답 ④
>
> 풀이 ④ 제도적 복지사회에서 자조(自助)사회로 진전한다.

136

존 나이스비트의 '메가트렌드' 내용으로 볼 수 없는 것은? [2019년 기출]

① 제도적 복지사회에서 자조 사회로 진전한다.

② 국가경제체제에서 세계경제체제로 변화한다.

③ 대의민주주의에서 참여민주주의로 이행한다.

④ 남반구 중심에서 북반구 중심으로 이동한다.

> 정답 ④
>
> 풀이 ④ 존 나이스비트는 '북반구 중심에서 남반구 중심으로 이동한다.'고 본다.

137

존 나이스비트가 '하이테크 하이터치'에서 주장한 내용으로 틀린 것은? [2019년 기출]

① 현대인들은 기술 중독 상태에 있다.

② 기술의 진화는 인간의 본능에 배치된다.

③ 기술을 신학 종교 예술의 감성의 잣대로 받아들여야 한다.

④ 하이테크로 피폐해지는 인간의 감성을 어루만질 '하이터치'의 필요가 절실해졌다.

> 정답 ②
>
> 풀이 ② 기술의 진화는 거의 인간의 본능과 같기 때문에 거부할 수도 없다.

♀ 핵심정리   하이테크, 하이터치

'하이테크, 하이터치'는 존 나이스비트가 메가트랜드 이후에 저술한 책이다. 하이테크는 최첨단 기술을 의미하고 하이터치는 삶의 모든 것들을 수용하고 공감하는 능력이다. '하이테크 하이터치'에서 존 나이스비트가 주장하는 바는 하이테크에서 하이터치로 변화한다는 것이 아니라 삶에 하이테크 기술이 더 많이 적용될수록 더 많은 하이터치로 균형을 찾아야 한다는 것이다.

138
존 나이스비트가 '메가트렌드'에서 주장한 내용으로 틀린 것은?

① 산업사회에서 정보사회로
② 하이테크에서 하이터치로
③ 중앙집권체제에서 지방분권체제로
④ 위계조직에서 네트워크 조직으로

정답 ②

풀이 ② '하이테크, 하이터치'는 존 나이스비트가 메가트랜드 이후에 저술한 책이다. 일단 '메가트랜드'에서 정보사회로의 구체적 변화를 10개의 변혁 차원으로 나누어 설명하였는데 여기에 '하이테크에서 하이터치'로는 없다. 그리고 하이테크는 최첨단 기술을 의미하고 하이터치는 삶의 모든 것들을 수용하고 공감하는 능력이다. '하이테크 하이터치'에서 존 나이스비트가 주장하는 바는 하이테크에서 하이터치로 변화한다는 것이 아니라 삶에 하이테크 기술이 더 많이 적용될수록 더 많은 하이터치로 균형을 찾아야 한다는 것이다.

지식과 지식사회

139

암묵지와 형식지에 대한 설명으로 틀린 것은?

① 암묵지는 체화되어 있지만 겉으로 드러나지 않는 지식이다.

② 형식지는 언어나 문자를 통해 표현된 지식이다.

③ 암묵지는 무의식중에 있는 것이다.

④ 형식지는 문서화, 데이터화된 지식이다.

정답 ③

풀이 ③ 암묵지는 외부적으로 드러나지 않고 언어로 상술되지 않은 지식이다. 암묵지에 무의식중에 있는 지식
이 포함될 수 있다고 해서 암묵지를 무의식중에 있는 지식이라고 볼 수는 없다.

📍 핵심정리 **지식 변화 모형**

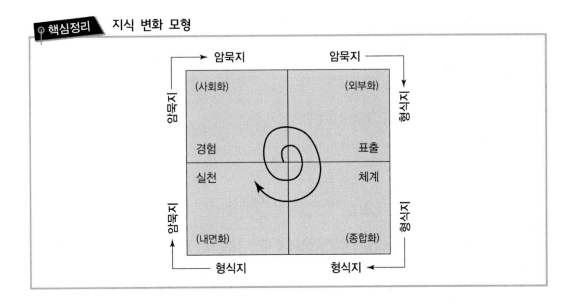

140

노나카 이쿠지로 교수는 지식의 형태를 암묵지와 형식지로 분류하고, 이를 통해 지식의 변환 유형을 4가지로 나누었다. 이 중 암묵지에서 형식지로 변환하는 과정을 일컫는 표현으로 가장 적절한 것은?

[2023년 기출]

① 사회화　　　　　　　　　　② 외부화
③ 종합화　　　　　　　　　　④ 내면화

> 정답 ②
> 풀이 ② 외부화에 대한 설명이다.

141

노나카 이쿠지로(Nonaka Ikujiro)의 지식변화모형에 대한 설명으로 틀린 것은?

① 암묵지에서 암묵지로의 변환으로 경험을 공유함으로써 정신분석 틀이나 기술적 스킬 등과 같은 암묵지 창출을 통해 사회화가 이루어진다.
② 암묵지에서 형식지로의 변환으로 암묵지를 분명한 개념과 언어의 형태로 표출해내는 외부화가 가능해진다.
③ 형식지에서 형식지로의 변환으로 사회화된 형식지는 외부화된 지식 혹은 공표된 데이터 등을 수집·결합하여 종합화한다.
④ 형식지에서 암묵지로의 변환으로 종합화를 통해 창출된 새로운 지식이 개인의 암묵지로 내면화된다.

> 정답 ③
> 풀이 ③ 형식지에서 형식지로의 변환은 종합화이다.

142

노나카 이쿠지로(Nonaka Ikujiro)의 지식변화모형에 대한 설명으로 옳은 것은?

① 사회화 : 형식지화된 지식 혹은 공표된 데이터 등을 수집, 결합시키는 과정이다.
② 외부화 : 암묵지를 분명한 개념과 언어의 형태로 표출해 내는 과정이다.
③ 종합화 : 경험학습과 매우 밀접하게 연관되어 종합화를 통해 창출된 새로운 지식을 개인의 암묵지로 내재화하는 과정이다.
④ 내면화 : 경험을 공유함으로써 정신분석 틀이나 기술적 스킬 등과 같은 암묵지를 창출해 나가는 과정이다.

143

피터 드러커의 '프로페셔널의 조건'으로 볼 수 없는 것은?

① 피드백 활동을 하라.
② 상호 이익을 추구하라.
③ 새로운 일이 요구하는 것을 배워라.
④ 어떤 사람으로 기억되기를 바라는가?

⊙ 핵심정리   방법지, 사물지, 사실지

1. **지식의 의미**

   앎, 지식, 안다는 말의 의미는 다양하다. 우선 앎의 사례를 제시하고 지식의 의미에 따라 지식 유형을 분류해 보자.

   (1) 나는 광화문으로 가는 길을 안다.
   (2) 나는 원주율의 소수 여섯째 자리까지 값을 안다.
   (3) 나는 운전을 할 줄 안다.
   (4) 나는 전주시를 안다.
   (5) 나는 박찬욱, 영화 「올드 보이」와 「친절한 금자 씨」의 감독을 안다.
   (6) 나는 나의 어머니와 아버지에 관해서 안다.
   (7) 나는 뇌의 전두엽과 사고력 사이에 상관관계가 있다는 것을 안다.
   (8) 나는 네 말이 참이라는 것을 안다.
   (9) 나는 "몇몇 포유류는 바다에 산다."는 문장이 참이라는 것을 안다.

2. 방법지

(1)부터 (3)까지 '안다'는 말은 어떤 일을 할 능력을 갖추고 있거나 방법을 소유하거나 실천할 힘이 있다는 뜻으로 쓰였다. (1)에서 나는 광화문에 갈 수 있거나 누가 물으면 광화문으로 가는 길을 알려줄 능력을 갖추고 있다. (2)에서 나는 원주율의 소수 다섯째 자리까지 수를 기억하거나 외울 능력이 있다. (3)에서 나는 자동차 운전석에 앉아 시동을 걸고 운전대를 조정해 도로 주행을 하여 목적지로 간다음 주차하고 차에서 내리는 절차를 밟을 수 있다. 이렇게 어떤 사람이 어떤 것을 어떻게 하는지 안다고 말할 때 앎은 능력지, 방법지, 실천지, 절차지라고 부른다.

3. 사물지

(4)부터 (6)까지 '안다'는 말은 어떤 사물이나 사람을 직접 겪어보아 익숙하다는 뜻으로 쓰였다. (4)에서 나는 전주시에 가본 적이 있고 그것에 대한 표상을 머릿속에 저장하고 있어 다시 그곳에 갔을 때 익숙함을 느낄 수 있다. (5)에서 나는 박찬욱을 대학 시절에 만난 적이 있고, 당시에 얻은 표상을 통해 박찬욱이 과거에 마른 체격이었음을 기억한다. (6)에서 나는 어린 시절과 청소년 시절 함께 산 어머니와 아버지에 대한 기억이 있고, 현재 두 분이 늙어 쇠약한 모습까지 기억하며 만날 때마다 친숙한 느낌을 받는다. 이렇게 어떤 것을 직접 겪어보고 익숙하다는 느낌을 동반한 앎을 익숙지, 사물지, 대상지, 또는 표상지라고 부른다.

4. 사실지

(7)부터 (9)까지 '안다'는 말은 특정한 생각이나 정보를 담은 명제를 파악한다는 뜻으로 쓰였다. (7)에서 나는 뇌의 전두엽과 사고력 사이에 상관관계를 보여주는 신경생리학과 두뇌과학의 정보를 가지고 있다. (8)에서 나는 타인이 하는 말이 문법 구조에 맞는지, 그가 하는 말이 사실에 부합하는지, 어떤 생각을 담고 있는지 분별해 파악한다. (9)에서 나는 해당 문장이 동물 분류 방식에 따라 참이라고 판단한다. 이렇게 생각이나 정보를 담은 명제나 진술, 문장과 관련된 앎을 사실지 또는 명제지라고 부른다.

5. 명제지의 중요성

그런데 능력지와 익숙지, 명제지는 따로따로 존재하지 않고 서로 의존하는 것처럼 보인다. 내가 광화문으로 가는 길을 안다면, 나는 광화문의 위치와 그곳으로 가는 방법과 수단에 관한 정보를 명제 형태로 이미 가져야 한다. 또 내가 전주시를 안다면, 그 도시에 관한 특정한 정보를 가지고 있어야 한다. 게다가 명제지 또는 사실지를 가지려면, 문법 구조에 맞게 말하는 능력과 맥락을 고려할 줄 아는 능력이 있어야 한다. 세 유형의 지식 가운데 어떤 지식이 근본이냐는 문제는 돌고 도는 문제로 해결하기 어렵지만, 발생적 관점에서는 능력지와 익숙지가 우선하고, 논리적 관점에서는 명제지가 우선한다고 결론지을 수 있다. 인간의 고등한 인지 활동에 근본이 되면서 이론적 사변이나 실질적인 탐구 활동에서 모두 필요한 지식은 명제지 또는 사실지다. 명제지 또는 사실지는 생각이나 정보를 담고 있는 명제와 진술, 문장이 어떤 맥락에서 참인지 거짓인지, 옳은지 그른지, 다시 말해 정당한 근거로 뒷받침되는지 따져 판단한 결과로 얻은 지식이다. 이런 지식은 단순한 정보 소유와 다르다. 오늘날 수많은 정보가 책과 인터넷에 넘친다. 떠도는 정보들 가운데 필요한 정보를 얻는 것만으로 알았다고 할 수는 없다. 우리는 정보를 담은 명제들이 올바른 것인지 따져볼 필요가 있다.

144

다음 중 지식 관련 개념들에 대한 설명으로 틀린 것은?

① 언어나 문자로 표현된 지식은 형식지이다.

② 정보를 생성·저장·활용·공유할 수 있는 능력은 사물지이다.

③ 직접적 체험을 통해 지식과 정보를 획득한 것은 암묵지이다.

④ 외부화된 지식과 정보를 수집·결합시키는 통합과정은 종합화이다.

> **정답** ②
>
> **풀이** ② 방법지에 대한 설명이다.

145

지식의 유형을 이해하는 것은 정보를 올바르게 파악하고 이해하는 데 중요하다. 지식의 유형에는 방법지, 사물지, 사실지 등이 있다. 각 유형의 지식에 대한 설명이 올바르지 않은 것은?

① 방법지는 어떤 일을 처리하는 방법에 대한 지식을 의미한다. 광화문으로 가는 길을 아는 것이 이에 해당한다.

② 사물지는 어떤 사물이나 사람을 직접 겪어 익숙해진 상태의 지식을 의미한다. 전주시에 대해 안다는 것이 이에 해당한다.

③ 사실지는 특정한 생각이나 정보를 담은 명제를 파악하는 지식을 말한다. 뇌의 전두엽과 사고력 사이에 상관관계가 있다는 것을 아는 것이 이에 해당한다.

④ 인간의 고등한 인지 활동에 근본이 되면서 이론적 사변이나 실질적인 탐구 활동에서 모두 필요한 지식은 방법지이다.

> **정답** ④
>
> **풀이** ① 방법지는 어떤 일을 처리하는 방법에 대한 지식을 의미한다. 예를 들어, 광화문으로 가는 길을 아는 것은 방법에 대한 지식, 즉 방법지에 해당한다.
> ② 사물지는 어떤 사물이나 사람을 직접 겪어 익숙해진 상태의 지식을 의미한다. 예를 들어, 전주시에 대해 안다는 것은 그 곳을 직접 경험하고 익숙해진 상태를 나타내므로 사물지에 해당한다.
> ③ 사실지는 특정한 생각이나 정보를 담은 명제를 파악하는 지식을 말한다. 뇌의 전두엽과 사고력 사이에 상관관계가 있다는 정보를 아는 것은 특정한 정보를 담은 명제를 파악하는 사실지에 해당한다.
> ④ 인간의 고등한 인지 활동에 근본이 되면서 이론적 사변이나 실질적인 탐구 활동에서 모두 필요한 지식은 명제지 또는 사실지다. 명제지 또는 사실지는 생각이나 정보를 담고 있는 명제와 진술, 문장이 어떤 맥락에서 참인지 거짓인지, 옳은지 그른지, 다시 말해 정당한 근거로 뒷받침되는지 따져 판단한 결과로 얻은 지식이다.

146

문법 구조에 맞게 말하는 능력과 맥락을 고려할 줄 아는 능력을 전제로 하는 지식의 유형으로 옳은 것은?

① 방법지
② 사물지
③ 사실지
④ 능력지

정답 ③

풀이 ③ 사실지는 문법 구조에 맞게 말하는 능력과 맥락을 고려할 줄 아는 능력을 전제로 하는 지식이다.

147

생각이나 정보를 담은 명제나 진술, 문장과 관련된 앎을 의미하는 지식의 유형으로 옳은 것은?

① 방법지
② 사물지
③ 사실지
④ 능력지

정답 ③

풀이 ③ 생각이나 정보를 담은 명제나 진술, 문장과 관련된 앎을 의미하는 지식은 사실지이다.

서비스 사회

148
서비스 사회에 대한 이론에 관한 설명으로 틀린 것은?

① 푸라스티에(Fourastie)는 산업화의 세 단계를 농업 사회, 산업 사회, 서비스 사회로 분류했으며, 서비스 사회는 기술과 정보가 주도하는 사회로 기술 진보와 경제 성장이 중요하다고 설명했다.

② 리스먼(Riesman)은 개인의 가치관 변화를 통해 사회의 변화를 이해하려 했으며, 전통 지향적 사람, 외부 지향적 사람, 내면 지향적 사람으로 분류했다.

③ 에치오니(Etzioni)는 사회의 참여 구조를 집단 중심, 조직 중심, 네트워크 중심으로 구분했으며, 현대 사회에서는 네트워크 중심의 참여 구조가 중요하다고 주장했다.

④ 드러커(Drucker)는 사회의 변화를 이해하기 위해 지식노동자의 역할을 강조했으며, 그는 지식노동자가 사회와 경제의 핵심 역할을 수행하고 있다고 주장했다.

정답 ①

풀이 ① 푸라스티에는 산업화의 세 단계를 농업 사회, 산업 사회, 서비스 사회로 분류했으며, 서비스 사회에서는 기술과 정보보다는 서비스 제공이 중요하다고 주장했다. 그는 서비스 산업의 성장이 경제 성장의 핵심 요소가 될 것이라고 보았으나, 기술과 정보가 주도하는 사회를 직접적으로 언급한 것은 아니다. 오히려 서비스 사회의 노동 형태는 합리화되거나 기계에 의해 수행될 수 없다는 특징 때문에 결국 대량 실업의 문제가 해결되어 향후 50년 내에 완전고용이 가능하다고 보았다.

② 리스먼은 사회의 변화를 이해하기 위해 개인의 가치관 변화를 중요한 축으로 봤다. 그는 사람들의 가치관이 전통 지향적에서 외부 지향적, 그리고 내면 지향적으로 변화하면서 사회 구조와 문화도 함께 변화한다고 주장했다.

③ 에치오니는 사회 참여의 구조를 집단 중심, 조직 중심, 네트워크 중심으로 구분했다. 그는 현대 사회에서는 개인이 속한 네트워크를 통해 사회에 참여하고 영향을 미치는 것이 중요하다고 주장했다.

④ 드러커는 지식노동자의 역할을 강조했다. 그는 지식노동자가 사회와 경제의 핵심 역할을 수행하고, 이들의 역할이 사회의 변화와 발전을 주도하게 될 것이라고 주장했다.

149

다음 커뮤니케이션 사상가들의 입장에 대한 설명으로 틀린 것은?

[2022년 기출]

① 뮌히 : 커뮤니케이션의 폭발적인 증가, 가속, 밀집화와 세계화, 그리고 커뮤니케이션에 의한 사회의 관통을 주장하면서 커뮤니케이션 사회가 산업사회의 계승자가 될 것이다.

② 루만 : 근대사회의 '기본단위'로서 모든 사회체계는 커뮤니케이션이라는 기본 조작으로 이루어지며 커뮤니케이션을 통해 사회체계의 고유한 관계와 조직을 확대하면서 사회체계를 유지한다.

③ 야렌 : 미래사회에 출판매체는 양적 · 질적으로 점점 더 팽창하고, 목표 집단 학술지, 전문 분야 케이블, 네트미디어 등의 뉴미디어 형식은 전통적 매스미디어와 병행하여 미디어 사회를 형성할 것이다.

④ 벡 : 커뮤니케이션 체계나 미디어 체계를 정치 · 경제 · 종교와 같은 부분 체계 외에 지도적인 사회의 부분 체계로 설명하면서 미디어 체계가 주제화할 수 있는 범위와 용량이 끊임없이 증대되고, 그 특수한 조건과 원칙에 따라 모든 사회 영역의 광대한 관찰체계로 발전한다.

정답 ④

풀이 ④ 머텐의 주장이다.

150

미래사회에 출판매체는 양적 · 질적으로 점점 더 팽창하고, 목표 집단 학술지, 전문 분야 케이블, 네트미디어 등의 뉴미디어 형식은 전통적 매스미디어와 병행하여 미디어 사회를 형성할 것이라고 본 연구자의 이름으로 옳은 것은?

① 뮌히(Munch)

② 루만(Luhmann)

③ 야렌(Jarren)

④ 머텐(Merten)

정답 ③

풀이 야렌(Jarren)의 주장이다.

151

커뮤니케이션의 폭발적인 증가, 가속, 밀집화와 세계화, 그리고 커뮤니케이션에 의한 사회의 관통을 주장한 연구자의 이름으로 옳은 것은?

① 뮌히(Munch)

② 루만(Luhmann)

③ 야렌(Jarren)

④ 머텐(Merten)

152

사회적 성격을 인구 성장의 3단계에 따라 전통지향과 내부지향, 타인지향이라는 세 가지 유형으로 구분한 연구자의 이름으로 옳은 것은?

① 드러커(Drucker)
② 리스먼(Riesman)
③ 에치오니(Etzioni)
④ 푸라스티에(Fourastie)

153

피터 드러커의 지식사회론에 대한 설명으로 틀린 것은?

① 지식이 도구, 공정, 그리고 제품에 적용됐을 때 산업 혁명이 일어났다.
② 지식이 작업에 적용됐을 때는 생산성 혁명이 일어났다.
③ 지식이 지식 그 자체에 적용됐을 때는 정보혁명이 가능하게 됐다.
④ 생산의 기본 요소인 자본과 노동이 퇴색하고 지식 이 유일한 생산 요소로 등장하게 되었다.

핵심정리 루만의 사회체계이론

20세기에 가장 영향력 있는 독일의 사회학자 루만(Niklas Luhmann)이 만든 사회체계이론(theory of social systems)은 사회를 소통(communicative interaction)의 자기생산체계(autopoietic system)로서 기술한다. 루만 사회체계이론에서 새로운 개념들이 많이 있지만 가장 독특한 점은 사회를 이루는 구성요소는 그 사회에 속한 사람들이 아니고 사람들의 소통이라고 생각한다는 것이다. 자기생산체계는 이러한 소통들의 체계로서 환경과의 복잡성을 해결하기 위하여 소통들 스스로의 작동에 의하여 소통들을 생산하는 사회의 기능체계를 구성한다는 것이다. 이렇게 구성된 기능체계로서 경제체계, 정치체계, 법체계, 학문체계, 교육체계, 대중매체체계, 예술체계, 의료체계 등이 있고 역사의 특정한 시기에 이러한 기능체계의 필요성에 의하여 출현하였다는 것이다. 이러한 기능체계는 체계의 프로그램(프로그램도 체계의 소통들에 의하여 동작한다)에 의하여 소통에 코드를 할당함으로써 자기생산체계를 이루게 되는데 경제체계는 지불(소유)/비지불(비소유), 정치체계는 우세(통치)/열세(반대), 법체계는 합법/불법, 학문체계는 진리/비진리, 등의 코드를 할당한다. 루만은 사회를 사람들로 구성된 것으로 보아온 사회학 이론들이 제대로 사회를 파악할 수 없기 때문에 좀 더 효과적으로 사회를 분석하고 이해하기 위하여 사람들의 소통들을 사회의 기능을 구현하는 기능체계로 파악하고, 여러 종류의 기능체계들을 구별해내고 이의 작동을 분석하였다.

154

루만의 사회체계 이론은 복잡한 현대사회를 이해하는 키로 쓰인다. 그의 이론에 관한 설명으로 틀린 것은?

① 루만은 사회를 각종 시스템들이 상호작용하는 복잡한 네트워크로 본다.

② 루만의 사회체계 이론에서는 시스템과 환경의 차별화와 복잡성이 중요하다.

③ 루만은 정보, 유통, 결정의 3단계를 통해 시스템의 자기조직화 과정을 설명한다.

④ 루만의 사회체계 이론에서는 전체 시스템의 기능은 그 구성 요소들의 합과 동일하다.

정답 ④

풀이 ① 루만의 사회체계 이론에서 사회는 각종 시스템들이 상호작용하는 복잡한 네트워크로 간주된다. 이러한 관점은 사회의 다양한 요소들이 복잡하게 연결되어 있음을 인식하고 이를 분석하는 데 도움이 된다.
② 루만의 이론에서는 시스템과 환경의 차별화와 복잡성이 중요하다. 그는 이를 통해 현대사회의 복잡성과 다양성을 이해하려 했다.
③ 루만은 정보, 유통, 결정의 3단계를 통해 시스템의 자기조직화 과정을 설명한다. 이를 통해 시스템이 어떻게 변화하고, 적응하고, 발전하는지를 이해하는 데 도움이 된다.
④ 루만의 사회체계 이론에서는 전체 시스템의 기능이 그 구성 요소들의 합과 다르다. 그는 시스템 내부의 복잡한 상호작용을 통해 새로운 성질이나 기능이 생길 수 있다고 주장했다. 이는 시스템 이론의 핵심 개념인 '역합성(逆合性)'을 반영한 것이다.

(1) 이항 코드

경제, 정치, 학문, 법 등은 제 각기 특정의 커뮤니케이션 매체들에 의거하여 전혀 상이한 사회적 기능들을 수행하는 사회의 주요 부분체계들이다. 서로 서로를 환경으로 간주하는 이러한 기능체계들은 '자동생산'이라고 불리는 조작적 폐쇄를 통해 출현하고 재생산되며, 이른바 이항(binar) 코드의 구성을 통해 자신의 정체성을 확보한다. 기능적으로 구체화된 이항코드는 개별 커뮤니케이션이 어느 기능체계에 속하는지를 결정하는데, 정치체계에서의 여-야, 경제체계에서의 소유-비소유, 학문체계에서의 진-위 등이 대표적인 예이다.

(2) 프로그램

이항도식으로서의 코드가 주로 큰 틀에서 가능성을 방향 짓는 역할을 수행한다면, 프로그램은 올바른 동작들의 질서, 다시 말해, 올바른 행위와 올바르지 못한 것의 구분을 가능하게 한다. 학문 영역에서의 이론, 법영역에서의 법률이나 계약, 예술영역에서의 개별예술작품, 경제 영역에서의 기업 투자 등이 대표적인 예이다.

(3) 커뮤니케이션 매체

루만에게서 높은 이론 구성 전략적 가치를 갖는 또 다른 개념은 커뮤니케이션 매체이다. 이항 코드나 프로그램처럼 커뮤니케이션 매체도 사회적 진화의 산물이다. 한 사회체계가 기능적으로 분화되면 될수록, 그리고 현실구성이 더욱 덜 집합적으로 이루어지면 질수록, 다시 말해 공동으로 경험된 체험들의 비중이 줄어드는데 비해 타자(他者)의 체험적 행위들의 비중이 늘어나면 날수록 커뮤니케이션 매체의 중요성도 증대되기 때문이다. 루만은 현대사회의 도래와 함께 한층 더 중요성을 갖게 된 커뮤니케이션 매체로 '화폐' '진리' '사랑' '권력' 등을 들고 있다.

155

루만의 체계 이론에 대한 설명으로 틀린 것은?

① 서로를 환경으로 간주하는 기능체계들은 이항(binar) 코드의 구성을 통해 자신의 정체성을 확보한다.

② 프로그램은 올바른 동작들의 질서, 다시 말해, 올바른 행위와 올바르지 못한 것의 구분을 가능하게 한다.

③ 공동으로 경험된 체험들의 비중이 줄어드는 데 비해 타자의 체험적 행위들의 비중이 증가하면 커뮤니케이션 매체의 중요성이 감소한다.

④ 사회는 소통사건들의 연쇄이며, 사회가 존속하기 위해서는 하나의 소통이 후속 소통으로 연결되어야 하고, 후속 소통으로 연결되지 못하면 사회는 더 이상 존속하지 못하게 된다.

정답 ③

풀이 한 사회체계가 기능적으로 분화되고 현실구성이 더욱 덜 집합적으로 이루어지면, 즉 "공동으로 경험된 체험들의 비중이 줄어드는 데 비해 타자의 체험적 행위들의 비중이 늘어나면 커뮤니케이션 매체의 중요성도 증대된다. 루만은 현대사회의 도래와 함께 한층 더 중요성을 갖게 된 커뮤니케이션 매체로 '화폐', '진리', '사랑'. '권력' 등을 들고 있다.

156

루만의 체계 이론에 대한 설명으로 틀린 것은?

① 기능체계들은 서로 서로를 환경으로 간주한다.

② 기능체계들은 이항(binar) 코드의 구성을 통해 자신의 정체성을 확보한다.

③ 프로그램은 올바른 동작들의 질서, 다시 말해, 올바른 행위와 올바르지 못한 것의 구분을 가능하게 한다.

④ 사회는 커뮤니케이션 매체들의 연쇄이며, 사회가 존속하기 위해서는 하나의 매체가 후속 매체로 연결되어야 한다.

> 정답 ④
>
> 풀이 사회는 소통사건들의 연쇄이며, 사회가 존속하기 위해서는 하나의 소통이 후속 소통으로 연결되어야 한다. 매체는 소통의 연계를 가능하게 하는 장치 중 하나이다.

핵심정리 소통

사회는 소통사건들의 연쇄이며, 사회가 존속하기 위해서는 하나의 소통이 후속 소통으로 연결되어야 한다. 후속 소통으로 연결되지 못하면 사회는 더 이상 존속하지 못하게 된다. 매체는 소통의 연계를 가능하게 하는 장치 중 하나이다.

체험사회

핵심정리 사회적 환경 구성

(1) 수준환경
- 비교적 높은 수준의 교육을 받은 40살 이상의 집단이다.
- 급상승한 경력, 자랑할 만 한 부 그리고 삶의 질에 가치를 둔다.

(2) 통합환경
- 중간 정도 수준의 교육을 받은 40살 이상의 집단이다.
- 안락함과 사색을 기본원리로 삼으면서 조화와 완전성을 통합시키고자 한다.
- 사회적 기대에 부응하고 거기에 적응하면서 사는 것이 특징이다.

(3) 조화환경
- 비교적 낮은 수준의 교육을 받은 40살 이상의 집단이다.
- 안전함, 단순성, 질서 등에 대한 추구를 최상의 원리로 삼는다.
- 조화를 위협하는 것에 대한 항시적인 방어를 우선적인 목표로 삼는다.

(4) 자기성취환경
- 비교적 높은 수준의 교육을 받은 40살 미만의 집단이다.
- 자기도취와 실험정신을 특징으로 한다.

(5) 사교환경
- 비교적 낮은 수준의 교육을 받은 40살 미만의 집단이다.
- 행동과 긴장으로 가득 찬 상황을 항구적으로 추구한다.

핵심정리 사회적 환경을 구성하는 기호의 범주

(1) 개인적 스타일
일상생활의 미학적 관심이다.

(2) 연령
특정한 상황 역사(세대소속)의 지표이자 동시에 주관적 발달의 특정 단계(생활주기)의 지표로 기능한다.

(3) 교육
상황에 대한 추론이 가능하다.

(4) 상황관리의 유형과 방식
상황관리는 주체 자신이 제안·발생을 조정하는 것을 의미한다.
즉 상황관리는 '어떤 상황에 타자가 들어가는가? 그는 누구와 같이 살고, 어디에 살고, 직업은 무엇인가?, 어떤 계획을 갖고 있는가?' 등에 관한 문제이다.

157

슐츠(Schulze)의 입장에 대한 설명으로 옳은 것은?

① 행운에 대한 질문에 집합적인 해답을 찾는 시도로 더 좋은 생활철학의 형태를 탐색한다.

② 체험 사회는 누구나 보람 있다고 인정할 수 있는 삶을 만들어가고자 하는 생각에서 출발하였다.

③ 조화 환경은 비교적 낮은 교육 경력의 40세 이상의 변화와 개혁을 요구하는 사람들의 집단이다.

④ 교육은 특정한 상황 역사의 지표이자 동시에 주관적 발달의 특정단계의 지표로 기능한다.

정답 ①

풀이 ② 주관적으로 보람있다고 느껴지는 삶을 만들어가고자 하는 생각에서 출발하였다.
③ 조화환경은 안정성 추구와 갈등회피 요구가 지배적인 집단이다.
④ 특정한 상황 역사(세대소속)의 지표이자 동시에 주관적 발달의 특정단계(생활주기)의 지표로 기능하는 것은 연령이다.

Theme 28 Anthony Giddens의 구조화 이론과 시공간론

핵심정리 구조화 이론(theory of structuration)

- 기든스는 인간행위자의 '다르게 행동할 개연성'을 강조하면서, "우리가 마주하고 있는 세계는 열린 가능성의 세계이며, 이 세계에 대한 우리의 앎이 이 가능성이 어떠한 것이고, 사회변동의 방향의 현실적인 대안을 제시해 준다."라고 주장한다. 이때 제도란 '장기지속 동안 넓은 공간적 범위에서 구조화된 사회적 관습'을 의미한다.
- 기든스는 구조와 행위의 통합, 즉 행위에 의해서 구조가 계속해서 재조직되고 규칙(rules)과 자원(resources)으로 개념화되는 구조의 이중성을 지적한다. 사회구조는 지속적으로 조직되고 재조직되는 사회적 실천의 매개물이자 결과로서 이중성을 가지고 있다는 것이다.
- 사회체계는 일상생활에서 연속되는 재생산을 통해 구조화된다. 여기에서 행위자의 역량(capability)과 지적 능력(knowledgeability)은 항상 구조에 의해서 제한받는 것은 물론이다. 따라서 구조화 이론은 사회구조를 사회적 실천의 매개이자 결과로 본다.
- 행위자는 규칙과 자원으로부터 성찰적 감시(reflexive monitoring)를 받는 존재이지만, 동시에 규칙과 자원을 이용할 수 있는 능력을 가진 존재이다. 행위자는 관례화(routinization)를 통해 일상 사회생활을 영위하고, 새로운 구조를 창출해 나가는 것이다.

핵심정리 시공간의 원격화

- 전통 부족사회에서는 시공간의 거리화가 상당히 낮은 수준으로 전개되어서 대부분의 상호작용이 국지적으로 한정되었다. 계급이 형성되기 시작한 중세 봉건시대에는 국가의 권위적인 자원의 배분에 있어서 정치·경제적인 권력의 행사를 통해 시공간의 원격화가 증가했다. 또한 산업화의 진전과 함께 자본주의 사회로 진입하자 시공간의 원격화가 현저하게 증가했다고 주장한다.
- 기든스는 20세기 이후 근대성의 증대와 시공간의 원격화의 과정이 일반화되었고, 시공간의 분리가 근대성을 형성하는 데 결정적 계기가 되었다고 주장한다. 근대 이전에는 일상생활의 장소를 통해서 시간과 공간을 연계시켰으나, 사회적 상호작용의 범위가 확장된 사회체계를 갖춘 근대 이후에는 시간과 공간을 장소에 고정시키지 않는다고 주장한다.

158

기든스의 구조화 이론과 시공간론에 대한 설명으로 옳은 것은?

① 기든스의 시공간론은 사회의 구조를 이해하는 데 있어 개인의 역할이 무시되는 경향이 있다.
② 기든스의 시공간론은 모든 사회적 행위자들이 공동으로 참여하여 시공간을 구성한다는 점을 강조한다.
③ 기든스의 구조화 이론은 사회의 구조와 행위 간의 관계를 명확히 한 방향으로만 해석한다.
④ 기든스의 구조화 이론은 사회적 행위가 완전히 자유로울 수 있다고 주장한다.

159

기든스의 시공간의 관례화에 대한 설명으로 틀린 것은?

① 구조는 인간행위자가 행위하기 전에 현전(presence)한다.

② 구조는 사회적 관계의 틀을 이루는 체계의 조직화를 담당한다.

③ 구조적 속성에 의해서 규정되는 행위들은 반복성과 정규성을 주요 특징으로 한다.

④ 로케일은 인간행위자의 사회적 상호작용이 시공을 엮어서 발생하는 장소로서, 그 범위는 가정의 방, 거리, 공장, 도시, 국가 등 상당히 신축적으로 나타난다.

160

기든스의 시공간에 대한 입장으로 틀린 것은?

① 사회체계가 시공간상에 전개되고 확장된다.

② 사물을 한 자리에서 제거하면 공간 자체가 비워지게 되고, 시간은 과거, 현재, 미래의 연속선상에서의 사물의 위치를 가리킨다.

③ 시간은 단순한 사건의 순서가 아니라, 일상생활의 지속, 제도의 지속으로 설명되는 것으로 역사적으로 파악해야 한다.

④ 공간은 수동적 환경이 아니라 사회적 상호작용의 틀을 형성하는 중요한 계기로 작용한다.

② '사물을 한 자리에서 제거하면 공간 자체가 비워지게 되고, 시간은 과거, 현재, 미래의 연속선상에서의 사물의 위치를 가리킨다.'는 칸트의 입장으로 기든스는 이러한 입장을 비판하기 위해 시공간의 원격화를 주장한 것이다.

⚲ 핵심정리 시공간의 관례화

- 구조는 사회적 관계의 틀을 이루는 체계의 조직화를 담당한다. 구조는 인간행위자가 행위를 할 때까지는 현전(presence)하지 않는다. 구조가 현전하는 것은 행위들이 체계를 구성할 때이다.
- 구조적 속성에 의해서 규정되는 행위들은 반복성과 정규성을 주요 특징으로 하며, 이러한 상호작용의 반복성을 통해 시공간은 관례화(routinization)된다.
- 기든스는 이러한 다양한 양식의 상호작용의 일어나는 공간범역이 있는 물리적 환경을 로케일(locale)이라고 규정한다. 즉 로케일은 인간행위자의 사회적 상호작용이 시공을 엮어서 발생하는 장소로서, 그 범위는 가정의 방, 거리, 공장, 도시, 국가 등 상당히 신축적으로 나타난다. 따라서 스리프트(Thrift)가 지적하는 것처럼 로케일이 국지적일 필요는 없다.

⚲ 핵심정리 지역화

기든스는 지역화(regionalization)의 개념을 제시한다. 지역화는 사회적 삶이 상호작용하면서 시공간상에 공현전(co-presence)하게 하는 연속성의 장이다. 즉 시공간의 관례화와 원격화를 통해서 사회적 행위가 장소에 들어가고 나가는 통로에 의해 규정되어지는 지구화(zoning)의 양식, 구조화의 과정을 의미한다.

핵심정리 울리히 벡의 '위험사회'

벡은 독일 벽방에서 해군 장교의 아들로 태어났다. 그는 산업화와 가족에 대해 연구하다가 '위험사회'를 통해 인상적인 현대사회이론을 제시했다. 이를 계기로 단숨에 세계적인 학자의 반열에 올랐다. 특히 이 책이 출간되던 해에 발발한 체르노빌 원전사고는 그의 주장을 한층 설득력 있게 뒷받침했다. 오늘날 그는 기든스, 부르디외, 바우만 등과 더불어 대표적인 현대사회 이론가로 손꼽히고 있다. 여기서 말하는 '위험'은 danger가 아니라 risk이다. danger는 단순한 불가측적 위험이다. 이에 반해 risk란 어느 정도 통제 가능한 확률적 위험을 가리킨다. 이것은 본래 '위험을 감수하고 암초를 뚫고 나가다'라는 항해 용어이다. 즉 성공과 부는 위험을 감수해야 주어진다는 뜻이다. 하지만 과학기술의 발달로 그런 낭만적 생각은 곧 사라졌다. 산업사회는 합리주의와 과학기술을 앞세워 오로지 부의 생산 및 분배에 골몰했다. 그 과정에서 '위험을 감수한다.'는 개념 따위는 아예 고려되지도 않았다. 오로지 과학과 기술이 모든 것을 해결해준다고 믿었다. 그러나 그것은 오판이었다. 산업이 고도화됨에 따라 재화의 생산은 필연적으로 위험의 생산을 수반할 수밖에 없다. 이렇게 생산, 축적된 위험이 오늘날 우리의 삶을 전 방위적으로 위협하고 있다. 이로 말미암아 벡은 현대사회를 '위험사회'라고 진단한다. 물론 역사적으로 전통적 위험(danger)은 늘 존재했다. 하지만 그것은 개인적·우연적이었다. 반면 오늘날 우리를 엄습하는 현대적 위험(risk)은 성격상 전혀 새로운 것이다. 그것은 전면적·무차별적이다. '빈곤은 위계적이지만 스모그는 민주적'이라는 그의 주장에 현대적 위험의 특징이 잘 드러나 있다. 전통적 산업사회와 현대적 위험사회는 제도나 원리도 각각 다르다. 산업사회는 분명한 성별 분업, 견고한 가족구성, 완전고용, 생애적 직업 등으로 특징지어졌다. 거기에서는 개인의 삶의 경로가 어느 정도 정해져 있었다. 반면 위험사회에서는 성별 분업이 모호해지고 노동이나 직업은 유동화 되어 불안정해지고 있다. 전통적 가족은 해체되고 완전고용이나 생애적 직업도 점차 허물어지고 있다. 이처럼 개인과 사회 사이의 끈이 느슨해짐에 따라 위험사회에서는 개인주의화가 가속적으로 진행된다. 과거에 계급적으로 규정되던 불평등이나 분배 문제가 이제는 개인적 성공이나 실패로 해석된다. 따라서 오늘날에는 누구나 위험 앞에 홀로 서서 자기 삶을 스스로 선택하고 스스로 꾸려가야 한다. 한마디로, 위험도 개인이 각자 부담해야 하는 것이다.

핵심정리 울리히 벡(Ulrich Beck)의 위험

울리히 벡이 이야기하는 위험은 '눈앞의 위험'이라기보다는 '직접 감지되지는 않는 위험'이다. 직접 감지되지 않는 것은 예측하기 어렵고, 이는 불안감을 낳는다. 정말 위험한 것은 이 불안감이다. 울리히 벡이 '위험사회'에서 주장하는 핵심적인 내용은 "현대 산업사회가 무모한 모험(risk)을 체계적으로 재생산하고 있다"는 점이다. 전기(前期) 근대에서 모험은 부(富)를 위해 감수해야 하는 부수적 요인이었지만, 후기(後期) 근대로 가면서 '체제 자체가 무모한 모험'인 시대가 되고 말았다. 근대 초기의 무모한 모험은 '용기와 생산성'을 뜻했으나 후기 근대의 모험은 '모든 생명의 자기 파멸의 위험'을 의미한다. 울리히 벡은 이러한 위험은 과학 기술과 이에 기반한 군사-경제력에서 초래된다고 지적한다. 환경오염, 생태계 파괴, 인간 호르몬 체계의 변동 등을 초래한 근대적 전문가체계·과학기술문명은 체계적으로 위험 상황을 생산해내고 있다.

161

위험사회에 대한 설명으로 틀린 것은?

[2019년 기출]

① 위험사회는 사회의 불평등 구조를 망라한 위협 혹은 위험 상황이 특징적이다.

② 카슨(Rachel Carson)의 '침묵의 봄'은 특정한 과학에 맞서는 저항 과학의 모습을 보여주고 있다.

③ 위험사회의 위험은 지구화의 경향을 보이며 보편성을 띤다.

④ 위험은 과학적 지식의 영역을 벗어난 인간의 즉각적인 인식능력에 해당한다.

> **정답** ④
>
> **풀이** ④ 위험은 인간의 즉각적인 인식능력을 벗어난 과학적 지식의 영역에 해당한다.

162

위험사회에 대한 설명으로 틀린 것은?

① 위험사회는 사회의 불평등 구조를 망라한 위협 혹은 위험 상황이 특징적이다.

② 카슨(Rachel Carson)의 '침묵의 봄'은 특정한 과학에 맞서는 저항 과학의 모습을 보여 주고 있다.

③ 위험사회의 위험은 지구화의 경향을 보이며 보편성을 띤다.

④ 위험사회에서 각 개인은 사회구조의 영향으로 집단의 구성원으로 위험에 직면한다.

> **정답** ④
>
> **풀이** ④ 개인은 사회구조로부터 덜 제약받고 더 독립적이지만, 이러한 독립성은 대가가 요구되어 각 개인 삶은 기존의 의사결정 상태로부터 벗어나 개인의 손으로 이전한다.

163

울리히 벡(Ulrich Beck)의 입장에 대한 설명으로 옳은 것은?

① 위험은 위험에 관한 지식에 의해서만 비로소 생긴다.

② 위험은 근대화에 실패하는 경우에 자연적으로 발생한다.

③ 과학의존성과 미디어 의존성으로 인해 교육 수준이 낮은 집단이 위험에 민감하게 반응한다.

④ 위험은 과학적 지식을 벗어나 즉각적인 인식의 영역에 해당한다.

정답 ①

풀이 ② 위험사회의 새로운 위험은 자연적 재난과 대비되는 것으로 성공적 근대화 과정에서 인위적으로 만들어진 것이다.

③ 교육 수준이 높은 집단이 위험을 민감하게 인식한다.

④ 위험은 인간의 즉각적인 인식능력을 벗어난 과학적 지식의 영역에 해당한다.

위험과 성찰성 : 벡, 기든스, 루만의 사회이론 비교

🔎 **핵심정리** 위험(Risk)

- 위험은 영어나 독일어에서 여러 개의 개념으로 사용된다. 국내에서는 위험, 위협, 위난, 위해 등으로 나뉘어 번역되기도 했는데, risk는 위험성으로, danger는 위험으로 번역하는 것이 가장 합당하다.
- 리스크는 유럽에서도 상대적으로 매우 최근에야 등장한 단어이다. 즉 그것은 근대적 합리성과 불가분의 관계에 있는 표현이다. 한국어에서 리스크와 관련된 가장 분명한 표현은 '위험성평가', '위험성분석' 등이다. 이것은 위험이 어느 정도인지 그 성질 또는 크기를 측정하고 예측하고자하는 시도를 의미한다. 즉 '합리적 계산의 대상이 된 위험'으로 risk 개념을 사용한다.
- 이처럼 근대적 합리성을 인식론적 배경으로 해서 계산 가능하다고 여겨지는 위험을 리스크라고 하는데, 이것은 벡, 기든스, 루만 모두에게서 공통적이다.

🔎 **핵심정리** 울리히 벡(Ulrich Beck)의 위험(Risk)

벡은 가장 협의의 리스크 개념을 사용한다. 즉 근대적 합리성의 구성요소인 '위험의 계산가능성'뿐만 아니라 그것이 누적되어 현대 시점에서 나타난 결과, 즉 현대의 고도 과학기술 위험에 제한하여 리스크 개념을 사용한다.

164
다음을 주장한 연구자의 이름으로 옳은 것은?

- '근대성의 급진화'가 초래한 세 가지 역설이 '일반화된 피고용자의 사회'라는 역사적 배경과 맞물려서, 각각의 영역에서 개인화를 급진화한 것이다.
- 노동유연화를 부른 경영합리성의 급진화는 노동계급을 개인 생애별로 분해하여 계급정체성을 개인화했다.
- 리스크를 생산하는 과학기술합리성은 정치를 개인화하여 제도 밖의 하위정치를 발생시켰다.
- 여성을 사적 가부장제로부터 해방시킨 노동시장의 합리성은 가족 결속력을 개인화했다.

① 벡
② 루만
③ 기든스
④ 바우만

정답 ①

풀이 ① 벡이 근대성의 급진화가 초래한 역설을 설명한 내용이다.

루만(Niklas Luhmann)의 위험(Risk)

루만은 어떤 피해가 사회적 결정의 결과로 출현하는 경우를 risk, 사회적 결정과 무관하게 발생하는 경우를 danger라고 구별한다. 그러나 이 둘은 명확하게 구별되지 않는데, 위험을 감수하려는 결정이 내려졌을 때, 그 결정을 내린 편에게 그것은 risk이지만, 스스로 그 결정에 관여하지 않고 그 피해를 겪어야 하는 '당사자'들에게 그것은 danger가 되기 때문이다. 그리하여 결국 risk와 danger의 구별은 결정자와 당사자 간의 차이로 나타난다. 그리하여 결국 루만은 위험을 '인류' 차원의 문제가 아니라 결정권을 가진 자와 갖지 못한 자 사이의 대립으로 설명한다.

기든스(Anthony Giddens)의 위험(Risk)

기든스 역시 리스크 개념을 상당히 산업사회적인 방식으로 이해한다는 점에서, 루만과 일맥상통하는 지점이 있다. 기든스는 '확신'과 '신뢰'에 대한 루만의 구별을 기초로 리스크를 신뢰의 문제와 연결시킨다. 확신과 달리 신뢰란 근대성에 내재한 불확실성, 즉 리스크를 전제로 할 때 가능한 개념이라는 것이다. 여기서 리스크는 벡이 말하는 고도 기술위험을 의미하는 것이 아니라, 근대적 합리성에 애초부터 내장되어 있던 불확실성, 즉 루만의 개념을 빌리면 비필연적인 '선택 가능성'의 결과를 의미한다.

165

기든스의 리스크에 대한 설명으로 틀린 것은?

① 확신과 달리 신뢰란 리스크를 전제로 할 때 가능한 개념이다.

② 제조된 리스크와 달리 외부적 리스크는 산업사회 이전의 모든 전통문화에도 존재한다.

③ 리스크에도 긍정적 측면이 존재하고 리스크의 적극적 용인은 근대 경제에서 부를 창출하는 원천이다.

④ 위험에 대한 도덕적 이슈의 등장은 '기능'에서 '도덕'으로 회귀하는 것으로 근대화의 역방향으로의 진행이다.

정답 ④

풀이 ④ 벡과 기든스는 새롭게 등장하는 도덕적 이슈가 '기능'에서 '도덕'으로 회귀하는 근대화의 역방향이 아니라, 오히려 근대성의 구조변동이라는 새로운 방향을 취한다고 설명한다. 이런 점에서 벡과 기든스는 공히 '성찰적 근대화' 논자들이다.

성찰적 개인이란 벡이 지적하는 위험사회에서의 개인의 위치를 설명하는 개념이다. 성찰적 개인은 자신의 삶을 스스로 결정하고, 위험에 대한 정보를 스스로 탐색하고 이해하며, 그에 따른 행동을 결정하는 개인을 의미한다. 이는 위험사회에서 개인이 능동적인 주체로서 참여하고, 사회적 위험에 대한 자신의 이해도를 높이고, 자신의 삶을 위험에서 보호하려는 노력을 포함한다.

그러나 벡이 말하는 '사회 전체의 책임'은 성찰적 개인의 노력만으로는 충분히 대응하기 어려운, 구조적이고 체계적인 사회적 위험을 의미한다. 이러한 위험은 개인의 힘만으로는 제어하기 어렵고, 사회 전체가 함께 대응해야 할 책임이 있다. 이는 사회의 제도적, 정치적, 경제적 차원에서의 대응을 필요로 한다.

결국 벡의 주장은 개인의 책임과 사회 전체의 책임이 상호 보완적으로 작용해야 한다는 것이다. 개인은 위험에 대해 정보를 습득하고 이해하며 능동적으로 대응하는 한편, 사회는 구조적이고 체계적인 위험에 대해 제도적, 정치적, 경제적 대응을 통해 위험을 관리하고 제어해야 한다는 것이다. 이렇게 개인의 능동적인 대응과 사회 전체의 구조적인 대응이 결합함으로써, 위험사회에서의 안전이 보장될 수 있다.

166

울리히 벡의 성찰적 개인에 대한 설명으로 틀린 것은?

① 성찰적 개인은 위험사회에서의 개인의 위치를 설명하는 개념이다.

② 성찰적 개인은 자신의 삶을 스스로 결정하고, 위험에 대한 정보를 스스로 탐색한다.

③ 위험은 개인의 힘만으로는 제어하기 어렵고, 사회 전체가 함께 대응해야 할 책임이 있다.

④ 개인은 구조적이고 체계적인 위험에 대해 제도적, 정치적, 경제적 대응을 통해 위험을 관리하고 제어해야 한다.

정답 ④

풀이 개인의 책임과 사회 전체의 책임이 상호 보완적으로 작용해야 한다. 개인은 위험에 대해 정보를 습득하고 이해하며 능동적으로 대응하는 한편, 사회는 구조적이고 체계적인 위험에 대해 제도적, 정치적, 경제적 대응을 통해 위험을 관리하고 제어해야 한다. 이렇게 개인의 능동적인 대응과 사회 전체의 구조적인 대응이 결합함으로써, 위험사회에서의 안전이 보장될 수 있다.

167

울리히 벡의 위험사회 이론에 대한 설명으로 옳은 것은?

① 위험사회는 과학적 또는 기술적 발전에 따른 부작용이 사회 전체에 미치는 영향을 무시한다.

② 위험사회는 사회적 위험을 관리하고 제어하는데 개인의 책임이 아니라 사회 전체의 책임으로 간주한다.

③ 위험사회는 과학적 지식만이 사회적 위험을 예측하고 관리할 수 있다는 점을 강조한다.

④ 위험사회는 모든 사회 구성원들이 위험에 대한 인식을 가지고 있음을 전제로 한다.

정답 ②

풀이 ① 울리히 벡의 위험사회 이론은 과학적 또는 기술적 발전에 따른 부작용이 사회 전체에 미치는 영향을 강조한다. 이는 모던 사회가 자신이 만든 위험을 부인하거나 무시하지 않고 인정하고 대응해야 한다는 주장이다.

② 벡의 위험사회 이론에서는 위험을 관리하고 제어하는 것은 개인의 책임이 아니라 사회 전체의 책임이라는 점을 강조한다. 이는 모든 사회 구성원들이 위험의 원인과 결과에 대한 책임을 공유해야 함을 의미한다.

③ 벡의 위험사회 이론은 과학적 지식만이 위험을 예측하고 관리할 수 있는 방법은 아니라고 강조한다. 실제로 위험사회에서는 일상적인 경험과 지식도 중요한 역할을 하는 것으로 인식된다.

④ 위험사회 이론은 모든 사회 구성원들이 위험에 대한 인식을 가지고 있다는 것을 전제로 하지는 않는다. 오히려 사회의 일부만이 위험에 대한 인식을 가지고 있을 수 있으며, 이로 인해 위험에 대한 인식과 대응 방법에 차이가 생길 수 있다.

핵심정리 정보 유통 패턴

(1) 의의

① 판데이크는 자신의 네트워크 사회 분석을 위해 여러 미디어들의 정보 유통 패턴을 몇 가지로 모델링하고, 기술 발전에 따른 미디어 융합과 상호작용성 증대 현상을 그러한 정보 유통 패턴들이 통합 네트워크로 발전해 나가는 과정으로 설명한다.

② 그는 정보 유통 패턴을 훈시(allocution), 상담(consultation), 등록(registration), 대화(conversation)의 네 가지 모델로 구분하고, 과거에는 각각 분리되어 존재하던 이러한 모델들이 네트워크 사회에서는 서로 연결되면서 하나로 통합되는, 즉 통합 네트워크로 발전한다고 보았다. 정보 유통 패턴과 관련하여 판데이크는 정보 흐름에 있어서의 모델 판단 근거로 센터(central unit)와 지역 단위(local unit), 소스 정보(source information)와 결정 정보(decision information) 등을 제시하고 있다.

(2) 훈시 모델

훈시 모델은 센터에서 제공할 소스 정보를 가지고 있고 또 그것의 주제, 시간 및 속도에 대한 결정도 센터가 주로 하게 되는 경우를 말한다. 제한된 채널만을 공급하는 라디오, 텔레비전과 같은 전통적인 방송 미디어가 여기에 속한다고 보면 될 것이다.

(3) 상담 모델

상담 모델은 제공할 소스 정보는 센터가 가지고 있는데, 어떤 것을 제공받을지는 센터가 아닌 지역 단위에서 결정한다는 것이다. 콘텐츠는 센터가 가지고 있고 선택권은 지역이 가지고 있는 셈이다. 책, 신문, 잡지, 오디오와 비디오, 텔레텍스트나 비디오텍스, 오디오텍스, 인터렉티브 TV 등이 여기에 속한다. 여러 콘텐츠를 언론사나 제작자가 만들어 제공하지만 그 주제나 시간, 속도 등은 수용자, 즉 소비자가 결정한다는 모델이다.

(4) 등록 모델

등록 모델은 제공하는 소스 정보는 지역 단위에서 센터로 흘러가고, 어떤 콘텐츠 혹은 정보를 취할 것인지, 언제, 어떻게 그러한 정보를 받아들일 것인지는 센터가 결정하는 모델을 말한다. 여기에 속하는 것으로는 케이블을 통한 조사나 투표, 전자 예약, 텔레쇼핑이나 텔레뱅킹, 또는 원격 전자 감시 등을 그 예로 든다.

(5) 대화 모델

대화 모델은 센터가 따로 없고 둘 이상의 지역 단위가 서로 정보 교환을 하며 커뮤니케이션을 위한 주제나 시간, 속도 등을 각자 스스로 결정하게 되는 경우를 말한다. 전통적으로 전신 및 전화가 제한된 범위에서나마 이러한 경우에 속했고, 보다 최근에는 컴퓨터 네트워크, 즉 인터넷과 같은 경우가 여기에 속한다고 할 수 있다. 각 지역에서 서로 연결된 컴퓨터끼리는 각종 문자, 데이터, 음성, 그래픽 정보는 물론 동영상 정보까지도 서로 교환 가능하며, 관련 주제나 시간, 속도 등에 대한 결정도 네트워크에 연결된 각각의 컴퓨터가 하게 되는 것이다.

(6) 결론

이러한 네 가지 모델의 정보 유통 패턴이 과거에는 미디어에 따라 각각 달리 적용되었으나 커뮤니케이션 혁명에 의한 미디어 융합과 상호작용성 증대는 이들 네 가지 모델이 통합된 하나의 네트워크로서 작동할 수 있도록 했다. 바로 이처럼 통합된 네트워크가 네트워크 사회의 하부 구조를 형성한 셈이다.

168

다음 중 정보사회의 네트워크적 특성을 집중적으로 조망한 연구자인 얀 판데이크(Jan van Dijk)가 제시한 정보유통모델에 대한 설명으로 틀린 것은?

[2023년 기출]

① 훈시모델은 센터에서 제공할 소스 정보를 가지고 있고, 그것의 주제 및 시간 그리고 속도에 대한 결정도 센터가 주로 하게 되는 경우를 말한다.

② 상담모델은 제공할 소스 정보는 센터가 가지고 있으나 어떤 것을 제공받을지는 센터가 아닌 지역 단위에서 결정한다는 모델이다.

③ 등록모델은 여러 콘텐츠를 언론사나 제작자가 만들어 제공하지만 그 주제나 시간 및 속도 등은 수용자, 즉 소비자가 결정한다는 모델이다.

④ 대화모델은 센터가 따로 없고 둘 이상의 지역 단위가 서로 정보교환을 하며 커뮤니케이션을 위한 주제나 시간 및 속도 등을 각자 결정하는 경우를 말한다.

정답 ③

풀이 ③ 등록 모델은 제공하는 소스 정보는 지역 단위에서 센터로 흘러가고, 어떤 콘텐츠 혹은 정보를 취할 것인지, 언제, 어떻게 그러한 정보를 받아들일 것인지는 센터가 결정하는 모델을 말한다. 여기에 속하는 것으로는 케이블을 통한 조사나 투표, 전자 예약, 텔레쇼핑이나 텔레뱅킹, 또는 원격 전자 감시 등을 그 예로 든다.

169

얀 판데이크의 네트워크 사회에 대한 설명으로 틀린 것은?

① 통합과 상호작용성이 현대 커뮤니케이션 혁명의 본질이다.

② 현대사회는 대중 사회에서 네트워크 사회로 변환 중에 있다.

③ 미디어 네트워크는 면대면 커뮤니케이션의 사회적 네트워크를 점차 대체하고 보완한다.

④ 대중사회에서는 한편으로는 자신의 가족, 이웃, 조직 속에서 계속 같이 살고 일하면서, 다른 한편으로는 대규모의 사회적 네트워크에 자주 참여한다.

정답 ④

풀이 네트워크 사회에 대한 설명이다. 대중 사회는 산업 혁명 시기를 거치면서 많은 사람들이 산업화된 도시와 교역 중심지로 몰려들면서 발전하게 된 하나의 사회 유형을 말한다. 대중 사회의 구성원들은 물리적으로 같은 장소에 서로 공존하며, 주로 면대면 커뮤니케이션과 긴밀한 사회적 네트워크를 통해 서로 소통한다.

170

얀 판데이크의 입장으로 틀린 것은?

① 유기적 공동체는 물리적으로 같이 공존하는 상황에서 주로 면대면 커뮤니케이션을 이용한다.

② 가상 공동체는 사람들 간의 관계가 어떤 특정한 시간과 장소 및 여타 물리적 조건들에 얽매이지 않는다.

③ 미디어 네트워크와 매개 커뮤니케이션이 사회적 네트워크와 면대면 커뮤니케이션을 대체한다.

④ 미디어 발전 그 자체는 혁명적인 것이었지만, 미디어가 사회에 미치는 효과나 영향은 결코 혁명적인 것이 아니다.

> 정답 ③
> 풀이 얀 판데이크는 미디어 네트워크와 매개 커뮤니케이션이 사회적 네트워크와 면대면 커뮤니케이션을 대체하는 것이 아니라 그에 추가시키고 있다고 보고 변화는 혁명적이 아니라 진화적이며, 네트워크 사회는 전적으로 다른 유형의 사회가 되지는 않을 것이라고 주장한다.

171

얀 판데이크(van Dijk)의 정보 유통 패턴에 대한 설명으로 틀린 것은?

① 제한된 채널만을 공급하는 라디오, 텔레비전과 같은 전통적인 방송 미디어는 훈시 모델에 속한다.

② 상담 모델에서는 제공할 소스 정보는 센터가 가지고 있는데, 어떤 것을 제공받을지는 센터가 아닌 지역 단위에서 결정한다.

③ 등록 모델에서는 제공하는 소스 정보는 지역 단위에서 센터로 흘러가고, 어떤 콘텐츠 혹은 정보를 취할 것인지, 언제, 어떻게 그러한 정보를 받아들일 것인지는 센터가 결정한다.

④ 대화 모델에서는 센터가 존재하지만 둘 이상의 지역 단위가 서로 정보 교환에 합의하면 커뮤니케이션을 위한 주제나 시간, 속도 등을 각자 스스로 결정할 수 있다.

> 정답 ④
> 풀이 대화 모델은 센터가 따로 없고 둘 이상의 지역 단위가 서로 정보 교환을 하며 커뮤니케이션을 위한 주제나 시간, 속도 등을 각자 스스로 결정하게 되는 경우를 말한다.

172

얀 판데이크(Jan van Dijk)가 제시하는 정보유통모델에 대한 설명으로 틀린 것은?

① 과거에는 통합되어 존재하던 모델들이 서로 분리되어 상호작용하는 네트워크로 발전한다.

② 정보 흐름에 있어서의 모델 판단 근거는 센터와 지역 단위, 소스 정보와 결정 정보이다.

③ 정보 유통 패턴을 훈시(allocution), 상담(consultation), 등록(registration), 대화(conversation)의 네 가지 모델로 구분하였다.

④ 등록 모델은 제공하는 소스 정보는 지역 단위에서 센터로 흘러가고, 어떤 콘텐츠 혹은 정보를 취할 것인지, 언제, 어떻게 그러한 정보를 받아들일 것인지는 센터가 결정하는 모델을 말한다.

정답 ①

풀이 과거에는 분리되어 존재하던 모델들이 서로 연결되면서 통합 네트워크로 발전한다.

정보사회와 유비쿼터스 네트워크 사회

173

유비쿼터스에 대한 설명으로 틀린 것은?

① 라틴어 'ubique'를 어원으로 하는 영어의 형용사로 '동시에 어디에나 존재하는'이라는 사전적 의미를 가진다.

② 사용자가 컴퓨터나 네트워크를 의식하지 않고 현실세계 어디서나 컴퓨터 사용이 가능하여야 한다.

③ 가상현실이 아닌 현실세계에 정보를 표현할 수 있는 증강현실이 되어야 한다.

④ 실제 환경과 가상의 객체가 혼합된 기술로 사용자가 실제 환경을 볼 수 있게 하여 보다 나은 현실감과 부가 정보를 제공한다.

정답 ④

풀이 ④ 증강현실에 대한 설명이다.

◈핵심정리   유비쿼터스 네트워크 사회의 특징

- 정보사회가 물리공간을 정보공간 속에 집어넣으려고 하는 사회라면, 유비쿼터스 네트워크 사회는 거꾸로 물리공간으로 회귀하여 물리공간에다 컴퓨터를 집어넣음으로써 현실세계의 사물들을 컴퓨터 네트워크로 연결시키려는 사회라 할 수 있다.
- 유비쿼터스 네트워크 사회에서는, 사물의 지능화를 통해 인간뿐 아니라 사물도 자율적인 판단능력을 갖추어 인간과 상호작용을 하게 된다. 그 점을 강조하여 유비쿼터스 네트워크 사회를 '지능사회'라고도 한다.
- 유비쿼터스 네트워크 사회는 정보사회의 확대·심화 단계라 할 수 있지만, 정보사회는 유비쿼터스 사회의 필요조건이지 충분조건은 아니며, 그 둘을 동일한 것으로 볼 수는 없다. 한국의 경우 정보사회가 정점에 도달한 2005년을 전후로 유비쿼터스 네트워크 사회에 대한 준비를 시작하여, 2015년경에 유비쿼터스 컴퓨팅이 대중화·본격화되어 유비쿼터스 네트워크 사회가 도래할 것으로 예측하고 있다.

174

유비쿼터스 환경의 특징으로 틀린 것은?

① 유비쿼터스 환경은 사물들의 인터넷화를 지향한다.

② 유비쿼터스 컴퓨터는 사용자에게 보이지 않아야 한다.

③ 네트워크에 연결되지 않은 컴퓨터는 유비쿼터스가 아니다.

④ 유비쿼터스는 현실공간이 아니라 가상공간에서 이루어지는 것이다.

정답 ④

풀이 ④ 정보사회가 물리공간을 정보공간 속에 집어넣으려고 하는 사회라면, 유비쿼터스 네트워크 사회는 거꾸로 물리공간으로 회귀하여 물리공간에다 컴퓨터를 집어넣음으로써 현실세계의 사물들을 컴퓨터 네트워크로 연결시키려는 사회라 할 수 있다. 즉 유비쿼터스 컴퓨팅은 실존하지 않는 가상현실에 기반을 둔 것이 아니라 현실세계에 기반을 둔 것으로 현실세계의 네트워크로 연결되어 있다.

175

유비쿼터스 컴퓨팅 특징에 대한 설명으로 틀린 것은?

① 물리공간의 모든 컴퓨터와 컴퓨팅 기능이 내재된 모든 사물들이 서로 연결되어야 한다.

② 컴퓨터가 공기나 물처럼 주변에 존재하나 그 존재를 인식하지 않고도 자연스럽게 이용 가능한 인간 친화적 인터페이스를 사용한다.

③ 언제 어디서나 어떠한 형태의 네트워크에서도 모든 서로 다른 기종 및 기기 간 연동으로 다양한 서비스 제공이 가능하다.

④ 실존하지 않는 가상현실에 기반을 둠으로써 현실세계 네트워크로 연결되어 있다.

정답 ④

풀이 ④ 정보사회가 물리공간을 정보공간 속에 집어넣으려고 하는 사회라면, 유비쿼터스 네트워크 사회는 거꾸로 물리공간으로 회귀하여 물리공간에다 컴퓨터를 집어넣음으로써 현실세계의 사물들을 컴퓨터 네트워크로 연결시키려는 사회라 할 수 있다. 즉 유비쿼터스 컴퓨팅은 실존하지 않는 가상현실에 기반을 둔 것이 아니라 현실세계에 기반을 둔 것으로 현실세계의 네트워크로 연결되어 있다.

176

정보사회 담론에 대한 설명으로 틀린 것은?   [2019년 기출]

① 정보 기술의 힘과 영향력을 어떻게 보는가에 따라 기술결정론과 사회구조론으로 구분할 수 있다.

② 정보사회가 이전의 사회와 질적으로 다른 사회인가에 따라 연속론과 단절론으로 구분할 수 있다.

③ 정보사회의 변화에 대한 전망을 어떻게 보는가에 따라 컴퓨토피아적 낙관적 견해와 비관적 견해로 구분할 수 있다.

④ 경제 구조의 변화를 강조하는 입장은 비관론으로 분류될 수 있다.

정답 ④

풀이 ④ 경제 구조의 변화를 강조하는 입장은 낙관론으로 분류된다. 비관론은 기존 사회 권력과 지배의 문제, 이에 따른 억압이 여전히 유지 강화된다는 견해에 입각해 있기 때문에 경제 구조의 변화를 강조하지 않는다.

34 기술철학의 주요 이론

🔑 핵심정리 **기술철학의 세 가지 관점**

- 도구론은 기술이란 단지 목적에 대한 수단일 뿐이라는 전통적인 관점이다. 즉 기술 자체는 가치중립적이며, 기술이 어떻게 사용되는가는 인간이 기술을 어떻게 사용하는가에 전적으로 달려 있다는 것이다.
- 기술결정론은 기술이 자율성을 가지고 그 자체의 내적 논리에 따라 발전하며, 인간이 아닌 기술이 오히려 사회의 발전 방향을 규정한다는 것이다. 이는 기술의 발전이 곧 사회의 진보를 가져올 것이라는 낙관적인 입장과 인간은 기술에 대한 통제력을 상실했다며 기술의 비인간적 요소를 강조한 비관적인 입장으로 나누어서 볼 수 있다.
- 사회구성론은 기술이 사회적 상황이나 사회집단의 영향에 의해 변화한다고 주장한다. 즉 기술은 사회적 조건과 사회집단 간의 상호작용에 따라 정치·사회·문화적으로 구성된다는 것이다.

🔑 핵심정리 **거시적 관점과 미시적 관점**

(1) 거시적 관점

거시적 관점이란 사회·문화 현상을 이해할 때 사회 구조, 제도 등 개개인의 행위를 초월한 사회 체계에 초점을 맞추는 관점을 말한다.

(2) 미시적 관점

미시적 관점이란 일상생활에서 이루어지는 개인 간의 상호 작용이나 개개인의 주관적인 세계에 초점을 맞추는 관점을 말한다.

177

다음 기술 철학에 대한 설명으로 옳은 것은?

① 사회구성론자들은 오늘날의 정보혁명을 20세기 초 포드주의의 과학적 경영에서 시작된 과정의 확대와 심화에 불과하다고 본다.

② 사회구성론에서 사회변화는 거시적으로는 구성원들의 이해관계에 영향을 미치는 것이고, 미시적으로는 사회의 권력관계나 계급구조를 변화시키는 것이다.

③ 기술결정론의 논리에 의하면 정보기술은 조직에 있어서 하나의 하위시스템으로 직무, 구조, 구성원 등 다른 하위시스템들과 밀접한 관계를 유지하고 있다.

④ 사회구성론에서 기술이란 문제 해결을 위한 중립적 도구로서 정치·사회·문화적 가치의 표현이며, 기술은 그것을 고안하고 이용하는 사람들의 훨씬 광범위한 사회적 가치와 이해관계를 구현한다는 것이다.

정답 ③

풀이
① 사회구성론자들은 오늘날의 정보혁명은 20세기 초 테일러주의의 과학적 경영에서 시작된 과정의 확대와 심화에 불과하다고 본다. 또한 정부의 국민에 대한 전체주의적 감시는 이미 19세기 영국의 공리주의자 벤담(J.Bentham)의 파놉티콘 구상에 의해 기획되었으며, 근대 국민국가에서도 감시와 정보 수집은 규제의 핵심적 수단이었다고 주장한다.
② 사회구성론에서 사회변화란 미시적으로는 구성원들의 이해관계에 영향을 미치는 것이고, 거시적으로는 사회의 권력관계나 계급구조를 변화시키는 것이다.
④ 기술이란 문제 해결을 위한 중립적 도구가 아니라 정치·사회·문화적 가치의 표현이며, 기술은 그것을 고안하고 이용하는 사람들의 훨씬 광범위한 사회적 가치와 이해관계를 구현한다는 것이다.

핵심정리 **ANT의 네트워크 건설 과정으로서의 번역(translation)의 번역 과정**

(1) 의의
  • 네트워크 건설 과정이 번역(translation)이며, 번역을 이해하는 것이 ANT의 핵심이다. 번역은 ANT를 건설하는 과정이다. 번역의 핵심은 한 행위자의 이해나 의도를 다른 행위자의 언어로 치환하기 위한 프레임을 만드는 행위이다. 번역의 과정은 질서를 만드는 과정이다.
  • 한 행위자를 다양한 행위자들이 이미 유지하던 네트워크를 끊어버리고, 이들을 자신의 네트워크로 유혹해서 다른 요소들과 결합시키며, 이들이 다시 떨어져 나가려는 것을 막으면서 이종적인 연결망을 하나의 행위자처럼 보이도록 한다. 이 과정이 성공적으로 이루어지면 이를 수행한 소수의 행위자는 네트워크에 동원된 다수의 행위자를 대변하는 권리를 갖게 된다.

(2) 번역의 4단계
  • 미셸 칼롱에 따르면, 번역은 문제제기–관심끌기–등록하기–동원하기의 네 단계로 이루어진다.
  • 문제제기(problematization)는 기존의 네트워크를 교란시키는 단계이다.
  • 관심끌기(interessement)는 다른 행위자들을 기존의 네트워크에서 분리하고 이들의 관심을 끌면서 새로운 협상을 진행하는 단계이다.
  • 등록하기(enrollment)는 다른 행위자들로 하여금 새롭게 주어진 역할을 맡게 하는 단계이다.
  • 동원하기(mobilization)는 다른 행위자들을 대변하면서 자신의 네트워크로 포함시키는 단계이다.

178

행위자 네트워크 이론에서 번역의 네 단계에 해당하지 않는 것은? [2019년 기출]

① 문제제기
② 관심끌기
③ 해독하기
④ 동원하기

정답 ③

풀이 ③ 미셸 칼롱에 따르면, 번역은 문제제기–관심끌기–등록하기–동원하기의 네 단계로 이루어진다.

179

행위자 네트워크 이론에서 번역의 4단계에 대한 설명으로 틀린 것은?

① 문제제기(problematization)는 기존의 네트워크를 교란시키는 단계이다.

② 관심끌기(interessement)는 다른 행위자들을 기존의 네트워크에서 분리하고 이들의 관심을 끌면서 새로운 협상을 진행하는 단계이다.

③ 등록하기(enrollment)는 다른 행위자들로 하여금 새롭게 주어진 역할을 맡게 하는 단계이다.

④ 동원하기(mobilization)는 한 행위자의 이해나 의도를 다른 행위자의 언어로 치환하기 위한 프레임을 만드는 단계이다.

정답 ④

풀이 ④ 한 행위자의 이해나 의도를 다른 행위자의 언어로 치환하기 위한 프레임을 만드는 행위는 번역의 전 과정을 통틀어 설명한 것이다. 동원하기(mobilization)는 다른 행위자들을 대변하면서 자신의 네트워크로 포함시키는 단계이다.

180

다음 중 정보사회에 관한 기술결정론의 주장으로 가장 적절한 것은? [2024년 기출]

① 자동화가 증가한다.

② 산업화가 증가한다.

③ 노동화가 증가한다.

④ 집단화가 증가한다.

정답 ①

풀이 ① 기술결정론자들은 정보처리·저장·전달에서의 비약적인 발전으로 말미암아 모든 사회영역에서 정보기술의 이용이 가능해져 생산성의 증대, 노동시간의 감소, 여가시간의 증대 효과를 가져 온다고 본다.

181

테크놀로지와 사회변동의 관계에 대한 설명은 기술결정론적 입장과 사회구조론적 입장으로 구분된다. 이에 대한 설명으로 가장 거리가 먼 것은? [2024년 기출]

① 기술결정론은 사회변동의 동인을 정보통신기술로 간주하며, 기술이 사회변동에 대해 자율적이고 역동적인 영향력을 행사한다고 본다.

② 사회구조론은 기술이 사회를 일방적으로 결정하는 것이 아니라, 기술 자체도 기존 사회의 세력관계와 조건에 따라 결정된다고 본다.

③ 사회구조론은 테크놀로지의 발전으로부터 얻을 수 있는 이득에 대해 크게 고려하지 않는다는 한계가 있다.

④ 기술결정론은 개인의 계급, 지역과 국가 간의 불평등한 발전에 대해서는 적절한 설명을 하지 못한다는 한계를 지닌다.

> **정답** ②
> **풀이** ② 상호작용론적 관점이다.

182

기술과 사회의 관계에 대한 상호작용론적 관점에 대한 설명으로 틀린 것은?

① 공진화론적 관점이라고도 한다.

② 기술과 사회는 상호 의존적(interdependent)이다.

③ 어떤 상황에서는 특정 기술이 사회에 미치는 영향이 클 수 있다는 점을 인정한다.

④ 미디어 기술이 유용한 영역에서는 기존의 사회적 관행에 의한 선택적 수용으로 인해 예상보다는 그렇게 급속한 변화가 일어나지는 않을 것이라고 본다.

> **정답** ④
> **풀이** 미디어 기술이 유용한 영역에서는 적극적으로 수용되어 일정한 변화가 일어나겠지만, 기존의 사회적 관행에 의한 선택적 수용으로 인해 예상보다는 그렇게 급속한 변화가 일어나지는 않을 것이라고 본다.

183

기술과 사회의 관계에 대한 기술결정론적 관점에 대한 설명으로 틀린 것은?

① 사회기술적 현상(sociotechnical phenomena)에 주목한다.

② 대체로 왜 하필 그때 그 기술이었는가에 대해서는 굳이 말하지 않는다.

③ 기술이 그 자체의 고유한 발전 원리, 즉 과학 기술의 내적 원리에 의해 지속적으로 발전해 온 것으로 본다.

④ 기술을 사회 변화의 원인, 즉 독립변인으로 보며, 사회 변화를 그 결과, 즉 종속변인으로 보는 것이다.

> **정답** ①
>
> **풀이** 사회구성론적 관점이다.

184

사회구성론의 입장으로 틀린 것은?

① 기술이 사회적 상황이나 사회집단의 영향에 의해 변화한다는 관점이다.

② 정보기술은 정치적으로 이용되고, 감시와 통제 수단으로 사용될 위험성을 가진다.

③ 기술은 문제 해결을 위한 중립적 도구가 아니라 정치·사회·문화적 가치의 표현이다.

④ 현대기술의 본질은 '닦달(Ge-stell)'이며, 인간으로 하여금 존재에 대한 물음을 상실하게 하였다.

> **정답** ④
>
> **풀이** 하이데거의 주장으로 비관적 기술결정론에 속한다.

185

기술과 사회의 관계에 대한 사회구성론적 관점에 대한 설명으로 틀린 것은?

① 기술을 사회적 상황의 반영이라고 본다.

② 기술을 사회적 진공 상태에서 만들어졌다고 본다.

③ 특정 기술이 새롭게 만들어지는 것은 사회적인 여러 힘들과 과정들의 조합에 의해서라고 본다.

④ 새로운 미디어 기술이 등장하고 널리 보급된 것은 사회적인 여러 힘들이 상호작용한 결과라고 본다.

> **정답** ②
>
> **풀이** 기술결정론적 관점이다.

186

기술과 사회의 관계에 대한 공진화론적 관점에 대한 설명으로 틀린 것은?

① 상호작용론적 관점이라고도 한다.
② 기술과 사회는 서로를 조건 지으면서 진화하는 관계에 있다.
③ 특정 한 계기에 있어서는 기술이 사회 변화에 지배적인 요인으로 작용하기 도 한다.
④ 새로운 미디어 기술이 등장하고 널리 보급된 것이 기술 자체의 순수한 논리에 의해서라기보다는 특정한 사회적 관계 와 조건하에서 사회적인 여러 힘들이 상호작용한 결과이다.

> **정답** ④
> **풀이** 사회구성론적 관점이다.

187

기술과 사회구조에 대한 이론에 대한 설명으로 틀린 것은?　　　　　　　　[2022년 기출]

① 기술적 효율성이 뛰어나도 사회구성원들이 사용하지 않으면 사장되는 것처럼 기술과 인공물의 변화는 단순히 기술의 내적 요인과 더불어 기술에 대한 평가 또한 관련 사회집단과의 상호 작용을 통해 결정되는 관계로 기술이 우연적으로 발생하는 것으로 간주하는 것은 사회적 상호작용론이다.
② 기술을 독립적, 자체통제적, 자체결정적, 자체발생적, 자체추진적, 자체영속적, 자체확장적인 힘으로 간주하여, 기술이 그 자체 의지를 갖고 있는 것으로 인식하게 되면 기술 발전은 중단될 수 없는 것으로 기술적 진보는 필연적이며 불가피하고 불가역적인 것으로 간주된다.
③ 정보와 커뮤니케이션 영역에서 중대한 변동을 겪고 있는 이 사회는 자본주의 사회로 집중화되고 국내·외 범세계적 조직을 갖고 있는 기업조직에 의해 지배되는 사회라고 보는 관점은 단절론이 아닌 연속론이다.
④ 지능정보사회는 고도화된 정보통신기술 인프라를 통해 생성, 수집, 축적된 데이터와 인공지능(AI)이 결합한 지능정보기술이 경제, 사회, 삶 모든 분야에 보편적으로 활용됨으로써 새로운 가치가 창출되고 발전하는 사회이다.

> **정답** ①
> **풀이** ① 사회구성론에 대한 설명이다.

Wright의 매스미디어의 사회적 기능

(1) 의의

　　Charles R. Wright는 매스미디어나 매스 커뮤니케이션의 기능을 가장 체계적으로 분류해서 제시한 학자로 알려져 있다. 그는 Harold D. Lasswell이 제시한 환경감시 기능, 사회유산전수 기능에 오락 기능을 추가하였고, 이를 위해 Robert K. Merton의 기능 분석 방법을 참고하였다.

(2) 매스미디어의 사회적 기능

　① 감시(Surveillance) 기능

　　매스미디어는 사회에서 발생하는 일들에 대해 감시하고 정보를 제공하는 역할을 한다. 이는 사회, 정치, 경제, 문화 등의 다양한 분야에서 일어나는 변화와 사건에 대한 정보를 사람들에게 제공하고, 이를 통해 개인이나 집단이 그에 대응할 수 있다.

　② 해석(Correlation) 기능

　　매스미디어는 단순히 사실을 전달하는 것뿐만 아니라 그 사실의 의미와 중요성을 해석하고, 사람들이 그 정보를 이해하고 처리할 수 있게 도와준다. 또한, 이러한 해석을 통해 사람들의 의견이나 태도를 형성하는 데에도 영향을 미친다.

　③ 전수(Transmission) 기능

　　매스미디어는 사회의 가치, 규범, 문화, 전통 등을 한 세대에서 다음 세대로 전달하는 역할을 한다. 이를 통해 사회의 지식과 문화유산을 보존하고 전승할 수 있다.

　④ 오락(Entertainment) 기능

　　매스미디어는 사람들에게 오락과 즐거움을 제공하는 역할을 한다. 이를 통해 사람들은 스트레스를 해소하고, 일상생활에서 잠시나마 휴식을 취할 수 있다.

188

㉠, ㉡, ㉢에 들어 갈 학자를 순서대로 바르게 나열한 것은?　　　　　　　　　　　　[2023년 기출]

매스미디어나 매스 커뮤니케이션의 기능을 가장 체계적으로 분류해서 제시한 학자는 　㉠　 이다. 그는 　㉡　 이(가) 제시한 환경감시 기능, 사회유산전수 기능에 오락 기능을 추가하는 한편, 　㉢　 의 기능 분석 방법을 원용하여 이에 포함된 요소들을 유목화하여 매스커뮤니케이션 기능들의 분석체계를 제시하였다.

① 라이트(Charles R. Wright) – 라스웰(Harold D. Lasswell) – 머튼(Robert K. Merton)

② 라이트(Charles R. Wright) – 라스웰(Harold D. Lasswell) – 탤컷 파슨스(Talcott Parsonsl)

③ 라이트(Charles R. Wright) – 머튼(Robert K. Merton) – 라스웰(Harold D. Lasswell)

④ 라이트(Charles R. Wright) – 탤컷 파슨스(Talcott Parsonsl) – 라스웰(Harold D. Lasswell)

정답　①

풀이　① Charles R. Wright는 매스미디어나 매스 커뮤니케이션의 기능을 가장 체계적으로 분류해서 제시한 학자로 알려져 있다. 그는 Harold D. Lasswell이 제시한 환경감시 기능, 사회유산전수 기능에 오락 기능을 추가하였고, 이를 위해 Robert K. Merton의 기능 분석 방법을 참고하였다.

189

매스미디어의 사회적 기능에 대한 설명으로 틀린 것은? [2023년 기출]

① 매스미디어의 사회적 기능을 가장 체계적으로 분류한 학자는 라이트(Charles R. Wright)이다.

② 매스미디어의 환경감시 기능이란 사회에서 일어나는 여러 가지 사건들에 관한 정보를 수집·정리·분배하는 활동을 말한다.

③ 매스미디어의 오락 기능이란 단순한 사실보도의 차원을 넘어서 환경에 관한 정보의 의미를 해석하고 대응책을 처방해 사람들의 태도형성에 영향을 주는 기능을 의미한다.

④ 매스미디어의 사회유산 전수 기능이란 사회의 가치, 규범 그리고 사회가 보유하는 각종 정보를 한 세대에서 다음 세대 혹은 그 사회로 편입된 새로운 사회구성원들에게 전수하는 기능을 의미한다.

> **정답** ③
> **풀이** ③ 해석 기능에 대한 설명이다.

190

매스미디어의 사회적 기능에 대한 설명으로 틀린 것은?

① Lasswell은 환경감시 기능과 사회유산전수 기능을 제시하였다.

② Wright의 분류는 Parsons의 기능 분석 방법에 기반하고 있다.

③ 해석 기능은 의견이나 태도를 형성하는 데에도 영향을 미친다.

④ 매스미디어가 사회에서 발생하는 일들에 대해 감시하고 정보를 제공하는 역할을 하는 것은 감시기능에 속한다.

> **정답** ②
> **풀이** Wright의 분류는 Merton의 기능 분석 방법에 기반하고 있다.

191

다음에서 설명하는 연구자의 이름으로 옳은 것은?

> 매스미디어나 매스 커뮤니케이션의 기능을 가장 체계적으로 분류해서 학자이다. 그는 Harold D. Lasswell이 제시한 환경감시 기능, 사회유산전수 기능에 오락 기능을 추가하였고, 이를 위해 Robert K. Merton의 기능 분석 방법을 참고하였다.

① Robert Fortner
② Denis McQuail
③ Charles R. Wright
④ Karl Eric Rosengren

 정답 ③

풀이 Charles R. Wright에 대한 설명이다

192

기술철학의 사회구성론의 입장에 대한 설명으로 틀린 것은?

① 기술이 사회적 상황이나 사회집단의 영향에 의해 변화한다는 관점을 제시한다.
② 정보는 사회적 관계의 산물이며, 현대 자본주의 사회에서 권력의 속성과 지배적인 관계를 표현한다.
③ 오늘날의 정보혁명은 20세기 초 포드주의의 과학적 경영에서 시작된 과정의 확대와 심화에 불과하다.
④ 정보혁명에서 야기되는 변화를 정보의 통제와 관리를 둘러싼 문제로 인식하며, 기술 발전 과정 자체를 정치화하여 볼 것을 요구한다.

정답 ③

풀이 ③ 오늘날의 정보혁명은 20세기 초 테일러주의의 과학적 경영에서 시작된 과정의 확대와 심화에 불과하다. 또한 정부의 국민에 대한 전체주의적 감시는 이미 19세기 영국의 공리주의자 벤담(J.Bentham)의 파놉티콘 구상에 의해 기획되었으며, 근대 국민국가에서도 감시와 정보 수집은 규제의 핵심적 수단이었다고 주장한다.

Theme 35 정보기술과 사회변동

193

기술결정론의 입장으로 볼 수 없는 것은?

① 기술은 자율적인 힘을 가지고 사회구조의 변화를 초래하였다.

② 정보기술의 정보처리·저장·전달 등 비약적인 발전으로 모든 사회영역에서 정보기술을 적용하게 되었다.

③ 분석수준에 따른 두 가지 관점은 자본주의와 정보기술발전과 산업의 정보화 및 정보의 산업화로 구분한다.

④ 사회변동의 추진력은 정보기술의 발전과 확산에 따른 것이다.

> **정답** ③
>
> **풀이** ③ 사회구조론에 대한 설명이다.

194

나이스비트가 메가트렌드에서 제시한 세계적인 변화의 흐름에 대한 설명으로 틀린 것은?

① 산업 사회로 부터 정보 사회로 이행한다.

② 기관 중심의 제도적 후원과 지원에서 자립 자조로 변화한다.

③ 어려운 나라에 대한 배려에서 잘 사는 나라 중심으로 변화한다.

④ 동력과 에너지에 기반을 둔 기술 중심에서 하이테크/하이터치 기술로 변화한다.

> **정답** ③
>
> **풀이** '북(반구) 중심에서 남(반구) 중심으로 이동(도시에서 교외로)한다'는 말의 의미가 바로 '잘 사는 나라 중심에서 어려운 나라에 대한 배려로 변화한다.'는 것이다.

195

기술의 발전을 중심으로 사회 변동을 설명하려는 학자들이 주장하는 내용으로 틀린 것은?

① 이니스(Harold Innis)와 맥루한(M. McLuhan)은 공통적으로 기술결정론적 관점에서 매체와 인간의 역사를 거론하고 있다.
② 토플러(Elvin Toffler)는 기술결정론적 관점에서 한 사회가 발전하기 위해서는 갈등－평화－다시 갈등－평화의 순으로 반복되어 진행된다고 보았다.
③ 나이스비트(John Naisbitt)는 '의회 민주주의보다는 참여 민주주의, 시민운동에 의한 사회변동, 물질주의적 가치와 퇴조' 등이 미래 정보사회의 주요 특성이 될 것이라고 본다.
④ 벨(Daniel Bell)은 기술혁신에서 오는 생산성의 증대로 인해 농업에서 산업, 그리고 산업에서 서비스로 이동이 발생한다고 본다.

정답 ②

풀이 ② 사회가 발전하기 위해서는 갈등－평화－다시 갈등－평화의 순으로 반복되어 진행된다고 본 연구자는 마르크스(Karl Marx)이다.

196

기술결정론적 관점에서 바라 본 경제 구조의 변화에 대한 설명으로 틀린 것은?

① 정보사회의 도래를 주장하는 거의 모든 학자가 서비스 부문의 성장과 제조업의 고용감소를 지적한다.
② 정보의 소비보다 생산에 관심을 두는 관점은 주로 정보화의 정도를 정보계수 또는 정보비로 측정한다.
③ 매클럽(Machlup)은 정보 관련 산업의 경제적 가치가 GNP에서 차지하는 정도를 산출하였다.
④ 포랫(Porat)은 매클럽(Machlup)이 다른 산업의 내부에 포함되어 있는 경우와 같이 잘 드러나지 않는 정보활동은 설명하지 못한다는 점에 착안하였다.

정답 ②

풀이 ② 정보화의 정도를 정보계수 또는 정보비로 측정하는 것은 정보의 생산보다 소비에 관심을 두는 관점이다.

197

기술자체는 중립적일 수 있지만 기술의 이용방식은 중립적일 수 없다는 주장으로, 누가 무엇을 위해 어떤 방향으로 기술을 이용하느냐가 중요하다고 보는 관점으로 옳은 것은? [2020년 기출]

① 기술결정론
② 사회구조론
③ 탈산업사회론
④ 사회적 구성주의

② 사회구조론은 정보기술의 비약적인 발전을 부인하는 것은 아니지만 기술은 독립변수가 아니라 일종의 매개변수로 본다. 기술자체는 중립적일 수 있지만 기술의 이용방식은중립적일 수 없다고 본다. 누가 무엇을 위해 어떤 방향으로 기술을 이용하느냐가 중요하다는 관점으로 중요한 것은 사회관계나 사회구조이므로 사회구조 속에서 기술이 어떻게 개발, 이용되고 각종 사회변동을 어떻게 매개하고 있는가에 초점을 맞추는 사회구조 중심론이라고 할 수 있다.

198

기술결정론의 입장에 대한 설명으로 틀린 것은?   [2022년 기출]

① 기술의 비약적 발전이 사회 변동의 독립변수이다.
② 특정 기술은 사회적으로 선택된 것이고 그것의 변화와 발전 역시 사회적인 영역 안에서 이뤄진 것으로 본다.
③ 기술 그 자체의 논리에 의해서 변화 · 발전해 왔다고 보고, 사회적 진공 상태에서 만들어졌다고 본다.
④ 기술을 선택함에 있어 효율성이라는 단 하나의 방법만이 존재한다.

② 사회적 구성론의 입장이다.

199

정보기술과 사회의 관계를 어떻게 규정하고 있는가에 따라 정보사회와 정보화를 바라보는 관점을 나누었을 때 사회구조론적 입장에 대한 설명으로 틀린 것은?   [2023년 기출]

① 정보기술은 독립변수가 아니라 일종의 매개변수라고 보는 입장이므로, 누가 무엇을 위해 어떤 방향으로 정보기술을 이용하느냐의 중요성을 강조한다.
② 정보기술이 아닌 자본의 논리를 독립변수로 간주하여, 자본주의 경제의 내적 변화 속에서 정보기술의 발전과 정보화의 진전을 바라보고 있다.
③ 정보기술 자체가 높은 부가가치를 창출할 수 있는 새로운 상품이라는 특성을 지닐 뿐 아니라, 기존 산업의 생산성을 제고하는 유효한 수단이 된다는 점을 강조한다.
④ 개인의 경제적인 능력이나 계급적 지위상의 불평등, 지역과 국가 간의 불균등한 발전에 대해서는 적절히 설명하지 못하는 한계를 가진다.

④ 사회구조론은 정보화 과정에서 생겨날 수 있는 시민사회의 성장과 활성화 교육적 장치 및 제도를 통한 정보 불평등과 격차의 완화, 국제연대에 의한 대항운동의 가능성, 정부의 보편적 서비스 정책에 따른 개선 등을 고려하지 못하고 있다.

200

사회구조론에 대한 설명으로 틀린 것은?

① 기술의 획기적인 발전이 사회관계의 변화에 영향을 미치지만 그것이 유일한 결정적 요인이나 가장 핵심적인 결정요인으로 보기 어렵다.

② 모든 사회관계 변화의 중심에는 정치적·경제적 권력이 자리하므로 기술은 그러한 권력이 동원하는 자원에 불과한 매개변수이다.

③ 자본주의 사회의 기축원리와 세력관계를 통해 정보기술의 개발·이용 과정을 설득력 있게 묘사하여 기술발전으로 발생 가능한 이익에 대한 논리적 설명이 가능하다.

④ 정보화 과정에서 생겨날 수 있는 시민사회의 성장과 활성화, 교육적 장지 및 제노를 통한 정보 불평 등과 격차의 완화 등을 고려하지 못하고 있다.

정답 ③

풀이 자본주의 사회구조에서 출발하여 정보기술의 발전을 설명하는 사회구조론적 입장은 자본주의 사회의 기축원리와 세력관계를 통해 정보기술의 개발·이용 과정을 설득력 있게 묘사하나 기술발전으로 발생 가능한 이익에 대한 고려가 미흡하다.

📍핵심정리   **산업의 정보화와 정보의 산업화**

(1) 산업의 정보화
- 산업의 정보화는 통제비용의 절감이라는 요구로부터 기인한다.
- 산업의 정보화가 산업사회의 위기에 대한 수동적 대응방식이라고 하면 정보의 산업화는 보다 적극적인 조절양식으로 볼 수 있다.
- 산업의 정보화는 하드웨어 측면에서 정보인프라를 구축함으로써 통제비용을 절감하고 그로부터 생산성의 향상을 도모하겠다는 자본의 전략적 선택이다.
- 산업의 정보화는 거대화된 대량생산시스템과 노동인력을 효과적으로 통제·운영하기 위한 네트워킹기술과 디지털기술을 도입 첨단 인프라의 구축을 핵심내용으로 한다.
- 산업의 정보화는 공장자동화(FA)와 사무자동화(OA)로 대표된다. 기존 산업체가 정보기술을 수용, 생산 공정 및 관리 업무를 자동화함으로써 노동인력을 전자화 기계로 대체, 국내외 시장통제를 더욱 용이하게 하려는 일련의 경향을 산업의 정보화라고 한다.

(2) 정보의 산업화
- 새로운 상품시장의 개척이라는 면에서 그 특징을 찾을 수 있다.
- 물적 상품의 소비시장 포화로 인해 포드주의의 근원적인 위기가 노정되고 있다는 점에 착안하고 있다.
- 산업의 정보화가 산업사회의 위기에 대한 수동적 대응방식이라고 하면 정보의 산업화는 보다 적극적인 조절양식으로 볼 수 있다.
- 통제비용절감과 생산성향상을 꾀하고 있는 산업의 정보화 추세에 비해 아직까지는 초보적인 단계에 불과하지만, 정보의 산업화가 보다 적극적인 의미의 위기대응방식이라고 할 수 있다.
- 정보의 산업화는 고도화된 정보통신기기로 가공 처리 저장 송·수신되는 정보를 판매 가능한 상품으로 만들고 그 상품의 생산, 유통, 소비영역을 더욱 확대해 나가는 일련의 과정을 말한다.

201

산업의 정보화에 대한 설명으로 틀린 것은?

① 산업의 정보화는 통제비용의 절감이라는 요구로부터 기인한다.

② 산업의 정보화는 정보의 산업화에 비해 산업사회의 위기에 대한 보다 적극적인 조절양식의 성격이 강하다.

③ 산업의 정보화는 하드웨어 측면에서 정보인프라를 구축함으로써 통제비용을 절감하고 그로부터 생산성의 향상을 도모하겠다는 자본의 전략적 선택이다.

④ 산업의 정보화는 거대화된 대량생산시스템과 노동인력을 효과적으로 통제·운영하기 위한 네트워킹 기술과 디지털기술을 도입 첨단 인프라의 구축을 핵심내용으로 한다.

정답 ②

풀이 ② 산업의 정보화가 산업사회의 위기에 대한 수동적 대응방식이라고 하면 정보의 산업화는 보다 적극적인 조절양식으로 볼 수 있다.

202

정보의 산업화에 대한 설명으로 틀린 것은?

① 새로운 상품시장의 개척이라는 면에서 그 특징을 찾을 수 있다.

② 물적 상품의 소비시장 포화로 인해 포드주의의 근원적인 위기가 노정되고 있다는 점에 착안하고 있다.

③ 정보의 산업화가 중요한 의미를 가지는 것은 상품의 영역 속에 자리 잡고 있던 대상들이 상품 밖의 영역으로 포섭되고 있다는 사실 때문이다.

④ 통제비용절감과 생산성향상을 꾀하고 있는 산업의 정보화 추세에 비해 정보의 산업화가 보다 적극적인 의미의 위기대응방식이라고 할 수 있다.

정답 ③

풀이 ③ 정보의 산업화가 중요한 의미를 가지는 것은 문화나 정보 등 과거의 기준으로 볼 때 상품영역이 아니었던 대상들이 상품화의 영역 속으로 포섭되고 있다는 사실 때문이다.

사회체제의 연속성 여부

📍**핵심정리** **정보사회 이행에 대한 관점**

구분	경제	사회구조	문화 · 지배
단절론	정보경제론	정보사회론	정보양식론
연속론	산업경제론	자본주의 산업사회론	지배양식론

📍**핵심정리** **단절론을 주장하는 대표적인 담론**

- 단절론을 주장하는 대표적인 담론들은 벨의 「탈산업사회론」, 토플러의 「제3의 물결」, 마스다의 「정보 사회론」, 포스터의 「정보양식론」, 피오레와 세이블의 「유연전문화론」, 카스텔의 「정보적 발전양식론」 등이 있다.
- 단절론의 정의들은 대부분 화이트칼라 노동자의 수, 정보에 관련된 GNP의 비율 등 양적인 기준을 제 공하고 있으나 이론적으로 단순히 양적 기준인 더 많은 정보 그 자체가 이전 체계와의 단절을 확정할 수 없다는 비판이 제기되고 있다.

📍**핵심정리** **연속론을 주장하는 대표적인 담론**

- 연속론을 주장하는 대표적인 담론으로는 Schiller의 「네오마르크시즘」, Aglietta의 「조절이론」, Harvey 의 「유연적 축적론」, Habermas의 「공공영역론」, Giddens의 「민족 국가와 폭력」등이 있다.
- 연속론은 정보기술의 발전이 새로운 사회를 가져오는 것이 아니라는 점을 강조하다 보니, 적극적 견해 의 개진보다는 정보사회론에 대한 소극적 비판으로 정보화가 가지고 있는 가능성의 영역, 즉 정보기술 이 가져올 수 있는 이익의 측면을 배제하고 있는 점이 문제점으로 지적되고 있다.

203

정보사회의 이행을 바라보는 관점인 단절론에 해당하지 않는 이론은?　　　　　[2023년 기출]

① 정보경제론　　　　　　　　　　　② 산업경제론
③ 정보사회론　　　　　　　　　　　④ 탈산업사회론

정답 ②

풀이 ② 산업경제론은 연속론이다.

204

정보사회의 이행에 대한 관점과 그에 따른 이론을 연결한 것으로 가장 적절한 것은? [2023년 기출]

① 연속론 : 산업경제론 – 자본주의 산업사회론
② 단절론 : 정보경제론 – 자본주의 산업사회론
③ 단절론 : 정보사회론 – 지배양식론
④ 연속론 : 탈산업사회론 – 산업경제론

정답 ①

풀이 ① 연속론은 경제적인 측면에서 산업경제론, 사회구조적인 측면에서 자본주의 산업사회론, 문화·지배적인 측면에서는 지배양식론과 연결된다.

205

단절론을 대표하는 담론으로 틀린 것은?

① 정보경제론
② 정보사회론
③ 정보양식론
④ 공공영역론

정답 ④

풀이 Habermas의 「공공영역론」은 연속론을 대표하는 담론이다.

206

정보사회의 이행을 바라보는 관점인 연속론에 해당하지 않는 이론은?

① 산업경제론
② 지배양식론
③ 정보사회론
④ 자본주의 산업사회론

정답 ③

풀이 자본주의 산업사회론은 연속론에 속한다.

207

정보사회 이행의 관점에서 단절론에 속하는 학자의 이름으로 틀린 것은?

① 마뉴엘 카스텔
② 다니엘 벨
③ 위르겐 하버마스
④ 엘빈 토플러

정답 ③

풀이 ③ 하버마스의 사상은 연속론에 속한다.

208

정보사회 이행의 관점에서 연속론에 대한 설명으로 틀린 것은?

① 정보역할이 점점 커진다.
② 정보의 질적 차원을 강조한다.
③ 자본주의 산업사회론 특성을 강조한다.
④ 정보격차가 더욱 심해진다.

정답 ②

풀이 ② 정보의 질적 차원을 강조하는 것은 의미론적 관점이다. 미시적 관점에 속하는 의미론적 관점은 단절론
이나 연속론과 같은 거시적 관점에는 속하지 않는다.

209

'정보양식론'에 대한 설명으로 틀린 것은?

① 자본주의와의 연속성에서 정보사회를 파악하는 관점이다.
② 정보기술의 발달로 새로운 언어적 경험이 가능하다고 본다.
③ 정보양식은 상징적 기호들을 매개로 의미를 소통하고 주체를 구성하는 방식이다.
④ 전자적 커뮤니케이션은 기존의 여러 사회관계를 대체하고 새로운 사회적 관계망을 형성한다고 본다.

정답 ①

풀이 ① 정보양식론은 단절론으로 분류된다.

네그로폰테
(Nicholas Negroponte)

핵심정리 네그로폰테(Nicholas Negroponte)의 '디지털이다(Being Digital)'

- 과거는 물질, 즉 아톰의 시대였다. 아톰간의 소유의 변동과 이동이 주요관심사였다. 하지만 미래는 비트의 시대이다. 물질이 아닌 정보가 보다 중요한 가치를 지닌다. 비트는 0과 1로 구분된 정보를 의미한다. 산업사회에서 탈산업시대, 정보시대로의 변화를 넘어서 현재는 탈정보화시대로 이전하고 있다. 탈정보화 시대의 주요 특징은 정보의 극단적인 개인화와 공간없는 장소이다. 이제 전달되는 정보는 나를 위한 것이며, 내가 정보를 받는 주소는 물리적인 주소의 개념이 아니라 나의 위치가 된다.
- 앞으로 세상의 최소단위는 원자(atom)가 아니라 비트(bit)이다.
- 아톰에서 0과 1의 연산체계인 비트로 변화하는 것은 막을 수도, 돌이킬 수도 없다.
- 디지털화'란 단순히 아날로그의 반대 개념으로 쓰이는 것은 아니다.
- 탈중심화(decentralizing), 세계화(globalizing), 조화력(harmonizing), 분권화(empowering) 등 디지털 세상의 강력한 네 가지 특질로 말미암아 궁극적인 승리를 얻을 것이다.
- 'Being Digital'이란 존재론적인 원제가 시사하듯 '디지털시대의 존재론'으로 일컬어진다. 저자는 훗날 굳이 제목에 Being이란 단어를 쓴 이유를 "단순히 기술이 아니라 생활방식이 중요하다는 것을 부각하기 위해서"라고 설명한다.

210

다음 글이 인용하고 있는 책의 제목으로 옳은 것은?

책, 잡지, 신문, 비디오, 카세트처럼 사람이 직접 손으로 취급하던 정보가 플라스틱 조각에 녹음된 전자자료(값싸고 직접적인 전달체제)로 변하여 광속으로 전달된다. 이를 통해 누구나 정보에 접근할 수 있다. 이러한 아톰에서 비트로 변화하는 추세는 돌이킬 수도 막을 수도 없다.

① 제3의 물결
② 자연과 지식의 약탈자들
③ 제2미디어 시대
④ 디지털이다

정답 ④
풀이 ④ 네그로폰테 '디지털이다'에서 인용된 글이다.

211

네그로폰테의 「디지털이다」의 내용으로 적절하지 않은 것은?

① 과거는 아톰 간의 소유의 변동과 이동이 주요관심사였다.

② 탈정보화 시대의 주요 특징은 정보의 극단적인 개인화와 공간 없는 장소이다.

③ 정보는 나를 위한 것이며, 내가 정보를 받는 주소는 물리적인 주소가 아니라 나의 위치가 된다.

④ 네그로폰테는 훗날 굳이 제목에 Being이란 단어를 쓴 이유를 정보통신기술의 중요성을 부각하기 위해서라고 설명하였다.

정답 ④

풀이 'Being Digital'이란 존재론적인 원제가 시사하듯 '디지털시대의 존재론'으로 일컬어진다. 저자는 훗날 굳이 제목에 Being이란 단어를 쓴 이유를 "단순히 기술이 아니라 생활방식이 중요하다는 것을 부각하기 위해서"라고 설명하였다.

212

네그로폰테(Nicholas Negroponte)가 '디지털이다(Being Digital)'에서 주장한 내용으로 옳은 것은?

① 생활방식이 아니라 기술이 중요하다.

② 현대세계에서 기술은 속도를 발전시키고, 속도의 진보는 기술의 진보이다.

③ 앞으로 세상의 최소단위는 원자(atom)가 아니라 비트(bit)이다.

④ 제도적 복지사회에서 자조(自助)사회로 진전한다.

정답 ③

풀이 ① 네그로폰테는 훗날 굳이 제목에 Being이란 단어를 쓴 이유를 "단순히 기술이 아니라 생활방식이 중요하다는 것을 부각하기 위해서"라고 설명한다.
② 폴 비릴리오(Paul Virilio)의 주장이다.
④ 제도적 복지사회에서 자조(自助)사회로의 진전을 강조한 학자는 존 나이스비트(John Naisbitt)이다.

앨빈 토플러(Alvin Toffler)

🔑 핵심정리 '제3의 물결' 키워드

비표준화 혹은 탈대중화, 분산화, 분권화, 소규모화

213

다음 중 토플러가 주장한 권력이동(Power Shift)에서 가장 상위의 권력은 무엇인가?　[2024년 기출]

① 부　　　　　　　　　　　　　　　② 폭력
③ 지식　　　　　　　　　　　　　　④ 지혜

정답 ③

풀이 ③ 권력이동을 수행하는 권력의 세 가지 원천은 폭력, 부, 지식이다. 폭력은 저품질 권력, 부는 중품질 권력, 지식은 고품질 권력이다.

214

토플러의 '예전과 같은 직업과 기술로서는 급속도로 변화하고 있는 사회의 변화에 적응할 수 없기 때문에 교육제도를 혁신하는 게 무엇보다 중요하다.'는 주장이 수록된 저서로 옳은 것은?

① 「제3의 물결」　　　　　　　　　　② 「권력이동」
③ 「새 문명의 창출」　　　　　　　　④ 「혁명적 부의 시대」

정답 ④

풀이 토플러는 「혁명적 부의 시대(Revolutionary Wealth)」에서 예전과 같은 직업과 기술로서는 급속도로 변화하고 있는 사회의 변화에 적응할 수 없기 때문에 교육제도를 혁신하는 게 무엇보다 중요하다고 강조했다. 그는 디지털 산업에 대해 언급하면서 "미국을 비롯해 기술 선진국들은 디지털 기술혁명이 충분히 이루어져 이제 낡은 기술로 생각하는 경향이 있으나 전혀 그렇지 않다."고 전하면서 "디지털 기술혁명은 이제 막 시작에 불과할 뿐"이라고 견해를 피력했다.

215

앨빈 토플러가 제3의 물결에서 말한 정보사회의 특징으로 틀린 것은?

[2023년 기출]

① 분산화　　　　　　　　　　　② 소규모화

③ 분권화　　　　　　　　　　　④ 표준화

> **정답** ④
>
> **풀이** ④ 토플러는「제3의 물결」에서 정보사회는 비표준화 혹은 탈대중화, 분산화, 분권화, 소규모화를 특징으로
> 한다고 주장했다.

216

다음을 주장한 연구자의 이름으로 옳은 것은?

> 지식은 결코 소진되는 법이 없으며 약자나 가난한 자도 소유할 수 있는 지식의 생산성으로 폭력과
> 부의 파괴적이고 편향적인 비민주성의 낭비와 횡포를 제어할 수 있다.

① 쉴러(Schiller)　　　　　　　　② 다니엘 벨(Daniel Bell)

③ 앨빈 토플러(Alvin Toffler)　　　④ 피터 드러커(Peter Drucker)

> **정답** ③
>
> **풀이** ③ 앨빈 토플러(Alvin Toffler)는「권력이동」에서 '지식은 결코 소진되는 법이 없으며 약자나 가난한 자도
> 소유할 수 있는 지식의 생산성으로 폭력과 부의 파괴적이고 편향적인 비민주성의 낭비와 횡포를 제어
> 할 수 있을 것'이라고 주장하였다.

217

앨빈 토플러에 대한 설명으로 틀린 것은?

① 기술에 의한 가속적 변화를 우려했던 미래에 대한 불안한 전망은「미래 충격」에서 매우 희망적인 메
시지로 바뀌었다.

②「제3의 물결」에서 컴퓨터와 텔레커뮤니케이션 기술의 발달로 기존의 매스미디어가 탈대중화되면서
많은 변화가 일어나게 되었다고 본다.

③「제3의 물결」에서 새로운 정보 통신 기술의 발달과 이용 확대로 인해 참여와 연대가 더욱 강화되는
반직접 민주주의(semi-direct democracy)의 도래를 예견하기도 했다.

④「권력이동」에서 새로운 부 창출 체제에서는 지식의 교환 없이는 새로운 부가 창출되지 않으며, 토지,
노동, 원료 및 자본 등과 같은 종전의 생산 요소는 기호화된 지식이 이를 대체함으로써 그 중요성이
계속 감소된다고 했다.

218

엘빈 토플러(Alvin Toffler)에 대한 설명으로 틀린 것은?   [2019년 기출]

① '미래쇼크'로 미래학자로서의 지위를 확고히 다졌다.

② 정보화 혁명은 80~90년 내 이루어질 것이라고 주장했다.

③ 생산자와 소비자가 합쳐진 "프로슈머"(Prosumers)는 스스로가 자신의 니즈를 충족시키려고 하고 있다고 주장했다.

④ '제3의 물결'에서 처음으로 재택근무 · 전자정보화 가정 등의 새로운 용어를 사용하였다.

219

앨빈 토플러(Alvin Toffler)의 저서와 그 사상에 대한 내용으로 틀린 것은?

① 대표적 「제3의 물결」에서 처음으로 재택근무, 전자정보화 가정 등의 새로운 용어가 사용되었다.

② 토플러는 「권력이동」에서 권력의 세 가지 원천을 폭력(暴力), 부(富), 지식(知識)으로 규정하고, 폭력을 저품질 권력, 부를 중품질 권력, 지식을 고품질 권력으로 제시하였다.

③ 토플러는 「제3의 물결」에서 새로운 부의 창출 체제는 데이터, 정보, 지식의 교환에 의존하고, 대량생산이 아닌 탄력적 주문생산, 즉 탈대량화 생산으로 이동한다고 주장하였다.

④ 토플러는 「권력이동」에서 21세기의 전 세계적 권력투쟁에서의 핵심문제는 지식의 장악이며, 이 지식이야말로 진정한 권력의 수단이 될 것이라고 전망하였다.

정답 ③

풀이 ③ '새로운 부의 창출 체제는 데이터, 정보, 지식의 교환에 의존하고, 대량생산이 아닌 탄력적 주문생산, 즉 탈대량화 생산으로 이동한다.'는 것은 엘빈 토플러가 「권력이동」에서 주장한 내용이다.

220

앨빈 토플러가 「제3의 물결」에서 제시하는 정보사회 모습으로 틀린 것은?

① 새로운 부의 창출체제는 데이터, 정보 및 지식의 교환에 의존
② 대량생산 의존도가 낮은 정보산업이 주종
③ 위계적인 피라미드형 구조에서 수평적 네트워크형으로 전환
④ 다양한 소비자의 기호에 맞추어 다품종 소량 생산 공급

정답 ①

풀이 ① '새로운 부의 창출 체제는 데이터, 정보, 지식의 교환에 의존하고, 대량생산이 아닌 탄력적 주문생산, 즉 탈대량화 생산으로 이동한다.'는 것은 엘빈 토플러가 「권력이동」에서 주장한 내용이다.

221

현재의 교육은 150년 전 구시대의 산업화 시대의 패러다임에 맞춘 공장 시스템형 교육과 다를 바가 없어서 예전과 같은 직업과 기술로서는 급속도로 변화하고 있는 사회의 변화에 적응할 수 없다고 주장하면서 미래 교육의 중요성을 강조한 연구자의 이름으로 옳은 것은? [2022년 기출]

① 포스터   ② 토플러
③ 기든스   ④ 하버마스

정답 ②

풀이 ② 토플러는 「혁명적 부의 시대(Revolutionary Wealth)」에서 예전과 같은 직업과 기술로서는 급속도로 변화하고 있는 사회의 변화에 적응할 수 없기 때문에 교육제도를 혁신하는 게 무엇보다 중요하다고 강조했다. 그는 디지털 산업에 대해 언급하면서 "미국을 비롯해 기술 선진국들은 디지털 기술혁명이 충분히 이루어져 이제 낡은 기술로 생각하는 경향이 있으나 전혀 그렇지 않다."고 전하면서 "디지털 기술혁명은 이제 막 시작에 불과할 뿐"이라고 견해를 피력했다.

222

앨빈 토플러의 입장으로 볼 수 없는 것은?

① 지금의 사회와 제도의 변화는 빠르게 진행되고 있는 기술 변화를 따라잡지 못하고 있다.

② 창의적인 인재를 길러 사회의 전반적인 제도를 변화시킬 수 있는 교육시스템 개혁을 구축하는 일이 무엇보다 절실하다.

③ 창의적인 인재가 필요한 이유는 사회와 제도를 바꿔나가는 과정에서 발생하는 갈등을 줄일 수 있기 때문이다.

④ 혁명적 부의 시대(Revolutionary Wealth)에는 예전과 같은 직업과 기술로서는 급속도로 변화하고 있는 사회의 변화에 적응할 수 없기 때문에 경제의 펀더멘털(fundamental)을 혁신하는 것이 무엇보다 중요하다.

정답 ④

풀이 ④ 토플러는 「혁명적 부의 시대(Revolutionary Wealth)」에서 예전과 같은 직업과 기술로서는 급속도로 변화하고 있는 사회의 변화에 적응할 수 없기 때문에 교육제도를 혁신하는 것이 무엇보다 중요하다고 강조했다.

223

벨의 탈산업사회에 가장 부합하는 것은?

① 정보와 지식이 주요한 자원이 되는 사회

② 경제활동의 대부분이 제조업에 의해 이루어지는 사회

③ 생산과 소비에 중점을 둔 사회

④ 주요 생산수단이 땅과 기계에서 컴퓨터와 정보기술로 이동하는 사회

> **정답** ①
>
> **풀이** ① 다니엘 벨의 탈산업사회론에서는 정보와 지식이 주요한 자원이 되는 것을 주장한다. 이는 벨이 제시한
> 세 가지 특징 중 하나로, 정보 사회는 서비스 업종이 주도하며 정보와 지식이 중요한 경제적 자원이 된
> 다는 점을 강조한다.
> ② 제조업이 주요한 경제활동을 차지하는 사회는 산업사회를 의미한다. 탈산업사회는 제조업의 비중이 줄
> 어들고 서비스 업종이 더욱 중요해지는 특징을 가지며, 벨의 주장과는 맞지 않는다.
> ③ 생산과 소비에 중점을 둔 사회는 산업사회의 특성을 나타낸다. 반면 벨의 탈산업사회론에서는 지식과
> 정보에 기반한 사회를 중점적으로 논하고 있다.
> ④ 벨은 정보와 지식이 중요한 자원이 되는 것을 강조하면서, 그를 다루는 기술인 정보기술과 컴퓨터의 중요
> 성도 강조하고 있다. 벨이 주요 생산수단이라고 본 것은 컴퓨터와 정보기술이 아니라 정보와 지식이다.

224

다니엘 벨(Daniel Bell)의 '후기 산업사회의 도래'에 대한 설명으로 틀린 것은?

① 미래사회의 모습을 예측하고 있다.

② 1970년대를 대표하는 사회변동론이다.

③ 정보사회라는 용어를 최초로 도입했다.

④ 서구사회를 대상으로 사회변동과정을 설명한다.

> **정답** ③
>
> **풀이** ③ '정보사회'는 1980년대 미래학자들이 처음 사용하기 시작했다. 다니엘 벨의 탈산업사회론은 1960년대
> 말부터 1970년대의 이론이다.

225

다니엘 벨(Daniel Bell)이 '탈산업사회의 도래'에서 예측하는 21세기의 모습에 대한 설명으로 틀린 것은?

① '인간의 시대'는 내적 · 정신적 욕구를 희구하려는 경향이 팽배하고 자아 확립으로 표출된다.
② '정보의 시대'는 정보에 새로운 가치를 부여하여 정보시대가 꽃을 피우게 된다.
③ '정보의 시대'의 과제로는 대규모 외부경제 효과를 창출하는 것이다.
④ 21세기 새로운 사회의 특징으로는 개성화, 고령화, 정보화, 글로벌화 등을 들 수 있다.

정답 ③
풀이 ③ '정보의 시대'의 과제로는 정보의 입수 용이성, 정보의 내용 충실, 정보의 개별화 등이 있다.

♀핵심정리   독립적 영역구조

- 탈산업사회는 정체(polity)나 문화(culture)가 아닌 사회구조의 변동을 통해 출현한다.
- 사회변동은 대부분 정체(政體)와 문화적 영역에 대하여 문제를 제기하기 마련이지만, 벨은 변동이 어느한 영역에서 기인하여 사회의 다른 모든 차원으로 영향을 미치는 것으로 볼 수 없다는 점을 강조한다.
- 선진사회들은 '근본적으로 분절적이다.' 즉 사회구조, 정치, 문화 등 독립적 영역들이 존재하며, 자율성을 가지고 있어서 한 영역에서 발생하는 것이 다른 것에 영향을 주는 것으로 가정될 수 없다.
- 반 총제주의자로서 사회가 단일한 체계로 분석될 수 있을 만큼 유기적이거나 통합되어 있지 않다고 주장한다.
- 진보이론이나 보수주의 이론이나 모든 전체적 · 총체적 사회이론을 거부한다.

226

현대사회에서 주로 팽창하고 있는 영역은 인간에 대한 서비스라고 하면서 서비스 영역을 전(前) 산업적인 1차부문과 산업적인 2차 부분에 이어 3차(운송과 공공설비), 4차(무역과 금융), 그리고 5차(보건과 교육 등)으로 세분화할 필요가 있다고 주장한 학자는?   [2024년 기출]

① 콜린 클라크
② 앨빈 토플러
③ 다니엘 벨
④ 데이비드 하비

정답 ③
풀이 ③ 다니엘 벨에 대한 설명이다.

227

미래 사회와 정보사회에 대한 다니엘 벨(Daniel Bell)의 견해로 틀린 것은? [2023년 기출]

① 한 사회에서 다른 사회로 이행하는 데 가장 중요한 요소는 노동의 합리화 혹은 효율화라고 주장한다.

② 사회의 의사결정과 관리가 이론적 지식에 근거해 이루어진다. 이는 탈산업사회에서 사용되는 생산의 재료가 정보와 지식이라는 의미이다.

③ 기술이 사회구조와 변화를 추동한다고 여김과 동시에 문화와 정치 간 상호작용에 대해 함께 논의한다.

④ 사회변동의 주요 원인은 생산성 향상이며 이를 가능하게 한 것은 획기적인 기술의 발전이라고 주장한다.

> **정답** ③
>
> **풀이** ③ 탈산업사회는 사회구조가 근본적으로 정체와 분리되어 있고 탈산업사회는 단지 사회구조상 변동으로부터 출현한다.

228

탈산업사회의 이론적 지식에 대한 설명으로 옳지 않은 것은? [2023년 기출]

① 전문직 종사자의 확산이 이론적 지식을 사용하고 그것을 만드는 사람의 수가 증가됨으로써 탈산업사회를 다른 체제와 구별시켜주며 사회에 중대한 영향을 미치는 특징이 있다.

② 컴퓨터화는 '조직화된 복합성'의 관리가 가능하여 프로그래밍을 통해 지식을 통합하고 이론적 지식에 기초한 혁신을 촉진시키는 '창조적 기술'의 창출이 가능하다.

③ 이론적 지식은 생활의 모든 측면에 중요한 영향을 미친다.

④ 상이하고 다양한 영역의 경험을 설명하는 데 사용될 수 있는 추상적 상징체계로서의 지식의 부호화는 새로운 지식과 경제적 재화 및 용역의 혁신에 중요성을 갖는다.

> **정답** ②
>
> **풀이** ② 컴퓨터화는 '조직화된 복합성'의 관리가 가능하여 프로그래밍을 통해 지식(법칙, 절차 등)을 통합, 이론적 지식에 기초한 혁신을 촉진시키는 '기능적 기술' 창출이 가능하다.

229

다니엘 벨의 입장으로 틀린 것은?

① 근본적으로 새로운 것은 이론적 지식의 부호화로써 경험주의에 대한 이론의 우위이다.

② 중요한 점은 1차 부문과 2차 부문에서의 생산성의 증가로 서비스가 지배적인 탈산업시대로 움직이는 동력이다.

③ 모든 영역에서 이론의 우세로 탈산업사회는 과거 사회보다 수준 높은 미래를 계획, 그에 따라 통제하는 능력을 갖게 된다.

④ 컴퓨터화는 '조직화된 복합성'의 관리가 가능하여 프로그래밍을 통해 지식(법칙, 절차 등)을 통합, 이론적 지식에 기초한 혁신을 촉진시키는 '창조적 기술' 창출이 가능하다.

> **정답** ④
>
> **풀이** 컴퓨터화는 '조직화된 복합성'의 관리가 가능하여 프로그래밍을 통해 지식을 통합하고 이론적 지식에 기초한 혁신을 촉진시키는 '기능적 기술'의 창출이 가능하다.

230

탈산업사회의 이론적 지식에 대한 설명으로 옳지 않은 것은?

① 근본적으로 새로운 것은 이론적 지식의 부호화로써 경험주의에 대한 이론의 우위이다.

② 탈산업사회에서의 정보는 질적으로 독특한 다른 특성을 지닌 사회의 중심적 원리로 '이론적 지식'이다.

③ 모든 영역에서 이론의 우세로 탈산업사회는 과거 사회보다 수준 높은 미래를 계획할 수 있고, 그에 따라 통제하는 능력을 갖게 된다.

④ 컴퓨터화는 '조직화된 복합성'의 관리가 가능하여 프로그래밍을 통해 지식(법칙, 절차 등)을 통합, 이론적 지식에 기초한 혁신을 촉진시키는 '창조적 기술' 창출이 가능하다.

> **정답** ④
>
> **풀이** 컴퓨터화는 이론적 지식에 기초한 혁신을 촉진시키는 '기능적 기술' 창출이 가능하다.

231

다니엘 벨이 제시한 후기 산업사회의 차원 또는 요소에 대한 설명으로 틀린 것은?

① 후기 산업 사회의 경제는 기존의 제품 생산 경제에서 서비스 경제로 변화될 것이다.

② 산업 사회의 기축 원리는 이론적 지식이 사회 개혁과 정책 형성의 원천으로서 그 중심을 이루게 될 것이다.

③ 후기 산업 사회는 기술에 대한 통제로부터 벗어나 보다 미래 지향적인 사회가 될 것이다.

④ 후기 산업 사회에서의 의사 결정은 주로 새로운 '지적 기술'의 창조와 활용을 통해 이루어지게 될 것이다.

> 정답 ③
>
> 풀이 후기 산업 사회는 기술에 대한 통제와 기술 평가 등을 통해 보다 미래 지향적인 사회가 될 것이다.

232

다니엘 벨의 탈산업사회론에 대한 설명으로 틀린 것은?

① 탈산업사회는 사회구조가 근본적으로 정체와 분리되어 있고 탈산업사회는 단지 사회구조상 변동으로부터 출현한다.

② 탈산업사회에서의 생활은 기술적이고 합리화된 존재양식 속에서 기계 지배가 일반화된 사람들 간의 게임이다.

③ 탈산업사회의 도래와 더불어 기술 혁신으로 인한 직무 재배치의 역사는 종말을 맞이하고 그에 따라 고용이 안정된다.

④ 사회구조, 정치, 문화 등 독립적 영역들이 존재하며, 자율성을 가지고 있어서 한 영역에서 발생하는 것이 다른 것에 영향을 주는 것으로 가정될 수 없다.

> 정답 ②
>
> 풀이 토지로부터 생계수단을 얻어내고, 근력과 전통적 방법에 의존해 일했던 전(前)산업사회나 기계에 의존했던 산업사회와는 달리 탈산업사회의 출현으로 대부분의 노동 재료는 정보가 된다. 산업사회에서의 생활은 기술적이고 합리화된 존재양식 속에서 기계가 지배적이었던 인공적 자연에 대한 게임이다. 반면에 서비스에 기반한 탈산업사회에서의 생활은 사람들 간의 게임으로, 여기에서 중요한 것은 근력이나 에너지가 아니라 정보이다.

핵심정리 진화론적 관점

- 미국은 탈산업사회라고 하는 새로운 체계로 이어지는 경로에 따라 세계를 이끌어가며, 탈산업사회는 전(前)산업사회에서 산업사회를 거쳐 탈산업사회로 이동해 가는 흔적을 추적하는 것이 가능하다.
- 18세기 초반 영국은 전(前)산업사회인 농업사회였고, 19세기 말엽에는 분명한 산업사회인 제조업이 중시되는 사회였고, 21세기에 진입함에 따라 탈산업주의의 징후들이 곳곳에 드러나는 사회로 서비스가 지배하는 사회로 변동하였다.
- 벨은 역사의 동력기가 완전한 탈산업사회를 향해 끊임없이 진행되도록 자동적으로 설정되어 있는 것과 같은 진화론적 관점을 기반으로 사회변동의 과정을 설명한다.

233

다니엘 벨(Daniel Bell)의 '탈산업사회론'에 대한 설명으로 틀린 것은?

① 서구사회의 핵심을 합리화로 본다.
② 지적 보수주의와 수렴이론에 입각한 이론이다.
③ 막스 베버(Max Weber)의 사상에 크게 의존하고 있다.
④ 각 사회들은 역사와 전통이 다를 뿐 아니라 기술적·공학적 지식도 다르기 때문에 모든 산업사회가 탈산업사회에 이르게 되는 것은 아니라고 본다.

정답 ④
풀이 ④ 모든 산업사회에는 공통된 특성인 '기술이 동일하고, 한 분야의 기술적·공학적 지식도 동일하며, 직업과 기술에 대한 분류도 대체로 비슷하기 때문에 필연적으로 모든 사회는 결국에는 탈산업사회에 이르게 되는 동일한 발전과정을 따르도록 되어 있다.

234

다니엘 벨의 입장으로 틀린 것은? [2021년 기출]

① 탈산업사회에는 노동의 합리화 및 효율화를 통해 생산성이 증가한다.
② 탈산업사회의 기술은 계속 진화한다.
③ 모든 사회는 결국에는 탈산업사회에 이르게 된다.
④ 산업사회 이전까지는 기계가 지배적인 사회였다.

정답 ④
풀이 ④ 기계가 지배적이었던 인공적 자연에 대한 게임은 산업사회에서의 생활이다. 전(前)산업사회에서 생활은 사람들이 순전히 근력으로 하게 되는 자연에 대한 게임이다.

235

다니엘 벨의 「탈산업사회의 도래」에 대한 설명으로 틀린 것은?

① 전(前)산업사회에서 생활은 사람들이 순전히 근력으로 하게 되는 가공적 자연에 대한 게임이다.

② 산업사회에서의 생활은 기술적이고 합리화된 존재양식 속에서 기계가 지배적이었던 인공적 자연에 대한 게임이다.

③ 서비스에 기반한 탈산업사회에서의 생활은 사람들 간의 게임으로, 여기에서 중요한 것은 근력이나 에너지가 아니라 정보이다.

④ 사회구성원들이 생존을 위해 자연과 투쟁했던 시기는 전(前)산업사회이고, 자연에서 에너지를 취해 기계에 공급하던 시기가 산업사회라면, 탈산업사회는 인간 상호 산의 게임이 주가 되는 사회이다.

> **정답** ①
>
> **풀이** ① 전(前)산업사회에서 생활은 사람들이 순전히 근력으로 하게 되는 자연에 대한 게임이다.

236

다니엘 벨이 정보의 질적 변화 현상을 설명하는 탈산업사회의 중심적 원리로 제시한 것은?

① 기계 기술

② 지적 기술

③ 수렴 이론

④ 이론적 지식

> **정답** ④
>
> **풀이** ④ 벨에 따르면 탈산업사회에서의 정보는 질적으로 독특한 다른 특성을 지닌 사회의 중심적 원리로 '이론적 지식'이다. 전문직 종사자의 확산이 이론적 지식을 사용하고 그것을 만드는 사람의 수가 증가됨으로써 이론적 지식은 탈산업사회를 다른 체제와 구별시켜 주며 중대한 영향을 미치는 특징이다. 이론적 지식은 생활의 모든 측면에 중요한 영향을 미친다.

237

다니엘 벨(Daniel Bell)의 정보사회 서비스산업 중 인적 서비스(human service)에 포함되지 않는 것은?

① 건강

② 교육

③ 디자인

④ 사회 서비스

> **정답** ③
>
> **풀이** ③ 다니엘 벨은 전(前)산업사회나 산업사회 단계에도 서비스산업이 있지만, 정보사회를 특징짓는 서비스산업은 다른 성격의 것이라고 말했다. 정보사회의 서비스산업은 교육, 건강, 사회 서비스를 포함하는 인적 서비스(human service)와 시스템 분석, 디자인, 정보처리 등의 전문 서비스라는 것이다.

238

다음 연구자들의 입장 또는 이론에 대한 설명으로 틀린 것은?

① 다니엘 벨은 '정보기술은 자본가에게 집중된 세계체제를 유지하기 위한 노력에 불과하다.'고 본다.

② 정보사회를 단절론의 입장에서 보는 관점에는 탈산업사회론, 제3의 물결론, 포스트모더니즘, 유연전문화론, 정보적 발전양식론 등이 있다.

③ 포스터의 정보양식론은 '미디어와 정보가 삶의 방식 뿐 아니라 타인의 세계에 대한 이해에 영향을 미친다.'고 본다.

④ 연속론은 자본주의와의 연속성 속에서 정보사회를 파악하였으며, 네오마크크시즘, 조절이론, 유연적 축적론, 공론장 이론 등이 그 예에 속한다.

> 정답 ①
>
> 풀이 ① '정보기술은 자본가에게 집중된 세계체제를 유지하기 위한 노력에 불과하다.'고 보는 입장은 사회구조론이다.

239

다니엘 벨이 제시하는 후기 산업사회의 특징으로 옳은 것의 총 개수는?

```
ㄱ. 상품생산에서 서비스경제로의 전환
ㄴ. 전문직과 기능직 계층의 부각
ㄷ. 사회혁신과 정책형성의 근거로서 이론적 지식의 집약
ㄹ. 기술 및 기술평가의 통제증대
ㅁ. 새로운 지적 기술의 창출
```

① 2개   ② 3개
③ 4개   ④ 5개

> 정답 ④
>
> 풀이 ㄱ, ㄴ, ㄷ, ㄹ, ㅁ 모두 옳은 설명이다.

240

다니엘 벨(Daniel Bell)이 제시한 탈산업사회의 특징으로 틀린 것은?

① 경제영역에서 산업 및 농업 부문에 비해 서비스 부문이 우세해져서 새로운 서비스 경제가 나타난다.
② 노동력의 구성에 있어 블루 컬러 노동자보다 화이트 컬러 노동자가 우세해지며, 경제에 있어서 전문직, 기술직, 관리직 부문의 노동자들이 중요한 역할을 담당하게 된다.
③ 경제와 사회영역에서 이론적 지식, 기술, 연구와 개발이 중심적인 역할을 담당하고, 그 결과 정보의 창조와 전달에 종사하는 대학, 연구소 및 미디어가 우세해진다.
④ 정보사회의 조직 원리는 다양화, 탈대중화, 분산화, 분권화, 소규모화가 될 것이다.

> **정답** ④
>
> **풀이** ④ 산업사회의 역동적 성격을 표준화, 획일화, 집중화 등으로 규정한 반면, 후속되는 정보화 사회를 다양화, 유연화, 분산화, 개별화를 지향하는 사회로 규정한 연구자는 토플러(Alvin Toffler)이다.

241

다니엘 벨의 지식가치설에 대한 내용으로 옳은 것은?

① 사회구조개념에 기초한 전(前)산업사회–산업사회–탈산업사회로 구분하는 진화론적 관점에 기반하고 있다.
② 텔레비전, 전화, 인터넷의 등장과 확산으로 인해 인간과 인간의 정보전달 및 커뮤니케이션에 있어서 시간적 공간적 제약이 완전히 사라졌다.
③ 다양한 상호작용의 반복성을 통해 시공간은 관례화(routinization)된다.
④ 소비는 하나의 가치 체계이며, 체계가 포함하는 집단 통합 및 사회 통제 기능의 모든 요소를 지니고 있다.

> **정답** ①
>
> **풀이** ② 맥루한의 견해이다.
> ③ 기든스의 견해이다.
> ④ 보드리야르의 견해이다.

- 탈산업사회는 결핍이 사라진 사회가 아니라 이전 시기와는 다른 새로운 결핍이 존재하는 사회이다.
- 생산성 향상으로 결핍의 상당부분을 해소할 수 있는 분배재와 달리 다른 사람과 구별되고자 하는 욕망의 추구와 연계된 지위재를 둘러싼 경쟁과 갈등으로 새로운 결핍에 시달리는 사회이다.

242
다음 중 탈산업사회에 대하여 벨이 주장하는 내용으로 틀린 것은?

① 사회이동 통로로 교육의 중요성이 커지고, 사회적 힘을 이해하는 특징 중 하나는 인적자본과 사회적 자본이 새로운 자원으로 부상한다.
② 사회구성원들이 가공된 자연과의 게임에서 인간 상호간의 게임이 중심이 되는 사회로 이동한다.
③ 생산성 향상으로 분배재(distribution goods) 결핍이 해소되지 않은 채 경쟁과 갈등으로 새로운 지위재(positional goods) 결핍에 시달리는 사회이다.
④ 사회 하부구조가 항구, 철도, 화물차, 고속도로, 공항 등에서 케이블TV, 광섬유 네트워크, 인터넷 등 정보통신 중심으로 이동한다.

정답 ③
풀이 ③ 탈산업사회는 생산성 향상으로 결핍의 상당부분을 해소할 수 있는 분배재와 달리 다른 사람과 구별되고자 하는 욕망의 추구와 연계된 지위재를 둘러싼 경쟁과 갈등으로 새로운 결핍에 시달리는 사회이다.

243
다니엘 벨의 입장에 대한 설명으로 틀린 것은?

① 정체영역에서의 변화는 대체로 양자택일적이다.
② 문화영역에서의 중추 원리는 자아의 고양 혹은 실현이라고 할 수 있다.
③ 기술·경제적 영역에서의 변화는 단선적인데, 이는 대체의 원리가 적용되지 않기 때문이다.
④ 사회가 단일 체계로서 분석될 수 있을 만큼 유기적이거나 통합적이지 않기 때문에 현대사회는 사회구조(social structure), 정체(polity), 문화(culture)의 세 영역으로 구분된다.

정답 ③
풀이 ① 정체영역에서의 변화는 대체로 양자택일적이다. 중앙집권이냐 지방 분권이냐, 엘리트냐 대중이냐, 과두 정치적 통제냐 참정권의 신장 이냐 하는 식의 양자택일이다. 이들 사이에 어떤 단일 영속성은 존재하지 않는다는 것이다.
③ 기술·경제적 영역 에서 변화는 단선적인데, 이는 대체의 원리가 분명히 적용되기 때문이다. 즉, 보다 적은 비용으로 단위 에너지를 통해 더 많은 동력을 끌어내고 더 높은 생산성을 얻는 것이 다른 것을 대체한다.

244

다음의 ㉠, ㉡, ㉢에 들어갈 말의 연결이 옳은 것은?

[2022년 기출]

다니엘 벨은 증기 기관을 기반으로 기계화 혁명, 자동화를 통한 대량생산 혁명에 이어 선진국 중심으로 제3의 기술혁명이 진행되고 있는데 제3의 기술혁명은 ㉠ (을)를 기반으로 ㉡ ·기계 시스템의 전자화로 인해 ㉢ 이(가) 중요해지는 사회이다.

	㉠	㉡	㉢
①	컴퓨터	전기	정보
②	컴퓨터	증기기관	지식
③	물리	화학	정보
④	화학	물리	지식

정답 ①

풀이 ① 벨의 주장에 따르면 제3의 기술혁명이란 증기력의 도입과 전기·화학의 혁신에 이어 당시 선진국 중심으로 확산되던 컴퓨터와 통신 및 이들의 결합에 의한 정보통신의 혁명을 말한다. 그는 새로운 혁명을 가능케 하는 4가지 기술혁신으로 ▶모든 전기·기계 시스템의 전자화 ▶전도 장치나 전파변환장치의 소형화 ▶정보가 2진수의 숫자로 표시되는 디지털화 ▶사용자가 다양한 업무를 신속하게 처리할 수 있도록 해주는 소프트웨어를 들었다.

핵심정리 지능정보사회 패러다임 변화

[산업사회 – 정보사회 – 지능정보사회 패러다임 변화]

구분	산업사회	정보사회	지능정보사회
특징	• 19~20세기 중반 • 기계와 에너지 중심 • 생산 능력 제고	• 1960~2007년 전후 • 컴퓨터와 인터넷 중심 • 정보 활용 능력 제고	• 2013년 이후 • 데이터와 알고리즘 중심 • 생각하는 능력 제고
경제 사회 구조	• 제조업이 성장 견인(기계) • 노동력과 천연자원이 힘 • 위계적 기계식 사회구조 • 상품 교역, 정보 국내 • 대량 생산 • 노동력 공급 위한 대량 사회	• ICT가 성장 견인(컴퓨터) • 정보와 네트워크가 힘 • 수평적 네트워크 사회 • 상품 교역, 정보 교역 • 대량 정보 • 정보 연결 통한 사이버사회	• 신제조업이 성장 견인(기계＋컴퓨터) • 데이터와 알고리즘이 힘 • 신뢰와 협력의 혼계사회 (Heterarchy) • 상품 국내, 정보 교역 • 대량 지능 • 지능사물 위한 플랫폼사회

245

지능정보사회 패러다임 변화에 대한 설명으로 틀린 것은?

[2023년 기출]

① 정보사회에서는 정보와 데이터가 힘의 원천이었다면 지능정보사회에서는 네트워크와 알고리즘이 힘이 되는 사회이다.
② 정보사회에서는 컴퓨터 기반 ICT가 성장을 견인했다면, 지능정보사회에서는 기계와 컴퓨터가 융합되어 제조업 서비스가 가혹화되며 융합형 신제조업이 성장을 견인한다.
③ 정보사회에서는 컴퓨터가 단순한 도구에 불과했으나, 지능정보사회에서는 기계와 컴퓨터가 융합되어 인간과 사물력의 사고력을 강화하고 기계가 인간의 조력자로 등장한다.
④ 정보사회에서는 수평적 협력은 능한 반면 보안과 신뢰 등의 관리가 어려운 문제가 되었으나, 지능정보사회는 신뢰와 협력 중심의 모델로 발전해 나간다.

정답 ①

풀이 ① 정보사회가 정보와 네트워크가 힘의 원천이었다면 지능정보사회에서는 데이터와 알고리즘이 힘의 원천이 되는 사회이다.

246

지능정보사회론에 설명으로 틀린 것은?

① 기술결정론적 관점이다.
② 컴퓨터와 인터넷 등의 정보 통신 기술을 강조한다.
③ 지능화된 기술 기반의 유비쿼터스 사회, 초연결 사회가 도래한다고 본다.
④ 4차 산업혁명이 확산되면서 박근혜 정부에서 정책 비전으로 제시한 "초연결 사회"는 2년도 되지 않아 2016년에 '지능 정보 사회'로 변경되었다.

정답 ②

풀이 컴퓨터와 인터넷 등의 정보 통신 기술 대신 그것이 보다 고도화된 지능 기술(intelligent technology)을 강조한다. 정보 기술이든, 통신 기술이든 관련 기술이 더욱 '지능화'된다는 점을 강조하면서 지능 기술을 내장한 사물이나 지능 기술을 이용 또는 활용하는 사람들이 서로 연결되어 더욱 자동적으로 혹은 자율적으로 다양한 활동과 작업이 이루어지는 새로운 사회로 이행해 간다고 주장한다.

247

지능정보사회의 경제사회구조에 대한 설명으로 틀린 것은?

① 신뢰와 협력의 혼계사회이다.

② 지능사물을 위한 플랫폼 사회이다.

③ 정보와 네트워크가 권력이 되는 사회이다.

④ 기계와 컴퓨터를 융합한 신제조업이 성장을 견인한다.

> **정답** ③
>
> **풀이** 정보사회의 경제사회구조이다. 지능정보사회의 권력은 데이터와 알고리즘에서 나온다.

248

지식정보사회에 대한 설명으로 가장 적절한 것은?   [2024년 기출]

① 지식정보사회의 물적 자본에 대한 접근권과 이용권보다 소유권이 중시된다.

② 정보통신기술의 발달은 산업의 혁명적 변화와 동시에 자본주의 체계 자체의 혁명적 변화를 일으켰다.

③ 지식정보사회의 도래와 함께 플랫폼을 이용한 경제활동이 사회적으로 확대되고 있으며, 이를 플랫폼 자본주의라고 한다.

④ 정보사회 단절론은 중심적 자본이 정보 자본으로 변화했을 뿐 근본적으로 자본주의적 계급대립과 불평등이 사라지지 않았다는 점을 강조한다.

> **정답** ③
>
> **풀이** ① 지식정보사회에서는 정보와 지식에 대한 접근권과 이용권이 물적 자본에 대한 소유권보다 중시된다.
> ② 정보통신기술의 발달이 산업의 혁명적 변화를 가져왔다고 할 수 있지만 자본주의 자체의 혁명적 변화를 일으켰다고 볼 수 없다.
> ③ 플랫폼은 디지털 기술을 기반으로 하는 비즈니스 플랫폼 모형을 가리키는 말로 통용되고 있고, 비즈니스 플랫폼의 등장은 무엇보다도 디지털 네트워크의 확산에 기인한다.
> ④ 중심적 자본이 정보 자본으로 변화했을 뿐 근본적으로 자본주의적 계급대립과 불평등이 사라지지 않았다는 점을 강조하는 것은 연속론의 입장이다.

249

지능정보사회의 경제사회구조의 특징으로 틀린 것은?

① ICT가 성장을 견인한다.

② 생각하는 능력이 제고된다.

③ 신뢰와 협력의 혼계사회(Heterarchy)이다.

④ 데이터와 알고리즘이 힘이 되는 사회이다.

 ①

풀이 ICT가 성장을 견인하는 사회는 정보사회이다.

📍 **핵심정리**　정보자본론

정보자본론에 입각한 학자들은 허버트 쉴러를 중심으로 영국에서는 피터 골딩(Peter Golding), 그레이엄 머독(Graham Murdock), 니콜라스 간햄(Nicholas Garnham), 네덜란드에서는 시즈 햄링크(Cees Hamelink), 프랑스에서는 아르망 마텔라르(Armand Mattelart), 핀란드에서는 카를 노스텡스트렝(Kaarle Nordenstreng), 그리고 북미에서는 빈센트 모스코(Vincent Mosco), 제럴드 서스만(Gerald Sussman), 스튜어트 유언(Stuart Ewen) 등이 있다.

250

'정보자본주의'에 대한 설명으로 틀린 것은?

① 허버트 쉴러(Shiller)의 이론이다.

② 정보 · 통신에 대한 체계적 분석이 필요하다고 보았다.

③ 정보 및 통신영역에서 거대한 변동을 겪고 있는 사회에서는 계급에 상관없이 정보를 얻을 수 있다고 보았다.

④ 커뮤니케이션의 현대적 추세에 관심을 가져야 한다고 보았다.

정답　③

풀이　③ 계급이 누가 무슨 정보를 얻고 어떤 종류의 정보를 얻을 수 있는가를 결정한다.

251

'정보자본주의'에 대한 옳은 설명만을 있는 대로 고른 것은?

ㄱ. 아글리에타(Michel Aglietta)의 이론이다.

ㄴ. 정보 · 통신에 대한 체계적 분석이 필요하다고 보았다.

ㄷ. 정보 및 통신영역에서 거대한 변동을 겪고 있는 사회에서는 계급에 상관없이 정보를 얻을 수 있다고 보았다.

ㄹ. 커뮤니케이션의 현대적 추세에 관심을 가져야 한다고 보았다.

① ㄱ, ㄴ　　　　　　　　　　② ㄴ, ㄷ

③ ㄴ, ㄹ　　　　　　　　　　④ ㄱ, ㄴ, ㄹ

⚲ 핵심정리　신세계정보질서

신세계정보질서의 정식명칭은 신세계 정보커뮤니케이션 질서이다. 신세계정보질서는 세계 정보 질서의 형태에 반대하는 제3세계의 새로운 세계 질서에 대한 요구 또는 원칙이라고 할 수 있다. 국제적인 정보의 흐름에 국가를 개입시켜 제3세계가 선진국에 대항해야 한다는 것이다. 즉 신세계정보질서는 세계 4대 신문·통신사가 정보를 독점하고 있고, 제3세계에 대한 서방측 보도가 쿠데타나 전쟁 등 특수한 측면에만 치우쳐 있어서 불공정하다는 판단아래 제3세계의 새로운 세계 질서에 대한 요구 또는 원칙을 제정한 것이라고 할 수 있다.

252

다음 중 신세계정보질서에 대한 설명으로 틀린 것은?

① 정보의 흐름에 국가가 개입하지 말아야 한다고 주장한다.

② 선진국의 소수 신문·방송사가 정보를 독점하고 있다고 주장한다.

③ 제3세계에 대한 서방의 언론보도가 불공정하다는 인식에 기반한다.

④ 선진국 중심의 정보독점에 대한 제3세계의 대항원리이다.

253

다음에서 설명하는 개념으로 가장 적절하지 않은 것은?

[2024년 기출]

국제지형에서 막강한 경제력과 정보력을 바탕으로 하여 다른 국가를 문화적으로 지배하려는 흐름으로 대중매체의 제도적 수단에 관한 쟁점을 가져다준다.

① 문화생태주의
② 문화식민주의
③ 문화상품주의
④ 문화제국주의

정답 ①

풀이 ① 문화생태주의는 문화의 차원에서 다양한 문화현상들의 유기적 관계와 그 콘텐츠의 흐름을 중시하는 입장으로 문화제국주의와는 관련이 없다.

254

단순히 자문화를 우월하게로만 보는 것을 넘어서 다른 나라에까지 적용시키는 것으로 과거에는 경제적으로 우위에 있는 선진국의 문화가 후진국의 문화에 지배적인 영향을 미쳐 문화 식민지를 확대하는 것을 의미했다면 요즘에는 문화를 상품으로 판매하는 것으로 옳은 것은?

[2022년 기출]

① 문화침투
② 문화장악
③ 문화상대주의
④ 문화제국주의

정답 ④

풀이 ④ 문화제국주의에 대한 설명이다.

255

제3세계의 발전 커뮤니케이션 미디어가 서구적 가치를 도입함으로써 근대화에 도움을 주었다기보다는 오히려 서구 자본주의 가치와 소비문화를 도입함으로써 제3세계의 전통적인 가치와 고유한 지역문화를 파괴시켰다는 관점으로 옳은 것은?

① 발전미디어이론
② 발전커뮤니케이션론
③ 개혁커뮤니케이션론
④ 문화제국주의론

정답 ④

풀이 ④ 문화 종속론 혹은 문화제국주의론에 대한 설명이다.

256

사회와 매스미디어의 관계에 대한 설명으로 틀린 것은?

① 관념론은 기술결정론에 비교적 가까운 관점이다.

② 자율론(autonomy)은 매스미디어와 사회변화 간에 별다른 관계가 없다고 본다.

③ 문화제국주의론 등 마르크스주의 경향의 비판 미디어 이론들은 유물론에 속한다.

④ 매스미디어와 사회의 관계는 어느 한쪽에 압도적인 비중을 줄 만큼 그렇게 일방적인 것이 아니라는 견해는 상호작용론에 속한다.

정답 ③

풀이 문화제국주의론은 기술결정론적 관점에 가까운 관념론적 이론이다.

핵심정리 조절이론

- 조절이론가들은 초기 마르크스주의 경제사상에 영향을 받아 특정 시기의 사회 전반적 특성을 파악하려고 시도하는 사회관계에 대한 총체적 관점을 추구한다.
- 사회 지속을 가능하게 하기 위하여 상호 연결되는 방식을 강조하고 이들 변동을 이해하는 방식으로 작업장이나 가정의 기술혁신을 넘어서 기술적 발전은 국가의 역할, 계급구성, 기업의 추세 소비유형 변화된 성별관계 그리고 기능적 체계의 기타 측면들을 포함하는 다양한 요인들 속에서의 맥락으로 이해한다.

핵심정리 조절이론의 주요 연구 과제

- 조절이론가들은 주어진 한 시점에서 지배적인 축적체제를 검토한다.
- 지배적인 생산의 조직화, 소득이 분배되는 방식, 경제의 다양한 부문들이 조정되는 방식 그리고 소비가 이루어지는 방식 등을 규명한다.
- 조절양식은 축적과정의 통일성을 보장하는 규범, 습관, 규칙 그리고 조절망 등을 의미한다.
- 조절이론들은 축적체제와 조절양식 간의 관계를 규명하는 것을 목표로 하고 있으나, 실제적으로 이 학파에서 이루어진 대부분의 연구는 조절양식에 초점에 둔다.

257

조절학파 이론에 대한 설명으로 틀린 것은?

① 축적 체계란 일정 기간에 걸쳐 이룩한 사회적 생산과 사회적 소비 간의 안정된 조응 형태를 말한다.

② 조절 양식이란 보다 구체적인 수준에서 축적 체계의 움직임을 조절하는 사회적 관계와 규범, 제도적 절차, 국가 형태 등을 종합적으로 일컫는 말이다.

③ 20세기를 거치며 서구 자본주의는 초기의 내포적 축적 체계에서 외연적 축적 체계로 이행되어 갔으며, 1970년대 중반 이후 외연적 축적 체계의 위기와 함께 축적 체계의 새로운 변화가 불가피하게 되었다.

④ 외연적 축적 체계에서는 시장에 의해 경쟁이 사후 조절되는 경쟁적 조절 양식이, 그리고 내포적 축적 체계에서는 독점 자본에 의해 사전 조절되는 독점적 조절 양식이 각각 그에 상응하면서 자본주의의 위기적 상황을 안정화시켰다.

> 정답 ③
>
> 풀이 20세기를 거치며 서구 자본주의는 초기의 외연적 축적 체계에서 내포적 축적 체계로 이행되어 갔으며, 1970년대 중반 이후 내포적 축적 체계의 위기와 함께 축적 체계의 새로운 변화가 불가피하게 되었다.

258

조절이론에 대한 설명으로 옳은 것은?

① 자본주의는 스스로 균형을 찾아가는 경향이 있다고 본다.
② 막스 베버(Max Weber)의 경제사상에 영향을 받은 이론이다.
③ 특정 시기의 사회 전반적 특성을 파악하려고 시도하는 총체적 관점을 추구한다.
④ 조절양식은 다양한 제도들이 일관적으로 유지되면서 일정 기간 동안 규칙적인 경제성장을 가능하게 만드는 상태이다.

> **정답** ③
>
> **풀이** ① 조절이론은 자본주의 경제 체제를 본질적으로 불안정한 체제로 본다.
> ② 마르크스주의 경제사상에 영향을 받은 이론이다.
> ④ 다양한 제도들이 일관적으로 유지되면서 일정 기간 동안 규칙적인 경제성장을 가능하게 만드는 상태는 아글리에타(Michel Aglietta)가 제안한 성장 체제이다.

♀ 핵심정리 포드주의 축적체제(1945~1973)

- 대량생산과 소비가 적절한 균형을 이루었던 시기이다.
- 국가의 경제문제 개입이 이들의 조화가 이루어지도록 지원한다.
- 정부의 복지조치는 사회적 안정성의 유지뿐만 아니라 이러한 균형을 지원한다.
- 포드는 대중소비가 가능한 가격으로 상품을 생산한 생산기술의 선구자이고, 동시에 상품구매를 촉진하는 높은 임금을 지급하는 선두주자였기 때문에 그 이름이 전체적인 체제를 지칭하는 데 사용된다.
- 케인즈도 그의 정책이 산업문제에 대한 국가의 개입과 가장 밀접한 관련이 있는 경제학자이기 때문에 케인즈라는 용어를 사용한다.

♀ 핵심정리 탈포드주의 특징

- 근로자의 연장근무나 노동력을 축소하면서도 경제적 팽창이 일어날 수 있을 정도로 새로운 기술을 응용함으로써 생산성을 향상시킬 수 있는 능력이 제고된다.
- 탈포드주의 조직화의 독특한 측면에서 기업이 점점 수직적으로 해체되기 시작한다. 단일조직 안에서 가능한 한 많은 것을 생산하기보다는 회사의 다양한 요구를 위해 외부와 계약체결 경향이 증가한다.
- 외주전략은 규모축소의 방안으로 중앙조직체에서 상대적으로 적은 인력을 필요로 하고 과잉이 있는 경우 처리가 용이하다.
- 수직적 해체는 분산된 활동을 조정하고 통제할 수 있을 정도로 정교한 통신과 컴퓨터 설비라는 적절한 하부구조가 있을 때에만 실행이 가능하다.

259

포드주의와 탈포드주의에 대한 설명으로 옳은 것은?

① 포드주의는 인간에 대한 신뢰를 전제로 한 작업 방식이라고 할 수 있다.
② 포드는 낮은 임금으로 대중 소비가 가능한 가격으로 상품을 생산할 수 있었다.
③ 탈포드주의는 자동화 · 집단생산 · 유연생산의 세 가지 방향으로 이루어졌다.
④ 탈포드주의는 포드주의의 특징적 형태인 '범위의 경제'를 '규모의 경제'로 대체하였다.

> **정답** ③
>
> **풀이** ① 포드주의는 인간에 대한 불신을 전제로 한 작업 방식이다.
> ② 포드는 근로자들에게 업계 최고 임금을 지급했다.
> ④ 탈포드주의는 규모의 경제를 범위의 경제로 대체하였다.

260

아글리에타(Michel Aglietta)의 입장에 대한 설명으로 옳은 것은?

① 자본주의를 안정적이고 균형적인 상태의 '닫힌' 시스템이다.
② 특정 시기의 자본주의는 반드시 특정 형태의 조절양식을 통해서만 현실적으로 존재할 수 있다.
③ 다양한 형태의 제도로부터 직접적인 영향을 받는 일반 상품과 마찬가지로 노동력과 화폐는 그 자체가 하나의 상품이면서, 동시에 '상품이 아닌 것'이 되기도 한다.
④ 조절양식은 다양한 제도들이 일관적으로 유지되면서 일정 기간 동안 규칙적인 경제성장을 가능하게 만드는 상태이다.

> **정답** ②
>
> **풀이** ① 자본주의를 안정적이고 균형적인 상태의 '닫힌' 시스템이 아니라, 자신의 불안정성을 때로는 억누르고 또 때로는 폭발적으로 드러내면서 끊임없이 새로운 모습으로 탈바꿈해가는 '열린' 가능성으로 본다.
> ③ 노동력과 화폐는 다양한 형태의 제도로부터 직접적인 영향을 받기 때문에 시장에서 거래되는 일반 상품과는 달리, 그 자체가 하나의 일반 상품이면서, 동시에 '상품이 아닌 것'이 되기도 한다.
> ④ 다양한 제도들이 일관적으로 유지되면서 일정 기간 동안 규칙적인 경제성장을 가능하게 만드는 상태는 성장 체제이다. 조절양식은 축적체제를 보장하는 규범이다.

Theme 42 노동의 유연성

핵심정리 **노동의 유연성**

노동의 유연성은 '노동시장의 유연성'과 '노동과정의 유연성'이라는 두 가지 차원으로 구분할 수 있다.

핵심정리 **노동시장의 유연성**

(1) 수량적 유연성
- 고용량의 유연화 : 고용량의 유연화로, 노동시장에 대한 규제완화를 통해 정리·해고 절차를 보다 용이하게 하고, 상용 정규직 고용을 줄이는 대신, 해고가 용이한 단기계약 노동, 임시직 노동, 시간제노동, 일일고용 등 비정규직 고용형태를 확대하는 방식이다.
- 노동시간의 유연화 : '노동시간의 유연화'로. '변형노동시간제', '변형노동일제도', 다양한 형태의 교대근무제, 야간노동, 여성노동자 생리휴가 권리의 폐지·축소 등으로 나타난다.
- 노동력의 아웃소싱 : 노동력의 아웃소싱(outsourcing)을 통한 유연화로, 외주·하청, 소사장제, 파견노동제, 자영업자의 활용 등이 가능하다.

(2) 임금유연성
- 임금유연성은 단체교섭에 의해 결정되던 임금구조를 개인 또는 집단의 능력과 성과에 연계하는 임금구조로 전환하는 것이다.
- 임금의 '물가연동제'는 폐지·축소되고, 최저임금제·사회 보장적 간접임금 등은 시장원리에 맡겨지며, 능력주의적 임금관리의 도입으로 경쟁원리가 확대되고 있다.

핵심정리 **노동과정의 유연성**

- 노동과정의 유연성 또는 내적·질적 유연성은 소품종·대량생산을 지양하고 다품종·소량생산이 가능하도록 생산방식을 유연화하고, 노동자를 다기능공으로 육성하는 것을 핵심 내용으로 한다.
- 노동자의 직업능력을 개발하여 노동력의 질을 향상시킨다는 점에서 기능적 유연성이라고도 한다. 노동의 유연성 전략은 각국의 전통, 경제상황, 노사관계, 그리고 위기의 원인에 대한 상이한 인식에 따라 제 각각 추진되고 있다.

261

노동시장의 유연성에 대한 설명으로 틀린 것은?

① 수량적 유연성과 임금 유연성으로 나눌 수 있다.

② 수량적 유연성은 고용형태·노동시간·아웃소싱 등 노동투입량을 유연하게 조정하는 것이다.

③ 고용량의 유연화는 다품종·소량생산이 가능하도록 생산방식을 유연화하는 것이다.

④ 임금유연성은 능력과 성과에 연계하는 임금구조로 전환하는 것이다.

> 정답 ③
>
> 풀이 ③ 고용량의 유연화는 노동시장에 대한 규제완화를 통해 정리·해고 절차를 보다 용이하게 하고 정규직 고용을 줄이는 대신, 해고가 용이한 단기계약 노동, 임시직 노동, 시간제 노동, 일일고용 등 비정규직 고용형태를 확대하는 방식이다.

262

노동의 유연성에 대한 설명으로 틀린 것은?

① '노동시장의 유연성'은 노동투입량을 유연하게 조정하는 '수량적 유연성'과 임금을 신축적으로 조정하는 '임금유연성'으로 나눌 수 있다.

② 수량적 유연성에는 '고용량의 유연화', '노동과정의 유연성', '노동력의 아웃 소싱을 통한 유연화'가 있다.

③ 임금유연성은 단체교섭에 의해 결정되던 임금구조를 개인 또는 집단의 능력과 성과에 연계하는 임금구조로 전환하는 것이다.

④ '내적·질적 유연성'은 '소품종·대량생산'을 지양하고 '다품종·소량생산'이 가능하도록 생산방식을 유연화하고, 노동자를 다기능공으로 육성하는 것을 핵심 내용으로 한다.

> 정답 ②
>
> 풀이 ② 수량적 유연성에는 '고용량의 유연화', '노동시간의 유연화', '노동력의 아웃 소싱을 통한 유연화'가 있다.

263

정보화가 고용구조에 미치는 직간접적인 영향으로 가장 거리가 먼 것은? [2024년 기출]

① 기업 내부노동시장의 약화
② 전문직 종사자 감소
③ 불안정 고용 증가
④ 재택근무 도입 및 확대

정답 ②
풀이 ② 상품생산 중심에서 서비스 중심으로 전환되면서 직업구조도 전문직과 기술직이 급속히 증가한다.

264

현대 사회의 고용과 노동의 변화에 대한 설명으로 틀린 것은? [2022년 기출]

① 고용불안
② 노동의 유연성
③ 조직인의 중요성 증대
④ 재택근무

정답 ③
풀이 ③ '탈조직 커리어', '조직인의 죽음' 등은 현대의 고용 관계를 특징짓는 문구이다.

📍 핵심정리

노동과정이란 "원료 또는 다른 투입물들이 사용가치를 갖는 생산물로 변화되는 과정"으로 정의할 수 있다. 노동과정은 인간노동·노동대상·노동도구의 결합으로 이루어진다(Marx). 인간노동은 "노동을 지향하는 인간의 목적적 행위"를 가리키고, 노동대상(object of labor)은 "자연물 또는 원료·재료 등의 형태"를 띠고 있으며, 노동도구(instruments of labor)는 "작업 도구 또는 기술적 하드웨어(hardware)"를 의미한다. 노동대상과 노동도구를 합하여, 생산수단(mean of production)이라 한다.

265

노동과정의 의미에 대한 설명으로 틀린 것은?   [2018년 기출]

① 원료 또는 다른 투입물들이 사용가치를 갖는 생산물로 변화되는 과정으로 정의할 수 있다.

② 인간노동은 노동을 지향하는 인간의 목적적 행위를 가리킨다.

③ 노동대상은 자연물 또는 원료·재료 등의 형태를 띠고 있다.

④ 노동도구는 작업 도구 또는 기술적 하드웨어를 의미하며 생산수단이라 한다.

정답 ④

풀이 ④ 노동도구는 작업 도구 또는 기술적 하드웨어를 의미한다. 노동대상과 노동도구를 합하여, 생산수단이라 한다.

테일러리즘(Taylorism)

20세기 초 미국의 기계기사 프레드릭 테일러가 생산의 효율성을 높이기 위해 고안해낸 관리법이다. '시간-동작' 연구를 통해 가장 숙련된 작업자의 노동을 표준화하여 모든 작업자가 그것을 반복적으로 수행하도록 만든 생산방식이다. 테일러리즘을 '과학적 관리기법'이라고도 부르는데. 이것이 적용되면 모든 작업자는 자신의 머리를 쓰지 않은 채 고도로 분업화되고 표준화된 노동을 단순 반복적으로 수행하게 된다. 인간노동을 기계화하여 노동생산성을 높이는 데만 치중했기 때문에 인간의 심리적 · 생리적 · 사회적 측면에 대한 고려가 결여되었다는 비판을 받고 있다.

핵심정리 포디즘(Fordism)

포드 자동차 생산 공장의 컨베이어 벨트 시스템에서 유래한 것으로, 조립라인 및 연속공정 기술을 이용한 표준화된 제품의 '대량 생산, 대량 소비 축적체제'를 일컫는 말이다. 노동 착취, 소외, 인간성 상실 등 포디즘의 부정적 측면은 찰리 채플린의 영화 〈모던 타임스〉에 잘 나타나 있다.

266
노동과정의 관리 · 통제의 역사적 전개 과정에 대한 설명으로 틀린 것은?

① 아담 스미스는 국부론에서 핀 생산 공장의 사례를 통해 기술적 분업을 통한 놀라운 생산성 향상 효과를 논하였다.
② 테일러는 역사상 최초로 생산 공정을 과학적으로 분석하고 체계적으로 관리하는 기법을 고안해 냈다.
③ 포디즘은 고임금 정책을 채택하여 생산과정에 대한 노동자의 참여를 이끌어내는 데 성공하였다.
④ 포스트 포디즘은 자동화 · 집단생산 · 유연생산 등을 강조한다.

정답 ③

풀이 ③ 1960년대 말, 1970년대 초에 이르러 테일러리즘 · 포디즘의 경영관리 기법과 관련되어 노사갈등이 빈번히 발생하였고, 노동자의 높은 결근율, 낮은 사기 등이 문제로 등장하였다. 포디즘은 생산과정에 대한 노동자의 참여를 이끌어내는 데 실패하였다.

핵심정리 사회적 테일러리즘(Social Taylorism)

사회적 테일러리즘은 일상생활에서 이루어지는 사회 구성원의 지식과 정보가 문화 산업체로 수렴되어 그곳에서 일방적인 규칙과 법칙을 만들어내어 대중의 여가와 취미를 일률적으로 조정하고 조작하는 방식이다. 작업장의 테일러리즘이 포디즘으로 이어지면서 상품 생산과 관련된 자동화와 탈숙련화를 낳았다면, 사회적 포디즘은 대량생산-대량소비의 매스미디어를 통해 문화와 의식의 영역에서 그 지배력을 획득한다.

Theme 44 공공영역론

핵심정리 | 하버마스(Habermas)의 공공영역

- 공시적 수준에서 개인적 생활, 노동, 가족 등 친밀한 인간관계를 의미하는 사적영역과 구분되는 초개인적으로 구조화된 사회적 행위와 의사소통 관계의 영역을 의미한다.
- 통시적 수준에서 서구 자유민주주의 정치질서의 조직 원리로 이해한다.
- 국가와 사회가 통합되어 있던 전(前)자본주의 사회에서는 볼 수 없었던 근대 자본주의사회 특유의 산물로 간주한다.
- 18세기 및 19세기 영국에서 자본주의 확산으로 출현하여, 20세기 중반에서 말기 사이 쇠퇴하였다.
- 근대적 공공영역은 자본주의 전개와 결부된 역사적 현상이자 구체제를 넘어서려는 새로운 집단적 주체들에 의한 사회적 현상이다.
- 국가의 자금지원을 받지만 정부로부터 독립적이고, 당파적 경제세력으로부터도 자율성을 누리는, 이해관계에 결부되지 않고 위장이나 조작되지 않은 논쟁과 토론 등 합리적인 논쟁의 장을 의미한다.

267

공공영역에 대한 설명으로 옳은 것은?

① 구조화된 사회적 행위와 의사소통 관계의 영영을 의미하며 사적영역을 포함한다.

② 국가와 사회가 통합되어 있던 전(前)자본주의 사회에도 존재하였다.

③ 18세기 및 19세기 영국에서 자본주의 확산으로 쇠퇴하였다.

④ 19세기 부르주아 공공영역은 국가통제로부터 뿐만 아니라 경제적 이해관계로부터도 행위의 자율성을 가지고 있었다.

정답 ④

풀이 ① 사적영역과 구분되는 초개인적으로 구조화된 사회적 행위와 의사소통 관계의 영영을 의미한다.
② 국가가 사회가 통합되어 있던 전(前)자본주의 사회에서는 볼 수 없었던 근대 자본주의 사회 특유의 산물이다.
③ 18세기 및 19세기 영국에서 자본주의 확산으로 출현하여, 20세기 중반에서 말기 사이에 쇠퇴하였다.

핵심정리 하버마스(Habermas)의 부르주아 공론장

- 부르주아 공론장이란 여론이 형성되는 영역으로서, 시민들이 관심을 기울이고 있는 사안 및 정치적인 문제들을 자유롭게 논의할 수 있는 영역이다. 부르주아 공론장은 따라서 전통적인 권위가 아닌, 이성적 합리적 토의에 의해 공적 사안이 합의·결정되는 시민의 정치참여가 이루어지는 영역이다.
- 역사적으로 보면 18~19세기에 유럽사회에서 등장한 근대적 부르주아 공론장은 '공중으로 결집된 사적 개인들의 영역'으로 형성되었다. 공론장과 사적 영역의 이러한 연관은 특히 신문과 잡지 등을 중심으로 결집된 근대적 시민인 사적 개인들로 구성된 독서 공중의 클럽과 조직형식에서 나타나고 있다.
- 문자 매체에 바탕을 둔 시민들의 대화와 토론의 장이었던 근대적 공론장은 점차 그 영향력을 강화해 나갔다. 그리고 급기야는 전통적인 전제군주의 권력에 대항하는 부르주아의 정치적 영향력 확대에 기여했고, 부르주아 시민의 권력이 혁명을 통해 마침내 전제군주를 몰아내게 되었다. 이로써 근대의 부르주아 공론장은 부르주아만의 이익을 대변하는 것을 넘어서서 이제는 전체 사회의 의지를 상징적으로 대변하는 일반의지를 표방하기에 이르렀다. 아울러 정치적으로도 자유주의에 입각한 시민적 대의민주주의 체제를 채택해 이를 공고히 하는 데 성공했다.

핵심정리 하버마스(Habermas)의 공론장의 구조 변동

- 하버마스는 근대적 입헌 국가를 탄생시킨 근대부르주아 공론장의 역할과 그 구조변화를 역사적인 관점에서 고찰하고, 나아가 20세기를 풍미했던 자본의 집중과 국가개입의 확대, 대중사회의 등장 관료제와 이익집단, 사당화된 정당, 거대 기업화된 대중전달매체 등이 시민들을 정치의 영역에서 격리시킴으로써 공론장의 재봉건화를 초래하게 되었다고 진단한다.
- 근대사회의 정치적 향방을 좌우했던 부르주아 공론장의 정치적 기능은 그러나 20세기 후반에 들어와서 산업사회의 비약적 발전에 따라 시장기능의 확대와 국가권력의 지속적인 확장에 의해 점차 축소되지 않을 수 없게 된다. 시장의 확대와 국가권력의 확장은 역으로 일반의지를 표방했던 근대적 공론장의 보편적인 특성이 붕괴됨을 의미했고, 이제 공론장은 대중소비사회의 특성에 발맞추어 사적인 이해관계를 둘러싼 각축장으로 전락하게 되었다.
- 즉 정치적 정당성의 발원지였던 공론장은 대중조작 및 대중 소비문화의 진원지이자 선전장으로 퇴락했고, 정치는 공개성이 아닌 밀실정치로, 그리고 시민은 비판적 합리적 시민 공중이 아닌, 무비판적이고 수동적인 시민 대중으로 대체되었다. 공론장의 이러한 변화추세는 가속화되었고, 급기야는 정치적 정당성을 위한 대중동원의 수단으로 전락하게 된다.
- 공론장의 쇠퇴와 함께 후기 자본주의 사회의 국가권력은 근대 초기의 자유방임주의적 국가기능에서 이탈하여 적극적으로 경제체계에 개입하게 된다. 경제에 대한 국가의 개입은 보다 많은 기술관료제, 즉 행정권력의 비대화를 초래하는 결과를 낳게 되었다. 행정체계의 급속한 확대에 발맞춰 공론장은 그 정치적 중요성을 상실해 탈정치화되었다. 복지국가의 기술관료적 분배정책은 시민들이 자신들의 개인적인 복지혜택 수혜에만 몰두하고, 사생활중심주의에 빠져들게 해 결과적으로는 정치적 무관심의 확산과 공론장의 붕괴를 초래한 것이다. 근대사회의 정치적 정당성의 토대였던 공론장의 몰락은 동시에 후기 자본주의적 국가체제의 정치적 정당성의 기반이 위기에 봉착했음을 의미한다.
- 현대의 민주적 법치국가의 헌법은 특히 사적인 자율성, 즉 개별 시민의 사적인 자유권과 아울러 시민사회를 구성하는 각종 결사체들의 공적인 자율성을 보장하는 기본권들을 보호하고 있다. 헌법에 의해 보장된 개인 프라이버시의 확보는 사적 생활영역의 불가침성을 천명한다. 개별 시민들에게 보장되는 집회 및 결사의 자유는 자유로운 결사체들의 형성을 보장하고 또한 이들의 운동공간을 규정한다. 나아가 출판, 신문, 라디오, 텔레비전 등을 통한 자유로운 표현의 권리는 경쟁하는 다양한 의견들을 대변함으로써 개방성을 보장하고 있다.

268

위르겐 하버마스와 관련된 설명으로 가장 거리가 먼 것은? [2024년 기출]

① 부르주아 공공영역은 주로 18~19세기 영국에서 팽창하는 자본주의의 핵심적 특징으로 출현했고, 이후 20세기 중반에서 말기 사이에 이르러 쇠퇴하기 시작했다.

② 공공영역은 정부로부터 독립적이고 당파적 경제 세력으로부터도 자율성을 누리는 합리적 논쟁의 장이라고 할 수 있다.

③ 20세기 홍보활동과 로비 문화의 확산은 공공영역의 지속적인 중요성에 대한 증거이지만 논쟁의 과정에서 홍보활동은 그것이 대변하는 이해관계를 공공복지와 같은 매력적인 언어 속에 감춤으로써 현대의 논쟁을 진정한 공공영역의 가짜판으로 만든다.

④ 시청률이 미디어의 내용을 상당 부분 결정하는 환경에서 공영방송이 생존의 압력을 강하게 받게 됨에 따라 공공영역에 대한 신뢰성 있는 정보의 확산자로서의 핵심적 기능이 강화되었다.

> **정답** ④
> **풀이** ④ 공영 방송의 공공영역에 대한 정보의 확산자로서의 핵심적 기능은 약화되었다.

269

하버마스의 공공영역과 관련된 설명으로 틀린 것은? [2023년 기출]

① 친밀한 인간관계를 의미하는 사적영역과 구분되는 초개인적으로 구조화된 사회적 행위와 의사소통 관계의 영역을 의미한다.

② 일반시민들이 자유롭게 참여하고 여론이 형성되는 영역이나 동시에 정부의 검열이 이루어지는 영역이다.

③ 근대적 공공영역은 자본주의 전개와 결부된 역사적 현상이자 구체제를 넘어서려는 새로운 집단적 주체들에 의한 사회적 현상이다.

④ 대중매체, 도서관, 각종 통계기관의 역할이 중요한 요인으로 간주된다.

> **정답** ②
> **풀이** ② 국가의 자금지원을 받지만 정부로부터 독립적이고, 당파적 경제세력으로 부터도 자율성을 누리는, 이해관계에 결부되지 않고 위장이나 조작되지 않은 논쟁과 토론 등 합리적인 논쟁의 장을 의미한다.

270

하버마스의 공공영역에 대한 설명으로 틀린 것은?

① 국가와 사회가 통합되어 있던 전(前)자본주의 사회에서는 볼 수 없었던 근대 자본주의사회 특유의 산물이다.

② 18세기 및 19세기 영국에서 자본주의 확산으로 출현하여, 20세기 중반에서 말기 사이 쇠퇴하였다.

③ 일반시민들이 자유롭게 참여하고 여론이 형성되는 영역이나 동시에 정부의 검열이 이루어지는 영역이다.

④ 근대적 공공영역은 자본주의 전개와 결부된 역사적 현상이자 구체제를 넘어서려는 새로운 집단적 주체들에 의한 사회적 현상이다.

> **정답** ③
>
> **풀이** 국가의 자금지원을 받지만 정부로부터 독립적이고, 당파적 경제세력으로부터도 자율성을 누리는, 이해관계에 결부되지 않고 위장이나 조작되지 않은 논쟁과 토론 등 합리적인 논쟁의 장을 의미한다.

271

하버마스의 공론장에 대한 설명으로 틀린 것은?

① 근대적 부르주아 공론장은 '공중으로 결집된 사적 개인들의 영역'으로 형성되었다.

② 문자 매체에 바탕을 둔 대화와 토론의 장이었던 근대적 공론장은 점차 그 영향력을 강화해 나갔다.

③ 정치적 정당성의 발원지였던 공론장은 대중조작 및 대중 소비문화의 진원지이자 선전장으로 퇴락했다.

④ 공론장의 쇠퇴와 함께 후기 자본주의 사회의 국가권력은 신자유주의의 영향으로 근대 복지국가의 기능에서 이탈하여 적극적으로 경제체계에 개입할 수 없게 되었다.

> **정답** ④
>
> **풀이** 공론장의 쇠퇴와 함께 후기 자본주의 사회의 국가권력은 근대 초기의 자유방임주의적 국가기능에서 이탈하여 적극적으로 경제체계에 개입하게 된다. 경제에 대한 국가의 개입은 보다 많은 기술관료제, 즉 행정권력의 비대화를 초래하는 결과를 낳게 되었다. 행정체계의 급속한 확대에 발맞춰 공론장은 그 정치적 중요성을 상실해 탈정치화되었다.

272

하버마스의 공론장 이론에 대한 설명으로 틀린 것은?

① 공론장 이론은 모든 참여자들이 자유롭게 의견을 개진하고 토론할 수 있는 공간을 중심으로 한다.

② 공론장 이론은 사회적인 규범과 전제를 비판적으로 재검토하고, 논리적 타당성을 검토하는 과정을 중요시한다.

③ 공론장 이론은 공론과정에서 발생하는 모든 구조적인 제약요인을 철저하게 배제하는 것을 목표로 한다.

④ 공론장 이론은 개인의 의사결정보다는 토론을 통한 공동의 의사결정을 강조한다.

> **정답** ③
>
> **풀이** ① 공론장 이론은 모든 참여자들이 자유롭게 의견을 개진하고 토론할 수 있는 공간을 중심으로 한다. 이를 통해 의미와 가치에 대한 공동체적 이해를 구축한다.
> ② 공론장 이론은 사회적인 규범과 전제를 비판적으로 재검토하고, 논리적 타당성을 검토하는 과정을 중요시한다. 이를 통해 더욱 타당하고 정의로운 사회를 추구한다.
> ③ 공론장 이론은 공론과정에서 발생하는 모든 구조적인 제약요인을 철저하게 배제하는 것을 목표로 하지는 않는다. 오히려 이런 구조적 제약요인을 인식하고, 이를 토론의 과정에서 극복하려는 노력을 강조한다.
> ④ 공론장 이론은 개인의 의사결정이 무의미하다고 주장하지 않는다. 그러나 이론은 토론을 통한 공동의 의사결정을 강조하며, 이를 통해 사회적 합의를 도출하는 것을 목표로 한다.

273

하버마스의 공론장 이론에 대한 설명으로 틀린 것은?

① 계몽주의를 극복하기 위해 등장한 이론이다.

② 공론장이라는 개념은 본래 고대 그리스의 폴리스에 기원을 두고 있다.

③ 현대사회의 위기를 생활세계의 식민화 현상 및 이로 인한 정치체제의 정당성 부재 등의 문제로 진단한다.

④ 부르주아 공론장이 발전하면서 정당 결성과 의회민주주의 확립을 통해 근대적 법치국가의 조직원리가 되었다.

> **정답** ①
>
> **풀이** ① 하버마스의 공론장이론은 현대사회의 위기, 특히 현대사회의 정치적 위기에 대한 비판이론가들의 <u>계몽주의 비판을 극복</u>하기 위한 대안으로 발전한 이론이다. 공론장이론은 막스 호르크하이머(Max Horkheimer)와 테오도어 아도르노(Theodor W. Adorno)의 비판이론, 특히 문화산업의 확산 및 이로 인한 문화산업의 수동적 소비자로서의 일반시민의 지위 하락과 이에 수반되는 사회구성원 간의 진정한 공론의 실종에 관한 <u>비관주의적 공론관을 극복</u>하기 위한 의도로 제시되었다.

274

하버마스의 공론장에 대한 설명으로 틀린 것은?

① 부르주아 공론장은 전통적인 권위가 아닌, 이성적 합리적 토의에 의해 공적 사안이 합의·결정되는 시민의 정치참여가 이루어지는 영역이다.

② 역사적으로 보면 18~19세기에 유럽사회에서 등장한 근대적 부르주아 공론장은 '공중으로 결집된 사적 개인들의 영역'으로 형성되었다.

③ 구술 매체에 바탕을 둔 시민들의 대화와 토론의 장이었던 근대적 공론장은 점차 그 영향력을 강화해 나갔다.

④ 시장의 확대와 국가권력의 확장은 역으로 일반의지를 표방했던 근대적 공론장의 보편적인 특성이 붕괴됨을 의미했고, 이제 공론장은 대중소비사회의 특성에 발맞추어 사적인 이해관계를 둘러싼 각축장으로 전락하게 되었다.

> **정답** ③
>
> **풀이** ③ 문자 매체에 바탕을 둔 시민들의 대화와 토론의 장이었던 근대적 공론장은 점차 그 영향력을 강화해 나갔다.

275

다음에서 설명하는 개념으로 옳은 것은?

> 시민들 스스로 유·무형의 자원을 함께 생산·관리하는 협력의 관계이자 공동 소유권에 기초한 '반-인클로저'의 실천 운동이며 "공생적 사회 공동체"이고 "자본주의 수탈에 맞서서 다른 삶을 기획하려는 대항의 구체적 방법론"이자 "비자본주의적 사회관계를 만들어내기 위한 정치 운동", "'탈/비'자본주의적 지향의 공동체 운동"이다.

① 공통장(commons)

② 공론장(public sphere)

③ 가상공동체(The Virtual Community)

④ 네트워크 사회운동(Network Social Movement)

> **정답** ①
>
> **풀이** ① 공통장에 대한 설명이다. 피터 라인보우(Peter Linebaugh)는 「도둑이야! 공통장, 인클로저 그리고 저항」에서 청년 마르크스가 정치경제학과 계급투쟁에 관심을 갖게 된 결정적인 계기로 꼽히는 '목재 절도' 연구를, 공통장에 입각해 풀이하기도 한다. 라인보우는 목재 절도가 독일에서 자본주의적 발전이 본격적으로 '이룩'하기 위해, '시대에 역행하는 환경'(공통장) 안에 머무르고 있는 농촌과 농민들을 '고르는' 작업이었다고 해석한다.

276

라인보우(Peter Linebaugh)의 공통 자원에 대한 설명으로 틀린 것은?

① 공통 자원은 모든 사람이 자유롭게 이용할 수 있는 자원이다.

② 공통 자원을 이용하는 사람들은 서로 협력하여 유지해야 한다.

③ 공통 자원을 이용하는 사람들은 그에 대한 책임도 함께 져야 한다.

④ 공통 자원을 이용하는 사람들은 각자 소유권을 가지고 있다.

정답 ④

풀이 ④ 피터 라인보우(Peter Linebaugh)는 「도둑이야! 공통장, 인클로저 그리고 저항」에서 청년 마르크스가 정
치경제학과 계급투쟁에 관심을 갖게 된 결정적인 계기로 꼽히는 '목재 절도' 연구를, 공통장에 입각해
풀이하기도 한다. 라인보우는 목재 절도가 독일에서 자본주의적 발전이 본격적으로 '이륙'하기 위해,
'시대에 역행하는 환경'(공통장) 안에 머무르고 있는 농촌과 농민들을 '고르는' 작업이었다고 해석한다.
공통자원은 모든 사람이 함께 사용 가능한 자원으로, 물, 대기, 숲 등이 해당된다. 따라서 각 개인이 해
당 자원에 대한 소유권을 가질 수는 없다.

카스텔(Manuel Castells)

핵심정리 ▸ 카스텔(Manuel Castells)

(1) 생애

- 1942년 스페인에서 태어난 그는 10대 후반 프랑코 독재에 저항하는 학생운동가로 활동하다 프랑스로 망명, 니코스 풀란차스에게 구조주의 마르크스주의를 사사한 후 스물 다섯 살의 나이에 파리 대학의 교수로 취임한 천재적 사회학자다.
- 나이 서른에 도시사회학의 고전으로 꼽히는 「도시문제」를 발표해 세계적인 주목을 받았다. 프랑스에서 마르크스주의가 쇠퇴하면서 자신의 제2의 고향이라 할 수 있는 파리를 떠나 79년 미 캘리포니아대(버클리)에 자리를 잡은 후 사회운동론 연구를 거쳐 지금은 정보사회에 대한 연구에 몰두해 왔다.
- 정보사회학자로서의 카스텔스에게 세계적인 명성을 안겨준 저작은 1996~98년 연속 발표한 「정보시대 : 경제. 사회. 문화」 3부작이다.

(2) 시공간 개념 바꾼 정보의 힘

- 도시사회학자에서 정보사회학자로의 카스텔의 이런 변신은 돌연한 비약이 아니다. 카스텔은 1989년에 이미 「정보도시」를 발표해 정보사회를 사회학적으로 해석하는 기본 윤곽을 그려왔다.
- 이 책에서 카스텔은 기술혁명에 따라 등장한 새로운 사회.기술적 조직양식, 즉 '발전의 정보양식'이란 개념을 만들어낸다.
- 카스텔에 따르면, 이 정보양식의 등장은 외형상 경제 및 사회조직의 분산화를 가능케 하지만, 동시에 전국적인 경영을 통제하는 소수의 대도시 – 정보도시를 탄생시켰다.
- 이는 정보처리 능력이 고도로 발달한 데 따른 것이다. 이런 정보도시의 특성을 그는 '이중 도시'로 파악한다. 정보도시가 높은 소득을 받는 전문 정보인력과 낮은 소득으로 이들에게 종속된 비전문직 하위인력으로 양극화한다는 말이다.

핵심정리 ▸ 「정보시대 : 경제. 사회. 문화」 3부작

(1) 제1권 「네트워크 사회의 등장」

- 「정보도시」를 통해 드러난 카스텔의 문제의식은 3부작 「정보시대」에서 더욱 확대되고 심화된다. 먼저 그는 제1권 「네트워크 사회의 등장」에서 정보사회가 어떻게 형성되고 있는지를 분석한다.
- 카스텔에게 자본주의의 새로운 단계라 할 수 있는 정보 자본주의를 재생산하는 매개는 단연 네트워크다. 네트워크란 서로 다른 위치에 있는 사람과 집단이 상호 소통하는 새로운 생산 형태를 지칭한다.
- 이 네트워크는 지난 30여 년간 신경제뿐만 아니라 사회조직 및 문화 영역에도 급속히 확산돼 자본주의 전체를 새로운 방식으로 재구조화하는 원리로 커다란 영향을 미쳐 왔다.
- 카스텔의 이론이 정보사회론의 선구자인 벨 이론과 구별되는 지점도 바로 여기다. 벨이 후기산업사회에서 지식과 지식산업의 중요성을 강조했다면, 카스텔은 네트워크가 정보 전달 속도를 획기적으로 높이는 데다 범위도 전지구적으로 확대됐다는 점을 부각시킨다.

(2) 제2권 「정체성의 힘」

- 정보시대에 대한 사회학적 탐색의 특징이 가장 잘 드러난 책이 제2권 「정체성의 힘」이다. 이 책에서 카스텔은 정보화와 한 짝을 이루는 세계화의 영향을 다각도로 검토한다. 검토분야는 사회운동과 환경운동의 부상, 여성운동의 성장과 가부장주의의 종말, 근대 국가의 약화와 민주주의 위기 등이다.
- 예를 들어, 그는 정보화와 세계화가 이른바 '정체성의 정치'에 미치는 영향을 분석한다. 멕시코의 사파티스타.미국의 민병대.일본의 옴 진리교를 세계화에 저항하는 정체성의 정치의 대표적인 사례라는 것이다.
- 이런 분석은 비동시적인 것들이 공존하는 정보시대의 명암에 대한 카스텔스의 통찰을 선명히 보여주는 것이기도 하다.

(3) 제3권 「밀레니엄의 종말」

- 3부작의 마지막을 이루는 「밀레니엄의 종말」은 1권과 2권에서 분석한 정보사회 도래에 따른 현 세계의 역동적인 변화를 추적한다. '산업적 국가주의'의 위기와 소비에트 연합의 붕괴, 극빈국 제4세계의 등장, 정보자본주의의 블랙홀이라 할 수 있는 사회적 배제의 다양한 형태, 세계적인 범죄 경제, 동아시아의 발전과 위기, 그리고 유럽연합의 딜레마는 정보사회라는 거대한 퍼즐을 이루는 다양한 조각 그림들이다.
- 간단히 말해, 『정보 시대』 3부작은 정보시대의 도래와 그 사회적 파장에 대한 일종의 종합사회학 보고서다. 정보사회의 중핵을 이루는 '네트'를 가운데에 두고 그 양편에 놓인 자아와 사회와의 역동성을 포착하려는 것이 이 책의 목표다. 네트와 자아의 관계가 정체성의 정치로 나타난다면, 네트와 사회의 관계는 우리가 이제까지 알고 있는 근대세계의 종말로 드러나고 있다.

277

카스텔(Manuel Castells)의 입장으로 틀린 것은?

① 통신망의 발전에 따라 새롭게 등장한 통신망 사회에서는 정보의 흐름이 우선시 된다.

② 모든 사회는 정보를 이용하였기 때문에 현 시기의 특성에 관한 한 정보사회라는 용어는 분석적 가치가 거의 없다.

③ 통신망의 발전을 통해 가능해진 통합과 유연성으로 인해 냉혹하고 약탈적인 자본주의는 타협과 조화를 강조하는 정보자본주의의 형태로 변화할 것이다.

④ 진정으로 새로운 사회를 표현하는 것은 통신망 사회의 출현으로 이는 근본적이고 형태학적인 사회의 변형이다.

정답 ③

풀이 ③ 정보자본주의에서도 자본주의의 냉혹하고 약탈적 성격은 유지된다.

278

네트워크 사회가 가지고 있는 특징에 대한 설명으로 틀린 것은?

① 네트워크 사회는 여러 가지 경계를 허물며, 사회의 수평적 구조를 만들고 있다.

② 웹 2.0의 기술적 발달에 기초하여 참여, 공유, 개방, 협력 등 중요한 사회적 가치로 대두되고 있다.

③ 산업사회에서는 노웨어(know-where)나 노후(know-who)가 강조되었지만, 네트워크 사회에서는 노댓(know-that)이나 노하우(know-how)가 더 중요한 자본으로 논의되고 있다.

④ 네트워크 사회에서는 개인화가 두드러진 현상으로 나타나고 있다.

> **정답** ③
>
> **풀이** ③ 산업사회에서는 know-that이나 know-how가 강조되었지만, 네트워크 사회에서는 know-where나 know-who가 더 중요한 자본으로 논의되고 있다.

279

카스텔의 정보주의에 대한 설명으로 틀린 것은?

① 정보주의 정신은 정보교환을 즐겨하고 통신망에 매우 효과적으로 연결되어 있어서 사이버 공간참여 자들이 세상을 주도하게 된다.

② 정보노동은 사회 전반에 걸쳐 확산되었으며 과거의 노동보다 대체로 더 만족도가 높으며, 과거보다 훨씬 더 개인화된다.

③ '창조적 파괴'의 물결 속에 세계 도처의 생활과 사건을 근본적으로 변화시키는 통신망을 통한 의사결 정을 하는 사람들은 고용주로서 모든 사람들에게 해답을 줄 수 있다.

④ 통신망 사회의 변화된 환경은 사람들이 정보자본주의의 전반적 변동성 속에서 생존하기 위해서는 자 신들이 현재 하고 있거나 장차 하게 될 것으로 예상되는 일에 유연하게 적응해야 한다.

> **정답** ③
>
> **풀이** ③ 세계 도처의 생활과 사건을 근본적으로 변화시키는 통신망을 통한 의사결정을 하는 사람들은 고용주뿐 만 아니라 통신망에 재능 있는 모든 사람들에게 해답을 줄 수 있는 새로운 유형의 사람들이다.

280

카스텔의 네트워크 국가에 대한 설명으로 틀린 것은?

① 전 지구적, 국가적, 지방적 쟁점들을 협상, 관리, 결정하는 다양한 수준의 거버넌스 유형들이 네트워크 국가의 특성이다.

② 지구적 이슈를 다루기 위해 유엔과 같은 오프라인의 제도적 기관에서 온라인의 비제도적 국제 전문 기관들까지 연합하여 국가 네트워크를 형성한다.

③ 상이한 국가와 정부 수준 사이에서 주권과 책임이 공유되고, 거버넌스 절차가 유연하며, 정부와 시민 간 관계에서 시간과 공간의 다양성이 더욱 확대된다.

④ 위기에 처한 국가는 새로운 연결고리를 만들어 '통신망 국가'가 되고, 여전히 사람들에게 영향력을 행사하지만, 지구화된 통신망 사회에서 국가는 자주적 독립체라기보다는 전략적 행위자로 받아들여진다.

정답 ②

풀이 ② 국민국가는 서로 연합해 국가 네트워크를 형성하며, 그 대표적 사례로 NAFTA, NATO, EU, ASEAN, APEC, 동아시아 정상회의, 상하이 협력기구 등이 있다. 또한 국민국가는 지구적 이슈를 다루기 위해 유엔과 같은 일반 목적의 기관부터 WTO, IMF, 세계은행, 국제형사재판소 등 전문기관에 이르기까지 국제기구와 초국가기관들이 네트워크를 구축한다. 여기서 WTO, IMF, 세계은행, 국제형사재판소 등 전문 기관 등은 온라인의 비제도적 국제 전문기관이 아닐 뿐 아니라 온라인의 비제도적 국제기구들은 네트워크 국가에 포함되지 않는다.

📌 **핵심정리**   **카스텔의 네트워크 사회에서의 권력**

네트워크는 이미 프로그램된 목표에 따라 작동되는 권력관계로 사람들의 의지와 상관없이 자신들의 삶을 결정하고 지배하는 요소가 된다. 네트워크 사회의 권력은 네트워크를 통하여 행사되고 이러한 사회적·기술적 조건 아래에서 네 가지 형태로 존재한다.

- 네트워킹 권력(networking power)은 글로벌 네트워크 사회의 핵심을 이루는 행위자와 조직들이 글로벌 네트워크에 포함되지 못한 사람들에게 행사하는 권력이다.
- 네트워크 권력(network power)은 네트워크 안에서 사회적 상호작용을 조정·통합하기 위해 필요한 표준으로부터 도출되는 권력이다. 이러한 경우에 권력은 네트워크로부터의 배제가 아닌 네트워크에 포함되기 위한 조건을 규정한 규칙 부과의 형태로 행사된다.
- 네트워크화된 권력(networked power)은 네트워크 안에서 사회적 행위자들이 다른 사회적 행위자들에게 행사하는 권력이다. 네트워크화된 권력이 행사되는 형태들과 과정들은 각각의 네트워크의 사정에 따라 다르게 구체화된다.
- 네트워크를 구축하는 권력(Network-making Power)은 카스텔이 가장 중요하게 생각하는 권력 형태이다. 네트워크를 구축하는 권력은 프로그래머들의 이익과 가치에 따라 구체적인 네트워크를 프로그램하는 권력과 다양한 네트워크들의 주요 행위자들이 전략적 협력을 통해 기존의 네트워크를 변화시키는 권력을 포함한다.

Power in the network society is exercised through networks. There are four different forms of power under these social and technological conditions :

• Networking Power : the power of the actors and organizations included in the networks that constitute the core of the global network society over human collectives and individuals who are not included in these global networks.

• Network Power : the power resulting from the standards required to coordinate social interaction in the networks. In this case, power is exercised not by exclusion from the networks but by the imposition of the rules of inclusion.

• Networked Power : the power of social actors over other social actors in the network. The forms and processes of networked power are specific to each network.

• Network−making Power : the power to program specific networks according to the interests and values of the programmers, and the power to switch different networks following the strategic alliances between the dominant actors of various networks.

281

'커뮤니케이션 권력'에 대한 카스텔(Manuel Castells)의 입장으로 틀린 것은?

① 네트워킹 권력(networking power)은 네트워크에 포함되지 않은 집단이나 개인을 지배하는 권력이다.

② 네트워크 권력(network power)은 배제가 아닌 포함의 규칙을 부과함으로써 행사되는 권력이다.

③ 네트워크화된 권력(networked power)은 지배적 행위자의 의지를 타인의 의지에 부과하는 권력으로 네트워크 밖에서 행사된다.

④ 가장 중요한 권력 형태는 네트워크를 구축하는 권력(network−making power)이다.

정답 ③

풀이 ③ 네트워크화된 권력(networked power)은 네트워크 안에서 지배적 행위자의 의지를 타인의 의지에 부과하는 권력이다.

282

'커뮤니케이션 권력'에 대한 카스텔(Manuel Castells)의 입장으로 옳은 것은?

① 네트워킹 권력은 배제가 아닌 포함의 규칙을 부과함으로써 행사되는 권력이다.

② 네트워크 권력은 네트워크에 포함되지 않은 집단이나 개인을 지배하는 권력이다.

③ 네트워크화된 권력은 네트워크 안에서 지배적 행위자의 의지를 타인의 의지에 부과하는 권력이다.

④ 가장 중요한 권력 형태는 네트워크화된 권력이다.

정답 ③

풀이 ① 네트워킹 권력(networking power)은 네트워크에 포함되지 않은 집단이나 개인을 지배하는 권력이다.
② 네트워크 권력(network power)은 배제가 아닌 포함의 규칙을 부과함으로써 행사되는 권력이다.
④ 가장 중요한 권력 형태는 네트워크를 구축하는 권력(network-making power)이다.

핵심정리 **카스텔의 발전양식**

- 카스텔에 의하면 생산양식이 잉여의 전유와 이용 방식을 결정한다. 반면 잉여 수준은 특정한 생산 과정의 생산성에 의하여 결정된다. 생산성 수준은 노동과 물질간의 관계에 따라 달라지며, 이 관계는 에너지와 지식을 이용하는 생산수단의 함수로 표현될 수 있다. 이 과정의 특징은 기술적 생산관계, 즉 발전양식에 의해 결정된다. 즉 발전 양식은 노동이 제품을 생산하기 위해 물질에 작용하는 기술적 배열이며, 궁극적으로는 잉여의 수준과 품질을 결정한다.
- 발전양식(mode of development)은 마르크스주의 사회학의 주요 개념인 생산양식(mode of production)을 원용해 카스텔이 창안한 개념으로 둘은 대립적인 개념이 아니라 보완적 개념으로 생산력과 생산관계에 의해 결정된다.
- 발전양식은 생산성 수준을 높이기 위한 기술적 배열이며, 궁극적으로 잉여수준을 결정하는 것으로 생산의 사회적 관계가 생산양식을 규정하고 생산의 기술적 관계가 발전양식을 규정한다.
- 카스텔의 발전양식 개념은 기술혁명을 핵심동력으로 한 역사의 변천과정을 기술하기 위한 나름의 전략이며, 궁극적으로 정보통신기술이 주도하는 현대문명의 특성을 설명하기 위한 도구이다.

핵심정리 **카스텔의 발전양식과 기술 패러다임**

구분	농업문명	산업문명	정보문명
발전양식	농업적 발전양식	산업적 발전양식	정보적 발전양식
잉여 증가요인	생산수단의 양적 수단증가	신에너지원 도입과 에너지 사용의 질	지식의 질(지식생산, 정보처리, 상징 커뮤니케이션)
기술 패러다임	전산업주의	산업주의	정보주의
수행 원리	더 많은 노동량과 생산수단 동원 지향	경제 성장(산출 극대화) 지향	지식과 정보 지향

핵심정리 　패러다임(paradigm)

어떤 한 시대 사람들의 견해나 사고를 지배하고 있는 이론적 틀이나 개념의 집합체이다. 미국의 과학사
학자이자 철학자인 토머스 쿤(Thomas Kuhn)이 그의 저서 「과학혁명의 구조(The Structure of Scientific
Revolution)」(1962)에서 새롭게 제시하여 널리 통용된 개념이다. '패러다임'은 '사례·예제·실례·본보
기' 등을 뜻하는 그리스어 '파라데이그마(paradeigma)'에서 유래한 것으로, 언어학에서 빌려온 개념이다.
즉 으뜸꼴·표준꼴을 뜻하는데, 이는 하나의 기본 동사에서 활용(活用)에 따라 파생형이 생기는 것과 마
찬가지다. 이런 의미에서 쿤은 패러다임을 한 시대를 지배하는 과학적 인식·이론·관습·사고·관념·
가치관 등이 결합된 총체적인 틀 또는 개념의 집합체로 정의하였다. 쿤에 따르면, 과학사의 특정한 시기
에는 언제나 개인이 아니라 전체 과학자 집단에 의해 공식적으로 인정된 모범적인 틀이 있는데, 이 모범
적인 틀이 패러다임이다. 그러나 이 패러다임은 전혀 새롭게 구성되는 것이 아니라 기존의 자연과학 위
에서 혁명적으로 생성되고 쇠퇴하며, 다시 새로운 패러다임으로 대체된다. 쿤은 이러한 과정을 다음과
같이 설명한다. 즉 하나의 패러다임이 나타나면, 이 패러다임에서 나타나는 갖가지 문제점들을 해결하
기 위해 과학자들은 계속 연구·탐구 활동을 하는데, 이를 정상과학(normal science)이라고 한다. 이어
정상과학을 통해 일정한 성과가 누적되다 보면 기존의 패러다임은 차츰 부정되고, 경쟁적인 새로운 패
러다임이 나타난다. 그러다 과학혁명이 일어나면서 한 시대를 지배하던 패러다임은 완전히 사라지고,
경쟁관계에 있던 패러다임이 새로운 패러다임으로 자리를 대신하게 된다. 따라서 하나의 패러다임이 영
원히 지속될 수는 없고, 항상 생성·발전·쇠퇴·대체되는 과정을 되풀이한다. 본래 패러다임은 자연과
학에서 출발하였으나 자연과학뿐 아니라 각종 학문 분야로 파급되어 오늘날에는 거의 모든 사회현상을
정의하는 개념으로까지 확대되어 사용되고 있다.

핵심정리 　카스텔의 정보지형론

- 도시의 공간적 지형의 변화와 정보기술 혁신 간의 동적 관계 분석
- 정보 네트워크의 확장이 지역이라는 한정된 공간 영역의 개념을 희석시킴
- 정보와 도시환경의 변동을 분석
- 구조주의적 마르크스주의(알튀세)의 영향을 받아 도시에 대한 정치경제학적 접근을 시도
- 도시에 관한 기존의 도시사회학적 설명을 모두 이데올로기로 규정
- 기술혁신에 의한 자본주의적 재구조화가 도시, 사회, 지역 구조를 변화시키는 요인
- 정보생산자들이 수적으로 소수임에도 문화적으로 도시를 지배
- 정보 기술의 발달로 세계경제를 지배하는 고도의 장악력이 소수의 대도시로 집중됨
- 계급 간 갈등의 주요인을 도시화, 정보화의 인과관계를 중심으로 접근할 필요성이 대두

- 카스텔에 의하면, 네트워크는 '상호 연관된 결절의 집합'으로 정의된다. 여기서 결절이 무엇인가는 네트워크의 구체적 형태에 따라 달라진다. 예로 지구적 금융 흐름의 네트워크에서 결절은 주식시장과 그와 관련된 고차서비스의 중심지이다. 네트워크의 특성으로 중요한 점은 우선 네트워크로 규정되는 어떤 위상은 "두 지점(혹은 사회적 위치)간의 거리(혹은 상호작용 밀도나 빈도)를 짧게(혹은 더 빈번하거나 조밀하게)" 해주며, 반면 "한 네트워크 내부에서 흐름은 결절 간 거리를 없애버리거나 결절 사이에 동일한 거리를 유지한다."는 점이다. 이러한 네트워크는 그 속에서 동일한 코드로 커뮤니케이션할 수 있는 한 "새로운 결절을 통합하여 무한히 뻗어나갈 수 있는 개방구조"이다. 그리고 이러한 네트워크는 경제적, 문화적, 정치적 목적을 위해 "공간의 폐기와 시간의 절멸을 목적으로 하는 사회조직을 위해 필요"하지만 또한 "네트워크 형태는 권력관계를 역동적으로 다시 조직하는 원천이기도 하다."

- 정보기술을 매개로 한 이러한 네트워크의 출현은 자본주의 생산양식 내 기술경제체제의 전환, 즉 산업적 발전양식에서 정보적 발전양식으로의 전환을 추동한다. 특히 정보기술에 기초한 네트워크 사회에서 전통적 의미의 '장소의 공간'은 '흐름의 공간'으로 전환한다. 흐름의 공간은 정보적 발전양식에서 경제적, 기능적 조직의 공간적 논리가 되며, 사회는 장소로부터 분리되어 흐름의 공간의 논리에 의해 재구성된다. 사람들의 일상생활은 장소에서 이루어지지만, 자본은 네트워크의 흐름을 통해 재생산되고, 권력은 네트워크의 흐름을 통해 지배한다. 일상생활의 시간 기준이 되었던 기계적 시계 시간(clock time) 개념을 대체하여 컴퓨터로 매개되는 네트워크 속에서 의미를 가지는 즉시적 시간(instant time) 개념이 만들어진다. 24시간 끊임없이 유동적으로 작동하는 세계금융시장 네트워크처럼, "시간이 존재하면서도 존재하지 않는 것 같은 무시간적 시간(timeless time)" 개념이 중심을 이루게 된다.

- 카스텔이 제시한 '흐름의 공간' 개념에서 공간은 '사회의 표현', '사회의 복사물이 아니라 사회 그 자체'로 정의된다. 특히 "공간은 물질적 산물이며, 공간에 형태, 기능, 사회적 의미를 부여하는 (역사적으로) 결정된 사회관계와 관여하는 다른 물질적 산물과 관련이 있다."고 주장된다. 이러한 점에서 공간, 특히 그가 주창하는 흐름의 공간 또는 네트워크 공간은 사회화된 물질적 공간으로서, 사회적 공간이라고 할 수 있다. 카스텔에 의하면, 이러한 흐름의 공간을 구성하는 네트워크의 물질적 기반은 다음과 같은 세 가지 층의 조합으로 설명된다. 첫 번째 층은 전자파 회로로서 컴퓨터와 정보통신망과 같은 기술적 하부구조이다. 두 번째 층은 결절과 허브(hubs)로 구성된다. 흐름의 공간은 비장소(placeless)가 아니며, 전자네트워크에 기반하여 특정 장소들에 연결되어 있다. 몇몇 장소는 이러한 네트워크로 모든 요소를 통합하는 상호작용의 조정 역할을 하는 허브기능을 하며, 또 몇몇 장소는 네트워크상에서 전략적으로 중요한 장소인 결절기능을 한다. 이 점은 네트워크 속에서도 상대적 비중이 다른 조직적 위계가 존재함을 의미한다. 세 번째 층은 지배 및 관리 엘리트의 사회 공간적 조직이다. 사회에서 지배적 위치에 있는 기술, 금융, 관리 엘리트들은 또한 그들의 이익을 물리적 공간상에서 뒷받침하는 특수한 공간적 요구를 전제로 한다.

(1) 정보도시

정보시대는 새로운 도시 형태인 정보화 도시를 몰고 왔다. 그러나 전 세계의 정보화 도시가 실리콘 밸리를 그대로 복사한 것은 아니다. 산업화 시대에서처럼, 정보화 도시 역시 상당히 다양한 문화적 맥락 하에서 근본적인 공통점을 가지고 있다. 새로운 정보화 시회는 지식에 기반하고 네트워크를 중심으로 조직되며 부문적으로는 흐름들로 구성되는 특성이 있기 때문에 형태로 파악하기 보다는 과정으로 파악되어야 한다. 이 과정은 흐름의 공간이라는 구조적 지배를 특징으로 한다.

(2) 세계도시

세계도시를 정보화 경제, 지구적 경제의 생산 현장으로서 분석하는 것은 이 세계도시들이 우리 사회에서 갖는 결정적인 역할과 다른 지역사회와 경제가 이러한 도시들이 갖고 있는 지시기능에 의존하고 있음을 잘 설명해준다. 그러나 주요 세계도시들 너머에는, 대륙 범위의, 국가 범위의, 그리고 지역범위의 경제가 자신만의 결절을 갖고 있으며, 그 결절은 지구적 네트워크에 접속되어 있다. 이 결절들에는 각기 적절한 기술적 하부구조, 지원서비스를 제공하는 보완적인 기업체계, 전문화된 노동시장, 그리고 전문직 노동자들이 필요로 하는 서비스체제 등이 있어야 한다. 세계도시 분석은 결절과 허브로 구성된 흐름의 공간에서 장소에 기반하고 있는 지향성들을 가장 직접적으로 예시해 줄 수 있는 동시에, 이러한 논리를 단순히 자본흐름으로만 제한되지 않도록 해준다.

(3) 이중도시

• 고부가가치 창출 집단과 기능, 다른 한편으로는 평가 절하된 사회집단과 격된 공간 사이의 사회적 · 공간적으로 분극화한 도시 시스템을 가진다. 이런 분극화는 도시 시스템의 사회와 공간 중핵의 통합 증대를 유발하는 동시에 평가 절하된 집단 공간을 파편화하고, 그런 공간이 사회적으로 맞지 않을 우려가 있다. 정보시대에 불평등, 도시빈곤, 사회배제가 결합된 것이다.

• 카스텔은 정보기술의 발달이 도시의 고용 및 직업 구조에 미치는 영향을 뉴욕과 로스앤젤레스의 사례 연구를 통하여 분석하였다. 그는 이들 대도시의 산업구조에서 나타나는 변화, 즉 반숙련 노동자가 고용된 산업은 쇠퇴하는 반면, 선진 서비스 산업이나 첨단기술 산업은 급격히 성장하고 있고, 이와 아울러 저임금 저기술의 이민노동자나 소수인종, 여성 등을 활용하는 비공식 · 반공식 제조활동이나 서비스 활동 역시 성장하고 있는 경향 속에서 고용구조의 양극화가 이루어진다.

• 자본의 유연성이 증가하는 자본 재구조화 과정에서 정보기술이 도구적으로 활용되면서, 자본의 힘은 더욱 강화되는 반면 노동의 힘은 약화되는 경향 속에서 결과적으로 사회적 측면뿐만 아니라 공간적 측면에서도 중산계층과 도시 하위계층이 분리되는 이중도시가 발생한다.

• 사회적 양극화와 공간적 단절은 문화양식의 이원화와 단절을 초래한다. 같은 대도시 내에서도 계층과 지역별로 아주 상이한 문화양식이 공존한다. 경제적 · 사회적 · 문화적 · 공간적 양극화 현상의 결과 대도시는 정치적으로도 양극화 된다. 결국 최근의 경향은 대도시의 내부를 사회적 · 공간적 · 문화적 · 정치적으로 이원화 · 분절화 시키고 있으며 이러한 현상은 이중도시라는 개념으로 설명될 수 있다.

흐름의 공간(space of flows)

흐름의 공간은 흐름을 통해 작동하는 시간을 공유하는 사회적 실천의 물질적 조직이다. 카스텔은 정보사회의 시대의 특수성에 대해서 논의하며 사회에 대해서 공간이 의미를 가지게 되는 것은 시간상 동시적인 사회적 실천들을 그 공간이 공유하고 있다는 사실을 말한다. "나는 흐름을 사회의 경제적·정치적·상징적 구조하에서 사회행위자의 물리적으로 분리된 지위들 간에 목적적이고 반복적이며 프로그램 가능한 사회 작용이나 교환의 연속으로 이해한다." 이 흐름의 공간이 정보사회의 유일한 공간은 아니다. 이는 네트워크사회를 지배하고 형성하는 사회적 실천들을 특징짓는 새로운 공간적 형태로서 지배적인 공간이다. 이 흐름의 공간은 적어도 3가지 층위의 물질적 토대를 조합함으로서 설명될 수 있다. 첫 번째 층위는 사실상 전자충격회로로 구성되어 있다. 정보테크놀로지에 기초한 마이크로전자, 텔레커뮤니케이션, 컴퓨터 프로세싱, 방송시스템의 혁신, 고속 수송체계 등 전자의 힘에 의해서 구성되는 것이다. 정보테크놀로지에 의해 가능해진 상호작용의 네트워크에서 오늘날 사회의 지배적인 기능들의 공간적 분절이 일어난다. 네트워크 사회에서 지점들은 흐름에 의해 규정되고 있는 한에서 어떠한 장소도 홀로 존재하지는 않는다. 두 번째 층위는 전자네트워크에 기반하고 있지만, 이 네트워크는 사회·문화·자연·기능적 특성을 지닌 특정한 장소와 연결되어 있다. 몇몇 장소들은 교환자, 즉 커뮤니케이션 허브로서, 네트워크에 통합되어 있는 요소들 모두 간의 원활한 상호작용을 위하여 조정자 역할을 담당한다. 또 다른 장소들은 네트워크의 결절로 네트워크 내에서 핵심 기능을 수행하기 위하여 일련의 지역 기반 활동과 조직을 구축하는 전략적인 중요성을 갖는 기능들이 입지하여 있다. 결절 내 입지는 어떤 지역을 전체 네트워크와 연결시킨다. 결절과 허브 모두 네트워크에서의 상대적 중요성에 따라 위계적으로 조직된다. 그러한 위계는 네트워크에서 수행되는 활동들의 진화에 따라 달라질 수 있다. 세 번째는 지배적인 관리 엘리트들의 공간적 조직과 관련된다. 이 엘리트들은 공간이 접합되는 방식을 결정하는 지시 기능을 행사한다. 흐름의 공간은 우리 사회의 유일한 공간적 논리는 아니다. 그러나 그것은 우리 사회에서 지배적인 이익/기능의 공간적 논리이므로 지배적인 공간적 논리가 된다. 하지만 그러한 지배는 완전히 구조적인 것은 아니다. 그것은 사회적 행위자들에 의해 집행되고, 인지되고, 결정되고, 완수되는 것이다. 따라서 우리사회에서 지도급 지위를 차지하고 있는 기술관료적, 금융적인, 관리(경영)적인 엘리트도 그들 자신의 이해와 실천의 물질적/공간적 지지와 관련된 특정한 공간적 요구를 가지고 있다. 이 정보 엘리트의 공간적 현시는 흐름의 공간의 또 다른 근본적인 차원을 구성한다.

283

카스텔(Manuel Castells)의 정보지형론의 입장으로 옳은 것은?

① 소수의 정보생산자들이 문화적으로 도시를 지배한다.
② 정보 기술의 발달로 세계 경제는 분산되어 지역 간 경쟁이 강화된다.
③ 네트워크 사회에서 도시는 더 이상 중요한 역할을 수행하지 않는다.
④ 정보 네트워크의 확장으로 지역이라는 한정된 공간 영역의 개념이 강화된다.

정답 ①

풀이 ① 카스텔은 네트워크 사회에서도 도시는 여전이 중요한 역할을 수행하고, 정보 기술의 발달로 세계경제를 지배하는 고도의 장악력이 소수의 대도시로 집중된다고 본다.

284

카스텔의 이중도시에 대한 설명으로 틀린 것은?

① 도시는 잉여가치를 창출하는 집단이 지배하는 공간이다.

② 도시 공간은 고부가가치 창출집단의 재생산에 의해 점점 부유해지는 공간과 점점 가난해지는 공간 사이의 이중화가 심화되는 특징을 지닌다.

③ 대도시의 산업구조에서는 첨단기술 산업과 저임금 저기술의 제조활동 모두 성장한다.

④ 고부가가치창출집단은 정보네트워크를 통해 탈숙련 저임금 지역주민의 제조활동을 관리하며 이들이 생산하는 잉여가치를 착취한다.

> **정답** ④
>
> **풀이** 메가시티의 특징은 물리적, 사회적으로 전세계와 네트워크로 연결되는 반면 내부적으로는 연결되지 않는 새로운 도시의 형태, 즉 이중도시인 것이다.

285

카스텔의 이중도시에 대한 설명으로 틀린 것은?

① 도시공간이란 잉여가치를 창출하는 집단이 지배하는 공간이다.

② 메가시티는 물리적, 사회적으로 도시 내부로부터 전세계에 걸쳐 네트워크로 연결되는 새로운 도시의 형태를 가진다.

③ 자본의 유연성이 증가하는 자본 재구조화 과정에서 정보기술이 도구적으로 활용되면서, 자본의 힘은 더욱 강화되는 반면 노동의 힘은 약화된다.

④ 고부가가치 창출 집단과 기능, 다른 한편으로는 평가 절하된 사회집단과 격하된 공간 사이의 사회적·공간적으로 분극화한 도시 시스템을 가진다.

> **정답** ②
>
> **풀이** 메가시티의 특징은 물리적, 사회적으로 전세계와 네트워크로 연결되는 반면 내부적으로는 연결되지 않는 새로운 도시의 형태, 즉 이중도시인 것이다.

286

카스텔의 '흐름의 공간'에 대한 설명으로 틀린 것은?

① 흐름의 공간은 네트워크 기반의 공간으로서 공간적 거리의 중요성을 상대화시킨다.

② 흐름의 공간에서는 정보, 자본, 인력 등의 흐름이 중요하며, 이런 흐름은 시간과 공간의 제약을 받지 않는다.

③ 흐름의 공간은 기존의 물리적 공간과는 다르게 네트워크 사이의 연결성에 의해 형성되며, 그 연결성이 공간의 중심성을 결정한다.

④ 흐름의 공간은 물리적인 공간과는 분리된 네트워크 공간으로 연결성이 중심성을 결정하며, 정보와 자본, 인력 등의 흐름은 국가 경계를 넘어서 이루어진다.

> **정답** ④
>
> **풀이** ① 마누엘 카스텔의 흐름의 공간 개념은 공간적 거리의 중요성을 상대화시키는 네트워크 기반의 공간을 의미한다. 이는 물리적인 거리에 구애받지 않는 정보와 자본, 인력 등의 흐름을 중요시하며, 그런 흐름에 의해 공간이 형성되고 변화한다는 점을 강조한다.
> ② 카스텔의 흐름의 공간 개념에서는 정보, 자본, 인력 등의 흐름이 중요하며, 이런 흐름은 시간과 공간의 제약을 받지 않는다. 이로 인해 전통적인 물리적 공간의 경계와 거리의 중요성은 상대화되며, 네트워크의 연결성과 그 연결성에 의한 흐름이 중심성을 결정하게 된다.
> ③ 흐름의 공간은 기존의 물리적 공간과는 달리 네트워크 사이의 연결성에 의해 형성되며, 그 연결성이 공간의 중심성을 결정한다. 즉, 네트워크 내에서의 연결성이 높을수록 그 공간의 중심성이 높아진다.
> ④ 흐름의 공간은 디지털 네트워크와 물리적 공간을 통합하는 개념이다.

287

국가는 이데올로기 국가 장치(ISA)와 억압적 국가 장치(RSA)를 통해 사회 질서를 유지한다고 본 사상가의 이름으로 옳은 것은?

① 기든스(Giddens)
② 카스텔(Castells)
③ 알튀세(Althusser)
④ 부르디외(Bourdieu)

> **정답** ③
>
> **풀이** ③ 알튀세(Althusser)에 대한 설명이다. 이데올로기 국가 장치(ideological state apparatus, ISA)는 지배와 종속의 계급관계를 은폐하고 지배이데올로기를 전파하는 국가 기구로 학교, 가족, 종교 단체 등이 이에 속한다. 반면에 억압적 국가 장치(repressive state apparatus, RSA)는 강제력을 행사하는 국가 기구로 경찰, 군대 등이 이에 해당한다. 억압적 국가 장치는 이데올로기 국가 장치와 달리 직접적인 강제력을 행사하여 사회 질서를 유지한다.

288

카스텔(Manuel Castells)의 네트워크에 의한 재구성에 대한 설명으로 틀린 것은?

① 네트워크는 '상호 연관된 흐름의 집합'이다.

② 네트워크는 새로운 결절을 통합하여 무한히 뻗어나갈 수 있는 개방구조이다.

③ 정보기술을 매개로 한 네트워크의 출현은 자본주의 생산양식 내 기술경제체제의 전환을 추동한다.

④ 정보기술에 기초한 네트워크 사회에서 전통적 의미의 '장소의 공간'은 '흐름의 공간'으로 전환한다.

> **정답** ①
>
> **풀이** ① 네트워크는 '상호 연관된 결절의 집합'이다.

289

카스텔(Manuel Castells)의 과학적 도시 이론에 대한 설명으로 틀린 것은?

① 카스텔은 생태학적 도시이론은 물론 인간주의적 마르크스주의에 기반한 도시론도 비과학적인 이데올로기에 불과하다고 본다.

② 카스텔은 알튀세의 구조주의적 인식과 이를 바탕으로 구성된 사회구성체 개념을 통해 도시체계를 총체적으로 분석하였다.

③ 알튀세는 경제 결정론을 극복하고 사회를 총체적으로 파악하기 위해 사회구성체를 경제, 정치, 이데올로기 등의 다양한 층위의 접합으로 보고 그 층위들 간의 계층성을 부정하였다.

④ 카스텔은 현 자본주의적 상황에서 규정되는 도시체계는 정치, 이데올로기, 경제적 층위가 복합적으로 접합되어 있으면서도, 그중 경제적 층위가 보다 우월한 영향력을 발휘하게 된다고 본다.

> **정답** ③
>
> **풀이** ③ 알튀세는 사회구성체를 경제, 정치, 이데올로기 등의 다양한 층위의 접합으로 파악하고 그 층위들 간의 위계를 설정하여 경제적 층위를 가장 기본적이고 필연적인 층으로 규정한다.

290

카스텔(Manuel Castells)의 발전양식에 대한 설명으로 옳은 것은?

① 기술혁명을 핵심동력으로 한 역사의 변천 과정을 기술하기 위한 도구 개념이다.

② 산업 문명에서는 노동의 과학적 관리 방식의 도입과 공장제 기계 공업의 발전이 잉여 수준을 결정한다.

③ 정보 문명에서는 지식의 양이 잉여 수준을 결정한다.

④ 생산의 사회적 관계가 발전양식(mode of development)을 규정하고, 생산의 기술적 관계가 생산양식 (mode of production)을 규정한다.

> **정답** ①
>
> **풀이** ② 산업 문명에서는 신에너지원의 도입과 에너지 사용의 질이 잉여 수준을 결정한다.
> ③ 정보 문명에서는 지식의 질이 잉여 수준을 결정한다.
> ④ 생산의 사회적 관계가 생산양식(mode of production)을 규정하고, 생산의 기술적 관계가 발전양식 (mode of development)을 규정한다.

291

카스텔(Manuel Castells)의 발전양식에 대한 설명으로 틀린 것은?

① 발전양식(mode of development)은 생산성 수준을 높이기 위한 기술적 배열이며, 궁극적으로 잉여수준을 결정한다.

② 발전양식(mode of development)은 생산양식(mode of production)을 원용해 창안한 개념으로 생산력과 생산관계에 의해 결정된다.

③ 생산의 사회적 관계가 발전양식(mode of development)을 규정하고, 생산의 기술적 관계가 생산양식 (mode of production)을 규정한다.

④ 발전양식(mode of development)은 기술혁명을 핵심동력으로 한 역사의 변천과정을 기술하고 궁극적으로 정보통신기술이 주도하는 현대문명의 특성을 설명하기 위한 도구이다.

> **정답** ③
>
> **풀이** ③ 생산의 사회적 관계가 생산양식(mode of production)을 규정하고, 생산의 기술적 관계가 발전양식(mode of development)을 규정한다.

292

카스텔(Manuel Castells)의 입장으로 옳은 것은?

① 산업 문명에서는 노동의 과학적 관리 방식의 도입과 공장제 기계 공업의 발전이 잉여 수준을 결정한다.
② 정보시대는 자본주의의 냉혹함이 지속되는 시대로서 새로운 경제, 새로운 사회로의 심층적 변동이 일어났다고는 볼 수 없다.
③ 발전양식(mode of development)은 생산성 수준을 높이기 위한 기술적 배열이며, 궁극적으로 잉여수준을 결정한다.
④ 통신망의 발전을 통해 가능해진 통합과 유연성으로 인해 냉혹하고 약탈적인 자본주의는 타협과 조화를 강조하는 정보자본주의의 형태로 변화할 것이다.

> **정답** ③
>
> **풀이** ① 산업 문명에서는 신에너지원의 도입과 에너지 사용의 질이 잉여 수준을 결정한다.
> ② 카스텔(Manuel Castells)은 정보시대를 새로운 경제, 새로운 사회로 심층적 변동을 강조하는 것과 함께 자본주의가 지속되는 과거보다 더 대담하고 견고하다는 점을 강조한다.
> ④ 정보자본주의에서도 자본주의의 냉혹하고 약탈적 성격은 유지된다.

293

카스텔(Manuel Castells)의 발전양식과 기술 패러다임에 대한 설명으로 틀린 것은?

① 발전양식은 농업적 발전 양식, 산업적 발전 양식, 정보적 발전 양식으로 구분할 수 있다.
② 농업 문명에서는 생산 수단의 양적 증가 여부가 잉여 수준을 결정한다.
③ 산업 문명에서는 노동의 과학적 관리 방식의 도입과 공장제 기계 공업의 발전이 잉여 수준을 결정한다.
④ 정보 문명에서는 지식의 질(지식 생산, 정보 처리, 상징 커뮤니케이션 등)이 잉여 수준을 결정한다.

> **정답** ③
>
> **풀이** ③ 산업 문명에서는 신에너지원의 도입과 에너지 사용의 질이 잉여 수준을 결정한다.

294

카스텔에 대한 설명으로 틀린 것은?

[2019년 기출]

① 카스텔은 맥루한의 '매체는 메시지다.'라는 견해를 지지한다.

② 수용자들이 메시지를 있는 그대로 수용하지 않는다는 '적극적 수용자' 이론을 인정하는 것에서 한 걸음 더 나아가 '창의적 수용자' 개념을 창안했다.

③ 발전 양식은 궁극적으로 잉여 수준을 결정하는 것으로 생산의 기술적 관계를 규정한다.

④ 정보주의와 자본주의 양자를 결합하여 만들어 낸 '정보자본주의'라는 개념을 사용하여 현대사회를 설명하였다.

> 정답 ③
>
> 풀이 ③ 발전 양식이 생산의 기술적 관계를 규정하는 것이 아니라 생산의 기술적 관계가 발전 양식을 규정한다.

295

카스텔의 정보자본주의에 대한 설명으로 틀린 것은?

[2022년 기출]

① 새로운 사회는 정보통신기술로 가능해진 통신망의 발전에 따라 등장한 정보의 흐름이 우선시되는 사회이다.

② 정보자본주의는 냉혹하고 약탈적인 자본주의 형태로 정보자본주의가 통신망을 통해 엄청난 유연성과 세계적 범위를 통합시키기 때문이다.

③ 지식에 대한 지식의 작용 자체가 생산성의 주요 원천으로 새로운 사회뿐만 아니라 새로운 경제의 등장을 예고하는 것으로 간주한다.

④ 전자적 흐름이 국경과 상관없고, 마케팅·생산·분배가 점점 국가적 경계를 뛰어넘어 발생하기 때문에 세계적 정보통신망의 확산이 중앙집권화된 국민국가의 종말을 예고한다.

> 정답 ④
>
> 풀이 ④ 카스텔은 통신망이 국민국가의 종말을 의미하는 것은 아니나 약화되어 세계시장 속에 편입되어 그 역할이 중요하게 지속될 것이라고 주장한다.

296

카스텔의 네트워크 사회에 대한 설명으로 틀린 것은?

① 사회 변화 속에서의 사회 운동의 역할을 강조하는 마르크스주의 영향을 받았다.

② 정보통신망의 연결점이라고 할 수 있는 정보도시는 세계적으로 통합되는 경제활동의 중심으로서 지휘소 역할을 한다.

③ '가상공동체'와 '정보적 발전양식'을 통해 네트워크 사회의 특징과 기술혁명을 핵심동력으로 한 역사의 변천과정을 기술하였다.

④ 대도시(Megacity)에서 고부가가치 창출 집단은 정보네트워크를 통해 전지구적 경제를 접합시키고 세계적 힘을 집중시키는데, 탈숙련 저임금 지역주민과 연결되지 않은 채 상층부에서만 나타난다.

정답 ③

풀이 ③ 가상공동체의 개념을 창안하고 발전시킨 연구자는 라인골드와 존스이다. 카스텔은 새로운 공동체라는 용어를 주로 사용하였다.

📍**핵심정리** **이중도시**

카스텔에게도 도시공간이란 잉여가치를 창출하는 집단이 지배하는 공간이며, 이러한 고부가가치 창출집단의 재생산에 의해 점점 부유해지는 공간과 점점 가난해지는 공간 사이의 이중화가 심화되는 특징을 지닌다. 카스텔은 LA나 뉴욕같은 메가시티 분석을 통해 이들 대도시를 반숙련 노동자가 급격히 쇠퇴하면서 사업서비스나 첨단기술분야의 산업이 성장하고 동시에 저임금 탈숙련 이민노동자가 메가시티로 유입되면서 고용구조가 양극화되는 이중 도시(dual city)로 규정한다(Castell, 2009). 그리고 이 메가시티에서 고부가가치 창출 집단은 정보네트워크를 통해 전지구적 경제를 접합시키고 세계적 힘을 집중시킨다. 반면 이들 고부가가치창출집단은 탈숙련 저임금 지역주민과 연결되지 않는다. 같은 도시에 살면서도 사회문제를 일으킬 수 있는 이민자, 빈곤층 지역과 단절되는 것이다. 메가시티의 특징은 물리적, 사회적으로 전세계와 네트워크로 연결되는 반면 내부적으로는 연결되지 않는 새로운 도시의 형태, 즉 이중도시인 것이다.

297

카스텔의 네트워크 사회에 대한 설명으로 틀린 것은?

① 자본의 흐름에 대한 통제가 갈수록 어려워지게 된다.

② 네트워크 사회에서는 흐름의 공간이 장소의 공간을 지배한다.

③ 유가치한 사람들과 무가치한 사람들이 서로 연결되어 무가치한 사람들에 대한 억압과 착취가 점점 심화된다.

④ 네트워크 사회가 정보 기술에 의해 만들어지는 것은 아니지만, 정보 기술 혁명 없이는 그러한 사회적 형태가 불가능하다.

정답 ③

풀이 ③ 카스텔은 유가치한 사람들과 지역들은 서로 계속 연결되어 있고, 무가치한 사람이나 지역은 아예 절연 되는 양상을 보이게 될 것이라고 전망하기도 했다. 예를 들어 대도시는 정보통신망을 통해 세계로 뻗은 중심부와 바로 그 옆에 있으면서도 대도시 중심부와는 아무런 관련 없이 배제된 주변부라는 이중 구조 를 지닌 이중 도시가 된다.

298

카스텔의 네트워크에 대한 설명으로 틀린 것은?

① 네트워크에서 중심은 존재하지 않는다.

② 노드는 특정한 행위자로서 개인을 의미한다.

③ 무한히 확장할 수 있는 역동적이고 개방적인 구조를 가진다.

④ 특정 공간을 점유하는 노들들과 이들을 연결하는 선을 포괄하는 개념이다.

정답 ②

풀이 ② 노드는 특정한 행위자로서 개인일 수도, 조직일 수도, 그리고 국가일 수도 있다.

299

다음 이론을 제시한 학자의 이름으로 옳은 것은?　　　　　　　　　　　　[2023년 기출]

> '정보사회가 어떻게 출현했는가'라는 질문에서 출발한 그는 오늘날의 정보사회를 글로벌 경제와 정보혁명이 결합된 정보자본주의로 명명하고, 정보자본주의를 재생산하는 매개로 네트워크를 중요시하고 있다. 이 네트워크가 경제뿐 아니라 사회조직 및 문화영역에도 급속히 확산되어 자본주의 전체를 새로운 방식으로 재구조화한다는 것이다. 네트워크가 전 지구적으로 확대되면서 생산력과 경제성장에 비약적인 도약을 가져올 것으로 예측하고 있다.

① 마누엘 카스텔(Manuel Castells)
② 존 나이스빗(John Naisbitt)
③ 앤서니 기든스(Anthony Giddens)
④ 허버트 쉴러(Herbert I. Schiller)

정답　①

풀이　① 카스텔에 대한 설명이다.

300

카스텔의 네트워크 사회에 대한 설명으로 틀린 것은?　　　　　　　　　　[2022년 기출]

① 사회 변화 속에서의 사회 운동의 역할을 강조하는 마르크스주의의 영향을 받았다.
② 정보통신망의 연결점이라고 할 수 있는 정보도시는 세계적으로 통합되는 경제활동의 중심으로서 지휘소 역할을 한다.
③ 글로벌 경제의 연결성과 정보자본주의의 유연성의 핵심에는 새로운 조직 형태라 할 수 있는 기업의 네트워크가 존재하고 이는 네트워크 기업과는 다른 것이다.
④ 대도시(Megacity)에서 고부가가치 창출 집단은 정보네트워크를 통해 전지구적 경제를 접합시키고 세계적 힘을 집중시키는데, 탈숙련 저임금 지역주민과 연결되지 않은 채 상층부에서만 나타난다.

정답　③

풀이　③ 글로벌 경제의 연결성과 정보자본주의의 유연성의 핵심에는 새로운 조직 형태라 할 수 있는 네트워크 기업이 존재한다. 이는 기업의 네트워크(network of enterprise)와 다른 것이다. 네트워크 기업은 서로 상이한 일단의 기업이나 업무 부서들을 서로 연결시켜서 구체적인 프로젝트 수행을 위해 특별히 조직하는 것으로, 과업 완수 후에는 대개 해체하거나 재구성하게 된다.

301

다음에서 설명하고 있는 사상으로 옳은 것은?

사회발전이나 인간행위의 근저에 놓인 합리성을 밝히고자 하는 사상적 전통인 계몽주의를 부정하고, 사회영역에서도 근대주의적 원리와 관행이라고 불리는 것에 대한 적대감에서 출발하며, 문화는 피상성을 축복하고, 유행의 변화무쌍함, 유희, 불확실성을 추구하며, 삶을 살아가는 데 올바른 기준을 정하는 것을 거부한다.

① 탈근대주의 ② 신자유주의
③ 보헤미아니즘 ④ 탈산업사회주의

정답 ①

풀이 ① 탈근대주의에 대한 설명이다.

핵심정리 탈근대주의의 지성적 특성

• 탈근대주의를 지적 현상으로 간주할 때, 탈근대 학자들의 주된 특성은 사회발전이나 인간행위의 근저에 놓인 합리성을 밝히고자 하는 사상적 전통으로 계몽주의에 반대한다.

• 프리드리히 니체로부터 많은 영향을 받은 탈근대주의는 세계발전을 근대화라는 기본적 과정의 관점에서 이해할 수 있다는 설명에 매우 회의적이고 인간의 동기에 대한 근본적 원인을 밝혀낼 수 있다고 주장하는 개인행위의 설명방식에도 적대적이다.

• 근대 세계의 형성을 설명하면서 문명의 성장, 자본주의 동인 그리고 진화의 힘과 같이 발전의 주요 원인을 파악할 수 있다고 주장하는 모든 입장을 거부한다.

• 탈근대 사상은 진실을 밝혀낼 수 있다는 주장에 대해 특히 회의적이다.

• 탈근대주의는 상대주의 원칙을 지지하고, 세계에 대한 설명방식의 다양성을 강조하며, 진리는 존재하지 않고, 단지 진리에 대한 견해만 존재할 뿐이라는 주장을 내세우면서 그 모든 서사를 거부한다.

• 탈근대주의자들은 각 사회는 그 자체의 진리체계와 진리에 대한 그 자체의 일반 정치, 즉 그 사회가 받아들이고 진실로 통하게 만드는 담론의 유형을 가지고 있다고 인정한다.

• 탈근대 사상가들은 진리를 탐색하는 계몽주의 구속복을 벗어버리고 그 대신 분석·설명·해석의 차이가 있는 해방적 의미를 강조한다.

302

지적 운동으로서의 탈근대주의에 대한 설명으로 틀린 것은?

① 탈근대주의는 근대주의에 대한 비판적인 자세를 취하며, 근대성의 이해와 해석을 재구성하려는 노력이다.

② 탈근대주의는 과학적 진실의 중요성을 부정하고, 진실의 상대성을 강조한다.

③ 탈근대주의는 공동체, 문화, 그리고 사회적 실천이 생성하는 의미와 가치에 주목한다.

④ 탈근대주의는 근대화론이나 마르크스주의 등 거대 담론에 반대하며 인간의 동기에 대한 근본적 원인을 밝혀낼 수 있다고 주장한다.

> **정답** ④
>
> **풀이** ① 탈근대주의는 근대주의에 대한 비판적인 자세를 취하며, 근대성의 이해와 해석을 재구성하려는 노력이다. 이것은 근대주의의 일방적이고 지배적인 시각에 대한 반발이며, 다양성과 복잡성을 더욱 존중하려는 지적 운동이다.
> ② 탈근대주의는 과학적 진실의 중요성을 부정하고, 진실의 상대성을 강조한다. 이는 근대주의의 과학적인 진실에 대한 단일적 접근법에 대한 비판이다.
> ③ 탈근대주의는 공동체, 문화, 그리고 사회적 실천이 생성하는 의미와 가치에 주목한다. 이는 근대주의가 무시하거나 경시하는 다양성과 차이에 대한 인정을 통해 더 폭넓은 이해와 해석을 가능하게 한다.
> ④ 탈근대주의는 인간의 동기에 대한 근본적 원인을 밝혀낼 수 있다고 주장하는 개인행위의 설명방식에도 적대적이다.

303

탈근대주의의 지성적 특징에 대한 설명으로 옳은 것은?

① 진리에 대한 견해만 존재할 뿐이라고 본다.

② 세계발전을 근대화라는 기본적 과정의 관점으로 이해할 수 있다고 본다.

③ 진리의 보편성에 대한 신뢰를 바탕으로 세계에 대한 설명방식의 다양성을 강조한다.

④ 사회발전이나 인간행위의 근저에 놓인 합리성을 밝히고자 하는 사상적 전통을 따른다.

> **정답** ①
>
> **풀이** ② 세계발전을 근대화의 과정으로 이해하는 진화론을 거부한다.
> ③ 탈근대주의는 상대주의 원칙을 지지한다.
> ④ 사회발전이나 합리성을 밝히고자 하는 계몽주의의 사상적 전통에 반대한다.

(1) 언어
- 탈근대주의는 언어를 통해서만 세계를 알 수 있다고 주장한다.
- 계몽주의 사상가들은 언어란 단어와는 구별되는 객관적 실제를 기술하는 수단이라고 생각하지만, 탈근대주의자들은 이것을 투명성의 신화라고 주장한다.
- 계몽주의 언어관인 상징과 이미지는 정보가 우리에게 유일한 실체라는 사실을 보지 못하게 한다.
- 이는 우리가 언어를 통하여 실체를 보는 것이 아니라 언어가 우리가 보는 실체라는 것이다.
- 미셸 푸코는 "실체는 존재하지 않으며, 언어가 존재하는 모든 것이고, 우리가 말하는 대상이며, 우리는 언어 속에서 말한다."고 시석하였다.

(2) 정보
- 실제가 언어의 문제라면 우리가 경험하고, 접하고, 알고 있는 모든 것은 정보적인 것이다.
- 모든 것은 언어 속에서 구성되고 반드시 언어 속에서 이해되어야 하기 때문에 투명하거나 깨끗한 것은 아무것도 없다.
- 따라서 정보를 고려함에 있어 탈근대주의가 갖는 관심은 우리가 정보의 대상이 되는 세계 속에서 살고 있는 것이 아니라 우리 자체가 정보적인 세계 속에 살고 있다는 것이다.

304

탈근대주의와 정보에 대한 설명으로 틀린 것은?

① 탈근대주의는 언어를 통해서만 세계를 알 수 있다고 주장한다.
② 탈근대주의자들은 언어란 단어와는 구별되는 객관적 실제를 기술하는 수단이라고 본다.
③ 탈근대주의자들은 우리가 언어를 통하여 실체를 보는 것이 아니라 언어가 우리가 보는 실체라는 것이다.
④ 미셸 푸코는 "실체는 존재하지 않으며, 언어가 존재하는 모든 것이고, 우리가 말하는 대상이며, 우리는 언어 속에서 말한다."고 지적하였다.

정답 ②

풀이 계몽주의 사상가들은 언어란 단어와는 구별되는 객관적 실제를 기술하는 수단이라고 생각하지만, 탈근대주의자들은 이것을 투명성의 신화라고 주장한다.

핵심정리 파노플리 효과

파노플리 효과란 사람들이 특정 제품을 소비하면서 유사하거나 같은 급의 제품을 소비하는 소비자와 같은 집단, 같은 부류라고 여기는 환상을 가지게 되는 현상을 일컫는 용어이다. 파노플리(panoplie)는 프랑스어로 한 세트(set), 집합을 뜻하는 단어이다. 본래 기사의 갑옷과 투구 한 세트(set)를 가리키는 말이었으나, 소비 중심 사회에서는 사람들이 어떤 특정 집단과 연대감을 과시하기 위해 소비하는 특정 제품, 특히 명품 브랜드 제품의 쇼핑 목록을 의미하는 용어로 사용되고 있다. 이 단어는 보드리야르가 제시한 개념으로 특정 상품을 구입함으로써 특정 계층에 속한다고 생각하며 이를 과시하는 것을 의미한다. 예를 들어, 어린아이가 역할 놀이 시간에 장난감 의사놀이세트를 사용하면서, 마치 자신이 의사가 된듯한 기분을 느끼는 것과 같은 현상이다. 일반적으로 사람들은 제품을 구매할 때, 일반적으로 실용성 등의 가치를 고려하게 되지만, 제품이 가진 이미지를 소비하며 심리적인 만족을 얻는 것 또한 상당하기 때문이다. 파노플리 효과는 이처럼 구매한 물건을 통해서 자신의 지위와 경제적 부를 드러내고자 하는 과시욕구에서 비롯된 것이다. 예를 들어 명품백을 구매하면서 자신을 명품백을 사용하는 사람들과 동일시하는 경향이 대표적인 사례라고 볼 수 있다.

핵심정리 시뮬라시옹

• 시뮬라크르가 보다 실재적이며, 오리지널과 복사물의 구분 자체가 소멸하는 과정을 시뮬라시옹이라 한다.
• 사람들은 하나의 시뮬라크르에서 다른 시뮬라크르에 이르기까지 끝없는 복사와 재현의 나선형을 따라 결국 더 이상 지시형태가 없는 대상의 소멸에 이르게 된다.
• 보드리야르는 더 이상 현실과 시뮬라시옹이 아무런 차이가 없이 존재하며, 단지 시뮬라크르의 원형 궤도만이 존재할 뿐이라고 주장한다.

핵심정리 시뮬라크르

• 시뮬라크르는 무언가를 닮으려하지 않고, 그 자체로 자신의 실재성을 자랑하며, 더 나아가 실재 자체의 형이상학적 가치마저도 폐기해 버린다.
• 보드리야르는 '이미지는 자기 자신의 순수한 시뮬라크르' 이외에는 그 어떤 것도 아니라고 강조한다.
• 우리는 시뮬라크르의 현실 속에서 살아가며, 우리도 모르게 여기에 지배받고 살아간다.
• 보드리야르는 이러한 관계를 '생활 속에 TV의 용해'와 'TV 속에 생활의 용해'라고 표현한다.
• 보드리야르는 탈근대적 의사소통의 조건을 설명하기 위해 하이퍼리얼리티와 시뮬라크르 등을 도입하여 개념화한다.

핵심정리 하이퍼리얼리티

• 하이퍼리얼리티가 현실보다 더 현실적인 이미지의 '극사실'이다.
• 시뮬라크르는 존재하지 않는 인공현실이다.
• 이들은 미디어 기술이 기술자체를 넘어 한계 없는 버추얼리티(limitless virtuality)가 되었기 때문에 발생한다.

305

보드리야르(Baudrillard)의 입장에 대한 설명으로 옳은 것은?

① 시뮬라크르(Simulacra)는 실재가 실재 아닌, 즉 파생실재로 전환되는 작업이다.

② 전통적인 실재가 가진 사실성은 파생실재를 규제한다.

③ 시뮬라시옹(Simulation)은 실제로는 존재하지 않는 대상을 존재하는 것처럼 만들어 놓은 인공물을 지칭한다.

④ 재현과 실재의 관계가 역전되어 더 이상 흉내낼 대상인 원본이 없는 복제물들이 더욱 실재 같은 하이퍼 리얼리티를 만든다.

정답 ④

풀이 ① '시뮬라시옹(Simulation)'은 실재가 실재 아닌, 즉 파생실재로 전환되는 작업이다.
② 파생실재는 '시뮬라시옹(Simulation)'에 의해 새로이 만들어진 실재로서 전통적인 실재가 갖고 있는 사실성에 의해 규제되지 않는다.
③ '시뮬라크르(Simulacra)'는 실제로는 존재하지 않는 대상을 존재하는 것처럼 만들어 놓은 인공물을 지칭한다.

♀ 핵심정리 **시뮬레이션 효과**

보드리야르의 시뮬레이션 개념은 의미화와 기호학의 영역을 넘어서서 가상적인 것과 실제적인 것 사이의 경계가 점차 희석되고 있는 오늘날의 문화적 현상 일반에 적용될 수 있는 잠재성을 가지고 있다. 실제로 많은 연구자들은 보드리야르의 시뮬레이션 개념과 인터넷 문화의 특징 사이에 존재하는 연관성에 주목하고 있다. 터클(1996)은 인터넷 문화에서 우리는 세 가지 주요한 시뮬레이션 효과를 발견할 수 있다고 주장한다. 첫 번째는 '디즈니랜드 효과'라고 부를 수 있는데, 우리가 비디오 게임이나 엠유디와 같은 역할 놀이 게임에 참여할 때 경험하는 "탈자연의 인공적인 경험을 실제적인 것처럼 느끼게 만드는" 효과를 말한다. 두 번째는 '인공악어 효과'라고 할 수 있는데, 그것은 "모조품이 실재보다 더 선명하게 느껴지는 것"을 일컫는다. 세 번째 효과는 인터넷 사용자들이 대화방과 같은 온라인 그룹에서 자신의 실제 성(남성 혹은 여성)과 다른 성의 역할을 경험할 때 흔히 느낄 수 있는 것처럼 "가상적 경험이 너무나도 강렬해서 우리가 가지고 있는 것보다 더 많은 것을 성취했다고 생각하게끔 하는 효과"이다.

306

가상현실과 관련된 개념에 대한 설명으로 틀린 것은? [2021년 기출]

① 시뮬라시옹 : 오리지널과 복사물의 구분 자체가 소멸하는 과정

② 원격현전 : 커뮤니케이션 매체에 의해 어떤 환경 속에 실재하고 있음을 경험하게 되는 것

③ 하이퍼리얼리티 : 현실보다 더 현실적인 이미지의 '극사실'

④ 시뮬라크르 : 실제로 존재하는 대상을 복사하여 재현한 것

정답 ④

풀이 ④ 시뮬라크르는 실제로 존재하는 대상을 복사하여 재현한 것이 아니라 원본 없는 복제품이다. 보드리야르는 '이미지는 자기 자신의 순수한 시뮬라크르' 이외에는 그 어떤 것도 아니라고 강조하였다.

47 뉴미디어의 확산

307

미디어의 진화 역사 및 특징에 대한 설명으로 틀린 것은?

① 1990년까지의 매스미디어의 의사소통 방식은 일방향 정보 전달이었다.

② 미디어 1.0 시기에 양방향 소통이 시작되었다.

③ 미디어 2.0 시기에 이용자들은 콘텐츠 소비자, 중개자, 생산자의 모든 역할을 수행하였다.

④ 2006년 이후 소셜 미디어가 등장하면서 양방향성이 극대화되고 집단 지성이 활성화되었다.

정답 ④

풀이 ④ 의사소통 방식에서 양방향성이 극대화되고 집단 지성이 활성화 된 시기는 미디어 2.0(2000년대 중반) 시대이다. 소셜 미디어 시대에는 양방형성과 일방향성이 공존하고 정보의 중개자 역할 등 일방향 정보 전달이 강조됨은 물론 이동성에 의한 실시간 정보 전달이 일반화되었다.

구분	매스미디어 (1950년~1990년)	미디어1.0 (1990년대 중반 ~2000년대 초반)	미디어2.0 (2000년대 중반)	소셜 미디어 (2006년 이후)
미디어 형식	소수의 신문, 방송, 라디오, 잡지 등 전통매체	인터넷 미디어 등장 인터넷 커뮤니케이션 툴 등장 (카페, 메신저 등)	오픈 플랫폼으로서의 인터넷, 1인 미디어, UCC 등	소셜 네트워킹 서비스 (페이스북, 트위터 등)
의사소통 방식	일방향 정보전달	양방향 소통 시작 (댓글 등 콘텐츠 종속성)	양방향성 극대화, 집단 지성 활성화	양방향성, 일방향성 공존
이용자의 정보소비 형태	획일적 정보소비, 집중적 관심	관심과 기호에 따른 능동적이고 분산된 소비와 선택	콘텐츠 소비자, 중개자(펌), 생산자의 모든 역할 수행	일방향적 정보 전달 (중개자 역할 증대), 이동성에 의한 실시간 정보 전달
콘텐츠 유형	프로페셔널 콘텐츠 (뉴스, 오락 등 전 영역)	프로페셔널 콘텐츠의 정보화, 틈새 콘텐츠의 등장	UCC 본격화	텍스트, 사진, 동영상, 게임, 커머스 등 매우 다양

308

비동시적 커뮤니케이션 매체로 볼 수 없는 것은?

① 전자우편　　　　　　　　　② 전자게시판
③ 월드와이드웹　　　　　　　④ 인스턴트 메신저

> **정답** ④
>
> **풀이** ④ 인스턴트 메신저를 통한 커뮤니케이션은 동시적이다.

309

뉴미디어의 특성으로 틀린 것은?

① 문자, 음성, 음향, 영상, 기호 등 다양한 정보형태들이 영상화된 정보전달 형태로 변화되어 하나의 디지털 단말기를 통해 다양한 종류의 신호와 정보를 용이하게 송·수신하고 이용이 가능하다.
② 수용자 모두가 거의 동시에 메시지를 받을 수 있고, 자신이 원하는 시간에 프로그램을 즐길 수 있게 되어 비동시적 커뮤니케이션도 가능하다.
③ 매스미디어가 이질, 익명, 다수의 대중을 상대로 하는 데 반해 뉴미디어는 다양한 종류의 콘텐츠로 특정 계층을 목표 수용자로 한다.
④ 개별적으로 존재하던 매체들이 특성화·차별화 전략을 통해 특정영역의 독점화 경향이 두드러진다.

> **정답** ④
>
> **풀이** ④ 지금까지 개별 영역으로 존재했던 미디어들을 하나의 정보망으로 종합하고, 디지털화를 통하여 모든 매체가 하나의 매체로 통합된다.

310

소셜 미디어의 특징으로 틀린 것은?

① 정보의 가치를 유기적으로 진화시키는 원동력인 참여
② 문화적 배경을 기반으로 하는 접근의 차별
③ 피드백과 참여에 장벽이 없는 공개
④ 이용자들의 요구에 부합되는 정보 제공의 쌍방향성 대화

> **정답** ②
>
> **풀이** ② 소셜 미디어는 기본적으로 탈중심성을 특징으로 하고 있기 때문에 보편적 시민권을 촉진하고 참여를 보장한다. 또한 시·공간적 제약이 거의 없어서 전통적 대중매체에 비해 문화적 배경의 중요성도 감소한다.

리오타르의 지식과 정보의 상대주의

핵심정리　리오타르의 지식과 정보의 상대주의

- 정보적 추세에 관심을 가지고, 탈근대 문화를 특징짓는 것은 진리 주장에 대한 회의주의를 초래하는 정보적 추세의 변화라고 주장한다.
- 보드리야르, 바티모, 포스터가 기호를 강조한 반면, 리오타르는 보다 더 일반적이고 동시에 더 심층적인 수준에서 정보와 지식의 역할과 기능의 변화에 대하여 관심을 갖고 분석을 진행한다.
- 지식과 정보는 점점 더 효율과 효용의 기준으로 정당화 될 수 있는 수행성 원칙이 우세한 곳에서만 생산되는데, 이는 정보가 유용성의 기준에서 정당화되는 경우에만 수집, 분석되고 만들어진다는 것을 의미한다.
- 지식과 정보가 일종의 상품으로 취급되는 경향이 점점 커져서 정보가 점점 더 거래할 수 있는 현상으로 수행성의 판단에 결정적 영향을 미치는 시장 기제를 따르게 된다고 주장한다.

311

리오타르의 지식과 정보의 상대주의에 대한 설명으로 틀린 것은?

① 정보적 추세에 관심을 가지고, 탈근대 문화를 특징짓는 것은 진리 주장에 대한 회의주의를 초래하는 정보적 추세의 변화라고 주장한다.

② 보드리야르, 바티모, 포스터가 기호를 강조한 반면, 리오타르는 보다 더 구체적이고 동시에 더 심층적인 수준에서 정보와 지식의 역할과 기능의 변화에 대하여 관심을 갖고 분석을 진행한다.

③ 지식과 정보는 점점 더 효율과 효용의 기준으로 정당화 될 수 있는 수행성 원칙이 우세한 곳에서만 생산되는데, 이는 정보가 유용성의 기준에서 정당화되는 경우에만 수집, 분석되고 만들어진다는 것을 의미한다.

④ 지식과 정보가 일종의 상품으로 취급되는 경향이 점점 커져서 정보가 점점 더 거래할 수 있는 현상으로 수행성의 판단에 결정적 영향을 미치는 시장 기제를 따르게 된다고 주장한다.

정답　②

풀이　② 보드리야르, 바티모, 포스터가 기호를 강조한 반면, 리오타르는 보다 더 일반적이고 동시에 더 심층적인 수준에서 정보와 지식의 역할과 기능의 변화에 대하여 관심을 갖고 분석을 진행한다.

312

리오타르의 입장에 대한 설명으로 틀린 것은?

① 정보적 추세에 관심을 가지고, 탈근대 문화를 특징짓는 것은 진리 주장에 대한 회의주의를 초래하는 정보적 추세의 변화라고 주장한다.
② 보드리야르, 바티모, 포스터가 정보와 지식을 강조한 반면, 리오타르는 보다 더 일반적이고 동시에 더 심층적인 수준에서 기호의 역할과 기능의 변화에 대하여 관심을 갖고 분석을 진행한다.
③ 지식과 정보는 점점 더 효율과 효용의 기준으로 정당화 될 수 있는 수행성 원칙이 우세한 곳에서만 생산되는데, 이는 정보가 유용성의 기준에서 정당화되는 경우에만 수집, 분석되고 만들어진다는 것을 의미한다.
④ 지식과 정보가 일종의 상품으로 취급되는 경향이 점점 커져서 정보가 점점 더 거래할 수 있는 현상으로 수행성의 판단에 결정적 영향을 미치는 시장 기제를 따르게 된다고 주장한다.

> 정답 ②
>
> 풀이 ② 보드리야르, 바티모, 포스터가 기호를 강조한 반면, 리오타르는 보다 더 일반적이고 동시에 더 심층적인 수준에서 정보와 지식의 역할과 기능의 변화에 대하여 관심을 갖고 분석을 진행한다.

313

포스트모던 이론가들의 관점에 대한 설명으로 틀린 것은?

① 장 보드리야르는 현대 문화를 '기호의 문화'라고 본다.
② 잔니 바티모는 '거대 이론' 혹은 '대서사'의 종말이 모더니즘의 '진리' 주장을 크게 약화시켰다고 본다.
③ 마크 포스터가 말하는 전자 매개 시대에 있어서의 새로운 '정보양식'이란 대면적 말하기나 문자를 통한 글쓰기와는 상이한 전자 언어적 경험에 의해 매개되는 새로운 사회관계를 의미한다.
④ 장 프랑수아 리오타르 수행성의 원리와 지식과 정보가 상품으로 취급되는 경향으로 인해 관념적인 이론적 지식보다는 실제적으로 유용한 지식과 정보만이 주도적으로 생산되고 그러한 지식과 정보의 상품화가 두드러지게 된다고 본다.

> 정답 ②
>
> 풀이 리오타르의 주장이다. 바티모는 미디어의 성장에 따른 정보의 폭발적 증가가 어떤 고정된 실체나 '참된 것'에 대한 모더니스트들의 신념은 물론 그에 대한 사람들의 관념을 크게 약화 또는 붕괴시켜 왔다고 본다.

49 커뮤니케이션의 이해

○ 핵심정리 **구조적 관점**

(1) 정의

- 커뮤니케이션을 정보 또는 메시지의 단순한 송·수신 과정으로 보고, '송신자–메시지–수신자'로 이어지는 정보나 메시지를 보내고 받는 과정에 주목하는 견해이다.
- 커뮤니케이션은 정보나 메시지를 보내고 받는 과정이다.
- 커뮤니케이션은 정보가 한 곳에서 다른 곳으로 흐르는 과정이다.
- 정보나 메시지 유통과정에 비중을 두고, 의미나 유발하는 결과는 경시하는 것이 특징이다.
- 어떤 경로를 통하여 정보가 흐르며, 어떻게 하면 그것을 신속, 정확하게 한 곳에서 다른 곳으로 보낼 수 있느냐의 기술적 문제를 중시한다.
- 대표적 학자로는 정보이론학자인 섀넌과 위버(Shannon and Weaver), 위너(Wiener), 레이즈벡 (Raise beck) 등이 있다.

(2) 모형

〈섀넌(Shannon)과 위버(Weaver)의 수학적 모형〉

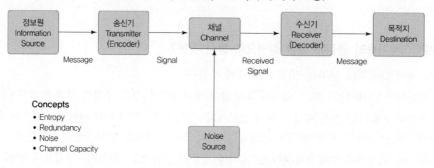

- 커뮤니케이션은 정보원에서 목적지까지 메시지를 전달하는 과정이다.
- 정보원이 전달정보를 취사선택하여 메시지를 만들고, 송신기(transmitter)로 보내면 송신기는 그 메시지를 음파나 광파 등 신호(signal)로 바꾸어 채널(channel)을 통하여 다시 메시지로 환원하여 목적지(destination)에 전달한다.
- 채널 잡음(noise)이 생기면 신호의 송신방해로 커뮤니케이션의 효율성이 저하된다.

314

커뮤니케이션을 바라보는 관점 중 구조적 관점의 정보 또는 메시지의 송·수신 과정을 나열한 것으로 옳은 것은?

① 송신자-해독-수신자
② 메시지-미디어-수신자
③ 송신자-메시지-수신자
④ 메시지-미디어-해독

정답 ③

풀이 ③ 구조적 관점은 커뮤니케이션을 정보 또는 메시지의 단순한 송·수신 과정으로 보고, '송신자-메시지-수신자'로 이어지는 정보나 메시지를 보내고 받는 과정에 주목하는 견해이다.

315

'송신자-메시지-수신자'로 이어지는 구조적 관점의 정보 또는 메시지의 송·수신 과정에서 수신자에 포함시킬 수 있는 것으로 옳은 것은?

① 해독
② 송신기
③ 정보원
④ 기호화

정답 ①

풀이 ① 섀넌(Shannon)과 위버(Weaver)의 수학적 모형에서 해독, 즉 Decoder는 수신자에 해당한다.

⚲ 핵심정리 | 기능적 관점

(1) 정의
- 커뮤니케이션을 인간들의 기호사용 행위 자체로 보고 그 기호화 및 해독과정에 중점을 둔다.
- 어떻게 인간들이 기호를 사용해서 서로 의미를 창조하고 공통의미를 수립하는가의 기능적인 측면에 중점을 둔다.
- 커뮤니케이션을 인간의 본능적 · 비의도적 행위로 인지한다.
- 스티븐스(Stevens)는 어떤 자극에 대한 한 생물체의 분별적 반응으로 정의한다.
- 대표적 학자는 언어심리학자나 일반 의미론학자들로 오스굿(Osgood), 수시(Susi), 탄넨바움 (Tannenbaum), 골지브스키(Korzybski), 리이(Lee), 하야까와(Hayakawa), 리차즈(Richards) 등이다.

(2) 모형

〈슈람(Schramm)의 커뮤니케이션 모형〉

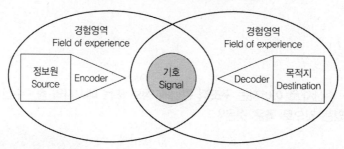

- 두 개체가 기호를 매개로 서로 공통된 의미, 즉 같은 경험영역을 공유하는 과정이다.
- 경험영역을 뜻하는 두 개의 원이 많이 겹칠수록 커뮤니케이터와 수용자 간 커뮤니케이션이 잘 이루어진 것을 의미한다.

316
커뮤니케이션을 바라보는 관점 중 구조적 관점에 대한 설명으로 옳은 것은?

① 커뮤니케이션을 본능적 · 비의도적 행위로 인지한다.
② 고안된 메시지는 채널을 통해 수신자에게 전달된다.
③ 커뮤니케이션 과정에서 기호화 및 해독과정을 중시한다.
④ 커뮤니케이션을 정보 또는 메시지의 단순한 송 · 수신 과정으로 본다.

정답 ④

풀이 ① 기능적 관점이다.
　　② 의도적 관점이다.
　　③ 기능적 관점이다.

(1) 정의

- 한 인간이 다른 인간에게 영향을 미치기 위하여 의도적으로 계획된 행위이다.
- 한 개인 커뮤니케이터가 다른 사람들인 수용자의 행동을 변화시키기 위하여 자극(대체로 언어적 자극)을 보내는 과정이다(Hovlan).
- 커뮤니케이션 행위자(source)가 수용자의 행동에 영향을 미치려는 의식적인 의도를 가지고 수용자에게 메시지를 보내는 행위이다(Miller).
- 대표적 학자로 호블랜드(Hovland), 체리(Cherry), 아이젠슨(Eiexenson), 오우어(Auer), 어윈(Irwin) 등이 있다.

(2) 모형

〈벌로(Berlo)의 SMCR 모형〉

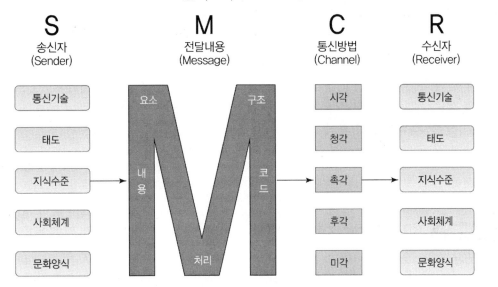

- 송신자란 한 개인뿐 아니라 신문사, 방송국 또는 국가 등 어떤 목적을 가지고 커뮤니케이션 행위를 시도하는 모든 것을 포함한다.
- 송신자 또는 커뮤니케이터는 주어진 목적을 달성하기 위하여 메시지를 고안한다.
- 메시지는 구체적으로 내용(content), 처리(treatment), 코드(code)요소로 구성한다.
- 처리란 메시지의 조직, 배열, 문제 등을 의미하고 코드란 언어, 그림 등 기호를 의미한다.
- 고안된 메시지는 채널을 통해 수신자(receiver)에게 전달된다.

317

커뮤니케이션을 바라보는 관점 중 입장이 다른 것은?

① 고안된 메시지는 채널을 통해 수신자에게 전달된다.

② 메시지는 구체적으로 내용, 처리, 코드 요소로 구성된다.

③ 두 개체가 기호를 매개로 서로 공통된 의미를 공유하는 과정이다.

④ 수용자에게 영향을 미치기 위하여 의도적으로 계획된 행위이다.

318

벌로(Berlo)의 SMCR 모형에 대한 설명으로 옳은 것은?

① 구조적 관점에 해당한다.

② 커뮤니케이션을 정보 또는 메시지의 단순한 송·수신 과정으로 본다.

③ 메시지는 구체적으로 내용(content), 처리(treatment), 코드(code) 요소로 구성된다.

④ 경험영역을 뜻하는 두 개의 원이 많이 겹칠수록 커뮤니케이터와 수용자 간 커뮤니케이션이 잘 이루어진 것을 의미한다.

정답 ③

풀이 ③ 벌로(Berlo)의 SMCR 모형은 의도적 관점에 근거한다.

핵심정리 커뮤니케이션의 장애요인(Axley)

(1) 지각 장애

실제 사물(현실, 실재)에 대한 관점을 의미하는 지각 작용은 개인에 따라 보고 해석하는 내용이 다르므로 사물 그대로를 보지 못하는 데서 문제가 발생한다.

(2) 언어 장애

언어(language) 혹은 어의(semantic) 측면에서 빈번하게 발생하는 것으로 개인에 따라 정확한 뜻이 모두 다를 수 있기 때문에 커뮤니케이션 상호 오해와 문제가 발생한다.

(3) 하향식 – 상향식 – 횡적 의사소통의 장애

- 하향식 의사소통은 공간적, 심리적인 거리가 장애요소로 작용하나 상향식 의사소통은 관리자가 메시지를 의도했던 대로 받아들이지 않거나 부하가 정보를 전달할 기회를 갖지 못하거나 전달할 정보를 선택하지 않는 경우 장애 요인이 된다.
- 아울러 상향식 의사소통은 상위적 수신자의 지위를 의식하여 좋지 않은 정보는 신속, 정확하게 전달하지 않으려는 경향이 있을 수 있다.
- 횡적 의사소통의 경우는 견해의 차이 상호 간의 경쟁, 지위간의 격차 등이 장애요인이 된다.

(4) 보호적 여과작용(filtering)

하의상달의 경우 조직내 모든 구성원들은 제각기 직무상 그들의 의견, 불편, 불만을 토론해서 경영에 반영, 개선하기를 바라나 일선직원의 의사나 건의는 상사들에게 전달되는 과정에서 상사의 감정을 해칠 우려가 있어 자기에게 불리한 의견은 삭제(여과)되어 결국, 하부의 의사는 극소부분만 전달되어 본래의 기능을 다하지 못한다.

(5) 신뢰성의 부족
- 전달자가 보유한 전문지식, 신용, 의향, 온화, 행동적 특성, 평판 등 전달자의 신뢰성이 영향을 미친다.
- 특정 전달자에 대한 평판이나 전달자에게 겪은 과거 경험을 통하여 형성된 선입관에 따라 전달자에게 내리는 평가적 경향을 갖게 된다.

(6) 준거의 틀(frame of reference)
- 개인마다 모두 다른 준거 체계를 가지고 그것을 기반으로 같은 상황을 놓고도 저마다 다르게 해석한다.
- 사회적 지위, 신분, 소득이 유사한 사람들은 같은 준거집단을 형성하고 동질적인 상호이해를 할 가능성이 높고, 교양, 취미, 학력수준, 사고, 판단과 태도 및 신념체계가 판이하게 다를 경우 준거의 틀이 상이하므로 공감대가 형성되기 어렵다.

319
커뮤니케이션의 장애요인에 대한 설명으로 틀린 것은?

① 하향식 의사소통의 장애 : 공간적, 심리적인 거리가 장애요소로 작용한다.
② 언어 장애 : 개인에 따라 정확한 뜻이 모두 다를 수 있기 때문에 커뮤니케이션 상호 오해와 문제가 발생한다.
③ 지각 장애 : 교양, 취미, 학력수준, 사고, 판단과 태도 및 신념체계가 판이하게 다를 공감대가 형성되기 어렵다.
④ 신뢰성의 부족 : 특정 전달자에 대한 평판이나 전달자에게 겪은 과거 경험을 통하여 형성된 선입관에 따라 전달자에게 내리는 평가적 경향을 갖게 된다.

정답 ③

풀이 준거의 틀(frame of reference)이 상이하여 발생하는 커뮤니케이션 장애에 대한 설명이다. 실제 사물(현실, 실재)에 대한 관점을 의미하는 지각 작용은 개인에 따라 보고 해석하는 내용이 다르므로 사물 그대로를 보지 못하는 데서 문제가 발생하는 것을 지각 장애라고 한다.

50 커뮤니케이션의 유형

핵심정리 전통적 커뮤니케이션 유형별 특성 비교

구분	자아	대인	집단	조직	매스
참여자수	1인	2~3인	3~10인	10인 이상	대중
친밀/공식적	가장 친밀	대체로 친밀	친밀/공식적	대체로 공식적	공식적
피드백	100%	많은	중간	적음	적고 지연적
메시지 계획성	전혀	약간	약간	대체로 계획적	100% 계획적
송·수신자 역할	동시적	교대로	교대로	1 : 다수	1 : 다중

핵심정리 뉴 커뮤니케이션의 특성

(1) 상호작용적(interactive) 양방향(two-way)커뮤니케이션

송신자가 수신자로부터 받은 환류(feedback)를 수용하면서 지속적으로 그 내용을 수정하여 수신자에게 수정된 내용을 발송할 수 있는 상황을 의미한다.

(2) 동시적 · 비동시적 커뮤니케이션

수용자 모두가 거의 동시에 메시지를 받을 수 있고, 자신이 원하는 시간에 프로그램을 즐길 수 있게 되어 모든 수용자들이 특정시간에 시청할 필요가 없게 됨으로써 비동시적 커뮤니케이션도 가능하다.

(3) 커뮤니케이션 범주들 간 구분이 사라진 새로운 유형

• 기술 융합과 문화적 관습 변화로 커뮤니케이션 범주들 간 구분이 사라진 새로운 유형이다.

• 인터넷이나 모바일을 통한 커뮤니케이션은 대중, 대집단, 소집단, 대인 간 커뮤니케이션을 자유롭게 오가며 수용자들이 원하는 자유로운 커뮤니케이션이 가능하다.

320

다음에서 설명하고 있는 소설로 옳은 것은?

시뮬라크르가 실재에 우선하는 포스트모던사회의 양상을 SF형식을 빌려 공간적 개념으로 형상화시킨 가상공간인 사이버스페이스의 개념과 성격 묘사를 현실세계의 모습 속에 투영시키거나 삽입함으로써 독자로 하여금 사이버스페이스 모습을 자연스럽게 인지할 수 있도록 환상적 소재를 다루었다.

① 뉴로맨서
② 카운트 제로
③ 클라우드 아틀라스
④ 안드로이드는 전기양의 꿈을 꾸는가?

정답 ①
풀이 ① 뉴로맨서에 대한 설명이다.

321

다음 중 사이버스페이스와 관련이 적은 개념으로 옳은 것은?

① 뉴로맨서

② 피크노렙시

③ 사이보그

④ 가상자아

정답 ②

풀이 ② 비릴리오는 피크노렙시를 통해 '연속적인 시간으로부터 벗어나 체험한 시간으로부터 사물을 뜯어내어, 사물을 느끼는 시간을 속도로 바꾸는 것이 가능하다.'고 본다. 피크노렙시는 사이버 공간과는 관련이 없는 개념이다.

322

면대면 커뮤니케이션과 사이버 공간에서의 커뮤니케이션의 특징에 대한 설명으로 틀린 것은?

① 사이버 공간에서의 커뮤니케이션이 대상에 대한 정보가 더 많다.

② 면대면 커뮤니케이션이 정보전달의 정확도가 더 높다.

③ 사이버 공간에서의 커뮤니케이션은 시·공간적 제약을 받지 않는다.

④ 면대면 커뮤니케이션이 상대방을 설득하는 데 더 효과적이다.

정답 ①

풀이 ① 비언어적 단서(표정, 몸짓 등)와 사회적 단서(계급, 성, 연령 등)를 결여한 사이버 공간에서의 커뮤니케이션에서는 커뮤니케이션 대상에 대한 정보가 부족하여 정서적으로 친숙한 관계가 형성되기 어렵다.

② 의사소통의 비언어적 요소들은 커뮤니케이션에서 언어적 요소에 정확한 의미를 제공하거나 이해를 돕는 데 크게 기여한다.

핵심정리 | 의사소통의 구성 요소

의사소통의 구성 요소로는 발신자, 정보, 전달 매체, 수신자, 반응이 있으며 각각에 대한 내용은 아래와 같다.

(1) **발신자**

행위자를 의미하며, 개인 또는 집단일 수 있다.

(2) **정보**

발신자가 보내고자 하는 내용으로 객관적 사물, 사상, 개념, 감정 등이 이에 해당하며, 메시지라고도 한다.

(3) **전달 매체**

메시지를 전달하는 방식으로 언어적 방법인 말과 글, 비언어적 방법인 몸짓, 표정, 행동 등이 있다.

(4) **수신자**

메시지를 받는 개인이나 집단을 말한다.

(5) **반응**

메시지를 받는 수신자의 응답을 의미하며, 발신자가 의도한 반응을 효과라고 한다.

323

의사소통의 구성 요소로 볼 수 없는 것은?

① 정보

② 매체

③ 이해

④ 반응

정답 ③

풀이 ③ 의사소통의 구성 요소로는 발신자, 정보, 전달 매체, 수신자, 반응이 있다.

핵심정리 의사소통의 유형

(1) 언어적 요소

언어적 요소는 말과 문자로 구성되어 있다.

(2) 준언어적 요소
- 준언어적 요소는 메타커뮤니케이션 기능을 담당하는 것으로 언어적 요소에 수반하는 모든 성대음으로 음성의 크기, 높이, 길이를 비롯하여 잔기침, 콧소리, 신음 소리와 같은 모든 소리가 여기에 해당한다.
- 그리고 문장 자체가 표현하는 정보 그 자체와는 무관하지만 발화체에 문맥과 상황에 부합된 적절한 해석을 제공하는 한편 화자나 저자에 대한 여러 추론을 위한 기초를 제공한다는 특징도 있다.

(3) 비언어적 요소
- 비언어적 요소는 의사소통의 과정에서 대개 시각적으로 인지되는 것으로 화자의 동작, 자세, 시선, 표정을 비롯하여 공간이나 시간의 사용, 접촉, 그리고 외모 등을 포괄한다.
- 그리고 의사소통상에서 언어적 요소에 정확한 의미를 제공하거나 이해를 돕는 데 크게 기여한다. 참여자 간에 의사소통이 원만하게 이루어지기 위해서는 발신자가 부호화하여 메시지를 작성하고 수신자가 그 메시지를 해석하는 과정에서 활용하는 다양한 요소들을 이해하여야 한다.
- 그 요소들이 생리적, 심리적, 사회적, 문화적 특성 등인데 이 중에서도 의사소통의 적절성에 가장 크게 작용하는 것은 문화적 특성이다.

324

구두 언어와 문자에 대한 설명으로 틀린 것은?

① 인간의 물리적 이동 가능성과 깊은 관계를 맺는다.
② 인간의 육체가 지배하는 구체적 삶 안에서 연결해주는 소통 도구이다.
③ 물리적 공간 이동성의 한계를 극복하지 못하는 순간, 소통의 역할을 하지 못하게 된다.
④ 직관과 추상성, 엄밀성을 전제로 하는 의미 중심의 숫자와 프로그래밍 언어와는 달리 문제해결 중심의 소통의 도구이다.

정답 ④

풀이 ④ 구두 언어와 문자는 의미 중심의 소통 도구이다. 참고로 숫자와 프로그래밍 언어는 직관과 추상성, 엄밀성을 전제로 물리적 공간 이동성의 한계를 극복하고, 통·번역이 필요 없는 소통 도구의 미덕을 갖추었다. 이는 의미 중심의 소통이 아닌, 문제해결 중심의 소통이다.

(1) 의의
- 비언어적 행위의 특성은 구조적, 의미적, 문화상황적 측면을 고려하여 정리할 수 있다.
- 비언어적 의사소통 행위는 의사소통의 과정에서 다양한 기능을 갖는다. 그 중 대표적인 것이 언어적 표현에 수반되어 발신자의 내적 감정을 부가적으로 드러내는 기능과 발신자가 비언어적 표현으로 언어적 표현을 대체하여 자기의 의사를 간접적으로 전달되게 하는 기능을 가지고 있다.

(2) 비구조성
비언어적 의사소통 행위는 언어 형식과 달라 이를 구조화하는 데 일정한 규칙이나 통제할 제약이 없을 뿐만 아니라 일정한 의미에 대한 일성한 형식을 반느시 갖추어야 한나는 세약 따위가 없다. 이것이 비언어적 행위의 비구조성이다.

(3) 비분절성과 총체성
언어 표현이 분절성을 가진다면 비언어적 의사소통 행위는 분절할 수 없으며 행위의 전체가 하나의 의미를 담는 총체성을 지닌다.

(4) 의미단위의 개체성
의미단위의 개체성은 총체성과 관련 있는 것으로 비언어적 의사소통행위는 구조 전체가 하나의 개체가 되어 하나의 의미와 대응한다.

(5) 상황의존성
상황의존성은 동일한 언어표현이 상황에 따라 달리 해석되는 것과 동일한 것으로 비언어적 의사소통 행위도 동일한 형식이 상황에 따라 다른 의미를 지닌다.

(6) 문화의존성
비언어적 의사소통 행위는 문화적 요소에 의해 그 해석이 달라진다. 물론 표정이나 감정의 표현 등은 문화 보편적인 것이지만 대부분의 것들은 문화의존적이다.

(7) 시각의존성과 가시성
언어적 의사소통 행위가 발성과 청취에 의해 의미 구성을 하는 청각 중심적 특성을 지니는 반면 비언어적 의사소통 행위는 담화 장면 현장이라는 가시적인 환경에서 시각을 통해 인지하여 의미해석이 이루어진다.

325

비언어적 행위의 특성으로 틀린 것은?

① 구조적   ② 비분절적
③ 상황 의존적   ④ 시각 의존적

정답   ①

풀이   ① 비언어적 의사소통 행위는 언어 형식과 달리 이를 구조화하는데 일정한 규칙이나 통제할 제약이 없을 뿐만 아니라 일정한 의미에 대한 일정한 형식을 반드시 갖추어야 한다는 제약 따위가 없다. 이것이 비언어적 행위의 비구조성이다.
② 언어 표현이 분절성을 가진다면 비언어적 의사소통 행위는 분절할 수 없으며 행위의 전체가 하나의 의미를 담는 총체성을 지닌다.

③ 동일한 언어표현이 상황에 따라 달리 해석되는 것과 동일한 것으로 비언어적 의사소통 행위도 동일한 형식이 상황에 따라 다른 의미를 지닌다.

④ 언어적 의사소통 행위가 발성과 청취에 의해 의미 구성을 하는 청각 중심적 특성을 지니는 반면 비언어적 의사소통 행위는 담화 장면 현장이라는 가시적인 환경에서 시각을 통해 인지하여 의미해석이 이루어진다.

326

다음 글에서 설명하고 있는 비언어적 의사소통의 요소로 옳은 것은? [2020년 기출]

> 다른 비언어적 표현들에 비해 감정 표현의 기능은 제한적이라고 할 수 있지만 전체적인 상대방의 상태를 보다 정확히 알 수 있는 단서를 제공하고 사회적 역할이나 지위의 차이를 드러낼 수 있다.

① 표정   ② 몸짓
③ 자세   ④ 가공적 행위

정답 ③

풀이 ③ 자세는 사람의 인상을 결정짓는 데 중요한 역할을 한다. 따라서 상황에 적절치 않은 자세는 본인의 의도와 상관없이 부정적인 이미지를 만들게 된다. 자세는 얼굴표정이나 몸짓보다 전체적인 상대방의 상태를 보다 정확히 알 수 있는 단서를 제공하는데, 구부정한 자세는 침울함 또는 열등감이나 주목받고 싶지 않은 느낌의 표시이며 똑바른 자세는 강한 자신감이나 개방성을 나타낸다. 메러비안(Albert Mehrabian)은 역할이나 지위에 따른 자세를 관찰하였는데, 지위가 높은 사람은 보다 편안하고 여유 있는 자세를, 지위가 낮은 사람은 좀 더 꼿꼿하고 긴장된 자세, 혹은 균형 잡힌 자세를 취한다고 했다. 따라서 자세는 다른 비언어적 행위와 마찬가지로 사람의 판단기준으로도 작용하는데 머리를 들고, 어깨를 펴고, 턱을 들고, 모든 동작을 자신 있게 하는 사람은 신뢰도에 높은 평가를 받는 반면, 어깨를 축 늘어진 채 시선을 아래로 향하고 움츠린 사람은 자신감 없는 사람으로 신뢰도가 낮은 평가를 받는다.

327

비언어적 행위의 특성으로 틀린 것은?

① 총체성   ② 구조성
③ 문화의존성   ④ 시각의존성

정답 ②

풀이 ② 비언어적 의사소통 행위는 언어 형식과 달라 이를 구조화하는데 일정한 규칙이나 통제할 제약이 없을 뿐만 아니라 일정한 의미에 대한 일정한 형식을 반드시 갖추어야 한다는 제약 따위가 없다. 이것이 비언어적 행위의 비구조성이다.

♀ 핵심정리 신체언어의 특성

(1) 의의
- 신체 언어는 인간의 신체를 통해서 나타나는 의사 표시의 한 형식이다. 따라서 신체언어의 범위는 인간의 머리끝에서 발끝까지 모든 인체 기관을 통해 보일 수 있는 모든 물리적인 동작뿐만 아니라 심리적인 현상이 드러나는 얼굴의 표정이나 몸짓, 자세 등 모두가 해당한다.
- 그리고 이들은 모두 일정한 의미개념을 지니면서 사회 구성원 간에 약호로서의 자격을 갖는다. 이러한 신체언어는 언어적 표현이나 준언어적 표현, 그리고 비언어적 표현의 하나인 '침묵'과 다른 특성이 있다.

(2) 언어대체성
신체언어의 특성 중 가장 두드러지는 것은 언어대체성이다. 이는 의사소통상에 발신자가 순수한 신체언어만을 사용할 경우에 해당하는 것으로 언어적 표현을 완전히 대체하여 발신자가 자기의 의사를 드러내는 것이다.

(3) 언어표현의 보완
언어표현과 더불어 실현되는 신체언어의 특성으로 언어표현을 보완하는 것이다. 담화현장에서 담화 참여자는 다양한 메시지를 사용하는데, 효과적으로 의사를 전달하기 위해 언어적 표현과 더불어 신체언어를 사용한다. 이때 신체언어는 준언어적 요소와도 유사한 역할을 하여 언어표현을 보완한다.

(4) 함축성
함축성은 신체언어가 언어표현보다는 그 의미적 폭이 크다는 점을 이르는 것이다.

(5) 시각의존성
- 대체로 비언어적 요소에 해당하는 것이 시각에 의해 의미가 수용되지만 신체언어는 다른 것에 비해 시각의존도가 절대적이다. 신체언어가 의사소통에 크게 작용하는 것은 약호로서 사회 구성원 간에 통용되기 때문이다.
- 신체언어는 발신자 측면에서 보면 생리적으로 실현되는 것이지만 수신자는 우선 시각에 의존하여 신체언어의 형식을 수용하고 이어 학습한 문화에 의존하여 신체언어의 형식을 해독하는 과정을 거친다. 이는 음성언어가 청각영상에 의존한다는 점과의 차이가 있다.
- 신체언어가 공간적 제약을 받는다는 것도 바로 이 시각의존성과 관련이 있다. 신체언어는 시각이 미치는 공간 내에서만 의사소통의 행위로서 가치를 지님과 동시에 음성언어를 통한 의사소통이 제한되는 공간이나 환경에서 적절히 사용되기도 한다.

328

언어표현과 함께 사용되지 않는 것을 특징으로 하며 때로는 금기어를 지칭하기 위해서 사용되는 신체언어로 옳은 것은?

① 표정　　　　　　　　　　　② 시선
③ 자세　　　　　　　　　　　④ 상징

정답 ④

풀이 상징에 대한 설명이다.

329

신체언어에 대한 설명으로 틀린 것은?

① 신체언어의 대부분을 차지하는 것은 몸짓이다.

② 신체언어는 시각 의존성이 중심이 되어 성립한다.

③ 시선은 생리적인 반응으로 비교적 문화독립적이다.

④ 자세는 몸짓의 한 부분에 해당하나 관습이나 전통에 의해 학습되는 과정을 거치면서 형성된 신체언어이다.

정답 ③

풀이 표정에 대한 설명이다. 표정을 통해 드러난 심리현상이나 감정은 대개 '기쁨, 슬픔, 노여움, 즐거움, 혐오, 경멸, 당혹, 관심, 결심 등'을 들 수 있는데 이들은 생리적인 반응으로 비교적 문화독립적이다. 시선은 부분적으로 신분이나 성별에 따라 제약이 주어지는데 이 점이 문화의존적이다.

핵심정리 신체언어의 종류

(1) 의의

시각 의존성이 중심이 되어 성립되는 신체언어는 인간의 신체부위 모두에 의해서 그 형식이 표현된다. 곧, 신체언어의 구성요소는 신체부위 모두가 해당한다는 것이다. 이러한 신체부위를 이용하여 생성하는 신체언어의 종류에는 '표정, 시선, 몸짓(gesture), 자세, 상징(emblem)'을 들 수 있다.

(2) 표정

• 표정은 얼굴에 있는 근육과 기간을 통해 나타나는 것으로 다분히 생리적인 현상에 해당한다. 의사소통 과정에서 발신자는 표정을 통해 심리 현상과 감정을 드러내고 수신자는 이를 통해 발신자의 심리나 감정을 전달받는다.

• 표정을 통해 드러난 심리현상이나 감정은 대개 '기쁨, 슬픔, 노여움, 즐거움, 혐오, 경멸, 당혹, 관심, 결심 등'을 들 수 있는데 이들은 생리적인 반응으로 비교적 문화독립적이다.

(3) 시선

• 표정은 얼굴에 나타나는 것인 반면 눈, 입과 같은 얼굴의 부분을 통한 신체언어가 있다. 얼굴의 부분 중에서 눈과 입은 그 움직임에 능동성이 있기 때문에 다양한 움직임을 통해 여러 의미의 신체언어를 연출할 수 있는데 그 대표적인 것이 시선이다.

• 시선은 눈의 동작이나 위치에 따라 다양한데 시선의 양상에 따라 발신자가 나타내고자 하는 의미는 다르다. 시선은 부분적으로 신분이나 성별에 따라 제약이 주어지는데 이 점이 문화의존적이다.

(4) 몸짓

• 신체언어의 대부분을 차지하는 것은 몸짓이다. 인체의 모든 부위, 머리, 목, 몸통, 손, 팔, 허리, 다리, 발 등의 움직임이 여기에 해당한다.

• 이들의 움직임이 의사소통상에서 일정한 의미를 가지기 위해서는 언어공동체 구성원 간에 약호로서 인정되어야 하며 그 과정에 해당 문화환경이 작용한다. 따라서 몸짓에 의한 신체언어는 다소 문화의존적이다.

(5) 자세

- 자세는 몸짓의 한 부분에 해당하나 관습이나 전통에 의해 학습되는 과정을 거치면서 형성된 신체 언어이다.
- 문화, 개인, 종교, 직업, 사회계층, 성별, 나이 등에 따라 다르게 나타나며 그 의미도 문화환경 속에 서 파악된다.

(6) 상징

- 상징 또한 몸짓 신체언어의 일종인데 이는 문화적으로 관습적인 의미를 지니고 있으며 언어표현과 함께 사용되지 않는다. 상징의 존재 이유는 말을 대신하기 위해 쓰이며 때로는 금기어를 지칭하기 위해서 사용된다.
- 상징이 지니는 또 하나의 특징은 그것의 형태에 대해 언어 공동체 구성원 간 동의가 이미 이루어 져 있다는 것이다. 따라서 이는 문화특징적이다.

커뮤니케이션과 미디어 편향성

🔖 **핵심정리** 미디어 편향성

학자	속성	편향성에 따른 미디어 구분
이니스 (Innis)	물리적 내구성	• 공간 편향적 미디어(종이, 파피루스, 전자미디어 등)는 한 지역에서 다른 지역으로 메시지를 운반, 현재와 미래 지향적이고 정치권력의 신장과세속적인 제도 확대에 기여, 제국건설, 복잡한 관료제도, 군사제도의 팽창이 가능 • 시간 편향적 미디어(양피지 진흙 돌등)는 관습 권위, 공동체, 영속성, 역사성, 신성화 등이 강조되는 전통적 사회체계에서 주로 활용, 세대에서 세대로의 메시지 전수에 상대적으로 용이
맥루한 (McLuhan)	감각 참여	• 미디어가 특정한 감각을 확장하거나 강조함으로써 새로운 감각 배합의 비율 발생, 감각이 참여하는 비율과 사용방식에 의해 인간 경험을 결정 • 뜨거운 미디어(hot media)는 사진, 책, 영화 등 정세도가 높고 정보의 양이 많아 감각을 밀어내거나 특정 감각의 불균등한 확장이 발생 • 차가운 미디어(cool media)는 만화, 전화, 텔레비전 등 정세도가 낮고 정보량이 적어 다양한 감각을 참여시켜 공감각인 감각조건 형성
옹 (Ong)	언어	• 구술문화와 문자문화가 가진 정신역학을 연구 • 제1구술문화와 제2구술문화로 구분하는 말과 쓰기의 차이 • 제2구술성은 인쇄와 문자에 기반한 구술성
포스트만 (Postman)	종합적 관점	• 이니스, 맥루한, 옹의 편향성 개념을 더욱 확장 • 정보를 코드화 하는 상징적 형태에 따른 정서적 · 지적 · 편향성 • 정보를 코드화, 저장, 전송하는 물질적 형태에 따른 시간적 · 공간적 · 감각적 편향성 • 상징적 형태에 대한 접근 가능성에 따른 정치적 편향성 • 참여양상에 따른 사회적 편향성 • 서로 다른 시 · 공간적 편향성에 따른 형이상학적 편향성 • 미디어의 상징적 혹은 물질적 형태에 따른 내용적 편향성 • 인식적 · 이념적 편향성 제시

🔖 **핵심정리** 임플로전(Implosion)

임플로전(Implosion)이란 물체가 스스로 무너지거나 압착됨으로써 파괴되는 과정으로 폭발(explosion)의 상대어이다. 임플로전은 부피를 줄여 물질과 에너지를 집중시킨다. 진정한 임플로전은 보통 낮은 내부 압력 및 높은 외부 압력, 또는 내부 및 외부 힘 사이의 차이와 관련이 있다. 즉 구조 그 자체가 안쪽으로 붕괴한다. 맥루한은 사이버 공간 속에서 시공(時空)이나 공사(公私) 혹은 말과 글 그리고 실재와 가상의 경계가 파괴된다는 의미로 임플로전을 사용하였다.

330

맥루한의 임플로전(Implosion)과 익스플로전(explosion)에 대한 설명으로 옳은 것은?

① 임플로전은 정보의 확산과 전파를 나타내며, 익스플로전은 정보의 집약과 집중을 나타낸다.
② 임플로전은 전통적인 매체를 통한 일방향적인 정보 전달을 의미하며, 익스플로전은 새로운 매체를 통한 양방향적인 정보 전달을 의미한다.
③ 임플로전은 미디어의 분산화를 의미하며, 익스플로전은 미디어의 중심화를 의미한다.
④ 임플로전은 미디어로 인해 정보와 미디어가 사회의 중심으로 집중되는 것을, 익스플로전은 사회의 모든 곳으로 분산되는 것을 나타낸다.

정답 ④

풀이 ② 임플로전과 익스플로전은 일방향적 또는 양방향적 정보 전달과 직접적으로 연결되지 않는다.
④ 정보만의 집중이나 미디어만의 집중이 아니라 미디어로 인한 정보의 집중이 임플로전이고, 미디어로 인한 정보의 분산이 익스플로전이다.

핵심정리　옹의 구술문화적 사고와 표현의 특징

(1) 의의
- 구술문화 속에 사는 사람들은 말에는 마술적인 힘이 있다고 생각한다.
- 말이란 반드시 발화되는 것이며 소리로서 울리는 것이며 그러므로 힘에 의해서 말해지는 것이다.
- 활자에 깊이 영향을 받고 있는 사람들은 말이란 우선 첫째로 목소리이며 사건이며 그러므로 필연적으로 힘에 의해 생기는 것이라는 사실을 잊고 있다.
- 왜냐하면 그들은 오히려 말을 어떤 평면상에 내던져진 사물과 같이 생각하는 경향이 있기 때문이다.

(2) 종속적이라기보다 첨가적이다.
- 글에서는 이야기 진행 방식이 and, when, then, thus, while로 바뀌어져 분석적이고도 추론적인 종속관계라는 특징을 나타낸다.
- 그러나 구술문화에서는 and를 덧붙여 나가는 첨가적 구조가 나타난다.

(3) 분석적이라기보다는 집합적이다.
- 구술문화에 입각한 사고와 표현의 구성 요소들은 뿔뿔이 흩어져 있다기보다 한데 모여서 덩어리가 되는 경향이 있다.
- 예컨대 병렬적인 단어나 구나 절, 대비적인 단어나 구나 절, 형용구와 같은 것이 있다.

(4) 장황하거나 다변적이다.
- 장황스러운 말투, 즉 직전에 말해진 것의 되풀이는 화자와 청자 양쪽을 이야기의 본 줄거리에서 벗어나지 않도록 단단히 비끄러매 둔다.
- 구술문화는 유창함, 거친 말투, 다변을 촉발한다. 중세에서 르네상스에 걸쳐 쓰인 초기의 쓰기 텍스트는 종종 부연되어 부풀어 올라 있어서 현대의 잣대로 재보면 지루할 만큼 장황스럽다.
- 이런 영향은 낭만주의 시대까지 혹은 그 이후까지도 남아 있었다.

(5) 보수적이거나 전통적이다.

- 구술사회에서는 여러 세대에 걸쳐서 끈기 있게 습득된 것을 몇 번이고 되풀이해서 입으로 말하는 데 대단한 에너지를 투입하지 않으면 안 된다.
- 그 결과 응당 지적인 경험들이 유산으로 남겨져 정신을 이루는데, 그래서 이 정신은 매우 전통주의적이고도 보수적인 틀을 취하게 된다.
- 당연히 지식은 습득하기 어려운 것이어서 고귀해짐으로써 전문적으로 지식을 보존하고 있는 박식한 노인들이 이 사회에서 높이 평가된다.
- 그들은 옛 시대의 이야기를 알고 있어서 말할 수 있기 때문이다.

(6) 인간의 생활세계에 밀착하게 된다.

- 쓰기는 생활 경험으로부터 일정한 거리를 두고서 지식을 구조화한다.
- 그리고 세련된 분석적인 카테고리라는 것은 그러한 쓰기에 의존하고 있다.
- 그런데 구술문화는 그 세련된 분석적인 카테고리가 결여되어 있어서, 그 모든 지식을 인간 생활세계에 다소라도 밀접하게 관련시키는 방식으로 개념화하고 언어화하지 않을 수 없다.
- 그리고 그러한 개념화와 언어화는 외적이고도 객관적인 세계를 더욱 직접적으로 가까이 알고 있는 인간끼리의 상호관계를 본떠서 이루어진다.
- 필사문화(쓰기) 나아가서 활자문화(인쇄)는 그러한 인간적인 관계로부터 거리를 두며, 심지어는 그러한 인간적인 것의 성질까지 바꿔버리기도 한다.

(7) 논쟁적인 어조가 강하다.

- 쓰기는 추상을 기르는데, 추상은 사람들이 서로 논쟁하는 곳으로부터 지식을 분리해낸다. 쓰기는 아는 주체를 알려지는 객체로부터 떼어 놓는다.
- 구술성은 지식을 인간 생활세계 속에 파묻힌 채로 놓아둠으로써 지식을 사람들의 투쟁 상황에 놓아둔다.
- 속담이나 수수께끼는 지식을 쌓기 위해서 사용하는 게 아니고 언어로 상대방과 지적인 대결을 하기 위해서이다.
- 즉 속담이나 수수께끼 하나를 말하는 것은 상대에게 그 이상으로 더욱 딱 들어맞거나 혹은 그것과 정반대되는 다른 속담이나 수수께끼를 내놓으라고 하는 도전인 것이다.

(8) 객관적 거리 유지보다는 감정이입적 혹은 참여적이다.

- 구술문화에서는 연행자와 연행되는 대상이 하나가 된다.

(9) 항상성이 있다.

- 구술사회는 늘 현재에 살기에, 이제는 필요 없게 된 기억을 지움으로써 평형 혹은 항상성을 유지한다.
- 구술사회는 현재를 중심으로 과거의 기억을 재편한다는 것이다. 그들이 지금 필요 없는 기억을 지워버려도 되는 것은, 물론 글과 달리 말은 발화되는 순간 사라져 버리기 때문이다.
- 즉 '구조적 기억상실'을 통해 항상성을 유지한다.

(10) 추상적이라기보다는 상황 의존적이다.

- 구술문화에서 개념들은 상황 의존적이며 생활세계와 밀착되어 있어서 추상이 낮다.
- 즉 구체적인 맥락 속에서 그것의 용례를 통해서 이해된다.

이 새로운 구술성은 예전 구술성과의 놀라운 유사성을 보여준다. 그러나 이것은 그 본질에 있어서는 우연적이고 스스로를 의식하는 구술성인데, 왜냐하면 이 구술성은 언제나 쓰기와 인쇄의 사용에 기반하고 있는 것이기 때문이다. 즉 전자 장치의 생산과 적용, 사용에 있어서 쓰기와 인쇄는 반드시 필요한 것이다. 다시 말하면, 이미 문자의 세례를 받은 인류는 다시 문자가 없던 순수한 구술의 시대로 간단히 돌아갈 수는 없다는 것이다. 제2차 구술성의 시대는 이미 문자로 사고하는 인간의 기술에 의해 구성된 것이며, 기술 속에는 이미 이로 인해 구현된 변화가 깊이 각인되어 있기 때문이다. 이 새 구술성은 예전의 그 구술성이 아니다. 제1차 구술성은 첨가적, 과잉적이고, 섬세하게 조화됨과 동시에 매우 전투적인 양식에서 그 특징을 알아볼 수 있다. 또한 화자와 청자 사이의 집중된 상호작용을 부여준다. 주요 정치인들과 벌이는 오늘날의 TV토론은 이러한 옛 구술적 세계와는 아무런 공통점도 가지지 않는다. 관객은 부재하고, 보이지도 않고 들리지도 않으며, 구경거리로 세워진 후보자들은 짧은 소감을 밝힐 뿐이다.

331

옹의 제2차 구술시대에 대한 설명으로 틀린 것은?

① 제2차 구술시대의 새로운 구술성도 예전 구술성과 유사성을 가진다.

② 제2차 구술시대의 새로운 구술성은 언제나 쓰기와 인쇄의 사용에 기반하고 있다.

③ 이미 문자의 세례를 받은 인류는 다시 문자가 없던 순수한 구술의 시대로 간단히 돌아갈 수 없다.

④ 주요 정치인들과 벌이는 오늘날의 TV토론은 화자와 청자 사이의 집중된 상호작용을 보여준다.

정답　④

풀이　제1차 구술성은 첨가적, 과잉적이고, 섬세하게 조화됨과 동시에 매우 전투적인 양식에서 그 특징을 알아볼 수 있다. 또한 화자와 청자 사이의 집중된 상호작용을 보여준다. 주요 정치인들과 벌이는 오늘날의 TV토론은 이러한 옛 구술적 세계와는 아무런 공통점도 가지지 않는다. 관객은 부재하고, 보이지도 않고 들리지도 않으며, 구경거리로 세워진 후보자들은 짧은 소감을 밝힐 뿐이다.

현대 매체이론에서 문자의 개념과 역할

이니스의 시간과 공간 편향성

시간 편향성 매체	공간 편향성 매체
양피지, 진흙, 돌	종이, 파피루스
위계질서	분권
수축	팽창
구어적 전통	문어 문화
역사 및 전통에 대한 관심 배양	제국적 성장
비세속적 권위(종교)에 기여	세속적, 정치권력 수립에 기여
윤리와 형이상학 강조	과학과 기술 강조
과거 지향	현재, 미래 지향

332

이니스(Harold Innis)의 공간 편향성 매체에 대한 설명으로 옳은 것은?

① 양피지, 진흙, 돌

② 위계질서, 수축

③ 윤리와 형이상학 강조

④ 세속적, 정치권력 수립에 기여

정답 ④

풀이 ④ 시간 편향성 매체는 비세속적 권위 형성에 기여하는 반면, 공간 편향성 매체는 세속적, 정치권력 수립에 기여한다.

333

이니스의 시간과 공간 편향에 대한 설명으로 틀린 것은?

① 시간편향 매체는 지속적이고 변하지 않는 정보를 전달하며, 종교나 전통 같은 장기간에 걸친 사회적 구조를 유지하게 한다.

② 공간편향 매체는 정보를 신속하고 넓은 범위로 전달하는 데 효과적이며, 이는 복잡하고 넓은 네트워크 형성과 빠른 사회적 변화를 촉진한다.

③ 이니스는 시간편향 매체와 공간편향 매체 사이에 균형이 이루어져야 사회가 안정적으로 유지된다고 주장했다.

④ 시간편향 매체는 정보의 보존과 지속성에 중점을 두며, 이러한 매체는 독서와 같은 몰입형 활동을 유도하며, 깊이 있는 정보의 이해를 촉진한다.

> **정답** ④
>
> **풀이** ① 시간편향 매체는 지속성이 중요한 매체로, 돌, 클레이, 나무 등과 같이 시간이 지나도 변하지 않는 매체를 말하며, 이들은 종교나 전통과 같은 장기간에 걸친 사회적 구조를 유지하게 한다.
> ② 공간편향 매체는 정보를 신속하고 넓은 범위로 전달하는 데 중점을 두며, 종이나 전자 매체와 같은 정보를 신속하게 전달하는 매체로 빠른 사회적 변화를 촉진한다.
> ③ 이니스는 시간편향 매체와 공간편향 매체 사이에 균형이 이루어져야 사회가 안정적으로 유지된다고 주장했다.
> ④ 이니스의 시간편향 매체 개념은 정보의 보존과 지속성에 중점을 두지만, 그것이 반드시 독서와 같은 몰입형 활동을 유도하거나 깊이 있는 정보의 이해를 촉진하지는 않는다.

334

이니스(Harold Innis)의 시간과 공간의 편향성에 대한 설명으로 틀린 것은?

① 주도적 매체의 변화는 곧 사회 자체의 변화를 의미한다.

② 시간 편향성 매체가 주도적인 사회는 보수적이고 공간 편향성 매체가 주도적인 사회는 개방적이다.

③ 시간 편향성 매체로는 양피지, 진흙, 돌 등을 들 수 있고 공간 편향성 매체로는 종이, 파피루스 등을 들 수 있다.

④ 시간 편향성 매체는 비세속적 권위의 확립에 기여하고 공간 편향성 매체는 역사 및 전통에 대한 관심을 배양시켜 제국적 성장에 기여한다.

> **정답** ④
>
> **풀이** ④ 시간 편향성 매체가 역사 및 전통에 대한 관심을 배양시킨다.

335

이니스(Innis)의 미디어 결정론의 입장으로 옳은 것은?

① 주도적 매체의 변화는 곧 사회 자체의 변화를 의미한다.

② 역사적으로 새로운 기술의 도입과 발전은 경제적 영역에서 우선적으로 이루어진다.

③ 시간 편향성 매체는 비세속적 권위의 확립에 기여하고 공간 편향성 매체는 역사 및 전통에 대한 관심을 배양시켜 제국적 성장에 기여한다.

④ 라디오나 TV같은 전자매체의 사회·문화적 의미는 저장과 전달 형식에 있는 것이 아니라, 오락과 정보의 제공이라는 미디어의 내용물에서 찾아야 한다.

정답 ①

풀이 ② 역사적으로 새로운 기술의 도입과 발전은 커뮤니케이션 관련 영역에서 우선적으로 이루어진다.

③ 시간 편향성 매체가 역사 및 전통에 대한 관심을 배양시킨다.

④ '라디오나 TV같은 전자매체의 사회·문화적 의미는 오락과 정보의 제공이라는 미디어의 내용물에 있는 것이 아니라, 그 속도와 거리에서 찾아야 한다.

♥ 핵심정리 미디어 편향성의 특성 비교

학자	이니스	맥루한	옹
속성	물리적 상태	감각	언어 문화
유형	시간 & 공간	Cool & Hot	구술 & 문자
미디어 편향성	시간 편향(무거운 미디어) • 전통위계 • 구어적 • 동일 시간·장소 • 돌, 점토, 양피지	Cool(차가운 미디어) • 저밀도 • 모자이크적 • 내파적 • 만화, 전화, TV • 참여(감각 & 행동)	구술문화(구술성) • 청각적 • 참여적 • 탈중심 • 과거
	공간 편향(가벼운 미디어) • 제국성장 • 문자성 • 분권/팽창 • 종이, 파피루	Hot(뜨거운 미디어) • 고밀도 • 비참여(감각 & 행동) • 선형적 • 외파적 • 사진, 영화, 라디오	문자문화(문자성) • 시각적 • 객관적 • 작가중심 • 현재

내파와 외파(Implosion and Explosion)

기계적 형태에서 순간적인 전기의 형태로 이행해 가는 속도를 증가시키면 외파(Explosion)가 내파 (Implosion)로 반전된다. 오늘날 전기 시대에 우리 세계의 에너지를 내파(Implosion)시키거나 압축하는 일은 외파(Explosion)에 기초한 과거의 전통적 조직 패턴들과 충돌하고 있다. 최근까지도 서구의 정치, 사회, 경제적인 제도와 배치는 일방통행식의 패턴을 공유하고 있었다. 우리는 여전히 그 패턴이 외파적 이거나 팽창적이라고 생각한다. 그리고 그 패턴이 더 이상 유효성을 갖지 못하는데도 계속해서 인구 폭 발이나 교육의 팽창에 대해 이야기하고 있다. 사실 우리가 인구에 관심을 쏟게 된 것은 결코 그 숫자의 증가 때문이 아니다. 오히려 그것은, 전기로 인해 세계의 모든 사람들이 서로의 삶에 개입하게 되었고, 그 결과 서로 아주 가깝게 생활해야 한다는 사실에서 비롯된 것이다. 마찬가지로 교육의 경우에도 배우 려는 사람들의 수가 증가해서 위기가 초래된 것이 아니다. 우리가 새롭게 교육에 관심을 갖는 이유는, 지금까지는 교과 과정의 각 부문들이 각기 독립적으로 다루어지다가 이제는 지식의 상호 관련성이 중시 되는 방향으로 바뀌었기 때문이다. 각 학문들의 주권은 국가의 주권과 마찬가지로 전기의 순간적 속도 라는 조건하에서 급속하게 융해되어 버렸다. 중심부에서 주변부로 기계적, 일방적으로 팽창한다는 낡은 패턴에 집착하는 것은 우리의 전기 시대에서는 이제 더 이상 중요성을 갖지 못한다. 전기는 중앙집권화 시키지 않고 탈중심화시킨다.

336
다음을 주장한 사상가의 이름으로 옳은 것은?

서적인쇄의 발명이 중세시대의 문자독점세력의 지위를 약화시키며 계몽주의를 낳았고, 지식의 대중 적 확산이라는 시대의 긍정적 변화를 견인해 낸 것은 사실이지만, 다른 한편으로는 추상적 사고와 인과법을 가능하게 했고, 더 나아가 노동분업, 자유시장과 대량생산이라는 경제적인 제도를 양산했 으며, 마침내 이것이 인간의 삶을 파괴하는 방식으로까지 발전했

① 마셜 맥루한(Marshall McLuhan)

② 해롤드 이니스(Harold A. Innis)

③ 빌렘 플루서(Vilem Flusser)

④ 월터 옹(Walter J. Ong)

정답 ②
풀이 ② 이니스의 주장이다.

337

맥루한의 내파(Implosion)와 외파(Explosion)에 대한 설명으로 틀린 것은?

① 기계적 형태에서 순간적인 전기의 형태로 이행해 가는 속도를 증가시키면 외파가 내파로 반전된다.

② 최근까지도 서구의 정치, 사회, 경제적인 제도와 배치는 일방통행식의 패턴을 공유하고 그 패턴은 내파적이거나 압축적이었다.

③ 오늘날 전기 시대에 우리 세계의 에너지를 내파시키거나 압축하는 일은 외파(Explosion)에 기초한 과거의 전통적 조직 패턴들과 충돌하고 있다.

④ 중심부에서 주변부로 기계적, 일방적으로 팽창한다는 낡은 패턴에 집착하는 것은 우리의 전기 시대에서는 이제 더 이상 중요성을 갖지 못한다.

> 정답 ②
>
> 풀이 일방통행식의 패턴을 공유하는 것은 외파적이거나 팽창적이다.

338

이니스(Innis)의 미디어 결정론의 입장으로 볼 수 없는 것은?

① 기술의 혁신이 사회의 변화를 초래하는 원동력이다.

② 역사적으로 새로운 기술의 도입과 발전은 커뮤니케이션 관련 영역에서 우선적으로 이루어진다.

③ 진정한 권력이란 시간과 공간을 통제하는 능력에 달려 있으며, 이는 오로지 커뮤니케이션 기술의 통제를 통해서만 달성할 수 있다.

④ 라디오나 TV같은 전자매체의 사회·문화적 의미는 저장과 전달 형식에 있는 것이 아니라, 오락과 정보의 제공이라는 미디어의 내용물에서 찾아야 한다.

> 정답 ④
>
> 풀이 ④ '라디오나 TV같은 전자매체의 사회·문화적 의미는 오락과 정보의 제공이라는 미디어의 내용물에 있는 것이 아니라, 그 속도와 거리에서 찾아야 한다.

339

이니스(Innis)의 미디어 결정론의 입장으로 옳은 것은?

① 주도적 매체의 변화는 곧 사회 자체의 변화를 의미한다.

② 역사적으로 새로운 기술의 도입과 발전은 경제적 영역에서 우선적으로 이루어진다.

③ 시간 편향성 매체는 비세속적 권위의 확립에 기여하고 공간 편향성 매체는 역사 및 전통에 대한 관심을 배양시켜 제국적 성장에 기여한다.

④ 라디오나 TV같은 전자매체의 사회·문화적 의미는 저장과 전달 형식에 있는 것이 아니라, 오락과 정보의 제공이라는 미디어의 내용물에서 찾아야 한다.

정답 ①

풀이 ② 역사적으로 새로운 기술의 도입과 발전은 커뮤니케이션 관련 영역에서 우선적으로 이루어진다.

③ 시간 편향성 매체가 역사 및 전통에 대한 관심을 배양시킨다.

④ '라디오나 TV같은 전자매체의 사회·문화적 의미는 오락과 정보의 제공이라는 미디어의 내용물에 있는 것이 아니라, 그 속도와 거리에서 찾아야 한다.

📍핵심정리   **맥루한의 인간 몸의 확장**

맥루한 매체가 인간의 몸을 확장한 것으로 본다. 맥루한은 매체 또는 매체 기술을 '인간의 확장'이라고도 하고, '감각의 확장'이라고도 하고, '우리 자신의 확장'이라고도 하고, '몸의 확장'이라고도 한다. 그런데 맥루한은 매체 또는 매체 기술을 의식의 확장이라거나 정신의 확장이라고 하지는 않는다. 맥루한이 정신/몸 이분법을 받아들이는 것으로는 보이지 않는다. 그렇다고 해서 맥루한이 인간 존재를 몸 일원론에 입각해서 보는 것이라고 확정할 수도 없다. 중요한 것은 이러한 매체 존재론에 입각해서 오늘날의 전기 시대를 우리의 중추 신경 조직이 바깥으로 확장되어 나타나는 것으로 본다는 점이다. "전기 기술의 시대가 도래했을 때 인간은 중추 신경 조직 그 자체라는 살아 있는 모델을 확장했다. 즉 그 모델을 자신의 외부에 설치했던 것이다. 이 정도까지, 다시 말해 마치 중추 신경 조직이 더 이상 광폭한 기계주의의 투석과 화살에 맞서 보호 완충기로서의 몸 기관에 의존할 수 없는 것처럼 보이게 된 것은 절망적이고 자살에 가까운 자기 단절을 생각케 하는 발전이다."라거나 "감각 마비의 원리는 다른 경우와 마찬가지로 전기 기술의 경우에도 적용된다. 우리는 중추 신경 조직이 확장되고 노출될 때, 그것을 마비시켜야 한다. 그렇게 하지 못하면 우리는 죽고 말 것이다. 따라서 불안으로 가득 찬 전기 미디어의 시대는 무의식과 무감각의 시대이기도 하다."라거나 "컴퓨터가 의식의 과정을 모방할 수 있게끔 만들어질 수 있다는 건 분명하다. 오늘날 전기에 의한 지구 전체의 네트워크가 중추 신경 조직을 모방하기 시작한 것과 마찬가지로 말이다. 그러나 망원경이 우리 눈의 확장이고 복화술용 인형이 복화술사의 확장인 것처럼, 의식을 가진 컴퓨터는 어디까지나 우리 의식의 확장일 것이다."이라고 말한다.

340

맥루한의 매체에 대한 설명으로 틀린 것은?

① 매체 또는 매체 기술은 의식의 확장 또는 정신의 확장이다.

② 오늘날의 전기 시대는 인간의 중추 신경 조직이 바깥으로 확장되어 나타나는 것이다.

③ 감각 마비의 원리는 전기 기술의 경우에도 적용되어 인간은 중추 신경 조직이 확장되고 노출될 때, 그것을 마비시켜야 한다.

④ 전기 기술 시대가 도래했을 때 중추 신경 조직이 더 이상 광폭한 기계주의의 투석과 화살에 맞서 보호 완충기로서의 몸 기관에 의존할 수 없게 된 것은 절망적이고 자살에 가까운 자기 단절을 생각게 하는 발전이다.

> **정답** ①
>
> **풀이** 맥루한 매체가 인간의 몸을 확장한 것으로 본다. 맥루한은 매체 또는 매체 기술을 '인간의 확장'이라고도 하고, '감각의 확장'이라고도 하고, '우리 자신의 확장'이라고도 하고, '몸의 확장'이라고도 한다. 그런데 맥루한은 매체 또는 매체 기술을 의식의 확장이라거나 정신의 확장이라고 하지는 않는다.

341

맥루한(Marshall McLuhan)의 입장으로 볼 수 없는 것은?

① 미디어는 메시지다.

② 미디어의 발달에 따라 인류의 역사를 구어시대, 문자시대, 인쇄시대, 전자시대로 구분하였다.

③ 인간 집단은 부족화에서, 재부족화를 거쳐, 탈부족화로 나아간다.

④ 텔레비전으로 대표되는 전자시대의 인간은 최대한의 감각 확장을 경험하게 된다.

> **정답** ③
>
> **풀이** ③ 인간 집단은 부족화에서, 탈부족화를 거쳐, 재부족화로 나아간다.

- 뜨거운 미디어란 단일한 감각을 '고밀도로' 확장시키는 미디어이다. 여기서 '고밀도'란 데이터로 가득 찬 상태를 말한다. 사진은 시각적인 면에서 '고밀도'다. 반면 만화는 제공되는 시각적 정보가 극히 적다는 점에서 '저밀도'이다. 전화는 차가운 미디어, 혹은 저밀도의 미디어이다. 왜냐하면 귀에 주어지는 정보량이 빈약하기 때문이다. 그리고 주어지는 정보량이 적어서 듣는 사람이 보충해야 하는 연설은 저밀도의 차가운 미디어이다. 반면에 뜨거운 미디어는 이용자가 채워 넣거나 완성해야 할 것이 별로 없다. 따라서 뜨거운 미디어는 이용자의 참여도가 낮고, 차가운 미디어는 참여도가 높다.
- 우리 시대는 '뜨거운 형식이 배타적이고 차가운 형식이 포괄적이다.'라는 원리를 입증해 주는 사례들로 가득 차 있다.
- 전통적인 종족이 가진 부족 중심의 전통적인 봉건적 위계질서가 기계적이고 일양적이고 반복적인 성격을 가진 뜨거운 미디어를 만나자마자 곧 붕괴해 버린 것이다. 화폐, 바퀴, 쓰기 등의 미디어처럼 교환과 정보 제공을 전문적으로 가속화하는 형태의 미디어들은 하나의 부족적인 구조를 세분화하고 파편화하는 데 기여할 것이다.

- 라디오 / 전화
- 영화 / 텔레비전
- 알파벳 문자 / 상형문자나 표의문자
- 선진국 / 후진국
- 선형적, 인과적 / 모자이크적
- 뜨거운 폭탄 / 차가운 전쟁(냉전)
- 뜨거운 재즈(영화와 라디오 시대) / 차가운 재즈(영화와 라디오가 준 충격을 흡수한 이후 등장)

- 라디오 / 텔레비전
- 신문 / 텔레비전
- 종이 / 돌
- 왈츠 / 트위스트
- 문자 문화 / 비문자(구술) 문화
- 과밀 도시 / 구조화된 도시

342

맥루한(Marshall McLuhan)의 주장으로 옳은 것은?

① 감각의 편향성이 사회 구조와 문화를 결정한다.
② 모든 미디어가 가지는 감각의 편향성은 동일하다.
③ 감각의 편향성은 개인의 성향이나 경험에 의해 결정된다.
④ 미디어의 내용이 감각의 편향성보다 중요하다.

정답   ①

풀이   ① 맥루한은 감각의 편향성에 의해 미디어가 사람들의 인식을 변화시키며, 이에 따라 사회 구조와 문화도 변화한다고 주장했다.
② 맥루한은 미디어마다 감각의 편향성이 다르다고 생각했다.
③ 감각의 편향성은 개인의 성향이나 경험에 의해 결정되는 것이 아니라, 미디어 자체의 성격에 의해 결정된다고 맥루한은 주장했다.
④ 맥루한은 "미디어는 메시지다"라는 주장을 통해 감각의 편향성이 미디어의 내용보다 더 중요하다고 강조했다.

343

맥루한(Marshall McLuhan)의 '감각의 편향성'에 대한 설명으로 틀린 것은?

① 메시지의 내용이 미디어의 기술적 편향성보다 더 강력한 효과를 준다.

② 미디어의 유형은 인간이 내용을 이해하는 데 쏟아야 하는 참여 정도에 따라 구별된다.

③ 뜨거운 미디어는 듣는 쪽이 참가 정도가 낮고, 차가운 미디어는 참가 정도가 높다.

④ 라디오는 텔레비전에 비해 뜨거운 미디어지만 인쇄매체보다는 차가운 미디어이다.

> **정답** ①
> **풀이** ① 특정 지각, 의식에 대한 미디어의 기술적 편향성이 전달 내용보다 더 강력한 효과를 준다.

344

맥루한(Marshall McLuhan)의 미디어에 대한 입장으로 틀린 것은?

① 인간은 미디어의 사용에 감각을 편향적으로 사용한다.

② 특정 지각, 의식에 대한 미디어의 기술적 편향성이 전달 내용보다 더 강력한 효과를 발휘한다.

③ 뜨거운 미디어는 고(高)정세 정보를 가지고 복합 감각을 확장시키는 미디어이다.

④ 차가운 미디어는 직관적·감성적 관여 경향, 정보의 양이 빈약하고 불분명하여 수용자의 적극적 참여가 요구된다.

> **정답** ③
> **풀이** ③ 뜨거운 미디어는 특정 감각만을 확장시키는 미디어이다.

345

맥루한(Marshall McLuhan)의 미디어에 대한 입장으로 옳은 것은?

① '미디어의 이해'에서 '미디어 생태학'이란 용어를 처음 사용하였다.

② 인간 집단은 부족화에서, 재부족화를 거쳐, 탈부족화로 나아간다.

③ 뜨거운 미디어는 고(高)정세 정보를 가지고 복합 감각을 확장시키는 미디어이다.

④ 차가운 미디어는 직관적·감성적 관여 경향, 정보의 양이 빈약하고 불분명하여 수용자의 적극적 참여가 요구된다.

풀이 ① 포스트만(Neil Postman)은 미국의 교육자, 미디어 이론가, 그리고 사회평론가로서, 1968년 '미디어 생태학(media ecology)'이란 용어를 처음 사용했다.
② 인간 집단은 부족화에서, 탈부족화를 거쳐, 재부족화로 나아간다.
③ 뜨거운 미디어는 특정 감각만을 확장시키는 미디어이다.

📍핵심정리   키틀러의 매체

- 현대 매체이론을 형성하는 가장 급진적인 한 갈래는 바로 독일의 매체학자 프리드리히 키틀러로부터 나온다. 키틀러의 급진성은 그가 매체사를 구성할 때 캐나다 학파로부터 이미 정형화된 '문자 이전의 시기'를 아예 상정하지 않는다는 데 있다. 다시 말하자면 그에게 최초의 매체는 문자이다.
- 키틀러에게 있어 매체는 "정보의 저장, 전달, 처리로서 제시되며, 그중에서도 가장 중요한 매체의 기능은 바로 '저장'이다. 따라서 발화되자마자 사라지는 언어는 키틀러에게 한 번도 매체로 간주된 적이 없다.
- 키틀러가 중시하는 것은 인간 삶의 가장 근본적인 조건을 구성하는 매체의 물질적 형식이다. 그가 구축하고 있는 시대 구분인 '기록체계'는 '문화적 정보를 저장, 전달, 재현할 수 있는 기술의 네트워크'를 뜻하며, 이러한 섬세하고 복잡한 체계를 전달하는 주요매체에 문자 이전에 존재하던 이미지는 해당되지 않는다.

346

키틀러의 주장으로 옳은 것은?

① 최초의 매체는 이미지이다.
② 가장 중요한 매체의 기능은 바로 '전달'이다.
③ 기록체계는 문화적 정보를 저장, 전달, 재현할 수 있는 기술의 네트워크이다.
④ 과학적 발전에 따른 변화보다는 인류의 진화가 문자와 기록체계에 가장 큰 영향을 미쳤다.

정답 ③

풀이 키틀러의 주요한 관점 중 하나는 문자와 기록체계가 문화와 사회에 미치는 중요한 영향이다. 그는 이것이 개인과 집단의 사고와 행동에 영향을 미치는 방식을 연구하였다.
① 키틀러에게 최초의 매체는 문자이다.
② 키틀러에게 가장 중요한 매체의 기능은 바로 '저장'이다.
③ 키틀러가 중시하는 것은 인간 삶의 가장 근본적인 조건을 구성하는 매체의 물질적 형식이다. 그가 구축하고 있는 시대 구분인 '기록체계'는 '문화적 정보를 저장, 전달, 재현할 수 있는 기술의 네트워크'를 뜻하며, 이러한 섬세하고 복잡한 체계를 전달하는 주요매체에 문자 이전에 존재하던 이미지는 해당되지 않는다.
④ 키틀러는 인류의 진화보다는 기술과 사회 구조의 변화가 문자와 기록체계에 더 큰 영향을 미쳤다고 주장하였다.

347

맥루한의 주장으로 볼 수 없는 것은?

① 매체 또는 매체 기술을 '우리 자신의 확장' 또는 '몸의 확장'이다.

② 우리는 중추 신경 조직이 확장되고 노출될 때, 그것을 마비시켜야 한다.

③ 기계적 형태에서 순간적인 전기의 형태로 이행해 가는 속도를 증가시키면 내파(Implosion)가 외파 (explosion)로 반전된다.

④ 전통적인 종족이 가진 부족 중심의 전통적인 봉건적 위계질서가 기계적이고 일양적이고 반복적인 성격을 가진 뜨거운 미디어를 만나자마자 곧 붕괴해 버린 것이다.

정답 ③

풀이 ③ 기계적 형태에서 순간적인 전기의 형태로 이행해 가는 속도를 증가시키면 외파(explosion)가 내파 (Implosion)로 반전된다.

🔍 핵심정리 **기록체계 1800**

- 키틀러가 기록체계 1800(정확히 보자면 1785~1815)이라고 명명한 시대는 다름 아닌 문자와 낭만주의의 시대로서, 이 시기의 기록양식은 문자를 가르치는 '어머니의 발화'에 기반하고 있다는 특징을 지닌다.
- 당시 신흥 부르주아 계층의 가족모델에서 어머니의 역할은 이전 가부장제 시대와 비교하여 크게 확대되었고, 어머니는 아이들에게 문자의 읽기와 쓰기라는 최초의 교육을 담당했던 것이다.
- 아이들에게 읽기를 가르치는 어머니의 목소리는 문자와 함께 듣는 최초의 소리로서 근원적 소리의 상징이 되며, 문자란 단순한 기호가 아니라 이러한 내면의 정신을 담고 있는 것으로 간주되었다. 자연의 상징이자 순수한 정신세계의 표상이 된 것이다.
- 이러한 교육을 받은 아이들은 성장해서 독서를 할 때 문자 속에서 어머니라는 영혼의 목소리를 기억하게 된다. 이것은 글을 쓰는 남성 작가에게도 그대로 해당되었다. 이들이 쓰는 글은 애정 어린 어머니의 목소리로 상기되는 내면의 소리에 대한 기록이다.
- 괴테의 낭만주의 문학이 바로 이 시기의 기록양식을 대표한다. 파우스트는 자신을 만족시켜주는 진리를 찾아 방황하지만, 결국 그를 구원하는 것은 '영원히 여성적'인 것, 모성적인 정신을 대표하는 그레트헨이다. 파우스트에게 로고스라는 초월적 기표를 부여하는 정신의 자리를 이제 '모성적인 정신'이 대신하게 된다.

🔍 핵심정리 **기록체계 1900에서 중심이 되는 매체**

(1) 의의
- 이제 기록체계 1900에서 중심이 되는 매체는 축음기, 영화, 타자기이며, 각각 근대의 음향 기술, 광학 기술, 문자 처리 기술 전반을 대표한다.
- 이 부분에서 키틀러는 라캉이 정신분석을 위해 제시한 세계구분을 차용하는데, 1900년대 이후 전개된 매체의 발달사는 라캉의 실재계(현실적인 것), 상상계(상상적인 것), 상징계(상징적인 것)에 각각 대응한다.

(2) 축음기(실재계)

- 예를 들면, 축음기는 상징적인 것을 실재적인 것으로 대체하는 기록매체가 된다. 이전까지 모든 소리는 기호화되어 문자로 저장되었으며 인간의 언어가 아닌 소음은 진지한 기록의 대상이 되지 못했다.
- 그러나 음을 등가적인 상징, 즉 기호로 번역한 알파벳 문자와는 달리, 음을 그대로 저장하는 축음기의 발명으로 모든 소리는 실제의 소리 그 자체로 기록 · 녹음되게 되었고, 그 안에는 우리가 그전까지 소리로 인식하지 못하던 것들도 포함된다.
- 기계의 소음이나 일상의 잡음도 이제는 기호화되어지지 않은 실제의 상태 그대로 저장되어 전달 및 재현할 수 있게 된 것이다. 이처럼 새로운 기록 체계에서는 이전에는 무의미하다고 여겨진 것들이 기록된다.
- 이와 함께 기록되는 것의 지위도 변화한다. 아날로그 기술매체로 이루어진 기록체계는 이전까지 숭고한 의미를 담고 있다고 여겨졌던 시문학의 가치를 하락시킨다. 이제 문학은 내면의 목소리를 찾아가는 영혼의 작업이라기보다는 부분적으로만 해독 가능한 소음의 기록으로 간주된다.

(3) 영화(상상계)

- 시각적 기억을 축음기와 마찬가지로 그대로 저장 · 전달 · 재현할 것과 같은 영화는 이와는 다른 길을 걷는다.
- 키틀러에 따르자면 영화는 한 번도 우리에게 실재를 보여준 적이 없다. 영화는 우리에게 기술적 효과를 통해 1초에 24번의 스틸컷을 제시하면서 그것이 실재처럼 보이도록 조작한다.
- 영화가 실재의 정보를 그대로 보여주지 못하는 이유는 음성과 달리 영상의 파장이 너무나 큰 단위이기 때문이다. 광학적 파장은 테라헤르츠 범위에 속하는데, 이는 음성의 파장보다 몇 조배 이상 빠르다는 것을 의미하며, 프로세싱 용량의 기하급수적 확장을 요구한다.
- 따라서 영화는 물리적 파장을 기록하는 대신, 네거티브 필름에 화학적 효과를 저장하고, 이것을 잔상효과와 스트로브스코프 효과를 통해 실재처럼 조작하는 방식을 택했다. 이렇게 본다면, 영화는 오히려 실재적인 것을 상상적인 것으로 대체하고 있는 기제가 된다.
- 이제 문학작품이 보여주었던 상상의 세계는 어머니의 근원적 음성과 연관 없는 영상들이 대체하게 된다. 음성이 들리지 않는 무성영화는 이러한 관점에서 매우 시사적인 것이었다. 상상계는 과거에는 영혼의 깊은 곳으로부터 나온 꿈이었지만, 이제는 단순한 시각적 트릭이다.

(4) 타자기(상징계)

- 키틀러에게 타자기는 상징계를 대표하는 기제가 된다. 타자기 이전에도 문자 매체로 이루어진 모든 것은 상징 질서의 대상에 해당하는데, 문자는 기표라는 매우 좁은 틈을 통과한 정보만을 기록해 왔던 것이다.
- 그러나 타자기는 무엇보다 기록체계 1800이 가지고 있었던 가장 근원적인 믿음, 문자에 내포된 선험적 기의에 대한 믿음을 해체하고 문자의 물질적인 특성을 인식시키는 데 기여한다.
- 20세기 초 기계적 문서편집기인 타자기의 사용이 본격화되면서 글쓰기 작업은 이전과는 완전히 다른 성격을 가지게 되는 것이다. 필사의 유려하게 계속되는 글쓰기와는 달리, 타자기에서는 분리되고 자간과 행간을 통해 격리되는 요소들이 공간적으로 들어서게 된다.
- 작가의 내면을 담은 발화는 타이핑되는 과정에서 변화를 겪는다. 구술하는 자와 저술하는 자가 분리되고, 글쓰기가 작가의 손을 떠나 자동화되는 것이다. 타이핑된 텍스트에 있어서 이제 저자의 위치는 불명확해진다.
- 니체는 "우리가 쓰는 문서기계는 우리의 생각에 함께 작동한다."라고 서술한다. 철학적으로 스캔들을 일으키는 이 주장, 즉 매체기술로의 대체라는 언급과 함께 모든 가치의 전복을 일으킨 사람은 바로 니체였다. 인간의 자리에, 인간의 생각과 저자의 자리에 1882년 이제 다른 것이 들어선다. 그것은 바로 두 개의 성별, 하나의 텍스트, 그리고 볼 수 없는 눈먼 문서기계였다.

348

다음 중 아래와 같이 언급한 이론가의 주장과 가장 거리가 먼 것은?

[2024년 기출]

> 에디슨은(기차 안내원으로 일했던 젊은 시절 모험의 결과로) 반쯤 소리가 들리지 않았다. 신체적 결함이 기계의 사운드 기록의 출발점에 있었던 것이다. 최초의 타자기가 시각장애인에 의해 시각장애인을 위해 만들어졌고 (…) 신체적 장애는 감각 데이터 흐름을 서로 구분하고 그를 주체화시킨다.

① 타자기는 타자수(typewriter)라는 기계−주체를 형성한다.
② 욕망기계는 다른 기계들과 접속되어 생산하고 배치한다.
③ 모든 기술적 미디어는 신호를 처리한다.
④ 미디어는 우리의 상황을 결정할 수 있는 영향력을 가지고 있다.

정답 ②

풀이 ② 들뢰즈와 과타리의 기계론에 대한 설명이다.

349

키틀러의 기록체계에 대한 설명으로 틀린 것은?

① 매체는 정보의 저장, 전달, 처리로서 제시되며, 그중에서도 가장 중요한 매체의 기능은 바로 저장이다.
② 영화는 기술적 효과를 통해 상징적인 것을 실재적인 것으로 대체하는 기록매체가 된다.
③ 기록체계 1800은 문자가 자의적인 기호가 아닌 어머니 혹은 자연에서 비롯된 초월적인 기의를 담고 있다는 전제에서 성립한다.
④ 컴퓨터의 탄생 이후의 기록체계에서 삶을 실제로 규정하는 하드웨어들이 시야에서 사라지고, 그 효과들만을 누리고 있다.

정답 ②

풀이 ② 키틀러에 따르자면 영화는 한 번도 우리에게 실재를 보여준 적이 없다. 영화는 우리에게 기술적 효과를 통해 1초에 24번의 스틸컷을 제시하면서 그것이 실재처럼 보이도록 조작한다. 영화는 물리적 파장을 기록하는 대신, 네거티브 필름에 화학적 효과를 저장하고, 이것을 잔상효과와 스트로브스코프 효과를 통해 실재처럼 조작하는 방식을 택했다. 이렇게 본다면, 영화는 오히려 실재적인 것을 상상적인 것으로 대체하고 있는 기제가 된다.

54 포스터(Mark Poster)

정보양식의 역사적 발전 단계

구분	구어적 단계	문자적 단계	전자적 단계	
			아날로그 단계 (제1미디어 시대)	디지털 단계 (제2미디어 시대)
소통방식	구어적	문자적	전자적	컴퓨터 매개
정보형식	상징적 유사물	기호의 재현	아날로그 정보의 시뮬레이션	디지털 정보의 시뮬레이션
소통관계	대면적	가상의 합리성 자율성 기반	일방향적인 주체–객체 관계	불안정, 탈중심화, 분산적 관계
수용자	발화의 소재지	수행자	수동적/능동적 수용자의 혼재	능동적, 복수적, 노마드적 이용자
정보의 흐름	쌍방향+일방향	일방향	일방향	쌍방향
미디어	입, 상징물	인쇄신문, 종이잡지	TV, 라디오, 비디오	PC통신/인터넷 신문, 인터넷 방송/웹진

350

전자적인 커뮤니케이션 시스템에 의해 매개된 사회관계로서 유동적이고 불안정하고 탈중심화되고, 분산되며, 다중화되고, 그 준거점을 찾지 못한 채 방황하는 주체를 특징으로 하는 것은? [2020년 기출]

① 정보양식　　　　　　　　　　② 탈근대론
③ 정보사회론　　　　　　　　　④ 탈산업사회론

정답　①

풀이　① 포스터가 자인하듯이 정보양식이라는 용어는 맑스의 생산양식 개념을 '흉내낸 것'이다 하지만 포스터는 두 개념 간의 차이를 명확히 한다. 그 차이란 생산양식이 인간의 욕구를 충족시키는 대상물을 만들어내고 교환하는 방식이라면, 정보양식은 "상징적 기호들을 매개로 의미를 소통하고 주체를 구성하는 방식"(Poster)이라는 점에 있다. 이러한 정의에는 생산양식에 대한 비판적 관점이 전제되어 있다. 즉 노동 패러다임에 기반한 생산양식 개념은 새롭게 부상하는 지식과 정보, 그리고 정보이용자의 의사소통 방식을 간과할 수 있다는 것이다. 정보를 보존하고 전달하는 각 방법은 사회를 구성하는 관계들과 밀접하게 연관되어 있기 때문이다. 그에 따르면 역사는 상징적 소통구조의 변형방식에 따라 시대구분이 가능하며, 게다가 현대 문화에서 '정보'는 마치 숭배나 헌신의 대상일 정도로 그 비중이 커지고 있다.

• 포스터가 자인하듯이 정보양식이라는 용어는 맑스의 생산양식 개념을 '흉내낸 것'이다. 하지만 포스터는 두 개념 간의 차이를 명확히 한다. 그 차이란 생산양식이 인간의 욕구를 충족시키는 대상물을 만들어내고 교환하는 방식이라면, 정보양식은 "상징적 기호들을 매개로 의미를 소통하고 주체를 구성하는 방식"(Poster)이라는 점에 있다.

• 이러한 정의에는 생산양식에 대한 비판적 관점이 전제되어 있다. 즉 노동패러다임에 기반한 생산양식 개념은 새롭게 부상하는 지식과 정보, 그리고 정보이용자의 의사소통 방식을 간과할 수 있다는 것이다.

351

포스터의 정보 양식에 대한 설명으로 옳은 것은?

① 포스터는 미디어가 '메시지' 자체라고 주장하며, 정보의 구조와 전달 방식이 그 자체로 중요한 의미를 지니는 것을 강조한다.

② 포스터는 모든 정보를 동등하게 취급하며, 정보의 양이나 형태보다는 정보의 품질에 주목한다.

③ 포스터는 미디어를 단순한 정보 전달 도구로 보는 것을 반대하며, 미디어의 중요성을 강조한다.

④ 포스터는 텍스트 중심의 정보 전달을 주장하며, 시각적 요소의 중요성을 부인한다.

정답　③

풀이　① '미디어가 메시지다'라는 주장한 학자는 맥루한이다.

② 포스터는 정보의 품질보다는 그 정보가 어떻게 생성되고 유통되는지에 대해 더 많은 관심을 가지고 있었다. 그의 주장에서 정보의 동등성이나 품질보다는 미디어의 역할과 기능에 대한 이해가 중요하다고 강조했다.

③ 포스터는 미디어를 단순한 정보 전달 도구로 보는 것을 반대하며, 미디어 자체가 사회와 문화, 심지어 정치적 구조에 깊은 영향을 미치며, 그 자체로 중요한 의미를 지니고 있다는 주장을 펼쳤다. 따라서 이 선지가 가장 그의 이론을 잘 반영하고 있다.

④ 포스터가 텍스트 중심의 정보 전달을 주장하거나 시각적 요소의 중요성을 부인한 적은 없다. 오히려 그는 디지털 미디어와 인터넷이 정보 전달의 방식을 혁신적으로 바꾸고 있음을 인식하고 이를 강조하였다.

352

마크 포스터(Mark Poster)의 입장으로 볼 수 없는 것은?

① 프랑크푸르트학파의 비판 이론가들은 생산양식이라는 근본적인 전제에 집착하기 때문에 새로운 시대의 사회관계를 볼 수 없다.

② 정보양식은 상징적 기호들을 매개로 의미를 소통하고 주체를 구성하는 방식이다.

③ 전자적 단계의 정보양식에서 사회관계는 인터넷과 같이 전자적으로 연결된 사이버 공간에서 나타나는 유동적인 사회관계를 뜻하는데, 이것은 산업사회에서 경험한 고정적 사회관계와 그 본질에서 차이가 없다.

④ 정보양식이 등장했다고 해서 기존의 오래된 제도(생산양식)가 사라지거나 열등한 위치에 있는 것이 아니며, 정보양식은 생산양식을 총체적인 방식으로 대체하는 게 아니라 단지 보완할 뿐이다.

> **정답** ③
>
> **풀이** ③ 전자적 단계의 정보양식에서 사회관계란 인터넷과 같이 전자적으로 연결된 사이버 공간에서 나타나는 유동적인 사회관계를 뜻하는데, 이것은 산업사회에서 경험한 고정된 사회관계와 다르다.

📌 핵심정리 각 정보양식의 발전단계에 따른 수용자의 특징

- 각 정보양식의 발전단계에 따른 수용자의 특징을 보면, 우선 구어적 의사소통의 단계에서 수용자는 대면적 관계에 둘러싸인 채 발화(enunciation)의 소재지로 규정되고, 두 번째 문자단계의 수용자는 가상의 합리적 자율성을 중심축으로 하기에 주체로 자처하나 실은 주어진 기능을 담당할 뿐인 수행자(agent)로 위치한다.
- 마지막으로 전자적 단계에서는 수동적/능동적 수용자가 혼재된 상태인 아날로그 단계의 수용자로부터 능동적, 복수적, 노마드적 이용자의 형태로 변화하는 디지털 단계의 수용자 위치를 들 수 있다. 제2미디어 시대로 지칭되기도 하는 이 마지막 단계에서 미디어 이용자는 특정 수용자 집단으로 고정되어 있지 않고 끊임없이 탈중심화되고 분산되어 자유롭게 이동하는 노마드적 존재의 특성을 지니게 된다.

353

마크 포스터(Mark Poster)의 정보양식론에 대한 설명으로 틀린 것은?

① 정보양식은 상징적 기호들을 매개로 의미를 소통하고 주체를 구성하는 방식이다.

② 전자적 단계의 정보양식에서는 생산양식의 사회관계 속에서 엄밀히 나뉘었던 생산자와 소비자 간의 경계가 무너진다.

③ 전자적 단계의 정보양식에서는 사이버 공간에서 사회의 다양한 정체성들이 부상하여 다원주의 가치관이 보편적 문화를 형성한다.

④ 전자적 단계의 정보양식에서의 사회관계는 인터넷과 같이 전자적으로 연결된 사이버 공간에서 나타나는 유동적인 사회관계를 뜻하는데, 이것은 산업사회에서 경험한 고정된 사회관계와 다르다.

354

포스터(Poster)의 '정보양식'에 대한 설명으로 틀린 것은?

① 전자적 단계의 정보양식은 전자적인 커뮤니케이션 시스템에 의해 매개된 사회관계이다.

② 전자적 단계의 정보양식의 사회관계는 인터넷과 같이 전자적으로 연결된 사이버 공간에서 나타나는 유동적인 사회관계를 뜻한다.

③ 포스터는 자본과 노동을 중심으로 한 생산양식의 사회관계에서는 생산자와 소비자를 둘러싼 위계와 구분은 엄격하다고 본다.

④ 포스터는 정보양식이 생산양식을 단지 보완하는 게 아니라 총체적인 방식으로 대체한다고 주장한다.

355

포스터(Poster)의 입장으로 옳은 것은?

① 정보양식이 생산양식을 단지 보완하는 게 아니라 총체적인 방식으로 대체한다고 주장한다.

② 전자적 단계의 정보양식의 사회관계는 인터넷과 같이 전자적으로 연결된 사이버 공간에서 나타나는 유동적인 사회관계를 뜻한다.

③ 탈근대시대에는 현실의 모사나 이미지의 확산으로 과거의 확실성이 붕괴되고 객관적 실제를 분별할 수 없게 되어 진리의 폭정은 더욱 심화된다.

④ 전자적 단계의 정보양식에서의 사회관계는 인터넷과 같이 전자적으로 연결된 사이버 공간에서 나타나는 유동적인 사회관계를 뜻하는데, 이것은 산업사회에서 경험한 고정적 사회관계와 그 본질에서 차이가 없다.

356

포스터(Poster)의 '정보양식'에 대한 설명으로 옳은 것은?

① 전자적 단계의 정보양식은 전자적인 커뮤니케이션 시스템에 의해 매개된 사회관계이다.

② 전자적 단계의 정보양식의 사회관계에서 생산자와 소비자를 둘러싼 위계와 구분은 엄격하다.

③ 전자적 단계의 정보양식의 사이버 공간에서 사회의 다양한 정체성들이 부상하여 보편적 문화를 형성한다.

④ 정보양식이 생산양식을 단지 보완하는 게 아니라 총체적인 방식으로 대체한다.

> 정답 ①
>
> 풀이 ② 정보양식의 사회관계는 인터넷과 같이 전자적으로 연결된 사이버 공간에서 나타나는 유동적인 사회관계를 뜻한다.
> ③ 카스텔의 주장이다. 포스터는 사이버 공간에서는 생산양식의 사회관계 속에서 엄밀히 나뉘었던 생산자와 소비자 간의 경계가 무너지고, 주체는 지속적인 불안정성 속에서 탈중심화되고, 분산되며, 다중화된다고 본다.
> ④ 포스터는 정보양식 생산양식을 총체적인 방식으로 대체하는 것이 아니라 단지 보완한다고 주장한다.

357

포스터의 전자적 단계의 정보 양식에 대한 설명으로 틀린 것은?

① 정보기술이 지배의 유지나 강화를 위한 새로운 기술양식이 된다.

② 전자적 커뮤니케이션 경험에 매개되는 새로운 사회관계를 형성한다.

③ 전자통신 혁명은 시공간을 넘어 새로운 사회적 관계망을 형성한다.

④ 정보기술 발달로 새로운 언어적 경험이 근본적인 사회관계를 변화시킨다.

> 정답 ①
>
> 풀이 ① 정보기술이 지배의 유지나 강화를 위한 새로운 기술양식이 된다고 보는 관점은 지배양식론이다.

358

포스터(Poster)의 입장에 대한 설명으로 옳은 것은?

① 막스 베버의 생산양식을 변용하여 정보양식이라는 개념을 제시하였다.

② 정보양식의 등장으로 생산양식은 사라질 운명에 처하게 될 것이다.

③ 역사는 구술의 시기, 문자교환의 시기, 전자매개의 시기로 발전해 왔다.

④ 전자적 단계의 정보양식에서의 사회관계는 인터넷과 같이 전자적으로 연결된 사이버 공간에서 나타나는 유동적인 사회관계를 뜻하는데, 이것은 산업사회에서 경험한 고정적 사회관계와 그 본질에서 차이가 없다.

정답 ③

풀이 ① 마르크스의 생산양식을 변용하여 정보양식이라는 개념을 제시하였다.

② 포스터는 정보양식 생산양식을 총체적인 방식으로 대체하는 것이 아니라 단지 보완한다고 주장한다.

④ 정보양식에서의 사회관계란 인터넷과 같이 전자적으로 연결된 사이버 공간에서 나타나는 유동적인 사회관계를 뜻하는데, 이것은 산업사회에서 경험한 고정된 사회관계와 다르다.

359

마크 포스터(Mark Foster)의 저서 「제2미디어 시대」의 내용으로 틀린 것은?

① 전화, 텔레비전, 인터넷의 등장과 확산으로 시ㆍ공간적 제약이 대부분 사라짐으로써 세계가 상호 의존적인 하나의 지구촌으로 변모하고 있다.

② 정보사회는 생산과 노동이 중심이 되었던 생산양식의 시대에서 정보와 소비가 중심이 되는 정보양식의 시대로 진화되고 있다.

③ 정보기술과 전자매체 정보의 확산은 사회적 관계의 연결망을 변화시킴으로써 사람들의 생활방식과 사고방식에 영향을 미친다.

④ 라디오, TV, 영화 등 분야에서 소수 제작자가 다수소비자에 정보를 제공하던 제1미디어 시대와 달리 다중생산과 소비가 가능해진 사회가 제2미디어 시대라고 정의하였다.

정답 ①

풀이 ① 맥루한(Marshall Mcluhan)은 「지구촌 : 21세기 인류의 삶과 미디어의 변화」에서 '전화, 텔레비전, 인터넷의 등장과 확산으로 시ㆍ공간적 제약이 대부분 사라짐으로써 세계가 상호의존적인 하나의 지구촌으로 변모하고 있다.'고 주장했다.

핵심정리　플루서의 세 가지 코드

- 플루서에게 있어서 인류의 역사는 서로 다른 코드에 의해 구성되어 있는 것으로 여겨졌는데, 그렇다면 역사의 진보는 각각의 매체의 의해 운반되는 새로운 코드가 야기한 인간의 의식변화에서 비롯되는 것이다.
- 플루서는 역사적 관점에서 인류가 크게 세 가지 코드를 사용해 왔다고 서술하는데, 선사시대의 코드였던 이미지, 역사시대의 문자, 마지막으로 현재의 기술적 이미지가 그것이다. 따라서 그가 구성하고 있는 매체의 문화사는 캐나다 학파와 마찬가지로 문자 시대가 중심에 놓이게 된다.
- 플루서에 따르면, 선사시대의 인간이 이미지라는 코드를 사용한 것은 다른 생명체와 차별을 시도하는 하나의 비약이었다. 또한 동시에 이러한 발전의 과정은 인류가 입체적인 현재인 '실제'를 떠나 '추상'으로 가는 인위적 과정이기도 했다. 빌렌도르프의 비너스로 대표되는 조상은 (아직 입체 형태이기는 했지만) 추상에 대한 최초의 시도였다.
- 인류의 문화가 발전하게 되면서 입체는 점차 평면 이미지로 바뀌었고, 이는 다시 선형적인 연속으로 변화하게 되었다는 것이다. 이미지 코드는 상징성을 표면에 담고 있는 것이며, 이에 반해 문자 코드는 이미지 코드를 행으로 변화시키고 장면을 이야기로 전환시킨다. 플루서가 '선의 세계'로 표현하는 이 시기가 가진 시각적 선형성은 인류가 맞이한 두 번째 비약의 동력이었다.

360

플루서의 문자와 기술적 이미지에 관한 이론에 대한 이해를 바탕으로, 틀린 것은?

① 문자는 선형적인 시간 개념을 제공하고, 이는 역사적 사고를 가능하게 한다.

② 기술적 이미지는 '표현'이 아닌 '구성'의 도구로써, 우리가 세상을 이해하는 방식에 근본적인 변화를 가져왔다.

③ 기술적 이미지는 맥락에 의존하여 해석되며, 이러한 맥락이 없으면 제대로 된 해석이 어렵다.

④ 플루서는 기술적 이미지가 단순히 현실을 반영하는 것이 아니라, 이를 주관적으로 해석하고 재구성한다고 주장하였다.

정답　④

풀이　플루서는 기술적 이미지가 단순히 현실을 반영하는 것이 아니라, 이를 '구성'한다고 주장했다. 즉, 기술적 이미지는 현실을 주관적으로 해석하고 재구성하는 것이 아니라, 자체적으로 새로운 현실을 만들어 낸다는 의미이다.

① 플루서는 문자가 선형적인 시간 개념을 제공하며, 이는 역사적 사고를 가능하게 하는 것으로 주장하였다.

② 기술적 이미지는 단순히 현실을 '표현'하는 것이 아니라, '구성'의 도구로서 우리의 세상을 이해하는 방식에 근본적인 변화를 가져오는 것으로 플루서는 주장하였다.

③ 플루서는 기술적 이미지가 맥락에 의존하여 해석되며, 이러한 맥락이 없으면 제대로 된 해석이 어렵다고 주장하였다.

④ 플루서는 기술적 이미지가 단순히 현실을 반영하는 것이 아니라, 이를 '구성'한다고 주장했다. 즉, 기술적 이미지는 현실을 주관적으로 해석하고 재구성하는 것이 아니라, 자체적으로 새로운 현실을 만들어 낸다는 의미이다.

핵심정리 미디어철학의 코무니콜로기(Kommunikologie)

- 플루서는 인간이 소통하는 기본 테제를 죽음으로부터 설명하였다. 죽음에 대한 인식에서 멀어지기 위해 소통한다는 것이다. 소통하는 인간의 삶 자체가 죽음이라는 한계를 극복하려는 반(反)엔트로피적 행위라는 것이다. 플루서는 '죽음의 허무함을 잊기 위해 소통한다.'는 기본 테제로부터 인류사를 다음과 같이 정리했다.
- 인류는 그림(벽화), 말(구두언어), 문자를 활용해 소통했고, 각 소통 도구들은 각각을 코드화하여 독특한 관점, 세계관을 만들어냈다.
- 그림과 감성, 자연신 중심주의가 관계되어 있으며, 그림을 구체적으로 설명하려는 노력이 말(구두 언어)의 탄생으로 이어졌다.
- 말과 지성, 유일신 중심주의가 관련되어 있으며, 말을 그대로 저장, 전달 하고자 하는 노력이 문자의 탄생으로 이어졌다.
- 문자와 이성, 인간 중심주의가 관련이 있으며, 문자를 자유롭게 쓰기 위한 노력이 학교의 탄생과 분과 학문, 인간 중심주의의 인간을 더 자유롭게 하고자 하는 노력과 결합되어 기술적 형상(숫자와 컴퓨터 프로그래밍 언어로 이루어 진 것)으로 이어졌다고 보았다.
- 플루서의 코무니콜로기는 대화와 담론으로 분류·구조화하고 있으며, 코무니케메(kommunikcme) 개념을 제시하며, 소통을 체계화하고 있다. 대화는 두 가지, 담론은 4가지로 분류하고 있다. 코무니케메는 소통이 이루어지도록 하는 소통 분자로 볼 수 있으며, 명령법, 원망법(願望法), 직설법(直說法), 3가지가 있다. 명령법은 'A는 B여야 한다', 원망법은 'A는 B일 수 있다', 직설법은 'A는 B이다'라 할 수 있다. 이러한 플루서의 대화와 담론의 구조, 코무니케메는 경계와 방향으로 이루어져 있다는 것으로 유추할 수 있다.

핵심정리 플루서의 선형적인 텍스트로서의 문자

"쓰기의 관찰에 있어서 가장 인상적인 것은 기호들이 선형적으로 이루어진 행이다. 이처럼 기호를 행의 형태로 나란히 나열하는 문자는 역사에 대한 자의식을 가능하게 했다. 행으로 글을 쓰게 되면서 인간은 비로소 논리적으로 사고하고 계산하고 비판하며 학문을 수행하고 철학을 하고, 이에 적합하게 행동할 수 있게 되었다는 말이다."

361
플루서의 입장으로 옳은 것은?

① 정보양식의 첫 단계는 대면적·구어적으로 매개된 의사소통이 이루어지는 구어적 정보양식, 두 번째 는 인쇄된 문자를 매개로 한 문자적 정보양식, 세 번째는 전자적으로 매개된 의사소통이 중심을 이루 는 전자적 정보양식이 그것이다.

② 인류문화사적 관점에서 볼 때, 인간의 전형적인 코드는 크게 세 단계, 즉 선사시대의 그림, 문자시대 의 텍스트 그리고 탈문자시대의 기술적 형상 혹은 이미지로 변화, 발전해 왔다.

③ 시대마다 각기 다른 형태의 이미지들을 논리적 측면에서 세 단계로 구분할 수 있는데 '형식논리'의 시대 '변증법적 논리'의 시대 그리고 '모순의 논리'가 작동하는 시대가 그것이다.

④ 커뮤니케이션 테크놀로지가 구어 형식에서, 인쇄 형식을 거쳐, 전자 형식으로 변천함에 따라 각각 인 간 집단을 부족화에서, 탈부족화를 거쳐, 재부족화시켜 나간다.

> **정답** ②
> **풀이** ① 포스터의 입장이다.
> ③ 비릴리오의 입장이다.
> ④ 맥루한의 입장이다.

⊙ 핵심정리 **플루서의 기술적 이미지로의 전환**

- 기술적 이미지로의 전환이 그대로 문자 이전의 시기에 있던 이미지로의 회귀를 뜻하는 것은 아니다. 옹의 통찰과 마찬가지로 여기에도 그 사이를 잠식하고 있는 문자 코드의 영향력이 놓여 있다.

- 기술적 이미지는 선사시대의 이미지와는 완전히 다른 성질을 지니는 바, 기술적 이미지 안에는 이미 문자의 상징체계와 기호체계가 모두 보이지 않는 코드로서 내재되어 있기 때문이다. 기술적 이미지는 문자로 된 텍스트로부터 정보를 공급받으며, 자신 속에 텍스트를 투영한다.

- 선사시대의 이미지와 기술적 이미지는 평면위에 세계를 표현한다는 공통점이 있기는 하지만, 이것은 사실 서로 반대되는 운동의 결과로서 나타나기 때문이다. 선사시대의 이미지가 현실에 존재하는 입체 를 추상화하며 등장한다면, 문자 이후의 이미지는 선을 추상화한 점의 조합을 통해 조직되어 구체를 향한다.

- 평면은 어떤 것의 표면이다. 그것은 피부다. 전통적인 평면은 입체의 표면이다. 새로운 평면은 개념들 의 표면이다. 전통적인 평면은 구체적인 것에서 벗어나 추상적인 것을 향한 움직임의 결과다. 새로운 평면은 마지막 추상으로부터 구체적인 것을 향한 움직임의 결과다. 이 두 가지 상반된 피부가 만나는 곳에 우리가 서 있다. 그러므로 플루서에게 있어 문자는 그가 시도하는 의사소통이론인 '코무니콜로기 (Kommunikologie)'의 중심을 이루며, 문화기술의 문화인류학을 구성해 내는 역할을 수행한다.

- 여기에서도 문자는 음성언어의 기록체계가 아니라 입체와 평면에 대립되는 물질적 성격을 가지고 있는 선형적 코드이다. 인류는 이미지에서 문자로, 그리고 문자를 내포하고 있는 기술적 이미지, 말하자면 코 드화된 '문자-이미지'의 시대로 이동 중인 것이다. 이로써 문자의 미래에 대해서도 새로운 예측이 가능 해지는데, 디지털 시대에 도 문자는 기술적 이미지 속에 삽입된 코드로서 존속한다는 것이 그것이다.

362
플루서(Flusser)의 주장으로 틀린 것은?

① 코드는 합의된 상징들의 조작을 일정한 방식으로 정돈하는 모든 체계를 뜻한다.

② 질적 비약이 이루어진 탈문자시대(1900년 이후)는 인간의 정보가 어떤 깊이와 공간도 결여한 N차원의 형태, 즉 '기술적 형상 혹은 이미지'의 생산이 이루어진 단계이다.

③ '기술적 형상 혹은 이미지'의 생산 과정에 대한 문제의식은 코드화된 세계가 점차 '제1의 자연'의 세계를 망각하게 한다는 점에서 출발한다.

④ 탈문자시대의 새로운 이미지 생산은 미학적으로 대중화된 선정주의, 스테레오 타입에 기초한 태도 모델, 즉시적 정보의 수동적 수용 등의 '탈역사적 파시즘'도 간과하기 어려운 문제이다.

정답 ②

풀이 ② 질적 비약이 이루어진 탈문자시대(1900년 이후)는 인간의 정보가 어떤 깊이와 공간도 결여한 0차원의 형태, 즉 '기술적 형상 혹은 이미지'의 생산이 이루어진 단계이다.

363
숫자와 프로그래밍 언어에 대한 설명으로 틀린 것은?

① 숫자와 기술적 형상(프로그래밍 언어)의 경우 통역이나 번역이 필요 없다는 점에서 구두 언어 · 문자와 뚜렷하게 구별된다.

② 인간의 언어가 인간끼리의 소통을 위해 만들어진 기호체계라면 프로그래밍 언어는 인간과 기계의 상호 소통을 위해 만들어진 언어이다.

③ 구두 언어와 문자가 인간의 육체가 지배하는 구체적 삶 안에서 연결해주는 소통 도구라면, 숫자와 기술적 형상은 지역이나 문화를 초월한 세계인의 공통된 교육을 통해서 접근할 수 있는 추상적 도구이다.

④ 컴퓨터가 이해할 수 있는 언어는 기계어인데, 기계어는 컴퓨터 하드웨어에서 데이터 표현의 기본 단위인 비트의 값 0과 1을 그대로 표기하는 언어이고, 기계어와 인간이 사용하는 언어의 중간적 위치에서 프로그램 작성을 쉽게 할 수 있는 인공 언어가 프로그래밍 언어이다.

정답 ②

풀이 프로그래밍 언어는 컴퓨터가 일을 수행할 수 있는 프로그램(작업)을 작성할 수 있도록 하는 기호체계이다. 인간의 언어가 인간끼리의 소통을 위해 만들어진 기호체계라면 프로그래밍 언어는 인간이 기계에 명령을 내리기 위해 만들어진 언어이다. 명령 역시 소통이다. 한 방향으로 흐르는 소통이다.

- 기술적 이미지의 창조자인 인간은 이제 '이미지 창조자 혹은 상상가'가 되는 것이다.
- 긍정적으로 볼 때, 붐(Boom)이 강조하듯이 탈문자 시대의 인간은 디지털 매체를 통해 시·공간을 자유롭게 넘나들 수 있고 새로운 현실을 창조함으로써 완전히 새로운 주체가 될 수 있다.
- 반면, 부정적으로 볼 때 플루서가 비판하듯이 탈문자시대의 새로운 이미지 생산은 미학적으로 대중화된 선정주의, 스테레오 타입에 기초한 태도 모델, 즉시적 정보의 수동적 수용 등의 '탈역사적 파시즘'도 간과하기 어려운 문제이다.
- 플루서는 담론형 커뮤니케이션은 정보의 손실을 제한할 수 있지만 엘리트주의적 개입이 크고, 대화형 커뮤니케이션은 송수신자 간의 경계 없이 해석과 개입이 가능하나 대중적 기만에 노출되어 있다고 본다.
- 0차원의 시·공간은 TV와 디지털 매체를 통해 미학적인 실험과 창조를 가능케 하지만, 또 다른 한편 현실 세계와 먼 기술적 이미지를 생산함으로써 현실의 문제를 왜곡하거나 배제할 수 있기 때문이다.

364

다음 중 빌레 플루서(Vilem Flusser)의 코무니콜로기(Kommunikologi)에 대한 설명으로 가장 거리가 먼 것은? 　　　　　　　　　　　　　　　　　　　　　　　　　　　　　　[2024년 기출]

① 인간 커뮤니케이션 목적은 소통의 욕망과 관계성에 있다.
② 역사적으로 그림시대, 문자시대, 기술적 형상시대 등의 코드화 과정이 전개된다.
③ 기술적 상상은 이용자를 주체가 아닌 기획자로 간주하는 시각에 근거한다.
④ 대중적 기술형상의 이용자에게 대중적 기만이 발생하는 이유는 해독능력이 없기 때문이다.

정답 ④

풀이 ④ 대중적 기술 형상에는 특별한 전문 지식 없이도 해독이 가능한 대중적 코드가 있다. 예를 들어 '비둘기는 평화의 상징'과 같이 일반적으로 흔히 접하고, 특별히 어려운 해석을 요구하지 않는 것과 같다. 이특별히 어려운 해석을 요구하지 않는다는 대중적 특성 때문에 이는 곧 대중적 기만으로 나아갈 가능성을 가진다. 대중적 기만이란, 이용자가 코드의 의미를 '이미 안다'고 생각하여 비판적으로 해독하지 않는 행위를 말한다.

365

다음 중 플루서(Vilem Flusser)가 주장한 미디어의 유형과 가장 거리가 먼 것은? 　　　[2024년 기출]

① 피라미드형 담론　　　　　　　　　② 나무형 담론
③ 원형 담론　　　　　　　　　　　　④ 원형극장형 담론

정답 ③

풀이 ③ 원형 대화는 담론형 커뮤니케이션이 아니라 대화형 커뮤니케이션이다.

366

다음 학자들이 제시한 핵심 개념으로 틀린 것은?

[2021년 기출]

① 시몽동(Gilbert Simondon) – 인간 기계 앙상블

② 비릴리오(Paul Virilio) – 피크노렙시

③ 키틀러(Friedrich Kittler) – 정보 기계

④ 플루서(Vilem Flusser) – 엘리트 기만

> **정답** ④
>
> **풀이** ④ 플루서는 담론형 커뮤니케이션은 정보의 손실을 제한할 수 있지만·엘리트주의적 개입이 크고, 대화형 커뮤니케이션은 송수신자 간의 경계 없이 해석과 개입이 가능하나 대중적 기만에 노출되어 있다고 본다. 대중적 기만을 엘리트 기만으로 바꿔서 틀린 선지로 한 것으로 보인다.

367

플루서의 탈문자 시대에 대한 설명으로 틀린 것은?

① 디지털 시대에도 문자는 기술적 이미지 속에 삽입된 코드로서 존속한다.

② 0차원의 시·공간은 TV와 디지털 매체를 통해 미학적인 실험과 창조를 가능케 한다.

③ 담론형 커뮤니케이션은 송수신자 간의 경계 없이 해석과 개입이 가능하나 대중적 기만에 노출되어 있다.

④ 탈문자시대로 접어들면서 인간은 선형 코드가 형성시킨 '발전'이라는 역사의식에서 무의미함을 느끼며, 텍스트의 세계에서 뛰쳐나와 기술적 형상의 세계 속으로 뛰어 들어간다.

> **정답** ③
>
> **풀이** ③ 플루서는 담론형 커뮤니케이션은 정보의 손실을 제한할 수 있지만 엘리트주의적 개입이 크고, 대화형 커뮤니케이션은 송수신자 간의 경계 없이 해석과 개입이 가능하나 대중적 기만에 노출되어 있다고 본다.

368

현대 세계에 대한 폴 비릴리오(Paul Virilio)의 입장으로 볼 수 없는 것은?

① 현대세계를 속도의 정치이론으로 설명했다.

② 현대세계에서 기술은 속도를 발전시키고, 속도의 진보는 기술의 진보이다.

③ 기술은 지배와 결부되어 인간들을 분열시키는 것이 아니므로 인류와 기술 사이에 새로운 다리를 놓는 것이 가능하다.

④ 기술에 의한 속도의 단계적 확대(가속화)가 초래할 수 있는 유해한 파국·사고를 예상하여 기술의 지배에 저항해야 한다.

정답 ③

풀이 ③ 과학 기술에 대한 폴 비릴리오 입장은 기술 공포증이라고 말할 수 있다. 인류와 기술 사이에 새로운 다리를 놓는 것이 가능하다고 한 사상가는 과타리이다.

369

현대 세계에 대한 폴 비릴리오(Paul Virilio)의 입장으로 옳은 것은?

① 현대세계를 속도의 정치이론으로 설명했다.

② 권력은 공간의 저항에 발이 묶이거나 늦춰지는 일이 없고 공간에서 해방되었다.

③ 미래의 세계는 기계적인 사회가 아니라 오히려 인간이 중심이 되는 감성의 사회가 될 것이다.

④ 기술은 지배와 결부되어 인간들을 분열시키는 것이 아니므로 인류와 기술 사이에 새로운 다리를 놓는 것이 가능하다.

정답 ①

풀이 ② 바우만(Bauman)의 입장이다.
③ 네그로폰테(Nicholas Negroponte)의 입장이다.
④ 과학 기술에 대한 폴 비릴리오 입장은 기술 공포증이라고 말할 수 있다. 인류와 기술 사이에 새로운 다리를 놓는 것이 가능하다고 한 사상가는 과타리이다.

- 비릴리오는 속도의 혁명이 이행되는 과정을 1차 혁명인 운송혁명(이동수단의 진보), 2차 혁명인 전자매체의 혁명(통신기술의 진보), 그리고 3차 혁명인 이식혁명으로 설명한다.
- 이식혁명 단계는 속도와 시각에 대한 지향이 궁극적으로 도달하는 지점이자, 인간의 신체와 기술을 구분해 주었던 경계가 거의 붕괴한 상황을 뜻한다. 다시 말해 기술 향상으로 인해 신체 일부분을 소형화된 기계 장치로 대체할 수 있게 된 단계이다.
- 비릴리오는 이러한 극소기계가 삽입된 인간의 신체는 속도에 동화되어 인간의식의 주체성이 사라진 채 신체 내부의 식민화를 야기할 것이라고 경고한다. 속도와 시각에 대한 기술적 경도는 급기야 육체의 정복까지 달성하면서 외부 세계의 종말과 함께 인간 존재 자체도 부정된다.

370

폴 비릴리오(Paul Virilio)의 입장으로 틀린 것은?

① 속도의 혁명이 이행되는 과정을 1차 혁명인 운송혁명, 2차 혁명인 이식혁명, 그리고 3차 혁명인 전자매체의 혁명으로 설명한다.

② 드로모크라티는 절대적 속도에 다다른 권력을 정점으로 사회의 모든 계급적 질서가 짜여진 세계, 즉 속도의 위계질서가 확립된 정치체제이다.

③ 현대의 원격통신과 원격현존의 기술로 인해 '망막의 문명'의 놀라운 가능성에 의존하게 되면서 결국 미래도 과거도 없는 생방송의 사회가 된다.

④ 피크노렙시는 개인의 의식 차원뿐 아니라 사회 각 분야에 일어나는 현상을 조명하므로 빈번한 중단, 사고, 장애, 시스템 오류 등의 다양한 함의를 갖게 된다.

> 정답 ①
>
> 풀이 ① 비릴리오는 속도의 혁명이 이행되는 과정을 1차 혁명인 운송혁명(이동수단의 진보), 2차 혁명인 전자매체의 혁명(통신기술의 진보), 그리고 3차 혁명인 이식혁명으로 설명한다.

371

폴 비릴리오(Paul Virilio)의 입장에 대한 설명으로 틀린 것은?

① 내부 식민화와 함께 인간에 대한 통제가 전적으로 새로운 차원으로 이동하고 있다.

② 절대속도의 커뮤니케이션은 보는 것과 듣는 것뿐만 아니라 만지는 것까지 동시에 가능하게 함으로써 세계를 시간의 축 위에 재배치한다.

③ 속도 거리는 물리적이고 공간적인 차원의 경계를 무너뜨리고 있다.

④ 시간의 전쟁이 가져온 포위상태가 공간의 전쟁이 가져온 비상사태로 바뀌는 데는 고작 몇 십 년 밖에 걸리지 않았다.

핵심정리 피크노렙시(picnolepsie)

- 빈번한, 자주를 뜻하는 피크노스와 발작을 뜻하는 렙시스의 합성어로 '자주 일어나는 신경발작'이라는 의미이다.
- 피크노렙시는 개인의 의식 차원 뿐 아니라 사회 각 분야에 일어나는 현상을 조명하므로 빈번한 중단, 사고, 장애, 시스템 오류 등의 다양한 함의를 갖게 된다.
- 비릴리오의 피크노렙시를 한 마디로 정의하자면, '기억 부재증'이다. 이러한 상태는 '감각은 깨어 있더라도 외부로 향한 느낌은 닫혀 있는 상태'로 정의될 수 있다.
- 이와 같은 기억 부재의 상태에서 우리는 연속적인 시간으로부터 벗어날 수 있다. 기억 부재의 상태에서는 연속적인 시간으로부터 벗어나 체험한 시간으로부터 사물을 뜯어내어, 사물을 느끼는 시간을 속도로 바꾸는 것이 가능하다.
- 점차 빠른 속도로 질주하는 시간전쟁에서 벗어나 매개적 시간의 불안정한 구조에 의해 다른 누구의 시간도 아닌 나만의 시간을 살 수 있도록 한다.

372

비릴리오의 피크노렙시(picnolepsie)와 드로몰로지(Dromology)에 대한 설명으로 옳은 것은?

① 피크노렙시는 공간과 시간의 흐름이 단절되는 현상을, 드로몰로지는 속도가 사회에 미치는 영향을 연구하는 학문이다.
② 피크노렙시를 한 마디로 정의하자면, '기억 부재증'인데, 이러한 상태는 '무감각한 상태가 되어 외부로 향한 느낌은 닫혀 있는 상태'로 정의될 수 있다.
③ 피크노렙시와 드로몰로지는 모두 비릴리오가 제안한 공간과 시간에 관한 이론이다.
④ 피크노렙시는 개인의 의식 차원에 대한 개념으로 사회 각 분야에 일어나는 빈번한 중단, 사고, 장애, 시스템 오류 등으로 확장되지 않는다.

③ 피크노렙시는 시간과 속도에 대한 개념일 뿐 공간에 관한 이론이라고 볼 수 없다.
④ 피크노렙시는 개인의 의식 차원뿐 아니라 사회 각 분야에 일어나는 현상을 조명하므로 빈번한 중단, 사고, 장애, 시스템 오류 등의 다양한 함의를 갖게 된다.

373

폴 비릴리오의 피크노렙시(pyknolepsy)와 가장 관련이 적은 것은?

① 기억의 부재
② 속도
③ 인공감각
④ 소발작

핵심정리

(1) 드로모크라티(dromocratie, 질주정치)
드로모크라티는 절대적 속도에 다다른 권력을 정점으로 사회의 모든 계급적 질서가 짜여진 세계, 즉 속도의 위계질서가 확립된 정치체제이다.

(2) 디지털 속도 시스템
체감되지 않을 정도로 빠른 속도 때문에 시간적 차원이 아니라 공간적 차원으로 전화한 디지털 정보 환경을 의미한다.

(3) 테크노 디스토피아
기계문명 속도에 쫓겨 자본 축적을 위해 톱니바퀴 도구로 전락한 인간의 암울한 모습을 의미한다.

374

폴 비릴리오의 디지털 속도 시스템의 특징으로 틀린 것은?

① 순간성
② 즉각성
③ 편재성
④ 신체성

풀이 ④ 비릴리오는 우리가 현대의 원격통신과 원격현존의 기술로 인해 '망막의 문명'의 놀라운 가능성에 의존하게 되면서 결국 미래도 과거도 없는 생방송의 사회가 된다고 지적한다. 새로운 매체 기술은 인간의 신체적·감각적 거리의 한계를 초월하면서 물질적 현실에 대한 거리를 무화시킨다. 이는 물질적 실재에 대한 마비로 이어지는데 영상 기계들에 의해 현실감이 존재하지 않는 세계, 즉 눈 뜬 장님의 세계가 도래하는 셈이다. 그렇게 신체성을 상실하고 가상과 원격기술의 세계에 거주하게 된 인간은 직접 세상을 지각하는 감각 현실을 상실하고 지적인 숙고와 성찰의 시간을 잃는다는 것이다.

핵심정리 ⟩ 드로몰로지(Dromology, 질주학)

• 비릴리오는 기계의 속도로부터 전기의 속도, 전자의 속도까지 전체 인류에 역사적인 변화를 가져오는 속도를 정의함은 물론 역사적으로 속도가 어떻게 창출되어 왔는지에 대해 주목하였다.

• 비릴리오는 19세기 교통혁명과 20세기 광속의 전자미디어의 혁명 그리고 미래의 이식 혁명 등 3대 속도혁명으로 속도의 다양한 질서들을 시대별로 구분하였다. 이동수단의 발전된 속도에 의해 실제적인 공간이 소멸하는데, 여기서의 소멸은 현상의 소멸이 아니라 개인의 자유 더 나아가 개인의 실존을 인식할 수 있는 의식의 소멸이다.

• 비릴리오는 자신의 주요 저서인 「속도와 정치」에 '드로몰로지에 관한 시론'이라는 부제를 붙였다. 이 드로몰로지는 비릴리오 자신이 창안한 용어인데, 경주를 뜻하는 그리스어 드로모스(dromos)에서 유래한다. 비릴리오는 드로몰로지―속도의 논리이기 보다는 경주의 논리―를 현상들 간의 관계를 다루는 지식 체계 혹은 학문분야, 방법론적인 활동의 의미로 사용되고 있는 듯하다. 실제로 그는 오랜 기간 동안 이 새로운 학문과 자신의 사유관계를 규정하려고 했다.

핵심정리 ⟩ 드로모크라티(dromocratie, 질주정) 혁명

• 비릴리오의 질주학은 속도의 생산과 진보가 어떻게 사회적 정치적 생활에 영향을 미치는가에 집중되는 경향이 있다. 그래서 비릴리오에게 질주정 혁명은 증기기관 등 속도를 생산하는 수단과, 오늘날 핵무기와 즉각적 통신의 형태를 포함한다. 질주정 혁명은 운송 수단과 전송 수단의 속도로 실현된다. 특히 그의 질주학은 속도를 가속화하고 증대시키는 수단들에 초점이 맞추어져 있다.

• 그는 현대 사회가 가속화의 벽에 부딪혔다고 지적하면서 다음과 같은 견해를 밝힌다. "사회는 지금까지 운송과 전송의 속도가 끊임없이 가속화된다는 논리대로 발전해왔다. 각 시대가 이전의 시대에 비해 이룩한 진보는 새로운 기술 수단이 제공하는 전송의 가속화란 특성을 함축한다." 예컨대 비행기의 속도는 열차의 속도를 능가하고(공간의 확대), 디지털 데이터 전송은 그 이전의 기술이 달성한 전송속도를 앞지른다(시간의 축소).

• 여기서 비릴리오의 분석은 현대 사회가 더 이상 가속화를 허용할 수 없는 임계점에 이른다는 것이다. 인터넷 또는 위성통신 시대에 정보를 전 세계로 즉각 전송할 수 있다면, 초음속 비행기가 곧 지구를 두 시간 정도에 횡단한다면, 앞으로 가속화란 진보가 불가능한 상황에 이르게 된다. 비릴리오는 이런 상황으로 인한 사고와 파국을 우려하는데, 이것이 바로 그가 가속화의 벽에 도달한 현대 사회가 제기하는 문제다.

375

다음 중 폴 비릴리오(Paul Virilio)의 원격현전에 대한 설명으로 가장 거리가 먼 것은? [2024년 기출]

① 변증법적 논리와 기술 발전에 따라 비디오, 컴퓨터 홀로그래피의 발명으로 가능해진 원격체험

② 가상의 이미지를 통해 원거리에서 물리적 현실을 실시간 조작할 수 있는 능력

③ 실시간으로 다른 장소로 이동해서 느끼고 체험할 수 있는 가상의 존재 방식

④ 생체감각의 마비를 통해 인공감각이 강화될 수 있는 매체기술

> **정답** ①
> **풀이** ① 비디오, 컴퓨터, 홀로그래피는 모순의 논리가 완성된 시기에 발명되었다.

376

비릴리오의 드로몰로지(Dromology)에 대한 설명으로 틀린 것은? [2021년 기출]

① 비릴리오는 기계의 속도로부터 전기의 속도, 전자의 속도까지 전체 인류에 역사적인 변화를 가져오는 속도를 정의함은 물론 역사적으로 속도가 어떻게 창출되어 왔는지에 대해 주목하였다.

② 비릴리오는 19세기 교통혁명과 20세기 광속의 전자미디어의 혁명 그리고 미래의 이식 혁명 등 3대 속도혁명으로 속도의 다양한 질서들을 시대별로 구분하였다.

③ 이동수단의 발전된 속도에 의해 실제적인 공간이 소멸하는데, 여기서의 소멸은 현상의 소멸이 아니라 개인의 자유 더 나아가 개인의 실존을 인식할 수 있는 의식의 소멸이다.

④ 점차 빠른 속도로 질주하는 시간전쟁에서 벗어나 "매개적 시간의 불안정한 구조에 의해 다른 누구의 시간도 아닌 나만의 시간을 살 수 있도록 한다.

> **정답** ④
> **풀이** ④ 피크노렙시에 대한 설명이다. 비릴리오의 피크노렙시를 한 마디로 정의하자면, '기억 부재증'이다. 이러한 상태는 '감각은 깨어 있더라도 외부로 향한 느낌은 닫혀 있는 상태'로 정의될 수 있다. 이와 같은 기억 부재의 상태에서 우리는 연속적인 시간으로부터 벗어날 수 있다. 기억 부재의 상태에서는 연속적인 시간으로부터 벗어나 체험한 시간으로부터 사물을 뜯어내어, 사물을 느끼는 시간을 속도로 바꾸는 것이 가능하다.

(1) 비릴리오에게 속도는 모든 동물의 생존, 그리고 종의 보존을 위한 경쟁에 필수적인 요소다. 포식동 물의 위협에서 벗어나기 위해 빨리 달려야 했던 태곳적부터, 적군의 동향을 앞서 포착해 기습할 수 있는 기동력을 갖춰야 했던 시기, 타인보다 더 많은 정보를 빨리 수집하고 활용해야 성공을 거둘 수 있는 오늘날에 이르기까지 이 사실은 변하지 않았다. 인류는 끊임없이 자신의 속도를 가속화해왔고 이로써 역사적으로 네 가지 양태의 속도가 등장한다.

(2) 먼저 '생체(혹은 동물적) 속도'와 '기술적 속도'가 있다. 생체 속도는 인간의 생리적 특성(가령 근육의 단련, 반사 신경 정도)이나 심리적 특성(감정, 정서 등)에 의해 제한된다. 이런 한계를 인공적으로 보 원히는 과정에서 인류가 획득한 것이 기술적 속도인데, 이 속도는 기계적 속도와 시청각 속도로 나 뉜다. 전자를 가능케 한 것은 자동구동(동력) 장치의 발명이며, 후자를 가능케 한 것은 전자기파의 발견이다. 전자는 운송 혹은 이동 수단으로서의 인간이나 동물을 대체했으며(가장 상징적인 것으로 는 자동차가 있다), 후자는 인간의 감각 기관을 대체했다. 가령 원격-청각으로서의 라디오와 원격- 시각으로서의 텔레비전, 그리고 그 종합이자 결정체로서의 인터넷 혹은 가상 현실이 이에 해당한다.

(3) 비릴리오는 속도의 역사에서 일어난 세 가지 혁명을 언급한 적이 있는데, 그 중 18세기 중반부터 시 작된 첫 번째 혁명인 '운송 혁명'(흔히 '산업 혁명'으로 알려진 그 혁명)을 통해 비로소 인류에게 기술 적 속도의 신세계가 펼쳐진다. 그러나 한 번 가속화된 속도는 멈추기보다는 한층 더 가속화돼, 19세 기 말부터는 두 번째 혁명인 '전송 혁명'이 일어나고, 20세기 중반에 이르러서는 세 번째 혁명인 '이 식 혁명'이 본격화된다. 운송 혁명이 속도의 가속화의 본격적인 개시(기계적 속도의 획득)를 알렸다 면, 전송 혁명은 이제 인류가 절대적 속도, 즉 빛의 속도에 근접하게 됐음(시청각 속도의 획득)을 보 여준다(이론적으로, 진공 상태에서 전자기파의 속도와 빛의 속도는 동일하다).

(4) 비릴리오가 말하길, 인간이 빛의 속도에 근접했다는 것은 신의 세 가지 속성인 편재성, 동시성, 즉각 성을 획득했다는 것과 같다. 그러나 인류는 신의 영역에 근접한 데 만족하지 않고 마지막 혁명인 이 식 혁명을 통해 생체 속도와 기술적 속도를 융합하기 시작한다. 이로써 생체-기계적 속도와 생체- 시청각 속도가 등장하게 되는데, 이 두 속도는 아예 빛의 속도를 인간에게 '이식'하는 것을 가능케 해 줬다. 바야흐로 인류는 이 두 속도를 통해 신 자체가 되려고 하는 중이라는 것이다.

377

속도에 대한 비릴리오의 입장으로 틀린 것은?

① 속도는 모든 동물의 생존, 그리고 종의 보존을 위한 경쟁에 필수적인 요소이다.

② 생체 속도는 인간의 생리적 특성(가령 근육의 단련, 반사 신경 정도)이라는 단일 요소에 의해 결정되 는 속도이다.

③ 기술적 속도는 기계적 속도와 시청각 속도로 나뉘는데, 전자를 가능케 한 것은 자동구동(동력) 장치 의 발명이며, 후자를 가능케 한 것은 전자기파의 발견이다.

④ 인간은 빛의 속도에 근접하여 신의 세 가지 속성인 편재성, 동시성, 즉각성을 획득했지만 이에 만족 하지 않고 마지막 혁명인 이식 혁명을 통해 생체 속도와 기술적 속도를 융합하기 시작했다.

정답 ②

풀이 생체 속도는 인간의 생리적 특성(가령 근육의 단련, 반사 신경 정도)이나 심리적 특성(감정, 정서 등)에 의 해 제한된다.

- 비릴리오는 시대마다 각기 다른 형태의 이미지들을 논리적 측면에서 세 단계로 구분한다. 즉 '형식논리'의 시대, '변증법적 논리'의 시대 그리고 '모순의 논리'가 작동하는 시대가 그것이다.
- 구체적으로 보면, 18세기까지의 이미지는 '형식 논리'에 근거한 것으로서 회화, 수예, 건축 등을 들 수 있고, 19세기까지의 이미지는 '변증법적 논리'에 기초한 것으로서 사진, 영화, 포토그램 등이 대표적이다. 그 이후 20세기 말에 이르러 근대의 종말과 함께 공적인 이미지의 모순적 논리가 완성되는데, 이 시기는 비디오, 컴퓨터, 홀로그래피의 발명과 함께 '모순의 논리'가 시작된 시점이다.
- 형식논리의 이미지가 '현실성'에 그리고 영화나 사진 등의 변증법적 논리는 '현재성'에 기반한다면, 홀로그램이나 비디오그램, 디지털 코드에 의해 창조되는 이미지는 '잠재성'에 기반한 논리적 모순을 만들어낸다. 논리적 모순은 기본적으로 사물이라는 실재 대상이 없이도 이미지가 존재할 수 있다는 것, 혹은 축구 경기장 내의 관람 행위를 TV 중계방송의 시청자가 대체하듯이 원격행위가 현존을 대체하는 것을 말한다.
- 잠재성은 가능성과는 달리 현실적인 것을 가능케 하며 그것을 정초하는 토대가 되는 동시에 현실적인 것의 차이를 낳는 것으로서 제시된다. 들뢰즈는 현실적인 것과 잠재적인 것을 묶어 실재적인 것이라고 이름 붙이고, 가능적인 것을 현실적인 것과 닮았지만 실재하지 않는 것으로 규정하며 잠재적인 것과 가능적인 것을 구분한다.

378

비릴리오의 각기 다른 형태의 이미지들의 단계에 대한 설명으로 틀린 것은?

① 18세기까지의 이미지는 '형식 논리'에 근거한 것으로서 회화, 수예, 건축 등을 들 수 있다.

② 19세기까지의 이미지는 '변증법적 논리'에 기초한 것으로서 사진, 영화, 포토그램 등이 대표적이다.

③ 20세기 말에 이르러 근대의 종말과 함께 공적인 이미지의 모순적 논리가 완성되는데, 이 시기는 비디오, 컴퓨터, 홀로그래피의 발명과 함께 '모순의 논리'가 시작된 시점이다.

④ 형식논리의 이미지가 '현재성'에 그리고 영화나 사진 등의 변증법적 논리는 '현실성'에 기반한다면, 홀로그램이나 비디오그램, 디지털 코드에 의해 창조되는 이미지는 '잠재성'에 기반한 논리적 모순을 만들어 낸다.

정답 ④

풀이   형식논리의 이미지가 '현실성'에 그리고 영화나 사진 등의 변증법적 논리는 '현재성'에 기반한다면, 홀로그램이나 비디오그램, 디지털 코드에 의해 창조되는 이미지는 '잠재성'에 기반한 논리적 모순을 만들어 낸다.

379

다음을 주장한 사상가의 이름으로 옳은 것은?

> 우리 미래에는 '가난 대 부'라는 대립항보다 '접속 대 단절'이라는 대립항이 훨씬 더 강력하게 작용할
> 것이다. 디지털 네트워크라는 접근 가능한 새로운 통로들은 가치를 창조하고자 한다. 그런데 이 디
> 지털 네트워크가 결국 차별을 강화하는 쪽으로 작용하게 된다. 기술의 발달 덕분에 과거 미디어들이
> 정보를 전달하던 일방향적 방식이 쌍방향적으로 변화하게 되었지만, 이것이 정보의 민주화를 만들
> 어주지는 못한다.

① 노베르트 볼츠(Norbert Bolz)

② 폴 비릴리오(Paul Virilio)

③ 귄터 안더스(Gunther Anders)

④ 빌렘 플루서(Vilem Flusser)

정답 ①

풀이 ① 노베르트 볼츠의 주장이다. 노베르트 볼츠는 확실한 것은 정보적이지 않고 정보적인 것은 확실하지 않
다고 본다. 그래서 정보의 과잉은 확실성이 아니라 불확실성을 증대한다. 확실성의 부재는 개별적이고
차별적인, 고유한 것들을 그럴 듯하게 만든다. 하나의 정보와 해석에는 항상 그와 반대되는 정보와 해
석이 병존한다. 이런 서로 대립하는 수많은 정보와 해석들 사이에서 사람들은 이성적으로 따져보고 판
단할 시간과 능력을 가지지 못하고, 결국 신뢰할 만하다고 생각하는 타인의 판단과 해석에 의존할 수밖
에 없게 된다. 불가피하게도 사람들이 할 수 있는 결정이라는 것은 결국 각자 무엇을 신뢰할 것인가로
귀결된다. 파편화된 정보와 해석, 그리고 각기 다른 신뢰원에 의존하는 시대. 그래서 어떤 것도 확실하
지 않은, 콘센서스가 매우 어려운 시대를 우리는 살고 있다.

380

다음을 주장한 사상가의 이름으로 옳은 것은?

> 텔레비전과 같은 기술복제 미디어는 현실과 가상의 구분을 불가능하게 할 뿐만 아니라 '은둔자 대중(Masseneremit)'을 양산하고 인간의 경험과 세계 상실을 야기할 것이며 기술적 조작된 현실을 은폐된 형태로 창조할 뿐이다.

① 벤야민((Walter Bendix Schönflies Benjamin)

② 폴 비릴리오(Paul Virilio)

③ 권터 안더스Gunther Anders)

④ 빌렘 플루서(Vilem Flusser)

정답 ③

풀이 ③ 권터 안더스Gunther Anders)의 주장이다.

뉴미디어와 소셜 미디어

핵심정리 텔레마틱스(telematics) 혹은 컴퓨티케이션(compuication)

- 텔레마틱스(telematics) 혹은 컴퓨티케이션(compuication)현상과 같이 컴퓨터와 정보 통신기술이 결합된 새로운 형태의 커뮤니케이션 기술이나 이들 기술을 기반으로 하는 새로운 사회 환경이 도래하였다.
- 텔레마틱스(telematics)는 프랑스 시몽 노라(Simon Nora)와 알랭 밍크(Alain Minc)가 처음으로 사용한 용어로 컴퓨터와 원거리 통신이 결합된 현상이다.
- 컴퓨티케이션(compuication)은 안토니 웨팅거(Anthony Oettinger)가 컴퓨터와 커뮤니케이션이라는 용어를 결합시켜 만든 용어로서 디지털 부호에 의하여 컴퓨터, 전화, 텔레비전이 결합됨으로써 발생하는 새로운 정보전달 현상이다.

핵심정리 뉴미디어의 특성

(1) 종합화(integration)

지금까지 개별 영역으로 존재했던 미디어들을 하나의 정보망으로 종합하고, 디지털화를 통하여 모든 매체를 하나의 매체로 통합 가능하게 함으로써 아날로그 시대에는 각기 개별적으로 존재했던 매체들이 디지털 시대에는 통합미디어, 즉 멀티미디어화 되는 것을 의미한다.

(2) 영상화(visualization)

문자, 음성, 음향, 영상 기호 등 다양한 정보형태들이 영상화되어 하나의 디지털 단말기를 통해 다양한 종류의 신호와 정보를 용이하게 송·수신하고 이용할 수 있다.

(3) 상호작용성(interactivity)

압축 기술에 의해 채널 용량이 크게 증대됨으로써 리턴 채널(return channel) 설정이 가능하고 송·수신자 간 커뮤니케이션이 보다 활성화된 양방향 커뮤니케이션을 지원하는 송신자와 수용자, 메시지와 수용자 사이의 상호작용성이 크게 향상된다.

(4) 비동시화(asynchronocity)

수용자가 원하는 시간에 원하는 프로그램을 원하는 곳에서 이용하고, 수용자가 메시지를 적극적으로 선택할 수 있도록 제공하는 것으로 VOD(Video on Demand)나 PVR(Personal Video Recorder) 등이 이용된다.

(5) 탈 대중화(demassified)

매스미디어가 이질·익명·다수의 대중을 상대로 하는 데 반해 뉴미디어는 다품종 소량주의, 특정 계층을 목표 수용자로 한다.

381

다음과 같은 내용을 담은 저서와 그 저자는?

[2024년 기출]

> 이 책은 원래 1978년 프랑스 대통령에게 제출한 보고서다. 사회에서 컴퓨터가 수행하는 역할에 국가가 어떻게 대응해야 하는지를 다룬 것인데 진정한 정부가 기술적인 문제에 어떻게 대응해야 하는지에 대한 하나의 모델을 제시하고 있다. 이 책은 또한 컴퓨터와 텔레커뮤니케이션을 하나로 묶기 위한 정보고속도로를 최초로 제안한 책들 중 하나이기도 하다.

① 「컴퓨터 사회」의 도널드 베커
② 「변화하는 사회에서 컴퓨터 이해하기」의 데보라 몰리
③ 「소비사회」의 장 보드리야르
④ 「사회의 컴퓨터화」의 사이먼 노라와 힐러리 밍크

정답 ④

풀이 ④ 시몽 노라와 알랭 밍크의 「사회의 컴퓨터화」에 대한 설명이다. 사이먼 노라와 힐러리 밍크는 영어식 발음이다.

382

다음의 설명이 가리키는 인터넷 커뮤니케이션 특징에 대한 용어로 옳은 것은?

[2023년 기출]

> 웹상에서 제공되는 서비스는 기존의 모든 매스미디어가 제공해 왔던 서비스를 포괄하는 멀티미디어로, 텍스트뿐만 아니라 음성·애니메이션·비디오·가상기술 동작코드 등 이전의 어떤 미디어보다도 데이터의 범위와 처리능력이 뛰어나다.

① 공간의 초월성   ② 상호작용성
③ 창조적 주체   ④ 통합 플랫폼

정답 ④

풀이 ④ 통합된 플랫폼에 대한 설명이다.

383

뉴미디어의 특성으로 틀린 것은?

[2023년 기출]

① 상호작용성　　　　　　　　　② 영상화
③ 세분화　　　　　　　　　　　④ 탈대중화

> **정답** ③
>
> **풀이** ③ 뉴미디어는 종합화, 영상화, 상호작용성, 비동시화, 탈대중화 등을 특성으로 가진다.

384

컴퓨터 매개 커뮤니케이션(CMC)에 의한 새로운 공동체 형성과 그러한 공동체에서 나타나는 여러 가지 새로운 사회 현상들을 '사이버사회(Cybersociety)'라고 규정한 사람의 이름으로 옳은 것은?

① 스티븐 존스(Steven Jones)　　　② 윌리엄 깁슨(William Gibson)
③ 라인골드(Howard Rheingold)　　④ 로널드 라이스(Ronald Rice)

> **정답** ①
>
> **풀이** CMC에 의해 생겨난 새로운 형태의 공동체, 즉 새로운 사회구성체를 '사이버사회'라고 규정한 학자는 스티븐 존스(Steven Jones)이다.

385

㉠에 들어갈 말로 옳은 것은?

> 컴퓨터 매개 커뮤니케이션이란 컴퓨터를 매개로 하여 문자화된 메시지를 통해 [㉠] 하는 커뮤니케이션 과정이다.

① 가치를 실현　　　　　　　　　② 가상 공동체를 구현
③ 직접 대면을 통해 의사를 교환　④ 동시적 · 비동시적으로 메시지를 상호 전송

> **정답** ④
>
> **풀이** ④ 컴퓨터 매개 커뮤니케이션의 경우에는 동시적 · 비동시적으로 메시지를 전송하는 것이 가능하다.

386

인간 커뮤니케이션과 미디어 기술 발달사의 시대 구분으로 틀린 것은?

① Marshall McLuhan : 문자 이전 → 문자 → 구텐베르크 → 전기·전자 시기
② Anthony Smith : 문자 → 인쇄 → 텔레커뮤니케이션 → 상호작용적 커뮤니케이션
③ John Feather : 인쇄(1차) → 컴퓨터(2차) → 커뮤니케이션 혁명
④ Bill Kovarik : 인쇄 → 영상 → 전자 → 디지털 혁명

> 정답 ②
> 풀이 Everett Rogers의 구분이다. Anthony Smith는 문자, 인쇄, 전자 혁명으로 구분했다.

387

미디어 기술 발전과 인간 커뮤니케이션 기능 확장 과정에 대한 설명으로 틀린 것은?

① 구두 커뮤니케이션 시대 : 가장 오래된 직접적 소통 미디어
② 문자 커뮤니케이션 시대 : 메시지의 저장과 보존 기능의 획기적 개선
③ 인쇄 커뮤니케이션 시대 : 메시지의 다량 복제와 다자간 의미 공유 가능
④ 텔레커뮤니케이션 시대 : 기존 미디어 기능의 고도화와 디지털 융합

> 정답 ④
> 풀이 디지털 커뮤니케이션 시대의 인간 커뮤니케이션 기능의 확장 국면이다. 텔레커뮤니케이션 시대에는 메시지 전달의 신속성과 원격성이 확보되었다.

388

디지털 미디어와 사회 변동의 관계에 대한 설명으로 틀린 것은?

① 순환론적 관점에서는 사이버공간과 유목민적 삶을 강조한다.

② 다니엘 벨의 탈산업사회론은 발전론적 관점에 속한다.

③ 마르크스주의는 발전론적 관점에 속한다.

④ 포스트 포디즘은 구조기능주의 관점에 속한다.

> **정답** ④
>
> **풀이** 포스트 포디즘은 마르크스주의에 속하는 이론으로 발전론적 관점에 속한다. 구조기능주의 관점의 대표적
> 학자로는 제임스 베니거를 들 수 있다. 제임스 베니거는 물질 처리 체계가 정보 처리 및 전달 체계 등의
> 하부체계로 변동한다고 주장했다. 참고로 구조기능주의적 관점은 사회는 단순한 기술 발전이나 인간의 의
> 도에 의해서 발전하는 것이 아니라 사회 구조의 불균형을 조정하는 과정에서 변동한다고 주장한다.

389

근대화와 같은 사회 변동의 핵심 동인으로 사회 구성원들의 근대적 개인을 강조한 연구자의 이름으로 옳은 것은?

① 에버렛 하겐(Everett Hagen) ② 데이비드 매클랜드(David McClelland)

③ 조지프 칼(Joseph Kahl) ④ 허버트 스펜서(Herbert Spencer)

> **정답** ③
>
> **풀이** 조지프 칼(Joseph Kahl)에 대한 설명이다.

390

사회 변동에 대한 사회심리학적 관점에 입각한 학자의 이름으로 볼 수 없는 것은?

① 에버렛 하겐(Everett Hagen) ② 데이비드 매클랜드(David McClelland)

③ 조지프 칼(Joseph Kahl) ④ 허버트 스펜서(Herbert Spencer)

> **정답** ④
>
> **풀이** 사회 변화의 핵심 동인을 특정 사회에 존재하는 구성원들의 인성(personality)이나 심리적 동기, 성향 등에
> 서 찾는 입장이다. 예컨대 근대화와 같은 사회 변동의 핵심 동인과 관련하여 에버렛 하겐(Everett Hagen)
> 은 사회 구성원들의 '창조적 인성', 데이비드 매클랜드(David McClelland)는 성취동기(Achievement), 조지프
> 칼(Joseph Kahl)은 '근대적 개인'을 강조했다. 사회 구성원들이 어떤 심리적 상태와 욕구, 동기, 사회심리적
> 특성을 지니고 있는가에 따라 변동에 미치는 영향은 크게 다르다고 본 것이다.

391

근대화와 같은 사회 변동의 핵심 동인으로 사회 구성원들의 창조적 인성을 강조한 연구자의 이름으로 옳은 것은?

① 에버렛 하겐(Everett Hagen)
② 데이비드 매클랜드(David McClelland)
③ 조지프 칼(Joseph Kahl)
④ 허버트 스펜서(Herbert Spencer)

> **정답** ①
>
> **풀이** 에버렛 하겐(Everett Hagen)에 대한 설명이다.

392

근대화와 같은 사회 변동의 핵심 동인으로 사회 구성원들의 성취 동기를 강조한 연구자의 이름으로 옳은 것은?

① 에버렛 하겐(Everett Hagen)
② 데이비드 매클랜드(David McClelland)
③ 조지프 칼(Joseph Kahl)
④ 허버트 스펜서(Herbert Spencer)

> **정답** ②
>
> **풀이** 데이비드 매클랜드(David McClelland)에 대한 설명이다.

393

뉴미디어의 특성에 대한 설명으로 옳은 것은?

① 대중화(massified)는 매스미디어가 이질·익명·다수의 대중을 상대로 하는 것을 의미한다.
② 비동시화(asynchronocity)는 디지털 단말기를 통해 다양한 종류의 신호와 정보를 용이하게 송·수신하고 이용이 가능한 것을 말한다.
③ 종합화(integration)는 아날로그 시대에 개별적으로 존재했던 매체들이 멀티미디어화 되는 것을 의미한다.
④ 상호작용성(interactivity)은 수용자가 메시지를 적극적으로 선택할 수 있도록 제공하는 것을 의미한다.

> **정답** ③
>
> **풀이** ① 대중화는 뉴미디어의 특성이 아니다. 오히려 뉴미디어는 탈대중화의 특성을 가진다.
> ② 비동시화는 수용자가 원하는 시간에 원하는 프로그램을 원하는 곳에서 이용하고, 수용자가 메시지를 적극적으로 선택할 수 있도록 제공하는 것을 의미한다.
> ④ 상호작용성은 압축기술에 의해 채널 용량이 크게 증대됨으로써 리턴 채널 설정이 가능하고 송·수신자 간 커뮤니케이션이 보다 활성화된 양방향 커뮤니케이션을 지원하는 것을 의미한다.

394

디지털 미디어에 대한 설명으로 틀린 것은? [2022년 기출]

① 기존의 여러 미디어들이 통합된 다기능 융합 미디어가 등장하고 있다.

② 새로운 미디어 채널의 폭발적 증가로 인한 정보 과잉으로 수용자의 극화 현상이 발생한다.

③ 디지털 미디어와 소셜미디어의 확산으로 개인의 특정 주제나 이슈에 대한 쟁점화나 관심 제고가 가능하다.

④ 무분별한 자동 추천 알고리즘 기능을 통한 디지털 미디어의 이용이 기존의 정치적 태도를 강화하는 이른바 확증편향 현상이 발생한다.

정답 ②

풀이 ② 수용자의 극화 현상은 정보 과잉 때문에 나타나는 것이 아니라 지나치게 이용자 자신의 취향이나 관심에 맞는 채널이나 미디어에 치중하기 때문에 발생하는 것이다.

정보사회에서 인간의 연결과 고립

핵심정리 | 퍼트넘의 사회자본

- 사회적 관계는 개인에게 유무형의 혜택을 준다. 소셜 미디어가 인기 있는 이유이다. 사회학자 퍼트넘 (Putnam)은 사회자본을 서로에게 이익이 되고 협력을 용이하게 하는 네트워크나 규범, 신뢰와 같은 사회조직화의 특성으로 정의했다.
- 사회자본의 가장 큰 특징은 재화, 소득과 같이 형태가 있는 물적 자본이나 교육 수준과 같은 인간자본처럼 개인 내부에 체화된 것이 아니라는 점이다. 즉 사회자본은 개인이 아닌 관계에서 발생한다는 차이가 있다.

395

퍼트넘의 사회자본에 대한 설명으로 틀린 것은?　　　　　　　　　　　　　　　　　　　[2021년 기출]

① 사회자본은 사람들의 사회참여나 사회연결망을 끌어낼 수 있는 자원을 말한다.

② 퍼트넘은 사회자본은 규범, 네트워크 및 신뢰의 세 가지 구성요소로 정의한다.

③ 사회자본의 가장 큰 특징은 재화, 소득과 같이 형태가 있는 물적자본이 아니라 교육 수준과 같은 인간자본처럼 개인 내부에 체화된 자본이다.

④ 개인 수준에서 사회자본은 사회적 지지로 인한 정서적 효과와 자원, 정보 등의 도구적 효과로 요약할 수 있다.

정답　③

풀이　③ 사회자본의 가장 큰 특징은 재화, 소득과 같이 형태가 있는 물적자본이나 교육 수준과 같은 인간자본처럼 개인 내부에 체화된 것이 아니라 개인이 아닌 관계에서 발생한다.

(1) 사회자본 강화론

온라인 상호작용은 소통의 빈도를 증가시켜 서로를 더 잘 알게 하고, 음악이나 사진, 파일 등을 공유하면서 오프라인 관계를 증진시킨다는 것이다. 결과적으로 인터넷 사회자본의 증진은 개인 간의 만남과 조직 참여, 커뮤니티에 대한 헌신 등을 동반한다는 입장이다.

(2) 사회자본 축소론

시간이란 자원은 한정되어 있기 때문에 온라인에서 형성된 약한 연결은 증가할 수 있으나 가정에서의 상호작용이나 사회적-정치적 관여가 감소하리라는 입장이다.

(3) 사회자본 보완론

- 사회자본 보완론은 인터넷 사용이 사회자본의 증가나 감소 없이 오프라인 대인 관계를 보완한다는 입장이다. 연구자들은 실증분석 결과 온라인 상호작용이 대면 접촉이나 전화통화를 증가시키거나 감소시키지 않았으며 보완한다는 것을 발견했다.
- 정리하면, 사람은 관계적 존재로서 연결을 추구한다. 정보통신기술의 발전은 이러한 인간의 욕구를 반영하듯 사회자본의 형성과 유지가 용이한 사회연결망 서비스를 내놓았고, 이로써 사회적 관계를 형성할 수 있는 공간이 확장되고, 유지할 수 있는 수단이 다양해졌다.
- 개인 수준에서 온오프라인 상호작용은 신뢰를 형성하고, 약한 연결인 온라인 상호작용에서는 정보를 얻는다. 온라인 커뮤니티를 통한 참여 네트워크는 사회적 수준에서의 효과로 나타나는데, 국내외의 정치적 사안이나 사회적 이슈와 관련된 촛불집회가 대표적이다.

(1) 디지털 소외 : 비자발적 고립

- 인터넷이 가능한 디지털 기기가 없거나, 있어도 사용방법을 모르는 정보취약 계층이 존재한다. 장애인, 저소득층, 고령층, 농어민, 북한이탈주민, 결혼이민자 등이 정보취약 계층에 포함된다. 이들은 사람과 정보, 사람과 사람, 사람과 사회 간의 연결 이 가져다주는 혜택을 누리지 못한다. 그리고 그 결과는 디지털 소외로 나타난다.
- 디지털 소외는 비자발적 고립을 의미한다. 정보취약 계층은 디지털 기기를 사용하지 못함으로써 불편함을 겪고 나아가 불이익을 경험한다. 그리고 오프라인 서비스가 온라인으로 이동하는 시대에 디지털 서비스를 이용하지 못하는 것은 디지털로 전환된 사회에서 고립되는 결과를 낳는다.

(2) 디지털 과의존 : 자발적 고립

- 디지털 과의존은 디지털 소외와는 달리 자발적 고립이라는 특징이 있다.
- 디지털 과의존은 인터넷으로 인한 사회자본 축소론의 근거가 되는 사례라 할 수 있다. 즉 인터넷 사용으로 인해 물리적 환경에 있는 주변인들과의 관계가 소홀해진다는 것이다. 온라인에서 맺어진 유대는 공통의 관심사로 연결된 동질적(homogeneous) 집단이기 때문에 새로운 정보를 바라보는 관점과 시각이 좁아진다는 특성이 있다.
- 따라서 디지털 과의존은 특정 콘텐츠의 지나친 사용으로 타인과 사회, 그리고 다른 다양한 정보로부터 스스로를 고립시킬 뿐 아니라 일상생활에 지장을 준다는 점에서 사회적 문제로 다뤄진다.

396

다음 중 인터넷 중독과 관련된 설명으로 가장 거리가 먼 것은? [2024년 기출]

① 인터넷 중독은 마크 저커버그가 1996년 처음 언급한 용어이다.

② 킴벌리 영(Kimberly S. Young)은 인터넷 중독을 중동 조절 장애의 일종으로 보고 병리적 도박 장애의 진단 기준을 의도했던 것보다 더 오래 사용하는 경우, 인터넷 사용 시간을 남들에게 숨기는 경우를 비롯한 8가지로 제시한 후 그 중 5가지 이상에 해당하는 경우를 인터넷 중독이라고 보았다.

③ 인터넷 중독은 인터넷 의존성 또는 병리적 인터넷 사용이라고 불리기도 한다.

④ 인터넷 중독은 적절한 치료와 예방이 중요하나 약물중독처럼 부정적으로만 볼 것은 아니다. 청소년들이 새롭게 자아를 형성하려는 능동적 행동으로 인터넷 중독을 이해할 수도 있기 때문이다.

정답 ①

풀이 ① Goldberg가 1996년에 인터넷 중독 장애(internet addiction disorder, IAD)라는 말을 처음 언급하였다.

397

디지털 소외, 디지털 과의존 등 정보사회의 고립에 대한 설명으로 틀린 것은? [2021년 기출]

① 인터넷 활용 수준을 기준으로 사회로부터의 고립과 정보로부터의 고립 등 두 가지 차원으로 생각할 수 있다.

② 인터넷을 이용하지 못해 발생하는 소외는 사회로부터의 고립에 해당한다.

③ 디지털 과의존은 자율적 조절 능력이 떨어짐에 따라 신체적·심리적·사회적으로 부정적인 결과를 경험함에도 불구하고 어쩔 수 없이 수동적으로 고립되는 현상이다.

④ 정보격차는 사람과 정보, 사람과 사람, 사람과 사회 간의 연결이 가져다주는 혜택을 누리지 못하게 함으로써 디지털 소외로 나타난다.

정답 ③

풀이 ③ 디지털 과의존은 디지털 소외와는 달리 자발적 고립이라는 특징이 있다. 인터넷으로 인한 사회자본 축소론을 주장하는 입장이 지지하는 사례라고 할 수 있는데, 인터넷 사용으로 인해 물리적 환경에 있는 주변인들과의 관계가 소홀해진다는 것이다.

61 소셜 미디어에서의 자기 전시주의

♦ 핵심정리 **소셜 미디어의 자기 전시와 고프먼의 연극이론**

- 사회학자 어빙 고프먼(Erving Goffman)의 연극이론은 소셜 미디어의 자기 전시를 설명하는 데 대단히 유용하다. 그는 저서 「일상생활에서의 자아 연출」에서 "삶은 연극 무대와 같다. 연극무대에서 배우들이 역할을 수행하면서 관객을 만족시키기 위해 최고의 연기를 하려고 노력하는 것처럼, 우리도 일상생활에 각자에게 주어진 역할을 수행하면서 자신 들이 만나는 타인들을 만족시키기 위해 최고의 연기를 하려고 노력한다."고 설명한다.

- 고프먼은 배우들이 자신의 모습을 있는 그대로 보여주는 것이 아니라 관객의 기대에 최대한 부합하기 위해 그 모습을 변형시키고 꾸미며, 심지어 스스로 관객이 기대하는 사람이라고 거의 믿으면서 새로운 모습을 창조해 낸다고 한다. 이를 고프먼은 '자아 이미지의 재연출'이라고 말한다. 즉 자신의 원래 모습은 사라지고, 관객들이 기대하는 모습들로 재탄생되는 것이다. 이때 모습을 완벽하게 만들수록 그 배우는 관객들에게 커다란 지지를 얻게 된다.

- 페이스북의 자아전시는 고프먼의 이론으로 다음과 같이 설명된다. 현실 공간에서 사회적 지지를 제대로 받지 못하는 현대사회의 개인들은 페이스북 공간에서 사회적 지지를 받을 수 있다. 하지만 그러기 위해서 는 자신의 일상생활 모습을 있는 그대로 보여주어서는 안 된다. 연극배우가 자신의 원래 모습을 숨기고 관객들이 기대하는 모습으로 무대 위에 나타나듯이, 페이스북에서도 자신의 원래 모습을 그대로 보여주는 것이 아니라, 그 공간에 연결된 타인들이 기대하는 모습으로 나타나야 하는 것이다. 그래야 배우가 관객에게 큰 박수와 지지를 받고 스스로에게 만족하듯이, 페이스북 유저 역시 타인에게 큰 지지를 받아 자기 전시를 성공하여 스스로에게 만족하게 되는 것이다.

- 고프먼의 개념 중 또 하나 의미 있는 것은 '공모(共謀)'이다. 무대에서 배우의 연기에 대해 관객들은 때론 크게 만족하지 못하지만, 그 무대가 성공한 무대라고 스스로 여기고 타인도 그렇게 여기도록 하기 위해 무대의 배우들에게 지지를 보낸다. 배우 역시 마찬가지다. 그 무대를 관람하러 온 관객들에게 최고의 관객이라는 메시지를 보내야 한다. 이러한 공모관계를 통해 배우와 관객도 그 무대에 대해 만족하게 된다. 페이스북의 경우를 설명해 보면, 나의 모습에 '좋아요'를 누르며 지지를 보내는 타인은 사실 언젠가는 나도 그의 글과 이미지에 '좋아요'를 눌러야하는 존재다. 설령 그의 글과 이미지가 그렇게 멋져 보이지 않아도 '좋아요'를 눌러야 나 또한 또다시 그에게 '지지'를 받을 수 있는 것이다. 이러한 공모관계를 통해 페이스북에서는 사회적 지지가 재생산된다.

398

어빙 고프먼의 연극이론에 의할 때 인스타그램의 자기 전시 행위에 대한 설명으로 틀린 것은?

[2021년 기출]

① 현실 공간에서 사회적 지지를 제대로 받지 못하는 현대사회의 개인들은 인스타그램 공간에서 이 지지를 받을 수 있다.

② 자신의 모습을 있는 그대로 보여주는 것이 아니라 그 모습을 변형시키고 꾸미며 새로운 모습을 창조한다.

③ 사회적 지지는 특정 개인의 모습이나 행동에 대해 그 개인에게 연결되어 있는 다른 개인들이 보내는 긍정적 메시지들의 총합인데, 인스타그램에서는 사회적 지지가 재생산된다.

④ 인스타그램의 자기 전시 행위는 자신의 삶을 어떤 서사의 주인공으로 상정하고 타인은 크게 중요하게 여기지 않는 행위로서 타인을 의식하지 않는 자기만족적 행위이다.

정답 ④

풀이 ④ 고프만의 연극 이론에 의하면 인스타그램의 자아 전시는 그 공간에 연결된 타인들이 기대하는 모습으로 나타나서 배우가 관객에게 지지를 받고 또 그 지지를 받음으로써 스스로에게도 만족하게 된다.

📍**핵심정리**　**프라이버시**

프라이버시는 근대 이후 개인이 소리를 내지 않고 책을 읽는 문화가 발달하면서 생긴 개념으로, 다른 사람에게 방해받지 않는 자신만의 삶의 영역을 의미한다. 나의 정체성, 나의 가족, 나의 집 공간, 나의 친구관계, 나의 직업 등 나에 대한 모든 정보들을 의미하며, 기본적으로 나의 허락 없이는 다른 사람들이 함부로 침해할 수 없는 것으로 제도화되어 있다.

📍**핵심정리**　**준프라이버시**

준프라이버시(pseudo)는 완전히 그 모습을 지닌 것도 아니면서 그 모습이기도 한 것을 의미한다. 쉽게 말해 진짜와 가짜 사이, 실재와 허구 사이를 의미한다. 준프라이버시는 완전히 자신이 감추어야 할 은밀한 프라이버시가 아니면서, 그렇다고 모든 이들에게 완전히 공개되어 있는 정보도 아닌, 자신에게는 프라이버시이기도 하면서 사실은 타인에게 노출하기 위해 연출된 프라이버시를 의미한다.

📍**핵심정리**　**사회적 지지(social support)**

특정 개인의 모습이나 행동에 대해 그 개인에게 연결되어 있는 다른 개인들이 보내는 긍정적 메시지들의 총합이다. 가족공동체나 친구관계에서 사회적 지지는 개인이 그 공동체에 속해 있는 가장 큰 원인이 되며, 사회적 지지가 제대로 이루어지지 않을 경우 그 공동체로부터 소외되거나 자발적으로 이탈하게 된다. 현대사회 가 점점 치열한 경쟁사회가 되어가면서 타인에게 보내는 이 사회적 지지는 점점 줄어드는데, 이러한 사회적 지지의 감소는 개인들의 자긍심 하락으로 이어지는 경우가 많다.

미쟝센느

프랑스어 Mise en Scene에서 나온 단어로서 장면(scene)을 만들기 위한(mise en) 모든 장치와 방법들을 의미한다. 연극, 영화, 공연 등에서 배우들의 연기를 최대한 현실감 있게 하기 위해 동원되는 수많은 장치들과 배우분장 등이 모두 미쟝센느에 포함된다. 소셜 미디어에서는 식당에서 음식 사진을 잘 찍기 위해 각도와 조명을 잘 파악하여 음식배치를 하는 것, 여행지 사진을 찍은 전후에 특정한 앱을 사용하여 더 멋진 모습의 사진으로 만드는 것 모두가 일종의 미쟝센느에 해당된다.

399

소셜 미디어에서의 자기 전시주의와 관련된 용어에 대한 설명으로 틀린 것은?

① 프라이버시는 근대 이후 개인이 소리를 내지 않고 책을 읽는 문화가 발달하면서 생긴 개념이다.

② 준프라이버시(pseudo)는 완전히 그 모습을 지닌 것도 아니면서 그 모습이기도 한 것을 의미한다. 쉽게 말해 진짜와 가짜 사이, 실재와 허구 사이를 의미한다.

③ 사회적 지지(social support)는 특정 개인의 모습이나 행동에 대해 그 개인에게 연결되어 있는 다른 개인들이 보내는 긍정적 메시지들의 총합이다.

④ 페이스북에서 글과 이미지가 그렇게 멋져 보이지 않아도 '좋아요'를 눌러야 하는 공모 관계가 형성될 수 있는데 이 공모 관계는 사회적 지지를 통해서 재생산된다.

정답 ④

풀이 ④ 페이스북의 경우, 나의 모습에 '좋아요'를 누르며 지지를 보내는 타인은 사실 언젠가는 나도 그의 글과 이미지에 '좋아요'를 눌러야하는 존재다. 설령 그의 글과 이미지가 그렇게 멋져 보이지 않아도 '좋아요'를 눌러야 나 또한 또다시 그에게 '지지'를 받을 수 있는 것이다. 이러한 공모관계를 통해 페이스북에서는 사회적 지지가 재생산된다.

동일성과 정체성의 구분

(1) 개인동일성의 물음

한 개인의 신분확인을 위한 물음으로서, 이는 한 개인을 다른 개인과 구분할 수 있는 기준(개별화)과 시간이 흘렀음에도 불구하고 한 개인을 같은 개인으로 재확인하는 기준(재확인)을 묻는 것으로 이루어진다. 개인동일성의 대표적 입장으로 신체동일론과 기억동일론이 있는데, 신체동일론은 개인동일성의 기준을 신체와 신체의 지속으로 보는 입장이고, 기억동일론은 기억과 기억의 지속을 그 기준으로 보는 입장이다.

(2) 개인정체성의 물음

한 개인을 그 사람답게 해주는 것, 즉 나를 나답게 해주는 속성을 묻는 것이다. 개인의 자아정체성을 구성하는 중요 요소는 욕구와 믿음, 가치이다. 이들로 이루어진 체계의 비교적 안정적인 중심속성이 자아정체성을 나타낸다. 그런 점에서 동일성 물음이 개체를 신분확인하는 문제라면, 개인정체성 물음은 그렇게 신분확인된 개별자가 어떤 속성과 성격의 소유자인지를 묻는 문제이다.

400

사이버 공간에 대한 설명으로 옳은 것은?

① 사이버 공간은 익명의 공간으로 본래 자아를 추적하지 않는 한 신분 확인이 불가능하다.

② 사이버 공간에서는 개별화와 시공간적 지속성을 통한 재확인이 가능하다.

③ 사이버 공간에서는 ID가 개인의 신분을 확인하는 데 충분한 기준이 된다.

④ 사이버 공간의 자아들은 속성들로만 구성되어 있으므로, 비슷한 속성의 여러 인물들 사이에 신분 확인이 가능하다.

> **정답** ①
>
> **풀이** ① 사이버 공간은 익명의 공간이다. 신분확인이 가능한 것은 개별적인 몸이 있기 때문이지만, 사이버 공간에서의 자아는 물리적인 몸이 없이 속성들만으로 구성된 존재이므로 신분확인이 어렵다. 따라서 신분확인을 위해서는 본래 자아를 추적해야 한다.
> ② 사이버 공간에서는 개별화와 시공간적 지속성을 통한 재확인이 어렵다. 이는 몸이 없다면 개별화에 실패한다는 것을 보여준다.
> ③ 사이버 공간에서 사용되는 ID는 신분 확인에 충분한 기준이 아니다. 한 개인은 각기 다른 개성을 지닌 여러 개의 ID를 가질 수 있을 뿐만 아니라, 하나의 ID를 여러 사람이 공유할 수도 있다.
> ④ 사이버 공간의 자아들은 속성들로만 구성되어 있으므로, 비슷한 속성의 여러 인물 사이에서 신분 확인이 어렵다.

401

사이버 공간에서 활동하는 가상 자아에 대한 설명으로 틀린 것은?

① 데카르트식의 코기토(Cogito) 논리의 표상으로서의 성찰하는 자아

② 다른 사람에게 보이고 싶은 모습으로 행동하는 디지털 페르소나

③ 지속적인 환류를 통해 자신의 존재를 정상화하는 자아

④ 내면의 다면적인 모습을 표상하는 복합정체성을 가지는 자아

> **정답** ①
>
> **풀이** ① 데카르트식의 코기토(Cogito) 논리의 표상으로서의 성찰하는 자아는 이성 중심주의에 근거한 근대적 자아관이다. 참고로 Cogito는 라틴어로 '사유한다.'를 의미하지만, 인식주관이나 인격주체를 의미하는 명사로도 사용한다. 코기토는 cogito ergo sum(나는 생각한다. 고로 나는 존재한다)의 줄임말이다.

402

다음 중 가상자아에 대한 설명으로 가장 거리가 먼 것은?

[2024년 기출]

① 가상자아는 이성적 확신에 따라 주체-객체 관계 속에서 시각적 몰입을 행한다.
② 가상현실은 데카르트적 자아를 부정한다.
③ 가상자아는 자신의 고유한 정체성, 타자와 세계로부터의 분리를 반복해서 부정한다.
④ 상상을 통한 감정이입이 중요하다.

> **정답** ①
>
> **풀이** ① 반-데카르트적인 자아의 존재 양식 속에서 주제와 객체간의 분리는 별 의미가 없다. 주체와 객체의 분리는 혼동스러운 감각을 산출하는 육체로부터 독립된 정신의 존재를 전제로 하는 것이다. VR에서 사용자는 감각적 체험에 몰입하지 않으면 주체로서 존립할 수 없다. 데카르트의 방법과는 반대로 자신과 구분되는 객체와의 대립 속에서 주체가 되는 것이 아니라 타자의 시점으로의 동일시와 감정이입을 통하여 스스로의 존재를 확인하게 된다 이런 측면에서 VR의 자아 정체성의 양식은 계몽적 주체관이나 데카르트의 철학적 개념을 거부하는 포스트 모더니즘적 시각과 상통한다고 할 수 있다.

403

사이버 다중자아의 특성에 대한 설명으로 틀린 것은?

[2023년 기출]

① 사이버 다중자아는 하나의 몸을 가진 개체가 여러 명의 사이버 자아 역할을 하는 것을 의미한다.
② 사이버 세계에서 한 개체의 마음은 행위주체가 지닌 욕구나 믿음 사이의 논리적 모순에 의해 경계가 생기고 분할이 일어난다.
③ 사이버 공간에서 다중자아는 수동적이고 병리적인 현상이 아니라, 능동적으로 자신의 정체성을 구성하고 그에 따라 캐릭터의 역할을 수행하는 과정에서 형성된다.
④ 다수의 사이버 대리자아들이 의도적이고 능동적으로 구성되어 있더라도, 몰입에 의한 본래자아의 망각 내지 자아정체성의 상실이나 혼란을 초래할 수 있다.

> **정답** ②
>
> **풀이** ② 물리 세계에서 한 개체의 마음은 행위주체가 지닌 욕구나 믿음 사이의 논리적 모순에 의해 경계가 생기고 분할이 일어난다.
> ③ 사이버 공간에서 다중자아는 수동적이고 병리적인 현상이 아니라, 능동적으로 자신의 정체성을 구성하고 그에 따라 캐릭터의 역할을 수행하는 과정에서 형성된다.

404

다중자아에 대한 설명으로 틀린 것은?

① 사이버 다중자아는 게임과 놀이의 특성을 지닌다.

② 사이버 다중자아는 병리적 현상으로 발전하거나 적어도 비합리적인 것으로 간주된다.

③ 물리 세계에서는 마음의 분할이 행위주체의 욕구나 믿음 사이의 논리적 모순에서 발생한다.

④ 물리 세계의 다중자아는 능동적 숙고와 선택의 산물이기보다는 인과적으로 일어나는 수동적 결과이다.

> **정답** ②
>
> **풀이** 사이버 다중자아는 본래자아가 능동적으로 구성한 자아의 다수성에 의해 발생한다. 이는 직접적으로 논리적 모순에 의해 마음이 분할되기보다는, 한 개체로부터 다수의 사이버 자아가 표상된다는 것에 기인한다.

405

다중자아의 특성에 대한 설명으로 틀린 것은?

① 물리 세계의 다중자아의 행위와 그 책임은 각각의 자아에 귀속된다.

② 물리 세계의 다중자아는 성품체계 내의 논리적 모순에서 발생되는 셈이다.

③ 물리 세계의 다중자아 현상은 심각하면 병리적 현상으로 발전하거나 적어도 비합리적인 것으로 간주된다.

④ 사이버 다중자아는 본래자아가 능동적으로 구성한 자아의 다수성에 의해 발생한다.

> **정답** ①
>
> **풀이** 물리 세계 다중 자아의 행위와 그 책임은 다중자아들이 거처하는 개별적 몸, 즉 개체에게 귀속되며, 그런 의미에서 그 개체가 책임주체이자 인격체로 간주된다.

406

사이버 공간에 대한 설명으로 틀린 것은?

[2022년 기출]

① 사이버 공간에서는 개별자와 속성의 경계가 존재하지 않는다.

② 사이버 자아 혹은 디지털 자아는 몸의 제약을 받지 않아 다중 자아들 사이에 경계가 존재하지 않는다.

③ 사이버 공간에서는 상상과 현실의 경계가 존재하지 않는다.

④ 사이버 공간에서는 개별자 간의 경계가 존재한다.

> **정답** ④
>
> **풀이** ④ 속성 존재론이 지배하는 사이버 공간에서는 개체 간의 경계가 존재하지 않는다. 개체와 속성의 구분이 사라지는 세계에서는 개체 간의 경계도 사라지게 된다. 이는 자아의 개별성이 사라진다는 의미이기도 하다. 그 결과 한 개인이 여러 개의 인격으로 구성되거나 여러 개인의 특성들이 한 개인 안에서 구현되기도 한다. 자아와 타자의 고정된 경계란 없으며, 그 경계는 임의적이며 유동적이다. 자아와 타자의 분리와 융합이 자유자재로 이루어지며, 개체의 속성들은 개체 간의 경계를 넘어 자유로이 결합되고 재구성될 수 있다.

407

사이버 공간의 자아에 대한 설명으로 틀린 것은?

[2022년 기출]

① 디지털 자아는 사이버 공간에서 자신을 대리하는 자아, 즉 사이버 대리자아이다.

② 물리 세계의 현실 자아는 몸을 전제로 하나의 자아를 가지는 것이 원칙이다.

③ 물리적 공간에서 자아가 하나이듯이 사이버 공간에서도 자아는 하나이다.

④ 사이버 공간의 대상이나 인물들은 속성들의 집합이며, 사이버 자아들은 속성들로 구성된 정체성 및 캐릭터, 혹은 이미지로 구현된다.

> **정답** ③
>
> **풀이** ③ 사이버 공간의 구성 원리로 보자면, 사이버 공간의 다중자아는 개별적 몸을 지닌 하나의 본래자아가 여러 명의 사이버 자아로 활동하는 것을 말한다.

뉴미디어의 재매개론

재매개

재매개란 인류 역사상 새로이 등장하는 미디어라 하더라도 결국 이미 존재하는 미디어의 형식을 재구성한 것에 불과하다는 것이다. 뉴미디어 환경의 변화를 계보학적으로 조망하는 이 개념에 의하면 뉴미디어는 기존의 미디어의 기술, 표현양식, 사회적 관습 등을 차용, 개선한 결과가 된다. 계보학 자체가 가계도를 연구하는 학문으로 뉴미디어가 차용하고 있는 기존의 미디어들의 관계를 나타내는 개념이 재매개로서 재매개는 단절을 의미할 수가 없다.

408
재매개에 대한 설명으로 틀린 것은? [2021년 기출]

① 매개의 매개이다.
② 미디어를 개조하기도 하고 단절시키기도 한다.
③ 재매개 자아가 네트워크상에서 집단적 자아로 표출된다.
④ 미디어는 현실을 매개한다.

정답 ②

풀이 ② 재매개란 인류 역사상 새로이 등장하는 미디어라 하더라도 결국 이미 존재하는 미디어의 형식을 재구성한 것에 불과하다는 것이다. 뉴미디어 환경의 변화를 계보학적으로 조망하는 이 개념에 의하면 뉴미디어는 기존의 미디어의 기술, 표현양식, 사회적 관습 등을 차용, 개선한 결과가 된다. 계보학 자체가 가계도를 연구하는 학문으로 뉴미디어가 차용하고 있는 기존의 미디어들의 관계를 나타내는 개념이 재매개로서 재매개는 단절을 의미할 수가 없다.

볼터와 그루신의 재매개론

(1) 비매개와 하이퍼매개를 통한 발전
- 비매개는 보는 사람이 매체 존재 자체를 의식하지 않고, 자신이 표상 대상물 존재 속에 있는 것으로 느끼는 시각적 표상 양식이다.
- 하이퍼매개는 보는 사람에게 매체를 환기시키는 시각적 표상 양식이다.

(2) 투명성의 비매개

투명성의 비매개는 가상현실의 몰입적 환경과 컴퓨터, 텔레비전, 영화의 비몰입적 환경을 통해 나타나며, 이러한 환경은 최근 미디어 아트 작품을 통해서 실제로 구현된다.

(3) 하이퍼매개
- 하이퍼매개는 텍스트, 이미지, 음향이 서로 결합되어 매개의 역할을 환기시키는 비선형, 다선형, 다중적 구조로 나타난다.
- 유비쿼터스 컴퓨팅(Ubiquitous computing)은 교실이나 가정과 같은 물리적 환경을 개조하는 전자적 장치들의 활용으로 이 장치들은 이런 환경 속에 침투되어 서로 상호 커뮤니케이션하는 하이퍼매개의 사례이다.
- 증강현실(augment reality)은 물리적 세계에 대한 시각과 컴퓨터 생성 그래픽을 결합한 다양한 컴퓨터 시스템으로 이용자는 특수 안경이나 헤드셋을 쓰고 물리적 세계를 보고, 컴퓨터가 제공하는 부가적인 그래픽이나 텍스트 정보가 함께 접안경에 디스플레이 되는 결과로 하이퍼매개된 시각 공간이 만들어지는 사례이다.

🔑 핵심정리 **비매개와 하이퍼매개**

구분	내용	산출방식
투명성의 비매개	• 미디어 이용자로 하여금 미디어가 실재하고 있다는 것을 잊게 만드는 시각적 표현 방식 • 매체 사용자의 존재를 지움 • 표현행동의 자동적 생성 • 통일된 시각적 공간 제공	• 선형원근법 • 선형원근법의 보완(지움) • 선형원근법 기술의 자동화 • 자연스러움 • 광학적 · 화학적 재현의 모방
다중성의 하이퍼 매개	• 미디어 이용자로 하여금 미디어를 상기하고 기억하게 만드는 시각적 표현 방식 • 매체를 상기하거나 인식하도록 만듦 • 표현 행동의 다양성 인정 • 다양한 이질적 공간제공 • 기호를 활용 인간의 풍부한 감각기관의 재생 노력 • 즉시성에 대한 인간의 욕망 상기	• 이질성 • 분절성 • 불확정성 • 상호작용성 • 다중성 • 사용자로 하여금 미디어의 통제감을 실현하는 핵심 개념

409

볼터와 그루신(Bolter & Grusin)의 재매개에 대한 설명으로 틀린 것은?

① 재매개는는 비매개(immediacy)와 하이퍼매개(hypermediacy)라는 두 가지 논리 또는 방식으로 이루어진다.

② 재매개는 하나의 미디어가 다른 미디어를 차용(borrow)하는 것으로 경합이나 경쟁도에 따라 재현(representation), 확장(fidelity), 개조(refashion), 흡수(absorb)의 네 가지 유형으로 분류된다.

③ 비매개는 보는 사람이 매체의 존재 자체를 의식하지 않고, 자신이 표상 대상물 존재 속에 있는 것으로 느끼는 시각적 표상 양식이고, 하이퍼매개는 보는 사람에게 매체를 환기시키는 시각적 표상 양식이다.

④ 비매개와 하이퍼매개는 어떤 원리이기보다는 문화적 관습에 가까우며, 또 각각의 논리가 서로 의존적이라기보다는 배타적으로 작동한다.

정답 ④

풀이 ④ 비매개와 하이퍼매개는 어떤 원리이기보다는 문화적 관습에 가까우며, 또 각각의 논리가 배타적이라기보다는 서로 의존적으로 작동한다.

📍핵심정리 **재매개 방식의 유형과 특징**

매개방식	기존 미디어	새로운 미디어	상호관계 및 미디어의 특징	미디어 간 우열 관계
기존 미디어의 형식에 충실한 재매개(재현)	문학 텍스트 / 그림	문학텍스트시디롬 / 그림 시디롬	수용 / 투명함	기존 미디어 우위
기존미디어의 위상을 인정하며 개선된 차이를 강조한 재매개(확장)	백과사전 / 책	전자백과사전 / 확장책	개선 / 반투명함	기존 미디어 우위
새로운 미디어가 기존의 미디어를 개조하는 재매개(개조)	회화 / 사진	콜라주 / 사진 몽타주 / 그래픽 사용자 인터페이스	개조 / 인위성, 불투명성	원천과 대상이 모두 부각되는 병렬적 관계
기존 미디어가 완전히 흡수된 재매개 (흡수)	영화 / 디지털 테크놀로지	상호작용 영화 / 컴퓨터그래픽 애니메이션 / 가상현실	재목적화 / 비매개적 투명한 공간	새로운 미디어 우위

410

볼터와 그루신(Bolter & Grusin)의 재매개에 대한 설명으로 틀린 것은?

① 재현은 기존 미디어의 형식에 충실하며, 새로운 미디어는 투명성을 목적으로 한다.

② 확장은 기존미디어의 형식을 우선하면서 개선된 기능을 중시하고, 여기서 일어나는 차용은 투명하기보다는 반투명한 방식으로 일어난다.

③ 개조는 인위성과 불투명성을 특징으로 하는 병렬적인 관계이다.

④ 흡수는 두 미디어 사이의 불연속성을 최소화시키며 매끄러운 공간을 창출해내고 불투명성이라는 이름하에 선행 미디어들과의 관계를 은폐한다.

정답 ④

풀이 ④ 기존 미디어를 완전히 흡수해 재매개하는 방식을 들 수 있다. 컴퓨터 게임 장르가 영화를 재매개하는, 상호작용영화라고도 불리는 게임, 영화 속의 디지털 테크놀로지, 가상현실 등을 그 예로 들 수 있다. 디지털 테크놀로지는 영화 속에서 흡수되고 재목적화 되며 가능한 자신을 감추고 실사영화처럼 보이려는 데에 목적이 있다. 두 미디어 사이의 불연속성을 최소화시키며 매끄러운 공간을 창출해내고 투명성이라는 이름하에 선행미디어들과의 관계를 은폐한다. 이것은 이용자에게 비매개의 경험을 약속하는 가상현실의 패러다임이며, 이때 두 미디어 간의 관계는 새로운 미디어가 우위에 있다.

411

볼터와 그루신의 재매개의 특성으로 틀린 것은?

① 차용은 하나의 매체에서 나온 한 속성을 다른 매체에서 재사용하는 것으로 미디어 간의 의식적인 상호작용은 없으며, 독자나 시청자가 두 버전을 알고 비교할 수 있을 경우 발생한다.

② 재현은 디지털 미디어에서 기존 미디어의 특성을 그대로 반영하여 기존 미디어의 형태가 복원되어 나타나는 경우이다.

③ 확장은 재현의 진보된 형태로 기존 미디어와의 차이를 강조하며 디지털 미디어의 인터페이스에 차용된 경우이다.

④ 개조는 기존 미디어와의 관계를 감추고 사용자에게 매개되지 않는 듯한 경험을 제공한다.

정답 ④

풀이 ④ 흡수에 대한 설명이다. 개조는 기존 미디어 형식을 차용하여 동일하게 나타내는 것을 의미한다.

(1) 매개의 매개(mediation of mediation)

매개는 다른 매개의 역할에 의존, 미디어는 끊임없이 서로 평가(comment), 대체(replace) 재생산 (reproduce)하는 과정을 통해 완성된다.

(2) 매개와 실재의 불가분성(inseparability)

재매개에서 모든 미디어는 다른 미디어에 의존하고 있지만, 미디어 자체는 실재적인 것을 재매개하는 것으로 매개를 제거할 수 없듯이 실재적인 것을 제거하는 것은 불가능하다.

(3) 개혁(reform)

미디어는 다른 미디어를 개조(refashion)하거나 복구(rehabilitate)하고, 재매개화는 실재를 개혁하는 과정이다.

412

볼터와 그루신의 재매개의 방법에 대한 설명으로 틀린 것은?

① 매개의 매개, 매개와 실재의 불가분성, 개혁 등으로 구분할 수 있다.

② 매개의 매개는 '미디어가 끊임없이 서로 평가, 대체, 재생산하는 과정을 거쳐 완성됨'을 의미한다.

③ 매개와 실재의 불가분성은 '재매개에서 모든 미디어는 다른 미디어에 의존하지 않지만, 매개를 제거할 수 없듯이 실재적인 것도 제거할 수 없다'는 의미이다.

④ 개혁은 '미디어는 다른 미디어를 개조하거나 복구하고, 재매개하여 실재를 개혁하는 과정'이라는 의미이다.

정답　③

풀이　③ 재매개에서 모든 미디어는 다른 미디어에 의존한다.

413

비매개와 하이퍼매개에 대한 설명으로 틀린 것은?

① 비매개의 특징은 투명성으로 설명할 수 있으며 그 목적은 미디어를 사라지게 하는 것이다.

② 비매개의 사적 계보로는 선형원근법을 들 수 있는데, 이는 공간을 수량화함으로써 그림의 공간이 관람자의 공간에서 지속되도록 한다.

③ 하이퍼매개의 가장 큰 특징은 다중성을 들 수 있는데, 이는 미디어에 대한 매혹으로써, 다중적 미디어와 무차별적 접근의 결합으로 특징지어진다.

④ 볼터와 그루신은 비매개와 하이퍼매개의 관계과 단순한 대립의 관계가 아니라 비매개가 하이퍼매개에 대한 욕망을 문화적으로 견제하면서 서로를 재매개한다고 본다.

> **정답** ④
>
> **풀이** 볼터와 그루신은 하이퍼매개가 비매개에 대한 욕망을 문화적으로 견제하는 기능을 수행한다고 본다. 비매개의 논리가 르네상스 이후 모더니즘의 출현까지 지배적이었다면 20세기 말 이후 우리는 하이퍼매개를 비매개의 대립물로 이해할 수 있는 입장에 서게 되었으며, 콜라주는 원근법 회화의 비매개성에의 도전이었다면 사진 몽타주는 사진의 비매개성에의 도전이라는 것이다.

414

비매개와 하이퍼매개에 대한 설명으로 옳은 것은?

① 비매개는 새로운 매체가 이전의 매체를 대체하려는 '투명성의 원칙'을 나타내고, 하이퍼매개는 한 매체가 자신의 존재를 강조하려는 '불투명성의 원칙'을 나타낸다.

② 비매개는 새로운 매체가 이전의 매체를 감추려는 경향을 나타내고, 하이퍼매개는 한 매체가 자신의 존재를 감추려는 경향을 나타낸다.

③ 비매개는 새로운 매체가 이전의 매체를 개선하려는 경향을 나타내고, 하이퍼매개는 한 매체가 다른 매체의 존재를 감추려는 경향을 나타낸다.

④ 비매개는 새로운 매체가 이전의 매체의 존재를 부각시키려는 경향을 나타내고, 하이퍼매개는 한 매체가 다른 매체의 존재를 감추려는 경향을 나타낸다.

풀이 ① 비매개는 새로운 매체가 이전의 매체를 대체하려는 '투명성의 원칙'을 나타내며, 하이퍼매개는 한 매체가 자신의 존재를 강조하려는 '불투명성의 원칙'을 나타낸다.

② 비매개는 새로운 매체가 이전의 매체를 대체하려는 경향을 나타낸다. 이전 매체를 감추려는 경향이 아니다. 또한 하이퍼매개는 한 매체가 자신의 존재를 강조하려는 경향을 보이지, 자신의 존재를 감추려는 경향은 없다.

③ 비매개는 새로운 매체가 이전의 매체를 대체하려는 경향을 나타낸다. 이전 매체를 개선하려는 경향이 아니다. 또한 하이퍼매개는 한 매체가 자신의 존재를 강조하려는 경향을 나타내며, 다른 매체의 존재를 감추려는 경향은 없다.

④ 비매개는 새로운 매체가 이전의 매체를 대체하려는 경향을 나타낸다. 이전 매체의 존재를 부각시키려는 경향이 아니다. 또한 하이퍼매개는 한 매체가 자신의 존재를 강조하려는 경향을 나타내며, 다른 매체의 존재를 감추려는 경향은 없다.

415

볼터와 그루신(Bolter & Grusin)의 재매개론에 대한 설명으로 틀린 것은?

① 뉴미디어는 비매개와 하이퍼매개라는 두 논리를 통해 발전한다.

② 비매개는 미디어의 실재를 잊게 만드는 시각적 표상 양식이고, 하이퍼매개는 매체를 상기하거나 인식하도록 만든다.

③ 투명성 비매개는 가상현실의 몰입적 환경과 컴퓨터, 텔레비전, 영화의 비몰입적 환경을 통해 나타날 수 있다.

④ 하이퍼매개는 텍스트, 이미지 음향이 서로 결합되어 매개의 역할을 환기시키는 선형적 구조로 나타난다.

정답 ④

풀이 ④ 하이퍼매개는 텍스트, 이미지 음향이 서로 결합되어 매개의 역할을 환기시키는 비선형, 다선형, 다중적 구조로 나타난다.

가상현실(VR)과 증강현실(AR)

핵심정리 가상현실(Virtual Reality)

- 인공현실, 사이버 공간, 가상세계, 가상환경, 합성환경, 인공환경 등이라고도 한다.
- 사용 목적은 사람들이 일상적으로 경험하기 어려운 환경을 직접 체험하지 않고서도 그 환경에 들어와 있는 것처럼 보여주고 조작할 수 있게 해주는 것이다. 응용분야는 교육, 고급 프로그래밍, 원격조작, 원격위성 표면탐사, 탐사자료 분석, 과학적 시각화(scientific visualization) 등이다.
- 구체적인 예로서, 탱크·항공기의 조종법 훈련, 가구의 배치 설계, 수술 실습, 게임 등 다양하다. 가상현실 시스템에서는 인간 참여자와 실제·가상 작업공간이 하드웨어로 상호 연결된다. 또 가상적인 환경에서 일어나는 일을 참여자가 주로 시각으로 느끼도록 하며, 보조적으로 청각·촉각 등을 사용한다.
- 시스템은 사용자의 시점이나 동작의 변화를 감지하여 그에 대응하는 적절한 변화를 가상환경에 줄 수 있다. 또한 사용자의 현장감을 높여 주기 위해서 입체표시장치, 두부장착표시장치(Head-mounted display) 등의 이펙터(effector)들을 사용하며, 사용자의 반응을 감지하기 위해서 데이터 장갑(data glove), 두부위치센서 등의 센서(sensor)를 사용한다.

핵심정리 증강현실(Augmented Reality)

- 사용자가 눈으로 보는 현실세계에 가상 물체를 겹쳐 보여주는 기술이다. 현실세계에 실시간으로 부가 정보를 갖는 가상세계를 합쳐 하나의 영상으로 보여주므로 혼합현실(Mixed Reality, MR)이라고도 한다. 현실환경과 가상환경을 융합하는 복합형 가상현실 시스템(hybrid VR system)으로 1990년대 후반부터 미국·일본을 중심으로 연구·개발이 진행되고 있다.
- 현실세계를 가상세계로 보완해주는 개념인 증강현실은 컴퓨터 그래픽으로 만들어진 가상환경을 사용하지만 주역은 현실환경이다. 컴퓨터 그래픽은 현실환경에 필요한 정보를 추가 제공하는 역할을 한다. 사용자가 보고 있는 실사 영상에 3차원 가상영상을 겹침(overlap)으로써 현실환경과 가상화면과의 구분이 모호해지도록 한다는 뜻이다.
- 가상현실기술은 가상환경에 사용자를 몰입하게 하여 실제환경을 볼 수 없다. 하지만 실제환경과 가상의 객체가 혼합된 증강현실기술은 사용자가 실제환경을 볼 수 있게 하여 보다 나은 현실감과 부가 정보를 제공한다. 예를 들어 스마트폰 카메라로 주변을 비추면 인근에 있는 상점의 위치, 전화번호 등의 정보가 입체영상으로 표기된다.
- 원격의료진단·방송·건축설계·제조공정관리 등에 활용된다. 최근 스마트폰이 널리 보급되면서 본격적인 상업화 단계에 들어섰으며, 게임 및 모바일 솔루션 업계·교육 분야 등에서도 다양한 제품을 개발하고 있다.
- 증강현실을 실외에서 실현하는 것이 착용식 컴퓨터(wearable computer)이다. 특히 머리에 쓰는 형태의 컴퓨터 화면장치는 사용자가 보는 실제환경에 컴퓨터 그래픽·문자 등을 겹쳐 실시간으로 보여줌으로써 증강현실을 가능하게 한다.
- 따라서 증강현실에 대한 연구는 착용컴퓨터 개발이 주를 이룬다. 개발된 증강현실시스템으로 비디오 방식과 광학방식 등의 HMD(head mounted display)가 있다.

416

증강현실에 대한 설명으로 가장 옳지 않은 것은? [2023년 기출]

① 컴퓨터로 만들어진 가상의 요소가 현실 속에 있다는 확신과 경험을 주는 환경이다.

② 스마트폰 화면에 게이머가 잡을 수 있는 가상의 동물이 실제 공간의 이미지에 겹쳐져 나타나는 게임 '포켓몬고'가 대표적인 사례이다.

③ 3D로 표현된 가상의 요소가 3D의 실제 세계와 매우 정확하게 결합되어 있으며, 이용자와 실시간 상호작용이 가능하다는 특징을 갖는다.

④ 가상의 이미지로 실제 세계를 완전히 대체한다.

> **정답** ④
>
> **풀이** ④ 가상현실에 대한 설명이다.

417

증강현실 기반기술에 대한 설명으로 틀린 것은?

① 디스플레이 기술 : 효과적으로 증강현실을 사용자에게 보여주는 기술

② 트래킹 기술 : 가상의 이미지의 좌표계를 현실 이미지의 좌표계와 정확하게 일치시키는 기술

③ 위치 인식기술 : GPS 등을 이용하여 사용자의 위치를 파악하거나 사용자의 방향 및 동작을 인식하는 기술

④ 렌더링 기술 : 표시 장치에 보여지는 몰입 콘텐츠를 고해상도 및 고화질로 구현하는 데 필요한 하드웨어 및 소프트웨어 기술

> **정답** ②
>
> **풀이** 정합기술에 대한 설명이다. 트래킹 기술은 카메라를 통해 입력되는 영상을 분석하여 실제 이미지에 가상의 이미지를 출력할 특징점을 찾거나 마커(Marker)를 인식하는 등의 목표물을 추적하는 기술이다.

418

증강현실(Augmented Reality)에 대한 설명으로 틀린 것은?

① 증강현실은 실세계에 3차원 가상물체를 겹쳐 보여주는 기술이다.

② 모바일 증강현실은 스마트폰 기술을 이용하여 현실세계에 가상의 정보를 중첩시켜 현실에 가상을 겹쳐서 보여주는 기술이다.

③ 현실세계에 실시간으로 부가정보를 더하여 가상세계를 하나의 영상으로 보여주므로 혼합현실(Mixed Reality, MR)이라고도 한다.

④ 텍스트, 음성, 도형, 에니메이션, 화상 등 복수의 정보를 노드(node)와 링크(link)로 유기적으로 연결한 네트워크 구조이다.

정답 ④

풀이 ④ 하이퍼텍스트에 대한 설명이다. 하이퍼텍스트라는 용어는 1964년 테드 넬슨(Theodor Holm Nelson)이 「Literacy Machines」에서 처음으로 사용했다. 하이퍼텍스트는 책, 필름, 연설 등 선형 포멧과 대조적인 비선형 구조로 컴퓨터를 통해 정보를 제공하는 것을 표현하기 위해 만든 정보 길라잡이 방법 중 하나로 하이퍼텍스트는 링크 및 링크 아이콘과 연결된 마디들을 가진 데이터이다.

⚲ 핵심정리   **증강현실 기반 기술**

증강현실은 다양한 기술이 유기적으로 연동되어야 하는 복합적인 기술이다. 증강현실을 구현하기 위해 필요한 기술은 크게 다음과 같이 구분된다.

• **트래킹 기술** : 카메라를 통해 입력되는 영상을 분석하여 실제 이미지에 가상의 이미지를 출력할 특징점을 찾거나 마커(Marker)를 인식하는 등의 목표물을 추적

• **정합기술** : 가상의 이미지의 좌표계를 현실 이미지의 좌표계와 정확하게 일치시키는 기술

• **위치 인식기술** : GPS 등을 이용하여 사용자의 위치를 파악하거나 사용자의 방향 및 동작을 인식하는 기술

• **렌더링 기술** : 3D 객체를 표현하는 기술

• **디스플레이 기술** : 효과적으로 증강현실을 사용자에게 보여주는 기술

유비쿼터스 컴퓨팅 시대의 인간

🔍 핵심정리 **유비쿼터스 컴퓨팅**

1988년 팰로앨토 연구소의 연구원이었던 마크 와이저는 유비쿼터스 컴퓨팅 개념을 "유선과 무선 그리고 근거리 무선 사이에 이음매 없는 통신망이 실현됨으로써 누구든지 어디서나 네트워크로부터 자신이 필요한 정보를 얻을 수 있는 환경"으로 정의하며 동시에 이 개념이 오늘날의 매체 환경으로 도래할 것임을 예언했다.

419

유비쿼터스 컴퓨팅 구현을 위한 주요 기술 특징에 대한 설명으로 틀린 것은?

① 소형화 : 디바이스의 크기를 작게 만들어 휴대성을 높이는 기술

② 착용화 : 사용자가 기기를 몸에 착용하여 언제 어디서나 사용할 수 있게 하는 기술

③ 지능화 : 디바이스가 스스로 학습하고 의사 결정을 할 수 있게 하는 인공지능 기술

④ 네트워크화 : 모든 디바이스가 인터넷에 연결되어 있어야만 하는 기술

정답 ④

풀이 ① 소형화는 디바이스의 크기를 작게 만들어 휴대성을 높이는 기술이다.

② 착용화는 사용자가 기기를 몸에 착용하여 언제 어디서나 사용할 수 있게 하는 기술이다.

③ 지능화는 디바이스가 스스로 학습하고 의사 결정을 할 수 있게 하는 인공지능 기술이다.

④ 네트워크화는 디바이스가 서로 연결될 수 있으면 되는 것이지 모든 디바이스가 항상 인터넷에 연결되어 있어야 하는 것은 아니다. 참고로 유비쿼터스 구현 기술로는 소형화, 착용화, 지능화를 드는 것이 일반적이다.

🔑 핵심정리 **유비쿼터스 네트워크 사회의 특징**

- 정보사회가 물리공간을 정보공간 속에 집어넣으려고 하는 사회라면, 유비쿼터스 네트워크 사회는 거꾸로 물리공간으로 회귀하여 물리공간에다 컴퓨터를 집어넣음으로써 현실세계의 사물들을 컴퓨터 네트워크로 연결시키려는 사회라 할 수 있다.
- 유비쿼터스 네트워크 사회에서는, 사물의 지능화를 통해 인간뿐 아니라 사물도 자율적인 판단능력을 갖추어 인간과 상호작용을 하게 된다. 그 점을 강조하여 유비쿼터스 네트워크 사회를 '지능사회'라고도 한다.
- 유비쿼터스 네트워크 사회는 정보사회의 확대·심화 단계라 할 수 있지만, 정보사회는 유비쿼터스 사회의 필요조건이지 충분조건은 아니며, 그 둘을 동일한 것으로 볼 수는 없다. 한국의 경우 정보사회가 정점에 도달한 2005년을 전후로 유비쿼터스 네트워크 사회에 대한 준비를 시작하여, 2015년경에 유비쿼터스 컴퓨팅이 대중화·본격화되어 유비쿼터스 네트워크 사회가 도래할 것으로 예측하고 있다.

🔑 핵심정리 **소형화·착용화·지능화되는 컴퓨터**

(1) 의의

유비쿼터스 컴퓨팅은 '소형화된 컴퓨터', '착용식 컴퓨터' 그리고 '지능형 공간'으로 구분된다. 이 세 분야 중 우리에게 가장 친숙한 영역은 '스마트폰'으로 대변되는 '소형화된 컴퓨터'일 것이다. 전화와 메시지를 주요 기능으로 삼던 휴대전화는 PDA라는 과도기를 거쳐 현재 컴퓨터의 구조를 갖추게 됐다. 컴퓨터에만 탑재되던 '폰 노이만 구조(메모리, 제어장치와 산술논리장치, 입출력 장치)'를 갖춘 스마트폰은 현재 한국에서는 70%에 가까운 보급률을 보이고 있다.

(2) 소형화

- 스마트폰을 유비쿼터스 컴퓨팅의 대표적인 산물이라 말할 수 있는 진정한 이유는 이용자가 휴대용 단말기를 통해 네트워크에 접속할 수 있다는 것이다.
- 이 점에서 스마트폰은 마크 와이저가 말한 '유무선과 근거리 무선 사이에 이음매 없는 통신망'이란 조건을 오늘날 가장 광범위하게 충족시키고 있는 매체가 된다. 이런 변화를 일궈낸 장치의 소형화라는 경향성은 마크 와이저가 본래 예견한 것처럼 컴퓨터 장치가 완전히 우리 눈에 보이지 않을 때까지 진행될 것이라는 전망도 있다.

(3) 착용화

- 한편 '착용식 컴퓨터'는 말 그대로 '착용할 수 있는 컴퓨터'로 특정 신체의 기능을 보완해주며 네트워크에 대한 접근성을 강화시켜준다.
- 요즘 가장 주목받는 착용식 컴퓨터 장치가 바로 구글 글래스이다. 말 그대로 안경처럼 쓸 수 있는 이 단말기의 독특한 점은 스마트폰에 쓰인 것과 같은 소형 컴퓨팅 장치가 탑재되었다는 것뿐만 아니라, 이를 '증강현실'의 형식으로 이용자에게 제공한다는 것이다. 예를 들면 이용자가 하늘을 바라볼 때 '오늘의 날씨'와 같은 정보가 이용자의 시야에 자동·수동적으로 개입한다.
- 이는 인간의 시각 정보를 처리해주는 차원을 넘어 그 기능을 아예 새로운 차원으로 전이시키는 것으로, 컴퓨팅 장치들이 신체의 본래 기능과 일체화되는 방향으로 상용화될 것임을 알려준다. 구글 글래스의 개발자 세르게이 브린은 "시선과 화면을 일치시킴으로써 스마트폰의 이용자가 환경으로부터 고립되지 않아도 된다."고 말하기도 했다.

(4) 지능화

- 유비쿼터스 컴퓨팅 기술은 '공간'으로까지 확장된다. 그곳에 있는 사람의 특정한 몸짓이나 음성으로 공간환경을 조작할 수 있는 시스템인 '지능형 공간'이 대표적인 예다.
- 이것이 거주공간에 적용된 사례가 바로 '지능형 주택'이다. 이는 요즘 아파트 광고에도 자주 소개되고 있듯이 거주자가 자연어 혹은 동작을 통해 주거 시스템을 조절할 수 있는 주거 공간이다. 특정 공간에서 손뼉을 치거나 자연어로 컴퓨터에 명령을 하면 사용자의 요구에 맞게 실내 온도가 조절되는 등 공간의 물리적 환경이 변화하는 것이다.
- 현재 거주 공간 위주로 구현된 이 지능형 공간 시스템은 유비쿼터스 컴퓨팅 환경이 발전할수록 주택을 벗어나 공공영역으로까지 그 규모가 확대될 것으로 예상된다. 이는 마크 와이저가 유비쿼터스 컴퓨팅의 조건으로 소형화를 넘어 '눈에 보이지 않는 인터페이스'를 들었다는 점에서 그의 예측에 가장 인접한 형태라고 할 수 있겠다.

♀ 핵심정리   '사이버 펑크'로 본 디스토피아적 미래

- 인간 생활의 변화에 대한 전체적인 시각은 '사이버 펑크' 계열의 예술 작품들을 참조하며 상상할 수 있다.
- '사이버 펑크'란 과학의 초현대적인 발전과 이로 인한 문명의 극단적인 기계화, 그리고 인간과의 관계를 주제로 하는 1980~90년대의 예술 양식이다. 윌리엄 깁슨의 「뉴로맨서」가 그 시초라 알려져 있으며 리들리 스콧 감독의 영화 「블레이드 러너」 또한 이 장르의 수작으로 평가받고 있다.
- 이 사이버 펑크 장르의 예술 작품들은 디스토피아적 사회상을 전제한다는 공통점을 지닌다. 안전장치 없이 사회를 뒤덮은 컴퓨팅 환경이 좁게는 인간과 기계, 넓게는 실재와 가상 간의 정체성 혼란을 야기하는 양상을 구체적으로 드러내는 것이다. 예를 들어 구글 글래스를 쓴 사람은 자신의 시야를 믿을 수 없다. 어디서나 존재하는 매체에 의해 굴절된 정보는 현실 그 자체를 바라보는 것을 저해할 수도 있다.
- 주체가 자신의 판단을 믿을 수 없는 딜레마, 그것이 사이버 펑크적 디스토피아의 정체다. 일률적으로 미래에 대해 비관하는 사이버 펑크 작품들은 오늘날이 '심리적 깊이 없이 모든 것이 표면적인 정보로 판단되는 사회'라는 장 보드리야르의 통찰과 만나며 현재를 날카로이 반영하는 거울이 된다.

핵심정리 현전과 원격현전

- 원래 현전(presence)은 "어떤 환경 속에서 느끼는 실재감(sense of being)"을 뜻하는데, 이런 점에서 원격현전은 "커뮤니케이션 매체에 의해 어떤 환경 속에 실재하고 있음을 경험하게 되는 것", 즉 환경에 대한 매개된 지각(mediated perception)이라 할 수 있다(Steuer).
- 현전은 원격귀인(distal attribution) 또는 외부지향(externalization) 현상과 밀접히 관련되어 있는데, 이 것은 감각기관 자체의 한계를 뛰어넘어 외부 공간을 지각하고자 하는 경향을 말한다.
- 매개되지 않은 환경에 있게 되면 주위의 물리적 환경은 당연한 것으로 받아들여지지만, 매개된 환경과 매개되지 않은 환경, 두 가지가 동시에 주어지게 될 경우 어떤 환경을 우선하는가가 문제가 된다.
- 스토이어(Steuer)에 따르면, 원격현전은 바로 즉각적인 물리적 환경보다 매개된 환경 속에서 더 실재감을 느끼게 될 때 발생하는 현상이다. 여기서 매개된 환경은 비디오카메라를 통해 보는 원거리의 공간과 같은 실재(real) 환경이 될 수도 있고, 컴퓨터로 만들어진, 실재하지 않는 가상세계(virtual world)가 될 수도 있다. 즉 원격현전을 느끼게 하는 것은 실재 환경이 될 수도 시뮬레이션된 환경이 될 수도 있는 것이다. 이런 점에서 현전과 원격현전은 근본적으로 다른 것이 아니다.

420

스토이어(Steuer)가 제시한 '원격 현전' 개념에 관한 설명으로 틀린 것은?

① 원격 현전은 가상 현실의 '진짜같음'을 나타내는 개념이다.

② 원격 현전은 물리적, 심리적 요소를 모두 포괄하는 개념이다.

③ 원격 현전은 가상 현실에서 사용자의 참여감을 높이는 역할을 한다.

④ 현전감을 높여 주는 생동감은 '매개된 환경의 형태와 내용을 이용자가 실시간으로 변형시킬 수 있는 정도'를 말한다.

정답 ④

풀이 ① 원격 현전은 가상 현실의 '진짜같음'을 나타내는 개념으로, 사용자가 가상 세계에 있을 때 느끼는 현실 감을 의미한다.
② 원격 현전은 물리적 요소(예 해상도, 음질 등)뿐만 아니라, 심리적 요소(예 참여감, 몰입감 등)도 포괄하는 개념이다.
③ 원격 현전의 정도가 높아질수록 사용자의 가상 세계에 대한 참여감과 몰입감이 높아진다.
④ '매개된 환경의 형태와 내용을 이용자가 실시간으로 변형시킬 수 있는 정도'를 말하는 것은 상호작용성 이다.

421

원격현전에 대한 설명으로 틀린 것은?

① 원격현전은 디지털 미디어를 통해서만 경험이 가능한 것이다.

② 실제로 가까이 있는 듯한 느낌이며, CCTV도 그 사례 중 하나이다.

③ 물리적 환경보다 매개된 환경 속에서 실재성 경험을 하는 것이다.

④ 실제 상황이 아니라 일종의 중재된 환경 속에서 실재감을 느끼는 것이다.

> 정답 ①
>
> 풀이 ① 원격현전은 "커뮤니케이션 매체에 의해 어떤 환경 속에 실재하고 있음을 경험하게 되는 것", 즉 환경에 대한 매개된 지각을 의미하는 개념으로 반드시 디지털 미디어를 통해서만 경험이 가능한 것은 아니다.

핵심정리　원격현전의 기술적 요인

- 스토이어(1992)는 기술적 차원에서 원격현전을 결정하는 차원을 "생동감(vividness)"과 "상호작용성(interactivity)"으로 구분하고 있다. 이는 다시 각각 하위 요인들을 포함하고 있는데 각 요인들은 매체에 따라 그 정도가 다르다.
- 생동감과 상호작용성이라는 기술적 요인으로 야기되는 원격현전은 이용자, 즉 인간 경험의 영역에 속한다는 것을 알 수 있다.

핵심정리　생동감

(1) 의의

- 생동감은 "매개된 환경이 제공하는 표상적 풍부함(representational richness)"을 말하는데, 이는 감각 체계에 정보를 제공하는 방식, 즉 형식적 특성에 의해 규정된다.
- 생동감을 결정하는 두 가지 주요한 요인은 폭(breadth)과 깊이(depth)이다.

(2) 폭(breadth)

- 폭은 동시에 전달되는 감각 차원들의 수를, 깊이는 이러한 지각 채널들 각각이 갖고 있는 해상도(resolution)를 말한다. 즉 더욱 많은 감각기관에 소구할수록, 그리고 그 각각의 해상도가 높을수록 생동감은 높아지는 것이다.
- 커뮤니케이션 매체의 폭은 얼마나 다양한 감각기관에 정보를 제공할 수 있는가에 따라 달라진다. 인간이 갖고 있는 감각 체계는 균형감각, 청각, 촉각, 미각, 시각 등 다섯 가지인데, 테크놀로지의 발전은 단일 감각기관에 소구하는 형태로부터 다양한 감각기관에 소구하는 형태로 발전되어 왔다.
- 인쇄물, 전화, 텔레비전, 영화 등과 같은 전통적 매체는 시각이나 청각 채널에 주로 의존한다는 점에서 그 폭이 상대적으로 좁다. 1962년 모턴 하일리그(Morton Heilig)가 개발한 센소라마(sensorama)라는 영화 장치나 테마파크의 라이드들은 그 폭이 넓은 편이며, 최근의 테크놀로지들은 모든 감각기관의 입력을 동시에 중첩적으로 제공하는 방향으로 발전해 나가고 있다.

(3) 깊이(depth)

- 깊이는 감각기관 각각에 제공되는 감각 정보의 질(quality) 또는 대역폭(bandwidth)에 따라 달라진다.
- 실재 세계에서 인간의 감각기관은 완전한 대역폭을 갖고 작동하지만, 지금까지 개발된 매체의 경우는 대역폭에서 일정한 희생을 감수할 수밖에 없다.
- 청각은, 음성을 이해할 수 있을 정도로 최소한의 대역폭만을 사용하지만, CD는 상대적으로 청각적 대역폭이 넓다. 서라운드(입체) 음향 시스템이나 헤드폰 형태의 음향 시스템은 대역폭의 확대를 넘어 공간 환각(illusion of space)을 불러일으켜 현전감을 높여 주는 데 기여한다.
- 한편 시각은, 525라인 또는 625라인 정도의 제한된 주사선을 갖는 일반 텔레비전과 달리 영화는 상대적으로 대역폭이 넓다. HDTV와 같은 발전된 형태의 영상 시스템이나 투구형 디스플레이(head-mounted display, HMD)와 같은 가상현실 시스템은 입체 영상을 통해 현전감을 높여 준다.

🔖 핵심정리　　**상호작용성**

(1) 의의

- 현전감을 높여 주는 또 다른 차원인 상호작용성은 '매개된 환경의 형태와 내용을 이용자가 실시간으로 변형시킬 수 있는 정도'를 말한다. 이는 매개된 환경과 인간 사이의 상호작용에 주목한다는 점에서, 인간과 인간 사이의 상호작용을 강조하는 전통 개념과는 다른 것이다.
- 이런 의미에서 상호작용성을 높여 주는 주요 요인들은 속도(speed), 범위(range) 그리고 매핑(mapping) 등 세 가지를 들 수 있는데, 속도는 입력된 것이 매개 환경에 흡수되는 빠르기를, 범위는 주어진 한 시점에 작용할 수 있는 가능한 경우의 수를, 그리고 위치지우기는 통제 내용을 매개 환경 속의 변화로 위치지우는 시스템의 능력을 말한다.

(2) 속도

- 먼저 속도, 즉 반응 시간은 상호작용 시스템을 특징짓는 가장 중요한 요소이다. 영화, 책, 신문 등과 같은 전통 매체는 상대적으로 상호작용의 속도가 느린데, 전통 매체 중에서도 전화는 실시간으로 상호작용을 할 수 있다.
- 최근 새로운 매체들은 상호작용성이 높은 편인데, 해상도는 낮을지 모르지만 비디오게임, 컴퓨터 회의 시스템이나 채팅 그리고 최근의 고글과 데이터 장갑을 사용하는 가상현실 시스템은 상호작용의 속도가 매우 빠른 것들이다.

(3) 범위

- 상호작용의 범위는 매개 환경이 변경할 수 있는 속성을 얼마나 많이 가지고 있는가, 그리고 그 변화의 양은 어느 정도인가에 따라 결정된다.
- 변경할 수 있는 파라미터의 수와 정도는 몇 가지 차원에 따라 살펴볼 수 있는데, 시간적 순서, 공간적 조직화, 강도(소리의 크기, 이미지의 밝기, 냄새의 강도 등), 주파수 특징(음색, 색상) 등을 들 수 있다.
- 예를 들어, 영상 시스템들을 시간 순서의 변화 정도에 따라 나열해 보면, 일반 지상파 텔레비전, 비디오테이프, 상호작용적 레이저디스크, 컴퓨터 애니메이션 등의 순이 된다.

(4) 매핑(mapping)
- 상호작용성을 규정하는 매핑은 인간 행동이 매개 환경 속의 움직임과 어떻게 연관되는지를 나타내는 것이다.
- 극단적으로는 인간 행동이 실제 기능과 완벽하게 자의적으로 연관되기도 한다. 텔레비전 스피커 레버를 좌우로 돌리는 것과 소리가 커지고 작아지는 것, 컴퓨터 키보드에 자판을 두드리는 것과 실제 화면의 변화 등은 그런 예에 속한다. 한편 아케이드 게임의 오토바이 타기나 컴퓨터 마우스 움직임은 인간 행동과 실제 기능 사이의 유사성이 매우 높은 예에 속한다.
- 인간의 자연스런 움직임을 매개 환경 속에 위치 짓는 데 도움이 되는 것이 바로 '은유'의 사용인데, 애플의 매킨토시 컴퓨터로부터 사용되기 시작한 데스크톱 은유(desktop metaphor)는 통제하는 것과 통제되는 것을 매치시키는 대표적인 인터페이스의 예다. 최근의 가상현실 시스템들은 데이터 글러브, 위치 추적기, 그리고 음성 인식 시스템을 사용해 인간 행동을 그대로 구현하고자 하는 것이다.
- 기술적 요인들은 서로 결합될 경우 상승작용을 일으켜 보다 높은 현전감을 경험하게 한다. 그리고 하나의 요인이 강하면 다른 요인에도 상승작용을 일으키는 것으로 알려져 있다.

422
원격현전의 기술적 요인에 대한 스토이어의 설명으로 틀린 것은?

① 생동감은 "매개된 환경이 제공하는 표상적 풍부함"을 말한다.
② 폭은 동시에 전달되는 감각 차원들의 수를, 깊이는 지각 채널들 각각이 갖고 있는 해상도를 말한다.
③ 상호작용성은 '매개된 환경의 형태와 내용을 이용자가 실시간으로 변형시킬 수 있는 정도'를 말한다.
④ 매핑은 매개 환경이 변경할 수 있는 속성을 얼마나 많이 가지고 있는가, 그리고 그 변화의 양은 어느 정도인가에 따라 결정된다.

정답 ④

풀이 상호작용의 범위에 대한 설명이다. 매핑은 인간 행동이 매개 환경 속의 움직임과 어떻게 연관되는지를 나타낸다. 최근의 가상현실 시스템들은 데이터 글러브, 위치 추적기, 그리고 음성 인식 시스템을 사용해 인간 행동을 그대로 구현하고자 하는 것은 인간 행동과 실제 기능 사이의 유사성이 매우 높은 예에 속한다.

메타버스(Metaverse)

🔑 핵심정리　메타버스(Metaverse)

- 메타버스(Metaverse)는 가상·초월(meta)과 세계·우주(universe)의 합성어로, 3차원 가상 세계를 뜻한다. 보다 구체적으로는, 정치·경제·사회·문화의 전반적 측면에서 현실과 비현실 모두 공존할 수 있는 생활형·게임형 가상 세계라는 의미로 폭넓게 사용되고 있다.
- 대한민국의 경우, 손강민 등은 메타버스를 "모든 사람들이 아바타를 이용하여 사회, 경제, 문화적 활동을 하게 되는 가상의 세계"라고 정의했으며, 류철균 등은 메타버스를 "생활형 가상세계", "실생활과 같이 사회, 경제적 기회가 주어지는 가상현실공간"이라 정의했다. 또한 서성은은 메타버스를 "단순한 3차원 가상공간이 아니라, 가상공간과 현실이 적극적으로 상호작용하는 공간이며 방식 그 자체", "현실과 가상세계의 교차점이 3d 기술로 구현된 또 하나의 세계"라고 정의했다. 김국현의 경우, 메타버스의 현실의 재구성이라는 측면에 주목했다. 「메타버스 내 게임형 가상세계와 생활형 가상세계에 대한 연구」에 따르면 그는 「웹 2.0의 경제학」에서 메타버스를 "기존의 현실 공간이었던 현실계(도구로서의 가상공간)와 현실의 것을 가상세계로 흡수한 것이었던 이상계(현실의 모사공간), 그리고 현실과 다른 상상력에 의한 대안의 가상현실인 환상계(인간의 환상과 욕망이 표출되는 공간)가 융합된 공간"이라 정의했다.
- 미국전기전자학회(Institute of Electrical and Electronics Engineers)의 표준에 따르면 메타버스는 "지각되는 가상세계와 연결된 영구적인 3차원 가상공간들로 구성된 진보된 인터넷"이라는 의미를 지닌다. 비영리 기술 연구 단체인 ASF(Acceleration Studies Foundation)은 메타버스를 "가상적으로 향상된 물리적 현실과 물리적으로 영구적인 가상공간의 융합"이라고 정의했다.

423

메타버스(Metaverse)에 대한 설명으로 가장 거리가 먼 것은?　　　　　　　　[2024년 기출]

① 닐 스티븐슨의 1992년 SF 소설 「스노 크래시(Snow Crash)」에서 몰입형 3차원 가상세계를 묘사하기 위해 사용된 용어이다.
② 메타버스 플랫폼 중 가상세계(Virtual Worlds)는 모형화와 친밀성을 특징으로 한다.
③ 메타버스 유형인 일상기록(Lifelogging)은 대상 자체에 대한 정보와 증강기술(Augmentation)의 결합을 주요 특징으로 한다.
④ 메타버스 플랫폼인 거울세계(Mirror World)는 모형화(simulation)와 거울에 투영된 내향화(internal)를 특징으로 한다.

정답 ④

풀이 ④ 내향화(internal)를 특징으로 하는 것은 일상적인 경험과 정보를 캡처하고 저장하고 묘사하는 라이프로깅이다.

424
메타버스(Metaverse)에 대한 설명으로 틀린 것은?

① 메타버스는 가상현실과 현실 세계가 공존하는 디지털 환경을 의미한다.

② 메타버스에서는 사용자가 다양한 활동을 할 수 있도록 설계되어 있다.

③ 메타버스는 다양한 디지털 기술이 결합되어 구현된다.

④ 증강현실(Augmented Reality)은 현실과 유사하거나 혹은 완전히 다른 대안적 세계를 디지털 데이터로 구축한 것이다.

정답 ④

풀이 ① 메타버스는 가상현실과 현실 세계가 공존하는 디지털 환경을 의미한다.
② 메타버스는 사용자가 새로운 캐릭터를 생성하거나 다양한 활동을 할 수 있도록 설계되어 있다.
③ 메타버스는 가상현실, 증강현실, 인공지능 등 다양한 디지털 기술이 결합되어 구현된다.
④ 가상세계(Virtual Worlds)에 대한 설명이다.

핵심정리 케이블 TV의 사업구성

(1) 프로그램 공급자(Program Provider, PP)

스포츠, 어린이, 교통, 관광, 문화, 예술, 바둑, 만화 분야 및 공공채널, 외국어 분야 등 각각 1개의 업체가 독점적 운영하면서 2~3개 업체가 프로그램을 제공한다.

(2) 종합유선방송국(System Operator, SO)

패키지로 구성된 케이블 TV서비스 제공사업자로서 주로 영업 업무를 담당한다. 종합유선방송국은 사업 구역을 대상으로 케이블 TV가 공급하는 채널 이외의 자체 지역 채널을 제공한다.

(3) 전송망 사업자(Network Operator, NO)

케이블 TV의 혈관에 해당하는 전송망을 구축하고 유지·보수와 이를 케이블 TV가 사용할 수 있도록 임차해 주는 업무를 담당한다.

425

케이블 TV 사업 구성의 3주체로 틀린 것은?

① PP

② LO

③ SO

④ NO

정답 ②

풀이 ② 케이블 TV의 사업은 프로그램 공급자(PP), 종합유선방송국(SO), 전송망 사업자(NO)로 구성된다.

인터넷 방송

426

인터넷 방송에 대한 설명으로 틀린 것은?

① 시간과 공간을 초월한 방송서비스 제공이 가능하다.

② 양방향 통신을 이용한 차별화된 서비스 제공이 가능하다.

③ 대형 방송사에 의한 독점 현상이 심화된다.

④ 적은 비용으로 방송 제작이 가능하여 효율성이 높다.

정답 ③

풀이 ③ 인터넷에 대한 개념을 알고 있는 정도라면 적은 자본으로 방송 제작이 가능하여 대형 방송사의 독점 현상은 완화된다. 인터넷 방송의 활성화는 독점적 규모의 대형 방송사에 의한 집중화, 종속화에서 스몰 미디어에 의한 탈집중화, 독립화로의 이동을 촉진한다.

427

다음 중 정보를 방송의 형태로 전달하기에 가장 적합한 인터넷 서비스로 옳은 것은? [2022년 기출]

① FTP

② WAIS

③ Webcasting

④ TELNET

정답 ③

풀이 ③ 웹캐스팅은 웹과 방송이 통합되면서 생기는 개념의 변화를 반영한 것으로 스트리밍 비디오(streaming video) 기술을 웹의 기능에 부가한 것이다.

428

웹캐스팅(webcasting) 기술로 적절하지 않은 것은?

① 푸시(push)
② 스트리밍(streaming)
③ 온디맨드(on-demand) 기술
④ 멀티캐스팅(multicasting) 기술

정답 ③

풀이 온디맨드(on-demand) 기술은 웹 서비스의 세부 기술이다.

429

인터넷 방송 기술에 대한 설명으로 틀린 것은?

① 온디맨드를 통해 정보의 공간적·시간적 제약을 극복할 수 있다.
② 멀티미디어는 정보의 디지털 코딩 및 압축으로 대용량 전송을 특징으로 한다.
③ 스트리밍은 다운로드를 위해 기다릴 필요 없이 바로 시청을 가능하게 한다.
④ 멀티캐스팅은 일정 수의 클라이언트에게만 정보를 전송하여 인터넷 방송의 효율성을 지원한다.

정답 ①

풀이 ① 하이퍼미디어에 대한 설명이다. 온디맨드는 원하는 정보를 원하는 시간에 전송하는 기술로 방송의 시간적 일방성을 해결한다.

♀핵심정리   헤이즈(Hayes)의 크로스미디어의 발전 단계

(1) 의의

헤이즈(Hayes)는 크로스미디어의 발전 단계를 제작 형식과 소비 형태에 따라 네 가지, 즉 Pushed형, Extra형, Bridges형, 그리고 Experience형으로 구분하였다.

(2) 유형

① Pushed형

Pushed 형태의 크로스미디어는 한 가지 콘텐츠를 별다른 가공 없이 여러 미디어 플랫폼에서 동시에 사용하는 형태를 말한다. 즉, 콘텐츠를 다른 미디어에 맞게 제작하거나 수정하는 것이 아니라, 그대로 사용하는 것이다. 예를 들어 한 텔레비전 방송 프로그램의 내용이 인터넷, 라디오, 신문 등 다른 미디어에 그대로 전달되는 것이 Pushed형의 예이다.

② Extra형

　　Extra 형태의 크로스미디어는 기존의 콘텐츠를 보완하거나 확장하는 추가 콘텐츠를 제작하여 제공하는 것을 의미한다. 예를 들면, 텔레비전 드라마의 배경이나 캐릭터에 대한 추가 정보를 웹사이트를 통해 제공하는 것이 이에 해당한다.

③ Bridges형

　　Bridges 형태는 사용자를 다른 미디어 플랫폼으로 이동시키도록 설계된 콘텐츠를 제작하는 것을 의미한다. 이는 사용자가 다양한 미디어를 통해 지속적으로 콘텐츠를 소비하도록 유도한다. 예를 들어, 텔레비전 프로그램에서 QR 코드를 보여줌으로써 사용자가 스마트폰으로 해당 코드를 스캔하고 추가 정보를 얻을 수 있도록 유도하는 것이 Bridges형의 예이다.

④ Experience형

　　Experience 형태는 콘텐츠가 여러 플랫폼에서 동시다발적으로 전달되며, 사용자는 이러한 콘텐츠를 통해 '체험'하는 것을 의미한다. 즉, 제작자는 콘텐츠를 제공하는 것이 아니라 사용자가 콘텐츠를 통해 경험할 수 있는 환경을 제공하게 된다. 이 형태에서는 모든 미디어 플랫폼이 서로 연결되어 있으며, 사용자는 이를 통해 자신만의 이야기를 만들어 나간다. 대표적인 예로는 ARG(Alternate Reality Game)가 있다.

(3) 발전 방향

　　각각의 발전 단계는 크로스미디어 콘텐츠의 복잡성과 통합성을 증가시키는 방향으로 나아가며, 이는 미디어 제작자들이 다양한 미디어 환경에서의 콘텐츠 제작과 배포 방법을 고민하게 만든다.

430

헤이즈(Hayes)는 크로스미디어의 발전 단계를 제작형식과 소비의 형태에 따라 4가지로 나누었다. 헤이즈의 크로스미디어의 발전 단계에 대한 설명으로 틀린 것은? [2023년 기출]

① Pushed형은 한 가지 콘텐츠를 별다른 가공 없이 다른 플랫폼에서 동시에 사용하는 것으로, 다른 미디어에 맞게 제작하는 것이 아니라 그냥 사용하는 것이다.

② Extra형은 아주 강력한 크로스미디어 모델의 효과를 기대할 수는 없으나 한 콘텐츠를 집중적으로 홍보할 수 있다는 장점이 있다.

③ Bridges형은 독자들이 다른 디바이스를 통해 지속적으로 콘텐츠를 소비할 수 있도록 유도하는 방식이다.

④ Experience형 단계에서의 크로스미디어 콘텐츠는 동시다발적으로 여러 플랫폼을 통해 전달되며 제작자는 환경을 조성해 주는 역할에 더 충실하게 된다.

정답 ②

풀이 ② 한 콘텐츠를 집중적으로 홍보할 수 있는 것은 Pushed형이다. Extra형은 한 콘텐츠를 집중적으로 홍보하는 것이 아니라, 기존 콘텐츠를 보완하거나 확장하는 추가적인 콘텐츠를 제공하는 것을 말한다.

431
헤이즈의 크로스미디어의 발전단계에 대한 설명으로 틀린 것은?

① Pushed 형태의 크로스미디어는 콘텐츠를 서로 연결된 모든 미디어 플랫폼에서 동시다발적으로 전달하는 것이다.

② Extra 형태의 크로스미디어는 기존의 콘텐츠를 보완하거나 확장하는 추가 콘텐츠를 제작하여 제공하는 것이다.

③ Bridges 형태의 크로스미디어는 사용자를 다른 미디어 플랫폼으로 이동시키도록 설계된 콘텐츠를 제작하는 것이다.

④ Experience 형태의 크로스미디어는 제작자가 콘텐츠를 제공하는 것이 아니라 사용자가 콘텐츠를 통해 경험할 수 있는 환경을 제공하게 된다.

정답 ①

풀이 Experience 형태의 크로스미디어에 대한 설명이다. Pushed 형태의 크로스미디어는 한 가지 콘텐츠를 별다른 가공 없이 여러 미디어 플랫폼에서 동시에 사용하는 형태를 말한다. 즉 콘텐츠를 다른 미디어에 맞게 제작하거나 수정하는 것이 아니라, 그대로 사용하는 것이다. 반면에 Experience 형태는 콘텐츠가 여러 플랫폼에서 동시다발적으로 전달되며, 사용자는 이러한 콘텐츠를 통해 '체험'하는 것을 의미한다. 즉, 제작자는 콘텐츠를 제공하는 것이 아니라 사용자가 콘텐츠를 통해 경험할 수 있는 환경을 제공하게 된다. 이 형태에서는 모든 미디어 플랫폼이 서로 연결되어 있으며, 사용자는 이를 통해 자신만의 이야기를 만들어 나간다.

📌 핵심정리　OTT 서비스

- OTT(Over The Top) 서비스란 기존의 통신 및 방송 사업자와 더불어 제3사업자들이 인터넷을 통해 드라마나 영화 등의 다양한 미디어 콘텐츠를 제공하는 서비스이다.
- Top은 TV에 연결되는 셋톱박스를 의미하며, 초기엔 TV 셋톱박스와 같은 단말기를 통한 인터넷 기반의 동영상 서비스를 의미하였다.
- 하지만 현재는 셋톱박스의 유무를 떠나 PC, 스마트폰 등의 단말기뿐만 아니라 기존의 통신사나 방송사가 추가적으로 제공하는 인터넷 기반의 동영상 서비스를 모두 포괄한 의미로 사용된다.
- OTT 서비스 이용자는 TV프로그램, 광고, 영화, UGC(User Generated Contents) 등의 콘텐츠를 이용할 수 있다.

432

OTT에 대한 설명으로 틀린 것은?

[2020년 기출]

① OTT는 over the top의 약자로 over-the-X는 기존의 범위를 넘어서라는 뜻을 가진다.

② Top은 TV에 연결되는 셋톱박스를 의미하지만 현재는 셋톱박스의 유무를 떠나 PC, 스마트폰 등의 단말기를 모두 포함한다.

③ 다양한 미디어 콘텐츠 보유의 힘을 바탕으로 사업을 확장하는 OTT 서비스 사업자로는 영국의 Hulu가 대표적이다.

④ OTT 서비스는 케이블 방송이 아니라 PC, 스마트폰 등의 단말기뿐만 아니라 기존의 통신사나 방송사가 추가적으로 제공하는 인터넷 기반의 동영상 서비스를 모두 포괄한다.

> **정답** ③
>
> **풀이** ③ Hulu는 NBC, 폭스엔터테인먼트, 디즈니-ABCTV 그룹이 합작해 설립한 미국 기업으로, 광고기반의 무료 OTT 서비스를 제공하는 Hulu와 HD화질, 최신 콘텐츠를 제공하는 정액제 기반의 Hulu Plus가 있다.

433

유료방송 가입자가 넷플릭스 등 온라인 스트리밍 OTT업체로 갈아타며 가입을 해지하는 현상으로 옳은 것은?

① 코드네버(cord Never) ② 코드커팅(Cord Cutting)

③ 코드쉐이빙(Cord Shaving) ④ 코드스태킹(Cord Stacking)

> **정답** ②
>
> **풀이** ① 인터넷으로 TV 방송을 보는 세대이다. 이는 인터넷으로 동영상을 시청하는 게 익숙해 케이블TV를 본 적 없는 세대를 뜻한다.
> ② 유료방송의 지상파, 케이블 등 실시간 방송채널과 VOD 서비스를 포기하더라도 OTT만으로 충분한 만족을 갖는 가입자가 '가입 회선을 잘라버린다.'는 표현으로, 유료 방송 가입을 해지하는 현상을 비유적으로 일컫는 말이다.
> ③ 코드쉐이빙(Cord Shaving)이란 유료방송 가입자가 해지까지는 아니고 OTT 서비스와 동시 이용을 위해 낮은 요금 상품으로 바꾸는 현상을 말한다.
> ④ IPTV나 케이블TV와 같은 유료방송을 해지하지 않고 별도로 OTT에 가입하는 현상이다.

훌루(Hulu)

훌루(Hulu)는 미국의 OTT 서비스 서비스를 제공하는 엔터테인먼트 기업이며, 디즈니의 자회사이다. 주로 텔레비전 각종 콘텐츠 시리즈의 스트리밍을 지원하여 소유자의 각 텔레비전 네트워크 및 기타 컨텐츠 파트너로부터 여러 시리즈의 현재 및 과거 에피소드를 전달하는 역할을 한다. 훌루는 설립 초기에는 월트 디즈니 컴퍼니, 워너미디어, 컴캐스트, 뉴스 코퍼레이션(이후 21세기 폭스로 승계)의 합작으로 설립하였는데, 현재 이 기업들이 각종 인수와 합병이 일어나면서 주로 3사로 이루어졌다가 AT&T가 훌루의 보유지분들을 모두 월트 디즈니 컴퍼니에 팔게 되면서 훌루는 디즈니의 자회사가 됐다. 훌루의 경쟁사는 넷플릭스와 아마존 프라임 비디오이다. 현재 훌루는 미국과 일본에서만 서비스를 하며, 구독자 수는 2019년 1분기 기준으로 2850만명이다.

OTT 서비스 시장 진출 전략에 따른 사업자 유형 구분

• 플랫폼과 단말기를 바탕으로 미디어 콘텐츠 제작 사업자들과 제휴(例 Apple, MS 등)
• 플랫폼을 바탕으로 단말기와 콘텐츠 제작 업체들과의 협력(例 Netflix, Amazon, Google 등)
• OTT전용 셋톱박스와 같은 단말기 중심으로 시장 진출(例 Roku, Boxee 등)
• 다양한 미디어 콘텐츠 보유의 힘을 바탕으로 사업 확장(例 Hulu)

IPTV(Internet Protocol TV)

핵심정리 IPTV 특성

(1) 양방향 서비스(interactive service)

　　사용자 참여가 가능한 양방향 서비스, 주문형(on-demand) 서비스 등의 제공으로 TV방송의 주도권이 방송사나 중계업자에서 시청자로 이전한다.

(2) 개인화 서비스(personalized service)

- point-to-point 방식으로 개인화된 채널서비스가 가능하다.
- personalized entertainment 서비스를 제공할 수 있다.
- 맞춤 인터넷 정보를 TV에 적합하게 재가공한 Walled garden 서비스를 제공할 수 있다.
- SMS, TV 화상회의 등 communication 서비스를 제공할 수 있다.

(3) 번들링 서비스(bundling service)

- TV 단말의 장점과 초고속인터넷의 장점을 부각시키는 서비스이다.
- 초고속인터넷, VoIP 등과의 결합을 통해 TPS 제공이 가능하다.
- 강력한 소비자 Lock-in 효과가 발생한다.

(4) 기타

- 주파수 대역의 제한이 없는 무제한 채널 공급이 가능하다.
- Qos/QoE를 보장할 수 있다.
- TV와 인터넷의 혼합 모델이다.

434

IPTV의 특징에 대한 설명으로 볼 수 없는 것은?　　　　　　　　　　　　　　[2019년 기출]

① point-to-point 방식

② 번들링 서비스

③ TV와 인터넷의 혼합

④ 고화질 서비스 제공

정답 ④

풀이 ④ 고화질 서비스는 케이블 TV 등 다른 뉴미디어와 구별되는 IPTV만의 특징으로 볼 수 없다.

핵심정리 TRS(Trunked Radio System)

(1) 의의

- TRS(Trunked Radio System)는 특정한 직무 수행을 위해 조직 내부에서 사용되는 무선통신서비스를 말하며 그룹통화, 1대다 지령 통신, 신속한 접속 등을 특징으로 한다.
- 이러한 특징으로 인해 TRS는 전력, 운송, 치안 분야에서 핵심 무선 통신망으로 활용되어 왔다.
- 일반적으로 TRS에서 사용되는 호의 길이는 매우 짧아 트렁킹을 통한 확률적인 채널 이용 효율 증대가 가능하다.
- 대부분의 업무용 무선통신시스템은 이러한 트렁킹 기술을 적용하고 있기 때문에 북미지역과 우리 나라에서는 TRS라는 용어를 사용한다.
- 트렁킹 기술을 사용하는 TRS에서는 이러한 통계적 다중화 기법을 이용하여 부여된 채널보다 많은 통화 그룹을 생성하여 사용할 수 있다.
- 디지털 TRS는 보이스, 데이터 등 트래픽 채널이 디지털 신호로 전송되는 시스템을 말한다. 디지털 TRS 표준으로는 현재까지 TETRA(Terrestrial Trunked Radio)가 유일하다.

(2) TETRA

- TETRA는 ETSI(European Telecommunication Standards Institute)에서 생산한 TRS 표준이다.
- TETRA는 현재까지 TRS와 관련하여 생산된 유일한 표준이다.
- TETRA 시스템은 다양한 UHF 주파수 대역을 활용하여 구축될 수 있다.
- 전력 IT용 디지털 TRS는 380~400MHz 대역을 이용하게 되며 점유대역폭은 25KHz이다.
- Uplink와 Downlink는 FDD 방식으로 구분하며 송수신 신호 간 간격은 10MHz이다.
- TETRA가 이용하는 변복조 방식은 $\pi/4$ shifted QPSK이다.
- $\pi/4$ shifted QPSK는 TIA IS-54규격에 의해 TDMA에 권고된 변복조방식으로, QPSK를 매 포인트에서 $\pi/4$ 천이(shift)시키는 변복조방식을 사용하며 8포인트의 신호점을 가지며 대역폭은 QPSK와 동일하다.
- TETRA의 다중접속방식은 1:4 TDMA이다.
- 음성 또는 데이터가 수용된 4개의 타임슬롯이 하나의 TDMA 프레임을 구성하며 4개의 슬롯중 하나는 제어채널로 사용된다.

435

TRS(Trunked Radio System)에 대한 설명으로 틀린 것은?

① TRS(Trunked Radio System)는 특정한 직무 수행을 위해 조직 내부에서 사용되는 무선통신서비스를 말한다.

② 트렁킹 기술을 사용하는 TRS에서는 이러한 통계적 다중화 기법을 이용하여 부여된 채널보다 많은 통화 그룹을 생성하여 사용할 수 있다.

③ 디지털 TRS는 보이스, 데이터 등 트래픽 채널이 디지털 신호로 전송되는 시스템을 말하고, 디지털 TRS 표준으로는 현재까지 TETRA(Terrestrial Trunked Radio)가 유일하다.

④ TETRA 시스템은 다양한 VHF 주파수 대역을 활용하여 구축될 수 있고, 전력 IT용 디지털 TRS는 380~400MHz 대역을 이용하게 되며 점유대역폭은 25KHz이다.

> 정답 ④
>
> 풀이 ④ TETRA 시스템은 다양한 UHF 주파수 대역을 활용하여 구축될 수 있다.

436

TRS(Trunked Radio System)에 대한 설명으로 틀린 것은?

① 특정한 직무 수행을 위해 조직 내부에서 사용되는 무선통신서비스를 말하며 그룹통화, 1대다 지령 통신, 신속한 접속 등을 특징으로 한다.

② TRS는 전력, 운송, 치안 분야에서 핵심 무선 통신망으로 활용되어 왔다.

③ 디지털 TRS 표준으로는 현재까지 TETRA(Terrestrial Trunked Radio)가 유일하다.

④ TRS에서 사용되는 호의 길이가 길기 때문에 트렁킹을 통한 확률적인 채널 이용 효율 증대가 가능하다.

> 정답 ④
>
> 풀이 ④ 일반적으로 TRS에서 사용되는 호의 길이는 매우 짧아 트렁킹을 통한 확률적인 채널 이용 효율 증대가 가능하다.

핵심정리 소셜 미디어와 SNS

'social'은 일반적으로 '사회의', '사회적인'으로 번역되지만, 소셜 미디어에서는 '관계를 형성하다.' 또는 '사교하다.'라는 뜻으로 쓰일 때의 'socialize'에 담긴 의미와 관련성이 가장 강하다고 할 수 있다. 소셜 미디어와 SNS에 대해서는 여러 견해가 공존하고 발전 중인데, 소셜 미디어는 관계를 기반으로 하면서 뉴스를 중심으로 하는 것을, SNS는 관계의 형성과 발전을 중심으로 하는 것으로 나누는 경우가 많다. 굳이 구분하자면 트위터는 전자, 페이스북과 미투데이는 후자에 가깝다. SNS도 중간 글자 'N'이 network를 의미할 때와 networking을 의미할 때에 성격이 달라진다고 보는 이들도 있다. 전자가 이미 형성된 관계의 유지 위주라면, 후자는 새로운 사람을 만나려고 하는 더욱 능동적인 측면이 강조된다는 것이다.

437

소셜 미디어와 SNS에 대한 설명으로 틀린 것은?

① Social은 일반적으로 '사회의', '사회적인'으로 번역되지만, 소셜 미디어에서는 '관계를 형성하다' 또는 '사교하다'라는 뜻으로 쓰인다.

② 소셜 미디어는 관계를 기반으로 하면서 뉴스를 중심으로 하는 것을, SNS는 관계의 형성과 발전을 중심으로 하는 것으로 나누는 경우가 많다.

③ 트위터는 소셜 미디어에 페이스북과 미투데이는 SNS에 가깝다.

④ SNS의 N이 networking을 의미할 때는 이미 형성된 관계의 유지를 의미한다.

정답 ④

풀이 ④ SNS의 N이 network를 의미할 때는 이미 형성된 관계의 유지를 의미하고 networking을 의미할 때는 새로운 사람을 만나려고 하는 더욱 능동적인 측면이 강조된다.

438

다음 중 소셜 미디어에 대한 설명으로 가장 거리가 먼 것은? [2024년 기출]

① 대표적인 소셜 미디어로는 1994년과 1996년에 각각 서비스를 시작한 페이스북과 트위터를 꼽을 수 있다.

② 인간의 연결하고자 하는 욕구를 충족시키는 서비스로 그 시초는 1997년 서비스를 시작한 식스디그리즈닷컴(Six Degrees, com)이다.

③ 소셜 네트워킹 서비스 또는 소셜 플랫폼이라고 한다.

④ 카카오톡, 라인, 왓츠앱, 위챗 등은 사람들 사이의 연결을 뒷받침하는 대표적인 모바일 메신저라고 할 수 있다.

 정답 ①

풀이 ① 페이스북과 트위터는 각각 2004년과 2006년에 서비스를 시작하였다.

439

소셜 미디어는 주로 인터넷을 통해 타인 또는 특정 기관과의 상호작용을 시작하고 강화하는 매체를 의미하며, 관계를 기반으로 하면서 뉴스를 중심으로 한다. 다음 소셜 미디어 중 정치적 영향력이 가장 적은 것으로 옳은 것은? [2022년 기출]

① 틱톡 ② 트위터
③ 페이스북 ④ 유튜브

정답 ①

풀이 ① 틱톡은 글로벌 숏폼 모바일 비디오 플랫폼으로, 15초~3분짜리 짧은 동영상을 제작하고 공유하는 기능을 제공하기 때문에 정치적 영향력이 적다.

440

수신인이 내용을 확인하고 나면 사라지기 때문에 일명 '단명 메시지'로 불리는 메신저 서비스로 옳은 것은?

① WeChat ② WhatsApp
③ Snapchat ④ Telegram

정답 ③

풀이 ③ Snapchat에 대한 설명이다.

441

인스타그램에 대한 설명으로 틀린 것은?

① 오프라인 인맥을 중심으로 하는 이미지 위주의 2세대 SNS 대표 플랫폼이다.

② 이미지는 지금 여기, 자신이 경험하고 있는 변화의 '순간'을 포착하여 타인과 소통할 수 있는 형식이다.

③ 이용자의 관심사나 취미, 정보를 사진과 영상 등 시각적 요소를 통해 보다 감각적으로 빠르게, 또 쉽게 공유할 수 있다.

④ SNS상에 유통되는 방대한 양의 콘텐츠를 수집 및 선별한 후 편집하여 공유하고 소통하는 것을 의미하는 큐레이션(curation) 기능을 특징으로 한다.

> **정답** ①
>
> **풀이** ① 사이버 공간에서의 취향 전시와 그를 통한 구별짓기 현상을 확인할 수 있는 대표적인 사례가 한때 SNS 사용의 주요 지분을 차지했던 페이스북과 트위터를 제치고 1인자의 자리에 등극한 '이미지' 위주의 3세대 SNS 대표 플랫폼이라 할 수 있는 인스타그램의 활성화. 3세대 SNS는 큐레이션 기능이 특징적이며, 이는 오프라인 인맥을 중심으로 하는 카카오톡, 페이스북 등 2세대 SNS보다 취향 및 관심사 공유를 중심으로 상호작용을 수행하고자 하는 오늘날 행위자들의 특성과 밀접한 관련이 있다.

핵심정리 　페이스북과 트위터의 차이점

(1) 네트워크 연결 방식
- 페이스북은 일방향이 아닌 쌍방향 연결 구조로, 국내 최대 소셜 네트워크 서비스인 싸이월드의 친구 맺기와 비슷한 개념으로 상대방에게 친구 신청을 하면 수락함으로써 연결되는 구조이다.
- 트위터는 자기 확인만 하면 내가 원하는 누구와도 관계를 맺을 수 있는 단방향 구조로 이러한 단방향성은 다양한 인맥과 연결되어 연결속도가 빨라 네트워크 구축이 페이스북보다 훨씬 용이하다.

(2) 정보전달 속도
- 페이스북은 친구들 간 정보 공유와 전달이 이루어지므로 자신의 취미나 생각 등을 적절히 섞어서 활용할 수 있는 개인화 서비스로써 얼마나 많은 친구들과 연결되어 있느냐에 따라 그 정보의 속도가 결정된다.
- 트위터는 단문 메시지로 이루어진 마이크로 블로그로서 수많은 사람들은 자기 확인 절차만 거치게 되면 정보를 전달할 수 있어 그 확산성의 휘발성은 매우 강하다.
- 트위터의 경우 단방향적 관계 형성으로 상대방이 Blocking하지 않는 한 상대방의 내용을 확인할 수 있는 다른 소셜 네트워크 서비스 범위를 넘어선 강력한 실시간 웹 인프라이다.

442

페이스북과 트위터의 차이점에 대한 설명으로 틀린 것은?

① 페이스북과 트위터는 네트워크 연결방식이 공히 동일하다.

② 트위터는 자기 확인만 하면 내가 원하는 누구와도 관계를 맺을 수 있는 단방향 구조이다.

③ 페이스북은 친구들 간 정보공유와 전달이 이루어지므로 자신의 취미나 생각을 적절히 섞어서 활용할 수 있는 서비스이다.

④ 트위터는 단문 메시지로 이루어져 수많은 사람들이 쉽게 정보를 전달할 수 있어 확산의 휘발성이 매우 강하다.

> **정답** ①
>
> **풀이** ① 페이스북은 트위터와 달리 일방향이 아닌 쌍방향 연결 구조를 갖는다.

443

소셜 미디어의 위험성으로 볼 수 없는 것은?

① 민주주의에 대한 선동　　　　　　② 인포데믹스 가열화

③ 소셜 그래프　　　　　　　　　　④ 중독에 의한 심리적·신체적 건강 훼손

> **정답** ①
>
> **풀이** ① 소셜 미디어는 민주주의를 선동한다기보다는 전자민주주의를 실현할 수 있는 도구로 기능할 수 있다.

핵심정리 Telegram Messenger

(1) 의의

- Telegram Messenger LLP사가 개발·운영 중인 오픈소스 인터넷 모바일 메신저이다. 러시아의 니콜라이 두로프(Nikolai Durov), 파벨 두로프(Pavel Durov) 형제가 개발하여 2013년 8월에 iOS용으로 처음 출시하였고, 현재는 안드로이드·Windows·Windows Phone·리눅스·macOS·웹 브라우저까지 지원하는 메신저이다. 구글 크롬용 확장 기능 버전도 제공하고 있다.

- 비영리이기 때문에 유료 기능이나 광고가 없다. 이것이 가능한 이유는 텔레그램의 개발자중 한 명인 파벨 두로프가 러시아에서도 손꼽히는 억만장자이기 때문에 서버 유지, 개발비 등 모든 비용을 충당할 수 있기 때문이다. 앞으로도 어떠한 경우에도 광고를 싣거나 유료화되는 일은 없을 것이라고 하며 비용이 부족할 것으로 예측된다면 기부를 받을 것이라고 한다.

(2) 멀티디바이스 지원

- 전화번호 한 개만 있으면 여러 기기에서 제약 없이 동시에 사용할 수 있다. 웹 버전을 이용하면 설치를 하지 않아도 인터넷 브라우저를 통해서 접속이 가능하다. 웹 버전을 이용하면 플레이스테이션 4와 같은 게임기에서도 접속할 수 있다.

- 카카오톡은 물론이고 왓츠앱이나 라인같은 메이저급 메신저마저도 멀티 디바이스를 지원하지 않는다. 텔레그램처럼 1인 무한 기기를 지원하는 메신저는 극히 소수이다. 또한 텔레그램 설정을 통해 다른 기기의 세션을 제어할 수 있어서 현재 사용 중인 하나의 로그온 된 계정을 뺀 다른 기기를 전부 로그오프 하는 것이 가능하다.

(3) 오픈소스

오픈소스 프로그램으로 프로토콜과 API, 아이폰 및 안드로이드용 앱의 소스 코드를 공개하여 모든 개발자가 자유롭게 수정·개발할 수 있다.

(4) 비밀 대화

- 비밀 대화의 경우 모바일 버전에서만 이용 가능하다. 비밀 대화에서는 자신이 보낸 메시지를 언제든지 지울 수 있으며, 지운 메시지는 상대방의 화면에서도 지워진다. 또한 (텍스트, 이미지, 동영상을 포함한 모든 종류의) 메시지를 보낸 후 일정 시간이 지나면 메시지가 자동으로 삭제되는 '자동 삭제 타이머'를 설정할 수 있다.

- 비밀 대화에서 스크린샷 기능을 사용해 대화를 캡쳐하면 스크린샷을 찍었다는 알림이 상대방에게 뜬다. 하지만, 안드로이드에서는 캡쳐 자체가 차단된다.

(5) 보안성 및 개인정보보호

- 기존의 메시지 단체 전송을 대체하는 채널 기능이 새로 생겼다. 채널은 개설한 사람과 관리자로 추가된 사람만 메시지를 남길 수 있는 단방향 채팅이며, 구독할 수 있는 사람 수에 제한이 없기 때문에 공지 사항이나 뉴스 등을 올리기에 적합하다.

- 글이나 파일을 '저장한 메시지'로 보내면 해당 계정으로 로그인된 어느 기기에서나 열어볼 수 있기 때문에, 텔레그램을 클라우드 서비스처럼 이용할 수 있다.

- 채널에 게시한 메시지는 수정하거나 삭제할 수 있다. 삭제 시 모든 구독자의 채팅 화면에서도 해당 메시지가 삭제된다. 또한 채널에서는 구독한 시점에 상관없이 과거에 게시된 메시지들을 모두 확인할 수 있다.
- 일반 대화의 경우, 다른 메신저와 비슷한데 한 가지 차이점이 있다. 모든 대화가 클라우드 서버에 보관된다. 이 메시지들은 마치 클라우드 서버에 올린 파일처럼 작동하기 때문에 무한정 보존된다. 또한 어떤 로그인된 기기에서 메시지를 지우면 다른 모든 기기에서 즉각 동기화 되어 그 메시지가 삭제된다. 따라서 텔레그램 서버도 국가 기관에 의해 감찰당한다면 그동안의 모든 대화가 압수될 가능성이 있다.
- 비밀 대화는 종단 간 암호화를 적용하여 두 단말기 간에서만 복호화가 가능한 비밀키를 이용하는 방식이다. 이 경우, 서버는 암호화된 메시지를 단순히 전달해주는 기능만을 하기 때문에, 서버에 감청영장이 부과되어도 볼 방법이 없다. 여기에 추가로 자동 대화 삭제 등의 기능도 제공하며, 대화 내용 저장 기능도 제공하지 않고 있다.

444

Telegram Messenger에 대한 설명으로 틀린 것은?

① 비밀 대화의 경우 모바일 버전에서만 이용 가능하다.
② 채널에서는 구독한 시점에 상관없이 과거에 게시된 메시지들을 모두 확인할 수 있다.
③ 카카오톡, 왓츠앱, 라인같은 메이저급 메신저와 마찬가지로 멀티 디바이스를 지원하지 않는다.
④ 오픈소스 프로그램으로 프로토콜과 API, 아이폰 및 안드로이드용 앱의 소스 코드를 공개하여 모든 개발자가 자유롭게 수정·개발할 수 있다.

정답 ③

풀이 ③ 전화번호 한 개만 있으면 여러 기기에서 제약 없이 동시에 사용할 수 있다. 웹 버전을 이용하면 설치를 하지 않아도 인터넷 브라우저를 통해서 접속이 가능하다. 웹 버전을 이용하면 플레이스테이션 4와 같은 게임기에서도 접속할 수 있다.

핵심정리 인터넷의 기원

(1) 알파넷의 구축과 확대
- 인터넷은 동서냉전이 한창이던 1969년 미국 국방부 고등 연구 계획국이 핵전쟁에 신속히 대처하기 위해 국방부 산하 연구기관들의 컴퓨터와 소프트웨어들을 서로 연결한 알파넷(ARPAnet)이라는 통신망 구축에서 시작되었다.
- 군사 목적으로 구축된 ARPAnet이 1969년부터 본격적으로 가동, 통신 규약을 TCP/IP로 통일하여 기종에 상관없이 정보 교환이 가능하게 되면서 1970년대 초 ARPAnet이 미국의 대학과 특정 연구소 등에 개방되어 이용이 급격히 증가, ARPAnet은 군사 목적의 MILnet과 일반인을 지원하는 ARPAnet 으로 분리되었다.

(2) NSFNET 체제로의 전환
- 미국국립과학재단(NSF)도 1986년부터 TCP/IP를 사용하는 미국국립과학재단망(NSFNET)이라는 새로운 통신망으로 전 미국 내 5개소의 슈퍼컴퓨터 센터를 상호 접속하기 위하여 구축되었는데 1987년 ARPAnet을 대신하여 인터넷 기간망 역할을 담당하면서 인터넷은 본격적으로 자리 잡았고 ARPAnet은 2년 후 막을 내렸다.
- 이 시기부터 인터넷은 상품 광고 및 상거래 매체로 이용하는 상업적 이용 수요가 증가하였으나 정부 지원으로 운영하는 NSFNET은 그 성격상 이용 목적을 교육 연구용으로 제한하는 방침(Acceptable Use Policy, AUP)을 지켰다.

(3) 인터넷의 상업화
- 이 방침 때문에 일부 인터넷 사업자가 협회를 구성하여 1992년 상업용 인터넷 교환망(CIX)이라는 새로운 기간망을 구축, 상용 인터넷을 상호 접속하게 되었다.
- 인터넷에 접속하는 방법은 전용선에 의한 IP접속과 전화 회선을 이용한 다이얼 업 IP접속, UUCP 접속이 있다.
- 인터넷 사용자는 각국의 네트워크정보센터(NIC)에서 할당하는 IP 주소와 게이트웨이 컴퓨터 소유자의 승낙이 필요하지만 인터넷 접속 서비스를 이용하는 경우에는 이런 절차가 간편하다.
- 국내에서는 한국인터넷진흥원의 한국 인터넷 정보센터(Korea Network information Center, KRNIC) 가 IP 주소의 지정 및 도메인 등록 업무를 담당하고 있다.
- 1994년 6월 KT가 최초로 인터넷 상용 서비스(KORNET service)를 시작한 이래 많은 인터넷 정보 제공자(ISP)가 생겨나 일반인을 대상으로 상용 서비스를 제공하고 있다.

445

인터넷에 대한 설명으로 틀린 것은?

① 처음부터 상업용으로 개발했다.

② 1979년부터 Usenet 서비스가 시작되었다.

③ 1992년 월드와이드웹 서비스가 시작되었다.

④ 우리나라는 서울대학교와 KIET 간의 TCP/IP로 SDN을 시작했다.

> **정답** ①
>
> **풀이** ① 인터넷은 1969년 미국방성에서 계획한 '아르파넷(ARPANet)'이라는 군사적인 목적의 네트워크에서 시작되었다. 이 네트워크는 전쟁이 일어나면 전쟁 수행에 중요한 컴퓨터와 정보를 보호하기 위해 자원을 분산시킴으로써 피해를 최소화 할 목적으로 개발된 것이다.

446

인터넷의 역사에 대한 설명으로 틀린 것은?

① 1969년 미국 국방부 고등연구계획국이 핵전쟁에 신속히 대처하기 위해 국방부 산하 연구기관들의 컴퓨터와 소프트웨어들을 연결하여 ARPAnet이라는 통신망을 구축하면서 시작되었다.

② 1970년대 초 미국 대학과 특정연구소 등에 개방되어 이용이 급격히 증가함에 따라 ARPAnet은 군사목적의 MILnet과 일반인을 지원하는 ARPAnet으로 분리되었다.

③ NSF는 1986년부터 TCP/IP 기반 통신망인 NSFNET을 운영하기 시작하였고, NSFNET은 전 미국 내 5개소의 슈퍼컴퓨터 센터를 상호 접속하기 위하여 구축되어, ARPNet을 대신하여 인터넷 기간망의 역할을 담당하면서 인터넷이 일반인들에게 본격적으로 보급되기 시작하였다.

④ 우리나라는 1980년대 초부터 TCP/IP를 기반으로 하는 인터넷 상용서비스를 시작하였다.

> **정답** ④
>
> **풀이** ④ 우리나라는 1994년 KT가 최초로 인터넷 상용서비스(KORNET service)를 시작하였다.

447

컴퓨터 간 통신 기술의 발전에 대한 설명으로 틀린 것은?

① 1969년 10월, 미 국방부 산하 첨단연구계획국이 분산형 패킷 교환망을 이용한 컴퓨터 네트워크(ARPANET) 구축에 성공하였다.

② 미국 국립과학재단(NSF)이 1986년 TCP/IP 기반의 NSFNet를 구축하자 이 망이 1987년부터는 ARPANET 을 대신한 인터넷 기간망이 되었다.

③ 1991년 스위스 제네바의 유럽입자물리연구소(CERN)의 팀 버너스리(Tim Berners-Lee)가 월드 와이드 웹(World Wide Web)을 창안하고 WWW 방식 네트워크 검색어인 HTML을 개발하였다.

④ 1966년 크레이리서치사가 최초의 슈퍼컴퓨터인 '크레이 I'를 개발했다.

> **정답** ④
>
> **풀이** 1976년 크레이리서치사가 최초의 슈퍼컴퓨터인 '크레이 I'을 개발하였다.

♀ 핵심정리 **망 중립성 관련 쟁점별 찬반 논의 현황**

	찬성측	반대측
투자와 혁신	• 망중립성 규제 부재 시 광대역사업자들이 contents gatekeeper로서 경쟁사업자의 BM 정착방해로 투자와 혁신 저해 우려 • Tim Wu : 혁신이 지배하는 시장에서 협상력이 지배하는 시장으로 변모 우려	• 망 중립성 규제는 망 사업자들의 광대역망 투자를 억제하여 오히려 혁신과 경쟁 촉진에 부정적 영향을 초래할 것임 • Google, Skype 등은 통신 및 케이블사업자들이 구축한 망에 무임승차하고 있음
공정·경쟁	• 데이터 통제를 허용할 경우 광대역 사업자들이 원하는 웹사이트의 품질을 높이고 반대의 경우 품질을 악화시켜 경쟁 왜곡 우려 • 통신사업자들이 가입자망 통제를 위해 계층화된 서비스 모델 도입, 이용자들로 하여금 경쟁력이 없는 서비스 구입 강요우려	• 인터넷 접속시장은 이미 충분한 경쟁력 • 인터넷은 동등한 경쟁의 장이 아니며, 대규모 사업자들은 서버 확충 대용량서비스 구매 등을 통하여 소규모 사업자에 비해 이점을 보유 • 이용자의 차별화된 요구를 반영하는 관행이 오히려 인터넷 중립성에 기여
표현의 자유	• 인터넷이 자유롭고 개방된 기술로 유지되며, 자유로운 의사소통수단으로 발전하는 것이 민주주의 발전, 소비자주권 보호에 기여	• 망사업자들은 이용자의 표현의 자유를 침해할 의도가 없음
합리적 전망	• 인터넷 접속사업자들의 합리적인 망 관리 능력 보유는 필요하나 분명한 가이드라인 필요	• 합리적 망 관리 부재 시 악성 바이러스 방지 등의 문제 발생 소지 • Video shtreaming, P2P file sharing 서 비스 확산으로 인한 망 과부하 상태 해소를 위해 적절한 망 관리 조치가 필요

448

망 중립성(network neutrality)에 관한 설명으로 틀린 것은?

① 망 중립성은 모든 인터넷 트래픽이 동등하게 취급되어야 한다는 원칙이다.

② 망 중립성은 특정 콘텐츠나 서비스가 다른 것보다 우선순위를 가지면 안 된다는 원칙이다.

③ 망 중립성은 인터넷이 공공의 장소로서의 기능을 유지하도록 하는 원칙이다.

④ 절대적인 비차별성 개념이 망 중립성 규제 반대 측이 선호하는 개념이다.

정답 ④

풀이 ① 망 중립성은 모든 인터넷 트래픽이 동등하게 취급되어야 한다는 원칙으로, 모든 데이터가 동등한 대우를 받아야 함을 의미한다.
② 망 중립성은 특정 콘텐츠나 서비스가 다른 것보다 우선순위를 가지면 안 된다는 원칙이며, 이를 통해 정보에 대한 자유로운 접근을 보장한다.
③ 망 중립성은 인터넷이 공공의 장소로서의 기능을 유지하도록 하는 원칙으로, 모든 사용자가 공평하게 인터넷을 이용할 수 있도록 보장한다.
④ '절대적인 비차별성' 개념이 망 중립성 규제 찬성 측이 선호하는 개념이다.

449

미국 연방통신위원회가 규정한 망 중립성의 원칙에 대한 설명으로 틀린 것은?

① 경제성 : 소비자들은 네트워크에 경제적으로 접속할 권리가 있다.

② 접근성 : 소비자들은 합법적인 인터넷 콘텐츠에 자유롭게 접근할 권리가 있다.

③ 이용자의 권리 : 소비자들은 자신의 선택에 따라 자유롭게 애플리케이션을 사용하고 서비스를 이용할 권리가 있다.

④ 비차별성 : 정보서비스제공업자는 어떤 콘텐츠 또는 애플리케이션도 차별해서는 안 된다.

정답 ①

풀이 ① 미국 연방통신위원회는 소비자의 인터넷 콘텐츠에 접근할 권리, 서비스를 이용할 권리, 인터넷에 접속할 권리, 서비스 제공업체, 콘텐츠 제공업체들 간의 경쟁을 보장받을 권리와 ISP의 비차별성과 투명성의 의무를 규정하고 있다. 소비자들이 네트워크에 경제적으로 접속할 권리는 규정하고 있지 않다.

IPv4 프로토콜과 IPv6 프로토콜의 주요 특징 비교

구분	IPv4	IPv6
주소 길이	32비트	128비트
표시 방법	8비트씩 4부분으로 10진수로 표시 예 202. 30. 64. 22	16비트씩 8부분으로 16진수로 표시 예 2001:0230:abcd:ffff:0000:0000:ffff:1111
주소 개수	약 43억 개	약 43억 × 43억 × 43억 × 43억 개
주소 할당	A, B, C 등 클래스 단위의 비순차적 할당	네트워크 규모 및 단말기 수에 따른 순차적 할당
품질 제어	지원 수단 없음	등급별, 서비스별로 패킷을 구분할 수 있어 품질보장이 용이
보안 기능	IPsec 프로토콜 별도 설치	확장기능에서 기본으로 제공
모바일 IP	상당히 곤란	용이
웹 캐스팅	곤란	용이

보안 프로토콜(HTTPS)

(1) 의의

- HTTPS(HyperText Transfer Protocol over Secure Socket Layer, HTTP over TLS, HTTP over SSL, HTTP Secure)는 월드와이드웹 통신 프로토콜인 HTTP의 보안이 강화된 버전이다.
- HTTPS는 통신의 인증과 암호화를 위해 넷스케이프 커뮤니케이션즈 코퍼레이션이 개발한 넷스케이프 웹 프로토콜이며, 전자 상거래에서 널리 쓰인다.
- HTTPS는 소켓 통신에서 일반 텍스트를 이용하는 대신에, SSL이나 TLS 프로토콜을 통해 세션 데이터를 암호화한다. 따라서 데이터의 적절한 보호를 보장한다. HTTPS의 기본 TCP/IP 포트는 443이다.
- 보호의 수준은 웹 브라우저에서의 구현 정확도와 서버 소프트웨어, 지원하는 암호화 알고리즘에 달려있다.

(2) 전송 계층 보안(Transport Layer Security, TLS)

- 전송 계층 보안(Transport Layer Security, TLS)는 컴퓨터 네트워크에 통신 보안을 제공하기 위해 설계된 암호 규약이다. 그리고 'Transport Layer Security'이라는 이름은 '보안 소켓 레이어(Secure Sockets Layer, SSL)'가 IETF(Internet Engineering Task Force)에 의해 표준화 되면서 바뀐 이름이다.
- 이 규약은 인터넷과 같이 TCP/IP 네트워크를 사용하는 통신에 적용되며, 통신 과정에서 전송계층 종단간 보안과 데이터 무결성을 확보해준다. 이 규약은 웹 브라우징, 전자 메일, 인스턴트 메신저, voice-over-IP(VoIP) 같은 응용 부분에 적용되고 있다. 국제 인터넷 표준화 기구(IETF)에 의해 현재 구식(deprecate)으로 간주되어 있다. 최종 갱신은 RFC 5246이고, 최종 갱신 버전은 넷스케이프에서 만든 SSL 표준을 바탕으로 했다.

(3) HTTPS(HTTP Secure)의 특징

- HTTPS는 TLS 위에 HTTP 프로토콜을 얹어 보안된 HTTP 통신을 하는 프로토콜이다.
- HTTPS는 통신의 인증과 암호화를 위해 넷스케이프 커뮤니케이션즈 코퍼레이션이 개발했으며, 전자 상거래에서 널리 쓰인다.
- HTTPS를 사용하는 웹페이지의 URI는 'http://' 대신 'https://'로 시작한다.

450

HTTPS에 대한 설명으로 틀린 것은?

[2021년 기출]

① TLS 위에 HTTP 프로토콜을 얹어 보안된 HTTP 통신을 하는 프로토콜이다.

② HTTPS는 넷스케이프 커뮤니케이션즈 코퍼레이션이 개발했으며, 전자 상거래에서 널리 쓰인다.

③ 다양하고 빠른 검색을 가능하게 한다.

④ 데이터의 적절한 보호를 통해 보안성을 높인다.

정답 ③

풀이
① TLS를 사용해 암호화된 연결을 하는 HTTP를 HTTPS(HTTP Secure)라고 하며, 당연히 웹사이트 주소 역시 http://가 아닌 https://로 시작된다.
② HTTPS는 통신의 인증과 암호화를 위해 넷스케이프 커뮤니케이션즈 코퍼레이션이 개발했으며, 전자 상거래에서 널리 쓰인다.
④ 전송 계층 보안(Transport Layer Security, TLS)은 컴퓨터 네트워크에 통신 보안을 제공하기 위해 설계된 암호 규약이다. HTTPS는 TLS 위에 HTTP 프로토콜을 얹어 보안된 HTTP 통신을 하는 프로토콜이다. HTTPS는 다양하고 빠른 검색을 위한 프로토콜이 아니라 보안 프로토콜이다.

451

전송 계층 보안(Transport Layer Security, TLS)에 대한 설명으로 틀린 것은?

① 컴퓨터 네트워크에 통신 보안을 제공하기 위해 설계된 암호 규약이다.

② TLS는 넷스케이프에서 처음 개발되었고, IETF(Internet Engineering Task Force)에 의해 SSL(Secure Sockets Layer)로 표준화되었다.

③ 인터넷과 같이 TCP/IP 네트워크를 사용하는 통신에 적용되며, 통신 과정에서 전송계층 종단간 보안과 데이터 무결성을 확보해준다.

④ HTTPS는 TLS 위에 HTTP 프로토콜을 얹어 보안된 HTTP 통신을 하는 프로토콜이다.

정답 ②

풀이
② SSL(Secure Sockets Layer)은 넷스케이프에서 처음 개발되었고, IETF(Internet Engineering Task Force)에 의해 TLS(Transport Layer Security)로 표준화되었다.

(1) IPsec(IP security)
　　① IP를 위한 보안 메커니즘
　　② 두 가지 프로토콜 : IP 인증 헤더(AH), IP 캡슐화 보안 페이로드(ESP)
　　③ IP에 대한 인터페이스를 변경하지 않고서도 IP를 사용하는 모든 사용자에게 보안을 제공
　　④ 암호 연산을 수행하기 때문에 프로토콜 처리비용과 통신시간 증가
(2) IP 인증 헤더
　　① 송신자 인증을 통해 데이터그램의 무결성과 출처 보장
　　② 기밀성은 보장되지 않음
　　③ 인증 데이터를 데이터그램 내의 헤더에 포함시킴
(3) IP 캡슐화 보안 페이로드
　　암호화를 통해 기밀성도 보장

♀ 핵심정리   월드와이드웹의 역사

웹은 1989년 팀 버너스리(Tim Berners-Lee)라는 과학자가 유럽원자핵연구소(CERN)에서 일하면서 개발한 것이다. 그에 따르면, 당시 입자 가속기 연구에는 전 세계 연구자들이 참여했는데 이들이 서로 다른 컴퓨터와 운영체제로 일을 하다 보니 소통이 불가능했다. 컴퓨터와 운영체제에 상관없이 소통할 수 있는 방법을 찾기 위해 노력했고, 그 결과 웹이 만들어졌다고 한다. 최초의 웹브라우저 역시 1990년 팀 버너스리가 발명했다. 처음에는 월드와이드웹이라는 이름으로 불리다가 나중에 '넥서스'라는 이름으로 바뀌었다. CERN은 1993년 모든 사람이 무료로 웹을 이용할 수 있도록 기술을 개방했다. 그리고 대중적인 웹브라우저인 모자이크가 그 해 처음 등장했다. 웹이 대중적으로 활성화되기 시작한 것은 1994년으로 넷스케이프 내비게이터가 세상에 선을 보였다.

452

인터넷 서비스 중 원격 터미널 접속 서비스로 옳은 것은?   [2020년 기출]

① FTP
③ EMAIL
② WAIS
④ TELNET

정답 ④

풀이 ④ 원격 터미널 접속 서비스는 텔넷이다.

453

전달하려는 정보를 동일한 크기로 나누고 다시 재결합하고 에러 감시와 제거하는 기능을 수행하는
것으로 옳은 것은?

① 전송 계층
② 데이터 링크
③ 통신 프로토콜
④ 패킷 스위치 네트워크

정답 ③

풀이 통신 프로토콜에 대한 설명이다.

454

웹의 역사에 대한 설명으로 틀린 것은?

① 1989년 Tim Berners-Lee가 유럽원자핵연구소(CERN)에서 일하면서 개발하였다.
② 웹은 컴퓨터와 운영체제에 상관없이 소통할 수 있는 방법을 찾기 위해 노력의 결과이다.
③ 1993년 CERN은 기술을 개방했고, 최초의 웹브라우저인 모자이크가 그 해 처음 등장했다.
④ 웹이 대중적으로 활성화되기 시작한 것은 1994년으로 넷스케이프 내비게이터가 세상에 선을 보였다.

정답 ③

풀이 최초의 웹브라우저 역시 1990년 팀 버너스리가 발명했다. 처음에는 월드와이드웹이라는 이름으로 불리다
가 나중에 '넥서스'라는 이름으로 바뀌었다. 참고로 모자이크는 최초의 그래픽 웹브라우저이다.

455

웹 관련 개념에 대한 설명으로 틀린 것은?

① 모자이크는 최초의 웹 브라우저이다.
② 브라우저는 HTML로 쓰여진 문서를 해석하고 보여주는 프로그램이다.
③ 하이퍼텍스트는 1964년 테드 넬슨(Theodor Holm Nelson)이 「Literacy Machines」에서 처음으로 사용
했다.
④ URLs들은 어떤 파일의 인터넷상 위치에 관한 정보를 제공한다.

정답 ①

풀이 ① 최초의 웹브라우저 역시 1990년 팀 버너스리가 발명했다. 처음에는 월드와이드웹이라는 이름으로 불리
다가 나중에 '넥서스'라는 이름으로 바뀌었다. 모자이크는 최초의 그래픽 웹 브라우저이다.

핵심정리

(1) POP3(Post Office Protocol)
사용자의 기기로 e-메일을 다운로드하여 읽는 프로토콜로서 다운로드한 내용은 서버에서 삭제되기 때문에 동일한 기기에서만 e-메일을 확인하는 것이 가능하다.

(2) SMTP(Simple Mail Transfer Protocol)
인터넷에서 e-메일을 보내기 위해 이용되는 프로토콜로서, 메일 서버간의 송수신뿐만 아니라, 메일 클라이언트에서 메일 서버로 메일을 보낼 때에도 사용된다.

(3) IMAP(Internet Messaging Access Protocol)
서버에서 e-메일을 읽는 프로토콜로서 어떤 상황에서든 동일한 내용을 읽어올 수 있다.

456

인터넷에서 e-메일을 보내기 위해 이용되는 프로토콜로서, 메일 서버간의 송수신뿐만 아니라, 메일 클라이언트에서 메일 서버로 메일을 보낼 때에도 사용되는 것으로 옳은 것은?

① POP3(Post Office Protocol)
② HTTP(hypertext transfer protocol)
③ SMTP(Simple Mail Transfer Protocol)
④ IMAP(Internet Messaging Access Protocol)

정답 ③

풀이 ③ SMTP(Simple Mail Transfer Protocol)에 대한 설명이다.

457

사용자의 기기로 e-메일을 다운로드하여 읽는 프로토콜로서 다운로드한 내용은 서버에서 삭제되기 때문에 동일한 기기에서만 e-메일 확인이 가능한 것으로 옳은 것은?

① POP3(Post Office Protocol)
② HTTP(hypertext transfer protocol)
③ SMTP(Simple Mail Transfer Protocol)
④ IMAP(Internet Messaging Access Protocol)

정답 ①

풀이 ① POP3(Post Office Protocol)에 대한 설명이다.

458

서버에서 e-메일을 읽는 프로토콜로서 어떤 상황에서든 동일한 내용을 읽어올 수 있는 것으로 옳은 것은?

① POP3(Post Office Protocol)

② HTTP(hypertext transfer protocol)

③ SMTP(Simple Mail Transfer Protocol)

④ IMAP(Internet Messaging Access Protocol)

> 정답 ④
>
> 풀이 ④ IMAP(Internet Messaging Access Protocol)에 대한 설명이다.

핵심정리 Internet Protocol Suite

(1) 의의

인터넷 프로토콜 스위트(Internet Protocol Suite)는 인터넷에서 컴퓨터들이 서로 정보를 주고받는 데 쓰이는 통신규약(프로토콜)의 모음이다. 인터넷 프로토콜 슈트 중 TCP와 IP가 가장 많이 쓰이기 때문에 TCP/IP 프로토콜 슈트라고도 불린다.

(2) 역사

인터넷 프로토콜 스위트는 1960년대 말 방위고등연구계획국(DARPA)이 수행한 연구개발의 결과로 탄생하였다.

(3) TCP와 IP

TCP/IP는 패킷 통신 방식의 인터넷 프로토콜인 IP(인터넷 프로토콜)와 전송 조절 프로토콜인 TCP(전송 제어 프로토콜)로 이루어져 있다. IP는 패킷 전달 여부를 보증하지 않고, 패킷을 보낸 순서와 받는 순서가 다를 수 있다(unreliable datagram service). TCP는 IP 위에서 동작하는 프로토콜로, 데이터의 전달을 보증하고 보낸 순서대로 받게 해준다. HTTP, FTP, SMTP 등 TCP를 기반으로 한 많은 수의 애플리케이션 프로토콜들이 IP 위에서 동작하기 때문에, 묶어서 TCP/IP로 부르기도 한다.

핵심정리 IPsec(Internet Protocol Security)

IPsec(Internet Protocol Security)은 통신 세션의 각 IP패킷을 암호화하고 인증하는 안전한 인터넷 프로토콜(IP) 통신을 위한 인터넷 프로토콜 스위트이다. 이 보안은 통신 세션의 개별 IP 패킷을 인증하고 암호화함으로써 처리된다. IPsec은 세션의 시작에서 에이전트들 사이에서 상호 인증을 확립하거나 세션을 맺는 중에 사용될 암호화 키의 협상을 위한 프로토콜을 포함한다. IPsec은 호스트 한 쌍 사이(Host와 host), 보안 게이트웨이 사이(네트워크와 네트워크), 보안 게이트웨이와 호스트 사이(네트워크와 호스트)에 데이터 흐름을 보호하기 위해 사용된다. Internet Protocol security(IPsec)는 Internet Protocol 네트워크 사이에 통신을 지키기 위해 암호의 보안 서비스를 사용한다.

459

인터넷 통신 세션의 각 IP 패킷의 인증, 암호화, 키관리를 담당하는 프로토콜로 옳은 것은?

① TLS
③ HTTPS
② IPsec
④ TCP/IP

정답 ②

풀이 ② IPsec에 대한 설명이다.

♀ 핵심정리   인터넷주소자원관리(ICANN)

세계 각국의 정보화 및 인터넷 관리에 매우 중요한 영향을 미치는 글로벌 거버넌스 기구는 인터넷주소자원관리기구이다. 인터넷은 소통 방식의 측면에서 탈중심 매체로 널리 알려져 있지만 동시에 매우 중심 화된 매체로도 평가될 수 있는데, 인터넷에 연결된 지구상의 모든 컴퓨터가 각기 고유한 인터넷 프로토콜 주소를 갖고 있기 때문이다. 일반적으로 발신지와 수신지가 없는 통신이 가능하지 않듯이, 컴퓨터와 컴퓨터 사이의 통신이 가능한 것은 네트워크에 연결된 개별 컴퓨터가 자신만의 고유한 인터넷 프로토콜 주소를 갖고 있기 때문이다. 그런데 많은 사람들에게 인터넷 프로토콜 주소는 기억하기도 어렵거니와 사용하기도 불편하다. '도메인 명칭(domain name)'은 이 문제를 해결하기 위하여 도입되었다. 인터넷 프로토콜 주소와 거기에 상응하는 도메인 명칭을 수록한 데이터베이스는 '도메인 명칭 시스템'이라 불리는데, 그것을 보유한 컴퓨터들인 이른바 '근본 서버(root server)'들은 전 세계 컴퓨터 들이 인터넷에서 서로 잘 연결될 수 있도록 적절하게 관리되어야 한다. 이로부터 인터넷 주소자원 관리에 관한 글로벌 거버넌스가 요청된다.

460

다음 국제기관 중 1998년 창설되어 인터넷 도메인 네임 관리시스템의 기술적 관리, IP 주소 할당, 프로토콜 파라미터 지정, 경로서버시스템 관리 등의 업무를 담당하는 초국적 관리 기관으로 옳은 것은?

① ICANN(Internet Corporation for Assigned Names and Numbers)

② IPU(Inter—Parliamentary Union)

③ ITU(International Telecommunication Union)

④ WIPO(World Intellectual Property Organization)

정답 ①

풀이 ① ICANN(Internet Corporation for Assigned Names and Numbers)에 대한 설명이다.

461

국제적으로 인터넷 도메인 네임을 제공하거나, IP주소를 할당하는 국제 인터넷주소관리 기구로 옳은 것은?

① ICANN(Internet Corporation for Assigned Names and Numbers)

② IPU(Inter-Parliamentary Union)

③ ITU(International Telecommunication Union)

④ WIPO(World Intellectual Property Organization)

정답 ①

풀이 ① ICANN(Internet Corporation for Assigned Names and Numbers)에 대한 설명이다.

핵심정리   인터넷 관련 기구

(1) 국제인터넷주소관리기구 / ICANN
- ICANN은 The Internet Corporation for Assigned Number의 약어이다.
- 새로운 도메인 체계를 도입하였다.
- IP 주소를 할당한다.
- DNS 관리 등 업무를 담당한다.

(2) 인터넷번호할당기관 / IANA
- IANA는 Internet International Numbers Authority의 약어이다.
- IP 주소 공간 할당 권한이 있다.
- 도메인 네임 할당 권한이 있다.
- IANA는 이러한 업무를 ICANN이나 기타 조직에 위임한다.

(3) 국제인터넷특별위원회 / IAHC
- IAHC는 Internet International Ad Hoc Committee의 약어이다.

(4) 인터넷 정책 등록기관 / IPRA
- IPRA는 Internet Policy Registration Authority의 약어이다.

(5) 네트워크정보센터 / NIC
- NIC는 Network Information Center의 약어이다.
- 국가별·대륙별 인터넷 이용기관을 위한 주소 등록서비스를 제공한다.
- 주요 정보서비스를 제공한다.

(6) 한국인터넷진흥원 / KISA
- KISA는 Korea Internet & Security Agency의 약어이다.
- 우리나라의 IP 주소를 할당한다.
- 도메인 네임 관련 DB를 관리한다.
- 새로운 도메인 네임 도입 등 업무를 담당한다.

462

인터넷 관련 기구에 대한 설명으로 틀린 것은?

① 국제인터넷주소관리기구(ICANN)는 인터넷 도메인 관리와 정책을 결정하는 도메인 관련 국제최고기구이다.

② 현재 IP 주소, 최상위 도메인 등을 관리하는 업무는 ICANN으로부터 권한을 위임받은 인터넷할당번호관리기관(IANA)이 수행하고 있다.

③ 아시아태평양망정보센터(APNIC)는 아시아·태평양 지역의 IP 주소 할당 정책을 결정하고, ICANN의 국제 IP 주소 관련 정책에 참여한다.

④ 한국인터넷진흥원(KISA)의 KRNIC은 APNIC의 멤버로서 APNIC으로부터 정기적으로 IP주소와 AS번호를 할당 받아, 이를 국내에 재분배하는 역할을 하고 있다.

> **정답** ②
>
> **풀이** 1998년 ICANN이 출범하기 이전에는 인터넷 주소 자원 관리 업무를 IANA가 수행했다. 현재 ICANN이 IANA로부터 권한을 위임받아 IP 주소, 최상위 도메인 등을 관리하고 있다.

463

인터넷 주소체계를 관리하는 기관에 해당하지 않는 것은?　　　　　　　　　　[2023년 기출]

① ICANN　　　　　　　　　　　　② IANA

③ ITU　　　　　　　　　　　　　④ KISA

> **정답** ③
>
> **풀이** ③ ITU는 인터넷 주소체계를 관리하는 기관이 아니다. 참고로 ITU는 국제전통신연합으로 그 전신인 국제전신연합에서 발전하였다.

⚲ 핵심정리　　최상위 도메인 네임

최상위 도메인(Top-level domain, TLD)은 인터넷에서 도메인 네임의 가장 마지막 부분을 말한다. 예컨대 ko.wikipedia.org의 최상위 도메인은 .org가 된다. 최상위 도메인은 .com과 같은 일반 최상위 도메인과 .kr 같은 국가 코드 최상위 도메인으로 나뉜다.

도메인 명칭 분쟁

도메인 명칭 분쟁이란 인터넷 도메인 명칭 등록자와 기존의 상표권 소유자 사이의 갈등을 가리킨다. 예컨대 '맥도널드닷컴(McDonalds.com)'이라는 인터넷 도메인을 등록한 사람과 '맥도널드(McDonalds)'라는 상표권을 가진 거대 햄버거 자본 맥도널드 사이의 '맥도널드 닷컴'을 둘러싼 분쟁이 이에 해당한다. 이러한 분쟁은 1990년대 중반부터 시작된 웹사이트의 폭발적인 증가와 함께, 도메인 명칭의 재판매가 매우 수익성 높은 사업이라는 사실이 널리 알려지면서부터 본격화되었다. 실제로 1994년 고작 70달러에 등록된 '월스트리트닷컴(wallstreet.com)'이라는 인터넷 도메인이 1999년에 100만 달러에 팔리기도 하였으며, 이러한 도메인 명칭 소매사업이 1990년대 중반 이후 크게 발전하였다.

최상위 도메인 네임에 관한 분쟁 해결 절차

(1) 정의 규정
  • "피신청인"이란 분쟁해결 신청의 대상이 되고 있는 도메인 네임 등록의 보유자를 말한다.
  • "도메인 네임의 역강탈"이란 등록된 도메인 네임의 보유자로부터 도메인 네임을 빼앗기 위하여 규정을 악의적으로 이용하는 행위를 말한다.
  • "보충규칙"이란 본 절차규칙을 보충하기 위하여 분쟁해결절차를 관리하는 분쟁 해결기관에 의해서 채택된 규칙을 말한다.

(2) 신청사유
  • 신청인이 권리를 가지고 있는 상표 또는 서비스표와 등록인의 도메인 네임이 동일하거나 혼동을 일으킬 정도로 유사하다고 생각하는 이유
  • 피신청인(도메인 네임 보유자)이 그 도메인 네임의 등록에 대한 권리 또는 정당한 이익을 가지고 있지 않다고 생각하는 이유
  • 그 도메인 네임이 부정한 목적으로 등록 및 사용되고 있다고 생각하는 이유

464

ICANN의 최상위 도메인에 대한 설명으로 옳지 않은 것은?　　　　　[2014년 기출]

① 수많은 컴퓨터가 인터넷에서 서로를 찾을 수 있도록 고유식별자 네트워크를 감독한다.
② 기본적으로 누구나 일정 비용을 지불하면 새로운 최상위 레벨도메인을 받을 수 있다.
③ .com, .org, .biz, .info 등뿐만 아니라 비영어 문자를 포괄적인 TLD에 사용하는 것도 허용한다.
④ 기업의 이름으로 된 도메인을 미리 만들어 놓는 것은 도메인 네임의 역강탈에 해당한다.

> 정답　④
>
> 풀이　④ '도메인 네임의 역강탈'이란 등록된 도메인 네임의 보유자로부터 도메인 네임을 빼앗기 위하여 규정을 악의적으로 이용하는 행위를 말한다. ICANN은 도메인 네임의 역강탈 관련 분쟁을 해결을 위한 참조용으로 '통일 도메인 네임 분쟁 해결 정책을 위한 규칙'을 제공하고 있다.

465

최상위 도메인 네임에 관한 분쟁에 대한 설명으로 틀린 것은?

① 최상위 도메인(Top-level domain, TLD)은 인터넷에서 도메인 네임의 가장 마지막 부분을 말한다.

② 피신청인이란 분쟁해결 신청의 대상이 되고 있는 도메인 네임 등록의 보유자를 말한다.

③ 도메인 네임의 역강탈이란 등록된 도메인 네임의 보유자가 도메인 네임을 빼앗기 위하여 규정을 악의적으로 이용하는 행위를 말한다.

④ 기존의 상표권 소유자는 도메인 네임이 동일하거나 혼동을 일으킬 정도로 유사하다고 생각하는 경우 도메인 네임의 등록 말소를 구할 권리가 있다.

> **정답** ③
>
> **풀이** ③ 도메인 네임의 역강탈이란 등록된 도메인 네임의 보유자로부터 도메인 네임을 빼앗기 위하여 규정을 악의적으로 이용하는 행위를 말한다.

466

도메인 네임과 그에 대응하는 IP 주소에 관한 데이터베이스를 유지하고 있다가 원하는 컴퓨터에게 제공하는 것으로 옳은 것은?

① Web Server　　　　　　　　　　② DNS Server

③ Internet Data Center　　　　　　④ Web Application Server

> **정답** ②
>
> **풀이** ② DNS Server에 대한 설명이다.

467

인터넷과 연결된 데이터를 모아두는 시설로서, 통신 기기인 라우터와 수많은 서버, 그리고 안정적 전원 공급을 위한 UPS 등으로 구성되는 것으로 옳은 것은?

① DBMS　　　　　　　　　　　　② Web Server

③ CDC(Cloud Data Center)　　　　④ IDC(Internet Data Center)

> **정답** ④
>
> **풀이** ① DBMS는 Database Management System으로 다수의 사용자들이 DB 내의 데이터를 접근할 수 있도록 해주는 소프트웨어로서 보통 Server 형태로 서비스를 제공한다.

468

웹 브라우저와 같은 클라이언트로부터 HTTP 요청을 받아들이고, HTML 문서와 같은 웹 페이지를 반환하는 컴퓨터 프로그램 또는 위에 언급한 기능을 제공하는 컴퓨터 프로그램을 실행하는 컴퓨터로 옳은 것은?

① Web Server

② DNS Server

③ Web Application Server

④ IDC(Internet Data Center)

정답 ①

풀이 ① Web Server에 대한 설명이다.

월드와이드웹(World Wide Web)

월드와이드웹(World Wide Web)

- 월드와이드웹은 팀 버너스리(Tim Beners-Lee)가 1989년 CREN(스위스 제네바에 있는 유럽에너지물리 실험실)에 근무하면서 과학자들이 연구한 정보를 쉽게 공유할 목적으로 개발한 소프트웨어 프로토콜이다.
- 연구자가 작성한 정보가 어떤 컴퓨터에서도 읽혀질 수 있는 단일화된 파일 형식으로 인터넷에 저장해 지구상 어디에서도 데이터 소스를 공유할 수 있도록 한 것이다.
- 1990년 이 웹 소프트웨어는 CERN에 근무하는 제한된 소수에게 공개한 후 빠르게 전파되어 그해 8월 인터넷에서 이용할 수 있게 되고, 급속도로 전 세계로 퍼져나갔다.
- 이후 그래픽 웹 브라우저의 등장으로 웹의 사용은 폭발적으로 증가 하였다.

469

하이퍼링크에 대한 설명으로 틀린 것은?   [2021년 기출]

① 문서 내의 단어, 어구(phrase), 기호, 이미지와 같은 요소와 인터넷의 다른 요소 또는 다른 하이퍼텍스 문서 내의 다른 요소 사이를 연결하는 기술을 말한다.

② 하이퍼링크가 포함된 텍스트 문서를 하이퍼텍스트(hypertext)라고 하며, 하이퍼링크를 통해 선형적으로 이동할 수 있다.

③ 단순 링크, 딥 링크, 임베디드 링크, 프레이밍 링크도 모두 하이퍼링크의 종류이다.

④ 월드와이드웹은 그 자체로 하이퍼링크 시스템이다.

정답 ②

풀이 ① 하이퍼텍스트 문서 안에서 직접 모든 형식의 자료를 연결하고 가리킬 수 있는 참조 고리이다.
② 하이퍼링크라고 하면 주소와 주소가 비선형적으로 엮인 인터페이스를 의미한다.
③ 단순 링크는 웹사이트의 메인 페이지로 이동하는 것이다. 딥 링크는 웹사이트 내부의 특정 페이지로 이동하는 것이다. 임베디드 링크는 다른 웹사이트 냉용을 〈embed〉, 〈object〉, 〈video〉, 〈audio〉 태그 등을 사용하여 자신의 사이트에 불러와서 띄우는 것이다. 프레이밍 링크는 웹 페이지에 프레임을 만든 후 그 안에 다른 웹사이트의 내용을 불러와서 띄운다.
④ 디지털 도서관, 전자책 등 현실의 문서를 하이퍼링크로 변환하여 편의성을 높이는 기획도 활발히 이뤄지고 있다. 하이퍼텍스트 시스템이 보편성을 갖게 되면서, 창작 및 기획 단계부터 온라인 컨텐츠로만 제공되는 것을 전제한 웹툰이나 웹소설도 무수히 쏟아져 나오고 있다. 월드와이드웹은 그 자체로 하이퍼링크 시스템이다.

(1) 단순링크(Surface Link)

　　단순링크(Surface Link)는 다른 웹사이트의 홈페이지로 연결시켜주는 일반적인 링크를 말한다. 단순링크에서는 일반적으로 복제나 전송이 이루어지지 않으므로 저작권 침해에 해당하지 않는다.

(2) 딥링크(Deep Link)

　　딥 링크(Deep Link)는 다른 웹사이트의 초기화면으로 링크하는 것이 아니라 한 단계 또는 여러 단계 속에 존재하는 특정 페이지에 직접 링크하는 것을 말한다. 웹사이트 내부의 특정 페이지로 이동하는 것이다. 최근의 하급심 판결에서는 복제나 전송이 없어 저작권 침해에 해당하지 않는다고 판시한 사례가 있다.

(3) 프레이밍 링크(Framing Link)

　　프레이밍 링크(Framing Link)는 해당 홈페이지의 일부를 자신의 홈페이지 속의 프레임 내에 직접 구현하는 링크를 말한다. 웹 페이지에 프레임(frame)을 만든 후 그 안에 다른 웹사이트의 내용을 불러와서 띄우는 것이다. 타인이 제작한 홈페이지를 자신의 홈페이지 속의 프레임에 구현하는 행위는 다른 사람의 홈페이지 내용만이 자신의 홈페이지로 전송되는 것이므로 전송권 침해로서 저작권 침해에 해당한다.

(4) 임베디드 링크(Embedded Link)

　　임베디드 링크(Embedded Link)는 동영상이나 음악 등의 멀티미디어 파일을 해당 페이지에서 직접 재생할 수 있도록 플레이어를 직접 게시물에 구현하는 것을 말한다. 다른 웹사이트의 내용을 〈embed〉, 〈object〉, 〈video〉, 〈audio〉 태그 등을 사용하여 자신의 사이트에 불러와서 띄우는 것이다. 이는 해당 멀티미디어 파일만을 링크해서 직접 재생하므로 전송권 침해로서 저작권 침해에 해당한다.

470

다음 유형의 링크(Link)에 대한 설명으로 틀린 것은?

① 단순링크(Surface Link)는 다른 웹사이트의 홈페이지로 연결시켜주는 일반적인 링크를 말한다. 단순링크에서는 일반적으로 복제나 전송이 이루어지지 않으므로 저작권 침해에 해당하지 않는다.

② 딥 링크(Deep Link)는 다른 웹사이트의 초기화면으로 링크하는 것이 아니라 한 단계 또는 여러 단계 속에 존재하는 특정 페이지에 직접 링크하는 것을 말한다.

③ 프레이밍 링크(Framing Link)는 동영상이나 음악 등의 멀티미디어 파일을 해당 페이지에서 직접 재생할 수 있도록 플레이어를 직접 게시물에 구현하는 것을 말한다.

④ 프레이밍 링크(Framing Link)와 임베디드 링크(Embedded Link)는 전송권 침해로서 저작권 침해에 해당한다.

정답 ③

풀이 ③ 동영상이나 음악 등의 멀티미디어 파일을 해당 페이지에서 직접 재생할 수 있도록 플레이어를 직접 게시물에 구현하는 것은 임베디드 링크(Embedded Link)이다.

471

하이퍼텍스트의 특성에 대한 설명으로 틀린 것은?

[2019년 기출]

① 상호 텍스트성으로 인해 모든 작가는 텍스트를 창작하는 사람이기에 앞서 먼저 다른 작가들의 작품을 읽는 독자이다.
② 텍스트 상호 간 유기적 관련성을 가진다.
③ 하이퍼텍스트 콜라주는 잘라내서 붙인다는 점에서 피카소와 브라크가 만들어 낸 전통적인 콜라주와 같은 성질을 가진다.
④ 다중 선형적, 다중 순차적으로 경험되는 텍스트를 만든다.

> 정답 ③
>
> 풀이 ③ 콜라주는 한 장면의 무대 효과가 강조되는 반면 하이퍼텍스트에서 잘라내서 붙인 것은 비선형적이며 시간적 연속성을 지닌 몽타주적 특성을 가진다. 이것은 부호형태로 항상 재설정, 재배열, 재작성 등 무한 확장이 가능하다.

472

하이퍼텍스트(Hypertext)에 대한 설명으로 옳은 것은?

① 하이퍼텍스트는 텍스트 간의 비선형적인 연결을 통해 정보를 제공하는 시스템이다.
② 하이퍼텍스트는 웹 페이지를 제작할 때 사용되는 언어이다.
③ 하이퍼텍스트는 정보를 순차적으로 제공하는 텍스트 기반의 시스템이다.
④ 하이퍼텍스트는 텍스트만을 다루는 시스템이며, 이미지나 동영상은 다룰 수 없다.

> 정답 ①
>
> 풀이 하이퍼텍스트는 텍스트 간의 비선형적인 연결을 통해 정보를 제공하는 시스템이다. 텍스트 내에 링크가 포함되어 있어서 사용자가 관련된 다른 텍스트나 정보로 쉽게 이동할 수 있게 해준다. HTML, PDF 등 다양한 포맷에서 사용되며, 웹이 그 대표적인 예시다.
> ① 하이퍼텍스트는 텍스트 간의 비선형적인 연결을 통해 정보를 제공하는 시스템이라는 설명은 옳다.
> ② 웹 페이지를 제작할 때는 HTML 같은 마크업 언어를 사용한다.
> ③ 하이퍼텍스트는 비선형적인 정보의 연결을 통해 정보를 제공한다.
> ④ 하이퍼텍스트는 텍스트뿐만 아니라 이미지, 동영상 등 다양한 형태의 미디어를 포함할 수 있다.

473

하이퍼텍스트의 특성에 대한 설명으로 틀린 것은?

① 하이퍼텍스트는 비선형적이며 시간적 연속성을 지닌 몽타주적 특성을 가진다.

② 하이퍼텍스트는 비순차적 이동과 물리적 거리나 시간에 어떤 제약도 받지 않는 비선형성의 특성을 가진다.

③ 다양한 경로를 허용하는 링크들에 의해 연결된 일련의 텍스트 덩어리로 구성되는 원자적 재배열화의 특성을 가진다.

④ 하이퍼텍스트는 모든 작가는 텍스트를 창작하는 사람이기에 앞서 먼저 다른 작가들의 작품을 읽는 독자가 되는 상호텍스트성의 특성을 가진다.

> **정답** ③
>
> **풀이** ③ 다양한 경로를 허용하는 링크들에 의해 연결된 일련의 텍스트 덩어리로 구성되는 것은 렉시아적 특성이다.

474

하이퍼텍스트에 대한 설명으로 옳은 것은?

① 하이퍼텍스트의 한계와 위계가 존재한다.

② 책, 필름, 연설 등과 유사한 선형 구조를 가진다.

③ 하이퍼텍스트의 형식 구조는 마디(node)들의 집합이다.

④ 텍스트 상호 간 유기적 관련성으로 인해 각각의 정보가 독자적 주체로 존재할 수 없다.

> **정답** ③
>
> **풀이** ① 하이퍼텍스트의 한계와 위계는 존재하지 않는다.
> ② 책, 필름, 연설 등 선형 포맷과 대조적인 비선형 구조로 컴퓨터를 통해 정보를 제공하는 것을 표현하기 위해 만든 정보 길라잡이 방법 중 하나이다.
> ③ 하이퍼텍스트의 형식 구조는 마디(node)들의 집합이며, 그 마디들 속에 산발적으로 퍼져 있는 이음 (link)에 의해 연결된다.
> ④ 하이퍼텍스트의 각각의 정보는 독자적 주체로 존재한다.

2008년 현재 전 세계 도메인 명칭의 검색 처리를 하고 있는 근본 서버는 미국에 10개, 영국과 스웨덴과 일본에 각각 1개씩 총 13개 시스템에 존재한다. 인터넷주소자원관리 기구가 근본 서버 관리를 맡고 있지만 근본 서버에 대한 최종적인 통제권은 미국 정부가 보유하고 있다. 근본 서버에 발생하는 변화는 13개 근본 서버 중에서도 가장 근원적인 근본 서버라 할 수 있는 베리사인의 근본 서버가 나머지 12개 서버에 그 내용을 하루에 두 번씩 전달함으로써 모든 근본 서버에 반영된다.

(1) 1세대 검색엔진
- 디렉터리 검색엔진
- 전 세계 인터넷 페이지가 수천만 페이지에 불과했던 초기 웹 서비스를 위해 개발되었다.
- 전문가가 사이트를 선별하여 정리해 놓은 야후의 디렉터리 서비스가 대표적 사례이다.

(2) 2세대 검색엔진
- 1세대 로봇 검색엔진이다.
- 웹 페이지의 급속한 증가는 사람이 사이트를 선별하는 것을 무의미하게 만들었다.
- 디렉터리 검색엔진이 찾아 주지 못하는 더 많은 정보검색의 욕구를 충족할 필요가 제기되었다.
- 웹봇(webbot)또는 에이전트(agent)를 이용한 로봇 검색엔진이 등장하였다.
- 알타비스타, 핫봇, 익사이트 등 검색엔진 서비스 등이 대표적 사례이다.

(3) 2.5세대 검색엔진
- 디렉터리와 로봇의 응용 검색엔진 서비스가 병용
- 다른 검색엔진 서비스 검색 결과를 실시간으로 정리해서 보여주는 메타 검색엔진 등장
- 디렉터리 검색엔진의 장점과 로봇 검색엔진의 장점을 잘 혼합한 형태
- 네이버, 다음, 파란 등 서비스

(4) 3세대 검색엔진
- 2세대 로봇 검색엔진 서비스로 구글이 등장
- 페이지랭크(Page Rank)로 첫 페이지에 클릭하고 싶은 정보를 노출하는 로직 적용

(5) 4세대 검색엔진
- 3세대 로봇 검색엔진 서비스

(6) 차세대 검색엔진 서비스
- 1세대에서 3세대 검색엔진까지 약 20년 동안 키워드 검색엔진 기반
- 4세대 검색엔진은 키워드 기반이 아닌 의미 기반의 검색방법 사용
- 하키아, 큐로 등 시맨틱 랭크를 사용하는 서비스의 사례

475

주제별로 분류하여 카탈로그 방식으로 정보를 제공해주는 주제별 검색엔진으로 옳은 것은?

① Lycos
② Yahoo
③ AltaVista
④ Google

정답 ②

풀이 ② 대표적인 디렉터리 검색엔진은 Yahoo이다.

476

검색된 웹 사이트들 중 다른 웹사이트의 링크를 많이 받는 웹사이트가 중요할 것이라는 개념하에 구글에서 채택한 알고리즘으로 옳은 것은?   [2021년 기출]

① 페이지랭크
② C-RANK
③ 데이터마이닝(data mining)
④ 인바운드 링크(inbound link)

정답 ①

풀이 ② 네이버 검색결과에 노출되는 정보는 블로그의 신뢰도를 평가하는 알고리즘인 'C-Rank'가 적용되어 매일 자동으로 업데이트된다. C-Rank란. 검색 랭킹의 정확도를 높이기 위해 사용되는 기술로 개별 문서보다는 해당 문서 출처의 신뢰도를 평가하는 알고리즘이다.네이버 검색결과는 C-Rank를 토대로 블로그의 관심사 집중도(Context), 정보의 품질(Content), 소비 및 생산의 연쇄반응(Chain) 등을 종합적으로 판단해 해당 블로그가 얼마나 믿을 수 있고 인기 있는지(Creator)를 계산하여 반영한다.
③ 데이터마이닝(data mining)은 대규모로 저장된 데이터 안에서 체계적이고 자동적으로 통계적 규칙이나 패턴을 분석하여 가치있는 정보를 추출하는 과정이다.
④ 인바운드 링크(inbound link)란 웹 사이트 운영자 입장에서 보면 다른 사람이 자신의 사이트를 링크해 준 것을 의미한다. 웹에서 링크(link)는 추천과 같다. 사이트 추천 빈도가 높아진 것은 그 분야의 전문가로 인정받고 있다는 것이다.

(1) 외부링크(External links)

외부링크(External links)는 서로 다른 도메인 사이에서 연결된 링크를 의미한다. 다른 웹사이트에서 내 웹사이트로 연결된 링크는 인바운드 링크(Inbound Link)이고, 반대로 내 웹사이트에서 다른 웹사이트로 연결된 링크는 아웃바운드 링크(Outbound Link)이다. 인바운드 링크(Inbound Link), 아웃바운드 링크(Outbound Link) 모두 외부링크의 한 종류이다.

(2) 인바운드 링크(Inbound Link)

- 인바운드 링크는 외부 사이트에서 자신의 사이트로 연결된 링크를 의미한다. 따라서 웹사이트 운영자가 인바운드 링크를 인위적으로 형성하기는 어렵다. 이상적으로는 좋은 컨텐츠를 만들어 자연스럽게 다른 사이트에서 자신의 사이트가 언급되게 하는 것이 바람직하다. 이러한 자연스러운 백링크는 시간과 노력이 많이 들기 때문에 일부 사람들은 인위적으로 링크를 형성하기를 원한다. 하지만 인위적인 외부링크는 구글 정책위반이다.
- 모든 링크에는 링크주스(link juice)가 있다. 링크주스는 링크를 통해 도메인의 권한(Domain authority)이 이동되는 것을 의미한다. 다른 말로는 링크를 통해 도메인의 점수가 이동된다고 보면 된다. 특히 외부링크는 내부링크보다 더 많은 링크주스를 포함하고 있다. 또한 양질의 사이트에서 언급이 된다면 링크주스는 더 많이 이동된다.

(3) 아웃바운드 링크(Outbound Link)

아웃바운드 링크는 자신의 웹사이트에서 다른 웹사이트로 이동되는 링크를 의미한다. 어떠한 글을 작성할 때 독자에게 추가적으로 알리고 싶은 정보가 있다면 아웃바운드 링크를 통해 정보를 전달할 수 있다. 아웃바운드 링크를 사용하게 되면 자신의 홈페이지의 링크주스가 외부사이트로 일부 이동하게 된다. 이를 원치 않을 경우 Nofollow 링크를 사용하면 된다.

(4) 검색엔진 최적화에 외부링크가 미치는 영향

- 외부링크는 검색엔진 최적화에서 가장 중요한 부분 중 하나이다. 인위적으로 조작하기 어려운 부분이기 때문이다. 외부링크(인바운드 링크)가 많이 연결되어 있으면 검색엔진은 많은 사람들이 방문할 가능성이 있는 유명한 웹사이트라고 판단한다. 또한 링크를 걸 때 Anchor Text라는 것을 사용하게 된다. 이는 웹사이트가 어떤 내용에 대해 말해주는지 알 수 있는 하나의 지표로 사용된다.
- 외부링크(인바운드 링크)가 검색엔진 최적화 점수에 도움이 되지만, 인위적인 링크빌딩은 구글 정책을 위반하는 행위이다. 만일 이러한 행위가 적발되면 사항에 따라 검색엔진에서 검색되지 않는 경우까지 갈 수 있다.

477

외부 사이트에서 자신의 사이트로 연결된 링크로 옳은 것은?

① 하이퍼링크(Hyperlink)

② 외부링크(External links)

③ 인바운드 링크(Inbound Link)

④ 아웃바운드 링크(Outbound Link)

정답 ③

풀이 ① 하이퍼텍스트 문서 안에서 직접 모든 형식의 자료를 연결하고 가리킬 수 있는 참조 고리이다.

② 외부링크는 서로 다른 도메인 사이에서 연결된 링크를 의미한다. 다른 웹사이트에서 내 웹사이트로 연결된 링크는 인바운드 링크(Inbound Link)이고, 반대로 내 웹사이트에서 다른 웹사이트로 연결된 링크는 아웃바운드 링크(Outbound Link)이다. 인바운드 링크(Inbound Link), 아웃바운드 링크(Outbound Link) 모두 외부링크의 한 종류이다.

③ 인바운드 링크는 외부 사이트에서 자신의 사이트로 연결된 링크를 의미한다. 따라서 웹사이트 운영자가 인바운드 링크를 인위적으로 형성하기는 어렵다. 이상적으로는 좋은 컨텐츠를 만들어 자연스럽게 다른 사이트에서 자신의 사이트가 언급되게 하는 것이 바람직하다. 이러한 자연스러운 백링크는 시간과 노력이 많이 들기 때문에 일부 사람들은 인위적으로 링크를 형성하기를 원한다. 하지만 인위적인 외부링크는 구글 정책위반이다.

④ 아웃바운드 링크는 자신의 웹사이트에서 다른 웹사이트로 이동되는 링크를 의미한다. 어떠한 글을 작성할 때 독자에게 추가적으로 알리고 싶은 정보가 있다면 아웃바운드 링크를 통해 정보를 전달할 수 있다.

(1) 웹 1.0 시대

1990년대 인터넷이 등장하면서 하이퍼텍스트 위주의 웹 환경에서 콘텐츠 생산자가 제공하는 정보에만 접속할 수 있었던 2000년까지의 초기 웹 시대이다.

(2) 웹 2.0 시대

- 2000년 초 네트워크가 확장되고 웹이 폭발적으로 성장하면서 웹 사용에 새로운 패러다임으로 이용자는 콘텐츠 생산자이면서 동시에 소비자로 등장하였다.
- 정보의 개방을 통해 인터넷 사용자들 간의 정보공유와 참여를 이끌어내고, 이를 통해 정보의 가치를 지속적으로 증대시켰다.

(3) 웹 3.0 시대

지능화된 웹이 시맨틱(semantic) 기술을 이용해서 상황 인식을 통해 이용자에게 맞춤형 콘텐츠 및 서비스를 제공한다.

(4) 웹 4.0 시대

유비쿼터스 웹을 기반으로 인간이 기술의 연장으로 업그레이드되면서 언제나 온라인과 연결되어 있는 상태가 된다.

구분	웹 1.0	웹 2.0	웹 3.0
시기	1990~2000	2000~2010	2010~2020
키워드	접속(Access)	참여와 공유	상황 인식(Context)
콘텐츠 이용 형태	생산자가 이용자에게 일방적으로 콘텐츠 제공 이용자는 콘텐츠 소비자	이용자는 콘텐츠의 생산자이며 소비자이며 유통자	지능화된 웹이 이용자가 원하는 콘텐츠를 제공 개인별 맞춤 서비스 제공
검색	검색엔진 내부에서만 가능	여러 사이트에 있는 자료의 개방(Open API)	사용자 맞춤형 검색
정보 이용자	인간	인간	인간, 컴퓨터(기계)
기반 기술	브라우저, 웹 저장	브로드밴드, 서버관리	시맨틱 기술, 클라우드 컴퓨팅, 상황인식
대응 단말	PC	주로 PC (모바일 단말 일부 포함)	PC, 모바일 단말, 시계와 같은 액세서리 등 다양

478

사회의 발전단계에 따른 서비스 제공 방식을 연결한 내용으로 틀린 것은?　　　　　　　　[2023년 기출]

① 산업사회(Web 1.0) - 제한적 정보공개, 서비스의 시공간 제약
② 지식정보사회(Web 2.0) - 정보공개 확대, 모바일 서비스
③ 후기지식정보사회(Web 3.0) - 투명한 정보 공개, 신뢰성 있는 선별적 서비스 정보 제공
④ 융합사회(Web 4.0) - 예측정보 제공, 관계적 중심의 데이터 관리

479

웹의 진화에 대한 설명으로 틀린 것은?

① 웹 1.0 시대는 하이퍼텍스트 위주의 웹 환경에서 콘텐츠 생산자가 제공하는 정보에만 접속할 수 있었다.

② 웹 2.0 시대의 이용자는 콘텐츠 생산자이면서 동시에 소비자로 등장하였다.

③ 웹 3.0 시대에는 시맨틱(semantic) 기술을 이용해서 컴퓨터가 웹페이지에 담긴 내용을 이해한다.

④ 웹 4.0 시대는 유비쿼터스 웹을 기반으로 상황 인식을 통해 이용자에게 맞춤형 콘텐츠 및 서비스를 제공한다.

480

시기별 Web에 대한 설명으로 틀린 것은?

① 웹 1.0은 접근 중심으로 정보생산자가 이용자에게 일방적으로 콘텐츠를 제공하고, 이용자는 단순히 콘텐츠를 이용하는 소비자이다.

② 웹 2.0은 참여와 공유를 중심으로 이용자는 콘텐츠의 생산자이고 소비자이며 유통자가 된다.

③ 웹 3.0은 지능형 웹이 중심이 되어 이용자에게 원하는 콘텐츠를 제공하는 개인별 맞춤형 서비스를 제공한다.

④ 웹 4.0은 유비쿼터스 웹을 기반으로 이용자가 직접 참여하여 자신의 콘텐츠를 직접 창작한다.

481

웹 2.0 알고리즘이 아닌 것은?

① 엣지 랭크   ② 페이지 랭크

③ 마이크로 워드   ④ 이베이

정답 ③

풀이 ③ 웹 2.0은 기술을 뜻하는 용어가 아니라 웹이 곧 플랫폼이라는 의미로, 인터넷만 있다면 어느 곳에서도 데이터를 생성, 공유, 저장, 출판 및 비즈니스가 가능하다. 마이크로 워드는 웹 2.0 알고리즘이라고 할 수 없다.

482

웹 2.0에 대한 설명으로 틀린 것은?

① 개방, 참여, 공유의 정신을 바탕으로 사용자가 직접 정보를 생산하여 쌍방향으로 소통하는 웹 기술을 말한다.

② 플랫폼으로서의 웹(Web as Platform) 환경에서 집단지성을 이용하여 콘텐츠를 제공하고 공유한다.

③ 사람과 기계(에이전시)가 소통할 수 있는 기술의 집합체이다.

④ 게시판, 댓글, 블로그, UCC, 지식백과 등이 있다.

정답 ③

풀이 ③ 시맨틱 웹의 특징이다.

483

다음에서 설명하는 기술로 옳은 것은?

> 세계 곳곳에 흩어진 네트워크 참여자들의 컴퓨터 자원을 활용하는 블록체인 기술 덕분에 자료가 분산 저장되고, 이더리움 같은 가상화폐에 내재된 자동화 프로그래밍 기술(스마트 콘트랙트)로써 관리자의 개입 없는 웹 이용이 가능하다. 암호화 기술을 활용한 대체 불가능 토큰으로 데이터의 온전한 소유권도 주장할 수 있다. 즉 데이터의 저장과 사용, 소유가 네티즌에게 주어지는 완전히 개인화된 인터넷 환경을 만들 수 있다는 개념이다.

① NFT   ② 웹 3.0

③ 블록체인   ④ 시맨틱 웹

풀이 ② 웹 3.0에 대한 설명이다.

484

웹 3.0의 특징 중 틀린 것은?

① 웹 3.0은 의미 있는 웹(Semantic Web)이라고도 불린다.

② 웹 3.0에서는 기계가 사용자의 요구를 이해하고 필요한 정보를 제공한다.

③ 웹 3.0에서는 개인화된 사용자 경험이 중요하다.

④ 구글·메타·트위터 등 플랫폼 기업이 통제하는 웹 환경으로 플랫폼에 업로드 되는 즉시 기업과 수익을 배분한다.

정답 ④

풀이 ① 웹 3.0은 데이터의 의미를 파악하고 정보를 처리할 수 있는 "의미 있는 웹" 또는 "시맨틱 웹"이라고도 불린다.

② 웹 3.0은 기계가 사용자의 요구를 이해하고, 그에 맞는 정보를 제공하는 것이 가능하다. 이를 위해 자연어 처리, 인공지능 등의 기술이 사용된다.

③ 웹 3.0은 개인화된 사용자 경험을 중요시하며, 사용자의 선호나 행동 패턴을 기반으로 정보를 제공하거나 서비스를 제공하는 등의 기능이 포함되어 있다.

④ 구글·메타·트위터 등 플랫폼 기업이 통제하는 웹 환경은 웹 2.0이다. 웹 3.0은 전 세계 네트워크 참여자들이 블록체인 기술을 통해 데이터를 분산 저장하고, 나아가 직접 제작한 콘텐츠에 대한 소유권을 주장할 수 있게끔 한다는 개념이다.

485

웹 3.0에 대한 설명으로 가장 옳지 않은 것은? [2023년 기출]

① 사용자들이 만들어 낸 콘텐츠의 경제적 가치를 크리에이터가 함께 누리면서 플랫폼에서 발행한 토큰 소유를 통해 플랫폼 운영에도 참여하는 구조를 의미한다.

② 플랫폼에 유저가 참여해 콘텐츠를 제공하면 사업체가 이를 사용해 광고 혹은 수수료 수익을 얻는 구조이다.

③ 지능화된 웹이 시맨틱 기술을 이용해서 상황 인식을 통해 이용자에게 맞춤형 콘텐츠와 서비스를 제공한다.

④ 대표적인 서비스 사례로 디센트럴랜드, 샌드박스, 웨일샤크, 오디우스, 미러 등이 있다.

정답 ②

풀이 ② 웹 2.0에 대한 설명이다.

486

웹 3.0에 대한 설명으로 적절하지 않은 것은?

① 웹 3.0은 의미 있는 웹(Semantic Web)이라고도 불린다.

② 웹 3.0에서는 기계가 사용자의 요구를 이해하고 필요한 정보를 제공한다.

③ 웹 3.0에서는 개인화된 사용자 경험이 중요하다.

④ 구글·메타·트위터 등 플랫폼 기업이 통제하는 웹 환경으로 플랫폼에 업로드 되는 즉시 기업과 수익을 배분한다.

정답 ④

풀이 구글·메타·트위터 등 플랫폼 기업이 통제하는 웹 환경은 웹 2.0이다. 웹 3.0은 전 세계 네트워크 참여자들이 블록체인 기술을 통해 데이터를 분산 저장하고, 나아가 직접 제작한 콘텐츠에 대한 소유권을 주장할 수 있게끔 한다는 개념이다.

487

웹의 진화에 대한 설명으로 틀린 것은?

① 웹 1.0 시대에 생산자가 제공하는 정보에만 접속할 수 있었다.

② 웹 2.0 시대에 콘텐츠 생산자이면서 동시에 소비자인 이용자가 등장하였다.

③ 웹 3.0 시대에 지능화된 웹이 시맨틱 기술을 통해 이용자에게 맞춤형 콘텐츠 및 서비스를 제공한다.

④ 웹 4.0 시대에 클라우드 컴퓨팅, 상황 인식 기술 등이 새로이 등장하여 언제나 온라인과 연결되어 있는 상태가 된다.

정답 ④

풀이 ④ 클라우드 컴퓨팅, 상황 인식 등은 웹 3.0의 기술 기반이다.

인터넷 정보자원의 식별체계

(1) URx
- URI, URL, URN, URC 등 정보자원의 식별을 위한 체계 모두를 총칭
- URN(Uniform Resource Name)은 영구적이며 소장 위치에 관계없이 정보자원을 식별하는 고유기호
- 실제 정보자원을 찾기 위해서는 URL(Uniform Resource Locator)로의 변환이 필수적
- 인터넷 자원의 각종 객체, 즉 문서, 이미지, 파일, 데이터베이스, 전자우편 등의 명칭과 위치 등을 표현한 식별기호를 URI(Uniform Resource Identifier)라 함
- URI에는 URL(Uniform Resource Locator)과 URN 등이 포함

(2) DOI (Digital Object Identifier)
- 책이나 잡지 등에 매겨진 국제표준도서번호(ISBN)와 같이 모든 디지털 콘텐츠에 부여되는 고유식별번호
- 인터넷 주소가 바뀌어도 사용자가 그 문서의 새 주소로 찾아갈 수 있도록 웹 파일이나 인터넷 문서에 영구적으로 부여된 식별자

(3) PURL (Persistent Uniform Resource Locator)
- 인터넷 정보자원을 영구적인 위치로 식별하여 접근하기 위한 체계이다.
- OCLC(Online Computer Library Center) 에서 학술정보를 식별하고 접근하기 위해 개발한 임시적 접근체계로 기능적으로는 URL과 비슷하다.

488

다음 중 인터넷 정보자원의 식별체계로 볼 수 없는 것은?

① DOI(Digital Object Identifier)
② URN(Uniform Resource Name)
③ RDF(Resource Description Framework)
④ PURL(Persistent Uniform Resource Locator)

정답 ③

풀이 ③ 자원 기술 프레임워크(Resource Description Framework, RDF)는 웹상의 자원의 정보를 표현하기 위한 규격이다. 상이한 메타데이터 간의 어의, 구문 및 구조에 대한 공통적인 규칙을 지원한다.

DOI

(1) 의의
- 디지털 객체 식별자(DOI®) 시스템은 모든 유형의 객체에 대한 항구적이고 고유한 식별을 위한 인프라를 제공한다.
- DOI는 "Digital Object Identifier"의 약어이며, "디지털 객체의 식별자(identifier of a digital object)"가 아니라 "객체의 디지털 식별자(digital identifier of an object)"를 의미한다.
- 온라인상의 디지털 콘텐츠에 부여하는 알파벳＋숫자 기호 체계로, 학술 논문도 고유 번호가 있어 인터넷 어디로 주소를 옮기든 늘 찾아갈 수 있도록 만든 고유식별자이다.

- DOI 이름은 인터넷에서 찾을 수 있는 객체의 위치와 그 객체에 관한 정보를 포함하는 객체의 현재 정보에 대한 해석 가능하고 항구적인 네트워크 링크를 제공하기 위해 영구적으로 객체에 할당된다. 객체에 대한 정보는 시간이 지남에 따라 변경될 수 있지만, 그 DOI 이름은 변경되지 않는다. DOI 이름은 DOI 시스템 내에서 그 DOI 이름으로 식별되는 객체와 관련된 하나 또는 다수의 데이터 유형의 값(URL, e-메일 주소, 다른 식별자 및 설명 메타데이터 등)으로 해석될 수 있다.

(2) DOI 시스템

DOI는 "객체의 디지털 식별자(digital identifier of an object)"를 의미하는 "Digital Object Identifier"의 약자이다. DOI 이름은 디지털 네트워크상의 개체에 대한 위치가 아니라 식별자이다. 그것은 항구적이고 동작 가능한 식별 및 디지털 네트워크에서 관리되는 정보의 상호 교환을 위한 시스템을 제공한다. DOI 이름은 관심있는 사용자 커뮤니티 내에서의 공유나 지식재산권으로 관리하기 위해 물리적 개체, 디지털 개체 또는 추상적인 개체에 할당될 수 있다. DOI 시스템은 상호운용성을 위해 설계되었다. 즉, 기존의 식별자 및 메타데이터 스키마를 사용하거나 함께 동작한다. DOI 이름은 URL(URI)로 표현될 수 있다.

(3) DOI 이름 구문

- DOI 이름 구문은 명명(naming) 권한과 위임을 통해 모호한 문자열의 구성을 명시한다. 그것은 기존의 식별자를 수용할 수 있는 식별자 "컨테이너"를 제공한다. DOI 이름은 "/" 문자로 구분된다. DOI 이름을 형성하는 두 개의 구성 요소인 접두사와 접미사를 가지고 있다. 구분자 "/" 뒤에 나오는 접미사는 기존의 식별자 또는 등록자가 선택한 고유한 문자열이 될 수 있다. "/" 문자 앞부분(접두사)은 고유한 명명 권한 기관(naming authority)을 나타낸다. DOI 이름의 길이에는 제한이 없다.
- 접두사는 DOI 이름을 등록하고자 하는 조직에 할당된다. 어떤 조직이라도 여러 접두사를 선택할 수 있다. (슬래시로 구분되는) 접두사 다음에 나오는 (특정 접두사에 고유한) 접미사가 개체를 식별하기 위한 것이다. 등록자를 위한 접두사와 등록자가 할당한 고유한 접미사의 조합이 DOI 이름의 중앙집중식 할당을 필요 없게 한다.
- ISBN과 같은 기존 표준 식별 시스템도 이러한 접미사를 사용해서 DOI 이름에 통합될 수 있다. 등록자가 DOI 시스템의 이러한 편리함을 추구한다면, 동일한 개체가 두 시스템에 의해 정확하게 식별될 수 있도록 해야만 한다.

489

DOI에 대한 옳은 설명만을 있는 대로 고른 것은?   [2021년 기출]

ㄱ. Digital Object Identifier의 약자이다.
ㄴ. DOI 시스템은 디지털 환경에서 콘텐츠 객체를 식별하기 위한 것이다.
ㄷ. DOI는 환경에 따라 변화될 수 있다.
ㄹ. DOI 자체는 접두사(prefix) + 접미사(suffix) 구조로 이루어진다.

① ㄱ, ㄴ, ㄷ   ② ㄱ, ㄷ, ㄹ
③ ㄴ, ㄷ, ㄹ   ④ ㄱ, ㄴ, ㄹ

정답 ④
풀이 ㄷ 기존의 온라인 원문 서비스는 URL의 변경 등으로 인해 영구적인 접근 체계의 제공이 어려웠으나, DOI를 부여함으로써 URL 정보가 변경되더라도 논문에 대한 항구적인 접근 환경 구성이 가능하다.

490

DOI에 대한 설명으로 틀린 것은?

① Digital Object Identifier의 약어이며, 객체의 디지털 식별자(digital identifier of an object)를 의미한다.

② 온라인상의 디지털 콘텐츠에 부여하는 알파벳＋숫자 기호 체계로, 학술 논문도 고유 번호가 있어 인터넷 어디로 주소를 옮기든 늘 찾아갈 수 있도록 만든 고유식별자이다.

③ DOI 이름은 디지털 네트워크상의 개체의 소장 위치를 나타내는 고유 기호로서 항구적이고 동작 가능한 식별 및 디지털 네트워크에서 관리되는 정보의 상호 교환을 위한 시스템을 제공한다.

④ DOI 이름을 형성하는 두 개의 구성 요소인 접두사와 접미사를 가지고 있는데 접미사는 기존의 식별자 또는 등록자가 선택한 고유한 문자열이 될 수 있고 접두사는 고유한 명명 권한 기관(naming authority)을 나타낸다.

정답 ③

풀이 DOI 이름은 디지털 네트워크상의 개체에 대한 위치가 아니라 식별자이다.

491

DOI에 대한 설명으로 틀린 것은?

① DOI는 "Digital Object Identifier"의 약어이며, "디지털 객체의 식별자(identifier of a digital object)"가 아니라 "객체의 디지털 식별자(digital identifier of an object)"를 의미한다.

② 기존의 온라인 원문 서비스는 URL의 변경 등으로 인해 영구적인 접근 체계의 제공이 어려웠으나, DOI를 부여함으로써 URL 정보가 변경되더라도 논문에 대한 항구적인 접근 환경 구성이 가능하다.

③ 접두사는 DOI 이름을 등록하고자 하는 조직에 할당된다. 어떤 조직이라도 여러 접두사를 선택할 수 있다. (슬래시로 구분되는) 접두사 다음에 나오는 (특정 접두사에 고유한) 접미사가 개체를 식별하기 위한 것이다.

④ 온라인상의 디지털 콘텐츠에 부여하는 숫자 기호 체계로, 학술 논문도 고유 번호가 있어 인터넷 어디로 주소를 옮기든 늘 찾아갈 수 있도록 만든 고유식별자이다.

정답 ④

풀이 ④ 온라인상의 디지털 콘텐츠에 부여하는 알파벳＋숫자 기호 체계로, 학술 논문도 고유 번호가 있어 인터넷 어디로 주소를 옮기든 늘 찾아갈 수 있도록 만든 고유식별자이다.

🔎 핵심정리 근거리 통신망구성방식

(1) 스타형(Star Topology)

하나의 호스트 컴퓨터를 중심으로 여러 대의 컴퓨터가 연결된 형태, 하나의 컴퓨터 입장에서 보면 자신은 호스트에만 연결되므로 Point-to-Point 방식을 취한다.

(2) 링형(Ring Topology)

토큰링(token ring)이라고 불리는 제어 신호가 네트워크를 구성하는 여러 컴퓨터들을 순서대로 한 번씩 제어하는 형태로 운용하여, 토큰링을 받은 컴퓨터만 데이터를 받거나 쓸 수 있으므로 공정한 기회를 주는 것이 특징이다.

(3) 버스형(Bus Topology)

모든 컴퓨터가 버스라고 불리는 회선에 연결, 버스를 통해서 데이터를 주고받고 이때 정보를 필요로 하는 컴퓨터만 데이터를 읽는 방식이다.

(4) 트리형(Tree Topology)

• 버스형이 확장된 분산처리시스템 형태로 헤드엔드(Headend)라는 지점에서부터 한 개 이상의 케이블들이 시작되고, 각 케이블은 다시 여러 개의 가지(Branch)로 나눠지는 구조이다.

• 데이터는 양방향으로 모든 노드에게 전송되고, 트리의 끝에 있는 단말 노드로 흡수되어 소멸되고 통신 회선수가 절약되고 통신선로가 가장 짧다.

(5) 메시형(Mesh Topology)

모든 컴퓨터와 컴퓨터들을 통신회선으로 연결시킨 형태로 보통 공중전화망과 공중 데이터 통신망에 이용, 통신회선의 총 길이가 가장길고, 분산처리 시스템이 가능하며 광역통신망에 적합, 통신회선의 장애 시 다른 경로를 통해 데이터 전송의 수행이 가능하여 신뢰도가 높다.

(6) 격자망(matrix)

2차원적인 형태를 갖는 망으로 네트워크 구성이 복잡하고 신뢰성이 우수하며, 광역통신망에 적용, 화상처리 등의 특수한 분산처리망으로 적합하다.

492

정보통신망의 종류 및 정의에 대한 내용을 바르게 설명하고 있는 것은?

① 근거리 통신망(Local Area Network, LAN)은 폭넓은 대역폭을 사용하여 종합적인 통신 서비스를 제공하는 정보통신망이다.

② 광역 통신망(Wide Area Network, WAN)은 구내나 동일 건물 내에서 프로그램 파일 또는 주변장치를 공유할 수 있는 정보 통신망이다.

③ 부가가치 통신망(Value Added Network, VAN)은 회선을 보유하거나 기간 통신 사업자로부터 회선을 임차하여 정보의 축적이나 가공, 변환처리 등 부가가치를 부여한 정보를 제공하여주는 서비스망이다.

④ 광대역 종합정보통신망(Broadband－ISDN, B－ISDN)은 연구소간 및 다국적 기업 또는 상호 유대관계가 깊은 동호기관을 LAN으로 연결한 정보통신망, 각기 다른 LAN을 통합시켜 관련 있는 기관과 상호 연결시킨 광역통신망이다.

> **정답** ③
>
> **풀이** ① 광대역 종합정보통신망(Broadband－ISDN, B－ISDN)에 대한 설명이다.
> ② 근거리 통신망(Local Area Network, LAN)에 대한 설명이다.
> ④ 광역 통신망(Wide Area Network, WAN)에 대한 설명이다.

493

정보통신서비스 사업자가 제공하는 공중망이나 인터넷을 마치 자사가 직접 구축한 전용 WAN 백본처럼 사용할 수 있도록 해주는 네트워크 기술로 옳은 것은?

① AP(Access Point)

② VAN(Value Added Network)

③ PDA(Personal Digital Assistance)

④ W－PKI(Wireless Public Key Infrastructure)

> **정답** ②
>
> **풀이** ① AP는 무선랜을 구성하는 장치중 하나로, 유선랜과 무선랜을 연결시켜주는 장치이다. AP는 Access Point의 약어이나, Wireless Access Point라고 하여 WAP라고도 한다. AP는 대체로 독립형 장치로, 이더넷 허브(Ehternet Hub)나 서버(Server)에 꽂아 사용할 수 있다. AP는 휴대폰(Cellular Phone)처럼 사용자의 위치에 따라 하나의 AP에서 다른 AP로 Hand－off(넘겨주기)되므로, 사용자가 이동하면서 이동형 무선장치를 사용할 수 있다.
> ③ 개인 정보 단말기(Personal Digital Assistant, PDA)는 터치스크린을 주 입력장치로 사용하는 한 손에 들어올 만큼 작고 가벼운 컴퓨터이다. 프로그래밍이 가능한 계산 장치라는 의미의 휴대용 소형 컴퓨터에 개인의 일정관리와 검색·관리 기능이 있는 주소록의 기능을 추가한 것을 말한다. 또, 데스크톱 컴퓨터와 노트북의 자료를 서로 주고받기 쉽다. 현재는 PDA와 휴대 전화의 기능을 합친 스마트폰이 대중화됨에 따라서 PDA가 점점 사라지고 있다. 그러나 슈퍼마켓 또는 편의점에서는 정보 유출 우려로 인해 PDA를 아직까지 사용하고 있다.
> ④ W－PKI(Wireless Public Key Infrastructure)는 무선 환경에서 사용자 인증을 하기 위한 인증환경 구조로서 유선환경보다 열악한, CPU 등의 제약 극복이 목적이다.

핵심정리 시분할컴퓨팅

시분할컴퓨팅이란 1대의 컴퓨터를 여러 명의 사용자가 동시에 이용하는 경우, CPU 사용의 단위시간을 잘게 나누어 이용하는 것을 말한다. 예를 들어 1대의 컴퓨터를 100명의 사용자가 1/1000초 단위로 이용하는 경우를 생각해볼 수 있다. 이는 만화영화에서 정지된 장면을 빠른 시간에 여러 장 보여줌으로써 연속적으로 움직이는 것처럼 느끼게 하는 효과를 컴퓨팅에 도입한 것으로, 시분할컴퓨팅 환경에서 100명의 사용자들은 마치 자기 혼자 전체 컴퓨터를 사용하는 것과 같은 느낌을 받게 된다. 이러한 시분할 컴퓨팅을 네트워크 환경에서 구축할 경우(원 거리에서 액세스) 컴퓨터 자원 공유의 이점을 갖게 되는데, 바로 이 점에 착안하여 1960년대 초반 영국 물리학연구소의 데이비스는 전국적 컴퓨터 네트워크의 구상을 제안하게 된다.

494

근거리 통신망의 구성방식에 대한 설명으로 틀린 것은?

① 스타형(Star Topology)은 point−to−point 방식을 취한다.

② 링형(Ring Topology)은 네트워크를 구성하는 컴퓨터들에게 공정한 기회를 주는 것이 특징이다.

③ 트리형(Tree Topology)은 통신선로가 가장 짧다.

④ 메시형(Mesh Topology)은 2차원적인 형태를 갖는 망으로 구성이 복잡하고 신뢰성이 우수하다.

정답 ④

풀이 ④ 2차원적인 형태를 갖는 망으로 구성이 복잡하고 신뢰성이 우수한 것은 격자망이다.

495

근거리 통신망의 구성방식에 대한 설명으로 옳은 것은?

① 스타형(Star Topology)은 하나의 컴퓨터 입장에서 보면 자신은 호스트에만 연결되므로 서버/클라이언트 방식을 취한다.

② 링형(Ring Topology)은 네트워크를 구성하는 컴퓨터들에게 공정한 기회를 주는 것이 특징이다.

③ 버스형(Bus Topology)은 모든 컴퓨터가 버스라고 불리는 회선에 연결, 버스를 통해서 데이터를 주고받기 때문에 통신 선로가 가장 길다.

④ 메시형(Mesh Topology)은 2차원적인 형태를 갖는 망으로 구성이 복잡하고 신뢰성이 우수하다.

정답 ②

풀이 ① 스타형(Star Topology)은 하나의 컴퓨터 입장에서 보면 자신은 호스트에만 연결되므로 point to point 네트워크 방식을 취한다.

③ 통신 선로가 가장 긴 것은 메시형이다.

④ 2차원적인 형태를 갖는 망으로 구성이 복잡하고 신뢰성이 우수한 것은 격자망이다.

백본 네트워크(Backbone Network)

- 네트워크의 최하위 레벨(level)
- 많은 LAN이나 원거리 통신망을 연결시켜주는 역할
- 주요 도시를 연결한 초고속통신망

패킷 스위치 네트워크(Packet Switched Network)

(1) 회선교환

    데이터를 전송하기 전에 두 컴퓨터 사이에 물리적인 회선을 미리 설정하여 독점적으로 사용

(2) 패킷교환

- 패킷은 데이터 전송단위로 전송하려는 정보에 주소와 제어신호를 부가한 데이터 형태
- 인터넷은 패킷교환 방식을 이용, 한 선로를 여러 사람이 동시에 이용
- 신뢰성이 높으며 데이터 전송속도도 비교적 빠름

통신 프로토콜

> ⚲ 핵심정리 **통신 프로토콜**

(1) TCP/IP
인터넷 정보의 전송과 제어 프로토콜

(2) FTP(File Transfer Protocol)
파일전송 프로토콜

(3) SMTP(Simple Mail Transfer Protocol)
전자우편서비스를 위한 프로토콜

(4) HTTP(Hyper Text Transfer Protocol)
웹을 이용하기 위한 프로토콜

(5) PPP(Point-to-Point Protocol)
전화망을 이용해서 인터넷 사용을 가능하게 하는 프로토콜

(6) SLIP(Serial Line Internet Protocol)
전화망을 이용해서 인터넷 사용을 가능하게 하는 프로토콜

> ⚲ 핵심정리 **통신 프로토콜의 기능**

• 전달하려는 정보를 통일한 크기로 나누고(fragmentation) 다시 재결합(reassembly)
• 에러 감시와 제거
• 통신을 하는 두 개체 간의 흐름제어 연결제어 동기화(synchronization)
• 여러 개의 메시지를 동시에 섞어서 보내는 다중화(multiplexing)

496

인터넷의 기본적인 통신 규약으로 기종에 상관없이 서로 다른 종류의 컴퓨터들을 연결하기 위한 인터넷 정보의 전송과 제어 프로토콜로 옳은 것은?

① SMTP
② HTTP
③ FTP
④ TCP/IP

정답 ④

풀이 ① SMTP는 전자우편 서비스를 위한 프로토콜이다.
② HTTP는 웹을 이용하기 위한 프로토콜이다.
③ FTP는 파일전송 프로토콜이다.

네트워크 장비

핵심정리 네트워크의 연결 장비

(1) 리피터(Repeater)

받은 신호를 증폭시켜서 먼 거리까지 정확히 전달하는 장치

(2) 라우터(Router)

전달된 패킷의 주소를 읽고 가장 적절한 네트워크 통로를 이용하여 전송하는 장치

(3) 게이트웨이(Gateway)

서로 다른 종류의 프로토콜을 사용하는 네트워크를 연결하는 장치

(4) 허브(Hub)

접속방법이 다른 물리층(Physical Layer)을 서로 연결하는 장치

497

신호를 증폭시켜 먼 거리까지 정확히 전달하는 장치로 옳은 것은?

① 리피터(Repeater)

② 라우터(Router)

③ 게이트웨이(Gateway)

④ 허브(Hub)

정답 ①

풀이 ② 라우터는 전달된 패킷의 주소를 읽고 가장 적절한 네트워크 통로를 이용하여 전송하는 장치이다.

③ 게이트웨이는 서로 다른 종류의 프로토콜을 사용하는 네트워크를 연결하는 장치이다.

④ 허브는 접속방법이 다른 물리층을 서로 연결하는 장치이다.

498

네트워크 간의 경로를 설정하고 연결시켜 주는 장치로 옳은 것은?

① 리피터(Repeater)

② 라우터(Router)

③ 게이트웨이(Gateway)

④ 허브(Hub)

정답 ②

풀이 ① 리피터는 받은 신호를 증폭시켜서 먼 거리까지 정확히 전달하는 장치이다.
③ 게이트웨이는 서로 다른 종류의 프로토콜을 사용하는 네트워크를 연결하는 장치이다.
④ 허브는 접속방법이 다른 물리층을 서로 연결하는 장치이다.

499

허브(hub)에 대한 설명으로 틀린 것은?

① 허브는 여러 대의 장치를 서로 연결할 때 사용할 수 있는 네트워크 접속 장치이다.

② 다수의 장치가 연결된 허브에서는 병목현상이 발생하여 통신 속도를 저하시킨다.

③ 허브를 통한 통신을 할 때에는, 송신장치가 보낸 신호가 허브에 연결된 수신 장치에만 전송된다.

④ 허브에는 여러 포트가 존재하며 각 포트에는 장치들이 연결되고, 허브에 연결된 장치들은 허브를 거쳐 서로 통신이 가능하다.

정답 ③

풀이 ③ 스위치와는 다르게, 허브는 수신 대상에 대한 인식 기능이 없다. 따라서 허브를 통한 통신을 할 때에는, 송신장치가 보낸 신호가 허브에 연결된 모든 장치에 전송된다. 즉, 수신 장치가 아닌 다른 장치들도 신호를 받게 되는 것이다. 이러한 불필요한 신호 전달과정 때문에, 다수의 장치가 연결된 허브에서는 병목현상이 발생하여 통신 속도를 저하시킨다.

500

메트칼프(Bob Metcalfe)에 의해 개발된 표준기술로서 네트워크를 구축하기 위한 전달매체로서의 역할을 수행하는 것으로 옳은 것은?

① Ethernet

② DSL(Digital Subscriber Line)

③ OSI(Open System Interconnection)

④ DHCP(Dynamic Host Configuration Protocol)

정답 ①

풀이 ① 유선으로 인터넷에 연결된 컴퓨터는 이더넷(ethernet)이라는 표준기술을 사용한다. 이더넷은 빛의 전달 매체를 뜻하는 'ether'와 'network'가 합쳐진 용어이다. 이름에 걸맞게, 이더넷은 네트워크를 구축하기 위한 전달매체로서의 역할을 수행한다. 제록스(Xerox)사(社)의 직원 밥 메트칼프(Bob Metcalfe)에 의해 개발된 이더넷은 표준화할 목적으로 개발된 것이 아니라 공통된 통신경로를 갖는 네트워크에서 호스트 끼리 정보를 주고받기 위한 목적으로 고안되었다.

네트워크의 성장 법칙

핵심정리 네트워크의 법칙

구분	사르노프의 법칙	메트칼프의 법칙	리드의 법칙
가치(n=노드의 수)	N(선형적)	N^2(비선형적)	2^n(기하급수적)
참여자	시청자	노드	노드 간의 그룹
의미	네트워크의 가치는 시청자 수에 비례	네트워크의 가치는 노드의 제곱에 비례	네트워크의 가치는 노드가 n일 때 2^n에 비례
매체	방송, 매스미디어	전화, e-메일	인터넷
커뮤니케이션	1 대 다(일방적)	양방향	Collaboration(협업)

핵심정리 메트칼프의 법칙과 리드의 법칙

메트칼프의 법칙은 네트워크의 규모가 증가하면 그 비용은 직선으로 증가하지만, 네트워크의 가치는 사용자수의 제곱에 비례한다는 법칙이다. 사용자 간의 커뮤니케이션이 중요한 특징으로 사용자가 10명인 네트워크와 100명인 네트워크의 가치는 10배가 아니라 100배 차이가 난다는 뜻이다. 리드의 법칙은 네트워크 사용자에 기반을 두어 네트워크 가치를 계산하는 점은 메트칼프의 법칙과 같지만, '그룹'을 중요하게 생각한다는 점에서 차이를 보인다. 서브그룹이 생기면서 나타나는 '협력'이 큰 특징으로, 네트워크의 가치는 사용자 수를 N이라고 했을 때 2^N에 비례한다. 예컨대 사용자가 20명이라면 2^{20}인 1,048,576개의 서브그룹이 만들어지며 집단 네트워크로서 힘을 갖는다. 트위터나 페이스북의 네트워크 가치와 영향력이 큰 이유도 리드의 법칙으로 설명할 수 있다.

핵심정리 길더의 법칙(Guilder's Law)

길더의 법칙은 "가장 비싼 자원을 아끼기 위한 최선의 방법은 가장 값싼 자원을 마구 쓰는 것이다."라는 조지 길더의 말에서 유래된 정보통신 법칙이다. Google이 가장 비싼 자원인 인력을 아끼기 위한 방법으로 가장 값싼 자원인 컴퓨팅 전력을 사용하는 것처럼, 현재 가장 값이 싼 자원인 컴퓨팅 전력과 광대역 통신의 성장세를 논리적으로 설명해준다.

501

네트워크의 규모가 커짐에 따라 투입량은 감소하지만 네트워크의 가치는 기하급수적으로 증가한다고 보는 법칙으로 옳은 것은?

[2021년 기출]

① 메트칼프의 법칙　　　　　　　　　　② 리드의 법칙
③ 사르노프의 법칙　　　　　　　　　　④ 무어의 법칙

정답 ①

풀이 ① 메트칼프의 법칙은 네트워크의 규모가 증가하면 그 비용은 직선으로 증가하지만, 네트워크의 가치는 사용자수의 제곱에 비례한다는 법칙이다. 사용자 간의 커뮤니케이션이 중요한 특징으로 사용자가 10명인 네트워크와 100명인 네트워크의 가치는 10배가 아니라 100배 차이가 난다는 뜻이다. 리드의 법칙은 네트워크 사용자에 기반을 두어 네트워크 가치를 계산하는 점은 메트칼프의 법칙과 같지만, '그룹'을 중요하게 생각한다는 점에서 차이를 보인다. 서브그룹이 생기면서 나타나는 '협력'이 큰 특징으로, 네트워크의 가치는 사용자 수를 N이라고 했을 때 2^N에 비례한다. 예컨대 사용자가 20명이라면 2^{20}인 1,048,576개의 서브그룹이 만들어지며 집단 네트워크로서 힘을 갖는다. 트위터나 페이스북의 네트워크 가치와 영향력이 큰 이유도 리드의 법칙으로 설명할 수 있다.

502

이베이가 성공할 수 있었던 원인을 찾다가 발견한 네트워크의 성장 법칙으로 옳은 것은?

[2019년 기출]

① 사르노프(David Sarnoff)의 법칙
② 무어(Gordon Earle Moore)의 법칙
③ 메트칼프(Robert Metcalfe)의 법칙
④ 리드(David Reed)의 법칙

정답 ④

풀이 ④ 리드는 어떤 상품을 팔지 않으면서 단지 고객들이 서로 사고 팔 수 있도록 시장만을 제공하면서도 이베이가 성공할 수 있었던 것은 특정한 이해관계를 둘러싼 사회적 집단의 형성을 용이하게 제공했기 때문이라고 평가했다. 또한 리드는 특정한 문화의 사람들이 새로운 교제 관계를 쉽게 형성할 수 있게 만들어 주는 것으로 수백만 대의 컴퓨터를 사용하는 수백만 명의 사람들은 서로 다른 중요한 특성을 추가하면서 성장하고, 그것이 네트워크에서 집단을 형성하는 사람들의 능력이 된다고 보았다.

503

네트워크 연결망에 대한 설명으로 틀린 것은?

[2020년 기출]

① 상호 연관된 결절의 집합이다.

② 네트워크는 단수가 아니고 복수이다.

③ 선에서 면으로 면에서 점으로 변화한다.

④ 한 지점이나 위치까지의 거리는 0에서 무한대까지 다양하다.

정답 ③

풀이 ③ 네트워크는 점과 선만으로 정의된다. 그래프 이론은 자연이나 사회 현상, 네트워크의 구조를 점과 선으로 단순화해 이해하고 분석하는 이론이다. 최근에는 그래프 이론을 다양한 분야에서 응용하면서 그 중요도가 높아지고 있다.

핵심정리 Katz와 Shapiro의 네트워크의 가치

(1) 실물네트워크

실물네트워크는 통신네트워크처럼 단말기 그 자체로는 아무런 가치를 가지지 않고 네트워크 속에서만 가치를 가지는 것을 말한다. 전화, 팩스 등이 이에 해당한다.

(2) 가상네트워크

- 가상네트워크는 컴퓨터의 운영체제와 응용소프트웨어와 같이 네트워크에 소속되지 않고서도 그 자체의 내재가치를 가지면서 동시에 네트워크에 소속됨으로써 부가되는 가치를 가지는 경우이다.
- 이 경우 특정 제품/서비스 사용자들은 새로운 제품이나 서비스가 나오더라도 다른 대안을 탐색하기보다 기존의 제품/서비스를 사용하고자 하는 특성을 보인다. Katz와 Shapiro는 이를 잠김효과(lock-in effect)라 칭했다.
- 잠김효과는 사용자 입장에서는 피하려고 하지만 공급자 입장에서는 지속시키고자 하기 때문에 그 정도에 따라 전환비용이 발생하게 되는데, 이때 예상되는 비용은 사용자가 고착된 정도와 비례한다.

(3) 단순긍정피드백

- 단순긍정피드백 현상은 내구소비재와 같이 유지보수의 필요가 있는 제품의 경우 유지보수 네트워크의 크기에 따라 소비행위가 영향을 받는 현상을 의미한다.
- 예로는 전자제품의 A/S센터나 특정 자동차 브랜드의 정비업체 등을 들 수 있다. 업체의 입장에서는 상품이 많이, 그리고 광범위한 지역에 걸쳐 팔려야만 서비스센터를 유지할 수 있다. 이런 경우 사람들은 자신의 취향을 희생시키면서라도 많은 사람들이 이미 사용하고 있는 상품을 고르는 경향이 있다.

504

Katz와 Shapiro의 네트워크 가치에 대한 설명으로 틀린 것은?

① 실물네트워크는 통신네트워크처럼 단말기 그 자체로는 아무런 가치를 가지지 않고 네트워크 속에서만 가치를 가지는 것을 말한다.

② 가상네트워크는 컴퓨터의 운영체제와 응용소프트웨어와 같이 네트워크에 소속되지 않고서도 그 자체의 내재가치를 가지면서 동시에 네트워크에 소속됨으로써 부가되는 가치를 가지는 경우이다.

③ 고착효과는 사용자 입장에서는 유지시키고자 하며 공급자 입장에서는 피하려고 한다.

④ 내구소비재의 경우 단순긍정피드백 현상으로 인해 유지보수 네트워크의 크기에 따라 소비행위가 영향을 받는다.

> **정답** ③
>
> **풀이** ③ 고착효과는 사용자 입장에서는 피하려고 하지만, 공급자 입장에서는 지속시키고자 한다.

505

네트워크 효과에 대한 설명으로 틀린 것은?

① 네트워크 효과는 제품의 사용자 수에 비례하며, 선형적이 아니라 기하급수적으로 증가한다.

② 직접 네트워크 효과는 생태계의 한 영역에서 참여자가 증가해 다른 영역의 참여자 증가를 유발하는 것을 의미한다.

③ 네트워크 효과로 인해 플랫폼은 확장될 수 있지만, 동시에 승자독식 현상이 나타나기도 한다.

④ 참여자 집단이 많아질수록 간접 네트워크 효과는 상승하고 수익이 다변화되지만, 생태계의 복잡성이 증가하여 갈등이 유발되며 통제의 어려움이 생긴다.

> **정답** ②
>
> **풀이** ② 간접 네트워크 효과에 대한 설명이다. 직접 네트워크 효과는 생산자 혹은 사용자 영역 중 한 곳에서 참여자가 증가하면 네트워크 효과가 나타나 참여자가 급증하는 현상을 나타낸다. 한 사용자가 특정 메신저를 사용하며 주변 몇몇 친구들을 끌어들이고, 이들과 소통하려는 더 많은 사람이 그 메신저를 사용하게 되는 것을 직접 네트워크 효과의 예로 들 수 있다.

506

동일 네트워크에 참여하는 사용자들이 증가할 때 그 네트워크 서비스를 사용하는 다른 사람들의 가치가 향상되는 것으로, 네트워크 효과로 불리는 현상에 대한 설명으로 틀린 것은?

① 카츠와 샤피로가 처음 사용한 용어이다.

② 상품의 가치는 사용자 수가 얼마나 많은가에 영향을 받는다.

③ 다른 사람의 소비에 영향을 받아 유행을 따르는 소비를 말한다.

④ 증가된 네트워크 가치가 더 많은 사용자를 불러들이는 것을 의미한다.

> 정답 ③
>
> 풀이 ③ 특정 상품에 대한 다른 사람들의 수요에 의해 영향을 받는 현상을 경제학에서 네트워크 효과라고 하는데 이러한 네트워크 효과에는 유행효과와 속물효과가 있다. 하지만 유행효과나 속물효과는 동일 네트워크에 참여하는 사용자에 따른 네트워크 외부성이라고 할 수 없다.

507

디지털 경제성장에 영향을 미치는 네트워크 효과로 불리는 현상과 관련이 있는 법칙으로 볼 수 없는 것은?

① 무어의 법칙

② 파킨슨 법칙

③ 길더의 법칙

④ 메트칼프의 법칙

> 정답 ②
>
> 풀이 ① 무어의 법칙에 따른 반도체 성능의 고성능화로 인해 네트워크의 성장이 가능해졌다.
>
> ② 파킨슨 법칙은 공무원 수는 일의 양과 관계없이 증가한다는 생태학적 법칙으로 조직 내 관료주의 확산에 종종 적용된다.
>
> ③ 길더의 법칙은 "가장 비싼 자원을 아끼기 위한 최선의 방법은 가장 값싼 자원을 마구 쓰는 것이다."라는 조지 길더의 말에서 유래된 정보통신 법칙이다. Google이 가장 비싼 자원인 인력을 아끼기 위한 방법으로 가장 값싼 자원인 컴퓨팅 전력을 사용하는 것처럼, 현재 가장 값이 싼 자원인 컴퓨팅 전력과 광대역 통신의 성장세를 논리적으로 설명해준다.
>
> ④ 메트칼프의 법칙은 네트워크의 규모가 증가하면 그 비용은 직선으로 증가하지만, 네트워크의 가치는 사용자수의 제곱에 비례한다는 법칙이다. 사용자 간의 커뮤니케이션이 중요한 특징으로 사용자가 10명인 네트워크와 100명인 네트워크의 가치는 10배가 아니라 100배 차이가 난다는 뜻이다.

Theme 80 커뮤니케이션 환경의 변화

핵심정리 이모티콘

- 이모티콘은 감정을 뜻하는 이모션(emotion)과 아이콘(icon)의 합성어로서 컴퓨터 자판에 있는 문자와 기호, 숫자 등을 조합해 컴퓨터 통신에서 자신의 감정이나 의사를 나타내기 위해 사용하는 표현법을 말한다.
- 이모티콘은 여러 가지로 발전했는데 텍스트 타입과 이미지 타입으로 나눌 수 있다.
- 이모티콘은 얼굴을 직접 대할 수 없는 의사소통 환경에서 더 정확하고 효과적인 의사전달을 위해서 고안된 것이며, 대화 상대자와 깊은 친밀감을 이루어나가기에 적합한 도구이다.

508

이모티콘에 대한 설명으로 틀린 것은?

① 감정을 뜻하는 이모션(emotion)과 아이콘(icon)의 합성어로서 감정이나 의사를 나타내기 위해 사용하는 표현법을 말한다.

② 얼굴을 직접 대할 수 없는 환경에서 표현의 경제성을 위해 고안된 것이다.

③ 인터넷 환경에서 비언어적 공손 전략으로 사용되는 경우도 존재한다.

④ 문자, 기호, 숫자로 감정을 표현하는 텍스티콘과 다양하고 섬세한 감성을 전달할 수 있는 그래픽콘으로 구분할 수 있다.

정답 ②

풀이 ② 이모티콘의 사용은 표현성으로 분류할 수 있다. 그리고 이모티콘의 사용은 대면접촉이 불가능한 의사소통 환경에서 정확하고 효과적인 의사전달을 위해서 고안된 것으로 경제성을 위한 것이 아니다.

- 나이의 많고 적음과 상관없이 일정한 방식의 언어를 사용한다.
- 대화자의 성향이나 기분에 따라 상대방에 대한 호칭이 달라진다.
- 일대 다수성의 특성이 있어서 인원 제한 없이 의사소통할 수 있다.
- 청소년들이 그들만의 사이버 언어 사용으로 세대 간의 격차를 증대시킨다.
- 익명성을 가지고 있어서 인터넷 상에서 아이디나 아바타 등을 통해 자신만의 특징과 정체성을 가진 새로운 존재를 창출한다.

509

사이버 공간에서의 언어 사용의 특징으로 옳은 것은?

① 기존의 문자 언어를 넘어서는 다양한 감정표현이 가능해짐으로써 세대 간 격차 해소가 가능하다.

② 사이버 언어는 세대별 나이에 따라 사용하는 언어 방식이 달라서 세대 간 격차를 증대시킨다.

③ 사이버상에서 아이디나 아바타 등을 통한 익명성으로 자신만의 특징과 정체성을 나타내는 새로운 존재의 창출이 가능하다.

④ 사이버 언어는 일대 다수성 특성으로 제한 없이 누구나 들을 수 있고 상대방에 대한 호칭이 일관되게 유지된다.

정답 ③

풀이 ① 이모티콘의 사용 등 기존의 문자 언어를 넘어서는 다양한 감정표현이 가능해지는 것은 옳지만 세대 간 격차는 증대될 수 있다.
② 사이버 언어 사용을 통해 세대 간 격차가 증대될 수 있는 것은 옳지만 사이버 공간에서는 나이의 많고 적음에 상관없이 일정한 방식의 언어를 사용한다.
④ 사이버 공간의 커뮤니케이션이 일대 다수성의 특성을 가지는 것은 옳지만 대화자의 성향이나 기분에 따라 상대방에 대한 호칭이 달라진다.

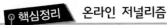 **온라인 저널리즘**

(1) 의의
- 온라인 저널리즘(Online journalism)은 인터넷이나 매체를 통해 신문이나 방송 등의 정기간행물을 전달하는 방식을 일컫는다.
- 사실 또는 사건에 대한 보도가 인터넷을 통해 생산 및 유포되는 것을 가리키는 용어로 보는 간략한 정의도 있다.
- 새로운 유형의 저널리즘으로 인식하고 있으며, 수용자의 대상이 온라인 이용 독자로 한정되는 것이 온라인 저널리즘과 다른 저널리즘과 구분 짓는 가장 중요한 요소이다.
- 온라인저널리즘은 인터넷을 '많은 사람들이 여러 경로를 통해 정보에 접근하고 서로 소통할 수 있도록 하며, 시간과 공간을 동등하게 공유하며 참여가 가능한 플랫폼'이라고 보는 시각에 기반을 두고 있다.

(2) 특징
디지털 멀티미디어 네트워킹 환경에서 온라인 저널리즘은 크게 하이퍼텍스트성, 상호작용성, 비선형성, 멀티미디어성, 융합, 그리고 맞춤형/개인화라는 여섯 가지의 기술 환경적 특성에 의해 지배받는다.

(3) 장점
- 수용성(capacity) : 전통 미디어의 고질적 시간 및 공간 부족 해소
- 유연성(flexibility) : 문자, 그림, 음성, 영상, 그래픽 등의 다양한 융합 미디어 구현
- 즉시성(immediacy) : 언제 어디서나 즉각적 보도 기능
- 영구성(permanence) : 전자 형식의 정보파일 영구 보관, 저장 후 탐색 기능까지 제공
- 상호작용성(interactivity) : 하이퍼링크를 통한 뉴스의 선택과 다양한 피드백 기능을 활용한 쌍방향 소통 활성화

510
온라인 저널리즘의 특징에 대한 내용 설명으로 바르지 못한 것은?

① 이용자가 자신의 흥미, 호기심, 목적 등에 따라 마음대로 정보를 찾아볼 수 있도록 구성한 비선형적 문서 형식이다.
② 온라인 저널리즘은 전통적인 기사구조와 다른 비선형적 기사구조(non-linear storytelling)를 갖는다.
③ 시공간의 제약으로부터 자유롭지 못하기 때문에 마감이라는 시간적 제약에 구애 받는다.
④ 온라인 저널리즘의 유형에는 기존의 미디어가 온라인을 이용하여 정보를 제공하는 형태와 온라인상에서만 뉴스를 전달하는 형태, 그리고 각종 온라인 커뮤니티를 토론의 공간으로 사용하고 있는 형태 등으로 나누어 볼 수 있다.

정답 ③

풀이 ③ 시공간의 제약으로부터 자유롭지 못하기 때문에 마감이라는 시간적 제약에 구애 받는 것은 전통적 저널리즘의 특징이다.

(1) 의의

전통 저널리즘의 주된 뉴스 형식은 객관주의 저널리즘의 가치와 정신을 가장 잘 반영하는 역(逆) 피라미드 구조의 전형을 따른다. 객관주의 저널리즘을 신봉하는 저널리스트들은 대체로 정확하고 객관적인 사실관계를 충분한 논거를 담아 설득력 있게 내러티브로 구조화할 때 진실에 더욱 더 가까이 다가갈 수 있다는 직업적 믿음을 보편적인 가치구조로 내면화하고 있다. 따라서 확인되고 검증된 사실을 확보하고 있다면 개인의 주관적 편견과 추측, 의견과 주장을 배제하는 사실의 객관적 나열구조가 가장 단순하면서도 표준화된 방법으로 인정받고, 또 현실을 재현하는 효과적인 표현 양식으로 널리 권장된다. 어떻게 보면, 역 피라미드 구조는 근대이성적 과학관이 지배하는 근대사회의 세계 인식과도 잘 조응하는 서술 패러다임이라고 할 수 있다.

(2) 역피라미드 선형구조

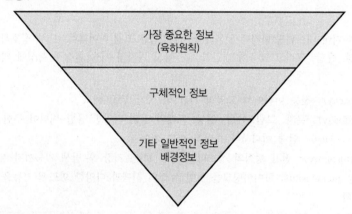

초반부에 중요한 내용을 넣는 두괄식을 일반적으로 선호하며, 후반부로 갈수록 가벼운 내용을 넣는다. 수용자의 인내심은 길지 않으며, 너무 긴 기사를 읽으려 하지 않으므로 초반부에 중요한 내용을 넣는다. 제한된 시간, 공간에서 유연한 대처가 가능하다는 장점이 있다. 내용을 줄여야 할 때 상대적으로 덜 중요한 부분인 아래부분부터 첨삭하면 된다.

511

온라인 저널리즘의 속성으로 적절하지 않은 것은?

① 수용성 　　　　　　　　② 유연성
③ 한시성 　　　　　　　　④ 상호작용성

정답 ③

풀이 온라인 저널리즘은 전자 형식의 정보파일 영구 보관, 저장 후 탐색 기능까지 제공하므로 오히려 영구성을 속성으로 가진다.

512

온라인 저널리즘의 특징으로 틀린 것은?

① 상호작용성

② 하이퍼텍스트성

③ 멀티미디어

④ 역피라미드 선형구조

정답 ④

풀이 ④ 역피라미드 선형구조는 전통적 저널리즘의 뉴스 형식이다.

513

언론의 4이론에 대한 설명으로 틀린 것은?

① 언론의 4이론은 1950년대 냉전 체제에서 나온 사회 체계와 미디어 체계에 관한 고전 이론이다.

② 사회의 정치 체제에 따라 언론을 권위주의, 자유주의, 사회주의, 소비에트 전체주의 언론으로 구분한다.

③ 권위주의 언론의 특성은 주요 당원에게 언론에 대한 소유와 통제권이 주어져 있고 당에 대한 비판을 금지한다.

④ 자유주의 언론 이론은 경제적인 수단을 지닌 누구나 미디어를 소유할 수 있고 '자가 수정의 원리'와 '사상의 자유 공개 시장' 원리에 의해 미디어가 스스로 통제된다.

정답 ②

풀이 언론의 4이론은 기존 사회의 정치 체제가 갖는 특성에 따라 언론을 권위주의, 자유주의, 사회책임주의, 소비에트 전체주의 언론으로 구분한다. 자유주의 언론 이론은 20세기 미국에서 보다 발전적으로 수정되어 개인의 사적 권리와 주요한 사회적 이익을 심각하게 침해하지 않는 한 말할 것이 있는 누구에게나 미디어를 이용할 수 있는 권한을 부여하며 미디어에 대한 통제는 공동체의 의견과 소비자 행동, 그리고 언론인의 직업적인 윤리 의식에 의해 이루어진다고 보는 사회책임이론으로 발전했다.

514

언론의 4이론에 대한 설명으로 틀린 것은?

① 권위주의 사회체제에서는 주요 당원에게 언론에 대한 소유와 통제권이 주어져 있고 당에 대한 비판을 금지한다.

② 소비에트 전체주의 사회체제에서는 '자가 수정의 원리'에 의해 미디어가 스스로 통제된다.

③ 20세기 미국에서는 미디어의 통제가 공동체의 의견과 소비자 행동 그리고 언론인의 직업적인 윤리의식에 의해 이루어진다.

④ 언론의 4이론은 기존 사회의 정치 체제가 갖는 특성이 그 사회의 언론 체계의 특성을 규정짓는 데 영향을 미치는 것으로 본다.

정답 ②

풀이 ② 자유주의 사회체제에서는 경제적인 수단을 지닌 누구나 미디어를 소유할 수 있고 '자가 수정의 원리 (self-righting principle)'와 '사상의 자유 공개 시장(free market place of ideas)' 원리에 의해 미디어가 스스로 통제된다.

81 가상 공동체

핵심정리

구분	전통적 공동체	가상 공동체
유사점	• 구성원 간 경험과 감정, 가치를 공유하는 집단 • 구성원의 지속성과 의례 행위가 있고 일정한 통제가 존재 • 특정 관계 속에서 도움을 주고받음	
속성	• 지역성을 띠는 경우가 많음 • 운명적, 귀속적, 자연적	• 시공간의 한계를 벗어남 • 자발적 임의적 선택 가능
인간관계	• 직접적, 대면적, 전인격적	• 간접적, 비대면적 • 익명성 보장
규제	• 상대적으로 강한 규제	• 상대적으로 약한 규제
사회적 관계	• 잘 알고 있는 지인들에게 특정 공동체의 성격과 관련 있는 한정된 유형의 도움 제공 • 정서 지향적	• 비교적 자유롭고 다양한 유형의 도움 제공 • 일반화(관례화)된 상호성에 따라 모르는 사람과 상호 도움 제공 • 목적 지향적
유대 관계	• 대체로 강한 유대 • 사회적으로 유사한 사람들일 가능성이 높음	• 대체로 약한 유대 • 서로 상이한 성원들이 다양한 사회집단에 연결된 약한 유대를 통해 새로운 정보를 습득하는 데 용이함

515

사이버 공간 혹은 사이버 공동체란 현실 세계의 구속과 규제로부터 자유로운 영역이고, 또 한 그들의 새로운 개척지라고 본 사람의 이름으로 옳은 것은?

① 스티븐 존스(Steven Jones)

② 윌리엄 깁슨(William Gibson)

③ 라인골드(Howard Rheingold)

④ 존 페리 발로(John Perry Barlow)

정답 ④

풀이 ④ 존 페리 발로(John Perry Barlow)에 대한 설명이다. 참고로 스티브 존스는 사이버사회라는 말을 처음 사용한 사람이고, 윌리엄 깁슨은 그의 소설 「뉴로맨서」에서 사이버 공간이란 말을 처음 사용하였다.

516

사회구성주의 관점의 사이버 공동체에 대한 설명으로 틀린 것은?

① 사이버 공동체는 현실적인 오프라인 사회관계의 연장이다.

② 온라인과 오프라인은 서로 분리된 공간이 아니라 매우 밀접한 연관성을 지니는 '유사한 공간'이다.

③ 사람들의 자유롭고 역동적인 상징적 상호작용에 의해 사이버 공간에도 새로운 의미 공동체가 만들어
지게 된다.

④ 현실 공간의 사회적 관계나 조건이 사이버 공간에 그대로 투영 또는 반영되어 사이버 공간 혹은 사이
버 공동체의 특성을 규정하게 된다.

정답 ③

풀이 상징적 구성론의 입장이다. 사회적 구성론은 사이버 공간이 현실 공간과 다른 새로운 공간이 아니고, 사이버
공동체가 현실 공동체와 다른 새로운 공동체가 아니라고 본다.

핵심정리 **라인골드(Rheingold)의 가상 공동체의 특성**

(1) **자발적 참여**

인터넷과 마찬가지로 가상 공동체도 이용자들의 능동적인 참여를 전제로 의사소통되어야 계속 유지
가 가능하다.

(2) **수평적, 민주적 운영**

• 가상 공동체도 스스로 규율과 규칙을 만들어 운영하지만 이것은 커뮤니티를 유지하기 위한 최소한
의 업무를 담당하는 것이 대부분이다.

• 공동체 구성원들은 스스로 만들어 놓은 규칙을 지켜나가면서 공동체 구성원으로 존재함으로써 커
뮤니티의 독립성이 강화되고, 가상 공동체만의 정체성을 형성한다.

(3) **능동적, 적극적 관계 형성**

• 사이버 공간에서 참여자들이 특정한 분야에서 공통된 관심과 문제를 공유하면서 상호 교류한다.

• 커뮤니티에 참여한다는 것은 상호 간에 관계를 형성하고 유지하는 것을 의미한다.

• 개인의 취미 관심사와 관련된 커뮤니티에 가입해서 다양한 채널을 통해 서로의 의견과 관심사를
공유하고 상호작용하면서 새로운 지식과 정보를 창출하고 집단을 형성해 가는 지성이다.

(4) **집단지성 형성**

• 가상 공동체들은 온라인 집단지성 형성을 위한 제반 요건들을 갖추고, 많은 집단지성의 산물들이
공동체를 통해서 나타난다.

• 특정한 공동체에 속해 있지 않지만, 위키피디아나 네이버 지식 iN과 같은 서비스를 이용함으로써
암묵적인 하나의 공동체가 형성, 수많은 익명의 대중들 지성을 한데 모아 형성해 나가는 공간이 바
로 가상 공동체의 공간이며 집단지성의 원천이다.

존스(Jones)의 가상 공동체의 구성요건

(1) **최소한의 상호작용**

가상 공동체가 형성되기 위해 가장 중요한 것이 상호 교류가 있으면서 피드백을 주고받아야 한다는 것을 의미한다.

(2) **공동체 참여자의 다양성 유지**

공동체라는 것은 한두 명으로 이루어지는 커뮤니티가 아니므로 보다 많은 참여자들이 상호작용에 참여할 필요가 있다.

(3) **공통의 공론장**

규칙적으로 소통할 수 있는 공통의 공론(public opinion)장이 필요하다.

(4) **최소한 일정기간 동안 유지될 수 있는 멤버십**

구성원들의 소속감 증대와 가상 공동체 구성원으로서의 정체성 형성에 기여한다.

517
라인골드의 가상 공동체 특성이 아닌 것은?

① 규칙적으로 소통할 수 있는 공통의 공론장이 필요
② 구성원들의 능동적인 참여를 전제로 의사소통
③ 스스로 규율과 규칙을 만들어 운영
④ 특정 분야에서 공통된 관심과 문제를 공유하면서 상호 교류

정답 ①

풀이 ① 규칙적으로 소통할 수 있는 공통의 공론장이 필요하다는 것은 가상 공동체의 구성요건이다. 가상 공동체의 특성이란 전통적 공동체와 구별되는 가상 공동체만의 속성을 말하고 가상 공동체의 구성요건은 최소한 공동체로 성립할 수 있는 조건으로 전통적 공동체와 가상 공동체의 공통점이라고 할 수 있다.

제3의 장소

♀핵심정리 정겨운 장소(The Great Good Place)

- '제3의 장소(Third Place)'라고도 불리는 '정겨운 장소(The Great Good Place)'은 거주의 공간인 가정(제1의 장소)과 노동의 공간인 직장(제2의 장소) 다음으로 인간에게 꼭 필요한 건전한 공동체 공간을 뜻한다. 아무런 형식이나 격식에 구애받지 않고 일상 속에서 자연스럽게 가까워진 사람들이 만나고 헤어지는 곳이 '제3의 장소', 즉 정겨운 장소라는 것이다. 이곳을 드나들며 사는 사람들은 그렇지 않은 사람들보다 사회적 지능이 세련돼 교양이 있고 소속감을 느껴 행복도가 높다고 한다.
- 이탈리아 시골에서는 매일 저녁, 노을이 질 무렵이면 동네 노인들이 우물이 있는 소광장(Piazza)에 하나둘씩 모여 담소를 나눈다. 영국과 아일랜드에는 큰 도시든 작은 마을에서든 골목마다 맥줏집이 있어 퇴근길 직장인들이 들러 맥주를 사이에 두고 회포를 푼다. 프랑스는 카페와 비스트로(bistro)를 상대적으로 쉽게 만날 수 있으며, 시민들 모두 여유시간을 보내는 단골 카페가 있다고 한다. 카페하우스(Kaffeehaus)로 유명한 빈에서 일찍이 카페는 정치가, 언론가, 예술가들이 만나 토론하고 함께 작업하는 창조적 오피스 공간을 했던 것으로 유명하다. 1999년 제3판을 내기까지 이 책에서 레이 올덴버그는 다가올 21세기 스마트 모바일 기기의 시대에 대해서는 언급하지 않았다.

518
레이 올덴버그(Ray Oldenburg)의 'The Great Good Place'에 대한 설명으로 틀린 것은?

① 20세기 제2차 세계대전 이후 본격화된 미국식 도시계획과 교외 부동산 개발 산업이 오늘날 미국 사회에서 정겨운 공공장소, 더 나아가 공동체가 사라지게 된 이유이다.

② '정겨운 장소(The Great Good Place)'는 '제3의 장소(Third Place)'라고도 불리는데 거주의 공간인 가정(제1의 장소)과 노동의 공간인 직장(제2의 장소) 다음으로 인간에게 꼭 필요한 건전한 공동체 공간을 뜻한다.

③ '제3의 장소' 즉, 정겨운 장소를 드나들며 사는 사람들은 그렇지 않은 사람들보다 사회적 지능이 세련돼 교양이 있고 소속감을 느껴 행복도가 높다.

④ 사람들은 가상의 '제3의 장소'에서 만남을 계기로 물리적인 '제3의 장소'로 나와 직접 만나고 신공동체를 형성하게 될 것이다.

정답 ④
풀이 ④ 1999년 'The Great Good Place'의 제3판을 내기까지 이 책에서 레이 올덴버그는 다가올 21세기 스마트 모바일 기기의 시대에 대해서는 언급하지 않았다. 그가 말한 "제3의 장소"는 아주 저렴한 가격으로 약간의 먹을거리를 즐기면서, 사람들과 마주할 수 있는 공간이었다.

샐린스(Sahlins)의 호혜성

핵심정리

(1) 의의

마샬 샐린스(sahlins)는 사회적 유대관계의 친밀도에 따라 호혜성을 일반적 호혜성과 균형적 호혜성 및 부정적 호혜성의 세 가지 형태로 구분하였다.

(2) 일반적 호혜성(generalized reciprocity)

- 일반적 호혜성(generalized reciprocity)은 한편에서 상대방에게 물자와 용역을 주되 그 종류와 양 또는 가치를 계산하거나 특정한 시간을 정하여 등량등가(等量等價)로 되돌려 갚을 것을 요구하지 않는 호혜성이다. 그러나 당장에 직접 되돌려 갚지는 않는다 하더라도 장기간에 걸쳐서 보면 어떤 형식으로든지 받은 혜택을 되돌려 갚는 것이 보통이다.
- 예를 든다면 어떤 사람이 이타적인 동기에서 상대방에게 은혜를 베풀거나 예물을 주었을 경우, 그 것을 받은 사람은 나중에 기회가 있을 때 은혜를 갚거나 답례를 함으로써 되돌려 갚을 수도 있고 존경을 표시함으로써 사회적 위세가 준 사람에게 돌아가게 할 수도 있다. 그러므로 일반적 호혜성은 친밀도가 아주 가까운 부부간이나 부모, 형제, 사제간 또는 가까운 친척 사이에서 흔히 나타난다.

(3) 균형적 호혜성(balanced reciprocity)

- 균형적 호혜성(balanced reciprocity)은 한편에서 상대방에게 물자와 용역을 줄 때 주는 사람이나 받는 사람이 모두 받은 것만큼 되돌려 갚아야 한다는 것을 인정하고 또 그렇게 행하는 호혜성이다. 되돌려 갚는 기간도 아주 장기간에 걸친 것이 아니고 비교적 단기간에 교환이 이루어져야 한다. 이 호혜성의 특징은 등가등량의 교환을 원칙으로 하지만 실제로 되돌려 갚을 때에는 그 종류와 양과 가치를 대등하게 하는 것은 그 사회의 관습과 도덕에 따라 정해진다.
- 예를 든다면 한국의 혼례나 상례, 통과의례에 축의나 부의를 받을 경우 흔히 그것을 일일이 기록해 둔다. 나중에 상대방에게 그런 일이 있을 때, 축의나 부의 또는 다른 형태로 갚는 것이지만 그 종류와 양 및 가치는 반드시 똑같지 않은 것이 보통이다. 각자의 사회적 지위나 형편에 따라 비슷한 값어치가 정해지기 때문이다. 균형적 호혜성의 형태는 통과 의례시의 축의금이나 부의금 이외에도 우리나라의 품앗이 같은 노동의 교환형태가 있다. 특히 농경사회에서는 모심고, 김매고, 추수를 할 때 이웃 또는 친척 간에 노동력을 교환한다.

(4) 부정적 호혜성(negative reciprocity)

- 부정적 호혜성(negative reciprocity)은 한편에서 상대방에게 주는 것보다 더 많은 것을 얻으려는 호혜성이다. 그러므로 이런 교환의 당사자 쌍방은 서로 상반된 이해관계(利害關係)를 가지고 있다. 즉 상대방을 희생시켜서 자기의 이득을 극대화 하려는 의도를 쌍방이 모두 가지고 있다.
- 그 형태는 가장 극단적인 경우, 상대방에게 아무것도 주지 않고 강제로 남의 것을 뺏으려는 노골적인 강매로부터, 가장 덜 심한 형태로 상대방의 것을 깎고 자기의 것을 에누리하는 흥정이다. 따라서 세 가지 형태의 호혜성 중에서 당사자들의 친밀도가 가장 낮고 서로 모르는 사람들 사이에 행하여지는 것이 부정적 호혜성이다.

519

샐린스(Sahlins)의 호혜성에 대한 설명으로 옳은 것은?

① 균형 잡힌 호혜성, 일반화된 호혜성, 부정적 호혜성으로 구분할 수 있다.

② 일반화된 호혜성은 교환에 참여하는 당사자들 간의 이익 극대화를 목표로 한다.

③ 균형 잡힌 호혜성은 교환에 참여하는 상대방은 물론 일반적인 타인 또는 공공의 이익을 먼저 고려하는 규범이다.

④ 부정적 호혜성은 사실상 불신의 상태로 '파벌의 해악' 혹은 '도둑들 간의 명예'라고 불리는 외부불경제의 원인이 될 수 있다.

정답 ①

풀이 ② 일반화된 호혜성은 교환에 참여하는 상대방은 물론 일반적인 타인 또는 공공의 이익을 먼저 고려하는 규범이다.

③ 균형 잡힌 호혜성은 교환에 참여하는 당사자들 간의 이익 극대화를 목표로 한다.

④ '파벌의 해악' 혹은 '도둑들 간의 명예'라고 불리는 외부불경제의 원인이 되는 것은 당사자들 간의 이익 극대화를 목표로 하는 균형 잡힌 호혜성이다.

사회적 자본

520

퍼트넘이 주장하는 '사회적 자본'에 대한 설명으로 옳은 것은?

① 사회적 자본은 개인의 경제적 자산을 의미한다.

② 사회적 자본은 네트워크, 행동규범, 신뢰 등으로 구성되어 있다.

③ 사회적 자본은 사회 구조 안에서 누적되는 정적인 자본이다.

④ 사회적 자본은 개인의 능력과 지식을 의미한다.

정답 ②

풀이 로버트 퍼트넘의 '사회적 자본' 개념은 주로 사회 연결망, 행동규범, 그리고 그 사이에 있는 신뢰로 구성되어 있다. 이것은 개인, 집단, 그리고 사회 간의 상호작용과 관계를 통해 만들어지고 활용되는 자본을 의미합니다.

① 사회적 자본은 개인의 경제적 자산을 직접적으로 의미하지 않는다.

② 사회적 자본은 네트워크, 행동규범, 신뢰 등으로 구성되어 있다는 것이 퍼트넘의 주장이다.

③ 사회적 자본은 유동적이며, 상황에 따라 변할 수 있다. 따라서 정적인 자본이라고 보기는 어렵다.

④ 사회적 자본은 개인의 능력과 지식이 아니라, 사회 구조와 상호작용을 통해 만들어지는 자본을 의미한다.

♀핵심정리 퍼트넘(Putnam)의 사회적 자본

사회적 자본이란 "개인들 사이의 연계(connections), 그리고 이로부터 발생하는 사회적 네트워크, 호혜성(reciprocity)과 신뢰의 규범"을 가리키는 말이다. 사회적 자본은 크게 두 가지 종류로 구분한다.

첫째는 연계(bridging) 혹은 포괄적(inclusive) 유형의 사회적 자본이다. 연계형 사회적 자본은 광범위한 정체성과 호혜성을 만들어낼 수 있다. 회원과 외부 자원의 연계, 정보 확산에 보다 유용한 기능을 하는 등 사회학적 윤활유 역할을 한다. 민권 운동, 청년봉사단체, 초교파적 종교단체 등이 여기에 속한다.

둘째는 결속(bonding) 혹은 배타적(exclusive) 유형의 사회적 자본이다. 결속형 사회적 자본은 내부 지향적이며 네트워크의 배타적 정체성과 단체의 동질성을 강화하는 경향이 있다. 개별적 호혜성을 강화하고 연대성을 동원하는 데 좋아 사회학적 강력접착제 역할을 한다. 반면, 우리의 자아를 한층 더 좁게 만든다. 같은 인종에게만 자선과 구호사업을 벌이는 단체 등이 여기에 속한다. 사회적 자본이라고 해서 모두 좋은 것은 아니다. 어떤 사회적 자본이 증가하고 어떤 사회적 자본이 감소하는지 살펴볼 필요가 있다. 주목할 것은 퍼트넘이 사회적 자본을 '결속형'과 '연계형'으로 구분한다는 점이다. 결속형이 혈연·지연·학연과 같은 내부지향적이고 배제적인 유형을 말한다면, 연계형은 공적 시민단체에 참여하는 것과 같은 외부지향적이고 포섭적인 유형을 지칭한다. 그는 현대사회에서 연계형의 사회적 자본이 증가해야 한다고 주장한다.

521

퍼트넘(Putnam)의 사회적 자본에 대한 설명으로 틀린 것은?

① 연계형 사회적 자본은 공적 시민단체에 참여하는 것과 같은 외부지향적이다.

② 결속형 사회적 자본은 내부 지향적이며 네트워크의 배타적 정체성과 단체의 동질성을 높이고, 포괄적 호혜성을 강화한다.

③ 사회적 자본이란 "개인들 사이의 연계, 그리고 이로부터 발생하는 사회적 네트워크, 호혜성과 신뢰의 규범"을 가리키는 말이다.

④ 사회적 네트워크는 부정할 수 없는 화폐 가치를 가지는데, 조세 복종을 성공적으로 예측하게 하는 유일한 요소는 사회적 자본이다.

정답 ②

풀이 ② 결속(bonding) 혹은 배타적(exclusive) 유형의 사회적 자본이다. 결속형 사회적 자본은 내부 지향적이며 네트워크의 배타적 정체성과 단체의 동질성을 강화하는 경향이 있다. 개별적 호혜성과 연대성을 강화하여 사회학적 강력접착제 역할을 한다. 반면, 우리의 자아를 한층 더 좁게 만든다. 같은 인종에게만 자선과 구호사업을 벌이는 단체 등이 여기에 속한다. 사회적 자본이라고 해서 모두 좋은 것은 아니다. 어떤 사회적 자본이 증가하고 어떤 사회적 자본이 감소하는지 살펴볼 필요가 있다.

핵심정리 **사회적 자본**

(1) **개념**
- 사회적 자본(Social Capital)은 종전의 인적·물적 자본에 대응되는 개념이다. 이는 '사회구성원의 공동문제해결위한 참여조건 또는 특성' 혹은 '공동이익을 위한 상호 조정과정과 협력을 촉진하는 사회적 조직의 특성'으로 정의 할 수 있다.
- 이렇게 정의가 추상적인 이유는 사회적 자본이라는 개념을 이야기하는 학자가 많고 그 정의 또한 비슷한 듯하면서도 다르기 때문이다.

(2) **사회적 지원관계에 의한 이용가능한 자원으로서의 사회적 자본**
  Coleman은 한 개인이 그 안에 참여함으로써 특정한 행동을 하는 것을 가능하게 만들어 주는 사회구조 혹은 사회적 관계의 한 측면으로 사회적 자본을 정의하였다. Nahapiet와 Ghoshal은 개인 또는 사회적 단위가 소유한 관계의 네트워크로부터 이끌어내어 이용가능한 실제적으로 잠재적인 자원의 합으로 사회적 자본을 개념화 하였다.

(3) **사회적 관계가 제공하는 기회와 이익의 총합으로서의 사회적 자본**
  Bourdieu은 친근감이나 상호 인지적 관계가 제도화거나, 지속적인 연결망이 유지되어 개인이나 집단이 실제 및 가상으로 얻게 되는 이점이나 기회의 총합으로 사회적 자본을 바라보았다. 이와 유사하게 Granovetter는 이해관계를 추구하는 행위자들이 생산적으로 이용할 수 있는 사회적 구조 내에 축적된 자원으로 사회적 자본을 정의했다.

(4) **공동체 유지를 위한 기제로서의 사회적 자본**
- Putnam은 상호이익을 증진시키기 위한 조정과 협력을 촉진시키는 네트워크, 규범 그리고 사회적 신뢰와 같은 사회조직의 특징이라고 정의하였다.

- 그리고 Fukuyama는 그룹과 조직에서 공공 목적을 위해서 함께 일하도록 하는 사람들의 능력이며, 이러한 사람들 사이의 협력을 가능케 하는 한 집단의 회원들 사이에 공유된 어떤 일단의 비공식적인 가치 또는 규범 내지는 신뢰의 존재로서 사회적 자본을 규정하였다.
- Brehm과 Rahn도 집단행동 문제들에 대한 해결을 촉진하는 시민들 사이의 협동적 관계망(사회적 연계망)이라는 비슷한 개념으로 사회적 자본을 바라보았다.

522

사회적 자본에 대한 각 학자들의 입장으로 틀린 것은?

① Coleman : 사회적 지원관계에 의한 이용가능한 자원

② Bourdieu : 사회적 관계가 제공하는 기회와 이익의 총합

③ Putnam : 공동체 유지를 위한 기제

④ Fukuyama : 사회적 구조 내에 축적된 자원

> **정답** ④
>
> **풀이** 이해관계를 추구하는 행위자들이 생산적으로 이용할 수 있는 사회적 구조 내에 축적된 자원으로 사회적 자본을 정의한 연구자는 Granovetter로서 사회적 자본을 사회적 관계가 제공하는 기회와 이익의 총합으로 보는 견해에 속한다. Fukuyama는 그룹과 조직에서 공공 목적을 위해서 함께 일하도록 하는 사람들의 능력이며, 이러한 사람들 사이의 협력을 가능케 하는 한 집단의 회원들 사이에 공유된 어떤 일단의 비공식적인 가치 또는 규범 내지는 신뢰의 존재로서 사회적 자본을 규정하였다. Fukuyama의 견해는 사회적 자본을 공동체 유지를 위한 기제로 보는 입장에 속한다.

523

사회자본에 대한 설명으로 틀린 것은?

① 한 개인이 그 안에 참여함으로써 특정한 행동을 하는 것을 가능하게 만들어 주는 사회 구조 혹은 사회적 관계의 한 측면이다.

② 한 개인에게는 없지만 그 개인이 참여하는 사회적 관계를 통하여 다른 사람들이 가지고 있는 자원을 동원할 수 있는 능력이다.

③ 다른 자본들과는 달리 개인이나 물리적 생산시설에 존재하는 것이 아니라 사회적 관계 내에 존재한다.

④ 다른 자본들과 달리 사회자본을 가진 사람에게 새로운 활동을 가능하게 하고 새로운 목표를 성취할 수 있도록 한다.

> **정답** ④
>
> **풀이** ④ 사회자본은 생산적이라는 점에서 자본이라고 할 수 있다. 즉, 그것을 가진 사람에게 그것이 없을 때 하지 못했던 새로운 활동을 가능하게 하고 새로운 목표를 성취할 수 있도록 한다. 이 점에서 사회자본은 다른 유형의 자본들과 자본으로서의 특징을 공유한다.

524

사회자본에 대한 경제사회학적 관점의 입장으로 볼 수 없는 것은?

① 미시적인 관계망 속에서 개인이 사회저본을 어떻게 축적, 순환, 재생산 하는가 등의 문제에 관심을 기울인다.

② 특히 개인이 가진 '연결망(network)'의 속성에 관심을 기울이며, 개인 대 개인 또는 개인 대 집단의 관계에서 어떻게 개인이 자신의 목표를 이루기 위해 사회자본을 활용하는가 하는 문제에 초점을 맞춘다.

③ 사회자본은 결국 개인이 사적 이익의 극대화를 위해 전유할 수 있는 집단의 자원을 가리킨다.

④ 사회자본을 구성하는 집단 내부의 신뢰는 집단 외부에 대해 협력보다는 긴장과 갈등을 가져올 수 있다.

정답 ④

풀이 ④ 경제사회학적 관점은 신뢰만 있으면 집단 내부의 결속은 물론이고, 집단 외부와의 협력 그리고 민주주의와 시장이라는 제도의 원활한 작동까지도 모두 확보된다고 가정한다.

♀ 핵심정리   **후쿠야마(Fukuyama)의 수평 조직**

• 성공적 수평(flat) 조직이 근로자들에게 힘을 부여해 자율성에 대한 만족감 제공
• 조직에 대한 헌신은 점차 감소할 수 있지만 고숙련 자유계약직 종사자들이 특정 프로젝트와 관련해 유사한 사람들과 결합하는 것으로 그들 간의 충성심이라는 윤리적 · 직업적 유대가 존재하므로 실제로는 사회적 자본을 촉진

♀ 핵심정리   **후쿠야마(Fukuyama)의 정보사회**

(1) 의의
   • 정보사회는 '무절제한 개인주의'로부터 야기되는 병폐가 존재
   • 의심할 여지없이 더 많은 자유와 더 높은 생활수준을 유지하고 있지만, 사회적 자본(social capital)은 쇠퇴하는 경향이 있으며, 그와 더불어 권위에 대한 존경, 공익에 대한 헌신, 소속감이 저하

(2) 정보사회에서 사회적 붕괴가 발생하는 이유
   • 지속적으로 가속화되는 변동의 속도로 인한 자동화와 재조직화는 모든 공동체를 불안정하게 만들며 위협
   • 지리적(온라인 포함)이동과 그에 수반되는 관계의 일시성이 강조되면서 장소의 고정성이 약화됨으로써 사람들은 점점 더 자기만의 방식대로 살아가면서 스스로에 대해서만 신뢰
   • 정보노동으로의 이행은 두뇌에 비해 근력의 기여도가 낮아짐으로써 노동력의 여성화가 촉진되고, 고용된 여성들은 남성들의 속성을 취하면서 경쟁적이고 자기지향적이며 계산적으로 되어 전통적으로 이웃과의 상호관계, 사회화와 양육에서 차지하는 여성들의 역할이 약화, 이에 따라 유대의 탄력 쇠퇴 경향이 촉진된다고 주장
   • 출산과 관련된 현대적 피임은 점점 생활양식의 선택 문제로 신체에 대한 여성들의 통제의 중요성에 주목

525

후쿠야마(Fukuyama)의 사회적 자본에 대한 설명으로 틀린 것은?

① 성공적 수평 조직은 고숙련 자유계약직 종사자들의 윤리적 · 직업적 유대가 존재하므로 사회적 자본을 촉진한다.

② 신뢰를 바탕으로 하는 사회공동체는 거래비용이 낮아져 경제활동이 활성화되고 경제성장이 이루어진다.

③ 혈연, 지연, 학연 등 연고주의와 가족주의에 입각한 경제활동은 신뢰를 해침으로써 침체를 야기한다.

④ 정보사회는 분권화 자유화 인간화의 원리가 일반화됨에 따라 사회적 자본은 증가한다.

정답 ④

풀이 ④ 후쿠야마는 지속적으로 가속화되는 변동의 속도로 인한 자동화와 재조직화는 모든 공동체를 불안정하게 만들고, 지리적 이동과 그에 수반되는 관계의 일시성이 강조되면서 장소의 고정성이 약화되고 신뢰가 약화됨으로써 사회적 자본이 감소한다.

526

정보사회에 대한 후쿠야마의 입장으로 옳은 것은?

① 혈연, 지연, 학연 등 연고주의와 가족주의에 입각한 경제활동은 윤리적 · 직업적 유대가 존재하므로 사회적 자본을 촉진한다.

② 정보사회는 분권화 자유화 인간화의 원리가 일반화됨에 따라 사회적 자본은 증가한다.

③ 지속적으로 가속화되는 변동의 속도로 인한 자동화와 재조직화는 모든 공동체를 불안하게 만든다.

④ 정보노동으로의 이행은 두뇌에 비해 근력의 기여도가 낮아짐으로써 노동력의 여성화가 촉진되고, 고용된 남성들은 여성의 속성을 취하게 된다.

정답 ③

풀이 ① 혈연, 지연, 학연 등 연고주의와 가족주의에 입각한 경제활동은 신뢰를 해침으로써 침체를 야기한다.

527

정보사회에 대한 후쿠야마의 입장으로 볼 수 없는 것은?

① 지속적으로 가속화되는 변동의 속도로 인한 자동화와 재조직화는 모든 공동체를 불안하게 만든다.

② 지리적(온라인 포함) 이동과 그에 수반되는 관계의 일시성이 강조되면서 장소의 고정성이 약화됨으로써 사람들은 스스로에 대해서만 신뢰하게 된다.

③ 정보노동으로의 이행은 두뇌에 비해 근력의 기여도가 낮아짐으로써 노동력의 여성화가 촉진되고, 고용된 남성들은 여성의 속성을 취하게 된다.

④ 정보사회에서 사회적 자본은 쇠퇴하는 경향이 있으며 그와 더불어 권위에 대한 존경, 공익에 대한 헌신, 소속감은 저하된다.

정답 ③

풀이 ③ 노동력의 여성화가 촉진되고, 고용된 여성들이 남성들의 속성을 취하면서 경쟁적이고 자기 지향적이며 계산적으로 되어 전통적으로 이웃과의 상호관계, 사회화와 양육에서 차지하는 여성들의 역할이 약화된다.

Theme 85 부르디외의 사회적 자본 개념 비판

핵심정리 부르디외의 자본

- 부르디외는 '자본' 개념을 '축적된 역사'로 요약한다. 마르크스에게 자본이란 축적된 노동으로서의 가치 (= 상품)이고, 동시에 순환하고 자기 증식하는 가치(= 상품 = 축적된 노동)이다.
- 부르디외는 마르크스적 자본 개념을 경제재로서만이 아닌 교육재, 문화재, 사회재, 정치재 등으로 자유롭게 확장한다. 부르디외는 이렇듯 응용 확장한 자본을 통칭하여 상징적 자본이라 하는데, 여기에는 사회적, 정치적, 국가적(statist), 문화적, 정보적(informational), 학술적 자본 등이 포함된다.

핵심정리 부르디외의 문화적 자본

- 부모 세대의 교육적, 문화적 자원이 계급 재생산에 긴밀히 접합되어 있다.
- 부모세대에서 자식세대로 전이되는 문화, 교양, 취향의 자산을 그는 문화적 자본이라는 개념으로 정리하였다.
- 문화자본은 예술과 문화에 대한 객관적인 지식, 문화적 취향과 선호 등 문화적 기술과 실제적인 지식, 스스로를 차별화하고 좋고 나쁨을 구분하는 능력 등 여러 측면을 가진다. '자본'은 사적-배타적으로 축적되고 전승되며 증식하는 역사적 실체이다.
- 문화영역으로 확장하였지만, 개념의 골간에는 마르크스주의적인 계급적 함의가 남아 있다. 동시에 그의 자본 개념은 마르크스의 자본처럼 이윤추구, 이윤증식적이다. 부르디외는 자본 개념을 상징적 영역으로 확장시킴으로써 원래의 경제적 자본 개념이 갖는 이윤추구, 이윤증식의 성격을 상징적 차원의 이해추구로까지 확장시켰다.

핵심정리 부르디외의 사회적 자본

(1) 의의

사회적 자본이란 현실적 또는 잠재적 자원의 집합으로서의 상호 면식과 인식이 제도화되고 지속화된 관계망을 소유하는 것, 즉 특정 집단에의 멤버십과 연결되어 있다. 그러한 제도화된 관계망은 집단적으로 소유된 자본의 후원, 즉 신용을 부여해주는 보증을 소속원에게 제공한다.

(2) 문화적 자본과의 구별

그의 문화적 자본 개념이 주로 부모와 그 부모의 관계망이 갖고 있는 문화적 자원이 자식 세대로 전승되어가는 과정에 주목하고 있다면, 사회적 자본은 보다 포괄적인 사회관계 속에서 각 개인이 갖고 있는 연결망과 집단소속이 해당 당사자에게 주는 다양한 사회적 기회 자원을 총칭하고 있다.

528

부르디외의 문화적 자본에 대한 설명으로 틀린 것은?

① 부모세대에서 자식세대로 전이되는 문화, 교양, 취향의 자산이다.

② 예술과 문화에 대한 객관적인 지식, 문화적 취향과 선호 등 문화적 기술도 문화적 자본에 속한다.

③ 비전유적으로 축적되고 전승되며 증식하는 역사적 실체이다.

④ 주로 부모와 그 부모의 관계망이 갖고 있는 문화적 자원이 자식 세대로 전승되어 가는 과정에 주목
하는 개념이다.

정답 ③

풀이 ③ 문화적 자본도 자본으로 사적-배타적으로 축적되고 전승되며 증식하는 역사적 실체이다.

529

사회학을 '구조와 기능의 차원에서 기술하는 학문'으로 파악하는 한편, 후기 구조주의 입장에서 구조
와 행위의 관계를 설명하는 입장에서 문화예술 현상에도 관심을 가지고 미학적 인식이 사회적으로
구성되어가는 방식 등에 관한 저서를 발표한 사회학자의 이름으로 옳은 것은?

① Giddens　　　　　　　　　　② Bourdieu

③ Luhmann　　　　　　　　　　④ Benjamin

정답 ②

풀이 ② Bourdieu에 대한 설명이다.

🔎 핵심정리　　자본이론에서 마르크스주의와 부르디외의 차이

- 먼저 마르크스주의와 부르디외의 자본이론의 결정적인 차이점은 마르크스에서 자본의 주체와 동력이
계급 또는 계급이해인 반면, 부르디외 자본 개념의 주체와 동력은 개인 또는 자기이해라는 점이다.
- 마르크스주의에는 계급이해라는 개념은 존재하지만, 자기이해라는 개념은 분명하게 존재하지 않는다.
반면 부르디외에게는 자기이해라는 개념은 존재하지만, 계급이해라는 개념은 분명하지 않다.
- 물론 부르디외에게 장(場, 필드)이라는 구조 개념이 있고, 귀속 계급에 따른 통계적 분석을 종종 구사
하기도 하지만, 부르디외 스스로 자부하는 그의 이론의 강점이자 요체는 그러한 구조적 집단적 틀 속
에서 개인의 행위를 자기이해라는 동기를 통해 미시적 차원에서 정밀하게 추출해 낼 수 있다는 점이다.

530

부르디외(Bourdieu)의 입장에 대한 설명으로 틀린 것은?

① 사회적, 정치적, 국가적, 문화적, 정보적, 학술적 자본 등은 상징적 자본에 포함된다.

② 부르디외가 자본 개념을 비경제적 영역으로 확대시킨 것은 마르크스 이론을 확장했다는 측면과 함께 베버적 관점을 흡수했다는 의미도 가지고 있다.

③ 부르디외에게는 계급이해라는 개념은 존재하지만, 자기이해라는 개념은 분명하게 존재하지 않는다.

④ 아비투스는 특정유형의 환경을 구성하는 조건에 의해 생산되는 것으로, 실천과 재현을 발생시키고 구조화하는 원칙으로서 지속적이고 치환이 가능한 성향이다.

> **정답** ③
>
> **풀이** ③ 마르크스주의에는 계급이해라는 개념은 존재하지만, 자기이해라는 개념은 분명하게 존재하지 않는다. 반면 부르디외에게는 자기이해라는 개념은 존재하지만, 계급이해라는 개념은 분명하지 않다.

🔑 핵심정리   부르디외의 장이론(field theory)

- 장이론(field theory)은 부르디외 사회학의 핵심 이론이라고 할 수 있다. 부르디외의 장이론은 상징폭력의 정치경제학, 실천이론 등의 다양한 이름으로 부르는 것이 가능한 이론인데, 장이론을 이해하기 위해서는 우선 부르디외가 사회관계의 기본으로 설정하는 것이 '경쟁'임을 알아야 한다. '게임'으로 바꿔 말할 수도 있는 경쟁이 사회를 구성하는 사회적 관계들의 기본이라는 것이다.
- 부르디외는 장 내에서 자본을 더 많이 획득하기 위해 투쟁하는, 그리고 육체를 통한 감각(여기서 습관의 체계인 아비투스로 이어질 수 있는 매개가 생성된다)을 가지고서 자기 자신을 구성해내는 개인을 자신의 이론의 기초가 되는 (실천감각의) 인간관으로 전제한다.
- 모든 개인은 자본을 더 많이 획득하기 위해 전략적으로 행동하고 서로 경쟁한다는 것이다. 이러한 경쟁은 그 결과 불평등한 '자본'의 분배를 야기한다.

🔑 핵심정리   아비투스(Habitus)

부르디외의 개념인 아비투스는 특정유형의 환경을 구성하는 조건에 의해 생산되는 것으로, 실천과 재현을 발생시키고 구조화하는 원칙으로서 지속적이고 치환이 가능한 성향이다. 특정 계급이 그들의 생존 환경을 조정함으로써 영구적이면서도 변동 가능한 성향체계인 아비투스가 만들어진다. 즉 아비투스는 사회화 과정을 거치는 동안에 개인이 획득하는 영구적인 하나의 성향체계이다. 그것은 또한 구조를 결정하는 구조로서, 다시 말해 의식적으로 목표를 겨냥하거나 목표에 도달하기 위해 필요한 조작을 명시적으로 통제하지 않고서도, 객관적으로 그 목표에 맞추어질 수 있는 실천과 표상들을 조직하고 발생시키는 원칙으로서 기능하도록 구조화된 구조들이다.

531

⊙에 들어갈 말로 옳은 것은?

| ⊙ (은)는 사회화 과정을 거치는 동안에 개인이 획득하는 영구적인 하나의 성향체계이다. 그것은 또한 구조를 결정하는 구조로서, 다시 말해 의식적으로 목표를 겨냥하거나 목표에 도달하기 위해 필요한 조작을 명시적으로 통제하지 않고서도, 객관적으로 그 목표에 맞추어질 수 있는 실천과 표상들을 조직하고 발생시키는 원칙으로서 기능하도록 구조화된 구조들이다.

① 장(field)   ② 에이도스(eidos)
③ 사이보그(cyborg)   ④ 아비투스(Habitus)

정답 ④

풀이 아비투스(Habitus)에 대한 설명이다.

532

부르디외의 '장(field)' 개념이 의미하는 것으로 옳은 것은?

① 사회 구조 내에서의 인간의 위치를 의미한다.
② 물질적 또는 정신적인 자산을 의미한다.
③ 개인의 사회적, 경제적 신분을 의미한다.
④ 사회적 싸움이 일어나는 공간을 의미한다.

정답 ④

풀이 부르디외의 '필드'는 사회 내에서 경쟁과 싸움이 일어나는 구조화된 사회적 공간을 의미한다. 이 공간에서 사람들은 자신의 자본(경제적, 문화적, 사회적, 심볼적)을 활용하여 위치를 확보하고 우위를 차지하기 위해 싸운다.
① '장(field)'은 단순히 위치를 의미하지 않는다. 이는 복잡한 사회적 행위와 상호작용이 일어나는 공간이다.
② 물질적 또는 정신적인 자산은 부르디외의 '자본' 개념에 더 가깝다.
③ 개인의 사회적, 경제적 신분은 '자본'과 '장(field)' 내에서의 위치를 결정하며, 이는 필드 자체를 의미하지 않는다.
④ '장(field)'은 사회적 싸움이 일어나는 공간을 의미하는 것이 부르디외의 주장이다.

533

부르디외(Bourdieu)의 입장에 대한 설명으로 틀린 것은?

① 게임으로 바꿔 말할 수도 있는 경쟁이 사회를 구성하는 사회적 관계들의 기본이다.

② 모든 개인은 자본을 더 많이 획득하기 위해 전략적으로 행동하고 서로 경쟁하는데, 이러한 경쟁은 그 결과 불평등한 자본의 분배를 야기한다.

③ 아비투스는 특정유형의 환경을 구성하는 조건에 의해 생산되는 것으로, 실천과 재현을 발생시키고 구조화하는 원칙으로서 치환이 불가능한 성향이다.

④ 특정 계급이 그들의 생존 환경을 조정함으로써 아비투스가 만들어지는데, 아비투스는 사회화 과정을 거치는 동안에 개인이 획득하는 영구적인 하나의 성향체계이다.

> 정답 ③
>
> 풀이 ③ 아비투스는 특정유형의 환경을 구성하는 조건에 의해 생산되는 것으로, 실천과 재현을 발생시키고 구조화하는 원칙으로서 지속적이고 치환이 가능한 성향이다.

♀ 핵심정리 구별짓기(distinction)

프랑스의 저명한 사회학자인 피에르 부르디외(Pierre Bourdieu)의 저서 「구별짓기 : 문화와 취향의 사회학」의 제목에서 유래되었다. 그는 공통된 취향과 소비에 대한 선호, 더 나아가 삶의 방식에서의 실천을 계급의 영향력이라는 차원에서 조명했다. 그의 시도는 계급 스스로가 자신의 지위를 표현하기 위한 의도를 가지고 생활양식을 채택하고 그를 통해 타 계급과의 차별화를 시도한다는 사실을 부각함으로써 지극히 개인적으로 보이는 취향이나 소비패턴, 생활양식 등을 계급분할과 계급투쟁의 핵심적인 장으로 격상시켰다. 이러한 차별과 구별짓기는 어떤 사람, 집단, 사물을 포함하고 규정하는 동시에 그 외의 것들을 배제하는 속성을 가짐으로써 소속성과 유사성의 감정을 발생시킨다.

534

다음을 주장한 학자와 ㉠, ㉡, ㉢에 들어갈 말의 연결이 옳은 것은?   [2022년 기출]

> 상이한 취향이 나와 타인을 구별짓는 기제로 작동한다고 주장한 ㉠ 는 개인의 여러 속성 중 ㉡ 에 특히 초점을 두어 설명했지만, 오늘날의 사이버 공간에서는 ㉢ 뿐만 아니라 연령과 성별, 종교, 지역 등 훨씬 더 다양한 축을 기준으로 하는 보다 복잡한 문화적 지형이 관찰된다.

	㉠	㉡	㉢
①	베블렌	유한 계급	유한 계급
②	베블렌	직업	직업
③	부르디외	직업	직업
④	부르디외	계급	계급

정답 ④

풀이 ④ 부르디외에 대한 설명이다.

535

다음에서 설명하는 연구자의 이름으로 옳은 것은?

> 그의 저서 「구별짓기 : 문화와 취향의 사회학」에서 공통된 취향과 소비에 대한 선호, 더 나아가 삶의 방식에서의 실천을 계급의 영향력이라는 차원에서 조명했다. 그의 시도는 계급 스스로가 자신의 지위를 표현하기 위한 의도를 가지고 생활양식을 채택하고 그를 통해 타 계급과의 차별화를 시도한다는 사실을 부각함으로써 지극히 개인적으로 보이는 취향이나 소비패턴, 생활양식 등을 계급분할과 계급투쟁의 핵심적인 장으로 격상시켰다. 이러한 차별과 구별짓기는 어떤 사람, 집단, 사물을 포함하고 규정하는 동시에 그 외의 것들을 배제하는 속성을 가짐으로써 소속성과 유사성의 감정을 발생시킨다.

① Gilles Deleuze ② Jacques Lacan
③ Pierre Bourdieu ④ Jean Baudrillard

정답 ③

풀이 ③ Pierre Bourdieu에 대한 설명이다.

536

부르디외의 「구별짓기 : 문화와 취향의 사회학」에 대한 설명으로 틀린 것은?

① 공통된 취향과 소비에 대한 선호, 더 나아가 삶의 방식에서의 실천을 계급의 영향력이라는 차원에서 조명하고 있다.
② 계급 스스로가 자신의 지위를 표현하기 위한 의도를 가지고 생활양식을 채택하고 그를 통해 타 계급과의 차별화를 시도한다.
③ 지극히 개인적으로 보이는 계급분할과 계급투쟁이 취향이나 소비패턴, 생활양식 등의 아비투스(Habitus)로 나타난다.
④ 차별과 구별짓기는 어떤 사람, 집단, 사물을 포함하고 규정하는 동시에 그 외의 것들을 배제하는 속성을 가짐으로써 소속성과 유사성의 감정을 발생시킨다.

정답 ③

풀이 ③ 부르디외는 계급 스스로가 자신의 지위를 표현하기 위한 의도를 가지고 생활양식을 채택하고 그를 통해 타 계급과의 차별화를 시도한다는 사실을 부각함으로써 지극히 개인적으로 보이는 취향이나 소비패턴, 생활양식 등을 계급분할과 계급투쟁의 핵심적인 장으로 격상시켰다.

Theme 86 네트워크 사회운동론

네트워크 사회운동론

(1) 의의

- 디지털 미디어가 사회운동의 효율성을 현격하게 높여준다는 논의는 주로 '병참론적 관점'에서 이해될 수 있다.
- 일부 연구자들은 디지털 미디어가 정보 수집과 확산, 대화와 토론, 집단 형성과 유지, 행동 조직과 조율 등과 같은 사회운동의 병참적 요구를 매우 잘 충족시켜 준다고 믿는다.
- 이른바 '네트워크 사회운동론'은 최근의 사회운동이 중앙집중적이고 전문적인 방식보다는 수평적이고 분산적인 네트워크형 운동 양상을 점점 더 분명하게 드러내고 있다는 사실을 강조한다.

(2) 특징

- 윌에 따르면, 탈산업사회의 사회운동은 "확인가능한 지도자들에 의해서가 아니라 소규모의 자가 형성적 집단들이 유사한 뜻을 가진 다른 집단들과 연결되고 때때로 행동을 조율하고 정보를 공유하면서도 서로에게 책임을 묻지 않는 친한 집단 혹은 세포 같은 구조"로 특징지어진다. 갈락과 하인은 1960년대 말이래 사회운동 조직의 가장 일반적 형태는 "분절적, 다중심적, 통합적 네트워크" 형태를 띤다고 주장한다.
- 논크와 그의 동료들도 신사회운동은 "통일성, 중심성, 공식성 그리고 강력한 리더십"과 같은 전통적 운동 원리보다는 "다양성, 탈중심성, 정보성 그리고 풀뿌리 민주주의"와 같은 네트워크 원리가 더 두드러진다고 주장한다.
- 멜루치도 "텔레커뮤니케이션과 컴퓨터 기술은 최근의 사회운동에 전형적으로 나타나는 탈중심화되고, 분절적이며, 그물 모양의 구조와 잘 양립한다."고 주장한다. 이처럼 '네트워크 사회운동론'은 디지털 시대 사회운동이 탈중심성, 비위계성, 민주성, 개방성, 다양성, 확장 가능성, 이질성, 분산성, 유동성, 유연성, 비공식성, 자치성의 원리에 점점 더 의존한다는 사실을 강조한다. 네트워크 사회운동에서 참가자들 사이의 강한 집합 정체성이나 이데올로기적 통일성을 기대하기는 어렵다고 주장한다.
- 베넷에 따르면, 최근의 사회운동이 "지구적 범위, 네트워크화된 복잡성, 다양한 정치 정체성에 대한 개방성, 실용적인 정치적 성과를 위한 이데올로기적 통일성의 희생" 가능성이 높다. 나아가, 네트워크 사회운동론에서는 강력한 조직적 리더십이 전통적 사회운동만큼 강조되지 않으며, 오히려 강력한 리더십의 부재가 역설적으로 지배 권력에 훨씬 더 유연하고도 효과적으로 저항할 수 있도록 해주는 것으로 평가된다.

537

네트워크 사회운동론의 입장으로 옳은 것은?

① 참가자들 사이의 강한 집합 정체성을 기대할 수 있다.

② 대중매체의 반응이 운동의 궁극적 성공 혹은 실패의 전제 조건이 된다.

③ 소셜 미디어를 매개한 대부분의 집합 행동은 저위험 행동에 불과하다.

④ 여론이란 대중매체의 메시지가 대중에게 곧바로 침투하는 것이 아니라 일상적으로 접촉하는 사람들과의 대화 속에서 형성된다.

 정답 ④

풀이 ① 네트워크 사회운동에서 참가자들 사이의 강한 집합 정체성이나 이데올로기적 통일성을 기대하기는 어렵다.
② 구성주의 사회운동론의 입장이다.
③ 구성주의 사회운동론의 입장이다.
④ 네트워크 사회운동론은 디지털 미디어가 단순히 운동 동원과 행동 조직 가능성을 높여줄 뿐만 아니라, 사용자들 사이의 '공유된 인식'을 강화시켜 준다고 주장한다.

538

다음 네트워크 사회운동론의 관점으로 볼 수 없는 것은?

① 최근의 사회운동은 수평적이고 분산적인 네트워크형 운동 양상을 띤다.

② 네트워크 사회운동에서는 참가자들 사이의 강한 집합 정체성이나 이데올로기적 통일 성을 기대하기 어렵다.

③ 네트워크 사회운동에서는 강력한 조직적 리더십이 전통적 사회운동만큼 강조되지 않으며, 리더십의 부재가 지배 권력에 더 효과적으로 저항할 수 있도록 해준다.

④ 대중들은 일상적 상호작용 과정에서 집합 정체성을 발전시켜 나가지만, 그러한 작업은 사회운동의 의식적이고 적극적인 담론 자원의 생산과 공급에 크게 의존한다.

정답 ④

풀이 ④ 구성주의적 사회운동론의 주장이다.

- 글래드웰은 소셜 미디어를 매개한 대부분의 집합행동은 전자 청원이나 온라인 기부 등과 같이 참여자들에게 그다지 큰 희생을 요구하지 않는 저위험 행동에 불과하다고 평가한다.
- 디아니는 인터넷이 집합행동에 "유용한 정보와 자원을 확대시킬 수는 있겠지만 그것이 새로운 사람들을 운동에 참여시킬 수단으로 작용할지는 의문"이라고 주장한다.
- 바이언은 사회관계망 사이트 이용자들은 구체적인 집합행동 방침을 제안하는 사람을 무시하거나 비합리적인 사람으로 치부하며, 온라인 사회관계망 속에서 동원할 수 있는 잠재적 자원을 적극적으로 탐색하지 않는다고 주장한다.
- 이러한 비판들은 공통의 경험과 연대감, 상호 헌신과 신뢰, 강한 도덕적 의무감과 집합 정체성이 결여된 약한 유대의 온라인 사회관계는 좀처럼 고위험 행동으로 발전할 수 없다는 사실을 강조한다. 비관론자들은 약한 유대의 네트워크는 구조적이고 체계적인 사회변화를 향한 집합 행동의 조직화에 적합한 조직 형태가 되기 어렵다고 주장한다.
- 글래드웰에 따르면, "네트워크의 구조적 특징은 외부의 공격과 내부의 분쟁에 취약"하다. 베넷은 네트워크 조직구조는 "캠페인을 통제하고 일관된 집합 정체성 프레임을 구성하기" 어려우며, "개방적이고 집단적 소통 과정을 도입하면 자신의 내부적 방향과 목적에 대한 도전을 경험"하게 되는 취약성이 있다고 지적한다.

(1) 의의
- 네트워크 사회운동론과 함께 최근 새롭게 부상하고 있는 구성주의 사회운동론은 저항행동의 동원과 조직에서 운동 참여자들의 자발성과 탈중심성이 두드러진다고 해서 집합행동의 프레이밍도 참여자들의 탈중심적 협력을 통해 자연발생적으로 형성되는 것은 아니라는 사실을 강조한다.
- 스노우와 벤포드에 따르면, "여론과 대중적 사건에 영향을 미치고자 하는 활동가들이 참가자들의 불만을 지배적인 믿음 및 가치와 연결함으로써 잠재적 참여자들의 공감을 얻을 수 있도록 자신들의 의제를 어떻게 프레이밍 하는가?"가 사회운동에서 매우 중요하다.
- 루트는 사회운동에 대한 대중매체의 반응이 "운동의 궁극적 성공 혹은 실패의 전제 조건"이 되기 때문에, "모든 운동이 대중매체에 의해 보장되거나 거부되는 공적 가시성을 위해 노력한다."고 주장한다. 구성주의 사회운동론에서 전통적인 대중매체가 대중 동원과 의제 설정 등과 같은 집합행동에 미치는 영향력은 여전히 매우 중요한 것으로 간주된다.

(2) 전통 대중매체의 중요성에 관한 강조
- 전통 대중매체의 중요성에 관한 강조는, 소셜 미디어의 여론형성 기능을 중요시하는 네트워크 사회운동론과 대립하는 측면이 있다. 네트워크 사회운동론은 디지털 미디어가 단순히 운동 동원과 행동조직 가능성을 높여줄 뿐만 아니라, 사용자들 사이의 '공유된 인식'을 강화시켜 준다고 주장한다.
- 여론이란 대중매체의 메시지가 대중에게 곧바로 침투함으로써 형성되는 것이 아니라는 캐츠와 라자스펠드의 '소통의 두 단계 흐름' 이론을 빌어, 셔키는 최근의 소셜 미디어가 이용자들이 친구, 동료, 가족 등 자신이 일상적으로 접촉하는 사람들과의 대화 속에서 여론을 형성하게 만드는 '소통의 두 번째 단계' 역할을 수행한다고 주장한다.
- 그의 주장은 '소통의 두 단계 흐름' 이론이 실제로 강조하는 사실이 여론 형성에 대중 매체의 직접적 영향력보다는 여론 주도층의 매개적 역할이 더 중요하다는 점과, '두 단계 소통'의 과정에서도 '대중 매체로부터 대중에게로'라는 여론 형성과 흐름의 방향은 바뀌지 않는다는 점이라는 것을 간과하고 있다.

- 구성주의 사회운동론의 관점에서 보면, 소통의 두 번째 단계에서 실제로 일어나는 일은 여전히 사회정치 현안에 대한 대중 매체의 관점을 수용한 여론 주도층이 페이스북과 트위터와 같은 소셜 미디어를 이용하여 주변 사람들에게 그것의 타당성과 정당성을 전달하고 설득하는 과정이라 할 수 있는 것이다.

(3) **집합행동의 방향 설정에 대한 강조**
- 구성주의 사회운동론이 대중매체의 영향력을 주목한다고 해서, 네트워크 사회의 집합행동이 점점 더 상향적, 평등적, 사회적 소통 방식에 토대를 두고 표출되고 있다는 사실을 부정하는 것은 아니다. 구성주의 사회운동론은 오늘날의 사회운동이, 한편으로는, 다양한 공중을 수평적으로 집합행동의 장 속에 통합해내야 하며, 다른 한편으로는, 저항 이슈를 적절하게 프레이밍함으로써 수많은 공중의 인식과 태도에 일정한 방향성을 부여해야 한다는 점을 역설한다.
- 대중 동원의 측면에서는 디지털 미디어의 수평적이고 평등주의적인 네트워크 논리가 중요하겠지만, 집합행동의 방향 설정이라는 측면에서는 대중매체를 적극 활용하는 하향적이고 위계적인 매스 미디어의 논리가 중요하다고 보기 때문이다.
- 사회운동은 스스로 성찰적 집합행동을 조직할 수 있는 대중과 적극적이고도 하향적인 방식으로 결합하려는 노력을 게을리 해서는 안 된다. 그리고 이를 위해, 사회운동은 대중 매체가 전달하는 메시지에 적극적으로 개입하고, 사회정치 사안에 대한 진보적 관념과 해석, 즉 진보 프레임을 전파하는 활동을 활발하게 전개해야 한다.
- 대중의 관심을 특정한 이슈에 집중시키고, 그것에 대한 공통의 의미화 작업을 조직하고, 공유된 행동 프로그램을 창출함으로써, 지배 질서에 대한 대중적 압력을 높여나가는 것은 사회운동의 중요한 임무이다.

539
구성주의 사회운동론에 대한 설명으로 틀린 것은?

① 네트워크 사회의 집합 행동이 점점 더 상향적, 평등적, 사회적 소통 방식에 토대를 두고 표출되고 있다고 볼 수 없다.
② 집합 행동의 프레이밍은 참여자들의 탈중심적 협력을 통해 자연발생적으로 형성되는 것이 아니다.
③ 대중매체의 반응이 "운동의 궁극적 성공 혹은 실패의 전제 조건"이 된다.
④ 사회정치 현안에 대한 대중 매체의 관점을 수용한 여론 주도층이 페이스북과 트위터와 같은 소셜 미디어를 이용하여 주변 사람들에게 그것의 타당성과 정당성을 전달하고 설득한다.

> 정답 ①
> 풀이 ① 구성주의 사회운동론에서도 네트워크 사회의 집합 행동이 점점 더 상향적, 평등적, 사회적 소통 방식에 토대를 두고 표출되고 있다는 점은 인정한다.

군중, 대중, 공중

현실의 집합행동을 분석할 때, 집합체의 성격에 따라 군중(crowd)과 대중(mass), 공중(public)으로 구분해 볼 수 있다. 군중은 주어진 장소에서 관심의 대상을 공유하고 서로 영향을 주고받는 사람들의 일시적 모임이라 할 수 있고, 대중은 특정한 사상이나 쟁점에 대해 관심을 공유하는 다수의 사람들로서 반드시 근접한 장소에 함께 모이지는 않는다는 차이점이 있다. 따라서 대중의 행동은 광범위한 지역에 산재하는 사람들이 동일한 사건이나 현상에 대해 동일한 방식으로 대응하는 경우에 발생한다. 유언비어나 소문, 대중 히스테리, 도락, 유행, 열광, 도회전설 등이 그 예로, 다양한 형태를 가지고 있다. 이에 비해 공중은 특정한 쟁점에 대해 일정 기간 관심을 공유하는 사람들의 집단으로서, 이성적이고 비판적인 사고를 통해 여론을 형성하는 특징이 있다.

대중과 다중

대중은 획일화, 동질화, 평준화된 불특정 다수의 사람들로 이루어진 집합체를 말한다. 반면 다중은 각자의 정체성을 유지하면서 개별적으로 행동하다가 일시적으로 이들을 한데 엮을 수 있는 특정한 사안이 생겼을 때 이 개별성을 유지하면서 공동으로 행동하는 사람들을 가리킨다.

540
커뮤니케이션 수용자에 대한 설명으로 틀린 것은?

① 군중은 한시적으로 공유된 정체성을 일정기간 가지지만 동일 형태의 재조직은 불가능하다.

② 공중은 특정한 쟁점에 대해 일정 기간 관심을 공유하는 사람들의 집단으로서, 이성석이고 비판적인 사고를 통해 여론을 형성하는 특징이 있다.

③ 대중은 개별 정체성으로 개별 행동을 하다가 일시적인 특정사안에 개별성을 유지하면서 공동으로 행동하는 사람들을 가리킨다.

④ 대중은 본능적인 욕구와 이해타산, 외부의 압력에 의해 결합하는 사람들로 이루어진 집합체이다.

정답 ③

풀이 ③ 다중에 대한 설명이다.

담론

원래의 사전적 정의에 의하면 담론 (談論)은 '생각할 수 있는 능력'이 라는 뜻을 지닌다. 그러나 오늘날에는 특정한 의도나 지향성을 지닌 발언들이 집적되고 체계화되어 일정한 수준 이상의 사회적 유통능력과 문화적 호소력을 갖는 공적 언술체계를 담론이라고 명명한다. 담론이라는 말의 의의는 특히 '권력효과'를 갖는 말과 글의 흐름과 쓰임'이라고 정의하면 훨씬 선명해진다. 이 같은 정의는 권력의 역학과 진리/지식/이성의 자기주장이 분리 불가능하게 서로 얽혀 있음을 치밀하게 논증한 미셸 푸코의 통찰에 힘입은 바 크다.

정치적 기회 구조

정치적 기회구조는 "항시적이지만 반드시 형식적이거나 영구적이지 않은, 즉 집단행동을 하는 사람들의 성공과 실패에 영향을 줄 수 있는 정치적 환경"을 의미한다. 정치적 기회구조의 핵심 요소는 '정치체제의 개방성과 폐쇄성', '정부 억압 능력과 경향', '영향력 있는 동맹세력의 존재여부' 그리고 '지배엘리트 내부의 분열 여부'의 네 가지로 정리할 수 있다.

담론적 기회 구조

쿠프만스와 스테이섬은 '담론적 기회구조'를 이탈리아와 독일 극우파의 상이한 정치적 성공 요인을 분석하기 위해 '정치적 기회구조'와 더불어 중요한 분석 개념으로 사용하고 있다. 이들에게 담론적 기회구조는 주로 '담론의 내용'적 차이, 예컨대 '종족적' 국민정체성과 '시민적' 국민정체성을 강조하는 데 사용되는 개념이다. 하지만 담론의 내용뿐만 아니라 '담론의 유통방식', 예를 들어 인터넷을 통한 사회운동까지를 포괄하여 담론적 기회구조라는 개념을 사용하기도 한다.

541
담론적 기회구조에 대한 설명으로 틀린 것은?

① 쿠프만스와 스테이섬이 이탈리아와 독일 극우파의 상이한 정치적 성공 요인을 분석하기 위한 개념으로 사용하였다.
② 담론의 내용적 차이보다는 담론의 유통방식을 강조하는 데 사용되는 개념이다.
③ 종족적 국민정체성과 시민적 국민정체성은 담론의 내용적 차이에 해당한다.
④ 인터넷이 한국 시민운동이 처한 담론적 기회구조를 확장시켰다면 이때 담론의 기회구조는 담론의 유통방식에 해당한다.

정답 ②
풀이 ② 담론적 기회구조는 담론의 유통방식보다는 내용적 차이를 강조하는 데 사용되는 개념이다.

거브너(George Gerbner)의 계발효과(배양효과) 이론은 텔레비전의 중시청자(heavy television viewers)는 사회가 "비열하고 위험하다"는 과장된 믿음을 갖게 된다는 견해를 중심축으로 한다. 텔레비전을 통해 접하는 폭력이 신뢰할만한 사람들, 혹은 안전한 환경에 대한 믿음을 없애고 시청자들에게 사회에 대한 불안을 계발시킨다는 것이다. 거브너는 맥루한과 유사하게 텔레비전이 사회를 형성하는 중심적인 역할을 한다고 본다. 하지만 한편으로는 미디어를 메시지라 보았던 맥루한과 달리, 텔레비전의 힘은 사회를 묘사하고, 무엇이 실제 존재하는가, 무엇이 중요한가, 또한 무엇이 옳은가를 알려주는 프로그램의 상징적 내용으로부터 온다고 확신하였다. 거브너의 시각은 커뮤니케이션 미디어와 폭력의 관계에 대한 많은 주장들 가운데 독보적인 위치를 차지하고 있다. 그는 약 20여 년간 텔레비전 폭력의 수준을 모니터링하는 광범위한 연구를 지휘하였다.

542

배양효과 이론에 대한 설명으로 틀린 것은?

① 텔레비전의 중시청자는 사회가 "비열하고 위험하다"는 과장된 믿음을 갖게 된다는 견해를 중심축으로 한다.

② 텔레비전을 통해 접하는 폭력이 신뢰할만한 사람들, 혹은 안전한 환경에 대한 믿음을 없애고 시청자들에게 사회에 대한 불안을 계발시킨다는 것이다.

③ 거브너는 맥루한의 견해를 계승하여 특정 지각, 의식에 대한 미디어의 기술적 편향성이 전달 내용보다 더 강력한 효과를 발생시킨다고 본다.

④ 배양효과 이론은 커뮤니케이션 미디어와 폭력의 관계에 대한 많은 주장들 가운데 독보적인 위치를 차지하고 있고, 거브너는 약 20여 년간 텔레비전 폭력의 수준을 모니터링하는 광범위한 연구를 지휘하였다.

정답 ③

풀이　③ 거브너는 맥루한과 유사하게 텔레비전이 사회를 형성하는 중심적인 역할을 한다고 본다. 하지만 한편으로는 미디어를 메시지라 보았던 맥루한과 달리, 텔레비전의 힘은 사회를 묘사하고, 무엇이 실제 존재하는가, 무엇이 중요한가, 또한 무엇이 옳은가를 알려주는 프로그램의 상징적 내용으로부터 온다고 확신하였다.

기본적으로 인간은 고립되거나 배척되는 것에 대한 두려움을 갖고 있고, 다수에게 받아들여지기를 원한다. 때문에, 특정한 문제가 발생했을 때 이에 대한 여론을 면밀히 관찰하고, 자신의 의견과 다수가 지지하는 지배적인 여론이 일치한다는 확신이 생길 경우, 자신의 의견을 공공연히 표방하게 된다. 반대로 자신의 의견과 다수의 의견이 상충되거나, 자신의 의견이 소수 쪽에 속할 경우에는 침묵하는 경향이 있다. 때문에 주류에 속하게 된 의견은 확대 포장될 가능성이 생기고, 소수 의견은 과소평가되는 결과가 나올 수 있다. 또한 대중매체가 이러한 현상에 더욱 힘을 실어주게 된다. 사람들은 같은 이유로 대중매체가 전달하는 메시지가 자신의 의견과 일치할 경우 더더욱 큰 목소리를 내게 된다. 이 경우 대중매체가 지지하는 의견이 비록 소수일지라도 큰 영향력을 지니게 될 수 있다.

543

다음에서 설명하고 있는 이론으로 옳은 것은?

사람들은 대중매체가 전달하는 메시지가 자신의 의견과 일치할 경우 더더욱 큰 목소리를 내게 된다. 이 경우 대중매체가 지지하는 의견이 비록 소수일지라도 큰 영향력을 지니게 될 수 있다.

① 의제설정 이론
② 배양효과 이론
③ 사회통제 이론
④ 침묵의 나선 이론

정답 ④
풀이 ④ 침묵의 나선 이론에 대한 설명이다.

544

미디어와 사회 변화의 관계에 대한 매퀘일의 설명으로 틀린 것은?

① 관념론적 이론으로는 매체결정론, 미디어 대(大)효과론 등을 들 수 있다.

② 유물론은 미디어를 사회 속에 새로운 틀을 만드는 어떤 주형자(moulder)로 본다.

③ 유물론은 매스미디어가 기존 사회의 특성을 드러내거나 그에 따라 일정한 방향 혹은 방식으로 규정되는 사회의 반영물(mirror) 혹은 반사체로 본다.

④ 상호작용론은 매스미디어가 사회에 크고 작은 영향을 준다는 사실을 부정하기 어렵고, 또한 사회적 상황이나 요소들에 의해 매스미디어의 성격이나 특성이 정해지는 경우도 얼마든지 가능하다고 본다.

정답 ②

풀이 관념론이 미디어를 사회 속에 새로운 틀을 만드는 어떤 주형자(moulder)로 본다.

545

미디어 대효과론에 대한 설명으로 틀린 것은?

① 1, 2차 세계 대전을 거치면서 가설적으로 제시되어 온 탄환 효과 이론이나 피하 주사 효과 이론 등은 선전이나 광고 등에서 매스미디어의 효과가 매우 직접적이며 즉각적이라는 점을 강조한다.

② 침묵의 나선 이론은 미디어의 목소리는 실제보다 확대 인식되는 반면, 침묵하는 이들의 소리는 더욱 침묵하게 되는 결과를 가져옴으로써 미디어의 효과가 커지게 된다는 것이다.

③ 배양 효과 이론은 텔레비전이 시청자들에게 세계를 바라보고 이해하는 방식, 즉 세상에 대한 '지배적인 이미지 패턴'을 배양하는 매우 큰 효과를 지니고 있다는 것이다.

④ 침묵의 나선 이론, 배양 효과 이론 등은 미디어의 매체적 특성에 의해 미디어가 개인과 사회에 미치는 영향력을 강조한다.

정답 ④

풀이 ④ 1970년대 이후 20세기 말로 가면서 제기되어 온 침묵의 나선 이론, 배양 효과 이론, 미디어 프레이밍 효과 등은 미디어의 매체적 특성보다는 미디어의 메시지, 즉 콘텐츠 특성에 의한 영향력을 말하는 것이긴 하지만 미디어가 개인과 사회에 미치는 영향력이나 효과가 크다는 점을 강조하는 이론적 관점들이다.

546

엘리자베스 노엘레노이만(Elizabeth Noelle-Neumann)이 제시한 매스미디어의 속성으로 적절하지 않은 것은?

① 편재성(ubiquity)

② 반복성(Repetition)

③ 누적성(cumulation)

④ 협화성(consonance)

 정답 ②

풀이 매스미디어가 여론 형성에 미치는 효과가 크다는 것을 강조했던 독일의 엘리자베스 노엘레노이만은 당시의 매스미디어가 여론 형성에 미치는 영향력이 클 수밖에 없는 원인으로 매스미디어가 갖는 편재성(ubiquity), 협화성(consonance), 누적성(cumulation)을 강조했다. 여기서 편재성(偏在性)은 미디어가 없는 곳이 없을 정도로 여기저기 널리 분포되어 있음을 의미하는 것이었다. 그러한 미디어들이 특정 사안에 대해 같은 소리나 의견을 내는 것이 협화성이며, 그러한 소리를 계속 반복해서 내는 것을 누적성이다. 즉 특정 사건이나 이슈에 대해 세상에 널리 퍼져 있는 미디어들이 거의 같은 소리를 반복해서 계속 내게 되면, 사람들은 그러한 소리가 사회의 다수 의견인 줄로 알고 실재하는 여론과는 무관하게 미디어 의견과 같은 입장에 있는 사람은 자신의 의견을 적극 적으로 드러내는 반면, 미디어와 다른 의견을 가진 사람들은 반대로 침묵함으로써 결과적으로는 미디어에서 강조하는 입장이 여론인 것처럼 되어 버린다는 것이다.

87 디지털 시민성

핵심정리 시민성 모델

의무적 시민(Dutiful Citizenship)	자기실현적 시민(Actualizing Citizenship)
정부 중심적 활동 참여에의 의무감	정부에 대한 의무감 약화 – 개인적인 목적의식 강화
투표는 핵심적인 민주적 행위	소비주의, 공동체 자원봉사, 혹은 초국적 활동주의 등과 같은 보다 개인적으로 정의된 행위들의 의미 증가, 반면 이에 비해 투표의 의미는 약함
매스미디어를 통해 정부 및 이슈에 대한 정보를 얻음	미디어와 정치인에 대한 불신이 부정적인 매스미디어 환경에 의해 강화됨
시민사회조직에 참여하거나 정당을 통해 자신의 이해를 표현함. 이는 지지자를 동원함에 있어 일방적인 관례적 소통 방식을 전형적으로 취함	공동체 활동의 느슨한 네트워크 선호. 이는 우정, 또래관계, 상호적인 정보기술에 의한 얇은 사회적 연계 등을 통해 형성되고 유지됨.

핵심정리 베넷(Bennett)의 "자기 실현적 시민성"

디지털 시민성은 과거 시민공화주의 혹은 공동체주의가 주장한 것과 같은 일방적인 의무로서의 태도와 자세라기보다는 권리 인식과 조화를 이룬 다양한 자기실현에의 개방적 태도와, 자기실현을 위해 필요한 자원이 부족한 사회적 약자를 위한 돌봄과 지지를 일상생활 전반에서 실천할 수 있는 행동이자 역량이라고 정의할 수 있다. 이는 베넷(Bennett)의 "자기 실현적 시민성" 개념과 유사하다. 베넷은 '의무적 시민(Dutiful Citizen)'과 대비하여 '실현적 시민성(Actualizing Citizenship)' 혹은 '자기실현적 시민성'을 개념화하였다. 그에 따르면, 과거 이상적 시민은 공공적 사안에 대해 정보와 식견을 갖추고 의무에 충실한 시민이었고, 시민성 교육은 '의무를 가진 시민'의 이상적 이미지에 기반을 두고 규범을 강제하는 교육이었다(이하 DC 모델). 반면 새로운 시민성 교육은 '자기실현적 시민'(이하 AC 모델)을 지향해야 한다. 이러한 베넷의 주장은 기존 시민 교육의 전략이 새로운 사회적 조건에 부합하지 않는다는 비판에서 출발한다.

(1) **접근** – 미디어 및 기술적 도구를 찾아내고 이용하는 것 그리고 타인들과 적절하고 타당한 정보를 공유하는 것

(2) **분석 및 평가** – 메시지를 이해하고 메시지의 품질과 진실성과 신빙성, 그리고 관점을 분석하기 위해 비판적으로 사고하는 한편 메시지가 갖는 잠재적 효과나 결과를 고려하는 것

(3) **창조** – 목적, 메시지 전달 대상, 그리고 작문 기법을 생각하면서 창조적이고 자신감 있게 콘텐츠를 구성하거나 만들어내는 것

(4) **반성** – 사회적 책임감과 윤리적 원칙을 자신만의 정체성과 삶의 경험과 자신의 의사소통 행위와 활동에 적용하는 것

(5) **행동** – 가족, 직장, 공동체에서 지식을 공유하고 문제를 해결하기 위해 개인적 작업이나 공동 작업을 수행하고 동네, 지역, 국가, 세계 공동체의 일원으로 참여하는 것

547

시민성에 대한 설명으로 틀린 것은?   [2021년 기출]

① Almond와 Verba는 시민의 의무이자, 정치적 존재로서 시민의 잠재력이 실현되는 과정으로 본다.

② 홉스는 디지털 및 미디어 리터러시 필수 역량을 제시하여 디지털 시민성에 대한 개념적 기반을 제공하였다.

③ 베넷은 '의무적 시민(Dutiful Citizen)'과 대비하여 '실현적 시민성(Actualizing Citizenship)' 혹은 '자기실현적 시민성'을 개념화하였다.

④ 베넷(Bennett)은 기존의 시민성 개념 특히 문화시민성 개념을 이용하여 인터넷 기반 의사소통이나 소셜 미디어 사용과 같은 온라인에서의 사회적 정치적 활동을 재해석한다.

정답 ④

풀이 ④ 디지털 시민성은 과거 시민공화주의 혹은 공동체주의가 주장한 것과 같은 일방적인 의무로서의 태도와 자세라기보다는 권리 인식과 조화를 이룬 다양한 자기실현에의 개방적 태도와 자기실현을 위해 필요한 자원이 부족한 사회적 약자를 위한 돌봄과 지지를 일상생활 전반에서 실천할 수 있는 행동이자 역량이라고 정의할 수 있다. 이는 베넷(Bennett)의 "자기 실현적 시민성" 개념과 유사하다. 베넷은 '의무적 시민(Dutiful Citizen)'과 대비하여 '실현적 시민성(Actualizing Citizenship)' 혹은 '자기실현적 시민성'을 개념화하였다. 그에 따르면, 과거 이상적 시민은 공공적 사안에 대해 정보와 식견을 갖추고 의무에 충실한 시민이었고, 시민성 교육은 '의무를 가진 시민'의 이상적 이미지에 기반을 두고 규범을 강제하는 교육이었다(이하 DC 모델). 반면 새로운 시민성 교육은 '자기실현적 시민'(이하 AC 모델)을 지향해야 한다. 이러한 베넷의 주장은 기존 시민 교육의 전략이 새로운 사회적 조건에 부합하지 않는다는 비판에서 출발한다.

548

시민성에 대한 설명으로 틀린 것은?

① 시민성은 시민으로서의 자기 확립과 다른 시민과의 관계를 규정하는 덕목과 역량을 지칭한다.

② 시민은 단순한 법적 지위가 아니라, 자유와 평등을 정치적 가치와 원칙을 수락한 자이다.

③ Almond와 Verba는 의무로서의 시민성에 대한 이론적 핵심에는 시민공화주의 혹은 공동체주의 전통이 있다고 주장했다.

④ 홉스(Renee Hobbs)는 '의무적 시민'과 대비하여 '실현적 시민성' 혹은 '자기실현적 시민성'을 개념화하였다.

> **정답** ④
>
> **풀이** '의무적 시민'과 대비하여 '실현적 시민성' 혹은 '자기실현적 시민성'을 개념화한 학자는 베넷(Bennett)이다.

549

시민성의 변화에 대한 설명으로 적절하지 않은 것은?

① 베넷이 실현적 시민성으로의 변화를 주장하게 된 배경에는 미디어 환경의 변화가 그 핵심에 있다.

② 제도적 참여 지향 등은 실현적 시민(AC)의 특성을 지니고 있다.

③ 공적인 토론의 대상이 되는 주제는 위로부터 주어진 주제가 아니라, 수많은 미디어 소비자에 의해 선택된 주제이다.

④ 활용되는 정보는 여러 기존의 정보들의 화학적 종합을 통해 그들 스스로 생산한 정보들이다.

> **정답** ②
>
> **풀이** 베넷의 개념에 의지하여 미디어 환경과 시민적 태도의 변화 간의 관계를 검증한 연구에 따르면(Shehata & Ekstroem & Olsson), 전통적인 뉴스 미디어 사용은 의무적 시민(DC), 예를 들어 제도적 참여 지향 등과 관련이 있는 반면, 상호적인 온라인 미디어 사용은 실현적 시민(AC)의 특성을 지니고 있다.

550

의무적 시민(Dutiful Citizenship)과 자기실현적 시민(Actualizing Citizenship)에 대한 다음 설명 중 틀린 것은?

① 의무적 시민은 개인의 정치적 의무와 정부에 대한 책임감을 강조한다.
② 자기실현적 시민은 공동체 구성원에 대한 관심이 의무감이 아니라 개인적인 목적의식으로부터 유도된다.
③ 의무적 시민은 윤리적 소비운동, 공동체 자원봉사 혹은 초국적 활동주의 등 보다 개인적으로 정의된 참여 행위를 선호한다.
④ 자기실현적 시민은 네트워크형 조직을 선호하며, 이는 공동체 활동의 느슨한 네트워크, 느슨한 사회적 연계, 적절한 친밀성과 상호적인 정보소통에 의해 형성되고 유지된다.

정답 ③

풀이 의무적 시민과 자기실현적 시민은 각각 다른 참여 방식과 가치를 중요시하는 시민 모델을 의미한다.
① 의무적 시민은 전통적인 참여 방식을 중요시하며, 이는 개인의 정치적 의무와 정부에 대한 책임감을 강조하는 것을 포함한다.
② 자기실현적 시민은 개인의 목적과 가치에 기반한 참여를 중요시하며, 이는 공동체 구성원에 대한 관심이 의무감이 아니라 개인적인 목적의식으로부터 유도된다는 설명과 일치한다.
③ 의무적 시민은 전통적인 참여 방식을 선호하는 반면, 윤리적 소비운동, 공동체 자원봉사, 초국적 활동주의 등 보다 개인적으로 정의된 참여 행위는 자기실현적 시민이 선호하는 방식이다.
④ 자기실현적 시민은 개인의 가치와 목표를 실현하기 위한 참여를 중요시하며, 이는 네트워크형 조직을 선호하는 경향이 있다. 이 네트워크형 조직은 공동체 활동의 느슨한 네트워크, 느슨한 사회적 연계, 적절한 친밀성과 상호적인 정보소통에 의해 형성되고 유지된다.

551

실현적 시민성(Actualizing Citizenship)에 대한 설명으로 옳은 것은?

① 정부에 대한 의무감이 약하다.
② 정치적 영역에서의 참여를 강조한다.
③ 시민사회조직에 참여하는 것을 바람직하게 여긴다.
④ 이론적 핵심에는 시민공화주의 혹은 공동체주의 전통이 있다.

정답 ①

풀이 ① 자기실현적 시민은 상대적으로 정부에 대한 의무감이 약하다. 공동체 구성원에 대한 관심은 의무감이 아니라 개인적인 목적의식으로부터 유도된다.

552

디지털 시민성에 대한 설명으로 틀린 것은?

① Almond와 Verba에 의하면 시민성의 이론적 핵심에는 시민공화주의 혹은 공동체주의 전통이 있다.

② DC 모델은 개인주의적인 권리 중심의 시티즌십 이론을 반대하면서, 공동체에 기여하는 시민의 소속 감과 바람직한 것으로 여겨지는 참여 활동의 중요성을 강조

③ AC 모델은 공동체 구성원에 대한 관심을 의무감이 아니라 개인적인 목적의식으로부터 유도한다.

④ 의무적 시민(DC)은 상호적인 온라인 미디어 사용 등과 관련이 있는 반면, 제도적 참여 지향 등은 실 현적 시민(AC)의 특성을 지니고 있다.

정답 ④

풀이 ④ 실제로 베넷의 개념에 의지하여 미디어 환경과 시민적 태도의 변화 간의 관계를 검증한 연구에 따르면 (Shehata & Ekstroem & Olsson), 전통적인 뉴스 미디어 사용은 의무적 시민(DC), 예를 들어 제도적 참 여 지향 등과 관련이 있는 반면, 상호적인 온라인 미디어 사용은 실현적 시민(AC)의 특성을 지니고 있다.

♀ 핵심정리 **커먼센스미디어의 디지털 시민 학습**

인터넷 안전	인터넷 공간에서 긍정적인 만남과 부적절한 접촉, 유익한 내용물과 유해한 내용물을 구분하고 과잉 이용을 극복할 수 있는 능력을 길러서 사이버 공간을 안전하게 이용할 수 있게 해 준다.
개인정보 및 보안	자신의 온라인 정보를 잘 관리할 수 있는 방법을 배우고 ID 절도 및 피싱과 같은 온라인 위험으로부터 피할 수 있는 방법을 배운다. 이를 위해서는 강한 패스워드 만드는 방법, 신용사기를 피하는 방법, 그리고 개인정보보호 정책을 이해한다.
자아 이미지 및 정체성	온라인 정체성과 오프라인 정체성 간 차이를 이해하면서 자신의 디지털 삶을 어떻게 꾸려 갈 것인가를 배운다. 그리고 온라인에서 가면을 쓰는 것의 장점과 단점을 배우고, 이것이 자신의 자아·명성·관계에 어떤 영향을 미치는지를 이해한다.
관계 및 의사소통	사이버 공간의 의사소통 도구인 채팅·문자·e-메일 등의 특성을 이해하고, 긍정적인 온라인 의사소통 및 공동체를 유지하기 위한 자신과의 대화(intrapersonal) 및 타인과의 대화(interpersonal) 기법을 배운다.
정보 리터러시	정보 내용물을 효과적으로 찾고 평가하고 이용하는 능력을 키운다. 이를 통해 웹사이트의 질, 신용, 적절성을 평가하는 방법과 적절한 신뢰를 부여하는 방법을 배운다.
사이버 불링	사이버불링에 개입되었을 때 어떻게 대처할 것인가를 배운다. 역할놀이를 통해 사이버 공간에서 한 개인의 행동이 친구와 지역사회에 어떤 영향을 미치는지를 탐색한다. 방관자가 아니라 개입자로서 적극적인 역할을 취하도록 그리고 지지적 온라인 공동체를 만들도록 격려된다.
디지털 족적 및 명성	자신의 사생활을 보호하는 방법과 타인의 사생활을 존중하는 방법을 배운다. 디지털 공간은 영원하다 그래서 우리 모두는 디지털 공간에 족적을 남긴다. 자신을 드러내기 전에 한 번 더 생각하도록 격려되며(encourage), 온라인 공간에서의 공유가 자신과 타인에게 어떤 영향을 미치는지를 고려하게 하게 된다.
창의적 자산 및 저작권	복사 및 붙이기 문화가 만연한 사이버 공간에서, 정보를 만들고 공유하며 소비하는 사이버 공간에서 창작자의 권리와 책임에 대하여 생각한다. 논문표절에서부터 저작권 침해에 이르기까지 학생들은 저작권과 공정한 사용에 대하여 이해한다.

553

청소년을 대상으로 하는 인터넷 시민 교육의 바람직한 방향이 아닌 것은? [2021년 기출]

① 인터넷 안전 – 인터넷 공간에서 긍정적인 만남과 부적절한 접촉 등을 구분하여 사이버 공간을 안전하게 이용할 수 있도록 안내한다.

② 정보 리터러시 – 정보를 평가 · 이용하는 능력을 배양하고, 이를 통해 웹사이트의 질, 신뢰도, 적정성 평가 및 신뢰 부여 방법을 가르친다.

③ 자아 이미지 및 정체성 – 온라인 정체성과 오프라인 정체성 간 차이를 이해하면서 온라인에서 가면을 쓰는 것의 장점을 가르친다.

④ 디지털 족적과 평판 – 자신의 사생활을 보호하는 방법과 타인의 사생활을 존중하는 방법을 가르친다.

정답 ③

풀이 ③ 사이버 다중자아의 경우에는 자아정체성의 혼란을 야기하는 문제가 발생할 수 있기 때문에 장점 뿐 아니라 단점도 교육해야 한다.

Theme 88 정보사회의 역량

핵심정리 정보사회의 역량

(1) 컴퓨터 리터러시

- 컴퓨터를 프로그램하고 통제할 수 있는 능력으로 컴퓨터 응용 소프트웨어를 다양하게 사용할 수 있는 능력
- 정보검색, 커뮤니케이션, 문제해결을 위한 개인의 집합적인 전략의 일환으로 컴퓨터 프로그래밍과 컴퓨터 활용으로부터 아이디어를 제공받고 활용할 수 있는 능력
- 경제적 · 사회적 · 심리적으로 컴퓨터가 미치는 영향에 관해 개인적인 차원, 사회적인 차원, 그리고 국가적인 차원에서 이해하는 능력

(2) 멀티미디어 리터러시

- 멀티미디어 원리와 영향을 이해하고 개인이나 교육 전문직 기업에서 목적 달성을 위해 활용할 수 있는 능력
- 멀티미디어 시대에 들어서면서 이해와 활용이 개인적 차원을 넘어 교육, 전문직, 기업에까지 확대

(3) 정보 리터러시

- 정보가 필요한 것을 인식, 유용한 정보를 검색, 평가, 효율적으로 활용할 수 있는 능력
- 주목할 점은 정보의 필요성 인식, 유용한 정보원 탐색, 사용을 넘어서 비판적 사고를 통한 평가와 효율적 활용 및 문제해결을 위한 것

(4) 정보통신 리터러시

- 디지털 테크놀로지, 커뮤니케이션 도구, 그리고 네트워크에 접속, 관리, 통합, 평가 및 정보를 창출 해낼 수 있는 능력
- 지식, 기술, 그리고 전략 등을 포함하여 일생을 살아가는 동안 다양한 상황과 개인을 둘러싼 주변과의 상호작용 속에서 지속적으로 요구
- 리터러시를 커뮤니케이션의 도구로 고려하여 상호작용 개념이 도입

(5) 미디어 리터러시

- 정보 리터러시, 컴퓨터 리터러시, 영화 및 비디오 리터러시, 문화 리터러시를 총체적으로 포함하는 멀티플 리터러시
- 어느 하나의 매체에 국한된 것이 아니라 가능한 모든 매체를 포함, 단순히 읽고 쓰는 수준을 넘어 멀티미디어 언어 이해로 확장

(6) 디지털 리터러시

- 인터넷에서 찾아낸 정보의 가치를 제대로 평가하기 위해 모든 사용자들에게 요구되는 비판적인 사고력을 의미한다. 컴퓨터를 통해 다양한 출처로부터 찾아낸 여러 가지 형태의 정보를 이해하고 자신의 목적에 맞게 새로운 정보로 조직하는 올바른 사용 능력
- 디지털 매체와 테크놀로지를 사용할 수 있는 기술과 지식을 습득하고 필요한 정보를 인식하고, 정보를 찾을 수 있는 정보원을 찾고 전략을 세운다. 더 나아가 찾은 정보를 비판적으로 선별하여 문제 해결 커뮤니케이션, 그리고 지식을 창출함으로써 개인, 사회, 국가발전에 기여하고 더 나아가 세계에 공헌할 수 있는 능력

(7) 사이버 리터러시

　무질서한 사이버 공간의 질서를 새롭게 바로잡자는 의미로 가상을 뜻하는 사이버와 글을 읽고 해독하는 능력을 뜻하는 리터러시가 결합한 용어로 미국 미네소타대학교의 언어수사학과 교수인 구락(Laura J. Gurak)이 2001년 출간한 저서 「사이버 리터러시」에서 처음 사용

554
다음 중 각국의 미디어 리터러시 관련 정책 및 사업에 대한 설명으로 가장 거리가 먼 것은?

[2024년 기출]

① 독일 연방정부는 미디어 리터러시 역량 강화를 위해 '학교를 네트로'와 '여교사와 학생들의 네트워크로' 프로젝트를 추진하였다.

② 핀란드의 미디어교육 사업 및 교육과정은 국가 교육위원회에서 정한 원칙을 토대로 설계되지만, 지역교육청의 자율적 역할과 권한도 법제도적으로 보장하였다.

③ 독일의 공영방송사인 ARD와 ZDF는 어린이와 청소년의 미디어 리터러시 역량 개발을 위해 방송프로그램을 제작하고 다양한 연구조사 성과들을 출간하였다.

④ 프랑스의 미디어교육은 국립디어어센터 끌레미(CLEMI)의 사업과 활동을 중심으로 전개되었으며, 2011년부터 2012년까지 가장 많은 교육대상은 언론인이었다.

> **정답** ④
>
> **풀이** ④ CLEMI에서는 2011년부터 2012년까지 총 27,067명이 교육을 받았다. 이 중 53%는 교사이고, 47%는 학생과 교육 전문가, 언론인 등이다. 이중 2,748명은 국가 차원에서 교육받았다.

555
다음 중 인공지능 리터러시의 정의에 대한 설명으로 가장 거리가 먼 것은?　　[2024년 기출]

① 인공지능 개념 및 사용법을 알고 이용하여 인공지능을 구현, 활용하는 능력

② AI 기술을 비판적으로 평가, AI와 효과적으로 의사소통·협업하며 온라인·가정·직장 등에서 AI를 활용하는 능력

③ 개개인이 미디어 메시지를 분석·평가하고 만들어내는 데 필요한 지식과 역량

④ 인공지능 개념 이해 도구로 활용, 문제해결에 적용할 수 있는 능력

> **정답** ③
>
> **풀이** ③ 미디어 리터러시에 대한 설명이다.

556

다음 중 리터러시에 대한 설명으로 가장 적절하지 않은 것은?

[2024년 기출]

① 디지털 리터러시 : 디지털 정보를 효과적이고 비판적으로 접근하고 평가하는 능력
② 미디어 리터러시 : 미디어를 비판적으로 이해하고, 능동적으로 이용하며, 혁신적·창의적으로 구성·제작할 수 있는 능력
③ 디지털 리터러시 : 컴퓨터를 통해 제공된 다양한 형태의 정보를 이해하고 이용하는 능력
④ 사이버 리터러시 : 인터넷에서 정보를 수집하고 공유할 수 있는 능력

정답 ④

풀이 ④ 사이버 리터러시는 무질서한 사이버 공간의 질서를 새롭게 바로잡자는 의미로 가상을 뜻하는 사이버와 글을 읽고 해독하는 능력을 뜻하는 리터러시가 결합한 용어이다.

557

정보사회의 역량에 대한 설명으로 틀린 것은?

① 컴퓨터 리터러시 : 개인, 학업, 전문직 목표를 달성하기 위해 컴퓨터를 프로그램하고 통제할 수 있는 능력이다.
② 정보 통신 리터러시 : 정보가 필요한 것을 인식, 유용한 정보원 탐색, 사용을 넘어서 비판적 사고를 통한 평가와 효율적 활용 및 문제해결을 위한 것이다.
③ 미디어 리터러시 : 미디어를 통해 전달되는 메시지를 구성, 평가, 분석, 수용하여 새로운 메시지를 창출하는 능력이다.
④ 디지털 리터러시 : 디지털화된 정보를 평가 및 판단하고 자신에게 필요한 정보를 취사선택, 편집 및 가공하여 새로운 지식을 창출하는 능력이다.

정답 ②

풀이 ② 정보 리터러시에 대한 설명이다.

핵심정리 ‖ Data-Pop Alliance가 제시한 리터러시

(1) 의의

Data-Pop Alliance는 빅데이터와 인간 발전에 대한 연구를 진행하는 국제적인 연구기관이다. 이는 Harvard Humanitarian Initiative, MIT 미디어랩, Overseas Development Institute (ODI)에 의해 공동으로 설립되었다.

(2) Data-Pop Alliance가 제시한 리터러시

① 과학적 리터러시

데이터와 과학적 방법을 사용하여 의사 결정을 내리고 문제를 해결하는 능력

② 통계 리터러시

개인이 일상생활에서 통계를 비판적으로 평가하고 사용할 수 있는 능력

③ 컴퓨터 리터러시

데이터를 사용하여 문제 해결을 위한 알고리즘을 개발하고 구현하는 능력

④ 미디어 리터러시

기술적 능력의 습득을 강조하지 않으며 대신 미디어 제작 지원 및 표현, 언어, 제작 및 잠재 고객과 같은 문제에 대한 중요한 이해를 개발하는 데 중점을 두는 능력

⑤ 디지털 리터러시

정보 기술과 인터넷을 사용하여 콘텐츠를 찾고, 평가하고, 활용하고 공유하고, 생성하는 능력

⑥ 정보 리터러시

정보를 찾고 신뢰성을 결정할 수 있는 능력의 중요성을 강조한 인터넷 이전 시대의 개념

558

Data-Pop Alliance(2015)가 제시한 리터러시에 대한 정의로 가장 옳지 않은 것은? [2023년 기출]

① 과학적 리터러시 : 개인의 의사결정과 시민 참여를 위해 필요한 과학적 개념과 실험 방법의 적용에 초점을 두는 개념

② 통계 리터러시 : 일상생활에서 통계를 비판적으로 평가하고 사용할 수 있는 능력

③ 컴퓨터 리터러시 : 문제에 대한 알고리즘적 접근법을 찾고, 서로 다른 추상화 수준 사이에서 이동하며, 관계를 확인하기 위해 모델링을 이용할 수 있게 하는 능력

④ 미디어 리터러시 : 정보기술과 인터넷을 사용하여 콘텐츠를 찾고 평가 및 활용, 공유, 생성하는 능력

정답 ④
풀이 ④ 미디어 리터러시는 기술적 능력의 습득을 강조하지 않는다.

559

Data-Pop Alliance가 제시한 리터러시에 대한 설명으로 틀린 것은?

① 정보 리터러시는 정보를 찾고 신뢰성을 결정할 수 있는 능력이다.

② 통계 리터러시는 일상생활에서 통계를 비판적으로 평가하고 사용할 수 있는 능력이다.

③ 디지털 리터러시는 정보 기술과 인터넷을 사용하여 콘텐츠를 찾고, 평가하고, 활용하는 능력이다.

④ 미디어 리터러시는 기술적 능력에 기초하여 미디어 제작 지원 및 표현 등에 대한 중요한 이해를 개발 하는 데 중점을 두는 능력이다.

정답 ④

풀이 미디어 리터러시는 기술적 능력의 습득을 강조하지 않으며 대신 미디어 제작 지원 및 표현, 언어, 제작 및 잠재 고객과 같은 문제에 대한 중요한 이해를 개발하는 데 중점을 두는 능력이다.

집단지성 형성의 세 가지 차원

핵심정리 │ 지적 능력의 종류와 특징

구분	피라미드형 지성(수직형)	집단지성(수평형)
정보구성	폐쇄 환경	개방 환경
지식 원동력	수동적인 상의하달	창의적인 발상과 참여
지성 분배	중앙 집결	분산
변화 형태	정적	동적
경제 파급력	적음	많음
형성 수단	물직적 재산이나 지식	사람

핵심정리 │ 집단지성 주체의 형성

(1) 의의
- 사이버 공간에서 서서히 만들어진 집단지성과 가상세계와 현실세계의 연계 속에 나타나는 집단지성 등 다양한 형태의 모습이 존재한다.
- 모든 것을 아는 사람은 아무도 없지만 모든 사람은 어떤 무엇인가를 알고 있으며, 결국 모든 지식은 인류 전체에 내재한다(Levy).
- 지식과 지식의 움직임에 대한 전문가 소수 특권층에만 국한되었던 것이 더 이상 불가능해졌고, 앞으로는 인간 전체를 위해 적응하고 배우고 고안해야 한다(Levy).
- 초기 집단지성의 개념은 개미들의 군집생활 관찰을 통해 인간 집단과 곤충 사회를 비교, 인간도 개미와 마찬가지로 집단을 형성할 때 더 높은 지능체계를 형성한다(Levy).
- 데카르트의 '나는 생각한다.'(cogito)가 아닌 '우리는 생각한다.'(cogitamus)처럼 '나'보다 '우리'를 생각할 때 더욱 높은 지능을 보인다고 본다(Levy).

(2) 자율적이며 탈영토화된 공간
- 집단지성 주체들은 자율적이며 탈영토화된 공간에 등장한다.
- 레비는 전체주의가 각 개인들이 자율적이지 못하고, 항상 특정한 공간에 머무르면서 위계적·관료주의적 공간에서 활동해야만 하기 때문에 집단지성을 구축할 수 없다고 주장한다.
- 중요한 것은 민중이든 대중이든 사회구성원들 주체들이 역량을 증대시키는 것이 권력을 잡는 문제보다 중요한 것이며 집단지성 주체들은 항상 변화하고 탈영토화하며 유목적인 주제로 집단지성을 형성해 나간다.
- 레비는 집단지성을 이루기 위해 주체들은 다른 사람의 목소리를 들으면서도 본인은 다르게 불러야 하되, 이러한 목소리와 음들이 서로 조화를 이루면서 공존할 수 있는 '즉흥 다성 합창'을 이루어야 한다고 강조한다.

- 권력을 장악하고 다른 사람들의 목소리를 억누르는 집단, 익명의 대중을 몰 범주화하는 데 능숙한 집단들은 더 이상 진화하지 못하고 멈추게 된다.
- 가상공간의 주체들은 자율적으로 조직되며 항상 변화를 이끌어내고 탈영토화 할 수 있을 때 집단 지성이 형성되고 큰 힘을 발휘한다.

560

인터넷과 지식정보 기술의 발달은 정보사회에서 지식 창출과 확산 유형의 변화를 가져 왔다. 이와 관련된 설명으로 가장 거리가 먼 것은?　　　　　　　　　　　　　　　　　　　　　　　[2024년 기출]

① 인터넷 포털 게시판, 블로그, SNS 등 사이버 공간에서 지식과 정보가 소통 및 축적됨에 따라 집단 지성이 형성된다.
② 집단지성에서 집단은 정보유통의 환경을 의미하며 그 안에서 다양성을 허용한다는 장점을 지닌다.
③ 과거 지식 창출 및 확산의 유형은 피라미드형 지성 혹은 수직형 지성을 기반으로 하며 현대사회는 일반 참가자 간의 활발한 상호 작용을 통해 형성되느 수평형 지성을 기반으로 한다.
④ 집단지성은 다수가 선택과 동조가 진실을 판단하는 근거가 된다는 점에서 한계도 내포하고 있다.

> **정답** ②
>
> **풀이** ② 집단지성에서 집단이 정보 유통의 환경을 의미하지는 않는다. 예를 들어 벤클러는 시장중심의 지식생산에 대한 대안적 방식으로 '지식의 사회적 생산(social production)' 모델을 제시하였다. 그는 인터넷으로 대변되는 컴퓨터 기반 정보커뮤니케이션 환경의 등장으로 인해 비시장적 환경에서 협업적 공유를 기반으로 하는 동등계층생산의 새로운 형태가 출현함에 주목하였는데 여기서는 인터넷으로 대변되는 컴퓨터 기반 정보커뮤니케이션 환경이 정보 유통의 환경이 된다.

561

집단지성이 발현할 수 있는 실질적 조건으로 가장 적절한 것은?　　　　　　　　　　　　　　[2020년 기출]

① 구성원들간의 높은 친밀감 · 유대감　　　② 자기 확신이 강한 리더쉽
③ 구성원들의 다양성과 독립적 사고　　　　④ 명확히 규정된 권한과 책임

> **정답** ③
>
> **풀이** ③ 다양성은 집단지성 권위 형성의 또 다른 중요한 조건이 된다. 서로위키에 따르면, 전문가들 혹은 똑똑한 사람들로만 구성된 집단보다 똑똑한 사람과 그렇지 않은 사람들로 구성된 집단이 문제해결 능력이 더 뛰어나다. 동질적인 집단이 자신의 전문성을 발휘하는 일에는 뛰어나지만 대안을 탐색하는 능력은 떨어지기 때문이다(서로위키). 아울러, 다양성은 우리가 미처 생각하지 못한 관점을 추가해주며, 소수의 사람들이 집단의 의사결정을 독점함으로써 생기는 파괴적 결과를 예방하는 데도 커다란 장점을 갖는다. 다양성은 집단지성의 또 다른 중요한 조건인 독립성과도 매우 긴밀하게 연관되어 있다. 개인들을 물신화된 전체에 종속시키는 전체주의와 집단지성을 혼동하면 안 된다. 레비에 따르면, "집단지성은 개별

지성을 어떤 무차별적인 마그마에 흡수하지 않으며, 개별성이 성장하고, 분화하고, 상호 재생하는 과정이다"(Levy). 집단지성 속의 개별 행위자들은 다양한 공동체와의 상호작용 속에서 고정된 위계에 속박되지 않고 계속 변화하는 독자적이고 다중적이고 유목민적인 개인이 된다.

핵심정리 집단지성의 유형

(1) 의의
- 집단지성은 공유형(sharing), 기여형(contributing), 공동창조형(cocreating)으로 구분할 수 있다.
- 공유형은 특정 주제에 대한 자료나 정보를 공유하여 누구나 열람 활용할 수 있게 하는 게시판 같은 것이며, 기여형은 상호 질문을 주고받는 형식을 통해서 특정 문제에 대한 해결책을 찾는 토론방이나 '지식iN' 같은 것이며, 공동창조형은 '위키피디아'처럼 많은 사람이 참여하여 지속적으로 중립적이고 체계적인 지식을 축적해가는 과정을 의미한다.

(2) 기여형과 공동창조형
- 기여형과 공동창조형은 유사해 보이지만 근본적인 차이점이 있다. 기여형에서는 각자의 의견이 독립적으로 존재할 뿐, 이에 대한 평가나 추천은 가능하지만 의견의 차이나 모순을 조율하지는 않는다. 그러나 공동창조형에서는 내용을 보완하거나 수정하는 자율적인 상호 조율을 통해 진정한 의미의 새로운 지식 창출이 가능하다.
- 따라서 공동창조형이 가장 고도로 진화된 집단지성이라고 할 수 있다. 하지만 기여형에서는 개인 의견의 경험 공유가 가능하지만 공동창조형은 주관적인 판단은 완전히 배제한 객관적인 사실의 정리에만 활용될 수 있다는 한계도 있다.

562

집단지성의 유형에 대한 설명으로 틀린 것은?

① 공유형은 특정 주제에 대한 자료나 정보를 공유하여 누구나 열람 활용할 수 있게 하는 게시판 같은 것이다.
② 기여형은 상호 질문을 주고받는 형식을 통해서 특정 문제에 대한 해결책을 찾는 토론방이나 '지식iN' 같은 것이다.
③ 공동창조형은 '위키피디아'처럼 많은 사람이 참여하여 지속적으로 중립적이고 체계적인 지식을 축적해가는 과정을 의미한다.
④ 공동창조형에서는 각자의 의견이 독립적으로 존재할 뿐, 이에 대한 평가나 추천은 가능하지만 의견의 차이나 모순을 조율하지는 않는다.

정답 ④
풀이 기여형에 대한 설명이다.

563

집단지성의 유형으로 볼 수 없는 것은?

① 분업형

② 공유형

③ 기여형

④ 공동창조형

564

공동창조형 집단지성에 포함시킬 수 있는 것으로 옳은 것은? [2020년 기출]

① 위키디피아

② 지식인

③ 아고라

④ QnA

565

공동창조형 집단지성에 대한 설명으로 틀린 것은?

① 개인 의견의 경험 공유가 가능하다.

② 가장 고도로 진화된 집단지성이라고 할 수 있다.

③ 내용을 보완하거나 수정하는 자율적인 상호 조율을 통해 진정한 의미의 새로운 지식 창출이 가능하다.

④ 위키피디아처럼 많은 사람이 참여하여 지속적으로 중립적이고 체계적인 지식을 축적해가는 과정을 의미한다.

(1) 위키피디아(Wikipedia)

　　모두가 함께 만들어가며 누구나 자유롭게 쓸 수 있는 다국어판 인터넷 백과사전이다. 배타적인 저작권을 가지고 있지 않기 때문에 사용에 제약을 받지 않으며, 비영리단체인 위키미디어 재단에서 운영하고 있다. 위키피디아 영어판은 전문가들이 작성했던 백과사전인 누피디어(지금은 없어짐)를 보완하여 2001년 1월 15일에 만들어졌다. 2010년 9월 현재 영어판 340만여 개, 한국어판 14만여 개를 비롯하여 모든 언어판을 합하면 1,600만여 개 이상의 글이 수록되어 있으며 꾸준히 성장하고 있다.

(2) 플리토(Flitto)

　　플리토(Flitto)는 집단지성을 활용한 번역 플랫폼을 제공함으로써 사용자들이 자유롭게 번역을 요청하고 받을 수 있는 공간이다. 번역이 필요할 때는 요청자로서 번역 요청할 수 있고, 외국어를 할 수 있다면 직접 번역가가 될 수도 있다. 또한 스타의 SNS를 포함한 세상의 모든 콘텐츠를 18개 국어로 읽을 수 있다.

(3) 에드모도(Edmodo)

　　Edmodo는 학교와 교사에게 통신, 협업 및 코칭 플랫폼을 제공하는 교육 기술 회사이다. Edmodo 네트워크를 통해 교사는 콘텐츠를 공유하고 퀴즈, 과제를 배포하고 학생, 동료 및 학부모와의 의사소통을 관리할 수 있다. Edmodo는 그들의 디자인과 철학에서 매우 교사 중심이다. 학생과 학부모는 교사가 초대한 경우에만 Edmodo에 가입할 수 있다. Edmodo는 무료로 사용할 수 있지만 프리미엄 서비스도 제공한다.

566

협업을 기반으로 공동창조형 집단지성 형성을 목적으로 하는 SNS 플랫폼으로 볼 수 없는 것은?

① 플리토　　　　　　　　　　　　② 에드모도
③ 위키피디아　　　　　　　　　　④ 인스타그램

정답 ④

풀이　① 플리토(Flitto)는 집단지성을 활용한 번역 플랫폼을 제공함으로써 사용자들이 자유롭게 번역을 요청하고 받을 수 있는 공간이다. 번역이 필요할 때는 요청자로서 번역 요청할 수 있고, 외국어를 할 수 있다면 직접 번역가가 될 수도 있다. 또한 스타의 SNS를 포함한 세상의 모든 콘텐츠를 18개 국어로 읽을 수 있다.
　　② Edmodo는 학교와 교사에게 통신, 협업및 코칭 플랫폼을 제공하는 교육 기술 회사이다. Edmodo 네트워크를 통해 교사는 콘텐츠를 공유하고 퀴즈, 과제를 배포하고 학생, 동료 및 학부모와의 의사소통을 관리할 수 있다. Edmodo는 그들의 디자인과 철학에서 매우 교사 중심이다. 학생과 학부모는 교사가 초대한 경우에만 Edmodo에 가입할 수 있다. Edmodo는 무료로 사용할 수 있지만 프리미엄 서비스도 제공한다.
　　③ 위키피디아(Wikipedia)는 모두가 함께 만들어가며 누구나 자유롭게 쓸 수 있는 다국어판 인터넷 백과사전이다. 배타적인 저작권을 가지고 있지 않기 때문에 사용에 제약을 받지 않으며, 비영리단체인 위키미디어 재단에서 운영하고 있다. 위키피디아 영어판은 전문가들이 작성했던 백과사전인 누피디어(지금은 없어짐)를 보완하여 2001년 1월 15일에 만들어졌다. 2010년 9월 현재 영어판 340만여 개, 한국어판 14만여 개를 비롯하여 모든 언어판을 합하면 1,600만여 개 이상의 글이 수록되어 있으며 꾸준히 성장하고 있다.
　　④ 인스타그램은 페이스북처럼 프로필 기반의 SNS 서비스이다.

집단지성은 여러 가지 방식으로 혁신에 활용될 수 있는데, 기업체의 경우에는 제품의 기획 단계에서 제품의 미래 사용자 집단인 소비자 집단의 집단지성을 활용할 수 있고, 제품의 개발 단계에서는 다양한 전문가 집단의 집단지성을, 시제품의 평가 단계에서는 프로슈머의 집단지성을, 그리고 상용화 단계에서도 프로유저의 집단지성을 활용하여 출시된 제품의 개선이 가능하다. 이외에도 정치·경제·문화 등 다양한 영역에서의 지식 습득 및 문제 해결 도구 또는 교육 현장에서의 학습 도구 등 활용 가치는 무한하다.

핵심정리 프로슈머와 프로유저

프로슈머(Prosumer)는 producer와 consumer의 합성어로, 소비자 이면서 생산 과정에 개입하고자 하는 사람들을 말한다. 앨빈 토플러가 「제3의 물결」에서 처음 사용했다. 프로유저(Prouser)는 professional과 user의 합성어로, 제품에 대한 전문 지식과 창의적 아이디어를 가진 소비자를 말한다.

567
기업체의 집단지성의 활용에 대한 설명으로 틀린 것은?

① 제품의 기획 단계에서 제품의 생산자 집단의 집단지성이 활용될 수 있다.
② 제품의 개발 단계에서는 다양한 전문가 집단의 집단지성을 활용할 수 있다.
③ 시제품 평가 단계에서는 프로슈머의 집단지성을 활용할 수 있다.
④ 상용화 단계에서는 프로유저의 집단지성을 활용하여 출시된 제품의 개선이 가능하다.

정답 ①

풀이 ① 제품의 기획 단계에서 제품의 미래 사용자 집단인 소비자 집단의 집단지성을 활용할 수 있다.

핵심정리 집단지성의 두 얼굴

긍정적 측면	부정적 측명
집단행동과 참여 가능성 증가	이성적 토론의 가능성 감소
순간적인 피드백 증가	집단 수준의 감성적 가능성 증가
자유로운 정보의 소통과 공유	특정 세력에 의한 정보의 왜곡
시민의 의견 반영 확대	대중영합주의 가능성 증가

단순히 다수의 선택과 동조가 진실을 판단하는 유일한 근거가 되는 현재 집단지성의 현실은 여러 가지 측면에서 제한적이다. 무엇보다도 집단적 감성에 근거한 반응이 일어나는 경우가 많다. 집단지성에서 집단은 정보유통의 환경만을 의미한다. 결국 결정적 요소는 지성을 갖춘 이성적 시민이다. 집단지성의 정보유통방식은 그 자체로 문제적일 뿐 아니라 그 안에서 다양성을 허용하지 않는다는 점에서 특히 위험하다.

568

밑줄 친 지적 능력에 대한 설명으로 틀린 것은?   [2021년 기출]

협력, 집합적 노력 혹은 경쟁을 통해 공유되고 합의된 <u>지적 능력</u>을 의미한다. 이 개념은 생물학자인 휠러(Wheeler)가 제시했다고 알려져 있다. 휠러는 흰개미가 개별 개체로는 미약하지만, 집단 내 협업을 통해 생존하는 과정을 관찰하면서 흰개미가 상호작용을 통해 집단 수준에서 형성하는 지적 능력에 주목하였다.

① 끊임없이 향상되고, 실시간으로 조정되며, 기능의 효과적 동원으로 귀결되는, 폭 넓게 분포된 지성이다.
② 개별 지성을 어떤 무차별적인 마그마에 흡수하지 않으며, 개별성이 성장하고, 분화하고, 상호 재생하는 과정이다.
③ 소수의 전문가 사이에서만 유통되던 지식의 순환과 공유와 달리 다수의 선택과 동조가 진실을 판단하는 근거가 됨으로써 신뢰성이 높다.
④ 전문가들 혹은 똑똑한 사람들로만 구성된 집단보다 똑똑한 사람과 그렇지 않은 사람들로 구성된 집단이 문제해결 능력이 더 뛰어나다.

정답 ③

풀이 ③ 단순히 다수의 선택과 동조가 진실을 판단하는 유일한 근거가 되는 현재 집단지성의 현실은 여러 가지 측면에서 제한적이다. 무엇보다도 집단적 감성에 근거한 반응이 일어나는 경우가 많다. 집단지성에서 집단은 정보유통의 환경만을 의미한다. 결국 결정적 요소는 지성을 갖춘 이성적 시민이다. 집단지성의 정보유통방식은 그 자체로 문제적일 뿐 아니라 그 안에서 다양성을 허용하지 않는다는 점에서 특히 위험하다.

569

다음에서 설명하는 개념과 ㉠, ㉡에 들어갈 말의 연결이 옳은 것은?

[2022년 기출]

협력, 집합적 노력, 혹은 경쟁을 통해 공유되고 합의된 지적 능력을 의미한다. 이 개념은 생물학자인 ☐ ㉠ ☐ 가 제시했다고 알려져 있다. ☐ ㉠ ☐ 는 흰개미가 개별 개체로는 미약하지만, 집단 내 협업을 통해 생존하는 과정을 관찰하면서 흰개미가 상호작용을 통해 집단 수준에서 형성하는 지적 능력에 주목하였다. 인터넷상에서 ☐ ㉡ ☐ 등을 통해 특정 주제나 질문에 대한 대중의 답이 공유되고 수정되면서 집단적인 지식이 산출되는 예를 찾아볼 수 있다.

	㉠	㉡
①	레비	집단지성
②	레비	위키피디아
③	휠러	집단지성
④	휠러	공론장

정답 ③

풀이 ③ 휠러의 집단지성에 대한 설명이다.

♀핵심정리   **집단지성의 원리**

(1) 의의

집단의 지성은 항상 개인의 지성보다 우월하다. 이처럼 전통적인 전문가주의는 최근 중대한 도전을 경험하고 있는 반면, 오늘날의 네트워크 사회는 집단지성의 확대 속에서 개방성, 다양성, 독립성, 탈중심성, 실시간 조정과 통합 등과 같은 사회 권위 형성의 새로운 원리들을 창출하고 있다. 우선, 오늘날 점점 더 많은 조직들이 개방성을 조직 활동의 매우 중요한 원리로 채택하고 있다(서로위키).

(2) 개방성

탭스콧과 윌리엄즈는 "자신의 경계를 외부의 아이디어나 인적 자원에 다공적인(porous) 것으로 만드는 조직들이 내부 자원과 능력에만 의존하는 조직들보다 더 나은 성과를 거두고 있다"고 지적한다.

(3) 다양성

• 전문가들 혹은 똑똑한 사람들로만 구성된 집단보다 똑똑한 사람과 그렇지 않은 사람들로 구성된 집단이 문제해결 능력이 더 뛰어나다(서로위키).

• 동질적인 집단이 자신의 전문성을 발휘하는 일에는 뛰어나지만 대안을 탐색하는 능력은 떨어지기 때문이다(서로위키).

• 다양성은 우리가 미처 생각하지 못한 관점을 추가해주며, 소수의 사람들이 집단의 의사결정을 독점함으로써 생기는 파괴적 결과를 예방하는 데도 커다란 장점을 갖는다.

(4) 독립성
- 다양성은 집단지성의 또 다른 중요한 조건인 독립성과도 매우 긴밀하게 연관되어 있다. 개인들을 물신화된 전체에 종속시키는 전체주의와 집단지성을 혼동하면 안 된다.
- 레비에 따르면, "집단지성은 개별 지성을 어떤 무차별적인 마그마에 흡수하지 않으며, 개별성이 성장하고, 분화하고, 상호 재생하는 과정이다"(Levy). 집단지성 속의 개별 행위자들은 다양한 공동체와의 상호작용 속에서 고정된 위계에 속박되지 않고 계속 변화하는 독자적이고 다중적이고 유목민적인 개인이 된다.
- 탭스컷과 윌리엄스도 집단지성이 전체주의·집단주의 관념이 아니라는 점을 강조한다. 집단지성은 중앙집중적 통제와 강제에 의존하거나 개인주의를 억누르는 것이 아니라, 개인들의 자유로운 선택과 개인들 사이의 자발적이고 폭 넓은 조정에 바탕을 두고 있기 때문이다.

(5) 탈중심성
- 서로위키에 따르면, "위에서 아래로 직접 지시하기보다는 자기중심적이며 독립된 여러 사람이 동일한 문제를 분산된 방식으로 풀 때, 집단적 해법이 다른 어떤 해답보다 나을 가능성이 높다."
- 탈중심 조직에서 권력은 한 곳에 집중되지 않으며, 중요한 의사결정은 좁고 특수한 지식을 가진 각 개인들에 의해 이루어진다. 모든 것을 아는 지혜로운 한 사람이란 사실상 존재할 수 없기 때문이다.
- 네그리는 우리의 두뇌가 하나의 요인에 의해 중앙 집중적으로 작동하는 것이 아니라 수십억 뉴런들의 일관된 패턴을 지닌 협력을 통해 작동하듯이, 네트워크는 다중으로 구성되며 서로 상이하고 창의적인 다중의 소통과 협력을 통해 떼 지성 혹은 집단지성이 만들어진다고 주장한다.
- 아울러, 탈중심성은 "특정한 장소나 직무, 또는 경험에 특화되어 있어서 다른 사람들에게 쉽게 요약해 전달할 수 없는 성격의 지식이지만 가치가 매우 높은"(서로위키), 이른바 '암묵적 지식'을 활용하는 데도 커다란 이점이 있다.

(6) 통합메커니즘
- 집단지성은 탈중심 네트워크 안의 다양한 정보를 효과적으로 통합해낼 때만 실현될 수 있다.
- 집단지성의 성공적 발전을 위해서는, 독립된 개인들의 다양한 판단 속에서 최상의 대안을 도출해낼 수 있는 통합 메커니즘을 구축하는 것이 중요하다.
- 새로운 정보통신 기술은 이러한 통합 작용에 매우 유용하게 활용될 수 있다.
- 레비에 따르면, 집단지성은 실시간으로 조정될 수 있는데, 이는 정보통신 기술이 사용자들로 하여금 시공간의 장벽을 넘어 손쉽게 상호작용할 수 있도록 해주기 때문이다.

570

집단지성에 대한 레비(Levy)의 입장으로 옳은 것은?

① 모든 것을 아는 사람은 없지만 모든 사람은 어떤 무엇인가를 알고 있으며, 결국 모든 지식은 인류 전체에 내재되어 있다.
② 집단지성은 독립된 참여자 집단에 의한 탈중심적 선택과 판단에서 출현하는 집합적 지식이다.
③ 집단지성은 중앙 집중적 통제나 보편 모델의 제공 없이 문제를 해결하는 집합적이고 분산된 기술들이다.
④ 지켜보는 눈동자가 많으면 시스템 오류는 쉽게 찾아낼 수 있다.

핵심정리   참여군중

- 참여군중들이 만들어가는 지성과 능력이 집단지성인데 오픈소스 운동(open source movement)과 같이 누구나 자유롭게 정보에 접근하고 가공할 수 있게 되는 일련의 움직임들이 위키피디아와 같은 집단지성의 결과물을 만들었다.
- 무엇을 소유(possession)하느냐가 중요한 것이 아니라 무엇을 공동으로 공유(sharing)하느냐가 더 중요하고, 제조된 상품보다 각자의 아이디어와 정보가 중요해지는 시대로 누구와 관계를 맺으며 공유하는가가 그 사람의 존재를 대변한다.
- 라인골드(Rheingold)는 「참여군중(smart mobs)」에서 오늘날 군중이 사회에 참여하게 된 배경과 원리를 제시하였다.
- 참여군중들은 최첨단 기술 기기로 무장하고 컴퓨터 네트워크로 연결된 군중으로서 휴대전화, PDA, 무선 인터넷 등을 가지고 서로 연대하면서 움직인다.
- 기존의 주류 미디어를 거부하고 스스로 인터넷 방송국과 웹진을 만들거나 홈페이지와 블로그, 트위터를 이용하여 관심사를 교환하고 토론한다.
- 이를 통해 인간관계를 맺거나 업무를 수행하는 것과 동시에 때로는 촛불시위와 같이 정치적인 의사를 표출하면서 실제 현실로까지 나아갈 뿐 아니라 집단지성을 통해 이론 학습을 하고 생활을 기반으로 한 조직력으로 무장한 아고리언들이 웹 2.0 시대의 새로운 저항 주체로 평가한다.
- 라인골드는 참여군중의 출현은 더 많은 사람들이 기술을 사용할 수 있는 기술의 사회적 요소와 신뢰가 형성되어 모두가 믿을 수 있도록 정보를 공유할 수 있어야 한다고 주장한다.
- 소수의 전문가나 기획자보다는 네트워크로 연결된 다수의 비전문가들이 오히려 더욱 생산적이며 통제보다 자율이 질서를 만들고, 경쟁보다 협력이 효율과 정확성을 높인다는 주장한다.

핵심정리   플래시몹(Flash Mob)

- 집단지성의 실제적 동원 사례로 특정 시간에 특정 장소에 모여 사전에 약속된 춤이나 행위를 하고 사라지는 급작스런 모임인 플래시몹(Flash Mob)이 생겨났다.
- 플래시몹은 특정 웹 사이트의 접속자가 한꺼번에 폭증하는 현상을 뜻하는 '플래시 크라우드'(flash crowd)와 의견이 일치하는 대중을 뜻하는 '스마트몹'(smart mob)의 합성어로 하워드 라인골드의 저서 「참여군중(Smart Mobs : the next social revolution)」에서 처음으로 제시된 개념이다.
- 2002년 월드컵 당시 깜짝 응원 도구로 사용되었던 플래시몹은 얼굴도 모르는 불특정 다수의 대중이 인터넷과 핸드폰을 통해 시간과 장소를 정해 미리 약속한 응원 후 감쪽같이 사라지는 5분 이내의 짧은 시간에 이뤄지지만 나름의 의미를 가지고 구성한 줄거리 등으로 인해 일종의 집단 행위 예술과 비슷하다.

571

전통적인 폭도와 같이 통제 중심이 없고 우발적인 속성을 지니고 있지만, 정보기술을 이용해 서로 간의 연대행위를 구성하고 규율하고 있는 사람들의 일시적 모임으로 옳은 것은?

① 공중(public)
② 플래시몹(Flash Mob)
③ 참여군중(Smart Mob)
④ 가상 공동체(Virtual Community)

정답 ③
풀이 ① 공중은 특정한 쟁점에 대해 일정 기간 관심을 공유하는 사람들의 집단으로서, 이성적이고 비판적인 사고를 통해 여론을 형성하는 특징이 있다.
② 집단지성의 실제적 동원 사례로 특정 시간에 특정 장소에 모여 사전에 약속된 춤이나 행위를 하고 사라지는 급작스런 모임이다.
③ 참여군중(Smart Mob)에 대한 설명이다.
④ 사이버 공간 안에서 다수의 사람들이 인간관계를 형성하기 위하여 충분한 시간 동안 공적인 토론(public discussion)을 나누고, 풍부한 인간적인 감정을 나누며 개인적 관계망을 형성하는 사회적 집단이다.

572

다음에서 설명하고 있는 개념으로 옳은 것은?

> 불특정 다수로 존재하던 대중이 현실에 적극적으로 참여하여 자신의 목소리를 내고 실천에 옮기는 어디에서나 분포하며, 지속적으로 가치가 부여되고, 실시간으로 조정되며, 역량의 실제적 동원에 이르는 지성을 기반으로 형성된 대중 집단이다.

① 참여군중
② 집단지성
③ 플래시몹
④ Affinity Group

정답 ①
풀이 ① 참여군중에 대한 설명이다.

집단지성과 반전문가주의

573

개방, 참여, 공유를 통해 비전문가인 고객과 대중으로부터 해결책을 찾는 방법으로 옳은 것은?

① 아웃소싱

② 상품소싱

③ 글로벌소싱

④ 크라우드소싱

정답 ④

풀이 ④ 크라우드소싱에 대한 설명이다.

위키피디아의 권위와 신뢰성

핵심정리 위키피디아

모두가 함께 만들어가며 누구나 자유롭게 쓸 수 있는 다국어판 인터넷 백과사전이다. 배타적인 저작권을 가 지고 있지 않기 때문에 사용에 제약을 받지 않으며, 비영리단체인 위키미디어 재단에서 운영하고 있다. 위키피디아 영어판은 전문가들이 작성했던 백과사전인 누피디어(지금은 없어짐)를 보완하여 2001년 1월 15일에 만들어졌다. 2010년 9월 현재 영어판 340만여 개, 한국어판 14만여 개를 비롯하여 모든 언어판을 합하면 1,600만여 개 이상의 글 이 수록되어 있으며 꾸준히 성장하고 있다.

핵심정리 위키피디아의 운영 원리

- 집단지성 원리가 가장 성공적으로 실현되고 있는 영역은 바로 위키피디아라 할 수 있다. 웨일즈 (Wales)에 따르면, "수많은 사람들이 위키피디아를 갖고 있다는 관념은 수많은 개별 사용자들이 각기 약간의 내용을 첨가하고 그로부터 응집된 작업물이 출현하는 현상(군중의 지혜, 무리 지성 등과 같은 현상)을 의미한다."

- 위키피디아는 고도의 대중 자발성과 목적의식성에 바탕을 두고 있으며, 철저한 비영리주의와 반상업주의를 지향한다. 한편으로, 위키피디아에서는 누구든지 기사를 작성할 수 있지만, 그 누구도 중앙 집중적인 편집 통제권을 가질 수 없다.

- 기사 편집에 관한 상세한 규정은 전 세계에 흩어져 있는 수많은 일반 이용자들이 만든다. 그런 의미에서 그것은 명시적인 공통의 규범이나 규칙을 공유하지 않는 이용자들에 의해 토론 문화가 결정되는 대부분의 온라인 포럼과도 구분된다. 다른 한편으로, 위키피디아는 영리 목적을 위해 상업 기관들이 운영하는 대부분의 웹 2.0 사이트들과도 매우 다르다. 그것은 2001년 출범 당시부터 반상업주의를 천명했고, 현재 위키피디아의 최종 운영권을 갖고 있는 위키미디어(Wikimedia)도 완전한 비영리기구다.

- 위키피디아는 자발적 참여자들이 집단적으로 백과사전 지식을 집대성하고, 그러한 작업에 필요한 다양한 장치와 절차를 참여자들 스스로 만들어가는 모든 과정이 곧 집단지성의 구현 과정임을 보여주고 있다.

574

위키피디아에 대한 설명으로 틀린 것은?

① 200여개 이상의 언어로 서비스되는 인터넷 백과사전이다.

② 모든 문서는 토론 탭을 통해 문서개선 토론이 이루어진다.

③ 위키백과에 계정을 만들어 등록해야 문서를 작성할 수 있다.

④ 2001년 지미 웨일스(Jimmy Wales)와 래리 생어(Larry Sanger)가 설립하였다.

> **정답** ③
>
> **풀이** ③ 위키피디아는 누구나 기사를 작성할 수 있고, 내용 수정이 가능하다. 로그인 상태로 편집하면 개인정보가 노출되지 않으나, 로그인 하지 않고 글을 쓰면 사용 중인 IP 주소가 공개된다.

📍핵심정리 반달리즘(Vandalism)

다른 문화나 종교, 예술 등에 대한 무지로 그것들을 파괴하는 행위이다. 5세기 초 유럽의 민족 대이동 시기에 로마를 침입하여 약탈과 문화유적 파괴를 자행했던 반달족의 활동에서 유래되었다. 여기서는 다수가 참여할 수 있도록 공개된 문서의 내 용을 훼손하거나 엉뚱한 제목으로 변경하고 낙서를 하는 행위를 일컫는다.

📍핵심정리 오류와 반달리즘의 방지

위키피디아에는 많은 사람이 올리는 글을 검증하고 수정하는 열성 편집자들이 존재한다. 이들은 오류나 반달리즘(Vandalism)을 방지하기 위해 문서 수정 시 이를 자동으로 알려주는 소프트웨어인 밴덜프루프(VandalProof)라는 소프트웨어를 사용하기도 하고, 어떤 사람이 어떤 내용의 글을 작성했는지 알려주는 위키스캐너(Wikiscanner), 오탈자 등의 오류를 자동으로 감지하는 로봇인 안티 밴덜봇(AntiVandalBot)을 활용하고, 반달리즘을 바로잡기 위한 사용자 조직인 클린업 태스크포스(Cleanup Taskforce), 뉴 페이지 패트롤(New Page Patrollers), 최근 수정 패트롤(Recent Change Patrollers), 카운터－반달리즘 유닛(Counter Vandalism Unit)을 운영한다고 한다. 그리고 동료 심사제도를 강화하고 우수 기사(Wikipedia : Good Articles)나 특집 기사(Wikipedia : Featured Article) 제도를 통해 양질의 기사들에 대한 인센티브를 부여하고 있다. 이와 같은 기술적·사회적 장치들을 통해 집단지성의 신뢰성이 제고된다면 집단지성이 갖는 위력이 더욱 향상될 것이다.

🔑핵심정리 **위키피디아의 편집 원칙**

> • 위키피디아는 제공하는 정보의 신뢰성 확보를 위해 중립적 관점, 검증 가능성, 독창적 연구 배제라는 편집 원칙을 고수하고 있다.
> • 중립적이라고 해서 관점이 없음을 의미하는 것은 아니며, 어떤 관점이 더 우월하고 열등하다는 것을 단정해서는 안 된다는 것을 의미한다.
> • 검증 가능성은 독자들이 내용의 진위 여부를 스스로 판단할 수 있게 정보를 제공해야 한다는 것, 다시 말해 신뢰성 있는 기관의 자료를 사용 하고 자료의 출처를 밝히는 것을 의미한다.
> • 마지막으로 독창적 연구의 배제는 검증되지 않은 사실, 주장, 생각, 관념, 분석의 수록을 배제한다는 것이다. 그러므로 독창적인 연구보다는 기존에 발표된 문헌을 종합하고 재조직하는 것을 권장한다.

575
위키피디아에 대한 설명으로 틀린 것은?

① 누구나 글을 올릴 수 있고, 내용 수정이 가능하다.
② 배타적인 저작권을 가지고 있지 않아 사용에 제약이 없다.
③ 온라인 백과사전으로 사용할 정도로 콘텐츠의 신뢰성이 높다.
④ 다른 의견 제시 등 방법은 전문가에 대한 도전으로서의 의미를 가진다.

정답 ④

풀이 ④ 위키피디아가 개별 편집자들이 지닌 관점의 다양성과 개별성을 최대한 보장하려 한다. 이는 전문가의 권위에 도전하기 위한 것이 아니라 위키피디아 기사의 신뢰성을 높이기 위한 것이다. '중립적 관점' 정책은 다양성이라는 집단지성의 원리를 실현하는 데도 매우 중요한 장치가 되고 있다.

위키피디아의 저작권

(1) 의의

- 위키백과에 있는 모든 문서의 저작권은 각 저작자에게 있으며, 위키백과나 위키미디어 재단이 저작권을 소유하고 있지는 않다.
- 위키백과 내의 모든 문서는 크리에이티브 커먼즈 저작자표시 − 동일조건변경허락 3.0 Unported 라이선스(CC − BY − SA 3.0)하에 배포되며, 이 라이선스 규정에 따라 문서를 이용할 수 있다.
- 또한, 문서 내에 크리에이티브 커먼즈하에서만 배포된다는 표식이 없는 경우에는 그 문서는 GNU 자유 문서 사용 허가서 1.2 이상(GFDL)으로도 같이 배포된다. 이 경우 원하는 라이선스를 선택해 사용하거나, 두 라이선스 모두를 사용할 수 있다.

(2) 특징

- 위키피디아 라이선스의 가장 큰 특징은, 위키백과에 올릴 수 있는 자료는 누구나 비영리적 또는 영리적으로도 자유로이 이용 가능한 자료에 원칙적으로 한정된다는 것이다.
- 따라서 위키백과에 자신의 저작물을 올린다는 의미는, 제3자가 그 저작물을 어떠한 목적으로도 영리적 목적까지를 포함하여 자유롭게 이용해도 좋다는 것을 의미하며, 또한 타인의 저작물에 관하여 영리적 이용의 허가 없이 위키백과에 올리는 것은 금지된다. 단순히 출처를 밝혔다든가 위키백과에는 올려도 괜찮다는 등의 허락만으로는 타인의 저작물을 올리실 수 없다.
- 그러므로 제3자의 저작물을 위키백과에 올리시고 싶은 경우에는, 제3자로부터 영리 이용을 포함한 어떤 목적으로도 제3자가 자유로이 복제·변경·재배포를 해도 좋다는 이용의 허락을 얻어야 올릴 수 있다.
- 위키백과에서 사용하는 크리에이티브 커먼즈와 GFDL 라이선스에서는, 위키백과 내의 저작물을 다른 곳에 사용할 때에 저작권자의 특별한 허가가 필요하지 않다.

576

위키피디아 라이선스에 대한 설명으로 틀린 것은?

① 위키피디아 내의 저작물을 다른 곳에 사용할 때에 저작권자의 특별한 허가가 필요하지 않다.

② 위키피디아는 크리에이티브 커먼즈와 허가서와 GPL(GNU General Public License) 라이선스를 사용한다.

③ 위키피디아에 올릴 수 있는 자료는 누구나 비영리적 또는 영리적으로도 자유로이 이용 가능한 자료에 원칙적으로 한정된다.

④ 위키피디아에 자신의 저작물을 올린다는 의미는, 제3자가 그 저작물을 영리적 목적까지를 포함하여 어떠한 목적으로도 자유롭게 이용해도 좋다는 것을 의미한다.

정답 ②

풀이 ② 위키피디아는 크리에이티브 커먼즈와 GFDL(GNU Free Documentation License) 라이선스를 사용한다. 참고로 GPL은 자유소프트웨어 재단에서 만든 자유소프트웨어 라이선스로, 소프트웨어의 실행, 연구, 공유, 수정의 자유를 최종 사용자에게 보장한다. 반면에 GFDL은 일종의 자유문서를 위한 저작권 라이선스이다.

테크노리얼리즘

📍**핵심정리**   테크노리얼리즘의 8원칙

1. 과학기술은 중립적이지 않다.
2. 인터넷은 혁명적이지만, 이상향은 아니다.
3. 정부는 전자적인 개척분야에서 수행할 중요한 역할이 있다.
4. 정보는 지식이 아니다.
5. 학교를 정보화하는 것은 해결책이 아니다.
6. 정보는 보호받고 싶어 한다.
7. 공중파는 대중의 것이다. 대중은 그것을 사용함으로써 혜택을 누려야 한다.
8. 과학기술의 이해는 세계 시민의식의 필수적인 요소다.

577

테크노리얼리즘의 입장에 대한 설명으로 틀린 것은?

① 공중파는 대중의 것이다.

② 과학기술은 중립적이다.

③ 인터넷은 혁명적이지만, 이상향은 아니다.

④ 기술지상주의와 기술혐오주의 사이의 중간층을 확장시키고자 한다.

정답 ②

풀이 ② 과학기술은 중립적이지 않다. 과학기술은 의도적 또는 의도적이지 않은 사회적·정치적·경제적 편향으로 한쪽에 치우쳐 나온다.

578

현대사회는 디지털 기술 중심의 세계가 펼쳐지고 있다. 다음 중 테크노리얼리즘에 대한 내용으로 틀린 것은?

① 기술은 의도적이든 비의도적이든 정치·사회·경제적 편향성을 갖는다.

② 기술은 활력 없는 인공물로 다른 기술의 행위에 영향을 미치지 않는다.

③ 네트워크는 인간, 공동체, 정부에 광범위한 기회를 제공하는 통신수단이다.

④ 기계문명이 인간의 삶을 황폐화시키고 정보혁명은 인류의 미래를 위협할 것이다.

정답 ④

풀이 ④ 테크노리얼리즘은 기술에 대한 부정과 긍정의 두 가지 측면을 모두 인정한다.

핵심정리 GNU

(1) 의의

GNU는 운영 체제의 하나이자 컴퓨터 소프트웨어의 모음집이다. GNU는 온전히 자유소프트웨어로 이루어져 있으며, 그 중 대부분이 GNU 프로젝트의 GPL로 라이선스된다.

(2) GNU 일반 공중 사용 허가서

- GNU 일반 공중 사용 허가서(GNU General Public License, GNU GPL 또는 GPL)는 자유소프트웨어 재단에서 만든 자유소프트웨어 라이선스로, 소프트웨어의 실행, 연구, 공유, 수정의 자유를 최종 사용자에게 보장한다.
- 대표적으로 리눅스 커널이 이용하는 사용 허가이다. GPL은 가장 널리 알려진 강한 카피레프트 사용 허가이며, 이 허가를 가진 프로그램을 사용하여 새로운 프로그램을 만들게 되면 파생된 프로그램 역시 같은 카피레프트를 가져야 한다.
- 이러한 철학에서 GPL은 컴퓨터 프로그램을 이용하는 사람에게 자유소프트웨어의 권한을 누리며 카피레프트를 사용함으로써 그러한 자유가 보전되고, 이전 작업 내용을 수정하거나 다른 내용을 추가하는 것도 허용됐다. 이는 허용적인 자유소프트웨어 사용 허가로서, BSD(Berkeley Software Distribution) 사용 허가가 대표적인 예이다.

(3) GNU 자유 문서 사용 허가서

- GNU 자유 문서 사용 허가서(GNU Free Documentation License, GNU FDL, GFDL, GNU FDL)는 일종의 자유문서를 위한 저작권 라이선스의 한 형태로서 자유소프트웨어 재단(FSF, Free Software Foundation)에서 GNU의 프로젝트를 위해서 착안되었다.
- GFDL에 따라 만든 문서는 자유롭게 복사, 수정, 재배포가 가능하며, 2차 저작물 역시 GFDL을 따라야 한다. GFDL을 따르는 문서는 기본적으로 무료로 배포되지만, 대량으로 제작된 경우 유료로 판매될 수도 있다.
- 현재 'GNU 자유 문서 사용 허가서'에 따라 추진 중인 프로젝트들 가운데 가장 큰 프로젝트로 손꼽히고 있는 것이 바로 위키백과다. 위키백과는 크리에이티브 커먼즈(CCL)와 GNU 자유 문서(GFDL)의 2중 라이선스를 따른다.

(1) 의의

- 크리에이티브 커먼즈(Creative Commons, CC)는 저작권의 부분적 공유를 목적으로 2001년에 설립된 비영리 단체이다. 이 기관은 2002년 12월 16일에 저작권 라이선스인 크리에이티브 커먼즈 라이선스(CCL)를 만들었다.
- 크리에이티브 커먼즈 라이선스(CCL)를 따르는 대표적인 프로젝트에는 위키백과가 있다. 위키백과는 크리에이티브 커먼즈(CCL)와 GNU 자유 문서(GFDL)의 2중 라이선스를 따른다. 일반적으로 다음의 권리를 선택하여 사용할 수 있다.

(2) 종류

- ⓘ 저작자 표시(BY)
  저작물을 사용할 때에 원저작자를 꼭 표기해야 한다.
- Ⓢ 비영리(NC)
  저작물을 영리 목적으로 사용할 수 없다.
- ⊜ 변경 금지(ND)
  저작물을 변경할 수 없다.
- ◎ 동일조건 변경 허락(SA)
  2차 저작물을 만들 때 그 저작물에도 원저작물과 같은 라이선스를 사용해야 한다.

이 중에 변경 금지 조항과 동일조건 변경 허락 조항은 동시에 사용할 수 없으므로 총 11가지의 라이선스를 사용할 수 있다.

(3) 조합

① 저작자 표시(BY)

저작자와 출처 등을 표시하면 영리 목적의 이용이나 변경 및 2차적 저작물의 작성을 포함한 자유이용을 허락한다.

② 저작자 표시 – 변경금지(BY – ND)

저작자와 출처 등을 표시하면 영리 목적의 이용은 가능하나, 변경 및 2차적 저작물의 작성은 허용되지 않는다.

③ 저작자 표시 – 비영리(BY – NC)

저작자와 출처 등을 표시하면 저작물의 변경, 2차적 저작물의 작성을 포함한 자유이용을 허락한다. 단 영리적 이용은 허용되지 않는다.

④ 저작자 표시 – 동일조건 변경 허락(BY – SA)(위키백과 라이선스)

저작자와 출처 등을 표시하면 영리 목적의 이용이나 2차적 저작물의 작성을 포함한 자유이용을 허락한다. 단 2차적 저작물에는 원저작물에 적용된 라이선스와 동일한 라이선스를 적용해야 한다.

⑤ 저작자 표시 − 비영리 − 변경 금지(BY − NC − ND)

저작자와 출처 등을 표시하면 자유이용을 허락한다. 단 영리적 이용과 2차적 저작물의 작성은 허용되지 않는다.

⑥ 저작자 표시 − 비영리 − 동일조건 변경 허락(BY − NC − SA)

저작자와 출처 등을 표시하면 저작물의 변경, 2차적 저작물의 작성을 포함한 자유이용을 허락한다. 단 영리적 이용은 허용되지 않고 2차적 저작물에는 원저작물에 적용된 라이선스와 동일한 라이선스를 적용해야 한다.

579

CCL(Creative Commons License)의 6가지 유형 중 다음 유형에 대한 설명으로 틀린 것은?

[2020년 기출]

① 복제와 배포가 가능하다

② 상업적 용도로 사용할 수 없다.

③ 변형과 2차적 사용을 할 수 없다.

④ 저작자와 출처 등을 표시해야 한다.

정답 ③

풀이 ③ 라이선스 조건 4가지 중 저작자표시(BY)는 모든 CCL에 기본적으로 포함되어 있고 변경금지(ND)와 동일조건변경허락(SA)은 동시에 사용할 수 없으므로, 가능한 조합은 저작자표시(BY), 저작자표시 − 변경금지(BY − ND), 저작자표시 − 비영리(BY − NC), 저작자표시 − 동일조건변경허락(BY − SA), 저작자표시 − 비영리 − 동일조건변경허락(BY − NC − SA), 저작자표시 − 비영리 − 변경금지(BY − NC − ND) 등 총 6가지이다. 부가되는 조건이 적으면 적을 수록 더 자유로운 이용을 허락하는 CCL이 된다. 그림의 CCL은 저작자와 출처 등을 표시하면 저작물의 변경, 2차적 저작물의 작성을 포함한 자유이용을 허락하는 라이선스이다. 단 영리적 이용은 허용되지 않고 2차적 저작물에는 원저작물에 적용된 라이선스와 동일한 라이선스를 적용해야 한다.

오픈 액세스(open access)

오픈 액세스(open access)

- 오픈 액세스(open access)란 비용과 장벽의 제약 없이 이용 가능한 연구 성과물을 말한다.
- 기존 학술생태계의 모순을 극복하기 위한 대안으로 등장하였으며 법적, 경제적, 기술적 장벽 없이 누구라도 무료로 정보에 접근, 활용할 수 있도록 저작물 생산자와 이용자가 정보를 공유하는 행위를 부르는 말이기도 하다.
- 오픈 액세스는 저자의 비용 부담, 이용자의 무료 접근, 시공간을 초월한 상시적 접근, 저자의 저작권 보유 등의 4대 원칙을 강조하는 정보 공유 체제이다.
- 저작물의 자유로운 이용을 위해 크리에이티브 커먼즈 라이선스를 따르고 있으며 모든 형태의 학술 저작물이 적용 대상이나 종이 학술지 형태로 나타났던 전통적인 학술저작물들이 이 운동의 주요 대상이다.

580

오픈 액세스의 방향 중 하나로서 대학이나 연구소 등이 소속 연구자의 출판 전 논문 등을 수집하여 공개하는 방안이며, 특히 연구기관의 지적 생산물을 디지털 형식으로 수집하고 보존하며 배포하는 하나의 온라인으로 된 장소를 의미하는 용어로 가장 적절한 것은? [2023년 기출]

① 기관 리포지터리(Institutional Repository)

② 주제 리포지터리(Subject Repository)

③ 오픈 아카이빙(Open Archiving)

④ 다크 아카이브(Dark Archive)

정답 ①

풀이 ① 기관 리포지터리에 대한 설명이다.

581

국립중앙도서관이 2014년부터 추진하고 있는 것으로, 공개된 인터넷 자원을 국가의 디지털 지적 문화유산으로 수집 · 보존하여 후대에 전승하기 위한 온라인 디지털 자원 수집 · 보존 프로젝트의 명칭으로 가장 적절한 것은?

[2023년 기출]

① OASIS
② KCI
③ KOASAS
④ DOAJ

> **정답** ①
> **풀이** ① OASIS에 대한 설명이다.

582

다음 글에서 설명하고 있는 개념으로 옳은 것은?

[2021년 기출]

> 기존 학술생태계의 모순을 극복하기 위한 대안으로 등장하였으며 법적, 경제적, 기술적 장벽 없이 누구라도 무료로 정보에 접근, 활용할 수 있도록 저작물 생산자와 이용자가 정보를 공유하는 행위이다.

① 지식 공유(Knowledge Sharing)
② 지식 생산(Knowledge Production)
③ 공정 이용(Fair Use)
④ 오픈 액세스(Open Access)

> **정답** ④
> **풀이** ④ 오픈 액세스(open access)에 대한 설명이다.

583

대학이나 연구기관 등이 소속 연구자가 생산한 연구 성과물을 수집, 보존하여 접근성을 확보하기 위하여 구축하는 정보시스템으로 옳은 것은?

① OASIS
② Fedora
③ Open Access
④ Institutional Repositories

> **정답** ④
> **풀이** ① OASIS(online archiving & internet sources)는 마르지 않는 디지털 지식샘물이란 슬로건으로 국립중앙도서관이 디지털 형태로 존재하는 한국어 간행물을 수집 보전의 노력으로 운영되고 있다.
> ④ 기관 레포지토리(Institutional Repositories)에 대한 설명이다.

(1) 셀프 아카이빙(green OA)

　학술지에서 동료평가를 거친 논문을 저자가 자신의 홈페이지나 관련된 곳 혹은 어딘가 집중된 OA 저장소에 올리는 것을 의미한다.

(2) OA 학술지

　학술지 출판사가 자신의 저널 홈페이지에 모든 논문들을 무료로 올리는 것을 의미한다.

(3) 혼합형 OA 학술지

　기본적으로 구독료를 받지만 저자나 후원자가 '논문 처리 수수료(Article Processing Charges, APC)'를 지불한 경우 그 논문만 무료로 공개하는 경우이다.

584

다음 중 그린 오픈 액세스에 대한 설명으로 옳은 것은?

① 원저자의 권리를 유지하면서, 동시에 모든 이들이 무료로 이용할 수 있도록 하는 접근 방식이다.

② 연구 결과물을 즉시 공개하여 모든 사용자들이 자유롭게 이용할 수 있게 하는 방식이다.

③ 원저자가 직접 연구비를 지불하고, 그 결과물을 무료로 공개하는 방식이다.

④ 연구 내용이 출판사를 통해 무료로 공개되고, 이를 누구나 다운로드 받아 자유롭게 이용할 수 있다.

정답 ①

풀이 ① 그린 오픈 액세스는 원저자의 권리를 유지하면서, 동시에 모든 이들이 무료로 이용할 수 있도록 하는 접근 방식이다. 이 방식에서는 일정 기간 동안 원저작자나 원저작자가 속한 기관의 웹사이트에서만 연구결과를 공개하며, 이 기간이 지나면 일반적으로 공개 액세스가 가능하다.

② 즉시 공개와 모든 사용자들이 자유롭게 이용할 수 있는 것은 골드 오픈 액세스의 특징이다.

③ 원저자가 직접 연구비를 지불하고 그 결과물을 무료로 공개하는 것은 골드 오픈 액세스의 방식이다.

④ 연구 내용이 출판사를 통해 무료로 공개되고, 이를 누구나 다운로드 받아 자유롭게 이용할 수 있는 것은 골드 오픈 액세스의 특징이다. 그린 오픈 액세스는 저자나 저자가 속한 기관이 보유한 웹사이트에서 일정 기간 동안만 연구결과를 공개하는 방식이다.

585

오픈 액세스(Open Access)에 대한 설명으로 틀린 것은?

① 비용과 장벽의 제약 없이 이용 가능한 연구 성과물을 말한다.

② 저작물의 자유로운 이용을 위해 크리에이티브 커먼즈 라이선스를 따르고 있다.

③ OA 학술지는 학술지 출판사가 자신의 저널 홈페이지에 모든 논문들을 무료로 올리는 것을 의미한다.

④ 저자의 비용 면제, 이용자의 무료 접근, 시공간을 초월한 상시적 접근, 저자의 저작권 보유 등의 4대 원칙을 강조하는 정보 공유 체제이다.

> **정답** ④
>
> **풀이** ④ 오픈 액세스(open access)는 저자의 비용 부담, 이용자의 무료 접근, 시공간을 초월한 상시적 접근, 저자의 저작권 보유 등의 4대 원칙을 강조하는 정보 공유 체제이다.

586

다음 중 그린 오픈 액세스에 대한 설명으로 옳은 것은?

① 원저자의 권리를 유지하면서, 동시에 모든 이들이 무료로 이용할 수 있도록 하는 접근 방식이다.

② 연구 결과물을 즉시 공개하여 모든 사용자들이 자유롭게 이용할 수 있게 하는 방식이다.

③ 원저자가 직접 연구비를 지불하고, 그 결과물을 무료로 공개하는 방식이다.

④ 연구 내용이 출판사를 통해 무료로 공개되고, 이를 누구나 다운로드 받아 자유롭게 이용할 수 있다.

> **정답** ①
>
> **풀이** ① 그린 오픈 액세스는 원저자의 권리를 유지하면서, 동시에 모든 이들이 무료로 이용할 수 있도록 하는 접근 방식이다. 이 방식에서는 일정 기간 동안 원저작자나 원저작자가 속한 기관의 웹사이트에서만 연구결과를 공개하며, 이 기간이 지나면 일반적으로 공개 액세스가 가능하다.
> ② 즉시 공개와 모든 사용자들이 자유롭게 이용할 수 있는 것은 골드 오픈 액세스의 특징이다.
> ③ 원저자가 직접 연구비를 지불하고 그 결과물을 무료로 공개하는 것은 골드 오픈 액세스의 방식이다.
> ④ 연구 내용이 출판사를 통해 무료로 공개되고, 이를 누구나 다운로드 받아 자유롭게 이용할 수 있는 것은 골드 오픈 액세스의 특징이다. 그린 오픈 액세스는 저자나 저자가 속한 기관이 보유한 웹사이트에서 일정 기간 동안만 연구결과를 공개하는 방식이다.

Theme 95 공유의 비극을 넘어(Ostrom)

핵심정리 재화의 유형

구분		경합성	
		유	무
배제성	유	가방, 옷, 막히는 유료 도로	케이블 TV, 막히지 않는 유료 도로
	무	바다 속 물고기, 막히는 무료 도로	치안, 국방, 막히지 않는 무료 도로

핵심정리 시장과 국가 또는 정부에 의한 통제와 사유화의 대안으로서의 자치

- 「공유의 비극을 넘어」의 메시지는 흔히 사회 문제의 해결을 위해 시장과 국가 또는 정부에 의한 통제와 사유화라는 두 개의 대안만이 고려되는 상황에서 자치(self-governance)라고 하는 제삼의 대안을 제시한 것으로 이해된다.
- 「공유의 비극을 넘어」는 공유자원 문제에 대한 제도적 해결의 지평을 넓힌 의미와 더불어 국가와 시장의 해결책을 중심으로 한 전통적인 집합행동이론의 한계를 극복하고 자치의 가능성과 그 조건들을 제시하는 이론사적인 의의를 지닌다.
- 제도가 '시장'과 '국가'의 도식적인 이분법에서처럼 완전히 사적이거나 완전히 공적인 경우는 거의 없다. 많은 성공적인 공유 자원 제도는 사적인 것처럼 보이는 제도들과 공적인 것처럼 보이는 제도들의 풍부한 혼합물이기 때문에 경직된 이분법의 틀에 들어맞지 않는다. 사적 제도의 전형이라 할 수 있는 시장은 그 자체가 공공재다. 실제 상황 속에서 공적인 제도와 사적이 제도는 별도의 세계에 있다기보다는 서로 얽혀서 상호 의존적으로 존재한다.

587

공유자원에 대한 설명으로 틀린 것은?

① 공유자원은 배재성은 갖지 않지만 경합성을 가진다.

② 공유자원은 많은 사람들이 공유하여 이용하기 때문에 모두 소진될 수 있다.

③ 깨끗한 물이나 맑은 공기도 전 지구적 차원에서 공유자원이다.

④ 공유주차장은 다른 사람과 경쟁할 필요 없는 비경합성을 가진다.

정답 ④

풀이 ④ 공유주차장은 배제성을 갖지 않지만 경합성을 가지는 공유자원으로 볼 수 있다.

제도 디자인 원리(Design Principle)

- 성공적인 제도 하에서 사람들은 어떻게 집합행동의 문제를 해결하는가? 여기서 핵심적인 개념들은 '조건부 협동의 전략,' '공유된 믿음,' '저비용의 감시체제' 그리고 '점증적인 제재 조치' 등이다.
- 오스트롬이 제시한 공유자원의 성공적인 공동사용을 위한 여덟 가지의 제도디자인 원리는 다음과 같다. 명확하게 정의된 경계, 사용 및 제공 규칙의 현지 조건과의 부합성, 사용자의 집합적 선택과정에의 참여, 감시 활동, 점증적 제재 조치, 갈등 해결 장치, 최소한의 자치권의 보장, 그리고 (공유 자원 체계가 대규모인 경우) 중층의 정합적 사업 단위가 그것이다.
- 첫째, 집합행동의 문제를 해결하기 위해서는 무엇보다 먼저 집합행동의 범위가 분명해야 한다. 누가 관련 당사자인가가 분명해야 한다는 말이며, 공유자원의 물리적 경계 역시 분명해야 한다는 것이다. 이는 상호의존성의 배경이 되는 물리적 환경의 경계가 관련 당사자들에게 충분히 인식되어 있고, 그러한 범위 내부의 행위자들, 즉 상호의존적 상황에 의해 영향을 받는 사람들이 당사자로서 인정받고 내부의 행위자로 정립되어야 한다는 것이다. 그리고 행동 상황의 바깥에 있는 사람들이 자의적으로 그 행동의 장에 드나들며 집합행동의 조직화를 교란해서는 안 된다는 것을 의미하기도 한다.
- 둘째, 집합행동의 성공적 조직화를 위해서는 경계 안의 사람들이 규칙의 제정과 관련하여 어느 정도 자율성을 지니고 있어야 한다.
- 셋째, 그렇게 제정된 규칙들이 집합행동을 둘러싼 물리적 조건과 공동체적 조건들의 특성에 부합하여야 한다.
- 넷째, 집합 행동 문제의 해결은 한 번의 규칙 제정으로 완료되는 것이 아니다. 미리 예측하지 못했던 상황들이 생겨날 수밖에 없으며 그에 따른 갈등도 필연적으로 생겨난다. 이에 대비하여 당사자들이 의존할 수 있는 저비용의 신뢰할 수 있는 갈등 해결의 장치가 마련되어 있어야 한다. 그러한 갈등 해결의 장치는 공동체 내적일 수도 있고 때로는 더 큰 범위의 정치조직에서 마련해 놓은 것을 활용할 수도 있다.

588

Elinor Ostrom의 입장에 대한 설명으로 틀린 것은?

① Ostrom은 공유자원의 과도한 사용을 막기 위해 중앙집중식 통제나 사유화가 아닌 자기조직화된 거버넌스 구조를 제안했다.

② Ostrom은 공유자원의 효과적인 관리를 위해 8가지 디자인 원칙을 제시했다.

③ Ostrom의 연구 결과는 "공유지의 비극"이라는 경제학적 개념을 뒷받침한다.

④ Ostrom은 공유자원 관리의 문제를 해결하기 위해 지역 커뮤니티의 역할을 강조했다.

정답 ③

풀이 ③ Ostrom의 연구 결과는 "공유지의 비극"이라는 경제학적 개념을 반박하는 것이다. 그는 올바른 규칙과 제도가 장착된 경우, 사용자들 스스로가 공유자원을 지속 가능한 방식으로 관리할 수 있다는 결과를 제시하였다.

589

오스트롬(Elinor Ostrom)이 제시한 공유자원의 성공적인 공동사용을 위한 여덟 가지의 제도디자인 원리에 포함되지 않는 것은?

① 감시 활동
② 명확하게 정의된 경계
③ 최소한의 자치권의 보장
④ 명확하게 성문화된 제재 조치

590

오스트롬의 사상으로 틀린 것은?

① 자치는 도덕적 인간들이 이루어 내는 유토피아적인 삶의 모습과는 거리가 있다.
② 제도는 개인의 전략과 그 모음으로서의 게임이론적인 균형이라고 할 수 있다.
③ 사람들이 배반의 전략을 선택하는 것은 다른 사람들이 협동을 할 것이라는 확신이 없기 때문이다.
④ 성공적인 협동의 체계라 하더라도 자연적 조건이 가혹하게 변하거나, 또는 인간의 실수, 순간적인 유혹에의 굴복 등으로 인하여 규칙 위반이 발생할 수 있다.

공유경제의 이론과 실체

핵심정리 Airbnb와 Uber

(1) 의의

공유경제의 이론적 기반을 마련한 Benkler는 분산되고 느슨한 사회관계에 기초한 사회적 공유라는 새로운 생산양식의 가치는 자율성과 효율성에 있다고 했다.

(2) Airbnb

- Airbnb 사업은 자산 임대를 통해 숙박 서비스를 제공할 수 있도록 임대인과 임차인을 P2P 방식으로 직접 연결시켜주는 영리 목적의 사업이다.
- 한 실증연구에 따르면 Airbnb가 기존의 숙박요금에 영향을 미치고 있으며, 도심지역의 아파트형 거주지가 Airbnb를 통해 임대되는 경우 임대차 당사자들의 의사는 주로 임대료에 의해서 결정되므로 이 사업은 많은 부분이 시장 경제에 포함된다.
- 자산 임대에 관한 결정에 대해서 임대인이 재량권을 가진다는 측면에서 자율성이 인정되지만 임대인은 Airbnb의 규칙을 준수해야 한다는 점에서 Benkler가 지향하는 자율성에는 못 미친다.
- 또한 Airbnb 사업의 경우 기존 숙박 업체에 비해 탄력적으로 숙박시설을 제공할 수 있으므로 더 효율적이지만 Airbnb 사업에서 임대자산이 부동산인 주거시설이므로 투입요소의 역동적 변화가 물리적으로 어렵기 때문에 Benkler가 지향하는 효율성을 달성하기는 어렵다.

(3) Uber

- Uber 사업은 Ride 서비스를 제공하고자 하는 자와 Ride 서비스를 원하는 자를 P2P 방식으로 직접 연결시켜주는 영리 목적의 사업이다.
- Uber의 요금은 규제를 받지 않으며 피크타임 요금제를 도입하는 등 Uber 사업은 시장 경제적 요소를 가지고 있다.
- Uber도 Airbnb와 유사한 이유로 Benkler가 지향하는 자율성과 효율성을 달성하기 어렵다.

591

우버화에 대한 설명으로 틀린 것은?

[2019년 기출]

① 온라인 및 모바일 플랫폼을 이용하여 전문중개인 없이 수요자의 요청에 공급자가 직접 재화·서비스를 제공하는 경제활동의 확산 현상이다.

② 필요한 재화를 직접 소유하지 않고 타인의 유휴 자산에 접근해 이용하거나 공유한다는 의미에서 공유·접근 경제 등으로 불리며 기존의 생산·소유 중심 경제와 구분된다.

③ 시간·자원이 있는 사람이 그렇지 않은 사람에게 실시간 서비스를 제공한다는 의미에서 온디맨드(On-demand)경제, 컨시어지(Concierge)경제로도 불린다.

④ 가격체계가 아닌 사회관계와 공유의 윤리를 기반으로 자원을 동원하고 배분한다.

정답 ④

풀이 ④ 오늘날 공유경제를 대표하는 사례로 흔히 우버(Uber)와 에어비앤비(Airbnb)가 언급되지만, 공유경제에 대한 이론적 배경을 제공했다고 평가되는 벤클러는 두 기업의 경제활동을 공유경제로 보지 않는다. 그에게 공유경제는 가격체계가 아닌 사회관계와 공유의 윤리를 기반으로 자원을 동원하고 배분하는 것이지만, 우버나 에어비앤비는 자원 공유에 대해 주로 가격체계에 기반을 둔 수익창출 기회라는 맥락에서 접근하기 때문이다.

592

우버화가 아닌 것은?

① 공유경제(접근경제)의 확산

② 모바일 플랫폼에 기반 한 택시 연결 서비스

③ 유휴 자산뿐만 아니라 유휴 시각·재능·노동력의 공유까지 확산

④ 전문중개인에 의해 수요자의 요청에 공급자가 재화·서비스를 제공하는 경제활동

정답 ④

풀이 ④ 우버화는 온라인 및 모바일 플랫폼을 이용하여 전문중개인 없이 수요자의 요청에 공급자가 직접 재화·서비스를 제공하는 경제활동의 확산 현상이다.

• 공유 방법: 자산 임대

	P2P	B2P
영리	Airbnb, Turo(RelayRides)	Zipcar, 토즈
비영리	NeighborGoods	열린옷장, 셰어하우스 WOOZOO

• 공유 방법: 서비스 제공/교환

	P2P	B2P
영리	Uber, TaskRabbit	
비영리	LETS, Time Bank	홍합밸리

• 공유 방법: 매매/교환

	P2P	B2P
영리	ebay, Etsy	알라딘
비영리	Swapstyle	아름다운가게

핵심정리 공유 목적: 제조/생산

	Community	Crowdsourcing/Crowdfunding	B2P	P2P
영리		Quirky, Kickstarter	TechShop	
비영리	hackerspace, Fab lab			Garden sharing

593

다음 기업 중 공유 목적이 소비/서비스 제공이 아닌 것은?

① Airbnb
② Uber
③ ebay
④ TechShop

정답 ④

풀이 ④ 테크숍(TechShop)은 2006년 10월에 짐 뉴튼(Jim Newton)과 릿지 맥기(Ridge McGhee)라는 사람이 설립한 개방형 DIY(Do It Yourself) 제작소다. 누구나 자신이 원하는 걸 만들 수 있도록 해 주겠다는 생각에서 탄생한 이 회사는 첨단의 제조설비를 갖춰놓고 일반인이 이용할 수 있도록 하고 있다. 누구든 회사가 정한 이용료만 내면 고가의 하드웨어 시설과 소프트웨어를 사용할 수 있다.

594

다음 공유 기업의 사업 유형을 바르게 연결한 것은?

① Airbnb - 매매/교환

② ebay - 서비스 제공

③ Uber - 자산 임대

④ TechShop - 제조/생산

정답 ④

풀이 ④ Airbnb는 자산 임대. Uber는 서비스 제공. ebay는 매매/교환이 공유 방법이다.

🔖 핵심정리   제레미 리프킨

(1) 「한계비용 제로 사회」

"자본주의 시스템의 기반을 흔들고 있는 것은 다름 아닌 자본주의를 지배하는 그 운용 논리적 가정의 극적인 성공이다." 경쟁의 장은 새로운 기술 개발과 생산성 증가를 촉발한다. 독과점이 형성되었다 하더라도 장기적인 관점에서 결국 기술적 약진을 이룬 새로운 경쟁자에 의해 무너지기 마련이다. 치열한 경쟁은 계속하여 기술의 발전을 낳고 결국 생산성이 최고점에 이른다. 그 때 한계비용이 제로가 되며 자본주의를 지탱하는 이윤이 고갈된다. 리프킨이 말하는 '성공에 의해 실패하도록 설계'된 자본주의의 운용 논리이다. 자본주의가 물러난 자리에는 협력적 공유사회(Collaborative Commons)가 대신 들어선다. 이기심이나 물질적 이득이 아닌 공동의 이익에서 동기를 부여받고 서로 연결되어 공유하고자 하는 열망이 주도하는 사회다. 협력적 공유사회는 자본이나 GDP가 아닌 사회적 자본의 집적으로 측정된다. 공유사회는 어느 시점에 갑자기 부상하는 개념이 아닌, 인류의 역사와 궤를 함께하는 통치모델이다. 자기규제의 규약과 이에 수반하는 처벌을 핵심으로 하는 참여는 공유사회의 구성요건이다.

(2) 「엔트로피」

엔트로피 법칙의 정의는 열역학 제2법칙 '물질과 에너지는 한 방향으로만 변한다.'에서 시작된다. 즉 엔트로피 법칙에 따르면 유용한 상태에서 무용한 상태로, 획득 가능한 상태에서 획득 불가능한 상태로, 질서 있는 상태에서 무질서한 상태로만 변한다는 것이다. 여기서 유용한 에너지가 무용한 형태로 변한다는 말은 일할 수 있는 유용한 에너지가 손실된다는 것을 뜻한다. 이것의 예로 석탄을 태우면 에너지의 총량은 같지만 이 석탄은 이미 아황산가스의 형태로 대기 중에 흩어졌기 때문에 더 이상 석탄을 이용한 에너지를 사용할 수 없는 것을 확인할 수 있으며 이러한 법칙을 엔트로피라고 부르는 것이다. 그런데 이러한 현상인 엔트로피는 시간이 지남에 따라 그 확률이 기하학적으로 증가한다. 그리하여 지구상의 물질적인 엔트로피는 끊임없이 증가하며 언젠가는 극대점에 도달하여 결국 인류 곁에 있는 모든 유용한 에너지들이 소멸될 것이다. 인간도 이러한 비극을 본능적으로 느끼고 해결하기 위해 많은 노력을 실천하였다. 재생 불가능한 석탄의 소비를 막고 에너지 위기에서 탈피하고자 핵분열 에너지, 핵융합, 광물, 합성연료 등과 같은 대체 에너지를 찾았다. 그러나 이러한 활동들은 그 수명을 어느 정도 연기 시켜줄 뿐 인류는 엔트로피 법칙에서 벗어날 수 없다. 이 문제는 아직까지 개발되지 않은 엄청난 양의 재생 불가능한 에너지원이 잠재되어 있는 제3세계, 즉 후진국과의 무역을 갈등이나 전쟁 없이 평화롭게 잘 이끌어 나가는 것, 전체 소득의 대부분을 차지하고 있는 상류계층과 그 반대에 있는 빈곤층과의 부의 재분배, 지구의 에너지보다 그 수명이 훨씬 긴 태양 에너지의 효과적인 활용, 기계론적 구조에서의 탈피를 위해 그와 관련된 생각과 행동을 버리는 것, 그리고 마지막으로는 그에 따른 제도, 과학, 교육, 종교 등의 변화이다. 나는 오늘날 사람들이 문명 발전의 모순을 인식하고 위와 같은 노력을 지속한다면 좀 더 나은 방향으로 역사를 이끌고 나아갈 수 있다.

(3) 「소유의 종말」

이 책은 원제를 따져보면 저자의 의도를 조금 더 이해하기 쉽다. 원래 제목은 '소유의 종말'과는 꽤 거리가 있어 보이는 '접속의 시대(The Age of Access)'다. 뜬금없이 이렇게 의미가 달라 보이는 제목을 붙인 건 출판사의 상술일 수도 있겠지만 (아마도 이런 제목을 바꾼 데는 리프킨을 세계적인 유명작가 반열에 올려놓은 「노동의 종말」 때문인 듯하다.) 사실 저자는 접속의 시대가 낳은 새로운 생활양식에서 핵심으로 제시하는 것은 바로 전통적인 자본주의사회 내에서의 소유 개념이 사라진다는 것이다. 이 책에서 주의할 점은 '접속'이라는 단어 의미가 단순히 '인터넷에 접속한다.' 식의 의미가 아닌 소유에 반대되는 의미로서 매우 폭넓은 의미를 지닌다는 점이다. 저자의 구분에 따르면 소유를 기준으로 볼 때, '접속'은 '소유'와 반대로 일시적으로 사용하는 권리를 의미한다. 일시적인 사용 권리를 뜻하는 접속은 인터넷에만 적용되는 것이 아니라 자동차, 주택, 가전품, 공장, 체인점 같은 다양한 실물 영역에서도 일관되게 발견되는 현대 사회의 거대한 흐름이다. 접속은 일시적으로 사용하는 권리다. 혹시 집안에 빌려 쓰는 정수기라든지, 그런 것이 있다면 그 역시 접속의 시대가 낳은 산물로 볼 수 있다. 변화와 혁신이 빠르게 이뤄지는 시대의 특징은 자기 것으로 늘 소유하는 것은 부담스러울 뿐 아니라 오히려 소유물을 유지하는 데 필요한 경제적인 효용성이나 편익 계산에서 비용이 너무 많이 사용돼 불리해질 수 있다. 이런 이유로 사람들은 일시적으로 '접속'하게 되며 소유가 종말을 고하는 시대가 다가오고 있는 것이다. 빠르게 변화와 혁신이 이뤄지는 시대에 소유에 집착하는 것은 불리하다. 그러다 보니 접속의 시대를 살아가는 사람들은 소유를 부담스럽게 여기게 된다. 이젠 접속의 시대 속에서 삶의 의미를 고찰해야 하는 것이다.

(4) 「노동의 종말」
"노동 없는 세계는 과학자, 엔지니어, 기업주들에게는 고되고 정신없는 반복적인 작업으로부터 인간이 해방되는 역사상 새로운 시대의 시작을 의미하는 것일 수 있다. 동시에 다른 사람들에게는 대량 실업, 전 세계적인 빈곤, 사회적 불안과 격변이라는 우울한 미래로 비칠 수도 있다. 그러나 대다수 사람들의 의견이 일치하는 지점이 있다. 그것은 제조와 서비스 제공 과정에 있어서 기계가 인간 노동을 대체하는 새로운 시대가 시작된다는 것이다."

(5) 「공감의 시대」
인간의 모든 활동이 실체적 경험, 즉 다른 사람과의 관계라고 하면, 관계 속에서 나타나는 공감능력, 즉 다른 사람이 자신인 것처럼 그의 마음을 읽고 반응하는 능력은 인간이 세계에 참여하고, 개인의 정체성을 만들고 언어를 발전시키고, 설득하는 법을 배우고, 사회적이 되고, 문화적 설화를 지어내고, 현실과 존재를 정의하는 방법의 핵심요소이다. 실체적 경험은 인간을 매료시켰던 종전 세계관의 중요한 특징은 버리지 않으면서도 우리를 '신앙의 시대'와 '이성의 시대'에서 새로운 시대로 안내한다.

595
Jeremy Rifkin의 입장으로 틀린 것은?

① Rifkin은 "제3의 산업혁명"이라는 개념을 제안하였다.
② Rifkin은 인터넷 기술과 재생 가능 에너지의 통합을 통해 전례 없는 생산성 향상을 예측했다.
③ Rifkin의 미래 비전에서는 모든 사람들이 기계와 협업함으로써 가치를 창출할 수 있다.
④ Rifkin은 물류, 에너지, 통신이 통합되어 "제3의 산업혁명"을 주도할 것이라고 주장했다.

정답 ③

풀이 ① Rifkin은 "제3의 산업혁명"이라는 개념을 제안하였다. 이 개념은 에너지 생성, 저장, 분배에 관한 새로운 패러다임을 주장한다.
② Rifkin은 인터넷 기술과 재생 가능 에너지의 통합을 통해 전례 없는 생산성 향상을 예측했다. 그는 이를 통해 더욱 민주적인 에너지 시스템을 예상했다.
③ Rifkin의 미래 비전은 인간과 기계가 협업하는 것이 아니라 사람들이 공유하고 협업함으로써 가치를 창출하는 것이다.

④ Rifkin은 물류, 에너지, 통신이 통합되어 "제3의 산업혁명"을 주도할 것이라고 주장했다. 이것은 그의 핵심 사상 중 하나이다.

596
제레미 리프킨의 「한계비용 제로 사회」의 내용으로 틀린 것은?

① 자본주의가 물러난 자리에는 협력적 공유사회가 대신 들어선다.
② 제조와 서비스 제공 과정에 있어서 기계가 인간 노동을 대체하는 새로운 시대가 시작된다.
③ 자본주의 시스템의 기반을 흔들고 있는 것은 다름 아닌 자본주의를 지배하는 그 운용 논리적 가정의 극적인 성공이다.
④ 독과점이 형성되었다 하더라도 장기적인 관점에서 결국 기술적 약진을 이룬 새로운 경쟁자에 의해 무너지기 마련이다.

정답 ②
풀이 ② 제조와 서비스 제공 과정에 있어서 기계가 인간 노동을 대체하는 새로운 시대가 시작된다는 것은 「노동의 종말」의 내용이다.

597
제레미 리프킨에 대한 설명으로 틀린 것은?

① 「한계비용 제로사회」에서 "자본주의 시스템의 기반을 흔들고 있는 것은 다름 아닌 자본주의를 지배하는 그 운용 논리적 가정의 극적인 성공이다."라고 주장하였다.
② 「엔트로피」에서 "결국 인류 곁에 있는 모든 유용한 에너지들이 소멸될 것이다."라고 주장하였다.
③ 「소유의 종말」에서 "인간의 모든 활동이 실체적 경험, 즉 다른 사람과의 관계"라고 주장하였다.
④ 「노동의 종말」에서 "대량 실업, 전 세계적인 빈곤, 사회적 불안과 격변"이라는 우울한 미래를 전망하였다.

정답 ③
풀이 ③ 제레미 리프킨은 「공감의 시대」에서 "인간의 모든 활동이 실체적 경험, 즉 다른 사람과의 관계"라고 주장하였다.

598

제레미 리프킨(Jeremy Rifkin)의 주장으로 틀린 것은?

① 공유 경제의 확산이 기존의 산업을 무너뜨리고 있다.

② 향후 40년 간 전 세계에서 마지막으로 단 한 번의 대고용이 일어날 것이다.

③ 교육 제도는 여전히 1차 산업혁명에 기반한 19세기 방식에 머물러 있다.

④ 4차 산업혁명을 통해 새로운 문화 르네상스를 이룰 수 있다.

> **정답** ④
>
> **풀이** ④ 제레미 리프킨(Jeremy Rifkin)은 4차 산업혁명이란 표현은 마케팅 목적으로 사용된 것으로 최근 3차 산업혁명이 폭발적인 속도로 진행된 건 맞지만 여전히 3차 산업혁명의 시대라고 본다.

599

디지털 혁명으로 공유 경제가 확산되고 있다고 주장하는 사상가로 옳은 것은?

① 리처드 스톨먼(Richard Stallman)
② 제레미 리프킨(Jeremy Rifkin)
③ 클라우스 슈바프(Klaus Schwab)
④ 다니엘 벨(Daniel Bell)

> **정답** ②
>
> **풀이** ② 제레미 리프킨은 「한계비용 제로사회」에서 디지털 혁명으로 인해 "공유 경제의 확산이 기존의 산업을 무너뜨리고 있다"고 강조했다.

600

다음 중 제레미 리프킨의 저서와 주장에 대한 설명으로 틀린 것은?

① 대표적 저서로 3차 산업혁명, 공감의 시대, 엔트로피, 육식의 종말, 유러피언 드림 등이 있다.

② 노동의 종말에서 인간의 노동이 처음으로 생산과정으로부터 체계적으로 제거된다고 주장하였다.

③ 전 세계적인 노동시간 단축과 시장 부문에서 축출된 사람들에게 일자리를 제공하기 위한 제3 부문 창출의 필요성을 강조하고 있다.

④ 한계비용 제로 사회에서 기술의 발전을 통한 생산성이 최고점에 이르게 되면 독점 기업의 이윤이 극대화되어 경제적 불평등이 심화될 것이라고 주장하였다.

> **정답** ④
>
> **풀이** ④ 제레미 리프킨은 한계비용이 제로가 되면 자본주의를 지탱하는 이윤이 고갈되어 자본주의는 몰락하고, 자본주의가 물러난 자리에 협력적 공유사회(Collaborative Commons)가 대신 들어설 것이라고 주장하였다.

601

다음 사상가가 저술한 책으로 옳은 것은?

> 역사의 흐름이 에너지 소모의 과정이었으며 이대로 가다가는 인류가 거대한 위기에 직면할 수밖에 없다고 말한다. 과학기술의 발달로 이룩한 현대 문명은 앞으로 인류가 사용해야 할 유용한 에너지를 무용하게 만든, 다시 말해 막대한 엔트로피의 증가에 따른 결과물이라는 것이다. 게다가 이러한 기계 문명 속에서 인류는 기계 의존성이 점점 강화되고 엔진의 시동장치로 전락해 가고 있다.

① 한계비용 제로 사회 ② 제4차 산업혁명
③ 이데올로기의 종언 ④ 미래 쇼크

정답 ①

풀이 제시문은 제레미 리프킨(Jeremy Rifkin)의 엔트로피에서 인용한 글이다.
② '제4차 산업혁명'의 저자는 클라우스 슈바프(Klaus Schwab)이다.
③ '이데올로기의 종언'의 저자는 다니엘 벨(Daniel Bell)이다.
④ '미래 쇼크'의 저자는 엘빈 토플러(Alvin Toffler)이다.

602

다음 글이 인용하고 있는 제레미 리프킨의 저서로 옳은 것은?

> 인간의 모든 활동이 실체적 경험, 즉 다른 사람과의 관계라고 하면, 관 계 속에서 나타나는 공감능력, 즉 다른 사람이 자신인 것처럼 그의 마음을 읽고 반응하는 능력은 인간이 세계에 참여하고, 개인의 정체성을 만 들고 언어를 발전시키고, 설득하는 법을 배우고, 사회적이 되고, 문화적 설화를 지어내고, 현실과 존재를 정의하는 방법의 핵심요소이다. 실체적 경험은 인간을 매료시켰던 종전 세계관의 중요한 특징은 버리지 않으면서도 우리를 '신앙의 시대'와 '이성의 시대'에서 새로운 시대로 안내한다.

① 노동의 종말 ② 소유의 종말
③ 감성의 시대 ④ 공감의 시대

정답 ④

풀이 ④ 공감의 시대에서 인용된 글이다.

98 공유경제와 구독경제

🔎 핵심정리 공유경제와 구독경제의 공통된 가치

- 공유경제나 구독경제의 핵심은 '상품을 사는 것'에서 '서비스를 경험하는 것'으로 전환하는 것이다.
- 비싸게 산 뒤 한번 쓰고 버리거나 처박아두는 것보다 싼 가격에 사용을 공유해 자원을 효율적으로 활용하고 사회적 비용을 줄이자는 서비스다.
- 개념이 비슷해 구독경제나 플랫폼경제에 가까운 서비스나 모델이 공유경제로 포장되는 경우도 종종 있다.
- 렌탈 서비스의 경우 공유를 하면서도 구독의 성격을 갖고 있기 때문에 둘을 완전히 다른 개념으로 보기도 어렵다.

🔎 핵심정리 공유경제와 구독경제의 차이

(1) 의의
- 공유경제와 구독경제는 공통적으로 소유를 버리고 사용 경험을 중시한다는 데 의미가 있다.
- 공유경제는 기본적으로 '생산된 제품을 여럿이 공유하는 것'이고, 구독경제는 '제품을 효용성을 기반으로 한 개인별 맞춤형 경험(서비스) 또는 소유하는 것'이다.

(2) '경험 제공' 방식에서 차이
- 공유경제는 소비자가 중개플랫폼을 통해 제품 및 서비스 소유자와 거래해 일정 기간 경험하는 모델이다.
- 구독경제는 공급자(기업)가 제품 및 서비스의 판매방식을 구독으로 바꿔 소비자가 일정기간 경험하는 모델이다.
- 소유가 아닌 경험을 제공하고 경험한 만큼 대가를 지불하게 한다는 점은 비슷하지만 핵심 플레이어가 공유경제는 중개플랫폼이고 구독경제는 공급자라는 점에서 확실한 차이가 있다. 이는 두 비즈니스 모델의 경제적, 사회적 영향력의 범위를 결정짓는 큰 차이다.

603
구독경제에 대한 내용 중 옳지 않은 것은?

① 구독경제는 소비자들이 장기적으로 서비스를 이용하면서 지속적으로 비용을 지불하는 경제 모델이다.
② 구독경제는 제품이나 서비스의 소유보다는 접근에 초점을 맞춘다.
③ 구독경제는 공유 경제와 달리 소유가 아닌 경험을 제공하고 경험한 만큼 대가를 지불하게 한다.
④ 구독경제는 회사들이 예측 가능한 수익을 생성하고, 사용자들에게는 유연성과 편의성을 제공한다.

풀이 ① 구독경제는 소비자들이 장기적으로 서비스를 이용하면서 지속적으로 비용을 지불하는 경제 모델이다. 이는 장기적인 관계를 구축하고, 지속적인 수익을 제공할 수 있다는 장점이 있다.

② 구독경제는 제품이나 서비스의 소유보다는 접근에 초점을 맞춘다. 이는 소비자들이 필요한 제품이나 서비스에 접근하는 것에 대해 더 큰 가치를 부여한다는 관점을 반영한다.

③ 소유가 아닌 경험을 제공하고 경험한 만큼 대가를 지불하게 한다는 점은 비슷하지만 핵심 플레이어가 공유경제는 중개플랫폼이고 구독경제는 공급자라는 점에서 확실한 차이가 있다.

④ 구독경제는 회사들이 예측 가능한 수익을 생성하고, 사용자들에게는 유연성과 편의성을 제공한다. 이는 장기적인 고객 관계를 유지하고, 고객이 서비스를 필요에 따라 사용할 수 있게 해준다.

♀ 핵심정리   긱 경제

플랫폼을 통하여 수요자와 공급자가 쉽게 연결되면서 기업이 필요에 따라 단기 계약직이나 임시직으로 인력을 충원하고 그 대가를 지불하는 경제이다.

604

플랫폼을 통하여 수요자와 공급자가 쉽게 연결되면서 기업이 필요에 따라 단기 계약직이나 임시직으로 인력을 충원하고 그 대가를 지불하는 경제를 의미하는 용어로 옳은 것은?   [2023년 기출]

① 긱 경제(Gig economy)

② 공유경제(Sharing economy)

③ 구독경제(Subscription economy)

④ 플랫폼 경제(Platform economy)

정답 ①

풀이 ① 긱 경제에서는 전통적 고용에서 당연시되는 고용안정 및 보험혜택 등이 사라지고 기업의 필요성에 따라 임시적 일자리가 부여된다.

605

플랫폼을 통하여 수요자와 공급자가 쉽게 연결되면서 기업이 필요에 따라 단기 계약직이나 임시직으로 인력을 충원하고 그 대가를 지불하는 경제를 의미하는 용어로 옳은 것은?

① 긱 경제(Gig economy)

② 공유 경제(Sharing economy)

③ 구독 경제(Subscription economy)

④ 플랫폼 경제(Platform economy)

정답 ①

풀이 긱 경제에서는 전통적 고용에서 당연시되는 고용안정 및 보험혜택 등이 사라지고 기업의 필요성에 따라 임시적 일자리가 부여된다.

606

구독경제에 대한 설명으로 틀린 것은?

① 구독경제는 일정 이용 기간만큼 물건 사용 비용을 지불하는 개념이다.

② 공유경제와 구독경제는 공통적으로 소유를 버리고 사용 경험을 중시한다는 데 의미가 있다.

③ 렌탈 서비스의 경우 공유를 하면서도 구독의 성격을 갖고 있기 때문에 둘을 완전히 다른 개념으로 보기도 어렵다.

④ 소유가 아닌 경험을 제공하고 경험한 만큼 대가를 지불하게 한다는 점은 비슷하지만 핵심 플레이어가 구독경제는 중개플랫폼이고 공유경제는 공급자라는 점에서 확실한 차이가 있다.

정답 ④

풀이 ④ 소유가 아닌 경험을 제공하고 경험한 만큼 대가를 지불하게 한다는 점은 비슷하지만 핵심 플레이어가 공유경제는 중개플랫폼이고 구독경제는 공급자라는 점에서 확실한 차이가 있다.

현대 자본주의와 동료 생산

♀ 핵심정리   네트워크화된 정보 경제

(1) 의의

• 19세기 중반 이후의 산업적 정보 경제는 대규모 인구를 포괄하는 데 필수적인 물질 자본의 대규모 투자에 의존하는 경제 체제였다. 이 시기의 신문, 도서, 음악, 영화, 라디오, 텔레비전, 전신, 케이블, 위성, 메인프레임 컴퓨터 등은 지식과 정보와 문화의 자본 집약적 생산과 배포 논리에 따라 개발되고 조직되었다.

• 그러나 컴퓨팅과 네트워킹으로 대변되는 오늘날의 통신 환경은 전 세계에 흩어져 있는 무수한 컴퓨터 네트워킹 이용자들에게 대규모 정보생산과 배포의 물질적 수단을 제공해주고 있다. 정보와 문화 생산의 물질적 장벽이 사실상 사라진 것이다. 이러한 디지털 네트워크 기술 기반에 힘입어, 가장 발전한 경제의 고부가가치 생산 활동의 핵심은 정보, 지식, 문화 영역으로 이동하였다.

(2) 벤클러(Benkler)

• 현대 경제는 정보(금융 서비스, 회계, 소프트웨어, 과학)와 문화(영화, 음악) 생산, 그리고 상징 처리(운동화 제조부터 그것에 상표 붙이기 그리고 부메랑모양 로고의 문화적 의미를 만들어내는 것)에 집중하는 경제로 이행하고 있다.

• 네트워크화된 정보경제의 가장 중요한 희소자원은 기존의 지식, 정보, 문화에서 새로운 의미와 상징과 표상을 만들어낼 수 있는 통찰력, 창의성, 감수성 등과 같은 인적 능력이다. 이러한 인적 능력은 교육, 연구, 예술, 정치, 종교 등과 같은 전통적인 비시장 영역에서 가장 잘 훈련될 수 있다. 그리고 비독점 전략, 비시장 생산, 그리고 대규모의 효과적인 협력 작업이 네트워크화된 정보 경제에서 확산된다.

• 네트워크화된 정보 경제의 특징은 탈중심화된 개인적 행동(특히, 독점 전략에 의존하지 않는 근본적으로 분산적이고, 비시장적인 메커니즘을 통해 이루어지는 새롭고 중요한 협력적이고 조율적인 행동)이 산업적 정보 경제에서 그랬던 것이나 그럴 수 있었던 것보다 훨씬 더 큰 역할을 수행한다.

• 이는 최근의 웹 2.0 사업 일반, 특히 구글 모델에서 볼 수 있는 것처럼, 다양한 개인들의 조율되지 않은 행동들의 총합이 궁극적으로 매우 잘 조율된 결과물로 타나나는 것이나, 자유/오픈소스 소프트웨어 운동과 위키피디아 등과 같은 '공유지-기반 동료생산의 확산에서 찾아볼 수 있다.

• 네트워크화된 정보 경제에서는 네트워크 환경에 토대를 둔 정보, 지식, 문화 생산의 비시장 섹터가 번성하고 그 결과물은 다시 독점적 재산으로 다루어지는 것이 아니라 점점 더 개방적 공유라는 강건한 윤리의 지배를 받게 된다.

• 이러한 비시장적이고 탈중심적인 새로운 생산 방식이 자본주의 경제의 주변이 아니라 중심에서 출현하며, 시장 생산과 함께 현대 경제에서 점점 더 큰 작용을 할 것이다.

607

벤클러(Benkler)의 네트워크화된 정보 경제에 대한 설명으로 틀린 것은?

① 정보와 문화 생산, 그리고 상징 처리에 집중하는 경제로 이행하고 있다.

② 가장 중요한 희소자원은 새로운 의미와 상징과 표상을 만들어낼 수 있는 인적 능력이다.

③ 상품의 시장가치는 더 이상 자본과 노동의 양이라는 전통적인 방식으로 측정할 수 없다.

④ 비시장적이고 탈중심적인 새로운 생산 방식이 자본주의 경제의 주변이 아니라 중심에서 출현한다.

> **정답** ③
>
> **풀이** ③ 상품의 시장가치는 더 이상 자본과 노동의 양이라는 전통적인 방식으로 측정할 수 없다는 것은 부탕이 인지자본주의에서 주장한 내용이다.

608

벤클러(Yochai Benkler)의 입장에 대한 설명으로 틀린 것은?

① 벤클러는 네트워크 정보경제의 중요성을 강조하며, 기술의 발전이 개인과 공동체의 참여를 가능하게 하여 경제와 사회의 변화를 주도하고 있다고 주장한다.

② 벤클러는 '집단 지성'이라는 개념을 제안하여, 개인들의 지식과 경험을 결합하여 더 큰 가치를 창출할 수 있음을 주장한다.

③ 벤클러는 비영리와 자발적인 참여를 통해 생산되는 정보나 지식인 '공유재'의 중요성을 강조한다.

④ 벤클러는 새로운 네트워크 정보 경제에서는 중앙 집중적인 기업의 역할이 점차 줄어들며, 대신 개인과 공동체가 더 중요한 역할을 할 것이라고 주장한다.

> **정답** ②
>
> **풀이** ① 벤클러는 네트워크 정보경제의 중요성을 강조하며, 기술의 발전이 개인과 공동체의 참여를 가능하게 하여 경제와 사회의 변화를 주도하고 있다고 주장한다. 이는 벤클러의 주요 이론 중 하나인 '부산물 경제'의 기본 개념을 반영한다.
> ② '집단 지성'이라는 개념은 피에르 레비(Pierre Lévy)에 의해 제안되었다. 집단지성은 주로 웹 2.0과 관련된 문화나 사회적 현상을 설명하는 데 사용되는 개념이다. 벤클러는 오히려 '공유재'에 대한 중요성을 강조하며, 이를 통해 비영리와 자발적인 참여를 통한 생산을 강조한다.
> ③ 벤클러는 비영리와 자발적인 참여를 통해 생산되는 정보나 지식인 '공유재'의 중요성을 강조한다. 그는 이를 통해 새로운 네트워크 정보 경제에서 개인과 공동체의 역할이 증가하고 있다고 주장한다.
> ④ 벤클러는 새로운 네트워크 정보 경제에서는 중앙 집중적인 기업의 역할이 점차 줄어들며, 대신 개인과 공동체가 더 중요한 역할을 할 것이라고 주장한다. 이는 그의 '부산물 경제' 이론의 핵심 개념이다.

(1) 의의

- 부탕(Boutang)의 '인지자본주의론'은 현대 경제가 산업주의에서부터 인지주의로의 완전한 패러다임 교체를 이루고 있다고 주장한다.
- 인지자본주의는 무형의 비물질재, 즉 지식과 혁신의 창출을 통한 이윤 획득이 축적의 최대 관건인 경제 체제이다.
- 인지자본주의에서 지식은 가치의 근원이자 축적의 대상이다. 실제로, 오늘날의 세계경제는 비물질재에 대한 투자가 물질 장비에 대한 투자를 넘어선지 이미 오래되었으며, 물질적 산업생산의 유연 모델로의 전환도 비물질적인 것에 크게 의존한다.

(2) 부탕(Boutang)

① 비물질 무형 요소의 비중 증가

- 비물질적인 것은 농업, 공업, 일상 서비스, 금융 영역 등 사회의 경제 활동 전반을 재조직하고 재배열하는 핵심 요소이다. 그리고 재화의 가치와 관련하여, 물질재 생산에 들어가는 투입 요소들 중 원료와 단순 노동의 비중은 점점 더 줄어드는 반면, 물질재의 브랜드를 높이기 위한 디자이너, 스타일리스트, 법률가, 소비자 분석가 등의 비물질 무형 요소의 비중은 점점 더 높아진다.
- 인지자본주의에서 상품의 시장가치는 더 이상 자본과 노동의 양이라는 전통적인 방식으로 측정할 수 없다. 특히, 시장화하기도 어렵고 코드화하기도 어려운 무형의 지식재가 지닌 교환가치를 결정하는 유일한 방법은, "공중의 생산과 관리, 공공 의견 형성 메커니즘의 통제", 즉 시장 참여자들 사이의 '공통 의견 형성', '평판', '유행', '수많은 대중들의 관심 동원' 등과 같은 이른바 '폴리네이션(pollination)'이다.

② 디지털 네트워크를 통한 대규모 협업

- 자본 축적의 관건인 혁신은 점점 더 생산자들 사이의 협력과 복잡한 작업의 조율을 통해 발생하고 있다는 점에서, 기존의 기술적 사회적 노동 분업은 인지자본주의의 적절한 생산 방식이 되지 못한다. 대신 디지털 네트워크를 통한 대규모 협업 속에서 인지자본주의의 노동 분업은 실행된다.
- 인지자본주의는 네트워크 속 두뇌들의 협력을 동원하고 네트워크의 긍정적 외부성을 최대한 확보하려 한다. 네트워크가 "특정한 인지적 문제에 특화되어 있을수록", "거기에 참여한 사람들의 수가 많을수록, 문제 해결에 필요한 자원을 빨리 확인"하고 그것을 서로 연결시킬 수 있는 가능성이 높아진다는 것이다. 따라서 인지자본주의에서는 인구 전체에 퍼져 있는 창의성, 즉 집단 지성을 활용하는 것이 가치 생산 활동의 중요한 요소가 된다.

③ 정보와 지식에 대한 접근

- 나아가 지식재와 정보재의 재산권 문제가 인지자본주의의 중요한 문제로 부각되지만, 산업 자본주의 시대의 지적 재산권 강화 전략은 새로운 시대에 기술적으로 실행 가능한 방안도, 전략적으로 적절한 대응도 될 수가 없다.
- 한편으로, 모든 지식 정보재가 0과 1이라는 디지털 단위의 연쇄로 환원되고 그것이 손쉽게 컴퓨터에 의해 저장되고 관리되고 처리될 수 있는 조건에서, 기존의 지적 재산권 소유자가 재화의 복제를 어렵게 만들었던 기술적 잠금 장치는 쉽게 해제될 수 있다.
- 다른 한편으로, 지식의 단순한 '소유'가 아니라 그것의 '사용'에서 대규모 인간 두뇌의 네트워크 속 협력이 가능하기 때문에, 지적 재산권 강화 전략은 네트워크의 긍정적 외부성을 획득하기 위한 적절한 전략이 될 수가 없다.

- 인지자본주의에서, 부의 생산자가 되기 위해서는, 살아 있는 노동은 반드시 기계(하드웨어), 소프트웨어, 네트워크, 그리고 네트워킹 활동의 배열 조건(특히 환경 조건)에 접근할 수 있어야 한다. 접근의 자유가 배타적 소유권 관념을 대신한다.
- 여기에서 생산은 동시에 정보와 지식에 대한 접근을 의미한다. 따라서 소프트웨어 개발자, 연구자, 예술가 집단에서 출현하고 있는 동료 생산 모델은 자본주의 생산의 핵심 영역들에 커다란 영향을 미치고 거대한 사회적 전환을 촉진할 추동력이 되고 있다.

동료 생산의 조직
(분산과 통합 메커니즘)

핵심정리

- 동료 생산은 "널리 분산되어 있으면서 서로 느슨하게 연결된 개인들이, 시장 신호나 경영 명령과는 독립적으로, 서로 협동하고 자원과 결과물을 공유하는, 매우 탈중심적이며 협력적이며 비독점적인 생산"이다(Benkler).
- 동료 생산은 "자발적으로 물질적 혹은 비물질적 자산을 한데 모으고, 상호적응을 통해 참여 거버넌스 과정을 디자인하고, 공동으로 생산한 가치가 진정으로 '공유재'로 남을 수 있도록" 해주는 생산 모델이다(Bauwens).

609

널리 분산되어 있으면서 서로 느슨하게 연결된 개인들이, 시장 신호나 경영 명령과는 독립적으로, 서로 협동하고 자원과 결과물을 공유하는, 매우 탈중심적이고 협력적이며 비독점적인 생산모델을 가리키는 말로 옳은 것은?

① 공동 생산
② 집단지성
③ 동료 생산
④ 아웃소싱

정답 ③
풀이 동료 생산에 대한 설명이다.

610

동료 생산(peer production)에 설명으로 틀린 것은?

① 동료 생산은 전통적인 기업 구조와는 대조적인 분산적이고 자발적인 협업을 기반으로 한다.
② 동료 생산에서는 참가자들이 자발적으로 생산 과정에 참여하고 결과물을 공유한다.
③ 동료 생산에서 모듈의 크기가 클수록 생산에 참여할 사람의 수가 늘어날 가능성이 높다
④ 동료 생산은 오픈 소스 소프트웨어 개발과 같은 다양한 분야에서 효과적으로 활용되었다.

풀이 동료 생산은 전통적인 기업 구조와는 대조적으로, 참가자들이 자발적으로 생산 과정에 참여하고 결과물을 공유하는 것을 기반으로 한다. 이는 분산적인 협업 방식을 필요로 하며, 특정한 기업이나 조직의 지휘 하에 있지 않다. 이 방식은 오픈 소스 소프트웨어 개발과 같은 분야에서 효과적으로 활용되었다.

① 동료 생산은 전통적인 기업 구조와는 대조적으로 분산적이고 자발적인 협업을 기반으로 한다.

② 동료 생산에서는 참가자들이 자발적으로 생산 과정에 참여하고 결과물을 공유한다.

③ 동료 생산은 "개인들이 모듈을 생산하기 위해 투입해야 하는 시간과 노력으로 표현되는 모듈의 크기" (Benkler)가 가능한 작아야 한다. 모듈의 크기가 작을수록 생산에 참여할 사람의 수가 늘어나고, 클수록 지속적으로 참여할 사람의 수가 줄어들 가능성이 높다는 점에서, 모듈의 미세성은 대규모 동료 생산의 핵심 성공조건이라 할 수 있다.

④ 동료 생산은 오픈 소스 소프트웨어 개발과 같은 다양한 분야에서 효과적으로 활용되었다.

611

다음 중 동등한 위치에서 자발적으로 협력하는 생산 모델을 가리키는 말로 옳은 것은? [2019년 기출]

① 공동 생산

② 집단지성

③ 동료 생산

④ 아웃소싱

풀이 ③ 동료 생산은 시장 논리나 조직의 위계로부터 자유로운 개인들이 서로 공유할 수 있는 재화의 생산을 위해 각기 동등한 위치에서 자발적으로 협력하는 생산모델을 가리키는 말이다.

동료 생산의 분기
(오픈소스 프로젝트)

612

리처드 스톨먼(Richard Stallman)의 '자유소프트웨어 운동'의 입장으로 틀린 것은?

① 소프트웨어의 발전은 진화 과정과 유사하다.

② 소프트웨어에 대한 소유권의 존재는 진화를 방해한다.

③ 자유소프트웨어는 사용자의 자유를 보호하는 소프트웨어로 정의된다.

④ 사용기간이나 특정 기능에 제한을 두고 무료로 배포되는 소프트웨어도 자유소프트웨어에 포함된다.

정답 ④

풀이 ④ 셰어웨어에 대한 설명이다. 사용 기간이나 특정 기능에 제한을 두는 셰어 웨어는 상용 소프트웨어이다.

613

'자유소프트웨어 운동'의 입장으로 옳은 것은?

① 리처드 스톨먼(Richard Stallman)이 시작한 '창조적 공유재 운동'에서 시작되었다.

② 사용기간이나 특정 기능에 제한을 두고 무료로 배포되는 소프트웨어도 자유소프트웨어에 포함된다.

③ 프로젝트 결과물이 특정한 개인에게 귀속되지 않도록 참여자들의 저작권은 인정되지 않는다.

④ 정보공유운동에서 정부의 역할보다 사적 영역의 자발적 활동이 훨씬 더 중요하다.

정답 ④

풀이 ① 리처드 스톨먼(Richard Stallman)이 시작한 운동은 '자유소프트웨어 운동'이다. '창조적 공유재 운동'은
미국의 법학자인 로렌스 레식 교수가 시작하였다.

② 셰어웨어에 대한 설명이다. 사용 기간이나 특정 기능에 제한을 두는 셰어웨어는 상용 소프트웨어이다.

③ 프리 소프트웨어는 다양한 동기를 가지고 공동 프로젝트에 기여하는 많은 개별 참여자들에게 의존하고
있다. 한사람도 예외없이 각자의 기여를 나눈다. 그러나 그 누구도 자신의 노력과 공헌으로 얻어진 컴
포넌트 소프트웨어(component software) 또는 프로젝트 결과물 전부에 대한 배타권을 주장하지 못한
다. 모두의 노력이 결집되어 만들어진 프로젝트 결과물이 특정한 개인에게 귀속되지 않도록 참여자들
은 자신이 기여한 부분의 저작권을 가진다. 하지만 다른 참여자들이나 제3자에게 이용을 허락한다. 프
리 소프트웨어의 라이선스 모델은 소프트웨어 이용을 허락하는 보편적 라이선스(universal license) 조
항과 그 어떤 기여자나 제3자도 프로젝트의 생산물을 전유하지 못하도록 규정한 라이선스 제약조항
(licensing constraints)을 갖추고 있다.

614

오픈소스 프로젝트에 대한 다음 설명 중 틀린 것은?

① Git은 분산형 버전 관리 시스템으로, Linux 커널 개발에 사용된 것으로 널리 알려져 있다.

② Apache Hadoop은 자바로 작성된 오픈 소스 소프트웨어 프레임워크로, 대규모 데이터 집합을 컴퓨팅 클러스터에서 병렬 처리하는 능력이 있다.

③ TensorFlow는 딥러닝 프레임워크로서, OpenAI에서 개발하였으며, Python, Java 및 C++ 등 다양한 프로그래밍 언어를 지원한다.

④ Android는 Google이 개발한 모바일 운영 체제로서, 전 세계 스마트폰 및 태블릿 시장의 대부분을 차지하고 있다.

정답 ③

풀이 ① Git은 정확하게 Linus Torvalds가 Linux 커널 개발을 위해 만든 분산 버전 관리 시스템이다.
② Apache Hadoop은 정확하게 대규모 데이터의 저장 및 처리를 위한 오픈소스 소프트웨어 프레임워크이며, 분산 처리를 지원한다.
③ TensorFlow는 Google에서 개발한 오픈소스 라이브러리로서, 딥러닝 연구와 구현에 널리 사용되고 있다. TensorFlow는 Python, Java 및 C++ 등의 프로그래밍 언어를 지원한다.
④ Android는 Google이 개발한 오픈소스 모바일 운영 체제다.

🎯 핵심정리 오픈소스 운동

(1) 오픈소스 운동의 특징

- 오픈소스 운동은 스스로를 사회적으로는 시장 친화성을 지향하고, 기술적으로는 실용주의를 추구하고, 정치적으로는 이념적 성격을 탈피하는 운동으로 규정하였다. 우선, 오픈소스 운동은 자유소프트웨어 운동이 영리 기업의 참여를 가로 막는다고 보았다.
- 레이몬드(Raymond)는 "자유소프트웨어를 투자자, 벤처 자본, 주식 구매 대중에게 좀 더 이해가 되는 어떤 것으로 만듦으로써 새롭게 부상하는 인터넷 경제의 물결을 이용"할 것을 역설했다.
- 오라일리(O'Reily)는 자유소프트웨어 운동이 자유소프트웨어가 주류 기업들에게 갖는 매력을 억압하고 그들의 프로젝트 참여를 막는 장애물이 되고 있다고 주장했다.

(2) 오픈소스 프로젝트의 라이선스

- 기업과 시장의 참여를 유도하기 위하여, 오픈소스 프로젝트는 자유소프트웨어 운동과는 다른 라이선스 전략을 도입하였다.
- 자유소프트웨어의 라이선스인 '일반 공중 라이선스'는 자유롭게 제공받은 소프트웨어의 소스 코드를 수정하여 만든 새로운 소프트웨어는 반드시 이전의 자유소프트웨어와 동일한 라이선스로 재배포해야만 하는 라이선스인 반면, 오픈소스 프로젝트는 오픈소스 코드를 파생 소프트웨어에 포함시켰다고 해서 그것이 반드시 일반 공중라이선스를 부착할 것을 요구하지 않는다.
- 소스 코드가 공개, 수정, 공유되는 한, 개발자가 전적으로 자유롭게 라이선스를 선택할 수 있도록 하였다.

(3) 영리 기업들의 오픈소스 프로젝트의 활용
- 이에 따라, 영리 기업들은 오픈소스 프로젝트에 참여하면서도, '이중라이선싱'과 같은 방식을 통해 기존의 독점 소프트웨어 전략을 계속 유지할 수 있게 되었다. 무엇보다도, 항상 유능한 기술 인력의 부족에 허덕이는 대부분의 정보 통신 기업들에게 오픈소스 그룹은 거대하고도 값싼 노동력 풀로 비쳐졌다.
- 그래서 '소프트웨어 개발 서비스' 사업을 통해 오픈소스 프로젝트를 하청(outsourcing)하려는 시도들이 나타나는가하면, 자기 고유의 기술개발을 위해 오픈소스 플랫폼을 만드는 기업들이 등장하기 시작했다.
- 예컨대, 1998년 영리 기업으로는 최초로 오픈소스 프로젝트에 참여한 넷스케이프(Netscape)는 '모질라 공중 라이선스(Mozilla Public License, MPL)'라는 오픈소스 라이선스와 '넷스케이프 공중 라이선스(Nescape Public License, NPL)'라는 배타적 라이선스를 동시에 운용하였다.
- 이후 휴렛패커드(Hewlett–Packard)와 선 마이크로시스템(Sun Microsystems) 등에서도 도입된 이 방식은 기업의 호스팅 플랫폼에서 공개적으로 개발된 기본 소프트웨어에는 오픈소스 라이선스를 부착한 반면, 기업내부에서 부가 모듈을 제작하여 통합한 소프트웨어에는 독점 라이선스를 부착함으로써 오픈소스 소프트웨어의 상품화를 추동하였다.

(4) 효과적인 배포 전략으로서의 오픈소스 프로젝트
- 또한, 많은 영리 기업들은 개발 전략으로서만이 아니라 효과적인 배포 전략으로서 이중 라이선싱 전략을 채택하기도 했다.
- 인터넷을 통해 저렴하고도 광범위하게 제공한 오픈소스 소프트웨어는 자신들의 독점적인 생산물에 대한 폭넓고 값싼 배포 채널을 구축하는 데 커다란 도움이 된다고 보았기 때문이다.

(5) 오픈소스 프로젝트의 실용주의와 시장 친화성
- 많은 오픈소스 주창자들은 참여 영리 기업들의 이러한 독점 라이선스 전략에 대체로 부정적 반응을 보이기도 하지만, 완벽한 프로그램 개발을 최상의 가치로 내세웠던 그들의 '실용주의'에 비추어 보면, 그러한 전략이 반드시 자신들의 가치와 양립 불가능한 것은 아니다.
- 레이몬드는 "기업 활동에서 자유란 추상적 관념이 아니다. 기업의 성공은 공급자와 고객이 즐기는 자유의 정도와 거의 직접적으로 연관되어 있다."면서, 소프트웨어 산업에 대한 규범적 판단보다는 참여자들의 이익을 존중하고 효과적인 소프트웨어 개발을 더 중시하겠다는 오픈소스 운동의 시장 친화성을 숨기지 않았다.
- 웨버(Weber)는 동료 생산의 '분기(forking)'가 오픈소스 운동에서 중요한 것은 "자유소프트웨어 재단이 믿었던 것과는 다른 종류의 가치, 즉 창의성을 표출하고 더 나은 소프트웨어를 만들고, 그것의 사용 제한을 절대적으로 최소화하는 자유"였기 때문에 일어난 것으로 평가한다.
- 하지만, '완벽한 프로그램 개발'은 '소프트웨어의 자유로운 사용'과 함께 자유소프트웨어 운동의 핵심 가치였다.
- 그런데 오픈소스 주창자들은 양자를 대립시키고, 오픈소스 프로젝트를 '이데올로기적으로 올바른' 소프트웨어 생산에서 '기능적으로 훌륭한' 그것으로의 이행으로 규정하였다.
- 시장 친화성에 대한 이러한 정당화는 오픈소스 운동이 소프트웨어 개발의 단지 한 가지 방법론에 다름 아니라는 주장으로까지 발전하였다.

615

오픈소스 라이선싱에 대한 설명으로 틀린 것은?

① 오픈소스 소프트웨어는 저작권 및 특허권 등의 지적재산권의 보호를 받을 수 있다.

② 라이선스는 오픈소스 소프트웨어를 주거나 팔거나 하는 것을 제한하지 않는다.

③ 라이선스하에서 제공되는 소스코드는 프로그래머가 프로그램을 수정할 수 있는 형태에서 존재해야 한다.

④ 오픈소스 소프트웨어에 대한 대가는 개발에 대한 비용이 아니라 복사와 통신수단의 비용을 커버하는 것이다.

> 정답 ④
> 풀이 ④ 자유소프트웨어에 대한 대가는 개발에 대한 비용이 아니라 복사와 통신수단의 비용을 커버하는 것이다.

616

오픈소스 소프트웨어에 대한 설명으로 틀린 것은?

① 오픈소스 소프트웨어도 저작권 및 특허권 등의 지적재산권의 보호를 받을 수 있다.

② 오픈소스 소프트웨어에 대한 지적재산권은 일정한 조건하에 자유롭게 사용할 수 있다.

③ 오픈소스 라이선스에서는 특허보복(patent retaliation) 조항을 둘 수 없다.

④ 오픈소스 커뮤니티에 참여하고 있는 기업들의 특허권은 무료 로열티 조건으로 이용 허락되고 있다.

> 정답 ③
> 풀이 ③ 다수의 오픈소스 라이선스에서는 해당 오픈소스 소프트웨어를 이용하고 있는 라이선시가 기여자 등을 상대로 특허침해소송을 제기하는 경우 해당 라이선스가 종료된다는 특허보복(patent retaliation) 조항을 두고 있다.

617

안드로이드 오픈소스에 대한 설명으로 틀린 것은?

① 안드로이드는 리눅스를 커널에 이용한 모바일 플랫폼 소프트웨어이다.

② 구글은 안드로이드를 오픈소스로 공개하여 누구나 무상으로 자유롭게 이용할 수 있도록 하였다.

③ 구글의 안드로이드를 사용하면 인터넷에 접속하여 각종 서비스를 이용할 수 있는 휴대폰을 저가로 개발할 수 있게 된다.

④ 구글이 안드로이드를 통해 실현하고자 하는 것은 PC의 휴대폰화이다.

정답 ④

풀이 ④ 구글이 안드로이드를 통해 실현하고자 하는 것은 지금까지 기기 메이커나 모바일 사업자가 중심이 되어 진행해 온 기기개발이나 서비스 제공에 제3자의 대폭적인 개입을 용납하는 것이라고 간주할 수 있다. 이른바 휴대폰의 PC화이다. 이에 따라 구글은 인터넷상의 서비스에 접속하는 비용을 대폭 낮추려는 목표를 달성할 수 있다.

618

안드로이드의 4대 구성요소에 대한 설명으로 틀린 것은?

① 액티비티(Activity)는 사용자가 애플리케이션과 상호작용하는 단일화면을 의미하며 사용자와 상호작용을 담당하는 인터페이스라고 할 수 있다.

② 백그라운드(Background)에서 어떠한 작업을 처리하기 위해 서비스를 사용하는데 서비스(Service)는 사용자의 인터페이스(UI, 화면)를 방해하지 않고 눈에 보이지 않는 곳에서 작업을 처리한다.

③ 방송 수신자(BroadCast Receiver)는 애플리케이션 사용자로서 안드로이드 OS로부터 발생하는 각종 이벤트와 정보를 사용하고 사용자 경험(User Experience)를 축적한다.

④ 콘텐츠 제공자(Content Provider)는 데이터를 관리하고 다른 애플리케이션의 데이터를 제공하는 데 사용되는 컴포넌트이다.

정답 ③

풀이 방송 수신자(BroadCase Receiver)는 안드로이드 OS로부터 발생하는 각종 이벤트와 정보를 받아와 핸들링하는 구성요소이다. 사용자 안드로이드 디바이스의 시스템 부팅 시 앱 초기화, 네트워크 끊김 등등 특수한 이벤트에 대한 처리나 배터리 부족 알림, 문자 수신과 같은 정보를 받아 처리를 해야 할 필요가 있을 때 동작한다. 예를 들어 안드로이드 OS에서 메신저앱 또는 문자 메시지가 오면 모든 앱에 "메시지가 왔다"라는 하나의 정보를 방송(BroadCast)을 하고, 이 메시지를 받기 위해 방송 수신자(BroadCast Receiver)를 구현하여 특정 이벤트를 처리한다.

619

안드로이드의 4대 구성요소에 대한 설명으로 틀린 것은?

① 액티비티(Activity)는 사용자가 애플리케이션과 상호작용하는 단일화면을 의미하며 사용자와 상호작용을 담당하는 인터페이스라고 할 수 있다.

② 백그라운드(Background)에서 어떠한 작업을 처리하기 위해 서비스를 사용하는데 서비스(Service)는 사용자의 인터페이스(UI, 화면)를 방해하지 않고 눈에 보이지 않는 곳에서 작업을 처리한다.

③ 방송 수신자(BroadCast Receiver)는 애플리케이션 사용자로서 안드로이드 OS로부터 발생하는 각종 이벤트와 정보를 사용하고 사용자 경험(User Experience)을 축적한다.

④ 콘텐츠 제공자(Content Provider)는 데이터를 관리하고 다른 애플리케이션의 데이터를 제공하는 데 사용되는 컴포넌트이다.

정답 ③

풀이 ③ 방송 수신자(BroadCase Receiver)는 안드로이드 OS로부터 발생하는 각종 이벤트와 정보를 받아와 핸들링하는 구성요소이다. 사용자 안드로이드 디바이스의 시스템 부팅 시 앱 초기화, 네트워크 끊김 등등 특수한 이벤트에 대한 처리나 배터리 부족 알림, 문자 수신과 같은 정보를 받아 처리를 해야 할 필요가 있을 때 동작한다. 예를 들어 안드로이드 OS에서 메신저앱 또는 문자 메시지가 오면 모든 앱에 "메시지가 왔다"라는 하나의 정보를 방송(BroadCast)을 하고, 이 메시지를 받기 위해 방송 수신자(BroadCast Receiver)를 구현하여 특정 이벤트를 처리한다.

620

공유재 기반 동료 생산에 대한 설명으로 틀린 것은?

① 대표적 사례로는 자유 · 오픈소스 소프트웨어는 비전유적 모델을 위한 공동적 노력에 기반한 소프트웨어 개발 방식이다.

② 컴포넌트 소프트웨어(component software) 또는 프로젝트 결과물 전부에 대한 배타권을 주장하지 못한다.

③ 프로젝트 결과물이 특정한 개인에게 귀속되지 않도록 참여자들의 저작권은 인정되지 않는다.

④ 개별 참여자들은 다른 참여자들이나 제3자에게 이용을 허락한다.

> 정답 ③
>
> 풀이 ③ 자유소프트웨어는 다양한 동기를 가지고 공동 프로젝트에 기여하는 많은 개별 참여자들에게 의존하고 있다. 한 사람도 예외 없이 각자의 기여를 나눈다. 그러나 그 누구도 자신의 노력과 공헌으로 얻어진 컴포넌트 소프트웨어(component software) 또는 프로젝트 결과물 전부에 대한 배타권을 주장하지 못한다. 모두의 노력이 결집되어 만들어진 프로젝트 결과물이 특정한 개인에게 귀속되지 않도록 참여자들은 자신이 기여한 부분의 저작권을 가진다. 하지만 다른 참여자들이나 제3자에게 이용을 허락한다. 자유소프트웨어의 라이선스 모델은 소프트웨어 이용을 허락하는 보편적 라이선스(universal license) 조항과 그 어떤 기여자나 제3자도 프로젝트의 생산물을 전유하지 못하도록 규정한 라이선스 제약조항(licensing constraints)을 갖추고 있다.

621

공유재 기반 동료 생산에 대한 설명으로 옳은 것은?

① 전유적 모델을 위한 공동적 노력에 기반한 소프트웨어 개발 방식이다.

② 컴포넌트 소프트웨어(component software) 또는 프로젝트 결과물 전부에 대한 배타적 권리를 주장할 수 있다.

③ 프로젝트 결과물이 특정한 개인에게 귀속되지 않도록 참여자들의 저작권은 인정되지 않는다.

④ 개별 참여자들은 다른 참여자들이나 제3자에게 이용을 허락해야 한다.

정답 ④

풀이 ① 비전유적 모델을 위한 공동적 노력에 기반한 소프트웨어 개발 방식이다.

② 컴포넌트 소프트웨어(component software) 또는 프로젝트 결과물 전부에 대한 배타권을 주장하지 못한다.

③ 자유소프트웨어는 다양한 동기를 가지고 공동 프로젝트에 기여하는 많은 개별 참여자들에게 의존하고 있다. 한사람도 예외 없이 각자의 기여를 나눈다. 그러나 그 누구도 자신의 노력과 공헌으로 얻어진 컴포넌트 소프트웨어(component software) 또는 프로젝트 결과물 전부에 대한 배타적 권리를 주장하지 못한다. 모두의 노력이 결집되어 만들어진 프로젝트 결과물이 특정한 개인에게 귀속되지 않도록 참여자들은 자신이 기여한 부분의 저작권을 가진다. 하지만 다른 참여자들이나 제3자에게 이용을 허락한다. 자유소프트웨어의 라이선스 모델은 소프트웨어 이용을 허락하는 보편적 라이선스(universal license) 조항과 그 어떤 기여자나 제3자도 프로젝트의 생산물을 전유하지 못하도록 규정한 라이선스 제약조항(licensing constraints)을 갖추고 있다.

622

다음 오픈소스 소프트웨어 중 웹 서버로 소프트웨어로 옳은 것은?

① 리눅스(Linux)
② 아파치(Apache)
③ 파이어폭스(Firefox)
④ 펄(Perl)

정답 ②

풀이 ① 리눅스(Linux)는 대형 컴퓨터에서 사용하는 유닉스 소스 코드를 수정해 개인 PC에서도 사용할 수 있은 오픈소스 운영체제(OS)이다.

② Apache HTTP Server는 오픈소스 소프트웨어 그룹인 아파치 소프트웨어 재단에서 만드는 웹 서버 프로그램이다. 팀 버너스리가 만든 최초의 웹 서버 프로그램인 "NCSA HTTPd"를 기반으로 만들어졌다.

③ 파이어폭스(Firefox)는 모질라재단에서 만든 오픈소스 기반 웹 브라우저이다.

④ 펄(Perl)은 Practical extraction and report language의 약어로 웹서버 어플리케이션을 작성하는 오픈소스 프로그래밍 언어(programming language)이다.

623

다음 중 오픈소스 소프트웨어를 활용하는 전략의 장점으로 볼 수 없는 것은?

① 무료
② 안정성
③ 호환성
④ 신뢰성

정답 ①

풀이 ① 구글, 아마존, CNN 웹 서버는 GNU/Linux 운영 시스템을 사용하고 있다. 그 이유는 시스템들이 단지 무료이기 때문이 아니라 동료생산에 기반한 작동 시스템이 다른 제품보다 더 신뢰할 만하기 때문이다. 불과 몇 십만 달러의 라이선스 비용을 아끼기 위해 핵심적 비즈니스 업무의 운영에 엄청난 위험을 무릅쓴다면 터무니없이 어리석은 선택일 것이다.

624

구글이 2015년 오픈 소스로 공개한 기계학습 라이브러리로 옳은 것은?

① BERT   ② CUDA

③ Python   ④ TensorFlow

> **정답** ④
>
> **풀이** ① 구글이 공개한 인공지능(AI) 언어모델이다.
> ② 그래픽 처리 장치(GPU)에서 수행하는 (병렬 처리) 알고리즘을 C 프로그래밍 언어를 비롯한 산업 표준
> 언어를 사용하여 작성할 수 있도록 하는 GPGPU 기술이다. CUDA는 엔비디아가 개발해오고 있으며 이
> 아키텍처를 사용하려면 엔비디아 GPU와 특별한 스트림 처리 드라이버가 필요하다.
> ③ 1991년 네덜란드계 프로그래머인 귀도 반 로섬이 발표한 고급 프로그래밍 언어로, 플랫폼에 독립적이
> 며 인터프리터식, 객체지향적, 동적 타이핑 대화형 언어이다.
> ④ 구글이 2015년 오픈 소스로 공개한 기계학습 라이브러리는 TensorFlow이다. 딥러닝과 기계학습 분야
> 를 일반인들도 사용하기 쉽도록 다양한 기능들을 제공한다. 하이 레벨 프로그래밍 언어로 알려진
> Python을 활용하여 연산처리를 작성할 수 있다. 다른 언어들도 대부분 지원하지만 Python 관련 자료가
> 가장 많다.

625

지적 재산권에 대한 자연권적 관념에 관한 내용 중에서 틀린 것은?

① 로크는 육체적 지적 노동의 산물이 그 노동을 투입한 사람의 소유물이어야 한다는 자연권적 관념을
주장했다.

② 로크의 "모든 사람은 그 자신의 사람이라는 재산을 갖는다. 자기 몸의 노동, 자기 손의 작업은 그의
재산이라고 말할 수 있다."는 주장은 물질적 재산만을 대상으로 하는 자연권적 토대가 된다.

③ 디드로는 지적 재산이 물질 재산보다 훨씬 더 강력한 재산권의 대상이 되어야 한다고 주장했다.

④ 자연권적 관념은 육체적·지적 노동의 산물이 당연히 그 노동을 투입한 사람의 소유물이어야 한다고
보는 입장을 가진다.

> **정답** ②
>
> **풀이** ① 로크는 육체적 지적 노동의 산물이 그 노동을 투입한 사람의 소유물이어야 한다는 자연권적 관념을 주
> 장했다. 이는 로크의 재산권 이론의 핵심적인 내용이다.
> ② 로크의 "모든 사람은 그 자신의 사람이라는 재산을 갖는다. 자기 몸의 노동, 자기 손의 작업은 그의 재산
> 이라고 말할 수 있다."는 주장은 '지적 재산'의 자연권적 토대가 된다. 이는 그의 자신의 노동과 작업을
> 통해 창출된 결과물을 그 사람의 재산으로 본다는 지적 재산에 대한 자연권적 관념을 대변하고 있다.
> ③ 디드로는 지적 재산이 물질 재산보다 훨씬 더 강력한 재산권의 대상이 되어야 한다고 주장했다. 이는
> 디드로의 지적 재산에 대한 인식을 나타내는 말로, 그의 생각을 그가 가장 소중한 부분으로 여기며, 이
> 것이 반드시 재산권의 대상이 되어야 한다고 본다.
> ④ 자연권적 관념은 육체적·지적 노동의 산물이 당연히 그 노동을 투입한 사람의 소유물이어야 한다고
> 보는 입장을 가진다. 이는 로크의 지적 재산에 대한 자연권적 이론의 핵심적인 내용이다.

Theme 103 디지털 플랫폼 경제

핵심정리 플랫폼의 분류

(1) 거래 플랫폼

거래 플랫폼은 사용자, 소비자, 서비스 제공자 등 다양한 생태계 참여자 간의 거래를 촉진하는 중개자 역할을 하는 플랫폼으로서, 양적인 측면에서 플랫폼의 대표적인 형태라고 할 수 있다. 매개형 플랫폼이라고도 불리며, 공유서비스(우버), 이커머스 마켓플레이스(이베이), 디지털 콘텐츠 플랫폼(넷플릭스), 게임 등이 거래 플랫폼에 해당한다.

(2) 혁신 플랫폼

외부 참여자(개발자, 개발회사)에게 상호보완적 소프트웨어나 상품, 서비스를 개발하기 위한 환경을 제공함으로써 기반 소프트웨어(예 운영체제)를 진화시키는 플랫폼을 혁신 플랫폼이라고 한다. 이러한 형태의 플랫폼은 대규모의 개발자 네트워크를 포함하는 데, 마이크로소프트, 오라클, SAP가 혁신 플랫폼의 대표적 예이다. 생태계 내에서 다른 참여자들과의 협업이 가치 창출과 혁신의 원동력이 되는 환경이다.

(3) 통합 플랫폼

통합 플랫폼은 거래 플랫폼과 혁신 플랫폼이 결합된 형태로서, 시장 규모 면에서는 가장 큰 형태의 플랫폼이다. 통합 플랫폼은 양면시장 참여자들의 상호작용을 매개한다는 측면에서 거래 플랫폼의 성격이 있다고 할 수 있고, 다수의 개발자들이 참여하여 제품이나 서비스를 생산한다는 점에서는 혁신 플랫폼의 역할을 겸한다. 통합 플랫폼의 대표적 사례로는 구글, 애플, 페이스북, 아마존, 알리바바 등이 있다. 이러한 기업은 다양한 서브 플랫폼을 운용한다는 점에서 플랫폼 복합기업(platform conglomerate)이라고 할 수 있다.

(4) 투자 플랫폼

투자 플랫폼은 플랫폼 포트폴리오 전략에 기초해 다양한 플랫폼에 투자를 지원하는 지주회사 형태의 플랫폼이다. 프라이스 라인 그룹, 소프트뱅크 등이 이에 속한다. 예를 들어 프라이스라인 그룹은 부킹닷컴, 프라이스라인닷컴, 카약닷컴, 렌탈카스닷컴 등 호텔 및 레저 분야에 특화된 플랫폼들의 투자 지주회사다. 투자 플랫폼은 기본적으로 투자 지주회사지만, 플랫폼 투자 포트폴리오 전략을 수립하고 플랫폼기업에 집중적으로 투자한다는 점에서 플랫폼기업의 한 형태로 분류했다. 이들이 지원하는 플랫폼은 백엔드 인프라(backend infra)와 고객 경험을 공유하여 전략적으로 활용할 수 있다는 이점이 있다. 빅데이터시대가 도래함에 따라 고객 정보의 활용과 맞춤형 서비스의 가치가 높아지고 있다는 점에서 투자 플랫폼의 위상도 높아지고 있다.

626

Evans와 Gawer가 역할에 따라 분류한 플랫폼의 4가지 유형에 해당하지 않는 것은? [2021년 기출]

① 독립 플랫폼은 특화된 분야 예를 들어 호텔 및 레저 분야에서 고객 경험을 공유하여 전략적으로 활용할 수 있는 플랫폼이다.

② 거래 플랫폼은 사용자, 소비자, 서비스 제공자 등 다양한 생태계 참여자 간의 거래를 촉진하거나 중개자 역할을 하는 플랫폼이다.

③ 투자 플랫폼은 플랫폼 포트폴리오 전략에 기초해 다양한 플랫폼에 투자를 지원하는 지주회사 형태의 플랫폼이다.

④ 혁신 플랫폼은 외부 참여자(개발자, 개발회사)에게 상호보완적 소프트웨어나 상품, 서비스를 개발하기 위한 환경을 제공함으로써 기반 소프트웨어(예 운영체제)를 진화시키는 플랫폼이다.

> **정답** ①
>
> **풀이** ① Evans와 Gawer는 플랫폼의 역할에 따라 거래, 혁신, 통합, 투자 플랫폼으로 분류하고 있다. 독립 플랫폼은 존재하지 않으며 거래 플랫폼에 대한 설명이다.

627

혁신 플랫폼에 대한 설명으로 틀린 것은?

① 생태계 내에서 다른 참여자들과의 협업으로 가치를 창출한다.

② 외부 참여자에게 재화와 서비스를 개발하기 위한 환경을 제공한다.

③ 사용자, 소비자, 서비스 제공자 등 다양한 생태계 참여자 간의 거래를 촉진하는 중개자 역할을 한다.

④ 대규모의 개발자 네트워크를 가지는 마이크로소프트, 오라클, SAP가 혁신 플랫폼의 대표적 예이다.

> **정답** ③
>
> **풀이** ③ 사용자, 소비자, 서비스 제공자 등 다양한 생태계 참여자 간의 거래를 촉진하는 중개자 역할을 하는 것은 거래 플랫폼이다.

628

플랫폼 기업의 특징으로 틀린 것은?

① 파이프라인 형태의 참여적이며 열린 구조로 되어 있다.

② 자원을 조정하고 외부 상호작용을 촉진해 생태계 가치를 극대화하려고 한다.

③ 생산자에서 소비자로 향하는 가치의 흐름을 통제하는 역할을 시장의 피드백에 맡긴다.

④ 소비자가 선택할 수 있는 옵션이 보다 다양하기 때문에 소비자 후생이 높아질 수 있다.

> **정답** ①
>
> **풀이** 전통 기업은 파이프라인 형태의 선형적이며 닫힌 구조에 기초하고, 플랫폼 기업은 네트워크 형태의 참여적이며 열린 구조로 되어 있다.

629

플랫폼 기업의 특징에 대한 설명으로 옳은 것은?

① 소비자 가치 극대화

② 공급 가치 사슬의 최적화

③ 공급에 필요한 자산 최소화

④ 유무형 자산 소유 또는 독점을 통한 규모의 경제

> **정답** ③
>
> **풀이** ③ 전통기업과 비교했을 때 플랫폼 기업의 또 다른 차이점은 공급에 필요한 자산을 최소화한다는 것이다. 전통적으로 호텔 사업은 막대한 자본을 들여 호텔 건물을 짓고, 관리하며, 확장하는 반면, 에어비앤비는 호텔 건물을 별도로 소유하지 않으면서도 소비자에게 더 많은 객실을 제공할 수 있다. 물론 정교한 예약시스템의 개발과 운영에 투자하지만, 호텔 건물을 짓고 유지하는 비용에는 비할 바가 아니다. 결국 플랫폼 기업은 자산 관리 비용을 절감함으로써 전통기업과의 경쟁에서 우위에 선다.

630

플랫폼 기업에 대한 설명으로 틀린 것은?

① 플랫폼 기업은 유·무형 자산의 소유를 통한 규모의 경제를 성장 동력으로 삼고 있다.

② 전통 기업은 게이트키퍼 역할을 하는 반면, 플랫폼 기업은 그러한 역할을 시장의 피드백에 맡긴다.

③ 플랫폼은 생산자, 소비자, 광고주, 디바이스 생산자, 네트워크 운영자 등 다양한 참여자로 구성되는 생태계를 기반으로 한다.

④ 외부 참여자(개발자, 개발회사)에게 상호보완적 소프트웨어나 상품, 서비스를 개발하기 위한 환경을 제공함으로써 기반 소프트웨어(예 운영체제)를 진화시키는 플랫폼을 혁신 플랫폼이라고 한다.

> 정답 ①
>
> 풀이 ① 전통 기업은 유·무형 자산의 소유를 통한 규모의 경제를 성장 동력으로 삼고, 이를 위해 구매-판매 -서비스의 선형적 공급 사슬을 최적화하고자 힘쓴다. 이에 반해 플랫폼 기업은 생태계 참여자들의 자 원을 조정하는 데 집중하고 참여자 간 상호작용을 원활하게 하여 가치를 창출한다. 즉, 수익을 창출하 기 위해 전통 기업은 소비자 가치를 극대화 하는 반면, 플랫폼 기업은 생태계 전체의 가치를 높인다.

631

멀티 호밍과 탈중개화에 대한 서술로 틀린 것은?

① 멀티 호밍은 플랫폼 참여자가 여러 플랫폼에 동시에 참여하는 현상을 말하며, 주로 플랫폼 참여 비용 이 높을 때 발생한다.

② 플랫폼 기업은 멀티 호밍에 대응하기 위해 서비스 차별화나 인센티브 제공 등의 전략을 사용할 수 있다.

③ 탈중개화는 생산자와 소비자가 플랫폼을 거치지 않고 직접 거래하는 현상을 말하며, 플랫폼 기업에 게는 큰 위협이 될 수 있다.

④ 플랫폼 기업은 탈중개화에 대응하기 위해 직접 상호작용을 차단하는 규약 설정이나 양질의 매개 서 비스 제공 등의 방법을 사용한다.

> 정답 ①
>
> 풀이 ① 멀티 호밍은 플랫폼 참여자가 여러 플랫폼에 동시에 참여하는 현상을 말하며, 주로 플랫폼 참여 비용이 '낮을' 때 발생한다. 비용이 높으면 참여자는 한 플랫폼에만 참여하게 될 가능성이 높아져 멀티 호밍이 발생하기 어렵다.
> ② 플랫폼 기업은 멀티 호밍에 대응하기 위해 참여자에게 인센티브를 제공하거나 서비스를 차별화하는 등 의 방법을 사용할 수 있다.
> ③ 탈중개화는 생산자와 소비자가 플랫폼을 거치지 않고 직접 거래하는 현상을 의미하며, 이는 플랫폼의 수익원인 매개비용을 상실시키므로 플랫폼 기업에게는 큰 위협이 될 수 있다.
> ④ 탈중개화에 대응하기 위해 플랫폼 기업은 생산자와 소비자 간의 직접 상호작용(거래, 연락정보 교환 등)을 차단하는 규약을 설정하거나, 양질의 매개 서비스를 제공하여 플랫폼 참여자를 묶어두는 전략을 사용한다.

632

다음과 같은 온라인 플랫폼에 대한 설명 중 가장 적절하지 않은 것은? [2024년 기출]

① 거래 플랫폼은 다양한 생태계 참여자 간의 거래를 촉진하고 중개하는 역할을 하는 플랫폼으로 양면 시장 구조가 나타나는 특징이 있다.

② 혁신 플랫폼은 상호보완적 소프트웨어나 상품, 서비스 개발 환경을 제공하는 플랫폼으로 상호 작용을 지원하는 생태계기반 플랫폼 특징을 지닌다.

③ 통합 플랫폼은 거래 플랫폼과 혁신 플랫폼이 서로 결합된 형태로 큰 시장 규모를 형성하여 승자독식 현상을 미연에 방지할 수 있다.

④ 투자 플랫폼은 플랫폼에 투자를 지원하는 지주 회사 형태의 플랫폼으로 온라인 산업과 생태계를 지원하는 역할을 할 수 있다.

> **정답** ③
>
> **풀이** ③ 네트워크 효과에 따라 특정 플랫폼에 사용자가 집중되면 오히려 승자독식 현상이 가속화된다.

633

우버, 페이스북, 아마존 등 기업들은 참여자 간 상호작용을 원활하게 하여 가치를 창출한다. 사용자, 소비자, 서비스 제공자 등 다양한 생태계 참여자 간의 중개자 역할로 옳은 것은? [2022년 기출]

① 중개 거래인   ② 플랫폼

③ 멀티 호밍   ④ 공유 경제

> **정답** ②
>
> **풀이** ② 전체 생태계의 관점에서 전략을 수립하여 다양한 참여자가 원활하게 상호작용할 수 있도록 지원하는 것은 플랫폼 기업의 역할이다.

634

디지털 플랫폼 경제에 대한 설명으로 틀린 것은?

[2022년 기출]

① 플랫폼의 사전적 의미는 '평평한 표면을 갖는 구역'이다.

② 최근 플랫폼은 디지털 기술을 기반으로 하는 비즈니스 플랫폼 모형을 가리키는 말로 통용되고 있다.

③ 플랫폼의 기본 구성원으로서의 생산자는 플랫폼을 제공 및 운영하며 플랫폼 생태계 참여자를 결정하는 권한을 가지고 있다.

④ 플랫폼은 이해관계자들 간의 정보와 상품의 거래, 물류 등을 가능하게 하여 가치를 생산하고 생태계를 형성하게 해주는 시스템을 의미한다.

> 정답 ③
>
> 풀이 ③ 플랫폼은 외부 생산자와 소비자를 연결시켜 가치를 창출한다는 점에서, 플랫폼의 기본 구성원은 플랫폼 소유자, 생산자, 소비자이다. 플랫폼 소유자는 플랫폼을 제공 및 운영하며 플랫폼 생태계 참여자를 결정하는 권한을 가지고 있다. 생산자는 플랫폼에 상품이나 서비스를 제공하고, 소비자는 플랫폼에서 그것들을 소비하고 피드백을 제공하기도 한다.

635

빅테크(Big tech) 등 거대 정보기술기업들이 소비자의 선호의 즉각적 반영, 자동적인 품질관리, 불필요한 자원의 투입의 조기 차단 등 효율적인 비즈니스 운영을 통해 성장할 수 있었던 원동력 또는 기반으로 옳은 것은?

[2022년 기출]

① 정보통신기술 ② 공유 경제
③ 온라인 경제 ④ 플랫폼 비지니스

> 정답 ④
>
> 풀이 ④ 거대 정보기술기업들이 소비자의 선호의 즉각적 반영, 자동적인 품질관리, 불필요한 자원의 투입의 조기 차단 등은 플랫폼 비지니스의 특징이다.

636

플랫폼 경제의 특징에 대한 설명으로 틀린 것은?

① 플랫폼의 사전적 의미는 '평평한 표면을 갖는 구역'이다.

② 플랫폼은 외부 생산자와 소비자를 연결시켜 가치를 창출한다.

③ 플랫폼은 파이프라인 형태의 선형적 구조에 기초한다.

④ 플랫폼은 생태계 참여자가 소유하고 있는 자원의 조정에 집중한다.

③ 전통 기업과 플랫폼 기업은 조직 구조 측면에서 차이가 있다. 전통 기업은 파이프라인 형태의 선형적이며 닫힌 구조에 기초하고, 플랫폼 기업은 네트워크 형태의 참여적이며 열린 구로 되어 있다. 이러한 구조적 특징의 차이가 전통 기업과 플랫폼 기업의 전체적인 차이를 유발한다.

637

전통 기업과 플랫폼 기업의 사업 방식에 대한 설명으로 틀린 것은?　　　　　[2022년 기출]

① 전통 기업은 고객가치를 확대하여 이윤을 극대화한다.

② 전통 기업은 생산자에서 소비자로 향하는 가치의 흐름을 통제하는 게이트키퍼의 역할을 한다.

③ 플랫폼 기업은 R&D 투자를 늘려 제품의 품질을 관리한다.

④ 플랫폼 기업은 소비자의 선호를 즉각적인 피드백에 반영한다.

③ 전통 기업은 수많은 제품 아이디어 중에 그들의 선택 기준에 따라 제품 생산을 결정한 후 시장의 상황을 보지만, 플랫폼 기업은 생산되어 있는 수많은 제품들을 소비자가 선택할 수 있게 한다. 플랫폼에서 소비자의 선호는 즉각적인 피드백에 반영됨으로써, 자동적인 품질관리가 가능하고 불필요한 자원의 투입이 조기에 차단될 수 있는 효율적 환경이 만들어지는 것이다.

638

전통 기업과 플랫폼 기업의 자산 관리에 대한 설명으로 틀린 것은?　　　　　[2022년 기출]

① 전통 기업은 내부 프로세스를 최적화한다.

② 전통 기업은 구매 – 판매 – 서비스의 공급가치사슬을 최적화한다.

③ 플랫폼 기업은 생산라인에 필요한 자산을 최대화한다.

④ 플랫폼기업은 자산 관리 비용을 절감한다.

③ 전통 기업은 유무형자산의 소유를 통한 규모의 경제를 성장 동력으로 삼고, 이를 위해 구매–판매–서비스의 선형적 공급사슬을 최적화하고자 힘쓴다. 이에 반해 플랫폼 기업은 생태계 참여자들의 자원을 조정 하는 데 집중하고 참여자 간 상호작용을 원활하게 하여 가치를 창출한다. 즉, 수익을 창출하기 위해 전통 기업은 소비자 가치를 극대화 하는 반면, 플랫폼 기업은 생태계 전체의 가치를 높인다.

639

플랫폼 기업의 특징으로 틀린 것은?

① 네트워크 형태의 참여적이며 열린 구조로 되어 있다.

② 불필요한 자원의 투입이 조기에 차단할 수 있다.

③ 소비자 선택의 폭을 비교할 수 없을 정도로 넓힐 수 있다.

④ 자원을 통제하고 내부 프로세스를 최적화하여 고객가치를 극대화할 수 있다.

> **정답** ④
>
> **풀이** ④ 전통 기업은 자원을 통제하고 내부 프로세스를 최적화하여 고객가치를 확대하고 이윤을 극대화하려 하는 반면에, 플랫폼 기업은 자원을 조정하고 외부 상호작용을 촉진해 생태계 가치를 극대화하려고 한다.

640

디지털 플랫폼 경제에 대한 다음 설명으로 틀린 것은?

① 플랫폼 경제에서 가장 중요한 것은 규모의 경제와 네트워크 효과를 동시에 활용하는 것이다.

② 디지털 플랫폼 경제는 국가 간 물리적인 거리를 무시하고 세계 어디에서나 소비자와 생산자를 연결할 수 있다.

③ 디지털 플랫폼 경제의 주요 장점 중 하나는 다양한 서비스 제공자와 사용자를 한 곳에서 연결함으로써 효율성을 높이는 것이다.

④ 디지털 플랫폼 경제는 가치 사슬을 분해하여, 경제적 불평등 현상을 완화하고 공정한 경쟁을 촉진한다.

> **정답** ④
>
> **풀이** ① 플랫폼 경제에서 규모의 경제와 네트워크 효과는 중요한 요소이다. 플랫폼이 커질수록 더 많은 사용자를 유치하고, 더 많은 사용자가 참여하면 네트워크의 가치도 증가한다.
> ② 디지털 플랫폼 경제는 인터넷과 디지털 기술 덕분에 국가간 물리적 거리를 무시하고 세계 어디에서나 소비자와 생산자를 연결할 수 있다.
> ③ 디지털 플랫폼 경제의 장점 중 하나는 다양한 서비스 제공자와 사용자를 한 곳에서 연결함으로써 효율성을 높이는 것이다. 이는 사용자에게 다양한 선택의 기회를 제공하고, 서비스 제공자에게는 더 큰 시장에 진입할 기회를 제공한다.
> ④ 디지털 플랫폼 경제는 가치 사슬을 재편성할 수 있지만, 플랫폼이 독점적인 성향을 띠게 되면 경제적 불평등이 심화되거나 공정한 경쟁이 어려워질 수 있다.

641

플랫폼 참여자가 또 다른 플랫폼에 동시에 참여하는 현상으로 옳은 것은?

① Gig economy
② Multi-homing
③ Cord Stacking
④ Disintermediation

642

플랫폼 사업의 원리에 대한 설명으로 틀린 것은?

① 싱글호밍비용 때문에 멀티호밍이 일반화된다.
② 플랫폼 흡수를 통해 독점을 가속화하고 승자독식 현상이 발생한다.
③ 양면시장에서 공급자와 수요자 두 집단은 플랫폼을 통해 상호작용한다.
④ 이용료의 비대칭 가격 구조는 플랫폼 이용자 수와 거래규모에 큰 영향을 미친다.

643

플랫폼 비지니스 모델에 대한 설명으로 틀린 것은?

① 경영 자원의 제어를 중심으로 리소스를 설정, 관리, 조정하는 오케스트레이션에 중점을 둔다.
② 어떤 상품이나 서비스 사용가치가 사용자가 많아질수록 커지는 네트워크 효과의 수요 측 규모의 경제 원리를 갖고 있다.
③ 모방하기 힘든 자산은 커뮤니티와 구성원이 소유하고 있고 이들이 기여하는 리소스와 생산자·소비자 간 네트워크가 주요 자산이 된다.
④ 생산량이 증가할수록 한계비용이 감소하는 한계비용 체감의 법칙과 생산요소 투입 증가율보다 생산량의 증가율이 큰 수확체증의 법칙이 적용된다.

644

다음 포털과 관련된 설명과 가장 거리가 먼 것은?　　　　　　　　　[2024년 기출]

① 포털이란 이용자들이 인터넷에 처음 접속할 때 반드시 통과하도록 만들어진 사이트로서 광활한 인터넷 공간에서 정보를 효율적으로 찾도록 도와주는 역할을 한다.

② 구글이나 야후 등에서는 포털보다는 검색엔진이라는 용어를 사용하지만 제공하는 정보 서비스의 내용에 있어 포털과 검색엔진 간에는 거의 차이가 없다고 볼 수 있다.

③ 포털이 과도하게 상업화를 추구하면서 정보 제공의 편향성, 선정성 같은 논란을 불러일으키기도 하지만 이용자들의 정보 선택권과 사회적 의제에 관한 시민적 참여를 확장시켜 주기도 한다.

④ 포털은 광고주에게 이용자 상품을 판매하는 과정에서 이용자의 자발적 참여행위를 이윤 추구에 동원해 수익을 독점함으로써 막강한 경제 권력으로서의 입지를 구축해 왔다고 볼 수 있다.

645

포털에 대한 설명으로 틀린 것은?　　　　　　　　　　　　　　　[2022년 기출]

① 포털은 이메일이나 블로그, 카페, 검색엔진과 같은 다양한 정보들을 일관된 방식으로 가져 올 수 있게 설계된 웹사이트로 볼 수 있다.

② 포털 사이트는 이용자가 찾고자 하는 정보의 유형과 성격에 따라 다양하게 존재할 수 있다.

③ 네이버와 같은 포털 사이트가 판매하는 정보 상품과 서비스는 개인적 성격과 공공의 성격을 동시에 갖고 있기 때문에 포털 사업자는 사익보다 공익을 추구한다.

④ 네이버와 같은 뉴스를 편집하고 뉴스를 반복적으로 노출함에 따라 의제설정 기능을 수행한다.

유형	특징	사례
광고 플랫폼	이용자의 정보를 추출해 분석 작업을 거친 다음, 그 과정의 산물을 사용해 온라인 광고에 판매	구글, 페이스북
클라우드 플랫폼	디지털 사업에 필요한 하드웨어와 소프트웨어를 갖추고 고객 회사에 필요에 따라 빌려주는 방식	아마존웹서비스, 세일포스
산업 플랫폼	전통적 제조업이 인터넷 연결 조직으로 변신해 생산비용을 낮추고 상품을 서비스로 바꾸는 형태(그 과정에서 하드웨어와 소프트웨어를 직접 구축하는 방식)	GE, 지멘스
제품 플랫폼	전통적 제품을 서비스로 전환한 주문형 플랫폼으로, 임대 수익이나 구독형 서비스로 수익을 올리는 방식	집카, 스포티파이
린 플랫폼	자신 소유를 최대한 줄이고 비용도 가능하면 줄여서 수익을 내려는 시도	우버, 에어비앤비

646

플랫폼 자본주의를 논의한 닉 서르닉(Nick Srnicek)은 플랫폼의 단계를 다섯 가지 유형으로 소개하였다. 이에 대한 설명으로 틀린 것은?

[2023년 기출]

① 클라우드 플랫폼은 사물 인터넷과 클라우딩 컴퓨팅 기술로 인해 가능하게 된 새로운 유형의 플랫폼이다.

② 산업 플랫폼은 전통적 제조업이 하드웨어와 소프트웨어를 직접 구축하고 인터넷 연결 조직으로 변신하여 생산비용을 낮추고 상품을 서비스로 바꾼 유형이다.

③ 제품 플랫폼은 전통적 제품을 서비스로 전환한 주문형 플랫폼으로 임대수익이나 구독형 서비스로 수익을 올리는 방식이다.

④ 린 플랫폼은 고객이 원할 때 자산을 빌려주는 사업방식으로 회사가 빌려주는 자산을 소유하지 않는 형태이다.

정답 ①

풀이 ① 클라우드 플랫폼은 디지털 사업에 필요한 하드웨어와 소프트웨어를 갖추고 고객 회사의 필요에 따라 빌려주는 방식의 플랫폼이다.

647

플랫폼의 유형에 대한 설명으로 틀린 것은?

① 광고 플랫폼의 대표적인 사례는 구글과 페이스북이다.

② 린 플랫폼은 '제품을 서비스로 제공하는' 플랫폼으로 글로벌 음악 플랫폼인 스포티파이가 이 유형에 속한다.

③ '제조업의 발전소'라고도 하는 산업 플랫폼은 센서와 작동 장치, 공장과 공급업자, 생산자와 소비자, 소프트웨어와 하드웨어 사이의 연결을 확보하는 인프라를 제공한다.

④ 클라우드 플랫폼은 디지털 경제의 기초인 인프라 구조를 구축해서 자기 사업에 필요한 데이터를 수집, 분석하는 한편 다른 회사들에게 자산을 빌려줌으로써 높은 수익을 올리는 플랫폼이다.

> **정답** ②
>
> **풀이** 린 플랫폼도 고객이 원할 때 자산을 빌려주는 사업 방식이지만 회사가 빌려주는 자산을 소유하지 않는 형태를 말한다. 관련 데이터를 수집하고 분석하고 활용하는 플랫폼만 갖고 있는 것이다. 나머지 모든 것은 거의 외주에 의존한다. 고정 자본, 노동자와 노동자 교육 훈련마저도 외주에 의존한다.

648

플랫폼의 유형에 따른 특징에 대한 설명으로 틀린 것은?

① 광고 플랫폼은 이용자의 온라인 활동에 대한 데이터를 경매 시스템을 통해 광고주에게 판매한다.

② 클라우드 플랫폼은 인프라 구조를 구축해서 자기 사업에 필요한 데이터를 수집, 분석하는 한편 다른 회사들에게 자산을 빌려준다.

③ 산업 플랫폼은 기존의 전통적인 제조업이 하드웨어와 소프트웨어를 직접 구축하고 인터넷 연결 조직으로 변신하여 생산 비용을 낮추고 상품을 서비스로 바꾸어 나가는 것이다.

④ 제품 플랫폼은 사물 인터넷과 클라우드 컴퓨팅 기술로 인해 가능하게 된 새로운 유형의 주문형 플랫폼으로 자산을 직접 소유하지 않고 대부분 외주에 의존하여 고객이 원하는 서비스를 제공한다.

> **정답** ④
>
> **풀이** 린 플랫폼에 대한 설명이다. 제품 플랫폼과 린 플랫폼은 사물 인터넷과 클라우드 컴퓨팅 기술로 인해 가능하게 된 새로운 유형의 주문형 플랫폼이다. 둘 다 고객이 원할 때 자산을 빌려주는 플랫폼이다. 다만 제품 플랫폼은 자산을 소유한 다음에 빌려주는 플랫폼인데 비해, 린 플랫폼은 자산을 직접 소유하지 않고 대부분 외주에 의존하여 고객이 원하는 서비스를 제공한다.

649

닉 서르닉(Nick Srnicek)이 제시한 플랫폼의 유형으로 틀린 것은?

① 광고 플랫폼

② 제품 플랫폼

③ 서비스 플랫폼

④ 클라우드 플랫폼

♀ 핵심정리 독점 지대 추출

(1) 지대

- 하비(Harvey)가 밝혔듯이, 모든 지대는 "지구상의 특정 부분에 대한 사적 소유자의 독점적 권력에 토대를 두고 있다." 재산의 독점적 소유권자는 가치 생산의 외부에서도 자신의 소득을 강제할 수 있다.

- 다양한 지대 형태를 토지에 한정하여 살펴보면, 우선, 절대 지대(absolute rent)는 토지를 소유하고 있다는 사실만으로 토지 소유자가 강제할 수 있는 소득이다. 토지의 생산성이 아무리 낮더라도 그것을 무료로 다른 사람에게 빌려주는 지주는 없다는 점에서, 모든 토지는 지대를 징수할 수 있는 것으로 볼 수 있다. 또한 자본의 자유로운 유입을 막는 체계적인 장벽이 세워질 때 절대 지대는 발생할 수 있다.

- 다음으로, 차액 지대(differential rent)는 토지의 비옥도나 산출량의 차이에서 발생하는 지대다. 그것은 도심에 가까운 토지가 그렇지 않은 토지에 비해 더 높은 가치를 가질 수 있는 것처럼 위치적 요인에 의해서도 형성될 수 있다.

- 마지막으로, 독점 지대(monopoly rent)는 특정 토지의 생산물이 갖는 독점 가격에서 발생하는 지대다. 특정 토지가 지닌 독특하고도 예외적인 양질성이 경쟁을 제한하고 독점 가격을 실현할 때 독점 지대가 창출될 수 있다. 많은 연구자들은 지대 관념이 토지 부문을 넘어서서 적용될 수 있다고 보며, 오늘날의 네트워크화한 정보 경제의 특징을 그것을 통해 설명한다.

(2) 네트워크 자본이 누리는 초과이윤의 성질

- 파스퀴넬리(Pasquinelli)는 토지의 비옥도나 위치로부터 차액 지대가 발생하듯이, 네트워크 속의 중심성이나 접근성으로부터 차액 지대가 발생할 수 있다고 본다.

- 그런데 모든 차액 지대의 원천은 일차적으로 특정 장소가 갖는 생산성의 자연적 우위성에 있다(Harvey). 따라서 구글과 같은 네트워크 자본이 누리는 초과이윤을 차액 지대로 볼 수 있으려면, 그것의 영구적인 자연적 우위성이 무엇인지를 밝힐 수 있어야 한다.

- 네트워크 자본은 중심성, 접근성, 수요의 집중 등에서 지대를 얻는다고 말할 수는 있겠지만, 그렇다고 해서 그것들이 무엇보다도 영구적인 자연력의 차이에서 비롯되었다고 말하기는 어렵다.

- 디지털 네트워크는 어떤 구성 부분도 천부적인 생산력의 차이를 갖지 않으며, 어떤 장소도 중심이 될 수 있을 정도로 물리적 접근성이 거의 문제가 되지 않는다는 점에서, 차액 지대 개념을 디지털 네트워크 경제에 적용하는 것은 별로 적절해 보이지 않는다.

- 대신, 개별 네트워크 자본이 제공하는 서비스의 특출함이나 탁월성 때문에 중심성이나 수요의 집중이 발생하게 되었고, 그것이 지대 형태의 초과 이윤을 얻는 것을 가능하게 하였다고 볼 수 있다.

- 실제로, 젤러(Zeller)는 사유화된 지식과 정보에서는 차액 지대가 출현할 수 없다고 주장하는 바, 지식과 정보는 그 자체로 독특하며, 각기 특수한 목적의 상품 생산에 특수한 방식으로 사용되기 때문이다.

- 정보 경제에서 지대는 결국 각각의 특이한 재화와 서비스가 소비자들로 하여금 독점 가격을 감당하게 할 정도로 어떤 탁월한 속성을 각인시키는가의 여부에 달린 것이라 할 수 있다. 따라서 네트워크 자본이 누리는 지대는 서비스의 특이성이나 예외적 양질성과 연관된 개념인 독점 지대로 설명하는 것이 더욱 적절해 보인다.

- 하비(Harvey)에 따르면, 독점 지대는 "어떤 중요한 측면에서 독특하고 복제 불가능한, 직·간접적으로 거래할 수 있는 물품에 대한 배타적 통제를 통해 오랜 기간 높은 소득을 실현할 수 있기 때문에 나타나는" 소득이다. 차액 지대와 달리, 그것은 재화와 자원의 특출함으로 인해 독점 가격이 실현될 수 있을 때 발생한다. 최상질의 포도밭에서 생산되는 와인이나 인구밀집 지역의 고급 주택에서 나오는 초과이윤은 독점 지대라 할 수 있다. 독점 가격을 강제할 수 있는 한, 양질의 토지나 인간 활동의 중심지나 선망의 대상이 되는 장소는 독점 지대를 발생시킬 수 있다.

650

구글과 페이스북으로 대표되는 최근의 플랫폼 경제에서 자본이 생산의 외부 요소가 되고 지대 추출에 집중함에 따라 이윤은 점점 더 지대가 된다고 할 때 그 지대의 종류로 옳은 것은? [2019년 기출]

① 절대 지대
② 차액 지대
③ 독점 지대
④ 현물 지대

651

지대에 대한 설명으로 틀린 것은?

① 절대 지대는 토지를 소유하고 있다는 사실만으로 토지 소유자가 강제할 수 있는 소득을 의미한다. 이는 토지의 생산성이 아무리 낮더라도 그것을 무료로 다른 사람에게 빌려주는 지주는 없다는 점에서 기인한다.

② 차액 지대는 토지의 비옥도나 산출량의 차이에서 발생하는 지대다. 또한 도심에 가까운 토지가 그렇지 않은 토지에 비해 더 높은 가치를 가질 수 있음을 반영한다.

③ 독점 지대는 특정 토지의 생산물이 갖는 독점 가격에서 발생하는 지대다. 특정 토지가 지닌 독특하고도 예외적인 양질성이 경쟁을 제한하고 독점 가격을 실현할 때 독점 지대가 창출된다.

④ 카스텔은 모든 지대는 "지구상의 특정 부분에 대한 사적 소유자의 독점적 권력에 토대를 두고 있다."고 주장했다.

풀이 ① 절대 지대는 토지를 소유하고 있다는 사실만으로 토지 소유자가 강제할 수 있는 소득을 의미하며, 토지의 생산성이 아무리 낮아도 그것을 무료로 빌려주는 지주는 없다는 점에서 이해할 수 있다.

② 차액 지대는 토지의 비옥도나 산출량의 차이에서 발생하는 지대로, 위치적 요인에 의해 도심에 가까운 토지가 그렇지 않은 토지에 비해 더 높은 가치를 가질 수 있음을 반영한다.

③ 독점 지대는 특정 토지의 생산물이 갖는 독점 가격에서 발생하는 지대로, 특정 토지가 지닌 독특하고도 예외적인 양질성이 경쟁을 제한하고 독점 가격을 실현할 때 독점 지대가 창출될 수 있다.

④ 하비(Harvey)의 주장이다. 그는 재산의 독점적 소유권자는 가치 생산의 외부에서도 자신의 소득을 강제할 수 있다고 보았다.

652

지대에 대한 설명으로 틀린 것은?

① 절대 지대는 자본의 자유로운 유입을 막는 체계적인 장벽이 세워질 때 발생할 수 있다.

② 차액 지대는 위치적 요인에 의해서도 형성될 수 있다.

③ 독점 지대는 특정 토지의 생산물이 갖는 독점 가격에서 발생한다.

④ 파스퀴넬리는 네트워크 속의 중심성이나 접근성으로부터 독점 지대가 발생할 수 있다고 본다.

풀이 파스퀴넬리(Pasquinelli)는 토지의 비옥도나 위치로부터 차액 지대가 발생하듯이, 네트워크 속의 중심성이나 접근성으로부터 차액 지대가 발생할 수 있다고 본다.

653

이윤의 지대되기에 대한 설명으로 틀린 것은?

① 이윤은 재산 소유자가 생산 과정에 직접 개입하여 얻은 수익으로 간주되며, 지대는 대체로 재산 소유자가 가치 생산 과정 외부에서 다른 수단에 의해 생산된 가치를 단순히 추출한 결과이다.

② 포드주의의 산업 자본주의 시대에는 지대는 매우 주변적인 요소로 남았다. 그러나 포드주의의 위기와 함께 생산의 외부에서 잉여 가치의 일부를 가져가는 다양한 형태의 재산권과 신용의 역할이 강화되면서, 이윤과 지대의 구분이 약화되었다.

③ 공통적인 것(아이디어, 정보, 이미지, 지식, 코드, 언어, 사회관계, 정동 등)의 생산이 현대 경제에서 헤게모니적 위치로 출현하고 있으며, 자본의 생산과정 외부 요소화는 거의 필연적인 일이라고 할 수 있다.

④ 공유될수록 생산성이 높아지고 사유될수록 그것이 오히려 크게 낮아지는 공통재의 생산에서는 이윤의 지대되기 경향이 감소한다.

① 이윤과 지대의 기본적인 정의에 대한 올바른 이해를 반영하고 있다. 이윤은 재산 소유자가 생산 과정에 직접 개입하여 얻은 수익을. 지대는 재산 소유자가 가치 생산 과정 외부에서 다른 수단에 의해 생산된 가치를 추출한 결과를 의미한다.

② 포드주의 산업 자본주의 시대에서 이윤과 지대의 변화에 대해 올바르게 서술하고 있다. 포드주의의 위기와 함께 다양한 형태의 재산권과 신용의 역할이 강화되어 이윤과 지대의 구분이 약화되었다.

③ 공통적인 것의 생산이 현대 경제에서 중요한 위치를 차지하게 되고, 자본의 생산과정이 외부화되는 경향이 필연적인 일이라는 것은 사실이다.

④ 물질재 생산을 통한 산업 자본의 이윤 창출에서는 자본가가 노동을 조직하고 규율한다는 점에서 자본은 생산의 분명한 내부 요소라 할 수 있다. 그러나 공유될수록 생산성이 높아지고 사유될수록 그것이 오히려 크게 낮아지는 공통재의 생산에서 자본은 상대적으로 그것의 외부 요소로 남을 수밖에 없게 된다. 자본의 개입이 공통재의 생산성을 감소시킬 것이기 때문이다.

654

네트워크 자본이 누리는 초과 이윤의 성질을 독점지대로 보는 입장에 대한 설명으로 틀린 것은?

① 네트워크 속의 중심성이나 접근성으로부터 발생한다.

② 네트워크 자본이 누리는 지대는 서비스의 특이성이나 예외적 양질성과 연관된다.

③ 지식과 정보는 그 자체로 독특하며, 각기 특수한 목적의 상품 생산에 특수한 방식으로 사용된다.

④ 개별 네트워크 자본이 제공하는 서비스의 특출함이나 탁월성 때문에 중심성이나 수요의 집중이 발생하게 된다.

① 지대가 네트워크 속의 중심성이나 접근성으로부터 발생한다는 것은 차액지대설의 입장이다.

655

네트워크화된 정보 경제의 지대에 대한 설명으로 틀린 것은?

① 지대는 절대 지대, 차액 지대, 독점 지대로 구분할 수 있다.

② 자본의 자유로운 유입을 막는 체계적인 장벽이 세워질 때 절대 지대는 발생할 수 있다.

③ 네트워크 속의 중심성이나 접근성으로부터 차액 지대가 발생할 수 있다.

④ 온라인 플랫폼을 소유하고 있다는 사실만으로 플랫폼 소유자가 강제할 수 있는 소득으로서 독점 지대가 발생할 수 있다.

④ 절대 지대(absolute rent)는 토지를 소유하고 있다는 사실만으로 토지 소유자가 강제할 수 있는 소득이다. 토지의 생산성이 아무리 낮더라도 그것을 무료로 다른 사람에게 빌려주는 지주는 없다는 점에서, 모든 토지는 지대를 징수할 수 있는 것으로 볼 수 있다. 독점 지대(monopoly rent)는 특정 토지의 생산물이 갖는 독점 가격에서 발생하는 지대다. 특정 토지가 지닌 독특하고도 예외적인 양질성이 경쟁을 제한하고 독점 가격을 실현할 때 독점 지대가 창출될 수 있다.

656

디프라이버싱(deprivacing)에 대한 설명으로 틀린 것은?

① 프라이버시를 개인 데이터와 분리시키거나 아예 온전한 상품으로 만드는 것을 말한다.

② 이름, 성별, 주소, 전화번호는 사용자 제공 데이터에 포함된다.

③ 이용자의 컴퓨터 하드웨어 모델, 운영 시스템 버전, 고유 식별자는 기기 데이터에 포함한다.

④ 사용자 제공 데이터와 기기 데이터를 제외한 로그 데이터, 위치 데이터, 어플리케이션 정보, 국부 저장 데이터, 쿠키와 익명 식별자는 모두 사용자 이용 데이터에 포함된다.

④ 기기 데이터도 사용자 이용 데이터에 포함된다.

657

웹 2.0과 관련이 없는 것은? [2019년 기출]

① 마이크로 워드 ② 엣지 페이지

③ 위키디피아 ④ 동영상 UCC

① 웹 2.0은 기술을 뜻하는 용어가 아니라 웹이 곧 플랫폼이라는 의미로, 인터넷만 있다면 어느 곳에서도 데이터를 생성, 공유, 저장, 출판 및 비즈니스가 가능하다. 2006년 타임지가 선정한 올해의 인물로 '유 (You)'가 뽑히며 세계적인 트렌드로 인정받은 UCC(User Created Content)가 웹 2.0의 대표작이라 할 수 있다. 데이터의 우선 순위를 나타내 주는 구글의 페이지 랭크나 아마존의 도서 리뷰 시스템, 이베이 (e-Bay)의 평판(reputation) 시스템도 웹 2.0의 특징을 나타내 주는 대표적인 예이다. 또한 사용자가 직접 만들어가는 미디어인 블로그(Blog)와 위키피디아(Wikipedia), 두 개의 블로그를 서로 연결하는 링크를 만들어주는 트랙백(track back), 관심있는 블로그의 최신 글 목록을 몇백 개든 한꺼번에 받아볼 수 있게 해주는 RSS(Really Simple Syndication)와 아마존, 아이튠즈, 구글의 애드센스 등도 웹 2.0의 개념을 잘 반영하여 준다.

(1) 의의

- '이윤의 지대되기'는 마라찌(Marazzi)의 생명자본주의(biocapitalism) 분석에서도 중요한 개념이다. 그에 따르면, 인지자본주의는 재화와 서비스의 직접 생산을 통한 수익성 확보라는 포드주의 축적의 한계에 직면한 자본이 직접적 생산 영역을 넘어서서 유통과 소비 그리고 삶의 전반적 재생산 영역에서 잉여 가치를 추구하는 새로운 축적 전략의 산물이다.

- 인지자본주의 축적 체제에서 자본의 투자는 더 이상 "포드주의 시절처럼 불변자본과 가변자본에 대한 투자가 아니라, 오히려 직접적인 생산과정 외부에서 가치를 추출하고 포획하는 장치에 대한 투자"에 집중한다. 다시 말해서, 주요 기업들은 기계나 설비와 같은 총고정자본 구성체에 대한 직접 투자를 줄이는 대신, 그것들을 임대하거나 아예 생산 자체를 외주(outsourcing)한다. 이처럼 기업들이 생산영역에 대한 투자에서 점점 더 철수하게 되면서 안정적인 고용을 담보하는 가변자본에 대한 투자도 점점 더 감소하게 된다.

- 그리하여, 마라찌에 따르면, 인지자본주의에서는 불변자본과 가변자본의 관계로 표현되는 자본의 유기적 구성의 성격 자체가 근본적으로 변한다. 즉 "불변자본은 ('언어적 기계'의 총체로서) 사회에 분산되어 있으며, 가변자본은 (사교, 감정, 욕망, 성적 능력을 비롯한 '자유노동'의 총체로서) 재생산, 소비, 생활방식, 개인과 집단의 상상력 같은 영역에 흩어져 있다."

- 그래서 불변자본은 네트워크 속 인구들의 모든 일상적 활동을 실시간으로 포착하고 기록하고 분류하는 '언어적 기계' 혹은 알고리즘으로 대변되며, 가변자본은 고용된 상징노동자의 임금노동뿐만 아니라 디지털 네트워크 속에서 정보를 검색하고 친구 관계를 발전시키고 상품의 사용 후기를 작성하고 새로운 아이디어를 공유하는 광범위한 자유노동으로도 대변된다.

(2) '사회 – 공장'의 시대

- 잉여 가치 생산이 기존의 공장 담벼락을 넘어 사회 전반에서 이루어지는 소위 '사회 – 공장'의 시대가 열린 것이다. 이러한 상황에서, 불변자본과 가변자본에 대한 투자는 무엇보다도 분산 네트워크 속 인구들의 정동을 최대한 동원하고 그것의 실시간 파동을 적극적으로 수집하고 분류하고 활용함으로써 종국적으로 정동을 상품화하고 사유화하는 것을 목표로 삼게 된다. 정동의 엔클로저가 본격화되는 것이다.

- 크라우드소싱(crowdsourcing)은 '사회 – 공장'의 대표적인 실현 수단이라 할 수 있다. 노동과정에 대한 직접적 명령과 지휘라는 자신의 고유한 정규적 기능과는 더욱 멀어진 자본이 직접적 생산과정 외부에서도 여전히 사회적으로 창출된 가치를 사적으로 포획할 수 있도록 해주기 때문이다.

- 인지자본주의의 축적 체제가 물질적 고정자산보다는 비물질적 무형자산에 대한 투자에 더 많이 의존한다는 사실을 고려하면, 소비와 재생산 영역에서의 지식, 정보, 소통, 관계의 공유와 흐름으로 통칭되는 정동이 사회적 경제적 가치 생산에서 차지하는 중요성은 더욱 강조될 수밖에 없다.

- 한편으로, 오늘날 자본은 금융과 비금융 부문을 막론하고 산업적 재화의 직접 생산에는 점점 덜 관여하는 대신, 더 많은 금융 수익을 약속하는 금융, 보험, 부동산 부문으로 흘러들어간다. 다른 한편으로, 자본의 지휘와 명령과는 무관하게 자발적으로 이루어지는 네트워크 속 인구들의 대규모 협력은 많은 사회적 경제적 부와 가치를 생산한다. 이러한 두 가지 상황은 자본이 점점 더 생산의 '외부적 요소'가 되고 있다는 사실, 즉 자본의 '생산 영역 외부 요소화'를 보여주는 근거로 이해될 수 있다.

- 요컨대, 더 이상 생산의 내부적 요소가 아니게 된 자본이 직접적 생산의 외부에서 재산의 독점적 소유권을 토대로 사회적으로 창출된 잉여가치를 전유하는 한, 이윤은 지대와 잘 구분되지 않으며 이윤이 곧 지대가 되고 있다고 말할 수 있을 것이다. '사회 – 공장' 속의 정동에서 창출되는 지대의 획득은 현대 금융 자본의 핵심적 수익 추구 방식이자, 대다수 거대 기업의 지적 재산권 수익 전략의 핵심 요소가 되었다.

658

인지 자본주의에 대한 설명으로 틀린 것은?

① 물질적 고정자산보다는 비물질적 무형자산에 대한 투자에 더 많이 의존한다.

② 오늘날 자본은 금융과 비금융 부문을 막론하고 더 많은 금융 수익을 약속하는 금융, 보험, 부동산 부문으로 흘러 들어 간다.

③ 자본의 지휘와 명령에 따라 일사불란하게 이루어지는 네트워크 속 인구들의 대규모 협력은 많은 사회적 경제적 부와 가치를 생산한다.

④ '사회―공장' 속의 정동에서 창출되는 지대의 획득은 현대 금융 자본의 핵심적 수익 추구 방식이자, 대다수 거대 기업의 지적 재산권 수익 전략의 핵심 요소가 되었다.

정답 ③

풀이 ③ 자본의 지휘와 명령과는 무관하게 자발적으로 이루어지는 네트워크 속 인구들의 대규모 협력은 많은 사회적 경제적 부와 가치를 생산한다. 더 이상 생산의 내부적 요소가 아니게 된 자본이 직접적 생산의 외부에서 재산의 독점적 소유권을 토대로 사회적으로 창출된 잉여가치를 전유하는 한, 이윤은 지대와 잘 구분되지 않으며 이윤이 곧 지대가 되고 있다고 말할 수 있을 것이다.

Theme 105 알고리즘, 독점 지대, 과세

핵심정리 알고리즘과 독점 지대

(1) 의의

구글의 검색 알고리즘 페이지랭크와 페이스북의 사회관계망 알고리즘 에지랭크는 디지털 네트워크 속 다중의 일상생활에서 형성되고 유동하는 정동을 추적하고 집적하여 상품화하는 인지자본주의 불변자본이다. 각기 구글과 페이스북의 대표 지적 재산인 이들 특허 기술은 전통적인 소프트웨어와는 매우 상이한 방식으로 독점 지대를 창출한다.

(2) 자기 완결적 알고리즘

예컨대, 사용자의 문서 작성을 도와주는 전통적인 소프트웨어인 마이크로워드는 문서 작성에 필요한 모든 기능을 자기 완결적으로 구현하는 알고리즘으로 구성되어 있다. 그리고 마이크로워드 이용자는 적지 않은 비용을 지불하여 그것의 사용권을 구입해야 하며, 마이크로소프트사는 이와 같은 임대 혹은 사용권 판매를 통해 수익을 얻는다. 특허 재산의 인위적 희소성 창출과 임대가 전통적 소프트웨어의 독점 지대 창출의 핵심적 방식인 것이다.

(3) 페이지랭크(PageRank)와 에지랭크(EdgeRank)

- 페이지랭크와 에지랭크는 각각의 소프트웨어 외부에 존재하는 데이터를 수집하고 처리하는 알고리즘으로 구성되어 있으며, 외부의 데이터가 없으면 사실상 아무런 쓸모가 없는 데이터 의존적 소프트웨어다. 애초부터 스스로가 생산한 콘텐츠에 토대를 두지 않을 뿐만 아니라, 인터넷에서 가용한 콘텐츠가 끊임없이 변화하고 확대되는 조건에서, 이들 소프트웨어를 부분적으로든 한 묶음으로든 다른 사람들에게 임대하여 수익을 확보한다는 것은 난망한 일이라 할 수 있다.

- 따라서 구글과 페이스북은 일반 이용자들에게 특허 재산의 사용권을 임차하는 것 대신에, 인구 집중이 낳는 긍정적 경제 효과를 전유하는 것을 통해 수익을 얻고자 한다. 더 많은 사람들이 이용할수록 더 나은 시스템이 될 수 있을 뿐만 아니라 더 많은 이용자 데이터를 확보할 수 있기 때문에, 이들 소프트웨어는 가능한 한 자유롭게 사용될 수 있어야 한다. 이처럼 페이지랭크와 에지랭크는 각기 특허 재산으로서 지적 재산권의 보호를 받을 뿐만 아니라, 네트워크 속 인구들이 생산한 콘텐츠와 데이터의 가치를 외부에서 전유할 수 있게 해준다는 점에서 지대 창출의 비물질 기계라 할 수 있다.

- 무엇보다도, 이들 알고리즘은 수십 억 웹 이용자들이 독립적으로 생산한 콘텐츠와 그것들 사이의 자연발생적 상호연결망에 의존한다. 페이지랭크가 색인하는 수백억 개의 웹 사이트 중에서 구글이 스스로 생산한 사이트는 사실상 전무하다. 에지랭크가 처리하는 수백억 개의 사진 중에서 페이스북이 직접 제작한 사진도 거의 없다. 구글과 페이스북은 그러한 생산의 외부적 위치에 머물러 있을 뿐이다. 그리고 이들 알고리즘이 이용자들에게 제공하는 검색과 사회관계망 서비스는 상품으로 거래되는 것도 아니다. 그것들이 만들어내는 상품은 바로 각각의 사이트로의 인구 집중 그 자체다. 사이트 이용자들과 그들의 검색과 사회관계망 활동이 곧 구글과 페이스북의 상품인 것이다.

- 그리하여, 페이지랭크와 에지랭크는 수십 억 인터넷 이용자들이 생산한 콘텐츠와 데이터를 활용하여 사람들을 모으고, 그들이 다시 각각의 사이트에서 스스로 생산하는 콘텐츠와 데이터를 이용하여 수익을 얻을 수 있도록 한다는 점에서, 전형적인 인구 집중에 의한 지대 창출 기계라 할 수 있다.

659

페이지랭크에 대한 설명으로 틀린 것은?

① 스스로가 생산한 콘텐츠에 토대를 둔다.

② 가용한 콘텐츠가 끊임없이 변화하고 확대된다.

③ 인구 집중이 낳는 긍정적 경제 효과를 전유하는 것을 통해 수익을 얻는다.

④ 특허 재산으로서 지적 재산권의 보호를 받는다.

> **정답** ①
>
> **풀이** ① 수십 억 웹 이용자들이 독립적으로 생산한 콘텐츠와 그것들 사이의 자연발생적 상호연결망에 의존한다. 페이지랭크가 색인하는 수백억 개의 웹 사이트 중에서 구글이 스스로 생산한 사이트는 사실상 전무하다.

660

리나 칸(Lina Khan)의 「반독점의 역설」에서 플랫폼 규제를 위한 고려 사항으로 옳은 것은?

① 소비자 가격

② 기업의 규모

③ 기업의 시장 수익성

④ 경쟁과정과 시장구조

> **정답** ④
>
> **풀이** ④ 소비자에게 최종적으로 체감되는 소비자 가격만 봐서는, 특히 온라인 플랫폼에서는 진정으로 독점으로 인한 폐해를 포착하기 어렵다. 그래서 칸은 '경쟁과정과 시장구조'를 봐야 한다고 주장한다. 예를 들어 시장구조란 시장에서 힘이 어떻게 배치되고 있는가 하는 것인데 특정 기업이 시장지배력을 행사하는 경우에는 독점의 문제가 발생할 수 있다. 시카고학파는 시장지배력이 커져도 가격을 올리지 않는 한 그 자체로 해로운 것으로 보지 않지만, 기업들은 단기적 가격이나 산출에 영향을 주지 않더라도 시장지배력을 다양한 방식의 경쟁 왜곡에 이용할 수 있다.

661

페이지랭크(PageRank) 알고리즘에 대한 설명으로 틀린 것은?

① 구글의 검색 알고리즘으로 디지털 네트워크 속 다중의 일상생활에서 형성되고 유동하는 정동을 추적하고 집적하여 상품화하는 인지 자본주의 불변자본이다.

② 사용자에게 필요한 모든 기능을 자기 완결적으로 구현하는 알고리즘으로 구성되어 있다.

③ 구글과 페이스북은 일반 이용자들에게 특허 재산의 사용권을 임대하는 것 대신에, 인구 집중이 낳는 긍정적 경제 효과를 전유하는 것을 통해 수익을 얻고자 한다.

④ 페이지랭크와 에지랭크는 수십 억 인터넷 이용자들이 생산한 콘텐츠와 데이터를 활용하여 사람들을 모으고, 그들이 다시 각각의 사이트에서 스스로 생산하는 콘텐츠와 데이터를 이용하여 수익을 얻을 수 있도록 한다는 점에서, 전형적인 인구 집중에 의한 지대 창출 기계라 할 수 있다.

정답 ②

풀이 ② 페이지랭크와 에지랭크는 각각의 소프트웨어 외부에 존재하는 데이터를 수집하고 처리하는 알고리즘으로 구성되어 있으며, 외부의 데이터가 없으면 사실상 아무런 쓸모가 없는 데이터 의존적 소프트웨어다.

핵심정리 기술혁명과 국제금융시장의 발달로 인한 새로운 세금

기술혁명과 국제금융시장의 발달로 다음의 다섯 가지 새로운 세금이 거론되고 있다. 바로 디지털세(구글세), 로봇세, 버핏세, 부유세(자본세), 토빈세 등이다.

(1) 구글세

구글세(Google Tax)는 구글이나 아마존과 같이 인터넷을 기반으로 하는 지식산업의 경우 타국에 고정 사업장이 없어도 국경을 초월하여 사업이 가능하므로, 타국에서 획득한 소득에 대한 조세회피를 방지하기 위하여 해당 국가에서 얻은 매출 수입을 기준으로 부과하는 세금이다. 특히 프랑스를 위시한 유럽국가들이 미국의 IT 다국적기업을 타깃으로 과세하겠다는 입장이며, 프랑스는 지난 7월 25일에 '3%의 구글세법안'에 대하여 마크롱 대통령이 서명을 하여 2019년 1월부터 소급 적용된다.

(2) 로봇세

로봇세(Robot Tax)는 기술혁명으로 인하여 인간이 하는 일을 로봇으로 대체하는 경우 로봇에 부과하는 세금으로 로봇소유주인 개인사업자나 기업에 부과한다. 인간이 일을 할 경우에는 급여 외에 사회보장세, 실업세, 건강보험 등의 추가비용이 발생되는데, 로봇을 이용할 경우에는 초기 구입자본 외에는 급여도 없고 유지비용도 적다. 로봇세가 거론되는 이유는 대규모 노동자의 실직으로 인한 세수감소 및 이에 따른 소비침체로 경제성장이 저해될 수 있기 때문이다.

(3) 버핏세(Buffet Tax)

버핏세(Buffet Tax)는 세계 3위 부자인 워렌 버핏이 기고문을 통해, 정부에서 자신을 포함한 최상위 부자들에게 소득세를 더 걷을 것을 촉구하면서 이를 '버핏세'라 부르게 되었다. 2010년 버핏이 낸 세금은 694만 달러로 소득의 17.4%이지만, 그보다 연봉이 적은 20명의 직원들은 소득의 33~41% 세금을 납부하였다. 이에 버핏은 "부자들이 혜택 받는 시스템을 고쳐야 한다"고 주장했다. 버핏세란 연간 100만 달러 이상을 버는 부자들에게 '최저한 세율(Minimum tax rate)'을 적용하는 방안을 말한다. 즉, 연간 100만 달러 이상을 버는 부유층의 자본소득에 적용되는 실효세율이 적어도 중산층 이상은 되도록 세율 하한선을 정하자는 것이다.

(4) 부유세(capital tax)

부유세(wealth tax, capital tax, equity tax, net worth tax, net wealth tax)는 일정액 이상의 자산을 보유하고 있는 사람을 대상으로 비례적 또는 누진적으로 부과하는 세금을 말한다. 캘리포니아 주 의회는 순자산 3000만 달러를 상회하는 3만여명에게 순자산의 0.4%에 부유세를 과세하는 법안을 발의했다. 워싱턴 주는 미국에서 소득세가 없는 주 중 하나로 과세 역진성을 해소하기 위한 부유세 도입이 검토되는 상황이다. 워싱턴주 의회는 10억 달러 이상의 주식 등 금융투자자산이나 무형금융자산에 1%의 세율을 적용하는 부유세 법안을 발의했다. 법안이 통과돼 2022년부터 발효되면 2023년부터 세금이 본격적으로 부과된다. 아마존 창업자인 제프 베이조스는 약 20억 달러의 세금을 내게 된다.

(5) 토빈세(Tobin Tax)

토빈세(Tobin Tax)는 노벨 경제학상 수상자인 제임스 토빈(예일대 교수)이 주장한 '단기성 국제외환 거래에 부과되는 세금'이다. 국제 투기자본의 급격한 자금 유.출입으로 각국의 통화가 급등락해 통화위기가 촉발되는 것을 막기 위한 방안으로 이 같은 금융거래세 도입을 주장했다. 국제 투기자본(핫머니)이 마구 국경을 드나들게 되면 통화가치가 출렁거리면서 그 나라 경제에 부담으로 작용하고, 그 과정에서 금융위기가 발생할 수 있다.

662

구글과 페이스북을 포함한 많은 다국적 기업들의 세금 회피를 단속하기 위하여, 영국 정부가 해외에 빼돌려진 이윤에 대하여 통상 법인세율보다 높은 25퍼센트의 세율로 부과하는 세금으로 옳은 것은?

[2019년 기출]

① 구글세   ② 로봇세
③ 토빈세   ④ 버핏세

 정답 ①

풀이 ① 구글세에 대한 설명이다.

663

인공지능 기술의 발전으로 일자리 소멸이 가시화되는 상황에서 대량실업의 충격을 완화하기 위한 방법으로 자동화를 지연시키는 방법으로 빌게이츠가 제안한 것으로 옳은 것은?

[2020년 기출]

① 러다이트   ② 로봇세
③ 기술적 특이점   ④ 협력적 공유사회

 정답 ②

풀이 ② 로봇세에 대한 설명이다.

664

일정액 이상의 자산을 보유하고 있는 사람을 대상으로 비례적 또는 누진적으로 부과하는 세금으로 옳은 것은?

① 버핏세   ② 소득세
③ 토빈세   ④ 부유세

정답 ④

풀이 부유세에 대한 설명이다.

665

부유세(capital tax)에 대한 설명으로 옳은 것은?

① 연간 100만 달러 이상을 버는 부자들에게 최저한 세율을 적용하는 세금이다.

② 기술혁명으로 인하여 인간이 하는 일을 로봇으로 대체하는 경우 로봇에 부과하는 세금이다.

③ 조세회피를 방지하기 위하여 해당 국가에서 얻은 매출 수입을 기준으로 부과하는 세금이다.

④ 일정액 이상의 자산을 보유하고 있는 사람을 대상으로 비례적 또는 누진적으로 부과하는 세금이다.

정답 ④

풀이 ④ 부유세(wealth tax, capital tax, equity tax, net worth tax, net wealth tax)는 일정액 이상의 자산을 보유하고 있는 사람을 대상으로 비례적 또는 누진적으로 부과하는 세금을 말한다. 캘리포니아 주 의회는 순자산 3000만 달러를 상회하는 3만여 명에게 순자산의 0.4%에 부유세를 과세하는 법안을 발의했다. 워싱턴 주는 미국에서 소득세가 없는 주 중 하나로 과세 역진성을 해소하기 위한 부유세 도입이 검토되는 상황이다. 워싱턴주 의회는 10억 달러 이상의 주식 등 금융투자자산이나 무형금융자산에 1%의 세율을 적용하는 부유세 법안을 발의했다. 법안이 통과돼 2022년부터 발효되면 2023년부터 세금이 본격적으로 부과된다. 아마존 창업자인 제프 베조스는 약 20억 달러의 세금을 내게 된다.

666

㉠에 들어갈 조세로 옳은 것은?

┌───┐
│ ㉠ 를 처음 제시한 곳은 EU(유럽연합)다. 2018년 3월 글로벌 IT 기업이 EU 내에서 얻은 매출 │
│ 에 대해 ㉠ 를 부과하는 방안을 제시했으나 찬반 논란으로 무산됐다. 그러나 지난해 7월 G7 │
│ (주요 7개국) 재무장관 회의에서 ㉠ 부과에 원칙적으로 찬성하는 성명서가 발표된 후 세계적 │
│ 으로 논의가 활발해졌다. 이를 전후해 일부 나라는 독자적으로 유사한 조세 방안을 앞다퉈 도입했 │
│ 다. 프랑스는 지난해 1월부터 글로벌 IT 기업을 대상으로 자국 내 연간 매출의 3%를 ㉠ 로 부 │
│ 과하며, 이탈리아는 올해부터 3%, 영국은 오는 4월부터 2%를 과세한다. │
└───┘

① 버핏세   ② 로봇세
③ 토빈세   ④ 디지털세

정답 ④

풀이 ④ ㉠에 들어갈 조세는 구글세(Google Tax) 또는 디지털세이다. 디지털세는 구글세의 정식 명칭이다.

Theme 106 거대 플랫폼 기업의 독점 규제

핵심정리 미국의 반독점 규제

(1) 미국의 반독점 전통

- 미국의 반독점 전통은 우리나라와 마찬가지로 과도한 경제력 집중과 경제권력의 남용을 통제하기 위해 1890년 입법된 셔먼법으로부터 시작된다. 입법을 발의한 존 셔면 상원의원은 이렇게 말했었다. "우리가 정치에서 왕을 허용하지 않기로 했다면 경제에서도 그래야 한다. 우리가 정치에서 제국을 인정하지 않기로 했다면 경제에서도 인정하지 말아야 한다."
- 따라서 반독점법은 과도한 독점가격 등만을 문제 삼은 것이 아니라, 다양한 유형의 독점 횡포로부터 산업의 자유로운 활동을 보장하고 독점체들의 부의 집중이 정치사회적으로 부정적인 영향을 주는 것을 경계하도록 설계되고 입법된 것이다.

(2) 반독점 규제 원칙의 변형

① 로버트 보크(Robert Bork)

이런 반독점 전통이 신자유주의가 본격화되는 1970년대부터 공격받기 시작했고, 신자유주의 설파에 앞장선 '시카고학파'와 그들의 지지를 받던 법학자 로버트 보크(Robert Bork)에 의해서 반독점 규제 원칙이 심각하게 변형되었다. 즉 독점기업들이 과도한 독점가격을 책정해서 소비자들에게 불리한 가격부담을 주지 않는 한(경제학자들이 표현하는 소비자 후생이 줄지 않는 한), 특별히 규제할 할 필요가 없다는 주장이 득세를 하게 된다. 이제 초점은 생산자나 노동자 등을 모두 생략하고 오직 소비자 관점으로만 좁혀지고, 그것도 독점기업이 제공하는 제품의 시장가격에만 초점이 맞춰진다. 거대독점체가 형성되었더라도 소비자에게 싼값에 제품을 제공하면 아무 문제 없다는 뜻이다.

② 리나 칸(Lina Khan)

물론 독점의 비가격적 유해성(품질 저하, 제품 다양성 축소, 서비스 축소, 혁신 부재, 시장 접근 가능성 차단)을 아주 무시하지는 않았지만, 1980년대부터 독점규제 원칙은 "하나 이상의 기업이 경쟁가격 이상의 가격을 지속시켜 이익을 낼 수 있는 힘을 제한"하는 쪽으로 맞춰진다. 이 논리를 법적으로 정연하게 풀었던 보크의 1978년 논문 「반독점의 역설」을 틀어서 리나 칸이 「아마존 반독점의 역설」이라고 논문 제목을 붙인 것 같다.

(1) 의의

소비자 가격을 중심으로 접근하는 독점규제 방식은 온라인 플랫폼, 특히 아마존에서는 통하지 않는다. 대부분 온라인 플랫폼들이 소비자들에게 파격적으로 낮은 가격으로 서비스를 제공한다. 따라서 소비자 가격을 중심으로 접근하는 방식으로는 아마존을 규제할 수가 없다.

(2) 경쟁과정과 시장구조

- 소비자에게 최종적으로 체감되는 소비자 가격만 봐서는, 특히 온라인 플랫폼에서는 진정으로 독점으로 인한 폐해를 포착하기 어렵다. 그래서 칸은 '경쟁과정과 시장구조'를 봐야 한다고 주장한다. 예를 들어 시장구조란 시장에서 힘이 어떻게 배치되고 있는가 하는 것인데 특정 기업이 시장지배력을 행사하는 경우에는 독점의 문제가 발생할 수 있다. 시카고학파는 시장지배력이 커져도 가격을 올리지 않는 한 그 자체로 해로운 것으로 보지 않지만, 기업들은 단기적 가격이나 산출에 영향을 주지 않더라도 시장지배력을 다양한 방식의 경쟁 왜곡에 이용할 수 있다.

- 아마존과 같은 온라인 네트워크를 추구하는 기업은 특히 상당 기간 손실을 무릅쓰고 저가공세를 통해서 규모를 키움으로써, 시장에서의 지배적 지위를 구축하려는 경향이 있다. 이렇게 저가 공세로 사용자를 확보하고 규모를 키우려는 전략을 사용할 뿐 아니라, 이를 위해 수익이나 배당을 한없이 보류하면서 공격적 투자를 지속한다. 실제 제프 베조스는 투자자들에게 "규모는 우리 비즈니스 모델의 잠재력을 달성하기 위한 핵심이기 때문에 우리는 성장을 우선하기로 선택했다."고 말한다. 이들에게는 당장 수익성보다는 규모가 문제라는 것이다. 이런 상황에서 아무리 소비자 가격을 쳐다봐야 온라인 플랫폼기업들의 독점횡포가 보일 리가 없다.

- 이는 특히 아마존이 두드러진데, 아마존은 시가 총액이나 매출 규모는 애플이나 구글 등 여타 경쟁 기업들보다 상당히 높은 수준을 유지하지만, 영업이익이나 영업이익률을 보면 형편없는 수준을 20여 년째 유지하고 있다. 그나마 영업이익이 200억 달러를 넘긴 것도 최근 일이며, 다른 기업들이 영업이익률이 최소 20%를 넘는 동안에 아마존은 한 번도 영업이익률이 6%에 도달한 적이 없을 정도다. 그나마 아마존 수익의 절반 이상은 전자상거래가 아니라 클라우드 서비스에서 나온다.

(3) 온라인 플랫폼이 지배하는 시장구조

- 칸은 아마존과 같은 온라인 플랫폼에 대해서 특히 두 가지 문제 '약탈적 가격(predatory price)'과 '수직적 통합(vertical integration)'을 봐야 한다고 주장한다. 아마존은 수익을 희생시키면서까지 저가 공세를 하면서(약탈적 가격) 기꺼이 손실을 유지하고 공격적으로 투자를 강행해왔으며, 전자상거래뿐 아니라, 배송서비스, 클라우드 서비스 등 연계 사업영역을 통합(수직적 통합)하면서 시장에서 지배적 지위를 구축해왔다. 그 결과 물리적 유통시장과 전자상거래 모두에 걸쳐서 핵심 인프라를 소유한 기업이 되었다.

- 아마존은 베스트셀러 전자책을 파격적으로 낮은 약탈적 가격으로 '킨들'과 함께 팔았다. 이런 방식의 판매가 시작되면 소비자에게는 잠김효과(Lock-in effect)가 발생해서 향후 킨들 버전의 전자책만 계속 찾게 되고, 오프라인과 달리 개인구매정보도 아마존에 차곡차곡 싸여서 더 이상 다른 온라인 서점을 이용하지 않게 된다. 실제로 그렇게 해서 나머지 전자책 시장에 진입한 업체들을 거의 고사시켰다.

- 소비자 입장에서 싼 가격으로 전자책을 구입할 수는 있다. 하지만 장기적으로 지배적인 지위를 구축하면, 아마존은 저가공세로 감수한 손실을 다양한 방법으로 소비자로부터 보상받는 길이 열린다. 개인화된 맞춤형 가격으로 가격을 변동시켜 소비자가 객관화된 가격을 잘 알 수 없게 만들거나, 다른 오프라인 책의 가격을 올리거나, 출판사들에게 손실비용을 떠넘기는 방식 등 우회적으로 손실보상을 할 방법이 얼마든지 있다.

- 특히 아마존은 수직적 통합을 통해서 소매판매자이면서 동시에 모든 소매판매자들이 입점하는 마켓플레이스 기업이기도 하고, 이들의 데이터를 관리해주는 클라우드 서비스 제공자이기도 하며, 심지어 이들의 물류와 배송서비스까지 제공할 수 있는 구조를 갖췄다.
- 이런 구조 하에서는 '이해의 충돌'이 필연적으로 발생한다. 예를 들어 플랫폼이 없는 다른 소매업체들이 어쩔 수 없이 온라인 인프라를 가진 아마존에서 상품을 팔면, 아마존은 그 거래내역 데이터를 가지고 상품이 잘 팔리는지를 확인한 후, 잘 팔리는 상품을 아마존이 직접 생산해서 마켓플레이스에 올린다. 이런 식으로 독점의 횡포는 다양한 방식으로 일어나지만, 이를 모두 무시하고 오직 최종 소비자 가격만을 고려하면 아마존을 규제하기 어렵게 된다.

667

온라인 플랫폼이 지배하는 시장구조에 대한 설명으로 틀린 것은?

① 플랫폼은 약탈적 가격으로 높은 영업이익률 유지하며 이를 기반으로 공격적 투자를 강행한다.

② 전자상거래뿐 아니라, 배송서비스, 클라우드 서비스 등 연계 사업영역을 통합(수직적 통합)하면서 시장에서 지배적 지위를 구축한다.

③ 개인화된 맞춤형 가격으로 가격을 변동시켜 소비자가 객관화된 가격을 잘 알 수 없게 만들거나, 소매판매자들에게 손실비용을 떠넘긴다.

④ 플랫폼은 수직적 통합을 통해서 소매판매자이면서 동시에 모든 소매판매자들이 입점하는 마켓플레이스 기업이기도 하고, 이들의 데이터를 관리해주는 클라우드 서비스 제공자이기도 하며, 심지어 이들의 물류와 배송서비스까지 제공할 수 있다.

정답 ①

풀이 약탈적 가격은 저가 공세를 의미한다. 플랫폼 기업은 약탈적 가격으로 시장에서 지배적 지위를 구축하기 위해 공격적으로 투자한다.

668

미국의 반독점 규제에 대한 설명으로 틀린 것은?

① 로버트 보크(Robert Bork)는 독점기업들이 과도한 독점가격을 책정해서 소비자들에게 불리한 가격부담을 주지 않는 한 특별히 규제할 필요가 없다고 본다.

② 리나 칸(Lina Khan)은 '약탈적 가격'과 '수직적 통합'을 기준으로 아마존과 같은 거대 플랫폼 기업이 경쟁가격 이상의 가격을 지속시켜 이익을 낼 때 규제할 수 있다고 본다.

③ 아마존이 전자상거래뿐 아니라, 배송서비스, 클라우드 서비스 등 연계 사업영역을 통합하면서 시장에서 지배적 지위를 구축하고 그 결과 물리적 유통시장과 전자상거래 모두에 걸쳐서 핵심 인프라를 소유한 기업이 되는 것은 수직적 통합에 해당한다.

④ 아마존과 같은 온라인 플랫폼기업을 규제할 수 있는 방법은 두 가지인데, 규모가 커지지 못하게 아예 예방적으로 대처하거나 아니면 독점화되는 경향을 일단 인정한 다음 이해관계 충돌이 일어날 수 있는 특정 사업을 동시에 겸업하는 것을 금지하는 것이다.

풀이 ② 아마존은 수익을 희생시키면서까지 저가 공세를 하면서(약탈적 가격) 기꺼이 손실을 유지하고 공격적으로 투자를 강행하고 있기 때문에 경쟁 가격 이상의 가격을 지속시켜 이익을 낼 때 규제할 수 있다고 하면 아마존을 규제할 수 없다. 리나 칸은 아마존이 장기적으로 지배적인 지위를 구축하면, 아마존은 저가공세로 감수한 손실을 다양한 방법으로 소비자로부터 보상받는 길이 열린다는 점을 지적한다. 개인화된 맞춤형 가격으로 가격을 변동시켜 소비자가 객관화된 가격을 잘 알 수 없게 만들거나, 다른 오프라인 책의 가격을 올리거나, 출판사들에게 손실비용을 떠넘기는 방식 등 우회적으로 손실보상을 할 방법이 얼마든지 있다는 것이다.

핵심정리   온라인 플랫폼 기업에 대한 규제

- 아마존과 같은 온라인 플랫폼 기업을 규제할 수 있는 방법은 두 가지이다. 규모가 커지지 못하게 아예 예방적으로 대처하거나 아니면 독점화되는 경향을 일단 인정한 다음 이해관계 충돌이 일어날 수 있는 특정 사업을 동시에 겸업하는 것을 금지하는 것이다. 예를 들어 아마존이 마켓플레이스를 주업으로 하면, 마켓플레이스에 올라가는 소매업 같은 것은 금지하는 방식이다.
- 리나 칸은 이를 '금산분리' 원칙의 전통에 비추어 정당화한다. 전통적으로 은행이 다른 상업적 비즈니스를 하지 못하도록 한 이유가, 겸업을 하게 되면 그 은행이 소유한 기업에게 신용특혜를 줄 수 있고, 그 기업의 경쟁기업에게는 불리하게 신용제공을 할 수 있기 때문이었다. 비슷한 문제가 온라인 플랫폼에서도 재현될 수 있기 때문에, 온라인 플랫폼 독점기업도 금산분리 원칙과 비슷하게 겸업 금지를 해야 한다는 것이다.
- 한편, 온라인 플랫폼 등이 참여자가 많아질수록 이익이 되는 네트워크 효과 때문에 자연독점화되는 경향을 막을 수 없다면, 일종의 '공공이익'을 위반하지 않는 범위에서 가격통제 등을 실시해야 한다고 주장한다. 전통적으로도 이런 유형의 '사회 인프라 기업들'이 있는데 수도, 전기, 가스회사나 철도 해상, 통신 같은 기업들이 그 사례다. 상당수 인터넷 플랫폼도 기존의 사회 인프라와 유사하게 공공 성격이 있으므로 가격과 서비스에서의 차별금지, 가격상승률 상한 규정, 투자요건 제한 등을 부과하자는 것이다.
- 칸은 더 나아가서 이들 인프라를 일종의 필수시설(essential facilities)로 규정해서 다른 기업들이 일종의 공유(sharing)를 하도록 강제해야 한다는 취지의 제안도 덧붙인다. 필수 시설의 사례로는 아마존의 물리적 배송서비스, 마켓플레이스 플랫폼, 클라우드 웹서비스 등이 해당할 것이다.

669

리나 칸의 입장으로 틀린 것은?

① 아마존과 같은 거대 플랫폼 기업들은 약탈적 가격을 통해 임금 인상 등 인플레이션 압력을 소비자에게 전가할 수 있다.

② 시장구조란 시장에서 힘이 어떻게 배치되고 있는가 하는 것인데 특정 기업이 시장지배력을 행사하는 경우에는 독점의 문제가 발생할 수 있다.

③ 기업들은 단기적 가격이나 산출에 영향을 주지 않더라도 시장지배력을 다양한 방식의 경쟁 왜곡에 이용할 수 있다.

④ 온라인 플랫폼 등이 참여자가 많아질수록 이익이 되는 네트워크 효과 때문에 자연 독점화되는 경향을 막을 수 없다면, 일종의 '공공이익'을 위반하지 않는 범위에서 가격통제 등을 실시해야 한다.

670

인앱 결제(In App Purchases)에 대한 설명으로 틀린 것은?

① 구글·애플이 자체 개발한 내부 결제 시스템으로만 유료 앱·콘텐츠를 결제하도록 하는 방식이다.

② 인앱 결제의 의무화는 인앱 결제 시장에서 외부 PG(Payment Gateway)사를 강제로 포함시켜 경쟁법상 배타조건부 거래에 해당될 수 있다.

③ 구글은 게임 앱 개발사에만 인앱결제 강제 정책을 적용해 오다가 웹툰, 음원 등 모든 디지털 콘텐츠에 인앱결제를 의무화하기로 발표한 바 있다.

④ 「전기통신사업법」은 앱내 특정결제방식을 강제하는 행위를 금지하고 있다.

♀ 핵심정리 **디지털 텍스트의 차별적 '공정 이용(fair-use)'**

(1) 의의

- 구글의 정동 경제는 이용자-창출 데이터에 대한 통제에 바탕을 두고 있을 뿐만 아니라 이용자-제작 콘텐츠에 대한 '차별적' 공정 이용(fair use)에 힘입어 작동한다. 구글은 인터넷에 있는 거의 모든 것을 복사한다. 웹 문서, 뉴스, 지식, 이미지, 지도, 도서, 동영상, 블로그, 게시판 등 저작권 보호를 받는 것이든 아니든 상관없이 웹에 연결된 거의 모든 것을 복사하고 평가하고 순위를 매긴다. 복사는 구글 검색 사업의 필수 요건이지만 그것은 그 자체로 현존 「저작권법」과 배치된다.

- 「저작권법」은 원칙적으로 모든 복제를 불법으로 간주하기 때문이다. 그러나 「저작권법」의 '공정 이용' 조항 덕분에, 구글의 웹 사이트 복사는 합법적인 것으로 인정받는다. '공정 이용'은 배포의 목적이 공공선을 높이기 위한 것이라면 저작권물의 일부를 복사하고 배포하는 것을 합법으로 간주한다. 저작권물의 복사와 배포가 비평, 논평, 보도, 교육, 학술, 연구 등과 같은 목적을 위한 경우에는 저작권 침해로 볼 수 없다는 것이다.

- 현실적으로, 구글 검색엔진은 다른 사람들의 웹 콘텐츠를 복사해야만 제대로 작동할 수 있다. 그런데 수십억 개의 웹 텍스트에 대하여 저작권자로부터 일일이 사용 허락을 받아야 한다면, 누구도 검색 사업을 하지 않을 것이며, 궁극적으로 웹은 아예 검색 불가능한 것이 되고 말 가능성이 높다. 그래서 웹 콘텐츠 복사는 유용한 정보를 찾는 전체 웹 이용자들의 이익을 위한 작업, 즉 '공정 이용'의 한 형태로 이해될 수 있다. 웹 콘텐츠의 일부를 발췌하는 것은 검색 결과가 자신이 찾는 것과 유관한 것인지를 판단하는 데 도움을 준다고 볼 수 있기 때문이다. 요컨대, 인터넷 검색은 디지털 시대 저작권의 현실적 한계를 토대로, 웹에서는 모든 것이 복사될 수 있다는 것을 하나의 원칙으로 만들었다. 이는 지적 재산의 '소유'보다는 '사용', '독점'보다는 '공유'의 불가피성이라는 디지털 네트워크 상황이 일부 반영된 결과라 할 수 있다.

(2) 이용자-제작 콘텐츠에 대한 '차별적' 공정 이용(fair use)

- '공정 이용'이 모든 콘텐츠 생산 노동에 미치는 효력은 균등하지 않다. 2002년 구글은 '구글뉴스(Google News)' 사업을 시작했다. 그런데 에이피(Associated Press)를 포함한 일부 언론사들은 이를 저작권 침해로 간주했다. 특히, 라이선스 계약을 통해 세계 각국 언론사와 인터넷 포털에 기사를 제공하는 에이피는 구글 뉴스가 자신의 저작물을 무단으로 복사하고 그 일부를 마치 자기 것인 양 독자들에게 제공한다고 비난했다. 그리고 구글이 자사의 뉴스 기사를 상품화하여 돈을 버는 이상, 자사와의 라이선스 계약이 필요하다고 주장했다. 그러나 구글은 '공정 이용'으로 맞섰다.

- 구글 뉴스가 에이피 기사의 일부만을 게시하고 기사 출처 링크를 제시하는 것은 '공정 이용'에 해당 한다고 주장했다. 또한, 구글 뉴스가 에이피 기사에 대한 트래픽을 확대시켜 주기 때문에 에이피 사이트는 오히려 활성화될 수 있다는 점도 강조했다. 구글과 언론사들 사이의 '공정 이용'을 둘러싼 저작권 갈등은 결국 2004년에 구글과 에이피, 캐나다 언론 협회, 에이에프피(Agence France-Presse), 영국 언론 협회가 라이선스 계약을 체결함으로써 봉합되었다. 이 합의를 통해, 구글은 이들 언론사의 기사 사용료를 지불하는 대신, 기사 전부 혹은 일부를 게시할 권리를 획득했다. '공정 이용' 조항이 전문 뉴스 생산자들에게는 통용되지 않은 셈이다.

- '공정 이용'이 모든 웹 콘텐츠 생산노동에 동등하게 적용되지 않는다는 것을 보여준 것이다. 따라서 웹에서는 공정 이용에 해당하는 모든 복제가 허용된다는 원칙은 결국 대다수 일반 사용자들의 콘텐츠 제작 노동에만 관철되는 것이라고 할 수 있다.
- 이처럼 구글 검색은 사용자-제작 텍스트에서 시작하여 전문-생산 텍스트 그리고 도서 등으로 정동 경제의 비물질재를 확대시켰고, '공정 이용'은 그 사업의 토대가 되었다. 하지만 이들 프로젝트에는 항상 '무임승차' 논란이 따라 다녔다. 설사 구글의 복제 행위가 많은 부분 '공정 이용'에 해당한다고 할지라도, 그것을 통해 구글이 커다란 상업적 이익을 얻고 있는 한, 콘텐츠 생산자들의 정동 노동에 대한 무임승차라는 비판을 피할 수가 없다.
- 물론, 구글 서비스가 웹 이용자들로 하여금 사용자-제작 콘텐츠에 접근할 수 있도록 만들어준 것은 사실이다. 그리고 그만큼 사용자들의 표출 정동이 실현될 수 있는 장을 제공해준 것도 사실이다. 특히, 신문 기사와 같은 전문적으로 생산된 콘텐츠의 경우, 구글 검색은 독자들의 관심과 호기심과 같은 정동 정보를 생산자에게 제공하여 수익을 창출하는 데 일정한 도움을 주기도 한다.
- 하지만 '공정 이용'의 효력이 그러하듯이, 무임승차의 문제도 일반 콘텐츠 생산자와 소수의 전문 콘텐츠 생산자에게 각기 상이한 의미를 갖는다. 대다수의 네트워크 속 두뇌들은 구글이 자신들의 정동 노동을 전용하여 벌어들이는 수익으로부터 아무런 몫도 얻지 못하며, 구글의 '공정 이용' 논리는 그들에게 거의 완벽하게 관철된다. 그만큼 그들의 정동노동은 착취된다. 반면, 전문 콘텐츠 생산자들은 저작권 압박을 통하여 구글 검색 수익의 일부를 나눠 가지며, 구글의 '공정 이용' 효력은 별로 발휘되지 못한다.

671
디지털 텍스트의 '공정 이용(fair-use)'에 대한 설명으로 틀린 것은?

① '공정 이용'의 원칙적인 내용은, 공공선을 높이기 위한 목적으로 저작권물의 일부를 복사하고 배포하는 것이 합법적으로 간주된다. 비평, 논평, 보도, 교육, 학술, 연구 등의 목적으로 저작권물을 이용하는 것은 저작권 침해로 보지 않는다.

② '공정 이용' 원칙은 콘텐츠의 종류나 생산자에 무관하게 웹에서 일어나는 모든 콘텐츠 복제에 동일하게 적용된다.

③ 구글은 웹에 연결된 모든 데이터를 복사하고 순위를 매기는데, 이런 복사 행위는 현재 저작권법과 대립하지만 '공정 이용' 원칙에 따라 합법적으로 간주된다.

④ 구글의 복제 행위가 많은 부분 '공정 이용'에 해당한다고 할지라도, 구글이 커다란 상업적 이익을 얻고 있는 한, 콘텐츠 생산자들의 정동 노동에 대한 무임승차라는 비판을 피할 수가 없다.

정답 ②

풀이 ② '공정 이용' 원칙은 웹에서 일어나는 모든 콘텐츠 복제에 대해 동일하게 적용되지 않는다. 예를 들어, 구글 뉴스의 경우 에이피 등의 언론사들로부터 저작권 침해로 간주받은 경우가 있었다.

672

「저작권법」의 '공정 이용(fair use)'에 대한 설명으로 틀린 것은? [2019년 기출]

① 저작권자 이외의 자가 저작권자의 독점적인 권리에도 불구하고 저작권자의 동의 없이 저작물을 합법적으로 이용할 수 있는 제도적 장치이다.

② 「저작권법」에 의하여 부여되는 저작자의 권리를 적용할 경우 해당 저작물의 이용자는 저작권 침해를 구성하게 되지만 합리적으로 저작권자의 권리에 제한을 둠으로써 이용자가 침해로부터 면책받을 수 있는 특권 또는 침해에 대한 항변이다.

③ 웹 콘텐츠의 일부를 발췌하는 것은 검색 결과가 자신이 찾는 것과 유관한 것인지를 판단하는 데 도움을 준다고 볼 수 있기 때문 웹 콘텐츠 복사는 유용한 정보를 찾는 전체 웹 이용자들의 이익을 위한 작업, 즉 '공정 이용'의 한 형태로 이해될 수 있다.

④ '공정 이용(fair use)' 효력의 모든 콘텐츠 생산자들에 대한 무차별적 적용은 구글 등 플랫폼 기업들의 콘텐츠 생산자들의 정동 노동에 대한 무임승차를 가능하게 하는 부작용을 낳기도 한다.

정답 ④

풀이 ④ '공정 이용'의 효력이 그러하듯이, 무임승차의 문제도 일반 콘텐츠 생산자와 소수의 전문 콘텐츠 생산자에게 각기 상이한 의미를 갖는다. 대다수의 네트워크 속 두뇌들은 구글이 자신들의 정동 노동을 전용하여 벌어들이는 수익으로부터 아무런 몫도 얻지 못하며, 구글의 '공정 이용' 논리는 그들에게 거의 완벽하게 관철된다. 그만큼 그들의 정동노동은 착취된다. 반면, 전문 콘텐츠 생산자들은 저작권 압박을 통하여 구글 검색 수익의 일부를 나눠 가지며, 구글의 '공정 이용' 효력은 별로 발휘되지 못한다.

핵심정리 지적재산권의 안전피난처

- 유튜브 동영상을 활용한 구글 정동 경제는, 디지털 텍스트와 마찬가지로, 지적재산권 체계와 충돌했다. 영화사, 음악사, 방송사 등 대부분의 거대 콘텐츠 벡터 계급은 자신들의 저작권이 유튜브에 게시된 수많은 불법 동영상에 의해 침해당한다고 주장했다. 하지만 유튜브는 '디지털천년저작권법'의 '안전피난처' 조항에 기대어, 저작권물이 유튜브에 불법적으로 게시되는 것에 별로 개의치 않았다.

- '안전피난처' 조항의 '고지와 삭제' 원칙은 고지된 저작권 침해 게시물을 사후적으로 삭제하는 한, 인터넷 서비스 제공자들에게 저작권 침해에 대한 법적 책임을 물을 수 없도록 한다. 사용자나 제3자가 저작권 제한을 받는 게시물을 인터넷에 올리는 것을 인터넷 서비스 제공자가 사전에 막을 의무는 없다는 조항에 따라, 구글은 유튜브 사용자의 「저작권법」 위반을 예방하는 노력을 기울이지 않았다. 저작권자가 저작권 침해를 알려오면 그때 가서 해당 게시물에 대한 조치를 취하면 된다고 보았기 때문이다.

- 이에 비아컴(Viacom)은 2007년 3월 구글과 유튜브에 10억불의 저작권 침해 손해배상 소송을 제기했다. 미국의 엠티비(MTV), 니켈로디언(Nickelodeon), 코미디 센트럴(Comedy Central) 등과 같은 방송 채널을 보유하고 있는 비아컴은 16만 건이 넘는 자사 프로그램이 유튜브에 불법 게시되었으며, 구글은 이를 예방하는 조치를 취하지 않았다고 주장했다. 소송의 핵심 쟁점은 과연 구글이 중립적 인터넷 서비스 제공자와 마찬가지로 '안전피난처' 조항의 대상이 될 수 있는가라는 문제였는데, 2010년 6월 미국 법원은 구글 플랫폼을 일종의 '피난 안전처'로 인정하는 판단을 내렸다.

- 구글이 특정 저작권물이 게시된다는 것을 설사 미리 알았다고 할지라도 어느 것이 허락을 받은 것이며 어느 것이 그렇지 않은 것인지를 알기는 어려운 일이라는 점, 유튜브와 같은 비디오 공유 사이트로 하여금 모든 게시물을 미리 적극적으로 확인하도록 하는 것은 법의 취지에도 어긋나는 일이라는 점, 구글이 비아컴의 삭제 요구를 충실하게 이행했다는 점이 그 근거가 되었다.
- 현실적으로도, 사용자 제작 콘텐츠의 활발한 공유와 인터넷 참여 문화의 활성화라는 시대의 정동을 무시하기란 어려운 일이기도 했다. 이처럼 구글은 콘텐츠 벡터 계급의 지적재산권을 보호하고 유튜브 수익의 일부를 그들에게 보전해주지만, 수십억 일반 이용자들의 정동 노동이 구글로부터 그에 상당하는 보호와 보상을 받기란 거의 불가능하다. 유튜브 지적재산권 방침에서 알 수 있듯이, 일반 이용자들의 정동 노동의 산물인 콘텐츠에 대한 사실상의 통제권은 구글이 쥐고 있기 때문이다.
- 유튜브는 "유튜브에 콘텐츠를 업로드하거나 게시하면, 당신은 유튜브에게 그 콘텐츠를 서비스 제공과 관련하여 그리고 유튜브 사업 및 서비스 제공과 관련하여 사용하고, 재생산하고, 배포하고, 파생 작품을 만들고, 전시하고 공연할 전 세계적, 비배제적, 로열티를 지불하지 않는, 이전 가능한 라이선스(재라이선스할 권리와 함께)를 준다."고 명시한다.
- 이러한 약관에 따라, 대부분의 일반 이용자들은, 콘텐츠 벡터 계급과는 달리, 자신들이 생산한 콘텐츠에 대한 독점권을 구글에 주장할 수가 없다. 그것을 거의 마음대로 사용할 권리를 구글에게 주었기 때문이다. 또한, 극히 일부의 경우를 제외하고, 일반 콘텐츠 제작자들이 자신들의 창작물을 통해 유튜브가 얻는 광고 수익을 나눠 가질 가능성은 없다. 결국, 「저작권법」의 '면책' 조항은 유튜브 플랫폼에 가능한 한 많은 사람들을 모으고, 이를 통해 구글과 전통 콘텐츠 기업이 수익을 공유하도록 하는 수준에서의 '안전피난처' 작용만을 하는 셈이다. 일반 콘텐츠 생산자들은 자신들이 업로드 하는 정동 노동 산물에 대한 저작권 위반 여부를 항상적으로 점검받으며, 업로드된 창작물이 창출하는 가치에 대한 통제권을 거의 갖지 못한다. 앞의 '공정 이용' 조항과 마찬가지로 '안전피난처' 조항은 지적 재산권을 일정 정도 느슨하게 만드는 측면이 있지만, 콘텐츠/플랫폼 벡터 계급은 그것의 영향을 순조롭게 관리, 통제하고 있다고 보아야 할 것이다.

673

'안전피난처 활용하기'에 대한 설명으로 틀린 것은?

① '디지털천년저작권법'의 '안전피난처' 조항은 인터넷 서비스 제공자가 저작권 침해를 사전에 막을 의무는 없다고 규정하고 있다.

② '안전피난처' 조항의 '고지와 삭제' 원칙은 고지된 저작권 침해 게시물을 사후적으로 삭제하는 한, 인터넷 서비스 제공자들에게 저작권 침해에 대한 법적 책임을 물을 수 없도록 한다.

③ 구글은 유튜브 사용자의 저작권법 위반을 예방하는 노력을 기울이지 않고, 저작권자가 저작권 침해를 알려오면 그때 가서 해당 게시물에 대한 조치를 취했다.

④ 유튜브는 약관에서 콘텐츠를 업로드하거나 게시하는 일반 사용자들의 저작권을 인정하지 않는다고 명시하고 있다.

정답 ④

풀이 ④ 유튜브는 약관에서 "유튜브에 콘텐츠를 업로드하거나 게시하면, 당신은 유튜브에게 그 콘텐츠를 서비스 제공과 관련하여 그리고 유튜브 사업 및 서비스 제공과 관련하여 사용하고, 재생산하고, 배포하고, 파생 작품을 만들고, 전시하고 공연할 전 세계적, 비배제적, 로열티를 지불하지 않는, 이전 가능한 라이선스(재라이선스할 권리와 함께)를 준다."고 명시하고 있다. 유튜브는 일반 사용자들의 저작권을 인정하지 않는 것이 아니라 저작권을 인정하고 그 허락을 받는 방식을 취하고 있다.

674

「저작권법」의 '안전피난처(safe harboring)' 조항에 대한 설명으로 틀린 것은?

① '안전피난처' 조항의 '고지와 삭제' 원칙은 고지된 저작권 침해 게시물을 사후적으로 삭제하는 한, 인터넷 서비스 제공자들에게 저작권 침해에 대한 법적 책임을 물을 수 없도록 한다.

② 저작권자가 저작권 침해를 알려오면 그때 가서 해당 게시물에 대한 조치를 취하면 되기 때문에 사용자나 제3자가 저작권 제한을 받는 게시물을 인터넷에 올리는 것을 인터넷 서비스 제공자가 사전에 막을 의무는 없다.

③ 구글은 전통 미디어 기업들과 계약을 체결하여 그들 콘텐츠의 지적재산권을 보호하고 유튜브 수익의 일부를 그들에게 보전해준다.

④ 구글은 일반 이용자들의 저작권을 인정하지 않기 때문에 콘텐츠 벡터 계급과는 달리, 일반 이용자들은 생산한 콘텐츠에 대한 독점권을 구글에 주장할 수가 없다.

정답 ④

풀이 ④ 유튜브는 "유튜브에 콘텐츠를 업로드하거나 게시하면, 당신은 유튜브에게 그 콘텐츠를 서비스 제공과 관련하여 그리고 유튜브 사업 및 서비스 제공과 관련하여 사용하고, 재생산하고, 배포하고, 파생 작품을 만들고, 전시하고 공연할 전 세계적, 비배제적, 로열티를 지불하지 않는, 이전 가능한 라이선스(재라이선스할 권리와 함께)를 준다."(YouTube, 2013)고 명시한다. 즉, 유튜브는 저작권을 인정하지 않는 것이 아니라 저작권자로부터 저작물을 자유롭게 사용할 수 있도록 허락을 받는 방법을 취하고 있다.

유튜브 광고 수익 제한 표시

핵심정리 유튜브 광고 수익 제한 표시

(1) 의의

YouTube 파트너 프로그램에 참여하는 크리에이터는 광고 수익을 공유할 수 있다. 동영상, 실시간 스트림, 썸네일, 제목, 설명, 태그 등 콘텐츠의 모든 부분에 YouTube 정책이 적용된다. YouTube 시스템이 항상 정확한 것은 아니므로 자동 시스템의 결정 사항에 대해 사람의 검토를 요청할 수 있다.

(2) 노란색 아이콘의 의미

① 상태 설명에 '광고 제한 또는 배제, 검토를 요청할 수 있음'이라고 표시된 경우

YouTube 자동 시스템이 이 동영상을 평가했다는 의미이다. 검토를 요청할 수 있다. 검토를 요청하면 정책 전문가가 동영상을 다시 살펴보고 적절한 경우 동영상의 수익 창출 상태를 변경할 수 있다.

② 상태 설명에 '현재 광고 제한 또는 배제 상태이지만 동영상 검토가 진행 중'이라고 표시된 경우

정책 전문가(머신이 아닌 실제 사람)가 검토 중이라는 의미이다. 전문가들은 수익 창출 상태를 유지하거나 변경할 수 있으며 결정된 사항은 번복되지 않는다.

③ 상태 설명에 '현재 광고 제한 또는 배제 상태임. 직접 검토로 확인됨'이라고 표시된 경우

정책 전문가가 동영상을 검토한 결과, 광고주 친화적인 콘텐츠 가이드라인 일부를 준수하지 않는 것으로 판단했다는 의미이다. 노란색 아이콘은 잠겨 있는 상태이며 변경될 수 없다.

(3) 아이콘이 녹색에서 노란색으로 변경되는 이유

• YouTube의 자동 광고 시스템에서 동영상이 광고주 친화적인 콘텐츠 가이드라인을 준수하는지 확인하는 검토를 여러 번 실행하기 때문이다.

• YouTube 시스템은 동영상의 추가 정보를 지속적으로 분석하므로 동영상이 게시된 후에 분류가 변경될 수 있다.

(4) 광고주 친화적이지 않은 주요 주제

동영상, 실시간 스트림, 썸네일, 제목, 설명, 태그 등 콘텐츠의 모든 부분에 △부적절한 언어, △폭력, △성인용 콘텐츠, △충격적인 콘텐츠, △유해하거나 위험한 행위, △증오성 콘텐츠 및 경멸적인 콘텐츠, △기분전환용 약물 및 마약 관련 콘텐츠, △총기 관련 콘텐츠, △논란의 소지가 있는 문제, △민감한 사건, △부정 행위 조장, △도발, 비하, △담배 관련 콘텐츠, △가족 콘텐츠에 성인용 주제가 포함되면 수익 창출이 '광고 제한 또는 배제' 상태가 된다.

675

유튜브 노란 딱지에 대한 설명으로 틀린 것은? [2019년 기출]

① 유튜브의 운영 기준에 위배되는 콘텐츠에 붙이는 노란색 달러 모양의 아이콘으로 2017년 8월에 도입했다.

② 사용자 제작 콘텐츠가 유튜브가 제시한 품질에 미치지 못할 때 광고가 제한되거나 배제될 수 있다.

③ 유튜브는 광고주 친화적인 콘텐츠 가이드라인으로 부적절한 언어, 폭력 등 14개의 주요 주제를 제시하고 있다.

④ '유튜브 봇'이라는 AI를 통해 문제가 있는 콘텐츠를 1차적으로 걸러내고, 이후 해당 콘텐츠를 올린 유튜버가 이의를 제기하면 2차로 사람이 이를 재검토한 뒤 최종 결정을 내리는 방식으로 운영된다.

정답 ②

풀이 ② 유튜브 노란 딱지는 사용자 제작 콘텐츠의 품질을 향상시키기 위한 조치가 아니다. 광고주들이 선정성, 폭력성, 혐오 조장, 정치적 편향성 등 논란이 되는 영상에 자사 제품 광고가 노출되는 것을 꺼리면서 도입된 것이다.

Theme 109 자유·무료 노동: 무료 제공, 사적 전유

사회적·공통적 보상: 보편적 기본 소득

(1) 의의

사회적·공통적으로 생산된 가치의 정당한 화폐적 보상 방안으로 '보편적 기본 소득'을 적극적으로 고려할 필요가 있다.

(2) 기본 소득의 종류

기본 소득은 크게 고전적 자유주의, 사회민주주의, 급진주의의 세 가지 각기 다른 입장에 의해 오래 전부터 제기되었다(Lucarelli and Fumagalli).

① 고전적 자유주의의 '역소득세(negative income tax)'

상대적 빈곤선 이하의 사람들에게 소득세를 면제해 줄 뿐만 아니라 그 차액의 일정 비율을 국가가 보전해주는 사회정책이다.

② 사회민주주의의 '보장 소득(guaranteed income)' 혹은 '보장 임금(wage)'

실업자나 빈곤선 이하의 인구들에게 소득의 연속성을 보장해 주는 제도이다.

③ 급진주의적 입장의 '보편적 기본 소득(universal basic income)'

무조건적이긴 하지만 보편적이지는 않은 사회 민주주의 접근법과는 달리, 급진주의적 입장은 '보편적 기본 소득(universal basic income)'의 도입을 주장하는 바, 이는 한 국가의 모든 시민이 성, 직업, 소득 등에 상관없이 일정한 소득을 정부나 공적 기관으로부터 무조건적·무기한적으로 지급받는 제도이다.

(3) 보편적 기본 소득(universal basic income)의 정당화 근거

• 페인(T. Paine), 더글러스(C. Douglas), 반 파리아스(P. Van Parijs), 고르즈(A. Gorz) 등의 이론가들에 의해 주창된 사회적 가치와 부의 공정한 분배 방안인 보편적 기본 소득은 종종 무조건적 기본 소득, 기본 소득 보장, 보편적 인구 보조금(universal demogrant), 시민 소득, 보장 사회 소득, 사회 배당(social dividend), 국민 배당 등으로 불리기도 한다. 보편적 기본 소득 관념은 대체로 두 가지 근거에서 정당화된다.

• 첫 번째는 모든 경제적 부와 가치가 사회적 협력에 의해 생산된다는 사실이다. 부의 생산은 개개인의 노동 능력의 성과나 결과의 차원에서가 아니라 개인들의 사회적 결합과 협력의 차원에서 이해될 수 있다는 것이다. 따라서 모든 개인은 이러한 사회적·공통적 자원으로부터 부를 획득할 권리가 있다는 것이 보편적 기본 소득 이론의 주장이다.

• 두 번째는 생산에 필요한 도구, 기술, 지식은 공동체의 문화적 전통이나 유산에 속한다는 사실이다. 우리는 인류가 수만 년에 걸쳐 축적해온 기술과 지식을 향수하고 있으며, 그런 점에서 모두가 인류 공동체의 문화적 상속인이라 할 수 있다. 따라서 우리는 그러한 상속인으로서 배당을 받을 권리가 있다는 것이 보편적 기본 소득 이론의 주장이다. 일차적으로는 천연 자원 이용이나 공공 소유 산업에서 창출된 부가 보편적 기본 소득으로 환류되어야 하겠지만, 사실상 사회적 협력의 산물에 다름 아닌 모든 경제적 가치 생산 활동이 보편적 기본 소득의 대상이 된다고 볼 수 있다.

676

보편적 기본 소득에 대한 설명으로 옳은 것은?

① 다른 사람들의 생산에서 창출한 부의 재분배 형태이다.

② 개인이 가치생산에 얼마나 투입하고 얼마나 산출했는지에 대한 보상이다.

③ 자유/무료 노동이 창출한 가치를 적절하게 인정하고 정당하게 보상하는 사회정책인 것이다.

④ 자유/무료 노동에 대한 공통적 · 사회적인 화폐적 보상을 지향한다는 점에서 개인적 화폐 보상을 약속하는 소액 결제 시스템과 근본적으로 구분되지 않는다.

> **정답** ③
>
> **풀이** 보편적 기본 소득은 자유/무료 노동에 대한 공통적 · 사회적인 화폐적 보상을 지향한다는 점에서 개인적 화폐 보상을 약속하는 소액 결제 시스템과 근본적으로 구분된다. 그것은 개인이 가치생산에 얼마나 투입하고 얼마나 산출했는지에 대한 보상이 아니며, 다른 사람들이 생산에서 창출한 부의 재분배 형태도 아니다. 보편적 기본 소득은 네트워크 속 인구들의 폴리네이션(pollination,受粉)을 포함한 다양한 자유/무료 노동이 창출한 가치를 적절하게 인정하고 정당하게 보상하는 사회정책인 것이다(Boutang). 지식, 정보, 문화, 소통, 사회조직, 혁신 능력, 유연성, 심성적 잉여, 정동, 브랜드 등으로 대표되는 인지 자본주의 비물질재의 가치는 기본적으로 사회적 · 공통적 생산의 결과물이며 많은 부분 네트워크 속 인구들의 자유/무료 노동에 의해 창출된 것이다. 오늘날 다양한 물질재와 비물질재의 브랜드 가치와 기업의 시장 가치, 지적 재산권을 통한 콘텐츠 벡터 계급의 독점적 지대 수익, 정보와 소통과 사회관계 유지의 플랫폼 제공을 통한 플랫폼 벡터 계급의 독점지대 수익의 원천은 바로 이러한 자유/무료 노동과 사회적 공통적 생산이라는 것이다. 따라서 이에 대한 사적 전유로부터 발생하는 자본의 광범위한 불로소득은 더욱 적극적인 과세를 통해 사회적으로 환수해야 한다. 그리고 그것은 부동산과 금융지대에 대한 과세와 더불어 보편적 기본 소득의 중요한 재원이 될 수 있다.

677

기존 복지국가의 소득보장제도와 구별되는 무조건적 기본소득(unconditional basic income, UBI)의 특징으로 볼 수 없는 것은?

① 노동의 탈상품화에 기여한다.

② 아무런 의무도 전제하지 않는다.

③ 불필요한 절차를 줄일 수 있도록 개인단위로 지급된다.

④ 임금 노동을 수락하거나 거부할 수 있는 개인의 자유 확대를 보장한다.

> **정답** ①
>
> **풀이** 모든 복지국가는 노동의 시장 변동 의존도를 줄임으로써 노동의 탈상품화에 기여하며 일을 하지 않는 기간에도 소득을 보장한다는 공통점을 지닌다.

678

보편적 기본 소득의 정당화 근거로 볼 수 없는 것은?

① 모든 경제적 부와 가치는 사회적 협력에 의해 생산되므로, 모든 개인은 이러한 사회적 자원으로부터 부를 획득할 권리가 있다.

② 보통 사람들이 창출한 데이터와 정보도 정당하게 화폐적으로 보상 받을 수 있어야 한다.

③ 인류가 수만 년에 걸쳐 축적해온 기술과 지식은 인류 공동체의 문화적 상속물이므로, 이러한 상속물의 상속인으로서 배당을 받을 권리가 있다.

④ 사실상 사회적 협력의 산물인 모든 경제적 가치 생산 활동이 보편적 기본 소득의 대상이 된다.

정답 ②
풀이 ② 자유·무료 노동에 대한 소액 결제 시스템의 정당화 근거이다. 보편적 기본 소득은 개인이 가치생산에 얼마나 투입하고 얼마나 산출했는지에 대한 보상이 아니다.

679

보편적 기본소득에 대한 급진주의적 입장으로 볼 수 없는 것은?

① 모든 경제적 부와 가치가 사회적 협력에 의해 생산된다.

② 실업자나 빈곤선 이하의 인구들에게 소득의 연속성을 보장해 주어야 한다.

③ 생산에 필요한 도구, 기술, 지식은 공동체가 문화적 전통이나 유산에 속한다.

④ 한 국가의 모든 시민이 성, 직업, 소득 등에 상관없이 일정한 소득을 정부나 공적 기관으로부터 무조건적·무기한적으로 지급받아야 한다.

정답 ②
풀이 ② '실업자나 빈곤선 이하의 인구들에게 소득의 연속성을 보장해 주어야 한다.'는 입장은 사회민주주의의 입장이다.

680

소외계층의 탈상품화, 불필요한 절차 축소, 임금 노동을 수락하거나 거부할 수 있는 개인의 자유 확대를 보장하며, 따라서 미래의 모든 소득불안정 요소들을 해결할 수 있는 유일하게 지속가능한 대안으로 최근 선진국에서 활발히 논의되고 있는 복지 정책으로 옳은 것은?

[2022년 기출]

① 보편적 기본 소득   ② 노동 시간의 유연화
③ 노동 시간의 단축   ④ 최저 시급

> 정답 ①
> 풀이 ① 보편적 기본 소득에 대한 설명이다.

681

역소득세(negative income tax)와 구별되는 무조건적 기본 소득(UBI)의 특징으로 적절하지 않은 것은?

① 아무런 의무도 전제하지 않는다.
② 자산조사형 급여보다 높은 수급률을 보장한다.
③ 기존 복지국가의 소득보장제도를 대체하는 데 목적이 있다.
④ 노동의 탈상품화에 기여하며 일을 하지 않는 기간에도 소득을 보장한다.

> 정답 ④
> 풀이 모든 복지국가는 노동의 시장 변동 의존도를 줄임으로써 노동의 탈상품화에 기여하며 일을 하지 않는 기간에도 소득을 보장한다는 공통점을 지닌다.

682

무조건적 기본소득(UBI) 구현 시 고려해야 할 가장 큰 문제로 옳은 것은?

① 급격한 인플레이션   ② 재정 부담
③ 노동 의욕 감소   ④ 기업의 부담

> 정답 ②
> 풀이 ② 모든 개인에게 무조건적으로 동일한 금액을 지급하는 UBI는 국가나 지방정부의 재정 부담을 상당히 높일 수 있다. 이에 대한 해결책을 마련하는 것이 UBI의 가장 큰 과제 중 하나이다.

683

자유 · 무료 노동에 대한 공통적 · 사회적인 화폐적 보상에 대한 설명으로 틀린 것은?

① 인지자본주의는 지식과 정보의 공유와 공정한 소득 분배를 확장함으로써 근본적인 모순을 해결해야 하며, 이에 보편적 기본 소득이 유효한 정책 방안으로 제시될 수 있다.

② 보편적 기본 소득은 개인이 가치생산에 얼마나 투입하고 얼마나 산출했는지에 대한 보상이며, 다른 사람들이 생산에서 창출한 부의 재분배 형태이다.

③ 보편적 기본 소득은 폴리네이션을 포함한 다양한 자유 · 무료 노동이 창출한 가치를 적절하게 인정하고 정당하게 보상하는 사회정책이다.

④ 지식, 정보, 문화, 소통, 사회조직, 혁신 능력, 유연성, 심성적 잉여, 정동, 브랜드 등으로 대표되는 인지자본주의 비물질재의 가치는 기본적으로 사회적 · 공통적 생산의 결과물이며 네트워크 속 인구들의 자유 · 무료 노동에 의해 창출된 것이다.

정답 ②

풀이 ① 인지자본주의의 지식과 정보의 사적 독점과 불공정한 소득 분배 체제는 그것의 생산력 토대라 할 수 있는 지식과 학습의 확산 및 생산 능력 확대와 필연적으로 충돌한다. 인지자본주의는 지식과 정보의 공유와 공정한 소득 분배를 확장함으로써 이러한 근본 모순을 해결해야 할 것인바, 보편적 기본 소득은 인지 경제의 "지식과 혁신 창출 능력을 높이고 생산성과 총소득 수준에 긍정적 영향을"(Lucarelli and Fumagalli) 미치는 유효한 정책 방안이 될 수 있을 것이다.

② 보편적 기본 소득은 개인이 가치생산에 얼마나 투입하고 얼마나 산출했는지에 대한 보상이 아니며, 다른 사람들이 생산에서 창출한 부의 재분배 형태도 아닙니다. 이는 자유 · 무료 노동에 대한 공통적 · 사회적인 화폐적 보상을 지향하는 보편적 기본 소득의 근본적인 원리와 맞지 않는다.

♀핵심정리 퍼블릭 클라우드(Public Cloud)와 프라이빗 클라우드(Private Cloud)

(1) 퍼블릭 클라우드(Public Cloud)

퍼블릭 클라우드는 일반적으로 최종 사용자가 소유하지 않은 IT 인프라에서 생성되는 클라우드 환경이다. 가장 대표적인 퍼블릭 클라우드 제공업체로는 Alibaba Cloud, AWS(Amazon Web Services), Google Cloud, IBM Cloud, Microsoft Azure 등이 있다.

(2) 프라이빗 클라우드(Private Cloud)

프라이빗 클라우드는 간략하게 말해 단일 최종 사용자 또는 그룹의 전용 클라우드 환경으로, 실행시 대개 해당 사용자 또는 그룹의 방화벽으로 보호된다. 완전히 독립적인 액세스 권한이 있는 단일고객만 기반 IT 인프라를 독점적으로 사용하는 경우 이러한 모든 클라우드를 프라이빗 클라우드라고정의할 수 있다.

684

클라우드 컴퓨팅에 대한 설명으로 틀린 것은?

① AI가 갖는 한계점을 해결한다는 측면에서 4차 산업혁명에서 중요한 플랫폼으로 주목받고 있다.

② 중앙에서 클라우드로 거의 모든 사람에게 AI 서비스를 제공할 수 있다.

③ 클라우드는 AI를 확산시키는 역할을 할 뿐만 아니라, 학습 데이터를 제공하는 역할도 겸한다.

④ 애플의 아이폰에서 제공하고 있는 음성인식 서비스 '시리(Siri)'가 클라우드 컴퓨팅의 대표적인 예라할 수 있다.

정답 ④

풀이 ④ 애플은 개인정보 보호를 위해 최대한 많은 정보를 디바이스 자체에서 처리하는 것을 원칙으로 한다. 애플의 아이폰에서 제공하고 있는 음성인식 서비스 '시리 (Siri)'는 디바이스 내에서 학습한다.

685

클라우드 서비스가 기본적으로 작동하기 위해 반드시 충족해야 하는 필수 조건으로 적절하지 않은 것은?

① 보안성
② 탄력성
③ 페이고 원칙
④ 자원의 통합 관리

> **정답** ①
>
> **풀이** 보안성은 클라우드 서비스의 핵심적인 요소이지만, 서비스 자체의 작동에는 직접적인 영향을 미치지 않는다. 반면에 클라우드 서비스가 기본적으로 작동하기 위해 반드시 충족해야 하는 필수 조건에는 자원의 통합 관리, 탄력성, 페이고 원칙, 가용성이 있다.

686

클라우드 서비스의 핵심적인 특징 중 '공유된 리소스'를 가능하게 하는 기술로 옳은 것은?

① 가상화
② 통합 컴퓨팅
③ 오픈 소스 소프트웨어
④ 인공지능

> **정답** ①
>
> **풀이** ① 클라우드 서비스에서 '공유된 리소스'는 가상화 기술을 통해 가능해진다. 가상화를 통해 하나의 물리적 서버를 여러 개의 가상 서버로 분할하여 다수의 사용자가 동시에 이용할 수 있게 만든다. 반면에 통합 컴퓨팅은 다양한 컴퓨팅 기술과 서비스를 통합하여 하나의 통합된 환경에서 제공하는 개념이다. 이는 여러 가지 기술, 플랫폼, 애플리케이션 등을 하나의 일관된 시스템으로 통합하여 사용자에게 편리성과 효율성을 제공한다.

687

하나 이상의 프로세서 또는 코어를 사용하는 시스템으로 특정한 작업을 수행하기 위해 동일한 종류의 프로세서를 장착하지 않고 유사하지 않은 코프로세서를 장착함으로써 성능 또는 에너지 효율성을 얻는 시스템으로 옳은 것은?

① 포그 컴퓨팅(Fog computing)
② 에지 컴퓨팅(edge computing)
③ 유비쿼터스 컴퓨팅(Ubiquitous)
④ 이기종 컴퓨팅(heterogeneous computing)

> **정답** ④
>
> **풀이** ④ 이기종 컴퓨팅(heterogeneous computing)에 대한 설명이다.

온프레미스(On – premise)

온프레미스(on – premise)는 소프트웨어 등 솔루션을 클라우드 같이 원격 환경이 아닌 자체적으로 보유한 전산실 서버에 직접 설치해 운영하는 방식을 말한다. 온프레미스는 초기 투자 비용이 많이 들고 용량을 확장하고 축소하는 것이 용이하지 않다. 온프레미스는 서버 최대 용량을 산정하여 구축하기 때문에 자원 낭비 요소가 있다.

688

온프레미스(On – premise)에 대한 설명으로 틀린 것은?

① 대규모의 장기적 투자가 필요하다.

② 용량을 확장하고 축소하는 것이 용이하다.

③ 맞춤형 하드웨어, 특수 목적의 시스템에 적합하다.

④ 인프라를 구축하기 위한 초기도입 비용이 많이 든다.

정답 ②

풀이 온프레미스(on – premise)는 소프트웨어 등 솔루션을 클라우드 같이 원격 환경이 아닌 자체적으로 보유한 전산실 서버에 직접 설치해 운영하는 방식을 말한다. 온프레미스는 초기 투자 비용이 많이 들고 용량을 확장하고 축소하는 것이 용이하지 않다. 온프레미스는 서버 최대 용량을 산정하여 구축하기 때문에 자원 낭비 요소가 있다.

689

수많은 컴퓨터와 서버를 묶어서 하나의 거대한 컴퓨팅 자원으로 환산하는 기술로서 기업의 유휴자원을 임대해 수익을 거두는 것에서 출발해, 컴퓨팅 자원 임대 자체가 하나의 사업으로 커진 것으로 옳은 것은?

[2020년 기출]

① 인공지능 에이전트   ② P2P 네트워크

③ 클라우드 컴퓨팅   ④ 크라우드소싱

정답 ③

풀이 ③ 클라우드 컴퓨팅에 대한 설명이다.

690

클라우드 컴퓨팅 서비스 유형으로 볼 수 없는 것은?

① 플랫폼 서비스
② 인프라 서비스
③ 빅데이터 서비스
④ 소프트웨어 서비스

> **정답** ③
>
> **풀이** ③ 클라우드 컴퓨팅 서비스 유형에는 SaaS(소프트웨어), IaaS(인프라), PaaS(플랫폼)가 있다.

♀ 핵심정리 클라우드 컴퓨팅 서비스 유형

(1) SaaS(Software as a Serviece)

- SaaS는 클라우드 환경에서 운영되는 애플리케이션 서비스를 말한다. 모든 서비스가 클라우드에서 이뤄진다. 소프트웨어를 구입해서 PC에 설치하지 않아도 웹에서 소프트웨어를 빌려 쓸 수 있다.
- SaaS의 대표적 사례로는 웹메일 서비스를 들 수 있다. e-메일을 보내고 받는 과정에서 따로 소프트웨어를 PC에 설치하지 않는다. 웹사이트에 들어가서 주소를 입력하고 로그인하면 끝이다. 네이버 클라우드, 드롭박스 같은 클라우드 서비스도 마찬가지다. PC에 별도로 프로그램을 설치할 필요 없이 인터넷에 접속하면 바로 주요 기능을 쓸 수 있다.

(2) PaaS(Platform as a Service)

PaaS는 소프트웨어 서비스를 개발할 때 필요한 플랫폼을 제공하는 서비스다. 사용자는 PaaS에서 필요한 서비스를 선택해 애플리케이션을 개발하면 된다. PaaS 운영 업체는 개발자가 소프트웨어를 개발할 때 필요한 API를 제공해 개발자가 좀 더 편하게 앱을 개발할 수 있게 돕는다. 일종의 레고 블록 같은 서비스이다.

(3) IaaS(infrastructure as a Service)

- IaaS는 인터넷을 통해 서버와 스토리지 등 데이터센터 자원을 빌려 쓸 수 있는 서비스를 일컫는다. 이용자는 직접 데이터센터를 구축할 필요 없이 클라우드 환경에서 필요한 인프라를 꺼내 쓰면 된다. 이렇게 빌려온 인프라에서 사용자는 운영체제를 설치하고, 애플리케이션 등을 설치한 다음 원하는 서비스를 운영할 수 있다.
- 넷플릭스는 자체 데이터센터를 구축한 다음 서비스를 운영하는 대신 아마존웹서비스(AWS)의 IaaS 서비스를 이용하는 방식을 택했다. 전 세계에 보다 빠른 서비스를 제공하기 위해 AWS에서 필요한 컴퓨팅 자원을 빌려서 서비스를 운영한다. 때에 따라 필요한 컴퓨팅 인프라를 몇 분 또는 몇 시간 안에 IaaS로 꾸려 운영할 수 있다. 만약 기존 데이터센터 환경이었다면 서버를 추가로 들이거나 스토리지를 구입하는 과정에서 시간이 며칠 또는 몇 주 더 걸릴 수 있다.

(4) 각 서비스의 비교

앞서 설명한 SaaS가 이미 만들어진 레고 모형, IaaS가 레고 공장이라면, PaaS는 레고 블록이라 할 수 있다. PaaS 서비스 업체는 레고 블록을 개발자에게 제공하고, 개발자는 각 레고 블록을 바탕으로 자신만의 레고 모형을 만든다. 레고 블록이 소프트웨어(SW) 개발도구라면, 레고 모형이 완성된 소프트웨어(SW)나 서비스가 된다. PaaS를 이용하면 개발자는 모형을 만들기 위해서 직접 레고 블록을 설계하거나 만들 필요가 없다. 자신에게 필요한 블록 조각만 고르고, 그 비용을 치르면 된다.

- 클라우드 컴퓨팅은 수많은 사람들에게 이전에는 상상할 수 없었던 데이터 저장 및 컴퓨팅과 관련된 방대한 디지털 생산 수단을 매우 저렴한 비용으로 사용할 수 있는 기회를 제공해 주었다.
- 강력한 컴퓨팅 성능과 저장 공간을 편리하게 활용할 수 있게 된 일반 사용자들은 자기에게 필요한 데이터를 언제 어디서든 손쉽게 열어볼 수 있다. 소규모 신생 기업들도 자체 인프라 구축과 최신 기술 유지에 쏟아야 할 노력을 클라우드 컴퓨팅 제공자로부터 임대함으로써, 컴퓨터 네트워킹에 소요되는 커다란 초기 투자 부담을 덜고 곧바로 자신들의 서비스 사업을 시작할 수가 있다.

691

클라우드 서비스가 가능하기 위한 조건에 대한 설명으로 틀린 것은?

① 자원의 통합 관리 : 클라우드 서비스는 이기종 자원을 통합하여 관리해야 하며, 이를 가능하게 하는 기술을 실제화(realization)라고 한다. 실제화를 통해 사용자는 자신이 원하는 요청이 마치 한 대의 컴퓨터에 의해 처리되는 것처럼 보이게 하는 사용자의 편의성을 위한 기술을 제공한다.

② 탄력성 : 클라우드 서비스는 사용자의 수가 늘어나면 서버의 규모를 증가시키고, 수요가 줄면 서버의 규모를 줄여 탄력적으로 공급규모를 조절할 수 있는 능력을 제공해야 한다.

③ 페이고 원칙 : 클라우드 서비스는 페이고 원칙을 준수해야 한다. 페이고 원칙이란 자신이 쓴 자원만큼만 클라우드 서비스 제공자에게 요금을 지불하는 것을 의미한다.

④ 가용성 : 클라우드 서비스는 사용자가 원할 때 서비스를 제공받을 수 있어야 한다. 클라우드 서비스는 파일을 여러 저장장치에 복사하여 저장하므로, 하나의 저장장치에 문제가 생겨도 다른 저장장치를 통해 사용자가 파일에 계속 접근할 수 있도록 해야 한다.

정답 ①

풀이 ① 자원의 통합 관리는 클라우드 서비스의 핵심 원칙 중 하나이며, 사용자의 요청을 단일 시스템처럼 보이게 하는 가상화를 포함한다. 클라우드 서비스는 이기종 자원을 통합하여 관리해야 하며, 이를 가능하게 하는 기술을 가상화라고 한다.

핵심정리 동료 간 네트워크와 서버 – 클라이언트 네트워크

(1) 의의

동료 간 네트워크는 한마디로 참가자들이 컴퓨팅과 네트워킹에 필요한 자원을 서로 공유하는 통신 네트워크라 할 수 있다. 클라우드의 서버–클라이언트 네트워킹과는 달리, 그것은 개별 피어들이 서버와 클라이언트의 기능을 동시에 수행한다.

(2) 서버 – 클라이언트 네트워크

서버–클라이언트 네트워크는 고도의 실행력을 갖춘 하나의 서버와 대체로 낮은 실행력을 지닌 다수의 클라이언트들로 구성된다. 서버는 등록된 클라이언트들에게 모든 콘텐츠와 서비스를 제공하는 유일한 중앙 단위이며, 클라이언트들은 자신들이 가진 자원의 어떤 부분도 네트워크에 제공하지 않고 서버에게 콘텐츠와 서비스를 실행해 주기를 요청하기만 한다.

(3) 피투피 네트워크

피투피 네트워크에서는 피어들이 자신의 하드웨어 자원(중앙처리능력, 저장 공간, 네트워크 연결, 광대역, 콘텐츠, 프린터 등) 일부를 다른 참가자들과 공유하고, 네트워크 전체의 서비스와 콘텐츠 생산을 위해 서로 협력한다. 그리고 피어들이 각기 제공한 자원은 어떠한 제삼자의 매개도 거치지 않고 모든 피어들이 서로 직접적으로 접근할 수 있다. 네트워크 참가자들은 서비스와 콘텐츠의 제공자이자 요청자인 셈이다.

692

서버 – 클라이언트 네트워크에 대한 설명으로 틀린 것은?

① 서버가 서비스 관리를 집중적으로 수행하기 때문에 시스템의 설계 및 유지가 쉽다.
② 기능 추가, 버그 수정 등 업데이트 및 관리가 쉽다.
③ 서버 장애 등이 발생할 경우 서비스 전체가 중단된다.
④ 노드가 증가하더라도 서비스를 유지할 수 있는 높은 확장성을 갖고 있다.

정답 ④
풀이 ④ P2P 네트워크는 노드가 증가하더라도 서비스를 유지할 수 있는 높은 확장성을 갖고 있다.

693

P2P(Peer-to-Peer) 네트워크에 대한 설명으로 틀린 것은?

① 서버를 준비할 필요가 없고, 각 노드들이 트래픽과 자원을 할당해 부하를 분산시켜 준다.

② 노드가 증가하더라도 서비스를 유지할 수 있는 높은 확장성을 가지고 있다.

③ 인덱스 서버를 사용하는 'Hybrid P2P' 시스템과 'Pure P2P' 시스템으로 구분할 수 있다.

④ 많은 게임들이 높은 네트워크 성능을 위해 유저간 직접 연결하는 'Pure P2P' 시스템을 사용한다.

정답 ④

풀이 ④ 게임상의 높은 네트워크 성능을 위해 유저간 직접 연결하는 P2P 통신을 사용하지만, 서로 방을 만들고 검색, 조인하기 위해서는 인덱스 서버를 활용한다. 즉 많은 게임들이 하이브리드 P2P 방식을 사용하고 있다.

694

P2P 네트워크에 대한 설명으로 틀린 것은?

① Peer-to-Peer라는 뜻으로 중앙 서버 없이 각 단말들이 서로 동등한 입장에서 통신을 하는 네트워크를 말한다.

② 각 단말은 서버이기도 하면서 동시에 클라이언트가 된다.

③ 각 노드들이 트래픽과 자원을 할당해 부하를 분산시켜준다.

④ 새로운 기능을 추가하기 어려워 노드 간 정보 불일치, 성능 저하가 발생하기 쉽다.

정답 ④

풀이 ④ 네트워크 전송 시간 때문에 노드 간 정보 불일치, 성능 저하가 발생하기 쉽다.

(1) 의의

- 일반적 관념과는 달리, 피투피 네트워크는 반드시 분산(distributed) 혹은 탈중심(decentralized) 네트워크와 동일한 것이라고 할 수는 없다. 이들 네트워크는 각 노드들이 중심 단위 및 개별 노드들과 맺는 관계의 성격에 따라 각기 달리 규정된다.
- 아이옵셔(ioptio)에 따르면, 분산 네트워크는 모든 노드들이 단일 중심으로만 향하지 않고 서로 직접 연결될 수 있다는 점에서 중심화된(centralized) 네트워크와 근본적으로 구분된다.

(2) 분산 네트워크

노드들이 각자의 활동 결과를 더 큰 컴퓨팅 성능을 지닌 중앙 서버 관리자에게 보내는 경우, 분산 네트워크는 전형적인 서버－클라이언트 요소도 함께 지니게 된다. 그런 점에서, 그것은 그 어떤 중심 단위도 갖지 않는 탈중심 네트워크와는 다른 것이라 할 수 있다. 모든 탈중심 네트워크는 분산 네트워크라 할 수 있지만 모든 분산 네트워크가 곧 탈중심 네트워크로 간주될 수는 없는 것이다.

(3) 탈중심 네트워크

- 탈중심 네트워크는 비록 단일 중심을 갖지는 않지만 다수의 허브들은 가질 수 있다. 그리고 이들 허브는 대체로 여타의 노드들에 비해 훨씬 더 큰 컴퓨팅과 호스팅 성능을 지닌 백본(backbone) 노드의 역할을 수행한다.
- 그런 점에서, 탈중심 네트워크는 피투피 네트워크와 근본적으로 구분되는데, 피투피 네트워크에서는 피어들 간의 통신과 조율을 위한 그 어떤 중심이나 허브도 존재하지 않으며 모든 피어들이 다른 피어들과 항상 동등한 위치를 갖기 때문이다. 따라서 모든 피투피 네트워크는 탈중심 네트워크로 분류될 수 있지만 모든 탈중심 네트워크가 곧 피투피 네트워크라고 할 수는 없다.

---

(1) 의의

물론, 피투피 네트워크가 이처럼 탈중심 네트워크나 분산 네트워크와는 개념적으로 엄밀하게 구분되긴 하지만, 실제로 피투피 네트워킹을 지향하는 많은 네트워크들은 피어들의 네트워크 등록이나 검색과 관련하여 중심 서버나 백본 노드들에 의존하는 경우들이 적지 않다. 그래서 동료 간 네트워크는 종종 혼합형과 순수형으로 나뉘기도 한다.

(2) 혼합형 피투피 네트워크

- 혼합형은 피어들의 네트워크 등록과 검색을 위한 중심 단위를 지닌 피투피 네트워크라 할 수 있다.
- 2000년대 초반의 냅스터(Napster)가 이에 해당하는데, 이 구조에서는 피어들이 직접적으로 서로의 기기들로부터 파일을 주고받긴 하지만, 공유 파일의 인덱스는 냅스터의 중앙 서버에 저장되었다.
- 2014년 이전의 스카이프(Skype)도 네트워크 등록과 피어 검색을 위한 중심 서버를 운영했다는 점에서 혼합형 피투피 네트워크에 속한다고 볼 수 있다.
- 혼합형 피투피 네트워크는 대체로 단일 장애 지점과 병목 효과 문제로부터 자유롭지 못하다. 그것은 분산적이기는 하지만 탈중심적이지는 않은 네트워크인 것이다.
- 피어들의 네트워크 등록과 그들 사이의 연결을 조율하는 중앙 서버는 없지만, 다수의 울트라 피어들이 주변의 피어들 및 자신들끼리 연결되어 피어들에게 전체 네트워크의 데이터와 콘텐츠 디렉터리를 제공하는 경우도 혼합형 피투피 네트워크에 포함된다. 디렉터리를 제공하는 노드들이 다양하기 때문에 혼합형은 단일 권위 구조에 훨씬 덜 의존하는 시스템이라 할 수 있다.

핵심정리 피투피 파일 공유 네트워크

- 피투피 네트워크의 기원은 초기 인터넷과 대화방(Internet Relay Chat), 유즈넷(Usenet), 월드와이드웹(WWW)으로까지 거슬러 올라갈 수 있다.
- 하지만, 그것이 클라이언트 – 서버 방식과는 분명히 구분되는 하나의 분산 컴퓨팅 모델로 널리 인식되기 시작한 것은 1999년 냅스터의 등장에 따른 것이라 할 수 있다.
- 자신이 원하는 음악 파일을 특정 중앙 서버로부터가 아니라 다른 피어의 컴퓨터에서 곧바로 다운로드할 수 있게 해준 냅스터는 출범 직후부터 이용자 수가 폭발적으로 증가하였을 뿐만 아니라, 많은 사람들로 하여금 제삼자를 매개하지 않는 개인 간의 직접적인 컴퓨터 통신이 기존의 서버 중심 모델보다 기술적으로나 사회적으로 훨씬 더 효율적이고 평등한 네트워킹과 컴퓨팅 방식이 될 수 있다는 것을 깨닫게 해주었다.
- 린드와 비어(Lind and Beer)가 말했듯이, 냅스터와 함께 "피투피 파일 공유 기술의 발전, 사용자들의 암묵적 지식 그리고 그들의 온라인 습관은 정보재의 생산, 판촉, 면허, 그리고 배포의 기존 방식과 정보재 판매 기업의 지배에 도전하고 변화를 불러왔다." 그리고 음악, 영화, 방송 등 벡터 계급의 지적재산권 소송에 따른 미국 법원의 2001년 냅스터 폐쇄 결정은, 역설적이게도, 피투피 네트워크의 존재와 실체를 전 세계적으로 알리는 계기가 되기도 했다.
- 그런데 냅스터는 피투피 네트워크가 인터넷 이용자들 사이의 유력한 대안 네트워킹 기술로 부상하게 만들기도 했지만, 그것이 곧 파일 공유를 위한 시스템으로 인식되도록 하는 데도 결정적인 영향을 미쳤다.

핵심정리 피투피 파일 공유 네트워크와 분산해시테이블

- 냅스터의 경우, 피어들은 자신의 파일을 통째로 다른 피어들에게 제공하였지만, 피어들이 갖고 있는 파일의 리스트와 검색 결과를 제공한 냅스터도 사용자들의 저작권 침해에 기여했다는 책임을 면하기가 어려웠다.
- 비트토렌트의 경우 토렌트 파일의 검색을 가능하게 해주는 비트토렌트 트래커가 냅스터 서버와 마찬가지로 저작권 침해를 유도하는 일종의 중앙 서버 역할을 한다고 판단되었다.
- 토렌트 검색 서비스를 제공하는 비트토렌트 사이트들 중의 하나인 '파이리트 베이'는 토렌트 검색에 필요한 트래커를 대체하는 분산해시테이블(Distributed Hash Table)을 도입함으로써, 피투피 파일 공유 네트워크가 더 이상 콘텐츠 벡터 계급의 저작권 소송에 직면하지 않을 수 있는 공간을 마련하였다.
- 분산해시테이블은 동료 간 네트워크에 영원한 딜레마처럼 남아있었던 마지막 중앙 집중적 요소를 제거하는 데 중요한 수단이 되는 기술이라 할 수 있다. 공유할 파일에 관한 정보와 그것을 소유한 피어들의 리스트가 더 이상 특정 중앙 서버에 기록되거나 저장되지 않고, 분산해시테이블의 형태로 피투피 네트워크의 모든 피어들에게 탈중심적 방식으로 배포되고 자동적으로 업데이트되기 때문이다.

695
피투피 파일 공유 네트워크에 대한 설명으로 틀린 것은?

① 냅스터는 자신이 원하는 음악 파일을 특정 중앙 서버로부터가 아니라 다른 피어의 컴퓨터에서 곧바로 다운로드 할 수 있는 피투피 네트워크이다.

② 냅스터는 이용자들의 저작권법 위반을 대리하거나 그것에 기여한다는 이유로 법원의 폐쇄 결정을 받았다.

③ 비트토렌트는 피어들의 파일을 여러 개의 암호화된 조각으로 나누어 배포하고 그것을 다운로드한 사람은 또 다른 다운로드의 원천이 되기 때문에 대용량 파일을 쉽고 빠르게 공유할 수 있다.

④ 비트토렌트는 기술적으로 토렌트 검색에 필요한 분산해시테이블을 트래커로 대체함으로써 피투피 파일 공유 네트워크가 저작권 소송에 직면하지 않을 수 있는 공간을 마련하였다.

정답 ④

풀이 ④ 비트토렌트는 기술적으로 토렌트 검색에 필요한 트래커를 대체하는 분산해시테이블(Distributed Hash Table)을 도입함으로써, 피투피 파일 공유 네트워크가 더 이상 콘텐츠 벡터 계급의 저작권 소송에 직면하지 않을 수 있는 공간을 마련하였다. 분산해시테이블은 동료 간 네트워크에 영원한 딜레마처럼 남아 있었던 마지막 중앙 집중적 요소를 제거하는 데 중요한 수단이 되는 기술이라 할 수 있다. 공유할 파일에 관한 정보와 그것을 소유한 피어들의 리스트가 더 이상 특정 중앙 서버에 기록되거나 저장되지 않고, 분산해시테이블의 형태로 피투피 네트워크의 모든 피어들에게 탈중심적 방식으로 배포되고 자동적으로 업데이트되기 때문이다.

📍 **핵심정리**   해시함수

- 해시함수(hash function)란 데이터의 효율적 관리를 목적으로 임의의 길이의 데이터를 고정된 길이의 데이터로 매핑하는 함수이다. 이 때 매핑 전 원래 데이터의 값을 키(key), 매핑 후 데이터의 값을 해시(hash), 매핑하는 과정 자체를 해싱(hashing)이라고 한다.
- 해시함수는 해시(Hash)의 개수보다 대개 많은 키(key)값을 해시(Hash)로 변환(다대일 대응)하기 때문에 해시함수가 서로 다른 두 개의 키(key)에 대해 동일한 해시를 내는 해시충돌이 발생하게 된다. 아래 그림은 이름-전화번호부를 매핑하기 위한 해시함수를 개념적으로 나타냈다. 예시의 해시함수는 'John Smith'와 'Sandra Dee'를 모두 '02'로 매핑해 해시충돌을 일으키고 있다.

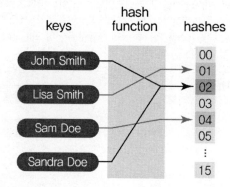

- 해시함수는 결정론적으로 작동해야 하며, 따라서 두 해시값이 다르다면 그 해시에 대한 원래 데이터도 달라야 한다. 그 역은 성립하지 않는다. 해시함수의 질은 입력 영역에서의 해시충돌 확률로 결정되는데, 해시충돌의 확률이 높을수록 서로 다른 데이터를 구별하기 어려워지고 검색하는 비용이 증가하게 된다.

696

임의의 길이의 데이터를 고정된 길이의 데이터로 매핑하는 것으로 옳은 것은?   [2021년 기출]

① 해시함수
② 활성화 함수
③ 시그모이드 함수
④ 하이퍼볼릭탄젠트 함수

정답   ①

풀이   ① 해시함수는 임의의 길이의 데이터를 고정된 길이의 데이터로 매핑하는 함수이다. 해시함수는 큰 파일에서 중복되는 레코드를 찾을 수 있기 때문에 데이터베이스 검색이나 테이블 검색의 속도를 가속할 수 있다. 암호용 해시함수를 이용하여 전송된 데이터의 무결성을 확인하는 데 사용되기도 한다. 해시함수는 결정론적으로 작동해야 하며, 따라서 두 해시값이 다르면 그 해시값에 대한 원래 데이터도 달라야 한다. 그 역은 성립하지 않는다.

② 딥러닝 네트워크에서는 노드에 들어오는 값들에 대해 곧바로 다음 레이어로 전달하지 않고 주로 비선형 함수를 통과시킨 후 전달한다. 이때 사용하는 함수를 활성화 함수(Activation Function) 이라 부른다.

③ 시그모이드 함수는 Logistic 함수라 불리기도 한다. 선형인 멀티퍼셉트론에서 비선형 값을 얻기 위해 사용하기 시작했다.

④ 하이퍼볼릭탄젠트 함수는 시그모이드 함수를 transformation해서 얻을 수 있다.

697

해시함수에 대한 설명으로 틀린 것은?

① 데이터의 효율적 관리를 목적으로 임의의 길이의 데이터를 고정된 길이의 데이터로 매핑하는 함수이다.

② 매핑 전 원래 데이터의 값을 키(key), 매핑 후 데이터의 값을 해시(hash), 매핑하는 과정 자체를 해싱(hashing)이라고 한다.

③ 보통 키(Key)값보다 해시(Hash)의 개수가 많기 때문에 서로 다른 두 개의 키(Key)에 대해 동일한 해시를 내는 해시충돌이 발생하게 된다.

④ 해시함수의 질은 입력 영역에서의 해시 충돌 확률로 결정되는데, 해시충돌의 확률이 높을수록 서로 다른 데이터를 구별하기 어려워지고 검색하는 비용이 증가하게 된다.

정답 ③

풀이 해시함수는 해시(Hash)의 개수보다 대개 많은 키(Key)값을 해시(Hash)로 변환(다대일 대응)하기 때문에 해시함수가 서로 다른 두 개의 키(Key)에 대해 동일한 해시를 내는 해시충돌이 발생하게 된다.

698

해시함수(hash function)에 대한 설명으로 틀린 것은?

① 해시함수는 임의의 길이의 데이터를 고정된 길이의 데이터로 매핑하는 함수이다.

② 해시함수는 큰 파일에서 중복되는 레코드를 찾을 수 있기 때문에 데이터베이스 검색이나 테이블 검색의 속도를 가속할 수 있다.

③ 암호용 해시함수를 이용하여 전송된 데이터의 무결성을 확인하는 데 사용되기도 한다.

④ 해시함수는 결정론적으로 작동하여 원래 데이터가 다르면 그 해시값도 달라야 한다.

정답 ④

풀이 해시함수는 결정론적으로 작동해야 하며, 따라서 두 해시값이 다르면 그 해시값에 대한 원래 데이터도 달라야 한다. 그 역은 성립하지 않는다.

699

해시테이블에 관한 설명으로 틀린 것은?

① 해시함수는 서로 다른 키가 동일한 해시를 생성하게 되면 해시 충돌이 발생하고, 이를 최대한 방지하기 위해 설계되어야 한다.

② 해시테이블의 저장소는 해시와 값 사이의 매칭을 유지하여, 키를 통한 값의 저장, 삭제, 검색, 접근을 가능하게 한다.

③ 키는 고유한 값이며, 해시함수의 입력으로 사용되어 일정한 길이의 해시로 변경된다.

④ 키는 일정한 길이를 가지며, 해시 함수의 입력으로 사용되어, 해시로 변경된 후에 저장소에 저장된다.

> **정답** ④
> **풀이** ④ 키는 고유한 값이며, 다양한 길이를 가질 수 있다.

700

해시테이블에 대한 설명으로 틀린 것은?

① 해시테이블은 적은 리소스로 많은 데이터를 효율적으로 관리할 수 있게 해주는 데이터 구조로, 해시함수를 통해 키를 해시로 매핑함으로써 검색, 삽입, 삭제 연산을 빠르게 수행할 수 있다.

② 데이터의 양이 아무리 많아지더라도 원리적으로 해시 변환과 검색에 걸리는 시간은 항상 동일하며, 이를 상수 시간이라 한다.

③ 서로 다른 입력키(key) 값이 서로 다른 해시(색인)로 매핑될 경우 해시 테이블 조회에 걸리는 시간은 상수 시간이지만, 서로 다른 키값이 동일한 인덱스로 매핑될 경우, 해시 충돌이 발생하여 해시 테이블의 성능을 떨어뜨릴 수 있다.

④ 해시 테이블은 모든 데이터를 살펴볼 필요가 없으며, 그로 인해 모든 데이터를 처리하는 데 필요한 시간은 입력 자료에 관계없이 일정하다.

> **정답** ④
> **풀이** ④ 해시 충돌이 발생하면 충돌된 키를 찾는 데 추가 시간이 필요하기 때문에, 해시 테이블에서 모든 연산이 상수 시간에 이루어진다고 말할 수 없다.

1. 의의

해시함수를 사용하여 키를 해시(Hash)로 매핑하고, 이 해시(Hash)를 색인(index) 혹은 주소 삼아 데이터의 값(value)을 키와 함께 저장하는 자료구조를 해시테이블(hash table)이라고 한다. 이 때 데이터가 저장되는 곳을 버킷(bucket) 또는 슬롯(slot)이라고 한다. 해시테이블의 기본 연산은 삽입, 삭제, 탐색(search)이다.

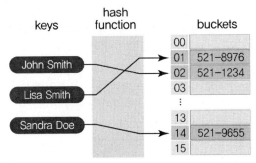

2. 해시테이블의 구조

(1) 의의

① 해시테이블은 키(Key), 해시함수(Hash Function), 해시(Hash), 값(value), 저장소(Bucket, Slot)로 이루어져 있다.

② 키(key)는 해시함수(hash function)를 통해 해시(hash)로 변경이 되며 해시는 값(value)과 매칭되어 저장소(bucket 또는 slot)에 저장된다.

(2) 구조

① 키(key)

고유한 값이며, 해시함수의 input이 된다. 다양한 길이의 값이 될 수 있다. 이 상태로 최종 저장소에 저장이 되면 다양한 길이만큼의 저장소를 구성해 두어야 하기 때문에 해시함수로 값을 바꾸어 저장이 되어야 공간의 효율성을 추구할 수 있다.

② 해시함수(Hash Function)

키(key)를 해시(hash)로 바꿔주는 역할을 한다. 다양한 길이를 가지고 있는 키(key)를 일정한 길이를 가지는 해시(hash)로 변경하여 저장소를 효율적으로 운영할 수 있도록 도와준다. 다만, 서로 다른 키(key)가 같은 해시(hash)가 되는 경우를 해시충돌(Hash Collision)이라고 하는데, 해시충돌을 일으키는 확률을 최대한 줄이는 함수를 만드는 것이 중요하다.

③ 해시(Hash)

해시함수(Hash Function)의 결과물이며, 저장소(bucket, slot)에서 값(value)과 매칭되어 저장된다.

④ 값(Value)

저장소(bucket, slot)에 최종적으로 저장되는 값으로 키와 매칭되어 저장, 삭제, 검색, 접근이 가능해야 한다.

해시테이블의 장점

• 해시충돌이 발생할 가능성이 있음에도 해시테이블을 쓰는 이유는 적은 리소스로 많은 데이터를 효율적으로 관리하기 위해서이다. 예컨대 해시함수로 하드디스크나 클라우드에 존재하는 무한에 가까운 데이터(키)들을 유한한 개수의 해시로 매핑함으로써 작은 크기의 캐쉬 메모리로도 프로세스를 관리할 수 있게 된다.

• 해시테이블(hash table)은 키와 값을 매핑해 둔 데이터 구조이다. 해시함수를 이용하여 검색하고자 하는 값을 변환하면 그 값이 저장된 위치를 즉시 알아낼 수 있다. 색인(index)에 해시를 사용함으로써 모든 데이터를 살피지 않아도 검색과 삽입·삭제를 빠르게 수행할 수 있다. 위 그림의 경우 해시함수에 'Lisa Smith'를 입력하면 01이라는 색인이 생성된다.

• 데이터의 양이 아무리 많아지더라도 원리적으로 해시 변환과 검색에 걸리는 시간은 항상 동일하다. 즉 서로 다른 입력 키(key) 값이 서로 다른 해시(색인)로 매핑될 경우 해시테이블 조회에 걸리는 시간은 상수 시간이 된다. 그러나 여러 개의 서로 다른 키 값이 동일한 인덱스로 매핑될 경우, 해시충돌이 발생하여 해시테이블의 성능을 떨어뜨리게 된다.

상수시간과 선형시간

상수시간은 어떤 문제를 풀이하는 데 필요한 수학적 연산 시간이 주어진 입력 자료에 관계없이 일정할 때의 연산 시간을 의미하고, 선형 시간이란 입력의 길이에 대하여, 어떤 알고리즘의 실행시간이 선형이 되는 것을 뜻한다. 예를 들면, 입력된 숫자열의 총합을 계산하는 순서는 숫자열의 길이에 비례하는 시간이 필요하다는 것이다.

분산해시테이블(Distributed hash table)

(1) 의의

• 해시테이블은 실제 값에 해시함수를 적용하여 형성한 키 또는 식별자의 조합에 대해 배열을 사용하여 빠른 검색을 하기 위한 자료 구조이다.

• 분산해시테이블은 이 해시테이블을 네트워크 환경에 위치한 노드들에 분산하여 적용한 것이다. 분산해시테이블은 시스템 전체를 중앙에서 관리하는 조직이 없고, 시스템을 이루고 있는 노드 수에 영향을 받지 않고 확장 가능하며, 시스템 내부에 노드가 추가되거나 없어지거나 오동작을 하더라도 시스템 전체의 기능에 영향을 끼치지 않는다는 특징이 있다.

• 보통 어떤 항목을 찾아갈 때 해시테이블을 이용하는데, 분산해시테이블은 이때 중앙 시스템이 아닌 각 노드들이 이름을 값으로 맵핑하는 기능을 하는 방식이다.

(2) 특징

① 의의

• 분산해시테이블은 P2P 네트워크에 특히 많이 사용된다. 이전의 P2P 솔루션은 냅스터(Napster)처럼 중앙 집중 관리 방식과 그누텔라(Gnutella)처럼 주변 노드들을 활용하여 분산된 네트워크를 구성하는 방식이 있다.

• P2P 네트워크를 중앙에서 컨트롤 할 경우 네트워크의 이용효율이 좋아진다는 이점이 있지만 컨트롤이 중앙화되어 있어 중앙 관리 시스템이 취약점이 될 수 있다.

• 반면에 피어에 의지하는 방식은 중앙 집중 조직이 없기 때문에 뚜렷한 취약점은 없지만 네트워크가 비효율적으로 사용된다는 문제가 있다.

• 분산해시테이블은 Structured key based routing 방식을 통해 P2P 시스템의 한계를 극복했다.

② 냅스터(하이브리드 P2P)와 그누텔라(순수 P2P)
- P2P 네트워크는 냅스터와 같은 하이브리드 P2P와 그누텔라와 같은 순수 P2P로 나뉜다. 하이브리드 방식은 중앙의 서버가 콘텐츠와 콘텐츠가 배치되는 각 노드의 주소를 목록화 하여 관리함으로써 검색 기능을 제공한다. 그러나 이 경우 중앙의 서버가 개별 노드와 콘텐츠를 관리하므로 서버 관리에 많은 비용이 지출된다.
- 순수형은 중앙 서버가 없어 개별 노드가 애드 혹 방식으로 서로 접속하는 형태의 P2P이다. 이 경우 사용자가 늘어남에 따라 네트워크의 데이터 유동량, 즉 트래픽이 증가하고 네트워크상의 콘텐츠를 찾기가 어렵다는 단점이 있다.
③ 분산해시테이블의 장점
- 분산해시테이블은 부하가 집중되지 않고 분산된다는 장점이 있어 순수 P2P라도 네트워크의 부하를 억제하여 네트워크상의 콘텐츠를 빠르고 정확히 검색할 수 있다.
- 또한 기존의 순수 P2P에서 채택했던 방식에서는 수십만 노드 정도가 한계였으나 극단적으로 큰 규모의 노드들도 관리할 수 있으며 수십억 개의 노드를 검색범위로 할 수 있게 되었다.
- 하지만 분산해시테이블은 실질적으로 구현하는 데 어려움이 따르는데, 특히 완전한 일치검색만 가능하여 와일드카드 등을 활용한 복잡한 검색은 할 수 없다는 단점이 있다.

핵심정리   라우팅(routing)

라우팅은 어떤 네트워크 안에서 통신 데이터를 보낼 때 최적의 경로를 선택하는 과정이다. 최적의 경로는 주어진 데이터를 가장 짧은 거리로 또는 가장 적은 시간 안에 전송할 수 있는 경로다. 라우팅은 전화 통신망, 전자 정보 통신망, 그리고 교통망 등 여러 종류의 네트워크에서 사용된다.

핵심정리   와일드카드 검색

예를 들어 '? (물음표)'는 한 문자를 의미하며 '김?미'를 입력하면 '김소미' 및 '김영미'를 찾고 '*(별표)'는 개수에 상관없는 문자로 '*아'를 입력하면 '동아시아' 및 '동남 아시아'를 찾는다.

701

정보화에 대한 설명으로 틀린 것은?

① 정보화가 반드시 전산화를 전제로 하지는 않는다.

② 정보화란 정보의 생산·저장·유통이 확대되는 과정을 의미한다.

③ 전산화는 조직 내에 컴퓨터 및 자료처리기술의 사용이 확대되는 과정을 의미한다.

④ 정보고속도로는 광케이블을 통해 정보를 교환할 수 있는 종합적인 정보통신기반을 의미한다.

> 정답 ①
>
> 풀이 ① 전산화는 컴퓨터를 이용하여 정보 처리를 할 수 있게 하는 것으로서 정보화는 반드시 전산화를 전제로 한다.

702

정보화에 대한 주요 학자들의 입장으로 틀린 것은?

① 매클럽(Machlup) : 지식산업이 주가 되는 지식사회를 예견하면서 전체 경제면에서 지식산업이 차지하는 비중으로 정보화의 정도를 측정할 수 있다.

② 앨빈 토플러(Alvin Toffler) : 산업사회의 역동적 성격이 표준화, 획일화, 집중화 등이라면, 후속되는 정보화 사회는 다양화, 유연화, 분산화, 개별화를 지향한다.

③ 오브라이언(O' Brien) : 첨단 정보기술의 발전으로 인한 근자의 사회경제학적인 변화는 정보사회론자들이 주장하는 것처럼 새로운 현상이 아니라, 제어혁명이라는 100년 이상 된 과정상의 기술적 결과의 일환이다.

④ 카스텔(Manuel Castells) : 정보사회와 정보화는 구분되는 개념으로, 정보사회가 사회에서 정보의 역할을 강조하는 사회라면, 정보화는 이러한 정보사회를 가능하게 하는 과정이다.

> 정답 ③
>
> 풀이 베니거(James R. Beniger)의 주장이다. 오브라이언(O'Brien)은 정보사회를 경제활동의 영역이 상품의 제조·판매에서 정보와 지식의 제조·판매로 이동하고, 전문화된 정보산업과 새로운 기술의 효율적 활용에 관한 분야가 유력해지는 사회로 정의하였다.

703

산업 구조를 기준으로 정보화의 내용을 분류할 때 기준이 다른 것은?

① 연구 개발
② 생산공정의 합리화
③ 관리, 집배 부문의 시스템화
④ 최적 마케팅 전략

> **정답** ③
>
> **풀이** ③ 관리, 집배 부문의 시스템화는 제3차 산업인 운송업으로 분류된다.

704

정보화의 효과를 분류할 때 관점이 다른 것은?

① 새로운 직종의 창출
② 정보접근의 용이성
③ 탈숙련화
④ 직무 스트레스의 심화

> **정답** ②
>
> **풀이** ①, ③, ④는 산업경제적 측면이고, ②는 사회문화적 측면이다.

정보화 지표와 지수

핵심정리 일본의 정보통신경제연구소(RITE) 정보화지표 구성 요소

구성요소	내용
정보량	• 1인당 연간 우편 통수 • 1인당 연간 통화수 • 100인당 하루 신문 발행수 • 1만인당 연간 서적 총발행수 • 1km²당 인구 밀도
정보장비율	• 100인당 전화기 대수 • 100인당 TV 대수 • 100인당 컴퓨터 보급 대수
통신주체수준	• 취업인구당 제3차 산업종사자 비율 • 100인당 대학생수
정보통신계수	• 개인 소비지출 중 잡지의 비율

705

일본의 정보통신경제연구소(RITE)의 정보화 지표의 구성요소 중 정보량 항목으로 옳은 것은?

① 100인당 전화기 대수

② 1km²당 인구밀도

③ 100인당 대학생 수

④ 취업인구당 제3차 산업 종사자 비율

정답 ②

풀이 ② 1km²당 인구밀도가 정보량 항목에 포함된다.

706

일본의 정보통신경제연구소(RITE)의 정보화에 대한 입장으로 틀린 것은?

① 정보화는 단순히 정보량의 증대만으로 파악할 수 있다.

② 특정 사회의 정보화를 파악하기 위해 4가지 측면(정보량, 정보장비율, 통신주체 수준, 정보통신 계수)을 설정하였다.

③ 구체적으로 정보량을 측정하기 위해서 1km²당 인구 밀도, 1인당 연간 통화 수, 1만인당 연간 서적 총 발행수 등을 측정하였다.

④ 한국과학기술원과 정보통신정책연구원은 RITE의 지표작성방식을 그대로 사용하여 우리나라의 정보화 추이를 분석하였다.

> **정답** ①
>
> **풀이** ① RITE는 정보화가 단순히 정보량의 증대만으로 파악할 수 있는 것이 아니라는 관점에서 사회의 정보화를 파악하기 위하여 4가지 측면(정보량, 정보 장비율, 통신주체 수준, 정보통신 계수)을 설정하고, 각 측면에서 다시 몇 개씩의 구체적인 항목을 선정하여 이를 정량화하였다.

🔖 핵심정리 산업의 정보화 계수

> 산업의 정보화 계수는 일본 우정성에서 개발한 지수로서 산업 부문의 정보화 정도를 비용 측면에서 파악하고자 하는 목적에서 만들어졌다. 이에 따라 산업 정보화 계수는 특정산업에서 제품 1단위를 생산할 때 드는 비용 중에서 정보 관련 비용이 차지하는 비율로서 정의되고 있다. 여기서 정보 관련 비용은 정보 통신 관련 중간재 비용(정기통신, 광고비 등), 정보 노동 비용(정보 관련 직업으로 분류된 노동자의 임금), 정보 자본 비용(컴퓨터, OA 기기 등 정보 기기의 감가상각비)의 세 항목으로 구성되어 있다. 우정성에서는 전 산업을 정보 통신 부문, 정보 통신 지원재 부문, 비정보 통신관계 부문의 세 가지로 크게 구분하고 각 기업의 정보화 정도를 파악하는 하나의 지표로서 각 부문에 속하는 주요 산업들의 산업 정보화 계수를 산정해 오고 있다.

707

일본 우정성에서 개발한 산업의 정보화 계수를 구성하는 정보관련 비용으로 틀린 것은?

① 정보지출비용

② 정보노동비용

③ 정보자본비용

④ 정보통신 관련 중간재 비용

정답 ①

풀이 ① 산업의 정보화 계수는 일본 우정성에서 개발한 지수로서 산업 부문의 정보화 정도를 비용 측면에서 파악하고자 하는 목적에서 만들어졌다. 이에 따라 산업 정보화 계수는 특정산업에서 제품 1단위를 생산할 때 드는 비용 중에서 정보 관련 비용이 차지하는 비율로서 정의되고 있다. 여기서 정보 관련 비용은 정보 통신 관련 중간재 비용(정기통신, 광고비 등), 정보 노동 비용(정보 관련 직업으로 분류된 노동자의 임금), 정보 자본 비용(컴퓨터, OA 기기 등 정보 기기의 감가상각비)의 세 항목으로 구성되어 있다. 우정성에서는 전 산업을 정보 통신 부문, 정보 통신 지원재 부문, 비정보 통신관계 부문의 세 가지로 크게 구분하고 각 기업의 정보화 정도를 파악하는 하나의 지표로서 각 부문에 속하는 주요 산업들의 산업 정보화 계수를 산정해 오고 있다.

708

각종 미디어를 통해 유통되고 있는 정보를 단어(word) 수로 환산하여 한 단어를 1km 이동시키는 데 필요한 비용을 미디어별로 계산하여 조사하는 것으로 옳은 것은?

① 일본 우정성의 정보유통센서스

② 일본 우정성의 정보통신 관련 중간재 비용

③ 일본 정보통신경제연구소(RITE)의 정보량

④ 일본 정보통신경제연구소(RITE)의 정보통신계수

정답 ①

풀이 ① 일본 우정성의 정보유통센서스 중 정보유통 비용이다.

핵심정리   정보화 지표

(1) 의의

- 사회경제 지표의 하나로서 정보화 현상 및 정보화 수준을 효율적으로 측정·분석하는 것을 용이하게 해주는 정보화 관련 지표이다.
- 정보화 지표는 정보와 관련된 사회변화 현상을 가능한 한 총체적이고 함축적으로 나타낼 수 있어야 한다.
- 정보화 지표의 기능을 중요성 차원에서 보면 정보사회의 비전제시, 정보화계획 수립, 정보화관리, 정보화효과분석 등이다.

(2) 기능

- 정보의 활용과 관련된 현재 수준 및 변화 정도는 물론 미래 변화 방향을 제시함으로써 정보화지표를 통해 현재 상황을 분석하고, 적합한 미래 정보사회 구현을 위한 구체적이고도 체계적인 계량적 목표 제시한다.
- 자원배분 및 국가의 균형발전을 위한 정책적 지침 기능을 수행 다양한 구성요소 및 부문간 비교가 가능하여 한정된 자원으로 많은 정보화 추진과제들을 수행해야 하는 경우 과제들 간 우선순위 결정 근거로 사용한다.
- 정보화와 그 목적인 국가경쟁력 및 국민 삶의 질을 향상시키는 것과 상관관계분석을 하는 데 있어 정보화의 직접적인 효과분석 외에 다른 지표들과의 관계분석 등을 통한 간접적인 효과분석도 가능하다.
- 사회 각 부문의 정보화수준 현황 및 변화추이를 쉽게 파악, 서로 비교 가능함으로써 정보화가 미진한 부문을 찾아내어 중점적으로 추진할 수 있게 하는 등, 균등한 정보화 정책수립에 기여하고 정보의 오용으로 인한 사회적 문제를 조기에 감지하여 바람직하지 못한 사회적 여파에 대처할 수 있게 해주는 기능을 담당한다.
- 누구에게나 공개됨으로써 일종의 사회보고가 제도화 될 수 있게 하고 나아가 일반 국민으로 하여금 정보에 대한 가치를 중시하고 정보화 의식을 갖게 해주면 정보화 현상의 중요성을 인식시키는 등 홍보의 역할을 담당한다.

(3) 국가정보화 지표의 요건

- 정보화 사회의 구조와 내용을 충실히 반영하여야 하며, 정보화가 사회의 어느 한 부문이 아닌 모든 부분에 걸쳐 일어난다는 점에서 바람직한 국가정보화지표는 사회 전부분의 정보화 정도를 파악할 수 있어야 하며, 하부구조로서의 정보설비의 보급과 사회구성원에 의한 정보설비의 이용에 초점을 두어야 한다.
- 정보화와 관련된 사회구조의 특성을 간단명료하면서 그 변화를 총체적이고 함축적으로 나타내며, 활용이 편리해야 한다.
- 다양한 사회변화를 정확하게 파악하고, 그 변화추이를 올바로 예측할 수 있기 위해서는 사회가 변화함에 따라 정보화지표도 지속적으로 변화되어야 한다.
- 국가정보화지표의 구성항목은 정보화의 핵심적이고 직접적인 부문에 한정하여 지표의 현상기술능력을 제고하여야 한다.
- 국가정보화지표가 정책함축성을 갖기 위해서는 정보화의 결과적 현상뿐만 아니라 정보화의 요인 및 과정에 대한 설명력을 지녀야 하며, 지표구성항목이 정보화 요인과 긴밀한 관련을 가지면서 이들 요인들의 변화과정 측정이 가능하여야 한다.

709

다음에서 설명하는 개념으로 옳은 것은?

- 정보의 활용과 관련된 사회구조, 기능, 형태 등의 현재 수준은 물론 변화의 정도와 방향까지도 제시한다.
- 앞으로 전개될 새로운 정보환경에 대한 예측과 함께 이와 관련된 공공정책의 지침이 될 수 있다.

---

① 정보화 지수
② 정보화 지표
③ 정보화 수준
④ 정보화 평가

정답 ②

풀이 ② 정보화 지표에 대한 설명이다.

♀ 핵심정리   **정보화 지수**

(1) 의의
- 특정 대상(국가)의 정보화 수준을 총체적으로 파악, 변화 추이를 예측하기 위한 지수이다.
- 어떤 정보화 현상 또는 다수의 현상들에 대해 시간의 변화에 따른 정보화의 변화를 측정하거나 비교하는 데 이용되는 통계이다.
- 정보화 지표의 값을 알기 쉽게 파악할 수 있도록 수치화한다.
- 통상 어느 현상의 기준이 되는 시점의 수치를 100으로 산출한다.
- 정보화 수준을 정량적으로 가장 간단하고 명확하게 파악하는 방법이다.
- 국가 전체의 정보화 수준을 나타내는 국가 정보화 지수 지역의 정보화 수준을 나타내는 지역 정보화 지수, 어느 한 부문의 정보화 수준을 나타내는 예를 들면, 제조업 정보화 지수, 유통업 정보화 지수 등 다양하게 산출 가능하다.

(2) 장·단점
- 개별 국가나 카테고리 혹은 지역단위로 정보화 발전정도를 비교할 수 있으며, 이러한 비교는 지리적, 사회적 혹은 지역적 특성과 더불어 비슷한 국민소득을 가진 국가들을 비교할 때 가치가 있다.
- 지수는 현실적 목표와 정책방향 결정에 중요한 기초 자료를 제공하기 때문에 시간의 흐름에 따라 정보화 발전정도를 측정하는 데 유용하고 특정 국가가 어떤 분야에 강점과 약점이 있는지 파악할 수 있다.
- 단일지표보다는 사회적·인구통계학적 상황이나 구매력과 같은 포괄적 요인들로 구성된 지수를 사용함으로써 보다 다양한 영향관계를 파악한다.
- 단점으로는 많은 양의 정보를 하나의 수치로 나타내야 하는 한계점으로 비교를 단순화하는 데 유용하지만 모든 비교 대상 국가에 적용하기 위한 방법론적 가정과 결과값 및 부정확한 데이터를 포함하고 있기 때문에 지수의 비교로 단순한 결론을 이끌어내는 것은 위험하다.

(3) 정보화 지수 사용 현황

작성기관	지수명	지수 개요
ITU (International Telecommunication Union : 국제전기통신연합)	디지털 기회지수	인프라 보급, 기회 제공, 활용정도 등 3가지 요소를 종합 분석하여 정보통신 발전 정도 평가
WEF (World Economic Forum : 세계경제포럼)	네트워크 준비지수	국가별 개인, 기업, 정부의 정보통신 환경, 준비도, 활용도 측정
	국가경쟁력 지수 기술 준비도 부문	국가경쟁력 중 기술경쟁력 측정
UN (United Nations : 국제 연합)	전자정부 준비지수	공공서비스 제공수단으로서의 전자정부 준비상태를 측정
	온라인 참여지수	국가별 온라인을 통한 시민참여 수준 측정
IMD(Internatiomal Institute for ManagementDevelopment : 국제경영개발원)	국가경쟁력지수 기술 인프라 부문	국가경쟁력 중 정보통신 분야의 경쟁력 측정

710

다음 중 정보화 지수로 사용되지 않는 것은?

[2023년 기출]

① 디지털 기회지수
② 온라인 참여지수
③ 시스템 안정화 지수
④ 네트워크 준비지수

정답 ③
풀이 ③ 시스템 안정화 지수는 정보화 지수가 아니다.

711

정보화 지수와 작성 기관의 연결이 틀린 것은?

① 디지털 기회지수 – ITU
② 네트워크 준비지수 – WEF
③ 전자정부 준비지수 – UN
④ 국제경쟁력 지수 기술 준비도 부문 – IMD

정답 ④
풀이 국제경쟁력 지수 기술 준비도 부문은 세계경제포럼(WEF)이 작성한다. 국제경영개발원(IMD)은 국가경쟁력 지수 기술 인프라 부문을 작성한다.

712

정보화 지표를 구성하는 방법에 대한 설명으로 옳은 것은?

① 한국과학기술원과 정보통신정책연구원은 RITE의 지표작성방식을 그대로 사용하여 우리나라의 정보화 추이를 분석하였다.

② 정보유통량적 접근 방법은 정보량, 정보장비율, 통신주체 수준, 정보계수 등에 주목한다.

③ 거시경제적지표 연구는 전기통신설비를 통해서 실제로 어느 정도의 정보가 공급·소비되고 있으며, 각종 미디어를 통한 정보유통 추세는 어떻게 변해가고 있는지 등에 관한 현황을 파악하기 위하여 정보화를 정량적으로 분석하는 것이다.

④ 정보화 지표는 정보화 현상을 객관적이고 체계적으로 분석할 수 있는 도구로서, 각 변수의 국가정보화에 대한 영향력이 왜곡되는 현상을 보완할 수 있는 가중치 측정방법을 사용하기도 한다.

정답 ①

풀이 ② 사회경제적 지표 접근 방법에 대한 설명이다.
③ 정보유통량적 접근 방법에 대한 설명이다.
④ 가중치 측정 방법은 정보화 지수를 계산할 때 사용한다.

♀핵심정리   정보화 측정 지표의 종류

(1) **정보설비지표**
정보통신서비스를 이용할 수 있게 해주는 정보통신 인프라의 보급 정도를 측정하기 위해 설정한다.

(2) **정보이용지표**
정보화 수준을 결정하는 데는 사회구성원들이 정보를 얼마나 잘 활용하고 있는가 하는 점도 중요한 요인으로 작용하므로 정보통신서비스의 이용 정도를 측정한 정보이용지표를 통해 정보화 수준을 측정한다.

(3) **정보화지원지표**
정보화를 위한 투자와 정보화 관련 인력이 앞으로의 국가사회 정보화를 주도하는 측면이 크다는 점을 고려하여 설정되었으며, 이 지표를 통해 향후 정보사회로의 진전을 예상해 보는 등 또 다른 측면에서 정보화 수준을 측정한다.

713

다음에서 설명하고 있는 정보화 측정 지표로 옳은 것은?

> 정보화를 위한 투자와 정보화 관련 인력이 앞으로의 국가사회 정보화를 주도하는 측면이 크다는 점을 고려하여 설정되었으며, 이 지표를 통해 향후 정보사회로의 진전을 예상해 보는 등 또 다른 측면에서 정보화 수준을 측정한다.

① 정보이용지표
② 정보생산지표
③ 정보설비지표
④ 정보화지원지표

정답 ④

풀이 ④ 정보화지원지표에 대한 설명이다.

핵심정리 사회문제

(1) 의의

사회 문제란 사회 구성원들 대다수가 바람직하지 못한 것으로 생각하는 현상을 말한다.

(2) 요건

- 사회의 주요 규범에서 벗어난 현상이어야 한다.
- 구성원 다수에게 부정적 영향을 주는 현상이어야 한다.
- 지속적으로 나타나는 현상이어야 한다.
- 문제의 원인이 인간에게 있으며, 인간의 노력으로 해결할 수 있는 현상이어야 한다.

핵심정리 정책 의제 설정

(1) 사회적 쟁점(Social Issue)

- 사회적 이슈 또는 사회적 쟁점은 문제의 성격이나 문제의 해결방법에 대해서 집단들 사이의 의견의 일치를 보기 어려운 사회문제로서 집단들 간에 논쟁의 대상이 되어 있는 사회문제를 말한다.
- 문제해결방법에 따라 영향 받는 집단이 달라지고, 문제해결방법은 문제의 내용을 어떻게 정의하느냐에 따라 달라진다. 사회문제를 쟁점화 시키려는 주도자(initiator)가 있어야 하고, 점화장치(triggering device)가 있어야 한다.

(2) 공중의제(Public Agenda)

공중의제 또는 체제의제는 일반대중(public)의 주목을 받을 가치가 있으며 정부가 문제해결을 하는 것이 정당한 것으로 인정되는 사회문제로 첫째, 많은 사람들이 관심을 가지고 있거나 알고 있고, 둘째, 정부의 조치가 필요하다는 인정되며, 셋째, 문제해결이 정부의 권한에 속한다는 인식이 공유되는 사회문제이다.

(3) 정부의제(Governmental Agenda)

정부의 공식적인 의사결정에서 문제해결을 위해 심각하게 고려하기로 명백히 밝힌 문제이다.

714

정책 의제 설정 관련 개념들에 대한 설명으로 틀린 것은?

① 사회적 쟁점(Social Issue)은 문제의 성격이나 문제의 해결방법에 대해서 집단들 사이의 의견의 일치를 보기 어려운 사회문제로서 집단들 간에 논쟁의 대상이 되어 있는 사회문제를 말한다.

② 사회적 쟁점(Social Issue)이 되기 위해서는 사회문제를 쟁점화 시키려는 주도자(initiator)가 있어야 하고, 점화장치(triggering device)가 있어야 한다.

③ 공중의제(Public Agenda)는 일반대중(public)의 주목을 받을 가치가 있으며 정부가 문제해결을 하는 것이 정당한 것으로 인정되는 사회문제이다.

④ 정부의제(Governmental Agenda)는 정부의 조치가 필요하다고 인정되며, 문제해결이 정부의 권한에 속한다는 인식이 공유되는 사회문제이다.

> **정답** ④
>
> **풀이** ④ 정부의 조치가 필요하다는 인정되며, 문제해결이 정부의 권한에 속한다는 인식이 공유되는 사회문제는 공중의제(Public Agenda)이다.

⚲핵심정리 의제 설정 이론

의제 설정 이론은 두 가지 가정을 전제하고 있다. 첫째로, 언론과 미디어는 현실을 단순히 반영하는 것이 아니라 현실을 여과하고 형성한다. 둘째로, 미디어가 집중적으로 보도하는 이슈와 주제는 사람들이 그러한 이슈가 다른 이슈보다 중요한 것으로 생각하게 한다. 미디어 의제(media agenda), 즉 매스미디어가 중요하다고 보도하는 이슈가 공중 의제(public agenda) 즉 일반 대중들이 중요하다고 생각하는 이슈가 된다는 것이다.

⚲핵심정리 의제 파급과 역의제 설정

인터넷을 통한 일반 시민의 의제 설정 및 형성과정은 세 가지 단계를 통하여 가능하였다. 첫째로, 익명의 네티즌에 의한 제보가 블로그, 개인 홈페이지, 자유게시판, 온라인 토론장 등의 온라인 주요 파급 채널들을 통해 온라인 공중들을 중심으로 중요한 의제로 확산되어가는 인터넷을 통한 의제 파급 단계이다. 둘째로, 온라인상에서 확산되고 있는 이러한 의제를 '네이버', '다음'과 같은 포털 사이트가 보도함으로써 보다 많은 온라인 공중들에게 파급되는 단계이다. 마지막으로, 온라인 주요 파급 채널에 의해 확산된 의제를 기존의 매스미디어들이 보도함으로써 오프라인을 포함한 전체 공중 의제로 확산되는 인터넷을 통한 역의제 설정단계이다.

715

온라인 주요 파급 채널에 의해 확산된 의제를 기존의 매스미디어들이 보도함으로써 오프라인을 포함한 전체 공중 의제로 확산되는 현상으로 옳은 것은?

① 의제 설정   ② 역의제 설정
③ 의제파급   ④ 공중 의제

정답 ②

풀이 ② 역의제 설정에 대한 설명이다.

Theme 118 개인 생활의 변화

📍**핵심정리** **남성 생계 부양자 모델**

> 남성이 가족의 생계를 책임지는 부양자이며, 여성 배우자는 피부양자로서 가사와 양육을 전담하는 형태의 가족을 말한다. 이는 산업사회 가족의 보편적 형태를 지칭하는 개념이자 전후 서구 복지국가 모델의 전제로 간주되어왔다. 그러나 이러한 가정은 남성 가장이 벌어온 '가족임금'으로 생계를 유지할 수 있는 가족이 앞서 산업화된 몇몇 국가의 중간계층 이상에서나 가능했다는 점에서 남성 중심 가족·사회구조를 유지하는 이데올로기에 불과하다는 비판도 제기되어왔다.

716

근대 가족 형태와 관련한 설명으로 틀린 것은?

① 남성 가장이 임금노동으로 가족 전체를 부양하고, 여성은 가정에서 가사를 전담하는 산업사회의 보편적 가족 형태가 20세기 중반 이후 점차 쇠퇴하였다.

② 여성의 노동시장 진출 확대는 20세기 중반 이후 전 세계 경제에서 공통적으로 나타난 현상이며, 기혼 여성이 가족을 경제적으로 부양하기 위한 활동에 나서는 비율이 증가하였다.

③ 남성이 가족의 생계를 책임지는 부양자이며, 여성 배우자는 피부양자로서 가사와 양육을 전담하는 형태의 가족이 산업사회 가족의 보편적 형태였다.

④ 산업화된 모든 국가에서 가족의 생계를 유지하는 가장 효과적인 방법은 남성 중심의 가족 및 사회구조였다.

정답 ④

풀이 ① 남성 가장이 임금노동으로 가족 전체를 부양하고, 여성은 가정에서 가사를 전담하는 산업사회의 보편적 가족 형태가 20세기 중반 이후 점차 쇠퇴하였다.

② 여성의 노동시장 진출 확대는 20세기 중반 이후 전 세계 경제에서 공통적으로 나타난 현상이며, 기혼 여성이 가족을 경제적으로 부양하기 위한 활동에 나서는 비율이 증가하였다.

③ 남성이 가족의 생계를 책임지는 부양자이며, 여성 배우자는 피부양자로서 가사와 양육을 전담하는 형태의 가족이 산업사회 가족의 보편적 형태였다.

④ 남성 생계 부양자 모델은 남성이 가족의 생계를 책임지는 부양자이며, 여성 배우자는 피부양자로서 가사와 양육을 전담하는 형태의 가족을 말한다. 이는 산업사회 가족의 보편적 형태를 지칭하는 개념이자 전후 서구 복지국가 모델의 전제로 간주되어왔다. 그러나 이러한 가정은 남성 가장이 벌어온 '가족임금'으로 생계를 유지할 수 있는 가족이 선진국의 중간계층 이상에서나 가능했다는 점에서 남성 중심 가족·사회구조를 유지하는 이데올로기에 불과하다는 비판도 제기되어왔다.

사회관계의 변화

익명적 관계

(1) 의의

- 익명적 관계는 현대사회의 이차적 관계가 극단화된 형태로 컴퓨터에 의해 매개된 커뮤니케이션을 통하여 발전한 관계이다.
- 의사소통 참여자들은 자신의 정체성을 거의 드러내지 않고, 상호작용은 공통의 취향이라는 좁은 영역에 집중되어 이루어지게 된다.
- 인터넷 접속 중에만 관계가 이루어지기 때문에 극히 순간적인 관계라는 특성을 지니게 된다.

(2) 컴퓨터 매개 커뮤니케이션

- 익명적 관계가 활성화된 것은 컴퓨터에 의해 매개된 커뮤니케이션으로 지역적·사회적 장벽을 넘어 다수의 사람들이 상호작용할 수 있게 된 것과 관련된다.
- 상호작용의 물질적 기반을 전혀 가지고 있지 않은 사람들은 단지 공통의 취향을 매개로 사회적 관계를 맺게 됨으로써 정체성의 확인이 별 의미를 지니지 못하게 된 것이다.
- 이처럼 익명적 관계 속에서 기존의 정체성이 의미를 잃게 되자 기존의 사회적 관계에서 유지되던 각종 의사소통의 관습도 무너지기 시작한다.

(3) 아이디라는 별도의 식별도구

- 익명성을 유지하기 위해 이름 대신 아이디라는 별도의 식별도구를 사용한다.
- 연령이나 성별을 따지지 않고 동일한 존대어를 사용하는 것은 물론 기존의 의사소통 관습을 완전히 무시하는 욕설과 반말 등 이른바 통제받지 않는 행위가 돌출하고, 남성이 여성 행세를 하는 등 온라인상에서 개인의 정체성을 다양하게 실험해보는 현상도 생겨났다.
- 온라인 공동체의 구성원들이 면대면 접촉을 갖는 오프라인 모임 등에서는 다시 기존의 의사소통 관습이 회복되기도 하지만, 상호작용의 지속성이 제한되어 있어 관습의 완전한 복구로 이어지지는 않는 것이 일반적 현상이다.

(4) 가상주체의 등장

- 가상주체의 등장을 초래한 익명성으로 인해 인터넷을 이용하는 사람들 중 다수가 이 익명성을 이용해 현실의 정체성과 다른 새로운 정체성을 실험해보기 시작했다.
- 정보사회에서 정체성은 개인이 선택할 수 있는 것으로 바뀌었다.
- 정체성이 선택 가능한 것으로 바뀌었다는 것은 정보사회가 지난 전복적 잠재력을 시사한다.

(1) 소셜 네트워크 서비스의 확산
- 정보사회의 익명적 사회관계가 거기에 참여하는 개인에게 자유이자 동시에 혼란으로 경험될 수 있다는 점에서 이 혼란을 회피하고자 하는 사람들은 새로운 사회관계의 형성을 모색한다.
- 최근 널리 확산되기 시작한 소셜 네트워크 서비스에서 새로운 사회관계 양상을 볼 수 있다.

(2) 안정적인 사회관계에 대한 욕망
- 사람들은 좀 더 안정적인 사회관계에 대한 욕망을 가지고 있다는 것을 의미한다.
- 닐슨 코리아 클릭의 조사 결과에 의하면 방문자의 절대적 숫자는 트위터가 많지만 증가율은 페이스북이 훨씬 더 높은 것으로 나타났다.
- 트위터가 짧은 문자의 정보 중심이고 다수의 이용자에게 정보를 전달하는 것이라면 페이스북은 긴 글을 쓸 수 있을 뿐 아니라 좀 더 개인적인 의사소통이 가능하다는 특정을 가진다.
- 이런 견지에서 페이스북 이용자 증가는 정서적이고 개인적인 커뮤니케이션에 대한 개인욕구의 반영으로 볼 수 있다.

(3) 익명적 관계에서 준익명적 관계로의 변화
- 정보사회의 개인은 산업사회에서보다 대중의 압력으로부터 좀 더 자유로워지고 스스로의 독특한 취향을 적극 계발해 나갈 수 있는 존재이지만 면대면의 정서적 관계가 약화되었다.
- 네트워크의 무한한 확산에도 불구하고 실제 교류 범위는 축소되면서 고립감을 느낄 수밖에 없는 존재이다.
- 이 고립감은 네트워크 속에서 형성되는 전형적 관계가 익명적이라는 점에서 더욱 심화되는데, 근자에 급속히 확산되고 있는 소셜 네트워크 서비스는 초기 컴퓨터 매개 커뮤니케이션의 익명성을 어느 정도 완화시켜 준 익명적 관계를 맺을 수 있게 한 것으로 정보사회 개인들의 정서적 욕구를 충족시킨다.
- 익명적 관계에서 준익명적 관계로 정보사회의 사회관계 양상이 변화하는 모습은 정보사회를 살아가는 개인들이 사회관계를 통해 얻고자 하는 것이 무엇인지를 시사하고 있다.
- 정보사회는 개인의 자유와 사회관계의 안정성을 동시에 제공 할 잠재력을 지니고 있는 사회로 정보사회 공동체는 전통사회의 공동체와 달리 구성원의 참여를 강제하지 않는 공동체로서 스스로 욕구에 따라 자유와 구속의 정도를 결정할 수 있도록 한다.

717

다음 중 정보사회에서 나타나는 사회관계에 대한 설명으로 가장 적절하지 않은 것은? [2024년 기출]

① 정보사회에서는 업무지향적인 이차적 관계와 더불어 의사소통 참여자들의 정체성이 거의 드러나지 않는 익명적인 관계가 나타나게 되었다.

② 정보사회에서 기존의 정체성이 의미를 잃게 되었음에도 기존의 사회적 관계에서의 각종 의사소통 관습과 형태는 그대로 유지되었다.

③ 정보사회의 익명성이라는 특징으로 인해 개인 현실의 정체성과 무관한 새로운 정체성을 선택하고 실현할 수 있는 환경이 생겨났다.

④ 정보사회에서 개인은 익명적 관계를 통해 스스로의 욕구에 따라 자유와 구속의 정도를 결정하는 동시에 더 안정적인 사회관계에 대한 욕망을 충족하고자 한다.

정답 ②
풀이 ② 익명적 관계 속에서 기존의 정체성이 의미를 잃게 되자 기존의 사회적 관계에서 유지되던 각종 의사소통의 관습도 무너지기 시작한다.

718

익명적 관계에 대한 설명으로 틀린 것은?

① 익명적 관계는 현대사회의 이차적 관계가 극단화된 형태로 컴퓨터에 의해 매개된 커뮤니케이션을 통하여 발전한 관계이다.

② 소셜 네트워크 서비스는 초기 컴퓨터 매개 커뮤니케이션의 준익명성을 익명적 관계로 변화시키는 데 결정적 역할을 하였다.

③ 의사소통 참여자들은 자신의 정체성을 거의 드러내지 않고, 상호작용은 공통의 취향이라는 좁은 영역에 집중되어 이루어지게 된다.

④ 익명성을 유지하기 위해 이름 대신 아이디라는 별도의 식별도구를 이용하여 연령이나 성별을 따지지 않고 동일한 존대어를 사용하기도 한다.

정답 ②
풀이 ② 소셜 네트워크 서비스는 초기 컴퓨터 매개 커뮤니케이션의 익명성을 어느 정도 완화시켜 준 익명적 관계를 맺을 수 있게 한 것으로 정보사회 개인들의 정서적 욕구를 충족시킨다.

핵심정리 전자정부의 개념 요소

(1) **온라인 서비스(On-line Service) 정부**

전자정부에서는 민원을 인터넷, PC 통신, 무인민원자동처리기(KIOSK) 등 정보통신 기술을 이용하여 접수·처리하는 것이 가능하므로 국민들은 기관을 직접 방문하지 않고 언제 어디서나(Non-stop) 편리한 민원서비스를 받을 수 있다. 또한 기존 여러 부처가 관련된 민원처리나 민원처리에 필요한 서류를 구비하기 위해 여러 기관을 방문하였던 것도 기관 일회방문으로 한번(One-stop)에 처리가 가능하게 된다.

(2) **능률(Paperless) 정부**

정부 내의 사무처리 업무도 종이없는(paperless) 행정처리가 가능하도록 재설계하고 각종 문서도 전자화하면 신속 정확한 행정처리가 가능하여 행정의 생산성 및 능률이 향상될 수 있다. 또한 정보 네트워크가 구축되어 국민과 공무원이 언제 어디서나 가까이 대화할 수 있는 국민과 정부가 하나가 되는 시대가 구현된다.

(3) **지식(Knowledge-based) 정부**

생산된 모든 문서는 컴퓨터에 분류·저장하고, 공무원 개개인의 업무 처리과정에서 습득한 지식은 공유가능 형태로 생성·보관되어, 행정처리에 이를 활용함으로써 품질 좋은 지식행정서비스가 제공될 수 있으며, 기존의 관료형 공무원에서 지식형 공직사회로 변화될 것이다.

(4) **깨끗한(Clean) 정부**

업무처리의 전산·전자화과정을 통하여 정확하고 투명한 행정처리가 가능해지고 공무원의 자의적인 처리나 처리기간 지연 등의 부정부패 발생 소지를 척결할 수 있어 국민과 기업들로부터 신뢰받을 수 있는 정부가 될 수 있을 것이다.

719

전자정부 추진 원칙에 대한 설명으로 틀린 것은? [2023년 기출]

① 국민편의 중심의 원칙: 행정기관의 업무처리 과정은 당해 업무를 처리하는 데 있어서 민원인이 부담하여야 하는 시간과 노력이 최소화되도록 설계되어야 한다.

② 전자적 처리의 원칙: 행정기관의 주요 업무는 전자화되어야 하며 전자적 처리가 가능한 업무는 특별한 사유가 없는 한 전자적으로 처리되어야 한다.

③ 정보 공동이용의 원칙: 행정기관이 수집, 보유하고 있는 정보는 이를 필요로 하는 다른 행정기관과 공동 이용하여야 한다.

④ 기술개발 보장의 원칙: 전자정부 구현에 필요한 기술은 경제성과 효과성 면을 고려하여 각급 행정기관의 주도하에 기술개발을 보장할 수 있어야 한다.

풀이 ④ 전자정부 구현에 필요한 기술은 당해 기술이 민간부문에 존재하지 않거나 행정기관이 직접 개발하는 것이 경제성과 효과성 면에서 현저하게 우수하다고 판단되는 경우를 제외하고는 민간부문의 전문기관에서 개발을 의뢰하여 사용하거나, 민간부문에서 그 성능의 우수성이 입증된 기술을 구매하여 사용하여야 한다.

720

전자정부 모델에 대한 설명으로 틀린 것은?

① 민주성 모델에서 국민은 고객이다.

② 민주성 모델은 민주적 정부와 강한 정부를 지향한다.

③ 효율성 모델은 기업가형 정부와 작은 정부를 지향한다.

④ 효율성 모델은 정부 서비스에 대한 국민의 만족도에 대하여 지대한 관심을 기울인다.

정답 ①

풀이 국민을 시민으로 보는 민주성 모델은 국민이 정치적 행위자라는 기본 시각을 놓치지 않는다. 이것은 국민을 자신의 주권을 행사할 권리의 담지자로 보는 동시에 정부구성을 위한 권리행사의 주체로 인식하고 있다는 뜻이다. 참고로 효율성 모델은 국민을 고객으로 인식한다. 이는 국민을 탈정치적인 존재로 본다는 것이며, 아울러 시장에서의 객체라는 의미이기도 하다. 또한 국민이 정치적인 행위자라기보다는 시장에서의 수요자이고 소비자라는 뜻이다. 이런 인식은 기업가적 정부론에서 말하는 고객과 일치한다.

721

「전자정부법」은 전자정부를 "정보기술을 활용하여 행정기관 및 공공기관(이하 "행정기관 등"이라 한다)의 업무를 전자화하여 행정기관 등의 상호 간의 행정업무 및 국민에 대한 행정업무를 효율적으로 수행하는 정부"라고 규정하고 있다. 전자정부의 구성요소로 볼 수 없는 것은? [2020년 기출]

① 적시성(Proper) 정부 : 적시에 소비자들에게 정보제공

② 능률(Paperless) 정부 : 문서 전자화, IT 활용 재설계

③ 깨끗한(Clean) 정부 : 투명하게 정보 공개

④ 지식(Knowledge-based) 정부 : 지식형, 정보 공유

정답 ①

풀이 ① 전자정부의 개념요소는 온라인 서비스정부, 능률정부, 지식정부, 깨끗한 정부의 네 가지로 제시할 수 있다.

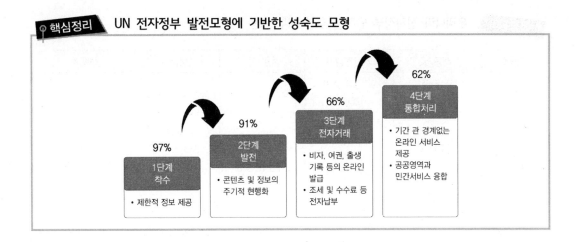

722

UN 전자정부 발전모형에 기반한 성숙도 모형에 대한 설명으로 틀린 것은?

① 1단계 착수 : 제한적 정보 제공

② 2단계 발전 : 콘텐츠 및 정보의 주기적 현행화

③ 3단계 전자거래 : 기관 간 경계 없는 온라인 서비스 제공

④ 4단계 통합처리 : 공공영역과 민간서비스 융합

정답 ③

풀이 기관 간 경계 없는 온라인 서비스 제공은 4단계 통합처리 단계이다.

우리나라 전자정부 단계별 추진 세부 내용

단계		태동기	기반조성기	착수기	성장기	성숙기
시기		80년대 후반 ~90년대 중반	90년대 중반 ~2000년	2001~2002년	2003~2007년	2008년~
주요 목표		국가주요행정 정보 DB화	초고속정보통신 기반구축 정부업무 프로세스의 전자화	범정부 공통기반조성	다수부처 서비스연계, 전자적 국민 참여확대	행정서비스 연계 · 통합
국가정보화 비전			정보화촉진 기본계획 Cyber Korea 21	e-Korea Vision2006	Broadband IT Korea Vision 2007 u-Korea 기본계획	국가정보화 기본계획
주요 법령		전산망 이용촉진과 보급 확장에 관한 법률 (1986 제정)	정보화촉진기본법 (1995 제정) 전자서명법 (1999 제정) SW산업진흥법 (2000 제정)	전자정부법 (2001 제정) 정보격차해소법 (2001 제정) 정보통신망보호법(2001 제정)	전자정부법 (2007 제정)	국가정보화기본법 (2009 제정) 전자정부법 (2010 개정) 행정정보공동이용법 (2010 제정)
주요정책		국가기간전산망 사업(행정, 금융, 교육 · 연구, 국방, 공안)	초고속정보통신 기반구축종합계획 (1995~2010) 정보화사업 평가제도 도입	초고속정보통신망 기반구축 (2001 조기 완료) 전자정부 11대 과제추진 (2001~2002) 정보시스템감리 기준 제정	전자정부로드맵 31대과제 추진 (2003~2007) 광대역통합망(BcN) 구축계획 수립(2004)	
추진 체계	심의 자문 기구	전산망조정위원회		정보화추진위원회 (국무총리)	정보화추진위원회	국가정보화 전략위원회 (대통령, 2009)
				전자정부특별위원회 (대통령 소속, 2001~2002)	정부혁신지방분권 위원회(전자정부 특별위원회)	
	전담 부처	체신부	정보통신부 (1994, 체신부 확대 개편)	정보통신부	행정자치부	행정안전부
	전문 기관	한국전산원 (1987년 개원)	한국전산원	한국전산원	한국정보사회진흥원 (2006, 한국전산원 명칭 변경)	한국정보화진흥원 (중앙), 한구지역정보개발원 (지방)

723

역대 전자정부 추진 기관으로 볼 수 없는 것은?

[2019년 기출]

① 행정자치부
② 행정안전부
③ 정보통신부
④ 방송통신위원회

정답 ④

풀이 ④ 전자 정부 태동기(80년대 후반~90년대 중반)의 전담 부처는 체신부이고, 전자정부 기반조성기(90년대 중반~2000년)의 전담 부처는 정보통신부이고, 전자정부 착수기(2001~2002년)의 전담 부처는 정보통신부이고, 전자정부 성장기(2003~2007년)의 전담 부처는 행정자치부이고, 전자정부 성숙기(2008년~)의 전담 부처는 행정안전부이다. 방송통신위원회는 전자 정부 추진 기관으로 볼 수 없다.

724

우리나라의 국가정보화 정책에 대한 설명으로 틀린 것은?

[2022년 기출]

① 우리나라 국가정보화 정책은 1990년대 정보통신부 중심으로 추진되었다.
② 국가기간망은 금융 전산망의 구축사업으로부터 시작되었다.
③ 제1차 기간망 사업을 통해 주민등록 · 부동산 · 경제통계 · 고용 · 자동차 · 통관관리 등 6개 업무의 행정전산화가 이루어졌다.
④ 2015년 박근혜 정부 시절 K-Pop 등 한류에 정보통신기술을 접목시킨 K-ICT 사업을 추진하였다.

정답 ②

풀이 ② 「행정전산망 기본계획」은 1987년 4월에 총무처를 총괄기관으로 한 행정전산망추진위원회에서, 「금융전산망 기본계획」은 1988년 4월 한국은행을 총괄기관으로 한 금융전산망추진위원회에서, 「교육 · 연구전산망 기본계획」은 1988년 9월 과학기술처 · 문교부(현 교육부 · 과학기술정보통신부)를 중심으로 하는 교육 · 연구전산망 추진위원회에서 각각 수립하였다.
③ 1987년부터 본격적으로 구축하기 시작한 1차 행정전산망사업의 핵심은 국민생활과 직접 관련된 주민등록, 부동산, 자동차, 통관, 고용, 경제통계의 6개 업무 전산화를 우선 추진하는 것이었다.

725

우리나라 전자정부의 역사에 대한 설명으로 틀린 것은?

① 1975년 행정전산화 기본계획을 발표하였다.
② 1984년 국가기간전산망 기본계획을 확정하였다.
③ 1995년 「정보화촉진 기본법」을 제정하였다.
④ 2007년 「국가정보화 기본법」이 제정되었다.

> **정답** ④
> **풀이** 「국가정보화 기본법」은 2009년 제정되었다.

726

우리나라 전자정부 단계별 주요 목표에 대한 설명으로 틀린 것은?

① 1980년대 후반~1990년대 중반 : 국가주요행정정보 DB화
② 1990년대 후반~2000년 : 범정부공통기반 조성
③ 2003년~2007년 : 다수부처 서비스 연계
④ 2008년~ : 행정서비스 연계 · 통합

> **정답** ②
> **풀이** 범정부공통기반 조성은 2001년부터 2002년까지의 목표였다.

727

우리나라 전자정부 단계별 국가정보화 비전에 대한 설명으로 틀린 것은?

① 1980년대 후반~1990년대 중반 : 정보화촉진 기본계획, Cyber Korea 21
② 2001년~2002년 : e-Korea Vision 2006
③ 2003년~2007년 : Broadband IT Korea Vision 2007 u-Korea 기본계획
④ 2008년~ : 국가정보화 기본계획

> **정답** ①
> **풀이** 정보화촉진 기본계획과 Cyber Korea 21은 90년대 중반부터 2000년까지의 국가정보화 비전이다.

728

u-Korea 관점에서 본 유비쿼터스 사회의 특징으로 틀린 것은?

① 핵심기술 : 인터넷 네트워크

② 정부 : 보이지 않는 서비스, 실시간 맞춤 서비스, 상시 위험 관리

③ 기업 : 생산-유통-재고 관리 전 분야의 의무화

④ 개인 : 지능형 서비스

정답 ①

풀이 인터넷 네트워크는 지식정보사회의 핵심기술이다.

[Korea 관점에서 본 유비쿼터스 사회의 도래]

구분	정보화사회(지식정보사회)	유비쿼터스 사회
핵심기술	인터넷 네트워크	센서, 모바일
정부	원스톱, 무결정성 서비스 통합·포털 서비스 백업 시스템에 의한 위험 관리	보이지 않는 서비스 실시간 맞춤 서비스 상시 위험 관리
기업	주로 거래(지불) 정보화	생산-유통-재고 관리 전 분야의 무인화
개인	표준화된 서비스	지능형 서비스

729

한국 사회의 디지털 미디어의 역사에 대한 서술로 틀린 것은?

① SE-8001 : 1981년 삼보컴퓨터가 출시한 국내 최초의 PC

② 천리안 II : 1988년 데이콤이 출시한 국내 최초의 PC 통신 상용 서비스

③ Kornet : 1994년 한국통신이 출시한 국내 최초의 인터넷 상용 서비스인

④ 두르넷 : 1995년 국내 최초의 초고속 인터넷 서비스

정답 ④

풀이 두르넷이 국내 최초로 초고속 인터넷 서비스를 개시한 시기는 1998년이다.

730

제1차 국가기간전산망사업에 대한 설명으로 틀린 것은?

① 국가기간전산망사업의 기본계획은 행정, 금융, 교육·연구, 국방, 공안전산망 등 5개 분야별 전산망기본계획과 주전산기 개발 및 보급, 표준화추진, 감리제도 발전, 정보보호 및 안전대책 수립 등 8개 분야의 지원계획으로 구성되었다.

② 1986년 금융결제원을 전담기관으로 참여 은행들과 공동 추진한 은행전산망 구축사업은 서로 다른 은행의 메인 컴퓨터를 통신망으로 연결함으로써 전체 은행 간 온라인 서비스를 가능하게 만들었다.

③ 금융전산망은 1993년 금융실명제를 실시함에 있어 내무부 전산망과 연계하여 기본 인프라를 제공하여 금융기관 간 연계를 통해 금융자산 소득의 개인별 합산이 가능해졌다.

④ 1987년부터 본격적으로 구축하기 시작한 1차 행정전산망사업의 핵심은 국민생활과 직접 관련된 주민등록, 부동산, 자동차, 통관, 고용, 경제통계의 6개 업무 전산화를 우선 추진하는 것이었다.

정답 ③

풀이 금융전산망은 초기 은행전산망을 구축한 이후 증권·보험·투자금융 등 제2금융권으로 점차 확대되었다. 특히 금융전산망은 1993년 금융실명제를 실시함에 있어 국세청 전산망과 연계하여 기본 인프라를 제공하였다. 금융기관 간 연계를 통해 금융자산 소득의 개인별 합산이 가능해졌고, 누진종합과세를 통한 조세형평과 차명·무기명 거래를 이용한 상속·증여세 등의 회피 방지 등 금융실명제 시행목적을 달성하는 데에 결정적 역할을 수행했다.

핵심정리 정보화 책임관(CIO)

(1) 미국

① 정보화 책임관은 1980년 초 미국 기업들의 정보화 투자 금액이 증대되고 정보화 투자에 관한 관심이 높아지면서 경영전략과 정보화 투자전략을 효과적으로 연계할 필요성의 증대로 인해 탄생하였다.

② 정보화 책임관라는 용어는 Synnot와 Gruber(1981)가 정보자원관리의 중요성을 강조하며 사용하였다.

③ 미국의 경우 1995년 「문서작업감축법」과 1996년 「정보기술관리개혁법」이 발효되면서 정보화책임관 제도가 공식적으로 도입되었다.

(2) 일본

일본의 경우 전자정부 구축의 최적화 계획 등을 실시하기 위해 부처 내부 체제 강화가 필요하다고 판단하여 민간으로부터 정보화책임관 제도를 도입하였다.

(3) 한국

① 도입 배경

우리나라 행정기관 정보화 담당관(CIO) 제도의 도입은 1998년 5월 제1차 정보화전략회의에서의 대통령의 지시에 의해 이루어졌다.

② 발달 과정
　　㉠ 국내에 CIO가 처음 도입된 것은 지난 1990년 금호그룹이 그룹 CIO를 임명한 것이 최초이다.
　　㉡ 1998년 10월 52개 중앙부처에 정보화책임관(CIO)이 일괄적으로 임명하면서부터 정보화 책임관 제도가 본격적으로 공공부문에 도입되었다.
③ 「국가정보화기본법」에 규정된 정보화 책임관의 담당업무
　　㉠ 국가정보화 사업의 총괄조정, 지원 및 평가
　　㉡ 국가정보화 정책과 기관 내 다른 정책 · 계획 등과의 연계 · 조정
　　㉢ 정보기술을 이용한 행정업무의 지원
　　㉣ 정보자원의 획득 · 배분 · 이용 등의 종합조정 및 체계적 관리와 정보공동활용 방안 수립
　　㉤ 정보문화의 창달과 정보격차를 해소
　　㉥ 정보기술아키텍처를 도입 · 활용
　　㉦ 정보화 교육
　　㉧ 그 밖에 법령에서 정보화책임관의 업무로 지정하는 사항
④ 「행정기관의 정보화책임관 지정 · 운영에 관한 지침」에 규정된 정보화 책임관의 자격
　　㉠ 당해 기관의 실제 업무처리 과정 전반에 정통한 자
　　㉡ 정보화 분야에 관한 넓은 이해와 안목을 가진 자
　　㉢ 정보화를 통하여 행정혁신을 적극적으로 주도할 의지와 능력이 있는 자
⑤ 정보화 책임관 협의회
　　중앙행정기관 및 지방자치단체는 정보화의 효율적 추진과 필요한 정보의 교류&관련 정책의 협의 등을 하기 위하여 정보화책임관으로 구성된 정보화책임관협의회를 구성 · 운영한다.
⑥ 정보화 책임관 협의회의 주요 업무 내용
　　㉠ 전자정부와 관련된 정책의 수립 · 시행에 관한 사항
　　㉡ 행정정보의 공동이용에 관한 사항
　　㉢ 정보기술아키텍처에 관한 사항
　　㉣ 정보자원의 체계적 관리 및 표준화에 관한 사항
　　㉤ 여러 국가기관, 지방자치단체 및 공공기관이 관련된 전자정부사업, 지역정보화 사업, 정보문화 창달 및 정보격차 해소의 추진에 관한 사항
　　㉥ 그 밖에 의장이 필요하다고 인정하는 사항

731

정보화책임관(Chief Inforamation Officer)에 대한 설명으로 틀린 것은? [2023년 기출]

① 정보화책임관은 1980년 초 미국 기업들의 정보화 투자 금액이 증대되고 정보화 투자에 관한 관심이 높아지면서 경영전략과 정보화 투자전략을 효과적으로 연계할 필요성의 증대로 인해 탄생하였다.
② 우리나라는 1998년 정보화책임관 제도를 공식적으로 도입하였으며, 「국가정보화기본법」에 정보화책임관의 자격을 규정하고 있다.
③ 미국의 경우 1995년 「문서작업감축법」과 1996년 「정보기술관리개혁법」이 발효되면서 정보화책임관 제도가 공식적으로 도입되었다.
④ 일본의 경우 전자정부 구축의 최적화 계획 등을 실시하기 위해 부처 내부 체제 강화가 필요하다고 판단하여 민간으로부터 정보화책임관 제도를 도입하였다.

732

정보화책임관(CIO)에 대한 설명으로 틀린 것은?

① 1980년 초 경영전략과 정보화 투자전략을 효과적으로 연계할 필요성의 증대로 인해 탄생하였다.

② 미국의 경우 1995년 「문서작업감축법」과 1996년 「정보기술관리개혁법」이 발효되면서 정보화책임관 제도가 공식적으로 도입되었다.

③ 일본의 경우 전자정부 구축의 최적화 계획 등을 실시하기 위해 부처 내부 체제 강화가 필요하다고 판단하여 민간으로부터 정보화책임관 제도를 도입하였다.

④ 국내에 CIO가 처음 도입된 것은 1998년 10월 52개 중앙부처에 정보화책임관(CIO)이 일괄적으로 임명하면서부터이다.

핵심정리 **EU의 온라인 정교성 측정을 위한 5단계 지표**

단계	내용
정보(information)	온라인 정보 구축
일방적 상호작용(One way Interaction)	다운로드 가능한 신청서 제공
쌍방향 상호작용(Two wayl nteraction)	온라인 신청서 제공
상호교류(Transaction)	완벽한 온라인 서비스 처리
개인화(personalization)	능동성, 자동화

온라인 정교성과 완전한 온라인 이용가능성

측정목표	측정목표를 위한 단계모델
완전한 온라인 이용가능성	온라인 정교성(online sophistication) 모델
완벽하지 않은 온라인이용가능성	• 1단계 : 온라인 정보 구축 • 2단계 : 일방적 상호작용 – 다운로드 가능한 신청서 • 3단계 : 쌍방향 상호작용 – 온라인 신청서
완벽한 온라인 이용 가능성	• 4단계 : 상호교류 – 완벽한 온라인 서비스 처리 • 5단계 : 개인화 – 능동성, 자동화

733

EU의 온라인 공공 서비스 수준 평가 방법에 대한 설명으로 틀린 것은?

① 온라인 서비스의 정교성 평가는 정보, 일방향 상호작용, 쌍방향 상호작용, 상호교류, 개인화로 구성된 5단계 모델을 통해 이루어진다.

② 개인화 단계는 온라인 서비스가 사용자 요구에 맞추어 목표화가 되어 있는지를 평가하며, '능동적 서비스 제공'과 '자동적 서비스 제공'의 두 가지 개념을 적용한다.

③ 완전한 온라인 이용가능성 평가는 e – 유럽의 온라인 이용 수준을 평가하기 위해 20개 공공 서비스(시민 서비스 12개, 기업 서비스 8개)에 적용된다.

④ 자동적 서비스 제공은 사용자가 서비스 요청을 하면 정부가 특정 서비스를 제공하는 것을 의미한다.

정답 ④

풀이 ① 온라인 서비스의 정교성 평가는 정보, 일방향 상호작용, 쌍방향 상호작용, 상호교류, 개인화로 구성된 5단계 모델을 통해 이루어진다.

② 개인화 단계는 온라인 서비스가 사용자 요구에 맞추어 목표화가 되어 있는지를 평가하며, '능동적 서비스 제공'과 '자동적 서비스 제공'의 두 가지 개념을 적용한다.

③ 완전한 온라인 이용가능성 평가는 e – 유럽의 온라인 이용 수준을 평가하기 위해 20개 공공 서비스(시민 서비스 12개, 기업 서비스 8개)에 적용된다.

④ 자동적 서비스 제공은 사용자가 서비스 요청을 하면 정부가 특정 서비스를 제공하는 것이 아니라, 사용자의 서비스 요청을 필요로 하지 않고 사용자에게 맞는 특정 서비스를 정부가 자동으로 제공하는 것을 의미한다.

734

EU의 온라인 공공 서비스 수준 평가 방법에 대한 설명으로 틀린 것은?

① 온라인 정교성은 공공 서비스의 온라인 이용가능성을 측정하는 것이다.

② 개인화 단계는 온라인 서비스가 어느 정도까지 사용자 요구에 맞추어 목표화가 되어 있는지를 평가하는 것이다.

③ 능동적 서비스 제공은 사용자에게 맞는 특정 서비스를 정부가 자동으로 제공하는 것으로 사용자의 서비스 요청이 불필요하다.

④ 완전한 온라인 이용가능성 평가는 e - 유럽의 온라인 이용 수준을 평가하기 위해 20개 공공 서비스 (시민 서비스 12개, 기업 서비스 8개)에 제한 적용한다.

> **정답** ③
>
> **풀이** 자동적 서비스 제공에 대한 설명이다. 능동적 서비스 제공은 정부가 서비스 제공의 질과 사용자의 호감도를 개선하기 위해 능동적으로 행동을 취했는지 여부이다.

735

EU의 온라인 정교성을 측정하기 위한 5단계 지표에 대한 설명으로 틀린 것은?

① 정보 단계는 온라인 정보 구축에 초점을 맞춘다.

② 일방적 상호작용 단계는 다운로드 가능한 신청서 제공을 중심으로 한다.

③ 쌍방향 상호작용 단계에서는 온라인 신청서 제공이 이루어진다.

④ 개인화 단계는 온라인 신청서의 자동 승인과 관련이 있다.

> **정답** ④
>
> **풀이** ① 정보 단계는 실제로 온라인 정보 구축에 초점을 맞추고 있다.
> ② 일방적 상호작용 단계는 실제로 다운로드 가능한 신청서 제공을 중심으로 한다.
> ③ 쌍방향 상호작용 단계에서는 온라인 신청서 제공이 이루어진다.
> ④ 개인화 단계 진입 여부를 평가하기 위해서는 '능동적 서비스 제공'과 '자동적 서비스 제공'의 두 가지 개념을 적용한다. 능동적 서비스 제공정부가 서비스 제공의 질과 사용자의 호감도를 개선하기 위해 능동적으로 행동을 취했는지 여부이고, 자동적 서비스 제공은 사용자에게 맞는 특정 서비스를 정부가 자동으로 제공하는 것으로 사용자의 서비스 요청이 불필요하다.

736

온라인 서비스의 정교성과 완전한 온라인 이용가능성을 핵심 지표로 온라인 공공서비스 제공 수준을 평가하는 것으로 옳은 것은?

① EU   ② UN
③ 대한민국   ④ Gartner Group

정답 ①

풀이 ① EU의 온라인 공공서비스 제공 수준은 온라인 서비스의 정교성과 완전한 온라인 이용가능성을 핵심 지표로 평가된다.

737

EU의 온라인 공공 서비스 수준 평가 방법에 대한 설명으로 틀린 것은?

① 온라인 서비스의 정교성은 공공 서비스의 온라인 이용가능성을 측정하는 것이다.
② 완전한 온라인 이용가능성 평가는 e-유럽의 온라인 이용 수준을 평가하기 위해 20개 공공서비스(시민 서비스 12개, 기업 서비스 8개)에 제한 적용한다.
③ 다운로드 가능한 신청서는 일방적 상호작용(One way Interaction) 단계에서부터 제공될 수 있다.
④ 완벽한 온라인 서비스 처리는 개인화(personalization) 단계부터 가능하다.

정답 ④

풀이 ④ 온라인 정교성은 공공 서비스의 온라인 이용가능성을 측정하는 것으로 정보, 일방향 상호작용(다운로드 가능한 신청서 제공), 쌍방향 상호작용(온라인 신청서 제공), 상호교류(완벽한 온라인 서비스 처리), 개인화(능동성, 자동화)로 구성된 5단계 모델을 제시한다.

단계	내용
정보단계 (Presence)	시민(사용자)들에게 행정기관의 일반적인 정보 및 적절한 공식문서를 웹 사이트를 통해 제공하는 단계
상호작용단계 (Interaction)	주요 정보를 온라인상으로 접근 가능한 단계, 예를 들어 기본적인 검색기능, 다운로드 가능한 양석, 타 관련 사이트와 링크, 공무원 및 행정기관 e-mail 주소등록 등이 추가됨
업무처리단계 (Transaction)	시민(사용자)이 온라인상으로 모든 민원업무의 처리가 가능한 단계, 예를 들어 납세 서류작성 및 납세 이행, 자동차면허갱신, 각종 별금 지급, 인·허가 업무 등이 온라인상에서 처리 가능
변화·혁신단계 (Transformation)	정부조직운영을 시민들에게 모두 투명하게 보이도록 하는 단일 고객접촉점을 제공함으로써 정부서버스의 개념을 재정의하게 되는 단계

738

가트너의 전자정부의 서비스 발전단계에 대한 설명으로 옳은 것은?   [2022년 기출]

① 정보단계 : 투명성, 참여

② 상호작용단계 : 기본적인 검색기능, 다운로드 기능

③ 업무처리단계 : 협업과 관계성

④ 변화·혁신단계 : 온라인상으로 모든 문서의 처리

정답 ②

풀이 ② 상호작용단계는 주요 정보를 온라인상으로 접근 가능한 단계로, 예를 들어 기본적인 검색기능, 다운로드 가능한 양석, 타 관련 사이트와 링크, 공무원 및 행정기관 e-mail 주소등록 등이 추가된다.

전자정부법

「전자정부법」

- 1990년대 말 전자정부가 국가의 주요 정책 과제로 등장하면서 학계, 정부 등 각계에서 「전자정부법」 제정 필요성이 제기됨에 따라, 국민의 정부에서 100대 국정과제에 '전자정부의 구현'을 포함하고, 지식 정보 강국으로의 도약을 위한 수단으로 전자정부의 구현이 강조되었다.
- 이후 입법부와 정부 중심으로 지속해서 「전자정부법」을 입법하려는 노력이 있었고, 2001년 2월 28일 국회에서 「전자정부 구현을 위한 행정업무 등의 전자화 촉진에 관한 법률」을 의결하였다.
- 2007년 1월 3일 일부개정으로 법제명이 「전자정부법」으로 변경되면서 '업무의 전자화'에 한정하지 않고 '전자정부'를 전면에 내세웠다. 2010년 2월 4일 전부개정을 통해 법의 목적 중 '전자정부사업의 촉진'을 '전자정부의 효율적 구현'으로 수정하면서 전자정부의 목적이 수단 및 양적인 개념에서 질적인 개념으로 확대 발전되었다.
- 전자정부를 구현하여 행정의 생산성과 투명성을 높이기 위한 제도 개선 노력은 법 제정 이후 1번의 전부개정과 6번의 일부개정을 통해 지속되고 있다. 이를 통해 우리나라는 2년마다 수행되는 UN 전자정부 평가에서 2010년, 2012년, 2014년 평가에서 연속 1위, 2020년 2위를 하는 등 전자정부 선두국가로서 자리매김하고 있고, 2020년 10월에는 제1회 OECD 디지털정부평가에서 종합 1위를 차지하는 성과를 거두기도 하였다.

739

전자정부에 대한 설명으로 틀린 것은?

[2021년 기출]

① 컴퓨터와 전자통신 기술을 수단으로 해서 행정의 생산성 향상, 대민 서비스 개선, 행정정보 공개를 지향한다.

② 전자정부는 정보기술을 이용해 행정 업무를 혁신하고 국민에 대해 양질의 행정 서비스를 효율적으로 제공하는 지식 정보사회의 정부라고 할 수 있다.

③ 2002년 국제연합은 전자정부화를 통해 능률성, 효과성, 권한 부여로 경제 사회 발전을 이룰 것으로 기대했다.

④ 우리나라는 2005년 「전자정부 특별법」을 제정하였다.

정답 ④

풀이 ④ 「전자정부법」 제6조는 '행정기관등의 대민서비스 및 행정관리의 전자화, 행정정보의 공동이용 등 전자정부의 구현·운영 및 발전에 관하여 다른 법률에 특별한 규정이 있는 경우를 제외하고는 이 법에서 정하는 바에 따른다.'고 규정하고 있다. 즉 「전자정부법」이 전자정부에 관한 일반법이다. 「전자정부법」은 행정업무의 전자적 처리를 위한 기본원칙, 절차 및 추진방법 등을 규정함으로써 전자정부를 효율적으로 구현하고, 행정의 생산성, 투명성 및 민주성을 높여 국민의 삶의 질을 향상시키는 것을 목적으로 2001년 제정된 대한민국의 법률이다. 제정 당시에는 「전자정부구현을 위한 행정업무등의 전자화촉진에 관한 법률」이란 이름이었고, 2007년부터는 지금의 「전자정부법」이란 이름을 유지하고 있다. 현재 행정안전부 소관이다.

740

「전자정부법」에 대한 설명으로 틀린 것은?

① 2001년 국회에서 「전자정부 구현을 위한 행정업무 등의 전자화 촉진에 관한 법률」을 의결하면서 제 정되었다.

② 「전자정부법」은 「헌법」의 규정에 따라 설립된 국가기관(이하 '헌법기관')인 정부, 국회, 법원, 헌법재 판소, 중앙선거관리위원회 모두에 적용된다.

③ 「전자정부법」은 저소득자·농어촌지역 주민·장애인·노령자·여성 등 경제적·지역적·신체적 또는 사회적 여건으로 인하여 생활에 필요한 정보통신서비스에 접근하거나 이용하기 어려운 자에 대하여 정보통신망에 대한 자유로운 접근과 정보이용을 보장하고 있다.

④ 행정기관 등의 대민서비스 및 행정관리의 전자화, 행정정보의 공동이용 등 전자정부의 구현·운영 및 발전에 관하여 다른 법률에 특별한 규정이 있는 경우를 제외하고는 「전자정부법」에서 정하는 바 에 따른다.

> **정답** ③
>
> **풀이** ③ 「정보격차해소에 관한 법률」에 대한 설명이다. 「정보격차해소에 관한 법률」은 2009년 폐지되었다.

741

전자정부 관련 법률의 제정 연도로 틀린 것은?

① 1986년 「전산망 이용촉진과 보급 확장에 관한 법률」
② 1995년 「정보화촉진 기본법」
③ 2001년 「정보통신망 보호법」
④ 2010년 「국가정보화 기본법」

> **정답** ④
>
> **풀이** 「국가정보화 기본법」은 2009년 제정되었다.

742

「전자정부법」에 대한 설명으로 틀린 것은?

① 「전자정부법」은 행정업무의 전자적 처리를 위한 원칙과 세부 절차 등을 규정하며, 그 목적은 전자정부를 구현하고 행정의 생산성과 투명성, 민주성을 높이는 것이다.

② 「전자정부법」은 2001년에 최초로 제정되었고, 그 당시의 법률명은 「전자정부 구현을 위한 행정업무 등의 전자화 촉진에 관한 법률」이었다.

③ 「전자정부법」의 적용 범위는 중앙행정기관 및 그 소속 기관, 지방자치단체, 그리고 공공기관이다.

④ 2010년에 「전자정부법」은 전부개정되었으며, 그 때부터 법의 목적 중 '전자정부사업의 촉진'이라는 문구가 포함되었다.

정답 ④

풀이 ① 「전자정부법」은 행정업무의 전자적 처리를 위한 원칙과 세부 절차 등을 규정하며, 그 목적은 전자정부를 구현하고 행정의 생산성과 투명성, 민주성을 높이는 것이다.

② 「전자정부법」은 2001년에 최초로 제정되었고, 그 당시의 법률명은 「전자정부 구현을 위한 행정업무 등의 전자화 촉진에 관한 법률」이었다.

③ 「전자정부법」의 적용 범위는 중앙행정기관 및 그 소속 기관, 지방자치단체, 그리고 공공기관이다.

④ 2010년에 「전자정부법」은 전부개정되었으나, 그 때부터 법의 목적 중 '전자정부사업의 촉진'이라는 문구가 포함되었다는 내용은 잘못된 정보이다. 실제로는 2010년 전부개정에서 '전자정부사업의 촉진'이라는 목적이 '전자정부의 효율적 구현'으로 변경되었다.

743

「전자정부법」과 관련된 내용으로 틀린 것은?

① 「전자정부법」은 헌법의 규정에 따라 설립된 국가기관인 정부, 국회, 법원, 헌법재판소, 중앙선거관리위원회 모두에 적용되며, 각 기관은 자체적으로 필요한 사항을 규정할 수 있다.

② 「전자정부법」은 전자정부에 관한 일반법으로, 다른 법률에 특별한 규정이 있는 경우에는 다른 법률이 우선 적용된다.

③ 다른 법률에서 전자문서가 아닌 종이문서 이용 의무, 대면에 의한 민원신청 의무를 규정하고 있는 경우에는 해당 법률이 우선 적용된다.

④ 개정 전 「지방자치법」 제15조는 청구인명부 작성 시 전자서명에 관한 규정이 없어서 실제 '서면에 의한 서명'만 가능하였다. 이 경우 해당 「지방자치법」 제15조는 「전자정부법」에 대하여 '다른 특별한 규정'에 해당하지 않는다.

풀이 ① 「전자정부법」은 국가기관들에게 적용되며, 행정부는 대통령령, 기타 헌법기관은 헌법재판소규칙, 중앙
선거관리위원회규칙 등을 별도로 마련하여 전자정부법의 이행을 위하여 필요한 사항을 규정하고 있다.
② 「전자정부법」은 전자정부에 관한 일반법으로, 다른 법률과의 적용관계에서 전자정부법이 원칙적으로
우선 적용되지만, 다른 법률에서 전자정부와 관련하여 특별한 규정이 있는 경우에는 해당 법률이 우선
하여 적용된다.
③ 예를 들어, 다른 법률에서 전자문서가 아닌 종이문서 이용 의무, 대면에 의한 민원신청 의무를 규정하
고 있는 경우에는 해당 법률이 우선 적용된다.
④ 개정 전 「지방자치법」 제15조는 「전자정부법」에 대하여 '다른 특별한 규정'에 해당한다. 「전자정부법」
은 원칙적으로 모든 국가기관에 적용되지만, 특별한 규정이 있는 다른 법률은 우선 적용되므로, 「지방
자치법」 제15조의 경우에는 「전자정부법」보다 우선 적용된다.

핵심정리   「전자정부법」의 적용 범위

- 「전자정부법」은 헌법의 규정에 따라 설립된 국가기관(이하, '헌법기관')인 정부, 국회, 법원, 헌법재판
소, 중앙선거관리위원회 모두에 적용된다.
- 다만, 삼권 분립의 원칙에 따른 입법부와 사법부의 독립성을 고려하여 세부적인 내용은 별도로 규정할
수 있도록 하였다. 이에 따라 행정부는 대통령령으로 규정하고, 기타 헌법기관은 헌법재판소규칙, 중앙선
거관리위원회규칙 등을 별도로 마련하여 「전자정부법」의 이행을 위하여 필요한 사항을 규정하고 있다.

핵심정리   「전자정부법」과 다른 법률과의 관계

(1) 의의

　　「전자정부법」 제6조(다른 법률과의 관계)는 "행정기관 등의 대민서비스 및 행정관리의 전자화, 행정
정보의 공동이용 등 전자정부의 구현·운영 및 발전에 관하여 다른 법률에 특별한 규정이 있는 경우
를 제외하고는 이 법에서 정하는 바에 따른다."고 규정하고 있어서 「전자정부법」이 전자정부에 관한
일반법임을 밝히고, 다른 법률과의 적용관계를 명확히 하였다.

(2) 주요 내용

- 행정기관등의 대민서비스 및 행정관리의 전자화, 행정정보의 공동이용 등 전자정부에 관한 사항에
대해서는 「전자정부법」에 따라야 하는 것이 원칙이다. 다만, 다른 법률에서 전자정부와 관련하여
특별한 규정이 있는 경우에는 해당 법률이 우선하여 적용된다.
- "다른 법률에 특별한 규정이 있는 경우"란 「전자정부법」에서 정하고 있는 전자정부에 관한 사항과
다른 내용을 「전자정부법」을 제외한 다른 법률에서 구체적으로 명시한 규정이 있는 경우에 한하여
해당 법이 우선하여 적용된다는 것을 의미한다. 선언 또는 원칙 형태의 규정은 특별한 규정에 해당
하지 않는다.
- 예를 들어, 다른 법률에서 전자문서가 아닌 종이문서 이용 의무, 대면에 의한 민원신청 의무를 규
정하고 있는 경우에는 「전자정부법」 제25조(전자문서의 작성), 「전자정부법」 제7조(전자적 민원처
리 신청 등)이 적용되지 않고 해당 법률이 우선 적용된다.

(3) 판결 및 사례
- 「정보공개법」제4조제1항(다른 법률에 특별한 규정이 있는 경우를 제외하고는 이 법이 정하는 바에 의한다)에 따라 정보공개법의 적용을 배제하기 위해서는 특별한 규정이 '법률'이어야 하고, 나아가 내용이 정보공개의 대상 및 범위, 정보공개의 절차, 비공개대상정보 등에 관하여 「정보공개법」과 달리 규정하고 있는 것이어야 한다.
- 형사재판확정기록의 공개 여부나 공개 범위, 불복절차에 관하여 달리 규정하고 있는 「형사소송법」제59조의2는 "다른 법률에 특별한 규정"에 해당한다(2013두 20882).
- 「지방자치법」제15조는 조례의 제정과 개폐 청구를 위해 '19세 이상 주민'의 일정 수 이상의 연서를 요구하였고 이를 위하여 청구인명부를 작성하도록 하고 있다. 이때, 청구인명부 작성 시 전자서명에 관한 규정이 없어서 실제 '서면에 의한 서명'만 가능하였다. 이 경우 해당 「지방자치법」제15조는 「전자정부법」에 대하여 "다른 특별한 규정"에 해당한다. 이후, 2018년 1월 9일 「지방자치법 시행령」제13조의2 및 제14조제3항 신설 및 일부개정을 통해 전자서명에 의한 절차를 규정하여, 종이문서에 의한 청구인명부 작성 외에 전자적 방식의 청구인명부 작성이 가능하도록 하였다.

744

「정보공개법」의 내용으로 틀린 것은?

① 공공기관이 보유·관리하는 정보는 공개 대상이 된다.
② 정보공개는 공개를 구할 법률상 이익이 있는 자가 청구할 수 있다.
③ 정보란 공공기관이 직무상 작성 또는 취득하여 관리하고 있는 문서 및 전자매체를 비롯한 모든 형태의 매체 등에 기록된 사항을 말한다.
④ 공개란 공공기관이 이 법에 따라 정보를 열람하게 하거나 그 사본·복제물을 제공하는 것 또는 정보통신망을 통하여 정보를 제공하는 것 등을 말한다.

정답 ②
풀이 모든 국민은 정보의 공개를 청구할 권리를 가진다.

745

한국의 정보공개제도와 관련된 설명으로 틀린 것은?   [2023년 기출]

① 국민이 행정기관이 보유한 정보에 접근하여 이용할 수 있는 권리를 부여하고, 행정기관에는 정보공개의 의무를 부과하는 제도이다.

② 정보공개 대상이 되는 기관은 국회, 법원을 비롯한 국가기관 및 지방자치단체, 정부투자 기관, 특별법에 의해 설립된 특수법인, 「사회복지사업법」 제42조 1항의 규정에 의하여 국가 또는 지방자치단체로부터 보조금을 받는 사회복지법인과 사회복지사업을 하는 비영리 법인이 포함된다.

③ 공개 대상 정보가 제3자와 관련 있는 경우엔 제3자에게 통지하게 되며, 공개 여부 결정이 곤란한 경우에는 정보공개심의회에서 심의하게 된다.

④ 비공개 대상 정보의 범위를 축소하여 비공개할 수 있는 정보는 정보공개위원회의 심의에 따라 행정안전부장관 이상의 법령에 의해서만 정할 수 있다.

정답 ④

풀이 ④ 공공기관은 제1항 각 호의 어느 하나에 해당하는 정보가 기간의 경과 등으로 인하여 비공개의 필요성이 없어진 경우에는 그 정보를 공개 대상으로 하여야 한다(「정보공개법」 제9조 제2항). 또한 공개 청구한 정보가 비공개 대상 정보에 해당하는 부분과 공개 가능한 부분이 혼합되어 있는 경우로서 공개 청구의 취지에 어긋나지 아니하는 범위에서 두 부분을 분리할 수 있는 경우에는 비공개 대상 정보에 해당하는 부분을 제외하고 공개하여야 한다(「정보공개법」 제14조).

746

「전자정부법」에 대한 설명으로 틀린 것은?

① 전자정부에 관한 일반법이다.

② 선언 또는 원칙 형태의 규정도 다른 법률의 특별한 규정에 해당한다.

③ 헌법기관인 정부, 국회, 법원, 헌법재판소, 중앙선거관리위원회 모두에 적용된다.

④ 최초의 「전자정부법」은 「전자정부 구현을 위한 행정업무 등의 전자화 촉진에 관한 법률」이다.

정답 ②

풀이 ② '다른 법률에 특별한 규정이 있는 경우'란 「전자정부법」에서 정하고 있는 전자정부에 관한 사항과 다른 내용을 「전자정부법」을 제외한 다른 법률에서 구체적으로 명시한 규정이 있는 경우에 한하여 해당 법이 우선하여 적용된다는 것을 의미한다. 선언 또는 원칙 형태의 규정은 특별한 규정에 해당하지 않는다.

747

「전자정부법」에 대한 설명으로 틀린 것은? [2021년 기출]

① 2001년 3월 28일 국회에서 「전자정부 구현을 위한 행정업무 등의 전자화 촉진에 관한 법률」을 의결하였다.

② 「전자정부법」은 2003년, 2007년의 일부 개정에 이어 2010년 전부개정되었다.

③ 형사 및 국방 분야와의 관계에서도 「전자정부법」이 특별법에 해당하여 「전자정부법」이 우선 적용된다.

④ 「전자정부법」은 헌법 규정에 따라 설립된 국가기관(이하 헌법기관)인 정부, 국회, 법원, 헌법재판소, 중앙선거관리위원회 모두에 적용된다.

> **정답** ③
>
> **풀이** ③ 「전자정부법」 제6조는 '행정기관등의 대민서비스 및 행정관리의 전자화, 행정정보의 공동이용 등 전자정부의 구현·운영 및 발전에 관하여 다른 법률에 특별한 규정이 있는 경우를 제외하고는 이 법에서 정하는 바에 따른다.'고 규정하고 있다. 즉 「전자정부법」이 전자정부에 관한 일반법이다. 예를 들어 형사재판확정기록의 공개 여부나 공개 범위, 불복절차에 관하여 달리 규정하고 있는 「형사소송법」 제59조의2는 "다른 법률에 특별한 규정"에 해당하고 「형사소송법」 제59조의 2가 특별법 우선의 원칙에 의해 우선 적용된다.

748

「전자정부법」에 대한 설명으로 틀린 것은?

① 2001년 「전자정부 구현을 위한 행정업무 등의 전자화 촉진에 관한 법률」이 제정되었다.

② 2007년 일부개정으로 법제명이 「전자정부법」으로 변경되면서 '업무의 전자화'에 한정하지 않고 '전자정부'를 전면에 내세웠다.

③ 2010년 전부개정을 통해 법의 목적 중 '전자정부사업의 촉진'을 '전자정부의 효율적 구현'으로 수정하면서 전자정부의 목적이 수단 및 양적인 개념에서 질적인 개념으로 확대 발전되었다.

④ 다른 법률에서 전자문서가 아닌 종이문서 이용 의무, 대면에 의한 민원신청 의무를 규정하고 있는 경우에도 「전자정부법」 제25조(전자문서의 작성), 「전자정부법」 제7조(전자적 민원처리 신청 등)가 우선 적용된다.

> **정답** ④
>
> **풀이** ④ 다른 법률에서 전자문서가 아닌 종이문서 이용 의무, 대면에 의한 민원신청 의무를 규정하고 있는 경우에는 「전자정부법」 제25조(전자문서의 작성), 「전자정부법」 제7조(전자적 민원처리 신청 등)이 적용되지 않고 해당 법률이 우선 적용된다.

749

「전자정부법」에 대한 설명으로 틀린 것은?

① 2001년 2월 28일 국회에서 「전자정부 구현을 위한 행정업무 등의 전자화 촉진에 관한 법률」을 의결하였다.

② 2007년 1월 3일 일부개정으로 법제명이 「전자정부법」으로 변경되면서 '업무의 전자화'에 한정하지 않고 '전자정부'를 전면에 내세웠다.

③ 2010년 2월 4일 전부개정을 통해 법의 목적 중 '전자정부사업의 촉진'을 '전자정부의 효율적 구현'으로 수정하면서 전자정부의 목적이 수단 및 양적인 개념에서 질적인 개념으로 확대 발전되었다.

④ 「전자정부법」 제6조(다른 법률과의 관계)는 행정기관 등의 대민서비스 및 행정관리의 전자화, 행정정보의 공동이용 등 전자정부의 구현·운영 및 발전에 관하여 「전자정부법」이 다른 법률보다 우선 적용된다고 규정하여 「전자정부법」이 전자정부에 관한 일반법임을 밝히고, 다른 법률과의 적용관계를 명확히 하였다.

정답 ④

풀이 ④ 「전자정부법」 제6조(다른 법률과의 관계)는 "행정기관 등의 대민서비스 및 행정관리의 전자화, 행정정보의 공동이용 등 전자정부의 구현·운영 및 발전에 관하여 다른 법률에 특별한 규정이 있는 경우를 제외하고는 이 법에서 정하는 바에 따른다."고 규정하고 있어서 「전자정부법」이 전자정부에 관한 일반법임을 밝히고, 다른 법률과의 적용관계를 명확히 하였다.

전자민주주의

핵심정리 토플러(Toffler)의 전자민주주의

(1) 의의
- 토플러(Toffler)는 「새 문명의 창출」(Creating a new civilization)에서 모자이크 민주주의(Mosaic Democracy)가 등장할 것이며, 국가의 중대한 결정을 대표자에게만 의존하던 대의민주주의 대신에 국민 스스로 대표자가 되고 중요한 정책 결정 과정에 직접 참여하는 반(半)직접민주주의가 등장할 것이라고 주장하였다.

(2) 진취적 소수의 결의 원칙
- 산업사회에서의 다수결의 원리를 대체하는 원칙으로 진취적 소수의 결의 원칙을 제안한다.
- 다수결의 원리는 대중사회의 산물이지만, 정보사회에서는 전문성을 지닌 진취적 소수들이 의사결정을 하게 된다는 것이다.

(3) 반(半)직접민주주의(직·간접 혼합형 민주주의)
- 정보시대에는 합의가 무의미하기 때문에 대의기구도 필요 없어진다. 대표자들에 대한 의존으로부터 벗어나 스스로 대표가 되는 방향으로 전환한다.
- 새로운 정보통신기술의 발달로 인해 직접민주주의에서 우려되는 이른바 국민의 즉흥적 감정표출의 문제는 냉각기간의 설정이나 재투표를 통해 해소될 것으로 보고 통신수단의 문제 역시 기술적으로 해결 가능함으로써 직접민주주의와 간접민주주의를 결합시키는 여러 제도를 고안하는 것이 가능한 단계에 이르렀다.

(4) 의사결정의 분권화
- 직접민주주의가 확산되기 때문에 중앙집권적인 관료조직에서 행사하던 권한과 주요 행정원칙들이 하부기관으로 이양되어야 한다.

핵심정리 나이스비트(Naisbitt)가 「메가트렌드」에서 제시한 조류

- 지방분권화의 조류와 의회민주주의에서 참여민주주의로의 변화 조류를 제시한다.
- 참여민주주의 원리란 정책결정의 이해 당사자 집단의 참여가 보장되는 것을 의미한다. 이는 계층적 관료사회가 네트워크형 수평사회로 변화되면서 이러한 경향을 확인할 수 있다는 주장이다.
- 정보혁명을 통한 동시적인 정보 공유와 교육수준의 향상 등이 모든 사회구성원의 참여수준을 높이는 계기를 마련해준다. 이것이 정치영역에서 참여민주주의로 나타나게 된다. 이로써 평등한 정보접근권이 보장되어 부와 권력의 격차에 따른 정치적 영향력의 불평등은 서서히 사라지게 될 것이다.

핵심정리 원격민주주의론

(1) 의의

- 정보통신기술의 발달과 그 기술의 활용으로 인해 대의제를 대체할 직접 민주주의적 요소가 정치과정에서 작용할 수 있다는 관점에서 전자투표를 통한 민주주의 극대화를 주장한다.
- 정책 현안에 대해 즉각적인 주민의견을 물을 수 있는 전자투표장치의 개발로 정책결정 과정에서의 시민참여가보장될 수 있기 때문에 직접민주주의 요소의 극대화에 기여한다.
- 베커는 원격민주주의에 대한 개념 정의를 바탕으로 전자국민투표를 용이하게 하는 수단으로서 정보통신기술을 이용해야 한다고 주장한다.
- 원격민주주의에 대한 논의의 초점과 관련하여 민주주의는 사회구성원의 서로 다른 의견을 한 곳으로 수렴하는 데 핵심이 있다.
- 사회구성원 각자의 자발성과 창의성, 그리고 자유롭고 공개적인 의사소통체계를 구성하는 것이야말로 교양 있는 참여민주주의가 가능하다고 주장한다.

(2) 아터턴

- 아터턴은 원격민주주의란 케이블 TV 등 쌍방향 미디어를 통해 전자투표, 정치지도자와의 의견교환 정보의 효과적인 이동 등이 가능하게 됨으로써 정치적 의사결정과정에 일반 시민의 참여가 이루어지는 실천적 과정으로 정의한다.
- 아터턴은 전자투표가 직접민주주의로 가는 길이라는 시각에는 단호하게 거부한다. 원격민주주의는 민주주의를 개선하는 데는 기여할 수 있지만, 그것이 민주주의를 근본적으로 변혁시키거나 이상적으로 만들 수는 없다고 주장한다.
- 이 입장은 기술결정론을 철저히 배격하면서 사회구조론적 입장을 취한다. 이들은 기술발달 그 자체가 정치적 변화 내용을 결정짓는 것이 아니라 어디까지나 기술의 사용자인 사람들의 가치관과 인식 및 사회와 조직의 선택이 정치과정에서 기술이 어떻게 적용되는가를 결정짓는다는 관점을 강조한다.

750

전자적 공론장의 특징으로 틀린 것은? [2022년 기출]

① 참여의 용이성

② 상호작용의 확대

③ 디지털 격차 감소

④ 민주주의 발전에 기여

정답 ③

풀이 ③ 전자적 공론장은 정치적 의견 개진이나 정치 참여 확대와 관련되는 것이고 디지털 격차 감소와는 관련이 없다.

751

전자적 공론장의 기능으로 적절하지 않은 것은?

① 정보 제공
② 정보 격차 감소
③ 가상공동체 형성
④ 참여의 용이성 증대

> **정답** ②
>
> **풀이** 전자적 공론장은 정치적 의견 개진이나 정치 참여 확대와 관련되는 것이고 디지털 격차 감소와는 관련이 없다.

752

토플러의 전자민주주의에 대한 내용으로 틀린 것은?

① 토플러는 새로운 민주주의 형태로 모자이크 민주주의를 제안하며, 이는 대의민주주의 대신 국민 스스로 대표자가 되고 중요한 정책 결정 과정에 직접 참여하는 반(半)직접민주주의를 의미한다.
② 토플러는 산업사회에서의 다수결의 원칙을 대체하는 원칙으로 진취적 소수의 결의 원칙을 제안하였으며, 이는 정보사회에서는 전문성을 지닌 진취적 소수들이 의사결정을 하게 된다는 것을 의미한다.
③ 토플러는 정보시대에는 대의기구가 불필요하다고 주장하였다. 이는 새로운 정보통신기술의 발달로 직접민주주의에서 우려되는 문제들이 기술적으로 해결 가능함을 의미하며, 이를 통해 직접민주주의와 간접민주주의를 결합시키는 여러 제도를 고안하는 것이 가능하다고 보았다.
④ 토플러는 전자민주주의의 확산으로 중앙집권적인 관료조직에서 행사하던 권한과 주요 행정원칙들이 상위기관으로 이양되어야 한다고 주장하였다.

> **정답** ④
>
> **풀이** ④ 토플러는 전자민주주의의 확산으로 중앙집권적인 관료조직에서 행사하던 권한과 주요 행정원칙들이 하부기관으로 이양되어야 한다고 주장하였다.

753

토플러가 제시한 전자민주주의에 대한 입장으로 볼 수 없는 것은?

① 토플러는 '새 문명의 창출'에서 전자민주주의를 제시하였다.

② 정보시대에는 합의가 무의미하기 때문에 대의기구도 필요 없어지고 의회민주주의는 참여민주주의로 이행할 것이다.

③ 산업사회에서의 다수결의 원리를 대체하는 원칙으로 진취적 소수의 결의 원칙을 제안한다.

④ 직접민주주의가 확산되기 때문에 중앙집권적인 관료조직에서 행사하던 권한과 주요 행정 원칙들이 하부기관으로 이양되어야 한다.

> **정답** ②
>
> **풀이** ② 의회민주주의는 참여민주주의로 이행할 것이라고 본 사상가는 존 나이스비트(John Naisbitt)이다.

754

토플러의 모자이크민주주의이론에 대한 설명으로 틀린 것은?

① 지식작업과 서비스작업의 생산성을 향상하려면 생산성 향상에 공헌하지 않는 활동은 제거해야 한다.

② 정부의 업무와 기능을 재조정하려는 노력에 맞춰 민영화와 민간위탁을 적극적으로 추진해 나가야 한다.

③ 종전에는 부의 분배를 조정하는 것이 정부의 중요한 일이었으나, 정보사회에서는 정보 및 미디어를 배분하는 것이 보다 중요하다.

④ 정보화의 확산과 더불어 정부의 역할을 수행하는 과정에서 정보전술 또는 초전술 등으로 부르는 정보관리와 통제가 중요한 요소로 등장한다.

> **정답** ①
>
> **풀이** ① 드러커는 '지식사회정부론'에서 지식작업과 서비스작업의 생산성을 향상하려면 생산성 향상에 공헌하지 않는 활동은 그것이 무엇이든지 제거해야 한다고 주장한다. 그런 활동을 제거하는 것이 지식작업과 서비스작업의 생산성을 향상시키기 위한 가장 중요한 요소라는 것이다.

755

전자민주주의를 바라보는 관점 중 입장이 다른 것은?

① 대의민주주의체제를 근간으로 직접민주정치가 혼합된 준직접민주주의의 시대가 도래할 것이다.

② 원격민주주의는 민주주의를 개선하는 데는 기여할 수 있지만, 그것이 민주주의를 근본적으로 변혁시키거나 이상적으로 만들 수는 없다.

③ 기술이 민주주의의 발전을 촉진하거나 최소한 중립적인 위치에 있다는 점을 강조한다.

④ 의회민주주의에서 참여민주주의로 이행할 것이다.

정답 ②

풀이 ①, ③, ④는 도구주의적 기술론에 속하고 ②는 아터턴의 입장으로 사회구조론에 속한다.

핵심정리 노벡(Noveck)의 인터넷 공간에서의 토론을 위한 보장 요소

(1) 접근성(accessiblility)

공동체의 모든 구성원들이 토론에 참가할 수 있어야 한다.

(2) 무검열(no censorship)

표현의 자유가 보장되고 내용이 왜곡되지 않아야 한다.

(3) 자율성(autonomy)

소극적 사용자가 아니라 공공과정의 적극적 참가자가 필요하다.

(4) 책임성(accountability)

책임 있고 합리적인 공적 토론이 되어야 한다.

(5) 투명성(transparency)

토론의 방식과 규칙이 공개되어야 한다.

(6) 평등성(equality)

모든 구성원들이 공평한 발언의 기회를 가져야 한다.

(7) 다원성(plurality)

다양한 견해가 표출될 수 있어야 하고, 특정 의견에 대한 제한이 있어서는 안 된다.

(8) 충분한 정보(staying informed)

합리적이고 정확한 판단을 내리기 위해 필요한 정보가 충분히 제공되어야 한다.

(9) 공공성(publicness)

개인이나 특정집단의 이익이 아닌 공동체 전체의 이익을 추구하는 토론이 되어야 한다.

(10) 촉진성(facilitation)

토론참가자들의 경쟁적 의견들을 조정할 수 있는 조정자로서의 사회자가 필요하다.

756

노벡(Noveck)이 제시한 인터넷 공간의 토론을 위해 보장되어야 할 요소로 볼 수 없는 것은?

① 접근성　　　　　　　　　　② 무검열
③ 공정성　　　　　　　　　　④ 자율성

정답 ③

풀이 ③ 노벡은 인터넷 공간에서의 토론을 위한 보장 요소로 접근성, 무검열, 자율성, 책임성, 투명성, 평등성, 다원성, 충분한 정보, 공공성, 촉진성의 10가지 요소를 제시하였다. 공정성은 위의 10가지 요소가 보장되었을 때 도출될 수 있는 결과로서 인터넷 공간에서의 토론을 위한 전제가 되는 요소라고 할 수 없다.

(1) 의의

뉴거버넌스와 관련하여 거버넌스는 학자들은 접근입장차이로 다양하게 정의되고 있다. 즉 정책결정
이 특정개인이나 소수집단에 의해서 행해지며 강제력을 배경으로 하여 사회의 질서와 안녕을 도모
하는 전통적 방식을 의미하기도 한다는 점에서, 뉴거버넌스와 극단적으로 반대개념을 나타내기도 하
고, 뉴거버넌스와 혼용되어 사용하기도 한다. 한편으로는 아래 표와 같이 관리론과 인식론 등의 차
이를 근거로 구분하기도 한다.

거버넌스론	구분	뉴거버넌스론
국정관리	관리론	신국정관리
신자유주의, 신공공관리	인식론	공동체주의, 참여주의
시장	관리구조	공동체
결과(효율성, 생산성)	관리가치	과정(민주성, 정치성)
공공기업가	관료역할	조정자
고객지향	관리방식	임무지향
경쟁체제(시장메커니즘)	작동원리	협력체제(참여메커니즘)
민영화, 민간위탁	서비스	공동생산(민간부문의 참여)
조직 내	분석수준	조직 간

(2) 신공공관리론과 뉴거버넌스론의 비교

• 뉴거버넌스는 민간부문을 수용한다는 점 등에서 신공공관리론과 유사하지만 일정부분 차이가 있
다. 즉 신공공관리론이 결과에 초점을 두는 반면, 뉴거버넌스는 과정에 역점을 두고 있고, 전자가
국민을 고객중심적 접근으로 인식하여 수동적인 존재로 국한시키는 반면, 후자는 주인중심적 접근
으로 인식하여 국민을 정부의 의제와 정책을 결정하는 능동적인 존재로 인정한다.
• 그리고 신공공관리론은 경쟁에 역점을 두는 반면, 뉴거버넌스론은 네트워크 부문 간의 협력에 초점을
두고 있고, 전자가 민영화 등을 통해 서비스를 제공하는 반면, 후자는 공동생산을 통해 공공서비스
를 제공한다. 마지막으로 신공공관리론은 조직 내의 관계에 관심이 많지만, 뉴거버넌스는 조직 간
의 관계에 무게를 두고 있는 것이다.

신공공관리론	구분	뉴거버넌스론
신자유주의	인식론	공동체주의, 참여주의
결과(효율성, 생산성)	관리가치	과정(민주성, 정치성)
고객	국민인식	주인
경쟁체제	작동원리	협력체제
민영화	서비스	공동생산
조직 내	분석수준	조직 간

757

다음 중 각 유형의 거버넌스에 대한 설명으로 옳은 것은?

① 뉴거버넌스는 분석단위로 조직 내 연구를 강조한다.

② 신공공관리론은 정치·행정일원론을 중시하지만 뉴거버넌스는 행정의 경영화에 의한 정치·행정이 원론의 성격이 존재한다.

③ 시민사회중심 거버넌스는 시민사회가 주도하는 국정관리로서 시민단체의 참여를 통한 민주주의적 관점을 중시한다.

④ 신공공관리론은 시장 중심 거버넌스에 시민사회중심 거버넌스는 뉴거버넌스에 근접한 개념이다.

정답 ③

풀이 ① 신공공관리론은 정부와 관료제가 사적 부문의 기제나 아이디어를 도입함으로써 효율성을 추구하자는 것이고, 뉴거버넌스는 공공부문과 민간부문이 공동으로 함께 협력하여 문제를 해결하자는 방법의 차이가 있으므로 조직내 문제보다는 조직간 관계를 더 중시한다.
② 신공공관리론이나 뉴거버넌스론 모두 정치·행정 이원론의 입장이다. 다만 신공공관리론은 탈정치화에 의한 정치·행정 이원론의 입장이라면 뉴거버넌스론은 재정치화에 의한 정치·행정 이원론의 입장이다.
④ 신공공관리론 및 기업가적 정부는 시장기법의 도입을 강조하므로 시장적 거버넌스로 불리워지지만 주체 중심의 거버넌스 분류에서는 국가 중심 거버넌스로 분류된다. 즉, 시장기제의 도입을 강조하면서도 국가가 중심이 되어 방향잡기를 해야 한다는 것이다. 따라서 시장적 거버넌스와 시장중심의 거버넌스는 구분해야 한다.

758

다음 중 각 유형의 거버넌스에 대한 설명으로 틀린 것은?

① 세계화와 더불어 시장 중심 거버넌스의 경향이 신자유주의의 강화와 더불어 새롭게 나타나고 있다.

② 국가중심 거버넌스는 국가가 시장과 시민 사회를 계속 주도적으로 관리하는 관리중심적 입장이다.

③ 시민사회중심 거버넌스는 시민사회가 주도하는 국정관리로서 시민단체의 참여를 통한 민주주의적 관점을 중시한다.

④ 신공공관리론은 시장 중심 거버넌스에 시민사회중심 거버넌스는 뉴거버넌스에 근접한 개념이다.

정답 ④

풀이 ④ 신공공관리론 및 기업가적 정부는 시장기법의 도익을 강조하므로 시장적 거버넌스로 불리워지지만 주체중심의 거버넌스 분류에서는 국가 중심 거버넌스로 분류된다. 즉, 시장기제의 도입을 강조하면서도 국가가 중심이 되어 방향잡기를 해야 한다는 것이다. 따라서 시장적 거버넌스와 시장중심의 거버넌스는 구분해야 한다.

759

신공공관리론(거버넌스)과 뉴거버넌스의 관계에 대한 설명으로 틀린 것은?

① 신공공관리론은 경쟁의 원리를 중시하지만 뉴거버넌스는 신뢰를 기반으로 조정과 협조가 이루어진다.

② 신공공관리론에서는 행정기능의 상당부분이 민영화, 민간위탁 등을 통해서 국가로부터 민간에 이양되었다.

③ 뉴거버넌스는 국가의 역할을 부정하기 보다는 공동체 구성원들의 적극적 참여에 의한 공적문제 해결을 중시한다.

④ 신공공관리론은 정치 · 행정일원론을 중시하지만 뉴거버넌스는 행정의 경영화에 의한 정치 · 행정이원론의 성격이 존재한다.

> **정답** ④
>
> **풀이** ④ 신공공관리론이나 뉴거버넌스론 모두 정치 · 행정 이원론의 입장이다. 다만 신공공관리론은 탈정치화에 의한 정치 · 행정 이원론의 입장이라면 뉴거버넌스론은 재정치화에 의한 정치 · 행정 이원론의 입장이다.

760

신공공관리론(거버넌스)과 뉴거버넌스의 관계에 대한 설명으로 틀린 것은?

① 신공공관리론은 신뢰가 기반이 된 조정과 협조를 중시한다.

② 뉴거버넌스는 과정에 역점을 둔다.

③ 신공공관리론이 국민을 고객중심적 접근으로 인식하여 수동적인 존재로 인식한다.

④ 뉴거버넌스는 담론이론 등을 바탕으로 다양한 구성원의 참여를 중시하므로 행정의 정치성을 중시하여 정치 · 행정 이원론의 성격을 가진다.

> **정답** ①
>
> **풀이** ① 신공공관리론은 경쟁의 원리를 중시한다.

761
기업가적 정부의 역할수행 방식에 대한 설명으로 틀린 것은?

① 노 젓기
② 경쟁도입
③ 목표중심
④ 참여관리

핵심정리 e - 거버넌스

(1) 의의
- 인터넷이라는 새로운 정보통신기술의 발달로 공공정책과정에 온라인과 오프라인을 통한 시민의 참여가 증가하고, 일반 시민들은 다양한 커뮤니케이션을 통하여 자신의 이익을 표출하고 보다 직접적으로 정책결정과정에 참여하는데, 이를 e-거버넌스(Electronic Governance)라고 한다.
- 거버넌스는 정부의 존재와 더불어 오랜 세월 사용되어 온 개념이나 1990년대 들어 정치적 구호(political catchword)가 되었다(Pierre and Peters). 따라서 정책을 결정하고 집행하는 국가의 통치방법으로서의 사전적 의미의 거버넌스 개념은 네트워크망에 의해 새롭게 형성된 뉴거버넌스와 구분하여 사용한다.
- 해리스(Black Harris)는 전자 거버넌스란 정부의 웹 사이트, e-메일, 인터넷 등에 의한 서비스만을 의미하거나 전자정보나 전자 지불에 대한 디지털 접근에만 국한하지 않는다. 새로운 시민권의 개념으로 책임과 요구를 동반한 정부와 국민, 또는 국민 상호 간의 변화를 요구하는 개념이다.
- 유엔개발계획(UNDP : United Nations Development Program)은 전자정부와 전자민주의를 통합한 개념으로 전자정부를 통해서 정책과정에 참여하고, 시민과 정부가 양방향 의사소통을 하며, 합리적 의사결정을 할 수 있는 절차를 의미한다.

(2) 관점에 따른 구분
① 다양한 국정관리체계를 설명하는 관점
   기존의 정부체제를 대체하는 개념으로 공식적 권위보다 공유하는 목적을 수행하기 위한 활동을 의미한다.
② 네트워크식 신국정관리로 이해하는 관점
   - 거버넌스를 상호 의존적인 행위자들의 세계에서 서로 간의 대립을 해소하고, 협력을 촉진하는 집단행위 문제를 완화할 수 있는 사회제도를 수립하고 운용하는 것으로 보는 견해이다.
   - 정부와 민간의 경계가 무너지면서 나타나는 정부, 시장, 시민사회의 파트너십을 통한 협력의 형태로 e-거버넌스는 디지털 거버넌스(Digital Governance) 혹은 사이버 거버넌스(Cyber Governance)라고도 한다.

(3) 모형

① 전자정부 5단계 성숙모형(UN/ASPA 2002)

- 1단계(emerging presence)에서 정부는 제한되고 기본적인 정보만을 제공한다.
- 2단계(enhanced presence)에서는 많은 공공정책과 거버넌스 내용을 제공한다.
- 3단계(interactive presence)에서는 더 진전된 서비스가 제공한다.
- 4단계(transitional presence)는 시민과 정부가 상호작용하는 단계이다.
- 5단계(networked presence)는 가장 진보된 단계이다.

② 전자행정, 전자정부, e-거버넌스의 내용 비교(UN/ASPA)

구분	전자행정	전자정부	e-거버넌스
구조	조직 내부의 관계	조직 간의 관계	시민, 정부, 정부조직, 공무원, 선출직 공무원 간의 상호작용
내용	• 정책개발 • 조직 활동 • 지식관리	• 정책조정 • 정책집행 • 공공서비스 전달	• 민주적 과정 • 열린 정부 • 투명한 의사결정

③ e-거버넌스의 발전모형(UN/ASPA)

	행정정보화	전자정부	e-거버넌스
대상범위	관료조직과 공무원 대상 행정정보화	정부로부터 일반시민에 대한 전자적 행정서비스 제공 형태로 연계	정부를 포함한 국민과 사회의 다원적 주체의 능동적 참여
행정이념	행정 내부를 위한 강한 능률성과 효율성의 연계된 효율성의 주된 강조	• 행정조직과 시민사회가 연계된 효율성의 강조 • 시민 참여 강조 • 약한 민주성과 약한 투명성의 강조	민주성, 투명성, 형평성 강조
소통유형	정책결정에 참여가 약하고, 의사소통은 단순 정보 제공	정부와 시민 사회 간의 양방향적 참여가 향상되고, 의사소통은 상호작용	다양한 사회주체 간의 상호 네트워크적 교류가 활성화되고, 전자적 의사결정 참여
기술수단	신속성, 정확성	• 쌍방향적 공유 • 접근 용이성	• 쌍방향적 공유 • 네트워크

핵심정리 기업 환경의 변화

- 신자유주의의 확대에 따른 무역장벽의 완화는 자본, 노동, 상품과 서비스의 생산과 유통 등 모든 면에서 세계화를 급격하게 진행시켰다. 자본의 국제적 이동에 대한 국가의 통제력이 약화되고 정보통신기술의 혁신은 기업의 전략적 이해관계에 유리한 입지의 유연성을 제공하였다. 이에 국경을 넘어 최적의 입지에 조직을 재배치하는 한편 네트워크로 통합, 조정하는 것이 가능하다.
- 정보통신기술은 입지의 유연성과 더불어 생산의 유연성에도 큰 영향을 미쳤다. 작업장에 도입된 컴퓨터와 로봇은 소프트웨어에 기초한 유연한 생산라인을 가능하게 함으로써 상품의 빠른 전환과 차별화를 촉진했다. 정보기술을 활용하여 소비자들의 취향과 유행에 대한 정보를 신속하게 수집 생산에 반영함으로써 생산과 소비의 연계도 강화한다.
- 세계경제의 통합과 정보통신기술의 발전은 기업조직의 물리적 경계가 무너지고 국가와 시차를 가로질러 기능함에 따라 기업이 수행하는 활동의 범위와 그것이 조직되고 조율되는 방식도 변화한다.

762

기업 환경의 변화로 볼 수 없는 것은?

① 정보화

② 세계화

③ 유연화

④ 수평화

정답 ④

풀이 ④ 수평화는 기업 조직의 변화이다.

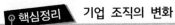 **핵심정리** **기업 조직의 변화**

(1) 규모의 축소
- 중소기업도 인터넷과 같은 정보통신 네트워크를 통해 전 세계 소비자들은 물론 광범위한 공급자들에게 직접 접근할 기회가 커진다.
- 정보통신기술을 이용해 전 세계에 흩어져 있는 기업조직을 관리함으로써 거대 기업의 유지와 운영 또한 더욱 용이하다.

(2) 외주화
- 정보통신기술이 노동력을 직접 대체했다기보다는 외부거래비용을 떨어뜨림으로써 이전처럼 회사 내부에서 모든 기능을 통합해서 처리하지 않고 외부 시장에서 조달하는 방식이다.
- 기업의 구조가 변화, 특히 급변하는 기술 및 시장 환경에서는 연구개발, 디자인, 생산, 판매, 관리 등의 전 과정을 내부적으로 수행하기보다는 핵심 기능만을 남기고 외주화하거나 각 분야에서 강점을 지닌 기업과 제휴하는 것이 더 유리하다.

(3) 분권화와 수평화
- 기술 환경의 변화가 급속한 환경에서는 하위부서들이 자율권을 가지고 신속하게 대응할 필요가 있기 때문에 기존의 중추적인 의사결정구조가 보다 단순화되고 중간관리자의 역할이 축소되며 권한이 하부로 이양되는 경향을 반영한 분권적이고 수평적인 평판형 조직이 우세하다.
- 비공식적 조직, 그 중에서도 특히 실제로 업무를 같이 하는 동료 집단 사이에서 자생적으로 형성되는 실천공동체(communities of practice)를 지식 성장과 공유, 혁신의 원천으로 인식하고 이를 적극적으로 활용하는 기업이 증가한다.
- 권한의 하부이양이나 하부조직에 대한 자율성 부여가 조직의 탈집중화로 이어지는 것이 아니라 정보시스템의 발달로 하위부서가 결정한 사항을 더욱 쉽고 신속하게 파악할 수 있기 때문에 조직 전체에 대한 집중적인 통제력은 더욱 커졌다. 분권화와 중앙집권적 통제가 동시에 가능해진 것이다. 기업 전체 입장에서 기능별로 나뉜 수직적 위계와 프로젝트 중심의 수평조직을 보다 효율적으로 결합한다.

763

정보사회에서 기업 조직의 변화로 볼 수 없는 것은?   [2020년 기출]

① 정보 공유와 평등한 작업 환경이 구현된다.
② 분권적이고 수평적인 작은 조직으로 이행한다.
③ 권한이 하부로 이양되어 중간 관리층의 역할이 증대된다.
④ 핵심 기능만을 남기고 외주화하거나 각 분야에서 강점을 지닌 기업과 제휴한다.

정답 ③

풀이 ③ 시장 수요와 기술 환경의 변화가 급속한 환경에서는 하위부서들이 자율권을 가지고 신속하게 대응할 필요가 있기 때문에 기존의 중층적인 의사결정구조가 보다 단순화되고 중간관리자의 역할이 축소되며 권한이 하부로 이양되는 경향이 있다.

764

정보화에 따른 기업 조직의 변화에 관한 내용으로 틀린 것은?

① 정보통신기술의 발전으로 기업의 전략적 이해관계에 유리한 입지의 유연성이 제공되었고, 이에 따라 국경을 넘어 최적의 입지에 조직을 재배치하는 한편 네트워크로 통합, 조정하는 것이 가능하게 되었다.

② 정보통신기술의 발전은 기업조직의 물리적 경계를 무너뜨려 국가와 시차를 가로질러 기능하도록 하였고, 이는 기업이 수행하는 활동의 범위와 그것이 조직되고 조율되는 방식을 변화시켰다.

③ 급변하는 기술 및 시장 환경에서는 핵심 기능만을 남기고 외주화하거나 각 분야에서 강점을 지닌 기업과 제휴하는 것이 더 유리하다.

④ 권한의 하부이양이나 하부조직에 대한 자율성 부여가 조직의 탈집중화로 이어져 분권화와 중앙집권적 통제가 동시에 가능해진 것이다.

> **정답** ④
>
> **풀이** ④ 권한의 하부이양이나 하부조직에 대한 자율성 부여가 조직의 탈집중화로 이어지는 것이 아니라 정보시스템의 발달로 하위부서가 결정한 사항을 더욱 쉽고 신속하게 파악할 수 있기 때문에 조직 전체에 대한 집중적인 통제력은 더욱 커졌다. 분권화와 중앙집권적 통제가 동시에 가능해진 것이다. 기업 전체 입장에서 기능별로 나뉜 수직적 위계와 프로젝트 중심의 수평조직을 보다 효율적으로 결합한다.

765

정보사회 기업의 특성에 대한 설명으로 틀린 것은?

① 조직구조가 계층화에서 평면화 추세로 변화한다.

② 소규모 단위로 분산화되어 중앙통제가 약화된다.

③ 타기업과의 교류와 파견으로 복잡한 구조를 갖게 된다.

④ 기업의 외부가 아닌 내부적인 시스템 통합으로 문제를 해결한다.

> **정답** ④
>
> **풀이** ④ 정보통신기술이 노동력을 직접 대체했다기보다는 외부거래비용을 떨어뜨림으로써 이전처럼 회사 내부에서 모든 기능을 통합해서 처리하지 않고 외부 시장에서 조달하는 방식이다.

766
정보사회에서 기업 조직의 변화로 볼 수 없는 것은?

① 탈집중화
② 규모의 축소
③ 수평화
④ 분권화

정답 ①

풀이 ① 권한의 하부이양이나 하부조직에 대한 자율성 부여가 조직의 탈집중화로 이어지는 것이 아니라 정보시스템의 발달로 하위부서가 결정한 사항을 더욱 쉽고 신속하게 파악할 수 있기 때문에 조직 전체에 대한 집중적인 통제력은 더욱 커졌다. 분권화와 중앙집권적 통제가 동시에 가능해진 것이다. 기업 전체 입장에서 기능별로 나뉜 수직적 위계와 프로젝트 중심의 수평조직을 보다 효율적으로 결합한다.

핵심정리　　기업 조직의 변화 : 분권화와 수평화

중앙집권적이고 위계서열적인 피라미드형 조직보다는 분권적이고 수평적인 평판형 조직(flat organization)이 우세해진다. 시장 수요와 기술 환경의 변화가 급속한 환경에서는 하위부서들이 자율권을 가지고 신속하게 대응할 필요가 있기 때문에 기존의 중층적인 의사결정구조가 보다 단순화되고 중간관리자의 역할이 축소되며 권한이 하부로 이양되는 경향이 있다. 그 대표적인 예가 특정 프로젝트를 중심으로 구성되는 다기능팀으로, 다양한 부서에서 차출된 구성원들이 자신의 전문성을 바탕으로 대등한 위치에서 서로 협력한다. 이러한 프로젝트 팀들은 공식 조직이지만 위계서열적 조직이 지닌 경직성을 완화하여 신속하게 업무를 처리할 수 있도록 상당한 자율권이 부여된다. 또한 과제를 수행하는 동안 한시적으로 존재하다가 목표 달성과 함께 해산함으로써 조직의 유연성에도 기여한다. 예를 들어, 제약회사가 특정 신약을 개발하기 위해 프로젝트 팀을 조직했다가 개발이 완료되면 해산하는 식이다. 전문 인력의 확보가 중요한 분야(예 연구개발)에서는 지리적 · 조직적 경계에 구애받지 않고 서로 다른 지역이나 국가에 위치한 팀원들이 정보통신기술을 기반으로 일상적으로 협력하는 가상팀의 활용도 빈번하다. 이러한 환경에서는 통제 중심의 중간관리자의 역할이 대폭 줄어드는 한편, 정보와 커뮤니케이션을 조정하고 통합하는 조정자로서의 역할이 중요해진다. 더 나아가, 비공식적 조직, 그중에서도 특히 실제로 업무를 같이 하는 동료 집단 사이에서 자생적으로 형성되는 '실천공동체'를 지식 생성과 공유 혁신의 원천으로 인식하고 이를 적극적으로 활용하는 기업이 늘고 있다. 그 대표적인 예로 자주 거론되는 제록스의 경우, 자사의 복사기 출장수리 서비스 직원들이 업무 수행에 필요한 노하우와 지식을 직무연수나 지침서와 같은 공식적인 통로보다는 동료들과의 일상적인 식사 모임 같은 비공식적 통로를 통해 습득한다는 것을 발견하고 이를 서비스 개선에 적극적으로 활용한 바 있다. 국내 모 대기업도 '학습동아리'라는 명칭으로 다양한 실천공동체를 조직적으로 지원하고 있다.

라인 - 스탭 조직

라인−스탭 조직은 명령계통의 일원화가 유지되는 라인조직에 전문화의 이점을 겸할 수 있도록 스탭을 보강한 조직형태이다. 라인−스탭 조직에서는 명령일원화에 따라 명령·지휘의 권한은 라인계층의 상급자에게 부여되고, 스탭은 이 라인조직의 각 부분의 관리자에게 전문적인 기술과 지식, 경험을 전제로 조언, 조력만 할 수 있다. 라인−스탭 조직의 발생 배경은 기업의 규모와 복잡성이 증대되면 될수록 생산이나 판매와 같은 기업의 핵심적인 활동뿐만 아니라 기획, 회계, 재무, 인사와 같이 특정 분야에 대한 전문적인 지식이나 기술이 중요해졌기 때문이다. 이러한 라인−스탭 조직에서는 라인부문이 스탭의 전문적인 협조를 받을 수 있기 때문에 더욱 효과적인 의사결정을 할 수 있게 된다. 하지만 라인과 스탭 간에 대립이나 갈등이 발생할 가능성이 높고, 스탭의 협조를 받기까지 의사결정이 지연될 뿐 아니라 스탭부문을 운영하는 데에 비용이 든다는 단점이 있다. 라인−스탭 조직은 조직이 대규모화되는 초기상황에서와, 경영환경이 안정적이고 확실성이 높은 상황에서 효과적인 조직형태이다.

네트워크 기업으로의 변화

• 경영환경의 불확실성을 극복하는 방안으로 기업 외부의 네트워크 자원을 효과적으로 활용하는 방안에 대한 관심이 증대되고, 점점 더 많은 기업 조직들이 기업 내 여타조직들이나 다른 기업들과의 복잡한 관계망 속에서 활동하고 있으며 그 결과 개별기업이 아니라 이러한 관계망들이 기업 활동의 실제 운영단위가 된다.
• 카스텔(Castells)은 세계화된 정보경제에 적합한 기업조직의 모델로 네트워크 기업 모형을 제시했다. 많은 기업들이 지식집약도가 높은 핵심 역량에 집중하고 나머지는 외부 전문기업과의 수평적인 협력관계에 의존함으로써 조직을 경량화하고 의사결정구조를 분권화하는 네트워크 조직으로 변모한다.
• 중소기업은 다른 중소기업이나 대기업과 네트워크로 연결되어 있었지만, 정보통신기술은 그 지평을 전 지구로 확대함으로써 새로운 기회를 제공했다. 대기업의 분권화된 의사결정, 전략적 제휴, 복잡한 외주 협정 또한 컴퓨터 네트워크의 발전으로 가능했다.
• 네트워크 기업이 직면하는 근본적인 문제는 경쟁력의 핵심인 자사의 독점적 지식과 기술을 보호하면서 협력에 필요한 정보를 참여 기업들과 충분히 공유하는 문제이다. 기업은 포괄적인 기술 제휴와 정보공유로 인해 경쟁 우위를 잃을 수 있는 우려를 가지고 있기 때문에 핵심 분야에서 고도의 숙련된 인력을 중심으로 집중하는 전략이 필요하다.

네트워크 조직의 특징

• 유연한 구조와 기술을 가지고 환경변화에 신축적으로 적응 가능
• 언더그라운드 조직, 비공식 조직(수평적) 지원 체제를 확립함으로써 시시각각의 변화에 적응 가능
• 가치정보를 네트워크망으로 연결, 조직 간의 연쇄 관계를 중시
• 지식과 정보의 교류를 중시
• 강한 이념을 끌어당기는 흡인력을 가지면서도 부드러운 서비스를 중시하는 조직

유형	전통적 대기업	네트워크 기업
경영환경	표준화된 수요, 폐쇄시스템	다양한 수요, 개방시스템
경쟁우위	제품의 품질, 서비스 능력, 대규모 R&D, 설비투자	시장 대응 능력, 시스템 통합 능력, 디자인, 브랜드
기업조직	수직적 통합, 위계서열	수평적 분산, 네트워크

767

카스텔(Manuel Castells)은 커뮤니케이션 학자로 네트워크 사회와 정보사회에 대한 폭넓은 이론을 제안하였다. 다음 중 마누엘 카스텔의 이론에 대한 설명으로 틀린 것은?   [2023년 기출]

① 카스텔은 기술결정론의 오류를 넘어서기 위해 정보기술의 혁명적 변화를 가능하게 만든 사회적 조건과 정보기술의 변화가 만들어 낸 제도 전반의 변화에 주목한다.

② 카스텔의 정보사회 이론을 관통하는 키워드는 '네트워크'로, 이전 시대와 현재 등장하는 정보화시대를 구분하는 하나의 특징으로 네트워크의 등장을 지목한다.

③ 카스텔은 정보기술을 매개로 재편된 새로운 자본주의를 '정보자본주의'로 지칭하며, 정보자본주의 체제에서 생산의 핵심은 육체노동에서 정보의 수집과 가공처리로 이동한다고 주장한다.

④ 카스텔은 기술결정론적 관점을 비판하며 기술의 발전이 사회의 불평등을 해소한다고 주장한다.

정답 ④

풀이 ④ 정보자본주의는 냉혹하고 약탈적인 자본주의 형태로 정보자본주의가 통신망을 통해 엄청난 유연성과 세계적 범위를 통합시키기 때문이다.

768

정보사회 조직의 변화에서 산업사회와 정보사회의 변화 내용에 대한 설명으로 틀린 것은?

[2023년 기출]

① 핵심자원은 자본에서 인적 자원 및 정보로 변화하였다.

② 인간관계는 경쟁적 관계에서 협동적 관계로 변화하였다.

③ 학습은 광범위한 능력에서 특화된 기술로 변화하였다.

④ 개인행동의 기초는 통제에서 동기부여로 변화하였다.

정답 ③

풀이 ③ 유연전문화된 정보사회의 조직에서 학습은 특화된 기술에서 광범위한 능력으로 변화하였다.

769

미국 실리콘밸리에 소재한 시스코는 세계 라우터 시장을 주도하는 유명 제조업체이지만, 생산의 90%를 아웃소싱하고 R&D, 시제품 설계, 품질관리, 브랜드 관리에만 주력한다. 이처럼 핵심적인 공급 업체들을 생산시스템으로 통합함으로써 공급 체인을 철저하게 관리하는 기업 모델로 옳은 것은?

[2022년 기출]

① 모기업

② 네트워크 기업

③ 수평기업

④ 분산형 기업

> **정답** ②
>
> **풀이** ② 네트워크 기업에 대한 설명이다.

770

네트워크 기업에 대한 설명으로 틀린 것은?

[2022년 기출]

① 조직을 경량화하고 의사결정구조를 분권화한다.

② 대량생산의 이점을 위해 '규모의 경제'를 추구한다.

③ '외부 전문기업과의 수평적인 협력관계에 의존한다.

④ 디자인, 연구개발, 마케팅 등 지식집약도가 높은 핵심 역량에 집중한다.

> **정답** ②
>
> **풀이** ② 네트워크 기업은 '범위의 경제'를 추구한다. '규모의 경제'가 대량생산의 이점을 가리킨다면, '범위의 경제' 는 동일한 고객에게 여러 가지 상품과 다양한 서비스를 제공함으로써 수익 극대화를 꾀하는 것을 뜻한다.

771

네트워크 기업에 대한 설명으로 틀린 것은?

① 조직을 경량화하고 의사결정구조를 분권화한다.

② 외부 전문기업과의 수평적인 협력관계에 의존한다.

③ 디자인, 연구개발, 마케팅 등 지식집약도가 높은 핵심 역량에 집중한다.

④ 기능간의 조정, 목표에 대한 집중도, 특정 업무의 완수 등에서 효율적이다.

풀이 사람이나 집단을 다른 사람이나 집단과 연결시키는 모든 직간접적 커넥션을 의미하는 네트워크는 결코 새로운 현상은 아니다. 네트워크의 유연성과 적응성은 수직적이고 위계적인 관료제에 비해 큰 장점이지만, 기능간의 조정, 목표에 대한 집중도, 특정 업무의 완수 등에서 관료제만큼 효율적이지 못했다.

772

정보사회에서 기업의 변화에 대한 설명으로 틀린 것은?

① 정보통신기술이 노동력을 대체하게 되었다.

② 기존의 중층적인 의사결정구조가 단순화되었다.

③ 조직 전체에 대한 집중적인 통제력은 더욱 커졌다.

④ 권한의 하부이양이나 하부조직의 자율성이 증대되었다.

정답 ①

풀이 정보통신기술이 노동력을 직접 대체했다기보다는 외부거래비용을 떨어뜨림으로써 이전처럼 회사 내부에서 모든 기능을 통합해서 처리하지 않고 외부 시장에서 조달하는 방식으로 변화하였다.

773

네트워크 기업의 특징으로 볼 수 없는 것은?

① 경영환경 – 다양한 수요, 개방시스템

② 경쟁우위 – 시스템 통합 능력

③ 의사결정구조 – 분권화

④ 기업조직 – 수평적 통합

정답 ④

풀이 ④ 네트워크 기업의 기업 조직은 수평적 분산을 특징으로 한다.

(1) 의사결정 지원 시스템

중역정보시스템(Executive Information Systems, EIS)은 의사결정 지원 시스템(Decision support system)의 일종으로 최고 경영진에게 전략적인 의사 결정에 필요한 정보를 제공하는 체계를 일컫는 사업 용어이다. 최고경영자의 업무특성을 고려하여 의사결정에 필요한 정보를 제공하는 데 중점을 둔 시스템이다. 중역들의 정보욕구를 충족시켜 주기 위해 컴퓨터를 바탕으로 한 시스템으로 적절한 정보에 신속한 접근과 경영보고에 직접 접근, 그래픽 지원과 예외 사항보고 및 전체 현황에서 필요 시 상세 정보를 파악을 통하여 실시간경영에 도움을 준다.

(2) 다양한 정보제공

일반적으로 최고경영층은 거래자료 그 자체보다는 필요에 의해 걸러지고 요약된 정보를 원한다. 뿐만 아니라, 이러한 사실자료 외에도 많은 양의 비정형적 정보(의견, 소문, 창의적 아이디어 등)를 필요로 한다. 그러므로 EIS에는 이런 기능이 효과적으로 지원되어야 한다.

(3) 정보제공의 형태

정보의 내용뿐만 아니라 정보제공 형태도 중요하다. EIS는 사용하기 쉽게 정보를 그래프와 같은 형태로 제공되는 것이 중요하다. 뿐만 아니라 정보가 제공 되는 과정에서 관심있는 추가정보가 있으면 바로 그 정보로 직접 찾아들어 갈 수 있는 기능이 필요하다. 이런 기능은 하이퍼텍스트(Hypertext)와 같은 새로운 기술에 의해 효과적으로 지원될 수 있다.

(4) 패키지의 이용

EIS는 주로 상품화된 패키지로 개발된다. 앞서 살펴본 바와 같이 EIS는 여러 가지의 새로운 기술에 기초하므로 모든 것이 대내에서 자체 개발되기 보다는 외부전문업체에 의해 개발되어 상품화되어 있는 패키지의 사용이 보편화되어 있다.

774

중역정보시스템(Executive Information Systems, EIS)에 대한 설명으로 틀린 것은?

① 최고 경영자의 의사결정 활동을 지원한다.

② 최고 경영자에게 더 많은 정보를 제공한다.

③ 최고 경영자에게 정보를 그래프와 같은 형태로 제공한다.

④ 컴퓨터를 바탕으로 한 시스템으로 실시간 경영에 도움을 준다.

정답 ②

풀이 ② 최고경영층은 거래자료 그 자체보다는 필요에 의해 걸러지고 요약된 정보를 원한다. 뿐만 아니라, 이러한 사실자료 외에도 많은 양의 비정형적 정보(의견, 소문, 창의적 아이디어 등)를 필요로 한다. 그러므로 EIS에는 이런 기능이 효과적으로 지원되어야 한다.

125 고용과 노동의 변화

핵심정리 정보사회 고용과 노동 관련 변화

(1) 고용구조의 변화

- 농경사회는 1차 산업, 산업사회는 2차 산업 위주의 사회라면, 정보사회 또는 탈산업사회는 3차 산업 위주의 사회로 서비스산업 취업자의 비중이 증가한다.
- 정보사회에서 제조업 취업자가 감소하고 서비스업 취업자가 증가하게 된 주된 이유는 서비스산업 노동생산성의 발전 속도가 느리고 제조업은 기계화나 자동화가 쉬운 반면 서비스업은 그렇지 않기 때문이다.
- 컴퓨터 기술은 단위 기계나 생산라인 자동화를 넘어 공정 전체 또는 공장 전체의 자동화를 실현하고, 기술혁신에 따라 2차 산업의 생산 규모가 계속 늘어나더라도 취업자 수는 감소하는 추세이다.
- 다니엘 벨은 전 산업사회나 산업사회 단계에도 서비스산업이 있지만, 정보사회를 특징짓는 서비스산업은 성격이 다른 전문서비스로 교육, 건강, 사회 서비스를 포함하는 인적 서비스와 시스템 분석, 디자인, 정보처리 등을 의미한다.

(2) 직업구성의 변화

- 정보사회는 직업별 구성도 변화하는데 정보기술이 파급됨에 따라 단순 직종보다 전문직과 기술직의 비율이 증가한다.
- 전통적 서비스업보다 근대적 서비스업에 고학력 인력이 많이 고용된다. 2차 산업에서도 컴퓨터나 반도체 같은 정보기술 산업은 단순한 제조 외에 연구, 개발기능이 중요하며, 여기에 종사하는 인력이 많고, 기존 산업에서도 정보기술의 도입에 따라 전문적 지식을 가진 근로자의 비중이 증가한다.
- 주보프(Zuboff)는 정보기술은 정보화(informate)와 자동화(automate) 효과로 자동화는 단순 노동에서 더 쉽게 이루어지지만 단순 생산 노동자뿐 만 아니라 숙련 노동자, 나아가 중간 관리자와 화이트칼라의 직무도 자동화될 수 있다.
- 이들의 일부만이 재훈련을 통해 전문기술직으로 될 수 있을 뿐이며, 나머지는 단순 노동자가 될 가능성이 많다.

(3) 노동의 질적 변화

- 기술혁신이 노동자의 숙련 수준을 높일 것이라고 보는 견해가 지배적이다. 포드주의적 노동체제하에서는 다수 노동자들이 단순 반복적인 작업을 담당했지만, 정보사회에서는 이런 일은 자동기계가 맡고 노동자는 기계 설비를 감시하거나 수리하는 숙련 노동자로 변화한다.
- 케른과 슈만(Kern and Schumann)은 자동차, 기계, 석유화학, 전기전자 산업에서 자동화에 따라 생산직 노동자들이 시스템 컨트롤러(system controller)로 바뀌는 경향이 있다. 시스템 컨트롤러는 기계 설비의 조작만이 아니라 프로그램의 작성도 하며, 이론적 지식과 경험적 지식을 겸비한 노동력으로 스스로 준전문가로 생각하며 맡은 일에 대한 흥미도가 높다.

- 브레이버만(Braverman)은 독점자본주의 생산노동에서 사무노동에 이르기까지 탈숙련화를 주장했다. 탈숙련화는 기술 도입, 특히 자동화로 인해 노동자에게 소속되던 숙련이 기계로 이전되고 노동자는 단순한 보조 작업만을 하게 되는 것을 의미한다. 예를 들면 쇠를 깎는 작업의 경우 수치 제어(Numerical Control, NC)기계가 도입되기 이전에는 쇠를 깎는 각도와 깊이 등을 현장 노동자가 결정했고 이 때문에 노동자에게 상당한 숙련이 요구되었다. 그러나 NC 기계가 도입된 후 모든 것은 기계가 알아서 하고 노동자는 재료를 기계에 넣고 빼는 단순작업자로 전락했다. 작업자의 탈숙련화는 권력관계도 변화시킨다. 과거 현장 작업자들이 숙련을 바탕으로 상당한 발언권을 가졌으나 기계 설비의 운용과 수리가 엔지니어의 몫이 되면서 현장 노동자는 관리자나 엔지니어에 대해 매우 종속적인 위치에 놓이게 된다.

♀핵심정리 기술혁신과 노동관계의 변화

(1) 의의
- 블라우너(Blauner)는 '역U자 곡선' 이론을 제시하면서 자동화의 정도가 높아짐에 따라 처음에 노동 소외가 증가하나 자동화의 정도가 더 높아지면 노동 소외가 낮아지고, 기술이 노동의 내용을 결정한다고 본다.
- 브레이버만의 '탈숙련화론'이나, 케른과 슈만의 '신생산 개념' 또는 블라우너의 '역U자 곡선' 이론 등은 모두 기술이 노동의 질 을 결정한다는 점을 전제하고 있으므로 '기술결정론'이라는 비판을 받고 있다.
- 실제 작업장에서는 탈숙련화 경로와 숙련화 경로가 모두 발생하고 있으며, 같은 작업장에서도 노동자에 따라 다른 모습을 보인다. 기업 또는 작업장의 특성을 반영하여 그 형태가 제각각으로 나타나고 있다. 말하자면, 기술과 노동의 질의 관계를 일률적으로 말하는 것은 쉽지 않으며, 기술 자체보다는 그 기술도입을 결정한 사람들의 노동자 활용방법 선택이 중요하다는 것이다. 기업에서는 경영자의 선택이 가장 중요하므로, 경영자의 선택에 영향을 미치는 요인을 검토할 필요가 있다.

(2) 경영자의 기술과 작업방식 선택에 영향을 미치는 요인
① 의의
경영자의 기술과 작업방식 선택에 영향을 미치는 요인으로는 시장조건, 기업 내 노사 관계, 사회제도의 세 가지가 주로 거론된다.
② 시장조건
기업이 고가격·고품질 시장에서 경쟁하는가, 저가격·저품질 시장에서 경쟁하는가에 따라 전자는 숙련화 경로를 선택할 가능성이 많고, 후자는 탈숙련화 경로를 선택할 가능성이 많다.
③ 노사관계의 성격
노동자들이 생산방식의 결정에 참여할 수 있는 발언권을 가지고 있는 경우에 숙련화 경로가 선택될 가능성이 높고 반대의 경우 탈숙련화 경로가 채택될 가능성이 높다.
④ 사회제도
여러 가지 사회제도가 영향을 미치는 데 중요한 것은 노동자 숙련 형성 제도이다. 독일은 숙련 노동자를 공급하는 교육제도가 발전되어 다른 나라에 비해 숙련화 경로가 널리 적용된다.

775
다음에서 설명하는 연구자의 이름으로 옳은 것은?

「감시자본주의의 시대」에서 디지털기술에 의해 상시적으로 빅브라더(big brother) 체제가 도래하면서 사람들의 일거수일투족이 모니터링되고 사람들의 행동에 대한 예측이 데이터화되어 상품으로 사고파는 대상이 되었다고 주장한다. 또한 인간들의 행동이 수익을 창출하는 방향으로 교묘하게 조정된다는 주장을 통해 새로운 정보사회에서 인간의 주체성과 자유, 민주주의가 침식당할 수 있음을 보여준다.

① 주보프(Zuboff)
② 바우만(Bauman)
③ 기든스(Giddens)
④ 브루디외(Bourdieu)

정답 ①

풀이 ① 주보프(Zuboff)에 대한 설명이다.

⚲ 핵심정리   **노동 방식의 변화**

(1) 의의
　　현대사회의 특징으로 고용 불안과 비정규직 노동자의 증가 현상을 들 수 있다.

(2) 정보화가 고용 불안을 심화시킨 이유
　① 기업 내 숙련의 퇴화
　　정보기술의 확산에 따라 경험적 숙련보다 지적 숙련의 중요성이 상대적으로 증가, 기술 혁신이 빨라지면서 기존의 숙련은 금방 쓸모없게 됨으로써 기업은 인력 양성보다 인력 조달 고용 방식을 채택하게 되고, 고용관계는 더욱 시장 지배적인 관계로 변화한다.
　② 서비스업 취업자 증가와 고용 불안
　　서비스업의 고용불안은 여러 가지 이유가 있지만 기업 규모가 작고 열악하여 시장에 장기간존속하지 못하는 경우가 많아 고용의 불안으로 이어진다. 이처럼 서비스업은 최종 상품으로 저장할 수 없으므로 수요의 변화에 따라 산출량이 즉각 변동되어야 하므로 인력의 유연성이 요구된다.
　③ 기업조직의 변화
　　조직형태가 위계적 조직에서 평판형 조직으로 바뀌는 경향이 있는데 이는 사무직 및 중간 관리자의 내부 노동시장을 약화시키고 이들의 고용 불안을 심화시키며 거래비용의 감소로 아웃소싱이 활성화되고 기업조직 규모가 작아져 이 역시 고용 불안으로 이어진다.

(3) 원격근무(telework) 고용 형태의 등장
- 단지 근무 형태만을 바꾸는 것이 아니라 다양한 장점이 제기된다.
- 원격근무가 확산되면 통근의 필요성이 줄어들어 에너지를 절약할 수 있고, 사무실 대신 가정이 생산 활동의 중심이 되어 일과 생활의 균형을 실현할 수 있으며, 나아가 지역공동체에도 중요한 영향을 미칠 것으로 기대된다.
- 현실적인 문제점으로 노동자들이 고립감을 느끼고, 장시간 근무에 시달릴 가능성과 근로조건, 승진, 교육 훈련 등 통상적인 근로자에 비해 차별받을 수 있고, 업무 스트레스가 가정생활에 곧바로 투영되어 가족 내 긴장이 높아진다는 점이 지적된다.

776

노동 방식의 변화로 볼 수 없는 것은?

① 노동 유연성
② 원격 근무의 확산
③ 비정규직 노동자의 증가
④ 노동과정의 유연성

정답 ④

풀이 ④ 노동 방식의 변화는 노동 유연성과 원격 근무로 요약할 수 있다. 바우만도 현대 '유동적 근대사회'의 주요 특징으로 노동 유연성을 들었다. 카펠리는 장기 고용을 특징으로 하는 내부화된 고용관계는 이미 과거의 것이며, 이제 고용관계는 시장 거래 관계에 지배된다고 말했다. '탈조직 커리어'라든가 '조직인의 죽음'이라는 용어들도 현대의 고용관계를 특징짓는 문구로 제시되었다. 이제 평생직장은 옛말이고, 고용 안정보다 고용 가능성이 중요한 시대이며, 이런 시대에 적응하기 위해 개인들은 끊임없이 자기 능력을 계발해야 한다는 말도 흔히 들을 수 있다. 또한 정보사회를 가장 잘 표상하는 고용 형태가 원격근무이다. 산업사회의 노동자들은 정해진 작업장에 같은 시간에 모여 일을 했고, 이것은 토플러가 산업사회 문명의 6가지 기본 원리에 동시화와 집중화를 포함시킨 주된 근거였다. 이에 비해 정보사회의 노동자들은 원격근무를 통해 노동의 시간적, 공간적 제약을 뛰어 넘을 수 있다.

미국의 사회학자이자 젠더 연구자인 알리 러셀 혹실드는 「시간 압박(The Time Bindb(1997)에서 유연노동 시스템 안에서 살아가는 남녀 노동자의 일과 가족생활을 조망하며 '일터가 가정이 되고 가정이 일이 되었을 때 어떤 일이 벌어지는가?'라는 질문을 던진다. 일 가정 양립 지원 정책이 실시되는 기업에서도 일하는 부모들은 더 많은 시간을 일에 투여하고, 그로 인해 줄어든 가족생활 시간은 보 다 압축적으로 보내야 한다. 경영 기술을 가족생활에 적용하는 것은 일의 요구와 가족 및 개인생활의 요구가 불균형한 '시간 압박'에 대응하는 방식 중 하나가 된다. 예컨대 직장에서 업무를 범주화하고 시간을 세분화하는 규칙들은 가사 일을 추려내고 범주화하며 일부는 아웃소싱하는 등 계획을 수립하는 데 활용된다. 요리 시간을 단축할 수 있는 인스턴트식품을 활용하고 자녀와 짧지만 밀도 있 는 시간을 가지려고 노력하는 과정에서 '효율성'은 삶의 방식이자 목표 자체가 되어버린다. 이처럼 가족과의 시간을 연기 내지 포기 하거나 고도로 조직해야 한다는 압박은 부모에게 직장일. 가사일과 다른 제3의 일을 부과한다. 부모의 시간 관리 계획을 좀처럼 수긍하지 않으려는 자녀의 불만을 잠재우고 감정을 달래줘야 한다는 부담은 부모 노동자를 더욱 지치게 만드는 요인이 된다.

777

다음에서 설명하는 용어로 옳은 것은?　　　　　　　　　　　　　　　　　　　　　　　　　　　[2023년 기출]

디지털 시대의 여러 가지 특성, 즉 젊고 정보통신 지식이 많고 인터넷을 잘 활용하는 특성을 가지고 있는 20~30대 연령층을 의미한다.

① 카칭족

② 아나디지족

③ 예티족

④ 모비즈족

정답　③

풀이　③ 예티족에 대한 설명이다.

노동 및 소비의 변화

핵심정리 스마트워크

(1) 의의

- 스마트 정보통신기술과 제도적 인프라를 기반으로 근로자가 언제, 어디서나 자율적으로 일하고 자유롭게 협업함으로써 성과를 극대화하도록 하는 업무방식이다.
- 스마트 정보통신기술이란 유무선 초광대역 정보통신인프라를 기반으로 하는 모바일, 클라우드 컴퓨팅, 유무선 컨버전스, 상황인지 대인화 서비스, 소셜 네트워킹, 텔리프레즌스 등을 지원하는 네트워크, 하드웨어, 미들웨어, 소프트웨어, 모바일 애플리케이션 등 일련의 정보통신기술을 통칭한다.

(2) 기존 원격근무와 차별화되는 특징

- 정보통신기술을 기반으로 하는 자유로운 이동성
- 원활한 협업
- 업무성과의 제고
- 정보통신기술뿐만 아니라 제도적 인프라에 의한 체계화(systematization)를 강조

핵심정리 스마트워크의 유형

(1) 스마트워크의 유형과 장·단점 비교

유형	근무형태	장점	단점
재택근무	자택에서 본사 정보통신망에 접속하여 업무수행	별도의 사무공간이 필요하지 않으며, 출퇴근 시간 및 교통비 부담이 감소	• 노동자의 고립감 증가와 협동 업무의 시너지 효과 감소 • 고립감으로 직무만족도 저하 • 보안성 미흡으로 일부 업무만 제한적 수행 가능
이동근무 (모바일 오피스)	모바일 기가 등을 이용하여 현장에서 업무수행	대면 업무 및 이동이 많은 근무환경에 유리	스마트폰 등을 활용한 위치추적 등 노동자에 대한 감시통제 강화
스마트워크 센터 근무	자택 인근 원격 사무실에 출근하여 업무 수행	• 본사와 유사한 수준의 사무 환경 제공이 가능 • 근태 관리가 용이 • 보안성 확보가 용이 • 직접적인 가사 육아에서 벗어나 업무 집중도가 향상	• 별도의 사무 공간 및 관련 시설 비용부담 • 관련 법 및 제도 정비가 필요 • 관리조직 및 시스템 구축 필요

(2) 원격근무와 스마트워크의 주요한 차이점

구분	원격근무	스마트워크
주체	일부 직군 또는 직위에 속하는 근로자	광범위한 직군 및 직위에 속하는 근로자
장소	미리 지정된 자택 또는 위성사무실 위주	자택, 위성사무실, 이동 중 어디서나
대상업무	혼자서 할 수 있는 단독 업무 위주	온라인을 통한 자유로운 협업 가능
수단	가족 친화 복리 후생 제도	총체적인 인사, 조직, 성과 관리 제반 제도
	유선 통신망 위주	유무선 컨버전스, 클라우드 컴퓨팅 등
	특정 계층에 제한된 문화	조직 전체적으로 조성되고 공유된 문화

• 스마트워크는 단순 스마트폰 기기의 도입과 이용이나 단순한 원격근무가 아닌 원격 협업을 전제로 한다.
• 정보통신기술을 기반으로 한 협업의 형태로 시간과 장소에 구애 없이 일할 수 있는 스마트워크는 시간과 공간의 제약이 없이 언제, 어디서나 일할 수 있도록 하는 것으로 워크 하드(work hard)에서 워크 스마트(work smart)로의 변화를 의미한다.

778

다음은 유연근무제에 대한 설명 중 틀린 것은?

① 탄력근로는 근로자가 하루 일과를 시작하는 시간과 끝나는 시간에 있어서 선택과 조정이 가능한 제도로, 핵심 근로시간을 제외한 시간에는 근로자는 자유롭게 출퇴근할 수 있다.

② 압축근로는 주 40시간의 일을 주 5일이 아닌 4일에 걸쳐서 할 수 있도록 하는 제도로, 이는 근로시간을 줄이지 않고도 여가시간을 확보할 수 있는 방법이다. 가장 일반적인 형태는 10시간씩 4일을 일하는 것이다.

③ 단시간근로는 근로자가 40시간 이하 근로시간을 선택하는 경우로 통상 파트타임으로 일하는 경우가 해당된다. 이 경우, 근로시간의 길이에 있어서 유연성을 제공하며, 직무공유 제도로 보완된다.

④ 재택근로는 근로자들이 집 혹은 기타 원거리 사무실에서 약속된 스케줄에 따라 일할 수 있도록 하는 제도이다. 출퇴근시간이 없어지는 점이 주된 장점이다.

정답 ①

풀이 ① 탄력근로는 근로자가 하루 일과를 시작하는 시간과 끝나는 시간에 있어서 선택과 조정이 가능한 제도지만, 핵심 근로시간을 제외한 시간에 핵심 근로시간을 제외한 시간에는 근로자는 자유롭게 출퇴근할 수 있는 것은 아니다. 핵심 근로시간은 근로자가 반드시 근무해야 하는 시간이며, 그 이외의 시간에도 일정한 출퇴근 시간이 정해져 있다.

② 압축근로는 주 40시간의 일을 주 5일이 아닌 4일에 걸쳐서 할 수 있도록 하는 제도이다. 가장 일반적인 형태는 10시간씩 4일을 일하는 것이다.

③ 단시간근로는 근로자가 40시간 이하 근로시간을 선택하는 경우로, 이 경우, 근로시간의 길이에 있어서 유연성을 제공하며, 직무공유 제도로 보완된다.

④ 재택근로는 근로자들이 집 혹은 기타 원거리 사무실에서 약속된 스케줄에 따라 일할 수 있도록 하는 제도이다. 출퇴근시간이 없어지는 점이 주된 장점이다.

779

유연근무제에 대한 설명으로 틀린 것은?

① 일정한 시간과 장소 형태를 요구하는 정형화된 근무제도에서 탈피한 신축적인 근무제도이다.

② 탄력근로는 근로자가 주 40시간의 일을 주 5일이 아닌 4일에 걸쳐서 할 수 있도록 하는 제도이다.

③ Rothausen의 연구결과는 유연한 근무형태가 직무만족도를 높이는 것으로 나타났다.

④ 최근에는 정규직이면서 단시간 근로를 도입하는 사례도 증가하고 있으며 이러한 단시간 근로를 가능하게 하기 위해 직무공유와 같은 제도로 보완한다.

> 정답 ②
>
> 풀이 압축근로에 대한 설명이다. 탄력근로는 근로자들이 하루 일과를 시작하는 시간과 끝나는 시간에 있어서 선택과 조정이 가능한 제도이다.

780

스마트워크의 개념에 포함되지 않는 것은?

① 모바일 오피스   ② 유연노동

③ 원격근무   ④ 재택근무

> 정답 ②
>
> 풀이 ② 유연근무제는 일정한 시간과 장소 형태를 요구하는 정형화된 근무제도에서 탈피한 신축적인 근무제도로서 핵심 근무시간을 제외한 편리한 시간에 근무하는 출·퇴근제를 의미한다. 유연근무제는 다양한 형태로 발전해 왔는데 그 대표적인 것으로 탄력근로, 압축근로, 단시간근로, 그리고 재택근로 등이 있다. 반면에 스마트워크는 스마트 정보통신기술과 제도적 인프라를 기반으로 근로자가 언제, 어디서나 자율적으로 일하고 자유롭게 협업함으로써 성과를 극대화하도록 하는 업무방식이다.

프로슈머와 프로유저

프로슈머(Prosumer)는 producer와 consumer의 합성어로, 소비자이면서 생산 과정에 개입하고자 하는 사람들을 말한다. 앨빈 토플러가 「제3의 물결」에서 처음 사용했다. 프로유저(Prouser)는 professional과 user의 합성어로, 제품에 대한 전문 지식과 창의적 아이디어를 가진 소비자를 말한다.

프로슈머의 종류

(1) **정보 프로슈머(information prosumer)**

생산자(producer)와 소비자(consumer)의 합성어로 소비자 역할뿐 아니라 인터넷 커뮤니티 등을 통해 자신의 의견을 적극 개진하고 상품 생산에까지 영향을 미치는 사람을 지칭한다. 언론사나 방송사가 전달하는 일방적인 정보에 만족하지 않고, 특정한 취미나 관심을 가진 여러 사람이 모여서 정보를 수집하고 만들어 나가는 경향이 점차 늘면서 생겨났다. 최근 기업들도 이러한 프로슈머 활동에 큰 관심을 가지면서 개별회사가 프로슈머들을 선발하여 신상품 체험, 시장조사, 온라인 홍보 활동 등에 활용하는 사례가 증가한다.

(2) **리서슈머(researsumer)**

연구자(researcher)와 소비자(consumer)의 합성어로 자신이 관심있는 소비 분야에 대해 지속적으로 연구하고 탐색하는 전문가적 소비자를 지칭한다. 이들은 제품 및 서비스의 장단점과 시장 현황을 정확히 파악해 합리적으로 소비하려는 성향을 띠며 자신의 지식을 전파 공유하려는 경향이 강하다.

(3) **플레이슈머(playsumer)**

유행에 관심이 많고 소비를 놀이처럼 즐기는 사람, 놀다(play)와 소비자(consumer)의 합성어로, 생산적인 소비자를 일컫는 프로슈머에서 한 단계 진화하여 참여와 공유를 통해 개인의 만족과 집단의 가치를 향상시키는 능동적인 소비자를 말한다. 경영학자 필립 코틀러(Philip Kotler)가 주장하는 '사회구조가 복잡해지고 물질적으로 풍요로워질수록 소비자는 재미를 추구한다.'를 반영한 소비 형태이다.

(4) **트윈슈머(Twinsumer)**

트윈슈머는 비슷한 취향이나 기호를 가진 사람들과 경험을 나누고, 다른 사람의 소비 경험을 참고해 물건을 구매하는 사람이다. 쌍둥이를 뜻하는 '트윈(Twin)'과 소비자를 의미하는 '컨슈머(Consumer)'의 합성어로, 생각·취미·취향·반응·소비 등이 쌍둥이처럼 유사하다고 해서 붙은 이름이다.

781

프로슈머에 대한 설명으로 틀린 것은?   [2021년 기출]

① 소비자가 제품 개발에 참여해 자신의 취향에 맞는 물건을 만드는 생산자이면서 소비자이다.

② 기존 제품을 자신에 맞게 창조하는 소비자를 크리슈머라고 한다.

③ 소비 분야에 대해 지속적으로 연구하고 탐색하는 전문가적 소비자를 트윈슈머라고 한다.

④ 앨빈 토플러가 1980년 「제3의 물결」에서 처음으로 소개하였다.

정답 ③

풀이 ③ 리서슈머에 대한 설명이다. 트윈슈머는 비슷한 취향이나 기호를 가진 사람들과 경험을 나누고, 다른 사람의 소비 경험을 참고해 물건을 구매하는 사람이다. 쌍둥이를 뜻하는 '트윈(Twin)'과 소비자를 의미하는 '컨슈머(Consumer)'의 합성어로, 생각·취미·취향·반응·소비 등이 쌍둥이처럼 유사하다고 해서 붙은 이름이다.

782

프로슈머에 대한 설명으로 틀린 것은?

① Producer와 consumer의 합성어이다.

② 앨빈 토플러가 '제3의 물결'에서 처음 사용하였다.

③ 제품에 대한 전문 지식과 창의적 아이디어를 가진다.

④ 소비자이면서 생산 과정에 개입하고자 하는 사람들을 말한다.

정답 ③

풀이 ③ 제품에 대한 전문 지식과 창의적 아이디어를 가진 소비자는 프로유저(prouser)이다.

Theme 127 정보격차

핵심정리 정보격차

- 뒤르켐(E. Durkheim), 마르크스(K. Marx), 베버(M. Weber) 등의 초기 사회학자들은 산업사회 및 자본주의사회의 출현에 따라 발생한 사회 불평등 문제를 지적하면서 사회학적 관점의 필요성을 인류 공동체에 일깨워주었다. 그러나 이제까지 인류는 이 문제를 해소하지 못한 채 다시 디지털 기술혁명이 수반하는 새로운 불평등 문제를 맞고 있다.
- 정보기술이 사회 불평등을 증대시킬 것인지, 감소시킬 것인지는 정보화 초기부터의 논쟁거리였다. 어떤 이들은 정보기술이 도입되고 난 어느 시기에는 이것이 대중적으로 수용되고 보편화됨으로써 사회 불평등을 감소시킬 것이라고 낙관한다(Toffler). 반면 다른 이들은 정보기술이 일부 계층에는 배제되는 반면 일부 계층에는 독점 활용됨으로써 기존의 불평등을 더욱 심화시킬 것이라고 비판한다. 예를 들어 쉴러는 정보통신기술이 정보의 풍요를 낳는 한편 정보부자와 정보 빈자를 만들 것이라고 주장하며, 정보 불평등의 가능성을 예견했다. 도시사회학자 카스텔(Castells)은 정보화가 학력수준 간의 소득격차를 벌릴 뿐 아니라, 도시와 지역 간의 땅값 차이를 확대시켜 결국에는 사회 불평등을 더욱 심화시킨 것이라고 지적하기도 했다.

783

지식정보사회에서 사람들은 사회적 지위에 따라 정보통신 매체와 콘텐츠에 접근하고 허용하는 조건과 능력에서 차이를 보인다. 이를 설명하는 개념으로 가장 거리가 먼 것은? [2024년 기출]

① 정보 불평등(information inequality)
② 정보격차(information gap)
③ 디지털 분할(digital divide)
④ 사회 불평등(social inequality)

정답 ④

풀이 ④ 사회 불평등(social inequality)이 지식정보사회에서 사람들은 사회적 지위에 따라 정보통신 매체와 콘텐츠에 접근하고 허용하는 조건과 능력에서 차이와는 가장 거리가 있다.

784
정보격차에 대한 설명으로 틀린 것은?
[2020년 기출]

① 쉴러는 정보통신기술이 정보부자와 정보 빈자를 만들어 정보불평등을 야기할 것이라고 주장하였다.

② 카스텔은 학력수준 간의 소득격차를 벌릴 뿐 아니라, 도시와 지역 간의 땅값 차이를 확대시켜 결국 사회 불평등을 더욱 심화시킬 것이라고 전망하였다.

③ 토플러나 나이스비트 등은 정보기술이 대중적으로 수용되고 보편화됨으로써 사회 불평등을 감소시킬 것이라고 전망하였다.

④ 우리나라에서는 계층별 격차와 달리 세대별 격차는 감소 추세가 뚜렷하여 컴퓨터 및 인터넷 사용 능력은 평준화되었다고 할 수 있다.

> 정답 ④
>
> 풀이 ④ 장애인과 저소득층의 정보격차는 유의할 만큼 감소 추세에 있으나, 농어민과 장·노년층은 여전히 정책적 고려가 필요한 것으로 보인다. 농어민과 장·노년층은 디지털기기에 대한 인지능력이 취약하고 일상생활에서 인터넷을 잘 활용하지 않기에, 이 들 집단을 대상으로 역량교육을 하거나 활용도 제고를 위한 홍보가 필요하다.

785
다음에서 설명하는 정보격차로 옳은 것은?
[2022년 기출]

> 정보격차는 정보를 쉽게 접할 수 있는 자와 그렇지 못한 자에게 경제적 차이나 사회적 차이가 일어나는 것을 말한다. 현대사회에서는 정보기술의 발전에 따라 기술적인 능력이 요구되고, 폭발적으로 증가하는 정보를 처리하는 고도의 디지털 능력이 중시된다. 하지만 젊은 세대의 등장으로 이러한 격차는 해소될 것으로 보인다. 노년층의 격차는 디지털 기기에 더 빠르게 배우고 쉽게 적응하는 청년층이 노년기에 접어들면 자연적으로 해소될 것이다. 하지만 일반시민 사이에 발생하는 이러한 격차는 쉽게 해결할 수 없다는 문제점이 있다.

① 인적 제약
② 기술적 제약
③ 조직적 제약
④ 민주적 제약

> 정답 ②
>
> 풀이 ② 기술제약, 즉 기술격차는 기술적 사용능력과 정보 해독능력을 말하는 것으로 이른바 정보 리터러시와 동일한 개념이다.

핵심정리 **정보격차의 개념과 가설**

(1) **정보격차, 디지털 정보격차, 모바일 정보격차**

① 정보격차 : 일반적으로 정보에 접근하고 이용하는 데 있어 사회경제적 차이로 발생한다.

② 디지털 정보격차 : 정보에 접근하고 이를 이용하는 것을 넘어 정보화 사회 그리고 기술의 발전이 사회적인 분화를 가져오는 현상과 원인까지를 포함한다.

③ 모바일 정보격차 : 스마트폰을 적극적으로 활용해 정보를 빠르게 습득하는 사람과 그렇지 못하는 사람사이에 발생한다.

(2) **보급이론과 지식격차가설**

① 보급이론 : 기술의 발전에 따른 보급의 확대로 뉴미디어의 가격하락에 따라 정보격차가 줄어들 것이라고 예측한다.

② 지식격차가설 : 시간이 경과할수록 획득하는 지식과 정보량의 차이가 더욱 확대될 것이라는 가설이다.

(3) **정보격차가 점차 확대될 것으로 보는 이유**

• 모든 수용자 개인에게 전달되는 정보의 양이 계속적으로 증가한다.

• 많은 정보를 가진 사람의 정보량이 별로 가지지 못한 사람의 정보량보다 더 많이 증가하므로 기존 정보량이 많은 층과 적은 층간의 정보격차는 더욱 심화된다.

• 정보과잉 현상으로 수용자는 정보의 취사선택문제에 직면하게 되고, 그 해결책으로 컴퓨터와 같은 새로운 정보통신기술의 이용자는 보다 많은 정보를 가지려고 할 가능성이 높다.

• 기존 정보격차가 해소되기 이전에 새로운 커뮤니케이션 기술이 개발됨으로써 새로운 정보격차를 야기한다.

786

다음 중 정보격차의 발생에 대한 설명으로 틀린 것은?   [2023년 기출]

① 정보문해의 능력에 따라 정보격차가 발생한다.

② 새로운 정보기술의 사용에 필요한 커뮤니케이션 능력에 따라 정보격차가 발생한다.

③ 이미 정보를 많이 가지고 있는 사람이 추가적인 정보를 더 찾고자 하는 경향이 강한 측면에서 발생한다.

④ 정보사회에서 개인의 정보 획득량이 증가함에 따라 집단 간의 정보격차는 감소하는 경향이 발생한다.

정답 ④

풀이 ④ 많은 정보를 가진 사람의 정보량이 별로 가지지 못한 사람의 정보량보다 더 많이 증가하므로 기존 정보량이 많은 층과 적은 층 간의 정보격차는 더욱 심화된다.

787

디지털 정보격차의 내용으로 옳은 것은?

① 일반적으로 정보에 접근하고 이용하는 데 있어 사회경제적 차이를 말한다.

② 새로운 기술에 접근할 수 있는 사람과 그렇지 못한 사람 간의 단절을 의미한다.

③ 정보에 접근하고 이를 이용하는 것을 넘어 정보화 사회 그리고 기술의 발전이 사회적인 분화를 가져오는 현상과 원인까지를 포함한다.

④ 스마트폰을 적극적으로 활용해 정보를 빠르게 습득하는사람과 그렇지 못한 사람 사이에 발생하는 차이이다.

> 정답 ③
>
> 풀이 ①, ②는 정보 격차, ④는 모바일 정보 격차이다.

788

정보격차에 대한 설명으로 틀린 것은?

① 모바일 정보격차(Mobile Divide)란 스마트폰을 적극적으로 활용해 정보를 빠르게 습득하는 사람과 그렇지 못하는 사람 사이에 발생하는 지역별, 연령별, 성별 격차를 말한다.

② 정보격차(Digital Divide)에 대한 정의는 다양하며 항상 변화하고 있는 개념으로 정보격차를 의미하는 용어로 Digital Divide가 최초로 언급된 것은 New York Times의 관련 기사에서였다.

③ 우리나라에서도 이러한 문제를 해결하기 위해 '정보격차해소에 관한 법률'이 2001년 제정되었으며, 정보격차해소를 위한 전담기관으로 '정보통신산업진흥원'이 설립되었다.

④ OECD는 정보격차를 개인, 가정, 기업 및 지역들 간에 서로 상이한 사회·경제적 여건에서 비롯된 정보통신기술에 대한 접근기회와 다양한 활동을 위한 인터넷의 이용에 있어서의 차이라고 정의하였다.

> 정답 ③
>
> 풀이 ③ 우리나라에서는 정보 격차 문제를 해결하기 위해 '정보격차해소에 관한 법률'이 2001년 제정되었으며, 정보격차해소를 위한 전담기관으로 '한국정보화진흥원'이 설립되었고 현재 한국지능정보사회진흥원으로 기관 명칭이 변경되었다. 참고로 한국지능정보사회진흥원은 1987년 한국전산원(NCA)으로 시작되었으며, 2006년 한국정보사회진흥원으로 기관명이 바뀌었고, 2009년 5월 22일 한국정보문화진흥원을 통합하여 한국지능정보사회진흥원이 되었다.

789

급변하는 디지털 사회 속에 세대, 사회계층간 정보, 기술 활용 능력 차이로 인해 발생하는 격차로 옳은 것은?

① 디지털 래그(Digital Lag)

② 디지털 디바이드(Digital Divide)

③ 모바일 디바이드(Mobile Divide)

④ 정보 디바이드(Information Divide)

> 정답 ②
>
> 풀이 ① 디지털 래그(Digital Lag)는 디지털 시대에 뒤떨어지는 현상이다.
>
> ② 디지털 디바이드, 즉 디지털 정보격차에 대한 설명이다.

790

정보격차가 점차 확대되는 원인으로 틀린 것은?

① 모든 수용자 개인에게 전달되는 정보의 양이 계속적으로 증가한다.

② 기존 정보격차가 해소된 이후에도 새로운 커뮤니케이션 기술이 개발됨으로써 새로운 정보격차를 야기한다.

③ 많은 정보를 가진 사람의 정보량이 별로 가지지 못한 사람의 정보량보다 더 많이 증가하므로 기존 정보량이 많은 층과 적은 층간의 정보격차는 더욱 심화된다.

④ 정보과잉현상으로 수용자는 정보의 취사선택문제에 직면하게 되고, 그 해결책으로 컴퓨터와 같은 새로운 정보통신기술의 이용자는 보다 많은 정보를 가지려고 할 가능성이 높다.

> 정답 ②
>
> 풀이 ② 기존 정보격차가 해소되기 이전에 새로운 커뮤니케이션 기술이 개발됨으로써 새로운 정보격차를 야기한다.

(1) 의의

정보격차는 사회적, 경제적, 기술적 요소 등으로 인해 정보에 접근할 수 있는 능력에 차이가 나타나는 현상을 말한다. 정보격차를 이해하기 위해 기술적 제약, 인적 제약, 조직적 제약, 민주적 제약을 살펴볼 수 있다.

(2) 기술적 제약

기술적 제약은 기술의 부족 또는 액세스의 부재로 인해 정보에 접근할 수 있는 능력이 제한되는 상황을 말한다. 예를 들어, 개발도상국이나 빈곤층 지역에서는 인터넷 접속이나 컴퓨터 사용에 제한이 있을 수 있다. 또한, 기술적인 전문 지식이 부족한 개인이나 그룹은 정보에 제한이 생길 수 있다.

(3) 인적 제약

인적 제약은 사람들의 능력, 교육 수준, 경험 등에 따라 정보에 접근하는 능력이 차이가 날 때 발생한다. 인적 제약은 정보를 이해하고 활용하는 능력이나 언어, 문맥 이해 등의 요소에 대한 제약을 의미한다. 교육 수준이 낮거나 문해력이 부족한 사람들은 정보를 이해하고 활용하는 데 어려움을 겪을 수 있다.

(4) 조직적 제약

조직적 제약은 정보에 대한 접근과 이용에 관련된 제도, 정책, 조직문화 등 조직 내부의 요인으로 인해 발생한다. 예를 들어, 기업이나 정부에서 정보의 공유와 접근을 제한하는 보안 정책이나 절차가 있는 경우, 해당 조직의 구성원들은 정보에 접근하기 어려울 수 있다.

(5) 민주적 제약

민주적 제약은 사회적인 권력 관계나 결정에 의해 정보에 접근하는 능력이 제한되는 경우를 의미한다. 예를 들어, 언론 기업이나 정부에 의한 정보 조작이나 검열이 발생하는 경우, 사람들은 신뢰할 만한 정보를 얻기 어렵게 된다. 이는 민주적인 정보의 투명성과 다양성을 제한하여 정보격차를 야기할 수 있다.

791

정보격차의 기술적 제약이 가장 뚜렷하게 나타나는 상황으로 옳은 것은?

① 기업의 보안 정책으로 인해 정보의 공유와 접근이 제한되는 상황
② 개발도상국이나 빈곤층 지역에서 인터넷 접속이나 컴퓨터 사용에 제한이 있는 상황
③ 정보를 이해하고 활용하는 능력이나 언어, 문맥 이해에 제한이 있는 상황
④ 언론 기업이나 정부에 의한 정보 조작이나 검열이 있는 상황

정답 ②

풀이 ② 기술적 제약은 기술의 부족 또는 액세스의 부재로 인해 정보에 접근할 수 있는 능력이 제한되는 상황을 말한다. 따라서 개발도상국이나 빈곤층 지역에서 인터넷 접속이나 컴퓨터 사용에 제한이 있는 상황은 기술적 제약이 가장 뚜렷하게 나타나는 상황으로 볼 수 있다.

(1) **상층**

최상층부에 속하는 대자본가, 고위 행정관료, 전문경영인, 고위 장성 등이 추상적 코드로 프로그램화된 사회적 권력을 향유한다.

(2) **중층**

① 상층 지식 노동자

상층 지식 노동자는 높은 수준의 전문성과 자율성에 기초하여 노동과정에서 구상기능을 수행하고 개인주의적 성향이 강하다. 또한 문화상품의 주요 생산자이자 구매자(Prosumers)이고 소득수준을 결정하는 것은 근무시간양이나 업무량이 아니라 지식활동의 질과 독창성이다. 일을 통한 자기계발, 자아실현이 가능하다.

② 하층 지식 노동자

하층 지식 노동자는 전문자격과 대학 수준의 학력을 지니고 있지만 조직에서 피통제적 지위에서 규격화되고 정형화된 지식노동을 담당하여 구상기능의 보조 또는 실행기능을 담당한다. 경력이 쌓이면서 상층지식근로자로 상승이 가능하다. 조직 내에서 상대적인 불리함이나 불안정성을 극복하기 위해 조직운동에 참여하는 성향이 강하다.

(3) **하층**

① 반숙련 노동자

반숙련 노동자는 판에 박힌 관행과 경험에 기초한 실행기능만을 수행한다. 산업화/근대화의 역군이었으나 정보사회로 불정정한 위치에 놓이게 된다. 개인의 노력에 따라 하층지식노동자로 상승 이동하거나, 주변적 노동자층으로 전락할 수도 있다.

② 주변적 노동자

주변적 노동자는 노동의 고통과 불쾌감을 감수하고, 노동의 대가도 기본적 욕구를 충족할 정도에 머물게 된다. 타인의 명령과 통제를 받아 일하며 업무량에 비해 열등한 대우를 받는다. '고용 없는 성장(Jobless Growth)'의 희생자들인 구조적 실업자들이라고 할 수 있다.

792

정보사회에서 노동자는 4가지 계층으로 분류된다. 각각의 계층에 대한 설명으로 옳은 것은?

[2022년 기출]

① 상층 지식 노동자들의 소득수준을 결정하는 기준은 지식활동의 질과 독창성이 아니라 근무시간이나 업무량이다.

② 하층 지식 노동자들은 전문자격과 대학 수준의 학력을 지닌 문화상품의 주요 생산자이자 구매자로서 안정적인 소득을 바탕으로 소비를 줄이지 않고 생활할 수 있다.

③ 반숙련 노동자는 노동의 고통과 불쾌감을 감수하고, 노동의 대가도 기본적 욕구를 충족할 정도에 머물게 된다. 타인의 명령과 통제를 받아 일하며 업무량에 비해 열등한 대우를 받는다.

④ 하층 지식 노동자는 상층 노동자에 비해 조직 내에서 상대적인 불리함이나 불안정성을 극복하기 위해 노동조합에 가입하려는 성향이 강하다.

정답 ④

풀이 ① 상층 지식 노동의 소득수준을 결정하는 기준은 지식활동의 질이나 독창성이다.
② 문화 상품의 주요 생산자이자 구매자는 상층 지식 노동자이다.
③ 주변적 노동자에 대한 설명이다.
④ 하층 지식 노동자는 조직 내에서 상대적인 불리함이나 불안정성을 극복하기 위해 조직운동에 참여하는 성향이 강하다.

793

사회 각 분야를 이끌고 있으며 중요한 영향력을 유지하는 정보 엘리트의 특징에 대한 설명으로 틀린 것은?   [2022년 기출]

① 지위보다 일을 중시한다.
② 사이버 공간의 정보보다 현실 세계의 정보를 중시한다.
③ 자신의 개인적인 성공보다 사회 전체의 이익을 중시한다.
④ 인터넷에서 접한 정보보다 자신의 직접 경험을 더 중시한다.

정답 ②

풀이 ② 정보 엘리트는 사이버 공간을 활용하여 끊임없이 지식을 습득하고 현실 세계의 정보를 통해 검증하고 성찰한다.

794

정보사회 계층 구조에 대한 설명으로 틀린 것은?

① 최상층부에 속하는 대자본가, 고위 행정관료, 전문경영인, 고위 장성 등이 추상적 코드로 프로그램화된 사회적 권력을 향유한다.
② 상층 지식 노동자는 높은 수준의 전문성과 자율성에 기초하여 노동과정에서 구상기능을 수행하고 개인주의적 성향이 강하다.
③ 하층 지식 노동자는 전문자격과 대학 수준의 학력을 지니고 있지만 조직에서 피통제적 지위에서 규격화되고 정형화된 지식노동을 담당하여 구상기능의 보조 또는 실행기능을 담당한다.
④ 주변적 노동자는 판에 박힌 관행과 경험에 기초한 실행 기능만을 수행한다.

795

정보사회의 계층구조에 대한 설명으로 틀린 것은?

① 상층은 높은 수준의 전문성과 자율성에 기초하여 노동과정에서 구상기능을 수행한다.

② 중층에 속하는 하층 지식 노동자는 전문자격과 대학 수준의 학력을 지니고 있지만 조직에서 피통제적 지위에서 규격화되고 정형화된 지식노동을 담당한다.

③ 하층에 속하는 반숙련 노동자는 판에 박힌 관행과 경험에 기초한 실행기능만을 수행한다.

④ 하층에 속하는 주변적 노동자층은 노동의 고통과 불쾌감을 감수하고, 노동의 대가도 기본적 욕구를 충족할 정도에 머물게 된다.

핵심정리   모스버거, 톨버트, 스텐스버리

정보격차 개념의 세분화를 통한 분류

정보격차의 개념을 세분화함으로써 정보격차의 유형을 나눌 수도 있다. 예를 들어 모스버거와 톨버트, 스텐스버리는 정보격차를 접근격차, 기술격차, 경제적 기회격차, 민주적 격차의 네 영역으로 구분했다.

(1) 접근격차
인터넷 등 정보기기를 어디서나 접근하여 사용할 수 있는지 여부와 관련된 개념이다.

(2) 기술격차
기술적 사용능력과 정보 해독능력을 말하는 것으로 이른바 정보 리터러시 와 동일한 개념이다.

(3) 경제적 기회격차
경제적으로 우월한 집단이나 개인이 그렇지 않은 집단이나 개인에 비교하여 경험, 신념, 태도 등에서 격차가 있는지 여부에 관련된 개념이다.

(4) 민주적 격차
선거, 투표, 정치적 참여 등 민주적 시민활동에 관련된 이용 경험 및 태도에서 나타나는 격차를 말하는 것이다.

796

모스버거, 톨버트, 스텐스버리가 구분한 정보격차의 유형에 포함되지 않는 것은?

① 접근 격차
② 기술 격차
③ 활용 격차
④ 경제적 기회 격차

핵심정리   부시와 뉴하겐

* 정보격차를 분석할 때는 다양한 차원에서 접근할 수 있으나, 가장 기본적인 것은 무엇보다 정보접근에서 나타날 수 있는 격차이다. 즉 정보통신기술에 접근할 수 있는 사람과 없는 사람 간의 격차이다. 그러나 정보화의 진전에 따라 정보격차의 개념뿐만 아니라, 정보접근의 개념도 더 세분화하여 분석해야 한다는 주장이 있다.
* 부시와 뉴하겐(Bucy · Newhagen)이 이러한 시도를 했다. 이들은 정보화가 많이 진전된 사회에서는 물리적 접근만이 아니라, 네트워크 공간에서 생성되는 의미에 대한 접근이 중요하다고 하면서 이를 위해 수용자의 인지적 접근을 접근격차의 지표에 포함시켜야 한다고 주장했다.
* 이때 인지적 접근을 위해서는 정보의 의미와 가치를 인지하고 활용할 수 있는 지적 능력과 이에 따른 비용이 필요한 것은 당연하다. 이러한 시도는 인터넷의 제공과 사용법의 교육을 넘어, 정보의 가치인지와 활용을 위한 교육을 정보격차 해소정책의 초점으로 간주해야 한다는 것을 지적한 점에 의의가 있다고 하겠다.

797

네트워크 공간에서 생성되는 의미에 대한 접근이 중요하다고 하면서 이를 위해 수용자의 인지적 접근을 접근격차의 지표에 포함시켜야 한다고 주장한 사상가의 이름으로 옳은 것은?

① 모스버거(Mossberger)
② 스텐스버리(Stansbury)
③ 몰나(Molnar)
④ 부시와 뉴하겐(Bucy – Newhagen)

798

정보화의 진전에 따라 정보격차의 개념뿐만 아니라, 정보접근의 개념도 더 세분화하여 분석해야 한다고 주장한 연구자의 이름으로 옳은 것은?

① 몰나(Molnar)
② 다이크(Dijk)
③ 모스버거(Mossberger)
④ 부시와 뉴하겐(Bucy – Newhagen)

정답 ④

풀이 ④ 부시와 뉴하겐(Bucy – Newhagen)에 대한 설명이다.

♀ 핵심정리　다이크(Dijk)

(1) 의의

　접근 개념의 확대를 주장한 대표적인 사례로 다이크(Dijk)가 있다.

(2) 분류

　① 동기적 접근 : 수용자의 커뮤니케이션 능력과 환경에 따라서 정보기술의 사용에 대한 것이다.
　② 물리적 접근 : 인터넷과 콘텐츠에 대한 것이다.
　③ 기기 사용 능력 접근 : 디지털 기기의 숙련도에 관련된 것이다.
　④ 활용 접근 : 목적 수행을 위해 기기를 사용하는 시간 등에 관련된 것이다.

(3) 특징

　• 이러한 분류방법에서 특징적인 점은 개인의 내적 자원과 외적 자원을 구분하여 설명하고 있음이다.
　• 기존의 관점이 교육수준이나 경제적 수준이 인터넷 기기에의 접근에 방점을 둔 정보격차를 어떻게 확대시키는지를 고려했다면, 이 관점은 동일한 외적 자원(교육, 경제수준)을 가졌다 할지라도, 개인의 취향과 경험, 동기, 노력 등 내적 자원에 따라서 정보격차가 발생할 수 있음을 지적하고 있다.

799

동일한 외적 자원(교육, 경제수준)을 가졌다 할지라도, 개인의 취향과 경험, 동기, 노력 등 내적 자원에 따라서 정보격차가 발생할 수 있음을 지적한 사상가의 이름으로 옳은 것은?

① 몰나(Molnar)
② 다이크(Dijk)
③ 모스버거(Mossberger)
④ 부시와 뉴하겐(Bucy – Newhagen)

② 접근 개념의 확대를 주장한 대표적인 사례로 다이크가 있다. 그는 수용자의 커뮤니케이션 능력과 환경에 따라서 정보기술의 사용에 대한 동기적 접근, 인터넷과 콘텐츠에 대한 물리적 접근, 디지털 기기의 숙련도에 관련된 기기 사용능력 접근, 목적 수행을 위해 기기를 사용하는 시간 등에 관련된 활용 접근 등 네 종류의 접근 개념을 제시했다. 이러한 분류방법에서 특징적인 점은 개인의 내적 자원과 외적 자원을 구분하여 설명하고 있음이다. 기존의 관점이 교육수준이나 경제적 수준이 인터넷 기기에의 접근에 방점을 둔 정보격차를 어떻게 확대시키는지를 고려했다면, 이 관점은 통일한 외적 자원(교육, 경제 수준)을 가졌다 할지라도, 개인의 취향과 경험, 동기, 노력 등 내적 자원에 따라서 정보격차가 발생할 수 있음을 지적하고 있다.

800

다이크(Dijk)의 정보격차의 유형에 포함될 수 없는 것은?

① 정보기술의 사용에 대한 동기적 접근
② 인터넷과 콘텐츠에 대한 물리적 접근
③ 디지털 기기의 숙련도에 관련된 기기 사용능력 접근
④ 네트워크 공간에서 생성되는 의미에 대한 인지적 접근

④ 네트워크 공간에서 생성되는 의미에 대한 인지적 접근을 강조한 사상가들은 부시와 뉴하겐이다.

801

「디지털 격차」, 「심화되는 격차」 등의 저작을 통해 인터넷, 뉴미디어가 만들어 내는 새로운 불평등의 양상에 대하여 연구한 학자의 이름으로 옳은 것은?

① 다이크(Dijk)
② 몰나(Molnar)
③ 모스버거(Mossberger)
④ 부시와 뉴하겐(Bucy · Newhagen)

① 얀 판 데이크(Jan van Dijk, 다이크)는 1990년대 말부터 일찌감치 새롭게 등장한 디지털 격차의 양상에 대하여 논의했으며, 2000년대에 들어서도 「디지털 격차」(2020), 「심화되는 격차」(2005) 등의 저작을 통해 인터넷, 뉴미디어가 만들어 내는 새로운 불평등의 양상에 대하여 연구하였다.

- 학자들 사이에서는 '정보접근'의 개념을 확대함으로써 정보격차를 정밀하게 분석하고자 하는 시도는 한계가 있다는 지적도 있다. 정보격차의 초점을 이제 '접근을 넘어' 인터넷 이용에 맞춰나가야 하며, 기술적 접근을 넘어 리터러시 개념과 나아가, 사회참여의 개념을 포함해야 한다는 것이다.
- 이러한 관점에서 몰나(Molnar)는 정보격차의 유형을 정보화의 발전단계에 따라 세 종류로 구분한다. 제1유형은 정보기술의 초기 도입기에 발생하는 것으로서 접근격차이고, 제2유형은 도약기에 발생하는 것으로서 활용격차이다. 활용격차는 정보기술을 통해 원하는 정보를 획득·가공·처리하며, 이러한 행위를 통해 편리한 생활을 할 수 있는 기회와 연관된 격차로, 이용자와 비이용자 간에 발생한다. 제3유형은 정보기술의 포화기에 발생하는 이용자 간 질의 차이에 따른 격차로, 네트워크를 활용하여 새로운 성격의 사회에서 삶의 다양한 기회에 배제되지 않는 것과 관련된 격차이다.

구분	제1유형(접근격차)	제2유형(활용격차)	제3유형(참여격차)
정보화 수용 단계	초기 도입기	도약기	포화기
격차 대상	디지털 기기에 접근 가능한 사람과 그렇지 않은 사람 사이의 격차	디지털 기기의 이용자와 비이용자 사이의 격차	디지털 기기의 이용자 간 격차
핵심 쟁점	기기에의 접근 기회의 존재 여부	기기의 양적 활용 정도	삶의 기회에의 참여 및 공유 정도
주요 요인	• 컴퓨터 인터넷 등 기기에의 접근 기회 여부 • 구매력 여부 • 필요성 인식 여부	• 기기 활용능력 여부 • 일상생활상의 기기 활용 시간량 • 디지털 마인드 여부	• 소셜 네트워크 참여 여부 및 정도 • 인터넷 시민 참여 정도 　– 인터넷 지배언어 활용도 　– 정보신뢰도 파악 능력

802

몰나(Molnar)의 정보 격차 유형에 포함되지 않는 것은?

① 접근 격차

② 활용 격차

③ 기술 격차

④ 참여 격차

정답　③

풀이　③ 몰나는 정보격차의 유형을 정보화의 발전단계에 따라 세 종류로 구분하였다. 제1유형은 정보기술의 초기 도입기에 발생하는 것으로서 접근격차이고, 제2유형은 도약기에 발생하는 것으로서 활용격차이고, 제3유형은 정보기술의 포화기에 발생하는 이용자 간 질의 차이에 따른격차로, 네트워크를 활용하여 새로운 성격의 사회에서 삶의 다양한 기회에 배제되지 않는 것과 관련된 격차 즉 참여격차이다.

803

정보 격차에 대한 몰나(Molnar)의 입장에 대한 설명으로 틀린 것은?

① 정보접근의 개념을 확대함으로써 정보격차를 정밀하게 분석해야 한다.

② 정보격차의 초점을 이제 접근을 넘어 인터넷 이용에 맞춰나가야 한다.

③ 기술적 접근을 넘어 리터러시 개념과 나아가, 사회참여의 개념을 포함해야 한다.

④ 참여 격차는 네트워크를 활용하여 새로운 성격의 사회에서 다양한 기회에 배제되지 않는 것과 관련된 격차이다.

정답 ①

풀이 ① 학자들 사이에는 '정보접근'의 개념을 확대함으로써 정보격차를 정밀하게 분석하고자 하는 시도는 한계가 있다는 지적도 있다. 정보격차의 초점을 이제 '접근을 넘어' 인터넷 이용에 맞춰나가야 하며, 기술적 접근을 넘어 리터러시 개념과 나아가, 사회참여의 개념을 포함해야 한다는 것이다. 이러한 관점에서 몰나는 정보격차의 유형을 정보화와 발전단계에 따라 세 종류로 구분하였다. 제1유형은 정보기술의 초기 도입기에 발생하는 것으로서 접근격차이고, 제2유형은 도약기에 발생하는 것으로서 활용격차이고, 제3유형은 정보기술의 포화기에 발생하는 이용자 간 질의 차이에 따른 격차로, 네트워크를 활용하여 새로운 성격의 사회에서 삶의 다양한 기회에 배제되지 않는 것과 관련된 격차 즉 참여격차이다.

804

몰나(Molnar)의 정보격차에 대한 설명으로 틀린 것은?

① 정보화의 발전 단계에 따라 접근격차, 활용격차, 참여격차로 분류할 수 있다.

② 제1유형(접근격차) : 컴퓨터, 인터넷 등 기기에의 접근 기회가 제한될 때 발생한다.

③ 제2유형(활용격차) : 인터넷 지배언어의 활용도, 정보신뢰도 파악능력의 차이에서 발생한다.

④ 제3유형(참여격차) : 소셜 네트워크 참여여부 및 정도에 따라 발생한다.

정답 ③

풀이 ③ 인터넷 지배언어의 활용도, 정보신뢰도 파악능력의 차이에서 발생하는 것은 참여격차이다. 활용격차는 기기의 양적 활용 정도에 따라 발생한다.

805

정보격차의 유형에 대한 설명으로 틀린 것은?

[2019년 기출]

① 기술격차는 기술적 사용능력과 정보의 해독능력에 따라 발생한다.
② 활용격차는 소셜 네트워크 참여여부, 인터넷 시민 참여 정도에 따라 발생한다.
③ 동기적 접근은 수용자의 커뮤니케이션 능력과 환경에 따른 정보 기술의 사용에 따라 발생한다.
④ 접근격차는 인터넷 등 정보기기를 어디서나 접근하여 사용할 수 있는지 여부에 따라 발생한다.

정답 ②

풀이 ② 참여격차가 소셜 네트워크 참여여부, 인터넷 시민 참여 정도에 따라 발생한다.

⚲ 핵심정리　　**우리나라 정보격차의 실태**

- 전반적으로 정보격차는 연도별로 점차 감소되어 왔는데 그 중 특히 접근격차는 뚜렷이 감소되어 왔다. 역량 및 활용격차는 감소 경향 에도 불구하고 아직도 정책 대응이 더 필요한 것으로 나타났다.
- 계층별로 볼 때, 특히 장애인과 저소득층의 정보격차는 유의할 만큼 감소 추세에 있으나, 농어민과 장·노년층은 여전히 정책적 고려가 필요한 것으로 보인다. 농어민과 장·노년층은 디지털기기에 대한 인지능력이 취약하고 일상생활에서 인터넷을 잘 활용하지 않기에, 이들 집단을 대상으로 역량교육을 하거나 활용도 제고를 위한 홍보가 필요하다.
- 장애인과 저소득층의 경우 개인에 따라서 격차 해소 차원을 넘어 경제적 기회를 부여받을 수 있는 방법으로 교육이 나아가야 한다. 물론 이들 계층의 역량과 활용이 여타 소외계층보다는 높지만 일반 국민의 약 70% 수준이라는 점에서 특별한 조치가 필요하다.
- 정보화 환경 변화를 수렴하여 정보격차 분석틀을 더 발전시켜야 한다. 앞서 살펴본 대로, 정보격차 분석틀은 접근, 역량, 활용의 3가지 유형을 사용하고 있다. 하지만 정보화의 발전단계에 따라 격차의 양상이 달라질 수 있기 때문에 이 같은 사실을 감안해야 한다. 현재 사용하고 있는 실태조사에서는 사용 역량과 양적 활용 시간의 비중이 너무 강조되어 있는 반면, 질적 활용 혹은 소셜 네트워크 참여기회를 통해 혜택을 받는지 혹은 배제되는지 하는 것의 비중이 약했다. 따라서 디지털기기 활용능력 여부와 시간의 양, 그리고 디지털 마인드 여부, 소셜 네트워크 참여 여부 및 정도, 인터넷 시민참여 정도 등이 새롭게 분석틀에 포함돼야 할 것이다.

806

괄호 안에 들어갈 말로 바르게 짝지은 것은?

> 2016년 이후로 우리나라는 세대별로 정보격차가 점점 ㉠(증가 / 감소)하는 추세이다. 정보 ㉡(접근 / 활용)격차 부문에서는 두드러진 감소가 보이며, ㉢(저소득 / 중장년층)는 여전히 정보소외 받고 있다.

① ㉠ 감소 ㉡ 접근 ㉢ 저소득
② ㉠ 감소 ㉡ 접근 ㉢ 중장년층
③ ㉠ 증가 ㉡ 접근 ㉢ 저소득
④ ㉠ 증가 ㉡ 활용 ㉢ 중장년층

정답 ②

풀이 ② 전반적으로 정보격차는 연도별로 점차 감소되어 왔는데 그 중 특히 접근격차는 뚜렷이 감소되어 왔다. 역량 및 활용격차는 감소 경향에도 불구하고 아직도 정책 대응이 더 필요한 것으로 나타났다. 계층별로 볼 때, 특히 장애인과 저소득층의 정보격차는 유의할 만큼 감소 추세에 있으나, 농어민과 장·노년층은 여전히 정책적 고려가 필요한 것으로 보인다.

📍**핵심정리** **미첼(Mitchell)의 정보화 진척 참여 정도에 따른 정보 집단의 분류**

(1) **포용자 집단(embracers)**
- 정보통신기술을 적극적으로 수용하는 집단
- 경제적으로 풍요하고 교육수준이 높은 집단
- 사회적으로 안정된 지위를 가지고 있는 이들은 미래지향적인 세계관과 개방적인 태도를 가진 그룹
- 자기 보호적인 보수적인 성향이 강하고 정보통신기술의 발전에 선도적인 역할을 수행하는 그룹

(2) **거부자 집단(rejectors)**
- 정보통신기술의 발전을 부정적인 사회적 침투로 간주 정보화에 냉소적인 태도를 취하는 그룹
- 교육수준이 높고 소득수준도 높은 포용자 집단과 사회경제적으로 크게 차이가 없음
- 기술혁신에 대해 기본적으로 비판적 시각
- 자의적이나 타의적으로 타인과의 교제나 집단적 참여가 낮은 집단

(3) **무관자 집단(indifferent)**
- 사회경제적으로 중간 계층
- 정보통신기술의 출현에 대해 특별한 관심이나 이념적 시각이 희소하고, 자신의 직업상, 주위 환경 상 필요성을 느낄 때만 수동적으로 정보통신기술을 수용하는 그룹
- 정보통신기술의 득과 실에 대한 사회적 영향력을 실감하지 못하는 사람들

(4) **무기력 집단(inadequate)**
- 사회경제적으로나 문화적으로 정보환경에 적응능력이 결여된 개인들의 집단
- 사회 인구학적으로 교육수준과 소득수준이 낮은 사람들로 구성
- 직업이나 사회적 지위도 낮은 수준의 사람들의 그룹
- 정보통신기술에 대한 이해도가 낮고 사회적으로 적절한 교육기회가 없거나 교육시설이 박탈된 환경에서 성장한 사람들이 대부분

정보과잉

핵심정리 데이터 스모그의 13가지 법칙

1. 한때 연어처럼 귀하고 소중했던 정보가 이제는 감자처럼 흔하고 당연한 것이 되었다.
2. 실리콘 회로는 인간의 유전자보다 훨씬 빨리 진화한다.
3. 컴퓨터는 인간이 아니며, '인간적'이지도 않다.
4. 모든 교실에 컴퓨터를 설치하려는 것은 모든 가정에 발전소를 설치하는 것과 같다.
5. 기업들이 판매하는 것은 정보기술이 아니라 정보 갈망이다.
6. 전문가들이 너무 많으면 명료성을 해치게된다.
7. 모든 자극적인 도로들은 타임스 스퀘어로 인도된다.
8. 비슷한 깃털을 가진 새들은 가상현실 속에서도 함께 어울린다.
9. 전자시청은 빠른 커뮤니케이션과 함께 해로운 의사결정을 하게 만든다.
10. 미국의 주요 신용조사 기관들이 다 보고 있다.
11. 모든 복잡성을 해소시키는 이야기들을 경계하라.
12. 정보 고속도로 상에서 모든 길은 저널리스트들을 우회한다.
13. 사이버 공간은 공화당의 적이다.

807

데이비드 셍크(David Shenk)가 규정한 데이터 스모그의 법칙으로 틀린 것은? [2019년 기출]

① 실리콘 회로는 인간의 유전자보다 훨씬 빨리 진화한다.
② 비슷한 깃털을 가진 새들은 가상현실 속에서도 함께 어울린다.
③ 정보 고속도로 상에서 모든 길은 저널리스트들을 우회한다.
④ 사이버 공간은 민주당의 적이다.

정답 ④

풀이 ④ 사이버 공간은 공화당의 적이다.

프라이버시 침해와 감시사회

핵심정리   소셜 그래프

- 대표적인 소셜 네트워크 서비스인 페이스북이나 트위터에서 프라이버시와 사적 공간을 기대하는 것은 무리다. 프로필란에 기재하는 개인정보가 네트워크화 된 다른 수많은 개인들의 정보와 믹싱되고 분류되어 범주화와 통계의 가공을 거쳐 개인화된 정보로 전환된다. 즉 네트워크 된 개체는 네트워크 집단화를 통해 탈개체화된다.
- 페이스북의 설립자 마크 저커버그는 이러한 현상을 소셜 그래프(social graph)라고 한다. 탈개체화된 개체는 주체성을 상실하며 소셜 네트워크 체계 안에서 언제든지 조종되고 통제될 환경에 놓이게 되는 것이다. 주체적이고 자기 정체성을 갖고 있던 개인 사용자가 거대 소셜 미디어 회사에 스스로 프로필을 작성하고 아이디를 받아 회원이 되는 순간, 자동화된 프로파일링과 개인화(personalization)를 거쳐 통제 가능한 대상이 된다.

핵심정리   기든스의 '정보에 대한 통제와 사회적 관리'

(1) 의의

- 감시가 전체 사회구성원을 대상으로 하는 하나의 사회제도로 확립된 것, 특히 외적 행위뿐만 아니라 내적 사고까지도 그 대상으로 삼은 것은 근대 이후의 일이다. 물론 근대 이전에도 이런 식의 시도는 있었다. '오가작통법'이나 '저작권법'은 이런 시도의 좋은 예이다. 그러나 모든 시도가 의도대로 달성되는 것은 아니다. 그럴 만한 능력이 있을 때, 비로소 의도는 달성된다.
- 발달한 경제력과 기술력이 바로 전체 사회구성원을 대상으로 하는 감시 능력의 핵심요건이다. 모든 사회는 감시를 필요로 하며, 모든 권력은 '감시의 내면화'를 추구한다. 비록 여러 가지 한계는 있었을지라도, 국민 통계는 근대적 감시의 실질적 출발점이다. 이런 점에서 모든 근대사회는 '감시사회'이다.

(2) 감시의 행정적 기능

- 기든스는 감시를 근대사회의 핵심적 제도로 꼽는다. 그는 '정보에 대한 통제와 사회적 관리'라는 관점에서 감시의 중요성을 강조한다. 이것은 감시의 행정적 기능에 우선 주목하는 것이라고 할 수 있는데, 이와 함께 우리가 충분히 주의를 기울여야 할 것은 행정적 기능이 정치적 지배와 결코 구분되지 않는다는 사실이다. 요컨대 국가는 행정적 기능을 위한 감시제도를 언제나 정치적 지배의 도구로도 활용한다.
- 이러한 상황은 근대의 다른 제도들에도 적용될 수 있다. 근대사회는 다양한 대중적 제도들을 고안하고 운용하는데, 이러한 제도들은 주어진 기능만을 수행하는 것이 아니라 전체로서 사회를 유지하기 위한 감시의 기능도 수행한다. 그 가장 좋은 예로 학교를 들 수 있다. 규율과 선도'의 이름으로 '감시와 처벌'이 행해지는 것이다. 이 경우 학교는 국가로부터 권력을 위임받은 작은 국가이다. 그것이 수행하는 규율과 선도의 기능은 행정적인 동시에 정치적인 것이다.

808

다음 중 정보통신기술의 합리성과 가장 관련이 깊은 개념으로 적절한 것은? [2024년 기출]

① 통제사회
② 피로사회
③ 연줄사회
④ 공감사회

정답 ①

풀이 ① 정보통신기술의 급속한 발전은 사회구성원을 서로 네트워크화하여 상호 활발하게 소통하게 함으로써 사회 전체를 전방위적으로 감시할 수 있게 하는 새로운 파놉티콘, 즉 디지털 파놉티콘의 도래를 가속화하고 있다.

809

'정보에 대한 통제와 사회적 관리'라는 관점에서 감시의 중요성을 강조하며 감시를 근대사회의 핵심적 제도로 보는 학자의 이름으로 옳은 것은? [2020년 기출]

① 기든스
② 쉴러
③ 바티모
④ 카스텔

정답 ①

풀이 ① 기든스와 같은 사회학자는 감시를 근대사회의 핵심적 제도로 꼽는다. 그는 '정보에 대한 통제와 사회적 관리'라는 관점에서 감시의 중요성을 강조한다. 이것은 감시의 행정적 기능에 우선 주목하는 것이라고 할 수 있는데, 행정적 기능은 정치적 지배와 결코 구분되지 않는다. 요컨대 국가는 행정적 기능을 위한 감시제도를 언제나 정치적 지배의 도구로도 활용한다.

810

근대적 감시사회의 등장에 대한 기든스의 입장으로 적절하지 않은 것은?

① 국민의 전쟁 동원을 위해 국민에 대한 감시와 통제가 필요했고 그것은 보다 발전된 감시 기술의 개발을 요구하게 되었다.
② 관료 조직의 운영과 의사 결정 과정에 필요 한 자료나 정보의 획득을 위해서는 국민의 일상사에 대한 지속적인 감시가 불가피하다.
③ 통제의 효율화를 위해서는 사회의 조직화가 요구되고 효율적인 사회의 조직화를 위해서는 일상적인 감시(routine surveillance)가 기본적인 요건이 된다.
④ 국가가 국민의 일상사에 대한 감시와 통제를 강화함에 따라 공적 정보에 접근할 수 있는 시민권은 축소된다.

811

기든스의 입장으로 틀린 것은?

① 국민 통계는 근대적 감시의 실질적 출발점이다.

② 20세기 중반 전자사회의 성격을 가지는 정보사회가 출현하였다.

③ 발달한 경제력과 기술력이 전체 사회구성원을 대상으로 하는 감시 능력의 핵심요건이다.

④ 감시가 전체 사회구성원을 대상으로 하는 하나의 사회제도로 확립된 것은 근대 이후의 일이다.

812

기든스의 '정보에 대한 통제와 사회적 관리'에 대해 틀린 것은?

① 기든스는 감시를 근대사회의 핵심적 제도로 보고, '정보에 대한 통제와 사회적 관리'라는 관점에서 감시의 중요성을 강조한다.

② 기든스도 모든 사회가 감시를 필요로 하며, 모든 권력이 '감시의 내면화'를 추구한다고 생각하지는 않는다.

③ 근대사회의 다양한 제도들은 주어진 기능뿐만 아니라 전체로서 사회를 유지하기 위한 감시의 기능도 수행한다는 것이 기든스의 주장이다.

④ 기든스에 따르면, 학교는 국가로부터 권력을 위임받은 작은 국가로, 그것이 수행하는 규율과 선도의 기능은 행정적인 동시에 정치적인 것이다.

정답 ②

풀이 ② 발달한 경제력과 기술력이 바로 전체 사회구성원을 대상으로 하는 감시 능력의 핵심요건이다. 모든 사회는 감시를 필요로 하며, 모든 권력은 '감시의 내면화'를 추구한다. 비록 여러 가지 한계는 있었을지라도, 국민 통계는 근대적 감시의 실질적 출발점이다. 이런 점에서 모든 근대사회는 '감시사회'이다.

813

기든스의 '정보에 대한 통제와 사회적 관리'에 대한 설명으로 틀린 것은?

① 감시가 전체 사회구성원을 대상으로 하는 하나의 사회제도로 확립된 것은 근대 이후의 일이다.

② 근대의 감시 능력으로는 외적 행위뿐만 아니라 내적 사고까지도 그 대상으로 하는 데는 한계가 있었다.

③ 발달한 경제력과 기술력이 바로 전체 사회구성원을 대상으로 하는 감시 능력의 핵심요건이다.

④ 국민 통계는 근대적 감시의 실질적 출발점이고, 모든 근대사회는 '감시사회'이다.

정답 ②

풀이 ② 감시가 전체 사회구성원을 대상으로 하는 하나의 사회제도로 확립된 것, 특히 외적 행위뿐만 아니라 내적 사고까지도 그 대상으로 삼은 것은 근대 이후의 일이다. 발달한 경제력과 기술력이 바로 전체 사회구성원을 대상으로 하는 감시 능력의 핵심요건이다. 모든 사회는 감시를 필요로 하며, 모든 권력은 '감시의 내면화'를 추구한다.

814

감시사회에 대한 설명으로 틀린 것은?

① 기든스는 근대사회의 다양한 대중적 제도들은 주어진 기능만을 수행하는 것이 아니라 전체로서 사회를 유지하기 위한 감시의 기능도 수행한다고 본다.

② 푸코는 물리적인 벽 없이도 원형감옥의 건설이 가능하다고 주장한다.

③ 바우만에 의하면 파놉티콘이 시스템에 의한 감시라면, 바놉티콘은 시스템에서 떨어져 나오거나 시스템에 부정적인 이들을 낙인찍고 배제하는 것을 뜻한다.

④ 포스터에 의하면 감시가 전체 사회구성원을 대상으로 하는 하나의 사회제도로 확립된 것, 특히 외적 행위뿐만 아니라 내적 사고까지도 그 대상으로 삼은 것은 근대 이후의 일이다.

정답 ④

풀이 ④ 기든스는 감시가 전체 사회구성원을 대상으로 하는 하나의 사회제도로 확립된 것, 특히 외적 행위뿐만 아니라 내적 사고까지도 그 대상으로 삼은 것은 근대 이후의 일이라고 본다.

(1) 의의

- 과거의 감시는 파놉티콘 개념과 같이 감시자의 존재를 분명히 각인시켰지만, 현대의 감시는 감시자가 누군지, 어디에 있는지 전혀 알 수 없다. 또 오늘날의 감시는 전자 세계를 기반으로 이루어진다. 우리가 사용하는 모든 정보는 수집되고 기록된다. 카카오톡 메신저부터, 페이스북을 비롯한 SNS의 서버에는 우리가 사용한 모든 흔적이 남고, 심지어 쇼핑 기록마저 데이터베이스에 기록된다.
- 그러나 우리는 이것을 감시라 전혀 느끼지 못한다. 또 이 정보들이 어떤 식으로 사용되는지도 전혀 알지 못한다. 우리의 세세한 일상이 노출되지만, 우리를 감시하는 조직의 실체를 알 수 없다. 이 정보들은 빅데이터와 결합하여 더욱더 많은 양의 방대한 감시를 일상화한다.

(2) 탈원형감옥(post-panopticon)

바우만은 오늘날 감시는 모든 것을 관찰하는 원형감옥의 은유보다 더 확산되고, 더 빨리 변화하고, 더 탄력적이기 때문에 '탈원형감옥'의 시대라고 주장, '큰 줄기(원형감옥)'가 있는 나무라기보다는 서서히 퍼지는 잡초'와 같다. 학적부에서 보험판매까지, 군사 첩보위성에서 온라인 사이트 쿠키까지 다양한 범위의 감시 관행을 고려할 때 '나무'보다는 '잡초'에 해당된다고 주장한다.

(3) 바놉티콘(ban-opticon)

- 과거의 감시는 공포를 심어주었지만, 현대의 감시는 결코 다시는 홀로 남겨지지 않게 되는(버려지지 않고, 방치되지 않고, 가입이 거부되지 않고, 배제되지 않는 등의) 희망을 재구성한다.
- 주목받는 사실에서 오는 즐거움이 폭로의 두려움을 억제하게 된다. 이제 사람들은 프라이버시를 중히 여기지 않게 되었다. 오히려 비밀을 공개적으로 전시하고 그것을 만인과 공유하도록 만들며 모든 사람 또한 비밀을 공유하기를 원한다.
- 소셜 네트워킹의 핵심은 "개인 정보의 교환"이다. 그러나 이런 프라이버시의 공개를 당연시하게 된 것은 이 흐름에서 벗어난다면 배제되고 따돌림 당하는 상황이 일반화된다. 즉 사회적 죽음을 선고 당한다. 이는 바놉티콘으로 지칭된다.
- 파놉티콘이 시스템에 의한 감시라면, 바놉티콘은 시스템에서 떨어져 나오거나 시스템에 부정적인 이들을 낙인찍고 배제하는 것을 뜻한다. 배제는 인간에게 있어 가장 두려운 것이기에 이에 순응하게 된다. 우리가 인터넷 사이트에 가입할 때 누르는 약관 동의는 이와 같다. 동의하지 않으면 배제되고 사이트를 이용할 수 없게 된다. 따라서 스스로 감시에 순응한다.
- SNS는 자기 자신을 판매 가능한 상품으로 만든다. SNS 속의 모든 이들은 소비자인 동시에 판매자다. 때문에 자신을 더욱 가치 있게 포장하고 소비하며, 판매하려 노력한다.
- 현실 세계에서의 관계는 '친근함'을 서로 교환해야 하고 시간과 에너지 소비에 따른 피로감이 따르지만, 온라인 속에선 그런 노력을 기울일 필요가 없다. 온라인 속에서 우리가 얻은 것은 '네트워크'이지 '공동체'가 아니다. 우리의 세세한 일상을 폭로하지만, 그것이 관계의 강화로 이루어지기보다 약한 결속 관계에 머무르게 된다.

815

바우만(Bauman)의 입장을 있는 대로 고른 것은?

> ㄱ. 현대 사회에서 계층화를 결정짓는 것은 이동성의 정도이다.
> ㄴ. 유복한 소수는 관광객이 되고 가난한 다수는 떠돌이가 된다.
> ㄷ. 통신망과 데이터베이스는 일종의 슈퍼 판옵티콘으로 벽과 창문, 망루나 감시자가 없는 감시체계를 이룬다
> ㄹ. 권력은 전자 신호의 속도로 이동할 수 있어서 공간에서 해방되었다는 의미에서 현대사회를 탈원형감옥의 시대로 부를 수 있다.

① ㄱ, ㄴ
② ㄱ, ㄷ
③ ㄴ, ㄹ
④ ㄱ, ㄴ, ㄹ

정답 ④

풀이 ㄷ 포스터(Poster)의 입장이다.

816

바우만(Zygmunt Bauman)의 주장으로 틀린 것은?

① 현대의 감시는 감시자가 누군지, 어디에 있는지 전혀 알 수 없다.
② 주목받는 사실에서 오는 즐거움이 폭로의 두려움을 억제하게 된다.
③ 세세한 일상을 공개하고, 사회적 관계를 강화하여 전자 네트워크 속에 가상 공동체를 구성한다.
④ 바놉티콘은 시스템에서 떨어져 나오거나 시스템에 부정적인 이들을 낙인찍고 배제하는 것을 뜻한다.

정답 ③

풀이 ③ 현실 세계에서의 관계는 '친근함'을 서로 교환해야 하고 시간과 에너지 소비에 따른 피로감이 따르지만, 온라인 속에선 그런 노력을 기울일 필요가 없다. 바우만은 온라인 속에서 사람들이 얻은 것은 '네트워크'이지 '공동체'가 아니라고 지적한다. 세세한 일상을 폭로하지만, 그것이 관계의 강화로 이루어지기보다 약한 결속 관계에 머문다는 것이다.

817

다음 중 판옵티콘(Panopticon)의 의미와 거리가 먼 것은?   [2024년 기출]

① 감시사회
② 원형감옥
③ 유리천장
④ 빅브라더

> 정답 ③
> 풀이 ③ 유리천장은 충분한 능력을 갖춘 사람이 직장 내 성 차별이나 인종 차별 등의 이유로 고위직을 맡지 못하는 상황을 이르는 말이다.

818

감시사회에 대한 설명으로 틀린 것은?   [2021년 기출]

① 조지 오웰의 소설 「1984」에서 하루 종일, 그리고 개인의 침실까지 감시하는 텔레스크린이 현실에서 구현된 것으로 빅 브라더(Big Brother)는 정보의 독점으로 사회를 통제하는 관리 권력이나 그러한 사회체계를 의미한다.
② 감시사회는 어떤 사회에 속한 개인이나 집단에 대한 정보를 광범위하게 수집 및 저장하고 분석하며 활용하는 사회를 의미한다.
③ 일반 시민들 역시 자신들을 감시하는 권력자를 감시하고 통제하며 권력에 저항할 수 있는데, 이를 감시에 대한 감시 즉 슈퍼파놉티콘이라고 부른다.
④ 정보통신 기술이 발달함에 따라 다양한 매체를 이용하여 개인이나 집단에 대한 사회의 감시가 기술적으로 가능해졌다.

> 정답 ③
> 풀이 ③ 역감시, 즉 시놉티콘에 대한 설명이다.

819

국가 권력에 의한 인터넷 감시에 대한 설명으로 틀린 것은?   [2022년 기출]

① 모니터링은 사전적으로 방송이나 기사, 제품의 내용이나 효과 등에 대한 의견을 제출하는 것을 일컫는데, 최근 인터넷 감시 방법으로 채용되고 있는 대표적 방법이다.
② 국가는 온라인사업자에 대한 간접 규제보다 직접 규제를 더 선호한다.
③ 직접적인 온라인 감시체계의 예로는 불법 정보에 대한 인터넷 심의를 들 수 있는데, 불법 정보에 대한 심의, 유통 제한, 처벌 등을 들 수 있다.
④ 간접적인 온라인 감시체계는 불법 행위를 하는 이용자를 규제하기보다는 그 인터넷 공간을 제공한 인터넷사업자를 규제하는 것이다.

820

온라인 공간에 대한 모니터링에 대한 설명으로 틀린 것은?

① 직접적인 감시는 불법 정보에 대한 인터넷 심의를 들 수 있다.

② 불법 행위를 하는 이용자를 규제하는 것보다 그 인터넷 공간을 제공한 인터넷 사업자를 규제하는 것은 간접적인 감시에 속한다.

③ 간접적 감시체제는 이용자에 대한 침해는 물론이고 인터넷 사업자의 직업 수행의 자유를 침해한다는 비판이 있다.

④ 「청소년보호법」이 정한 16세 미만 아동에 대한 인터넷게임 강제 셧다운제는 소년의 행동의 자유, 학부모의 교육권, 게임 사업자의 직업의 자유를 침해한다는 이유로 위헌 결정을 받았다.

📍핵심정리 **포스터의 슈퍼 파놉티콘**

- 오늘날 사람들이 일상 속에서 자연스럽게 다양한 정보와 혜택을 얻고자 자신도 모르게 매순간 자신의 정보를 노출하고 활용당하는 시스템
- 통신망과 그것이 생성하는 데이터베이스는 일종의 초(super) 파놉티콘, 즉 슈퍼 파놉티콘으로 벽과 창문, 망루나 감시자가 없는 감시체계를 이룬다고 주장
- 정보통신기술은 파놉티콘의 일망감시적 권력을 다망감시로 바꾸고, 나아가 사람들의 자의성을 배제한 채 매순간 행위와 행위자에 대한 정보들을 기록하는 감시자가 되었다. 디지털 매체들은 매시간, 매분, 매초 편리함을 제공하는 대신 사용자의 의지를 배제한 채 사용자의 정보를 기록한다. 이 특성들은 TV, 신용카드, 내비게이션, 인터넷쇼핑 등 사람들의 일상에서 다양하게 나타나는데 현대인들은 이러한 다망감시 속에 구속되어 살고 있는 것
- 과거 파놉티콘은 감시자의 감시 자체가 눈에 보이지 않으므로 감시자의 존재가 가상화되었지만 슈퍼 파놉티콘은 시선의 존재 자체가 가상화되어 감시자의 시선 자체가 인식되지 않는 상태에 놓여 있게 된다. 과거의 감시는 타자로부터 구속된 것이지만, 현대의 감시는 일종의 동의를 전제로 한다고도 볼 수 있으므로 구성관계에 차이가 있다. 사용자가 원하지 않는 정보의 노출이나 자의적인 정보의 사용 모두 슈퍼 파놉티콘이 가지는 권력이 된다.

821

현대사회의 미시권력을 규명하기 위한 개념으로 규범 사회의 기본 원리로 옳은 것은?

① 판옵티콘
② 판옵티시즘
③ 정보 감옥
④ 슈퍼 판옵티콘

정답 ②

풀이 ② 프랑스의 역사철학자 미셸 푸코는 「감시와 처벌」이란 저작을 통해 현대사회의 '미시권력장'을 규명하기 위한 개념으로 제레미 벤담의 '판옵티콘'을 차용한다. 그는 "판옵티콘의 감시체계 원리가 사회 전반으로 파고들어 사회규범 자체가 판옵티시즘(panopticism)으로 바뀌고 있다"고 주장했다.

♀ 핵심정리   매티슨(Mathiesen)의 시놉티콘

- 시놉티콘은 파놉티콘(panopticon)의 반대 의미로 "다(pan)+본다(opticon)"에 대비되는 '동시에(syn)+본다(opticon)'의 의미이다.
- 역감시로 지배권력과 개인간의 불평등구조에서 나타나는 파놉티콘적 감시를 위협 하는 영역을 가리키는 것으로 동일한 기술은 권력이 우리를 지배하고 통제하는 데 사용될 수도 있지만 역으로 우리가 권력을 감시하고 권력에 저항하는 데에도 사용될 수 있다.
- 시놉티콘의 대상은 권력으로 그것은 자본이 될 수도 있고, 국가가 될 수도 있다. 따라서 이런 역감시의 주요 당사자는 언론과 시민단체이다.
- 매티슨(Mathiesen)은 언론의 역감시를 시놉티콘으로 보고 파놉티콘과 시놉티콘이 현대사회에서 동시에 진행되었다고 주장한다. 그는 푸코의 파놉티콘에 기반한 역사해석을 비판한다. 소수가 다수를 감시하는 역사에서 다수가 소수의 권력자를 감시하는 활동도 동시에 벌어졌다는 것을 지적한다.

822

다음 중 감시사회와 관련된 개념에 대한 설명으로 옳은 것은?

① 원형감옥(Panopticon)은 그리스어로 '모두'를 뜻하는 'pan'과 '본다'는 뜻의 'opticon'이 합성된 용어로, 프랑스의 철학자 미셸 푸코(Foucault, Michel)가 제안한 교도소의 형태이다.
② 영국의 공리주의 철학자 제레미 벤담(Jeremy Bentham)은 물리적인 벽 없이 원형감옥의 건설이 가능하다고 주장했다.
③ 바우만(Baumann)은 오늘날 감시는 푸코(Foucault)의 원형감옥보다 더 확산되고, 더 빨리 변화하고, 더 탄력적이라는 의미에서 슈퍼 판옵티콘(Super Panopticon)의 시대라고 주장했다.
④ 시놉티콘(Synopticon)은 판옵티콘(Panopticon)의 반대되는 개념으로 감시에 대한 역감시란 의미로 매티슨(Mathison)은 감시의 기술은 우리가 권력을 감시하고 권력에 저항하는 데에도 사용될 수 있다고 본다.

📍핵심정리   **로버트 포트너의 세포사회론**

(1) '세포 사회(cellular society)'란 용어는 로버트 포트너(Robert Fortner)가 자신의 논문(1995)에서 내세운 말이다. 정보 사회는 이리저리 찢어지고 갈라지면서 사람들이 서로 분립된 '세포 사회'에 다름 아니라는 것이다.

(2) 세상에 대해 알면 알수록 사람들과 더욱 가까워지는 것이 아니라 더 갈라지고 더 멀어질 수 있다는 것을 의미한다. 편향되거나 제한된 정보나 지식은 오히려 사람들을 진정한 세상 이해를 어렵게 만들고, 사람들 간의 몰이해와 갈등을 유발시키며, 힘 있는 아는 자들이 힘없는 모르는 자들을 조작하고 감시할 수 있으며, 그로 인해 일부 사람들은 사회적 혜택으로부터 배제되고 소외될 수 있음을 의미하는 것으로 이해된다.

(3) 즉 새로운 정보 통신 기술이 오히려 사람들 사이의 소통을 더 어렵게 하고, 서로 간의 차이를 확대시키며, 그로 인해 사회적 통합 보다는 소외와 고립을 초래하고, 더욱 개인화되고 파편화됨으로써 보다 큰 공적 사안에 대한 민주적 여론 형성과 합의를 이루기는 어렵다고 본다. 정보 통신 기술이 진정한 소통과 사회적 통합의 수단이 되지 못하고 분화와 분열을 초래하고 서로 간의 차이를 확대함으로써 세상과 사람들이 계속 갈라지는-그럼으로써 결과적으로는 지배 권력이나 집단을 더욱 유력화시키는-'세포 사회'로 만들고 있다는 것이다. 이를 세포사회론이라고 통칭할 때, 포트너의 견해는 물론 국가 내 혹은 국가 간에 존재하는 '디지털 정보 격차' 논의, 인터넷과 모바일 미디어 이용에 따른 '사회적 고립' 심화 논란, 그리고 위르겐 하버마스의 공론권 논의에서 비롯된 '시민 사회 공론권 쇠퇴' 논쟁 등이 정보 통신 기술에 의한 세포사회화 현상에 대한 우려를 반영하고 있다.

823

다음 중 감시 사회와 세포화 사회의 관점으로 틀린 것은?   [2022년 기출]

① 첨단 전자 기술들은 개개인에 대한 자동화된 감시 방법을 가능하게 한다.

② 감시 기술에 의한 감시 자체가 강화되면서 감시 기술이 노동자들의 일상 속에 들어가면서 조직화된 감시가 이뤄진다.

③ 민간 및 공공영역에서 수집, 축적된 생체인식 정보가 노동자, 시민을 감시하는 용도로 사용될 위험성이 크다

④ 사회구성원들은 개인적인 관심사와 기술에의 접근 정도에 따라 수평적으로 서로 나누어지고, 경제적·기술적 능력에 따라 수직적으로 나누어진다.

824

세포사회에 대한 설명으로 틀린 것은?

① 로버트 포트너(Robert Fortner)가 처음 사용하였다.

② 새로운 정보 통신 기술이 오히려 사람들 사이의 소통을 더 어렵게 한다고 본다.

③ 다른 계층이나 계급과는 갈등적이지만 같은 계층이나 계급 내에서는 조화적이다.

④ 새로운 정보 통신 기술이 아무리 발전해도, 그 혜택이 전 세계적으로 골고루 돌아가는 것은 아니라고 본다.

825

포트너의 세포사회론의 입장으로 틀린 것은?

① 힘없는 모르는 자들은 다양해진 커뮤니케이션 인프라를 통해 단결하고, 힘 있는 아는 자들에게 대항
할 수 있다.

② 정보사회에서 계층 분화와 이해 관심의 차이에 따른 집단 분화가 겹치면서 같은 이해관심을 갖는 같
은 계층 사람끼리만 서로 소통한다.

③ 편향되거나 제한된 정보나 지식은 오히려 사람들을 진정한 세상 이해를 어렵게 만들고, 사람들 간의
몰이해와 갈등을 유발시킨다.

④ 미디어를 보유하거나 이용할 수 있는 사람들과 그렇지 않은 사람들 간에 존재하는 디지털 정보 격차
에서 스마트폰이나 SNS 이용에 있어서의 격차 문제로 관심이 이동하고 있다.

826

로버트 포트너의 세포사회론에 대한 설명으로 틀린 것은?

① 세포사회론은 정보 사회가 공동 사회 혹은 이익 사회의 어느 하나로 설명할 수 없으며, 이 양자가 교차하는 세포 구조로 이해해야 한다는 이론이다.

② 세포사회론은 개인들 사이의 이해 관심과 경제적, 기술적 수준이 다른 경우, 소통이 제한되며 이로 인해 사회가 분화되고 파편화된다고 주장한다.

③ 세포사회론은 새로운 정보 통신 기술이 사람들 사이의 소통을 더욱 쉽게 하며, 서로 간의 차이를 줄이는 역할을 한다고 보았다.

④ 세포사회론은 디지털 정보 격차, 사회적 고립 심화, 시민 사회 공론권 쇠퇴 등의 문제를 예측하고 반영하였다.

정답 ③

풀이 ① 세포사회론은 정보 사회를 공동 사회나 이익 사회로 단순히 설명하지 않고, 이 둘의 교차하는 세포 구조로 이해하려 했다.

② 세포사회론에 따르면, 비슷한 경제적, 기술적 수준을 가진 사람들 중에서도 개인의 이해 관심이 같거나 비슷한 사람들끼리만 서로 소통이 잘 되고, 이해 관심이 다르거나, 경제적, 기술적 수준에 차이가 있으면 소통이 어렵다.

③ 세포사회론은 새로운 정보 통신 기술이 오히려 사람들 사이의 소통을 더 어렵게 하고, 서로 간의 차이를 확대한다고 보았다.

④ 세포사회론은 국가 내 혹은 국가 간에 존재하는 디지털 정보 격차, 인터넷과 모바일 미디어 이용에 따른 사회적 고립 심화, 그리고 공론권 논의에서 비롯된 시민 사회 공론권 쇠퇴 등의 문제를 반영하였다.

스몰 시스터(Small Sister)

핵심정리   스몰 시스터(Small Sister)

(1) 의의

'스몰 시스터'는 '빅 브라더'에 대비되는 개념으로써 거대 권력에 대한 자발적인 견제 혹은 그를 행하는 주체를 의미하는 용어이다. 비록 개개인은 작고 큰 힘이 없지만, 인터넷을 통한 연대를 통해 적극적으로 정부와 기업에 목소리를 내는 집단을 의미한다. 즉 '스몰 시스터'는 바로 '우리'이다.

(2) 인터넷의 발달과 '스몰 시스터'의 등장

특히 SNS의 발전과 함께 '스몰 시스터'의 활약도 더욱 두드러지고 있다. 자유롭게 의견을 나눌 수 있는 인터넷 공간에서 '스몰 시스터'들은 각종 사회 현상, 정치인이나 연예인 등 공인, 새로 나온 신제품에 대해서 적극적으로 자신들의 의견을 나눈다. 물론 '스몰 시스터'는 '빅 브라더'만큼 많은 정보와 권력을 가지고 있지는 않지만, '스몰 시스터'들의 생각과 의견이 모이다 보면 전문가 못지않은 의견과 정보들이 오고가게 된다.

827

스몰 시스터에 대한 설명으로 틀린 것은?

① '빅 브라더'에 대비되는 개념으로써 거대 권력에 대한 자발적인 견제를 의미한다.

② 인터넷을 통한 연대를 통해 적극적으로 정부와 기업에 목소리를 내는 집단을 의미한다.

③ '스몰 시스터'는 인터넷을 통한 연대를 통해 '빅 브라더'에 상응하는 정보와 권력을 가지고 전문가 못지않은 의견과 정보들을 나눈다.

④ 거대 권력을 견제하기 위하여 개인들이 연대한 '스몰 시스터'들이 새로운 권력을 형성하여 다른 '스몰 시스터'들을 공격하고 인권을 침해하기도 한다.

정답   ③

풀이   ③ '스몰 시스터'는 '빅 브라더'만큼 많은 정보와 권력을 가지고 있지는 않지만, '스몰 시스터'들의 생각과 의견이 모이다 보면 전문가 못지않은 의견과 정보들이 오고가게 된다.

131 사이버 범죄

핵심정리   사이버 일탈 유형

- 유형 1: 과다이용문제 행동(스마트폰·인터넷·온라인 게임 중독)
- 유형 2: 사이버폭력(사이버괴롭힘, 왕따, 위협, 스토킹 등)
- 유형 3: 성관련 일탈(성적 문제행동)
- 유형 4: 온라인 도박
- 유형 5: 사이버 사기
- 유형 6: 개인권리 침해 및 명예훼손

828

사이버불링에 대한 설명으로 옳은 것은?   [2021년 기출]

① 디지털 포용을 의미한다.

② SNS 등 사이버공간에서 일어나는 폭력적 행위이다.

③ 사이버불링에 사이버스토킹은 포함되지 않는다.

④ 사이버불링에 사이버성폭력은 포함되지 않는다.

> **정답** ②
>
> **풀이** ② 사이버불링은 사이버공간에서 일어나는 폭력적 행위로서, 상대방에 대한 비방에서부터 아이디도용행위, 사이버성폭력, 사이버스토킹, 사이버배제에 이르기까지 매우 광범위한 영역을 포함하고 있다.

829

사이버 공간의 역기능으로 볼 수 없는 것은?   [2020년 기출]

① 해킹   ② 댓글

③ 사이버 중독   ④ 개인정보 침해

> **정답** ②
>
> **풀이** ② 악성 댓글은 혹시 사이버 공간의 역기능이 될 가능성이 있지만 댓글 자체를 사이버 공간의 역기능으로 볼 수는 없다.

사이버 범죄

(1) 의의
- 사이버 공간은 컴퓨터 네트워크를 통해 접할 수 있는 공간으로 시간적·공간적 제약 없이 접속의 기회가 무한하다. 경계 없이 어떠한 정보에 접근할 수 있는 자유로운 공간, 가상세계로 구성되어 사이버 공간에서 발생하는 범죄를 총칭하여 사이버 범죄라고 한다.
- 사이버 범죄는 원인의 규명이 비교적 어렵고 그 피해범위가 넓고 피해 정도가 크다는 면에서 일반 범죄와 다른 특성을 지닌다.
- 국경을 초월하는 인터넷을 통해 확산되기 때문에 그 전파속도가 빠르고 광범위하다. 컴퓨터 시스템에 무단 침입하여 비행을 저지르는 온라인 불량배나 해커 등, 하이테크 지혜와 기지(機智)를 발휘하여 인터넷을 휘젓고 다니는 사람들을 사이버 펑크(cyberpunk)라고 한다. 이는 사이버 공간과 비행 청소년 또는 불량배를 뜻하는 펑크의 합성어로 윌리엄 깁슨(William Gibson)의 소설 「뉴로맨서」 (Newromance)에서 유래하였다.

(2) 사이버 범죄의 특성
비대면성·익명성, 가치규범의 부재, 용이성, 광역성, 국제성, 전문기술성 등

사이버 범죄의 유형

(1) 제1유형
컴퓨터시스템이나 정보통신기반을 침해하는 범죄군으로 '사이버 테러'형으로 해킹, 폭탄메일, 바이러스 유포 등

(2) 제2유형
사이버 공간을 이용한 전통적 범죄군으로 온라인사기, 인터넷 게임 관련 사기(사용자 도용, 아이템 사기), 불법복제물 제작판매(음란물, 상용프로그램), 불법사이트 운영(음란사이트, 사이버 도박), 개인정보 침해 및 명예훼손(개인, 기업체), 인터넷 사기 공모, 전자기록 등 정보조작 행위 등

(3) 제3유형
사이버 공간에서만 존재하는 신종 범죄군으로 게임 아이템 절도, 아바타 인격권 침해 등

경찰청의 사이버 범죄 구분

(1) 사이버 테러형 범죄
해킹을 통한 자료 유출, 폭탄메일, 사용자 도용, 악성프로그램 설치로 인한 바이러스 유포 등 정보통신망 자체에 대한 공격행위를 의미한다.

(2) 일반 사이버 범죄
사이버 성폭력 및 사이버 스토킹, 불법복제, 개인정보 침해 등

유형	설명
멀웨어 (Malware)	보통 악의적인 의도를 가지고 상대방의 컴퓨터를 파괴시키고 또는 데이터를 훔치는 목적을 가지고 Trojan과 worm을 포함한 악성코드를 심어서 사이버 위협을 가함
DDos (Denial of Service attack)	감염된 좀비 PC로 특정 시스템을 다수로 공격하여 시스템을 마비시킴
악성코드 다운로드 (Drive by Downloads)	상대방이 유도하는 특정 사이트를 방문하는 것만으로도 악성코드가 자동으로 다운로드 되게 하는 공격 방법으로 방문자 PC에 악성코드를 유포함
APT (Advance Persistent Threat)	특정 기업이나 조직 네트워크를 목표로 기밀정보를 빼내는 사이버 테러를 일으킴. APT는 공격 타깃이 정해지면 목표가 달성될 때까지 네트워크를 지속적으로 공격을 가하는 것이 특징임

830

DDoS 공격처럼 시스템을 변조하거나 저장데이터를 손상시키는 것이 아니라 단지 일시적으로 서비스의 가용성을 해치는 사이버 테러 방법으로 옳은 것은?

① 해킹(hacking)

② 크래킹(cracking)

③ 스니핑(sniffing)

④ 스머핑(smurfing)

정답 ④

풀이 ② 해킹 자체는 피해를 주기만 하는 행위가 아니고, 프로그램에 접속하여 간섭하는 것을 말한다고 볼 수 있으나, 크래킹은 특정 목표에 피해를 주는 것을 목적으로 하고 있는 해킹을 뜻한다. 일반적으로 사람들이 인식하고 있는 '해킹'이라는 단어는 이 '크래킹'을 의미한다.

③ 사전적인 의미로 스니핑(Sniffing)이란 '코를 킁킁거리다', '냄새를 맡다' 등의 뜻이 있다. 사전적인 의미와 같이 해킹 기법으로서 스니핑은 네트워크 상에서 자신이 아닌 다른 상대방들의 패킷 교환을 엿듣는 것을 의미한다.

④ 고성능 컴퓨터를 이용해 초당 엄청난 양의 접속신호를 한 사이트에 집중적으로 보냄으로써 상대 컴퓨터의 서버를 접속 불능 상태로 만들어 버리는 해킹 수법이다.

831

인터넷 실명제 대한 설명으로 틀린 것은?

① 인터넷 이용자가 인터넷상 존재하는 게시판에 글을 올리거나 자료를 등록할 경우 이용자의 성명과 주민등록번호가 확인된 경우에만 글쓰기가 가능 하도록 도입된 제도이다.

② 인터넷 실명제는 익명성을 악용한 언어폭력, 명예훼손, 욕설·비방, 인신공격, 거짓여론형성 등 방지에 상당한 효과를 거두고 있는 것으로 보고되었다.

③ 헌법재판소는 인터넷 게시판에 글이나 댓글을 쓰려면 사용자 실명을 확인하도록 한 제한적 본인 확인제, 즉 인터넷 실명제에 위헌 결정을 내렸다.

④ 미국, 영국, 프랑스 등은 사이버 공간에서의 익명성을 보장하고 있지만, 중국은 거의 모든 분야에 인터넷 실명제를 시행하고 있다.

정답 ②

풀이 ② 헌법재판소는 "표현의 자유를 사전 제한하려면 공익의 효과가 명확해야 한다."고 전제한 뒤 "인터넷 실명제 시행 이후 불법 게시물이 의미 있게 감소하지 않았고 오히려 이용자들이 해외사이트로 도피했다는 점, 국내외 사업자 간 역차별 문제가 발생했다는 점 등을 고려하면 공익을 달성하고 있다고 보기 어렵다."고 지적했다.

개인정보 침해

핵심정리 유통단계별 개인정보 침해 유형

단계	침해 유형	침해 행위
수집	불법수집	• 정보주체의 동의 없는 개인정보 수집 • 개인의 사생활과 권리를 침해할 수 있는 정보 수집
처리	오류	• 잘못된 정보의 기록 • 변경된 정보의 미수정
보관	부당한 접속	• 자료의 불법 유출 • 자료의 불법 열람 • 해킹 혹은 바이러스 감염 등에 의한 자료 열람, 삽입, 변조, 파괴, • 해킹 등에 의한 자료의 도난
이용	이차적 사용	• 수집목적 이외의 용도로 정보를 활용하는 행위 • 정보주체의 동의를 구하지 않은 채, 제3자에게 정보를 제공하거나 판매하는 행위 • 동의가 철회되거나 수집목적이 달성된 자료의 불법보유

핵심정리 개인정보 유출 방지를 위한 대응 방향

(1) 개인정보 유출 및 노출 사전 예방

개인정보보호법에서 규정하고 있다.

(2) 주민번호 대체수단 보급

• 정부는 인터넷 웹 사이트에서 주민번호의 과도한 수집·사용으로 인하여 발생하는 도용 및 침해 문제를 해결하기 위한 주민변호 대체수단으로 i-PIN 도입했다.

• 이용자에게는 선택권을 보장하고, 인터넷 사업자에게는 개인정보관리에 대한 부담을 줄임과 동시에 본인임이 확인된 이용자 확보를 통해 내실 있는 회원 DB를 구축하자는 것이다.

• 방송통신위원회는 '인터넷상의 주민번호 대체수단 가이드라인'을 통해 i-PIN 서비스를 제공하는 본인 확인기관의 요건과 서비스 안정성 확보를 위한 정기점검방안 등을 확정 발표하였다.

(3) 보안서버의 확산

• 보안서버는 인터넷상에서 개인정보를 암호화하여 안전하게 전송하도록 하는 서버로 개인정보를 취급하는 웹 사이트에서는 기초적으로 갖추어야 할 요소이다.

• 보안서버는 별도의 하드웨어 장치가 아니라 기존에 운영 중인 웹서버에 SSL(Secure Socket Layer) 인증서를 설치하거나 별도의 암호화 기능을 추가하는 소프트웨어적인 방식으로 구축한다.

(4) CCTV, 위치정보 등 프라이버시 보호 및 강화하는 방안

아동, 부녀자 납치, 실종사건 등의 신속한 긴급구조와 대응을 위한 위치정보를 이용해야 한다는 사회적 요구가 증가함으로써 경찰에 위치정보제공 요청권을 부여하고, 개인위치정보 제3자 제공시 즉시통보 방법의 합리화, 긴급구조를 위한 정확한 위치정보 제공을 위해 휴대전화에 GPS 장착을 의무화하는 방안 등 위치정확도 향상을 위한 제도 개선 방안 검토한다.

(5) 교육, 홍보 등 인식제고를 강화

한국인터넷진흥원은 매년 학생, 학부모, 교직원 등을 대상으로 개인정보 기본 교육을 실시하고 사업자들을 대상으로 보호조치 구축, 관리자페이지 노출예방, 홈페이지 제작 시 고려사항 등에 관한 교육을 하는 한편, 자체적으로 평가할 수 있도록 개인정보 영향평가 전문가도 양성한다.

832
개인정보 유출 방지를 위한 대책에 대한 설명으로 틀린 것은?

① 정부는 인터넷 웹 사이트에서 주민번호의 과도한 수집, 사용으로 인하여 발생하는 도용 및 침해 문제를 해결하기 위한 주민번호 대체 수단으로 I-PIN 도입을 추진하고 있다.

② 한국인터넷진흥원은 매년 학생, 학부모, 교직원 등을 대상으로 개인정보 기본 교육을 실시하고 있다.

③ 공공기관으로부터 개인정보에 관한 권리 또는 이익에 침해받은 자는 방송통신위원회에 그 침해사실을 신고할 수 있다.

④ 한국인터넷진흥원은 구글 검색 DB 주민번호 노출 상시 점검 체계를 도입하여 시행하고 있다.

> 정답 ③
>
> 풀이 ③ 공공기관으로부터 개인정보에 관한 권리 또는 이익에 침해받은 자는 개인정보보호위원회에 그 침해사실을 신고할 수 있다.

♀ 핵심정리   「개인정보 보호법」에 규정된 정보주체의 권리

개인정보 보호법 제4조(정보주체의 권리)
정보주체는 자신의 개인정보 처리와 관련하여 다음 각 호의 권리를 가진다.
1. 개인정보의 처리에 관한 정보를 제공받을 권리
2. 개인정보의 처리에 관한 동의 여부, 동의 범위 등을 선택하고 결정할 권리
3. 개인정보의 처리 여부를 확인하고 개인정보에 대하여 열람(사본의 발급을 포함한다. 이하 같다)을 요구할 권리
4. 개인정보의 처리 정지, 정정·삭제 및 파기를 요구할 권리
5. 개인정보의 처리로 인하여 발생한 피해를 신속하고 공정한 절차에 따라 구제받을 권리

833

「개인정보 보호법」에서 명시하고 있는 정보주체의 권리로 틀린 것은?

① 정보주체 자신의 개인정보를 정보주체 스스로 결정할 수 있는 권리
② 정보주체 자신의 개인정보 처리의 결정을 요구할 수 있는 권리
③ 정보주체 자신의 개인정보에 대한 열람을 요구할 수 있는 권리
④ 정보주체 자신의 개인정보에 정정 또는 삭제를 요구할 수 있는 권리

> 정답 ①
>
> 풀이 ① 「개인정보 보호법」은 정보주체 자신의 개인정보를 정보주체 스스로 결정할 수 있는 권리, 즉 개인정보 자기결정권을 명시적으로 규정하고 있지는 않다.

◆ 핵심정리 「개인정보 보호법」의 목적과 용어 정의

제1조(목적)

이 법은 개인정보의 처리 및 보호에 관한 사항을 정함으로써 개인의 자유와 권리를 보호하고, 나아가 개인의 존엄과 가치를 구현함을 목적으로 한다.

제2조(정의)

이 법에서 사용하는 용어의 뜻은 다음과 같다.

1. "개인정보"란 살아 있는 개인에 관한 정보로서 다음 각 목의 어느 하나에 해당하는 정보를 말한다.

   가. 성명, 주민등록번호 및 영상 등을 통하여 개인을 알아볼 수 있는 정보

   나. 해당 정보만으로는 특정 개인을 알아볼 수 없더라도 다른 정보와 쉽게 결합하여 알아볼 수 있는 정보. 이 경우 쉽게 결합할 수 있는지 여부는 다른 정보의 입수 가능성 등 개인을 알아보는 데 소요되는 시간, 비용, 기술 등을 합리적으로 고려하여야 한다.

   다. 가목 또는 나목을 제1호의2에 따라 가명처리함으로써 원래의 상태로 복원하기 위한 추가 정보의 사용·결합 없이는 특정 개인을 알아볼 수 없는 정보(이하 "가명정보"라 한다)

1의2. "가명처리"란 개인정보의 일부를 삭제하거나 일부 또는 전부를 대체하는 등의 방법으로 추가 정보가 없이는 특정 개인을 알아볼 수 없도록 처리하는 것을 말한다.

2. "처리"란 개인정보의 수집, 생성, 연계, 연동, 기록, 저장, 보유, 가공, 편집, 검색, 출력, 정정(訂正), 복구, 이용, 제공, 공개, 파기(破棄), 그 밖에 이와 유사한 행위를 말한다.

3. "정보주체"란 처리되는 정보에 의하여 알아볼 수 있는 사람으로서 그 정보의 주체가 되는 사람을 말한다.

4. "개인정보파일"이란 개인정보를 쉽게 검색할 수 있도록 일정한 규칙에 따라 체계적으로 배열하거나 구성한 개인정보의 집합물(集合物)을 말한다.

5. "개인정보처리자"란 업무를 목적으로 개인정보파일을 운용하기 위하여 스스로 또는 다른 사람을 통하여 개인정보를 처리하는 공공기관, 법인, 단체 및 개인 등을 말한다.

6. "공공기관"이란 다음 각 목의 기관을 말한다.

　　가. 국회, 법원, 헌법재판소, 중앙선거관리위원회의 행정사무를 처리하는 기관, 중앙행정기관 (대통령 소속 기관과 국무총리 소속 기관을 포함한다) 및 그 소속 기관, 지방자치단체

　　나. 그 밖의 국가기관 및 공공단체 중 대통령령으로 정하는 기관

7. "영상정보처리기기"란 일정한 공간에 지속적으로 설치되어 사람 또는 사물의 영상 등을 촬영 하거나 이를 유·무선망을 통하여 전송하는 장치로서 대통령령으로 정하는 장치를 말한다.

8. "과학적 연구"란 기술의 개발과 실증, 기초연구, 응용연구 및 민간 투자 연구 등 과학적 방법 을 적용하는 연구를 말한다.

제3조(개인정보 보호 원칙)

① 개인정보처리자는 개인정보의 처리 목적을 명확하게 하여야 하고 그 목적에 필요한 범위에서 최 소한의 개인정보만을 적법하고 정당하게 수집하여야 한다.

② 개인정보처리자는 개인정보의 처리 목적에 필요한 범위에서 적합하게 개인정보를 처리하여야 하 며, 그 목적 외의 용도로 활용하여서는 아니 된다.

③ 개인정보처리자는 개인정보의 처리 목적에 필요한 범위에서 개인정보의 정확성, 완전성 및 최신 성이 보장되도록 하여야 한다.

④ 개인정보처리자는 개인정보의 처리 방법 및 종류 등에 따라 정보주체의 권리가 침해받을 가능성 과 그 위험 정도를 고려하여 개인정보를 안전하게 관리하여야 한다.

⑤ 개인정보처리자는 개인정보 처리방침 등 개인정보의 처리에 관한 사항을 공개하여야 하며, 열람 청구권 등 정보주체의 권리를 보장하여야 한다.

⑥ 개인정보처리자는 정보주체의 사생활 침해를 최소화하는 방법으로 개인정보를 처리하여야 한다.

⑦ 개인정보처리자는 개인정보를 익명 또는 가명으로 처리하여도 개인정보 수집목적을 달성할 수 있는 경우 익명처리가 가능한 경우에는 익명에 의하여, 익명처리로 목적을 달성할 수 없는 경우 에는 가명에 의하여 처리될 수 있도록 하여야 한다.

⑧ 개인정보처리자는 이 법 및 관계 법령에서 규정하고 있는 책임과 의무를 준수하고 실천함으로써 정보주체의 신뢰를 얻기 위하여 노력하여야 한다.

834

다음에서 설명하고 있는 법으로 옳은 것은?

개인정보의 처리 원칙과 국민의 피해 구제에 대한 일반 법적 지위를 보장하기 위한 법률로 개인정 보의 수집, 이용과 제공, 파기 등 보호기준과 안전성 조치가 대폭 강화된 것이 특징으로 2011년 제 정된 법령으로 2012년 4월 1일에 발효되었다.

① 군사기밀 보호법　　　　　　　　　② 개인정보 보호법
③ 통신비밀보호법　　　　　　　　　　④ 국가정보화 기본법

정답　②
풀이　② 「개인정보 보호법」에 대한 설명이다.

835

「개인정보 보호법」에 대한 설명으로 틀린 것은?

① 이 법은 공공기관의 컴퓨터 · 폐쇄회로 텔레비전 등 정보의 처리 또는 송 · 수신 기능을 가진 장치에 의하여 처리되는 개인정보의 보호에 관한 일반법이다

② "개인정보"란 살아 있는 개인에 관한 정보로서 개인을 알아볼 수 있는 정보를 말한다.

③ "정보주체"란 처리되는 정보에 의하여 알아볼 수 있는 사람으로서 그 정보의 주체가 되는 사람을 말한다.

④ "개인정보처리자"란 업무를 목적으로 개인정보파일을 운용하기 위하여 스스로 또는 다른 사람을 통하여 개인정보를 처리하는 공공기관, 법인, 단체 및 개인 등을 말한다.

> **정답** ①
> **풀이** ① 「개인정보 보호법」에서는 구 「공공기관의 개인정보보호에 관한 법률」과 달리 공공기관뿐 아니라 법인, 단체, 개인 등으로 개인정보처리자의 범위가 확대되었다.

836

「개인정보 보호법」에 대한 설명으로 옳지 않은 것은?

① 개인정보 처리 방침 등은 공개해야 한다.

② 개인정보는 목적에 필요한 최소 정보만을 수집한다.

③ 개인정보 처리에 관한 정보를 제공받을 권리가 있다.

④ 개인정보의 보호 요청은 정보주체의 소극적인 대처법이다.

> **정답** ④
> **풀이** ④ 정보주체는 개인정보의 열람, 정정 · 삭제, 처리정지 등을 요구할 수 있다. 이러한 요구는 정보주체의 소극적인 대처라기보다는 적극적인 대처에 해당한다.

미국의 「프라이버시법(Federal Privacy Act)」

미국은 1974년 「프라이버시법(Federal Privacy Act)」을 제정하여 공공부문은 의무적인 통제 하에 관리하고, 민간부문은 자율적인 통제 하에 관리하고 있다. 현재 국가 최고기술책임관(Chief Technical Officer)을 신설하는 등 개인정보 보호와 관련된 규제정책을 더욱 강화하고 있다.

837

「개인정보 보호법」 관련 사항에 대한 설명으로 틀린 것은?　　　　　　　　　　　　[2023년 기출]

① 전통적으로 유럽국가들은 「개인정보 보호법」을 「프라이버시 보호법」이라 지칭하고, 영어권에서는 「데이터법」 혹은 「개인정보 보호법」이라고 지칭한다.

② 유럽평의회가 1981년 채택한 「개인정보의 자동처리에 관한 개인 보호를 위한 협약」은 개인정보 보호가 목적인 최초의 다자조약이다.

③ 현재 일반적으로 인정되는 개인정보 보호의 기본원칙을 처음으로 제시한 국제기구는 경제협력개발기구(OECD)이다.

④ EU 개인정보 보호지침은 1995년 채택된 이후 기술발전을 반영하여 2016년 채택된 일반개인정보 보호규칙(GDPR)에 의해 대체되었다.

> **정답** ①
>
> **풀이** ① 미국은 1974년 「프라이버시법(Federal Privacy Act 1974)」 제정을 통해 공공부문은 의무적인 통제하에 관리하고, 민간부문은 자율적인 통제하에 관리하고 있다.

838

개인정보 보호의 유럽과 영어권의 입장에 대한 설명으로 틀린 것은?

① 영어권에서는 「개인정보 보호법」을 「프라이버시 보호법」이라고 부른다.

② 유럽과 영어권 모두 개인정보에 대한 권리를 기본권으로 인정한다.

③ 유럽은 개인의 데이터에 관한 규제를 통해 개인정보 보호에 중점을 두고 있다.

④ 유럽과 영어권 모두 공공부문은 물론 민간부문의 경우에도 개인정보 보호를 위한 규제를 국가의 의무로 본다.

> **정답** ④
>
> **풀이** 미국은 1974년 「프라이버시법(Federal Privacy Act 1974)」 제정을 통해 공공부문은 의무적인 통제하에 관리하고, 민간부문은 자율적인 통제하에 관리하고 있다.

제34조(개인정보 유출 통지 등)

① 개인정보처리자는 개인정보가 유출되었음을 알게 되었을 때에는 지체 없이 해당 정보주체에게 다음 각 호의 사실을 알려야 한다.

1. 유출된 개인정보의 항목

2. 유출된 시점과 그 경위

3. 유출로 인하여 발생할 수 있는 피해를 최소화하기 위하여 정보주체가 할 수 있는 방법 등에 관한 정보

4. 개인정보처리자의 대응조치 및 피해 구제절차

5. 정보주체에게 피해가 발생한 경우 신고 등을 접수할 수 있는 담당부서 및 연락처

839

「개인정보 보호법」에 명시된 정보통신서비스 제공자가 개인정보의 분실·도난·유출(이하 유출 등)의 사실을 안 때 지체 없이 이용자에게 통지하여 할 사항으로 틀린 것은?

① 유출 등이 된 개인정보 항목　　　　　② 유출 등이 발생한 시점

③ 이용자가 취할 수 있는 조치　　　　　④ 정보통신서비스 제공자 등의 책임

정답　④

풀이　④ 정보통신서비스 제공자 등의 책임을 통지하는 것이 아니라 정보통신서비스 제공자 등의 대응 조치를 통지하여야 한다. 이외에도 이용자가 상담 등을 접수할 수 있는 부서 및 연락처도 통지해야 한다.

840

개인정보 유출 시 정보통신서비스 제공자가 이용자에게 통지해야 할 사항이 아닌 것은?

① 유출된 개인정보 항목

② 유출이 발생한 장소

③ 이용자가 취할 수 있는 조치

④ 정보통신서비스 제공자의 대응 조치

정답　②

풀이　② 유출이 발생한 장소가 아니라 시점이다. 위의 사항 이외에도 이용자가 상담 등을 접수할 수 있는 부서 및 연락처를 통지해야 한다.

　　유럽연합「일반개인정보 보호법(GDPR)」

유럽연합「일반개인정보 보호법」은 각 회원국 별로 상이하던 규제를 하나로 통일하였다. 28개 모든 유럽 회원국에 공통으로 적용되는 법률이다. EU 내에서 사업장을 운영하는 기업뿐만 아니라 EU 주민들의 개인정보를 처리하는 기업이라면 적용받을 수 있다. EU 거주 시민은 특정 기업과 더 이상 거래를 원하지 않을 시, 기업이 보유한 자신의 정보를 삭제할 권리를 갖는다. GDPR을 심각하게 위반했을 경우 2,000만 유로 또는 해당 기업의 전 세계 연 매출의 4% 중 더 큰 금액의 과징금을 부과 받는다. 구글은 프랑스에서「일반개인정보 보호법(GDPR)」위반으로 과징금을 부과 받았다.

841

유럽연합의「일반개인정보 보호법(GDPR)」에서 개인정보처리자의 삭제 거부가 가능한 경우로 틀린 것은?

① 공익을 위한 안보 목적을 위한 경우
② 공익을 위한 보건 목적을 위한 경우
③ 표현 및 정보의 자유에 관한 권리 행사를 위한 경우
④ 공익을 위한 기록 보존, 과학적·역사적 연구 또는 통계 목적을 위한 것인 경우

정답　①
풀이　공익을 위한 안보 목적을 위한 경우는 개인정보처리자가 삭제 거부가 가능한 경우가 아니다.

잊힐 권리

핵심정리 잊힐 권리

(1) 의의

잊힐 권리에 대한 합의된 개념은 없으나, 주로 온라인상 개인에 대한 기록 원본의 삭제 또는 해당 기록 원본에 대한 접근 배제권을 잊힐 권리의 범주로 보고 있다.

(2) GDPR의 잊힐 권리

- 유럽연합의 「일반개인정보 보호법(General Data Protection Regulation, GDPR)」이 2018년 5월 효력을 발생함에 따라, IT 저장 및 데이터 관리 운영, 그리고 여타 비즈니스 운영 차원에 막대한 영향을 미칠 수 있다.

- GDPR 제17조 '삭제권'을 규정하고 있는데, 이는 종종 '잊힐 권리(right to be forgotten)'로 불리고 있다. 간단히 말하자면, 이 권리는 개인이 어떠한 불합리한 지체 없이 자신의 모든 데이터의 삭제를 데이터 통제자(data controller)에게 요청할 수 있는 권리를 의미한다.

- 이는 모든 개인의 개인데이터, 즉 DB에 있는 파일과 기록, 복제된 복사품, 백업 복사본, 그리고 저장소에 이전된 모든 복사물 등에도 해당된다.

- 데이터 통제자(data controller)와 데이터 처리자(data processor)라는 용어는 GDPR과 연계해서 이해할 필요가 있다. 데이터 통제자는 컴퓨터에 저장된 혹은 구조화된 매뉴얼 파일 등에 개인정보를 유지하고 이용하는 데 있어 그 통제와 책임을 지는 개인 혹은 법인이라고 정의된다. 따라서 그 의미는 기업이나 조직에서 IT 기능을 가진 부서가 된다.

- 데이터 처리자는 개인정보를 저장하거나 처리하는 그룹 혹은 조직이지만, 개인 데이터에 대한 통제에 대한 책임은 지지 않는다. 이는 개인정보의 처리가 이루어지는 클라우드 혹은 데이터가 저장된 IT 데이터 센터에 적용된다. 데이터 센터는 내부에 위치할 수도 있고 아웃소싱할 수도 있다. 데이터 통제자는 개인 데이터를 삭제하고, 삭제된 것을 확인할 책임이 있지만, 결정 프로세스에 대한 책임을 지지는 않는다. 데이터 프로세서는 데이터 복사본을 저장하여 다른 용도로 사용할 수 없다.

842

잊힐 권리에 대한 설명으로 틀린 것은?

[2021년 기출]

① 유럽연합은 2018년 「일반개인정보 보호법(GDPR)」 제17조에서 삭제권을 명시적으로 규정하였다.
② 유럽연합은 「일반개인정보 보호법(GDPR)」 속 잊힐 권리를 통해 정보 주체인 개인에게 자신의 개인 정보에 관한 광범위한 법적 근거를 제시하고 있다.
③ 우리나라는 「개인정보 보호법」상 잊힐 권리를 보호받지 못한다.
④ 2010년 스페인 곤잘레스가 구글을 상대로 소송하여 2014년 유럽사법재판소에서 사실상 인정되었다.

정답 ③

풀이 ③ 「개인정보 보호법」 제36조는 개인정보의 정정·삭제를 요구할 수 있는 권리를 규정하고 있고 제37조는 개인정보의 처리 정지요구할 권리를 규정하고 있다.

핵심정리 잊힐 권리 보장을 위한 몇 가지 중요한 고려 사항

(1) 의의

데이터 삭제 프로세스를 이행하지 않거나 피할 수 있는 예외의 경우가 존재하지 않기 때문에, 조직은 반드시 이를 위한 계획을 마련해야 한다.

(2) 불합리한 지체 없이(without undue delay)

• "불합리한 지체 없이(without undue delay)"의 의미는 수개월이 아니라 수일(days)을 의미한다.
• 만일 개인 데이터가 다른 조직으로 전송되었다면, GDPR 제17조에 따라 데이터 통제자는 개인 데이터를 삭제하도록 해당 조직에게 요청해야 한다.

(3) GDPR의 광범위한 적용범위

GDPR의 적용범위는 매우 광범위하다. 이 규정은 유럽연합에 거주하고 있는 개인들에게 적용되며, 데이터가 저장되거나 기업 혹은 조직이 위치한 것과는 무관하다. 유럽에서 사업을 하려한다면 개인의 프라이버시 권리를 보장하기 위한 조치를 취해야 한다.

(4) 무거운 벌금

해당 규정을 위반할 때 부과되는 벌금은 매우 높다. 개인 데이터를 한 번이라도 삭제하지 않으면 그에 대한 벌금은 전 세계 매출액의 4% 혹은 2천만 유로에 달한다. 개인 데이터 삭제 사실을 입증하지 못할 경우 벌금은 전 세계 매출액의 2% 혹은 1천만 유로이다.

(5) 삭제의 어려움

모든 데이터 복사본을 추적하여 특정 개인의 정보를 삭제한다는 것은 거의 불가능해 보인다. 데이터 베이스에 있는 개인 데이터의 경우, 해당 데이터의 위치를 파악하고 이를 삭제하는 것은 매우 어렵고 시간이 많이 걸리는 업무이다. 더 심각한 것은 이러한 작업이 수익과는 전혀 관계가 없다는 점이다.

843

잊힐 권리에 대한 설명으로 틀린 것은?

[2020년 기출]

① 정보주체가 온라인상 자신과 관련된 모든 정보에 대한 자기결정권 및 통제 권리를 뜻한다.

② 정보주체는 개인정보처리자를 대상으로 자신의 개인정보의 삭제 및 확산 방지를 청구할 수 있는 권리를 가진다.

③ 잊힐 권리의 내용은 2010년 「일반정보 보호규정(안)」 및 「개인정보 보호지침(안)」을 발표하면서 구체적으로 드러나게 되었다.

④ 유럽연합의 「일반개인정보 보호법(GDPR)」은 잊힐 권리를 규정하여 불합리한 지체 없이(without undue delay) 자신의 모든 데이터의 삭제를 요청할 수 있는데 여기에서 '불합리한 지체 없이'의 의미는 수개월이 아니라 수일(days)을 의미한다.

> **정답** ③
>
> **풀이** ③ EU는 2012년 1월 세계 최초로 정보주체가 온라인상에서 자신과 관련된 모든 정보에 대한 삭제 및 확산 방지를 요구할 수 있는 권리인 '잊힐 권리(Right to be forgotten)'를 법제화하는 등 개인정보 보호 강화를 주요 내용으로 하는 「일반정보 보호규정(안)」 및 「개인정보 보호지침(안)」을 제안하고, 2014년부터 발효되었다.

844

알 권리에 대한 설명으로 틀린 것은?

[2020년 기출]

① 알 권리는 정보에 대한 접근, 수집, 처리하거나 정보공개를 청구할 수 있는 권리이다

② 유네스코는 알 권리를 "모든 사람은 의사표현의 자유를 누릴 권리가 있다. 이 권리에는 간섭받지 않고 자기 의견을 지닐 수 있는 자유와, 모든 매체를 통하여 국경과 상관없이 정보와 사상을 구하고 받아들이고 전파할 수 있는 자유가 포함된다."고 정의하고 있다.

③ 1945년 AP 통신사의 쿠퍼(Kent Cooper) 국장이 처음 사용한 것으로 알려진 '공중의 알 권리'는 8년 후 「뉴욕헤럴드트리뷴」의 법률고문 크로스(Harold L. Cross)가 그의 저서 「The People's Right to Know, Legal Access to Public Records and Proceedings」를 통해 수용했다.

④ 알 권리의 핵심은 정부가 보유하고 있는 정보에 대한 국민의 알 권리, 즉, 국민의 정부에 대한 일반적 정보공개를 구할 권리이고 이는 헌법 제21조에 규정된 언론출판의 자유 또는 표현의 자유의 한 내용으로 보장된다.

> **정답** ②
>
> **풀이** ② 「세계인권선언」 19조는 알 권리를 "모든 사람은 의사표현의 자유를 누릴 권리가 있다. 이 권리에는 간섭받지 않고 자기 의견을 지닐 수 있는 자유와, 모든 매체를 통하여 국경과 상관없이 정보와 사상을 구하고 받아들이고 전파할 수 있는 자유가 포함된다."라고 규정하고 있다.

개인정보주체의 삭제권이 보장되는 경우

- 개인정보가 원래의 수집 · 처리 목적에 더 이상 필요하지 않은 경우
- 정보주체가 동의를 철회한 경우(다만 해당 처리에 대한 법적 사유가 없는 경우)
- 정보주체가 처리에 반대하는 경우로, 처리의 지속을 위한 더 중요한 사유가 없는 경우
- 개인정보가 불법적으로 처리된 경우(GDPR 위반 등)
- 법적 의무 준수를 위하여 삭제가 필요한 경우
- 아동에게 제공할 정보사회서비스와 관련하여 개인정보를 처리한 경우

핵심정리 개인정보처리자의 삭제 거부가 가능한 경우

- 표현 및 정보의 자유에 관한 권리 행사를 위한 경우
- 공익적 임무 수행 및 직무권한 행사를 위한 법적 의무 이행을 위한 경우
- 공익을 위한 보건 목적을 위한 경우
- 공익을 위한 기록 보존, 과학적 · 역사적 연구 또는 통계 목적을 위한 것인 경우
- 법적 청구권의 행사나 방어를 위한 것인 경우

845

유럽연합의 「일반개인정보 보호법(General Data Protection Regulation, GDPR)」에서 개인정보주체
의 삭제권이 보장되는 경우로 틀린 것은?

① 표현 및 정보의 자유에 관한 권리 행사를 위한 경우

② 개인정보가 원래의 수집 · 처리 목적에 더 이상 필요하지 않은 경우

③ 정보주체가 동의를 철회한 경우(다만 해당 처리에 대한 법적 사유가 없는 경우)

④ 정보주체가 처리에 반대하는 경우로, 처리의 지속을 위한 더 중요한 사유가 없는 경우

정답 ①
풀이 ① 표현 및 정보의 자유에 관한 권리 행사를 위한 경우는 오히려 개인정보처리자의 삭제 거부가 가능한
경우이다.

846

GDPR 제17조, 즉 '잊힐 권리'에 대한 설명으로 틀린 것은?

① 개인정보주체는 어떠한 불합리한 지체 없이 자신의 모든 데이터의 삭제를 데이터 통제자에게 요청할 수 있다.

② 개인정보주체가 동의를 철회하면, 어떤 경우에도 데이터 통제자는 반드시 데이터를 삭제해야 한다.

③ 데이터 처리자는 개인정보를 저장하거나 처리하지만, 개인 데이터에 대한 통제에 대한 책임은 지지 않는다.

④ '잊힐 권리'는 DB에 있는 파일과 기록, 복제된 복사품, 백업 복사본, 그리고 저장소에 이전된 모든 복사물 등에도 적용된다.

정답 ②

풀이 ① GDPR 제17조 '삭제권'이라는 잊힐 권리는 개인정보주체가 어떠한 불합리한 지체 없이 자신의 모든 데이터의 삭제를 데이터 통제자에게 요청할 수 있는 권리이다.

② 개인정보주체가 동의를 철회했을 경우, 처리에 대한 법적 사유가 없는 경우에만 데이터 삭제가 보장된다. 즉 법적 사유가 있다면 데이터 통제자는 데이터 삭제를 거부할 수 있다.

③ 데이터 처리자는 개인정보를 저장하거나 처리하지만, 개인 데이터에 대한 통제에 대한 책임은 지지 않는다.

④ 잊힐 권리는 DB에 있는 파일과 기록, 복제된 복사품, 백업 복사본, 그리고 저장소에 이전된 모든 복사물 등에도 적용된다.

핵심정리 GDPR의 반대권

(1) 정보주체의 반대권(제21조)은 컨트롤러에 대하여 자신의 개인정보 처리에 반대할 권리를 지칭한다. GDPR은 다음 세 가지 경우에 대하여 정보주체의 반대권을 보장하고 있다.
   ① 직접 마케팅(프로파일링 포함)
   ② 컨트롤러의 적법한 이익(제6조제1항(f) 또는 공적 업무 수행에 근거한 개인정보의 처리(제6조 제1항(e))
   ③ 과학적 · 역사적 연구 및 통계 목적의 처리

(2) 정보주체가 반대권을 행사하는 경우 컨트롤러는 문제된 정보를 더 이상 처리하여서는 안 된다. 다만, 반대권 행사 이전에 해당 정보주체의 개인정보에 대한 처리는 여전히 적법한 것으로 유지된다.

(3) 반대권 요구 시 조치 사항
   ① 직접 마케팅을 위한 처리 시
     ㉠ 정보주체의 반대 요구를 접수한 즉시 컨트롤러는 직접 마케팅(프로파일링 포함)을 위한 개인정보 처리를 중단하여야 한다(제21조제2항). 즉 정보주체가 반대한 후에는 더 이상 직접 마케팅 목적으로 개인정보를 처리할 수 없으며, 그 중단의 범위에는 직접 마케팅과 관련이 있는 프로파일링 행위 역시 포함한다.
     ㉡ 컨트롤러는 정보주체가 언제라도 직접 마케팅을 위한 처리에 반대 요구를 할 수 있도록 하여야 하며, 이를 무상으로 처리하여야 한다(전문 제70항). 컨트롤러는 개인정보를 수집하는 시점에 정보주체에게 반대권에 대한 내용을 알려 주어야 한다. 이러한 사항은 정보주체에게 명시적으로 강조하여야 하며, 다른 정보와 분리하여 분명하게 제시되어야 한다(전문 제70항).
   ② 적법한 이익 또는 공적 업무 수행에 근거한 처리 시
     개인정보 처리가 다음 두 가지 특수한 목적에 근거한 경우에 정보주체는 자신의 특수한 상황에 대한 이유로 반대권을 행사할 수 있다.
     ㉠ 제6조제1항(e)에 따른 공익을 위한 업무, 공적 권리를 위하여 필요한 개인정보 처리
     ㉡ 제6조제1항(f)에 따른 적법한 이익에 근거한 처리

(4) 컨트롤러는 다음 경우가 아닌 한 개인정보의 처리를 중단하여야 한다. 다음에 관한 입증 책임은 컨트롤러에게 있다(전문 제69항).
   ① 정보주체의 이익이나 권리 및 자유보다 더 중요하고 강력한 정당한 근거를 입증할 수 있는 경우
   ② 그 처리가 법적 청구권의 입증(establishment), 행사 또는 방어를 위한 것인 경우

(5) 과학적 · 역사적 연구 및 통계 목적의 처리인 경우
   ① 과학적 · 역사적 연구 또는 통계 목적으로 개인정보가 처리되는 경우, 정보주체는 자신의 특수한 상황을 이유로 본인과 관련된 개인정보의 처리에 반대할 권리를 갖는다(제21조제6항). 여기서 과학적 연구는 기술적 발전, 기초 연구, 응용 연구, 사적인 자금지원에 의한 연구를 포함하고, 역사적 연구 역시 통계학적 연구 목적도 포함하는 넓은 개념이며, 통계 목적은 통계 조사나 통계적 결과물을 생산하기 위한 개인정보의 처리를 포함하는 넓은 개념으로 사용 된다.
   ② 다만 해당 처리가 공익을 위한 업무 수행을 위하여 필요한 경우는 예외로 한다. 한편, 과학적, 역사적 연구 또는 통계목적의 처리가 필요한 경우에는 공익을 위한 것인지의 여부와는 무관하게 삭제권(the right to erasure)은 적용되지 아니한다(제17조제3항(d)).

847

GDPR에서 개인정보처리자가 다음을 입증한 경우에도 정보주체가 자신의 특수한 상황을 이유로 들어 개인정보처리에 반대할 권리를 행사하여 개인정보처리를 중단시킬 수 있는 경우로 옳은 것은?

① 개인정보처리자의 적법한 이익 또는 공적 업무 수행에 근거한 개인정보의 처리
② 개인정보처리자가 정보주체의 이익이나 권리 및 자유보다 더 중요하고 강력하고 정당한 근거를 입증할 수 있는 경우
③ 개인정보처리가 법적 청구권의 입증, 행사 또는 방어를 위한 것인 경우
④ 개인정보처리가 공익을 위한 업무 수행을 위하여 필요한 경우로서 과학적, 역사적 연구 또는 통계 목적의 처리인 경우

정답 ①

풀이 ① 개인정보처리자가 ②, ③, ④를 입증한 경우, 정보주체가 자신의 특수한 상황에 대한 이유로 반대권을 행사하는 경우에도 개인정보처리를 계속할 수 있다.

848

알고리즘의 구현 과정에 대한 설명으로 틀린 것은?　　　　　　　　　　　[2022년 기출]

① 알고리즘 자동화 : 신용도가 좋은지 나쁜지를 구분하는 작업 등이 자동화되는 경우 등에 인간의 주관이 개입하는 것을 완전히 배제한다.
② 알고리즘 분류 : 특정 집단을 배제하는 방식으로 소비자를 분류하기 때문에 저소득층이나 소외계층에게 악영향을 미칠 수 있다.
③ 알고리즘 편향 : 데이터 편향으로 인한 차별은 잘못된 데이터의 선택, 완전하지 않거나 시기가 지난 데이터의 사용, 특정 집단에 편중되어 데이터가 수집된 선택 편향, 기존의 편견이 반영된 데이터로 인해 발생한다.
④ 알고리즘 적용 과정 : 블랙박스라고 표현하는데 이는 처리과정이 전문적이고 복잡해서 일반인은 물론 전문가라 하더라도 어떤 이유에서 결과가 도출되었는지를 파악하기 어렵기 때문이다.

정답 ①

풀이 ① 알고리즘 자동화는 인간의 개입을 최소화하여 작업을 자동화하는 기술이지만, 인간의 개입을 완전히 배제하는 것은 아니다. 특히 신용도 평가와 같은 중요한 결정을 내리는 경우, 알고리즘 자동화 과정에 인간의 주관이 여러 단계에서 개입할 수 있다. 예를 들어 신용 평가 모델 학습에 사용되는 데이터는 인간이 수집하고 전처리한다.

유럽연합의 플랫폼 사업자 규제 강화법

핵심정리 디지털시장법(Digital Market Act, DMA)

(1) DMA 적용 대상

- DAM은 게이트키핑 플랫폼으로 지정된 사업자에게 적용된다. 게이트키핑 플랫폼 사업자는 글로벌 시장 자산 가치가 650억 유로 이상 또는 유럽경제지역(EEA)내 매출이 65억 유로 이상인 플랫폼 중 3개 이상 회원국에서 핵심 플랫폼 서비스를 제공하며, 1만개의 비즈니스 사용자와 4,500만 명의 개인사용자를 최소 3년 이상 보유한 플랫폼 사업자이다.
- 검색엔진, OS, SNS, 시청각자료 공유, 메시지 서비스, 클라우드 컴퓨팅, 온라인 중개 또는 광고 플랫폼 등 대부분 플랫폼이 DMA 적용 대상에 포함될 예정이다. 이에 따라, 이른바 GAFA(구글, 아마존, 페이스북 및 애플)와 함께, 부킹닷컴, 알리 익스프레스, 마이크로소프트 클라우드 등 유력 플랫폼이 대부분 포함될 전망이다.
- 집행위는 2년마다 재검토를 통해 게이트키핑 플랫폼을 신규 지정하거나 철회할 수 있다.

(2) 게이트키핑 플랫폼 사업자의 의무

- 게이트키핑 플랫폼 지정 시 사업자는 복수 플랫폼상 수집된 개인정보 연계금지, 자사상품 우대금지, 플랫폼 비즈니스 사업자 간 공정한 경쟁 환경 유지 등 경쟁사에 대한 차별이 금지되고 인수합병(M&A) 시 사전에 집행위에 신고해야 한다.
- 게이트키핑 플랫폼으로 지정되면 6개월 이내 DMA 관련 이행조치를 취하고 집행위에 해당 조치를 통보해야 하며, 집행위는 추가 조치에 대해 명령할 수 있다.
- 집행위는 DMA 규정 미 이행 사업자에게 연간 글로벌 총매출의 최대 10%에 이르는 과징금을 부과할 수 있으며, 지속적·구조적 규정 위반 시 플랫폼 폐쇄를 명령할 수 있다.
- 게이트키핑 플랫폼에 지정된 사업자는 집행위에 이의를 제기할 수 있으며, 이후 유럽사법재판소에 제소할 수 있다.
- 게이트키핑 플랫폼 지정과 관련하여 유럽사법재판소에 제소한 경우에도 집행위는 해당 플랫폼 사업자의 규정 위반 발견 시 미 이행 결정(non-compliance decision)을 내릴 수 있으며, 3회 이상의 미 이행 결정 시 플랫폼에 대한 제재가 가능하다.

849

「디지털시장법」에 대한 설명으로 틀린 것은?

① 미국 빅테크(대형 정보기술기업)의 독점구조를 개선하기 위한 법이다.

② 경쟁사에 대한 차별을 금지하고 인수합병(M&A) 때는 당국에 사전 신고해야 한다.

③ 집행위는 2년마다 재검토를 통해 게이트키핑 플랫폼을 신규 지정하거나 철회할 수 있다.

④ 회원국 당국은 플랫폼 사업자의 불법 콘텐츠 제거 의무 이행을 감독하고, 플랫폼 사업자가 의무를 이행하지 않을 경우 연매출의 최대 10%의 과징금을 부과할 수 있다.

정답 ④

풀이 ④ 「디지털서비스법」은 회원국 당국은 플랫폼 사업자의 불법 콘텐츠 제거 의무 이행을 감독하고, 플랫폼 사업자가 의무를 이행하지 않을 경우 연매출의 최대 6%의 과징금을 부과할 수 있다고 규정하고 있다. DMA는 연간 글로벌 총매출의 최대 10%에 이르는 과징금을 부과할 수 있고 DSA는 연매출의 최대 6%의 과징금을 부과할 수 있다는 점에서 차이가 있다.

850

「디지털시장법(Digital Market Act, DMA)」에 대한 설명으로 틀린 것은?

① DMA는 게이트키핑 플랫폼으로 지정된 사업자에게 적용된다.

② 집행위는 2년마다 재검토를 통해 게이트키핑 플랫폼을 신규 지정하거나 철회할 수 있다.

③ 게이트키핑 플랫폼으로 지정되면 6개월 이내 DMA 관련 이행조치를 취하고 집행위에 해당 조치를 통보해야 하며, 집행위는 추가 조치에 대해 명령할 수 있다.

④ 집행위는 DMA 규정을 이행하지 않은 사업자에게 연간 유럽연합(EU) 총매출의 최대 10%에 이르는 과징금을 부과할 수 있으며, 지속적·구조적 규정 위반 시 플랫폼 폐쇄를 명령할 수 있다.

정답 ④

풀이 ④ 집행위는 DMA 규정 미이행 사업자에게 연간 글로벌 총매출의 최대 10%에 이르는 과징금을 부과할 수 있으며, 지속적·구조적 규정 위반 시 플랫폼 폐쇄를 명령할 수 있다.

핵심정리 디지털서비스법(Digital Service Act, DSA)

- 「디지털서비스법(DSA)」은 플랫폼상 불법 콘텐츠 제거 등 소비자보호를 목적으로 한다.
- DSA는 EU 27개 회원국에 4,600만 이상의 사용자를 보유한 플랫폼 사업자를 대상으로 한다.
- 플랫폼 사업자는 정부 당국 및 시민단체에게 사업자 내부 정보에 대한 접근을 보장하고, 규정 이행을 감독할 독립적 감사를 지정하고 매년 위험성 평가를 수행해야 한다.
- 회원국 당국은 플랫폼 사업자의 불법 콘텐츠 제거 의무 이행을 감독하고, 플랫폼 사업자가 의무를 이행하지 않을 경우 연매출의 최대 6%의 과징금을 부과할 수 있다.

Theme 137 정보시스템의 불법침입

핵심정리 길버트 아라베디언(Gilbert Alaverdian)의 해커 등급

구분	유형	내용
제1등급	엘리트 (Elite)	• 시스템에 존재하는 취약점을 찾아내 해킹에 성공하는 최고 수준의 해커 • 마법사로도 불리며 해당 시스템에 아무런 흔적을 남기지 않고 해킹
제2등급	세미 엘리트 (Semi Elite)	• 시스템의 취약점을 알고 해킹 코드를 만들어내는 실력을 갖추었지만 해킹 흔적을 남겨 추적을 당함
제3등급	디벨로프 키디 (Developed Kiddie)	• 대부분의 해킹 기법을 알고 있으며 특정 사이트의 취약점을 발견할 때까지 여러 번 해킹을 시도해 시스템 침투에 성공하는 해커
제4등급	스크립트 키디 (Script Kiddie)	• 보안상의 취약점을 찾아낼 수 있는 운영체제에 대한 기술과 지식은 부족하지만 디도스 공격을 하는 등 해킹 툴을 사용할 줄 아는 해커
제5등급	레이머 (Lame)	• 해킹기술은 없지만 해커가 되고 싶어 하고 해킹 툴만 있으면 해킹이 가능하다고 생각하여 트로이 목마 등을 인터넷에서 내려 받는 해커 워너비

핵심정리 해킹 방법

(1) DDoS(Distribute Denial of Service)

분산 서비스 거부 또는 분산 서비스 거부 공격으로, 여러 대의 공격자를 분산 배치하여 동시에 동작하게 함으로써 특정 사이트를 공격하는 해킹방식이다.

(2) 스니핑(Sniffing)

네트워크상의 한 호스트에서 그 주위를 지나다니는 패킷들을 엿보는 것으로 다른 사람의 계정과 패스워드를 알아내기 위해 자주 쓰이는 방법이다.

(3) 스누핑(Snooping)

네트워크상에서 남의 정보를 염탐하여 불법으로 가로채는 행위. 소프트웨어 프로그램(스누퍼)을 이용하여 원격으로 개인적인 메신저 내용, 로그인 정보, 전자우편 등 정보를 몰래 획득하거나 네트워크 트래픽을 분석하기 위해서 사용, 스니핑(sniffing) 유사어로 사용된다.

(4) 백도어와 트로이 목마(Backdoor & Trojan Vundo)

정상적인 프로그램으로 가장하여 프로그램 내에 숨어서 의도하지 않은 기능을 수행하는 것으로 바이러스나 웹에서 주로 사용하는 메커니즘이다.

(5) 스푸핑(Spoofing)

속이는 방법을 통해서 해킹을 하는 것으로 마치 로그인 화면 같은 프로그램을 통해 패스워드·계정을 입력하게 하는 패스워드 해킹방법이다.

(6) 버퍼 오버플로(Buffer Overflow)

실행 프로그램에서 메모리버퍼를 넘치게 해 프로그램을 이상 작동하도록 함으로써 프로그램 내의 보호되지 않는 영역을 활용해 원래의 목적을 벗어난 이상 동작을 유발한다.

(7) 봇넷(botnet)

악성 프로그램에 감염되어 나중에 악의적인 의도로 사용될 수 있는 다수의 컴퓨터들이 네트워크로 연결된 형태로 해킹 또는 악성 프로그램에 감염된 컴퓨터를 네트워크로 연결하고, 해커는 봇넷에 연결된 컴퓨터를 원격 조정해 개인정보 유출, 스팸 메일 발송, 다른 시스템에 대한 공격 등 악성행위를 하는 방법이다.

(8) 엑스플로잇(Exploits)

시스템 취약점을 이용하여 IT 시스템의 보안을 위협하는 방법으로 서비스 거부 공격, 원격 명령어 실행 버퍼 오버플로 공격 등이 이에 해당된다.

(9) 기타 취약성을 이용한 공격

기타 취약성을 이용한 공격으로 프로그램에 존재하는 버그를 이용하는 방법 등이 있다.

핵심정리　파밍(Pharming)

- 피싱이 사용자들을 속여 낚는 정도라면, 파밍은 도메인 자체를 속임으로 다수의 사용자에게 대규모 피해가 발생할 수도 있기 때문에 'Farming'이라는 의미에서 'Pharming'이라는 이름을 붙였다. Farming이란 단어에는 '농장을 운영하여 농산물을 경작하고 추수한다'는 의미가 있다는 점에서, 단순히 한두 사람을 대상으로 하는 피싱과는 달리 대규모 '개인정보의 추수'가 발생할 수 있다는 점에서 파밍이 더 위험하다.
- 사용자의 컴퓨터를 악성코드에 감염시켜 정상 홈페이지에 접속하여도 피싱 사이트로 유도하는 고도화된 피싱이다. 악성코드가 사용자 PC에 설치되어 있는 경우, 사용자가 웹 브라우저에서 특정사이트의 홈페이지 도메인 주소를 입력하면 악성코드가 정상 사이트가 아닌 피싱 사이트 IP 주소로 유도하여 사용자는 자기도 모르게 피싱 사이트에 접속한다.

핵심정리　APT(Advanced Persistent Treat) 공격

(1) 의의

IT기술을 이용하여 지속적으로 정보를 수집하고 취약점을 파악하여 이를 바탕으로 피해를 끼치는 공격을 총칭한다.

(2) APT 공격순서

① 사전조사(reconnaissance)

해커가 표적으로 정한 공격대상을 분석하여, 공격방법을 연구하여 최종 목표를 달성하기 위한 1차 침입 대상을 찾는 것으로 주요 간부, 관리자, 연구원 등 정보에 직접, 간접적으로 접근할 수 있는 대상자를 찾는 행위이다.

② 제로데이 공격(zero-day attack)

아직 발견되지 않았거나 사용하지 않는 보안 취약점을 이용하거나 기존 보안시스템에서 탐지되지 않았던 악성코드를 이용하여 1차 공격대상을 공격한다.

③ 사회 공학적 기법(social engineering)

신뢰하는 개인, 조직을 가장하여 제로데이 취약점이 있는 첨부파일이나 링크 등에 악성코드를 삽입하여 e-메일, 메신저, SNS 등을 통해 전송한다.

④ 은닉(covert)

1차 침입에 성공한 후, 서두르기 않고 정상적인 사용자로 가장하여 정보를 수집하고 모니터링 등 합법적인 계정과 프로토콜 및 시간대를 이용하여 현재 계정이 갖는 권한 내에서 얻을 수 있는 모든 정보 수집한다.

⑤ 권한상승(privilege escalation)

은닉을 통해 조직 내 각종 정보를 수집한 후, 시스템에 접근하기 위해 접근권한을 가진 직원에 대한 계정정보를 수집하는데 이때 패스워드 등 계정정보를 획득하기 위한 브루트포스 공격(brute force attack) 등이 포함된다.

⑥ 적응(adaption)

권한상승을 통해 최종 목표로 삼았던 중요정보를 탈취한 후, 이를 공격대상 내부의 서버에 암호화하거나 압축파일로 저장한 다음 비정기적으로 해커 서버나 단말기로 유출하는 활동으로 공격이 사용자에게 발각된 경우에 대한 역추적을 방지하는 활동까지 포함한다.

⑦ 지속(persistent)

해커가 참을성을 가지고 오랜 기간 동안 공격대상을 관찰하고 활동하는 것으로 중요정보 유출 이후에도 해커가 공격대상에 지속적으로 접근할 수 있도록 다양한 백도어(backdoor)를 설치하는 것이 여기에 포함된다.

🔑 핵심정리 ┃ 피싱(Phishing) 공격

(1) 의의

• 개인정보(private data)와 낚시(fishing) 합성어로 미끼를 던져 개인정보를 낚는 것을 의미한다.
• 전자우편, 메신저 등을 사용하여 신뢰할 수 있는 사용자, 기업이 전송한 메시지인 것처럼 가장하여 비밀번호, 신용카드, 개인정보 등을 빼내는 공격 방법이다.
• 피싱은 다른 공격 기술과는 다르게 사용자의 부주의 또는 실수에 초점을 두고 있다.
• 특정사이트에 대한 가짜 웹페이지를 정교하게 만들어 사용자들이 의심 없이 접속하여 정상적인 서비스를 받는 것처럼 속여서 필요한 정보를 빼내는 방법으로 금융기관에서 운영하는 사이트와 유사한 피싱 사이트를 통해 금전적 피해 사례 발생한다.

(2) 피싱 공격 순서

• 해커는 개인정보를 획득할 웹사이트를 선정, 사용자가 알아차리지 못하게 가짜 웹페이지를 동일하게 생성한다.
• 해커는 사회 공학적 방법, 트로이 목마, 웜, DNS DoS 공격 등 사용자로 하여금 진짜 웹페이지 대신 해커가 만든 가짜 웹페이지에 접속하게 유도한다.
• 사용자는 가짜 웹페이지를 눈치 채지 못하고 자신의 아이디, 패스워드, 신용카드 정보 등 개인정보를 입력한다.
• 해커는 자신이 만든 가짜 웹페이지에 저장된 사용자의 개정정보를 탈취한다.
• 사용자들을 피싱 사이트로 유인하는 대표적인 방법으로 e-메일이나 웹페이지 내에 피싱 사이트로 연결되는 URL 링크를 삽입하고 클릭을 유도하는 이미지나 문구로 현혹하는 방식으로 이를 스마트폰에 적용한 것이 스미싱(smishing) 이라고 한다.

851

사용자를 낚는 방법 중 하나로 사용자가 자신의 웹 브라우저에서 정확한 웹 페이지 주소를 입력해도 가짜 웹 페이지에 접속하게 하여 개인정보를 훔치는 것으로 옳은 것은? [2020년 기출]

① 파밍 　　　　　　　　　　　　② 피싱
③ 스팸 　　　　　　　　　　　　④ 명의도용

> **정답** ①
>
> **풀이** ① 피싱이 사용자들을 속여 낚는 정도라면, 파밍은 도메인 자체를 속임으로 다수의 사용자에게 대규모 피해가 발생할 수도 있기 때문에 'Farming'이라는 의미에서 'Pharming'이라는 이름을 붙였다. Farming이란 단어에는 '농장을 운영하여 농산물을 경작하고 추수한다'는 의미가 있다는 점에서, 단순히 한두 사람을 대상으로 하는 피싱과는 달리 대규모 '개인정보의 추수'가 발생할 수 있다는 점에서 파밍이 더 위험하다.

852

다음 중 정보시스템의 해킹방법에 대한 설명으로 틀린 것은?

① 스니핑(sniffing)은 해킹의 한 유형으로 네트워크상의 한 호스트에서 그 주위를 지나다니는 패킷 교환을 엿보는 것으로 다른 사람의 계정이나 비밀번호를 알아내기 위해 사용되며, 이를 방지하기 위해서는 데이터 패킷을 암호화하여 전송한다.

② 스푸핑(spoofing)이란 외부의 악의적 네트워크 침입자가 임의로 웹 사이트를 구성해 일반 사용자들의 방문을 유도하고, 인터넷 프로토콜인 TCP/IP의 구조적 결함을 이용해 사용자의 시스템 권한을 획득한 뒤 정보를 빼가는 해킹 수법이다.

③ 백도어(back door)란 프로그램 개발이나 유지·보수, 유사시 문제해결 등을 위해 시스템 관리자나 개발자가 정상적인 절차를 우회하여 시스템에 출입할 수 있도록 임시로 만들어둔 비밀출입문, 트랩도어(trap door)라고도 한다.

④ 웜(worm)은 네트워크를 거쳐 송수신하고 있는 데이터를 부정한 방법으로 엿듣는 것, 컴퓨터 시스템에 접속된 라우터 등의 통신기기는 유지·보수를 위해서 외부로부터 제어할 수 있는 기능을 가진 것도 있다.

> **정답** ④
>
> **풀이** ④ 스니핑, 스누핑 등 네트워크 트래픽 도청에 대한 설명이다. 웜(worm)은 스스로를 복제하는 악성 소프트웨어 컴퓨터 프로그램이다. 컴퓨터 바이러스와 비슷하다. 바이러스가 다른 실행 프로그램에 기생하여 실행되는 데 반해 웜은 독자적으로 실행되며 다른 실행 프로그램이 필요하지 않다. 웜은 종종 컴퓨터의 파일 전송 기능을 착취하도록 설계된다. 컴퓨터 바이러스와 웜의 중요한 차이점은 바이러스는 스스로 전달할 수 없지만 웜은 가능하다는 점이다. 웜은 네트워크를 사용하여 자신의 복사본을 전송할 수 있으며, 어떠한 중재 작업 없이 그렇게 할 수 있다. 일반적으로 웜은 네트워크를 손상시키고 대역폭을 잠식하지만, 바이러스는 컴퓨터의 파일을 감염시키거나 손상시킨다. 바이러스는 보통 네트워크에 영향을 주지 않으며 대상 컴퓨터에 대해서만 활동한다.

853

공격자가 시스템에 침입한 후 이후에도 손쉽게 피해 시스템에 대한 접근권한을 획득하기 위한 용도로 설치하는 악성코드로 옳은 것은?

① 웜(Worm)

② 스캐닝(scanning)

③ 백도어(backdoor)

④ 스파이웨어(spyware)

정답 ③

풀이 ③ 백도어에 대한 설명이다. 백도어는 시스템 접근에 대한 사용자 인증 등 정상적인 절차를 거치지 않고 응용 프로그램이나 시스템에 접근할 수 있도록 하는 프로그램으로 공격자가 시스템에 침입한 후 백도어를 설치해 두면, 이후에 해당 시스템에 대한 접근권한을 손쉽게 획득할 수 있다.

④ 다른 사람의 컴퓨터에 설치되어 개인정보를 빼 가는 악성코드로서 사용자가 특정 웹페이지에 접속하거나 웹페이지와 관련된 소프트웨어를 임의로 혹은 사용자 동의로 설치할 때 함께 설치되는 경우가 많다.

♀ 핵심정리   사이버 보안

(1) 의의

사이버보안은 정보의 무결성, 기밀성, 가용성(Integrity, Confidentiality and Availability, ICA)을 보장하는 관행이다. 이는 하드드라이브 고장이나 정전과 같은 사고나 적의 공격으로부터 방어하고 복구할 수 있는 능력을 의미한다.

(2) 기밀성에 대한 공격

신용카드 사기, 신분 도용, 또는 비트코인 지갑 절도와 같은 다양한 공격을 포함해 표적의 개인정보를 훔치거나 복사하는 것은 사이버 공격의 시작이다. 국가 후원의 스파이는 정치적, 군사적, 경제적 이익을 위해 기밀정보를 비밀리에 획득하는 것이 그들의 주요 업무다.

(3) 무결성에 대한 공격

통상적으로 사보타주(sabotage)라는 이름으로 잘 알려진 무결성 공격은 정보나 시스템, 그리고 이를 신뢰하는 이들을 변질시키거나 손상 또는 파괴하는 행동을 의미한다. 무결성 공격은 표적에 대한 사보타주 행위로, 데이터를 훼손시키거나 태워버리는 등의 지금보다 좀 더 교묘해질 수 있다. 가해자는 아마추어 해커에서부터 국가 후원의 공격자에 이르기까지 다양하다.

(4) 가용성에 대한 공격

표적이 데이터에 접속하는 걸 방해하는 것은 오늘날 랜섬웨어나 DOS 공격의 형태로 가장 많이 나타난다. 랜섬웨어는 표적의 데이터를 암호화하고 해독을 위해 몸값을 요구한다. 일반적으로 DDoS (Distributed Denial−of−Service) 공격으로 대변되는 DoS 공격은 네트워크 리소스 요청을 한꺼번에 많이 일으킴으로써 이를 사용할 수 없도록 만든다.

854

사이버 보안에 대한 설명으로 틀린 것은?

[2023년 기출]

① 사이버 안전 및 보호의 개념과 범위가 처음에는 사이버상의 '정보 자체'에 대한 것에만 국한되다가 사이버 '시스템'에 대한 것을 포함하여 추가되었다.

② 정보사회의 전자거래를 위한 중요한 전제 조건 중 하나로 보안이 유지되어야 하는 기밀성을 들 수 있으며, 최근 기밀성에 대한 공격은 사이버상의 해킹에 그치지 않고 암호화 화폐를 절도하는 것 등으로 확대되고 있다.

③ 정보사회의 유통과정과 전자정부의 소통과정 등에서 디지털 정보가 공격받아 훼손되거나 수정되는 것은 무결성에 대한 공격의 일환으로 볼 수 있다.

④ 가용성은 서버나 네트워크 등 사이버상의 정보 시스템이 장애 없이 정상적으로 운영되는 능력을 의미하며, 가용성에 대한 공격은 사이버상의 사보타주라고도 지칭한다.

> **정답** ④
>
> **풀이** ④ 통상적으로 사보타주(sabotage)라는 이름으로 잘 알려진 무결성 공격은 정보나 시스템, 그리고 이를 신뢰하는 이들을 변질시키거나 손상 또는 파괴하는 행동을 의미한다. 무결성 공격은 표적에 대한 사보타주 행위로, 데이터를 훼손시키거나 태워버리는 등의 지금보다 좀 더 교묘해질 수 있다.

855

정보 보안에 대한 설명으로 틀린 것은?

① 정보 보안의 주요 목표는 기밀성, 무결성, 가용성이다.

② 암호화는 정보의 기밀성을 보장하는 방법 중 하나이며, 정보를 암호로 변환하여 인가받지 않은 사람이 읽을 수 없도록 한다.

③ 물리적 보안은 컴퓨터 시스템이나 네트워크에 대한 물리적 손상을 방지하며, 방화벽, 침입탐지시스템 등을 포함한다.

④ 악성코드는 컴퓨터 시스템이나 네트워크에 피해를 입히기 위해 만들어진 소프트웨어이며, 백신 프로그램으로 대응할 수 있다.

풀이 ① 정보 보안의 주요 목표는 기밀성, 무결성, 가용성을 보장하는 것이다. 기밀성은 인가받지 않은 사용자가 정보에 접근하는 것을 방지한다. 무결성은 데이터가 올바르게 유지되고 변경되지 않음을 보장한다. 가용성은 정보와 시스템이 필요한 시점에 사용 가능하도록 보장하는 것이다.

② 암호화는 정보의 기밀성을 보장하는 주요한 수단 중 하나이다. 정보를 암호로 변환하여 인가받지 않은 사용자가 정보를 읽거나 이해하는 것을 방지한다.

③ 물리적 보안은 시스템에 대한 물리적 손상을 방지하는데 중점을 두며, 이는 시스템에 대한 접근 통제, 장비의 안전한 보관 및 관리, 환경 요인에 대한 보호 등을 포함한다. 그러나 방화벽과 침입탐지시스템은 네트워크 보안에 속하는 요소로, 물리적 보안에 포함되지 않는다.

④ 악성코드는 컴퓨터 시스템이나 네트워크에 피해를 주기 위해 설계된 소프트웨어로, 이는 바이러스, 웜, 트로이 목마, 스파이웨어 등 다양한 형태를 포함한다. 백신 프로그램은 이러한 악성코드를 탐지하고 제거하는 데 사용된다.

856

서비스 거부(Denial of Service, DoS) 공격으로 침해 받는 정보보호의 목표로 옳은 것은?

① 기밀성
② 무결성
③ 가용성
④ 접근제어

풀이 ③ 가용성은 정해진 시간 내에 정보를 볼 수 있음을 보장한다. 이러한 가용성을 해치는 공격 중에 대표적인 것으로 서비스 거부(Denial of Service, DoS) 공격이 있다. 서비스 거부 공격은 시스템이 정상적인 서비스를 할 수 없도록 만들어서 권한이 있는 자들이 서비스를 받지 못하는, 즉 정보에 대한 접근이 방해를 받는 상황을 만든다.

④ 접근제어(access control)는 정보에 대해 허락된 접근만 허용하고 그 외의 접근은 허용하지 않는 것이다. 다시 말해서, 접근권한이 있는 자는 정보에 대한 접근을 허용하고, 접근권한이 없는 자는 정보에 접근하지 못하게 하는 것이다.

컴퓨터 바이러스

핵심정리 컴퓨터 바이러스

(1) 의의
- 개인용 컴퓨터를 대상으로 최초 바이러스를 만든 것은 자기의 프로그램이 불법으로 복제되는 것을 방지하기 위한 목적으로 만들었다.
- 최근에는 자기 프로그램 실력을 뽐내기 위해 불특정 다수에게 해를 입힐 목적으로 바이러스를 무차별적으로 만들기 시작했다.
- 자가 복제기능을 가진 프로그램으로서 사용자의 인지나 허가 없이 시스템의 작동방법을 변경하기 위하여 제작된 소용량 프로그램이다.
- 바이러스는 합법적인 프로그램에 의해 사용되는 시스템 메모리를 점유하여 시스템 충돌이나 비정상적인 활동으로 데이터 손실을 발생시킨다.

(2) 파일 감염 바이러스
- 프로그램 파일을 감염시키며 일반적으로 .com 및 .exe와 같은 실행코드를 감염시킨다.
- 감염된 프로그램이 플로피 디스크, 하드 디스크 또는 네트워크에서 실행되면 다른 파일들도 감염된다.
- 파일 감염 바이러스 중 다수는 메모리 상주형으로 메모리가 감염된 경우 정상적인 실행 파일을 실행하면 그 파일들도 감염된다.
- 바이러스 사례로 Jerusalem 및 Cascade 등이 있다.

(3) 부트 섹터 바이러스
- 디스크의 시스템 영역, 즉 플로피 디스크 및 하드 디스크의 부트 레코드를 감염시킨다.
- 메모리에 상주하는 특징이 있다.
- 대부분 DOS용으로 제작됐지만 운영체제에 관계없이 모든 PC는 이 바이러스의 잠재적인 공격 대상이다.
- 사례로 Form, Disk Killer, Michelangelo 및 Stoned 등이 있다.

(4) 마스터 부트 레코드 바이러스
- 부트섹터 바이러스와 동일한 방식으로 디스크를 감염시키는 메모리 상주형 바이러스 일반적으로 다른 장소에 합법적인 마스터 부트 레코드의 사본을 저장하고, 부트 섹터 바이러스나 마스터 부트 섹터 바이러스에 감염된 Windows NT 시스템은 부팅이 안된다.
- 사례로 NYB, AntiExe 및 Unashamed 등이 있다.

(5) 다각적 바이러스
- 다변형 바이러스이다.
- 부트 레코드와 프로그램 파일을 모두 감염시킨다.
- 이 바이러스에 감염된 경우 복구가 대단히 어렵다.
- 부트 영역을 치료했지만 파일에서 제거하지 않은 경우 부트 영역이 재감염되기 때문이다.
- 사례로는 One-Half, Emperor, Anthrax 및 Tequilla 등이 있다.

(6) 매크로 바이러스
- 데이터 파일을 감염시키는 가장 보편적인 바이러스이다.
- 기업이 복구에 가장 많은 돈과 시간을 소요하는 바이러스이다.
- Microsoft Office Word, Excel, PowerPoint 및 Access 파일을 감염시키고, 신종 바이러스는 다른 프로그램도 감염시킬 수 있도록 진화한다.
- 개발하기가 쉽기 때문에 현재까지 확인된 것만도 수 천종이다.
- 사례로 W97M, Melissa, WM, NiceDay 및 W97M, Groov 등이 있다.

핵심정리   웜과 바이러스

컴퓨터 웜(computer worm)은 스스로를 복제하는 악성 소프트웨어라는 점에서 컴퓨터 바이러스와 비슷하다. 바이러스가 다른 실행 프로그램에 기생하여 실행되는 데 반해 웜은 독자적으로 실행되며 다른 실행 프로그램이 필요하지 않다. 웜은 종종 컴퓨터의 파일 전송 기능을 착취하도록 설계된다. 컴퓨터 바이러스와 웜의 중요한 차이점은 바이러스는 스스로 전달할 수 없지만 웜은 가능하다는 점이다. 웜은 네트워크를 사용하여 자신의 복사본을 전송할 수 있으며, 어떠한 중재 작업 없이 그렇게 할 수 있다. 일반적으로 웜은 네트워크를 손상시키고 대역폭을 잠식하지만, 바이러스는 컴퓨터의 파일을 감염시키거나 손상시킨다. 바이러스는 보통 네트워크에 영향을 주지 않으며 대상 컴퓨터에 대해서만 활동한다.

857
컴퓨터 웜과 바이러스에 대한 설명으로 틀린 것은?

① 웜은 바이러스와 달리 스스로를 복제할 수 있다.
② 바이러스가 다른 실행 프로그램에 기생하여 실행되는 데 반해 웜은 독자적으로 실행된다.
③ 웜은 네트워크를 사용하여 자신의 복사본을 전송할 수 있지만 바이러스는 스스로 전달할 수 없다.
④ 바이러스는 보통 네트워크에 영향을 주지 않으며 대상 컴퓨터의 파일을 감염시키거나 손상시킨다.

정답 ①
풀이 컴퓨터 웜(computer worm)은 스스로를 복제하는 악성 소프트웨어라는 점에서 컴퓨터 바이러스와 비슷하다.

858

데이터 암호화를 인질로 삼아 파일 복구 대가로 가상화폐 대시(DASH)나 비트코인을 요구하는 악성 코드로 옳은 것은?

[2020년 기출]

① 클롭

② 폼재킹

③ 메신저 피싱

④ 갠드크랩

정답 ④

풀이 ④ 갠드크랩에 대한 설명이다.

859

IT기술을 이용하여 지속적으로 정보를 수집하고 취약점을 파악하여 이를 바탕으로 피해를 끼치는 공격을 지칭하는 것으로 옳은 것은?

① APT

② Clop

③ Cryptojacking

④ Web Skimming

정답 ①

풀이 ① APT(Advanced Persistent Treat)공격에 대한 설명이다.

② 주로 기업을 대상으로 공격을 수행하는 랜섬웨어로 기업 내부 시스템을 사전에 조사하여 맞춤형 악성 파일을 사용함으로써 사전 차단이 어려운 것이 특징이며, 기존 변종들은 암호화된 파일 확장명을 변경하는 방식으로 진행되었지만, 최근 공격에서는 원본 파일명을 그대로 유지한다.

③ 다른 사람의 PC에 채굴 프로그램을 몰래 설치하고 채굴된 가상화폐는 자신의 전자지갑으로 전송하는 범죄이다.

④ 악성코드가 제3자 스크립트 서비스를 손상시켜 결제 정보를 도용할 때 웹 사이트의 결제 페이지가 손상되는 일종의 인터넷 또는 카드 사기이다.

명예훼손 및
유언비어·허위사실 유포

핵심정리 사회적 폭포현상과 집단 극단화 현상

인터넷에서 루머 확산에 대해 하버드 대학의 캐스 선스타인 교수는 자신의 저서에서 사회적 폭포 효과와 집단 극단화 현상을 지적했다. 사회적 폭포 현상은 정보의 폭포 현상과 동조화 폭포 현상으로 구성된다. 앞선 사람이 하는 말이나 행동을 보고 따라 하는 것이 정보의 폭포 현상이라면, 동조화는 자기가 아는 사람들 대부분이 어떤 루머를 믿으면 자기도 그 루머를 믿는 경향을 나타내는 것을 의미한다.

핵심정리

(1) 확증편향

확증편향은 원래 가지고 있는 생각이나 신념을 확인하려는 경향성이다. 흔히 "사람은 보고 싶은것만 본다."와 같은 말이다. 이로 인해 사람은 자신의 믿음과 모순되는 것은 무시하고 기존의 믿음을 강화시키는 정보만을 수집하고 편식하는 경향이 있다.

(2) 필터 버블

이용자 성향이나 취향에 맞는 정보만을 골라 보여주는 '필터버블' 현상이 있다.

(3) 반향실 효과(Echo Chamber Effect)

뉴스 미디어가 전하는 정보를 이용하는 이용자가 갖고 있던 기존의 신념이 닫힌 체계로 구성된 커뮤니케이션에 의해 증폭, 강화되고 같은 입장을 지닌 정보만 지속적으로 되풀이 수용하는 현상을 비유적으로 나타낸 것이다.

(4) 왝더독(Wag the Dog)

'Wag the Dog'은 '꼬리가 개의 몸통을 흔든다.'라는 미국 속담에서 유래한 말로 주객전도의 의미로 사용된다. 주식시장에선 선물시장(꼬리)이 현물시장(몸통)에 큰 영향을 미치는 현상을 가리킬 때 보통 사용하지만, '왜 개는 꼬리를 흔드는가. 개가 꼬리보다 똑똑하기 때문이다. 만일 꼬리가 더 영리하다면 꼬리가 개를 흔들 수도 있다.'는 정치속어로도 사용한다. 더스틴 호프먼과 로버트 드니로가 출연하고, 미국 대통령 선거 직전의 여론조작을 소재로 한 영화 제목도 '왝더독(Wag the dog)'이다. 영화 '왝더독(Wag the dog)'은 '완벽한 미디어 조작'에 미국 국민들은 속아 넘어가고 대통령은 압도적인 지지율로 재선에 성공한다는 이야기다.

(5) 호모필리(homophily principle)

호모필리(homophily principle)는 사회적 지위나 직업, 성향이 비슷할수록 사람들이 서로 친근감을 느끼게 되고, 상대적으로 많이 상호작용하며 그래서 긴밀한 네트워크를 구성하는 경향을 설명하기 위해 사용되는 개념이다. 우리말로 하면 동종애 정도로 번역할 수 있다. 이와 유사한 개념으로 "결속형 자본(Bonding Capital)"과 "교량형 자본(Bridging Capital)"이라는 것이 있다. 사람들 사이의 인적 관계망인 사회네트워크(Social network)를 일종의 사회적 자본(Social Capital)으로 이해하는 관점이다.

860

다음과 같은 주장을 한 학자로 옳은 것은?

[2024년 기출]

오늘날 정보의 풍요는 개인의 인식 지평을 엄청나게 확장해 주는 긍적적 측면이 있지만 자신의 상황에 맞는 정보에만 관심을 기울이게 함으로써 개인의 고립과 사회적 파편화를 초래하는 부정적 측면도 동시에 지닌다. 즉 풍요로운 정보로 인해 편안하고 편리한 개인적 삶이 가능해진 측면도 있지만 자신의 선호와 상치되는 정보를 무시하거나 배제하고 자기 확신적인 정보에만 안주하게 되면서 사고의 경직성과 폐쇄성이 강화되고 사회적으로는 사이버 양극화로 귀결될 수 있는 위험 요소도 있는 것이 지금의 사회이다.

① 마누엘 카스텔(Manual Castells)

② 지안니 바티모(Gianni Vattimo)

③ 캐스 선스타인(Cass Sunstein)

④ 프리드리히 하이에크(Friedrich Hayek)

정답 ③

풀이 ③ 캐스 선스타인의 주장이다.

861

정보의 생산과 유통량 그리고 이 과정에 관여하는 사람들이 늘어남에 따라 정보 품질이 하락하고, 루머와 가짜뉴스가 널리 확산되는 부작용이 있다. 이와 관련된 설명으로 가장 거리가 먼 것은?

[2024년 기출]

① 루머와 가짜뉴스 같은 질 낮은 정보 문제를 해결하기 위해 가장 중요한 것은 팩트체크 저널리즘의 역할이다.

② 팩트체크 저널리즘은 보도된 기사와 정치인 등 유력자의 발언 내용에 대한 사실확인 결과를 보도하는 새로운 형태의 뉴스 장르이다.

③ 인터넷 루머의 확산 과정을 추적해 보면 초기에는 확인되지 않은 정보라는 점이 드러난 형태로 전파되지만, 이는 점점 사라지고 마치 사실로 확인된 것처럼 받아들여진다.

④ 가짜뉴스란 상대에 대한 부정적 이미지를 형성하기 위해 의도적으로 뉴스의 형식으로 포장하여 전파하는 거짓 정보를 일컫는다.

정답 ①

풀이 ① 팩트 체크 저널리즘의 결과물에 대해서는 우려를 표출하는 사람들이 많다. 허위는 진실과 비교하여 다름이 드러날 때 내릴 수 있는 결론이다. 그런데 가짜뉴스와 관련해서는 진실이 명확히 드러나는 경우가 드물다. 이런 이유에서 가짜뉴스라는 낙인은 하나의 주장에 머물 수밖에 없고 따라서 진영 간 갈등의 소재가 될 뿐이다. 질 낮은 정보의 유통이 가져올 폐해를 방지하기 방안으로는 이를 유포한 상대의 목소리를 힘으로 억압할 것이 아니라 상반된 근거를 제시하며 담론 경쟁을 유도해야 한다. 서로 대응하는 담론 중 어느 것을 믿고 어느 것을 믿지 않을 지는 개인의 선택 영역이기 때문이다.

862

필터버블에 대한 설명으로 옳은 것은?

[2021년 기출]

① 자신의 견해에 도움이 되는 정보만 (그것의 사실 여부를 떠나) 선택적으로 취하고, 자신이 믿고 싶지 않은 정보는 외면하는 성향으로 자기 중심적 왜곡(myside bias)이라 부르기도 한다.

② 웹의 특성상 일단 정보가 발신되고 나면, 그 정보는 신뢰성이 확인되기 전에 폭포처럼 빠르게 떠돌아다녀 사회에 충격을 준다는 의미이다.

③ 애플, 구글, 페이스북 등 대형 인터넷·IT업체들이 사용자들에게 '맞춤 정보'를 제공하는 가운데 개별 사용자들은 점점 더 자신만의 울타리에 갇히게 되는 현상으로 미국의 시민단체 무브 온(Move on)의 이사장인 엘리 프레이저(Eli Pariser)가 처음 사용하였다.

④ 수용자들이 특정 프로그램 유형이나 특정 전문 채널에 극도로 치우치거나 혹은 그것을 배제함으로써 발생하는 시청 행위의 극단화 현상을 의미한다.

정답 ③

풀이 ① 확증편향에 대한 설명이다.
　　② 사이버 폭포 효과에 대한 설명이다.
　　④ 극화현상에 대한 설명이다.

863

다음 글에서 설명하고 있는 개념으로 옳은 것은?

[2021년 기출]

> 뉴스 미디어가 전하는 정보를 이용하는 이용자가 갖고 있던 기존의 신념이 닫힌 체계로 구성된 커뮤니케이션에 의해 증폭, 강화되고 같은 입장을 지닌 정보만 지속적으로 되풀이 수용하는 현상을 비유적으로 나타낸 것이다.

① 반향실 효과(Echo Chamber Effect)　　② 필터링(Filtering)
③ 호모필리(homophily principle)　　④ 왝더독 효과(Wag the Dog Effect)

정답 ①

풀이 ③ 호모필리(homophily principle)는 사회적 지위나 직업, 성향이 비슷할수록 사람들이 서로 친근감을 느끼게 되고, 상대적으로 많이 상호작용하며 그래서 긴밀한 네트워크를 구성하는 경향을 설명하기 위해 사용되는 개념이다. 우리말로 하면 동종애 정도로 번역할 수 있다. 이와 유사한 개념으로 "결속형 자본(Bonding Capital)"과 "교량형 자본(Bridging Capital)"이라는 것이 있다. 사람들 사이의 인적 관계망인 사회네트워크(Social network)를 일종의 사회적 자본(Social Capital)으로 이해하는 관점이다.
　　④ 'Wag the Dog'은 '꼬리가 개의 몸통을 흔든다.'라는 미국 속담에서 유래한 말로 주객전도의 의미로 사용된다.

864

극화현상에 대한 설명으로 옳은 것은?

① 자신의 견해에 도움이 되는 정보만 선택적으로 취하고, 자신이 믿고 싶지 않은 정보는 외면하는 성향이다.

② 수용자들이 특정 프로그램 유형이나 특정 전문 채널에 극도로 치우침으로써 발생하는 시청 행위의 극단화 현상이다.

③ 대형 인터넷·IT업체들이 사용자들에게 맞춤 정보를 제공하는 가운데 개별 사용자들은 점점 더 자신만의 울타리에 갇히게 되는 현상이다.

④ 이용자가 갖고 있던 기존의 신념이 닫힌 체계로 구성된 커뮤니케이션에 의해 증폭, 강화되고 같은 입장을 지닌 정보만 지속적으로 되풀이 수용하는 현상이다.

> **정답** ②
>
> **풀이** ①은 확증편향, ③은 필터 버블, ④는 반향실 효과이다.

865

시선을 다른 곳으로 돌리기 위해 연막을 친다는 뜻의 정치속어로 가짜 뉴스를 통한 여론 조작 등을 나타내는 용어로 옳은 것은?

① 반향실 효과(Echo Chamber Effect)

② 필터 버블(Filter Bubble)

③ 호모필리(Homophily Principle)

④ 왝더독 효과(Wag the Dog Effect)

> **정답** ④
>
> **풀이** ① 뉴스 미디어가 전하는 정보를 이용하는 이용자가 갖고 있던 기존의 신념이 닫힌 체계로 구성된 커뮤니케이션에 의해 증폭, 강화되고 같은 입장을 지닌 정보만 지속적으로 되풀이 수용하는 현상을 비유적으로 나타낸 것이다.
>
> ② 애플, 구글, 페이스북 등 대형 인터넷·IT업체들이 사용자들에게 '맞춤 정보'를 제공하는 가운데 개별 사용자들은 점점 더 자신만의 울타리에 갇히게 되는 현상으로 미국의 시민단체 무브 온(Move on)의 이사장인 엘리 프레이저(Eli Pariser)가 처음 사용하였다.
>
> ③ 호모필리(homophily principle)는 사회적 지위나 직업, 성향이 비슷할수록 사람들이 서로 친근감을 느끼게 되고, 상대적으로 많이 상호작용하며 그래서 긴밀한 네트워크를 구성하는 경향을 설명하기 위해 사용되는 개념이다. 우리말로 하면 동종애 정도로 번역할 수 있다. 이와 유사한 개념으로 "결속형 자본(Bonding Capital)"과 "교량형 자본(Bridging Capital)"이라는 것이 있다. 사람들 사이의 인적 관계망인 사회네트워크(Social network)를 일종의 사회적 자본(Social Capital)으로 이해하는 관점이다.

④ 'Wag the Dog'은 '꼬리가 개의 몸통을 흔든다.'라는 미국 속담에서 유래한 말로 주객전도의 의미로 사용된다. 주식시장에선 선물시장(꼬리)이 현물시장(몸통)에 큰 영향을 미치는 현상을 가리킬 때 보통 사용하지만, '왜 개는 꼬리를 흔드는가. 개가 꼬리보다 똑똑하기 때문이다. 만일 꼬리가 더 영리하다면 꼬리가 개를 흔들 수도 있다.'는 정치속어로도 사용한다. 더스틴 호프먼과 로버트 드니로가 출연하고, 미국 대통령 선거 직전의 여론조작을 소재로 한 영화 제목도 '왝더독(Wag the dog)'이다. 영화 '왝더독(Wag the dog)'은 '완벽한 미디어 조작'에 미국 국민들은 속아 넘어가고 대통령은 압도적인 지지율로 재선에 성공한다는 이야기다.

866

다음 글에서 설명하고 있는 개념으로 옳은 것은?

집단 내의 토론 과정에서 구성원들이 보다 극단적 주장을 지지하게 되는 사회심리학 현상이다. 개인으로서는 위험 부담을 느껴서 그렇게 까지 주장할 수 없는 것에 대해서도 집단이 되면 자신이 그 부담을 온전히 다 짊어지지 않아도 된다는 심리 때문에 더욱 과격한 주장을 할 수 있게 된다. 이러한 현상은 집단에 속한 개인의 태도에도 영향을 주어 자신이 지지하는 주장에 대해서는 더 적극적인 옹호를, 그리고 반대 주장에 대해서는 더 강한 비난을 하는 태도를 이끌어낸다.

① 확증편향(Confirmation bias)
② 집단극화(Group polarization)
③ 인지부조화(Cognitive dissonance)
④ 반향실 효과(Echo Chamber Effect)

정답 ②

풀이 ① 원래 가지고 있는 생각이나 신념을 확인하려는 경향성이다. 흔히 하는 말로 "사람은 보고 싶은 것만 본다."와 같은 것이 바로 확증 편향이다. 인지심리학에서 확증 편향은 정보의 처리 과정에서 일어나는 인지 편향 가운데 하나이다.
② 집단극화(Group polarization)에 대한 설명이다.
③ 인지부조화란 두 가지 이상의 반대되는 믿음, 생각, 가치를 동시에 지닐 때 또는 기존에 가지고 있던 것과 반대되는 새로운 정보를 접했을 때 개인이 받는 정신적 스트레스나 불편한 경험 등을 말한다. 레온 페스팅거(Leon Festinger)의 인지 부조화 이론은 사람들의 내적일관성에 초점을 맞췄다. 불일치를 겪고 있는 개인은 심리적으로 불편해질 것이며, 이런 불일치를 줄이고자 하거나, 불일치를 증가시키는 행동을 피할 것이다. 개인이 이러한 인지부조화를 겪을 때 공격적, 합리화, 퇴행, 고착, 체념과 같은 증상을 보인다고 알려져 있다
④ 뉴스 미디어가 전하는 정보를 이용하는 이용자가 갖고 있던 기존의 신념이 닫힌 체계로 구성된 커뮤니케이션에 의해 증폭, 강화되고 같은 입장을 지닌 정보만 지속적으로 되풀이 수용하는 현상을 비유적으로 나타낸 것이다.

867

다음에서 설명하는 개념으로 옳은 것은?

[2022년 기출]

> 다채널 환경이 가속화되면서 수용자들의 채널 이용은 자연스럽게 여러 채널로 분산되고 있다. 그러나 시청자 개인 차원에서는 선호나 습관에 따라 특정채널만을 이용하는 현상이 발생한다. 이처럼 수용자들이 특정 프로그램 유형이나 특정 전문채널에 치우치거나 혹은 그것을 배제함으로써 발생하는 시청 행위가 나타난다.

① 정보부화
② 정보과잉
③ 정보극화
④ 정보과소비

정답 ③
풀이 ③ 극화현상에 대한 설명이다.

868

극화현상에 대한 설명으로 옳은 것은?

① 이용자 성향이나 취향에 맞는 정보만을 골라 보여주는 현상이 있다.
② 수용자들이 특정 프로그램 유형이나 특정 전문 채널에 치우치거나 배제함으로써 발생하는 현상이다.
③ 자신의 믿음과 모순되는 것은 무시하고 기존의 믿음을 강화시키는 정보만을 수집하고 편식하는 경향이다.
④ 기존의 신념이 닫힌 체계로 구성된 커뮤니케이션에 의해 증폭, 강화되고 같은 입장을 지닌 정보만 지속적으로 되풀이 수용하는 현상이다.

정답 ②
풀이 ① 필터 버블에 대한 설명이다.
③ 확증편향에 대한 설명이다.
④ 반향실 효과(Echo Chamber Effect)에 대한 설명이다.

국가 간 정보유통
(Transborder Data Flow, TDF)

📍 **핵심정리** 국가 간 정보유통(Transborder Data Flow, TDF)

TDF(Transborder Data Flow)는 초국가적인 컴퓨터 커뮤니케이션 시스템을 통해 한 지점에서 다른 지점으로 전달되는 국제적인 정보 전송 현상이다. 해당 국가의 허가 없이 인공위성 등 원격탐사를 통해 해당 국가의 천연자원에 대한 정보 수집은 주권침해행위가 대표적인 사례이다. TDF는 국가 간 정보의 흐름을 의미하고 정보는 물리적 형태를 가지지 않는다.

869

다음 중 TDF(Transborder Data Flow)에 대한 설명으로 틀린 것은?

① 선진국들은 TDF의 규제를 강화하고 있다.

② 무형재인 정보재의 물리적 성격과 관련된다.

③ 국가 간의 이해관계에 밀접하게 작용한다.

④ 정보주권과 관련된 국제정치적 문제이다.

정답 ②

풀이 ② TDF(Transborder Data Flow)는 초국가적인 컴퓨터 커뮤니케이션 시스템을 통해 한 지점에서 다른 지점으로 전달되는 국제적인 정보 전송 현상이다. 해당 국가의 허가 없이 인공위성 등 원격탐사를 통해 해당 국가의 천연자원에 대한 정보 수집은 주권침해행위가 대표적인 사례이다. TDF는 국가 간 정보의 흐름을 의미하고 정보는 물리적 형태를 가지지 않는다.

정보 윤리

♀ 핵심정리 스피넬로(Spinello)의 정보윤리

(1) **자율성의 원리**
- 사람이 지니고 있는 자율의 능력에 기초하는 것으로서 칸트를 비롯한 학자들이 일관되게 사람다움의 중요 요소로 규정한 것
- 자율성은 도덕적 책임의 필요조건일 뿐만 아니라 개인들은 이 자율성의 행사를 통해 스스로가 지니고 있는 최선의 삶의 이상에 따라 자기 운명을 형성
- 정보사회에서 생활과 관련하여 누군가가 자율성을 박탈당할 때 그들의 계획은 방해를 받게 되는 동시에 자신들이 당연히 받아야 할 대우를 받지 못하게 되는 것임

(2) **해악금지의 원리**
- 무엇보다도 먼저 남을 해치지 말라는 도덕 명령으로 이 원칙에 따르면 정보사회에서 기능한 한 우리는 남에게 불필요한 해악을 끼치거나 상해를 입히는 일을 피해야 함
- 남에게 상해를 입히지 말라는 이 소극적 명령은 더러는 최소한의 도덕을 의미
- 해악금지의 원리는 다른 모든 원리들의 밑바탕에서 최소한 충족되지 않으면 안 되는 원리로서 기능함

(3) **선행의 원리**
- 일종의 적극적 의무로서의 성격을 띠는 것으로서 우리는 가능한 한 다른 사람의 복지를 증진시키는 방식으로 행동해야 함을 의미
- 다른 한 측면에서는 다른 사람을 도와야 할 의무가 있음을 의미
- 정보사회는 개개인들이 남에게 해를 끼치지 않음은 물론 타인에게 도움과 이로움을 주기 위해 노력하는 선행의 원리가 준수될 때 비로소 복된 삶의 공동체로 기능할 수 있게 됨

(4) **정의의 원리**
- 정의란 동일한 경우는 동일한 방식으로 다루어야 한다는 형식적 원칙을 공통으로 지니는데 이는 무엇보다도 공정한 대우와 불편부당성을 핵심으로 하는 것
- 분배적 정의론은 이러한 형식적 정의를 보완하는 또 다른 하나의 기준으로 기능하는 것으로서 각자에게 그의 몫을 주는 것으로 나타나게 되며, 사회가 보유하고 있는 희소자원의 배분방법에 바탕이 될 원칙을 정립하는 데 기여
- 공정한 대우와 불편부당 그리고 각자에게 그에 마땅한 몫을 주는 정의의 원리는 정보사회에서의 행위와 정책 및 제도의 구성, 운영에 중요한 준거로서 기능

870

스피넬로의 정보윤리에 대한 설명으로 틀린 것은?

① 프라이버시 존중의 원리 : 개인의 정보에 대하여 합당한 비밀이 유지되어야 한다.

② 자율성의 원리 : 정보사회에서 생활과 관련하여 누군가가 자율성을 박탈당할 때 그들의 계획이 방해를 받게 되는 동시에 자신들이 당연히 받아야 할 대우를 받지 못하게 된다.

③ 선행의 원리 : 일종의 적극적 의무로서의 성격을 띠는 것으로서 가능한 한 다른 사람의 복지를 증진시키는 방식으로 행동하여야 한다.

④ 해악금지의 원리 : 다른 모든 원리들의 밑바탕에서 최소한 충족되지 않으면 안 되는 원리로서 기능한다.

> 정답 ①
> 풀이 ① 프라이버시 존중의 원리는 스피넬로의 정보윤리에 속하지 않는다.

871

다음 윤리 원칙들 중 스피넬로의 정보윤리와 가장 관련성이 적은 것은?

① 정보사회에서 생활과 관련하여 누군가가 자율성을 박탈당할 때 그들의 계획은 방해를 받게 되는 동시에 자신들이 당연히 받아야 할 대우를 받지 못하게 되는 것이다.

② 해악금지의 원리는 다른 모든 원리들의 밑바탕에서 최소한 충족되지 않으면 안 되는 원리로 기능한다.

③ 공정한 대우와 불편부당 그리고 각자에게 그에 마땅한 몫을 주는 정의의 원리는 정보사회에서의 행위와 정책 및 제도의 구성, 운영에 중요한 준거로서 기능한다.

④ 존중의 원리가 적용되지 않으면 사이버 공간은 상대방이 눈에 보이지 않는 가운데 많은 활동이 일어나므로, 서로 자기의 이익을 위한 싸움터가 될 수 있다.

> 정답 ④
> 풀이 ④ 스피넬로의 정보 윤리에는 자율성의 원리, 해악금지의 원리, 선행의 원칙, 정의의 원리 등이 포함된다.

Theme 142 전자상거래

핵심정리 전자상거래

- 1989년 미 국방성의 프로젝트 수행과정에서 처음 사용하였다.
- 1993년 미 연방정부의 구매·조달 프로그램에서 이 용어를 채택하면서 확산되기 시작하였다.
- 기업, 정부기관과 같은 독립된 조직 간 또는 조직과 개인 간에 다양한 전자적 매체를 이용하여 상품이나 용역을 교환하는 것 즉 네트워크를 통한 상품의 구매와 판매(Winston1996)를 포괄하는 개념이다.
- 네트워크를 통한 상품이나 용역의 구매와 판매를 포괄하는 개념으로 CALS와 EDI 및 Cyber Business를 포함한다.
- EDI(Electronic Data Interchange)는 인터넷과는 무관하게 추진되어 온 것으로 표준 서식을 이용하여 주로 기업 간의 상거래에 활용된다.
- CALS(Commerce At Light Speed)는 제품의 설계, 개발, 생산에서 유통, 폐기에 이르기까지 수명주기 전반에 관련된 데이터를 통합 공유 교환하여 생산성 향상을 추구한다.
- 협의의 전자상거래는 기업 간 인터넷과 같은 개방형 네트워크를 통해 기업과 소비자 간 이루어지는 상품의 주문과 지불로 Cyber Business만을 의미한다.

핵심정리 전자상거래와 전통적 상거래 비교

구분	전자상거래	전통적 상거래
유통 채널	기업 ↔ 소비자(직거래)	기업 → 도매상 → 소매상 → 소비자(다단계)
거래 지역	전 세계	일부 지역
거래 시간	24시간	제한된 영업시간
판매 거점·방법	• 가상공간(Cyber Market Space) • 정보에 의한 판매	• 시장, 상점(Market Place) • 전시에 의한 판매
고객정보 파악	온라인으로 실시간 수집되는 디지털데이터 활용	시장조사 및 영업사원이 획득한 정보의 재입력 필요
마케팅 활동	쌍방향통신을 통한 1대1의 상호작용적 마케팅	기업의 기획의도에 의한 일방적인 마케팅
고객 대응	• 고객 불만에 즉시 대응 • 고객 욕구를 신속히 포착	• 고객 불만에 대응 지연 • 고객 욕구 포착이 느림
소요 자본	인터넷 서버 구입, 홈페이지 구축 등 상대적으로 적은 비용 소요	토지, 건물 마련 등 거액의 자금소요

872

전자상거래에 대한 설명으로 틀린 것은?

① 1989년 미 국방성의 프로젝트 수행과정에서 처음 사용되었다.

② 1993년 미 연방정부의 구매·조달 프로그램에서 '전자상거래'라는 용어를 채택하면서 확산되기 시작하였다.

③ 1996년 독립된 조직 간 또는 조직과 개인 간에 네트워크를 통한 상품의 구매와 판매를 포괄하는 개념으로 확장되었다.

④ 협의의 전자상거래는 기업 간에 이루어지는 Cyber Business만을 의미한다.

정답 ④

풀이 ④ 협의의 전자상거래는 기업과 소비자 간에 이루어지는 Cyber Business만을 의미한다.

873

전자상거래에 대한 설명으로 옳은 것은?

① 협의의 전자상거래는 기업 간에 이루어지는 Cyber Business만을 의미한다.

② EDI는 초기 미 국방성이 군수 지원의 전산화 전략 중 하나로 개발되었다.

③ 광속상거래(CALS)는 기업 간 또는 기업 내에서 어떤 컴퓨터로부터 다른 컴퓨터로 전자적 문서를 전송하는 것이다.

④ 1993년 미 연방정부의 구매·조달 프로그램에서 '전자상거래'라는 용어를 채택하면서 확산되기 시작하였다.

정답 ④

풀이 ① 협의의 전자상거래는 기업과 소비자 간에 이루어지는 Cyber Business만을 의미한다.
② 광속상거래(CALS)에 대한 설명이다.
③ EDI에 대한 설명이다.

(1) 기업 간 전자상거래(B2B, B to B : Business to Business)
- 기업이라는 경제주체들이 동종, 이종, 협력, 하청관계로 가상의 전자상거래 공간에서 상호 거래관계를 맺는 것이다.
- 기업 조달 등 거래규모가 방대하고 단일 기업이 아닌 업종, 산업 전반에 걸친 거래범위를 갖는다는 점에서 전자상거래 시장의 가장 중요한 부분이다.
- 기업 간 전자상거래는 전통적으로 EDI(Electronic Data Interchange)가 핵심이다.
- EDI와 POS(Point of Sales)등의 정보기술을 활용하여 QR(Quick Response), ECR(Efficient Customer Response)등의 새로운 경영전략의 구현과 함께 발전한다.

(2) 기업 · 소비자 간 전자상거래(B2C, B to C : Business to Consumer)
- 일반 소비자를 대상으로 하는 전자소매(Electronic Retailing)가 주류이다.
- 인터넷 홈 쇼핑몰, 홈뱅킹, 온라인광고, 정보교육, 오락 등이 대표적인 사례이다.
- 제품 및 서비스를 제공하는 기업과 이를 이용하는 고객 간의 거래에 초점을 맞춘다.
- 응용기술 차원에서의 관련 서비스로는 고객에게 상품 및 가격 등의 목록을 제공하는 전자목록서비스, 고객이 원하는 상품을 검색하고 선택을 지원하는 지능형 대리인서비스, 전자 지불서비스 등이 대표적으로 활용된다.

(3) 기업 · 정부 간 전자상거래(B2G, B to G : Business to Government)
- 기업과 정부 간 전자상거래는 정부조달업무 전반의 전자화를 추진하는 것이다.
- 국가기관, 지방자치단체, 공공기관 등 모든 공공부문에서 조달예정 상품을 가상 상점에 공시하고 기업들은 가상 상점을 통하여 상품을 공급 · 조달함으로써 공공조달 업무의 전자화가 이루어지는 과정이 기업과 정부 간 전자상거래업무의 대표적 사례이다.

(4) 소비자 · 정부 간 전자상거래(G2C, G to C : Government to Consumer)
- 정부와 소비자 간 전자상거래는 전자정부 구현과 그 맥락을 같이 발전할 것으로 예상된다.
- 전자정부 구현 목적은 정보기술을 활용하여 정부의 정보자원을 전체 차원에서 빠르고 편리하게 공유하여 정부의 효율성을 증대시킬 수 있는 환경의 제공이다.
- 정부는 정보기술을 활용해 전자정부 구축을 위한 구체적인 핵심과제로 기술적인 과제, 행정개혁 과제, 훈련과제, 예산과제, 역기능대비 과제, 제도적 과제 등의 수행을 통해 전자정부 구현을 추진한다.
- 정부와 소비자 간 정보제공, 세금징수, 면허교부, 규제관리, 보조금 혜택의 제공, 통계자료, 물품과 서비스의 조달 등 각종 행정정보 및 서비스를 추진한다.

874

다음 중 전자상거래의 발달과정에 대한 순서로 옳은 것은?

① EDI → B2C → B2B → CALS → M−Commerce

② EDI → CALS → B2C → B2B → M−Commerce

③ EDI → CALS → B2B → B2C → M−Commerce

④ EDI → B2B → B2C → CALS → M−Commerce

정답 ②

풀이 ② EDI는 1960년, CALS는 1985년, B2C는 1996년에 등장하였다. 이후 B2B의 비중이 증가하였고 최근 M−Commerce(Mobile Commerce)가 시장의 성장을 촉진하고 있다.

전자문서교환(EDI)

♀ 핵심정리　전자문서교환(EDI)

(1) 의의

- 기업 간 또는 기업 내에서 어떤 컴퓨터로부터 다른 컴퓨터로의 전자적 문서를 전송하는 것이다.
- 전자상거래에 관한 UNCITRAL 모범법은 전자문서교환을 합의된 표준에 의하여 구조화된 정보의 컴퓨터 간 전송으로 정의한다.
- 서로 다른 기업 간에 약속된 포맷을 사용하여 사업적 혹은 행정상 거래를 컴퓨터와 컴퓨터 간에 행하는 것이다.

(2) EDI의 역사

- 1960년 EDI가 처음 도입되었던 초창기에는 개별 기업 내지 그룹차원으로 그 활용 범위가 제한되었다. 이들 기업들은 사설 표준을 기반으로 컴퓨터를 연결시켜 정보를 교환하였다.
- 그러나 기업들이 다른 기업과도 통신을 해야 할 필요성이 나타나자 산업표준을 제정하게 되었다. 산업표준은 업계 내 기업들의 요구사항을 만족시키기 위해서 개발된 것이다.

(3) EDI(Electronic Data Interchange)의 특징

- 발신인과 수신인 사이에 합의된 표준에 따라 그 메시지를 조직화한다.
- 일반적으로 숫자, 문자로 부호화한다.
- 수신 컴퓨터가 그 데이터를 자동적으로 재고관리 소프트웨어와 같은 다양한 응용 프로그램으로 전환된다.
- EDI 데이터는 부가가치통신망(VAN) 또는 EDI 서비스 제공자를 통해 전달된다.

핵심정리 EDI(Electronic Data Interchange)의 구성요소

(1) EDI 표준
- 사용자 간에 교환되는 전자문서의 내용과 구조 통신방법 등에 관한 일련의 규칙이나 지침이다.
- 상이한 언어, 업무처리방식, 컴퓨터 시스템을 보유한 거래당사자 간에 전자문서의 자유로운 교환을 보장하는 공통 언어이다.

(2) EDI 사용자 시스템
- 전자문서의 교환을 가능하게 하는 사용자의 컴퓨터 하드웨어와 소프트웨어 및 네트워크로 구성
- EDI 소프트웨어는 비구조화된 기업 특유의 양식으로 작성된 데이터를 구조화된 EDI 표준양식으로 변환시켜 이를 컴퓨터로 송신하거나 역으로 컴퓨터로 수신된 표준화된 EDI 전자문서를 기업 특유의 시스템에 적합한 형태로 변환하는 기능을 수행

(3) EDI 네트워크
- 전용데이터 회선이나 공중데이터 회선을 보유한 통신망이 필요
- EDI 네트워크는 직접통신망과 부가가치통신망(Value Added Network, VAN)으로 구분
- 직접통신망은 일반통신망을 통해 거래상대방의 컴퓨터와 직접적으로 연결하는 방법
- 거래상대방의 수가 증가할수록 거래상대방에 대한 통신회선 유지, 통신의 비밀유지 등의 문제를 해결하기 위해 부가가치통신망을 통해 거래상대방과 통신

(4) 거래약정(Interchange Agreement)
- 거래당사자 간 EDI 거래관계를 지배하는 기본원칙
- 전자문서 범위, 통신망, 업무별 사용자, 수·발신인, 사고처리방법, 인증과 전자서명방법, 접수확인, 내용통지, 송·수신 기록보관, 전자문서의 효력, 비밀유지, 책임문제, 분쟁, 해결절차 등 포괄

875

EDI에 대한 설명으로 옳은 것은?

① 1989년 미 국방성의 프로젝트 수행과정에서 처음 사용되었다.
② 기업 간 또는 기업 내에서 어떤 컴퓨터로부터 다른 컴퓨터로 전자적 문서를 전송하는 것이다.
③ 무기체계에서 군수지원뿐만 아니라 획득과정을 포함하는 군수지원 개념의 확대로 그 영역이 확대되었다.
④ 설계, 제조, 마케팅 등 각 부문의 긴밀한 관계하에서 업무를 수행하는 개념으로 발전하여 모든 산업에 적용하는 개념으로 발전하였다.

정답 ②

풀이 ① 전자상거래에 대한 설명이다.
③ 광속상거래(CALS)의 개념 변천 과정에서 2단계에 대한 설명이다.
④ 광속상거래(CALS)의 개념 변천 과정에서 3단계에 대한 설명이다.

(1) 개방형 EDI(Open EDI)
- 표준형태 EDI는 텍스트 데이터만 처리가 가능, 즉 이미지, 동영상, 음성 등 다양한 비즈니스 데이터 교환이 어려운 문제점이 제기되어 이를 개선하기 위해 개방형 EDI(Open EDI)가 개발
- 개방형 EDI(Open EDI)는 다양한 거래주체 간 다양한 업무처리를 지원
- 개방형 시스템 상호접속(Open System Interconnection, OSI) 참조 모델에서의 적합성, 화합성과 일반성, 공공성, 상호운용성 및 전 산업 분야를 지원하는 표준과 문자, 숫자, 이미지, CAD 도면, 음성 등 멀티미디어 데이터 교환을 지원
- 개방형 EDI는 독자적으로 일관성 있는 의사결정과 활동을 지원

(2) 대화형 EDI(Interactive EDI)
- EDI는 축적전송방식에 의한 일괄처리(Batch EDI)한다.
- 예약·조회 등 실시간 업무처리가 곤란하여 대안으로 대화형 EDI(Interactive EDI)가 개발
- 대화형 EDI(Interactive EDI)는 실시간 즉시 응답이 요구되는 업무를 지원한다.
- 운송, 금융, 행정 분야 등에서 활발하게 이용되며 기존 EDI보다 더 엄격한 보안 및 안전대책이 요구

(3) 인터넷 EDI(Internet EDI)
- 초기 투자 및 운용비용 부담과 대기업 중심의 폐쇄 그룹의 대안으로 인터넷 EDI가 개발되었다.
- 인터넷EDI(Internet EDI)는 개방형 인터넷 통신규약(TCP/IP 등)을 사용함으로써 국내·외 거래처와의 업무처리를 활성화한다.
- 사이버 쇼핑몰을 중심으로 구현되고 있으며 XML/EDI, ebXML OOEDI 등이 개발되었다.

광속상거래(CALS)

CALS의 개념 변천 과정

(1) 제1단계

컴퓨터에 의한 군수지원(Computer−Aided Logistics Support)으로 초기 미 국방성이 군수지원업무에 대한 조직 내 표준으로 무기체계의 설계 제작, 보급 및 조달을 위해 디지털 정보의 통합과 정보의 공유를 통한 신속한 자료처리 환경을 구축하는 군수 지원의 전산화 전략 중 하나로 개발되었다.

(2) 제2단계

• 컴퓨터에 의한 조달 및 군수지원(Computer−Aided Acquisition & Logistics Support)으로 무기체계에서 군수지원뿐만 아니라 획득과정을 포함하는 군수지원 개념의 확대로 그 영역이 확대되었다.

• 이에 기술정보를 한번 입력하여 구축된 데이터베이스는 서로 다른 허용된 관련업체들이 공유함으로써 재입력 없이 여러 번 사용할 수 있어 업무 혁신은 물론 상당한 비용절감을 가져오는 개념으로 발전하였다.

(3) 제3단계

• 지속적 조달과 라이프 사이클 지원(Continuous Acquisition & Life−cycle Support)으로 1993년 CALS가 산업 전반으로 확대되는 방안이 다각적으로 모색되면서 미 방위 산업협회 주도로 CALS 개념이 확대되었다.

• 리엔지니어링의 요소를 도입하여 지속적 조달과 라이프 사이클 지원이라는 새로운 해석이 출현하였다.

• 제조, 마케팅과 제조, 설계와 제조 등 각 부문의 긴밀한 관계 하에서 업무를 수행하는 개념으로 발전하여 모든 산업에 적용하는 개념으로 발전하였다.

(4) 제4단계

• 광속상거래(Commerce At Light Speed)로 국가 정보통신망의 초고속화 계획과 인터넷 시용의 확산과 더불어 세계를 연결하는 초고속통신망의 기반환경이 조성됨으로써 광속상거래의 의미로 발전하였다.

• 기업 내 데이터베이스를 기업 간 네트워크로 통합하고, 각 기업이 특정의 기능을 담당하는 네트워크를 구축함으로써 마치 하나의 기업이 활동하는 가상기업(virtual enterprise) 실현이 가능하다.

876

CALS에 대한 설명으로 틀린 것은?

① CALS는 글로벌 실시간 경영을 위한 기업분화가 전략적 목표이다.

② CALS는 무기체계 획득 및 운영·유지비용의 절감 방안으로 탄생하였다.

③ CALS는 제품의 설계에서 제조·유통·유지·보수에 이르기까지 모든 데이터의 표준화를 지향한다.

④ CALS의 가장 중요한 기반은 표준화로서, 이를 통해 기업 간 가상거래 또는 전자상거래가 실현된다.

핵심정리

(1) MES(Manufacturing Execution System) 생산관리시스템

제품주문에 의한 착수에서 완성품의 품질검사까지 전 생산 활동을 관리하는 시스템으로 생산 현장의 각종 정보, 즉 생산실적, 작업자활동, 설비가동, 제품 품질정보 등을 실시간으로 수집하여 집계·분석·모니터링 및 생산 공정을 제어함으로써 고품질의 수익 지향적 생산체제를 갖추게 하는 통합 생산관리시스템 을 말한다.

(2) CIM(computer integrated manufacturing) 컴퓨터 통합생산 시스템

정보 네트워크 시스템을 통해 설계, 제조, 관리하는 서로 다른 기능을 통합한 유연한 시장 적응력 전략 생산체계이다. 제품의 설계, 생산설계, 생산제어, 생산관리, 생산프로세스를 통합적 처리 지향한다.

(3) CAD(Computer Aided Design) 컴퓨터 지원 설계

컴퓨터 지원 설계(computer-aided design)는 공학자, 건축가 그리고 설계 활동에서 전문적인 설계를 지원하는 컴퓨터 기반 도구의 다양한 영역에서 사용한다. 제품 수명 주기 관리 처리 내부에서 주된 기하학 저작 도구이고 소프트웨어와 가끔 특정 용도의 하드웨어를 포함한다.

(4) CAM(Computer Aided Manufacturing) 컴퓨터의 지원에 의한 제조

CAM은 컴퓨터를 이용하여 제조공정의 생산성향상을 꾀하는 것이다. 생산 공장에서 로봇을 움직이려면 제조하는 물건 가공(加工)순서를 기억하고 있는 소프트웨어나 물건의 크기 등의 데이터가 필요하다. 이 소프트웨어나 데이터를 인간이 알기 쉬운 말로 컴퓨터에 입력함으로써 자동적으로 생산하는 것이 CAM의 구체적 이미지이다. CAD와 CAM은 시스템으로서는 따로 발전해 왔지만 최근에는 데이터베이스를 공용(共用)함으로써 통합화되어 가고 있다.

(5) SCM(Supply Chain Management) 공급망 관리

기업에서 원재료의 생산·유통 등 모든 공급망 단계를 최적화해 수요자가 원하는 제품을 원하는 시간과 장소에 제공하는 '공급망 관리'를 뜻한다. SCM은 부품 공급업체와 생산업체 그리고 고객에 이르기까지 거래관계에 있는 기업들 간 IT를 이용한 실시간 정보공유를 통해 시장이나 수요자들의 요구에 기민하게 대응토록 지원하는 것이다.

(6) FMS(Flexible manufacturing system) 유연 생산시스템

제조 공장에서 사용되는 각종 공작기계, 로봇, 반송기계 등을 계산기에 의해 제어, 운용하여 생산에서의 조작성, 융통성, 기동성 등을 높이고 특히 다품종 소량 생산의 생산성 향상을 노린 것이지만 최근에는 대량 생산 분야에서도 채용되고 있다. CAD/CAM을 그 기반으로 하고 있지만 전 공장을 공장 LAN으로 결합하여 강력한 통신망을 구축하여 기동적인 시스템을 실현하고 있다.

(7) ERP(Enterprise Resource Planning) 전사적 자원 관리

　　기업 내 생산, 물류, 재무, 회계, 영업과 구매, 재고 등 경영 활동 프로세스들을 통합적으로 연계해 관리해 주며, 기업에서 발생하는 정보들을 서로 공유하고 새로운 정보의 생성과 빠른 의사결정을 도와주는 전사적자원관리시스템 또는 전사적 통합시스템을 말한다.

🔍 핵심정리　MES와 CIM

제조 현장에서의 생산성 향상을 위한 정보 기술 활용의 역사는 1970년대로 거슬러 올라간다. 당시에는 조립, 전자, 전기 공업 분야에서 공업 유압 기술, 치공구(治工具) 기술, 부품 이송 기술 등이 공장 자동화(Factory Automation, FA)에 이용되었다. 그 뒤로 FMS(Flexible Manufacturing System) 도입으로 생산의 자동화가 가능해졌으며 그 이후 생산된 제품의 불량 유무 검출, 판매, 재고, 설계, 분석 등을 데이터베이스화하여 기업 경영에 활용하는 CIM(Computer Integration System)이 등장했다. 최근에는 단순한 생산 과정이 아닌 주문 단계에서 완성 단계에 걸친 모든 생산 활동을 최적화하는 MES(Manufacturing Execution System)이나 APS(Advanced Planning & Scheduling) 등이 그 뒤를 잇고 있다.

877

기업 활동을 위해 쓰여 지고 있는 기업 내의 모든 인적, 물적 자원을 효율적으로 관리하여 궁극적으로 기업의 경쟁력을 강화시켜 주는 역할을 하게 되는 통합정보시스템을 나타내는 용어로 옳은 것은?

① ERP(Enterprise Resource Planning)

② URN(Uniform Resource Name)

③ SCM(Supply Chain Management)

④ ASP(Application Service Provider)

정답 ①

풀이
② URN(Uniform Resource Name)은 영구적이며 소장 위치에 관계없이 정보자원을 식별하는 고유기호이다.
③ SCM(Supply Chain Management)은 기업에서 원재료의 생산·유통 등 모든 공급망 단계를 최적화해 수요자가 원하는 제품을 원하는 시간과 장소에 제공하는 '공급망 관리'를 뜻한다.
④ ASP(Application service provider)는 애플리케이션 서비스 제공자로서 고가의 하드웨어, 소프트웨어를 도입하지 않고도 네트워크 인프라를 이용하여 다양한 정보화 솔루션을 사용할 수 있는 애플리케이션 임대 서비스를 제공한다.

데이터 처리 시스템

핵심정리 데이터 처리 시스템

(1) 일괄처리 시스템(Batch Processing System)

① 의의

일괄처리 시스템은 데이터를 일정한 시간이나 기간(일, 주, 분기, 년)동안 일정한 양이 될 때까지 각종 매체에 데이터를 모아두었다가 일정 시기에 일괄적으로 데이터를 처리하는 방식을 말한다.

② 장점 및 단점

• 일괄처리 시스템의 장점은 처리비용을 절감할 수 있다. 그리고 시스템의 이용 효율을 증대시킨다. 즉 시스템의 효과적인 운영과 이용방법이 간단하다.

• 반면에 단점으로는 응답시간이 늦다. 즉 즉시 결과를 얻을 수 없다. 그리고 많은 양의 데이터를 수집, 정리, 분류 하여야하기 때문에 준비 작업이 필요하며, 파일이 일괄적으로 처리될 때까지 변동 내용의 수정이 불편하다.

③ 활용 분야

• 일괄처리 시스템의 활용분야로는 주로 주기적인 데이터처리업무에 이용된다.

• 월별 매출 상품 상태를 파악, 입시처리 시스템, 급여처리 시스템, 각종 설문지 조사 등의 통계 자료 처리 시스템 등

(2) 실시간 처리 시스템(Real-time Processing System)

① 의의

• 실시간 처리 시스템은 처리할 데이터의 입력과 동시에 실시간으로 처리하여 즉시 응답해 주는 데이터 처리방식이다.

• 즉 사용자가 처리하여야 할 어떤 데이터를 컴퓨터에 입력함과 동시에 실시간으로 처리하여 실제로 원하는 시간 내에 문제를 해결할 수 있도록 해 주는 데이터 처리 방식이다.

② 장점

• 실시간 처리 시스템의 장점으로는 데이터가 발생하면 신속하게 즉시 결과가 처리된다. 즉 항상 최신의 데이터를 유지할 수 있다.

• 그리고 데이터 처리의 전체적인 시간이 단축되어 시스템 이용자가 즉시 응답을 주고받을 수 있다.

③ 단점

단점으로는 부수적인 통신 장비들이 요구되어 시스템의 구조가 복잡하므로 유지보수가 어렵고, 시스템에 이상이 발생하였을 때 복구하기가 어렵다.

④ 활용 분야

• 실시간 처리 시스템의 활용 분야로는 주로 원격지의 클라이언트 컴퓨터 환경 및 웹브라우저 환경이나 통신 장비를 경유하여 실시간 처리에 의한 이용자에게 편의를 제공하기 위한 처리 업무에 이용된다.

• 항공기나 기차의 좌석 예약 업무 처리 시스템, 은행 예금 업무 처리 시스템, 증권 시세 변동 분석 처리 시스템, 예탁금의 창구업무 처리 시스템 등

(3) 오프라인 처리 시스템(Off-line Processing System)

① 의의
- 오프라인 처리 시스템은 원격지에서 발생한 데이터를 교통수단이나 우편과 같은 기본적인 수집 방법인 수작업으로 운반하여 일괄적으로 처리하는 방식이다.
- 즉 입·출력 장치가 중앙에 있는 호스트 컴퓨터나 서버 컴퓨터의 제어를 직접 받지 않고 작업을 수행하는 방식으로 단말 장치가 독립적으로 데이터 처리의 일부를 수행한다.
- 오프라인 처리방식은 초기 컴퓨터 시스템을 이용한 데이터 처리 방식의 기본적인 형태이다.

② 장점

오프라인 처리 시스템의 장점으로는 대량으로 발생하는 데이터를 수집하여 신속하게 적절한 시기에 일괄적으로 처리하여 유용한 정보를 얻을 수 있다.

③ 단점
- 데이터가 발생하면 신속하게 즉시 처리가 불가능 하다.
- 항상 최신의 내용으로 데이터를 유지할 수 없다.
- 데이터 처리의 전체적인 시간이 많이 걸리게 되므로 시스템 이용자가 즉시 응답을 주고받을 수 없다.

(4) 온라인 처리 시스템(On-line Processing System)

① 의의
- 온라인 처리 시스템은 통신 장비를 클라이언트 컴퓨터와 입출력 단말 장치 사이에 직접 연결하여 중앙에 있는 호스트 컴퓨터나 서버 컴퓨터의 직접적인 제어를 받는 데이터 처리 방식이다.
- 클라이언트 컴퓨터나 단말 입출력 장치와 데이터 전송장치, 통신 제어 장치 등을 다른 매개체를 이용하지 않고 호스트 컴퓨터나 서버 컴퓨터와 주변장치들을 직접 연결시켜 자동적으로 데이터를 처리하는 방식이다.

② 장점

온라인 처리 시스템은 사건에 대한 정보 조회, 응답 시스템, 메시지 교환, 거래 처리, 그리고 실시간 처리나 시분할 처리 등 단축 및 노력이 경감되며 실시간으로 처리가 되므로 정확도가 높다.

③ 단점

대량의 데이터를 신속하게 수집하고 적절한 시기에 처리하여 유효한 정보를 얻기가 어렵다. 그리고 컴퓨터 및 통신 장비에 따른 비용이 오프라인 처리방식보다 많이 든다는 단점이 있다.

④ 활용 분야
- 온라인 처리 시스템의 활용 분야로는 다음과 같이 데이터가 발생한 지점에서 입출력이 가능한 오늘날의 모든 컴퓨터 시스템의 데이터 처리 업무에 거의 이용된다.
- 은행업무 및 금융 처리 시스템, 좌석 예약, 전화 교환의 제어업무 처리 시스템, 인터넷 대학입시 원서 접수 처리 시스템, 항공기 및 철도의 좌석 예약 업무 처리 시스템 등

878

데이터 처리 시스템에 대한 설명으로 틀린 것은?

① 일괄처리 시스템의 장점으로는 데이터 처리비용이 감소하고 시스템의 이용 효율이 증대된다는 것을 들 수 있다.

② 실시간 처리 시스템의 단점으로는 부수적인 통신 장비들이 요구되어 시스템의 구조가 복잡하므로 유지보수가 어렵고, 시스템에 이상이 발생하였을 때 복구하기가 어렵다는 것을 들 수 있다.

③ 오프라인 처리 시스템은 원격지에서 발생한 데이터를 교통수단, 우편, 인터넷과 같은 기본적인 방법으로 수집하여 일괄적으로 처리하는 방식이다.

④ 온라인 처리 시스템의 활용 분야로는 은행업무 및 금융 처리 시스템, 좌석 예약, 전화 교환의 제어업무 처리 시스템, 인터넷 대학입시 원서 접수 처리 시스템, 항공기 및 철도의 좌석 예약 업무 처리 시스템 등이 있다.

정답 ③

풀이 ③ 오프라인 처리 시스템은 원격지에서 발생한 데이터를 교통수단이나 우편과 같은 기본적인 수집 방법인 수작업으로 운반하여 일괄적으로 처리하는 방식이다. 인터넷으로 전송할 수 있다면 그것은 오프라인 처리 시스템으로 볼 수 없다.

전자상거래의 요건과 구현

핵심정리 **전자상거래의 구현 요건**

(1) 사람과 사람 사이의 관계 확인을 위한 전자화

거래 당사자들이 서로 얼굴을 확인할 수 없으므로 이를 확인하고 인증하기 위한 수단으로써 암호시스템 및 인증기법을 이용하는 것이 필수적

(2) 지불수단의 전자화

• 화폐의 전자화와 화폐를 저장할 수 있는 지갑을 전자화하는 것

• 고객의 편의를 위해 선불, 직불, 후불은 물론 고액, 중규모액, 소액 지불 등 다양한 지불수단을 확보

(3) 화폐유통의 전자화

• 전자적 구매행위에 따른 온라인 대금지불과 정산기능을 제공하는 수단

• 지불수단의 전자화와 함께 지불수단이 전자적으로 유통될 수 있도록 구현

(4) 상품(유, 무형)판매의 전자화

• 상품, 정보, 거래서비스 등 전자적 판매의 수단으로써 기업의 전자화

• 기업의 전자화는 전자상거래를 활성화하기 위한 핵심영역으로 기업의 경쟁력 강화를 위해 반드시 추진

879

디지털 상거래에 대한 설명으로 틀린 것은?   [2021년 기출]

① 시공간적 제약은 혁신적으로 감소한다.

② 온라인 시장이 시장 내 경쟁이 전 지구적으로 확산된다.

③ 다양한 유형의 상품 판매가 가능해지면서 경제적 불평등 수준은 전반적으로 하락하였다.

④ 디지털 상거래의 소비 패턴은 사회 계급을 반영한다.

정답 ③

풀이 ③ 소수의 판매자가 압도적으로 높은 시장 점유율을 보이는 승자 독점 현상이 강화되어 경제적 불평등 수준은 전반적으로 상승하였다.

880

사이버 마켓에 대한 설명으로 틀린 것은? [2020년 기출]

① 상대적으로 적은 자본이 요구된다.

② 실시간 수집되는 디지털데이터를 활용할 수 있다.

③ 쌍방향 통신을 통한 상호작용적 마케팅이 가능하다.

④ 소비자유형에 따라 정보제공 등 비용을 달리 받을 수 있다.

정답 ④

풀이 ④ 사이버 마켓의 경우 소비자 유형에 따라 가격을 다르게 받거나 정보 제공 비용을 차별하여 받을 수 없다.

881

온라인 시장에 대한 설명으로 틀린 것은? [2022년 기출]

① 구매자는 자신의 정보를 공개하지 않고 신속하게 결제할 수 있다.

② 경제적 교환에 대해 제공되는 정보가 증가하고 거래의 시공간적 제약이 감소하면서 온라인 시장은 폭발적으로 성장했다.

③ 온라인 시장이 경제적 거래의 시공간적 제약을 줄이고, 소비와 사회적 지위 간 연계가 강화되면서 시장 내 경쟁이 전 지구적으로 확산되는 결과로 이어졌다.

④ 소수의 판매자가 압도적으로 높은 시장 점유율 보이는 '승자독점' 현상이 강화되면서 경제적 불평등 수준을 전반적으로 상승시키는 경향이 있다.

정답 ①

풀이 ① 일반적인 온라인 시장에서는 구매자가 결제할 때 자신의 정보를 제공해야 한다.

882

온라인 시장에서 나타나는 경쟁의 특성에 대한 설명으로 틀린 것은?

① 사회적 지위로서의 소비 행위가 지닌 특성은 전통 시장에 비해 약화된다.

② 제한된 시공간의 범위 안에서 경쟁이 일어나는 경쟁의 국지성이 줄어들면서 승자독점 현상이 강화된다.

③ 새로운 상품과 서비스의 소비 경험에 대한 공유 가능성의 폭발적 증가는 신생 기업의 진입 장벽을 낮출 수 있다.

④ 소비자는 자신의 소비 행위를 공유하는 과정에서 광고 수익을 얻게 됨으로써 전통적 의미의 소비와 생산 간 경계가 사라진다.

> 정답 ①
>
> 풀이 ① 정보사회에서는 구매하는 물건의 종류, 그리고 이를 소비하는 과정을 실시간으로 전 세계의 불특정 다수에게 전달하는 것이 가능해지면서 사회적 지위로서의 소비 행위가 지닌 특성을 강화시켰다. 전통적 시장에서 성공적인 경쟁을 위해 사회적 관계, 지위, 평판, 신뢰 등이 중요하다는 시장의 사회적 배태성은 온라인 시장에서도 여전히 중요하고, 소비가 사회적 지위와 정체성 형성에서 가지는 중요성도 증가한다. 따라서 시장이 사회적 관계와 제도에서 분리된 공간이 아니라 사회적 관계를 통해 구성되어야 한다는 사회적 배태성은 이전보다 더 강화된다. 즉 정보사회의 시장은 전통적 의미의 시장보다 그 사회적 공간으로서의 특성이 강화된다.

883

온라인 시장의 유형을 정리하고, 온라인 시장의 가장 중요한 문제가 기회주의적 행동이라고 본 연구자의 이름으로 옳은 것은?

① Gulia

② Kollock

③ Wellman

④ Coleman

> 정답 ②
>
> 풀이 ② Kollock에 대한 설명이다.

884
Kollock의 연구에 대한 설명으로 틀린 것은?

① 긍정적 평판과 부정적 평판은 기회주의적 행동을 막고 거래 행위자 간의 신뢰를 향상시키기 위한 방안이 될 수 있다.

② 온라인 시장은 인터넷이라는 기술 매체의 특성상 정보 분배비용이 적어서 사회자본과 신뢰의 수준을 향상시킬 수 있다.

③ 이베이와 같이 조직화된 온라인 경매시장에서 사용하는 거래자의 '신용 점수' 역시 시장의 신뢰 수준을 향상시키고 이를 통해 시장 자체를 활성화하는 방안이 될 수 있다.

④ 실증적 연구를 통해 긍정적 평판이나 부정적 평판이나 모두 거래 결과에 영향을 미치지만, 긍정적 평판이 거래 가격을 높이는 것보다, 부정적 평판이 거래 가격을 낮추는 영향이 더 큰 것을 확인하였다.

정답 ④

풀이 ④ 콜록의 연구는 주로 이론적 논의에 그쳤고, 구체적인 경험적 데이터를 분석하지 않았다. 경험적 연구를 통해 '평판 점수가 모두 거래 결과에 영향을 미치지만, 긍정적 평판이 거래 가격을 높이는 것보다, 부정적 평판이 거래 가격을 낮추는 영향이 더 큰 것으로 나타난다.'는 사실을 확인한 연구자는 스탠디퍼드(Standifird)이다.

전자 지불 시스템

전자화폐 시스템의 요구 사항

(1) 안전성(security)

① 물리적 안전성(physical security)

전자화폐는 쉽게 위조될 수 없어야 한다는 것을 의미함. 물리적 보안장치인 스마트카드에 저장되므로 물리적 안전성이라는 것은 스마트카드의 안전성으로 귀결됨.

② 논리적 안전성(logical security)

전자화폐 시스템의 각 구성원은 나머지 다른 구성원들의 공모 공격(collusion attack) 안전해야 함. 전자화폐 시스템의 안전성은 일반적으로 논리적 안전성을 의미

(2) 이중사용(double-spending)의 방지

- 전자화폐 자체가 하나의 가치를 지닌 디지털 정보임
- 디지털 정보는 복제가 용이하며 원본과 사본의 구별이 불가능하므로 악의에 의한 이중사용의 문제가 발생
- 전자화폐 시스템에서 고려해야 할 가장 중요한 문제
- 이중사용 해결 방법은 사후검출(after the fact)과 사전검출(before the fact) 방법이 사용되고 있음

(3) 프라이버시(privacy)보장

- 실제 현금과 마찬가지로 거래 내역이 추적되지 않음
- 보장 강도에 따라 불추적성(untraceability)과 불연계성(unlinkability)을 보장

(4) 오프라인 지원

네트워크를 통한 온라인 방식 이외에 일반 상점의 오프라인 단말기를 통해서도 거래가 가능하도록 보장

불추적성(untraceability)과 불연계성(unlinkability)

은행과 상점이 협조하는 경우, 은행은 비록 사용자의 거래 내역을 추적할 수는 없지만, 두 가지의 지불이 같은 사용자에 의한 것임을 알 수 있는 경우가 종종 있는데, 이러한 경우 연계성(linkability)이 있다고 한다. 전자 화폐 시스템이 사용자의 프라이버시를 완벽하게 보장하기 위해서는 불연계성이 보장되어야만 한다.

전자화폐의 유형

(1) 전자지갑형

① 폐쇄형(closed loop) 전자지갑

IC칩에 가치를 저장하는 스마트카드(smart card)를 물리적 수단으로 이용하여 저장된 가치가 소진될 때까지 사용하는 형태이다. 가치를 실제 화폐로 교환할 수 있는 권리는 가지고 있지 않다.

② 개방형(open loop) 전자지갑

　　IC 카드를 이용한 선불형 전자지갑으로 화폐가치가 상거래뿐만 아니라 소비자와 소비자 간 또는 판매업자 상호 간에도 자유로이 이전 가능하다. 발행기관이 상환할 때까지 제한 없이 사용 가능하다.

(2) 네트워크(Network)형

① 전자현금

　　은행에 예치된 현금에 상당하는 가액의 디지털신호 형태로 전환하여 인터넷 공간에서 상거래의 결제 시 사용한다. 네트워크에서 암호화 기술을 이용하여 보안성, 무기명으로 처리하여 현금과 같이 주로 소액거래에 익명으로 사용한다. Digicash사의 e-Cash, CNK, 동성정보통신의 digital coin형 I-cash, DACOM의 Cyber coin 등이 해당한다.

② 신용카드형

　　구매자인 신용카드 소지자가 인터넷을 통해 구매한 재화나 서비스 대금을 자신의 신용카드를 이용하여 결제하는 방식이다.

③ 전자수표

　　실세계의 수표를 그대로 구현한 것으로 전자수표 사용자는 은행에 계좌를 가지고 있는 고객으로 제한된다.

④ 전자자금 이체

　　홈뱅킹 ATM으로 이용 가능한 전자자금이체 서비스를 사이버은행에서 활용하는 것으로 시간적 · 공간적 제약이 없고 수수료가 저렴하다.

885
전자화폐의 유형에 대한 설명으로 틀린 것은?

① 폐쇄형(closed loop) 전자지갑은 IC칩에 가치를 저장하는 스마트카드(smart card)를 물리적 수단으로 이용하여 저장된 가치가 소진될 때까지 사용하는 형태로서, 가치를 실제 화폐로 교환할 수 있는 권리는 가지고 있다.

② 개방형(open loop) 전자지갑은 IC 카드를 이용한 선불형 전자지갑으로 화폐가치가 상거래뿐만 아니라 소비자와 소비자 간 또는 판매업자 상호 간에도 자유로이 이전 가능하다. 발행기관이 상환할 때까지 제한 없이 사용 가능하다.

③ 전자현금은 네트워크에서 암호화 기술을 이용하여 보안성, 무기명으로 처리하여 현금과 같이 주로 소액거래에 익명으로 사용하는데, 은행에 예치된 현금에 상당하는 가액의 디지털신호 형태로 전환하여 인터넷 공간에서 상거래의 결제 시 사용한다.

④ 전자수표에서는 은행의 공개키를 사용하여 계좌번호를 암호화함으로써 사기를 방지할 수 있는데, 지급인, 지급은행과 은행계좌를 인증하기 위하여 디지털 서명이 사용될 수 있고 전자수표는 직접 은행에 전송되지 않고 수취인에게 전송되며, 수취인은 여기에 배서하여 양도할 수 있다.

정답 ①

풀이 ① 폐쇄형(closed loop) 전자지갑은 IC칩에 가치를 저장하는 스마트카드(smart card)를 물리적 수단으로 이용하여 저장된 가치가 소진될 때까지 사용하는 형태로서, 가치를 실제 화폐로 교환할 수 있는 권리는 가지고 있지 않다.

🔑 핵심정리　전자서명의 특징

(1) 의의
- 기존의 암호화 방법은 메시지를 주고받는 사람들이 서로에게만 메시지를 알 수 있게 하고, 다른 외부 사람들은 메시지를 알지 못하게 하는 방법이었다. 하지만 이러한 방법은 누군가가 메시지를 조작할 수 있어 이러한 상황을 막기 위하여 전자 서명이란 것이 나오게 된 것이다.
- 전자서명을 통해 인증과 무결성, 부인봉쇄라는 중요한 보안서비스를 제공한다. 즉 전자서명 행위를 통해 개인이 송신하고자 하는 메시지의 근원이 내 자신이라는 것과 수신 측에서는 내가 보낸 메시지가 중간에 위변조 되지 않았음을 검증할 수 있다. 또한 신뢰받는 제3자를 이용하면 나중에 상대방이 전자서명이 행위 자체를 부인하는 것을 방지할 수가 있게 된다.

(2) 위조 불가, 인증, 부인 불가, 변경 불가, 재사용 불가
① 위조 불가(Unforgettable) : 합법적인 서명자만이 전자 문서에 대한 전자서명을 생성할 수 있어야 한다.
② 서명자 인증(User Authentication) : 전자서명의 서명자를 누구든지 검증할 수 있어야 한다.
③ 부인 불가(Non repudiation) : 서명자는 서명 후에 자신의 서명 사실을 부인할 수 없어야 한다.
④ 변경 불가(Unalterable) : 서명한 문서의 내용은 변경될 수 없어야 한다.
⑤ 재사용 불가(Not Reusable) : 전자문서의 서명은 다른 전자문서의 서명으로 사용될 수 없어야 한다.

886
전자서명의 기능에 대한 설명으로 틀린 것은?　　　　　　　　　　　　　　　　　[2020년 기출]

① 기밀성－암호화를 통해 정보를 보호하고 비밀을 유지하는 것을 말한다.
② 무결성－전자서명의 유효성을 확인하고, 동일성 여부를 비교하여 전자기록물의 내용이 변조되지 않은 진본임을 증명하는 것을 말한다.
③ 부인 방지－서명한 사실을 부인할 수 없게 하는 것을 말한다.
④ 익명성－전자 투표 등에서 투표 결과로부터 투표자를 구별할 수 없게 하는 것을 말한다.

정답 ①

풀이 ① 한 가지 확인해볼 만한 사실은 전자서명 자체가 기밀성을 제공하지는 않는다는 것이다. 다시 말하면 전자서명이란 송신자가 보내는 원본 문서에 첨부된 전자서명의 생성과 검증에 관련된 이야기이며 원본 문서 자체의 암호화는 또 다른 문제이다. 암호화 시스템에서 다양한 기술들이 존재하지만 개인키와 공개키를 이용한 암호화도 가능하다. 즉, 송신자가 수신자의 공개키로 암호화해서 송신하면 메시지는 개인키를 소유한 수신자만이 해독할 수 있게 되므로 따라서 기밀성을 제공할 수가 있다.

(1) 의의

- 당해 전자문서에 첨부되거나 논리적으로 결합한 전자적 형태의 정보를 만들기 위해서 기술적으로는 서명 알고리즘이 이용되고, 서명자를 확인하고 서명자가 당해 전자문서에 서명하였음을 확인하기 위해서 검증 알고리즘이 적용된다.
- 그리고 서명과 검증 알고리즘에 이용되는 기술이 비대칭키 암호 시스템이다. 비대칭 키 암호 시스템은 개인키와 공개키로 구성된다. 개인키는 자신만이 소유하고, 공개키는 타인에게 공개된다. 개인키로 암호화된 문서는 공개키만을 이용해서 복호화(부호화된 데이터를 인간이 알기 쉬운 모양으로 하기 위하여 또는 다음 단계의 처리를 위하여 번역함)가 가능하다.

(2) 서명 알고리즘과 검증 알고리즘

　사용자는 서명 알고리즘을 이용해서 자신의 개인키로 문서에 서명을 하게 되며, 상대방에 보낸 서명된 문서는 검증 알고리즘을 이용해서 상대방의 공개키로 검증을 수행하게 된다. 즉 송신자만이 고유한 개인키로 생성한 전자서명 정보와 원본 문서를 송신하면, 수신 측에서는 송신자의 공개키를 이용하여 전자서명 정보를 복호화하고 이를 원본 문서와 비교해서 인증과 무결성을 확인하게 된다.

(3) 비대칭키 암호 시스템

- 한 가지 확인해볼 만한 사실은 전자서명 자체가 기밀성을 제공하지는 않는다는 것이다. 다시 말하면 전자서명이란 송신자가 보내는 원본 문서에 첨부된 전자서명의 생성과 검증에 관련된 이야기이며 원본 문서 자체의 암호화는 또 다른 문제이다. 암호화 시스템에서 다양한 기술들이 존재하지만 개인키와 공개키를 이용한 암호화도 가능하다. 즉 송신자가 수신자의 공개키로 암호화해서 송신하면 메시지는 개인키를 소유한 수신자만이 해독할 수 있게 되므로 따라서 기밀성을 제공할 수가 있다.
- 이를 정리해보자면, 비대칭 키 암호 시스템에서 전자서명의 과정은 서명자의 개인키로 서명을 하고 검증자는 서명자의 공개키로 서명을 검증하게 된다. 그리고 암호화는 수신자의 공개키로 암호화하며 수신자는 자신의 개인키로 해독을 하게 된다. 전자서명은 부인봉쇄를 제공하는데, 이를 위해서는 공인인증체계의 도움이 필요하다. 즉 송신자와 수신자 사이에 신뢰받는 제3자가 개입하여 쌍방 사이의 거래를 증명해주는 것이다.

887

피투피 공개 열쇠 암호화 방식에 대한 설명으로 틀린 것은?

① 피투피 네트워킹의 공개 열쇠 암호화 기술은 클라우드 컴퓨팅의 한계에 속박되지 않는 대안 네트워킹을 가능하게 해주는 결정적 수단으로 부상하고 있다.

② 공개 열쇠 암호화 방식은 공개 열쇠와 개인 열쇠로 구성된 한 쌍의 열쇠를 사용하고, 메시지를 잠그는 기능을 하는 공개 열쇠는 외부에 공개되며, 잠긴 것을 여는 기능을 하는 개인 열쇠는 그것의 소유자만이 아는 열쇠이다.

③ 피투피 네트워크에서 메시지 수취인은 발송인의 공개 열쇠로 데이터를 암호화하고, 수취인은 그것을 자신의 개인 열쇠로 해독한다.

④ 대부분의 피투피 네트워크에서 모든 데이터는 작은 조각들로 분할되고 암호화되어 다른 피어들의 하드 드라이버에 저장되고, 데이터는 네트워크 전체에 분산되어 있으며, 각각의 피어들이 서로에게 필요한 데이터 조각들을 처리하는 것이다.

공개 열쇠 암호화 방식은 공개 열쇠와 개인 열쇠로 구성된 한 쌍의 열쇠를 사용한다. 메시지를 잠그는 기능을 하는 공개 열쇠는 외부에 공개되며, 잠긴 것을 여는 기능을 하는 개인 열쇠는 그것의 소유자만이 아는 열쇠다. 피투피 네트워크에서 메시지 발송인은 수취인의 공개 열쇠로 데이터를 암호화하고, 수취인은 그것을 자신의 개인 열쇠로 해독한다. 오직 자신의 공개 열쇠에 조응하는 개인 열쇠를 가진 사람만이 데이터를 열어 볼 수 있기 때문에, 공개 열쇠 암호화 방식은 통신의 프라이버시와 기밀을 안전하게 보호해주는 시스템으로 간주할 수 있다.

888

다음 중 대칭키 암호에 대한 설명으로 옳은 것은?

① 암호화와 복호화에 두 개의 서로 다른 키를 사용한다.
② 공개키 암호라고도 부른다.
③ 일반적으로 RSA 알고리즘보다 빠르다.
④ 키를 안전하게 분배하기 쉽다.

정답 ③

풀이 ③ 대칭키 암호는 공개키 암호인 RSA 알고리즘보다 빠르다.

889

56비트의 키를 사용하여 64비트의 평문 블록을 암호화하는 방식으로 동일키(단일키)를 이용하여 정보 암호화와 복호화를 수행하는 대표적인 단일키(대칭키) 암호화 시스템으로 옳은 것은?

① DES
② AES
③ RSA
④ PKI

정답 ①

풀이 ① 데이터 암호화 표준(Data Encryption Standard, DES)에 대한 설명이다.
② AES(Advanced Encryption Standard Algorithm)는 대칭형 암호방식 DES의 안전성 문제로 1998년에 차세대 블록 암호 알고리즘으로 만들어졌다. 입력평문길이를 128bit로 고정하고, 사용하는 암호화 키 길이를 128/192/256bit 중 선택하는 방식이다.
③ RSA는 1978년에 MIT 공과 대학의 Rivest, Shamir, Adleman 등 3인이 공동 개발한 암호화 알고리즘으로 공개키 암호 방식으로 암호화와 사용자 인증을 동시에 수행하는 대표적인 암호 시스템이다.
④ 공개키 기반구조(Public Key Infrastructure, PKI)는 디지털 증명서의 생성, 관리, 배포, 사용, 저장 및 파기, 공개키 암호화의 관리에 필요한 역할, 정책 등 일련의 절차들을 집합한 것이다.

890

다음에서 설명하는 암호화 시스템으로 옳은 것은?

- 1978년에 MIT 공과 대학의 Rivest, Shamir, Adleman 등 3인이 공동 개발한 암호화 알고리즘을 사용한다.
- 공개키 암호 방식으로 암호화와 사용자 인증을 동시에 수행하는 대표적인 암호 시스템이다.

① DES   ② AES
③ RSA   ④ PKI

정답 ③

풀이 ① DES(Data Encryption Standard)는 대칭형 암호방식 평문을 64bit로 나눠 56bit키를 이용해 64bit 암호문을 만들어내는 알고리즘이다.
② AES(Advanced Encryption Standard Algorithm)는 대칭형 암호방식 DES의 안전성 문제로 1998년에 차세대 블록 암호 알고리즘으로 만들어졌다. 입력평문길이를 128bit로 고정하고, 사용하는 암호화 키 길이를 128/192/256bit 중 선택하는 방식이다.
③ RSA에 대한 설명이다.
④ 공개키 기반구조(Public Key Infrastructure, PKI)는 디지털 증명서의 생성, 관리, 배포, 사용, 저장 및 파기, 공개키 암호화의 관리에 필요한 역할, 정책 등 일련의 절차들을 집합한 것이다.

891

메시지 인증에 대한 설명으로 틀린 것은?

① 메시지의 내용이 전송 도중 불법적으로 변경되지 않고 정확하고 완전하게 수신되었는지 확인하는 것이다.
② 메시지 인증 코드(mac)는 메시지를 받은 사람이 수신된 메시지를 체크할 수 있는 정보이다.
③ 송신자는 메시지 인증 코드를 산출하여 메시지와 함께 전송한다.
④ HMAC은 블록 암호에 기반한 인증 알고리즘이다.

정답 ④

풀이 ④ 메시지 인증 알고리즘으로는 해시 함수에 기반한 HMAC과 블록암호에 기반한 CMAC 등이 있다.

Theme 149 개인정보 보호

핵심정리 세계 주요 국가의 「개인정보 보호법」 동향

- 미국은 1974년 「프라이버시법(Federal Privacy Act)」을 제정하여 공공부문은 의무적인 통제 하에 관리하고, 민간부문은 자율적인 통제 하에 관리하고 있다. 현재 국가 최고기술책임관(Chief Technical Officer)을 신설하는 등 개인정보 보호와 관련된 규제정책을 더욱 강화하고 있다.
- EU의 각국은 EU 개인정보지침에 따라 일반법을 제정하여 시행 중이며, 이 법령에는 개인정보의 유출 통지 및 스마트시대에 맞추어 소셜 네트워크 서비스, 온라인 광고 규제 등 지침을 포함
- 일본은 2005년 「개인정보 보호법」을 제정하여 시행하고 있다. 인터넷, 스마트시대에 맞추어 고객의 개인정보보호 중심의 보호조치를 강화하고 있으며, 개인정보 보호 관련 법제, 인적·기술적 기반의 정비 및 대응을 강화

892

개인정보 보호의 유럽과 영어권의 입장에 대한 설명으로 틀린 것은?

① 영어권에서는 「개인정보 보호법」을 「프라이버시 보호법」이라고 부른다.

② 유럽과 영어권 모두 개인정보에 대한 권리를 기본권으로 인정한다.

③ 유럽은 개인의 데이터에 관한 규제를 통해 개인정보 보호에 중점을 두고 있다.

④ 유럽과 영어권 모두 공공부문은 물론 민간부문의 경우에도 개인정보 보호를 위한 규제를 국가의 의무로 본다.

정답 ④

풀이 미국은 1974년 「프라이버시법(Federal Privacy Act 1974)」 제정을 통해 공공부문은 의무적인 통제하에 관리하고, 민간부문은 자율적인 통제하에 관리하고 있다.

893

세계 주요 국가의 「개인정보 보호에 대한 법률」의 동향으로 틀린 것은?

① 미국은 1974년 「프라이버시법」 제정을 통해 공공부문은 물론 민간부문까지 의무적으로 통제·관리하고 있다.

② 미국은 현재 국가최고기술책임관을 신설하는 등 개인정보 보호와 관련된 규제정책을 더욱 강화하고 있다.

③ EU의 가입국들은 EU 개인정보지침에 따라 일반법을 제정하여 소셜 네트워크 서비스, 온라인 광고 등을 규제하고 있다.

④ 일본은 2005년 「개인정보 보호법」을 제정하여 고객의 개인정보 보호 중심의 보호조치를 강화하고 있다.

정답 ①

풀이 ① 민간부분은 자율적 통제하에 관리하고 있다.

핵심정리 **개인정보 보호에 관한 OECD 8원칙**

(1) 수집 제한의 원칙(Collection limitation principle)

개인정보의 수집은 원칙적으로 제한되어야 하고, 어떠한 개인정보도 합법적이고 정당한 절차에 의하여 수집되어야 하며, 경우에 따라 데이터 주체에게 통지 또는 동의

(2) 정확성의 원칙 (Data quality principle)

개인정보는 그 목적에 부합된 것이어야 하고, 이용목적에 필요한 범위에서 정확하고 완전하며 최신의 것으로 보존

(3) 목적 명확화·특정의 원칙(Purpose specification principle)

개인정보의 수집목적은 수집할 당시 미리 특정되어 있어야 하고, 그 후의 이용은 특정된 수집목적의 달성 또는 당해 수집목적과 일치되어야 하며 수집목적이 변경될 때마다 그 목적을 명확하게 정의

(4) 이용 제한의 원칙(Use limitation principle)

개인정보는 정보주체의 동의가 있거나 법률의 규정에 의한 경우를 제외하고는 목적의 명확화·특정의 원칙에 따라 명확화된 목적 이외의 다른 목적으로 공개, 이용, 기타의 사용에 제공되어서는 안 됨

(5) 안전 조치의 원칙(Security safeguards principle)

개인정보는 분실 또는 불법적인 접근, 훼손·파괴, 사용, 변조, 공개 등 위험으로부터 적절한 안전보호의 조치로 보호

(6) 공개의 원칙(Openness principle)

개인정보 처리와 관련된 정보처리장치의 설치, 활용과 관련 정책은 일반에게 공개되어야 함. 또한 개인정보의 존재, 성질 및 그 주요한 이용목적, 정보관리자를 식별하고, 그 주소를 분명하게 하기 위한 수단을 쉽게 이용

(7) 개인 참여의 원칙(Individual participation principle)

개인은 자기에 관한 정보의 소재를 확인할 권리를 가지며, 필요한 경우에는 자신에 관한 정보를 합리적인 기간 내에 합리적인 비용과 방법에 의하여 알기 쉬운 형태로 통지 받을 권리를 가짐. 이러한 권리가 거부되는 경우에 개인은 그 이유를 구하고 거부에 대하여 이의를 제기하거나 정보의 파기, 정정, 보완을 요구할 권리

(8) 책임의 원칙(Accountability principle)

정보관리자는 상기 모든 원칙이 지켜지도록 필요한 조치를 취하여야 할 책임

894

개인정보 보호에 관한 OECD 8원칙에 해당하지 않는 것은? [2020년 기출]

① 이용 제한의 원칙

② 공개의 원칙

③ 수집 제한의 원칙

④ 비밀 유지의 원칙

정답 ④

풀이 ④ 개인정보 보호에 관한 OECD 8원칙에 비밀 유지의 원칙은 포함되지 않는다.

895

OECD가 '개인정보의 국제유통과 프라이버시 보호에 관한 가이드라인'에서 제시하고 있는 개인정보 보호 원칙이 아닌 것은?

① 비공개 원칙

② 수집 제한의 원칙

③ 이용 제한의 원칙

④ 개인 참여의 원칙

정답 ①

풀이 ① 비공개의 원칙이 아니라 공개의 원칙이 개인정보 보호에 관한 OECD 8원칙에 포함된다. 개인정보 보호에 관한 OECD 8원칙은 수집 제한의 원칙, 정확성의 원칙, 목적 명확화 · 특정의 원칙, 이용 제한의 원칙, 안전 조치의 원칙, 공개의 원칙, 개인 참여의 원칙, 책임임의 원칙으로 구성된다.

896

OECD의 개인정보 보호 원칙에 대한 설명으로 옳은 것은?

① 책임의 원칙 : 자기에 관계된 정보에 대한 이의신청 및 그 이의가 받아들여질 경우에는 정보를 제거, 수정, 완전화, 보완, 정정하게 할 수 있다.

② 정보 내용의 원칙 : 개인정보는 분실되면, 부당한 접근, 파괴, 사용, 수정, 개시 등의 위험이 따르므로 합리적인 안전보호조치에 의해 보호되지 않으면 안 된다.

③ 이용 제한의 원칙 : 개인정보는 명확화 된 목적 이외의 목적을 위해 공개, 이용되거나 타 사용에 제공되어서는 안 된다. 다만, 정보주체의 동의 또는 법률의 규정이 있는 경우에는 예외로 한다.

④ 목적 명확화의 원칙 : 개인정보는 그 이용목적에 부합하는 것이어야 하고, 또한 이용목적에 필요한 범위 내에서 정확하고, 완전하고, 최신의 것으로 이루어져야한다.

> **정답** ③
>
> **풀이** ① 개인 참여의 원칙에 대한 설명이다.
> ② 안전 조치의 원칙에 대한 설명이다. 그리고 정보 내용의 원칙은 존재하지 않는 원칙으로 오답 선지를 위해 만들어 낸 원칙이다.
> ④ 정확성의 원칙에 대한 설명이다.

897

개인정보 보호의 원칙 중 모든 원칙의 전제가 되는 원칙으로 옳은 것은?

① 정확성의 원칙
② 수집 제한의 원칙
③ 안전 조치의 원칙
④ 이용 제한의 원칙

> **정답** ④
>
> **풀이** ④ 개인정보의 이용이 제한되면 개인정보를 수집할 이유도 사라진다. 따라서 개인정보 보호의 원칙 중 모든 원칙의 전제가 되는 원칙은 이용 제한의 원칙이다.

데이터 3법 개정의 주요 내용과 전망

♀ 핵심정리　데이터 3법

데이터 3법은 이른바 「개인정보 보호법」, 「정보통신망법」, 「신용정보법」 등 3개 법률을 총칭하는 것이다.

♀ 핵심정리　개정 법률 주요내용

- 데이터 이용 활성화를 위한 가명정보 개념 도입
- 관련 법률의 유사·중복 규정을 정비하고 추진체계를 일원화 하는 등 개인정보 보호 협치(거버넌스) 체계의 효율화
- 데이터 활용에 따른 개인정보 처리자의 책임 강화
- 모호한 '개인정보' 판단 기준의 명확화

♀ 핵심정리　데이터 3법 개정 과정

- 2011년 9월에 많은 논란 끝에 전 분야를 아우르는 개인정보 분야 일반법인 「개인정보 보호법」이 시행되었다. 이 법은 시행 후 9년 동안 주민등록번호 처리의 법정주의 등 규제 강화, 징벌적·법정손해배상제도의 도입, 개인정보 보호 인증제도의 통합 등 많은 변화를 겪어 왔다. 이 법은 2020년에 다시 한 번 제정 시보다 더 큰 진통을 겪으며 새롭게 태어났다.
- 제4차 산업혁명 시대의 도래에 따른 세계 각국의 데이터경제 활성화 전략 추진과 2018년 유럽연합의 「일반 개인정보 보호법(General Data Protection Regulation, GDPR)」 시행 및 국내에서의 개인정보의 효율적 활용을 위한 법 개정의 거센 요구 등의 영향으로 기존의 개인정보 보호 추진체계까지 바꾸며 새로운 모습으로 개정된 것이다.
- 개정 「개인정보 보호법」은 심의·의결 기구에 머물렀던 개인정보 보호위원회(이하 '보호위원회')를 중앙행정기관화하고, 행정안전부와 방송통신위원회가 수행하고 있던 개인정보보호 관련 법 집행 권한을 보호위원회로 이관하여 일원화하였다.
- 또한 개인정보 정의의 판단기준 명확화, 가명정보 개념 도입 및 가명정보 처리 시 준수의무 등 개인정보의 안전한 이용 활성화를 도모하고자 하였다. 한편 정보통신망 이용촉진 및 정보보호 등에 관한 법률(이하 정보통신망법)의 개인정보 규정(제4장)을 삭제하여 이 중 정보통신망법에만 있는 조항들은 개인정보보호법 내에 특례규정으로 편입되었다. 그리고 신용정보의 이용 및 보호 등에 관한 법률(이하 신용정보법)도 개인정보보호법과의 정합성, 가명정보의 도입 등을 내용으로 하여 개정되었다. 위 법률들은 2020년 2월 4일 공포되었다.

「개인정보 보호법」 개정 주요 내용

(1) 개인정보 보호위원회의 중앙행정기관화
- 개정 「개인정보 보호법」은 현행 대통령 소속의 보호위원회를 국무총리 소속의 중앙행정기관으로 하고, 독자적인 조직·인사·예산권 및 조사·처분 등 집행권과 의안제출 건의권 및 국회·국무회의 발언권을 부여하였다.
- 보호위원회의 위상에 절대적으로 요구되는 독립성 보장을 위해 국무총리 소속으로 하되 조사·처분 등 독립성이 요구되는 일부 기능에 대해서는 국무총리의 행정 감독권을 배제하였다. 이로써 그동안 행정안전부와 방송통신위원가 수행했던 업무는 모두 보호위원회로 이관되었다.
- 한편 개정 신용정보법은 개인신용정보와 관련하여 금융위원회의 감독을 받지 않는 신용정보회사 등 금융회사 외의 '상거래 기업 및 법인'에 대해서는 금융위원회의 감독·검사 등을 대신하여 보호위원회에 대하여 자료 제출 요구·검사·출입권·시정명령·과징금·과태료 부과 등의 권한을 부여함으로써 현행의 개인정보보호 추진체계를 완전히 탈바꿈시켰다

(2) 개인정보 범위의 판단기준 제시
- 개정 「개인정보 보호법」은 특정 개인의 식별가능 여부에 대한 기준을 제시하였다. 현행법은 "해당 정보만으로는 특정 개인을 알아볼 수 없더라도 다른 정보와 쉽게 결합하여 알아볼 수 있는" 이라는 정의와 관련하여 과연 "쉽게 결합하여"의 범위가 어디까지인지 여부를 명확하지 않아 법 적용의 어려움 등 논란이 지속되어 왔다.
- 개정법은 "다른 정보의 입수 가능성" 등 기준을 제시하여 기업 등 이해관계자의 개인정보 처리에 기존보다 명확한 기준을 제시하였다. 아울러 "익명정보'라는 용어는 사용하지 않았으나, 익명정보는 개인정보보호법을 적용하지 않는다는 규정도 신설하였다.

(3) 가명정보의 제도화
개정 「개인정보 보호법」은 데이터 활용을 활성화하기 위해 가명정보의 개념을 도입하고, 그 처리에 관한 특례 규정을 신설하였다. 이에 따라 개인정보처리자는 가명정보를 통계작성, 과학적 연구, 공익적 기록보존 등의 목적으로 정보주체의 동의 없이 처리할 수 있게 되었고, 개인정보처리자 간에 지정된 전문기관을 통해서 가명정보를 결합하여 이용할 수 있게 되었다.

(4) 수집목적과 합리적 관련 범위 내에서의 활용 확대
- 개인정보처리자는 애초에 수집 시에 고지한 수집목적과 합리적으로 관련된 범위 내에서 암호화 등 안전성 확보조치를 하였는지 여부 등을 고려하여 대통령령이 정하는 바에 따라 정보주체의 동의 없이 개인정보를 이용 또는 제공할 수 있다.
- 이 규정은 개인정보의 활용을 도모하기 위해 개인정보 목적 명확화 원칙을 완화한 것으로 볼 수 있는데, 새로 생긴 추가의 개인정보 이용 또는 제공 목적이 애초의 수집목적과 합리적으로 관련되었다면 안전성 확보를 전제로 하여 정보주체의 동의 없이 개인정보를 이용하거나 제공하는 것을 허용함으로써 개인정보처리자의 입장에서는 개인정보 처리의 범위를 넓혀주는 효과를 기대할 수 있게 되었다.

898

「개인정보 보호법」에 대한 설명으로 틀린 것은?

① 개인정보 보호위원회는 대통령 소속이다.

② 익명정보는 「개인정보 보호법」의 적용을 받지 않는다.

③ 개인정보처리자 간에 지정된 전문기관을 통해서 가명정보를 결합하여 이용할 수 있다.

④ 대통령령이 정하는 바에 따라 정보 주체의 동의 없이 개인정보를 이용 또는 제공할 수 있다.

> **정답** ①
>
> **풀이** ① 개정 「개인정보 보호법」은 현행 대통령 소속의 보호위원회를 국무총리 소속의 중앙행정기관으로 하고, 독자적인 조직·인사·예산권 및 조사·처분 등 집행권과 의안제출 건의권 및 국회·국무회의 발언권을 부여하였다.
> ② 개정 「개인정보 보호법」은 '익명정보'라는 용어는 사용하지 않았으나, 익명정보는 「개인정보 보호법」을 적용하지 않는다는 규정도 신설하였다.
> ③ 개인정보처리자는 가명정보를 통계작성, 과학적 연구, 공익적 기록보존 등의 목적으로 정보주체의 동의 없이 처리할 수 있게 되었고, 개인정보처리자 간에 지정된 전문기관을 통해서 가명정보를 결합하여 이용할 수 있게 되었다.
> ④ 개인정보의 활용을 도모하기 위해 개인정보 목적 명확화 원칙을 완화한 것으로 볼 수 있는데, 새로 생긴 추가의 개인정보 이용 또는 제공 목적이 애초의 수집목적과 합리적으로 관련되었다면 안전성 확보를 전제로 하여 정보주체의 동의 없이 개인정보를 이용하거나 제공하는 것을 허용함으로써 개인정보처리자의 입장에서는 개인정보 처리의 범위를 넓혀주는 효과를 기대할 수 있게 되었다.

899

개인정보 관련 법률에 대한 설명으로 틀린 것은?

① 「언론중재 및 피해구제 등에 관한 법률」에 따르면, 개인의 신상과 관련된 허위 기사에 대해 언론중재위원회에 조정을 요청할 수 있으나, 허위가 아닌 진실인 경우 또는 시효가 지난 때에는 정정 보도를 요구할 수 없다.

② 「개인정보 보호법」에서 정보 주체는 개인정보처리자에게 개인정보의 삭제를 요구할 수 있지만, 검색 엔진에서 검색되는 개인정보에 대한 삭제 요구는 법적으로 지원되지 않는다.

③ 「개인정보 보호법」에서 사생활 침해 및 명예훼손 등 인격권 침해 정보에 대해서는 정보통신서비스제공자에게 정보의 삭제 또는 임시조치를 요구할 수 있다.

④ 「정보통신망 이용촉진 및 정보보호 등에 관한 법률」에서는 타인의 권리를 침해하지 않는 정보에 대해서는 삭제 등을 요구할 수 없으며, 언론 기사 및 검색 뉴스의 경우에는 기본적으로 언론중재 및 피해구제 등에 관한 법률의 대상이 되어 삭제 및 임시조치 등이 어렵다.

> **정답** ③
>
> **풀이** ③ 사생활 침해 및 명예훼손 등 인격권 침해 정보에 대해서는 정보통신서비스 제공자에게 정보의 삭제 또는 임시조치를 요구할 수 있도록 규정한 법은 「개인정보 보호법」이 아니라 「정보통신망 이용촉진 및 정보보호 등에 관한 법률」이다.

900

개정된 데이터 3법의 내용으로 틀린 것은?

① 개정된 「개인정보 보호법」은 가명정보를 도입하여 통계작성, 연구, 공익적 기록보존을 위해서는 개인 정보주체의 동의 없이도 이용하거나 제공할 수 있도록 규정되었다.

② 개정된 「개인정보 보호법」은 개인정보주체가 본인에 관한 개인정보를 본인이나 본인정보관리회사, 다른 금융회사 등에게 전송하여 줄 것을 요구할 수 있는 전송 요구권이 부여되었다. 이를 통해 개인 정보 자기결정권이 도입되었다.

③ 개정된 「신용정보법」은 자동화평가에 대한 적극적인 대응권을 보장하기 위해 신용정보주체는 자동화 평가의 실시 여부 및 결과, 주요기준, 기초자료 등의 설명을 요구하거나, 정보의 제출 또는 기초정보 의 정정·삭제, 재산출을 요구할 수 있는 권리를 도입하였다.

④ 개정된 「정보통신망법」에서는 개인정보 보호 규정에서 「개인정보 보호법」과 유사·중복되는 규정들 은 모두 삭제하였다.

> **정답** ②
>
> **풀이** ② 「신용정보법」 개정에 따라 신용정보주체는 본인에 관한 개인신용정보를 본인이나 본인신용정보관리회 사, 다른 금융회사 등에게 전송하여 줄 것을 요구할 수 있는 전송 요구권이 부여되었다.

901

개인정보 보호위원회에 대한 설명으로 틀린 것은?

① 국무총리 소속이다.

② 중앙행정기관으로 독자적인 집행권이 있다.

③ 신용정보회사 등 금융회사의 감독·검사 권한을 가진다.

④ 독립성이 요구되는 일부 기능에 대해서는 국무총리의 행정 감독권이 배제된다.

> **정답** ③
>
> **풀이** ③ 보호위원회는 개인신용정보와 관련하여 금융위원회의 감독을 받지 않는 신용정보회사 등 금융회사 외 의 '상거래 기업 및 법인'에 대해서는 금융위원회의 감독·검사 등을 대신하여 자료 제출 요구·검 사·출입권·시정명령·과징금·과태료 부과 등의 권한을 행사한다.

🔎 핵심정리 「정보통신망법」 개정 주요 내용

(1) 「개인정보 보호법」과 유사 · 중복 규정 삭제

「정보통신망법」의 개인정보 보호 규정(제4장)에서 「개인정보 보호법」과 유사 · 중복되는 규정들은 모두 삭제하였다. 예컨대, 개인정보 정의, 민감정보 · 주민등록번호 처리제한, 개인정보 처리위탁, 안전조치의무, 개인정보보호책임자 지정, 정보주체의 권리, 손해배상, 개인정보보호 인증 등의 규정은 모두 삭제하였다.

(2) 삭제된 일부 규정을 「개인정보 보호법」 내에 특례 규정으로 이관

• 삭제된 「정보통신망법」 규정 중에 「개인정보 보호법」과 상이하거나 「정보통신망법」에만 존재하는 규정은 특례 규정으로 하여 「개인정보 보호법」 제6장으로 편입하였다.

• 예컨대, 개인정보의 수집 · 이용, 유출통지 및 신고, 동의철회권, 손해배상, 국내대리인, 개인정보 국외 이전, 상호주의 등 규정과 해당 조항에 따른 과징금 및 형사처벌 조항도 함께 편입되었다.

• 이들 특례 규정은 정보통신서비스 제공자등을 규제대상으로 한정하고, "정보주체"의 개인정보가 아닌 "이용자"(정보통신서비스 제공자가 제공하는 서비스를 이용하는 자)의 개인정보를 그 보호범위로 하고 있다.

(3) 「정보통신망법」에 존치하는 규정

「정보통신망법」의 단말기 접근권한에 대한 동의, 주민등록번호 처리 관련 본인확인기관의 지정 등 규정은 삭제되지 않고 여전히 존치한다. 이들 조항이 존치하는 이유는 개인정보 보호와는 직접 관련은 없으며, 그 적용 대상이 통신사업자 등 방송통신위원회 소관 사업자라는 특성을 반영하였기 때문이다.

🔎 핵심정리 「신용정보법」 개정 주요 내용

(1) 「개인정보 보호법」과 유사 · 중복 조항의 정비 등

• 개인신용정보의 처리, 그 업무의 위탁, 유통 및 관리와 신용정보주체의 보호에 관하여 일반법인 「개인정보 보호법」의 일부 규정을 금융 분야에 알맞게 특별법인 「신용정보법」에 수용하거나 일반법과 특별법의 적용 관계를 보다 명확히 규정하였다.

• 또한 이 법에서 유사하거나 중복적으로 규정하고 있는 내용에 대해서는 「개인정보 보호법」의 해당 조문을 적용하도록 하는 등 현행 개인정보 보호 체계를 보다 효율화하였다.

(2) 가명정보의 개념 도입 등

• 추가정보를 사용하지 아니하고는 특정 개인을 알아볼 수 없도록 처리(가명처리)한 개인신용정보로서 가명정보의 개념을 도입하였다. 그리고 통계작성(시장조사 등 상업적 목적의 통계작성을 포함), 연구(산업적 연구를 포함), 공익적 기록보존을 위해서는 가명정보를 신용정보주체의 동의 없이도 이용하거나 제공할 수 있도록 규정하였다.

• 이외에도 개정 「신용정보법」은 익명처리에 대해서는 금융위원회에서 지정한 데이터 전문기관의 적정성 평가를 거친 경우에는 더 이상 특정 개인을 알아볼 수 없도록 처리한 정보로 추정하여 금융회사 등의 빅데이터 활용에 따른 법적 불확실성을 어느 정도 해소하였다.

902

「신용정보법」 개정 내용에 대한 설명으로 틀린 것은?

① 추가정보를 사용하지 아니하고는 특정 개인을 알아볼 수 없도록 처리(가명처리)한 개인신용 정보로서 가명정보의 개념을 도입하였다.

② 통계작성(시장조사 등 상업적 목적의 통계 작성을 포함), 연구(산업적 연구를 포함), 공익적 기록보존을 위해 가명정보를 신용정보 주체의 동의를 바탕으로 이용하거나 제공할 수 있도록 규정하였다.

③ 개인인 신용정보주체가 금융회사, 정부·공공기관 등에 대하여 본인에 관한 개인신용정보를 본인이나 본인신용정보관리회사, 다른 금융회사 등에게 전송하여 줄 것을 요구할 수 있는 개인신용정보의 전송 요구권을 도입하였다.

④ 개인인 신용정보주체가 금융회사 등에게 자동화평가 실시 여부 및 자동화평가의 결과 및 주요기준, 기초자료 등의 설명을 요구할 수 있도록 하고, 자동화평가 결과의 산출에 유리하다고 판단되는 정보의 제출 또는 기초정보의 정정·삭제, 자동화평가 결과의 재산출을 요구할 수 있는 권리를 도입하였다.

> **정답** ②
>
> **풀이** ② 가명정보를 신용정보 주체의 동의 없이 이용하거나 제공할 수 있다.

903

다음 중 정보사회의 법과 관련된 내용으로 가장 거리가 먼 것은? [2024년 기출]

① 「개인정보 보호법」, 「신용정보의 이용 및 보호에 관한 법률」, 「지능정보화 기본법」을 통칭 데이터 3법이라고 부른다.

② 「정보통신망법」은 정보사회의 기본법으로서 특히 인터넷 기반과 활용 및 서비스의 근거가 되는 법률이라고 할 수 있다.

③ 공공영역과 민간 영역, 의료나 신용 등 개별 영역에서 다양하게 발전되어 오던 개인정보 보호법제는 2011년 「개인정보 보호법」의 제정으로 일반법으로의 법제 통합이 이루어졌고, 이후 2020년 온라인상의 개인정보 보호까지 통합되어 시행되고 있다.

④ 1996년 처음 제정된 「정보화촉진 기본법」은 2009년 「국가정보화 기본법」으로 변경되었고, 지능정보사회를 맞이하여 「지능정보화 기본법」으로 그 제명이 변경되었다.

> **정답** ①
>
> **풀이** ① 데이터 3법은 이른바 「개인정보 보호법」, 「정보통신망 이용촉진 및 정보보호 등에 관한 법률」, 「신용정보의 이용 및 보호에 관한 법률」의 3개 법률을 총칭하는 것이다.

904

데이터 3법에 대한 설명으로 틀린 것은?   [2021년 기출]

① 데이터 이용 활성화를 위해 가명정보 개념을 도입하였다.

② 가명정보는 추가정보의 사용 없이는 특정 개인을 알아볼 수 없게 조치한 정보로서 더 이상 개인을 알아볼 수 없게 조치한 정보이다.

③ 우리나라는 이른바 데이터 3법이라 부르는 「개인정보 보호법」, 「정보통신망법」, 「인공지능법」 등을 2020년 개정하여 비식별화된 빅데이터를 활용하기 위한 길을 열었다.

④ 시간 · 비용 · 기술 등 모든 수단을 합리적으로 고려할 때 다른 정보를 사용해도 더 이상 개인을 알아볼 수 없는 정보(익명정보)의 법 적용 배제를 명확히 하였다.

정답 ③

풀이 ③ 「개인정보 보호법」, 「정보통신망 이용촉진 및 정보보호 등에 관한 법률」, 「신용정보의 이용 및 보호에 관한 법률」 등 3가지 법을 통칭한다. 「인공지능산업 진흥에 관한 법률」은 아직 제정되지 않았다.

마이데이터

핵심정리 **마이데이터**

마이데이터는 개인데이터를 생산하는 정보주체인 개인이 본인 데이터에 대한 권리를 가지고, 본인이 원하는 방식으로 관리하고 처리하는 패러다임을 말한다. 즉 개인데이터의 관리 및 활용되는 체계를 현재의 기관 중심(Organization-centric System)에서 사람 중심(Human-centric System)으로 전환한다는 것이다. 마이데이터는 정보주체인 개인이 본인의 데이터를 처리하고 활용하는 과정에서 데이터에 대한 접근, 데이터의 이동, 처리과정의 통제 등에 대해 능동적으로 결정할 수 있는 권리가 보장되어야 실현될수 있다. 또한 개인데이터를 보유하고 있는 기관은 개인이 요구할 때, 데이터를 안전한 환경에서 쉽게접근하여 이용할 수 있는 형식으로 제공하여야 하며, 데이터의 자유로운 이동과 제3자 접근이 가능하고, 그 활용 결과를 개인이 투명하게 알 수 있도록 한다는 것을 원칙으로 한다.

핵심정리 **Poikola의 개인데이터 유통체계**

(1) 의의

Poikola는 기존의 개인데이터 유통체계를 데이터 연결방식에 따라 API 생태계(Application Programming Interface Ecosystem)와 집합자(Aggregator) 모델로 구분하고, 마이데이터(MyData) 패러다임이 지향하는 마이데이터 모델과 비교했다.

(2) API 생태계

API 생태계는 서비스 간에 필요한 개인데이터를 각각의 API로 연결하는 것이다. 이 유형은 개인이제3자에게 정보 전달하는 것을 동의하면 정보처리기관이 비즈니스 목적에 따라 데이터를 제3자에게API를 통해 전달한다. 이러한 방식은 서비스 수가 증가하면 서비스 간의 연결 수가 급속도로 증가하게 된다. 정보처리기관은 개별 기관이 제공하는 수많은 API를 관리해야 하며, 데이터를 통합하여 활용하는 것 역시 쉽지 않다. 이 모델은 개별 정보처리기관 간 계약을 통해 구축되므로, 정보주체인 개인이 본인의 데이터가 어떻게 사용되는 지에 대한 전체 흐름을 파악하기는 어려운 유형이다.

(3) 집합자 모델

집합자 모델은 API 생태계에서 진화된 유형이라 할 수 있다. 이 유형은 특정 기업의 계정 중심으로연결되는 구조이다. 예를 들어 구글, 네이버 등과 같은 플랫폼 기업의 특정 계정으로 연동되는 형태를 생각할 수 있다. 이는 특정 플랫폼과 연결된 시스템 간에는 상호 운용될 수 있어 플랫폼 내의 데이터 흐름은 원활할 수 있다. 그런데, 집합자 간의 데이터가 상호운용 되지는 않기 때문에 개인이 플랫폼을 변경하게 되면 데이터 흐름이 단절된다. 또한 개인이 해당 플랫폼에게 정보처리 결과에 대한열람 요구 권리 등을 가지고 있더라도 열람 요구로 본인의 어느 정보를 언제 어떻게 처리하고 있는가를 투명하게 알기는 쉽지 않다.

(4) 마이데이터 패러다임

마이데이터 패러다임이 지향하는 개인데이터 유통 체계는 개인이 개별 마이데이터 계정을 가지고 본인 데이터에 접근하여 사용할 수 있는 권한을 가지는 것이다. 즉 개인이 분산되어있는 본인 데이터들을 연결하는 중심점이 되는 것이다. 앞의 유형들이 개인 정보를 이용하는 기관 간에 N대N 관계(API 생태계) 또는 N대1 관계(집합자 모델)를 형성하는 기관 중심의 모델이라면, 마이데이터 모델은 개인주도적인 모델이며 특정 기관이나 개별 플랫폼에 대한 의존도가 높지 않다. 더불어 마이데이터 개념을 실현하는 개인데이터 유통 체계는 개인이 디지털 동의를 편리하게 하고, 포괄적으로 통제할 수 있는 기능을 포함해야 하며, 데이터를 제공함으로써 개인이 얻을 수 있는 혜택도 가시적으로 알 수 있도록 해야 한다.

905
마이데이터에 대한 설명으로 틀린 것은?

① EU가 GDPR을 공표함으로써 실질적인 제도로서 구체화 되었다.

② 서비스 간에 필요한 개인데이터를 각각의 API로 연결하는 것이다.

③ 정보주체인 개인이 기존 기업들이 보유하고 있는 개인정보 통제에 대한 주도권을 돌려받을 수 있다.

④ 구글, 페이스북, 아마존 등 미국 대형 ICT 플랫폼 기업들에 의해 EU의 데이터 시장이 장악되는 것에 대해 대응하고자 하는 측면도 있다.

정답 ②

풀이 ② API 생태계에 대한 설명이다. 마이데이터 패러다임이 지향하는 개인데이터 유통 체계는 개인이 개별 마이데이터 계정을 가지고 본인 데이터에 접근하여 사용할 수 있는 권한을 가지는 것이다. 즉 개인이 분산되어있는 본인 데이터들을 연결하는 중심점이 되는 것이다.

906

우리나라의 마이데이터 정책에 대한 설명으로 틀린 것은?

> 마이데이터 정책은 ⊙ 정보주체인 고객의 명시적 동의 아래, ⓛ 제3사업자가 고객데이터에 접근할 수 있도록 허용하고, ⓒ 정보 보유기관은 표준화된 API 방식 등 컴퓨터 등 정보처리장치로 처리가 가능한 형태로 제3자에게 정보를 안전하게 제공하는 것이다. 여기서 ⓔ 적용 대상이 되는 개인정보는 신용정보를 포함하여 계약의 이행을 위한 것으로 자동화된 수단에 의해 처리가 이루어지는 경우에 한해서이다.

① ⊙

② ⓛ

③ ⓒ

④ ⓔ

정답 ④

풀이 ④ 마이데이터 정책은 정보주체인 고객의 명시적 동의 아래, 제3사업자가 고객데이터에 접근할 수 있도록 허용하고, 정보 보유기관은 표준화된 API 방식으로 제3자에게 정보를 안전하게 제공하는 것이다. 우리나라는 유럽연합의 GDPR에 해당하는 「개인정보 보호법」에서 정보의 전송 요구권을 보장하지 않고 「신용정보법」에서 개인정보 중 신용정보에 한해서만 개인정보이동권을 보장하고 있다.

핵심정리 디지털포렌식

(1) 의의
- 디지털 증거에 대한 과학적인 조사와 기술적 기법뿐만 아니라 위법 수집증거 배제 법칙과 적법절차가 적용되는 법과학의 한 분야다.
- 일반적으로 법적 증거로 사용되는 관점에서 컴퓨터 시스템이나 디지털기기에서 디지털 자료를 수집하는 단계로 부터 이를 분석하고 분석된 자료에 대한 보고서를 작성하여 증거를 보존하는 일련의 절차 및 기술을 통칭한다.
- 디지털 소스로부터 디지털 증거를 보존(preservation), 수집(collection), 증명(validation), 분석(analysis), 제출(presentation)하기 위하여 과학적으로 이끌어 내고 증명하는 방법 유형이다.

(2) 수집 및 사용목적에 따른 분류
① 정보추출 포렌식(information extractoin forensics)

범행 입증에 필요한 증거를 얻기 위하여 디지털 저장매체에 기록되어 있는 데이터를 복구하거나 검색하여 범행을 입증할 수 있는 수치 데이터를 분석하거나, e-메일 등 데이터를 복구 및 검색하여 증거를 찾아내는 것

② 사고대응 포렌식(incident response forensics)

해킹과 같은 침해행위로 손상된 시스템의 로그(Log), 백도어(BackDoor), 루트킷(RootKit) 등을 조사하여 침입자의 신원, 피해내용, 침입경로 등을 파악

(3) 분석대상에 따른 분류
① 모바일 포렌식

휴대폰 스마트폰 PDA, 네비게이션 등 모바일 정보기기에서 필요한 정보를 입수하여 분석하는 분야

② 디스크 포렌식

하드디스크, 플로피디스크, CD ROM 등 각종 보조 기억장치에서 증거를 수집하여 분석하는 분야

③ 네트워크 포렌식

네트워크상에서 전송 데이터를 수집하여 필요한 증거를 추출하고 분석하여 보고하는 과정으로 통신비밀보호법을 침해할 위험성이 매우 크기 때문에 사전에 필요한 수색영장을 발부받아 실행하여야 함

④ 인터넷 포렌식

인터넷 사용자가 웹상의 홈페이지를 방문하여 게시판 등에 글을 올리거나 읽는 것을 파악하고 필요한 증거물을 확보하는 과정으로 주로 웹서버 프로그램에서 남기는 로그 등을 분석하거나 네트워크 포렌식 기술을 이용하여 사용자를 추적

⑤ 데이터베이스 포렌식

데이터베이스로부터 데이터를 추출, 분석하여 증거를 획득하는 방법

907

디지털포렌식에 대한 설명으로 틀린 것은? [2020년 기출]

① 디지털 증거에 대한 과학적인 조사와 기술적 기법뿐만 아니라 위법 수집증거 배제 법칙과 적법절차가 적용되는 법과학의 한 분야다.

② 디지털 증거 분석도구의 신뢰성 확보를 위하여 신뢰성이 검증된 분석 장비와 소프트웨어를 사용하고 공개된 알고리즘을 사용하여 증거가치를 확보해야 한다.

③ 수사절차 전반에 걸쳐 적용되는 원칙으로 디지털 포렌식 또한 헌법과 형사소송법에 근거한 적법한 수사절차에 의해 진행되어야 한다.

④ 정당성은 수집 증거가 위·변조되지 않았음을 증명할 수 있어야 한다는 의미이다.

정답 ④

풀이 ④ 무결성의 원칙에 대한 설명이다.

🔖 핵심정리 **디지털포렌식의 기본 원칙**

(1) **적법 절차의 준수**
수사절차 전반에 걸쳐 적용되는 원칙으로 디지털포렌식 또한 현행법에 근거한 적법한 수사절차에 의해 진행되어야 함

(2) **증거원본의 보존**
디지털 증거 원본은 절대적으로 보존되어야 한다. 따라서 수집, 분석 등 증거분석절차에서 발생 가능한 변경을 방지하고, 원본 사용을 통제하며, 무결성을 증명하는 조치가 병행되어야 한다. 이를 위해 디지털증거 운반 시에 봉인을 해야 하고, 분석 시에 원본을 복제한 후 원본은 보존하고, 복제본으로 분석 작업을 수행하는 것이 원칙이다.

(3) **분석자와 도구의 신뢰성 확보**
디지털증거 분석도구의 신뢰성 확보를 위하여 신뢰성이 검증된 분석 장비와 소프트웨어를 사용하고 공개된 알고리즘을 사용하여 증거가치를 확보한다.

(4) **보관의 연속성**
디지털증거 원본을 확보하되 증거분석의 모든 과정을 상세히 기록해야 하며, 증거수집 시에도 가급적 입회자를 참여시켜 신뢰성을 확보해야 한다.

908

다음 중 디지털포렌식의 기본 원칙에 대한 설명으로 틀린 것은?

① 디지털 증거 분석도구의 신뢰성 확보를 위하여 신뢰성이 검증된 분석 장비와 소프트웨어를 사용하고 공개된 알고리즘을 사용하여 증거가치를 확보하여야 한다.

② 디지털포렌식은 일반 수사절차와는 다르게 위법수집증거 배제 법칙이 적용되지 않는다.

③ 디지털 증거 원본을 확보하고, 증거분석의 모든 과정을 상세히 기록, 증거 수집 시에도 입회자를 참여시켜 신뢰성을 확보하여야 한다.

④ 증거원본 보존을 위하여 운반 시 봉인을 하고, 분석 시 원본을 복제한 후 원본은 보존하고, 복사본으로 분석 작업을 수행하여야 한다.

> **정답** ②
>
> **풀이** ② 적법절차의 원칙은 형사 절차 전반에 적용되는 원칙으로 디지털포렌식 역시 위법수집증거 배제 법칙이 적용된다.

909

디지털포렌식(Digital Forensic)의 기본 원칙에 대한 적절한 진술만을 있는 대로 고른 것은?

> ㄱ. 위법수집증거배제법칙의 예외 사유에 해당한다.
> ㄴ. 원본으로 분석 작업을 수행하는 것이 원칙이다.
> ㄷ. 디지털 증거 원본을 확보하되 증거 분석의 모든 과정을 상세히 기록해야 한다.
> ㄹ. 증거 수집 시에도 가급적 입회자를 참여시켜 신뢰성을 확보한다.

① ㄱ, ㄴ

② ㄷ, ㄹ

③ ㄱ, ㄷ, ㄹ

④ ㄴ, ㄷ, ㄹ

> **정답** ②
>
> **풀이** ㄱ 수사절차 전반에 걸쳐 적용되는 원칙으로 디지털포렌식 또한 현행법에 근거한 적법한 수사절차에 의해 진행되어야 한다.
> ㄴ 디지털 증거 원본은 절대적으로 보존되어야 한다. 따라서 수집, 분석 등 증거분석절차에서 발생 가능한 변경을 방지하고, 원본 사용을 통제하며, 무결성을 증명하는 조치가 병행되어야 한다.

디지털 증거 수집 및 처리 등에 관한 규칙

핵심정리 │ 디지털 데이터 또는 디지털 저장매체 압수 절차

- 디지털 데이터 또는 디지털 저장매체를 압수하는 경우에는 피압수자 또는 참여인을 참여하게 한 후 데이터 고유 식별값(이하 "해시값"이라 한다)을 생성하여 확인 후 서명 · 날인하게 한다.
- 압수 · 수색현장 외의 장소에서 해시값을 확인하는 경우에도 피압수자 또는 참여인의 참여권을 보장하여야 한다.
- 원본의 보존, 압수 · 수색과정의 촬영, 저장매체 봉인 등 디지털 증거의 동일성, 무결성에 대한 합리적 의심이 들지 않는 적절한 방법 또는 조치를 취할 수 있다.
- 디지털 데이터 또는 디지털 저장매체를 압수한 경우에 압수물 목록의 교부는 최종적으로 압수하는 출력물 또는 디지털 압수물 사본의 교부로 갈음할 수 있다.
- 디지털 증거를 압수하는 경우에는 디지털 압수물이 훼손되지 않도록 적절한 조치를 취하여야 한다.

핵심정리 │ 디지털 증거의 분석 및 판례

(1) 디지털 증거의 분석

- 증거분석관은 디지털 압수물이 변경되지 않도록 쓰기방지 장치 등을 사용하여 디지털 압수물과 동일한 복제본을 생성한 후 디지털 압수물과 복제본의 해시값을 기록하여야 한다.
- 증거분석관은 복제본을 이용하여 증거분석을 수행하여야 한다. 다만, 수사상 긴박한 사정이 있거나 복제본을 생성할 수 없는 불가피한 사정이 있는 경우에는 의뢰받은 디지털 압수물로 분석할 수 있다.
- 증거분석관은 복제본과 증거분석을 통해 획득한 디지털 증거를 분석종료 시까지 별도의 디지털 저장매체에 안전하게 보관하여야 한다.

(2) 판례

- 「형사소송법」 제219조, 제121조에 의하면, 수사기관이 압수 · 수색영장을 집행할 때 피의자 또는 변호인은 그 집행에 참여할 수 있다. 압수의 목적물이 컴퓨터용 디스크 그 밖에 이와 비슷한 정보저장매체인 경우에는 영장 발부의 사유로 된 범죄 혐의사실과 관련 있는 정보의 범위를 정하여 출력하거나 복제하여 이를 제출받아야 하고, 피의자나 변호인에게 참여의 기회를 보장하여야 한다.
- 수사기관이 정보저장매체에 기억된 정보 중에서 키워드 또는 확장자 검색 등을 통해 범죄 혐의사실과 관련 있는 정보를 선별한 다음 정보저장매체와 동일하게 비트열 방식으로 복제하여 생성한 파일(이하 '이미지 파일'이라 한다)을 제출받아 압수하였다면 이로써 압수의 목적물에 대한 압수 · 수색 절차는 종료된 것이므로, 수사기관이 수사기관 사무실에서 위와 같이 압수된 이미지 파일을 탐색 · 복제 · 출력하는 과정에서도 피의자 등에게 참여의 기회를 보장하여야 하는 것은 아니다.
- 「형사소송법」 제219조, 제129조에 의하면, 압수한 경우에는 목록을 작성하여 소유자, 소지자, 보관자 기타 이에 준할 자에게 교부하여야 한다. 그리고 법원은 압수 · 수색영장의 집행에 관하여 범죄 혐의사실과 관련 있는 정보의 탐색 · 복제 · 출력이 완료된 때에는 지체 없이 압수된 정보의 상세목록을 피의자 등에게 교부할 것을 정할 수 있다. 압수물 목록은 피압수자 등이 압수처분에 대한 준항고를 하는 등 권리행사절차를 밟는 가장 기초적인 자료가 되므로, 수사기관은 이러한 권리행사에

지장이 없도록 압수 직후 현장에서 압수물 목록을 바로 작성하여 교부해야 하는 것이 원칙이다. 이러한 압수물 목록 교부 취지에 비추어 볼 때, 압수된 정보의 상세목록에는 정보의 파일 명세가 특정되어 있어야 하고, 수사기관은 이를 출력한 서면을 교부하거나 전자파일 형태로 복사해 주거나 e-메일을 전송하는 등의 방식으로도 할 수 있다.

• 전자문서를 수록한 파일 등의 경우에는, 성질상 작성자의 서명 혹은 날인이 없을 뿐만 아니라 작성자·관리자의 의도나 특정한 기술에 의하여 내용이 편집·조작될 위험성이 있음을 고려하여, 원본임이 증명되거나 혹은 원본으로부터 복사한 사본일 경우에는 복사 과정에서 편집되는 등 인위적 개작 없이 원본의 내용 그대로 복사된 사본임이 증명되어야만 하고, 그러한 증명이 없는 경우에는 쉽게 증거능력을 인정할 수 없다. 그리고 증거로 제출된 전자문서 파일의 사본이나 출력물이 복사·출력 과정에서 편집되는 등 인위적 개작 없이 원본 내용을 그대로 복사·출력한 것이라는 사실은 전자문서 파일의 사본이나 출력물의 생성과 전달 및 보관 등의 절차에 관여한 사람의 증언이나 진술, 원본이나 사본 파일 생성 직후의 해시(Hash)값 비교, 전자문서 파일에 대한 검증·감정 결과 등 제반 사정을 종합하여 판단할 수 있다. 이러한 원본 동일성은 증거능력의 요건에 해당하므로 검사가 그 존재에 대하여 구체적으로 주장·증명해야 한다.

핵심정리 관련법조항

「형사소송법」 제106조(압수)

① 법원은 필요한 때에는 피고사건과 관계가 있다고 인정할 수 있는 것에 한정하여 증거물 또는 몰수할 것으로 사료하는 물건을 압수할 수 있다. 단, 법률에 다른 규정이 있는 때에는 예외로 한다.

② 법원은 압수할 물건을 지정하여 소유자, 소지자 또는 보관자에게 제출을 명할 수 있다.

③ 법원은 압수의 목적물이 컴퓨터용 디스크, 그 밖에 이와 비슷한 정보저장매체(이하 이 항에서 "정보저장매체 등"이라 한다)인 경우에는 기억된 정보의 범위를 정하여 출력하거나 복제하여 제출받아야 한다. 다만, 범위를 정하여 출력 또는 복제하는 방법이 불가능하거나 압수의 목적을 달성하기에 현저히 곤란하다고 인정되는 때에는 정보저장매체등을 압수할 수 있다.

「형사소송법」 제129조(압수목록의 교부)

압수한 경우에는 목록을 작성하여 소유자, 소지자, 보관자 기타 이에 준할 자에게 교부하여야 한다.

「형사소송법」 제215조(압수, 수색, 검증)

① 검사는 범죄수사에 필요한 때에는 피의자가 죄를 범하였다고 의심할 만한 정황이 있고 해당 사건과 관계가 있다고 인정할 수 있는 것에 한정하여 지방법원판사에게 청구하여 발부받은 영장에 의하여 압수, 수색 또는 검증을 할 수 있다.

② 사법경찰관이 범죄수사에 필요한 때에는 피의자가 죄를 범하였다고 의심할 만한 정황이 있고 해당 사건과 관계가 있다고 인정할 수 있는 것에 한정하여 검사에게 신청하여 검사의 청구로 지방법원판사가 발부한 영장에 의하여 압수, 수색 또는 검증을 할 수 있다.

「형사소송법」 제216조(영장에 의하지 아니한 강제처분)

① 검사 또는 사법경찰관은 제200조의2·제200조의3·제201조 또는 제212조의 규정에 의하여 피의자를 체포 또는 구속하는 경우에 필요한 때에는 영장없이 다음 처분을 할 수 있다.

1. 타인의 주거나 타인이 간수하는 가옥, 건조물, 항공기, 선차 내에서의 피의자 수색. 다만, 제200조의2 또는 제201조에 따라 피의자를 체포 또는 구속하는 경우의 피의자 수색은 미리 수색영장을 발부받기 어려운 긴급한 사정이 있는 때에 한정한다.

2. 체포현장에서의 압수, 수색, 검증

② 전항 제2호의 규정은 검사 또는 사법경찰관이 피고인에 대한 구속영장의 집행의 경우에 준용한다.

③ 범행 중 또는 범행직후의 범죄 장소에서 긴급을 요하여 법원판사의 영장을 받을 수 없는 때에는 영장없이 압수, 수색 또는 검증을 할 수 있다. 이 경우에는 사후에 지체 없이 영장을 받아야 한다.

「형사소송법」 제217조(영장에 의하지 아니하는 강제처분)

① 검사 또는 사법경찰관은 제200조의3에 따라 체포된 자가 소유·소지 또는 보관하는 물건에 대하여 긴급히 압수할 필요가 있는 경우에는 체포한 때부터 24시간 이내에 한하여 영장 없이 압수·수색 또는 검증을 할 수 있다.

② 검사 또는 사법경찰관은 제1항 또는 제216조 제1항 제2호에 따라 압수한 물건을 계속 압수할 필요가 있는 경우에는 지체 없이 압수수색영장을 청구하여야 한다. 이 경우 압수수색영장의 청구는 체포한 때부터 48시간 이내에 하여야 한다.

③ 검사 또는 사법경찰관은 제2항에 따라 청구한 압수수색영장을 발부받지 못한 때에는 압수한 물건을 즉시 반환하여야 한다.

「형사소송법」 제218조(영장에 의하지 아니한 압수)

검사, 사법경찰관은 피의자 기타인의 유류한 물건이나 소유자, 소지자 또는 보관자가 임의로 제출한 물건을 영장 없이 압수할 수 있다.

910

디지털 증거의 수집 및 처리 절차에 대한 설명으로 틀린 것은?

① 수사기관은 압수된 정보의 상세목록을 출력한 서면을 교부하거나 전자파일 형태로 복사해 주거나 e-메일을 전송하는 등의 방식으로도 할 수 있다..

② 디지털 저장매체 원본을 반출하는 경우에는 원본 봉인 및 참여권 고지 후 원본 반출 확인서를 작성하여야 한다.

③ 압수·수색현장 외의 장소에서 해시값을 확인하는 경우에도 피압수자 또는 참여인의 참여권을 보장하여야 한다.

④ 디지털 데이터 또는 디지털 저장매체를 제출받아 압수하고, 수사기관 사무실에서 위와 같이 압수된 이미지 파일을 탐색·복제·출력하는 경우 피의자 등에게 참여의 기회를 보장하여야 한다.

정답 ④

풀이 ④ 수사기관이 정보저장매체에 기억된 정보 중에서 키워드 또는 확장자 검색 등을 통해 범죄 혐의사실과 관련 있는 정보를 선별한 다음 정보저장매체와 동일하게 비트열 방식으로 복제하여 생성한 파일(이하 '이미지 파일'이라 한다)을 제출받아 압수하였다면 이로써 압수의 목적물에 대한 압수·수색 절차는 종료된 것이므로, 수사기관이 수사기관 사무실에서 위와 같이 압수된 이미지 파일을 탐색·복제·출력하는 과정에서도 피의자 등에게 참여의 기회를 보장하여야 하는 것은 아니다.

911

디지털 증거의 수집 및 처리에 대한 설명으로 틀린 것은?

① 증거분석관은 디지털 압수물이 변경되지 않도록 쓰기방지 장치 등을 사용하여 디지털 압수물과 동일한 복제본을 생성한 후 디지털 압수물의 해시값을 기록하여야 한다.

② 디지털 증거의 분석은 원본 디지털 압수물이 아닌 복제본을 이용하여 수행하며, 복제본과 증거분석을 통해 획득한 디지털 증거는 분석종료 시까지 별도의 디지털 저장매체에 안전하게 보관하여야 한다.

③ 압수의 목적물이 컴퓨터용 디스크 그 밖에 이와 비슷한 정보저장매체인 경우에는 영장 발부의 사유로 된 범죄 혐의사실과 관련 있는 정보의 범위를 정하여 출력하거나 복제하여 이를 제출받아야 하고, 피의자나 변호인에게 참여의 기회를 보장하여야 한다.

④ 압수절차에서 디지털 데이터 또는 디지털 저장매체를 압수한 경우, 피압수자 또는 참여인을 참여하게 하여 데이터의 해시값을 생성하고 이를 확인하게 하며, 이는 압수·수색현장 외의 장소에서도 보장되어야 한다.

> **정답** ①
>
> **풀이** ① 증거분석관은 디지털 압수물이 변경되지 않도록 쓰기방지 장치 등을 사용하여 디지털 압수물과 동일한 복제본을 생성한 후 디지털 압수물과 복제본의 해시값을 기록하여야 한다.

912

디지털 포렌식에 대한 설명으로 틀린 것은?　　　　　　　　　　　　　　　　　[2021년 기출]

① 디지털 증거 압수수색 집행이 종료된 때 지체 없이 피압수자에게 압수 대상 전자정보의 상세목록을 교부하며, 이때 출력한 서면이나 전자 파일 형태로 복사해주거나 e-메일을 전송하는 등으로 갈음할 수 없다.

② 디지털 증거 복제본의 획득, 저장매체 또는 복제본에 대한 탐색·복제 출력 과정 전체에 걸쳐 피압수자 등의 참여권이 보장된다.

③ 디지털 저장매체 원본을 반출하는 경우에는 원본 봉인 및 참여권 고지 후 원본 반출 확인서를 작성하여야 한다.

④ 디지털 데이터를 압수하는 경우에는 해시값을 확인한 후 전자정보 확인서를 작성하여야 한다.

> **정답** ①
>
> **풀이** ① 디지털 증거를 압수한 경우에는 목록을 작성하여 소유자, 소지자, 보관자 기타 이에 준할 자에게 교부하여야 한다. 그리고 법원은 압수·수색영장의 집행에 관하여 범죄 혐의사실과 관련 있는 정보의 탐색·복제·출력이 완료된 때에는 지체 없이 압수된 정보의 상세목록을 피의자 등에게 교부할 것을 정할 수 있다. 압수물 목록은 피압수자 등이 압수처분에 대한 준항고를 하는 등 권리행사절차를 밟는 가장 기초적인 자료가 되므로, 수사기관은 이러한 권리행사에 지장이 없도록 압수 직후 현장에서 압수물 목록을 바로 작성하여 교부해야 하는 것이 원칙이다. 이러한 압수물 목록 교부 취지에 비추어 볼 때, 압수된 정보의 상세목록에는 정보의 파일 명세가 특정되어 있어야 하고, 수사기관은 이를 출력한 서면을 교부하거나 전자파일 형태로 복사해 주거나 e-메일을 전송하는 등의 방식으로도 할 수 있다.

② 수사기관이 압수·수색영장을 집행할 때 피의자 또는 변호인은 그 집행에 참여할 수 있다. 압수의 목적물이 컴퓨터용디스크 그 밖에 이와 비슷한 정보저장매체인 경우에는 영장 발부의 사유로 된 범죄 혐의사실과 관련 있는 정보의 범위를 정하여 출력하거나 복제하여 이를 제출받아야 하고, 피의자나 변호인에게 참여의 기회를 보장하여야 한다. 만약 그러한 조치를 취하지 않았다면 이는 형사소송법에 정한 영장주의 원칙과 적법절차를 준수하지 않은 것이다. 수사기관이 정보저장매체에 기억된 정보 중에서 키워드 또는 확장자 검색 등을 통해 범죄 혐의사실과 관련 있는 정보를 선별한 다음 정보저장매체와 동일하게 비트열 방식으로 복제하여 생성한 파일(이하 '이미지 파일'이라 한다)을 제출받아 압수하였다면 이로써 압수의 목적물에 대한 압수·수색 절차는 종료된 것이므로, 수사기관이 수사기관 사무실에서 위와 같이 압수된 이미지 파일을 탐색·복제·출력하는 과정에서도 피의자 등에게 참여의 기회를 보장하여야 하는 것은 아니다.

③ 「디지털 증거 수집 및 처리 등에 관한 규칙」 제12조 제3항은 '디지털 저장매체 원본을 반출하는 경우에는 원본 봉인 및 참여권 고지 후 원본 반출 확인서 또는 원본 반출 확인서(모바일기기)를 작성하여야 한다.'고 규정하고 있다.

④ 「디지털 증거 수집 및 처리 등에 관한 규칙」 제12조 제1항은 '디지털 데이터를 압수하는 경우에는 해시값을 확인한 후 전자정보 확인서를 작성하여야 한다.'고 규정하고 있다.

913

디지털 증거의 수집 및 처리 절차에 대한 설명으로 틀린 것은?

① 증거분석관은 복제본을 이용하여 증거분석을 수행하여야 한다.

② 수사기관은 압수한 이미지 파일을 탐색·복제·출력하는 과정에 피의자 등에게 참여의 기회를 보장하여야 한다.

③ 수사기관은 압수된 정보의 상세목록을 출력한 서면을 교부하거나 전자파일 형태로 복사해 주거나 e-메일을 전송하는 등의 방식으로도 할 수 있다.

④ 증거분석관은 디지털 압수물이 변경되지 않도록 쓰기방지 장치 등을 사용하여 디지털 압수물과 동일한 복제본을 생성한 후 디지털 압수물과 복제본의 해시값을 기록하여야 한다.

정답 ②

풀이 ② 수사기관이 압수·수색영장을 집행할 때 피의자 또는 변호인은 그 집행에 참여할 수 있다. 그러나 이미 압수의 목적물에 대한 압수·수색 절차가 종료된 이후에도 피의자 등에게 참여의 기회를 보장하여야 하는 것은 아니다.

> **핵심정리** 저작권

- 저작권에 대한 실질적 논의는 1455년 구텐베르크의 인쇄활자 개발로 거슬러 올라간다.
- 1486년 이탈리아 베니스에서 군주가 출판자에게 특권을 부여하는 '출판특허제도'가 시작되어 1500년경 유럽으로 확산되었으며, 1557년 영국왕실이 공식적 검열과 허가를 통한 출판허용을 칙령으로 발표하게 되었다.
- 1709년 출판자에게 배타적 권리를 부여하는 「앤여왕법(The Statute of Anne)」을 세계 최초로 제정하였다.
- 1791년 저작자를 위한 최초의 저작권법으로 프랑스 공연권법이 제정되었다.
- 프랑스는 1793년 「문학 및 예술의 소유권에 관한 법률」을 제정하고 독일은 1871년 제2제국 탄생과 더불어 「제국 저작권법」을 제정하였다.

> **핵심정리** 「저작권법」의 목적

- 1957년 출판, 방송, 공연 등 창작물과 저작자에 대한 권리를 보호하고 관련 산업을 활성화하기 위해 제정
- 저작물을 창작한 저작자의 권리인 저작권과 이에 인접하는 권리인 저작인접권을 보호하고 저작물의 공정한 이용을 도모함으로써 문화 및 관련 산업의 향상 발전에 이바지함을 목적
- 저작물은 인간의 사상 또는 감정을 표현한 창작물로서 실질적으로 모방되지 않고 독자적으로 창작된 것
- 저작권은 저작물의 창작과 동시에 발생하며 특허, 상표 등 산업재산권과는 달리 어떠한 절차나 방식을 요구하지 않음

> **핵심정리** 「저작권법」의 구성

(1) 의의

저작권은 저작재산권, 저작인격권은 물론 저작인접권을 포함하는 권리이다.

(2) 저작재산권

- 저작재산권은 경제적 이익을 보호하는 권리로 그 전부 또는 일부를 양도하거나 이전할 수 있다.
- 저작자가 생존하는 동안과 사망 후 70년간 보호된다.
- 복제권, 공연권, 방송권, 디지털음성송신권, 전시권, 배포권, 대여권, 2차적 저작물 작성권 등이 저작재산권에 포함된다.

(3) 저작인격권

- 저작인격권은 공표권, 성명표시권, 동일성유지권으로 구성된다.
- 저작인격권은 저작자의 명예·덕망 등 인격을 보호하는 일신전속적인 권리로서 양도나 상속이 불가능하다.

(4) 저작인접권
- 저작인접권은 일반 공중에게 저작물을 전달하는 데 상당한 창작적 기여를 한 자에게 부여하는 권리이다.
- 직접 저작물을 창작하지 않았지만 창작에 준하는 역할로 저작에 준하는 권리를 부여한다.
- 실연자(가수, 탤런트, 영화배우, 연주자 등), 음반제작자(음을 최초로 고정한 자), 방송사업자 등의 권리가 이에 해당한다.

핵심정리 공공저작물의 자유이용

제24조의2(공공저작물의 자유이용)
① 국가 또는 지방자치단체가 업무상 작성하여 공표한 저작물이나 계약에 따라 저작재산권의 전부를 보유한 저작물은 허락 없이 이용할 수 있다. 다만, 저작물이 다음 각 호의 어느 하나에 해당하는 경우에는 그러하지 아니하다.
  1. 국가안전보장에 관련되는 정보를 포함하는 경우
  2. 개인의 사생활 또는 사업상 비밀에 해당하는 경우
  3. 다른 법률에 따라 공개가 제한되는 정보를 포함하는 경우
  4. 제112조에 따른 한국저작권위원회(이하 제111조까지 "위원회"라 한다)에 등록된 저작물로서 국유재산법에 따른 국유재산 또는 공유재산 및 물품 관리법에 따른 공유재산으로 관리되는 경우

914

「저작권법」의 프로그램에 관한 특례에 대한 설명으로 틀린 것은?

① 프로그램 언어, 규약, 해법은 프로그램을 작성하기 위한 수단으로 「저작권법」의 보호 대상이 아니다.
② 재판 또는 수사를 위한 목적으로 공표된 프로그램을 복제하는 것은 가능하다.
③ 「유아교육법」, 「초·중등교육법」, 「고등교육법」에 따른 교육기관에서 교육 담당자가 수업과정에 제공할 목적으로 공표된 프로그램을 배포하는 것은 가능하다.
④ 정당하게 프로그램을 소지·이용하는 자라고 하더라도 자신의 이익만을 위해 프로그램의 기능을 조사, 연구, 시험할 목적으로 프로그램을 복제하는 것은 허용되지 않는다.

정답 ④

풀이 ① 프로그램 언어, 규약, 해법은 프로그램을 작성하기 위한 수단으로 「저작권법」의 보호 대상이 아니라는 것은 사실이다.
② 재판 또는 수사를 위한 목적으로 공표된 프로그램을 복제하는 것은 「저작권법」에 의해 허용된다.
③ 「유아교육법」, 「초·중등교육법」, 「고등교육법」에 따른 교육기관에서 교육 담당자가 수업과정에 제공할 목적으로 공표된 프로그램을 배포하는 것은 허용된다.
④ 「저작권법」은 프로그램의 기능을 조사, 연구, 시험할 목적으로 프로그램을 복제하는 것을 허용한다. 단, 이는 정당한 권한에 의해 프로그램을 이용하는 자가 해당 프로그램을 이용 중인 경우에 한한다.

- 저작재산권은 특별한 규정이 있는 경우를 제외하고는 저작자가 생존하는 동안과 사망한 후 70년간 존속한다.
- 공동저작물의 저작재산권은 맨 마지막으로 사망한 저작자가 사망한 후 70년간 존속한다.
- 무명 또는 널리 알려지지 아니한 이명이 표시된 저작물의 저작재산권은 공표된 때부터 70년간 존속한다. 다만, 이 기간 내에 저작자가 사망한지 70년이 지났다고 인정할만한 정당한 사유가 발생한 경우에는 그 저작재산권은 저작자가 사망한 후 70년이 지났다고 인정되는 때에 소멸한 것으로 본다.
- 업무상저작물의 저작재산권은 공표한 때부터 70년간 존속한다. 다만, 창작한 때부터 50년 이내에 공표되지 아니한 경우에는 창작한 때부터 70년간 존속한다.
- 영상저작물의 저작재산권은 공표한 때부터 70년간 존속한다. 다만, 창작한 때부터 50년 이내에 공표되지 아니한 경우에는 창작한 때부터 70년간 존속한다.
- 저작재산권의 보호기간을 계산하는 경우에는 저작자가 사망하거나 저작물을 창작 또는 공표한 다음 해부터 기산한다.

915

저작재산권의 보호기간에 대한 설명으로 틀린 것은?

① 저작재산권은 특별한 규정이 있는 경우를 제외하고는 저작자가 생존하는 동안과 사망한 후 70년간 존속한다.

② 저작자가 사망 후 60년이 경과하고 70년이 되기 전에 공표된 저작물은 공표된 때부터 10년간 존속한다.

③ 공동저작물의 저작재산권은 맨 마지막으로 사망한 저작자의 사망한 후 70년간 존속한다.

④ 저작재산권의 보호기간을 계산하는 경우에는 저작자가 사망하거나 저작물을 창작 또는 공표한 다음 해부터 기산한다.

정답 ②

풀이 ② 2010년 「저작권법」은 '저작재산권의 보호기간은 특별한 규정이 있는 경우를 제외하고는 저작자의 생존하는 동안과 사망 후 50년간 존속한다. 다만, 저작자가 사망 후 40년이 경과하고 50년이 되기 전에 공표된 저작물의 저작재산권은 공표된 때부터 10년간 존속한다.'고 규정하고 있었다. 한미 FTA가 체결되면서 2011년 「저작권법」은 '저작재산권은 이 관에 특별한 규정이 있는 경우를 제외하고는 저작자가 생존하는 동안과 사망한 후 70년간 존속한다.'로 개정되었고, '다만, 저작자가 사망 후 40년이 경과하고 50년이 되기 전에 공표된 저작물의 저작재산권은 공표된 때부터 10년간 존속한다.'라는 단서 규정은 삭제되었다.

916
다음에서 설명하고 있는 권리로 옳은 것은?

> 일반공중에게 저작물을 전달하는 데 상당한 창작적 기여를 한 자에게 부여하는 권리로 직접적으로 저작물을 창작하지 않았지만, 창작에 준하는 역할을 한 것으로 인정하여 저작권에 준하는 권리이다.

① 저작권
② 저작인격권
③ 저작인접권
④ 저작재산권

정답 ③
풀이 ③ 저작인접권에 대한 설명이다.

917
저작인접권의 보호기간에 대한 설명으로 틀린 것은?

① 「저작권법」은 실연의 경우 그 실연을 한 때의 다음 해부터 기산하여 70년간 존속한다.
② 「저작권법」은 방송의 경우 그 방송을 한 때의 다음 해부터 기산하여 70년간 보호한다.
③ 로마협약은 음반 및 음반에 수록된 실연의 경우 고정이 이루어진 해의 연도 말로부터 20년간 보호한다.
④ 로마협약은 음반에 수록되지 않은 실연에 대해서는 실연이 행하여진 해의 연도 말로부터 20년간 보호한다.

정답 ②
풀이 ② 「저작권법」은 방송의 경우 그 방송을 한 때의 다음 해부터 기산하여 50년간 보호한다.

지적재산권 관련 국제기구

🔑 핵심정리 **지적재산권 관련 국제기구**

(1) 세계지적재산권기구(World Intellectual Property Organization, WIPO)
- 1886년 저작권 문제를 위하여 베른조약
- 1883년 산업재산권 문제를 위하여 파리조약 발효
- 위 두 조약을 관리하고 사무기구 문제를 처리하기 위하여 1967년 스톡홀름에서 체결하고 1970년에 발효한 세계지적재산권기구설립조약에 따라 이 기구를 설립
- 1974년 국제연합(United Nations, UN) 전문기구가 됨
- 정책결정기관인 총회를 3년마다 개최하고 회의
- 발명, 상표, 디자인 등 산업적 소유권과 문학, 음악, 사진 및 기타 예술작품 등 저작물의 세계적인 보호를 목적
- WIPO는 지적재산권의 국제적 보호 촉진, 국제협력을 목적으로 하며, 이를 위하여 조약의 체결이나 각국 법제의 조화를 도모하고, 개발도상국에 대해서는 지적소유권에 관한 법률 제정이나 기술 등에 대하여 원조
- 한국은 1973년에 옵서버로 참석하였다가 1979년에 가입

(2) 무역관련 지적재산권협정(Trade Related Intellectual Properties, TRIPs)
- TRIPs 는 무역관련 지적재산권
- 특허권, 의장권, 상표권, 저작권 등 지적재산권에 대한 최초의 다자간 규범으로 UR 다자간 협상의 한 가지 의제로 채택
- 지적재산권의 국제적인 보호를 강화하고 침해에 대한 구제수단을 명기
- 이 규정은 세계무역기구(WTO) 회원국 모두에게 적용
- 이 규범은 최혜국대우를 원칙으로 하며 특허, 의장, 상표, 저작권 외에도 컴퓨터 프로그램, 데이터베이스, 반도체, 영업비밀 등도 보호 대상으로 추가
- 우리나라는 1995년 1월 1일 가입

(3) 세계저작권협약(Universal Copyright Convention, UCC)
① 의의
- 1952년 9월 6일 제네바에서 채택된 저작권에 관한 국제협약이다.
- 우리나라는 현재 세계저작권협약에 가입되어 있다.
② 국가 간 저작권보호에 관한 방식
- 저작권의 발생 및 행사에 일정한 방식(예 등록, 저작권표시, 납본 등)의 이행을 요건으로 하는 방식주의로 미국의 저작권법과 남미국가들 간의 범아메리카조약(Pan-American Convention)등이 해당
- 그 어떠한 방식이나 절차가 없어도 일단 저작물이 창작되면 당연히 저작권을 취득하는 것이 된다는 무방식주의로, 이는 유럽을 비롯하여 아시아 · 아프리카 제국의 베른조약에 따름
③ 세계저작권협약의 목적
- 두 가지 방식의 국가들 간에 저작권보호 상에 마찰이 생겨 이를 해소하기 위해 유네스코의 주도 아래 성립된 것이 곧 세계저작권협약으로 속칭 유네스코조약이라고도 부름

- 이 협약의 주요 골자는 상호주의 원칙에 따라 그 가입국들의 저작권을 보호하기 위해, ⓒ라는 저작권 표시기호를 저작물에 표기하면 무방식주의 국가들의 저작물이 방식주의 국가들에서도 아무런 방식을 요함이 없이 그 저작권이 보호

(4) 베른협약(Berne Convention)
- 산업재산권 보호에 관한 파리조약과 함께 지식재산권에 관한 국제조약 중 하나
- 문학적 · 예술적 저작물의 저작자 권리를 보호하기 위해 1886년 9월 스위스 베른에서 체결된 협약
- 베른협약은 내국인 대우 원칙, 최소한의 보호, 무방식주의, 소급보호 등을 기본원칙
- 서적 · 소책자 · 강의 · 연극 · 무용 · 영화 등 문학 및 예술적 저작물을 대상
- 저작권은 저작자의 생존기간 및 사후 50년 동안 보호한다는 것 등을 원칙
- 보호되는 권리로는 저작인격권에 해당하는 공표권 · 동일성 유지권 · 성명표시권이 있으며, 저작재산권으로는 복제권 · 번역권 · 낭독권 등
- 우리나라는 1996년에 가입

(5) 제네바음반협약
- 국제적으로 증가하고 있던 해적판 음반 배제의 필요성이 급선무가 되어 이를 위한 연주가등 보호협약의 이른바 특별법으로서 음반제작자의 보호를 도모한 것이 이 협약이며, '해적판 방지협약'이라고도 함
- 유네스코와 세계지적소유권기구(WIPO)의 협력 하에 1971년 10월 29일에 제네바에서 합의하여 제정됨, 1973년 4월 18일 발효
- 한국은 1987년 10월 10일 발효
- 보호목적은 음반의 무단복제물의 작성, 수입 및 반포로부터 다른 협약체결국 국민의 음반제작자의 보호
- 각국 법령 예를 들어 저작권법, 부정경쟁방지법, 형법 등에 의거한 보호방법
- 보호기간도 각국 법령에 의하지만 음반에 수록되어 있는 소리가 최초로 고정된 연도 또는 음반이 최초로 발행된 연도의 종료부터 20년보다 짧게 하는 것은 인정되지 않음
- 방식주의국에서 보호요건의 완화조치로서 ⓟ표시가 커버에 최초의 발효연도와 함께 표시하는 것을 요건으로서 인정

(6) 로마협약
- 저작인접권 보호를 위한 국제협약
- 저작물을 실연하고 그 배포에 기여하는 저작인접권자에 대한 국제적 보호방안이 1950년대부터 강구되기 시작
- 1961년 "실연자, 음반제작자 및 방송사업자의 보호를 위한 국제협약(일명 '로마협약')"이 체결
- 국제노동기구(ILO), 세계지식재산권기구(WIPO), UN 교육과학문화기구(UNESCO)가 함께 관장
- 내국민 대우를 원칙으로 하며 저작인접권의 최소한의 보호기준 설정
- 실연자의 녹음 · 녹화권 · 방송권, 2차 사용료 청구권, 공연권 등
- 음반제작자의 복제권, 배포권 및 2차 사용료 청구권 등
- 방송사업자의 녹음 · 녹화권, 동시방송중계권, 공중전달권 등
- 보호기간은 음반 및 음반에 수록된 실연은 고정이 이루어진 해의 연도 말로부터 20년이며 음반에 수록되지 않은 실연에 대해서는 실연이 행하여진 해의 연도 말로부터 20년
- 방송에 대해서는 방송이 이루어진 해 연도 말로부터 20년
- 우리나라는 2008년에 가입하였고, 2009년 3월 18일자로 공표

918

무역관련 지적재산권에 관한 협정(TRIPs)에 대한 설명으로 틀린 것은?

① WTO 협정에 포함된다.

② 회원국에 최혜국 대우 의무를 부과한다.

③ WTO 분쟁절차규정이 적용된다.

④ 방송사업자의 보호기간은 50년이다.

정답 ④

풀이 ④ 저작권자, 실연자, 음반제작자의 보호기간은 50년, 방송사업자의 경우는 20년이다.

🔑 핵심정리   WIPO 신조약

- 1996년 12월 2일부터 12월 20일까지 계속된 외교회의를 통해서 '세계지적재산권기구 저작권조약'(WIPO Copyright Treaty, WCT)과 '세계지적재산권기구 실연·음반 조약'(WIPO Performances and Phonograms Treaty, WPPT)이 탄생하였다.
- WCT 및 WPPT는 기본적으로 기존의 조약에서 미흡한 부분을 보완하는 것으로 베른협약이 저작권 보호를 위하여 간과했거나 불완전했던 부분을 온전하게 처리하자는 것이다.
- 기술과 조약 간 공백을 메우고자 하는 것으로 베른협약이나 로마협약은 디지털 기술을 염두에 두고 있지 않으며, 따라서 동 분야의 발전을 법적으로 분명히 규정할 필요성이 제기된 것이다.
- WIPO 신조약의 전제는 베른협약이나 로마협약에서 규정한 최소한의 보호(minimum protection)를 저해하지 않는다는 것이다. 협상 당사자들 간에 명시적인 합의는 없었으나 WIPO의 새로운 조약은 베른협약과 로마협약 수준을 넘어야 한다는 공감대가 있다.

919

WIPO 신조약에 대한 설명으로 틀린 것은?

① 1996년 12월 2일부터 12월 20일까지 계속된 외교회의를 통해서 '세계지적재산권기구 저작권조약'(WIPO Copyright Treaty, WCT)과 '세계지적재산권기구 실연·음반 조약'(WIPO Performances and Phonograms Treaty, WPPT)이 탄생하였다.

② WCT 및 WPPT는 기본적으로 기존의 조약에서 미흡한 부분을 보완하는 것으로 베른협약이 저작권 보호를 위하여 간과했거나 불완전했던 부분을 온전하게 처리하자는 것이다.

③ 기술과 조약 간 공백을 메우고자 하는 것으로 베른협약이나 로마협약은 디지털 기술을 염두에 두고 있지 않으며, 따라서 동 분야의 발전을 법적으로 분명히 규정할 필요성이 제기된 것이다.

④ WIPO 신조약의 전제는 베른협약이나 로마협약에서 규정하고 있는 최소한의 보호(minimum protection)를 정보통신기술의 발전을 고려하여 시대에 맞게 새롭게 변경해야 한다는 것이다.

920

다음 국제 저작권 관련 조약에 대한 설명으로 틀린 것은?

① 로마협약은 실연이 행해진 연도 말부터 20년 보호

② 세계저작권협약은 국내 저작권법에 따라 사후 70년간 보호

③ 베른협약은 저작자의 생존기간 및 사후 70년간 저작권 보호

④ 제네바음반협약은 최초로 발행된 연도 말로부터 20년 이상 보호

🔖 **핵심정리**   DRM

(1) 디지털 콘텐츠 저작권 보호 기술(Digital Rights Management)

디지털 콘텐츠의 저작권을 보호하는 기술인 DRM(Digital Rights Management)은 저작권자가 배포한 디지털 자료나 하드웨어의 사용을 제한하는 것을 말한다. 특정 자료를 저작권자가 의도한 용도로만 사용하도록 제한하는 데 사용되는 모든 기술을 지칭하는 용어이기 때문에 복사방지, 기술보호 장치도 그 일부라고 할 수 있다.

(2) 디지털 제약 관리(Digital Restrictions Management)

DRM이 기업의 솔루션 용어로 사용될 때는 의미가 조금 달라지는데, 디지털 제약 관리(Digital Restrictions Management)에 더 가까운 의미가 된다. 각 문서 단위에 권한을 주고, 사용권한에 따라 접근할 수 있는 범위를 제한한다.

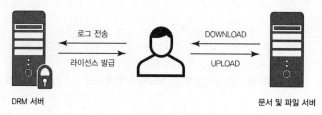

921

출판자 또는 저작권자가 그들이 배포한 디지털 자료나 하드웨어의 사용을 제어하고 이를 의도한 용도로만 사용하도록 제한하는 데 사용되는 모든 기술들을 지칭하는 용어로 옳은 것은? [2020년 기출]

① DRM

② DCMS

③ DOI

④ DO

정답 ①

풀이 ① DRM에 대한 설명이다.

핵심정리 DLP(Data Loss Prevention)

(1) 의의

DLP는 데이터 손실 방지를 의미한다. 데이터의 흐름을 감시하여 기업 내부의 중요 정보에 대한 유출을 감시·차단하는 방식이다.

(2) 기밀정보로 분류할 수 있는 정보의 범위

기밀정보로 분류할 수 있는 정보의 범위는 매우 넓은데, 기업 구성원에 대한 정보와 기업 운영 프로세스, 고객과 직원에 관한 신원확인정보, 영업정보, 재무제표, 마케팅 계획과 같은 전략 정보, 제품기획, 소스코드와 같은 지적 재산을 포함한다.

유출 방지 / 차단 / 추적 / 감사

핵심정리 DLP와 DRM(Digital Restrictions Management)의 비교

구분	DLP	DRM
기본 동작 방식	• 데이터 분류 및 흐름 감시	• 각 문서 단위 권한 제어
적용 개요	• 데이터 흐름을 감시하여 데이터 유출을 감시·차단	• 사용 권한 레벨이 사전에 정의됨 • 문서 생성자가 적절한 권한을 부여하여 문서 소멸 시까지 따라다님 • 문서는 암호화되어 권한을 지닌 사용자만이 접근할 수 있음
어플리케이션 종속성	• 벤더 및 어플리케이션에 중립적이므로 보다 다양한 콘텐츠 감시·차단	• 기존 Office Application 업무 환경·작업 방식에 변화를 초래하며 큰 영향을 줌(MS-Office, Adobe PDF 등)
주요 강점	• 사용자에 투명하게 동작 • 포괄적 보호(단일 에이전트로 다양한 유출 경로 지원, 다양한 파일 형식 지원) • 내용 인식, 추적	• 외부 유출 시에도 문서가 계속 보호됨 (암호화) • 커스터마이즈(그룹웨어 등)

• DRM 기술은 DLP 기술에 시장을 점차 내어주고 있는 실정이다. DRM의 경우 구축 시 비교적 고비용을 투자해야 한다는 부담에서부터 암·복호화에 걸리는 시간적 문제, 높은 사양의 PC 및 서버의 리소스 낭비 등의 문제를 고려해야한다. 또한 권한자가 보유한 복호화 라이선스를 업무자에게 전해주는 절차와 그에 소요되는 시간 때문에 원활한 업무가 이루어지지 않을 수 있으며, 반대로 무조건 승인하는 분위기가 생길 수 있다.

• DLP는 일반적인 업무에서의 자료 유출은 허용하고 통제 대상인 정보의 유출에 대해서만 경고·차단하고 통제 대상이 아닌 정보에 대해서도 모든 유출 기록을 로깅하고 감사할 수 있다. 관리자가 키워드와 패턴을 지정하여 정책을 짤 수 있기 때문에 사용하는 기업에 따라 패턴과 키워드를 조정할 수 있다.

922

DLP(Data Loss Prevention)에 대한 설명으로 틀린 것은?

① 데이터 분류 및 흐름을 감시한다.

② DRM에 비해 벤더 및 어플리케이션에 중립적이므로 보다 다양한 콘텐츠를 감시·차단할 수 있다.

③ DRM과 달리 외부 유출 시에도 계속 보호할 수 있다.

④ 통제 대상이 아닌 정보에 대해서도 모든 유출 기록을 로깅하고 감사할 수 있다.

> 정답 ③
>
> 풀이 ③ DLP는 일반적인 업무에서의 자료 유출은 허용하고 통제 대상인 정보의 유출에 대해서만 경고·차단하고 통제 대상이 아닌 정보에 대해서도 모든 유출 기록을 로깅하고 감사할 수 있다.

923

사진이나 동영상 같은 각종 디지털 데이터에 저작권 정보와 같은 정보를 삽입하여 관리하는 기술로서, 이미지나 문자를 디지털 데이터에 삽입하며 원본 출처 및 정보를 추적할 수 있는 것으로 옳은 것은?

① Digital Watermarking

② NFT(non-fungible token)

③ DLP(Data Loss Prevention)

④ DRM(Digital Rights Management)

> 정답 ①
>
> 풀이 ① Digital Watermarking에 대한 설명이다.

157 대체 불가능 토큰(NFT)

♀핵심정리 대체 불가능한 토큰(NFT)

(1) 의의

- 대체 불가능한 토큰(NFT)은 블록체인에 저장된 데이터 단위로 고유하면서 상호 교환할 수 없는 토큰을 뜻한다.
- NFT(non−fungible token)는 사진, 비디오, 오디오 및 기타 유형의 디지털 파일을 나타내는 데 사용할 수 있다. 사본은 인정되지 않는다.
- 이러한 디지털 항목의 사본은 누구나 얻을 수 있지만 NFT는 블록체인에서 추적되어 소유자에게 저작권과 소유권 증명을 해야 한다.

(2) 기술

- 대체 불가능한 토큰(NFT)은 블록체인에 저장된 데이터 단위이다.
- NFT는 암호화 토큰처럼 작동하지만 비트코인과 같은 암호화폐와는 달리 상호 교환이 불가능하다.
- NFT의 암호화 트랜잭션 프로세스는 NFT 소유권을 추적하는 데 사용되는 디지털 서명을 제공하여 각 디지털 파일의 인증을 보장한다.
- 그러나 예술품이 저장된 위치와 같은 세부 정보를 뜻하는 데이터 링크는 사라질 수 있다.
- 또한 NFT의 소유권은 디지털 자산에 대한 저작권을 부여하지 않는다.
- 누군가 자신의 작품의 NFT를 판매 할 수 있지만, NFT의 소유권이 변경 될 때 구매자가 반드시 저작권 권한을 얻지 못함으로 원래 소유자는 동일한 작품에 더 많은 NFT를 만들 수 있다.
- 그런 의미에서 NFT는 저작권과 분리된 소유권 증명일 뿐이다.

924

대체 불가능한 토큰(NFT)에 대한 설명으로 틀린 것은?

① NFT는 블록체인에 저장된 데이터 단위이다.

② NFT는 암호화 토큰처럼 작동하여 비트코인과 같은 암호화폐처럼 상호 교환이 가능하다.

③ NFT의 암호화 트랜잭션 프로세스는 NFT 소유권을 추적하는 데 사용되는 디지털 서명을 제공하여 각 디지털 파일의 인증을 보장한다.

④ NFT의 소유권은 디지털 자산에 대한 저작권을 부여하지 않는다.

정답 ②

풀이 ② NFT는 암호화 토큰처럼 작동하지만 비트코인과 같은 암호화폐와는 달리 상호 교환이 불가능하다.

📍핵심정리 **컴퓨터의 역사**

1946년 미국 펜실베이니아대학 존 에커트와 존 모클리는 에니악(Electronic Numerical Integrator And Computer, ENIAC)이라는 다용도 디지털 컴퓨터를 개발했다. 에니악은 18,000여 개의 진공관과 1,500개의 계전기를 사용하였고, 무게가 30t이나 되는 거대한 기계였다. 또한 150kw의 전력을 소비하였고, 프로그램을 배선판에 일일이 배선하는 외부 프로그램 방식이었으므로, 에니악에서는 작업에 따라 배선판을 교체해야만 하였다. 이런 에니악의 단점을 보완하기 위해 1945년 존 폰 노이만이 기억장치에 컴퓨터의 명령이나 데이터를 모두 기억시키는 프로그램 내장방식을 제안하였다. 1949년 영국 케임브리지대학에서 세계 최초로 이 프로그램 내장방식을 채택하여 에드삭(EDSAC)을 개발하였고, 미국에서는 1952년 노이만이 자신이 제안한 전자식 프로그램 내장방식인 에드박(EDVAC)을 만들었다. 또한 1951년에는 유니박 I(UNIVAC-I)을 만들어 상품화하는 데 성공하였는데, 이것이 최초의 상업용 컴퓨터이다.

📍핵심정리 **Mark-1, 에니악, 에드삭, 에드박, 유니박**

(1) Mark-1

1944년에 미국의 수학자 에이킨(H.H. Aiken)과 IBM사에 의하여 완성된 것으로, 자동 순서적 제어 계산기(ASCC : Automatic Sequence Control Calculator)라고 하는 세계 최초의 전기 자동 계산기이다. 이 컴퓨터는 후에 '하버드 Harvard Mark-I'이라고 불렸는데, 보통 명칭은 그냥 마크-1이다.

(2) ENIAC

1946년에 완성된 최초의 대형 전자식 디지털 컴퓨터이다. 전자식 숫자 적분 및 계산기(Electronic Numerical Integrator And Computer)인 ENIAC은 1943년에서 3년에 걸쳐서 1946년 2월 15일에 펜실베이니아 대학의 모클리(John W. Mauchly)와 에커트(John P. Eckert)가 제작한 전자 컴퓨터이다. 에니악은 개발 당시 무게 약 30t, 길이 25m, 높이 2.5m, 폭 1m의 크기에 사용 진공관의 수 1만8,800개, 저항기 7,000개, 소요전력 120KW의 거대한 기계 덩어리였다. 이전의 전기기계식 계산기 MARK-1이 1초에 덧셈을 3번밖에 못했던 것에 비하면 매초에 5000번이나 연산을 처리하는 등 당시로서는 획기적인 컴퓨터였다. 에니악은 기억장치가 전혀 없었고 입력장치도 없었다. 따라서 한 가지 계산을 하다가 다른 계산으로 바꾸려면 배선을 뜯어 일일이 다시 연결시키고 스위치를 조정하지 않으면 안 되었다. 또한 에니악은 여전히 10진수를 이용하고 있었다. 그래서 10진수로 입력된 숫자는 2진수로 바꿔 기계에 입력되었다.

(3) EDSAC

1949년 영국 케임브리지 대학 윌크스 교수에 의해 처음으로 노이만형 프로그램 내장 방식을 도입하여 제작된 컴퓨터이다. 앞서 1945년 헝가리 출신의 미국 수학자 폰 노이만은 프로그램 내장 방식 컴퓨터의 개념을 발표했는데, 에드삭은 이를 실용화한 최초의 컴퓨터이다. 여기서 프로그램 내장 방식은 프로그램 및 데이터를 내부 기억장치에 저장한 후 정해진 명령순서대로 수행하는 방식을 이르는 것으로, 에드삭은 앞서 만들어진 에니악(ENIAC)의 단점을 보완해 만들어졌다.

925

컴퓨터의 역사에 대한 설명으로 틀린 것은?

[2022년 기출]

① ENIAC은 1946년 모클리와 에커트가 제작한 최초의 전자식 계산기로서 방정식 풀이를 위해 개발되었다.

② 폰 노이만은 입력 장치, 출력 장치, 메모리, CPU, 레지스터의 5개의 구조를 갖는 프로그램 내장 방식의 컴퓨터를 제안하면서 10진수가 아닌 2진수를 사용할 것을 주장하였다.

③ 트랜지스터, 다이오드, 콘덴서 같은 개별 소자들을 하나의 기판에 통합한 직접회로(IC)를 사용하여 고속 처리가 가능해졌다.

④ 1947년 트랜지스터가 발명되면서 크기가 훨씬 작고 발열 및 전력 소모에서 효율적인 컴퓨터가 개발될 수 있었다. 트랜지스터의 개발은 2세대 컴퓨터의 시작이라고 할 수 있다.

> **정답** ②
>
> **풀이** ② 폰 노이만 구조는 중앙처리장치(CPU), 메모리, 프로그램 세 가지 요소로 구성되어 있다. 그리고 레지스터는 CPU의 일부이기 때문에 입력 장치, 출력 장치, 메모리, CPU, 레지스터의 5개의 구조를 가진다고 할 수 없다.

926

컴퓨터의 역사에 대한 설명으로 틀린 것은?

① 1946년 최초의 진공관 컴퓨터가 등장하였다.

② 1957년 벨연구소는 트랜지스터를 발명하였다.

③ 1964년 IC 회로를 이용한 IBM의 시스템/360이 등장했다.

④ 1977년 최초의 개인용 소형 컴퓨터 애플 II가 개발되었다.

> **정답** ②
>
> **풀이** 트랜지스터는 1947년에 발명되었다.

927

컴퓨터의 발전에 대한 설명으로 틀린 것은?

① 1907년 미국의 리 드포리스트(Lee DeForest)가 3극 진공관을 발명하였다.

② 1947년 벨연구소의 윌리엄 쇼클리(William Shockley) 등에 의해 트랜지스터가 발명되었다.

③ 1968년 텍사스 인스트루먼트사의 잭 킬비(Jack Kilby)가 여러 개의 트랜지스터 회로를 집적할 수 있는 반도체 집적 회로(IC)를 완성하였다.

④ 1976년 크레이리서치사가 최초의 슈퍼컴퓨터인 '크레이 I'을 개발했다.

> 정답 ③
>
> 풀이 텍사스 인스트루먼트사의 잭 킬비(Jack Kilby)가 여러 개의 트랜지스터 회로를 집적할 수 있는 반도체 집적 회로(IC)를 완성한 것은 1958년이다.

928

디지털 커뮤니케이션 시대의 중요 사건에 대한 설명으로 틀린 것은?

① 1946년 최초의 컴퓨터 에니악(ENIAC) 발명

② 1947년 트랜지스터 발명

③ 1958년 집적 회로(IC) 완성

④ 1967년 최초의 PC 애플 II 개발

> 정답 ④
>
> 풀이 애플이 최초의 개인용 컴퓨터인 애플 II를 개발한 시기는 1977년이다.

929

컴퓨터의 역사에 대한 설명으로 틀린 것은?

① ENIAC은 1946년 모클리와 에커트가 제작한 최초의 전자식 계산기로서 방정식 풀이를 위해 개발되었다.

② 폰 노이만은 중앙처리장치(CPU), 메모리, 입·출력 장치의 구조를 가지는 프로그램 내장 방식 컴퓨터의 아이디어를 처음 제시하였다.

③ 1946년 최초의 진공관 컴퓨터가 등장한 이후 1951년에는 최초의 상용 컴퓨터(유니백), 1964년에는 IC 회로를 이용한 최초의 컴퓨터(IBM의 시스템/360)가 등장했다.

④ 1970년대에 접어들어서는 한편으로 대용량화 추세에 따른 슈퍼컴퓨터가 등장했는가 하면, 다른 한편으로는 개인용 소형 컴퓨터가 등장하기도 했다

930

컴퓨터의 발전 과정에 대한 설명으로 틀린 것은?

① 세계 최초의 전자식 계산기는 진공관을 이용한 ENIAC이다.

② 최초의 상업용 계산기인 UNIVAC의 등장으로 컴퓨터의 상품화와 실용화가 시작되었다.

③ 세계 최초의 전기 기계식 계산기는 해석기관의 원리를 실현한 MARK-1이다.

④ 명령어와 데이터를 기계 내부에 저장해 두고 컴퓨터가 해독하여 자동 처리 하는 방식을 처음 적용한 컴퓨터는 EDVAC이다.

931

개인용 컴퓨터(PC)를 상업적으로 성공한 최초의 개인용 컴퓨터를 개발한 기업(㉠), 1981년 퍼스널 컴퓨터라는 모델명의 개인용 PC를 출시하여 상업적 큰 성공을 이룬 기업(㉡), 모든 아키텍처를 직접 설계하여 구축했던 기존의 방법론을 버리고 CPU, 메모리 등의 구성 하드웨어와 운영 체제를 모두 시 장에 있는 기성품을 사용하여 획기적으로 개인용 컴퓨터의 가격을 낮춘 기업(㉢), 컴퓨터를 설계하는 데 핵심인 하드웨어사양을 공개함으로써 다른 기업들의 기술 발전에 기여한 기업(㉣)의 연결이 옳은 것은?

[2022년 기출]

	㉠	㉡	㉢	㉣
①	애플	인텔	인텔	인텔
②	인텔	애플	애플	애플
③	애플	IBM	IBM	IBM
④	IBM	애플	애플	애플

932

다음 중 개인용 컴퓨터(PC)의 역사에 관한 내용으로 옳지 않은 것은?

① 아이비엠의 IBM 5150은 1981년에 출시된 최초의 IBM PC이다.
② 애플의 Apple II는 1977년에 출시되어 개인용 컴퓨터 시장에 큰 영향을 미쳤다.
③ 마이크로소프트의 MS-DOS는 IBM PC의 기본 운영체제로 채택되었다.
④ 애플의 Macintosh는 마우스와 그래픽 사용자 인터페이스를 도입한 최초의 개인용 컴퓨터이다.

933

IBM Personal Computer 5150에 대한 설명으로 틀린 것은?

① 1981년 8월 12일에 출시된 IBM의 첫 개인용 컴퓨터이다.

② 오늘날 보편적으로 사용되고 있는 x86 아키텍처의 출발점이 된 컴퓨터이다.

③ 선발 주자인 애플을 따라잡기 위해 모든 아키텍처를 IBM이 직접 설계하여 구축하였다.

④ 개발 비용을 줄이기 위해 마이크로소프트의 MS-DOS 1.10을 OEM으로 납품받아 운영체제로 사용하였다.

정답 ③

풀이 ③ IBM PC가 처음 출시된 1981년 당시에는 이미 애플 II+가 미국 PC 시장을 점령하고 있었다. 이에 비해 IBM은 모델 5100 등의 소형 컴퓨터를 만든 경험은 있었지만 개인과 가정을 대상으로 컴퓨터를 만들어 본 경험은 없었다. 따라서 IBM은 실패를 대비하고 선발 주자인 애플을 따라잡기 위해 처음부터 모든 아키텍처를 IBM이 직접 설계하여 구축했던 기존의 방법론을 버리고 CPU, 메모리 등의 구성 하드웨어와 운영 체제를 모두 시장에 있는 기성품을 사용하고 다른 회사에서 주변 기기나 호환 기종을 만들 수 있도록 아키텍처를 개방하는 정책을 결정하였다. 심지어는 BIOS의 소스 코드까지 라이선스해 줬을 정도이다.

핵심정리   **컴퓨터의 구성 요소**

(1) 의의

컴퓨터는 물리적 기계 장치인 하드웨어와 그 물리적인 장치를 작동하게 하는 프로그램인 소프트웨어로 구성되어 있다.

(2) 하드웨어

① 의의

㉠ 컴퓨터 하드웨어는 컴퓨터를 구성하고 있는 물리적인 부품을 말한다.

㉡ 하드웨어는 역할에 따라서 입력장치, 연산장치, 제어장치, 기억장치, 출력장치로 구분된다.

㉢ 입력장치는 처리할 데이터나 신호를 컴퓨터에 입력하는 기능을 하고,

㉣ 연산장치는 입력된 데이터를 정해진 작업 순서에 따라 가공처리하는 기능을 한다.

㉤ 제어장치는 컴퓨터 하드웨어를 조율하는 기능을 담당한다.

② 입력장치

입력장치는 연산장치에 데이터를 제공하는 장치이며, 제어장치는 제공된 데이터의 처리과정을 결정하는 장치이다.

③ 기억장치

기억장치는 처리할 데이터를 잠시 동안 보관하거나 입력 데이터, 처리 결과 데이터를 저장하는 기능을 한다.

④ 중앙처리장치

일반적으로 연산장치와 제어장치를 통합하여 중앙처리 장치라고 한다. 기억장치는 주기억장치와 보조기억장치로 구분할 수 있다. 주기억장치는 실행할 프로그램이나 데이터를 일시적으로 기억하는 장치이고, 보조기억장치는 입력된 데이터나 주기억장치에 저장되어 있는 데이터 중에서 현재 바로 사용하지는 않지만 필요할 때 다시 사용할 프로그램이나 데이터를 장기간 저장하는 기능을 한다.

⑤ 출력장치

출력장치는 주기억장치나 보조기억장치에서 처리된 결과를 사용자가 알아볼 수 있는 형태로 보여주는 기능을 한다.

(1) 픽셀(Pixel)
　① 화면을 이루는 최소의 단위, 그림의 화소이다.
　② 픽셀 수가 많을수록 해상도가 높아진다.

(2) 재생률(Refresh Rate)
　픽셀들이 밝게 빛나는 것을 유지하도록 하기 위한 1초당 재충전 횟수이다.

(3) 점 간격(Dot Pitch)
　픽셀들 사이의 공간을 나타내는 것으로 간격이 가까울수록 선명한다.

(4) 해상도(Resolution)
　모니터 화면의 선명도를 나타내는 것으로, 가로/세로 픽셀의 밀도를 표시한다.

(1) 1bit는 픽셀이 담고 있는 정보를 검정과 흰색으로 나타낸다.
(2) 8bit는 256 색상, 24bit는 16,777,216 색상을 나타낸다.

934
컴퓨터의 구성요소에 대한 설명으로 틀린 것은?

① 1bit는 픽셀이 담고 있는 정보를 검정색으로 나타낸다.
② 입력장치는 연산장치에 데이터를 제공하며, 이 데이터는 연산을 위해 일시적으로 기억장치에 보관된다.
③ 출력장치는 주기억장치나 보조기억장치에서 처리된 결과를 사용자가 알아볼 수 있는 형태로 보여주는 기능을 한다.
④ 컴퓨터는 물리적 기계 장치인 하드웨어와 그 물리적인 장치를 작동하게 하는 프로그램인 소프트웨어로 구성되어 있다.

정답　①
풀이　① 1bit는 픽셀이 담고 있는 정보를 검정과 흰색으로 나타낸다.

935

운영체제에 대한 설명으로 틀린 것은?

① 하드웨어를 제어하는 응용 소프트웨어이다.

② 커널(kernel)은 컴퓨터 시스템을 구성하고 있는 자원을 효율적으로 관리하고 제어하 기 위한 소프트 웨어이다.

③ 쉘(shell)이란 사용자로부터 명령을 받아들이고 이를 해석하여 커널에 전달하는 역할을 하는 사용자 환경을 의미한다.

④ 리눅스는 토발즈(Linus Benedict Torvalds)가 개발한 커널이다.

정답 ①

풀이 ① 소프트웨어(software)는 크게 용도와 목적에 따라 시스템 소프트웨어와 응용 소프트웨어로 구분된다. 운영체제는 하드웨어를 제어하는 시스템 소프트웨어이다.

Theme 161 중앙처리장치(CPU)

핵심정리   중앙처리장치

(1) 의의

① CPU

입력 장치로부터 자료를 받아 처리한 후 그 결과를 출력 장치로 보내는 과정을 제어하고 저장한다.

② 레지스터(Register)

중앙 처리 장치 내에 있는 소규모 임시 기억 장치이다.

(2) 제어장치(CU)

① 의의

프로그램의 명령을 해독하여 각 장치에 보내고 처리하도록 지시하는 역할을 담당한다.

② 명령 레지스터(IR)

현재 수행 중인 명령어의 내용을 기억하는 레지스터이다.

③ 프로그램 카운터(PC)

다음에 수행할 명령어의 번지를 기억하는 레지스터이다.

④ 메모리 주소 레지스터(MAR)

기억 장치로부터 오는 데이터의 주소를 기억하는 레지스터이다.

⑤ 메모리 버퍼 레지스터(MBR)

기억 장치로부터 오는 데이터 자체를 기억하는 레지스터이다.

⑥ 명령 암호기(Encoder)

명령 레지스터에 있는 명령어를 암호화하는 회로이다.

⑦ 명령 해독기(Decoder)

명령 레지스터에 있는 명령어를 해독하는 회로이다.

(3) 연산장치(ALU)

① 의의

산술 논리 장치라고도 하며, 연산에 필요한 자료를 입력받아 산술 연산 및 논리 연산을 수행한다.

② 누산기(Accumulator)

연산된 결과를 임시적으로 저장하는 레지스터이다.

③ 가산기(Adder)

두 개 이상의 수를 입력하여 합을 출력하는 레지스터이다.

④ 보수기(Complementer)

두 개 이상의 수를 입력하여 뺄셈을 출력하는 레지스터이다.

⑤ 상태 레지스터(Status Register)

모든 레지스터의 상태를 감독하는 레지스터이다.

936

중앙처리장치(CPU)와 관련된 설명으로 틀린 것은?

① CPU는 입력 장치로부터 자료를 받아 처리한 후 그 결과를 출력 장치로 보내는 과정을 제어하고 저장한다.

② 메모리 버퍼 레지스터(MBR)는 기억 장치로부터 오는 데이터의 주소를 기억하는 레지스터이다.

③ 누산기(Accumulator)는 연산된 결과를 임시적으로 저장하는 레지스터이다.

④ 명령 암호기는 명령 레지스터에 있는 명령어를 암호화하는 회로이다.

정답 ②

풀이 ② 메모리 버퍼 레지스터(MBR)는 기억 장치로부터 오는 데이터 자체를 기억하는 레지스터이다. 기억 장치로부터 오는 데이터의 주소를 기억하는 레지스터는 메모리 주소 레지스터(MAR)이다.

Theme 162 기타 메모리

937

캐시메모리의 기능으로 옳은 것은?

① 메인 메모리의 용량 확장

② 하드 디스크와 같은 보조 기억 장치의 속도 개선

③ CPU와 메인 메모리 사이의 속도 차이 해결

④ 네트워크 트래픽 감소

정답 ③

풀이 ③ 캐시메모리는 CPU와 메인 메모리 사이의 속도 차이를 해결하기 위한 고속 버퍼 메모리이다. CPU가 자주 참조하는 데이터나 명령어를 캐시메모리에 저장하여, 느린 메인 메모리에서 데이터를 가져오는 것보다 빠르게 처리할 수 있다.

163 HCI (Human-computer interaction)

🔑 핵심정리　HCI(Human-computer interaction)

- 인간-컴퓨터 상호 작용(Human-computer interaction, HCI)은 인간과 컴퓨터 간의 상호작용에 대해 연구하는 학문 분야이다. 이 분야에서는 전산학, 심리학, 산업공학 등의 서로 다른 연구 분야가 공동으로 연구를 진행하는 경우가 많다.
- 여기서 말하는 상호작용은 사용자와 컴퓨터 사이에 있는 사용자 인터페이스에서 발현되는 작동을 의미하는데, 사용자 인터페이스는 하드웨어와 소프트웨어를 모두 포함하며, 최근 상황지각컴퓨팅(context-aware computing)의 등장은 사용자 인터페이스의 정의를 주변 상황에까지 확장시키고 있어, 그 의미가 차츰 모호해지고 있다.

938

인간과 컴퓨터 간의 상호작용에 대한 연구로서 인터페이스를 설계하는 방법론이나 절차의 개발이나 인터페이스를 구현하는 방법론에 관심을 가지는 학문 분야로 옳은 것은?　[2021년 기출]

① HCI
② Clustering
③ Informatics
④ Network Anlysis

정답 ①

풀이 ① HCI에 대한 설명이다. HCI에서 말하는 상호작용은 사용자와 컴퓨터 사이에 있는 사용자 인터페이스에서 발현되는 작동을 의미하는데, 사용자 인터페이스는 하드웨어와 소프트웨어를 모두 포함하며, 최근 상황지각컴퓨팅(context-aware computing)의 등장은 사용자 인터페이스의 정의를 주변 상황에까지 확장시키고 있어, 그 의미가 차츰 모호해지고 있다.

🔑 핵심정리　HCI 1.0과 HCI 2.0

(1) HCI 1.0
- 개인, 컴퓨터, 상호작용이라는 세 가지 요소를 중심으로 개인과 컴퓨터의 관계에 중점을 둔다.
- 사람들이 편리하게 사용할 수 있는 컴퓨터 시스템을 개발하는 원리 및 방법을 연구하는 학문이다.
- 한명의 사용자와 컴퓨터 시스템 간에 주고받는 상호작용에 대해 연구하고 궁극적으로 사용자가 좀 더 편리하게 사용할 수 있는 컴퓨터 시스템을 설계하고 평가하는 분야이다.

(2) HCI 2.0
- 단순히 개인이 화면에서 보는 시스템의 모양이 아니라 다양한 시스템과 사람들 간의 모든 상호작용을 대상으로 한다.
- HCI의 범위를 더 넓게 확장하여 규정하고 있으며, 2000년대 후반부터 확산되어 온 Web2.0 환경 안에서 발전하고 있는 HCI를 포괄적으로 지칭한다.
- 개인에서 집단 나아가 전체 사회 구성원들 간의 상호 작용에 사용되는 디지털 제품, 서비스, 디지털 콘텐츠를 포괄하는 디지털 시스템이다.
- HCI 1.0이 개인 사용자와 컴퓨터 간의 기술적인 상호작용에 초점을 두었다면, HCI 2.0은 다양한 디지털 기술을 통해 개인 또는 집단의 사람들에게 새롭고 유익한 경험을 제공하는 데 초점을 두고 있다.

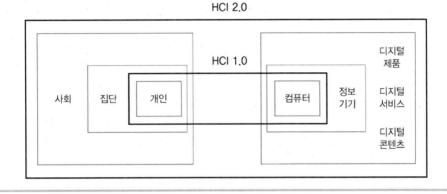

939
HCI에 대한 설명으로 틀린 것은?

① HCI 1.0은 개인, 컴퓨터, 상호작용이라는 세 가지 요소를 중심으로 개인과 컴퓨터의 관계에 중점을 둔다.
② HCI 2.0은 단순히 개인이 화면에서 보는 시스템의 모양이 아니라 다양한 시스템과 사람들 간의 모든 상호작용을 대상으로 한다.
③ HCI 2.0은 한명의 사용자와 컴퓨터 시스템 간에 주고받는 상호작용에 대해 연구하고 궁극적으로 사용자가 좀 더 편리하게 사용할 수 있는 컴퓨터 시스템을 설계하고 평가하는 분야이다.
④ HCI 1.0이 개인 사용자와 컴퓨터 간의 기술적인 상호작용에 초점을 두었다면, HCI 2.0은 다양한 디지털 기술을 통해 개인 또는 집단의 사람들에게 새롭고 유익한 경험을 제공하는 데 초점을 두고 있다.

정답 ③

풀이 ③ 한명의 사용자와 컴퓨터 시스템 간에 주고받는 상호작용에 대해 연구하고 궁극적으로 사용자가 좀 더 편리하게 사용할 수 있는 컴퓨터 시스템을 설계하고 평가하는 분야는 HCI 1.0이다.

(1) 사용자 인터페이스(User Interface)

- 사람과 디지털 시스템 사이에는 일반적으로 입력 장치와 출력 장치가 있으며, 이러한 일련 장치를 사이에 두고 일련의 상호작용이 이루어진다.
- 이때 사람이 접촉하는 디지털 시스템의 입출력 장치와 그 장치에 표현된 내용들을 사용자 인터페이스(User Interface) 또는 인터페이스라고 한다.
- 이런 인터페이스는 단일 화면이나 효과음과 같은 것들에 초점을 맞추기에 사용자와 접하는 시간이 상대적으로 짧다는 특징을 가진다.

(2) 인터랙션(Interaction)

- 인터랙션(Interaction)은 입출력 장치를 매개로 디지털 시스템과 사람이 주고받는 일련의 의사소통 과정이다.
- 인터페이스가 도구적인 측면을 바라본 것이라면, 인터랙션은 의사소통 및 절차적인 측면을 바라본다. 예를 들어 인터페이스가 화면이라면, 이 화면의 내용을 배치하고 글 등을 업로드하는 과정은 인터랙션으로 볼 수 있다.
- 주의할 점은 HCI의 'I'와 시스템 디자인 맥락에서 사용하는 '인터랙션'의 의미가 서로 다르다는 것이다. HCI에서 인터랙션은 사용자에게 최적의 경험을 제공하는 기본 단위로서 인터페이스, 인터랙션, 경험을 모두 포함하는 전반적인 상호작용을 의미한다면, 시스템 디자인에서 인터랙션은 시스템의 행동적인 측면에 초점을 맞추는 상대적으로 작은 개념이다.

(3) 사용자 경험(User Experience)

- 사용자 경험(User Experience)이란 일상생활에서 사람들이 컴퓨터와 상호작용을 하면서 사람들 속에 축적하게 되는 모든 지식과 기억과 감정을 의미한다.
- 주관성(subjectivity)으로 사람마다 전혀 다른 경험을 할 수 있다.
- 총체성(holistic)으로 경험은 특정 시점에 특정 개인이 느끼는 총체적인 효과이기에 구체적인 요소로 구분이 불가능하다. 따라서 특정 경험을 직접적으로 조작할 수 없다.
- 정황성(contextuality)으로 경험은 제품이나 서비스의 특성만으로 결정되는 것이 아니라 인터랙션의 시점이나 환경에서의 맥락에 영향을 받는다. 사용자의 환경과 맥락이 역동적으로 변화하기에 UX도 역동적으로 변화한다.
- UX는 인터페이스라는 구체적 수단으로 HCI를 목표로 하고, 인터랙션은 인터페이스와 HCI를 연결시키는 연결 고리로서의 역할을 한다고 볼 수 있다.

940

사용자 인터페이스(User Interface)에 대한 설명으로 옳은 것은?

① 입출력 장치를 매개로 디지털 시스템과 사람이 주고받는 일련의 의사소통 과정이다.

② 일상생활에서 사람들이 컴퓨터와 상호작용을 하면서 사람들 속에 축적하게 되는 모든 지식과 기억과 감정을 의미한다.

③ 개인에서 집단 나아가 전체 사회 구성원들 간의 상호 작용에 사용되는 디지털 제품, 서비스, 디지털 콘텐츠를 포괄하는 디지털 시스템이다.

④ 사람과 디지털 시스템 사이에는 일반적으로 입력 장치와 출력 장치가 있으며, 이러한 일련 장치를 사이에 두고 일련의 상호작용이 이루어질 때 사람이 접촉하는 디지털 시스템의 입출력 장치와 그 장치에 표현된 내용이다.

> **정답** ④
>
> **풀이** ① 인터랙션(Interaction)에 대한 설명이다.
> ② 사용자 경험(User Experience)에 대한 설명이다.
> ③ HCI 2.0에 대한 설명이다.

941

다음 글에서 설명하는 개념과 가장 관련이 적은 것은?　　　　　　　　　　　　　[2021년 기출]

> 컴퓨터와 사람 간의 상호작용의 접점으로 서로 다른 두 개의 시스템, 장치 사이에서 정보나 신호를 주고받는 경우의 경계면이다. 즉, 사용자가 기기를 쉽게 동작시키는 데 도움을 주는 시스템이다.

① 사이버스페이스

② 인터페이스

③ 인공신경망회로

④ 쿠버네티스

> **정답** ③
>
> **풀이** ③ 인터페이스에 대한 설명이다. 인터페이스는 인간과 기계가 상호작용하는 공간 또는 관계를 의미한다. 인공신경망회로는 뉴로모픽(neuromorphic)칩처럼 인간의 신경 구조, 즉 뉴런을 모방한 Hardware Neuron을 병렬로 연결한 것을 의미한다. 즉 인공신경망회로는 인간의 지능을 기계 등에 인공적으로 구현한 것으로 인간과 컴퓨터가 상호작용하는 공간 또는 관계라고 할 수 없다. 즉 인공신경망 회로가 인터페이스와 가장 관련이 적다. 참고로 API는 프로그램 사이의 상호작용성을 의미한다. 쿠버네티스는 컨테이너화된 워크로드와 서비스를 관리하기 위한 이식성이 있고, 확장가능한 오픈소스 플랫폼으로 인터페이스의 개념에 포함시킬 수 있다. 워크로드는 쿠버네티스에서 구동되는 애플리케이션이다.

164 벤야민 사상에서 기술의 의미

◉ 핵심정리 제1기술과 제2기술

(1) 제1기술과 제2기술
- 벤야민은 기술을, 그를 통해 이루어지는 인간과 자연와의 관계에 따라 제1기술과 제2기술로 구분한다. 우리가 통상 마법적 실천들이라 부르는 주술적, 제의적 행위들은 제1기술에 포함된다.
- 즉 제1의 기술은 가능하면 인간을 중점적으로 투입하고, 후자, 즉 제2의 기술은 가능하면 인간을 적게 투입한다는 점에 있다.

(2) 제1기술과 제2기술의 기술적 위업
- 제1의 기술의 기술적 위업은 말하자면 제물로 바쳐지는 인간이고, 제2의 기술의 위업은 인간이 승선할 필요가 없는 원격조정 비행체들이 개발되는 선상에 놓여 있다.
- '이번 한 번만으로'가 제1의 기술에 해당한다(여기서 중요한 것은 결코 보상할 수 없는 실수거나 영원히 대속하는 희생적 죽음이다).
- 그에 비해 '한 번은 아무것도 아니다'가 제2의 기술에 해당한다(제2기술에서는 실험이 중요하고, 이 실험을 통해 시험적 구성을 지칠 줄 모르게 변형해보는 일이 중요하다).
- 제2의 기술은 인간이 처음으로, 그리고 무의식적인 간계를 가지고 자연으로부터 거리를 취하려고 시도했던 때에서 기원한다. 달리 말해 제2의 기술의 기원은 유희에 있다."

942

기술에 대한 다음과 같은 입장을 가지는 사상가로 옳은 것은? [2019년 기출]

> 제1의 기술의 기술적 위업은 말하자면 제물로 바쳐지는 인간이고, 제2의 기술의 위업은 인간이 승선할 필요가 없는 원격조정 비행체들이 개발되는 선상에 놓여 있다.

① 빌렘 플루서(Vilém Flusser)
② 한나 아렌트(Hannah Arendt)
③ 테오도어 아도르노(Theodor Adorno)
④ 발터 벤야민(Walter Benjamin)

정답 ④

풀이 ④ 벤야민은 기술을, 그를 통해 이루어지는 인간과 자연과의 관계에 따라 제1기술과 제2기술로 구분한다.

943

기술에 대한 다음과 같은 입장을 가지는 사상가로 옳은 것은?

[2019년 기출]

> "자연과 인간의 어울림(협동, 상호작용)"을 목표로 하고 반복성과 실험을 특징으로 갖는 제2의 기술은 개인들의 유희 공간(활동공간, Spielraum)을 일순간 엄청나게 확장시켰다. 그 속에서 일회성과 궁극성을 그 특징으로 갖는 제1의 기술에 짓눌려있던 개인들의 삶들이 자연스럽게 혁명적 요구를 제기하기 시작한다. 혁명은 집단의 신경 감응을 통해 발생하는데, 도달할 수 없는 곳(유토피아)까지 목표로 상정한다. 왜냐하면 제1의 기술이 가리키는 체제는 "사회의 근원적 힘들을 제압하는 일이 자연의 근원 힘들과의 유희를 가능케 할 전제가 되는 체제"인데, 혁명을 시도하는 것은 제2의 기술뿐만 아니라 유희 공간 속에서 제2의 기술에 의해 지각양식이 구성된 대중들이 기 때문이다.

① 테오도어 아도르노(Theodor Adorno)
② 발터 벤야민(Walter Benjamin)
③ 한나 아렌트(Hannah Arendt)
④ 쟝 보드리야르(Jean Baudrillard)

정답 ②

풀이 ② 벤야민에게 기술은 인간의 지각과 종류. 나아가 그방식을 변화시켜 자연에 대한 인간의 관계와 집합체의 존재방식을 변화시키는 결정적인 요소이다.

📍 **핵심정리** 제1기술

(1) 의의
- 제1기술은 자연환경에 적응해야 하는 시원시대의 인간이 자연과 주술적으로 관계를 맺는 과정에서 생겨난 기술이다.
- 시원 시대 인간에게 자연은 공포와 경외의 대상이었을 것이다. 자연의 거대한 힘과 작용이 언제라도 인간의 생존을 빼앗거나 위협할 수 있기 때문이다.
- 인격화된 자연의 변화를 읽어내고, 그 변화의 힘을 안정화시키며 그에 순응하기 위한 인간의 실천은 "주술적 제의와 혼용"되어 있었다.

(2) 제1기술의 특징
- 벤야민은 제1기술의 목표가 "자연의 지배"라고 말하는데, 여기서 '자연의 지배'란 이처럼, 자연의 폭력적 힘을 안정적이고 예상가능하게 제어하는 것을 의미한다.
- 제1기술은 가능하면 '인간이 중점적으로 투입'된다는 점에서 특징적이다. 별자리나 동물의 내장을 읽어내고, 숭배신의 형상을 제작하는 것은 물론이고, 주술적 제의를 위해 신체를 치장하고, 춤이나 노래를 부르고, 제물을 바치는 등의 제의 절차들은 기본적으로 인간에 의해 직접 수행되어야 했다. 경우에 따라서는 인간이 제물로 바쳐지기도 했을 것이다.
- 이러한 점에서 제1기술을 통해 맺어지는 자연과 인간의 관계는 진지하고 엄격한 성격을 가지며, 그 기술의 실행에 있어서 단 한 번의 실수나 잘못도 용납될 수 없다. 따라서 제1기술에서의 시간 경험은 일회적이다. 벤야민은 이를 '이번 한 번만으로'라고 표현한다.

핵심정리 제2기술

(1) 의의
- 제2기술은 제1기술을 통한 인간과 자연과의 관계로부터 자라 나온다. 제2기술은 "인간이 처음으로, 그리고 무의식적 간계를 가지고 자연으로부터 거리를 취하려 시도했던 때에서 기원한다." 인간이 자연으로부터 거리를 취한다.'는 것은 무엇보다 제1기술을 지배하고 있던 신화적, 마술적 세계관에서 벗어나게 된다는 것을 의미한다.
- 공포와 경외의 대상이던 자연과 진지하고 엄격한 태도로 관계 맺던 인간이, 그와는 다른 태도를 갖게 되는 것이 제2기술의 출발점이다. 이러한 점에서 벤야민은 제2기술을 '해방된 기술'이라고 부른다.

(2) 제2기술의 특징
- 인간이 신체적 현존과 행위를 통해 직접 자연과 관계해야 했던 제1기술에서와는 달리, 인간이 제작한 도구나 기계, 장치들이 자연과 인간을 매개해 주기에 제2기술은 '가능하면 인간을 적게 투입한다.'
- 이와 더불어 기술에서의 시간 차원도 변화한다. 단 한차례의 실수나 잘못도 용납되지 않던 제1기술에서와는 달리, 제2기술에서는 수차례의 반복과 실험을 통해 "시험적 구성을 지칠 줄 모르게 변형해보는 일이 중요하다." 그렇기에 제2기술의 모토는 '한번은 아무 것도 아니다.'가 된다.

944
제2기술의 등장이 미친 영향에 대한 벤야민의 주장으로 옳은 것은?

① 기술 발전이 더욱 빠르게 진행되었다.
② 사회의 계급 구조가 더욱 분명해졌다.
③ 과학적 방법론이 예술에 더욱 적용되었다.
④ 예술의 아우라가 사라지고 대중성이 강조되었다.

정답 ④

풀이 ④ 벤야민은 제2기술의 등장이 예술의 '기치(aura)'를 없애고, 대신 예술이 대중적으로 접근 가능해진다는 점을 강조하였다. 이는 기술 복제를 통해 어느 누구나 예술작품을 접하고 감상할 수 있게 된 것을 의미한다.

(1) 기술

기술은, 변화하지 않는 고정된 주체가 단지 자연을 지배하기 위해 사용하는 도구가 아니라, 자연과 관계를 맺고 있는 인간이 자기 자신을 포함한 자연을 새롭게 조직하는 가운데 생겨나는 결과물이다.

(2) 종으로서의 인류

- 기술과 인간 사이의 이러한 관계를 벤야민은 다음과 같이 표현한다. "종으로서의 인간은 수천 년 전부터 발전의 종말에 다다랐지만, 종으로서의 인류는 이제 막 시작하는 중이다. 종으로서의 인류는 기술 속에서 자신의 자연을 조직한다. 그 기술 속에서 종으로서의 인류는 민족이나 가족에서와는 다른 방식으로 우주와의 접촉을 새롭게 형성한다."

- 인간이 '기술 속에서' 자신의 자연을 다르게 조직하면, 인간과 자연(우주)과의 접촉(관계)은 이전과 달라지고, 종으로서의 '인간'은 종으로서의 '인류'가 된다. '종으로서의 인간'이 집합적 주체로서의 '인류'에 대한 의식을 갖지 못한 상태의 인간을 지칭한다면, '종으로서의 인류'는 집합체로서의 자기의식을 지니게 된 상태를 말한다.

- 종으로서의 인류는 문명의 발전 속에서 자라나온 기술을 획득하고 사용함을 통해 자신의 자연을 새롭게 조직한다. 기술은 관조적으로는 얻어질 수 없다. 기술은 관념을 통해서가 아니라 인간의 지각과 신체가 기술에 익숙해짐을 통해서만 획득된다.

- 수영 기술은 물속에서 몸을 움직이는 연습을 통해 익혀지며, 사냥 기술은 사냥에 필요한 지각과 신체 움직임을 통해서만 얻어진다. 특정 도구를 사용하기 위해서는 그 사용에 필요한 지각과 신체능력을 익혀야 한다. 특정 도구나 기술을 사용할 수 있게 된다는 것은, 이전까지 사용되지 않던 신체의 특정 감각이나 기관을 의식적으로 사용할 수 있게 된다는 것이다. 다시 말해 신체가 수의적(隨意的) 신경의 지배를 받게 된다는 것이다. 그렇게 되면 인류는 이전과 다른 방식으로 자연과 관계한다.

- 이처럼 기술은 그를 사용하는 인간 신체의 감각지각과 운동 방식을 변화시키며, 그 변화는 집합체로서의 인류는 "우주와의 접촉을 새롭게 형성"하는 것이다. 제2기술이 '인간과 자연 사이의 새로운 관계' 맺음을 의미하는 것도 이 때문이다. 제1의 기술이 자연의 지배를 목표로 했다면, "제2의 기술은 그보다는 자연과 인류의 어울림을 지향한다. 오늘날 예술이 갖는 사회적으로 결정적인 기능은 자연과 인간의 이러한 어울림을 연습시키는 일이다."

945

다음 중 아래와 같이 언급한 이론가의 주장 중 가장 거리가 먼 것은?

[2024년 기출]

> "쓰이지 않는 것을 읽기" 이러한 읽기가 가장 오래된 읽기이다. 그것은 모든 언어 이전의 읽기, 동물의 내장, 별들 또는 층에서 읽기이다. 나중에는 문자나 상형문자와 같은 새로운 읽기의 매개체들이 사용되기 시작했다.

① 모방과 재현의 태도를 넘어서 놀이와 표현이 중요하다.
② 미디어 읽기를 위한 미디어 리터러시가 중요하다.
③ 번역자의 과제는 원작의 순수언어를 번역자 언어로 표현하는 것이다.
④ 비감각적 유사성에 근거한 미메시스는 감각을 넘어선 유사성을 다루지 않는다.

정답 ④

풀이 ④ 비감각적 유사성에 근거한 미메시스의 대표적인 예는 언어의 기호적 능력에 미메시스적 능력이 통합된 것으로 의사소통 과정을 통해 감각적인 정보가 없이도 대상 간의 유사함을 인식할 수 있는 능력이다.

946

벤야민의 기술과 집합체의 신경감응에 대한 다음 내용 중 틀린 것은?

① 인류가 기술을 통해 자신의 자연을 새롭게 조직하는 것을 벤야민은 집합체의 신경감응이라 부른다. 이는 인간이 자기 자신을 포함한 자연과 이전과는 다른 관계를 맺게 된다는 것을 의미한다.
② 벤야민은 기술을 단지 자연을 지배하기 위해 사용하는 도구가 아니라, 자연과 관계를 맺고 있는 인간이 자기 자신을 포함한 자연을 새롭게 조직하는 가운데 생겨나는 결과물로 이해한다.
③ 종으로서의 인류는 문명의 발전 속에서 관조적으로 그리고 관념을 통해서 기술을 획득하고 사용함을 통해 자신의 자연을 새롭게 조직한다.
④ 기술을 사용하기 위해선 그 사용에 필요한 지각과 신체능력을 익혀야 한다. 특정 도구나 기술을 사용할 수 있게 된다는 것은, 이전까지 사용되지 않던 신체의 특정 감각이나 기관을 의식적으로 사용할 수 있게 된다는 것이며, 그렇게 되면 인류는 이전과 다른 방식으로 자연과 관계한다.

정답 ③

풀이 ③ 종으로서의 인류는 문명의 발전 속에서 자라나온 기술을 획득하고 사용함을 통해 자신의 자연을 새롭게 조직한다. 기술은 관조적으로는 얻어질 수 없다. 기술은 관념을 통해서가 아니라 인간의 지각과 신체가 기술에 익숙해짐을 통해서만 획득된다.

947

벤야민의 복제기술과 대중에 대한 설명으로 틀린 것은?

① 기술적 복제는 대중이 다양한 맥락 속에서 복제 대상을 사용할 수 있게 한다.

② 대중에 의해 동화된 작품은 '개인적 창조물'이 아니라 '집합적 구성물'로서의 성격을 얻게 된다.

③ 기술적 복제의 산물은 대중에게 자기표현과 자기대면의 도구를 제공함으로써 집합체의 자기인식에 기여한다.

④ 기술적 복제로 집단적 수용이 가능해짐으로써 수용자의 비평적 태도와 감상적 태도가 분리되어 감상에 있어 '진보적 태도'를 가능하게 한다.

> **정답** ④
>
> **풀이** 기술적 복제로 집단적 수용이 가능해짐으로써 영화는 감상에 있어 '진보적 태도'를 가능하게 한다. 대량으로 복제됨으로 인해 영화는 다수의 사람들이 일정한 시간 내 동일 작품을 감상하는 것을 가능하게 하였다. 소수의 사람들이 개별적으로 감상하는 회화에서는 수용자의 비평적 태도와 감상적 태도가 분리되어 있기에, 관습적인 것은 아무 비판 없이 수용되는 반면, 새로운 것은 혐오감을 가지고 비판되기 쉽다. 자신에게 익숙한 예술형식에 보수화된 수용자의 감성은 새롭고 실험적인 형식을 수용하기 어렵게 되는 것이다. 이와는 달리 관중 개개인의 반응이 처음부터 직접적인 대중에 의해 제약되어 있는 영화감상에서는 개별적 반응들은 밖으로 표출되면서 서로 컨트롤 하게 되어, 바라보고 체험하는 데 대한 즐거움이 전문적인 비평가의 태도와 직접적이고 긴밀하게 연결되는 "진보적 태도"가 생겨난다.

948

발터 벤야민의 기술에 대한 입장으로 옳은 것은?

① 기술은 자연의 지배이다.

② 제1기술은 '가능하면 인간을 적게 투입'한다.

③ 제2기술은 '가능하면 인간이 중점적으로 투입'한다.

④ 기술 속에서 종으로서의 '인간'은 종으로서의 '인류가 된다'.

> **정답** ④
>
> **풀이** ① 기술은 자연의 지배가 아니라 자연과 인류의 관계의 지배이다.
> ② 제1기술은 가능하면 인간을 중점적으로 투입한다.
> ③ 제2기술은 가능하면 인간을 적게 투입한다.
> ④ 인간이 기술 속에서 자신의 자연을 다르게 조직하면, 인간과 자연과 접촉은 이전과 달라지고, 종으로서의 인간은 종으로서의 인류가 된다. 종으로서의 인간이 집합적 주체로서의 인류에 대한 의식을 갖지 못한 상태의 인간을 지칭한다면, 종의로서의 인류는 집합체로서의 자기의식을 지니게 된 상태를 말한다.

핵심정리 수공적 복제와 기술적 복제

(1) 의의

• 예술 작품에 대한 기술적 복제는 수공적인 복제보다 더 큰 독자성을 지니며, 예술 작품의 존속에 아무런 손상도 입히지 않는다. 예술 작품의 기술적 복제 가능성의 시대에서 예술 작품의 '아우라'는 위축된다.

• 그러나 사진이나 영화와 같은 영역에서 대량 복제 기술은 대중들로 하여금 개별적 상황 속에서 복제품을 쉽게 접하게 한다. 이러한 현상은 전시 가능성을 중시하는 대중 예술이 기존의 제의(祭儀) 의식에 바탕을 둔 예술을 밀어내는 결과를 초래한다.

• 이제 예술 작품은 새로운 기능을 지닌 형상물이 된다. 복제 기술의 발달로 예술 작품의 '아우라'는 사라지지만 누구든 예술 작품에 대해 자신의 의견을 표현할 수 있게 된다.

• 또 대중 예술의 발달은 대중의 각성을 불러일으킴으로써 대중을 집단적 주체로 형성시키는 데 기여한다.

(2) 수공적 복제

• 벤야민이 지적하듯, 기술적 복제가 등장하기 전에도 예술작품은 원리적으로 늘 복제가 가능하였다.

• 제자들이 스승의 작품을 모사하거나, 작품을 보급하려는 장인들이나 이윤을 탐하는 제3자에 의해 원본이 스케치나 판화 등을 통해 복제되는 경우가 그것이다.

• 하지만 이러한 수공적 복제는, 오히려 원본에 대한 관심을 확산시키고, 원본을 대하고자 하는 욕구를 더 강화시켰다.

• 손으로 생산되는 복제에 대해 진품은 이것을 위조품으로 낙인찍음으로써 자신의 권위를 완전하게 유지할 수 있었기 때문이다. 이로 인해 수공적 복제는 예술작품의 권위를 지켜주는 보호대의 역할을 해왔다.

(3) 기술적 복제

• 예술작품의 복제가 탈전통적이고 탈권위적 힘을 발휘하게 된 것은 복제가 인간의 손을 떠나 기술과 결합하고 난 후부터다.

• 예술작품의 기술적 복제는 1900년을 전후로 전승된 예술작품 전체를 대상으로 만들고 예술작품의 영향력에 심대한 변화를 끼치기 시작했을 뿐만 아니라 예술의 작업방식에서 독자적인 자리를 점유하게 될 정도의 수준에 도달하였다.

• 이와 더불어 수공적 복제를 통해서는 일어나지 않던 거대한 변화가 일어나게 되었다. 기술적 복제가 복제된 것을 전통의 영역에서 떼어냄으로써, 전통을 엄청나게 뒤흔드는 결과를 가져온 것이다.

(1) 집합적 구성물

- 기술적 복제를 통해 사물의 모상을 가까운 곳에 가져와 포착하게 되면, 작품들은 집합적 구성물이 된다. 기술적 복제는 복제 대상을 다수화해서 다양한 맥락과 상황 속에서 '반복'시킨다.
- 예를 들어 사진은 예술작품의 '축소'된 이미지를 다량으로 유통시켜 많은 사람들이 각자의 다양한 맥락 속에서 그를 '사용'할 수 있게 한다.
- 복제된 작품을 '사용'하는 대중은 그를 더 자신에게 '동화'시키게 되는데, 이렇게 대중에 의해 동화된 작품은 '개인적 창조물'이아니라 '집합적 구성물'로서의 성격을 얻게 된다.

(2) 집합체의 자기 인식의 도구

- 기술적 복제의 산물, 예를 들어 영화는 대중에게 자기표현과 자기대면의 도구를 제공함으로써 집합체의 자기인식에 기여한다.
- 벤야민은 신문의 독자 투고란이 보여주듯, 대중이 수동적인 독자에서 필자로 나서게 된 글쓰기 분야에서의 변화를 상기시킨다. 대중이 자신의 노동을 말로 표현하고 묘사할 수 있다는 것은 집합체의 자기인식에 중요한 계기인데, 글쓰기의 대중화는 전문가에게만 귀속되던 그 능력이 집합체의 일반적 능력이 되는 데 기여한 것이다.
- 그런데, "글쓰기에서는 수백 년이 걸렸던 이런 변화가 영화에서는 십년 사이에 이루어"지고 있다. 대중이 영화에 등장하게 되어 누구나 영화화되어 화면에 나올 수 있는 권리가 충족되는 것이다. 영화가 대중화되면서 영화가 재현하는 대중의 이미지를 감상하게 될 우연한 청중의 수는 증가하는데, 영화는 그런 청중이 영화 속에서 '자기 자신'을 확인하고 집합체로서의 자기인식을 얻을 가능성을 제공한다.

(3) 집단적 수용의 가능성

- 기술적 복제로 집단적 수용이 가능해짐으로써 영화는 감상에 있어 '진보적 태도'를 가능하게 한다. 대량으로 복제됨으로 인해 영화는 다수의 사람들이 일정한 시간 내 동일 작품을 감상하는 것을 가능하게 하였다.
- 소수의 사람들이 개별적으로 감상하는 회화에서는 수용자의 비평적 태도와 감상적 태도가 분리되어 있기에, 관습적인 것은 아무 비판 없이 수용되는 반면, 새로운 것은 혐오감을 가지고 비판되기 쉽다. 자신에게 익숙한 예술형식에 보수화된 수용자의 감성은 새롭고 실험적인 형식을 수용하기 어렵게 되는 것이다.
- 이와는 달리 관중 개개인의 반응이 처음부터 직접적인 대중화에 의해 제약되어 있는 영화감상에서는 개별적 반응들은 밖으로 표출되면서 서로 컨트롤 하게 되어, 바라보고 체험하는 데 대한 즐거움이 전문적인 비평가의 태도와 직접적이고 긴밀하게 연결되는 "진보적 태도"가 생겨난다.

949

벤야민의 복제기술과 대중에 대한 이해로 틀린 것은?

① 복제기술을 통한 작품은 집합적 구성물이 되어 개인적 창조물에서 벗어나 대중에게 동화될 수 있는 기회를 제공한다.

② 기술적 복제의 산물인 영화는 대중에게 자기표현과 자기대면의 도구를 제공하며, 이는 집합체의 자기 인식에 기여한다.

③ 기술적 복제로 집단적 수용이 가능해짐으로써 수용자의 비평적 태도와 감상적 태도가 분리되어 있기에, 관습적인 것은 아무 비판 없이 수용되는 반면, 새로운 것은 혐오감을 가지고 비판되기 쉽다.

④ 복제기술은 기본적으로 예술의 '축소'된 형태를 많이 생성하고 유통시키며, 이로 인해 대중은 각자의 다양한 맥락 속에서 그를 '사용'할 수 있게 된다.

정답 ③

풀이 ③ 기술적 복제로 집단적 수용이 가능해짐으로써 영화는 감상에 있어 '진보적 태도'를 가능하게 한다. 대량으로 복제됨으로 인해 영화는 다수의 사람들이 일정한 시간 내 동일 작품을 감상하는 것을 가능하게 하였다. 소수의 사람들이 개별적으로 감상하는 회화에서는 수용자의 비평적 태도와 감상적 태도가 분리되어 있기에, 관습적인 것은 아무 비판 없이 수용되는 반면, 새로운 것은 혐오감을 가지고 비판되기 쉽다. 자신에게 익숙한 예술형식에 보수화된 수용자의 감성은 새롭고 실험적인 형식을 수용하기 어렵게 되는 것이다.

Theme 166 시몽동의 인간-기계 관계 설정과 '정서적 감동'

◉ 핵심정리 　인간-기계의 관계 설정

(1) 의의

기계는 지배의 수단이나 허구적 기교의 산물이 아니라 기술성이 개체수준에서 표현된 '기술적 대상'이다(Simondon).

(2) 기술만능주의

- 기술만능주의는 기계에 대한 우상숭배에 불과하고 이를 동일시하며 무제약적인 능력을 얻고자 하는 "테크노크라트 즉 기술 관료의 열망"을 의미한다. 즉 권력에 대한 기술 관료의 욕망은 기계를 헤게모니 획득을 위한 지배의 수단으로 활용하여 "현대식 미약(媚藥)"을 만들어냄으로써 자신의 동료들까지 지배하고자 안드로이드 기계를 불러낸다.
- 이러한 맥락에서 기존의 문화에는 두 가지 모순적인 태도가 발견된다. 한편으로 기계와 같은 기술적 대상들을 의미 작용이 없는 "물질의 조립물"로서 보며 그 유용성만을 강조하는 태도가 있다면, 또 다른 한편의 태도는 로봇과 같은 기술적 대상들이 인간에게 반란과 위험을 초래하는 적대적인 의도에 의해 움직이고 있다는 것이다. 양자의 결론은 기계들을 인간의 노예와 같이 예속상태로 두어야 한다는 신념으로 집약된다. 문제는 그 인간-기계의 예속관계에 대한 시각이 인간 자신에 대한 지배력과 내적 통제를 상실하고 있음을 반증한다는 점에 있다.

(3) 인간 기계 앙상블

- 인간-기계의 관계 설정에서 위계적이거나 종속적인 위상은 기술만능주의의 산물로서 파악된다. 즉 기계는 기술적 앙상블의 요소로서, 정보량과 역엔트로피를 증가시키는 조직화의 작품이자 세계의 안정장치인 것이다.
- 시몽동에게 인간은 기계의 지배자나 감시자가 아니라 "기계들을 연결시켜 주는 살아있는 통역자"나 오케스트라의 지휘자와 같은 "기술적 대상들의 상설 조직자"이다. 즉 기술적 대상의 사용자는 단지 이 기계의 소유자가 아니라 "그 기계를 선택하고 보전하는 인간일 수 있도록 하는 사회적, 경제적 양식을 발견"하고, 사회구조의 변화를 꾀할 수 있는 실천적 역할을 수행해야 하는 것이다.
- 이러한 맥락에서 시몽동이 강조하는 '인간 기계 앙상블'은 인간과 기계의 본질적 차이에 근거해 공통의 문제해결을 위해 상호 협력적으로 연대하는 평등 관계의 민주적 모델로서 의미를 지닌다. 이러한 앙상블을 유지하기 위해 인간은 "조정자나 발명가"가 되어야 한다. 즉 인간은 기계들과의 수평적이고 협력적 관계망 속에서 공존하며 발명과 같은 기술적 활동 자체를 일상의 삶으로 기획하고 수행하는 것이다. 왜냐하면, "진정한 기술적 앙상블"은 기술적 개체들을 활용하는 게 아니라 상호 접속관계의 기술적 개체들로 짜인 하나의 조직이기 때문이다.

(4) 기계의 특수성

기계의 특수성은 인간과 달리 자기 자신을 문제 삼을 수 있는 문제 제기 역량이나 자기 혁신을 위한 자발적인 정보생산 능력이 상대적으로 약하다는 점에서 발견되기 때문이다.

(5) 결론

요컨대, 시몽동의 사유를 정리하면 다음과 같다. 우선, 인간-기계의 앙상블을 구현하기 위해서 인간은 기술적 대상인 기계와의 수평적, 협력적 관계를 지향하며 기술관료주의의 오류에서 벗어날 수 있도록 해야 한다. 이를 위해 인간-기계의 앙상블을 문화적으로 구현하기 위해서는 발명과 같은 기술적 활동과 의사소통의 조정 장치로서 학습 및 제작 공동체에 참여하여 파편화되고 고립된 개별적 힘이 아니라 개체초월적 집단 지성을 실현할 수 있도록 한다.

950

인간과 기계 또는 기술에 대한 각 학자의 입장으로 틀린 것은?

[2021년 기출]

① 들뢰즈(Deleuze)와 과타리(Guattari)는 기계들의 공명과 정동을 강조한 바 있다.

② 시몽동(Simondon)은 인간-기계의 관계 설정에서 기계를 헤게모니 획득을 위한 지배의 수단으로 본다.

③ 모스(Mauss)는 사회 구성원으로서 몸을 배우는 방식을 기술이라고 본다.

④ 플루서(Flusser)는 도구가 기계로 발전하고, 기계는 다시 장치로 발전하지만 이 모두는 도구이기도, 기계이기도 하다고 본다.

정답 ②

풀이 ② 시몽동이 강조하는 '인간 기계 앙상블'은 인간과 기계의 본질적 차이에 근거해 공통의 문제해결을 위해 상호 협력적으로 연대하는 평등 관계의 민주적 모델로서 의미를 지닌다. 이러한 앙상블을 유지하기 위해 인간은 "조정자나 발명가"가 되어야 한다. 즉 인간은 기계들과의 수평적이고 협력적 관계망 속에서 공존하며 발명과 같은 기술적 활동 자체를 일상의 삶으로 기획하고 수행하는 것이다.

🔑 핵심정리   개체초월성과 역량의 발명

- 개체초월성은 개체의 죽음에도 소진되지 않는 "전(前) 개체적인 퍼텐셜(potential, 잠재력)"로서 개체들 각각의 존재 자체를 넘어서서 개체들 사이의 새로운 관계 맺음과 집단화를 가능하게 하는 동력으로 작용한다. 시몽동이 강조하는 기술적 활동은 이러한 "개체초월적집단"의 수준에서 실현된다. 즉 여기서 '전(前)개체적 실재'란 시몽동의 개체화론에 근거한 개념으로서 실재의 지속적인 개체화 작용 안에서 소진되지 않고 존속하며 새로운 개체화의 산출동력이 되는 "퍼텐셜 에너지"를 의미한다. 즉 "인간 주체에 의해 발명되었고 사유되고 요구되었으며 책임 지워졌던 것으로서의 기술적 대상은, 우리가 개체초월적이라 부르고자 하는 관계의 표현 매체이자 상징이 된다."

- 생물학적 개체에서 '기술적 주체'로 질적 도약하기 위해서는 개체초월적 관계의 발명과 이를 구현할 수 있는 역량이 개발되어야 한다는 점이다. 이 경우 '발명'은 어떤 개인이나 개체의 탁월한 역량이 아니라 "존재자의 무엇인가를 실어 나르는" 개체초월적 역량을 가리킨다. 왜냐하면, 발명하는 것은 개체가 아니라 바로 주체, 즉 기술적 주체이기 때문이다. 이러한 주체는 노동하는 생물학적 개체와 달리 더 광대하고 풍부하며, 개체화된 존재의 개체성 외에도 자연, 즉 비-개체화된 존재자의 어떤 무게를 포함하는 것이다. 예컨대, 개체초월적 관계의 발명은 인간-기계의 앙상블의 효과를 통해 새로운 관계의 변이와 공동체 활동을 통해 창조적인 다중지성을 생성해낼 수 있는 것이다.

⚷ 핵심정리 **정서적 감동**

- 정서적 감동이란 주체화 과정에서 개체들 사이의 개체초월적인 집단적 연대를 가능하게 해주는 정서를 의미한다. 기존의 사회적 관계로부터 분리되어 나온 주체는 불안과 고독을 느끼게 되지만, 이런 느낌들은 개체초월적인 관계의 형성과 함께 집단적으로 동감하고 감동하는 정서로 변이하기 때문이다. 즉 "집단적인 것이 개체화"하는 순간 정서적 감동의 변이가 발생하는 것이다.
- 스피노자에 따르면, 정동은 개별적인 정서의 변이와 이행능력을 의미하며, 인간의 정동은 크게 세 가지 구성 요소인 욕망, 기쁨, 슬픔으로 이루어진다. 예컨대, 즐거운 만남을 통해 경험한 기쁨의 정서는 나의 "자기 보존의 노력"인 코나투스를 더 큰 완전성으로 이끄는 반면 권위적이고 억압적인 사람과의 만남은 나의 능력을 더 위축시키고 슬픔의 정서로 나를 유도하게 된다.
- 즉 쾌감과 유쾌함, 사랑의 정서들로의 변이들은 나의 힘을 증가시키는 반면, 고통이나 우울함의 상태로의 이행은 힘을 감소시키는 것이다. 따라서 나의 코나투스 혹은 능력을 더 강화시키기 위해서는 어떠한 만남과 관계들을 형성할 것인가, 혹은 어떠한 공동체의 활동에 참여할 것인가 하는 점이 중요하게 제기된다. 왜냐하면, 정서의 변이인 정동은 개인의 고립된 행동에서 가 아니라 또 다른 개인이나 집단들과의 관계와 활동들 속에서 발생하기 때문이다.
- 시몽동이 강조하는 '상호 협력적인 인간 기계 앙상블'은 스피노자의 정동에 사유와 궤를 같이하며, 코나투스 능력을 능동적으로 변이시키기 위해서는 인간과 기계의 협력적 관계에 기반한 새로운 포스트 휴먼의 기술적 활동이 고려되어야 하는 것이다. 시몽동의 기술철학과 연동하여 들뢰즈와 과타리의 기계론을 검토하고자 하는 것도 이러한 맥락과 맞물려 있다.

951

시몽동의 개체초월성과 역량의 발명에 대한 설명으로 틀린 것은?

① 개체초월성은 개체의 죽음에도 소진되지 않는 '전(前) 개체적인 퍼텐셜(potential, 잠재력)'으로서 개체들 각각의 존재 자체를 넘어서서 개체들 사이의 새로운 관계 맺음과 집단화를 가능하게 하는 동력으로 작용한다.

② 시몽동의 생각에서, 발명이란 개인이나 특정 개체의 탁월한 역량에 의해 이루어지는 것이 아니라, '존재자의 무엇인가를 실어 나르는' 개체초월적 역량에 의해 이루어진다. 이러한 역량의 발휘는 기술적 주체에 의해 이루어진다.

③ 정서적 감동은 개체들 사이의 개체초월적인 집단적 연대를 가능하게 해주는 정서로, 기존의 사회적 관계로부터 분리되어 나온 주체가 불안과 고독을 느끼게 되는 과정에서 발생한다.

④ 시몽동이 강조하는 '상호 협력적인 인간－기계 아상블라주'는 인간과 기계의 협력적 관계에 기반한 새로운 포스트휴먼의 기술적 활동을 가능하게 한다.

정답 ④

풀이 ④ 아상블라주(Assemblage)는 들뢰즈와 과타리가 제시한 것으로, 복합체나 집합을 의미한다. 아상블라주는 서로 다른 성분들이 모여서 새로운 전체를 형성하는 개념인데, 이 개념을 통해 들뢰즈와 과타리는 복잡성, 다양성, 유동성 등을 강조하며, 불연속적이고 비선형적인 변화와 다양한 요소들이 상호작용하는 현상을 설명했다. 시몽동은 '상호 협력적인 인간 기계 앙상블'이라는 개념을 제시했다.

952

시몽동의 기술철학에서 개체초월적 역량에 대한 설명으로 틀린 것은?

① 전(前) 개체적인 잠재력을 의미한다.

② 창조적인 다중지성을 생성해낼 수 있다.

③ 생물학적 주체로 질적 도약하기 위해 필요하다.

④ 발명은 어떤 개인이나 개체의 탁월한 역량이 아니라 비－개체화된 존재자의 역량이다.

Theme 167 들뢰즈와 과타리의 인간-기계 관계 설정과 공명·정동

핵심정리 **들뢰즈와 과타리의 기계론**

(1) 의의

들뢰즈와 과타리의 유물론적 사유가 두드러지게 나타나는 '기계'의 개념은 기계학과 구분된다. 그러면, 기계는 어떠한 특징을 지니고 있는가? 그것은 사용의 차원에서 본 '작동'의 방식과 다양한 기계의 사용을 규정하는 '절단'의 차원으로 구분된다. 구조주의의 정태적이고 닫혀있는 구조 개념과 달리 기계는 작동과 분리 및 절단의 방식을 통해 다양한 기계들의 운동과 특징들을 보여준다.

(2) 기계

- 기계란 "작동"을 강조하는 것으로서 결정론적이고 자기 폐쇄적인 코드화된 관계를 다루는 기계학과 달리 기계들의 작동과 접속에 초점을 둔 것이다.
- 들뢰즈와 과타리의 사유에서 기계는 '기계론'으로 통칭되는 이론적 접근 속에서 논의된다. 이러한 기계의 특성은 기계의 작동 방식뿐 아니라 "어떠한 결과를 산출하는가."에 따라 규정된다. 예컨대, 어떠한 기계가 '고장났다.'는 것은 특정한 결과 산출이 이루어지지 않았을 경우에 해당한다.
- 광의적 차원에서 기계는 기술적 기계뿐 아니라 이론적, 사회적, 예술적 기계들을 포함하며, 고립되어 작동하지 않고 집합적 배치를 통해 이루어진다. 예컨대, 기술적 기계는 공장에서 사회적 기계, 훈련기계, 조사연구기계, 시장기계 등과 상호작용한다. 또한 사회적 기계로서 전쟁기계, 사랑기계, 혁명기계 등이 여기에 포함되며, 예술적 기계들로서 책기계, 그림기계 등이 존재한다. 이와 같은 모든 기계들을 통칭하여 들뢰즈와 과타리는 "추상기계"라고 명명한다. 여기서 '추상기계'란 특정한 지층 위에서 반복되는 사건들이 갖는 특이성을 가장 극도로 추상화한 것을 말한다.
- 기계가 갖는 특징은 절단의 차원에서 파악된다. 들뢰즈와 과타리에 따르면, 기계는 "절단들의 체계"이다. 즉 기계들은 연속된 물질적 흐름과 연관되어 있고, "햄을 절단하는 기계"처럼 기능한다. 이러한 기계의 절단은 또한 다른 기계와 연결되는 한 흐름의 절단을 생산하며, 다양한 흐름의 방출과 절단을 통해 결과들을 산출한다. 예컨대, 거식증의 입은 위 기계, 항문 기계, 입 기계, 호흡 기계 등의 사이에서 주저하며 다양한 기계의 작동을 보여준다. 입이 음식과 접속하여 맛과 영양소의 흐름을 절단·채취하면 '먹는 기계'가 되고 전화기와 접속하면 '말하는 기계'가 되는 것이다.
- 이러한 관점에서 볼 때 들뢰즈와 과타리의 기계 개념은 시몽동의 기계 개념과 유사성이 발견된다. 왜냐하면, 시몽동에게 기계란 지배와 통제의 대상이 아니라 창의적인 기술적 활동이 이루어지는 기술적 대상이라는 점, 그리고 근대적 휴머니즘의 사유 속에 내재한 이성중심주의를 벗어나 인간과 기계의 수평적 관계를 중시하는 관점에 근거하기 때문이다. 이것은 들뢰즈와 과타리의 기계론에서도 발견되는 것이다. 다만, 이들의 경우 기술철학을 강조하는 시몽동과 달리 기계론의 범주를 기술적 기계뿐 아니라 다양한 이론적, 사회적, 예술적 기계들로 확장하고 있다는 점에서 다양한 포스트 휴먼의 새로운 신체들과 접속들을 대안적으로 성찰할 수 있다는 점에서 시사점을 제공한다.

(3) 욕망 기계로서의 인간

- 욕망기계로서의 인간에 대한 관점이다. 들뢰즈와 과타리의 욕망 개념은 '행동' 혹은 '운동'의 차원에서 이해되는 개념이다. 인간을 욕망하는 기계 즉 욕망기계로 표현한 것도 데카르트식의 '코기토' 논리의 표상에서 벗어나 끊임없이 생산하고 흐름을 채취하며 절단하는 욕망의 생산 작용을 탐구하기 위한 것이다. 욕망기계로서의 인간 주체는 다양한 다른 기계들과 접속하거나 또 다른 생산을 위해 분리, 절단하는 과정을 통해 이루어진다.
- 욕망은 단순히 쾌락이나 '결여로서의' 욕구가 아니라 끊임없이 기계들의 작동을 통해 생산되는 것이다. 즉 욕망은 기계들 사이의 다양한 흐름과 선들을 서로 교차하고 횡단하며, 지속적인 기계들의 관계를 통해 차이를 생성해내는 생산 활동인 것이다.

◎ 핵심정리 기계적 배치의 세 가지 방식과 공명·정동의 사유

(1) 의의

- 스토아학파는 기본적으로 물질적인 것과 비물질적인 것을 구분하여 서로 영향을 미치는 기계들의 작동(시뮬라크르, 사건)과 언표행위들(의미)들을 분석하는 데 중요한 사상적 자원들을 제공한다.
- 배치란 다양한 기계들이 여러 가지 방식으로 결합해 작동하면서 끊임없이 새로운 흐름과 운동성을 만들어내는 생산방식이다. 이러한 배치는 두 가지 방식으로 작동하는데, 기계적 배치와 언표 행위적 배치가 그것이다. 즉 심층에서 물질적인 기계들이 서로 접속하고 결합하는 것이 기계적 배치라면, 언표 행위적 배치는 기계와 기계 사이에서 발생하는 표면효과로서의 사건이 특정한 언어로 의미화 되는 방식이다.
- 예컨대, 강의실에 의자와 책상, 컴퓨터, 학생, 교수 등이 어떻게 접속하고 결합되어 있는지에 대한 것이 '기계적 배치'의 작동 방식이라면 강의 과정에서 교수와 학생들이 언어로 발표와 의사소통을 하면서 특정한 의미들을 표현하는 것이 '언표 행위적 배치'이다 중요한 것은 강의실의 강의는 교수와 학생 강의 내용이 바뀌어도 반복적으로, 하지만 차이의 반복으로 지속된다는 점에서 이 배치의 작동은 '반복적'으로 이루어지고 욕망의 생산과 방향성을 파악할 수 있는 유물론적 운동성을 보여준다.
- 들뢰즈와 과타리의 배치 개념에는 기계장치들이 조합을 통해 하나의 구성체를 이루는 것에 초점이 있다. 요컨대, 이질적인 항들이 상호관계하고 연결됨으로써 한편으로는 기계적 배치를 이루고, 다른 한편으로는 기호들을 통한 언표행위의 배치를 이룬다는 것이다.

(2) 배치의 4가성(四價性)

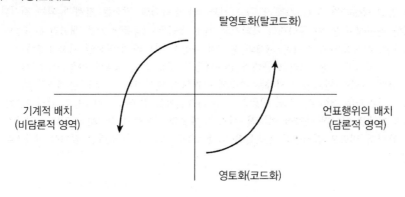

760

① 수평적 배치와 수직적 배치
- 수평적 배치로서 기계적 배치와 언표행위의 배치가 작용한다. 즉 물질적 기계들의 생산을 계열화하는 것이 기계적 배치라면, 언어와 명제들을 계열화하는 것이 표현형식이다.
- 기계적 배치는 '배-기계, 호텔-기계, 서커스-기계, 성-기계, 감옥, 법정-기계' 등을 통해 나타난다면, 언표행위의 배치는 '판결, 사형선고, 법률, 소송' 등을 통해 표현된다.
- 수직적인 배치로서 영토화(코드화)와 탈영토화(탈코드화)의 배치가 작용한다.

② '비담론적 영역'과 '담론적 영역'의 이원적 구분
- 배치의 4가성은 푸코의 '비담론적 영역'과 '담론적 영역'의 이원적 구분에 기초해 권력의 배치와 주체화 방식들을 사유하는 접근 방법이다.
- 하지만, 여기서 더 나아가 들뢰즈와 과타리는 동질화된 코드에서 벗어날 수 있는 새로운 방향의 힘들과 욕망의 배치 가능성까지 제시하고 있다는 점에서 푸코의 한계점을 극복하려는 시도를 보이고 있다.
- 푸코의 담론 이론이 역사적으로 형성된 물질적 조건과 주체 구성방식들을 분석하는 데 의미가 있지만, 이와 함께 새로운 저항의 주체 생성에 대해서는 구체적인 대안을 제공하지 못하고 있기 때문이다. 즉 푸코의 개념은 공간적 배치에 초점을 맞추고 사회적 공간 내에서 이질적인 공간 및 장소들의 병치와 공존을 나타내고 있다면, 들뢰즈와 과타리의 배치 개념에는 기계장치들이 조합을 통해 하나의 구성체를 이루는 것에 초점이 있다.
- 요컨대, 이질적인 항들이 상호관계하고 연결됨으로써 한편으로는 기계적 배치를 이루고, 다른 한편으로는 기호들을 통한 언표행위의 배치를 이룬다는 것이다. 이러한 맥락에서 기계들의 욕망이 생산되는 흐름과 메커니즘을 분석하기 위해서는 푸코처럼 기계적 배치의 물질적 조건들을 파악하는 것에서 나아가 새로운 주체의 형성에 대한 대안적 전망들을 모색하기 위해서는 들뢰즈와 과타리의 사유에 더 주목할 필요가 있다.

953

다음 중 아래와 같이 주장한 이론가의 설명으로 가장 거리가 먼 것은?   [2024년 기출]

> 장치란 생명체들의 몸짓, 행동, 의견, 담론을 포획하며, 지도, 규정, 차단, 주도, 제어, 보장하는 능력을 지닌 모든 것을 의미한다.

① 장치의 사례로 컴퓨터, 휴대전화, 담배 등을 제시한다.
② 모든 장치의 뿌리에는 행복에 대한 인간적인 욕망이 존재한다고 하였다.
③ 장치의 사례로 펜, 글쓰기, 항해, 언어 등을 제시한다.
④ 장치의 통치와 지배 전략에 집중, 장치의 열림과 해방 전략은 고려하지 않았다.

정답 ④

풀이 ④ 푸코의 경우 장치를 권력과 명백히 접속되는 사례들에 초점을 두고 살핀다면, 아감벤의 경우 일상적으로 권력과 접속되는 사례들에 집중해 살핀다는 점에서 차이가 있다. 이러한 차이는 양자의 장치와 주체화에 대한 관점의 차이에서 기인한다. 즉 푸코가 역사적으로 형성되어 온 장치의 권력관계와 주체화과정을 중시한다면, 아감벤의 경우 장치의 통치와 지배 전략뿐 아니라 장치들의 가능성인 '열림'과 해방 전략까지 고려하기 때문이다.

954

인간과 기계 또는 기술의 관계에 대한 각 연구자의 입장으로 틀린 것은?

① 들뢰즈와 과타리에 의하면 이질적인 항들이 상호관계하고 연결됨으로써 기호들을 통한 기계적 배치를 이룬다.

② 시몽동에 의하면 정서적 감동이란 주체화 과정에서 개체들 사이의 개체초월적인 집단적 연대를 가능하게 해주는 정서를 의미한다.

③ 벤야민에 의하면 제1기술의 목표가 '자연의 지배'라고 말하는데, 여기서 '자연의 지배'란 이처럼, 자연의 폭력적 힘을 안정적이고 예상가능하게 제어하는 것을 의미한다.

④ 벤야민에 의하면 '종으로서의 인간'이 집합적 주체로서의 '인류'에 대한 의식을 갖지 못한 상태의 인간을 지칭한다면, '종으로서의 인류'는 집합체로서의 자기의식을 지니게 된 상태이다.

> **정답** ①
>
> **풀이** ① 들뢰즈와 과타리의 배치 개념에는 기계장치들이 조합을 통해 하나의 구성체를 이루는 것에 초점이 있다. 요컨대, 이질적인 항들이 상호관계하고 연결됨으로써 한편으로는 기계적 배치를 이루고, 다른 한편으로는 기호들을 통한 언표행위의 배치를 이룬다는 것이다.

955

공명에 대한 설명으로 틀린 것은?

① 기계들의 접속이나 신체들의 만남을 통해 '정서적 변이'를 일으키는 정동의 효과이다.

② 주체화 과정에서 개체들 사이의 개체초월적인 집단적 연대를 가능하게 한다.

③ 과거와 현재의 경험에는 차이가 있지만, '공통성의 관념을 보여주는 행위이다.

④ 기계는 공명들 혹은 공명의 효과들을 생산하며, 이것은 비자발적인 기억이 일으키는 효과들을 통해 발견된다.

> **정답** ②
>
> **풀이** 시몽동의 정서적 감동에 대한 설명이다. 들뢰즈는 "기계는 공명들 혹은 공명의 효과들을 생산하며, 이것은 비자발적인 기억이 일으키는 효과들을 통해 발견된다."고 본다.

(1) 의의

배치는 힘이나 권력의 작동방식뿐 아니라 차이의 생성, 즉 이질적 행위의 흐름과 양상들을 드러낼 수 있는 실천의 측면을 드러낸다. 선분화는 욕망의 신체적 흐름들을 보여주는 기계들의 접속이 만드는 집합체를 말한다. 이 선들은 일정한 사회적 규범과 질서, 양식과 공통감각 등을 바탕으로 수직적으로 횡단하거나 수평적으로 접속하며 다양한 욕망의 흐름을 만들어낸다. 이러한 선분화는 경직된 선, 유연한 선, 그리고 탈주선 등 세 가지 방식으로 구분된다.

구분	경직된 선	유연한 선	탈주선
장치 유형	국가 장치	미시물리적 권력 구조	권력의 균열 및 새로운 변이 생성
특징	• 거시적 영역 • 권력의 가시화 · 집중화 • 권력 장치는 거대한 집중화된 장치로 현실화됨	• 탈중심화된 미시 권력장치들이 분자적 흐름들 전반으로 확산, 선분화하는 구조	• 탈주선의 흐름을 따름 • 권력 장치들을 무력화함
영역	능력의 지대	식별불가능성의 지대	권력의 무능지대

(2) 경직된 선

• 우선 '경직된 선'은 분자적인 힘의 흐름들을 몰(mole)적 위계적 심급으로 이차원적으로 분할하는 배치의 방식이다. 그 효과는 개인이나 집단을 대상으로 특정한 위계와 질서를 부여하는 데서 나타난다.

• 예컨대, 백인, 남성, 청년 등 인종, 성별, 연령별 표준척도를 전제하여 지배적인 사회적 통념과 양식, 규범 등을 정의하고 정당화함으로써 사회구성원의 사회적 역할들을 하나의 방향으로 구획하는 경우가 이에 해당한다. 이러한 척도에서 벗어나거나 '경직된 선'의 규칙을 위반했을 때 벌금, 감금, 구속 등의 합법적, 폭력적 처벌이 가해진다.

• 요컨대, 경직된 선은 국가장치가 개입하여 법률적으로 복종하는 주체를 만들거나 공권력 등의 물리력이나 선입견 및 편견의 확산 등을 통해 위계적 질서를 형성하는 배치 방식이다.

(3) 유연한 선

• '유연한 선'은 분자적 흐름을 의미한다. 여기에는 국가와 같은 거시적영역이 아닌 탈중심화된 미시적 영역들이 포함된다.

• 예컨대, '계급'의 몰적 덩어리나 집단으로 선분화할 수 없는 대중들의 행동이나 관료주의의 사례에서 나타난다. 이른바 국가장치가 아닌 '미시 물리적인 권력구조'를 형성하게 되는 이 선분은 다양한 욕망의 흐름들을 하나의 방향이 아니라 전방위적으로 확산하고 분자화한다.

• 문제는 이 유연한 선분이 특정한 역사적 조건에서 경직된 선이 되어 사건을 발생시킬 수 있다는 점에서 나타난다. 왜냐하면, 유연한 선의 운동성이 경직된 선과 달리 다양한 선들을 축적하고 견고히 하는 조직이나 거시적 권력의 관계들을 분해하는 작용을 하지만, 현실적인 배치의 상황에서는 경직된 규범과 위계질서 속에서 사회적 고정관념과 선입견을 재생산하는 기제가 될 수 있기 때문이다.

(4) 탈주선

• 탈주선은 몰적인 선들을 해체하고 새롭게 다양한 변이의 흐름들을 생성해내는 배치의 방식이다. 이것은 '~되기'의 방식으로 표현되며 한 사회의 표준척도인 다수자가 아니라 차이를 생성하는 '소수자 되기' 사례를 통해 발견된다.

• 예컨대, 아이 되기, 여성되기, 노인 되기, 동성애자 되기, 부랑자 되기, 광물되기, 동물되기 등의 소수자 되기 실천 과정이 여기에 해당된다. 탈주선의 정치적 효과는 기성의 전체주의, 관료주의, 집단주의 등에서 벗어나 여러 가지 방향성을 지닌 미시적인 권력 장치와 소수자 실천들을 시도하는 데 있다.

956

기계론에서 기계적 배치의 선분화 방식 중 경직된 선에 대한 설명으로 틀린 것은?

① 능력의 지대이다.

② 분자적인 힘의 흐름들을 몰(mole)적 위계적 심급으로 이차원적으로 분할하는 배치의 방식이다.

③ 특정한 역사적 조건의 현실적인 배치의 상황에서 위계질서 속의 사회적 고정관념과 선입견을 재생산 하는 기제가 될 수 있다.

④ 국가장치가 개입하여 법률적으로 복종하는 주체를 만들거나 공권력 등의 물리력이나 선입견 및 편견 의 확산 등을 통해 위계적 질서를 형성한다.

정답   ③

풀이   ③ 유연한 선분은 특정한 역사적 조건에서 경직된 선이 되어 사건을 발생시킬 수 있다는 점에서 나타난다. 왜냐하면, 유연한 선의 운동성이 경직된 선과 달리 다양한 선들을 축적하고 견고히 하는 조직이나 거시 적 권력의 관계들을 분해하는 작용을 하지만, 현실적인 배치의 상황에서는 경직된 규범과 위계질서 속 에서 사회적 고정관념과 선입견을 재생산하는 기제가 될 수 있기 때문이다.

핵심정리   공명·정동의 사유

• 공명이란 기계들의 접속이나 신체들의 만남을 통해 '정서적 변이'를 일으키는 정동의 효과이다. 기계란 "이질적인 항들 간의 '이웃관계'를 통해 나타나는 조화"이기 때문이다.

• 들뢰즈에 따르면 기계는 공명들 혹은 공명의 효과들을 생산하며, 이것은 비자발적인 기억이 일으키는 효과들을 통해 발견된다.

• 공명은 스스로 자기 자신의 조각들을 추출해내며 그 조각들이 가진 고유한 목적에 따라 조각들이 공 명하게끔 하지만 "그것들을 전체화하지는 않는다." 따라서 공명 효과는 세계가 전체화된 것이 아니라 파편적인 조각들로 이루어져 있음을 보여준다.

• 또 다른 한편, 공명은 과거와 현재의 경험에는 차이가 있지만, '공통성의 관념을 보여주는 행위이기도 하다. 두 시점의 경험이 서로 다른 특이성을 지니고 있음에도, 그 시차를 넘어 과거의 감각적 경험만 으로도 현재의 정서적 변이, 즉 기쁨의 정동이 가능한 것은 바로 선험적 장이 존재하기 때문이다. 즉 그 공명을 가능케 하는 선험적 근거는 '맛보다', '기쁘다', '느끼다'와 같은 소위 '순수 사건'으로 지칭되 는 이 서술어들은 기계나 주체들의 차이에 상관없이 누구나 공명효과로서 기쁨과 슬픔의 정동을 가능 케 한다.

• 이른바 들뢰즈가 칸트의 사유에서 영향을 받은 선험적 객관성의 논리로서 반복되지만 동일자에 귀결 되지 않는 '차이의 반복'을 보여준다. 따라서 구조도 '비물질적인 의미를 생산하는 하나의 기계'로서 언 표행위적 배치를 통해 의미의 생산을 가능하게 한다.

포스트휴먼 담론의 지형과 문제설정

♀ 핵심정리 | 클라우스 슈바프가 「4차 산업혁명」에서 언급한 핵심적 지능 유형

클라우스 슈바프는 「4차 산업혁명」에서 핵심적 지능 유형과 특징을 설명한다. 즉 인지한 것을 잘 이해하고 적용하는 '상황맥락지능(정신)', 생각과 감정을 정리하고 결합해 자신과 타인과의 관계를 위한 '정서 지능(마음)', 개인과 공동의 이익을 꾀하기 위한 영감 지능(영혼), 그리고 자신과 주변의 건강과 행복을 구축, 유지하는 능력인 '신체 지능 (몸)' 등이 그것이다. 반면 미국 미래연구소(Institute for the Future, IFTF)가 피력한 미래의 변화를 견인하는 동인과 핵심적 직업역량은 '가상의 집단 협업능력'이다. 이것은 이용자들이 다른 사람과의 협업 속에 작업을 효율적으로 수행하고 가상 팀의 일원으로서 존재감을 보여줄 수 있는 능력으로 정의된다.

♀ 핵심정리 | 포스트휴먼 담론의 지형

구분	이론가	주요 입장
트랜스휴먼	닉 보스트롬(Nick Bostrom), 레이 커즈와일(Ray Kurzweil), 한스 모라벡(Hans Moravec) 등	• 인간과 기계, 인간과 정보의 융합을 통해 육체적 한계인 노화, 질병, 죽음, 공간 제약 등을 극복하는 '포스트휴먼' 주장 • 인간의 사이보그화로 정의되는 인간종의 진화, 포스트휴먼화를 근대적 계몽의 일환으로 간주 • 포스트휴먼으로 이행하는 기술의 발전을 낙관
비판적 포스트휴먼	캐서린 해일스(Katherine Hayles), 닐 배드밍턴(Neil Badmington), 캐리 울프(Cary Wolfe), 스테판 헤어브레히터(Stefan Herbrechter), 로지 브라이도티(Rosi Braidotti) 등	• 해체론적, 정신분석학적 작업에 기초 • 인간/비인간(포스트휴먼)의 경계 자체의 불확실성, 오염관계. • 포스트휴머니즘 내의 인간중심주의의 유령을 불러내어 해체 • 인간의 포스트휴먼화를 인간종의 발전적 진화가 아닌 불투명한 '인간' 개념의 시각에서 접근
철학적 미래학의 포스트휴먼	질베르 시몽동 (Simondon), 장-프랑수아 료타르(Jean-François), 마누엘 데란다(Manuel De Landa), 윌리엄 맥닐(William McNeill), 제레드 다이아몬드(Jared Diamond) 등	• 인간-기계의 관계를 상호 협력적인 공진화로 이해 • 포스트휴먼의 발생적 조건과 의미를 비인간적인 우주론적 자연의 개체발생적 과정 속에서 조망하고, 포스트휴먼 논의를 사이보그 모델 너머로 확장, 존재론적으로 심화 • 기술은 인간의 잠재력을 현실화하고 인간 사회의 새로운 구조화를 위한 매체임
아상블라주의 포스트휴먼	질 들뢰즈 (G. Deleuze), 펠릭스 과타리(F. Guattari), 키틀러(F. Kittler, 1986)	• 인간-기계의 구분을 벗어나 '욕망기계'(들뢰즈와 과타리)나 '정보기계'(키틀러)로 명명함 • 기계들의 접속과 아상블라주를 강조하거나 기록시스템의 한 구성요소로서 미디어와 이용자들의 연결 관계 등을 분석

- 트랜스휴먼의 입장은 닉 보스트롬, 레이 커즈와일, 한스 모라벡 등을 통해 표출되었다. 이 이론가들의 '포스트휴먼'에 대한 관점은 인간의 육체적 한계 즉 노화, 질병, 죽음, 공간 제약 등을 극복하기 위해 인간과 기계, 인간과 정보의 융합을 적극적으로 옹호하는 낙관론적 입장에 근거한다.
- 기본적으로 이 관점은 인간종의 진화에서 나타나는 인간의 사이보그화나 포스트휴먼화 경향을 근대적 계몽의 연장선으로 간주하고 있다. 왜냐하면, 근대 계몽의 이상인 합리적이고 자율적인 주체로서의 인간 역량을 확장하기 위해서는 포스트휴먼으로 이행하는 기술의 발전을 낙관적으로 수용할 필요가 있기 때문이다.

957
기술적 포스트휴먼과 비판적 포스트휴먼에 대한 설명으로 옳은 것은?

① 기술적 포스트휴먼은 인간의 기술적 변화를 초월하여 새로운 생명 형태를 뜻하며, 비판적 포스트휴먼은 기존 인간중심적 세계관을 비판하며 다양한 존재의 공존을 주장한다.
② 기술적 포스트휴먼은 인간과 기계의 융합을 통한 새로운 생명 형태를 주장하며, 비판적 포스트휴먼은 인공지능과 사이보그를 뜻한다.
③ 기술적 포스트휴먼과 비판적 포스트휴먼은 서로 동일한 개념이며, 인간이 기술적으로 발전함에 따라 새로운 생명 형태를 지향하는 것을 말한다.
④ 기술적 포스트휴먼은 사이보그나 AI와 같은 기술적 발전을 뜻하며, 비판적 포스트휴먼은 인간의 생물학적 한계를 초월한 존재를 뜻한다.

정답 ①

풀이 ① 기술적 포스트휴먼은 인간이 기술을 통해 자신의 한계를 초월하고 새로운 생명 형태를 만들어낼 수 있음을 주장하는 개념이며, 비판적 포스트휴먼은 기존의 인간중심적인 세계관을 비판하며 인간 이외의 다른 존재들의 중요성을 주장하는 개념이다.
② 기술적 포스트휴먼은 인간과 기계의 융합을 통한 새로운 생명 형태를 주장하지만, 비판적 포스트휴먼은 인공지능과 사이보그라는 구체적인 기술적 형태를 뜻하지는 않는다.
③ 기술적 포스트휴먼과 비판적 포스트휴먼은 서로 다른 개념이다. 기술적 포스트휴먼은 인간의 기술적 발전을 중심으로, 비판적 포스트휴먼은 인간중심적 세계관의 비판을 중심으로 각각의 주장을 만들어낸다.
④ 기술적 포스트휴먼은 인간의 기술적 발전, 특히 사이보그나 AI와 같은 형태로의 발전을 지향하지만, 비판적 포스트휴먼은 인간의 생물학적 한계를 초월한 존재를 뜻하는 것은 아니다.

♀ 핵심정리 **비판적 포스트모더니즘**

(1) 인간중심주의에 대한 비판적 관점
- 트랜스 휴머니즘의 입장에 대해 비판적 포스트모던의 이론가들은 반론을 제기한다. 이들은 기술 문화의 급진적 변화를 부정하지 않지만, 트랜스휴먼 이론가들의 데카르트적 인간중심주의나 자유 주의적 휴머니즘에 대해서는 비판적인 입장을 취하기 때문이다.
- 여기에는 캐서린 해일스, 닐 배드밍턴, 캐리 울프, 스테판 헤어브레히터 등이 포함된다. 이 중에서도 헤어브레히터가 언급하는 바, 비판적 포스트휴머니즘은 포스트휴먼을 표방하는 저술들을 통해 포스트 구조주의의 반휴머니즘적 관점을 계승하여 인류중심주의, 종차별주의, 보편주의 등의 인간 중심주의를 비판하며 '새로운 휴머니즘'으로서 포스트휴머니즘을 도출하는 전략을 취한다. 한편 헤일스는 기술을 매개로 신체화된 실재에 기초한 포스트휴먼의 가능성을 모색하고 있다.

(2) 신체성을 강조하는 사유
- 비판적 포스트모던의 이론가들은 이성 중심주의에 근거한 데카르트의 코기토 논리를 비판하며 신체성을 강조하는 사유에서 비롯되는데, 「포스트휴먼」의 저자인 로지 브라이도티도 페미니즘적 입장에서 신체적으로 '체현된 주체'를 조명하고 있다는 점에서 유사한 맥락에서 살펴볼 수 있다. 즉 브라이도티는 푸코의 계보학적 방법을 차용하여 다양한 여성들이 일상생활 속에서 신체적 체현과 성(gender)의 차이들을 통해 주체가 구성되는 방식들을 분석하고 있다.
- 특히 인간과 비인간 혹은 포스트휴먼 사이의 경계가 갖는 불확실성에 대한 문제제기, 포스트휴머니즘에 내재한 인간중심주의의 혐의들에 대해 다양한 이론적 논박을 통해 접근하고 있다.

958

다음 중 이론가와 저서의 연결로 옳지 않은 것은?   [2024년 기출]

① 해러웨이 「나의 어머니는 컴퓨터였다」
② 커즈와일 「특이점이 온다」
③ 반다나 시바 「누가 망치고 있나」
④ 아감벤 「호모 사케르」

정답 ①

풀이 ① 「나의 어머니는 컴퓨터였다」는 캐서린 헤일스(Katherine Hayles)의 저서이다.

959
포스트휴먼에 대한 다음과 같은 입장을 가지는 사상가로 옳은 것은?　　　　[2019년 기출]

> 포스트휴먼에서는 신체를 가진 존재와 컴퓨터 시뮬레이션, 사이버네틱스 매커니즘과 생물학적 유기
> 체, 로봇의 목적론과 인간의 목표 사이에 본질적인 차이나 절대적인 경계가 존재하지 않는다.

① 캐서린 헤일스(Katherine Hayles)

② 시몽동(Gilbert Simondon)

③ 레이 커즈와일(Raymond Kurzweil)

④ 브라이도티(Rosi Braidotti)

정답 ①

풀이 ① 헤일스는 기술을 매개로 신체화된 실재에 기초한 포스트휴먼의 가능성을 모색하고 있다. 이러한 입장
은 이성 중심주의에 근거한 데카르트의 코기토 논리를 비판하며 신체성을 강조하는 사유에서 비롯되는
데, 「포스트휴먼」의 저자인 로지 브라이도티도 페미니즘적 입장에서 신체적으로 '체현된 주체'를 조명
하고 있다는 점에서 유사한 맥락에서 살펴볼 수 있다.

핵심정리 **'철학적 미래학'의 관점**

- '철학적 미래학'의 관점에서 기술과 포스트휴먼에 대해 접근하고 있는 입장이 있다. 시몽동의 입장은
료타르와 같은 구조를 전제하지 않은 주체 중심의 포스트모더니즘 입장을 견지한다는 점에서 차이점
이 발견되지만, 여기서는 인간-기계의 관계 설정에 초점을 둔 관점에서 '철학적 미래학'의 포스트휴먼
입장으로 포괄시켜 살펴볼 수 있기 때문에 포함시켰다.
- 이를테면, 료타르가 컴퓨터 과학과 수행자로서의 주체의 행위들을 강조하는 한편, 시몽동은 기술적 소
외와 정보 소통의 문제를 해결하기 위해 '인간과 기계의 앙상블'을 대안적 방안으로 제시하며 인문 교
양뿐 아니라 발명과 같은 기술적 활동을 강화할 수 있는 기술문화 교육의 중요성을 강조하고 있다.

핵심정리 **인간-기계의 아상블라주와 시스템을 강조하는 입장**

- 인간-기계의 아상블라주와 시스템을 강조하는 입장을 들 수 있다. 인간을 '소위 인간'이나 '정보기계'
로서 규정하는 키틀러의 미디어 문화와 철학적 사유들도 연관시켜 조명할 수 있다.
- 이처럼 인간-기계의 아상블라주와 시스템을 강조하는 이 입장은 인간-기계의 이원적 구분을 벗어나
'욕망 기계'(들뢰즈와 과타리)나 '정보기계'(키틀러)로 명명함으로써 인간과 기계의 관계들을 횡단하거
나 근대적 주체관을 형성한 인간중심주의를 비판하고 있다.

960
비판적 포스트휴먼의 입장에 대한 설명으로 틀린 것은?

[2021년 기출]

① 해체론적, 정신분석학적 작업에 기초한다.

② 조에(Zoe)는 인간중심주의에 기초한 비인간 생명으로 생각하기(thinking)는 오직 인간만의 특권이라는 의미이다.

③ 데카르트의 코기토 논리를 비판하며 신체성을 강조하는 사유에서 비롯되었다.

④ 기술을 매개로 신체화된 실재에 기초한 포스트휴먼의 가능성을 모색하는 입장이다.

정답 ②

풀이 ② 비판적 포스트휴먼 이론가들은 트랜스휴먼 이론가들의 데카르트적 인간중심주의나 자유주의적 휴머니즘에 대해서는 비판적인 입장을 취한다. 비판적 포스트휴먼의 입장은 모든 유기체들이 각기 다른 정도의 지능, 능력, 창조성을 지녔다고 인정하면서, 비위계적 물질 안에 있는 조에(zoe)—비인간 생명(non-human life)—의 다양성을 찬양한다. 이는 생각하기(thinking)와 알기(knowing)가 오직 인간만의 특권이 아니라, 다양한 생각하는 종들의 영토이며 토대가 되는 장소인 이 세계에서 발생하고 있는 것으로 본다는 의미이다.

포스트휴먼의 주체성 생산과 정동의 윤리 역량

핵심정리 포스트휴먼의 주체성 생산과 정동의 윤리 역량

(1) 의의

- 시몽동의 기계는 '기술성이 개체 수준에서 표현된 기술적 대상'이라면 들뢰즈 과타리의 기계는 '이질적인 항'들의 이웃하는 관계'로서 공명의 효과를 형성한다.
- 양자의 차이는 인간과 기계의 관계성을 기술적 기계에 초점을 두는가 아니면 모든 물질적 신체와 기계들의 작동 방식들을 망라하는가 하는 점에서 나타난다.
- 이러한 관점은 과타리의 "이질발생"에 대한 기계론의 사유에서 구체화된다. 즉 기계학이 자기 폐쇄적이고 정태적인 기술의 지식체계를 다룬다면, 기계론은 기계들이 서로 밀어내거나 선택, 배제하는 이질적인 차이의 생성 방식을 다룬다. 즉 기계의 출현은 동형성(同形性)의 원리에 근거한 구조와 달리 상이하고 이질적인 형태 아래 발전시키는 "타자성"의 차원을 지닌다.

(2) 인간 기계의 앙상블

- 시몽동은 인간-기계의 만남을 '인간 기계의 앙상블'을 지향하는 것으로 설명한다. 즉 기술만능주의나 기술 관료가 열망하는 '고삐 풀린 정복의지'를 벗어나 오케스트라의 지휘자나 '기계들을 연결시키는 살아있는 통역자'로서 행동할 것을 강조하고 있기 때문이다.
- 인간-기계의 상호 협력적 연대를 통해 인간의 삶을 조정할 수 있는 새로운 기술문화 교육의 필요성을 강조한다. 그 이유는 생물학적 '개체'가 아니라 개체초월적 집단의 형성을 통해 '주체'가 될 것을 주장하고 있기 때문이다.

(3) 기계들의 공명과 정동

- 들뢰즈와 과타리는 기계들의 공명과 정동을 강조한 바 있다. 기계는 서로 접속을 통해 욕망을 생산하지만, 각각의 기계들이 다양한 특이성을 가질 수 있는 것은 '절단의 체계들'로서 기능하기 때문이다. 즉 입기계는 다양한 음식 기계나 식도 기계 전화기 등과 만나 '먹는 기계', '위 기계', '말하는 기계' 등 서로 차이들을 지닌 생산 활동에 참여한다. 이것은 시몽동의 '개체초월적 집단성'처럼 기계가 하나의 전체화된 세계가 아니라 선험적인 장에서 다양한 흐름들을 생산하고 있음을 보여준다. 이에 따라 다양한 기계들의 생산 활동은 기술적 기계뿐 아니라 이론적, 사회적, 예술적 기계들로 분화된다.
- 기계적 이질 발생과 차이의 생성은 하나의 통합된 기표나 통념에 고정되지 않고 새로운 욕망의 생산들을 위해 자기복제를 수행한다. 따라서 인간-기계의 수평적 관계의 형성은 형식적 균형성이 아니라 다양한 기계들의 접속과 흐름, 절단의 작동을 전제로 할 때 새로운 주체성 생산의 전망은 실현될 수 있다.

(4) 인간 기계 앙상블을 위한 디지털 역량

- 인간-기계의 공진화를 경제적 이윤 추구의 수단이 아니라 삶-정치를 실현하기 위한 공동체의 발명 역량으로 만들어가는 것이다. 시몽동에 따르면, 인간적인 사유의 변화에 독특한 법칙이 존재한다. 이 법칙에 따르면, 윤리적, 기술적, 과학적인 모든 발명은 처음에는 인간의 해방과 재발견의 수단이었다가 역사적 진화를 거치면서 "자기 고유의 목적을 배반하고 인간을 제한하고 복종시키는 도구"로 변한다.

- 시몽동의 기술철학을 구체화하고 있는 라투르의 경우, '사물 정치'의 기획을 제안한다. 즉 사물 지향적 민주주의를 추구하는 이 입장은 디지털 기술을 비전문가 대중들의 의견을 전달하는 도구로 사용하며, 대변자들의 합법적인 참여와 사물들이 합법적 방식으로 대변될 수 있는 절차를 보장하도록 하는 데 초점이 있다. 즉 비전문가와 전문가, 객관과 주관, 사실과 가치의 이원적 경계를 해체하고 혼종적인 공론장과 협상의 행위자 네트워크인 ANT(actor-network theory)를 실현하고자 한다는 점에서 인간-기계 앙상블의 역량을 표출하는 사례로서 파악된다.

961

들뢰즈와 과타리의 기계들의 공명과 정동에 대한 설명으로 틀린 것은?

① 기계는 서로 접속을 통해 욕망을 생산하지만, 각각의 기계들이 다양한 특이성을 가질 수 있는 것은 '절단의 체계들'로서 기능하기 때문이다.

② '절단의 체계들'은 기계가 하나의 전체화된 세계로서 선험적인 장에서 다양한 흐름들을 생산하고 있음을 보여준다.

③ 기계적 이질 발생과 차이의 생성은 하나의 통합된 기표나 통념에 고정되지 않고 새로운 욕망의 생산들을 위해 자기복제를 수행한다.

④ 인간-기계의 수평적 관계의 형성은 형식적 균형성이 아니라 다양한 기계들의 접속과 흐름, 절단의 작동을 전제로 한다.

정답 ②

풀이 ② '절단의 체계들'은 시몽동의 '개체초월적 집단성'처럼 기계가 하나의 전체화된 세계가 아니라 선험적인 장에서 다양한 흐름들을 생산하고 있음을 보여준다. 이에 따라 다양한 기계들의 생산 활동은 기술적 기계뿐 아니라 이론적, 사회적, 예술적 기계들로 분화된다.

Theme 170 포스트휴먼 감수성

핵심정리 | 인간의 한계를 뛰어넘는 '탈인간'

- 'post'라는 용어는 시기적으로 '이후'의 의미이며 그것의 단점을 보완하여 극복하는 것으로 어느 정도의 '탈'이라는 의미가 있다.
- 따라서 포스트휴먼이라는 개념은 인간을 포함하면서도 인간의 한계를 뛰어넘는 '탈인간'으로도 볼 수 있다. 탈인간이라는 것은 인간이 더 이상 생물학적 존재가 아님을 의미한다. 강준수는 포스트휴먼을 신체변형을 통한 사이보그 즉 가상현실에서의 디지털 신체를 가진 '인간 – 기계' 존재, 로봇과 인공지능 등의 '기계 – 인간', 복제인간으로서의 "생물 – 인공" 존재 세 가지로 제시하였다.

핵심정리 | 사이보그(cyborg)

생물 본래의 기관과 같은 기능을 조절하고 제어하는 기계 장치를 생물에 이식한 결합체. 생물체가 일하기 어려운 환경에서의 활동을 위하여 연구하였는데, 전자 의족이나 인공 심장 · 인공 콩팥 따위의 의료 면에서도 연구가 진행되고 있다.

962

다음 중 인공지능에 대한 설명으로 적절하지 않은 것은? [2024년 기출]

① 딥러닝 알고리즘
② 인간의 컴퓨터화
③ 가상현실의 구현
④ 빅데이터 처리 시스템

정답 ②

풀이 ② 인공지능은 기계의 인간화이다.

963

다음 중 딥페이크(Deepfake)에 대한 설명으로 가장 거리가 먼 것은? [2024년 기출]

① deepfakes라는 ID의 미국 네티즌이 한 헐리우드 배우의 얼굴과 포르노 영상을 합성해 올리면서 사회적 이슈가 되었다.

② 이미지 편집 및 제작 등에 쓰이는 순수영상 기술이 허위정보 기술로 악용되었다.

③ 美 국방부 산하 방위고등연구계획국(DARPA)은 2017년 초부터 딥페이크 감식 프로젝트를 출범시키고 가짜 비디오 판별 프로그램을 개발하였다.

④ 생성적 적대 신경망(generative adversarial network, GAN) 기술을 원리로 하며, 생성자(generator)와 감별자(discriminator)의 두 축이 핵심이다.

정답 ③

풀이 ③ 방위고등연구계획국(DARPA)은 딥페이크를 활용한 적국의 사이버 교란전에 대비하기 위해 2018년부터 '미디어 포렌식(MedFor)'과 '세만틱 포렌식(SemaFor)'을 개발하기 시작하였다.

964

다음 중 인공지능과 가장 관련이 적은 것은? [2021년 기출]

① 딥 블루

② 유기체와 기계의 결합인 사이보그

③ 중국 신화통신 장 자오(Zhang Zhao)

④ 딥페이크

정답 ②

풀이 ② 인공지능은 인간의 지능을 기계 등에 인공적으로 구현한 것이라면 사이보그는 뇌를 제외한 신체를 다른 것으로 대체한 개조인간이다. 사이보그는 넓게 보면 개조 생명체를 지칭한다. 대표적으로 의수, 의족, 의안, 인공장기 등이 있으며, 기계공학/생명공학을 바탕으로 한 사이보그, 인간의 형상을 유지/포기한 사이보그, 신체를 대체/강화하기 위한 사이보그 등으로 구분할 수 있다. 인간형이긴 하나 '어디까지나 로봇'인 아톰, 터미네이터 등은 뇌가 없으므로 사이보그가 아니고, 단순한 기계인 안드로이드라는 명칭으로 부른다.

965

모습과 행동이 인간과 닮은 로봇으로, 로봇의 유형 중 인간과 가장 유사한 형태를 의미하는 것으로 옳은 것은?

[2022년 기출]

① 안드로이드
② 휴머노이드
③ 챗봇
④ 알파고

정답 ①

풀이
① 안드로이드에 대한 설명이다.
② 휴머노이드는 "인간의"라는 뜻의 라틴어 형용사 humanus와 고대 그리스어 eidos가 결합해 만들어진 단어로, 어원적인 의미만으로는 android와 동일하다고 할 수 있다. 하지만 "휴머노이드"는 "안드로이드" 처럼 인간과 구분이 되지 않을 만큼 인간과 비슷할 필요도 없고, 인간과 유사한 모습을 가지면서 인간 이 할 수 있는 역할을 대신할 수 있는 정도면 충분하다고 할 수 있다. 넓은 의미에서 인간이 아닌 다른 동물 등의 모습을 지닌 것들도 휴머노이드라고 부른다.

966

다음 중 안드로이드, 휴머노이드, 챗봇 등 모습과 행동이 인간과 닮은 로봇에 대한 설명으로 틀린 것은?

① 안드로이드는 휴머노이드 로봇의 한 유형으로, 인간의 외형을 가지며 물리적인 상호작용을 위해 설계 되었다.
② 휴머노이드 로봇은 일반적으로 두 발로 걷는 인간의 모양을 하지만 꼭 인간의 외형을 따르지는 않는다.
③ 챗봇은 인간과 대화를 나눌 수 있는 능력이 있지만, 보통은 물리적인 형태가 없다.
④ 모든 로봇은 스스로 자신의 목표를 설정하고, 복잡한 문제를 해결하기 위한 의사결정 과정을 수행한다.

정답 ④

풀이
① 안드로이드는 휴머노이드 로봇의 한 유형으로, 인간의 외형을 가지며 물리적인 상호작용을 위해 설계되 었다. 그래서 종종 소셜 로봇, 고객 서비스 로봇, 연구 로봇 등에서 사용된다.
② 휴머노이드 로봇은 일반적으로 두 발로 걷는 인간의 모양을 하지만 꼭 인간의 외형을 따르지는 않는다. 이들은 인간의 움직임을 모방하여 다양한 물리적인 작업을 수행할 수 있다.
③ 챗봇은 인간과 대화를 나눌 수 있는 능력이 있지만, 보통은 물리적인 형태가 없다. 이들은 대화를 통한 정보 제공, 고객 서비스, 교육 등에 널리 사용된다.
④ 모든 로봇이 스스로 자신의 목표를 설정하고, 복잡한 문제를 해결하기 위한 의사결정 과정을 수행하는 것은 아니다. 로봇의 행동은 일반적으로 사람에 의해 프로그래밍되며, AI 기술을 사용하는 로봇도 있지 만 그들의 목표와 행동은 사람에 의해 결정된다. 로봇이 스스로 목표를 설정하고 의사결정을 수행하는 것은 아직까지는 과학 소설의 영역이다.

967

안드로이드(Android)에 대한 설명으로 틀린 것은?

① 인간의 모습을 하고 있는 로봇(인공지능)을 의미한다.

② '인간을 닮은 것'이란 의미로, andro(인간)와 eidos(형상)의 합성어다.

③ 생명체 기반에 기계적 요소가 합쳐진 사이보그와 달리 완전한 인공생명체를 지칭한다.

④ 인공적으로 만들거나 줄기세포 기술 등으로 인위적으로 생산된 인간 장기를 사용한 경우 안드로이드에 포함된다고 볼 수 없다.

> 정답 ④
>
> 풀이 ④ '인간을 닮은 로봇'인 만큼 이족 보행을 하는 것은 기본이거니와 크기도 사람만하고 사람의 지능수준의 인공두뇌가 있는 로봇을 뜻한다. 사이보그와의 차이점은 인간의 육체를 사용해 만들지 않았다는 점이다. 다만 인공적으로 만들거나 줄기세포 기술 등으로 인위적으로 생산된 인간 장기를 사용한 경우 안드로이드에 포함된다고 볼 수 있다. 인간의 뇌를 사용하더라도 인간이었을 때의 기억과 인격을 없앤 경우도 마찬가지이다. 이 기준에 따르면 프랑켄슈타인 박사가 인간의 시체를 모아 만들었던 괴물은 사이보그가 아니고 안드로이드이다.

968

휴머노이드에 대한 설명으로 틀린 것은?

① 로봇의 유형 중 인간과 가장 유사한 형태라고 할 수 있다.

② 라틴어 humanus와 고대 그리스어 eidos를 결합해 만든 용어이다.

③ 인간이 아닌 다른 동물 등의 모습을 지닌 로봇도 휴머노이드가 될 수 있다.

④ 인간과 유사한 모습을 가지면서 인간이 할 수 있는 역할을 대신할 수 있는 정도면 충분하다.

> 정답 ①
>
> 풀이 ① 인간과 가장 유사한 형태의 로봇은 안드로이드이다.

969

카렐 차페크의 희곡 「로섬의 인조인간」의 내용으로 틀린 것은?

① 로봇은 인간의 명령에 따라 다양한 노동을 수행한다.

② 로봇은 인간에게 차별과 억압을 받고 반란을 일으켜 인간과의 전쟁에서 승리한다.

③ 로봇은 인간의 삶을 더욱 풍요롭고 편리하게 만들어 주고 새로운 인간 사회를 창조한다.

④ 로봇은 인간의 감정이나 영혼의 이해를 통해 인간과 공감대를 형성하여 인간의 파트너가 된다.

정답 ④

풀이 로봇은 인간의 감정이나 영혼을 이해하는 데 어려움을 겪지만 인간과의 공존을 통해 인간성을 배우고 공감대를 형성하여 인간의 파트너가 된다.

970

다음의 사이보그와 인간의 관계에 대한 이론으로 틀린 것은?　　　　　　　　　　　[2021년 기출]

① 도나 해러웨이((Donna Haraway) : 사이보그는 인공두뇌 유기체로 기계와 유기체의 잡종이며, 허구의 피조물이자 사회 현실의 피조물이다.

② 케빈 워릭(Kevin Warwick) : 사이보그는 기계를 통해 인간을 육체적, 그리고 정신적으로 업그레이드 할 수 있는 미래의 대안이다.

③ 제임스 러브록(James Lovelock) : 사이보그는 지구와 지구에 살고 있는 생물, 대기권, 대양, 토양까지를 포함하는 자기 조절 능력을 가진 존재이다.

④ 캐서린 헤일스(Katherine Hayles) : 사이보그는 인간의 몸과 기계, 사이버네틱스와 물질세계의 경계를 지우고 인간과 기계지능이 매끈하게 연동하고 결합할 가능성이다.

정답 ③

풀이 ② 자신의 신경에 기계를 연결해서 스스로 사이보그가 되는 시험을 감행했던 케빈 워릭(영국 레딩대 인공두뇌학과)은 지능적인 기계나 로봇이 인간으로부터 지구를 물려받을 것이라고 예견하였다.

　　　③ 해러웨이의 주장이다. 해러웨이는 러브록의 가이아 이론에서 제시한 것처럼 지구는 자기 조절 능력을 가지고 있기 때문에 사이보그라고 주장했다. 러브록은 지구를 사이보그라기보다는 생명체이자 유기체로 보았다.

971

해러웨이(Donna Haraway)의 입장으로 틀린 것은?

① 사이보그는 기계/인간, 유기체/동물, 물질/비물질과 같은 이분법적 범주의 위반이다.

② 사이보그는 인간/기계/코요테/사기꾼/뱀파이어/몬스터/여신처럼 온갖 이종들의 결합이자 잡종들의 짜깁기다.

③ 잡종 사이보그는 순혈주의에 바탕한 '순종' 백인 인종주의를 농담으로 만든다.

④ 과학은 허구라는 죽은 지식을 발명함으로써 살아 움직이는 사실적 경험을 박제한다.

> **정답** ④
>
> **풀이** ④ 과학은 사실이라는 죽은 지식을 발명함으로써 살아 움직이는 허구적 경험을 박제한다. 사이보그의 관점에서 과학적 진리/소설적 허구와 같은 이분법은 유머에 지나지 않는다. 해러웨이의 다양한 지적 변천사를 관통하고 있는 일관된 주제가 과학의 서사성이다. 해러웨이의 시선 아래 (남성)과학은 보편적 진리라기보다 자신들의 이해관계에 따라 해석된 담론이자 허구가 된다. 생물과학자임에도 불구하고 해러웨이에게 '객관적 사실'은 내러티브를 가진 허구와 다르지 않다. 그런 의미에서 그녀에게 과학 역시 공상과학 소설(Science Fiction)과 마찬가지다. 사실이 행위 중에 있는 허구의 반복적인 실행 끝에 더 이상 움직이지 않을 정도로 고착된 것이라고 한다면, 허구가 오히려 사실을 발명하는 셈이 된다. 과학은 사실이라는 죽은 지식을 발명함으로써 살아 움직이는 허구적 경험을 박제한다.

972

디지털 휴먼(Digital Human)에 대한 설명으로 틀린 것은?

① 버츄얼 인플루언서(virtual influencer)는 실제 사람이 아닌, 만들어진 캐릭터에 성격, 출신 배경, 직업 등을 부여하고 소통하는 디지털 휴먼이다.

② 버츄얼 어시스턴트(Virtual Assistant)는 쌍방향 소통이 거의 없는 한 방향 IP 기반 콘텐츠를 제공해주는 연예인, 패션모델 같은 역할을 하는 디지털 휴먼이다.

③ 인텔리전트 어시스턴트(Intelligent Assistant)는 맞춤형으로 사람과 대화하고 요가, 언어교육 등에 대해서 코치를 해줄 수도 있는 디지털 휴먼이다.

④ 컴패니언(Companion)은 진짜 친구와 대화하는 것 같은 느낌을 받을 수 있는 수준의 자연스러운 수준의 디지털 휴먼이다.

> **정답** ②
>
> **풀이** ② 쌍방향 소통이 거의 없는 한 방향 IP 기반 콘텐츠를 제공해주는 연예인, 패션모델 같은 역할을 하는 디지털 휴먼은 버츄얼 인플루언서(virtual influencer)이다. 버츄얼 어시스턴트는 호텔, 공항, 은행에서 단순한 고객 서비스에 대해서 인간을 대체할 수 있는 디지털 휴먼이다. 예를 들면 인공지능 아나운서 아나노바라가 버츄얼 어시스턴트에 속한다. 아나노바라는 컴퓨터 시뮬레이션 뉴스 캐스터가 하루 24시간 사용자에게 뉴스 캐스트를 읽을 수 있도록 프로그램된 웹 지향 뉴스 서비스였다.

로지 브라이도티의 포스트휴먼 주체

(1) 로지 브라이도티

페미니스트이자 포스트휴머니즘의 대표적 철학자인 로지 브라이도티는 네덜란드에 거주하고 있지만, 이탈리아에서 태어났으며, 호주에서 비주류 백인 이주민으로 성장하였다. 점령의 역사를 가진 유럽을 떠나 호주에 정착했을 때, 영국 식민지 문화에 저항하기 위해서 그녀는 다문화주의를 내세웠다. 그러나 유럽에서 이주한 사람들에게 이러한 다문화주의가 오히려 다양성을 지우고 유럽적인 존재를 강요하였다. 이러한 혼란스러운 유목적 경험을 안고 있는 브라이도티는 자기 자신을 "유목적 주체"로 보았는데, 이는 비단일적이고 복합적인 정체성을 지닌 주체라는 의미이다. 그녀의 이러한 접근은 타자들과 제휴하는 능동적 방법을 모색하는 시도를 가능케 했다.

(2) 휴머니즘

- 브라이도티는 휴머니즘의 쇠락을 인정하는 새로운 주체이론이 필요하다고 말한다.
- 인간중심주의, 유럽중심주의, 남성중심주의 등의 성격을 가지는 휴머니즘은 단일주체성을 가짐으로써 이분법적인 대립을 이끌어내는데, 이는 주체와 대립하며 나타나는 '차이'를 통해 수많은 타자들을 만들어 낸다.
- 다시 말해, '유럽 백인 남성을 이상적 모델로 제시하는 인간 개념'과 '종으로서 인간의 우월성'이 행사하는 권력으로 인해 배제의 문제가 일어난다. 배제되는 이들은 인종화, 성차화, 자연화된 타자들이며 쓰다 버릴 수 있는 신체라는 점에서 인간 이하의 지위를 가짐을 의미한다.
- 그리고 오늘날의 세계는 종교, 민족, 인종 계급의 차이에 의한 타자들 외에도 테크놀로지 교육 인권에 대한 접근권의 차이로 생겨난 타자들, 유전공학과 인공지능과 정보기술 같은 첨단 기술과학의 발달로 수많은 타자들이 새롭게 생성되고 있다. 여기서는 인간-아닌 타자, 즉 유전 공학적 자본주의가 만들어 낸 기계적, 기술적 존재들도 포함된다.
- 기계 및 과학기술은 인간에게 새로운 삶을 제공하지만, 그 동시에 새로운 존재 가치와 정체성을 발견하게 한다. 이는 과학기술이 발전하면서 변화하는 시대가 일으키는 문제들을 해결하기 위해서는 근대 휴머니즘의 한계로서 인간중심주의를 벗어나서, 포스트휴먼 주체로서 인간을 재정의해야 한다.

(3) 조에(zoe) 중심의 평등주의

- 브라이도티가 강조하는 주체성은 새로운 주체 이론으로 다수의 타자들과의 관계에서 생성되는 것을 말하는 것이다. 그녀는 휴머니즘의 한계에서 벗어난 타자뿐 아니라 인간 종 중심주의와 대립되는 타자들과의 비위계적인 관계를 맺는 새로운 주체 이론으로 포스트휴머니즘을 주장하는 것이다.
- 브라이도티는 포스트휴먼 조건의 생명 물질을 생기적이고 자기조직적인 물질인 "조에"(zoe)라고 보고 이러한 "조에 중심의 평등주의"를 강조한다. 이는 일원론적 철학과 맞물린다. 일원론은 어떤 대립 원리들을 극복하고, 생기적인 물질들을 하나로 조합하는 것이다. 분리된 종과 범주를 가로질러서 연결하는 횡단적 힘을 가진 것으로 보는 것이다. 그 안에서의 주체는 "확장된 자아의 체현된 구조", "자아문화 연속체", "관계적이고 횡단적인" 등의 용어로 설명될 수 있다.

(4) '차이'와 '비일자성'

- 브라이도티의 포스트휴먼 주체성 개념의 핵심은 '차이'와 '비일자성'에 있다. 우리 시대의 생명공학과 유전 공학 기술 등으로 체현된 주체들의 분류에 있어 개념적 혼란이 발생하게 되었다. 이러한 기술의 발전들이 만들어내고 있는 혼종적 현상들은 표면적으로는 경계를 흐리지만, 그 속에 선진 자본주의는 기술들을 이용하여 살아있는 모든 것을 통제하고 있다.
- 여성, 동식물, 유전자 등을 상품화하여 착취하고 있다. 이러한 상황은 인간과 인간 아닌 동물 등의 타자들과 하나의 연속체로 재배치되었음을 의미하며, 브라이도티는 이를 차이를 만드는 이분법에서 리좀학(Rhizomatique)으로 바꾼 것이라고 말한다. 리좀은 연결접속으로 어떠한 지점들과도 연결될 수 있어 이질적인 것들을 결합하고 새로운 이질성을 만들어내는 것이다. 따라서 수많은 형태들과 횡단적으로 접속하면서 차이를 수용하고, 새로운 무언가를 지속적으로 생성해낸다. 이러한 점은 이분법적 차이들을 흐리기는 하지만, 권력차이들을 해결하지 못하며, 권력을 여러 방식으로 재생산해낸다.

- 일자(一者)는 세계 그 자체가 하나라는 의미이며 모든 것을 하나로 보는 개념이다. 이러한 개념은 자기 외에 어떠한 타자도 인정하지 않고 억압하게 된다. 이 때문에 그녀는 '비-일자'를 내세우고 그에 따른 '차이의 철학'과 '복수성의 철학'을 펼치게 된다. '하나'라는 개념은 '차이' 즉 사물의 잠재성을 설명할 수 없다는 점에서 폭력적인 것으로 간주된다. 이러한 점에서 '차이화'는 경계를 흐리는 것에 혹하지 않고 대응할 수 있는 개념이다. 다만, '차이'라는 개념이 가진 부정적인 측면의 제거가 필요하다. 자본주의 시장이 만든 타자들과의 부정적인 유대를 해결하기 위해서는 차이화의 고전적 의미를 제거하고 횡단적 상호 접속과 관계성에 기반을 둔 포스트휴먼 주체에 대한 고민이 필요한 것이다. 차이화는 "포스트휴먼 주체를 구성하고 그에 맞는 탈-인간중심적인 윤리적 설명책임의 형식을 발전시킨다고 강조했다." 이러한 주체 구성은 복잡성을 이해하면서 다양한 타자들과의 긍정적인 유대가 가능해질 것이다.
- 그녀는 긍정적인 유대를 가능하도록 실천하는 방법론적 측면으로 '-되기' 개념을 들뢰즈와 과타리(Gilles Deleuze and Felix Guattari)에게서 가져온다. '-되기'는 새로운 관계의 장을 형성하여 새로운 공동체를 구성한다. 비인간적 존재들인 다양한 타자들과의 상호 의존성을 공감하고 수용하면서 인간도 재정의가 필요함을 주장하는 것이다. 브라이도티는 포스트휴먼 조건을 새로운 방향을 탐색할 수 있는 항해 도구로 본다.

973

다음 중 철학자 로지 브라이도티(Rosi Braidoti)의 포스트휴먼(posthuman)에 대한 설명으로 거리가 먼 것은?

① 포스트휴먼 이론은 인간과 동물, 인간과 사이보그 등의 이원적 구분 대신 조에(Zoe) 평등성을 인정한다.
② 포스트휴먼 되기는 탈인간화된다는 의미가 아니라 반대로 윤리적 가치와 확대된 공동체 의식을 결합하는 새로운 방식을 의미한다.
③ 포스트휴먼 되기는 유목적 주체가 아니라 조에(Zoe) 중심의 체현된 주체의 실천이다.
④ 포스트휴먼 되기는 '기계-되기'로서 인간과 기술의 결합을 통해 새로운 횡단적 복합체, 새로운 생태지혜적(eco-sophicial) 통일성을 발생시킨다.

> 정답 ③
> 풀이 ③ 브라이도티는 자기 자신을 "유목적 주체"로 보았는데, 이는 비단일적이고 복합적인 정체성을 지닌 주체라는 의미이다. 그녀의 이러한 접근은 타자들과 제휴하는 능동적 방법을 모색하는 시도를 가능케 했다.

Theme 170 포스트휴먼 감수성 **779**

974

로지 브라이도티의 입장으로 틀린 것은?

① 여성, 동식물, 유전자 등을 상품화하여 착취하는 상황은 인간과 인간 아닌 동물 등의 타자들과 하나의 연속체로 재배치되었음을 의미한다.

② 리좀은 연결접속으로 어떠한 지점들과도 연결될 수 있어 이질적인 것들을 결합하고 새로운 이질성을 만들어내는 것이다.

③ 리좀은 수많은 형태들과 횡단적으로 접속하면서 차이를 수용하고, 새로운 무언가를 지속적으로 생성해낸다는 점은 이분법적 차이들을 감소시켜 권력 차이들을 해결한다.

④ '하나'라는 개념은 '차이' 즉 사물의 잠재성을 설명할 수 없다는 점에서 폭력적인 것으로 간주된다.

정답 ③

풀이 리좀은 연결접속으로 어떠한 지점들과도 연결될 수 있어 이질적인 것들을 결합하고 새로운 이질성을 만들어내는 것이다. 따라서 수많은 형태들과 횡단적으로 접속하면서 차이를 수용하고, 새로운 무언가를 지속적으로 생성해낸다. 이러한 점은 이분법적 차이들을 흐리기는 하지만, 권력 차이들을 해결하지 못하며, 권력을 여러 방식으로 재생산해낸다.

975

브라이도티의 사상에 대한 설명으로 틀린 것은?

① 브라이도티의 조에(zoe) 중심의 평등주의는 모든 생명체, 즉 인간과 비인간을 도덕적 고려 대상으로 본다. 이는 차이와 비일자성의 관점을 통해 생명체의 다양성과 변화를 인정하는 것과 일치한다.

② 리좀학은 어떠한 지점들과도 연결될 수 있는 개념으로, 이질적인 것들을 결합하여 새로운 이질성을 만들어낸다. 이는 조에(zoe) 중심의 평등주의의 모든 생명체에 대한 도덕적 고려와 차이와 비일자성의 생명체의 다양성을 인정하는 관점과 일치한다.

③ 리좀학은 이분법적 차이를 흐리고, 권력차이를 해결한다. 이는 조에(zoe) 중심의 평등주의와 차이와 비일자성의 개념과 연결될 수 있다.

④ 차이와 비일자성의 개념은 모든 생명체의 독특함과 변화하는 특성을 인정하는 것으로, 이는 조에(zoe) 중심의 평등주의의 도덕적 고려 대상 확장과 함께 리좀학의 이질적 결합을 가능하게 한다.

정답 ③

풀이 ① 브라이도티의 조에(zoe) 중심의 평등주의는 모든 생명체를 도덕적 고려 대상으로 보며, 이는 차이와 비일자성의 관점을 통해 생명체의 다양성과 변화를 인정하는 것과 일치한다.
② 리좀학은 어떠한 지점들과도 연결될 수 있는 개념으로, 이질적인 것들을 결합하여 새로운 이질성을 만들어낸다. 이는 조에(zoe) 중심의 평등주의의 모든 생명체에 대한 도덕적 고려와 차이와 비일자성의 생명체의 다양성을 인정하는 관점과 일치한다.

③ 리좀학은 이분법적 차이를 흐리지만, 그렇다고 해서 권력차이를 해결하지는 않는다. 이런 점에서는 브라이도티의 조에(zoe) 중심의 평등주의 개념과는 일치한다고 할 수 없다.

④ 차이와 비일자성의 개념은 모든 생명체의 독특함과 변화하는 특성을 인정하는 것으로, 이는 조에(zoe) 중심의 평등주의의 도덕적 고려 대상 확장과 함께 리좀학의 이질적 결합을 가능하게 한다.

976

조에(zoe) 중심의 평등주의에 대한 설명으로 틀린 것은?

① 캐서린 헤일스가 강조하는 새로운 주체 이론이다.

② 조에(zoe)는 포스트휴먼 조건의 생명 물질을 생기적이고 자기조직적인 물질이다.

③ 어떤 대립 원리들을 극복하고, 생기적인 물질들을 하나로 조합하는 일원론에 기반한다.

④ 주체는 "확장된 자아의 체현된 구조", "자아문화 연속체", "관계적이고 횡단적인" 등의 용어로 설명될 수 있다.

> **정답** ①
>
> **풀이** 브라이도티의 주체 이론이다.

977

로지 브라이도티의 「포스트휴먼」에 대한 설명으로 틀린 것은?

① 포스트휴먼 조건의 생명 물질을 생기적이고 자기조직적인 물질인 조에(zoe)라고 본다.

② 리좀은 이분법적 차이들을 흐리고, 권력차이들을 해결하여, 권력을 여러 방식으로 재생산해낸다.

③ 일자(一者)는 자기 외에 어떠한 타자도 인정하지 않고 억압하게 되기 때문에 '비-일자'를 내세운다.

④ 푸코의 계보학적 방법을 차용하여 다양한 여성들이 일상생활 속에서 신체적 체현과 성(gender)의 차이들을 통해 주체가 구성되는 방식들을 분석하고 있다.

> **정답** ②
>
> **풀이** ② 리좀은 연결접속으로 어떠한 지점들과도 연결될 수 있어 이질적인 것들을 결합하고 새로운 이질성을 만들어내는 것이다. 따라서 수많은 형태들과 횡단적으로 접속하면서 차이를 수용하고, 새로운 무언가를 지속적으로 생성해낸다. 이러한 점은 이분법적 차이들을 흐리기는 하지만, 권력차이들을 해결하지 못하며, 권력을 여러 방식으로 재생산해낸다.

978

로지 브라이도티의 입장으로 틀린 것은?

① 여성, 동식물, 유전자 등을 상품화하여 착취하는 상황은 인간과 인간 아닌 동물 등의 타자들과 하나의 연속체로 재배치되었음을 의미한다.

② 리좀은 연결접속으로 어떠한 지점들과도 연결될 수 있어 이질적인 것들을 결합하고 새로운 이질성을 만들어내는 것이다.

③ 리좀은 수많은 형태들과 횡단적으로 접속하면서 차이를 수용하고, 새로운 무언가를 지속적으로 생성해낸다는 점은 이분법적 차이들을 감소시켜 권력 차이들을 해결한다.

④ '하나'라는 개념은 '차이' 즉 사물의 잠재성을 설명할 수 없다는 점에서 폭력적인 것으로 간주된다. 그러나 '차이화'는 경계를 흐리는 것에 혹하지 않고 대응할 수 있는 개념이다.

> **정답** ③
>
> **풀이** ③ 리좀은 연결접속으로 어떠한 지점들과도 연결될 수 있어 이질적인 것들을 결합하고 새로운 이질성을 만들어내는 것이다. 따라서 수많은 형태들과 횡단적으로 접속하면서 차이를 수용하고, 새로운 무언가를 지속적으로 생성해낸다. 이러한 점은 이분법적 차이들을 흐리기는 하지만, 권력 차이들을 해결하지 못하며, 권력을 여러 방식으로 재생산해낸다.

979

브라이도티의 '기계–되기'에 대한 설명으로 틀린 것은?

① 주체를 다수의 타자와 유대를 맺고 기술로 매개된 지구환경과 융합하는 존재로 보는 것이다.

② 생기론적 관점으로 기술로 매개된 타자를 보자고 주장하며 '기계–되기'를 제시하였다.

③ 주체는 다른 종들과 횡단하며 상호의존하는 생기론적 윤리를 유지할 수 있는데 주체성의 또 다른 이름은 자기생성적 주체화이다.

④ 생명과정은 창발성과 자기조직화, 자기조절 시스템으로 설명되는데 기계는 집합체를 구성한다고 해도 창발적인 힘을 가진 존재라고 할 수 없다.

> **정답** ④
>
> **풀이** ④ 생명과정은 창발성과 자기조직화, 자기조절 시스템으로 설명된다. 기계 생명 또한 부품처럼 작은 단위체들이 모여서 작동할 때 창발적인 힘을 가지고 집합체 구성이 가능해졌다. 이는 디지털 기술이나 합성생물학 등을 통해 만들어진 유사 생명과 인공생명에 대한 설명을 가능하게 해주고 있다. 이런 인공적 생명들은 자연의 생명과의 경계를 흐린다.

Theme 171 인간을 넘어선 인간

핵심정리 수확 가속의 법칙

- 미국의 과학자이자 미래학자이자 구글 엔지니어링 이사인 레이 커즈와일은 2010~2030년 사이에 정보 기반 기술이 인간의 모든 지식과 능력을 능가하고 인간의 문제 해결 능력, 나아가 감정 및 도덕적 지능에까지 이르는 발전을 이룩하리라 호언장담한다. 그는 대부분의 사람들이 미래의 발전력을 턱없이 과소평가하고 있다고 생각하는데, 그 원인은 미래에 대한 시각이 잘못되었기 때문이다. 보통의 사람들은 미래를 생각할 때 향후 100년 동안 일어날 변화를 현재의 변화 속도를 기준으로 측정한다. 즉 지난 10년간의 변화수준을 바탕으로 향후 10년간의 변화정도를 예측한다는 것이다. 하지만 커즈와일은 기술의 변화 속도는 절대 일정하지 않고, '기하급수적'으로 증가하고 있다고 이야기한다.
- 이러한 추세는 역사적으로 증명된 것인데, 대표적인 예로는 '무어의 법칙'(Moore's law)이 있다. 이는 인텔의 공동 설립자 고든 무어가 1965년 한 논문에서 했던 주장을 바탕으로 만들어진 법칙으로, 집적회로에 집어넣을 수 있는 트랜지스터의 수의 변화를 관찰하던 중 탄생한다. 반도체 칩 1제곱 밀리미터당 구성 요소의 개수가 2.7년마다 두 배씩 증가하는데, 이는 반도체 회로의 선폭(feature size)이 5.4년마다 반으로 줄어들어들기 때문이다. 가격은 기하급수적으로 낮아지고, 처리 속도는 기하급수적으로 빨라진다. 그 결과 인텔 프로세서의 트랜지스터 개수는 24개월마다 2배로 증가해왔다. 좀 더 단순히 이야기하자면 현재의 컴퓨터와 같은 가격에 성능은 두 배인 컴퓨터를 사려면 전에는 3년을 기다려야 했지만 지금은 1년만 기다리면 된다는 것이다.
- 커즈와일은 이와 같은 법칙을 정보기술 영역 전반, 더 나아가서는 전 기술 영역에 확장해 일반화시켜 이를 '수확 가속의 법칙'이라 명명한다. 좁은 의미에서 '고정된 크기의 집적회로에 들어가는 트랜지스터의 개수'를 다루는 무어의 법칙은, 좀 더 확장시킨다면 "다양한 층위의 '영리함(혁신, 즉 기술 진화)'을 고려하고 있는 단위비용 당 연산 속도"로 해석할 수 있다는 것이다. 따라서 '수확 가속의 법칙'이란, 기술의 진화 과정이 가속적이며 그 산물 또한 기하급수적으로 증가한다는 현상을 일컫는 기술 진화 이론인 것이다.

980

첨단기술 개발과 지식중심 생산 체제의 현상과 관련된 법칙으로 기술의 진화 과정이 가속적이며 그 산물 또한 기하급수적으로 증가한다는 현상을 일컫는 기술 진화 이론으로 옳은 것은?

① 무어의 법칙　　　　　　　　　② 리드의 법칙
③ 생산성 역설　　　　　　　　　④ 수확 가속의 법칙

정답　④

풀이　④ 수확 가속의 법칙에 대한 설명이다.

(1) 의의

특이점의 시기에 도달하기 위해서는 먼저 3가지의 혁명이 전제되어야 한다. 유전학의 혁명, 나노기술의 혁명, 로봇공학의 혁명이 그 세 가지인데, 커즈와일은 이를 묶어 'GNR 혁명'이라고 이름 붙인다. 그의 대표적인 저서, 「특이점이 온다」가 쓰여진 2005년을 기준으로 했을 때, 우리는 유전학 혁명(G)의 시기에 처해있다. 그의 예측에 따르면 이 세 가지 혁명이 순차적으로, 각각 앞서의 혁명의 한계와 그것이 양산한 위험을 제거하는 방식으로 일어날 것이다.

(2) 유전공학의 혁명과 나노기술의 혁명

유전공학의 혁명으로 DNA를 기반으로 한 생물학의 작동 원리를 완벽히 파악하게 되면 더 이상 생물학의 도구만으로는 부족한 시기가 올 것이고, 이 시기를 나노기술, 즉 우리의 몸과 뇌, 그리고 우리가 사는 세상을 분자 수준에서 재조립함으로써 이를 극복해 낼 것이다. 그리고 이러한 기술의 발전이 야기하는 문제는 로봇공학의 혁명, 즉 인간 수준의 지능을 지닌 로봇들의 출현으로 손쉽게 해결될 것이다. 왜냐하면 이들은 "자기 앞에 놓인 어떤 장애물이라도 쉽게 내다보고 극복할 수 있을 정도로 똑똑할 것이기 때문이다."

(3) 로봇공학의 혁명

• GNR 혁명의 마지막 단계인 로봇공학의 혁명과 함께 열리게 될 특이점의 시기는, 다르게 표현하자면 '인공지능의 출현'에 다름 아니다. 따라서 이 순간부터는 기술을 연구하고 발전시켜나가는 주체는 더 이상 '우리'가 아닐 것이다. 이 순간부터는 기계 스스로가 그 이후의 기계들을 설계하고 만들어 나가게 된다는 것이다. "최초의 초지능 기계가 사람이 만들게 될 마지막 발명품이 될 것이다."라는 소설가 어빙 존 굿의 이야기는 이러한 현실의 예측에 다름 아니다.

• 커즈와일에게 특이점이란 우리로선 피할 수 없는 진화의 다음 단계로서, 생물학적 진화 및 인간이 이끌어오던 기술 진화의 뒤를 이어 출현할 단계인 것이다. 물론 이 세 분야의 기술들은 분리된 상태로 발생하는 것이 아니라 항상 중첩된 상태로 함께 발전해 나간다.

(1) 의의

• 인간의 존엄성에 대한 문제는 윤리의 문제일 뿐만이 아니라, 간접적으로 정치적인 쟁점으로도 떠오른다.

• 「역사의 종말」이라는 책으로 유명한 사회과학자인 프랜시스 후쿠야마는 인간의 존엄성의 근거가 되는 그 고유한 특성을 'factor X'로 제시한다. 'factor X'란 인간의 도덕적 선택이나 이성, 다양한 감정 등을 가능케 하는 상호작용에 관여하는 요소로서, 인간에게서 부수적이고 우연적인 모든 특성을 제거하면 남는 본질적 특질이다.

(2) 유전적 귀족계급

• 'factor X'는 모든 인간이 그 다양성에도 불구하고 평등하게 대우받을 수 있는 이유이기에 '모든 능력의 차이에도 불구하고 모든 인간을 평등하게 대우하는 자유민주주의'의 중요한 근거가 된다. 하지만 유전공학의 발달로 출현하게 될 능력이 향상된 인간들, '유전적 귀족계급'은 이러한 평등을 깨트린다.

• 한 사회에서 강화된 인간 부류와 열등한 인간 부류가 공존하는 암울한 시대를 맞이하게 되리라는 것이다. 즉 권리의 평등이라는 이념의 바탕이 되는 "우리 모두가 피부색이나 아름다움, 지능의 차이에도 불구하고 인간의 본질을 소유하고 있다는 믿음"이 그 본질을 변화시키는 트랜스휴머니즘의 기획에 의해 사라져, 더 이상 인간은 평등한 도덕적 지위를 갖지 못하게 될 것이다.

- 따라서 인간의 능력을 강화하는 스마트 약품이나 기술적 기기들은 부자들의 전유물이 될 가능성이 높은 현실에서, 과학 기술의 만들어낼 명시적인 유전적 능력의 차이는 필연적으로 인간 간 위계를 발생시켜 불평등의 문제를 심화시킬 확률이 더욱 높다.

♀ 핵심정리   포스트휴먼의 지능 : '체화된 인지'

(1) 의의
- 로봇 공학자인 로드니 브룩스는 철학자 존 설 등과 함께 1980년대 중후반부터 "주변 환경과 상호작용하는 생물학적 메카니즘을 제외한 채로 인공지능을 이야기할 수 없다."는 비판을 주도해왔다. 브룩스는 "코끼리는 체스를 두지 않는다."라는 유명한 논문에서 "기호를 통한 논증보다 실제 세계와 상호작용하는 것이 훨씬 더 어렵다."는 주장을 펼친다. 인간의 인지를 이와 같이 외부 환경과의 상호작용을 통해 사유하는 방식은 '구성주의', 혹은 '체화된 인지'라고 부를 수 있다. 이 개념은 로드니 브룩스뿐만 아니라 굉장히 다양한 분야의 학자들에 의해서 주장되어 왔다.
- 예를 들어 과학자인 마투라나와 바렐라는 「인식의 나무 : 인식활동의 생물학적 뿌리」라는 책을 통해서 인식 활동의 생물학적 뿌리를 추적한다. 이들은 인간이란 단순한 논리 기계나 인식 기계가 아니라 생명체이기 때문에 "인식은 생물학적 구속을 고려할 때만 의미를 지닌다."고 이야기한다.
- 지구 초기의 역사－생명의 출현－생식과 발생－행동－신경계－사회적 행동－언어의 영역－인간의 의식으로 이어지는 인식 활동의 과정을 추적하면서 이를 생명학적 차원의 특수현상으로 보고 이를 진화적 발생의 수준에서 논의하고자 한다. 이처럼 인간의 인지는 오랜 세월에 걸쳐 자연선택과 자기 조직화 과정을 거쳐서 몸과 두뇌에 의하여 형성된 것이다.
- 이들은 인식의 객관성에 대한 비판적 태도를 취하는데, 세계는 하나이며 이 하나의 세계가 우리 인식에 그대로 주어진다는 '표상주의'의 시각은 인간의 인식 과정을 단순화시켜 단지 표상의 역할만을 하는 것처럼 여겨지게 만든다는 것이다.

(2) 물리적인 토대에서 일어나는 신경 생물학적 현상으로서의 인지
- 마투라나와 바렐라는 우리의 인식이란 단지 외부의 존재자와 존재자의 각종 속성, 그리고 현상을 기계적으로 모사해내는 단순하고 직선적인 과정을 통해 얻어진다는 이러한 견해에 반대한다.
- 하지만 그렇다고 해서 인식의 주체가 없다면 세계는 없다는 식의 '유아론'을 주장하는 것은 아니다. '구성주의'의 논의는 오히려 이러한 이분법을 거부하면서 '지식은 어떻게 정의되든 사람의 머릿속에 있는 것이며 자신의 경험에 기반을 두고 구성될 수밖에 없는 것'이며, '인지는 물리적인 토대에서 일어나는 신경 생물학적 현상'임을 강조한다. 로드니 브룩스는 인지란 환경 속에서 시스템의 계속성과 항상성을 유지하기 위하여 자신의 구성요소의 상호작용을 다양한 방법으로 구성하여 적응한 결과라고 이야기한다.
- 따라서 인지란 '시스템이 가지고 있는 외부와의 상호작용 능력(감각－운동 능력)의 한계 내에서 환경의 우연성과 자기 조직화의 결과에 다름 아니라는 것이다. "인간은 기본적인 감각－운동 능력을 가능하게 하는 자기 몸을 기반으로 하는 인지구조에 기반을 두고 환경을 파악한다." 뇌의 모듈들은 몸 전체에 퍼져있는 감각－운동 기관들과 밀접한 상호작용을 한다.
- 따라서 이를 단순한 학습을 통해서 묘사하거나 역학적, 공학적으로 재구성하는 일은 어렵다. 인공지능은 완벽하게 만들어진 채로 탄생할 수 없으며, 로드니 브룩스는 이것이 인간과 마찬가지로 학습 능력을 가지고 태어나 세상과 교류하며 스스로 지능을 채워나가야 한다고 이야기 한다. 따라서 인공지능을 구성하는 데에 관건은 논리의 구성이 아닌 학습방법에 달려있으며, 물론 이때의 학습은 단순하지는 않을 것이다.

- 따라서 브룩스에게 '체화된 인지'란 구성적 인공지능에서 시스템이 환경으로부터 시스템의 목적을 위하여 주어진 감각 운동기관으로부터 능동적으로 환경을 모델링할 수 있는 기제라 여겨진다. 그리고 이것이 좀 더 추상적인 모델링에 대한 적절한 토대로써의 역할을 해야 하는데, 예를 들어 여기에는 정서의 문제가 있다. 몸과 마음은 분리되어 있지 않다. 정서는 시스템이 외부 자극에 대한 평가시스템으로써 시스템의 지능을 이루는 중요한 부분으로 간주한다. 이러한 정서 기제는 시스템 전체의 중요한 모듈로써 시스템 구조 설계 시 포함되어야 한다. 따라서 이러한 방법을 통해 어쩌면 우리는 진정으로 강한 형태의 인공지능을 만들어내게 될 지도 모른다.

⚲ 핵심정리 　포스트휴먼의 신체 : 생물학적 한계를 넘어선 '신체'

- 여기서 포스트휴먼의 '신체성'에 대해 더욱 적극적으로 사유하는 이가 있다. 바로 미국의 문학 비평가인 캐서린 헤일스이다. 그는 노버트 위너로부터 시작되는 사이버네틱스의 전통이 '신체와 정신의 분리 가능성'이라는 가정 하에 이루어져왔다고 이야기한다. "전신을 통해서 인간을 전송하는 것이 이론적으로 가능하다."는 노버트 위너의 이야기는 이러한 측면을 잘 보여준다고 할 수 있다.
- 헤일스는「우리는 어떻게 포스트휴먼이 되었는가?」라는 책을 통해, '정보가 어떻게 신체를 잃었는가?'라는 질문을 던지고 그 과정을 역사적으로 추적해 나가고 있다. 이 과정을 통해 지금까지의 사이버네틱스에도 사실은 탈신체를 옹호하는 입장뿐만 아니라 주체성의 신체화된 형태 또한 존재했으며, 이 둘의 복잡하지만 지속적인 상호작용을 통해 형성되어 왔음을 밝혀낸다. 따라서 포스트휴먼적 기술의 발전이 반드시 신체의 퇴화를 동반하지는 않는다는 것이다.
- 포스트휴먼을 통해 우리는 '잃어버린 신체'를 되찾을 수 있게 된다. 물론 이때의 신체란 정신과 신체의 이분법 속에서 사유되는 형태와는 다를 것이다. 앞서 '체화된 인지' 개념을 통해 인지가 신체의 감각 – 운동기관을 포함해 사유되었듯이, 여기서는 신체도 전혀 다른 관계 속으로 들어간다. "포스트휴먼에서는 신체를 가진 존재와 컴퓨터 시뮬레이션, 사이버네틱스 매커니즘과 생물학적 유기체, 로봇의 목적론과 인간의 목표 사이에 본질적인 차이나 절대적인 경계가 존재하지 않는다."
- 앞서 보았던 유전공학과 나노기술을 이용한 바이오해킹의 사례들은 '나'라고 부를 수 있는 범위를 단지 나의 생물학적 신체에 국한시키지 않는다. '사이보그적 신체'라 불리는 형태의 기계 – 인간의 결합체뿐만 아니라, 팔에 심어진 블루투스 칩을 통해 우리는 사물과 신체를 연결하고, 뇌에 박힌 칩을 통해 가상세계와 신체를 연결해낸다. 하지만 포스트휴먼은 그동안의 정신과 인지가 그 중심을 차지해 온 주체 논쟁에서 경시된 '신체'를 포함시킬 수 있는 기회일 뿐만 아니라, 정신/신체, 인간/자연, 자아/타자, 남성/여성이라는 계열로 이어지는 이분법적 대칭 관계를 깨트릴 수 있게 된다고 이야기한다.
- 튜링테스트가 처음 소개되었던 논문 〈계산 기계와 지성〉에서, 그는 컴퓨터와 인간을 대립시키기에 앞서 그 자리에 남자와 여자를 놓는다. 여기서 질문자는 그 각각의 인물에게 직접적으로 성별을 묻지 않고, 다른 우회적인 질문을 통해서 누가 여자인지를 맞추어야 한다. 그리고 튜링은 이어서 바로 이 대칭 관계에 인간과 기계를 위치시키는데, 헤일스는 이것이 인간과 기계 사이의 경계를 재설정하는 것이 단순히 '무엇이 생각할 수 있는가'만을 뜻하는 것은 아니라는 점을 보여준다고 이야기한다. 따라서 헤일스는 여성과 타자의 자리에 사이보그라는 역설적이고 모순적이며 획기적인 존재를 위치시킴으로서 만들어질 남성/여성, 자아/타자 간의 비대칭의 관계를 통해 새로운 방식으로 여성이나 소수자의 문제를 사유하고자 하는 것이다.

981

사이버네틱스에 대한 설명으로 틀린 것은?

① 19세기에 제어 이론과 초기 정보 이론이 만나 탄생하였다.

② 유기체, 기계 현상, 사회 현상에서 나타나는 제어 시스템에 공통적인 특징들이 존재한다고 전제한다.

③ 1948년 노버트 위너의 논문 「동물과 기계에 있어 사이버네틱스 또는 제어 그리고 의사소통」에서 처음 등장하였다.

④ 인간이란 단순한 논리 기계나 인식 기계가 아니라 생명체이기 때문에 "인식은 생물학적 구속을 고려할 때만 의미를 지닌다."고 본다.

> **정답** ④
>
> **풀이** 마투라나와 바렐라가 「인식의 나무: 인식활동의 생물학적 뿌리」에서 한 주장이다. 사이버네틱스 이론은 인간을 일련의 정보처리 과정으로 이해한다.

핵심정리 행위자 네트워크 이론

(1) 의의

- 행위자 네트워크 이론은 1980년대 초반에 과학기술학(science and technology studies, STS)을 연구하던 프랑스의 브루노 라투르, 미셸 칼롱, 영국의 존 로와같은 학자들에 의해 정립되었다. ANT는 우리가 세상을 제대로 이해하기 위해서는 그래프, 설계도, 표본, 기관, 병균과 같은 '비인간'에 주목해야 한다고 주장한다.

- 인간과 비인간이 어떤 동맹을 맺느냐에 따라서 엄청난 차이가 발생하기 때문이다. ANT에서 힘을 가진 사람이란 반드시 다양한 비인간을 길들여서 이들과 동맹을 맺고, 이들의 힘을 빌린 사람이다. 과학기술, 테크노사이언스는 비인간을 우리에게 의미 있는 존재로 바꾸어주는 인간의 활동이다.

- 따라서 과학기술은 권력의 속성을 이해하거나 권력을 생성하는 데 필수적인 요소다. ANT는 인간과 비인간 사이에 만들어지는 변덕스러운 네트워크라는 개념을 이용해서 실패한 기술과 사회적 요소의 관계를 분석하는 데 흥미로운 성과를 냈고, 불확실하고 유동적인 세상을 분석하기를 원하는 의료사회학, 지리학, 조직이론, 경영학, IT이론, 이론 금융학 등으로 점차 확산되었다.

(2) ANT는 학문 분야들 사이의 경계(자연과 사회)를 가로지른다.

ANT에서는 세상을 기술하면서 이종적, 잡종적이라는 단어를 자주 사용하며, 유사존재, 유사주체, 매개자와 같은 개념을 만들거나 채용해서 사용하는데, 이러한 단어와 개념은 경계를 가로지르거나 무력화하는 효과를 위해 고안된 기구들이다. ANT가 묘사하는 세상은 복잡하고, 항상 요동치며, 서로 얽혀있고, 서로가 서로를 구성하면서 변화하는 잡종적인 세상이다. 끊임없이 경계를 넘나드는 잡종적인 존재들에 힘입어 자연, 사회, 문화는 서로가 서로를 만들면서 동시에 구성된다.

(3) ANT는 비인간(nonhuman)에 적극적 역할을 부여한다.

우리가 사회라고 부르는 것은 인간-비인간의 복합체라고 할 수 있다. 비인간을 제외한 순수한 사회를 상상하기 힘들듯이, 비인간을 제외한 순수한 자연 역시 생각하기 힘들다. 자연은 비인간을 통해서 변형되며 사실로 이해된다. ANT에서 비인간은 인간과 마찬가지로 행위자(actor)이다.

982

다음 이론을 제시한 학자와 ㉠에 들어갈 말의 연결이 옳은 것은? [2021년 기출]

> 인간, 기술, 제도, 환경적 요소들이 어떻게 기능하여 가장 큰 이벤트, 즉 사건화(eventisation)를 이어
> 나가는지의 과정이 [㉠] 이론 분석에서는 드러날 수 있다. 인간과 사물이 상하 관계나 위계가
> 없이 동등하며 대칭적이다. 즉, 사물이나 그래프나 기술 등 비인간적 요소들도 하나의 행위자로 존
> 재한다는 점에서 인간과 다를 게 없다고 본다. 모든 사건들은 인간과 비인간의 이종적 결합에 의한
> 네트워크를 건설하는 과정에서 생겨난 것들이다.

① 라투르(Latour) : 행위자 – 네트워크
② 브루디외(Bourdieu) : 구별짓기
③ 나이스비트(Naisbitt) : 메가트렌드
④ 보드리야르(Baudrillard) : 시뮬라시옹

정답 ①
풀이 ① 라투르의 행위자 – 네트워크 이론에 대한 설명이다.

983

행위자 – 네트워크 이론에 대한 설명으로 틀린 것은?

① 1990년대 초반에 과학기술학(STS)을 연구하던 라투르, 칼롱과 같은 학자들에 의해 정립되었다.
② 행위능력이란 나와 네트워크로 연결되어 있는 숱한 행위자들의 상호작용에서 비롯된 '관계적 효과'로
   볼 수 있다.
③ 끊임없이 경계를 넘나드는 잡종적인 존재들에 힘입어 자연, 사회, 문화는 서로가 서로를 만들면서 동
   시에 구성된다고 본다.
④ 번역의 핵심은 한 행위자의 이해나 의도를 다른 행위자의 언어로 치환하기 위한 프레임을 만드는 행
   위로서 질서를 만드는 과정이다.

정답 ①
풀이 행위자 – 네트워크 이론은 1980년대 초반에 과학기술학(science and technology studies, STS)을 연구하던
   프랑스의 브루노 라투르, 미셸 칼롱, 영국의 존 로와 같은 학자들에 의해 정립되었다.

984

행위자-네트워크 이론에 대한 설명으로 틀린 것은?

① 사물이나 그래프나 기술 등 비인간적 요소들도 하나의 행위자로 존재한다는 점에서 인간과 다를 게 없다고 본다.

② 과학기술학(STS)을 연구하던 프랑스의 브루노 라투르, 미셸 칼롱, 영국의 존 로와같은 학자들에 의해 정립되었다.

③ 행위능력이란 네트워크로 연결되어 있는 숱한 행위자들의 상호작용에서 비롯된 '관계적 효과'로 볼 수 있다.

④ 네트워크 외부에 존재하는 사회적-경제적-정치적 요소에 의한 네트워크의 형성과 같은 사회학적 설명을 시도한다.

정답 ④

풀이 ④ ANT는 네트워크 외부에 존재하는 사회적-경제적-정치적 요소에 의한 네트워크의 형성과 같은 사회학적 설명을 시도하지 않는다. 네트워크에 주목할 때 우리는 어떤 대상의 내부/외부를 나눌 필요가 없어진다. 네트워크에는 안/밖이 존재하지 않으며, 모든 지점이 경계지점이기 때문이다. 또한 ANT에서는 일반화나 미래에 대한 예측을 추구하지 않는데, 모든 네트워크는 서로 다른 특이성들을 갖고 있고, 나름대로 독특하며, 예측할 수 없는 방식으로 변화하기 때문이다.

🔑 핵심정리 ANT의 행위자는 곧 네트워크이다.

(1) 의의

지금의 나는 내게 연결되어 있는 숱한 인간 행위자, 비인간 행위자의 이종적인 네트워크 그 자체에 다름 아니다. 나의 행위능력이란 나와 네트워크로 연결되어 있는 숱한 행위자들의 상호작용에서 비롯된 '관계적 효과'로 볼 수 있다. 내가 그러하듯이 비인간 행위자들도 이종적인 네트워크이다(예 자동차).

(2) 네트워크 건설 과정으로서의 번역(translation)

① 의의

- 네트워크 건설 과정이 번역(translation)이며, 번역을 이해하는 것이 ANT의 핵심이다. 번역은 ANT를 건설하는 과정이다. 번역의 핵심은 한 행위자의 이해나 의도를 다른 행위자의 언어로 치환하기 위한 프레임을 만드는 행위이다. 번역의 과정은 질서를 만드는 과정이다.
- 한 행위자를 다양한 행위자들이 이미 유지하던 네트워크를 끊어버리고, 이들을 자신의 네트워크로 유혹해서 다른 요소들과 결합시키며, 이들이 다시 떨어져 나가려는 것을 막으면서 이종적인 연결망을 하나의 행위자처럼 보이도록 한다. 이 과정이 성공적으로 이루어지면 이를 수행한 소수의 행위자는 네트워크에 동원된 다수의 행위자를 대변하는 권리를 갖게 된다.

② 번역의 4단계

- 미셸 칼롱에 따르면, 번역은 문제제기-관심끌기-등록하기-동원하기의 네 단계로 이루어진다.
- 문제제기(problematization)는 기존의 네트워크를 교란시키는 단계이다.

- 관심끌기(interessement)는 다른 행위자들을 기존의 네트워크에서 분리하고 이들의 관심을 끌면서 새로운 협상을 진행하는 단계이다.
- 등록하기(enrollment)는 다른 행위자들로 하여금 새롭게 주어진 역할을 맡게 하는 단계이다.
- 동원하기(mobilization)는 다른 행위자들을 대변하면서 자신의 네트워크로 포함시키는 단계이다.

985

다음에서 설명하는 행위자-네트워크 이론에서 번역의 단계로 옳은 것은?

다른 행위자들로 하여금 새롭게 주어진 역할을 맡게 하는 단계이다. 이 과정에서는 새로운 역할에 대한 정의와 그 역할에 따른 권한, 책임 등이 명확하게 정해지며, 이를 수행하기 위한 자원과 지식도 제공된다. 이 단계에서는 새로운 행위자들이 네트워크에 참여하게 되며, 이를 통해 네트워크가 더욱 확장되고 강화된다.

① problematization
② interessement
③ enrollment
④ mobilization

정답 ③

풀이 ③ 등록하기(enrollment)에 대한 설명이다.

♀핵심정리   ANT 용어 해설

- 의무통과점(obligatory passage point)은 한 행위자가 기존의 네트워크를 교란시키고 다른 행위자들을 자신의 네트워크로 끌어들이기 위해서는 이들이 의존할 수밖에 없는 존재를 만드는 것이 중요한데, 이렇게 다른 행위자들이 네트워크상에서 반드시 거쳐 가게 함으로써 행위자를 자신의 편으로 끌어들이는 존재이다.
- 치환(displacement)은 번역의 관정에서 기록을 하고, 이 기록의 결과나 다른 행위자를 여기저기로 이동시키는 과정이다.
- 계산의 중심(번역의 중심)은 번역의 전략을 관장하는 한 지점이다.
- 불변의 가동물(immutable mobiles)은 번역의 중심에 위치한 행위자는 멀리 떨어져 있는 행위자들에 대해 장거리 지배력을 행사하는데, 이럴 때 지리적으로 먼 거리를 쉽게 돌아다니면서 번역의 중심의 지배력을 유지시키는 데 사용할 수 있는 물건들이다.
- 기입(inscription)은 네트워크를 건설하는 행위자는 다른 행위자들에게 이렇게 하라, 저렇게 하라고 역할을 부여한다. 이렇게 한 행위자가 다른 행위자에게 시키는 일의 목록은 문서로 기록될 수도 있고, 기계의 구조 속에 체화될 수도 있고, 네트워크의 배열에 숨겨질 수도 있다. 이러한 일의 목록을 ANT에서는 기입이라고 한다. 이러한 기입 때문에 비인간 행위자는 인간 행위자를 포함한 다른 행위자들에 대해 이렇게 하라 또는 하지 말라는 처방(prescription)을 내릴 수 있다.
- 결절(punctualization)은 복잡한 네트워크를 불안정하고 가변적으로 단순화하는 것이다.

📍 **핵심정리** 산업혁명의 전개 과정

구분	1차 산업혁명	2차 산업혁명	3차 산업혁명
연도	1784년	1870년	1969년
주도 국가	영국	독일, 미국	미국, 일본
핵심 발명품	증기기관, 방적기	전기, 전동기(모터)	컴퓨터, 반도체
핵심 산업	면방직 산업	자동차, 중화학, 철강	인터넷, 컴퓨터, 반도체
경제구조의 변화	• 공업 중심의 경제로 전환 • 지속적인 경제 성장으로 진입	• 대기업 중심의 경제 성장 • 후발 공업국의 산업화	• 벤처 기업이 혁신의 주체로 등장 • 세계 경제의 글로벌화
사회구조의 변화	• 노동자 계급의 성장 • 자유 민주주의 체제 성장	• 자본가의 영향력 증대 • 기술 의존도 심화	• 생활 편의 향상 • 신지식인 그룹 등장

📍 **핵심정리** 산업혁명 단계에 따른 생산의 변천사

1차 산업혁명	2차 산업혁명	3차 산업혁명	4차 산업혁명
증기기관 기반 기계화 혁명	전기 에너지 기반 대량 생산 혁명	컴퓨터, 인터넷 기반 지식정보 혁명	인공지능, 바이오 기반 CPS 혁명
증기 기관의 발명으로 기계적인 장치에서 제품을 생산	전동기의 발명으로 대량 생산이 가능해지고 노동력이 절약	정보통신 기술의 발달로 생산 라인이 자동화되고, 사람은 생산 라인의 점검 및 관리를 수행	인공지능, 빅데이터 등 기술의 융합으로 사람 – 사물 – 공간이 초연결성, 초지능화, 융합화

986

산업혁명의 전개 과정에 대한 설명으로 틀린 것은? [2019년 기출]

① 1차 산업혁명은 증기 기관 발명과 수력을 기반으로 한 전기·기계화 혁명을 의미한다.

② 2차 산업혁명으로 포드주의 대량 생산이 가능해졌다.

③ 3차 산업혁명은 컴퓨터를 기반으로 한 지식정보 혁명이다.

④ 4차 산업혁명은 디지털, 바이오와 물리학 사이의 모든 경계를 허무는 융합 기술 혁명이다.

987

다음 중 제4차 산업혁명에 관한 설명과 가장 거리가 먼 것은?   [2024년 기출]

① 제4차 산업혁명으로 인해 소비자에게 저렴한 가격에 상품과 서비스가 제공되는 명백한 혜택이 있는 것도 사실이지만 다른 한편으론 시장을 지배하는 가장 강력한 소수에게 혜택이 점점 더 집중되고 불평등이 심화되는데, 그 이유는 자본을 옹호하는 국가 권력 때문이다.

② 유비쿼터스 모바일 인터넷, 더 저렴하면서도 작고 강력해진 센서, 인공지능과 기계학습이 제4차 산업혁명의 특징이다.

③ 제4차 산업혁명으로 인해 고소득 전문직과 창의성을 요하는 직업군과 저소득 노무직에서는 고용이 증가할 것으로 보이나 중간 소득층의 단순 반복 업무 일자리는 대폭 줄어들 것으로 전망된다.

④ 디지털 혁명을 기반으로 한 제4차 산업혁명은 21세기의 시작과 동시에 출현했다.

988

4차 산업혁명에 대한 설명으로 틀린 것은?   [2022년 기출]

① 컴퓨터와 정보통신기술을 기반으로 한 지식정보 혁명이다.

② 디지털, 바이오, 물리학 사이의 모든 경계를 허무는 융합 기술 혁명이다.

③ 인공지능(AI)과 빅데이터 결합·연계를 통해 기술과 산업 구조의 초지능화가 강화된다.

④ 미국 등 일부 선진국 중심으로 진행되고 있다.

989

3차 산업혁명의 주력 부문이 아닌 것은?

① 분업
② 정보기술
③ 전자공학
④ 자동화 생산

990

산업혁명에 대한 설명으로 틀린 것은?

① 산업혁명이란 용어는 1884년에 프랑스의 역사학자 망뚜(Paul Mantoux)의 유고 18세기 영국 산업혁명 강의'가 발간되면서 널리 사용되기 시작했다.
② 산업혁명은 18세기 중엽부터 19세기 중엽까지 영국을 중심으로 발생했던 기술적 · 조직적 · 경제적 · 사회적 변화를 지칭한다.
③ 기술적 측면에서는 도구가 기계로 본격적으로 대체되었고, 조직적 측면에서는 기존의 가내수공업을 대신하여 공장제도가 정착되었다.
④ 경제적 측면에서는 국내 시장과 해외 식민지를 바탕으로 광범위한 자본축적이 이루어졌으며, 사회적 측면에서는 산업자본가와 임금노동자를 중심으로 한 계급사회가 형성 되었다.

🔑 핵심정리 **4차 산업혁명**

(1) 독일의 '산업 4.0'
- '산업 4.0'은 독일이 자국 제조업의 경쟁력을 강화하고 주도권을 이어가기 위해 구상한 차세대 산업 혁명을 말한다.
- 세계 최고 수준의 제조업 역량을 자랑하던 독일은 중국과 한국 등 후발 국가의 기술 추격과 빠른 고령화로 인한 생산 인구 부족으로 위기를 맞았다.
- 이를 극복하기 위해 정보통신기술(ICT)과 제조업을 융합하여 생산에 투입되는 인력을 최소화하는 자동 생산 체계를 구축하는 '산업 4.0'이라는 전략을 추진하였다.

(2) 4차 산업혁명의 정의
- 세계경제포럼 회장 클라우스 슈바프는 2016년 다보스포럼 기조연설에서 독일의 '산업 4.0'에 의해 탄생한 자동화 기술의 확산이 제조업뿐만 아니라 경제 전반의 생산과 사회구조의 변동을 가져온 현상을 4차 산업혁명으로 지칭하였다.
- 슈바프는 4차 산업혁명을 "3차 산업혁명을 기반으로 디지털, 바이오와 물리학 사이의 모든 경계를 허무는 융합 기술 혁명"으로 정의하고 정치·경제·사회의 새로운 패러다임으로 제시하였다.
- 슈바프는 4차 산업혁명을 별도의 산업혁명으로 간주하는 근거로 속도, 범위, 그리고 시스템에 미치는 충격을 들고 있다.
- 슈바프는 현재와 같은 비약적인 발전 속도는 전례가 없으며, 모든 나라와 산업을 충격에 빠뜨리고 있고, 생산, 관리, 통제 전반에 걸쳐 전체 시스템의 변화를 예고하고 있다고 주장한다.
- 리프킨은 최근 3차 산업혁명이 폭발적인 속도로 진행된 건 맞지만 여전히 3차 산업혁명의 시대라고 주장한다.

(3) 4차 산업혁명의 주요 특징
- 인공지능, 빅데이터 등 4차 산업혁명의 핵심 기술들은 정보를 자동으로 데이터화하고 분석하여 현실과 가상의 세계를 하나로 연결한 O2O(Online-To-Offline) 체계를 구축하였다.
- 4차 산업혁명은 자동으로 처리된 오프라인과 온라인상의 정보를 바탕으로 개인별 맞춤형 생산을 촉진한다는 점에서 정보를 수동적으로 온라인에 입력해야 했던 3차 산업혁명과 구별된다.
- 4차 산업혁명은 '초연결성', '초지능화', '융합화'에 기반하여 '모든 것이 상호 연결되고 보다 지능화된 사회로 변화'한다는 특징이 있다.
- 4차 산업혁명은 인류가 전혀 경험하지 못할 만큼 빠른 속도로 획기적인 기술의 진보와 전 산업 분야의 혁신적인 개편을 불러일으킬 것이다.

🔑 핵심정리 **초연결성, 초지능화, 융합화**

(1) 초연결성
ICT를 기반으로 하는 사물인터넷(IoT) 및 만물 인터넷(IOE : Internet of Everything)의 진화를 통해 인간-인간, 인간-사물, 사물-사물을 대상으로 한 초연결성이 기하급수적으로 확대

(2) 초지능화
인공지능(AI)과 빅데이터 결합·연계를 통해 기술과 산업 구조의 초지능화가 강화

(3) 융합화
초연결성, 초지능화에 기반하여 기술 간, 산업간, 사물-인간 간의 경계가 사라지는 대융합의 시대 전망

핵심정리 CPS(Cyber - Physical System)

가상 세계와 현실 세계가 통합되는 가상 물리 시스템

991
4차 산업혁명에 대한 설명으로 틀린 것은?

[2020년 기출]

① 세계경제포럼 회장 클라우스 슈바프는 2010년 다보스포럼 기조연설에서 독일의 '산업 4.0'에 의해 탄생한 자동화 기술의 확산이 제조업뿐만 아니라 경제 전반의 생산과 사회 구조의 변동을 가져온 현상을 4차 산업혁명으로 지칭하였다.

② 4차 산업혁명을 촉진한 핵심 기술 영역은 디지털, 바이오, 물리학으로 과거에 증기 기관의 발명이 철도라는 근대적인 교통수단의 시발점이 되었듯이, 디지털, 바이오, 물리학의 발전은 가상 환경과 물리 환경을 통합한 가상 물리 시스템을 구축하는 계기로 작용하고 있다.

③ '초연결성', '초지능화', '융합화'에 기반하여 '모든 것이 상호 연결되고 보다 지능화된 사회로 변화'한다는 특징을 가진 4차 산업혁명은 인류가 전혀 경험하지 못할 만큼 빠른 속도로 획기적인 기술의 진보와 전 산업 분야의 혁신적인 개편을 불러일으킬 것이다.

④ 사물인터넷(IoT), 로봇 공학, 3D 프린팅, 빅데이터, 인공지능(AI) 등이 4차 산업혁명에서 변화를 이끄는 5대 주요 기술로 꼽힌다.

> **정답** ①
>
> **풀이** ① 클라우스 슈바프는 2016년 다보스포럼 기조연설에서 독일의 '산업 4.0'에 의해 탄생한 자동화 기술의 확산이 제조업뿐만 아니라 경제 전반의 생산과 사회 구조의 변동을 가져온 현상을 4차 산업혁명으로 지칭하였다.

992
4차 산업혁명의 주요 특징에 대한 설명으로 적절하지 않은 것은?

① 개인별 맞춤형 생산을 촉진한다.

② 가상세계와 현실세계가 통합된다.

③ 모든 것이 상호 연결되고 보다 지능화된 사회로 변화한다.

④ 생산 라인이 자동화되고, 사람은 생산 라인의 점검 및 관리를 수행한다.

> **정답** ④
>
> **풀이** 3차 산업혁명의 특징이다.

993

4차 산업혁명에 대한 설명으로 틀린 것은?

① 정보통신 기술의 발달로 생산 라인이 자동화된다.

② 다양한 사물과 시스템이 실시간 데이터를 주고받을 수 있다.

③ 의료 진단, 금융 분석, 자율 주행 등 다양한 분야에 인공지능 기술이 활용된다.

④ 핵심 기술들이 융합하여 더욱 강력한 혁신을 가능하게 하고 새로운 기술과 서비스가 창출된다.

> **정답** ①
> **풀이** 3차 산업 혁명에 대한 설명이다.

994

초연결 사회에 대한 설명으로 틀린 것은?

① 초연결 사회를 실현하는 핵심 기술로는 사물 인터넷과 빅데이터 분석 기술을 들 수 있다.

② 본인의 의지와는 관계없이 연결될 수밖에 없는 초강력 연결 사회라는 의미도 동시에 갖고 있다.

③ 모든 사물과 환경에 고유 ID를 갖는 전자 칩을 부착 또는 내장함으로써 언제 어디서나 그것의 상태와 위치를 정확히 확인하고 통제할 수 있다.

④ 지능 기술을 내장한 사물이나 지능 기술을 이용 또는 활용하는 사람들이 서로 연결되어 더욱 자동적으로 혹은 자율적으로 다양한 활동과 작업이 이루어진다.

> **정답** ④
> **풀이** ④ 지능정보사회에 대한 설명이다.

995

4차 산업혁명의 주요 특징으로 볼 수 없는 것은?

① 초가상성   ② 초연결성

③ 초융합성   ④ 초지능성

> **정답** ①
> **풀이** ① '초연결성', '초지능화', '융합화'에 기반하여 '모든 것이 상호 연결되고 보다 지능화된 사회로 변화'한다는 특징을 가진 4차 산업혁명은 인류가 전혀 경험하지 못할 만큼 빠른 속도로 획기적인 기술의 진보와 전 산업 분야의 혁신적인 개편을 불러일으킬 것이다.

996

클라우스 슈바프의 '4차 산업혁명'에서 언급된 내용으로 볼 수 없는 것은? [2019년 기출]

① 악화 일로의 불평등은 매우 심각한 문제가 되었다.

② 물리적 기기가 인공지능의 발전 속도에 미치지 못한다.

③ 디지털 혁명을 기반으로 다양한 과학 기술을 융합해 유례없는 패러다임 전환으로 유도한다.

④ 이전 산업혁명들과 달리, 제4차 산업혁명은 선형적 속도가 아닌 기하급수적 속도로 전개 중이다.

정답 ②

풀이 ② '물리적 기기가 인공지능의 발전 속도에 미치지 못한다.'는 현재의 변화가 4차 산업혁명으로 명명할 만큼 혁명적이지 않다고 보는 입장의 주장이다. 클라우스 슈바프는 디지털 기술의 기반적 성격을 언급하면서도 기술의 위계나 선후 관계를 더 분석하지 않고, 그냥 막연하게 물리적 영역, 생물 영역, 디지털 기술이 서로 융합한다고 본다. 현재의 변화를 '디지털 전환의 심화'로 규정할 경우 4차 산업혁명을 주장하기가 어려워지는 문제가 있기 때문이다.

997

4차 산업혁명 담론으로 볼 수 없는 것은? [2019년 기출]

① 국제적이면서도 즉각적인 연결을 통하여 공유 경제, 온디맨드 경제 등 새로운 사업 모델이 창출될 것이다.

② 과학기술이 경제적·사회적·문화적·인류적 맥락을 어떻게 바꿀 것인지에 대한 폭넓은 고민과 함께 지나치게 4차 산업혁명에 관한 기본적인 지식에 대한 교육이 필요하다.

③ 생산성이 최고에 달해 한 단위 더 생산하는 데 드는 한계비용이 제로가 되어 상품을 거의 공짜로 만들게 됨에 따라 자본주의의 토대를 이루고 있는 이윤은 고갈되고, 제조업은 한계에 다다르게 된다.

④ 극단적 자동화를 통해 저급 및 중급 기술자들의 업무를 로봇이 대체하게 되면, 경제적 불평등의 문제를 더욱 촉발할 것으로 전망됨에 따라 노동자들의 적응력을 돕기 위해 훈련과 교육에 더 많은 투자 등 사회안전망의 확립이 필요하다.

정답 ③

풀이 ③ 제레미 리프킨(Jeremy Rifkin)의 주장이다. 제레미 리프킨(Jeremy Rifkin)은 4차 산업혁명이란 표현은 마케팅 목적으로 사용된 것으로 최근 3차 산업혁명이 폭발적인 속도로 진행된 건 맞지만 여전히 3차 산업혁명의 시대라고 본다.

998

슈바프(Klaus Schwab)가 4차 산업혁명을 별도의 산업혁명으로 간주하는 근거로 들고 있는 충격이 아닌 것은?

① 속도에 미치는 충격

② 범위에 미치는 충격

③ 기술에 미치는 충격

④ 시스템에 미치는 충격

정답 ③

풀이 ③ 슈바프는 4차 산업혁명을 별도의 산업혁명으로 간주하는 근거로 속도, 범위, 그리고 시스템에 미치는 충격을 들고 있다. 현재와 같은 비약적인 발전 속도는 전례가 없으며, 모든 나라와 산업을 충격에 빠뜨리고 있고, 생산, 관리, 통제 전반에 걸쳐 전체 시스템의 변화를 예고하고 있다는 것이다.

999

클라우스 슈바프(Klaus Schwab)가 제시하는 제4차 산업혁명의 특징으로 볼 수 없는 것은?

① 모든 국가의 모든 사업을 포괄하는 범위

② 생산, 관리, 거버넌스 등 시스템 전반에 미치는 영향

③ 인간은 기계와 경쟁이 아닌 협동으로 진전을 이루는 융합

④ 신기술 탑재한 혁신 기업의 기하급수적으로 빠른 진행 속도

정답 ③

풀이 ③ 슈바프는 '극단적 자동화를 통해 저급 및 중급 기술자들의 업무를 로봇이 대체하게 되면, 경제적 불평등의 문제를 더욱 촉발할 것으로 전망됨에 따라 노동자들의 적응력을 돕기 위해 훈련과 교육에 더 많은 투자 등 사회안전망의 확립이 필요하다.'고 본다.

1000

클라우스 슈바프(Klaus Schwab)의 제4차 산업혁명에 대한 설명으로 틀린 것은?

① 인공지능(AI), 사물인터넷(IoT), 빅데이터 등이 주도하는 정보혁명이다.

② 제4차 산업혁명을 주도할 과학기술은 물리학 기술, 디지털 기술, 생물학 기술 3가지이다.

③ 물리학 기술은 무인 운송 수단, 3D 프린팅, 신소재 등이 주도한다.

④ 사물인터넷, 첨단 로봇 공학 등은 디지털 기술을, 유전학은 생물학 기술을 대표한다.

정답 ④

풀이 ④ 첨단 로봇 공학은 물리학 기술을 대표한다.

1001

클라우스 슈바프(Klaus Schwab)의 제4차 산업혁명에 대한 설명으로 옳은 것은?

① 공유 경제의 확산이 기존의 산업을 무너뜨리고 있다.

② 향후 40년 간 전 세계에서 마지막으로 단 한 번의 대고용이 일어날 것이다.

③ 물리학 기술은 무인 운송 수단, 3D 프린팅, 신소재 등이 주도한다.

④ 사물인터넷, 첨단 로봇 공학 등은 디지털 기술을, 유전학은 생물학 기술을 대표한다.

정답 ③

풀이 ① 제레미 리프킨(Jeremy Rifkin)의 입장이다.
② 제레미 리프킨(Jeremy Rifkin)의 입장이다.
④ 첨단 로봇 공학은 물리학 기술을 대표한다.

1002

클라우스 슈바프(Klaus Schwab)의 입장에 대한 설명으로 옳은 것은?

① 공유 경제의 확산이 기존의 산업을 무너뜨리고 있다.

② 향후 40년간 전 세계에서 마지막으로 단 한 번의 대고용이 일어날 것이다.

③ 교육 제도는 여전히 1차 산업혁명에 기반한 19세기 방식에 머물러 있다.

④ 사회가 고령화시대가 되고 생산과 소비가 축을 이루는 경제시스템의 시대는 막을 내렸다.

정답 ④

풀이 ①, ②, ③ 제레미 리프킨(Jeremy Rifkin)의 입장이다.

핵심정리 생산성 역설

기업의 정보통신기술 투자가 지속 적으로 증가한 1980년대와 1990년 대 초반까지 미국 전체 산업의 생산성이 역설적으로 계속 낮게 유지된 현상을 말한다. 정보통신기술이 경제의 생산성 증가에 미치는 영향을 정보통신산업과 기존의 제조 및 서비스업으로 나누어 볼 때. 전자에서 높은 생산성 증가가 있었다는 데 별다른 이견이 없으나, 후자의 생산성에 미친 효과에 관해서는 이견이 분분했다. 정보통신기술의 역할을 긍정적으로 평가하는 학자들은 이 시기 생산성 증가가 낮게 잡힌 이유로 시간적 지체(정보통신 인프라에 대한 투자 효과가 나타나는 데 시간이 걸린다), 기존 통계 산정 방식의 문제(기존의 생산성 측정 방식으로는 정보통신기술의 효과를 반영하기 어렵다)를 지적했다.

핵심정리 DT(Digital Transformation)

빅데이터, 모바일, 클라우드 및 소셜 등 디지털 기술을 활용하여 운영 효율성과 경쟁력을 높이는 프로세스의 변화와 이를 바탕으로 하는 비즈니스 모델의 최적화 및 재구성(재구축)을 가능하게 하는 것으로 기업이 새로운 비즈니스 모델, 제품 및 서비스를 창출하기 위해 디지털 역량을 활용함으로써 고객 및 시장(외부 생태계)의 파괴적인 변화에 적응하거나 이를 추진하는 지속적인 프로세스이다.

1003

기업이 디지털 기술을 활용하여 비즈니스 모델, 제품 및 서비스를 최적화하고 재구성하는 프로세스로 옳은 것은?

① Digital Experience

② Digital Innovation

③ Digital Convergence

④ Digital Transformation

정답 ④

풀이 ④ Digital Transformation에 대한 설명이다.

핵심정리 **4차 산업혁명의 핵심 기술 영역과 주요 기술**

(1) 3대 핵심 기술 영역
　① 의의
　　• 디지털, 바이오, 물리학은 4차 산업혁명을 촉진한 핵심 기술 영역이다.
　　• 과거에 증기 기관의 발명이 철도라는 근대적인 교통수단의 시발점이 되었듯이, 디지털, 바이오, 물리학의 발전은 가상 환경과 물리 환경을 통합한 가상 물리 시스템(Cyber-Physical System)을 구축하는 계기로 작용하고 있다.
　② 디지털 기술
　　• 자료의 디지털화를 통한 복합적인 분석을 핵심과제로 한다.
　　• 연관 기술로는 사물인터넷(IOT), 인공지능(AI), 빅데이터, 공유 플랫폼 등이 있다.
　③ 바이오 기술
　　• 생물학 정보의 분석 및 기술 정밀화를 통한 건강 증진을 핵심과제로 한다.
　　• 연관 기술로는 유전공학, 합성 생물학, 바이오 프린팅 등이 있다.
　④ 물리학 기술
　　• 현실 공간과 가상공간의 연계를 통한 가상 물리 시스템 구축을 핵심과제로 한다.
　　• 연관 기술로는 무인 운송 수단, 3D 프린팅, 로봇 공학, 나노 신소재, 대체 에너지 등이 있다.

(2) 5대 주요 기술
　① 의의 : 사물인터넷(IoT), 로봇 공학, 3D 프린팅, 빅데이터, 인공지능(AI) 등이 4차 산업혁명에서 변화를 이끄는 5대 주요 기술로 꼽힌다.
　② 사물인터넷(IoT) : 사물에 센서를 부착, 네트워크 등을 통한 실시간 데이터 통신 기술이다.
　　예 IoT+인공지능(AI)+빅데이터+로봇공학=스마트공장
　③ 로봇공학 : 로봇 공학에 생물학적 구조를 적용, 적응성 및 유연성을 향상시키는 기술이다.
　　예 로봇공학+생명과학=병원 자동화 로봇
　④ 3D 프린팅 : 3D 설계도나 모델링 데이터를 바탕으로, 원료를 쌓아 물체를 만드는 제조 기술이다.
　　예 3D 프린팅+바이오 기술=인공 장기
　⑤ 빅데이터 : 대량의 데이터로부터 가치를 추출하고 결과를 분석하는 기술이다.
　　예 빅데이터+인공지능+의학 정보=개인 맞춤 의료
　⑥ 인공지능 : 사고·학습 등 인간의 지능 활동을 모방한 컴퓨터 기술이다.
　　예 인공지능+사물인터넷+자동차=무인 자율 주행 자동차

1004

4차 산업혁명의 핵심적인 기술적 기반으로 틀린 것은? [2023년 기출]

① 롱테일　　　　　　　　　　　② 사물인터넷
③ 인공지능　　　　　　　　　　④ 빅데이터

정답 ①

풀이 ① 롱테일은 4차 산업혁명의 핵심적인 기술적 기반이 아니다. 4차 산업혁명의 5대 주요 기술로는 사물인터넷, 로봇공학, 3D 프린팅, 빅데이터, 인공지능을 들 수 있다. 참고로 롱테일은 온라인 상거래를 주축으로 다양한 비대면 채널을 통해 단기적으로 소량이 팔리는 제품도 장기적인 누적 판매량에서 기업에 기여를 하는 현상이다.

1005

4차 산업혁명을 촉진한 3대 핵심 기술 영역으로 틀린 것은?

① 디지털 기술　　　　　　② 바이오 기술
③ 물리학 기술　　　　　　④ 화학신소재 기술

정답 ④

풀이 ④ 디지털, 바이오, 물리학은 4차 산업혁명을 촉진한 핵심 기술 영역이다. 나노 신소재, 대체 에너지 등은 물리학 기술로 분류된다.

1006

다음 중 4차 산업혁명의 5대 주요 기술로 볼 수 없는 것은?

① 증강현실　　　　　　② 빅데이터
③ 인공지능　　　　　　④ 사물인터넷

정답 ①

풀이 ① '사물 인터넷(IoT), 로봇 공학, 3D 프린팅, 빅데이터, 인공지능(AI) 등이 4차 산업혁명에서 변화를 이끄는 5대 주요 기술로 꼽힌다.

(1) 의의

- 현재 진행 중인 4차 산업혁명에서는 가상공간(Cyber System)에서의 고성능 컴퓨팅 능력과 현실세계(Physical System)의 센서 네트워크로부터 다양한 정보를 연계시켜, 보다 효율적인 생산의 실현을 목표로 하고 있다. 또 인공지능, 로보틱스, IoT, 자동운전 시스템, 3D프린팅, 나노 테크놀로지, 바이오테크놀로지, 머티리얼 사이언스, 에너지 저장 기술, 양자 컴퓨팅 등의 융합이 특징이다.

- 산업혁명의 역사를 더듬어 보면 각각의 혁명을 거치면서 경제 구조와 기업 활동이 크게 변화하였다고 할 수 있다. 또한 각 산업혁명에서 패권을 차지한 국가와 기업이 다르다는 것도 주목할만 하다. 1차 산업혁명은 영국이, 2차 산업혁명은 미국, 독일, 일본이, 3차 산업혁명에서는 미국이 주도하였다.

- "4차 산업혁명"이란 말이 일반적으로 인식되기 시작한 유래는 독일에서 2010년에 개최된 하노버메세 2011을 통해 처음으로 공개 제기된 "Industry 4.0"이라고 하며, 국가차원의 구상을 재빨리 캐치한 것이, 현재의 4차 산업혁명 조류의 기점이 되었다. 이후 유럽과 미국 등의 국가들을 중심으로, 그리고 최근에는 아시아 국가에서도 4차 산업혁명을 의식한 국가 전략과 관련 대응방안이 진행되고 있다.

(2) 미국

- 미국에서 2013년에 시작된 Smart America Challenge 등을 발단으로, CPS(Cyber Physical System)의 사회 구현을 위한 대응이 진행되어 왔다. 2014년 3월, AT&T, Cisco, GE, IBM, Intel이 미국 국립 표준기술연구소(NIST)의 협력을 얻어, IoT의 고도화를 지향하는 컨소시엄 Industrial Internet Consortium(IIC)을 설립하는 등, 업계 스스로 대응을 가속시키고 있다.

- 제조혁신 자체보다는 IoT, 빅데이터, Cloud 등의 산업인터넷 부문에 주력하고, B2C 시장을 주요시장으로 설정하며, Industry Internet 등을 수립하여 대응하고 있다. 미국은 4차 산업혁명에 대비하는 측면에서 대통령 과학기술자문회의가 8대 ICT 연구개발 분야를 선정·제시하고 중점 육성하고 있다.

- 또한, 미국 대통령실은 미래사회 변화에 대응하기 위해 '스마트 아메리카 프로젝트(Smart America Project)'를 추진하여 IoT를 활용한 스마트 시티 구축을 위한 연구를 추진 중이다. 이러한 미국의 선제적 대응은 자국 내 정보통신기술(ICT) 기반의 과학기술 경쟁력을 강화함으로써 기술·산업적 측면에서 4차 산업혁명 시대의 주도권을 선점하기 위한 전략으로 평가된다.

(3) 독일

- 독일의 관민 제휴 프로젝트 "Industry 4.0 전략"에서는 제조업의 IoT화를 통해서 산업 기계·설비 및 생산 프로세스 자체를 네트워크화하고, 주문에서 출하까지 실시간으로 관리함으로써 밸류체인을 연결해 "4차 산업혁명"의 사회 구현을 목표로 한다. 독일 국내의 기계 업계 주요 3단체와 보쉬, 지멘스, 도이치 텔레콤, 폭스바겐 등 많은 기업이 참여하고 있음. 소프트웨어 기업의 매수나 활용 사례의 창출, 국가 차원의 대응, 산학 제휴, 표준화 등이 진행되고 있다.

- 국가 주력산업인 생산기술(OT, Operational Technology)분야를 중심으로, AI와 OT 등을 융합한 'Smart Factory' 중심의 전략을 수립하여, B2B 시장 선점을 위해 노력하고 있다. "Industry 4.0 전략"은 제조업의 경쟁력 유지 강화를 목표로 생산 혁명적인 위치로서 시작한 국가의 이니셔티브이다. 처음에는 업계 단체에서 시작되어 정부가 중소기업의 향상에 활용하려 국책으로서 새로 도입한 바 있다. Industry 4.0에서는 해결해야 하는 것으로, "생산을 위한 에너지와 자원의 효율성", "제품의 시장 도입시간의 단축", "플렉시빌리티(Flexibility)"의 3가지를 꼽을 수 있다.

(4) 영국
- 영국에서는 IoT에 관한 대응으로, 스마트 시티나 스마트 그리드 등 생활·에너지 관련 분야가 중심을 이루는 컨슈머형 산업에 주력하고 있음. 제조업에 관해서는 이 산업을 복원하기 위한 국가 이노베이션 정책으로서 "하이 밸류 매뉴팩처링(HVM, 고가치 제조)"이 추진되고 있다. 제조업의 제조공정에 초점을 맞추는 독일의 Industry 4.0 전략과는 달리, 차세대 제조업 기반이 되는 기술군을 넓게 포함한 이노베이션을 축으로 하는 전략이다.
- 2011년에 특정 기술 분야에서 세계를 선도하는 기술·이노베이션의 거점으로서 Catapult Center(캐터펄트 센터)가 각지에 설치되고, 지역 클러스터의 핵심으로서 HVM 전략의 구체적인 실행을 맡고 있다.
- 이 센터는 HVM에 한정하지 않고 다른 첨단 분야에 대해서도 산학관 제휴의 중개기관으로서의 역할을 담당하고 있으며, 2030년까지 30분야로 확대할 계획을 세웠다. 또 각지의 캐터펄트 센터는 LEPs(지역기업 파트너쉽)와 협력하여 지역 중견·중소기업이 이노베이션에 대응할 수 있도록 서포트하고 있으며, 그에 따른 일정한 성과를 거두고 있다.

1007

미국, 일본, 중국, 독일의 4차 산업혁명 정책에 대한 설명으로 틀린 것은?

① 미국은 제조혁신 자체보다는 IoT, 빅데이터, Cloud 등의 산업인터넷 부문에 주력하고, B2C 시장을 주요시장으로 설정하며, Industry Internet 등을 수립하여 대응하고 있다.

② 일본은 수렵 사회, 농경 사회, 공업 사회, 정보 사회에 이어, 인류 역사상 5번째의 새로운 사회, 이른바 'Society 5.0'(초스마트 사회)을 세계 최초로 실현하는 것을 목표로 하고 있다.

③ 중국은 '인터넷+'(인터넷과 제조업의 융합) 액션, 빅데이터의 이용, 스마트 그리드 건설과 산업 집적의 성장 추진, 스마트 제조 안건 실시 기업의 지정 등이 실시되고 있다.

④ 독일은 IoT에 관한 대응으로, 스마트 시티나 스마트 그리드 등 생활·에너지 관련 분야가 중심을 이루는 컨슈머형 산업에 주력하고 있고, 제조업에 관해서는 이 산업을 복원하기 위한 국가 이노베이션 정책으로서 '하이 밸류 매뉴팩처링(HVM, 고가치 제조)'이 추진되고 있다.

정답 ④

풀이 ④ 영국에 대한 설명이다. 독일은 국가 주력산업인 생산기술(Operation Technology, OT)분야를 중심으로, AI와 OT 등을 융합한 'Smart Factory' 중심의 전략을 수립하여, B2B 시장 선점을 위해 노력하고 있다.

1008

2016년 다보스 포럼의 제4차 산업혁명 발표 이후, 국가별 디지털 전략에 대한 설명으로 틀린 것은?

① 영국은 선두 디지털 기술 분야를 집중 육성하여 세계 최고 수준의 디지털 경제를 이끌기 위한 UK Digital strategy를 발표하였다.

② 독일은 지속가능한 디지털 트랜스포메이션을 통해 Digital Economy 시대의 세계적인 리더로 성장하기 위해 디지털전략 2025를 발표하였다.

③ 일본은 세계 최첨단 IT 국가 창조 선언·관민 데이터 활용 추진 기본 계획을 수립하여 국가가 처한 상황을 고려한 데이터 활용 기반의 새로운 라이프 스타일을 제안하였다.

④ 중국은 인터넷 대국을 넘어 인터넷 강국으로 발돋움하기 위한 '국가 정보화 발전전략 개요'를 발표하였다.

> **정답** ②
>
> **풀이** ② 독일은 2013년 이후 Industry 4.0 정책 추진을 통해 제조업 및 중소기업 기반의 지속적인 경제성장 및 산업경쟁력을 창출을 견인하고, 국가 차원의 디지털화 촉진을 위한 다각적인 노력을 진행 중이다. 참고로 지속가능한 디지털 트랜스포메이션을 통해 Digital Economy 시대의 세계적인 리더로 성장하기 위한 전략을 수립한 국가는 스웨덴이다.

♀ 핵심정리　현실화된 첨단 기술

(1) 파워슈트

약 90kg의 중량을 들어 올리는 파워 슈트 기술이 보편화되면, 사고나 질병으로 팔다리를 잃거나 마비된 사람들에게 제2의 신체를 제공할 수 있다. 산업 현장에서의 작업도 더욱 수월해질 것이다.

(2) 키바

광대한 부지 면적을 보유하고 있는 아마존 물류 센터의 자동화 로봇 키바는 쉼 없이 제품을 분류하고 운송하여 운송비용을 획기적으로 줄였다. 아마존은 이 시스템으로 약 9,900억 원대의 인건비를 절감할 예정이다.

(3) 백스터

백스터는 학습 적응형 양팔 스마트 협업 로봇으로, 공장에서 부품을 조립하고 물건을 포장하는 등의 반복 작업을 처리한다. 기존의 산업용 로봇에 비해 저렴하며, 쉬지도 먹지도 않고 24시간 작업할 수 있다.

(4) 왓슨

왓슨은 대량의 자료를 토대로 새 정보를 찾아내는 데이터마이닝을 통해 의사들의 암 진단 및 치료 방법 선택을 돕는 인공지능 슈퍼컴퓨터이다. 의학저널, 암 시나리오, 개인 의료 기록 등을 분석하여 적합한 치료법을 파악할 수 있다.

스마트 사회

1009

스마트 사회로의 변동 원인으로 볼 수 없는 것은?

① 산업적 측면에서 국가들 상호 간에 자유무역협정(FTA)이 체결되면서 쌍방무역이 가능해졌다.

② 경제적 측면에서 소유에 기반한 자본주의 체제의 근간이 흔들리며 공유 경제가 확산되고 있다.

③ 기술 및 인프라 측면에서 세상의 모든 것들이 연결되는 초연결사회로 이행하고 있다.

④ 문화적 측면에서 소셜 네트워크의 확산으로 소통과 생산 방식의 혁신적인 변화가 진행중이다.

> **정답** ①
>
> **풀이** ① 국가들 상호 간의 자유무역협정 체결은 스마트화의 원인이라기보다는 세계화의 원인이다.

1010

유비쿼터스와 인공지능으로 이루어진 스마트 사회에 대한 설명으로 틀린 것은?

① 인간과 사물 간 의사소통에서 사물과 사물 간 의사소통까지 확장한다.

② 빅데이터를 활용해 정보를 무한대로 투입해 효익을 극대화한다.

③ 정보통신기술의 발달로 원격근무와 재택근무가 실현된다.

④ 모든 사물이 지능화되고 네트워크화되어 사람과 사람, 사물과 사람, 나아가 사물과 사물 간에 의사소통이 가능해진다.

> **정답** ②
>
> **풀이** ② 스마트 사회는 '지능형 사회'를 의미하며, 인간과 사물 간 의사소통에서 사물과 사물 간 의사소통까지 확장하고, IT간 융합에서 나아가 타 산업과 융합하며, 스마트폰 · 스마트TV · 스마트패드 등 지능형 기기를 활용한다. 일하는 방식 및 생활양식, 사회문화 등 국가 사회 전반의 혁신을 통해 새로운 가치를 창출하게 된다. 스마트 사회의 핵심 기술 · 요소로는 유비쿼터스(Ubiquitous), 컨버전스(Convergence), 인공지능(AI) 등이다. Smart Society=Benefit(2)/Input(1/2), 즉 투입은 반으로 줄이고, 효익은 2배가 되는 사회구현이 핵심 가치이다.

인공지능의 가능성과 한계

- 앨런 튜링(Alan Mathison Turing)은 잉글랜드의 수학자, 암호학자, 논리학자이자 컴퓨터 과학의 선구적 인물이다. 알고리즘과 계산 개념을 튜링 기계라는 추상 모델을 통해 형식화함으로써 컴퓨터 과학의 발전에 지대한 공헌을 했다.
- 존 매카시(John McCarthy)는 전산학자이자 인지과학자이다. 인공지능에 대한 연구 업적을 인정받아 1971년 튜링상을 수상했다. 리스프 프로그래밍 언어를 설계 및 구현하였으며, 1956년에 다트머스 학회에서 처음으로 인공지능(Artificial Intelligence)이라는 용어를 창안했다.
- 앨런 뉴얼(Allen Newell)은 초기의 인공지능 연구자이다. 컴퓨터 과학 및 인지심리학의 연구자이며, 랜드 연구소와 카네기멜론 대학교의 컴퓨터 과학과와 비즈니스 스쿨에서 근무했다. 허버트 사이먼과 함께 개발한 정보처리언어와 두 가지 초기 인공지능 프로그램인 1956년의 논리 이론가(Logic Theorist), 1957년의 일반 문제 해결자(General Problem Sovler)로 잘 알려져있다.
- 마빈 민스키(Marvin Lee Minsky)는 인공지능(AI) 분야를 개척한 미국인 과학자이다. MIT의 인공지능 연구소의 공동 설립자이며, AI와 관련된 책들을 저술했다.
- 클로드 섀넌(Claude Elwood Shannon)은 미국의 수학자이자 전기공학자이다. 정보 이론의 아버지라고 불리며, 그가 작성한 《A Mathematical Theory of Communication》 논문은 정보 이론의 시초가 되었다. 또한 불 논리를 전기회로로 구현할 수 있는 방법을 발명하여, 디지털 회로 이론을 창시하였다.
- 허버트 사이먼(Herbert Alexander Simon)은 제한된 상황에서의 의사 결정 모델에 관한 이론으로 1978년 노벨 경제학상을 수상한 미국의 심리학자/경제학자 및 인지과학자다. 그는 인간 인지능력의 한계(제한적 합리성)라는 관점을 가지고 주류 경제학이 가정하는 합리성에 대해 그 체계를 비판한 최초의 학자였다. 그가 처음 합리성에 의문을 제기한 당시에는 그의 논점이 아직 개념적 단계에 머물렀고, 모델화가 어려웠기 때문에 대다수의 경제학자들에게 인정받지 못했다. 사이먼의 주장은 후에 경제학과 심리학이 결합하는 행동 경제학으로 꽃을 피우게 된다. 또한 그는 디지털 컴퓨터는 단순한 숫자 조작 기계라기보다 '범용 목적의 상징(기호)조작체계'(general purpose symbol manipulation system)인 튜링 기계로 간주할 수 있다고 주장하였다.

인공지능

- 인공지능은 기계를 지능적으로 만드는 과학이다. 기계는 문제를 해결할 때 알고리즘을 기반으로 문제를 해결하게 되는데, AI 알고리즘은 규칙이 생성되는 방식에서 기존 알고리즘과 차이가 있다.
- 기존 알고리즘은 개발자가 소프트웨어가 수신하는 각 유형의 입력값들에 대한 출력을 정의하는 특정 규칙을 설정하는 반면에 AI 알고리즘은 자체 규칙 시스템을 구축하게 된다. 이는 AI를 통해 컴퓨터가 사람에게 전적으로 의존했던 작업을 스스로 해결할 수 있음을 의미한다.

핵심정리 ﹒ 머신러닝

- 인공지능의 하위 집합 개념인 머신러닝은 정확한 결정을 내리기 위해 제공된 데이터를 통하여 스스로 학습할 수 있다. 처리될 정보에 대해 더 많이 배울 수 있도록 많은 양의 데이터를 제공해야 한다. 즉 빅데이터를 통한 학습 방법으로 머신러닝을 이용할 수 있다.
- 머신러닝은 기본적으로 알고리즘을 이용해 데이터를 분석하고, 분석을 통해 학습하며, 학습한 내용을 기반으로 판단이나 예측을 한다. 따라서 궁극적으로는 의사 결정 기준에 대한 구체적인 지침을 소프트웨어에 직접 코딩해 넣는 것이 아닌, 대량의 데이터와 알고리즘을 통해 컴퓨터 그 자체를 '학습'시켜 작업 수행 방법을 익히는 것을 목표로 한다.

핵심정리 ﹒ 딥러닝

- 딥러닝은 인공신경망에서 발전한 형태의 인공지능으로, 뇌의 뉴런과 유사한 정보 입출력 계층을 활용해 데이터를 학습한다. 그러나 기본적인 신경망조차 굉장한 양의 연산을 필요로 하는 탓에 딥러닝의 상용화는 초기부터 난관에 부딪혔다.
- 그럼에도 토론토대의 제프리 힌튼(Geoffrey Hinton) 교수 연구팀과 같은 일부 기관에서는 연구를 지속했고, 슈퍼컴퓨터를 기반으로 딥러닝 개념을 증명하는 알고리즘을 병렬화하는 데 성공했다. 그리고 병렬 연산에 최적화된 GPU의 등장은 신경망의 연산 속도를 획기적으로 가속하며 진정한 딥러닝 기반 인공 지능의 등장을 불러왔다.

핵심정리 ﹒ 슈퍼비전(SuperVision)

슈퍼비전(SuperVision)은 제프리 힌튼이 주도하여 토론토 대학에서 만든 인공지능이다. 딥러닝 연구는 심층신경망의 가중치를 결정하는 알고리즘이 개발됨에 따라 본격적으로 시작되었다. 특징 설계(Feature Design)의 문제를 돌파한 것이 바로 심층신경망(Deep Learning)이다. 딥러닝은 데이터를 바탕으로 컴퓨터가 스스로 특징(입력값)을 만드는 것으로 특징 자체를 학습하는 진정한 의미의 학습이다.

1011

다음 중 이미지 및 비디오 생성 인공지능(AI)에 대한 설명으로 가장 거리가 먼 것은? [2024년 기출]

① 이미지 생성 AI는 주로 텍스트나 단어 입력 후 이미지나 그림을 생성한다.
② 3차원 모형의 이미지를 제작한다.
③ 미드저니, 아나트, DALL-E 등이 포함된다.
④ 자연어(텍스트)를 입력하면 비디오를 제작 및 편집할 수 있는 기능을 제공한다.

정답 ③

풀이 ③ 아나트(ANATE)는 스토리를 인공지능과 빅데이터를 통해서 창작해내고 스토리에 관심 많은 유저들의 피드백을 통해 성장하는 스토리 전문 인공지능(AI) 플랫폼이다.

1012

인공지능에 대한 설명으로 틀린 것은?

[2020년 기출]

① 초기 인공지능 연구에 대한 대표적인 정의는 다트머스 회의에서 존 매카시가 제안한 것으로 "기계를 인간 행동의 지식에서와 같이 행동하게 만드는 것"이었다.

② 1952년 앨런 튜링은 생각하는 기계의 구현 가능성에 대한 분석이 담긴 논문, "컴퓨팅 기계와 지능"을 발표하여 인공지능에 대한 깊인 있는 철학적 개념을 제시하였다.

③ 머신러닝은 빅데이터를 통한 학습 방법으로 알고리즘을 이용하여 데이터를 분석하고, 분석을 통해 학습하며, 학습한 내용을 기반으로 판단이나 예측을 할 수 있다.

④ 딥러닝은 머신러닝의 한 종류로 인공신경망에서 발전한 형태의 인공지능으로 분류에 사용할 데이터를 스스로 학습할 수 있다는 점에서 학습 데이터를 수동으로 제공해야 하는 머신러닝과 구별된다.

정답 ②

풀이 ② 앨런 튜링이 "컴퓨팅 기계와 지능"을 발표한 것은 1950년이다.

1013

컴퓨터 과학, 인공지능, 정보 이론 등의 분야의 학자들에 대한 설명으로 틀린 것은?

① 앨런 튜링은 잉글랜드의 수학자, 암호학자, 논리학자이며, 알고리즘과 계산 개념을 튜링 기계라는 추상 모델을 통해 형식화함으로써 컴퓨터 과학의 발전에 지대한 공헌을 했다.

② 존 매카시는 인공지능에 대한 연구 업적으로 1971년 튜링상을 수상했으며, 1956년에 다트머스 학회에서 처음으로 인공지능이라는 용어를 창안했다. 그러나 그는 리스프 프로그래밍 언어를 설계 및 구현하였다.

③ 클로드 섀넌은 미국의 수학자이자 전기공학자로, 정보 이론의 아버지라고 불리며, 그의 논문 〈A Mathematical Theory of Communication〉은 정보 이론의 시초가 되었다. 그는 또한 불 논리를 전기회로로 구현할 수 있는 방법을 발명하여, 디지털 회로 이론을 창시하였다.

④ 허버트 사이먼은 딥러닝 분야의 선구적인 연구자로 알려져 있으며, 백프로퍼게이션 알고리즘과 신경망을 이용한 연구를 통해 딥러닝의 발전에 크게 기여하였다. 그의 연구는 인공지능 분야에 있어 혁명적인 변화를 이끌었으며, 2018년에는 얀 르쿤(Yann LeCun)과 요슈아 벤지오(Joshua Bengio)와 함께 튜링상을 수상하였다.

정답 ④

풀이 ④ 제프리 힌튼(Geoffrey Hinton)에 대한 설명이다. 허버트 사이먼은 제한된 상황에서의 의사 결정 모델에 관한 이론으로 노벨 경제학상을 수상하였다. 그는 디지털 컴퓨터를 '범용 목적의 상징(기호)조작체계'인 튜링기계로 간주할 수 있다고 주장하였다.

1014

인공지능 모델이 학습 데이터에 존재하지 않는 정보를 생성하는 현상으로 옳은 것은?

① 콜루젼(Collusion)

② 일루미네이션(Illumination)

③ 엘루시데이션(Elucidation)

④ 할루시네이션(Hallucination)

정답 ④

풀이 할루시네이션(Hallucination)에 대한 설명이다. 이는 마치 환각을 보는 것처럼, 실제로는 존재하지 않는 것을 AI 모델이 실제로 존재하는 것으로 인식하는 것을 말한다.

1015

인간의 두뇌를 모델로 하는 심층신경망의 학습 기법으로 옳은 것은?

① 딥러닝

② 머신러닝

③ 인공지능

④ 인공신경망

정답 ①

풀이 ① 딥러닝에 대한 설명이다.

1016

딥러닝에 대한 설명으로 틀린 것은?

① 입력치와 훈련예제 간 피드백을 통하여 가중치의 자동적인 미세조정으로 스스로의 능력을 증대시키는 것을 의미한다.

② 인간이 사전에 고정시킨 모델에 의존하여 모델이 스스로 진화한다.

③ 데이터의 대상을 식별하기 위한 신경망 노드간의 가중치는 훈련과정에서 프로그램이 스스로 결정한다.

④ 명확한 지시사항이 없이 무엇을 해결해주기를 원하는지를 예시를 통하여 제시하고, 컴퓨터가 스스로 해결 방안을 찾아가게 된다.

정답 ②

풀이 ② 딥러닝은 입력치와 훈련예제 간 피드백을 통하여 가중치의 자동적인 미세조정으로 스스로의 능력을 증대시키는 것을 의미한다. 여기에는 인간이 사전에 고정시킨 모델에의 의존이 없다. 모델이 스스로 진화하는 셈이다. 예를 들어 알파고는 바둑에 대한 자세한 지식에 기반한 것이 아니라는 것이 중요하다. 이런 방식이므로 범용적으로 다양한 문제해결에 적용이 가능하다.

규칙기반 전문가 시스템

- 인간의 정신활동을 알고리즘으로 표현하기는 어려우나, 전문적인 분야의 경우 문제 풀이를 규칙 형식으로 표현하고 문제를 해결하는 것이 가능하다.
- 지식은 규칙의 집합으로 표현되고, 데이터베이스는 IF 조건과 비교할 때 사용하는 사실들의 집합, 추론 엔진은 규칙들을 데이터베이스의 사실들과 연결, 답을 구할 수 있도록 추론 역할을 담당한다.
- 공학, 지질학, 전력공급시스템, 채광 등의 분야에서 일부 성공적인 사례가 있으나, 경험을 통해 배우는 '학습'의 능력이 없으며 매우 한정된 전문적 분야로 활용이 제한된다.

유전 알고리즘

생물의 진화에 착상한 통계적 탐색 알고리즘으로, 특정 문제에 대한 해답들의 집합을 다수 형성하고, 해답들의 적합도를 평가해 더 나은 해답들을 선택하고, 선택된 해답들의 교차, 변이를 통해 수많은 단계를 반복하면서 최적의 해결책을 찾아 나간다.

인공신경망

(1) 의의
  - 인간의 뇌는 100억 개의 뉴런과 이들을 연결하는 6조 개의 시냅스의 결합체로, 병렬적인 정보처리 시스템으로 간주할 수 있다.
  - 뉴런들 사이의 연결 강도는 자극 패턴에 반응하여, 특정 뉴런들은 시간이 지나면서 연결 강도가 강화된다. 즉 경험을 통한 학습이 이루어지는데, 이러한 적응성은 인공 신경망에서 모방이 가능하다. 인공신경망의 연결강도, 즉 가중치는 초기값에서 훈련 예제를 통해 점차 변화한다.
  - 인공 신경망의 가장 단순한 형태가 퍼셉트론으로, 컴퓨팅 능력의 향상은 여러 개의 계층(layer)을 가진 다층 신경망을 가능하게 하고, 글씨 인식, 인간 대화에서의 단어 판별, 폭발물 탐지 등 과거에는 불가능했던 많은 작업의 수행이 가능해졌다.

(2) 딥러닝의 혁신성
  ① 의의
    - 인간만이 학습할 수 있는, 추상적 개념을 통해서만 가능하다고 여겨지던 정확한 분류와 식별작업이 컴퓨터를 통해서도 가능해졌다는 점에서 인공지능의 범용성에 큰 진전이 이루어졌다. 영상, 음성뿐만 아니라 단어, 유사 개념들의 분류 등을 통하여 언어 처리에도 진일보가 이루어졌다.
    - 최근 인공지능의 혁신은 사실상 딥러닝에 의한 것으로 기존의 기술과 결합하여 자연어 처리, 컴퓨터 비전, 음성·영상 인식, 번역, 추천 등 구체적인 애플리케이션에서 인터넷 기업을 포함한 다양한 기업들에 의해 실용화되고 있다.
  ② 인공신경망 모델의 단점 극복
    - 딥러닝은 대상(입력 데이터)의 특징을 정량적으로 나타내기 위한 설계에 있어 인간의 개입을 최소화하기에 성공(스스로 가중치 조정)했다.
    - 컴퓨터는 기호의 의미를 이해하지 못하기 때문에 기호를 기호의 의미와 정확히 결부시키지를 못한다(Symbol Grounding 문제). 하지만 딥러닝으로 찾아낸 대상의 특징을 기반으로 일종의 '공학적 개념'을 추출하면, 이에 기호를 부여해 컴퓨터가 기호의 의미를 이해하고 활용토록 할 수 있는 단초가 될 수 있다.

- 특정 작업 실행 시 그 작업과 관계있는 지식만을 활용하도록 해야 효율적인 문제해결이 가능한 데(frame 문제), 이 문제도 데이터에서 현실 세계의 특징을 추출하고 이를 이용한 개념을 써서 지식을 표현하면 해결 가능하다.
- 딥러닝은 목표를 설정하고 수집해둔 사례를 제시하면 인간 프로그래머가 아니라 컴퓨터가 학습과정에서 스스로 문제 해결 모델(딥러닝 각 계층의 가중치)을 발견하게 된다.
- 이런 방식은 다양한 분야에 적용이 가능 해, 알파고에도 적용된다. 즉 과거의 기보를 학습하는 과정에서 자동적으로 컴퓨터가 바둑 전략을 발견하고, 마치 인간의 직관을 가진듯한 바둑 전략을 컴퓨터가 수행한다.

1017

인공지능의 구현 기술 중 딥러닝에 대한 설명으로 틀린 것은?

① 생물의 진화에 착상한 통계적 탐색 알고리즘이다.

② 다층 신경망으로, 디지털화된 모든 데이터의 추상적 분류와 식별이 가능하다.

③ 정확한 분류와 식별작업이 컴퓨터를 통해서도 가능해졌다는 점에서 인공지능의 범용성에 큰 진전을 이루었다.

④ 대상의 특징을 정량적으로 나타내기 위한 설계에 있어서 인간의 개입을 최소화하는 데 성공하였다.

정답 ①

풀이 ① 유전 알고리즘은 생물의 진화에 착상한 통계적 탐색 알고리즘으로, 특정 문제에 대한 해답들의 집합을 다수 형성하고, 해답들의 적합도를 평가해 더 나은 해답들을 선택하고, 선택된 해답들의 교차, 변이를 통해 수 많은 단계를 반복하면서 최적의 해결책을 찾아나가는 방법이다.

1018

인공지능의 구현 기술 중 딥러닝에 대한 설명으로 옳은 것은?

① 생물의 진화에 착상한 통계적 탐색 알고리즘이다.

② 인간이 사전에 고정시킨 모델에 의존하여 모델이 스스로 진화한다.

③ 데이터의 대상을 식별하기 위한 신경망 노드간의 가중치는 훈련과정에서 프로그램이 스스로 결정한다.

④ 규칙기반 전문가 시스템을 통해 컴퓨터가 스스로 해결 방안을 찾아가게 된다.

정답 ③

풀이 ① 유전 알고리즘은 생물의 진화에 착상한 통계적 탐색 알고리즘으로, 특정 문제에 대한 해답들의 집합을 다수 형성하고, 해답들의 적합도를 평가해 더 나은 해답들을 선택하고, 선택된 해답들의 교차, 변이를 통해 수 많은 단계를 반복하면서 최적의 해결책을 찾아나가는 방법이다.

② 딥러닝 등 인공 신명망에서 학습이란, 입력치와 훈련예제 간 피드백을 통하여 가중치의 자동적인 미세 조정으로 스스로의 능력을 증대시키는 것을 의미한다. 여기에는 인간이 사전에 고정시킨 모델에의 의존이 없다. 모델이 스스로 진화하는 셈이다. 예를 들어, 알파고는 바둑에 대한 자세한 지식에 기반한 것이 아니라는 것이중요하다. 이런 방식이므로 범용적으로 다양한 문제해결에 적용이 가능하다.
④ 규칙기반 전문가 시스템은 사전적으로 순차적, 반복적인 절차가 규정된 알고리즘을 통하여 순수한 논리적 연산, 추론(사고 과정을 기호로 표현해 실행)으로 문제를 해결하는 방식으로 딥러닝과 같이 데이터의 학습을 통하여 알고리즘 또는 모델과는 구별된다.

1019
인공지능 기술에 대한 설명으로 옳은 것은?

① 규칙 기반 전문가 시스템은 경험을 통해 배우는 학습 능력이 없으며 매우 한정된 전문적 분야로 활용이 제한된다.
② 인공 신경망은 생물의 진화에 착상한 통계적 알고리즘이다.
③ 유전 알고리즘은 인간 두뇌의 정보 처리 과정을 모방해서 만든 알고리즘이다.
④ 딥러닝은 유전 알고리즘과 인공 신경망 기술의 조합으로 다층 신경망을 구축함으로써 인공지능 서비스 능력을 제고하였다.

정답 ①
풀이 ② 인공 신경망은 인간 두뇌의 정보 처리 과정을 모방해서 만든 알고리즘이다.
③ 유전 알고리즘은 생물의 진화에 착상한 통계적 알고리즘이다.
④ 딥러닝은 유전 알고리즘과 인공 신경망 기술의 조합이 아니다.

♀ **핵심정리** **하이브리드 지능 시스템**

(1) **다양한 인공지능 기술의 조합으로 문제 해결**
확률 추론은 불확실성을, 퍼지논리는 부정확성을, 인공신경망은 학습을, 진화연산은 최적화에 장점이 있어 이들 간의 조합으로 인공지능의 활용성을 증대시키는 것이 가능하다.

(2) **전문가 시스템과 인공신경망의 조합 : 신경망 전문가 시스템**
결론 도달의 과정을 설명할 수 있는 전문가 시스템과 학습 능력을 갖춘 인공신경망을 조합하면 보다 효과적인 전문가 시스템이 가능하다.

(3) **뉴로-퍼지 시스템**
퍼지 시스템의 지식 표현, 설명 능력과 인공신경망의 병렬 연산 및 학습 능력이 서로를 보완한다.

(4) **진화 신경망**
유전 알고리즘이 인공신경망의 가중치 최적화를 도울 수 있다.

1020

인공지능 기술의 조합에 대한 설명으로 틀린 것은?

① 하이브리드 지능 시스템 : 확률 추론은 불확실성을, 퍼지논리는 부정확성을, 인공 신경망은 학습을, 진화 연산은 최적화에 장점이 있어 이들 간의 조합으로 인공지능의 활용성을 증대시키는 것이 가능하다.

② 신경망 전문가 시스템 : 결론 도달 과정을 설명할 수 있는 인공 신경망과 정확한 분류와 식별작업이 가능한 인공 신경망을 조합하여 보다 효과적인 전문가 시스템이 가능하다.

③ 뉴로 퍼지 시스템 : 퍼지 시스템의 지식 표현, 설명 능력과 인공신경망의 병렬 연산 및 학습 능력이 서로를 보완할 수 있다.

④ 진화 신경망 : 유전 알고리즘이 인공신경망의 가중치 최적화를 도울 수 있다.

> **정답** ②
>
> **풀이** ② 신경망 전문가 시스템은 결론 도달의 과정을 설명할 수 있는 전문가 시스템과 학습 능력을 갖춘 인공 신경망을 조합하면 보다 효과적인 전문가 시스템이 가능하다.

핵심정리　**딥블루 : 알고리즘에 갇힌 프로그램**

> 프로그래머가 각 체스 게임을 분석해 세부적 컨트롤 전략을 수행하는 알고리즘을 작성하고 기본적으로 모든 경우의 수를 계산한다. 이러한 방식은 해당 과제(체스)의 해결에만 유용해, 범용성이 없다. 문제해결을 위한 수학적 모델을 인간이 제시하는 것에 해당한다.

1021

딥블루에 대한 설명으로 옳은 것은?

① 딥러닝의 범용성이 적용된 사례이다.

② 각 게임을 분석해 세부적 컨트롤 전략을 수행하는 알고리즘을 작성하고 기본적으로 모든 경우의 수를 계산한다.

③ 목표를 설정하고 수집해둔 사례를 제시하면 인간 프로그래머가 아니라 컴퓨터가 학습 과정에서 스스로 문제해결 모델을 발견하게 된다.

④ 과거의 데이터를 학습하는 과정에서 자동적으로 컴퓨터가 게임 전략을 발견하고, 마치 인간의 직관을 가진듯한 게임 전략을 컴퓨터가 수행한다.

> **정답** ②
>
> **풀이** ①, ③, ④ 알파고에 대한 설명이다.
>
> ② 딥블루는 프로그래머가 각 체스 게임을 분석해 세부적 컨트롤 전략을 수행하는 알고리즘을 작성하고 기본적으로 모든 경우의 수를 계산한다. 이러한 방식은 해당 과제(체스)의 해결에만 유용하다. 범용성이 없다. 문제해결을 위한 수학적 모델을 인간이 제시하는 것에 해당한다.

지도학습(supervised Learning)

(1) 의의

- 지도학습은 정답이 있는 데이터를 가지고 학습한다. 데이터가 라벨링 되어 있다면 지도학습이라고고 볼 수 있다. 여기에서 라벨링된 데이터란 데이터에 대한 답이 주어져 있는 것을 말한다.
- 입력값(X data)이 주어지면 입력값에 대한 Label(Y data)을 주어 학습시키는 것을 말한다. 예를 들어 인물 사진과 동물 사진을 주고, "이건 사람이고 이건 동물이야."라고 알려주는 학습 방식이다. 따라서 기계가 정답을 맞혔는지의 여부를 쉽게 알 수 있다.

(2) 지도학습(Supervised learning)의 종류

① 의의

지도학습에는 대표적으로 분류(classification)와 회귀(regression)가 있다.

② 분류(Classification)

분류는 전형적인 지도 학습이며, 주어진 데이터를 정해진 카테고리(label)에 따라 분류하는 문제를 말한다.

③ 회기(Regression)

- 회귀는 어떤 데이터들의 예측 변수(Predictor variable)라 불리는 특징(feature)을 기준으로, 연속된 값(그래프)을 예측하는 문제로 주로 어떤 패턴이나 트렌드, 경향을 예측할 때 사용된다.
- 예를 들어 사람들의 몸무게, 성별, 나이와 같은 데이터로 키를 예측하는 문제가 여기에 해당된다.

④ 특징(Feature)

머신러닝은 어떤 데이터를 분류하거나, 값을 예측(회귀)하는 것이다. 이렇게 데이터의 값을 잘 예측하기 위한 데이터의 특징들을 머신러닝에서는 "Feature"라고 부르며, 적절한 "Feature"를 정의하는 것이 머신러닝의 핵심이다.

비지도학습(Unsupervised Learning)

(1) 의의

- 지도 학습과는 달리 정답 라벨이 없는 데이터를 비슷한 특징끼리 군집화 하여 새로운 데이터에 대한 결과를 예측하는 방법을 비지도학습이라고 한다.
- 비지도 학습은 지도 학습 혹은 강화 학습과는 달리 입력값에 대한 목표치가 주어지지 않는다.
- 미분류 데이터의 숨겨진 구조를 찾아 일련의 규칙을 뽑아내는 것이 목적이다. 실제로 지도 학습에서 적절한 특징을 찾아내기 위한 전처리 방법으로 비지도 학습을 이용하기도 한다.

(2) 비지도학습(Unsupervised learning)의 종류

① 의의

비지도학습은 군집화(Clustering), 시각화(Visualization), 차원축소(Dimensionality reduction), 이상탐지(anomaly detection) 등의 알고리즘에 특화되어 있다.

② 군집화(Clustering)

- 군집화는 아무런 정보가 없는 상태에서 데이터를 분류하는 방법이다. 반면에 분류는 주어진 데이터를 정해진 카테고리에 따라 분류하는 문제이다.
- 군집화는 라벨링이 되어 있지 않은 데이터들 내에서 비슷한 특징이나 패턴을 가진 데이터들끼리 군집화한 후, 새로운 데이터가 어떤 군집에 속하는지를 추론한다.

③ 시각화(Visualization)

시각화는 레이블이 없는 대규모의 고차원 데이터를 넣으면 도식화가 가능한 2D나 3D 표현을 만들어준다. 이런 알고리즘은 가능한 한 구조를 그대로 유지하려 하므로(예를 들어 입력 공간에서 떨어져 있던 클러스터는 시각화된 그래프에서 겹쳐지지 않게 유지된다.) 데이터가 어떻게 조직되어 있는지 이해할 수 있고 예상하지 못한 패턴을 발견할 수도 있다.

④ 차원축소(Dimensionality reduction)

차원 축소는 데이터를 나타내는 여러 특징들 중에서 어떤 특징이 가장 그 데이터를 잘 표현하는지 알게 해주는 특징 추출의 용도로 사용된다.

⑤ 이상 탐지(anomaly detection)

이상 탐지는 은행은 고객의 구매 행동에서 특이한 패턴을 발견함으로써 사기거래를 탐지한다. 예를 들어, 한 신용카드가 각각 미국 캘리포니아와 덴마크에서 같은 날 사용됐다면, 그건 의혹의 원인이 된다.

📍핵심정리 **강화학습(Reinforcement Learning)**

(1) 의의
- 현재의 상태에서 어떤 행동을 취하는 것이 최적인지를 학습하는 것이다.
- 행동 심리학에서 영감을 받았으며, 분류할 수 있는 데이터가 존재하는 것도 아니고 데이터가 있어도 정답이 따로 정해져 있지 않으며 자신이 한 행동에 대해 보상(reward)을 받으며 학습하는 것을 말한다.

(2) 시행착오적 탐색과 지연보상
① 시행착오적 탐색

시도해 보고 수정하면서 학습하는 방법으로 시간의 개념이 포함된다.

② 지연보상

지연보상은 현재의 행동이 보상으로 이어질지, 향후 더 큰 보상으로 이어질지, 다른 행동과 합해져서 더 큰 보상으로 이어질 지로 나눌 수 있다.

1022

다음 중 기계학습과 딥러닝 알고리즘에 대한 설명으로 가장 적절한 것은? [2024년 기출]

① 지도학습에 사용되는 데이터는 정답과 힌트를 구분하지 않는 정보인 반면에 비지도학습에 사용되는 데이터는 문제에 대한 정답과 힌트가 모두 있다.

② 컴퓨터 게임에서 주로 사용되는 강화학습은 컴퓨터의 행동에 대한 상과 벌을 내려 더 바람직한 결과를 얻도록 유도하는 방식이다.

③ 딥러닝 알고리즘을 구현하는 데 바탕이 되는 신경망 알고리즘에서 하나의 알고리즘에서 하나의 신경망을 사용자의 목적에 따라 여러 개의 입력층과 출력층이 존재한다.

④ 비용함수는 모형이 학습 데이터에 존재하는 독립변수의 값을 설명하지 못하는 정도를 의미한다.

1023

로지스틱 회귀모형에 대한 설명으로 틀린 것은?

① 대표적인 지도학습 알고리즘이다.

② 선형 회귀 모형의 목표와 동일하게 종속 변수와 독립 변수간의 관계를 구체적인 함수로 나타내어 향
후 예측 모델에 사용하는 것이다.

③ 선형 회귀 모형의 종속 변수가 범주형 데이터를 대상으로 하며 입력 데이터가 주어졌을 때 해당 데이
터의 결과가 특정 분류로 나뉘는 것과 달리 로지스틱 회귀모형의 종속 변수는 연속변수로 나타난다.

④ 이항형인 데이터에 적용하였을 때 종속 변수 y의 결과가 범위 [0,1]로 제한되고, 종속 변수가 이진적
이기 때문에 조건부 확률, P(y | x)의 분포가 정규분포 대신 이항 분포를 따른다.

인공신경망
(Artificial Neural Network, ANN)

핵심정리 인공신경망(Artificial Neural Network, ANN)

(1) 의의

인공신경망은 생물학의 신경망에서 영감을 얻은 학습 알고리즘이다. 시냅스의 결합으로 네트워크를 형성한 인공 뉴런이 학습을 통해 시냅스의 결합 세기를 변화시켜 문제해결능력을 가지는 비선형 모델이다.

(2) 역사

1940년대 중반에 임계 논리(threshold logic)라 불리는 알고리즘을 바탕으로 신경망을 위한 수학적 모델이 제안되었다. 이후 1980년대 중반 데이비드 럼멜하트(David E. Rumelhart)와 제임스 맥클리랜드(James McClelland)가 연결주의(connectionism)로 대변되는 병렬분산처리 측면에서 인공신경망을 기술한 이후 최근까지 다양한 분야에서 활발하게 연구되고 있는 알고리즘이다.

(3) 구조

① 의의

- 인공신경망은 인공의 뉴런(노드)들과 그들을 연결하는 인공의 시냅스(연결)들로 구성된 수리적 연산 모델로서 모든 노드는 입력 단위(입력층), 숨겨진 단위(은닉층), 출력 단위(출력층) 중 하나의 단위에 포함된다.
- 인간의 신경계에 비유하자면, 각 단위는 감각 뉴런, 연합 뉴런, 운동 뉴런에 비유될 수 있다. 즉 입력 단위(입력층)에 의하여 받아들여진 정보는 숨겨진 단위(은닉층)에서의 연산을 거쳐 출력 단위(출력층)에서 값이 결정되는 것이다.
- 중요한 것은 다양한 입력 노드들에서의 '병렬적인 계산'을 통하여 한 단위의 출력이 결정된다는 것이다. 이러한 점 때문에 신경망 모델은 PDP(Parallel Distributed Processing, 병렬 분산 처리) 시스템이라고도 불린다.

② 다층인공신경망(multi−layer neural network)

- 일반적으로 사용되는 기본적인 인공신경망 알고리즘인 다층인공신경망(multi−layer neural network)의 경우 아래 그림과 같이 입력층(input layer), 은닉층(hidden layer), 그리고 출력층(output layer), 이렇게 세 가지 층으로 구분된다. 그리고 각 층들은 노드들로 구성되어 있다. 아래 그림의 예에서는 입력층은 4개의 노드, 은닉층은 3개의 노드, 그리고 출력층은 1개의 노드를 가지고 있다.

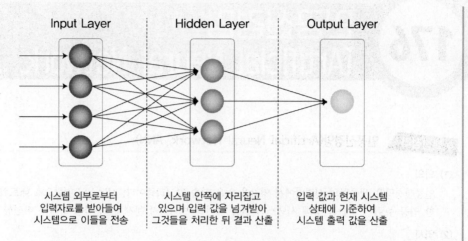

Input Layer	Hidden Layer	Output Layer
시스템 외부로부터 입력자료를 받아들여 시스템으로 이들을 전송	시스템 안쪽에 자리잡고 있으며 입력 값을 넘겨받아 그것들을 처리한 뒤 결과 산출	입력 값과 현재 시스템 상태에 기준하여 시스템 출력 값을 산출

- 입력층은 예측값(출력변수)을 도출하기 위한 예측변수(입력변수)의 값들을 입력하는 역할을 한다. 만약 n개의 입력값들이 있다면 입력층은 n개의 노드를 가지게 된다. 은닉층은 모든 입력노드부터 입력값을 받아 가중합을 계산하고, 이 값을 전이함수에 적용하여 출력층에 전달하게 된다. 각 입력노드와 은닉노드들은 모두 가중치를 가지는 망으로 연결되어 있으며 은닉노드와 출력노드도 마찬가지로 연결되어 있다. 이 가중치는 연결강도로 표현되며 랜덤으로 초기에 주어졌다가 예측 값을 가장 잘 맞추는 값으로 조정되게 된다. 전이함수는 비선형함수를 사용하게 되며, 이러한 전이함수를 통하여 출력층에 예측 값이 전달되기 때문에 인공신경망이 비선형 모델로서 역할을 할 수 있게 된다.

- 한 노드의 값은 연결되어 있는 모든 노드들의 활성화 값과 그 각각의 노드와의 연결 가중치 값의 곱에 의하여 결정된다. 외부의 자극에 의하여 특정한 활성화 값을 지닌 입력 단위의 노드들은 그들 각각이 연결된 숨겨진 단위의 노드들에게 자신의 활성화 값을 보낸다. 이 때 숨겨진 단위의 노드가 얻게 되는 활성화 값은 연결된 입력 노드의 활성화 값과 그 노드와의 연결 가중치를 곱한 값의 총합이다.

(4) 연결주의

- 신경망 모델이 인간의 마음의 작동 방식을(그 어떤 연산 모델들보다) 적절하게 기술할 수 있다는 입장이 바로 연결주의다.

- 연결주의의 강력한 이론적 이점 중 하나는 신경망 모델의 패턴 인식 능력이다. 즉 변산성(변량의 흩어져 있는 정도)이 큰 개별적 사례들 사이에 존재하는 유사성에 기초하여 그 사례들을 하나의 군집으로 범주화할 수 있는 능력을 스스로 학습할 수 있다는 점이 신경망의 주요한 특징 중 하나이다.

- 신경망의 이러한 범주적 학습과 판단 방식은 사례의 여러 요소들의 병렬적인 계산과 종합을 통하여 이뤄진다는 점에서 인간의 개념적 사고 양식과 유사한 속성을 공유한다고 평가된다. 혹은 인간의 개념적 판단 방식에 대한 통찰을 던져준다고 평가된다.

- 신경망과 같은 인지적 모델은 인간의 심리적 구조에 대한 부분적으로 옳은 기술이라는 것은 철학의 주요 탐구 방식 중 하나인 개념 분석과 관련이 있다. 연결주의에 따르면, 어떠한 개념의 본성은 그 개념의 노드와 연결된 노드들과 연결 가중치의 함수이다. 따라서 어떠한 사례가 그 개념의 범주에 포함되는지 여부는 입력이 병렬적으로 분산되어서 계산·처리되는 것이다.

1024

인공신경망에 대한 설명으로 틀린 것은?

① 인공신경망은 인간의 두뇌 내부의 생물학적 뉴런을 모방해서 만든 뉴런의 수학적 모델이며 인공뉴런이라고 불리는 연결 노드의 집합체이다.

② 한 노드의 값은 연결되어 있는 모든 노드들의 활성화 값과 그 각각의 노드와의 연결 가중치 값의 합에 의하여 결정된다.

③ 인공신경망은 일반적으로 입력층, 은닉층, 그리고 출력층, 이렇게 세 가지 층으로 구분이 되는데, 각 층들은 노드들로 구성되어 있고 이 노드들이 독자적 처리 능력을 가지는 병렬 분산 처리 시스템이다.

④ 외부의 자극에 의하여 특정한 활성화 값을 지닌 입력 단위의 노드들은 그들 각각이 연결된 숨겨진 단위의 노드들에게 자신의 활성화 값을 보내고, 이때 은닉층의 노드가 얻게 되는 활성화 값은 연결된 입력 노드의 활성화 값과 그 노드와의 연결 가중치를 곱한 값의 총합이다.

> **정답** ②
>
> **풀이** ② 한 노드의 값은 연결되어 있는 모든 노드들의 활성화 값과 그 각각의 노드와의 연결 가중치 값의 곱에 의하여 결정된다.

1025

인공신경망에 관한 설명으로 틀린 것은?

① 인공신경망은 생물학의 신경망에서 영감을 얻은 학습 알고리즘으로, 인공 뉴런이 시냅스의 결합 세기를 변화시켜 비선형 문제해결능력을 가진다.

② 인공신경망의 역사는 1940년대 중반에 시작되었으며, 초기 모델은 임계 논리라는 알고리즘을 기반으로 한다. 1980년대 중반에는 데이비드 럼멜하트와 제임스 맥클레랜드가 연결주의로 대변되는 병렬분산처리 측면에서 인공신경망을 기술하였다.

③ 인공신경망의 구조는 입력층, 은닉층, 출력층으로 구성되며, 각 노드는 병렬적인 계산을 통해 한 단위의 출력을 결정한다. 이때 각 노드의 활성화 값은 연결된 모든 노드의 활성화 값과 그 각각의 연결 가중치 값의 곱에 의해 결정된다.

④ 다층인공신경망의 경우 입력층에서는 예측값을 도출하기 위한 예측변수의 값들을 입력하며, 은닉층에서는 가중합을 계산하여 출력층에 전달한다. 가중치는 랜덤으로 초기화되었다가, 은닉층에서 활성화함수에 적용되는 예측값에 따라 조정되며, 이 가중치는 노드 간의 연결강도를 표현한다.

풀이 ① 인공신경망은 생물학의 신경망에서 영감을 얻은 학습 알고리즘으로, 인공 뉴런이 시냅스의 결합 세기를 변화시키는 비선형 모델이다.

② 인공신경망의 역사는 1940년대 중반에 시작되었으며, 초기 모델은 임계 논리라는 알고리즘을 기반으로 한다. 1980년대 중반에는 데이비드 럼멜하트와 제임스 맥클레랜드가 연결주의로 대변되는 병렬분산처리 측면에서 인공신경망을 기술하였다.

③ 인공신경망의 구조는 입력층, 은닉층, 출력층으로 구성되며, 각 노드는 병렬적인 계산을 통해 한 단위의 출력을 결정한다. 이 때 각 노드의 활성화 값은 연결된 모든 노드의 활성화 값과 그 각각의 연결 가중치 값의 곱에 의해 결정된다.

④ 가중치의 조정은 학습과정을 통해 이루어지며, 이 과정에서 오차 역전파 등의 알고리즘이 활용된다.

1026

인공신경망에 대한 설명으로 틀린 것은?

[2020년 기출]

① 논리 추론에 강점을 가지고 있어서 자연어 처리에 유용하다.

② 모호하거나 불완전한 데이터도 처리 가능하다.

③ 정확한 해답보다 근사적, 유의적 해답을 제시한다.

④ 아날로그 데이터를 처리할 수 있다.

정답 ①

풀이 ① 논리 추론에 강점을 가지는 인공지능은 규칙 기반 전문가 시스템이다. 또한 자연어 처리가 가능해진 것은 논리 추론에 강점이 있기 때문이 아니다.

② 잡음 또는 불완전 데이터에 대해 에러값으로부터 영향을 크게 받지 않는 쓸만한 결과를 보여준다.

③ 극단치, 극소치, 의미없는 데이터들에 대하여, 인공신경망이 스스로 가중치를 낮추어, 영향을 안 받는 방향으로 의미있는 해답을 제시한다.

④ 1976년 개발된 ART-1(Adaptive Resonance Theory Model)의 개량형인 ART-2에서 이미 아날로그형의 입력도 처리하였다. 뿐만 아니라 영상이나 음성 인식도 아날로그 데이터라고 할 수 있다.

핵심정리 합성곱신경망(Convolutional Neural Network, CNN)

- 기존의 방식은 데이터에서 지식을 추출해 학습이 이루어졌지만, CNN은 데이터의 특징을 추출하여 특징들의 패턴을 파악하는 구조이다.
- CNN은 생명체의 시각 처리 방식을 모방하기 위해 convolution(합성곱)이라는 연산을 인공신경망에 도입함으로써 이미지 처리 분야에서 기존의 머신러닝 알고리즘들을 압도하였다. 2016년에 공개된 알파고에서도 CNN 기반의 딥러닝 알고리즘이 이용되었다.

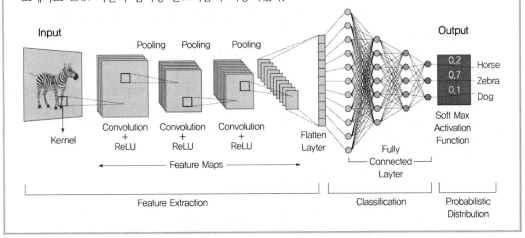

핵심정리 순환신경망(Recurrent Neural Network, RNN)

- RNN은 어떤 특정 부분이 반복되는 구조를 통해 순서를 학습하기에 효과적인 딥러닝 기법으로, 시계열 데이터 (예를 들어, 문자열 및 센서 데이터)와 같이 시간적으로 연속성이 있는 데이터를 처리하기 위해 고안된 인공신경망이다.
- 시계열 데이터나 문자열은 일반적으로 앞에 입력된 데이터(이전 시간의 데이터)에 의해 뒤에 입력된 데이터에 대한 예측이 영향을 받는다.
- CNN의 학습과정은 순서가 중요하지 않은 정보들이 공통으로 가지는 특징들만 관심이 있기 때문에 실시간으로 들어오는 정보들의 순서 관계를 처리할 수 없는 문제점이 있다. 이에 과거 및 현재 정보를 기반으로 미래 정보를 예측하는 시계열 특성을 반영한 모델이 순환신경망(RNN)이다.

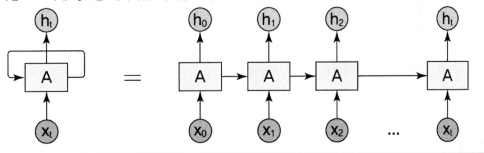

핵심정리 **생성적 적대 신경망(Generative Adversarial Network, GAN)**

- 데이터셋과 유사한 이미지 생성에 널리 쓰이는 모델로서, 기존의 인공신경망과는 다르게 GAN은 두 개의 인공신경망이 서로 경쟁하며 학습이 진행된다. 이러한 두 개의 인공신경망을 generator와 discriminator라고 하며, 각각은 서로 다른 목적을 가지고 학습된다.

- 원 데이터가 가지고 있는 확률분포를 추정하도록 하고, 인공신경망이 그 분포를 만들어 낼 수 있도록 한다는 점에서 단순한 군집화 기반의 비지도학습과 차이가 있다.

- Generator는 원 데이터의 확률분포를 알아내려고 노력하며, 학습이 종료된 후에는 원 데이터의 확률분포를 따르는 새로운 데이터를 만들어 내게 된다.

- Discriminator는 진짜 데이터와 generator가 만든 가짜 데이터가 입력되었을 때, 어떤 것이 진짜 데이터인지를 판별한다.

- 예를 들어, 지폐 위조범(생성자 G)은 경찰(분류자 D)을 최대한 열심히 속이려고 하고, 다른 한편에서는 경찰은 이렇게 위조된 지폐와 진짜 지폐를 두고 분류하기 위해 노력한다. 이러한 경쟁이 지속적으로 학습되면 결과적으로는 진짜 지폐와 위조지폐를 구별할 수 없을 정도의 상태가 되며, 진짜와 거의 차이가 없는 가짜 지폐를 만들어 낼 수 있다.

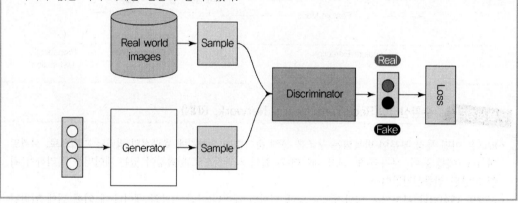

1027

CNN에서 컨볼루션 레이어(convolution Layer)와 풀링 레이어(pooling Layer)의 기능으로 옳은 것은?

① 컨볼루션 레이어는 입력 이미지에서 특징을 추출하고, 풀링 레이어는 특징 맵의 크기를 줄인다.

② 컨볼루션 레이어는 입력 이미지에서 특징을 추출하고, 풀링 레이어는 추출된 특징을 서로 연결한다.

③ 컨볼루션 레이어는 입력 이미지에서 특징을 추출하고, 풀링 레이어는 특징을 평균화한다.

④ 컨볼루션 레이어는 입력 이미지에서 특징을 추출하고, 풀링 레이어는 추출된 특징을 가중치로 변환한다.

정답 ①

풀이 ① 컨볼루션 레이어는 입력 이미지에서 특징을 추출하고, 풀링 레이어는 특징 맵의 크기를 줄여서 계산 비용을 줄이고, 과적합을 방지하기 위한 역할을 한다. 일반적으로 컨볼루션 레이어와 풀링 레이어가 번갈아가며 적용되며, 이를 여러 층으로 쌓아서 복잡한 특징도 추출할 수 있다.

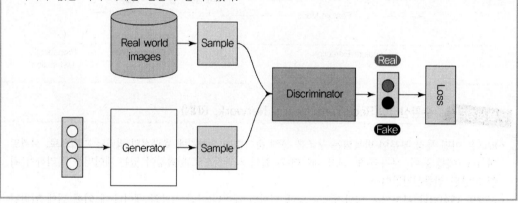

1028

신경망 학습에 관한 설명으로 틀린 것은?

① 합성곱신경망(CNN)은 이미지 처리 분야에서 기존의 머신러닝 알고리즘들을 압도하였으며, 이미지 전체에서 공통으로 가지는 특징들에 관심을 가진다.

② 순환신경망(RNN)은 시계열 데이터를 처리하기에 효과적이며, 이전 시간의 데이터에 의해 뒤에 입력된 데이터에 대한 예측이 영향을 받는다.

③ 생성적 적대 신경망(GAN)은 두 개의 인공신경망, generator와 discriminator가 서로 경쟁하며 학습이 진행된다. Generator는 원 데이터의 확률분포를 알아내려고 노력하고, Discriminator는 진짜 데이터와 generator가 만든 가짜 데이터를 구별한다.

④ RNN은 과거 및 현재 정보를 기반으로 미래 정보를 예측하지만, CNN은 이런 시계열 특성을 반영할 수 없으므로 실시간으로 들어오는 정보들의 순서 관계를 처리하는 데 어려움이 있다.

정답 ①

풀이 ① CNN은 이미지의 지역적 특성과 이러한 지역적 특성들이 어떻게 결합되는지를 학습한다. 참고로 지역적 특성이란 이미지의 각 픽셀이 자신의 이웃 픽셀과 관련성이 크다는 점에 착안하여, 작은 영역(즉, 지역적 영역)의 학습에 집중한다.

② RNN은 과거의 정보를 기억하면서 새로운 입력에 따라 정보를 업데이트하는 과정을 반복하므로 시계열 데이터를 처리하는 데 탁월한 성능을 보인다.

③ GAN은 generator와 discriminator라는 두 개의 인공신경망이 서로 경쟁하며 학습하는 구조를 가지고 있다. Generator는 실제 데이터의 분포를 학습하여 새로운 데이터를 생성하고, discriminator는 입력된 데이터가 실제 데이터인지 아니면 generator가 생성한 가짜 데이터인지 판별하는 역할을 한다.

④ CNN은 공간적인 정보를 처리하는 데 탁월한 성능을 보이지만, 시간적인 정보의 처리는 어렵다. 이와 달리, RNN은 과거의 정보를 기억하여 시계열 데이터를 처리하는 데 유용하게 사용된다.

1029

선형 회귀모형과 로지스틱 회귀모형에 대한 설명으로 틀린 것은?

① 선형 회귀모형은 주로 연속적인 종속 변수의 값을 예측하는 데 사용되며, 로지스틱 회귀모형은 이진 분류 문제를 해결하는 데 적합하다.

② 선형 회귀모형과 로지스틱 회귀모형 모두 독립 변수와 종속 변수 사이의 관계를 모델링하는 데 사용된다.

③ 기계 학습에서는 로지스틱 회귀모형을 사용할 때, 모델의 파라미터에 대한 통계적 가설 검정이 핵심적인 요소이다.

④ 사회과학 분야에서는 주로 독립 변수와 종속 변수 사이의 관계를 이해하려는 목적으로 선형 회귀모형이나 로지스틱 회귀모형을 사용한다.

① 선형 회귀모형은 주로 연속적인 종속 변수의 값을 예측하는 데 사용되며, 로지스틱 회귀모형은 이진 분류 문제를 해결하는 데 적합한 모델이다. 이는 두 모델의 기본적인 사용 사례를 잘 설명하고 있다.

② 선형 회귀모형과 로지스틱 회귀모형 모두 독립 변수와 종속 변수 사이의 관계를 모델링하는 데 사용되는 것이 맞다. 이 둘은 다양한 문제를 해결하기 위한 도구로 사용될 수 있다.

③ 기계 학습에서 로지스틱 회귀모형을 사용할 때, 모델의 파라미터에 대한 통계적 가설 검정은 핵심적인 요소가 아니다. 기계 학습의 주요 목표는 종속 변수의 값을 정확히 예측하는 것이다.

④ 사회과학 분야에서는 주로 독립 변수와 종속 변수 사이의 관계를 이해하려는 목적으로 선형 회귀모형이나 로지스틱 회귀모형을 사용한다.

1030

지능정보사회의 혁신 기술에 대한 설명으로 틀린 것은?

[2019년 기출]

① 디지털 트윈은 현실 세계의 실체 또는 시스템을 디지털로 표현한 것이다.

② 딥러닝은 생물학의 신경망에서 영감을 얻은 통계학적 학습알고리즘을 이용하여 데이터를 군집화하거나 분류하는 데 사용하는 기술이다.

③ 인간의 신경계를 소프트웨어적으로 모사한 인공 신경망과 달리 뉴로모픽 칩은 하드웨어적으로 신경세포를 모사한 최초의 딥러닝 하드웨어이다.

④ 인지컴퓨팅은 초기값을 사람이 설정하면 빅데이터 기반 훈련 예제를 통해 하드웨어 또는 소프트웨어가 가중치를 스스로 조정할 수 있는 기술 플랫폼을 의미한다.

④ 인지컴퓨팅(Cognitive computing, CC)은 광의적으로는 인공지능과 신호 처리의 과학적 원리에 기반한 기술 플랫폼을 의미한다. 이 플랫폼들은 기계 학습, 추론, 자연어 처리, 음성 인식, 비전 (물체 인식), 인간-컴퓨터 상호작용, 다이얼로그 및 내레이션 생성 등의 기술을 아우른다. 인지컴퓨팅에 포함된다고 볼 수 있는 머신러닝이나 딥러닝에서 초기값은 임의로 기계가 설정한다.

핵심정리 뉴로모픽(Neuromorphic)

뉴로모픽 컴퓨팅은 사람의 뇌신경망처럼 뉴런과 시냅스로 구성된 뉴로모픽칩으로 인간의 두뇌 작동을 모사한다. 알고리즘의 각 명령어를 하나씩 처리하는 수많은 연산과정을 거쳐야 하는 딥러닝(가상의 인공신경망 소프트웨어를 기반으로 하는 머신러닝 방식)은 뇌신경망의 전기적 상태들을 계산하고 모방하는 방대한 양의 사전 학습 데이터가 필요하기 때문에 에너지와 시간의 관점에서 볼 때 비효율적인 면이 있다. 하지만 뉴로모픽칩은 정보를 사건 단위로 받아들이며 이미지, 영상, 소리, 냄새 등 다양한 패턴의 데이터를 하나의 반도체에서 연산과 저장, 학습까지 동시다발적으로 신속하게 처리한다. 따라서 인간의 두뇌활동처럼 정답을 모르더라도 유사한 것들과 서로 다른 것들을 구분해서 군집을 만들어 스스로 학습해나갈 수 있다. 하드웨어의 혁신을 기반으로 하는 이러한 인공지능을 소프트웨어 기반의 DNN(Deep Neural Network)과 구분해 SNN(Spiking Neural Network)이라 부른다. DNN이 두뇌의 신경망을 지역적으로 흉내내는 것이라면, SNN은 비지도 학습이 가능한 신경망 그 자체를 만들어내려는 것이라 할 수 있다.

딥러닝 소개 및 주요 이슈

핵심정리 신경망과 딥러닝의 역사

- 딥러닝은 심층망에서의 학습과 추론에 대한 연구이며, 심층망은 기존 신경망의 계층을 확장한 형태이다. 최초의 신경망은 '신경망의 아버지'라고 불려지는 D. Hebb에 의해 1949년 시작되었다고 할 수 있다. 헵은 신경망을 학습하기 위해 헤비안 학습(Hebbian learning)을 제안했는데, 이것은 한마디로 말하면 같이 행동하는 뉴런들을 더 단단히 연결하라는 학습 원리이다. 단순한 원리이지만, 아직도 많은 경우에 사용되는 방법이다.
- 이후 1957년 F. Rosenblatt이 단층 신경망인 퍼셉트론(Perceptrons)을 IBM 704에 구현하여 이미지 인식을 수행했다. 이때부터 사람들은 신경망으로 곧 인간 수준의 인공지능을 곧 만들어 낼 수 있을 것이라고 믿기 시작했다.
- 하지만, 1969년 MIT의 M. Minsky 교수가 단층 신경망은 XOR 문제를 풀 수 없음을 증명함으로써 사람들은 신경망의 능력을 불신하게 되었다. 이때 이미 신경망의 계층을 늘려 계산 능력을 키우려는 생각들이 있었지만, Minsky 교수는 심층망을 만든다 하더라도 신경망은 가능성이 없다고 생각했다.
- 신경망에 대해 사람들이 다시 열광하기 시작한 것은 1986년 D. Rumelhart, G. Hinton, 그리고 R. Williams이 발표한 역전파(backpropagation) 알고리즘의 등장이었다. 사실 역전파 알고리즘은 그 전에도 있었지만, 1986년 이들의 논문으로부터 다시 주목받기 시작했고, 신경망은 또 다시 낙관적인 전망으로 사람들의 관심을 끌어모았다. 이 역전파 알고리즘은 단층 신경망뿐만 아니라 한두 개의 은닉층을 가지는 다단계(multi-layered) 신경망도 학습가능하게 만들었다.
- 하지만, 1995년 V. Vapnik 과 C. Cortes에 의해 SVMs(support vector machines)이 소개되고, 신경망보다 더 좋은 성능을 보이자, 사람들은 다시 신경망을 버리고 SVMs으로 몰려갔다.
- 이후 10여 년 간 신경망은 연구자들의 무관심과 홀대를 받았지만, 토론토대학 Hinton 교수의 2006년 Science 논문을 기준으로 다시 사람들의 주목을 받기 시작했다. 그리고 패턴인식의 패러다임을 바꾸고, 음성인식, 영상인식 등의 분야에서 성공적으로 적용되고 있다. 뿐만 아니라, 언어 이해와 같은 분야에서도 성과를 내면서 인공지능의 수준을 한 단계 성숙시키는 기술로 인정받고 있다.

핵심정리 패턴인식에 있어서 천층학습으로부터 심층학습으로의 패러다임 변화

천층 학습	심층 학습
분야 전문가에 의한 특징(예, 음성 MFCC, 동영상 SIFT)	데이터로부터 자동 특징 추출
특징 추출과 분류기의 독립 개발	특징 추출과 분류기의 통합

핵심정리 **심층망의 어려움**

- 신경망의 계층을 많이 쌓은 심층망이 패턴인식 등의 성능향상에 도움이 된다는 것을 알고 있으면서도 최근까지 심층망이 활발히 연구되지 않은 이유는, 학습이 어렵다는 것이다. 즉 신경망을 학습하는 데 사용되는 역전파 알고리즘이 심층망에서는 에러의 역전파에 어려움을 겪는 것이다.
- 이러한 역전파의 어려움은 사라지는 경사(vanishing gradient)라는 현상 때문인데, 이는 에러 정보가 출력노드에서 노드 방향으로 전달되면서 점점 사라지는 것을 말한다. 에러 정보가 낮은 계층까지 잘 전해지지 않으면서 낮은 계층의 연결강도는 학습 정도가 미미한 수준에 머무르면서 초기의 랜덤 값에서 크게 벗어나지 못하게 된다.

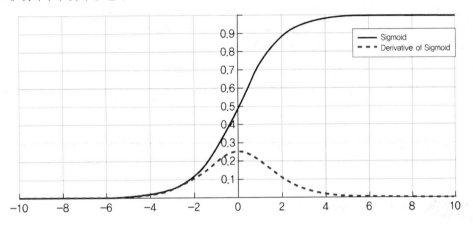

- 인공신경망이 연결강도를 조정하여 다양한 함수를 표현할 수 있다. 하지만, 사라지는 경사 현상으로 인해 상대적으로 낮은 층은 초기의 연결강도 값을 그대로 갖게 되므로, 결국 학습 과정에서 상위 몇 개 층의 연결 강도만을 조정하게 된다. 이는 결국 상대적으로 적은 깊이를 갖는 모델을 사용한 것과 같기 때문에 성능 정확도를 향상시키는 데 실패할 수밖에 없다.
- 2006년 G. Hinton 교수가 사전 학습(pretraining)을 제시함으로써 심층망의 학습 가능성을 보여줬고, 이후 다양한 방법들이 제안되고 있다.

핵심정리 **사전 학습(Pretraining)**

- 사전 학습은 매우 간단한 아이디어로서, 심층망에 역전파 알고리즘을 적용하기 전에 각 계층별로 사전 학습을 진행하는 것이다. 즉 역전파 알고리즘을 임의의 값(random)에서 시작하는 것이 아니라, 사전 학습을 통해 심층망의 연결을 학습에 도움이 되는 중간 값으로 미리 변형해 놓는 것을 의미한다.
- 입력값이 주어지면, 첫 번째 계층을 먼저 학습하고, 그 출력값을 두 번째 계층의 입력으로 사용하여 두 번째 계층을 학습한다. 이러한 과정을 모든 계층에 순서대로 진행한다. 즉 전체 신경망을 층별로 분해해서 학습하는 것이다. 이후 역전파 알고리즘으로 전체 신경망을 학습하는데 이를 미세조정(fine −tuning) 이라고 한다. 이름 그대로 미세조정을 통해서는 연결강도가 아주 조금 조정된다.
- 이런 사전 학습은 초기값을 최적해 근처로 옮겨 놓는다는 점에서 최적화(optimization) 문제를 위한 좋은 초기해를 찾는 방법으로 해석할 수 있다.
- 비지도학습이 $p(x)$로 표현되는 데이터의 분포를 학습하고, 지도학습에 기반한 미세조정은 $p(y|x)$로 표현되는 분류성능을 최대화하는데, 베이즈 룰(Bayes rule)에 따라, 좋은 $p(x)$는 $p(y|x)$의 조건부 확률, 즉 분류 문제에 대한 좋은 사전 지식이 된다.

- 사전 학습의 또 다른 장점은 비지도학습이기 때문에 레이블 없는 빅데이터를 학습에 사용할 수 있다는 점이다. 지도학습을 위해 필요한 레이블이 많지 않은 데이터들도 있고, 또 레이블을 만드는 데 드는 비용이 매우 큰 경우 비지도학습은 유용하다.

핵심정리 Dropout

(1) 의의

Dropout은 학습하는 중에 노드들의 절반(꼭 절반일 필요는 없다.)을 임의로 끄고 진행한다. 매 학습 회수마다 임의의 선택을 새로 한다. 학습이 끝난 후 새로운 데이터에 대해서는 절반의 노드를 끄는 대신 모든 노드들의 출력값을 절반으로 나눈다. 이러한 방법은 머신러닝의 bagging 방법과 비슷한 효과를 만드는데, 안정성과 정확도를 향상시킨다.

(2) 상호적응(coadaptation) 문제의 해소

- Dropout은 상호적응(coadaptation) 문제를 해소한다. 두 개의 노드가 한번 비슷한 연결 강도를 가지게 되면, 그 두 노드는 비슷한 방식으로 업데이트되면서 마치 하나의 노드처럼 작동하고, 이것은 컴퓨팅 파워와 메모리의 낭비를 초래한다.
- Dropout이 임의로 노드들을 끌 때 이러한 두 개의 노드가 나눠지게 되면 상호적응 문제를 회피할 수 있게 된다.

핵심정리 조기 멈춤(Early stopping)

(1) 의의

심층망과 같은 패턴인식을 위한 모델을 학습할 때는 보통 두 가지 목표를 동시에 달성하기를 원한다. 하나는 비용함수를 최소화하는 모델을 찾는 것이고, 다른 하나는 찾은 모델이 학습에 사용되지 않은 데이터에 대해서도 인식을 잘하기를 원하는 것, 즉 과적합(overfitting)을 피하는 것이다.

(2) 과적합 문제 해결

- 과적합 문제는 근본적으로 학습 데이터에 대해 비용함수를 최소화하기 때문에 발생한다. 즉 모델이 지나치게 학습 데이터에만 적합하게 만들어져서 학습에서 보지 못한 데이터에 대해서는 큰 에러를 주는 경우이다. 이를 해결하기 위해서 주로 쓰는 방법은 조기 멈춤(early stopping)이다
- 조기 멈춤(early stopping)은 학습 데이터 중 일부를 검증 데이터로 따로 떼어놓고, 남은 데이터로만 학습을 진행한다. 학습 중 검증 데이터로 성능을 검증해서 에러가 떨어지다가 올라가기 시작하면 학습을 멈춘다. 이 방법은 매우 간단해 보이지만, 잘 작동한다.

1031

딥러닝에 대한 설명으로 틀린 것은?

[2021년 기출]

① 딥러닝은 기존 신경망에 계층수를 증가시킨 심층신경망 혹은 심층망을 효과적으로 학습하여 패턴인식이나 추론에 활용하는 것을 말한다

② 사전학습은 머신러닝의 배깅(bagging) 방법과 비슷한 효과를 만드는데, 안정성과 정확도를 향상시킨다.

③ 딥러닝은 최근의 음성인식과 영상인식을 비롯한 다양한 패턴인식 분야의 성능향상을 이끄는 중요한 인공지능 기술이다

④ 심층망을 구성하는 구성요소들은 여러가지가 있는데, 주로 제한볼츠만기계(RBMs)나 오토인코더(AEs)가 사용된다.

정답 ②

풀이 ② 사전학습은 매우 간단한 아이디어로써, 심층망에 역전파 알고리즘을 적용하기 전에 각 계층별로 사전학습을 진행하는 것이다. 즉, 역전파 알고리즘을 임의의 값(random)에서 시작하는 것이 아니라, 사전학습을 통해 심층망의 연결을 학습에 도움이 되는 중간 값으로 미리 변형해 놓는 것을 의미한다. 입력값이 주어지면, 첫 번째 계층을 먼저 학습하고, 그 출력값을 두 번째 계층의 입력으로 사용하여 두 번째 계층을 학습한다. 이러한 과정을 모든 계층에 순서대로 진행한다. 즉, 전체 신경망을 층별로 분해해서 학습하는 것이다. 이후 역전파 알고리즘으로 전체 신경망을 학습하는데 이를 미세조정(fine-tuning) 이라고 한다. 이름 그대로 미세조정을 통해서는 연결강도가 아주 조금 조정된다. 반면에 Dropout은 학습하는 중에 노드들의 절반 (꼭 절반일 필요는 없다) 을 임의로 끄고 진행한다. 매 학습 회수마다 임의의 선택을 새로 한다. 학습이 끝난 후 새로운 데이터에 대해서는 절반의 노드를 끄는 대신 모든 노드들의 출력값을 절반으로 나눈다. 이러한 방법은 기계학습의 bagging 방법과 비슷한 효과를 만드는데, 안정성과 정확도를 향상시킨다. 그리고 중요한 것은 dropout은 상호적응(coadaptation) 문제를 해소한다. 두 개의 노드가 한번 비슷한 연결 강도를 가지게 되면, 그 두 노드는 비슷한 방식으로 업데이트 되면서 마치 하나의 노드처럼 작동하고, 이것은 컴퓨팅 파워와 메모리의 낭비이다. Dropout이 임의로 노드들을 끌 때 이러한 두 개의 노드가 나눠지게 되면 상호적응 문제를 회피할 수 있게 된다.

1032

Dropout에 대한 설명으로 옳은 것은?

① 인공신경망에서 과적합(overfitting)을 방지하기 위해 사용되는 기술이다.

② 인공지능과 머신러닝에서 사용되는 언어 모델링 기술 중 하나이다.

③ 데이터 전처리를 위한 기술 중 하나이며, 이상치(outlier) 데이터를 제거한다.

④ 인공신경망에서 층(layer)을 추가하거나 삭제하는 기술이다.

정답 ①

풀이 ① Dropout은 인공신경망에서 과적합(overfitting)을 방지하기 위해 사용되는 기술 중의 하나로서, 학습 시에 무작위로 일부 뉴런을 제거하여 모델의 복잡도를 줄이고, 일반화 성능을 높인다.

④ Dropout은 인공신경망에서 층(layer)을 추가하거나 삭제하는 기술은 아니다. 드롭아웃은 기존의 인공신경망 구조를 유지하면서, 학습 데이터에 과적합(overfitting)되지 않도록 일부 뉴런을 무작위로 제거하는 기술이다.

1033

인공신경망에 대한 설명으로 틀린 것은?

① 인공신경망은 하나의 은닉층만으로는 보편 근사기로 작동할 수 없다.

② 심층신경망은 전문 지식 없이도 데이터로부터 자동으로 특징을 추출해낼 수 있다.

③ 심층신경망은 기존의 특징 추출기(feature extractor)와 분류기(classifier)를 대규모의 신경망으로 통합하여 학습함으로써 독립적인 성능 향상에 비해 성능 개선을 이루었다.

④ 인공신경망은 생물학적 신경망에서의 연산단위(혹은 뉴런)와 연결(혹은 시냅스)을 노드(node)와, 그들 사이의 연결(edge), 그리고 매 연결마다 정의되는 연결강도(weight)로 구현한다.

> 정답 ①
>
> 풀이 ① 신경망이 하나의 은닉 계층만 가지고 있어도, 보편 근사기(universal function approximators)로 작동한다는 것은 잘 알려진 사실이다. 이 말은 적절한 인공신경망의 구조를 디자인하고 연결강도를 결정하면 어떠한 함수라도 근사적으로 표현할 수 있다는 것이다.

1034

인공지능에 대한 설명으로 틀린 것은?

① 인공지능 연구는 프로그래밍과 같은 공학적 지식뿐만 아니라 인간이 어떻게 지적인 활동을 하는지에 대한 연구를 포함한다.

② Dropout은 사라지는 경사(vanishing gradient) 문제를 해결하기 위해 역전파 알고리즘을 임의의 값(random)에서 시작하는 것이 아니라, 사전 학습을 통해 심층망의 연결을 학습에 도움이 되는 중간 값으로 미리 변형해 놓는 것이다.

③ 딥러닝(Deep Learning)은 인공신경망에서 발전한 형태의 인공지능으로, 뇌의 뉴런과 유사한 정보 입출력 계층을 활용해 데이터를 학습하는 것으로, 구글의 알파고는 바둑의 기초를 배우고, 자신과 같은 AI를 상대로 반복적으로 대국을 벌이는 과정에서 그 신경망을 더욱 강화한 것이다.

④ 자연 언어 처리(Natural Language Processing, NLP)는 컴퓨터와 인간 언어 사이의 상호 작용하는 기술로 인공지능의 핵심 기능 중 하나이다.

> 정답 ②
>
> 풀이 ② 사전 학습에 대한 설명이다.

1035

심층신경망 학습에 대한 설명으로 옳은 것은?

① 사전 학습(Pretraining)은 상호적응(coadaptation) 문제를 해소하기 위한 학습 기법이다.

② Dropout은 초기값을 최적해 근처로 옮겨 놓는다는 점에서 최적화(optimization) 문제를 위한 좋은 초기해를 찾는 방법으로 해석할 수 있다.

③ 조기 멈춤(early stopping)은 언더 피팅(under fitting) 문제를 해결하기 위한 방법이다.

④ 사라지는 경사(vanishing gradient)로 인해 낮은 계층의 연결강도는 학습 정도가 미미한 수준에 머무르면서 초기의 랜덤 값에서 크게 벗어나지 못하게 된다.

> **정답** ④
>
> **풀이** ① 상호적응(coadaptation) 문제를 해소하기 위한 학습 기법은 Dropout이다.
> ② 초기값을 최적해 근처로 옮겨 놓는다는 점에서 최적화(optimization) 문제를 위한 좋은 초기해를 찾는 방법은 사전 학습(Pretraining)이다.
> ③ 조기 멈춤(early stopping)은 과적합, 즉 오버 피팅(over fitting) 문제를 해결하기 위한 방법이다.

1036

심층망을 위한 학습 기법에 대한 설명으로 틀린 것은?

① 사전학습은 초기값을 최적해 근처로 옮겨 놓는다는 점에서 최적화(optimization) 문제를 위한 좋은 초기해를 찾는 방법으로 해석할 수 있다.

② Dropout은 두 개의 노드가 한번 비슷한 연결 강도를 가지게 되면, 그 두 노드는 비슷한 방식으로 업데이트되면서 마치 하나의 노드처럼 작동하는 상호적응 문제를 회피할 수 있다.

③ 조기 멈춤(early stopping)은 학습 데이터 중 일부를 검증 데이터로 따로 떼어놓고, 남은 데이터로만 학습을 진행하는데 학습 중 검증 데이터로 성능을 검증해서 에러가 떨어지다가 올라가기 시작하면 학습을 멈춘다.

④ 전이학습(Transfer Learning)은 특정 분야에서 학습된 신경망의 일부 능력을 유사하거나 전혀 새로운 분야에서 사용되는 신경망의 학습에 이용하는 것을 의미한다. 일반적으로 이미 학습된 가중치(weight)들을 전송(transfer)하여 사용한다.

> **정답** ④
>
> **풀이** ④ 전이학습에 대한 옳은 설명이지만 전이학습은 심층망을 위한 학습기법이라고 볼 수 없다.

(1) 의의

분산과 편향은 기계학습에서 중요한 개념으로, 모델의 학습성능을 이해하는 데 사용된다.

(2) 편향

편향(Bias)는 모델이 훈련 데이터를 얼마나 잘 학습했는지를 나타내는 지표이다. 편향이 높다는 것은 모델이 훈련 데이터를 충분히 학습하지 못하고, 결과적으로 데이터의 패턴이나 관계를 제대로 반영하지 못했다는 뜻이다. 예를 들어, 간단한 선형 모델을 사용하여 복잡한 비선형 관계를 갖는 데이터를 예측하려고 하면, 모델의 편향이 높을 수 있다. 이는 모델이 데이터의 복잡성을 제대로 포착하지 못함을 의미한다.

(3) 분산

반면 분산(Variance)은 모델이 훈련 데이터의 작은 변화에 얼마나 민감하게 반응하는지를 나타내는 지표이다. 분산이 높다는 것은 모델이 훈련 데이터의 작은 변화에도 과도하게 반응하여, 훈련 데이터의 노이즈까지 학습해버린다는 뜻이다. 예를 들어, 복잡한 비선형 모델을 사용하여 간단한 선형 관계를 갖는 데이터를 예측하려고 하면, 모델의 분산이 높을 수 있다. 이는 모델이 데이터의 노이즈까지 학습하여 오버피팅(과적합)이 일어났음을 의미한다.

(4) 편향과 분산의 적절한 균형

따라서, 좋은 모델은 편향과 분산 사이에 적절한 균형을 이루어야 한다. 이것이 바로 편향 – 분산 트레이드오프(Bias – Variance Tradeoff)라는 개념의 핵심이다. 너무 단순한 모델은 높은 편향을 가질 수 있고, 너무 복잡한 모델은 높은 분산을 가질 수 있다. 따라서 모델의 복잡성을 적절하게 선택하여 편향과 분산을 모두 최소화하는 것이 중요하다.

1037

심층망 학습에서 발생하는 문제의 해결책으로서의 배깅과 부스팅에 대한 설명으로 틀린 것은?

① 배깅은 분산을 줄이기 위한 방법으로, 학습 데이터를 재추출하여 여러 모델을 만들어 결과를 결합한다.

② 부스팅은 편향을 줄이는 방법으로, 학습 데이터를 재추출하며 이전 모델에서의 오차를 보완하는 새로운 모델을 만들어 결과를 결합한다.

③ 배깅과 부스팅 모두 데이터의 무작위 샘플을 이용하여 모델의 안정성을 높인다.

④ 부스팅은 오분류된 데이터에 더 큰 가중치를 부여함으로써 모델이 오차에 집중하도록 만든다.

정답 ③

풀이 ① 배깅은 분산을 줄이기 위한 방법이며, 학습 데이터를 재추출하여 여러 모델을 만들어 결과를 결합하는 것이 맞다. 이는 더 안정적인 모델을 만드는 데 도움이 된다.

② 부스팅은 편향을 줄이는 방법이며, 학습 데이터를 재추출하면서 이전 모델에서의 오차를 보완하는 새로운 모델을 만들어 결과를 결합하는 것이 맞다. 이는 성능이 약한 모델을 보완하여 더 강력한 모델을 만드는 데 도움이 된다.

③ 부스팅은 이전 모델에서의 오차를 보완하기 위해 학습 데이터를 재추출하는 과정에서 데이터에 가중치를 부여하는 방식을 사용한다. 따라서 부스팅은 학습 데이터를 무작위로 샘플링하는 것이 아니라, 모델이 오차에 집중하도록 특정 데이터에 더 많은 가중치를 부여한다.

④ 부스팅은 오분류된 데이터에 더 큰 가중치를 부여하여 모델이 오차에 집중하도록 만드는 것이 맞다. 이는 모델이 오류를 최소화하도록 학습하는 데 도움이 된다.

1038

다음 심층망 학습에서 발생하는 문제 또는 그 해결책에 대한 설명으로 옳은 것은? [2022년 기출]

① 배깅(bagging)은 설명 변수 혹은 속성에 대한 랜덤화라고 할 수 있다.

② 부스팅(boosting)은 훈련과정에서 데이터를 랜덤하게 분리하여 여러 부분집합을 생성하고 부분집합 별로 서로 독립적인 복수의 분류기를 생성한 후 이를 종합하여 활용하는 방식이다.

③ 학습 데이터에 대해 비용함수를 최소화하기 때문에 발생하는 문제로 학습한 데이터 때문에 새로운 상황에 대한 예측력이 떨어지는 경우를 과적합이라고 한다.

④ 의도적으로 깊이를 제한한 의사결정나무가 배깅(bagging)의 약한 분류기에 해당한다.

정답 ③

풀이 ① 설명 변수 혹은 속성에 대한 랜덤화라고 할 수 있는 것은 부스팅(boosting)이다.
② 훈련과정에서 데이터를 랜덤하게 분리하여 여러 부분집합을 생성하고 부분집합별로 서로 독립적인 복수의 분류기를 생성한 후 이를 종합하여 활용하는 방식은 배깅(bagging)이다.
④ 의도적으로 깊이를 제한한 의사결정나무가 부스팅(boosting)의 약한 분류기에 해당한다.

1039

과적합 문제의 해결을 위한 랜덤화에 대한 설명으로 틀린 것은?

① 배깅(bagging)은 설명 변수 혹은 속성에 대한 랜덤화라고 할 수 있다.

② 부스팅(boosting)은 정밀도가 떨어지는 약한 분류기를 여러 개 생성한다.

③ 의도적으로 깊이를 제한한 의사결정나무가 부스팅(boosting)의 약한 분류기에 해당한다.

④ 작은 분류기 하나를 제한된 정보하에 움직이는 개인으로 본다면 부스팅은 집단지성에 가까운 형태라 고 할 수 있다.

정답 ①

풀이 ① 설명 변수 혹은 속성에 대한 랜덤화는 부스팅(boosting)이다. 배깅(bagging)은 훈련과정에서 데이터를 랜덤하게 분리하여 여러 부분집합을 생성하고 부분집합별로 서로 독립적인 복수의 분류기를 생성한 후 이를 종합하여 활용하는 방식이다.

1040

과적합 및 그 해결에 대한 설명으로 틀린 것은?

① 과적합은 훈련과정에서는 데이터와 알고리즘이 유기적으로 상호작용하기 때문에 분류기가 우수한 성능을 보이지만, 새로 추가된 데이터나 다른 데이터 집합에 대해서는 성능이 떨어지는 문제를 말한다.

② 랜덤화는 훈련과정에 필요한 최적화를 의도적으로 제한함으로써 분류기가 다소 특이한 데이터 속성까지 고려하는 것을 방지함으로써 최적화를 제한하는 방식이다.

③ 배깅(bagging)은 훈련과정에서 데이터를 랜덤하게 분리하여 여러 부분집합을 생성하고 부분집합별로 서로 독립적인 복수의 분류기를 생성한 후 이를 종합하여 활용하는 방식으로 생성된 여러 분류기들 집합을 앙상블이라고 부른다.

④ 부스팅(boosting)은 설명변수 혹은 속성에 대한 랜덤화로, 사용가능한 속성의 일부만을 이용하여 정밀도가 떨어지는 약한 분류기를 여러 개 생성한 뒤에 다시 훈련과정을 거치면서 약한 분류기들에 적절한 가중치를 부여하거나 경쟁시키면서 통합시키는 방식이다.

> **정답** ②
>
> **풀이** ② 어떤 형태의 데이터에 대해서도 일관된 성능을 보일 수 있는 유연한 분류기를 산출하려면 보다 정교한 개선이 필요한데, 그 해법에는 정규화(adularization)와 랜덤화(randomization) 과정이 수반된다. 훈련과정에 필요한 최적화를 의도적으로 제한함으로써 분류기가 다소 특이한 데이터 속성까지 고려하는 것을 방지함으로써 최적화를 제한하는 방식은 정규화에 대한 설명이다. 조기 멈춤은 과적합되기 전에 조기에 학습을 종료하는 정규화 기법이다.

1041

분류기의 '강건성'과 '유연성'에 대한 설명으로 틀린 것은?

① 분류기의 강건성은 일관되게 높은 성능을 유지하는 능력을 의미하며, 이는 데이터의 변화에 따른 영향을 최소화하는 능력이다.

② 분류기의 유연성은 다양한 형태의 데이터에 적응할 수 있는 능력을 의미하며, 이는 데이터의 복잡한 패턴이나 구조를 모델링할 수 있는 능력이다.

③ 정규화는 분류기의 강건성을 향상시키는 데 사용되며, 이는 훈련 과정에서 최적화를 제한하여 분류기가 특이한 데이터 속성을 고려하는 것을 방지한다.

④ 랜덤화는 분류기의 유연성을 향상시키는 데 사용되며, 이는 분류기가 다양한 데이터 분포에 적응할 수 있도록 돕는다.

> **정답** ④
>
> **풀이** ③ 정규화는 모델이 훈련 데이터에 과도하게 적응(overfitting)하는 것을 방지하므로, 분류기의 강건성을 향상시키는 역할을 한다.
> ④ 랜덤화는 분류기의 강건성을 향상시키는 역할을 한다. 여러 개의 부분 모델을 랜덤하게 훈련시키고 그 결과를 집계함으로써, 모델은 특정 훈련 데이터에 과적합되는 것을 방지하고, 다양한 상황에서 일관된 성능을 유지할 수 있다.

1042

인공지능의 적응성 관련 용어에 대한 설명으로 틀린 것은?

① 편향 : 훈련 데이터를 얼마나 잘 학습했는지를 나타내는 지표
② 분산 : 훈련 데이터의 작은 변화에 얼마나 민감하게 반응하는지를 나타내는 지표
③ 강건성 : 예상치 못한 오류나 문제 발생에도 안정적으로 작동하는 능력
④ 유연성 : 데이터 규모나 사용자 수 증가에 따라 쉽게 확장 가능한 능력

> **정답** ④
>
> **풀이** 확장성에 대한 설명이다. 유연성은 다양한 패턴을 학습할 수 있는 능력을 의미한다.

1043

분류기의 '강건성'과 '유연성'에 관한 설명으로 틀린 것은?

① 강건한 모델은 데이터의 작은 변화나 잡음에도 안정적인 성능을 보이는 능력을 가지며, 다양한 데이터 분포 및 특이한 데이터에 대해서도 잘 작동한다.
② 유연성이 높은 모델은 다양한 유형의 데이터와 복잡한 패턴을 캡처하고 모델링하는 능력을 가지며, 비선형적인 패턴이나 복잡한 데이터 구조를 학습하는 데 효과적이다.
③ 강건성과 유연성을 동시에 높이는 것도 가능하며, 이를 통해 모델은 노이즈에 강하면서도 복잡한 패턴을 잘 잡아낼 수 있다.
④ 모델이 너무 유연하면 학습 데이터의 노이즈까지 학습하여 과적합이 일어날 가능성이 있고, 반대로 모델이 너무 강건하면 복잡한 패턴을 학습하는 데 어려움을 겪을 수 있다.

> **정답** ③
>
> **풀이**
> ① 강건성은 모델이 데이터의 작은 변화나 잡음에도 안정적인 성능을 보이는 능력을 가리키며, 이에 따라 다양한 데이터 분포 및 특이한 데이터에 대해서도 잘 작동할 수 있다.
> ② 유연성은 모델이 다양한 유형의 데이터와 복잡한 패턴을 캡처하고 모델링하는 능력을 의미한다. 이는 비선형적인 패턴이나 복잡한 데이터 구조를 학습하는 데 효과적이다.
> ③ 강건성과 유연성은 트레이드오프(trade-off) 관계에 있어서 보통 두 특성을 동시에 높게 유지하는 것은 불가능하다. 이는 모델이 너무 유연하면 데이터의 노이즈까지 학습하게 되어 과적합(overfitting)이 발생할 수 있고, 반대로 모델이 너무 강건하다면 복잡한 패턴을 잘 학습하지 못하게 된다. 따라서 "강건성과 유연성을 동시에 높이는 것도 가능하며, 이를 통해 모델은 노이즈에 강하면서도 복잡한 패턴을 잘 잡아낼 수 있다"는 선지는 잘못된 정보를 포함하고 있다.
> ④ 모델이 너무 유연하면 학습 데이터의 노이즈까지 학습하여 과적합이 발생할 가능성이 있고, 반대로 모델이 너무 강건하면 복잡한 패턴을 학습하는 데 어려움을 겪을 수 있다. 이는 강건성과 유연성의 트레이드오프 관계를 잘 보여준다.

1044

부스팅(boosting)에 대한 설명으로 틀린 것은?

① 부스팅은 설명변수 혹은 속성에 대한 랜덤화로 볼 수 있다. 이는 사용 가능한 속성의 일부만을 이용하여 정밀도가 떨어지는 약한 분류기를 여러 개 생성한 뒤, 훈련 과정을 거치면서 약한 분류기들에 적절한 가중치를 부여하거나 경쟁시키면서 통합시킨다.

② 부스팅은 CART 알고리즘을 기반으로 사용할 수 있으며, 이는 의도적으로 깊이를 제한한 의사결정나무가 약한 분류기에 해당한다.

③ 부스팅의 작은 분류기 하나를 제한된 정보하에 움직이는 개인으로 본다면, 부스팅은 집단지성에 가까운 형태라고 볼 수 있다.

④ 부스팅은 과적합 문제를 해결하기 위해 개발된 도구로 랜덤화를 통해 보다 강건한 분류기로 업그레이드시키려는 목적을 가진다.

> **정답** ④
>
> **풀이** ① 부스팅은 약한 분류기를 생성하고 이를 강화하는 과정에서 설명 변수 혹은 속성에 대한 랜덤화를 사용할 수 있다. 각 약한 분류기는 일부 속성을 기반으로 학습하며, 가중치를 부여하거나 경쟁시키는 과정을 통해 더 강력한 모델을 만든다.
> ② CART 알고리즘을 기반으로 한 부스팅 방법은 의도적으로 깊이를 제한한 의사결정나무를 약한 분류기로 사용한다.
> ③ 부스팅의 일부 알고리즘, 예를 들어 작은 분류기 여러 개를 동시에 사용하는 것은 과적합을 예방할 수 있다. 이는 작은 분류기 하나를 제한된 정보하에 움직이는 개인으로 본다면, 부스팅은 집단지성에 가까운 형태라고 볼 수 있다.
> ④ 부스팅은 잘못 분류된 샘플에 더 많은 가중치를 부여하여 약한 학습기의 성능을 향상시키지만, 이 자체로 과적합을 직접적으로 방지하는 알고리즘이 아니다. 실제로, 부스팅은 모델의 복잡성을 증가시키므로 때때로 과적합이 발생할 수 있다.

1045

정규화와 랜덤화에 대한 설명으로 틀린 것은?

① 정규화는 훈련과정에 필요한 최적화를 의도적으로 제한함으로써 분류기가 다소 특이한 데이터 속성까지 고려하는 것을 방지한다. 페널티 혹은 손실 함수를 도입하는 것이 일반적인 방법이며, 이는 과적합 문제의 해결에 유용하다.

② 랜덤화는 분류기의 강건성과 유연성을 높이는 방식으로, 배깅이 대표적인 예이다. 배깅은 데이터를 랜덤하게 분리하여 여러 부분집합을 생성하고, 이를 이용하여 독립적인 복수의 분류기를 생성한 후 이를 종합하여 활용한다.

③ 정규화는 항상 최적의 성능을 보장하는 것은 아니며, 때때로 과도한 정규화는 모델의 성능을 저하시킬 수 있다. 따라서 적절한 정규화 수준을 설정하는 것이 중요하다.

④ 랜덤화 과정 중 부스팅은 부분집합별로 독립적인 분류기를 생성하는 과정으로 과적합 문제를 해결한다.

풀이 ① 정규화는 훈련 과정에서의 최적화를 제한하여 모델이 과도하게 특이한 데이터 속성에 의존하지 않게 하며, 이는 과적합 문제의 해결에 도움이 된다.

② 랜덤화는 데이터의 랜덤한 부분집합을 이용하여 독립적인 분류기를 생성하고 이를 종합하여 활용하는 방식으로, 분류기의 강건성과 유연성을 높이는데 도움이 된다.

③ 정규화 수준은 중요한 요소로, 과도한 정규화는 모델의 성능을 저하시키기도 한다.

④ 부스팅은 약한 분류기(weak learners)를 연속적으로 학습시켜 성능을 향상시키는 알고리즘이다. 이 과정에서 약한 분류기들이 순차적으로 잘못 분류된 샘플에 집중하게 되어 오차를 줄여나가는 방식을 사용한다. 부스팅은 독립적인 분류기를 생성하는 것이 아니며, 부스팅은 과적합 문제를 해결하기 위해 개발된 알고리즘도 아니다. 참고로 랜덤화 과정 중 배깅(bagging)은 훈련 데이터를 랜덤하게 분리하여 여러 부분집합을 생성하고, 이를 통해 부분집합별로 독립적인 분류기를 생성하는 방식을 사용한다. 이렇게 생성된 분류기들의 예측을 종합(앙상블)하여 최종적인 예측을 한다. 이런 방식은 모델의 분산을 줄이는 데 효과적이며, 이는 곧 과적합 문제를 완화하는 데 도움이 된다.

1046

배깅(Bagging)과 부스팅(Boosting)에 대한 설명으로 틀린 것은?

① 배깅과 부스팅은 앙상블 학습(Ensemble Learning)에서 사용하는 대표적인 기법이다.

② 배깅은 가중치를 조절하는 반면 부스팅은 동일한 가중치를 사용하여 분류는 물론 회기 분야에도 적용할 수 있다.

③ 배깅은 데이터 샘플링을 통해 다양한 학습 데이터 세트를 생성하고 각 데이터 세트에 대해 모델을 학습함으로써 과적합을 감소시켜 모델 안정성을 향상시킨다.

④ 부스팅은 모델 학습 과정에서 이전 모델의 오류를 보완하는 방식으로 새로운 모델을 학습함으로써 모델 정확도를 향상시킬 수 있고 과적합을 감소시킬 수 있으나 오류 데이터를 집중적으로 학습하는 과정에서 오히려 과적합 가능성을 높일 수 있다.

풀이 배깅은 모든 모델의 예측 결과에 동일한 가중치를 부여하지만 부스팅은 모델 예측의 정확도에 따라 가중치를 조절하고, 배깅은 물론 부스팅의 경우에도 분류는 물론 회기 분야에도 적용 가능하다.

1047

심층망 학습에서 발생하는 문제의 해결책으로서의 배깅과 부스팅에 대한 설명으로 틀린 것은?

① 배깅은 분산을 줄이기 위한 방법으로, 학습 데이터를 재추출하여 여러 모델을 만들어 결과를 결합한다.

② 부스팅은 편향을 줄이는 방법으로, 학습 데이터를 재추출하며 이전 모델에서의 오차를 보완하는 새로운 모델을 만들어 결과를 결합한다.

③ 배깅과 부스팅 모두 데이터의 무작위 샘플을 이용하여 모델의 안정성을 높인다.

④ 부스팅은 오분류된 데이터에 더 큰 가중치를 부여함으로써 모델이 오차에 집중하도록 만든다.

> **정답** ③
>
> **풀이** ① 배깅은 분산을 줄이기 위한 방법이며, 학습 데이터를 재추출하여 여러 모델을 만들어 결과를 결합하는 것이 맞다. 이는 더 안정적인 모델을 만드는 데 도움이 된다.
> ② 부스팅은 편향을 줄이는 방법이며, 학습 데이터를 재추출하면서 이전 모델에서의 오차를 보완하는 새로운 모델을 만들어 결과를 결합하는 것이 맞다. 이는 성능이 약한 모델을 보완하여 더 강력한 모델을 만드는 데 도움이 된다.
> ③ 부스팅은 이전 모델에서의 오차를 보완하기 위해 학습 데이터를 재추출하는 과정에서 데이터에 가중치를 부여하는 방식을 사용한다. 따라서 부스팅은 학습 데이터를 무작위로 샘플링하는 것이 아니라, 모델이 오차에 집중하도록 특정 데이터에 더 많은 가중치를 부여한다.
> ④ 부스팅은 오분류된 데이터에 더 큰 가중치를 부여하여 모델이 오차에 집중하도록 만드는 것이 맞다. 이는 모델이 오류를 최소화하도록 학습하는 데 도움이 된다.

1048

기계학습 알고리즘의 고려사항에 대한 설명으로 잘못된 것은?

① 과적합 : 모델이 학습 데이터에만 너무 최적화되어, 새로운 데이터에 대한 예측력이 떨어진다.

② 데이터 불균형 : 어떤 클래스의 데이터가 다른 클래스의 데이터보다 많을 때, 모델이 특정 클래스에 치우쳐 학습할 수 있다.

③ 정규화 : 모델의 복잡도를 제한하여 과적합을 방지하는 기법이다.

④ 모델 해석력 : 모델이 복잡하면 결과를 해석하기 쉬우며, 블랙박스 현상을 줄일 수 있다.

> **정답** ④
>
> **풀이** ① 과적합은 모델이 학습 데이터에만 너무 최적화되어, 새로운 데이터에 대한 예측력이 떨어지는 현상을 의미한다. 이는 과적합의 정의에 잘 부합한다.
> ② 데이터 불균형은 어떤 클래스의 데이터가 다른 클래스의 데이터보다 많을 때, 모델이 특정 클래스에 치우쳐 학습할 수 있다. 이는 데이터 불균형 문제에 대한 정확한 설명이다.
> ③ 정규화는 모델의 복잡도를 제한하여 과적합을 방지하는 기법이다. 이는 정규화의 주요 목적에 잘 부합하는 설명이다.
> ④ 모델이 복잡할수록 결과를 해석하기 어렵고, 이를 블랙박스 현상이라고 한다.

1049

딥러닝의 사전학습에 대한 설명으로 틀린 것은?

① 역전파 알고리즘을 임의의 값(random)에서 시작한다.

② 전체 신경망을 층별로 분해해서 학습하고, 이후 역전파 알고리즘으로 전체 신경망을 학습한다.

③ 비지도학습이 데이터의 분포를 학습하고, 지도학습에 기반한 미세조정으로 분류성능을 최대화한다.

④ 레이블 없는 빅데이터, 레이블이 많지 않은 경우, 레이블을 만드는데 드는 비용이 큰 경우 등에 유용하다.

> 정답 ①
>
> 풀이 사전학습은 매우 간단한 아이디어로써, 심층망에 역전파 알고리즘을 적용하기 전에 각 계층별로 사전학습을 진행하는 것이다. 즉 역전파 알고리즘을 임의의 값(random)에서 시작하는 것이 아니라, 사전학습을 통해 심층망의 연결을 학습에 도움이 되는 중간값으로 미리 변형해 놓는 것을 의미한다.

1050

심층망 학습 기법으로서의 사전학습(Pre-training)에 대한 설명으로 틀린 것은?

① 심층망에 역전파 알고리즘을 적용하기 전에 각 계층별로 사전학습을 진행하는 것이다.

② 지도학습으로 데이터의 분포를 학습하고, 비지도학습에 기반한 미세조정으로 군집화 성능을 최대화한다.

③ 전체 신경망을 층별로 분해해서 학습하고, 이후 역전파 알고리즘으로 전체 신경망을 학습하는데 이를 미세조정(fine-tuning)이라고 한다.

④ 역전파 알고리즘을 임의의 값(random)에서 시작하는 것이 아니라, 사전학습을 통해 심층망의 연결을 학습에 도움이 되는 중간 값으로 미리 변형해 놓는 것을 의미한다.

> 정답 ②
>
> 풀이 ② 비지도학습으로 데이터의 분포를 학습하고, 지도학습에 기반한 미세조정으로 분류 성능을 최대화한다. 비지도학습이 $p(x)$로 표현되는 데이터의 분포를 학습하고, 지도학습에 기반한 미세조정은 $p(y|x)$로 표현되는 분류성능을 최대화하는데, 베이즈 룰(Bayes rule)에 따라, 좋은 $p(x)$는 $p(y|x)$의 조건부 확률, 즉 분류 문제에 대한 좋은 사전 지식이 된다. 그리고 사전 학습의 또 다른 장점은 비지도학습이기 때문에 레이블 없는 빅데이터를 학습에 사용할 수 있다는 점이다. 지도학습을 위해 필요한 레이블이 많지 않은 데이터들도 있고, 또 레이블을 만드는데 드는 비용이 매우 큰 경우 비지도학습은 유용하다.

1051

심층망의 구성 요소에 대한 설명으로 틀린 것은?

① RBMs(restricted Boltzmann machines)의 관측(visible) 노드들은 입력(Input) 노드들과만 연결되어 있다.

② RBMs(restricted Boltzmann machines)의 학습 과정은 경사하강법을 사용할 수 있지만, 주로 CD(contrastive divergence)라는 방법을 사용한다.

③ AEs(auto-encoders)의 입력과 출력 노드 수는 동일하다.

④ 최근에는 제한된(restricted) AEs가 제안되어 다양한 형태로 사용되고 있다.

> 정답 ①
>
> 풀이 ① RBMs(restricted Boltzmann machines)의 네트워크 구조에서 관측(visible) 노드들은 은닉(hidden) 노드들과만 연결되어 있다.

핵심정리 ── 계단 함수와 시그모이드 함수

(1) **활성화 함수**

활성화 함수(Activation function)이란 입력된 데이터의 가중 합을 출력 신호로 변환하는 함수이다. 인공 신경망에서 이전 레이어에 대한 가중 합의 크기에 따라 활성 여부가 결정된다. 신경망의 목적에 따라, 혹은 레이어의 역할에 따라 선택적으로 적용한다.

(2) **계단 함수**

계단 함수는 굉장히 극적으로 모양이 변한다. 따라서 데이터의 손실이 발생할 가능성이 높다. 따라서 초기에는 많이 사용되었지만, 현재는 많이 사용되지 않는다. 또한 불연속 함수이기 때문에 미분이 불가능하다. 따라서 딥러닝 모델을 학습하는 데 어려움이 있다.

(3) **시그모이드 함수**

계단함수와 다르게 곡선을 그리는 연속된 함수이다. 또한 0과 1로만 출력되는 것이 아닌, 0과 1 사이의 실수로 구성되어있기 때문에, 정교한 수를 전달할 수 있고, 데이터의 손실 또한 줄어든다. 하지만 시그모이드 함수를 사용할 경우 경사 소실 문제(vanishing gradient)가 발생한다. 즉 입력값이 무한대로 커진다고 하더라도, 모델의 계층이 많을수록 gradient값이 0에 수렴하게 되어버린다. 또한 데이터의 중심이 0이 아니기 때문에, 함수로 들어오는 데이터가 항상 양수인 경우, gradient는 모두 양수 또는 음수가 된다. 따라서 gradient를 업데이트할 때, 지그재그로 변동하는 문제점이 발생한다. 따라서 학습이 느려지고, 효율성이 감소한다.

1052
활성화 함수에 대한 설명으로 틀린 것은?

① 활성화 함수(Activation function)란 입력된 데이터의 가중 합을 출력 신호로 변환하는 함수이다.

② 계단 함수는 0과 1로만 출력되어 굉장히 극적으로 모양이 변하기 때문에 데이터의 손실이 발생할 가능성이 높다.

③ 시그모이드 함수는 0과 1사이의 실수로 구성되어 있기 때문에, 정교한 수를 전달할 수 있고, 데이터의 손실 또한 줄어든다.

④ 시그모이드 함수는 불연속 함수로 미분이 불가능하기 때문에 경사 소실 문제(vanishing gradient)가 발생한다.

정답 ④

풀이 ④ 시그모이드 함수는 계단함수와 다르게 곡선을 그리는 연속된 함수로서 미분이 가능하다.

핵심정리 전이학습(Transfer Learning)

- 전이학습(Transfer Learning)은 특정 분야에서 학습된 신경망의 일부 능력을 유사하거나 전혀 새로운 분야에서 사용되는 신경망의 학습에 이용하는 것을 의미한다. 일반적으로 이미 학습된 가중치(weight) 들을 전송(transfer)하여 사용한다.
- 전이학습은 학습 데이터의 수가 적을 때도 효과적이며, 학습 속도도 빠르다. 그리고 전이학습 없이 학습하는 것보다 훨씬 높은 정확도를 제공한다는 장점이 있다.
- 컴퓨터 비전에서 말하는 전이학습은 주로 사전 학습된 모델(pre−trained model)을 이용하는 것을 뜻한다.
- 사전 학습된 모델이란 풀고자 하는 문제와 비슷하면서 사이즈가 큰 데이터로 이미 학습이 되어 있는 모델로서 그런 큰 데이터로 모델을 학습시키는 것은 오랜 시간과 연산이 필요하다.

핵심정리 컴퓨터 비전(Computer Vision)

컴퓨터 비전은 기계의 시각에 해당하는 부분을 연구하는 컴퓨터 과학의 최신 연구 분야 중 하나이다. 공학적인 관점에서, 컴퓨터 비전은 인간의 시각이 할 수 있는 몇 가지 일을 수행하는 자율적인 시스템을 만드는 것을 목표로 한다(많은 경우에는 인간의 시각을 능가하기도 한다). 그리고 과학적 관점에서는 컴퓨터 비전은 이미지에서 정보를 추출하는 인공 시스템 관련 이론에 관여한다.

핵심정리 미세조정(Fine−tuning)

(1) 의의

기존의 모델 구조와 사전 학습된(Pre−trained) 가중치를 기반으로 목적에 맞게 가중치를 업데이트하는 것이다. 즉 사전 학습된 모델(Pre−trained model)을 목적에 맞게 재학습시키거나 학습된 가중치의 일부를 재학습시키는 과정이다.

(2) 미세조정(Fine−tuning) 전략

① 언더 피팅(under fitting)

언더 피팅은 만약에 학습 데이터가 모자라거나 학습이 제대로 되지 않아서 트레이닝 데이터에 가깝게 가지 못한 경우에는 그래프가 트레이닝 데이터에서 많이 떨어진 것을 볼 수 있는데 이를 언더 피팅이라고 한다.

② 오버 피팅(over fitting)

오버 피팅은 반대의 경우로, 트레이닝 데이터에 그래프가 너무 정확히 맞아 들어갈 때 발생한다. 샘플 데이터에 너무 정확하게 학습이 되었기 때문에 샘플데이터를 가지고 판단을 하면 100%에 가까운 정확도를 보이지만 다른 데이터를 넣게 되면 정확도가 급격하게 떨어지는 문제이다.

③ 데이터셋이 적지만 기존에 사전 학습된 데이터셋과 비슷한 특징을 가지는 경우

　데이터셋이 적지만 기존에 사전 학습된 데이터셋과 비슷한 특징을 가지는 경우에는 데이터가 적기 때문에, 전체 네트워크에 대하여 Fine-tuning을 하면 오버 피팅(over fitting) 문제가 발생한다. 따라서 Fully Connected Layer에 대해서만 Fine-tuning을 진행한다.

④ 데이터셋이 충분하고, 기존에 사전 학습된 데이터셋과 비슷한 특징을 가지는 경우

　데이터셋이 충분하고 기존에 사전 학습된 데이터셋과 비슷한 특징을 가지는 경우에는 데이터가 충분히 있기 때문에 Convolution layer에 대해서 Fine-tuning을 진행해도 오버 피팅(over fitting)의 위험이 없다. 하지만 데이터셋이 유사하기 때문에 시간 비용을 감안할 때 전체 layer에 대해서 Fine-tuning을 진행할 필요는 없다.

1053

전이학습과 파인튜닝에 대한 설명으로 틀린 것은?

① 전이학습(Transfer Learning)은 주로 사전학습된 모델을 이용하는 것을 말한다.

② 전이학습(Transfer Learning)을 사용하는 가장 큰 이유는, 큰 데이터셋을 처음부터 학습시키는 것은 낭비이기 때문이다.

③ Fine-Tuning은 기존의 모델 구조와 미리 학습된(Pre-trained) 가중치를 기반으로 목적에 맞게 가중치를 업데이트하는 것이다.

④ 데이터셋이 충분하고 기존에 사전학습된 데이터셋과 비슷한 특징을 가지는 경우에는 오버피팅의 문제가 발생하지 않으므로 전체 layer에 대해서 Find-tunning을 진행하면 데이터를 예측하는 모델의 성능이 향상된다.

정답 ④

풀이 ④ 언더 피팅은 만약에 학습 데이터가 모자라거나 학습이 제대로 되지 않아서, 트레이닝 데이터에 가깝게 가지 못한 경우에는 그래프가 트레이닝 데이터에서 많이 떨어진 것을 볼 수 있는데, 이를 언더 피팅(under fitting)이라고 한다. 오버 피팅은 반대의 경우로, 트레이닝 데이터에 그래프가 너무 정확히 맞아들어갈때 발생한다. 샘플데이터에 너무 정확하게 학습이 되었기 때문에, 샘플데이터를 가지고 판단을 하면 100%에 가까운 정확도를 보이지만 다른 데이터를 넣게 되면, 정확도가 급격하게 떨어지는 문제이다. 데이터셋이 적지만, 기존에 사전학습된 데이터셋과 비슷한 특징을 가지는 경우에는 데이터가 적기 때문에, 전체 네트워크에 대하여 Fine-tuning을 하면, over-fitting 문제가 발생한다. 따라서 Fully Connected Layer에 대해서만 Fine-tuning을 진행한다. 데이터셋이 충분하고, 기존에 전이학습된 데이터셋과 비슷한 특징을 가지는 경우에는 이때는 데이터가 충분히 있기 때문에 Convolution layer에 대해서 Fine-tuning을 진행해도 over-fitting의 위험이 없다. 하지만, 데이터셋이 유사하기 때문에, 시간 비용을 감안할 때, 전체 layer에 대해서 Fine-tuning을 진행할 필요는 없다.

1054

전이학습(Transfer Learning)에 대한 설명으로 틀린 것은?

① 이미 학습된 신경망의 일부 능력을 신경망 학습에 이용하는 것을 의미한다.

② 일반적으로 이미 학습된 가중치(weight)들을 전송(transfer)하여 사용한다.

③ 전이학습 없이 학습하는 것보다 훨씬 높은 정확도를 제공한다는 장점이 있다.

④ 풀고자 하는 문제와 비슷하면서 사이즈가 작은 데이터로 이미 학습이 되어 있는 모델을 이용한다.

정답 ④

풀이 ④ 컴퓨터 비전에서 말하는 전이학습은 주로 사전학습된 모델(pre-trained model)을 이용하는 것을 뜻한다. 사전학습된 모델이란 풀고자 하는 문제와 비슷하면서 사이즈가 큰 데이터로 이미 학습이 되어 있는 모델로서 그런 큰 데이터로 모델을 학습시키는 것은 오랜 시간과 연산이 필요하다.

자연어 처리
(Natural Language Processing)

◆ 핵심정리 **자연어 처리(Natural Language Processing)**

(1) 의의

- 자연 언어 처리(Natural Language Processing, NLP)는 컴퓨터와 인간 언어 사이의 상호 작용하는 기술로 인공지능의 핵심 기능 중 하나이다. 1950년대부터 기계 번역과 같은 자연어 처리 기술이 연구되기 시작했다.
- 1990년대 이후에는 대량의 말뭉치(corpus) 데이터를 활용하는 기계학습 기반 및 통계적 자연어 처리 기법이 주류를 이뤘다. 하지만 최근에는 딥러닝과 딥러닝 기반의 자연어처리가 방대한 텍스트로부터 의미 있는 정보를 추출하고 활용하기 위한 언어처리 연구 개발이 전 세계적으로 활발히 진행되고 있다.
- NLP 기술은 기계번역, 대화체 질의응답 시스템 대화시스템, 정보검색, 말뭉치 구축, 시맨틱 웹, 딥러닝, 그리고 빅데이터 분석 분야뿐만 아니라 인간의 언어정보처리 원리와 이해를 위한 언어학과 뇌인지 언어정보처리 분야까지 핵심적인 요소로 작용하고 있다.

(2) 시소러스

① 의의
- 시소러스는 '단어의 의미'를 나타내는 방법으로 사람이 직접 단어의 의미를 정의한 사전을 이용하는 방법이다. 자연어 처리 분야에서는 일반적인 사전이 아닌 시소러스 형태의 사전을 애용한다(유의어 사전).
- 자연어 처리에 이용되는 시소러스에서는 단어 사이의 '상위와 하위' 혹은 '전체와 부분' 등의 관계를 정의해둔 경우가 있다. 각 단어의 관계를 그래프 구조로 정의한 것이다.
- 시소러스 사용의 예로, 검색엔진을 생각해보면 "automobile"과 "car"가 유의어임을 알고 있으면 "car"의 검색 결과에 "automobile"의 검색결과를 포함시켜주면 좋을 것이다.

(3) WordNet

WordNet은 자연어 처리 분야에서 가장 유명한 시소러스이다. 프린스턴 대학교에서 1985년부터 구축하기 시작한 전통 있는 시소러스이다. 지금까지 많은 연구와 다양한 자연어 처리 어플리케이션에서 활용되고 있다. WordNet을 이용하면 유의어를 얻거나 '단어 네트워크'를 이용할 수 있다. 또한 단어 네트워크를 사용하여 단어 사이의 유사도를 구할 수도 있다.

(4) 시소러스의 문제점

① 시대 변화에 대응하기 어렵다
때때로 새로운 단어가 생겨나고, 옛말은 사라지기도 하며, 시대에 따라 의미가 변하기도 한다. 이러한 단어의 변화에 대응하려면 시소러스를 사람이 수작업으로 끊임없이 갱신하여야 한다.

② 엄청난 인적 비용이 발생한다.
시소러스를 만드는 데는 엄청난 인적 비용이 발생한다. WordNet에 등록된 단어는 20만 개 이상이다.

③ 단어의 미묘한 차이를 표현하기 어렵다.

시소러스는 뜻이 비슷한 단어들로 묶는다. 그러나 실제로 비슷한 단어들이라도 미묘한 차이가 있다. 예로, '빈티지(vintage)', '레트로(retro)'는 의미가 같지만, 사용하는 용법이 다르다. 시소러스에서는 이러한 미묘한 차이를 표현하기 어렵다.

(5) 통계 기반 기법

① 의의
- 시소러스의 단점들을 해결하고자 새롭게 만들어 낸 방법이 통계 기반 기법이다. 통계 기반 기법은 특정 단어를 주목했을 때, 그 주변에 어떤 단어가 몇 번이나 등장하는지를 세어 집계하는 방법이다.
- 통계 기반 기법에서 '말뭉치(corpus)'라는 것을 사용하게 되는데, 말뭉치란 자연어 처리 연구나 애플리케이션을 염두에 두고 수집된 대량의 텍스트 데이터를 의미한다.

② 말뭉치 또는 코퍼스(corpus)
- 말뭉치 또는 코퍼스(corpus)는 자연언어 연구를 위해 특정한 목적을 가지고 언어의 표본을 추출한 집합이다. 컴퓨터의 발달로 말뭉치 분석이 용이해졌으며 분석의 정확성을 위해 해당 자연언어를 형태소 분석하는 경우가 많다.
- 확률·통계적 기법과 시계열적인 접근으로 전체를 파악한다. 언어의 빈도와 분포를 확인할 수 있는 자료이며, 현대 언어학 연구에 필수적인 자료이다. 인문학에 자연과학적 방법론이 가장 성공적으로 적용된 경우로 볼 수 있다.

(6) 분포 가설

- 색을 RGB로 표현할 때 벡터로 표현할 수 있는데 이 경우 보통 3차원 벡터로 세 가지 성분이 어떤 비율로 섞여 있는지 표현할 수 있다. '색'을 벡터로 표현하듯이 '단어'도 벡터로 표현할 수 있는데 자연어 처리 분야에서는 단어의 분산 표현(distributional representation)이라고 한다.
- 벡터로 표현하기 위해서 '단어의 의미는 주변 단어에 의해 형성된다.'라는 아이디어인 분포 가설(distributional hypothesis)을 이용한다. 분포 가설이 말하는 바는 단어 자체에는 의미가 없고, 그 단어가 사용하는 '맥락'이 의미를 형성한다는 것이다.

♀ 핵심정리   BERT(버트)

- 구글이 공개한 인공지능(AI) 언어모델 'BERT(Bidirectional Encoder Representations from Transformers)'는 일부 성능 평가에서 인간보다 더 높은 정확도를 보이는 자연 언어 처리(NLP) AI의 최첨단 딥러닝 모델이다.
- BERT는 언어표현 사전 학습의 새로운 방법으로 그 의미는 '큰 텍스트 코퍼스'를 이용하여 범용목적의 '언어 이해' 모델을 훈련시키는 것과 그 모델에 관심 있는 실제의 자연 언어 처리 태스크(질문·응답 등)에 적용하는 것이다.
- 특히 BERT는 종래보다 우수한 성능을 발휘한다. BERT는 자연언어 처리 태스크를 교육 없이 양방향으로 사전 학습하는 첫 시스템이기 때문이다. 교육 없음이란 BERT가 보통의 텍스트 코퍼스만을 이용해 훈련되고 있다는 것을 의미한다. 이것은 웹(Web)상에서 막대한 양의 보통 텍스트 데이터가 여러 언어로 이용 가능하기 때문에 중요한 특징으로 꼽는다.

트랜스포머(Transformer)

트랜스포머는 '어텐션'(Attention), 정확히는 '셀프 어텐션'(Self-Attention)이라 불리는 방식을 사용한다. 트랜스포머의 어텐션은 병렬처리가 어려워 연산속도가 느리던 RNN의 한계를 극복하기 위해 만들었다. 주어진 단어 번역을 위해 문장의 다른 모든 단어와 비교해 번역한다. 트랜스포머는 데이터를 RNN처럼 순차적으로 처리할 필요가 없다. 또 RNN보다 훨씬 더 많은 병렬화를 허용하기 때문에 이 같은 처리 방식이 가능하다. 문장 전체를 병렬구조로 번역해 멀리 있는 단어까지도 연관성을 만들어 유사성을 높인 트랜스포머는 RNN을 완벽히 보완하여 AI 딥러닝 학습시 언어 이해 능력을 높였다. 현재 이미지나 언어 번역 기능으로 폭넓게 쓰이며 거의 모든 시장을 점유하고 있다. GPT-3, 버트(BERT) 등에서 가장 관심을 많이 받고 있는 딥러닝 종류로 알려져 있다.

레시디얼 연결(Residual Connection)

(1) 의의

레시디얼 연결의 원리를 이해하기 위해서는 먼저 딥러닝 네트워크의 일반적인 동작을 이해해야 한다. 딥러닝 네트워크는 여러 계층(layer)을 통해 입력 데이터를 변환하며, 각 계층은 이전 계층의 출력에 기반하여 새로운 출력을 생성한다.

(2) 딥러닝의 문제점

그런데 딥러닝 모델이 매우 깊어질수록, 그래디언트(경사도, 미분값)는 앞선 계층으로 전달될 때 점점 작아져서 결국 0에 가까워지는 문제, 즉 그래디언트 소실 문제가 발생한다. 이렇게 되면 앞쪽 계층의 가중치가 제대로 업데이트되지 않아서 모델의 학습이 잘 이루어지지 않는다.

(3) 그레디언트 소실 문제 해결

레시디얼 연결은 이 문제를 해결하기 위해 도입되었다. 각 계층의 출력에 이전 계층의 입력을 직접 더해줌으로써, 그래디언트가 앞선 계층으로 더 쉽게 전달되게 하고, 그 결과로 그래디언트 소실 문제를 완화시킨다. 이를 생각하기 쉬운 비유로 설명하면, 레시디얼 연결은 마치 등산을 하며 정상까지 가는 도중에 계속해서 등산로를 확인하고, 필요한 경우 원래의 경로로 돌아가는 것과 같다. 이를 통해 더 나은 경로를 선택하거나 잘못된 경로를 개선하는 데 도움을 줄 수 있다.

자기주의 메커니즘

(1) 자기주의 메커니즘(Self-Attention Mechanism)은 주어진 시퀀스 내에서 각 항목이 다른 항목과 어떻게 상호작용하는지를 모델링하는 방법이다.

(2) 예를 들어, "나는 그녀에게 꽃을 줬다"라는 문장이 있을 때, "그녀"가 누구를 가리키는지 알아내기 위해서는 "나"라는 단어와의 관계를 이해해야 한다. 이런 관계를 파악하기 위해 자기주의 메커니즘은 "그녀"가 문장 내의 다른 모든 단어, 즉 "나는", "에게", "꽃을", "줬다"와 얼마나 관련이 있는지를 측정한다.

(3) 이렇게 해서 각 단어와의 관련성을 측정한 뒤, 이를 기반으로 원래의 "그녀"라는 단어를 새롭게 표현한다. 이 과정을 거치면서 문장 내의 각 단어는 다른 모든 단어와의 관계에 따라서 새롭게 표현되며, 이는 문맥을 이해하는 데 큰 도움을 준다.

(4) 자기주의 메커니즘을 비유하자면, 이는 마치 파티에서 사람들 간의 상호작용을 관찰하는 것과 비슷하다. 각각의 사람(단어)이 다른 사람들과 어떻게 상호작용하는지를 보고, 그 사람이 어떤 사람인지(단어가 어떤 의미를 가지는지)를 파악하는 것이다.

1055

트랜스포머(Transformer)에 대한 설명으로 틀린 것은?

① 주어진 단어 번역을 위해 문장의 다른 모든 단어와 비교해 번역한다.

② 데이터를 RNN처럼 순차적으로 처리할 필요가 없어서 RNN보다 훨씬 더 많은 병렬화를 허용할 수 있다.

③ 자기주의 메커니즘(Self-Attention Mechanism)은 주어진 시퀀스 내에서 각 항목이 다른 항목과 어떻게 상호작용하는지를 모델링하는 방법이다.

④ 레시디얼 연결은 이 문제를 해결하기 위해 도입되었다. 각 계층의 출력에 이전 계층의 입력을 직접 곱해줌으로써, 그래디언트가 앞선 계층으로 더 쉽게 전달되게 하고, 그 결과로 그래디언트 소실 문제를 완화한다.

> **정답** ④
>
> **풀이** 레시디얼 연결은 이 문제를 해결하기 위해 도입되었다. 각 계층의 출력에 이전 계층의 입력을 직접 더해준다.

1056

트랜스포머(Transformer)에 대한 설명으로 틀린 것은?

① '어텐션'(Attention), 정확히는 '셀프 에텐션'(Self-Attention)이라 불리는 방식을 사용한다.

② 데이터를 RNN처럼 순차적으로 처리할 뿐 아니라 RNN보다 훨씬 더 많은 병렬화를 허용한다.

③ 문장 전체를 병렬구조로 번역해 멀리 있는 단어까지도 연관성을 만들어 유사성을 높였다.

④ GPT-3, 버트(BERT) 등에서 가장 관심을 많이 받고 있는 딥러닝 모델이다.

> **정답** ②
>
> **풀이** ② 트랜스포머는 데이터를 RNN처럼 순차적으로 처리할 필요가 없다. 또 RNN보다 훨씬 더 많은 병렬화를 허용하기 때문에 주어진 단어 번역을 위해 문장의 다른 모든 단어와 비교해 번역할 수 있다.

1057

트랜스포머(Transformer) 모델에 대한 다음의 설명 중 틀린 것은?

① 트랜스포머 모델은 레시디얼 연결을 통해 그래디언트 소실 문제를 완화시킨다.

② 트랜스포머 모델은 자기 주의 메커니즘을 사용하여 입력의 다른 부분에서 정보를 캡쳐한다.

③ 트랜스포머 모델은 RNN과 마찬가지로 순차적인 정보를 처리한다.

④ 트랜스포머 모델은 입력 문장의 각 단어가 문장의 다른 모든 단어와 상호작용할 수 있게 한다.

> **정답** ③
>
> **풀이** ① 트랜스포머 모델은 레시디얼 연결을 사용하여 네트워크의 깊이가 증가함에 따른 그래디언트 소실 문제를 완화시킨다. 이를 통해 모델이 더 복잡한 패턴을 학습할 수 있다.
>
> ② 트랜스포머 모델은 자기주의 메커니즘을 사용하여 입력의 다른 부분에서 정보를 캡쳐한다. 이것은 특히 문장의 다른 부분에 분포된 정보가 중요한 자연어 처리 등의 작업에서 유용하다.
>
> ③ 트랜스포머 모델은 RNN과는 달리 순차적으로 정보를 처리하지 않는다. 대신, 트랜스포머는 모든 입력을 동시에 처리하므로, 순차적인 정보의 종속성 없이 문장의 전체적인 구조를 파악할 수 있다.
>
> ④ 트랜스포머 모델은 입력 문장의 각 단어가 문장의 다른 모든 단어와 상호작용할 수 있게 한다. 이는 문장 전체에서 맥락을 잡는 데 중요하다.

1058

트랜스포머(Transformer) 계열의 심층신경망에 대한 설명으로 틀린 것은?

① Self-Attention이라 불리는 방식을 사용한다.

② RNN과 달리 데이터를 순차적으로 처리할 수 있다.

③ GPT-3, 버트(BERT), 람다(LaMDA) 등에 사용되는 심층 신경망이다.

④ 문장 전체를 병렬구조로 번역해 멀리 있는 단어까지도 연관성을 만들어 언어 이해 능력을 높였다.

> **정답** ②
>
> **풀이** ② 트랜스포머는 데이터를 RNN처럼 순차적으로 처리할 필요가 없다. 또 RNN보다 훨씬 더 많은 병렬화를 허용하기 때문에 이 같은 처리 방식이 가능하다. 문장 전체를 병렬구조로 번역해 멀리 있는 단어까지도 연관성을 만들어 유사성을 높인 트랜스포머는 RNN을 완벽히 보완하여 AI 딥러닝 학습시 언어 이해 능력을 높였다.

Generative Pre-trained Transformer 3(GPT-3)

- GPT-3는 오픈AI가 개발한 자연어처리 모델이다. 자연어 처리 모델이란 쉽게 말하면 텍스트(인간의 언어)를 다루는 인공지능 모델이다.
- GPT-2는 800만 개의 데이터셋으로 15억 개의 파라미터를 활용하여 학습하였다. GPT-3는 3000억 개의 데이터셋으로 1750억 개의 파라미터를 활용하여 학습한다. 파라미터 수에서 알 수 있듯이 GPT-3는 이전 모델보다 100배 이상 거대하다.
- 여기서 데이터셋은 말뭉치를 의미한다. 즉 3000억 개의 데이터셋은 3000억 개의 단어를 학습하여 먼저 주어진 단어나 문장 뒤에 이어질 단어를 예측한다. 이렇게 예측한 단어를 통해 대화맥락을 파악하고 가장 적합한 단어를 조합하여 구성하는 방식이다.

오픈 AI

오픈 AI(OpenAI)는 프렌들리(friendly) AI를 제고하고 개발함으로써 전적으로 인류에게 이익을 주는 것을 목표로 하는 인공지능 연구소이다. 이윤을 목적으로 하는 기업 Open AI LP와 그 모체 조직인 비영리 단체 Open AI Inc로 구성되어 있다. 이 단체의 목적은 특허와 연구를 대중에 공개함으로써 다른 기관들 및 연구원들과 자유로이 협업하는 것이다. 샘 알트만(Sam Altman), 일론 머스크(Elon Musk), 리드 호프먼(Reid Hoffman), 피터 틸(Peter Thiel) 등이 참여해 2015년 설립한 AI 연구기관이다. 2019년 7월 마이크로소프트로부터 10억 달러를 투자받았다. 애저 오픈 AI 서비스는 기업과 개발자들이 클라우드 플랫폼 애저에서 인공지능 전문 업체 오픈 AI의 언어 머신러닝 모델인 GPT-3를 이용할 수 있게 지원한다.

파라미터(매개변수, parameter)

파라미터는 서로 다른 함수에 공통적으로 영향을 미치는 변수를 의미한다. GPT-3가 1750억개의 파라미터를 활용했다는 말은 딥러닝에서 더 나은 결과를 도출하기 위해 1750억 개의 가중치(Weight)와 바이어스(Bias)를 활용했다는 뜻이다.

1059

Generative Pre-trained Transformer 3(GPT-3)에 대한 설명으로 틀린 것은?

① 딥러닝을 이용해 인간다운 텍스트를 만들어내는 자기회귀 언어 모델이다.

② openAI사가 만든 GPT-n 시리즈의 3세대 언어 예측 모델로서 소스 코드가 공개되어 누구나 사용할 수 있다.

③ GPT-3을 만든 오픈 AI에 따르면, GPT-3은 세계에서 가장 규모가 큰 언어 처리 모델로 GPT-2보다 최대 100배나 큰 약 1750억 개의 매개변수가 사용되었다.

④ GPT-3은 자연어 처리(NLP) 인공지능(AI)으로, 딥러닝을 사용해 인간과 같은 글을 생산해 내는 최신 언어 모델로 컴퓨터 언어가 아닌 자연어로 홈페이지나 앱을 설명하면 그에 대한 코드로 바꿔 입력하고 이를 구동시킬 수 있다.

1060

초거대 AI 연구에 널리 활용되고 있는 트랜스포머 계열 심층신경망을 기반으로, 대화(dialog)라는 작 업에 특화해 개발된 언어모델로서 옳은 것은?

① T5

② GPT−3

③ 버트(BERT)

④ 람다(LaMDA)

1061

이용자가 AI에게 어떤 것을 만들어 달라고 요구하면, 그 요구에 맞춰서 결과를 만들어내는 인공지능 으로 옳은 것은?

① 딥페이크(Deepfake)

② 생성적 인공지능(Generative AI)

③ 인공지능 주도 개발(AI-Driven Development)

④ 생성적 적대 신경망(Generative Adversarial Network)

1062

'대화형 플랫폼(Conversational Platforms)'에 대한 설명으로 틀린 것은?

① 컴퓨터가 사용자의 자연 언어를 사용하여 의도를 전달하는 기술이다.

② 음성 지원기기인 인공지능 스피커가 대표적 대화형 플랫폼이다.

③ 플랫폼은 사용자에게 질문이나 명령을 받은 후 기능을 수행하고, 콘텐츠를 제시하고, 추가 인풋(input)을 요청하는 방향으로 일을 처리한다.

④ 음성 인식 기술이 부족했던 초창기에는 이미지 위주의 사용자 인터페이스를 사용하면서 챗봇 시장이 빠르게 성장했다.

정답 ④

풀이 ④ 음성 인식 기술이 부족했던 초창기에는 텍스트 입력 위주의 사용자 인터페이스를 사용하면서 챗봇 시장이 빠르게 성장했다.

Theme 181 콘텐츠 추천 알고리즘의 진화

핵심정리 협업 필터링

(1) 의의

- 협업 필터링이란 대규모의 기존 사용자 행동 정보를 분석하여 해당 사용자와 비슷한 성향의 사용자들이 기존에 좋아했던 항목을 추천하는 기술이다.
- 가장 일반적인 예는 온라인 쇼핑 사이트에서 흔히 볼 수 있는 '이 상품을 구매한 사용자가 구매한 상품들' 서비스이다.
- 예를 들어 '라면'을 구입한 사용자가 '생수'를 구입한 경우가 많으면 '라면'을 구입하는 구매자에게 '생수'를 추천하는 경우이다.

(2) 협업 필터링의 장점

- 이 알고리즘은 결과가 직관적이며 항목의 구체적인 내용을 분석할 필요가 없다는 장점이 있다. 이 경우는 라면과 생수가 식품인지 아닌지, 서로 같이 사용되어야 하는 관계인지 분석할 필요가 없다.
- 다만 사용자가 두 제품을 같이 구매했다는 기록을 바탕으로 새로운 사용자에게 추천한다. 이러한 전략을 사용하는 경우, 비슷한 패턴을 가진 사용자나 항목을 추출하는 기술이 핵심적이며 행렬분해(Matrix Factorization), k-최근접 이웃 알고리즘 (k-Nearest Neighbor algorithm, kNN) 등의 방법이 많이 사용된다.
- 위의 예에서 나타나듯, 협업 필터링을 위해서는 반드시 기존 자료를 활용해야 한다. 하지만 이러한 자료들을 사용자에게 직접 요구해야만 하는 것은 아니다. 협업 필터링은 사용자들이 자연스럽게 사이트를 사용하면서 검색을 하고, 항목을 보고, 구매한 내역을 사용할 수 있는 장점이 있다. 세계 최대의 온라인 소매 업체인 아마존이 이러한 전략을 사용한 바 있으며, 유명한 음악 서비스인 라스트에프엠(Last.fm)도 사용자의 음악 청취 행태를 바탕으로 음악을 추천하고 있다. 페이스북이나 링크드인도 사용자와 친구들의 유사성을 바탕으로 새로운 친구나 그룹을 추천한다.

(3) 협업 필터링의 단점

- 협업 필터링은 몇 가지 단점이 있다. 먼저 콜드 스타트(Cold Start)라고 일컬어지는 문제이다. 협업 필터링은 기존의 자료가 필요한바, 기존에 없던 새로운 항목이 추가되는 경우는 추천이 곤란해진다. 예를 들어 음악 서비스의 경우, 신곡이 발표되면 이를 추천할 수 있는 정보가 쌓일 때까지 추천이 어려워지는 것이다. 콜드 스타트란 말 그대로 '새로 시작할 때 곤란함'을 의미한다. 협업 필터링 외에 위키 같은 협업 시스템에서 초기 정보 부족의 문제점을 일컫기 위해 사용되기도 한다.
- 두 번째, 협업 필터링은 계산량이 비교적 많은 알고리즘이므로 사용자 수가 많은 경우 효율적으로 추천할 수 없는 단점이 있다. 앞서 간단하게 소개한 행렬분해의 경우, 사용자 수가 커짐에 따라 계산이 몇 시간에서 며칠까지 걸리는 경우가 종종 생긴다.
- 마지막으로 롱테일(Long tail) 문제이다. 시스템 항목이 많다 하더라도 사용자들은 소수의 인기 있는 항목에만 관심을 보이기 마련이다. 따라서 사용자들의 관심이 적은 다수의 항목은 추천을 위한 충분한 정보를 제공하지 못하는 경우가 많다. 이러한 비대칭적 쏠림 현상이 일반적이라는 사실은 크리스 앤더슨(Chris Anderson)이나 클레이 셔키(Clay Shirky) 등이 일찍이 밝힌 바 있다. 다시 말해 추천 시스템이 관리하는 항목이 많은 경우, 협업 필터링은 한계가 있을 수 있다.

1063

콘텐츠 추천 알고리즘에 대한 설명으로 틀린 것은?

① 콘텐츠 기반 필터링은 항목 자체를 분석하여 추천을 구현한다.

② 협업 필터링은 결과가 직관적이며 항목의 구체적인 내용을 분석할 필요가 없다는 장점이 있다.

③ 콘텐츠 기반 필터링을 위해서는 항목을 분석한 프로파일과 사용자의 선호도를 추출한 프로파일을 추출하여 이의 유사성을 계산한다.

④ 협업 필터링을 위해서는 군집분석(Clustering analysis), 인공신경망(Artificial neural network), tf−idf (term frequency−inverse document frequency) 등의 기술이 사용된다.

> 정답 ④
>
> 풀이 콘텐츠 기반 필터링은 콘텐츠의 내용을 분석해야 하므로 아이템 분석 알고리즘이 핵심적이며, 이를 위해 Clustering analysis, Artificial neural network, tf−idf 등의 기술이 사용된다.

1064

협업 필터링에 대한 설명으로 틀린 것은?

① 협업 필터링은 대규모의 기존 사용자 행동 정보를 분석하여 해당 사용자와 비슷한 성향의 사용자들이 기존에 좋아했던 항목을 추천하는 기술이다.

② 협업 필터링을 통한 추천 결과는 직관적이며 항목의 구체적인 내용을 분석할 필요가 없다.

③ 협업 필터링 알고리즘은 사용자 수가 많을 경우 계산량이 비교적 적어 효율적인 추천이 가능하다.

④ 협업 필터링은 새로운 항목이 추가되는 경우, 콜드 스타트 문제로 추천이 곤란해질 수 있다.

> 정답 ③
>
> 풀이 ① 협업 필터링은 대규모의 기존 사용자 행동 정보를 분석하여 해당 사용자와 비슷한 성향의 사용자들이 기존에 좋아했던 항목을 추천하는 기술이다.
> ② 협업 필터링은 항목의 구체적인 내용을 분석하지 않고, 사용자들이 과거에 어떤 항목을 선호했는지의 정보만으로 추천을 진행하기 때문에 결과가 직관적이다.
> ③ 실제로는 협업 필터링은 계산량이 비교적 많은 알고리즘으로, 사용자 수가 많아질수록 계산이 복잡해져서 효율적인 추천이 어려울 수 있다.
> ④ 콜드 스타트 문제는 협업 필터링에서 자주 발생하는 문제로, 기존 데이터가 없는 새로운 항목에 대한 추천이 어려운 현상을 의미한다.

- 콘텐츠 기반 필터링은 위와 같은 협업 필터링과는 다른 방법으로 추천을 구현하는 방법이다. 협업 필터링이 사용자의 행동 기록을 이용하는 반면, 콘텐츠 기반 필터링은 항목 자체를 분석하여 추천을 구현한다.
- 예를 들어 음악을 추천하기 위해 음악 자체를 분석하여 유사한 음악을 추천하는 방식이다. 콘텐츠 기반 필터링을 위해서는 항목을 분석한 프로파일(item profile)과 사용자의 선호도를 추출한 프로파일(user profile)을 추출하여 이의 유사성을 계산한다.
- 유명한 음악 사이트인 판도라(Pandora)의 경우, 신곡이 출시되면 음악을 분석하여 장르, 비트, 음색 등약 400여 항목의 특성을 추출한다. 그리고 사용자로부터는 'like'를 받은 음악의 특색을 바탕으로 해당 사용자의 프로파일을 준비한다. 이러한 음악의 특성과 사용자 프로파일을 비교함으로써 사용자가 선호할 만한 음악을 제공하게 된다.
- 이 기법은 콘텐츠의 내용을 분석해야 하므로 아이템 분석 알고리즘이 핵심적이며, 이를 위해 군집분석(Clustering analysis), 인공신경망(Artificial neural network), tf−idf(term frequencyinverse document frequency) 등의 기술이 사용된다.
- 콘텐츠 기반 필터링은 내용 자체를 분석하므로 협업 필터링에서 발생하는 콜드 스타트 문제를 자연스럽게 해결할 수 있다. 하지만 다양한 형식의 항목을 추천하기 어려운 단점이 있다. 예를 들어 음악과 사진, 비디오를 동시에 추천해야 하는 경우, 각각의 항목에서 얻을 수 있는 정보가 다르기 때문에 프로파일을 구성하기 매우 어려워진다. 이와 같은 고전적 추천 알고리즘은 2000년대 초반까지 많은 분야에서 사용되었다.

(1) 의의

    TF−IDF는 정보 검색과 텍스트 마이닝에서 주로 사용되는 가중치 계산 방법이다. 이는 문서의 주제를 파악하는 데 유용하게 사용되며, 특정 문서 내에서 단어의 중요도를 평가한다. TF−IDF는 두 가지 요소로 구성되어 있다.

(2) Term Frequency

    이는 특정 단어가 문서 내에서 얼마나 자주 등장하는지를 나타낸다. 단어의 빈도가 높을수록, 그 단어는 문서에서 중요할 가능성이 높다. 예를 들어, '사과'라는 단어가 한 문서에서 10번 등장하고, 다른 문서에서는 1번만 등장한다면, '사과'는 첫 번째 문서에서 더 중요하다고 볼 수 있다.

(3) Inverse Document Frequency

    이는 단어가 다른 문서들에서 얼마나 자주 등장하는지를 나타낸다. 단어가 많은 문서에서 등장하면 그 단어는 흔하게 사용되는 단어일 가능성이 높으므로, 그 중요도는 낮아진다. 예를 들어, 'the', 'is', 'and'와 같은 단어는 모든 문서에서 흔하게 등장하기 때문에 중요한 단어로 간주되지 않는다.

(4) 결론

    따라서, TF−IDF는 특정 단어가 한 문서에서 자주 등장하지만 다른 문서에서는 잘 등장하지 않는 경우, 그 단어가 해당 문서에서 중요한 단어라고 판단하는 것이다. 이를 통해, 각 문서의 주제나 내용을 추론하는 데 도움이 된다. 예를 들어, '애플'이라는 단어가 한 문서에서 자주 등장하지만 다른 문서에서는 잘 등장하지 않는다면, 그 문서는 아마도 애플에 관련된 주제일 가능성이 높다.

1065

콘텐츠 기반 필터링에 대한 설명으로 틀린 것은?

① 콘텐츠 기반 필터링은 사용자의 행동 기록을 분석하여 추천을 구현한다.

② 콘텐츠 기반 필터링은 아이템의 특성과 사용자의 선호도 프로파일을 비교하여 추천한다.

③ 콘텐츠 기반 필터링은 협업 필터링에서 발생하는 콜드 스타트 문제를 해결할 수 있다.

④ 콘텐츠 기반 필터링은 군집분석, 인공신경망, TF−IDF 등의 기술을 활용하여 아이템을 분석한다.

> 정답 ①
>
> 풀이 ① 콘텐츠 기반 필터링은 항목 자체를 분석하여 추천을 구현하는 방법이다. 사용자의 행동 기록을 분석하여 추천하는 방법은 협업 필터링의 특징이다.
> ② 콘텐츠 기반 필터링에서 항목을 분석한 프로파일(item profile)과 사용자의 선호도를 추출한 프로파일 (user profile)을 비교하여 유사성을 계산하고, 이를 통해 추천을 구현한다.
> ③ 콘텐츠 기반 필터링은 아이템의 내용 자체를 분석하여 추천을 구현하므로, 사용자가 새롭거나 정보가 없는 아이템에 대해선 협업 필터링에서 발생하는 콜드 스타트 문제를 해결할 수 있다. 이 선택지는 옳다.
> ④ 콘텐츠 기반 필터링은 아이템을 분석하기 위해 여러 기술을 활용한다. 이에는 군집분석(Clustering analysis), 인공신경망(Artificial neural network), TF−IDF(term frequencyinverse document frequency) 등의 기술이 포함된다.

1066

콘텐츠 추천 알고리즘에 대한 설명으로 틀린 것은?

① 협업 필터링은 결과가 직관적이며 항목의 구체적인 내용을 분석할 필요가 없다는 장점이 있다.

② 협업 필터링은 기존의 자료가 필요한바, 기존에 없던 새로운 항목이 추가되는 경우는 추천이 곤란해진다.

③ 협업 필터링이 사용자의 행동 기록을 이용하는 반면, 콘텐츠 기반 필터링은 항목 자체를 분석하여 추천을 구현한다.

④ 콘텐츠 기반 필터링은 내용 자체를 분석하므로 협업 필터링에서 발생하는 콜드 스타트 문제를 자연스럽게 해결하여 다양한 형식의 항목을 추천하기 용이한 장점이 있다.

> 정답 ④
>
> 풀이 ④ 콘텐츠 기반 필터링은 내용 자체를 분석하므로 협업 필터링에서 발생하는 콜드 스타트 문제를 자연스럽게 해결할 수 있다. 하지만 다양한 형식의 항목을 추천하기 어려운 단점이 있다.

(1) 의의
- 루빅스(RUBICS)는 'Real−time User Behavior Interactive Content recommender System'에서 주요한 단어의 각 머리글자를 따서 만들어진 말이다. 루빅스는 "이용자의 행동에 대해 실시간으로 반응하여, 뉴스를 추천하는 체계"를 의미한다.
- 이용자 행동은 각 개인이 다음 모바일 뉴스를 이용하는 매개인 브라우저(Browser)를 근거로 식별된다. 여기서 행동이란 뉴스 소비 방식을 의미하며 이는 개인별, 또는 집단별로 분석될 수 있다.
- 예를 들어, 프로야구 뉴스를 주로 읽는 이용자라면 비슷한 행동 패턴(프로야구 뉴스를 자주 읽는)을 보이는 이용자들에게 인기 있는 뉴스들을 추천받을 수 있다. 이는 이용자의 개인적인 특성에 따른 추천 결과이다. 행동 패턴 외에도 성별과 연령에 따라 이용자별로 추천받는 뉴스가 달라질 수 있다.

(2) '맞춤형 멀티 암드 밴딧'(Customized Multi−Armed Bandit) 알고리즘
- 루빅스 개발에 앞서, 뉴스 서비스 기획자, 개발자, 그리고 데이터 사이언티스트(Data Scientist)들이 최우선적으로 집중한 과제는 서비스 주요 이용자들이 어떠한 특성을 갖고 있는지 파악하는 일이었다.
- 이용자 특성을 파악한 이후에야 최적화된 알고리즘을 구축할 수 있기 때문이다. 루빅스 개발진은 이용자들이 누구이며, 어떠한 소비 패턴을 나타내는지 우선 분석했다.
- 그 결과, 다음의 모바일 서비스 이용자들 상당수가 뉴스가 아닌 다른 수요를 충족시키기 위해 다음 앱 혹은 웹페이지를 방문하며, 뉴스를 소비하는 이용자 대부분은 로그인을 하지 않는 것으로 확인됐다. 즉 추천 서비스를 제공할 대부분의 이용자들은 뉴스 서비스를 자주 사용하는 열성적인 이용자(Heavy User)가 아니라 이용자 행동 정보가 거의 없는 '콜드 스타트 이용자'인 것이다.
- 이러한 이용자에 대해서는 개인화 추천의 대표적인 방법인 협업 필터링 혹은 내용 기반 필터링으로 개인화 추천을 제공하기 어렵다. 이에 따라, 카카오는 전술한 두 방법 대신에 통계적 기계학습 기법인 '맞춤형 멀티 암드 밴딧'(Customized Multi−Armed Bandit) 알고리즘을 추천시스템에 적용했다. 여기서 '맞춤형'이란 말은 카카오의 뉴스 서비스에 맞게 알고리즘이 수정됐다는 뜻이다.

1067

뉴스 알고리즘 배열 원칙이 다른 것은? [2019년 기출]

① 구글
② 카카오
③ 네이버 Airs
④ 야후

정답 ②
풀이 ② 구글, 네이버, 야후 등은 협업 필터링 알고리즘을 사용하지만 카카오는 통계적 기계학습 기법인 '맞춤형 멀티 암드 밴딧'(Customized Multi−Armed Bandit) 알고리즘을 추천시스템에 적용했다.

1068

추천 기술은 보다 능동적인 방식으로서 '검색어'와 같은 이용자의 명시적인 요청이 없어도 이용자의 평상시 서비스 사용 패턴을 기반으로 하여 이용자가 선호할만한 콘텐츠를 제공해주는 구조이다. 추천은 3R로 정의되기도 하는데 3R에 해당하지 않는 것은?

① Right Contents
② Right Information
③ Right moment
④ Right user

핵심정리

- 필터버블(filter bubble)은 개인화된 검색의 결과물의 하나로, 사용자의 정보(위치, 과거의 클릭 동작, 검색 이력)에 기반하여 웹사이트 알고리즘이 선별적으로 어느 정보를 사용자가 보고 싶어 하는지를 추측하며 그 결과 사용자들이 자신의 관점에 동의하지 않는 정보로부터 분리될 수 있게 하면서 효율적으로 자신만의 문화적, 이념적 거품에 가둘 수 있게 한다. 상품이나 광고의 경우에는 이러한 현상의 심각성이 크지 않을 수 있다. 하지만 뉴스나 정보의 경우, 예기치 않은 정보의 차단이 큰 문제가 될 수도 있을 것이다. 예를 들어 본인의 정치적 입맛에 맞는 뉴스만 계속 추천받아 보는 경우가 가능해지는 것이다. 보고 싶은 정보만 보고, 보기 불편한 정보는 자동으로 건너뛰는 것이 기술적으로 가능해지면서 야기될 수 있는 정보의 편향적 제공은 극단적인 양극화와 같은 사회적 문제를 가져올 수도 있다. 2014년에 페이스북 연구진이 PNAS에 발표한 논문(Kramer et al. 2014)에서 보이듯, 추천되는 정보에 따라서 사용자의 감정도 조정할 수 있다는 사실이 밝혀지기도 했다.
- 극화현상(audictnce pqlarization)이란 수용자들이 특정 프로그램 유형 이나 특정 전문채널에 극도로 치우치거나 혹은 그것을 배제함으로써 발생하는 시청 행위의 극단화 현상을 의미한다.
- 사이버 폭포 효과(Cybercascade Effect)는 웹의 특성상 일단 정보가 발신되고 나면, 그 정보는 신뢰성이 확인되기 전에 폭포처럼 빠르게 떠돌아다녀 사회에 충격을 준다는 의미이다.
- 'Wag the Dog'은 '꼬리가 개의 몸통을 흔든다.'라는 미국 속담에서 유래한 말로 주객전도의 의미로 사용된다. 주식시장에선 선물시장(꼬리)이 현물시장(몸통)에 큰 영향을 미치는 현상을 가리킬 때 보통 사용하지만, '왜 개는 꼬리를 흔드는가. 개가 꼬리보다 똑똑하기 때문이다. 만일 꼬리가 더 영리하다면 꼬리가 개를 흔들 수도 있다.'는 정치속어로도 사용한다. 더스틴 호프먼과 로버트 드니로가 출연하고, 미국 대통령 선거 직전의 여론조작을 소재로 한 영화 제목도 '왝더독(Wag the dog)'이다. 영화 '왝더독(Wag the dog)'은 '완벽한 미디어 조작'에 미국 국민들은 속아 넘어가고 대통령은 압도적인 지지율로 재선에 성공한다는 이야기다.

Theme 182 인공지능과 윤리

핵심정리 윤리적 주체로서의 인공지능 논쟁

(1) 의의

- 윤리적 주체라는 측면에서 인공지능을 바라보는 관점은 다양하다. 인공지능을 행위 능력을 가진 주체로 보는 관점은, 인공지능기술의 발달에 힘입어 인간의 개입 없이도 인공지능 스스로가 지각, 정보처리, 실행, 학습 등을 수행하기 때문에 외양이나 그 기원이 인간과 다르더라도 인공지능이 그 자체로 행위와 판단의 능력을 가진 주체가 될 것이라고 본다.

- 인공지능이 스스로 활동의 주체가 되는 현실을 우리는 어떻게 받아들여야 할까? 인공지능의 활동으로 인해 초래된 손해에 대한 책임은 인공지능에 있지만 이를 인공지능에 어떻게 부과할 것인가? 그리고 인공지능이 책임을 회피한다면 어떻게 할 것인가?

- 보스트롬(Bostrom) 같은 미래학자는 인공지능이 인간의 지능을 초월하는 초지능을 갖는 미래가 곧 다가올 것이라고 예측하면서 자율적 행위 주체가 될 인공지능에 어떻게 하면 윤리 및 책임의식을 갖게 할 것인지를 우리 모두가 고민해야 한다고 주장한다.

(2) 인공지능을 부분적인 주체로 보는 관점

인공지능을 부분적인 주체로 보는 관점은 인공지능기술이 아무리 발달하더라도 인공지능이 인간과 유사한 수준의 주체적 행위를 하지 못할 것으로 본다. 지금까지 개발된 인공지능은 바둑, 법률 서비스, 작곡 등 특정 분야에 한정된 특화된 지능에 불과할 뿐, 인간처럼 모든 영역에서 지능을 발휘하는 범용지능은 아니다. 따라서 인공지능의 활동으로 인해 초래된 손해에 대한 책임을 인공지능에 지우기는 하지만 인공지능의 인지 및 처리 능력의 한계를 감안하여 부과해야 할 것이다.

(3) 인공지능이 인간의 효용에 봉사하기 위해 만들어진 도구에 불과하다고 보는 관점

인공지능이 인간의 효용에 봉사하기 위해 만들어진 도구에 불과하다고 보는 관점은 인공지능이 자율적으로 행동하는 것처럼 보이지만 실제는 인간이 만든 설계에 의해서 작동될 뿐이라는 점을 강조한다. 따라서 이 관점은 인공지능의 활동으로 인해 초래될 수 있는 손실에 대한 책임은 인공지능의 제작자 혹은 이를 이용하는 이용자에게 있을 뿐 인공지능에게 물을 수는 없다고 강조한다.

(4) 인공지능을 인간의 '외화(外化)된 정신'으로 보는 관점

인공지능을 인간의 '외화(外化)된 정신'으로 보는 관점은 인공지능의 인지 및 수행 능력의 성숙도와 무관하게 모든 인공지능은 배후에 있는 인간의 의지와 욕구 및 이해의 반영물이라고 본다. 즉 인공지능은 제작 과정에서 설계자, 제작자뿐만 아니라 이 과정에 참여한 많은 사람들의 정신이 하나의 체계로 통합되어 반영된 결과물이다. 그렇다고 이 외화(外化)된 정신은 모든 것을 하나하나 인간의 의사결정에 따라서 수행하지는 않는다. 따라서 인공지능은 독자적 지능 체계를 갖춘 존재론적 지위를 갖게 되면 인간 정신의 개입 없이도 지각하고 판단하며 결정할 수 있다. 이런 맥락에서 인공지능은 인간에 대해 의존성과 독자성을 동시에 갖는 양면성이 있다. 따라서 인공지능의 활동으로 초래된 소실에 대한 책임도 인간과 인공지능이 각자의 수준에 따라서 공동으로 져야 할 것이다.

1069

다음 글에서 설명하는 개념으로 옳은 것은? [2021년 기출]

> 달리는 기차의 운전수가 진행 방향에 사람 5명이 선로에 묶여 있는 것을 발견하고 이를 피하기 위해 선로를 변경하고 싶으나 이 경우에는 변경된 선로에 있는 한 사람을 희생해야 하는 상황을 가정했을 때 사람들이 어떤 선택을 하는지에 간한 것이다.

① 패러독스
② 패러다임
③ 트롤리 딜레마
④ 야누스 딜레마

정답 ③

풀이 ③ 트롤리 딜레마에 대한 설명이다.
　　　④ 야누스 딜레마는 내부인과 외부인 모두를 상대해야만 할 때, 둘 중 어느 쪽을 만족시켜야 할지 그 선택의 기로에 처한 상황을 말한다.

1070

윤리적 주체로서의 인공지능에 대한 설명으로 틀린 것은?

① 인공지능을 부분적인 주체로 보는 관점은 인공지능 기술이 발달하면 인공지능도 부분적으로 인간과 유사한 수준의 주체적 행위를 할 수 있다고 본다.
② 인공지능이 인간의 효용에 봉사하기 위해 만들어진 도구에 불과하다고 보는 관점은 인공지능이 자율적으로 행동하는 것처럼 보이지만 실제는 인간이 만든 설계에 의해서 작동될 뿐이라는 점을 강조한다.
③ 인공지능을 인간의 '외화(外化)된 정신'으로 보는 관점은 인공지능의 인지 및 수행 능력의 성숙도와 무관하게 모든 인공지능은 배후에 있는 인간의 의지와 욕구 및 이해의 반영물이라고 본다.
④ 인공지능을 인간의 '외화(外化)된 정신'으로 보는 관점은 인공지능의 활동으로 초래된 손실에 대한 책임도 인간과 인공지능이 각자의 수준에 따라서 공동으로 져야 한다고 주장한다.

정답 ①

풀이 ① 인공지능을 부분적인 주체로 보는 관점은 인공지능기술이 아무리 발달하더라도 인공지능이 인간과 유사한 수준의 주체적 행위를 하지 못할 것으로 본다. 지금까지 개발된 인공지능은 바둑, 법률 서비스, 작곡 등 특정 분야에 한정 된 특화된 지능에 불과할 뿐, 인간처럼 모든 영역에서 지능을 발휘하는 범용지능은 아니다.

1071

윤리적 주체로서의 인공지능에 대한 설명으로 틀린 것은?

① 인공지능을 부분적인 주체로 보는 관점은 인공지능기술이 아무리 발달하더라도 인공지능이 인간과 유사한 수준의 주체적 행위를 하지 못할 것으로 보며, 따라서 인공지능의 활동으로 인해 초래된 손해에 대한 책임을 인공지능에 지우기는 하지만 인공지능의 인지 및 처리 능력의 한계를 감안하여 부과해야 한다고 본다.

② 인공지능을 부분적인 주체로 보는 관점에서는 인공지능기술이 발달하면 적어도 특정 분야에서는 인공지능이 인간과 유사한 수준의 주체적 행위를 할 수 있다고 본다.

③ 인공지능을 인간의 '외화(外化)된 정신'으로 보는 관점은 모든 인공지능은 배후에 있는 인간의 의지와 욕구 및 이해의 반영물이라고 보며, 인공지능은 인간에 대해 의존성과 독자성을 동시에 갖는 양면성이 있어 인공지능의 활동으로 초래된 손실에 대한 책임도 인간과 인공지능이 각자의 수준에 따라서 공동으로 져야 한다고 본다.

④ 인공지능을 인간의 효용에 봉사하기 위해 만들어진 도구에 불과하다고 보는 관점은 인공지능이 자율적으로 행동하는 것처럼 보이지만 실제는 인간이 만든 설계에 의해서 작동될 뿐이라는 점을 강조하며, 이 관점은 인공지능의 활동으로 인해 초래될 수 있는 손실에 대한 책임은 인공지능의 제작자 혹은 이를 이용하는 이용자에게 있다고 본다.

> **정답** ②
>
> **풀이** ② 인공지능을 부분적인 주체로 보는 관점은 인공지능기술이 아무리 발달하더라도 인공지능이 인간과 유사한 수준의 주체적 행위를 하지 못할 것으로 본다. 지금까지 개발된 인공지능은 바둑, 법률 서비스, 작곡 등 특정 분야에 한정된 특화된 지능에 불과할 뿐, 인간처럼 모든 영역에서 지능을 발휘하는 범용지능은 아니다. 따라서 인공지능의 활동으로 인해 초래된 손해에 대한 책임을 인공지능에 지우기는 하지만 인공지능의 인지 및 처리 능력의 한계를 감안하여 부과해야 할 것이다.

1072

윤리적 주체로서의 인공지능 논쟁에서 인공지능을 인간의 '외화된 정신'으로 보는 관점에 대한 설명으로 틀린 것은?

① 인공지능은 제작 과정에서 설계자, 제작자뿐만 아니라 이 과정에 참여한 많은 사람들의 정신이 하나의 체계로 통합되어 반영된 결과물이다.

② 외화(外化)된 정신은 모든 것을 하나하나 인간의 의사결정에 따라서 수행한다.

③ 외화(外化)된 정신이 독자적 지능 체계를 갖춘 존재론적 지위를 갖게 되면 인간 정신의 개입 없이도 지각하고 판단하며 결정할 수 있다.

④ 인공지능의 활동으로 초래된 손실에 대한 책임도 인간과 인공지능이 각자의 수준에 따라서 공동으로 져야 한다.

1073

윤리적 주체로서의 인공지능 논쟁에서 인공지능을 '부분적인 주체'로 보는 관점에 대한 설명으로 틀린 것은?

① 인공지능기술이 아무리 발달하더라도 인공지능이 인간과 유사한 수준의 주체적 행위를 하지 못할 것으로 본다.

② 인공지능의 인지 및 수행 능력의 성숙도와 무관하게 모든 인공지능은 배후에 있는 인간의 의지와 욕구 및 이해의 반영물이라고 본다.

③ 개발된 인공지능은 바둑, 법률 서비스, 작곡 등 특정 분야에 한정 된 특화된 지능에 불과할 뿐, 인간처럼 모든 영역에서 지능을 발휘하는 범용지능은 아니다.

④ 인공지능의 활동으로 인해 초래된 손해에 대한 책임을 인공지능에 지우기는 하지만 인공지능의 인지 및 처리 능력의 한계를 감안하여 부과해야 한다.

1074

과학기술정보통신부가 마련한 '인공지능(AI) 윤리기준'에 대한 설명으로 틀린 것은?

① 특정 분야에 제한되지 않는 범용성을 가진 일반원칙으로, 이후 각 영역별 세부 규범이 유연하게 발전해나갈 수 있는 기반 조성을 목표로 한다.

② 도덕적 규범이자 강제규범으로, 기업 자율성을 존중하고 인공지능 기술발전을 장려하며 기술과 사회변화에 유연하게 대처할 수 있는 윤리 담론 형성을 목표로 한다.

③ '인간성(Humanity)'을 구현하기 위해 인공지능의 개발 및 활용 과정에서 인간의 존엄성 원칙, 사회의 공공선 원칙, 기술의 합목적성 원칙을 지켜야 한다.

④ 인권 보장, 프라이버시 보호, 다양성 존중, 침해금지, 공공성, 연대성, 데이터 관리, 책임성, 안전성, 투명성의 요건이 충족되어야 한다.

정답 ②

풀이
② 구속력 있는 법이나 지침이 아닌 도덕적 규범이자 자율규범으로, 기업 자율성을 존중하고 인공지능 기술발전을 장려하며 기술과 사회변화에 유연하게 대처할 수 있는 윤리 담론 형성을 목표로 한다.
③ 인간의 존엄성 원칙, 사회의 공공선 원칙, 기술의 합목적성 원칙은 3대 기본 원칙이다.
④ 인권 보장, 프라이버시 보호, 다양성 존중, 침해금지, 공공성, 연대성, 데이터 관리, 책임성, 안전성, 투명성은 10대 핵심 요건이다.

◈핵심정리 **아이작 아시모프의 로봇 3원칙**

로봇공학의 삼원칙(Three Laws of Robotics)은 미국의 작가 아이작 아시모프가 로봇에 관한 소설들 속에서 제안한 로봇의 작동 원리이다. 1942년작 단편 Runaround에서 처음 언급되었다. "서기 2058년 제56판 로봇공학의 안내서"에서 인용된 세 가지 원칙은 다음과 같다.

• 제1원칙 : 로봇은 인간에 해를 가하거나, 혹은 행동을 하지 않음으로써 인간에게 해가 가도록 해서는 안 된다.
• 제2원칙 : 로봇은 인간이 내리는 명령들에 복종해야만 하며, 단 이러한 명령들이 첫 번째 법칙에 위배될 때에는 예외로 한다.
• 제3원칙 : 로봇은 자신의 존재를 보호해야만 하며, 단 그러한 보호가 첫 번째와 두 번째 법칙에 위배될 때에는 예외로 한다.

1075

아이작 아시모프의 로봇 3원칙으로 볼 수 없는 것은?　　　　　　　　　　　　　　　[2021년 기출]

① 로봇은 효율성을 고려하여 인간을 구해야 한다.
② 로봇은 인간에 해를 가하거나, 혹은 행동을 하지 않음으로써 인간에게 해가 가도록 해서는 안 된다.
③ 로봇은 인간에 해를 가하지 않는 한에서, 인간이 내리는 명령들에 복종해야만 한다.
④ 로봇은 인간에 해를 가하지 않고, 인간이 내리는 명령들에 복종하는 한에서 자신의 존재를 보호해야 한다.

정답 ①

풀이
① 로봇공학의 삼원칙(Three Laws of Robotics)은 미국의 작가 아이작 아시모프가 로봇에 관한 소설들 속에서 제안한 로봇의 작동 원리이다. 1942년작 단편 Runaround에서 처음 언급되었다. "서기 2058년 제56판 로봇공학의 안내서"에서 인용된 세 가지 원칙은 다음과 같다.
• 제1원칙 : 로봇은 인간에 해를 가하거나, 혹은 행동을 하지 않음으로써 인간에게 해가 가도록 해서는 안 된다.
• 제2원칙 : 로봇은 인간이 내리는 명령들에 복종해야만 하며, 단 이러한 명령들이 첫 번째 법칙에 위배될 때에는 예외로 한다.
• 제3원칙 : 로봇은 자신의 존재를 보호해야만 하며, 단 그러한 보호가 첫 번째와 두 번째 법칙에 위배될 때에는 예외로 한다.

1076

자동화 의사 결정 과정에 대한 다음 설명으로 옳은 것은?

① 결정 트리는 데이터를 구분하는 일련의 질문을 기반으로 의사 결정을 도와준다.

② 머신러닝은 의사 결정 과정에서 모든 변수를 사람이 직접 입력해야 한다.

③ 규칙 기반 시스템은 입력 데이터에 따라 동적으로 규칙을 생성할 수 있다.

④ 의사 결정 서포트 시스템(DSS)는 일정한 판단 기준 없이 임의로 의사 결정을 내린다.

> **정답** ①
>
> **풀이** ① 결정 트리는 일련의 질문을 통해 데이터를 분류하고 의사 결정을 돕는 구조로, 이는 자동화 의사 결정 과정에서 중요한 역할을 한다.
> ② 머신러닝은 입력 데이터를 바탕으로 자동으로 학습하고 패턴을 찾아내는 과정이기 때문에, 모든 변수를 사람이 직접 입력하는 것은 아니다.
> ③ 규칙 기반 시스템은 사전에 정의된 규칙에 따라 동작하며, 보통 입력 데이터에 따라 동적으로 규칙을 생성하는 것은 아니다. 대신, 입력 데이터는 사전에 정의된 규칙을 적용하는 데 사용된다.
> ④ 의사 결정 서포트 시스템(DSS)는 의사 결정 과정을 지원하도록 설계된 컴퓨터 기반 정보 시스템으로, 일정한 판단 기준을 바탕으로 의사 결정을 돕는다. 이 시스템이 임의로 의사 결정을 내리는 것은 아니다.

1077

알고리즘 책임성(Accountability)에 관한 설명으로 틀린 것은?

① 알고리즘의 신뢰성 문제는 알고리즘 설계에 주관적 편향이 개입될 가능성에 기인한다.

② 자동화 알고리즘은 인간의 개입을 최소화하여 투명성을 보장하는 것이 용이하다.

③ 불투명한 알고리즘이 유발한 부정적 사례에는 특정 대출자의 상환 지연이 용인되고 다른 대출자의 상환 지연이 문제가 되는 경우를 들 수 있다.

④ 파스콸레는 "코드화된 규칙이 구현하는 가치와 특권은 블랙박스 속에 감추어진다."는 말로 평판, 검색, 금융에서 빅데이터와 알고리즘의 불투명한 활용을 비밀주의라고 지적하면서, 사회적 개방성과 시장의 공정성 관점에서 알고리즘의 부정적 기능을 경고한다.

> **정답** ②
>
> **풀이** ① 알고리즘의 신뢰성 문제는 주로 알고리즘 설계에 주관적 편향이 개입될 수 있기 때문에 발생한다.
> ② 치안이나 의료와 같은 공공성이 강한 분야에서 결과의 공정성은 과정의 투명성을 요구하는 경우가 많은데, 자동화 알고리즘이 적용되는 경우 투명성을 보장하기 어렵다.
> ③ 불투명한 알고리즘이 유발한 부정적 사례에는 특정 대출자의 상환 지연이 용인되고 다른 대출자의 상환 지연이 문제가 되는 경우 등이 있다.
> ④ 기계학습과 같은 알고리즘은 원천적으로 불투명하며, 따라서 알고리즘의 투명성을 보장하는 것만으로는 모든 문제가 해결될 수 없다는 방향으로 의견이 수렴하고 있다.

1078
알고리즘의 책임성에 대한 설명으로 틀린 것은?

① 알고리즘의 신뢰성 문제는 주로 차별과 오류에 관한 명확한 원인을 파악하기 어렵거나 알고리즘 설계에 주관적 편향이 개입될 가능성 때문이다.

② 알고리즘 기반 자동화 검색과 가격설정에서 불공정한 오용 가능성을 보여주는 사례들은 알고리즘 투명성 문제를 현실로 만들었다.

③ 일반적인 소프트웨어 디버깅 방식으로 알고리즘의 투명성을 보장하여 신뢰성 문제를 해결할 수 있으나 인공지능 산업의 비용 부담을 증가시켜 상업화 측면에서 비효율적이다.

④ 미국 공정거래 위원회는 2010년에 구글의 검색 알고리즘의 불공정 가능성을 조사했으며, 가격설정 알고리즘의 문제점도 지적한 바 있다.

정답 ③

풀이 ③ 기술적 측면에서 기계학습과 같은 분류형 알고리즘의 구현방식이 원천적으로 불투명하다. 따라서 테슬라 주행사고처럼 오류가 확실하다고 해도 일반적인 소프트웨어 디버깅 방식으로는 문제를 해결할 수 없다. 단지, 수차례 실험을 통해서 경험적으로만 신뢰성 및 안전성 수준을 점검할 수 있을 뿐이다. 그러나 이 역시 품질보장과 관련한 상업화 측면에서 매우 비효율적일 수밖에 없다.

블록체인(Block Chain)

핵심정리 블록체인(Block Chain)

- 블록체인(blockchain)의 기본 구조는 블록을 순차적으로 연결한 블록 모음의 형태이며 피투피(P2P) 네트워크를 기반으로 한다.
- 일정 시간 동안 네트워크 참여자가 거래 정보를 서로 교환해 확인하고 검증하는 과정을 거쳐, 서로 동의한 거래 정보들만 하나의 블록으로 만든다. 그리고 새로 만들어진 블록을 이전 블록체인에 연결하고, 그 사본을 만들어 각 네트워크 참여자의 디지털 장비에 분산·저장한다.
- 이때 안전한 교환을 위해 해시함수, 디지털 서명, 합의 알고리즘 등을 사용한다. 따라서 기존 은행처럼 중앙 서버에 거래 장부에 대한 데이터베이스를 운영·관리할 필요가 없어 관리 비용을 절감할 수 있고, 분산·저장하므로 해킹이 어려워 금융거래의 안전성도 높아진다.
- 블록체인 기술은 주식, 부동산 등의 금융 및 자산 거래 뿐 아니라 투명한 이력 관리를 목적으로 하는 물류 시스템과 스마트 도시(smart city), 사물인터넷(IoT) 등 신뢰할 수 있는 거래가 필요한 다양한 분야에 활용할 수 있다. 블록체인을 사용한 대표적인 예가 가상화폐인 비트코인(bitcoin)이다.

1079

블록체인에 대한 옳은 설명만을 있는 대로 고른 것은?　　　　　　　　　　　　　[2021년 기출]

　ㄱ. 수많은 컴퓨터에 동시에 이를 복제해 저장하는 분산형 데이터 저장 기술이다.
　ㄴ. P2P 네트워크로 똑같은 거래장부 사본을 나누어 보관한다.
　ㄷ. 중앙서버에서 관리하며 참여자들에 대한 정보를 보내준다.
　ㄹ. 모든 거래 참여자들이 정보를 공유하고 이를 대조해 데이터 위조나 변조가 어렵다.

① ㄱ, ㄴ, ㄷ
② ㄱ, ㄷ, ㄹ
③ ㄴ, ㄷ, ㄹ
④ ㄱ, ㄴ, ㄹ

정답 ④

풀이 ㄷ 블록체인은 한마디로 모든 거래 기록을 담은 탈중심 투명 장부라 할 수 있는데, 그 누구도 그것을 소유하거나 통제하지 못하며, 모든 네트워크 노드들에 의해 공유되고 모니터링된다. 거래의 신뢰성은 더 이상 거래 상대방이나 은행에 대한 신뢰가 아니라 피투피 네트워크 자체로부터 담보되기 때문에, 거래를 증명할 은행이나 등기소와 같은 전통적인 중앙 권위자는 더 이상 필요하지 않게 되거나 그것의 기존 권력은 상당히 축소될 가능성이 높다.

1080

거래 정보를 담은 장부를 중앙 서버 한 곳에 저장하는 것이 아니라 거래 정보를 기록한 원장 데이터를 중앙 서버가 아닌 참가자들이 공동으로 기록 및 관리하고 분산처리와 암호화 기술을 동시에 적용하여 높은 보안성을 확보하는 한편 거래과정의 신속성과 투명성을 특징으로 하는 기술로 옳은 것은?

[2020년 기출]

① 블록체인
② 비대면 인증
③ 로보어드바이저
④ 신용평가 솔수션

> **정답** ①
>
> **풀이** ① 블록체인에 대한 설명이다.

1081

블록체인에 대한 설명으로 틀린 것은?

[2019년 기출]

① 비트코인은 블록체인 기술이 적용된 최초의 암호화폐이다.
② 블록체인 기반 ID 시스템은 투표 결과의 무결성과 투명성을 높일 수 있다.
③ 위로부터의 어떠한 통제도 불가능한 블록체인은 개인들의 자율과 자치 그리고 집단적 의사결정 과정에 대한 직접 참여라는 직접민주주의 이념의 구현장이 될 수도 있다.
④ 현재 블록체인에 저장되는 공개키와 거래정보가 개인정보에 해당할지 여부와 같은 기본적인 문제에 대해서부터 확실한 답을 내릴 해석론적 근거가 확립되었다.

> **정답** ④
>
> **풀이** ④ 현재 우리나라 개인정보보호법과 정보통신망법이 공개형 블록체인의 노드에 적용될 것인지, 블록체인에 저장하는 공개키와 거래정보가 개인정보에 해당할지 여부와 같은 기본적인 문제에 대해서부터 확실한 답을 내릴 해석론적 근거부터 찾기 어려운 상황이다. 이와 같이 적용 규범이 불명확한 상황은, 블록체인과 관련한 기술적인 상황이 매우 다양하다는 점 때문에 더욱 악화된다. 개인정보보호법의 적용 여부는 대상이 되는 정보가 개인정보에 해당하는지 여부에 달려 있는데, 개인정보 해당 여부는 다시 식별 가능성이라는, 해당 정보를 둘러싼 기술적 상황을 포함한 여러 맥락에 따라 다분히 달라질 수 있는 개념에 의존하고 있기 때문이다.

1082

블록체인에 대한 설명으로 틀린 것은?

① 일종의 분산 원장(distributed ledger)이다.

② 신뢰할 수 없는 환경에서 신뢰를 제공하기 때문에, 신뢰할 수 있는 중앙 관리기관을 필요로 한다.

③ 신뢰 구축과 투명성을 제공하고 비즈니스 생태계 전반에 걸쳐 마찰을 줄임으로써, 잠재적인 비용을 절감할 수 있다.

④ 정부, 의료, 제조, 공급 사슬망, 컨텐츠 배포, 신분 검증, 타이틀 레지스트리(Title Registry) 등 금융 서비스를 뛰어넘어 많은 잠재적인 활용분야가 존재한다.

> **정답** ②
>
> **풀이** ② 블록체인과 분산 원장 기술은 신뢰할 수 없는 환경에서 신뢰를 제공하기 때문에, 신뢰할 수 있는 중앙 관리기관이 필요하지 않다.

1083

블록체인 기술의 특징으로 틀린 것은?

① 은행계좌, 신용카드 등 기존 지급 수단에 비해 높은 익명성 제공한다.

② 공개된 소스에 의해 쉽게 구축·연결·확장 가능하여 IT 구축비용이 절감된다.

③ 장부를 공동으로 소유(무결성)하여 보안 관련 비용이 증가한다.

④ 단일 실패점이 존재하지 않아 일부 참가 시스템에 오류 또는 성능저하 발생 시 전체 네트워크에 영향이 미미하다.

> **정답** ③
>
> **풀이** ③ 장부를 공동으로 소유(무결성)하여 보안관련 비용이 절감된다.

(1) 개방형 블록체인(public blockchain)

- 일반에 공개되어 누구나 접근하여 사용할 수 있는 블록체인 시스템이다.

- 개방형 블록체인은 블록체인 시스템 사용자 관점에서 원하는 사람은 누구나 사용할 수 있도록 공개된 블록체인 시스템을 의미한다. 이와 대비되는 개념으로 제한된 사람만이 사용할 수 있는 전용 블록체인(private blockchain)이 있다.

- 개방형 블록체인과 전용 블록체인은 사용자 관점에서 누구나 사용할 수 있는지, 제한적으로 사용할 수 있는지를 구분하는 용어이다. 허가형 블록체인(permissioned blockchain)과 비허가형 블록체인(permissionless blockchain)은 사용자와 운영자 관점을 구분하지 않고 블록체인 시스템의 사용 또는 운영을 위한 허가 유무에 따라 구분되는 용어이다. 일반적으로 개방형 블록체인은 암호화폐 지갑을 생성하고 난 이후 사용할 수 있다. 비트코인(bitcoin)이 세계 최초로 개발된 개방형 블록체인이고, 대표적인 개방형 블록체인으로는 비트코인 이외에도 이더리움, 카르다노 등이 있다.

(2) 전용 블록체인(private blockchain)

전용 블록체인은 개방형 블록체인처럼 원하는 사람은 누구나 사용할 수 있는 시스템이 아니라 권한이 있는 제한된 사람만 사용할 수 있는 블록체인 시스템을 말한다. 예를 들어 특정 기업 소속 직원만 사용할 수 있는 인트라넷 시스템에서 사용하는 하이퍼레저(hyperledger), 리플(ripple), R3 등이 전용 블록체인이다. 그 외 여러 회사들이 연합하여 제한된 사용자만이 사용할 수 있는 컨소시엄(consortium) 블록체인 시스템을 구축한 경우도 전용 블록체인이라 할 수 있다.

(3) 허가형 블록체인(permissioned blockchain)

- 허가형 블록체인은 블록체인 시스템을 사용하거나 블록체인 노드(node)로 참여할 때에 허가가 필요한 시스템을 의미한다.

- 예를 들어 특정 회사에서 운영하고 이 회사의 내부 직원들만 사용할 수 있도록 허용한 블록체인 시스템이 허가형 블록체인 시스템이다. 일반적으로 전용 블록체인은 허가형 블록체인이다. 또한 블록체인 기반의 은행거래 시스템을 만들고 허가된 특정 은행들만 블록체인 노드로 참여할 수 있도록 운영할 때 허가형 블록체인으로 분류한다.

- 대표적인 예로, 사용자 관점에서는 특정 회사에서 사용하는 하이퍼레저(hyperledger)가 있고 운영자 관점에서는 리플, R3 등이 있다.

(4) 비허가형 블록체인(permissionless blockchain)

- 비허가형 블록체인은 블록체인 시스템을 사용하거나 블록체인 노드(node)로 참여할 때에 허가가 필요하지 않다. 즉 비허가형 블록체인은 누구나 사용할 수 있고 누구든지 인터넷에 연결된 다양한 컴퓨터 장비를 이용하여 블록체인 노드로 블록체인 운영에 참여할 수 있는 블록체인 시스템을 말한다.

- 비허가형 블록체인은 누구나 계정을 생성하여 참여할 수 있기 때문에 익명성을 보장하는 장점은 있지만, 경우에 따라 악의적인 의도로 임의의 많은 계정을 생성하여 합의 알고리즘에 영향을 미치도록 하는 시빌 공격(sybil attack)이 발생할 수 있다. 적인 비허가형 블록체인으로 비트코인, 이더리움이 있다.

(5) 서비스형 블록체인(Blockchain as a Service)
- 블록체인 기술은 이더리움(ethereum), 이오스(EOS), 트론(tron) 등 블록체인 플랫폼마다 사용하는 프로토콜, 인터페이스, 블록 사이즈 등이 달라 환경 설정이나 스마트 계약, 분산응용(DApp) 서비스 운영 등에 대한 사항들이 모두 다르게 개발되어야 하는 어려움이 있다.
- 서비스형 블록체인(Blockchain−as−a−service, BaaS)은 웹페이지 설정을 통해 특정 블록체인 플랫폼 개발 환경을 자동으로 생성·설정해 주고, 편리한 스마트 계약 코드 개발과 시험 환경을 지원함으로써 이러한 문제를 해결한다.
- DApp(decentralized application, 분산 어플리케이션) 서비스의 실행·중지 등 기본적인 서비스 제어와 서비스 운영에 필요한 종합적인 데이터 모니터링과 분석 기능 또한 제공한다. 다시 말해, 서비스형 블록체인은 블록체인 플랫폼별로 구성이 다른 블록체인 기술을 보다 편리하게 활용할 수 있도록 하는 솔루션(solution)을 클라우드 기반으로 제공하는 서비스를 말한다. 아이비엠(IBM), 마이크로소프트(MS), 아마존웹서비스(AWS)에서 자사 클라우드 플랫폼 기반 Baas 서비스를 제공하고 있다.

핵심정리 시빌 공격(sybil attack)

비허가형(permissionless) 또는 개방형(public) 블록체인에서 한 명의 공격자가 여러 사람인 것처럼 합의에 이를 수 있는 수만큼 가짜 노드를 만들어 사실과 다른 합의 결과를 만드는 보안 위협. 다중 인격 장애를 다룬 동명의 소설에서 유래했으며, 51% 공격이라고 불리기도 한다.

1084

블록체인의 유형에 해당하지 않는 것은? [2023년 기출]

① 프라이빗 블록체인
② 링크드 블록체인
③ 퍼블릭 블록체인
④ 컨소시엄 블록체인

정답 ②

풀이 ② 블록체인은 크게 퍼블릭 블록체인과 프라이빗 블록체인으로 구분할 수 있다. 컨소시엄 블록체인은 프라이빗 블록체인에 속한다.

1085

서비스형 블록체인(Blockchain as a Service)에 대한 설명으로 틀린 것은?

① 웹페이지 설정을 통해 특정 블록체인 플랫폼 개발 환경을 자동으로 생성·설정해 주는 솔루션이다.

② 인터넷을 통해 서버와 스토리지 등 데이터센터 자원을 빌려 쓸 수 있는 서비스를 지원한다.

③ DApp(decentralized application) 서비스의 실행·중지 등 기본적인 서비스 제어와 데이터 모니터링 기능을 제공한다.

④ IBM, Microsoft, Amazon Web Services(AWS) 등에서 자사 클라우드 플랫폼 기반 BaaS(Blockchain as a Service) 서비스를 제공하고 있다.

> **정답** ②
>
> **풀이** ② 인터넷을 통해 서버와 스토리지 등 데이터센터 자원을 빌려 쓸 수 있는 서비스를 지원하는 것은 Iaas로서 서비스형 블록체인은 일종의 Saas와 Paas라고 할 수 있다.

1086

다음에서 설명하고 있는 개념으로 옳은 것은?

> 비허가형(permissionless) 또는 개방형(public) 블록체인에서 한 명의 공격자가 여러 사람인 것처럼 합의에 이를 수 있는 수만큼 가짜 노드를 만들어 사실과 다른 합의 결과를 만드는 것을 의미한다.

① PoS

② PoW

③ Sybil attack

④ Consensus algorithm

> **정답** ③
>
> **풀이** ③ Sybil attack에 대한 설명이다. 비허가형(permissionless) 또는 개방형(public) 블록체인에서 한 명의 공격자가 여러 사람인 것처럼 합의에 이를 수 있는 수만큼 가짜 노드를 만들어 사실과 다른 합의 결과를 만드는 보안 위협으로 다중 인격 장애를 다룬 동명의 소설에서 유래했으며, 51% 공격이라고 불리기도 한다.

분산원장기술(Distributed Ledger Technology, DLT)

- 분산 네트워크 참여자(node)가 암호화 기술을 사용하여 거래 정보를 검증하고 합의한 원장(ledger)을 공동으로 분산·관리하는 기술이다.
- 중앙 관리자나 중앙 데이터 저장소가 없으며, 데이터 관리의 신뢰성을 높이기 위해 분산 네트워크 내의 모든 참여자(peer)가 거래 정보를 합의 알고리즘에 따라 서로 복제하여 공유한다.
- 이 거래 정보는 분산·관리하기 때문에 위조를 검출하고 방지할 수 있다. 분산원장기술(DLT)을 구현한 대표적인 예로 블록체인(blockchain)과 그물처럼 거래를 연결하는 방향성 비순환 그래프(Directed Acyclic Graph, DAG) 등이 있다.
- 블록체인은 가지치기를 통해 하나의 블록 연결만 허용하는 반면 DAG 분산원장기술은 네트워크 참여자들로부터 발생하는 이벤트(블록체인에서는 블록을 의미한다.) 연결을 동시에 허용한다.
- 블록체인 플랫폼으로 이더리움(ethereum), 하이퍼레저(hyperledger) 등이 있고, DAG 분산원장으로는 독일의 IOTA(Internet of Things Application) 프로젝트, 해시그래프(hashgraph)등이 있다.

1087

분산원장기술(Distributed Ledger Technology, DLT)에 대한 설명으로 틀린 것은?

① 분산 네트워크 참여자(node)가 암호화 기술을 사용하여 거래 정보를 검증하고 합의한 원장(ledger)을 공동으로 분산·관리하는 기술이다.

② 중앙 관리자나 중앙 데이터 저장소가 없으며, 데이터 관리의 신뢰성을 높이기 위해 분산 네트워크 내의 모든 참여자(peer)가 거래 정보를 합의 알고리즘에 따라 서로 복제하여 공유한다.

③ 블록체인은 네트워크 참여자들로부터 발생하는 이벤트들을 블록화하여 모든 블록을 동시에 연결하는 반면 DAG 분산원장기술은 가지치기를 통해 하나의 이벤트(블록체인에서는 블록을 의미한다) 연결만 허용한다.

④ 블록체인 플랫폼으로 이더리움(ethereum), 하이퍼레저(hyperledger) 등이 있고, DAG 분산원장으로는 독일의 IOTA(Internet of Things Application) 프로젝트, 해시그래프(hashgraph)등이 있다.

정답 ③

풀이 ③ 블록체인은 가지치기를 통해 하나의 블록 연결만 허용하는 반면 DAG 분산원장기술은 네트워크 참여자들로부터 발생하는 이벤트(블록체인에서는 블록을 의미한다) 연결을 동시에 허용한다.

1088

블록체인에 대한 설명으로 틀린 것은?

① 블록은 식별, 암호화 및 거래 정보를 포함하는 기본 데이터 단위이다.

② 블록 해시는 전체 블록의 식별자 역할을 하는 블록 이름 정보인데 헤더 정보에 암호화 기술을 적용한 값이다.

③ 헤더는 버전 정보, 이전 블록 해시, 머클 루트(merkle root), 시간(time), 난이도(difficulty) 및 논스 (nonce)로 구성된다.

④ 머클 루트(Merkle root)는 블록의 바디(body)에 포함된 모든 거래 정보를 특정 크기 단위별로 암호화 기법을 적용하여 여러 단계(round)를 거쳐 해시값을 만든 데이터 구조이다.

> **정답** ④
>
> **풀이** 머클 트리에 대한 설명이다. 머클 루트는 머클 트리의 최상위에 위치하는 해시값이다.

1089

블록체인 기술과 머클 트리에 대한 다음 설명 중 틀린 것은?

① 블록은 블록 해시, 헤더, 바디로 구성되며, 헤더는 버전 정보, 이전 블록 해시, 머클 루트, 시간, 난이 도, 논스로 구성된다. 바디는 다양한 거래 정보들을 포함한다.

② 블록체인에서 블록 하나에 포함된 모든 거래 정보를 요약하여 트리형태로 표현한 데이터 구조를 머클 트리라고 한다. 블록의 바디에 포함된 모든 거래 정보를 특정 크기 단위별로 암호화 기법을 적용하여 여러 단계를 거쳐 해시값을 만들며, 이 해시값들이 트리 형태를 이룬다.

③ 머클 트리를 생성하는 과정은 먼저 블록 내의 모든 거래 정보들의 해시값을 계산하고, 이를 리프 데 이터라고 부른다. 두개의 리프 데이터를 연결하여 해시값을 구하며, 이를 부모 데이터라고 한다. 쌍 을 지을 수 없을 때까지 상향식으로 반복하여 해시값을 구하며, 이때 최종 해시값이 머클 트리 루트 이고 블록의 헤더에 포함된다.

④ 머클 트리는 이진 트리 구조와 반대로 자식 노드에서 부모 노드로 상향하는 구조이다. 이 머클 트리 의 최하위에 위치하는 해시값을 머클 루트라고 한다.

> **정답** ④
>
> **풀이** ④ 머클 트리의 최하위가 아닌 최상위에 위치하는 해시값을 머클 루트라고 한다.

1090

머클 트리(Merkle Tree)에 대한 설명 중 틀린 것은?

① 머클 트리는 모든 리프 노드가 트랜잭션의 해시값을 저장하고, 상위 노드는 자식 노드의 해시값을 결합한 후 다시 해시화한 값을 가지는 이진트리이다.

② 머클 트리는 해시 트리의 일종으로서, 한번 생성된 후에는 트리의 어떤 부분도 변경되지 않는 불변의 구조다.

③ 머클 트리의 모든 브랜치는 독립적으로 검증할 수 있어, 트리의 일부 데이터만으로도 데이터의 유효성을 확인할 수 있다.

④ 머클 트리의 루트 노드는 트리의 모든 해시값을 '직접적으로' 포함하지 않고, 루트 노드는 리프 노드부터 상위 노드로 거슬러 올라가며 결합하고 해시화한 해시값을 가지므로, 루트 노드만으로는 전체 데이터의 내용을 복원할 수 없다.

> 정답 ②
>
> 풀이 ② 머클 트리는 해시 트리의 일종이지만, 불변의 구조가 아니라, 블록이 추가되거나, 트랜잭션이 변경되면 업데이트 될 수 있다.

1091

블록체인 기술에 대한 설명으로 틀린 것은?

① 블록의 헤더는 버전 정보, 이전 블록 해시, 머클 루트, 시간, 난이도 및 논스로 구성되어 있다.

② 블록 해시는 전체 블록의 식별자 역할을 하며, 다음 블록에 이전 블록의 블록 해시가 포함되어 가상의 고리로 연결된 구조를 가진다.

③ 블록의 바디에는 거래 정보 외에도 블록의 해시와 헤더 정보가 포함되어 있다.

④ 머클 트리는 블록 하나에 포함된 모든 거래 정보를 요약하여 트리 형태로 표현한 데이터 구조이며, 자식 노드에서 부모 노드로 상향하는 구조를 가지고 있다.

> 정답 ③
>
> 풀이 ③ 블록의 바디에는 거래 정보만 포함되어 있다. 바디에 해시와 헤더 정보가 포함되지 않는다.

1092

블록체인 합의 알고리즘에 대한 설명으로 틀린 것은?

① 작업증명(Proof of Work, PoW)은 컴퓨터 연산을 통해 블록체인의 블록 헤더에 제시된 난이도 조건을 만족하는 블록 해시값을 찾는 방식으로, 이 방식은 컴퓨팅 파워 낭비와 에너지 소모가 심한 단점을 가지고 있다.

② 채굴(mining)은 분산원장기술(DLT)에서 합의 알고리즘의 결과로 원장 기록 생성을 장려하기 위해 원장 생성자에게 보상을 주는 과정을 말하며, 작업증명(Proof of Work, PoW) 합의 알고리즘에서 사용한다.

③ 지분증명(Proof of Stake, PoS)은 블록체인 네트워크의 각 노드마다 식별자(ID)를 만들어 합의 시 지분의 양을 계산하고, 이는 작업증명(PoW)이 가져오는 대규모의 컴퓨팅 파워 낭비 문제를 해결하기 위해 고안되었다.

④ 위임지분증명(Delegated Proof of Stake, DPoS)은 대표 노드의 수가 고정되어 있으며, 한번 선정된 대표 노드는 바뀌지 않는다.

> 정답 ④
>
> 풀이 ④ 위임지분증명(DPoS)에서 대표 노드의 수는 블록체인 플랫폼의 정책에 따라 달라질 수 있으며, 올바른 의사결정을 하지 않는 대표 노드는 언제든 바뀔 수 있다.

1093

지분증명(Proof of Stake, PoS)에 대한 설명으로 옳은 것은?

① PoS는 참여자가 채굴 확률을 높이기 위해 많은 양의 전력을 사용하는 것을 요구한다.

② PoS는 사용자가 보유한 특정 암호화폐의 양에 비례하여 채굴 가능성이 결정된다.

③ PoS는 작업증명(Proof of Work, PoW)과 동일하게 모든 노드가 경쟁하여 새 블록을 생성한다.

④ PoS에서 블록 생성 권한은 채굴 과정 없이 무작위로 선택된다.

> 정답 ②
>
> 풀이 ① PoS는 PoW와는 달리 참여자가 많은 양의 전력을 사용하는 것을 요구하지 않는다. PoS는 블록을 생성하는 데 필요한 자원을 줄이기 위해 만들어진 시스템이다.
> ② PoS는 사용자가 보유한 특정 암호화폐의 양에 비례하여 채굴 가능성이 결정된다. 이것은 PoS의 주요 특징 중 하나로, 사용자가 보유한 토큰의 양에 따라 블록을 생성할 수 있는 확률이 결정된다.
> ③ PoS에서는 PoW와는 다르게 모든 노드가 새 블록을 생성하기 위해 경쟁하지 않는다. 대신, 사용자의 토큰 보유량에 따라 블록 생성 권한이 결정된다.
> ④ PoS에서 블록 생성 권한은 무작위로 선택되는 것이 아니라, 보유한 토큰의 양에 따라 결정된다. 이로 인해 네트워크의 안전성을 유지하고 블록 생성을 더 효율적으로 관리할 수 있다.

Theme 184 비트코인(Bitcoin)

♀ 핵심정리　비트코인(Bitcoin)

(1) 의의

- 비트코인(bitcoin)은 블록체인 기술을 기반으로 만들어진 온라인 암호화폐이다. 비트코인의 화폐 단위는 BTC로 표시한다.
- 2008년 10월 사토시 나카모토라는 가명을 쓰는 프로그래머가 개발하여, 2009년 1월 프로그램 소스를 배포했다.
- 중앙은행이 없이 전 세계적 범위에서 P2P 방식으로 개인들 간에 자유롭게 송금 등의 금융거래를 할 수 있게 설계되어 있다.
- 거래장부는 블록체인 기술을 바탕으로 전 세계적인 범위에서 여러 사용자들의 서버에 분산하여 저장하기 때문에 해킹이 불가능하다. SHA − 256 기반의 암호 해시함수를 사용한다.

(2) 거래

① 의의

비트코인 거래자들은 은행계좌에 해당하는 공개주소를 활용하여 비트코인을 이체한다.

② 비트코인 지갑

- 이용자는 지갑프로그램을 통해 무수히 많은 공개주소를 만들 수 있으며 공개주소와 함께 비밀키도 동시에 생성된다.
- 비트코인 지갑은 사용자가 보유 비트코인을 확인하고 이체거래를 실시할 수 있도록 고안된 프로그램으로 Multibit, Bitcoin − Qt 등 PC용 지갑 및 Coinbase 등 모바일 지갑이 사용된다.

③ 공개주소(Public address)

공개주소는 임의로 생성되는 문자와 숫자의 조합으로 계좌번호와 같은 기능을 수행하며 비트코인 잔액을 표시한다.

④ 비밀키(Private key)

비밀키는 일종의 비밀번호로서 이용자의 지갑프로그램에 저장되며 비트코인 이체거래 시 입력되어야 한다.

(3) 생성

- 비트코인 네트워크는 "코인 생성" 옵션을 선택한 소프트웨어를 구동하는 누군가, 구체적으로는 블록을 생성해내는 데 성공한 누군가에게 한 묶음의 새로운 비트코인을 시간당 6번 정도씩 생성해 배분할 수 있도록 되어 있다. 그 소프트웨어나 같은 역할을 하는 사용자가 직접 만든 특수한 프로그램을 구동하는 사람은 누구나 비트코인 묶음을 받을 가능성이 있다.
- 비트코인을 생성하는 것은 금광 채굴에 빗대어 "채굴"이라고 불리기도 한다. 사용자가 코인 묶음을 받을 수 있는 확률은 정해진 목표 값 이하의 해시를 만들어낼 수 있는 확률과 같으며, 비트코인이 묶음당 생성되는 채굴량은 50BTC를 넘지 않는다.
- 그리고 채굴량 변동은 매 21만 블록이 생성될 때마다 1/2로 줄어들게 프로그램 되어, 전부 2100만 비트코인을 넘지 않게 된다. 이 지불금이 줄어들면, 사용자들은 블록을 생성하는 노드를 구동하는 것 보다는 거래 수수료를 벌도록 유도된다.

- 네트워크의 생성용 노드들은 전부 그들의 후보 블록을 만들기 위한 암호화 문제를 찾아내기 위해 경쟁한다. 이 문제를 풀려면 반복적인 시행착오가 필요하다. 노드가 정답을 찾으면 네트워크의 나머지 노드에게 그것을 알리고 새로운 비트코인 묶음을 요구한다. 새로 해결된 블록(solved-block)을 받은 노드들은 그것을 허가하기 전에 인증하고 체인에 추가한다. 노드에는 표준 클라이언트를 사용하거나 GPU 가속을 이용하는 다른 소프트웨어가 사용될 수 있다. 사용자들은 집단으로 비트코인을 생성할 수도 있다.

(4) 총발행량
- 2009년 만들어진 비트코인은 총 발행량 2100만 비트코인이 한계이다. 그 이상은 발행될 수 없다. 2017년 6월 기준으로 대략 1,650만 비트코인이 발행되었다. 전문가들은 비트코인이 전부 발행되는 시점을 2150년 즈음으로 예상하고 있다.
- 그러나 다른 유사한 암호통화가 비트코인을 시작으로 해서 다수 등장해 있기 때문에, 라이트코인 등 대체 암호통화를 사용하거나, 아니면 더 작은 단위로 쪼개 쓰면 된다. 비트코인은 소수점 8자리까지 나눌 수 있게 설계됐다. 비트코인의 가장 작은 단위는 창안자인 사토시 나카모토를 기념하기 위해 '사토시'라는 단위로 불린다.

1094

비트코인에 대한 설명으로 틀린 것은?

① 비트코인 네트워크는 새로운 비트코인을 시간당 6번 정도씩 생성해 배분한다.
② 비트코인이 묶음당 생성되는 채굴량은 50BTC를 넘지 않는다.
③ 사용자가 코인 묶음을 받을 수 있는 확률은 정해진 목표 값 이상의 해시를 만들어낼 수 있는 확률과 같다.
④ 채굴량 변동은 매 21만 블록이 생성될 때마다 1/2로 줄어들게 프로그램 되어, 전부 2100만 비트코인을 넘지 않게 된다.

정답 ③

풀이 사용자가 코인 묶음을 받을 수 있는 확률은 정해진 목표 값 이하의 해시를 만들어낼 수 있는 확률과 같다. 참고로 사용자는 블록 헤더 정보(이전 블록 해시, 타임스탬프, 거래 정보 등)를 기반으로 해시값을 계산하고, 목표 값 이하의 해시값을 만들어낼 때까지 반복적으로 nonce 값을 변경한다. 목표 값 이하의 해시값을 만들어내는 데 성공하면 블록이 생성되고 채굴자는 코인 묶음을 보상받을 수 있다.

1095

비트코인에 대한 설명으로 틀린 것은?

① 비트코인은 암호화폐 중 하나이다.
② 총 발행량이 2100만 비트코인으로 제한되어 있다.
③ 구매력이 저장되고 구매력을 자체단위로 표시한다는 점에서 상품으로 볼 수 없다.
④ 비트코인의 공정한 거래, 그 밖의 거래의 안전성을 도모하기 위한 중앙거래소가 존재한다.

1096

비트코인(Bitcoin)에 대한 설명으로 틀린 것은?

① 비트코인은 사토시 나카모토란 가명의 프로그래머 또는 집단에 의해 2009년 처음으로 도입되었다.

② 비트코인은 서버/클라이언트 네트워크상에서 암호화 알고리즘에 따라 채굴된다.

③ 채굴자들을 포함한 다수의 네트워크 참가자들은 계좌이체 방법으로 비트 코인을 거래한다.

④ 비트코인 거래자들은 은행계좌에 해당하는 공개주소를 활용하여 비트코인을 이체한다.

핵심정리 현금, 전자화폐 및 유가증권과의 비교

(1) 현금과의 비교

• 현금은 지급 청산 결제의 전 과정을 거쳐야 거래가 완결되는 비현금 지급수단과 달리 지급만으로
거래가 종료된다.

• 비트코인은 최종적인 가치를 지니며 지급거래 후 더 이상의 채권 채무관계가 남아있지 않다는 점
에서 현금과 비슷하다.

• 그러나 비트코인은 현금과 달리 물리적 실체 없이 전자화된 파일의 형태를 가지며 정부 또는 발행
기관에 의해 가치가 보장되지 않고 비트코인 네트워크를 구성하는 사용자들에 의해서만 가치가 인
정된다.

(2) 전자화폐와의 비교

• 유럽연합은 전자화폐를 발행인에 대한 청구권으로 화폐적 가치가 전자화된 형태로 저장되고 발행
금액에 상응하는 법정통화를 수취한 대가로 발행되며 발행기관 이외의 가맹점에서 사용할 수 있는
지급수단으로 정의한다.

• 비트코인은 특정한 가치가 전자화된 형태로 저장되어 있고 온·오프라인 상점에서 사용될 수 있다
는 점에서는 전자화폐와 유사하다.

• 그러나 발행기관이 존재하지 않으며 법정통화를 수취한 대가가 아니라 미리 정해진 알고리즘에 따
라 발행된다는 점에서 전자화폐와 다르다.

- 또한 전자화폐와 달리 관련법의 규제를 받지 않으며 법정 통화 단위(달러, 유로 등)로 표시되지 않고 자체적인 화폐 단위로 표시된다.

(3) 유가증권과의 비교
- 유가증권은 권리의 거래를 편리하게 하기 위해 무형의 권리를 증권에 결합한 증서를 의미한다.
- 비트코인은 주식 채권 등과 같이 거래소를 통해 매매되고 있어 유가증권의 성격도 포함한다.
- 그러나 유가증권은 지분증권 및 채무증권으로 구분되며 권리의 존재를 전제로 하는 만큼 권리관계가 없는 비트코인은 유가증권으로 해석되기 어렵다.
- 더욱이 유가증권은 유가증권법정주의에 의해 법으로 그 종류와 내용을 제한하기 때문에 비트코인이 유가증권으로 인정되기 위해서는 명시적인 법률 규정이 필요하다.

♀ 핵심정리   가상화폐

(1) 의의
- 유럽중앙은행(ECB)은 가상화폐를 가상공간의 개발자에 의해 발행되고 가상공간의 회원 사이에 지급수단으로 수수되며 법규에 의해 통제되지 않는 화폐로 정의한다.
- 실제 법정통화와의 교환성을 기준으로 Type 1(폐쇄형), Type 2(일방형), Type 3(양방형)으로 구분한다.

(2) Type 1(폐쇄형)
가상세계의 활동을 통해서만 가상화폐를 획득할 수 있고 발행된 가상화폐는 가상세계에서만 사용 가능하다.

(3) Type 2(일방형)
법정통화로 가상화폐를 구매할 수는 있으나 가상화폐를 법정통화로 교환할 수는 없다.

(4) Type 3(양방형)
법정통화와 가상화폐 간 교환이 자유롭게 이루어진다.

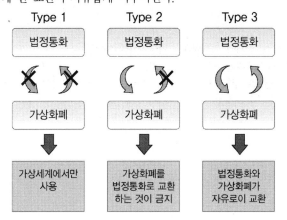

♀ 핵심정리   가상화폐와의 비교

- 비트코인은 법정통화와 상호 교환되는 Type 3(양방형)의 가상화폐와 비슷하지만 발행 및 거래승인을 담당하는 중앙 기관이 없다는 점에서 큰 차이를 보인다.
- 유럽중앙은행(ECB)은 비트코인을 Type 3(양방형)의 가상화폐로 간주한다.

구분	현금(법정통화)	전자화폐	가상화폐(Type1,2)	비트코인
화폐 형태	주화(금속) 또는 지폐(종이)	디지털	디지털	디지털
화폐 단위	법정통화	법정통화	가상화폐	가상화폐
적용 법규	있음	있음	없음	없음
사용처	모든 거래	가맹점	가상공간	가맹점
발행기관	중앙은행	금융기관	비금융기관	없음
법정통화와의 교환성		법정통화로 충전, 잔액은 법정통화로 환급가능	가상화폐를 법정통화로 교환할 수 없음	법정통화와 자유로이 교환됨

1097

비트코인(Bitcoin)에 대한 설명으로 옳은 것은?

① 발행기관이 없다는 점에서 가상화폐와 유사한 면이 있다.

② 서버·클라이언트 네트워크상에서 암호화 알고리즘에 따라 채굴된다.

③ 디지털 파일의 형태로 구매력이 저장되고 구매력을 법정 통화로 표시한다.

④ 최종적인 가치를 지니며 지급거래 후 더 이상의 채권 채무관계가 남아있지 않다는 점에서 현금과 비슷하다.

정답 ④

풀이　① 비금융 기관이기는 하지만 가상화폐는 발행 기관이 존재한다.
　　　② P2P 네트워크상에서 채굴된다.
　　　③ 디지털 파일의 형태로 구매력이 저장되고 구매력을 자체단위로 표시한다.

1098

암호화폐(Cryptocurrency)에 대한 설명으로 틀린 것은?

① 암호화폐는 블록체인이나 DAG(Directed Acyclic Graph)를 기반으로 한 분산 원장 위에서 동작한다.

② 코인은 비트코인과 같이 단독적이고 독립적인 블록체인을 갖는 모든 암호화폐이다.

③ 이더리움의 이더(ETH)는 탈중앙화된 블록체인에서 실행되는 범용 컴퓨터 프로그램을 만들기 위한 스마트 계약 플랫폼의 네이티브 코인이다.

④ 독자적인 플랫폼을 구축하여 생태계를 만들어 나가는 암호화폐를 토큰(token)이라 하고, 다른 특정 플랫폼을 기반으로 DAPP에서 사용 가능한 암호화폐를 코인(coin)이라 한다.

> 정답 ④
>
> 풀이 ④ 독자적인 플랫폼을 구축하여 생태계를 만들어 나가는 암호화폐를 코인(coin)이라 하고, 다른 특정 플랫폼을 기반으로 DAPP에서 사용 가능한 암호화폐를 토큰(token)이라 한다.

핵심정리   중앙은행 디지털화폐(CBDC)

중앙은행 디지털화폐(CBDC)는 기존의 실물 화폐와 달리 가치가 전자적으로 저장되며 이용자 간 자금이체 기능을 통해 지급결제가 이루어지는 화폐를 말한다. 중앙은행이 발행하는 법정통화로서 가상화폐와 달리 기존의 화폐와 동일한 교환비율이 적용되어 가치변동의 위험이 없다. 중앙은행 디지털화폐의 발행은 일반 경제주체들의 지급 편의를 증진시킬 것으로 예상되나 새로운 금리체계의 형성과 은행 예금의 감소 등으로 통화정책의 유효성과 금융안정성에 광범위한 영향을 미칠 것으로 보인다.

탈중앙화 금융(DeFi)

1099

탈중앙화 금융(DeFi)에 대한 설명으로 틀린 것은?

① 블록체인을 기반으로 가상자산을 이용한 탈중앙화 금융서비스를 의미한다.

② 현재 운영 중인 디파이 프로젝트의 대부분은 프로그래밍이 가능한 블록체인인 이더리움(Ethereum)의 디앱(dAPP)을 통해 구동된다.

③ 가상자산 기반의 금융이지만 가상화폐거래소를 중심으로 이루어지는 핀테크와는 차이가 있다.

④ 디파이 서비스 분야는 현재 대출(lending)이 47%로 가장 높고, 탈중앙화거래소(Decentralized exchange, DEX)가 36%이며, 점차 자산관리(Assets), 파생상품(Derivatives) 등으로 영역이 다양화되는 추세이다.

정답 ③

풀이 ③ 씨파이(Centralized Finance, CeFi)에 대한 설명이다. 블록체인 기술을 활용하지만 중앙화된 시스템 안에서 법정화폐를 기반으로 운영되는 핀테크와 가상자산 기반의 금융이지만 가상화폐거래소를 중심으로 이루어지는 씨파이(Centralized Finance, CeFi)와는 차이가 있다.

1100

가치의 안정에 초점을 두고 상품, 법정화폐 등 다른 자산에 가치를 의존한 암호자산으로 옳은 것은?

① DeFi

② Altcoin

③ Stable Coin

④ Crypto−currency

정답 ③

풀이 ① 디파이는 탈중앙화 금융(Decentralized Finance)를 의미한다.

② '대안'(alternative)과 '화폐'(coin)의 합성어로, 비트코인을 개량한 암호화폐 전체를 의미한다.

③ 가치의 안정에 초점을 두고 상품, 법정화폐 등 다른 자산에 가치를 의존한 암호자산(crypto asset)은 Stable Coin이다.

④ Crypto−currency는 암호화폐이다.

Theme 186 이더리움(Ethereum)

🏷️ 핵심정리   이더리움(Ethereum)

(1) 의의
- 이더리움(Ethereum)은 블록체인 기술을 기반으로 스마트 계약 기능을 구현하기 위한 분산 컴퓨팅 플랫폼이자 플랫폼의 자체 통화명이다. 이더리움이 제공하는 이더(Ether)는 비트코인과 마찬가지로 암호화폐의 일종으로 거래되고 있다. 이더리움의 화폐 단위는 ETH로 표시한다.
- 이더리움은 2015년 7월 30일 비탈릭 부테린(Vitalik Buterin)이 개발하였다. 비탈릭 부테린은 가상화 폐인 비트코인에 사용된 핵심 기술인 블록체인에 화폐 거래 기록뿐 아니라 계약서 등의 추가 정보를 기록할 수 있다는 점에 착안하여, 전 세계 수많은 사용자들이 보유하고 있는 컴퓨팅 자원을 활용해 이더리움 가상 머신(Ethereum Virtual Machine)을 만들고, 이 플랫폼을 이용하여 SNS, e-메일, 전자투표 등 다양한 정보를 기록하는 시스템을 창안했다.

(2) 내장 프로그래밍 언어, '솔리디티'
- 이더리움은 비트코인과 동일한 데이터 구조를 가지고 작동하지만, 비트코인과 달리 프로그래밍 언어를 내장하고 있다. 여기서 말하는 프로그래밍 언어는 이더리움의 고유 언어인 '솔리디티(Solidity)이다.
- 솔리디티는 '튜링 완전(turing completeness)'한 언어로 평가받는다. 특정 프로그램 언어가 '튜링 완전하다'고 평가받는다는 건, 이 프로그램을 이용하면 어떠한 애플리케이션도 개발할 수 있고, 어떤 계산식도 풀 수 있다는 걸 뜻한다. 솔리디티는 C언어나 자바로 할 수 있는 것 대부분을 구현할 수 있다.

🏷️ 핵심정리   차세대 스마트 계약과 분산 응용 애플리케이션 플랫폼

(1) 스마트 계약(Smart contract)
① 의의

스마트 계약은 프로그래밍된 조건이 모두 충족되면 자동으로 계약을 이행하는 자동화 계약 시스템이다. 기존에는 계약이 체결되고 이행되기까지 수많은 문서가 필요했다면 스마트 계약은 계약 조건을 컴퓨터 코드로 지정해두고 조건이 맞으면 계약을 이행하는 방식이다. 스마트 계약을 통해 사람들은 부동산, 주식 등 다양한 것을 거래할 수 있고 제3자 없는 당사자 간 거래가 가능하다.

② 스마트 계약 설계의 기본 원칙
- 스마트 계약은 서로의 계약 이행 가능성을 관찰하거나 성과를 입증할 수 있어야 하며(관측 가능성), 계약을 이행 또는 위반했을 때 이를 알 수 있어야 한다(검증 가능성).
- 또한 계약 내용은 계약에 필요한 당사자들에게만 분배돼야 한다(사생활 보호).
- 마지막으로 계약을 강제로 이행할 수 있는 구속력이 있어야 한다(강제 가능성). 이때 강제 가능성은 최소화해야 한다.

(2) 차세대 스마트 계약
- 차세대 스마트 계약이 가능한 이더리움에서는 각 비즈니스 로직에 따른 복잡하고 다양한 계약 패턴을 소화할 수 있다.
- 개발자는 차세대 스마트 계약으로 다양한 분산형 애플리케이션(DApp, Decentralized Application)을 개발할 수 있다. 이더리움 프로젝트 홈페이지에는 이더리움을 기반으로 만들어진 다양한 DApp들이 소개돼 있다. 고양이 키우기 게임 '크립토키티즈', 집단지성 백과사전 '루나'(LUNYR) 등이 DApp의 주요 사례다.

1101

이더리움에 대한 설명으로 틀린 것은?

① 2015년 7월 30일 비탈릭 부테린(Vitalik Buterin)이 개발하였다.

② 이더리움은 DO 기반 플랫폼으로 이더리움의 스마트 계약 기능은 DO의 운영에 필요한 기본적인 기능을 제공한다.

③ 이더리움은 비트코인과 동일한 데이터 구조를 가지고 작동하지만, 비트코인과 달리 프로그래밍 언어를 내장하고 있다.

④ 이더리움은 블록체인 기술을 기반으로 스마트 계약 기능을 구현하기 위한 분산 컴퓨팅 플랫폼이자 플랫폼의 자체 통화명이다.

정답 ②

풀이 이더리움은 DAO 기반 플랫폼으로 이더리움의 스마트 계약 기능은 DAO의 운영에 필요한 기본적인 기능을 제공한다. 참고로 탈중앙조직(Decentralized organizations, DO)과 탈중앙자율조직(Decentralized autonomous organizations, DAO)의 차이는 탈중앙자율조직(DAO)이 내부 자본을 가진다는 것이다. 탈중앙화된 자율 조직은 특정행동에 보상으로 주어지는 체제로서 어떤 형태의 내부자산을 가지고 그 가치를 활용할 수 있다.

1102

이더리움(Ethereum)에서 사용되는 스마트 컨트랙트(Smart Contract)에 대한 설명으로 틀린 것은?

① 스마트 컨트랙트는 자동화된 계약서로, 조건이 충족되면 자동으로 실행된다.

② 이더리움에서 사용되는 스마트 컨트랙트는 Solidity라는 프로그래밍 언어로 작성된다.

③ 스마트 컨트랙트의 실행 결과는 블록체인상에 기록되며, 변경이 불가능하다.

④ 2022년 이더리움은 지분증명(PoS)에서 작업증명(PoW) 방식의 합의 알고리즘으로 전환하였다.

정답 ④

풀이 ④ 2022년 이더리움은 작업증명(PoW) 방식에서 지분증명(PoS) 방식으로 합의 알고리즘으로 전환하였다.

1103

이더리움(Ethereum)에 대한 설명으로 틀린 것은?

① 2015년 7월 30일 비탈릭 부테린(Vitalik Buterin)이 개발하였다.

② 블록체인 기술을 기반으로 스마트 계약 기능을 구현하기 위한 분산 컴퓨팅 플랫폼이자 플랫폼의 자체 통화명이다.

③ 이더리움은 비트코인과 동일한 데이터 구조를 가지고 작동하지만, 비트코인과 달리 프로그래밍 언어를 내장하고 있다.

④ The DAO는 이더리움 탈중앙자율조직(DAO)의 개념을 구체화한 프로젝트로서 자체 내부 자본을 가지지 않는다.

> **정답** ④
>
> **풀이** 탈중앙조직(Decentralized organizations, DO)과 탈중앙자율조직(Decentralized autonomous organizations, DAO)의 차이는 탈중앙자율조직(DAO)이 내부 자본을 가진다는 것이다. 그것은 탈중앙화된 자율 조직은 특정행동에 보상으로 주어지는 체제로서 어떤 형태의 내부자산을 가지고 그 가치를 활용할 수 있다.

1104

스마트 계약(Smart contract)에 대한 설명으로 틀린 것은?

① 스마트 계약은 프로그래밍된 조건이 모두 충족되면 자동으로 계약을 이행하는 자동화 계약 시스템이다.

② 스마트 계약을 통해 다양한 상품을 거래할 수 있고 제3자의 개입 없이 당사자 간 거래가 가능하다.

③ 스마트 계약 내용은 분산 네트워크 참여자들에게 분배되어 저장되고 이행 여부가 검증된다.

④ 이더리움(Ethereum)은 블록체인 기술을 기반으로 스마트 계약 기능을 구현하기 위한 분산 컴퓨팅 플랫폼이자 플랫폼의 자체 통화명이다.

> **정답** ③
>
> **풀이** ③ 스마트 계약은 서로의 계약 이행 가능성을 관찰하거나 성과를 입증할 수 있어야 하며(관측 가능성), 계약을 이행 또는 위반했을 때 이를 알 수 있어야 한다(검증 가능성). 또한 계약 내용은 계약에 필요한 당사자들에게만 분배돼야 한다(사생활 보호). 마지막으로 계약을 강제로 이행할 수 있는 구속력이 있어야 한다(강제 가능성). 이때 강제 가능성은 최소화해야 한다.

1105

블록체인(Blockchain)과 관련된 내용으로 틀린 것은? [2023년 기출]

① 블록체인은 네트워크 내의 참여자가 공동으로 정보 및 가치의 이동을 기록, 검증, 보관, 실행함으로써 데이터의 신뢰성을 확보하는 기술이다.

② 스팀잇(Steemit)은 블록체인 기술 기반 뉴스 플랫폼으로 기자와 독자가 직접 뉴스를 거래하는 방식을 의미한다.

③ NFT(Non−fungible token)는 블록체인 기술을 활용하여 이미지 등 디지털화된 자산에 고유한 값을 부여한 인증서로 디지털 토큰 형태로 발행되는 자산 혹은 인증 방식을 의미한다.

④ DAO(Decentralized Autonomous Organization)는 블록체인 기반 스마트 계약 기술을 활용하여 공동 목표를 추구하기 위한 암호화된 지갑을 공유하고 제어할 수 있도록 지원한다.

> **정답** ②
>
> **풀이** ② 스팀잇(Steemit)은 블록체인 기반의 소셜 미디어 플랫폼이다. 스팀잇은 사용자들이 콘텐츠를 생성하고, 평가하고, 보상받는 방식으로 운영된다. 스팀잇의 콘텐츠는 블록체인에 저장되기 때문에, 위조나 조작이 불가능하다. 또한, 스팀잇은 사용자들이 콘텐츠를 보상받는 방식으로 운영되기 때문에, 사용자들은 양질의 콘텐츠를 생성할 수 있는 동기를 갖게 된다.

1106

스팀잇(Steemit)에 대한 설명으로 틀린 것은?

① 이더리움 기반의 소셜 미디어 플랫폼이다.

② 중앙 서버 없이 운영되는 탈중앙화 플랫폼이다.

③ 중앙 기관이 콘텐츠를 검열하거나 삭제할 수 없다.

④ 콘텐츠 제작자들은 스팀(STEEM) 암호화폐로 자신의 노력에 대해 보상받는다.

> **정답** ①
>
> **풀이** 스팀잇(Steemit)은 스팀 블록체인이라고 불리는 자체 블록체인을 가진다. 스팀 블록체인은 스팀잇 플랫폼의 모든 거래를 기록하고 검증하는 역할을 한다.

사물인터넷

사물인터넷

- 사물인터넷(Internet of Things, IoT)은 MIT 의 캐빈 애시톤(Kevin Ashton)이 1999년에 처음 사용하였다.
- 인터넷을 통해 사람, 사물, 공간, 데이터 등 모든 것이 서로 연결되어 생성, 수집, 공유, 활용되는 기술과 서비스로 RFID(Radio−Frequency Identification), USN(Ubiquitous Sensor Network) 센터 등 기술을 포함한다.
- 고유하게 식별 가능한 사물(Things)이 만들어낸 정보를 인터넷을 통해 공유하는 환경을 의미한다.

1107
다음 중 AIOT(Artificial Intelligence of Things)에 대한 설명으로 가장 거리가 먼 것은? [2024년 기출]

① 인공지능 기술과 사물인터넷 인프라를 결합한 것이다.
② 인터넷으로 다른 장치에 연결해 데이터를 교환할 수 있는 센서, 소프트에웨어, 기타 기술을 포함한 사물네트워크이다.
③ 데이터 전송 비용을 줄여준다.
④ 실시간 데이터를 기반으로 교통의 흐름을 모니터링한다.

정답 ③

풀이 ③ 온디바이스 AI 등 엣지 디바이스의 성능이 향상되면서 데이터 전송 비용은 오히려 증가한다.

1108
사물인터넷과 관련이 없는 것은? [2019년 기출]

① 센서
② 분배
③ 통신
④ 상호 작용

정답 ②

풀이 사물인터넷(Internet of Things, IoT)이란 고유하게 식별 가능한 사물(Things)이 만들어낸 정보를 인터넷을 통해 공유하는 환경을 의미한다. IoT의 주요 구성 요소인 사물은 유무선 네트워크에서의 end−device뿐만 아니라, 인간, 차량, 교량, 각종 전자장비, 문화재, 자연 환경을 구성하는 물리적 사물 등이 포함되고, 이동 통신망을 이용하여 사람과 사물, 사물과 사물간 지능통신을 할 수 있는 M2M의 개념을 인터넷으로 확장하여 사물은 물론, 현실과 가상세계의 모든 정보와 상호작용하는 개념으로 진화했다.

1109

사물인터넷의 특징으로 틀린 것은?

① 가벼운 연결

② 제품 중심 비즈니스 모형

③ 정보 흐름의 가시성의 확보

④ 개성 표출이 가능한 스마트 라이프

> **정답** ②
>
> **풀이** ② 제품 중심 비즈니스 모형(Product-oriented business model)은 전통적인 비즈니스 모형으로 단순히 제품을 판매하는 것에 초점을 둔다. 반면에 서비스 중심 비즈니스 모형(Product Service system)은 제품과 서비스를 결합하여 제공하는 모형으로 제품과 서비스의 가치를 함께 고려한다.

1110

사물인터넷의 기술 요소에 대한 설명으로 틀린 것은?

① 센싱 기술은 RFID 및 USN 등과 같은 기술요소를 포함한다.

② 유·무선 통신 및 네트워크 기술은 사물인터넷을 구성하는 요소들을 서비스 및 애플리케이션과 연동하는 역할을 수행한다.

③ 사물인터넷 서비스 인터페이스는 디바이스에서 수집한 데이터를 효율적으로 저장 관리하며, 유용하게 사용될 수 있도록 데이터를 가공하고 분석하여 제공한다.

④ 보안 기술은 네트워크, 단말 및 센서, 대량의 데이터 등 사물인터넷 구성 요소에 대한 해킹 및 정보 유출을 방지하기 위한 기술로, 적용 분야별로 기능·애플리케이션·인터페이스 등이 상이하기 때문에 개별적으로 적합한 보안 기술 적용이 요구된다.

> **정답** ②
>
> **풀이** 사물인터넷 서비스 인터페이스에 대한 설명이다. 유·무선 통신 및 네트워크 기술은 사물이 인터넷에 연결되도록 지원하는 기술로, IP를 제공하거나, 무선통신 모듈을 탑재하는 방식이 대표적인 예이다.

1111

사물인터넷의 기술 중 오프로드 네트워킹(Offload Networking)에 대한 설명으로 옳은 것은?

① 오프로드 네트워킹은 IoT 디바이스의 처리량을 향상시키기 위해 네트워크 트래픽을 다른 장치로 전달하는 기술이다.

② 오프로드 네트워킹은 IoT 디바이스의 전력 소모를 줄이는 데에 중점을 두고 있다.

③ 오프로드 네트워킹은 모든 IoT 디바이스에서 동일하게 작동한다.

④ 오프로드 네트워킹은 IoT 디바이스 간의 통신을 불가능하게 한다.

> **정답** ①
>
> **풀이** ① 오프로드 네트워킹은 IoT 디바이스의 처리량을 향상시키기 위해, 주로 CPU에서 처리되는 네트워크 트래픽을 다른 장치로 전달하는 기술이다. 이를 통해 중앙 처리 장치(CPU)의 부하를 줄이고 성능을 향상시키는 효과를 얻는다.
>
> ② 오프로드 네트워킹은 전력 소모를 직접적으로 줄이는 기술은 아니다. 그러나 CPU의 부하를 줄여 결과적으로 전력 효율성을 증가시킬 수 있으며, 이는 IoT 디바이스의 배터리 수명 연장에 도움이 될 수 있다.
>
> ③ 오프로드 네트워킹은 모든 IoT 디바이스에서 동일하게 작동하지 않는다. 오프로드 네트워킹은 장치의 하드웨어 및 소프트웨어 구성, 사용 사례, 네트워크 환경 등 여러 요소에 따라 성능과 효과가 다를 수 있다.
>
> ④ 오프로드 네트워킹은 IoT 디바이스 간의 통신을 불가능하게 하는 것이 아니라, 네트워크 부하를 분산하여 통신 효율을 높이는 역할을 한다. 이를 통해 IoT 디바이스는 더 많은 데이터를 더 빠르게 처리할 수 있다.

1112

사물 인터넷에 대한 설명으로 올바르지 않은 것은?

① 사물 인터넷은 센서 기능을 장착한 물건들을 서로 연결하여 공장, 사무, 가정 등을 자동화하는 기술이다.

② 사물 인터넷을 구성하고 있는 각 요소들을 서로 연결하기 위해서는 유선과 블루투스와 같은 무선 네트워킹 기능이 필요하다.

③ 사물 인터넷은 전체적인 데이터의 관리 처리 및 서비스에 지능을 포함해야 한다.

④ 사물 인터넷에서는 수많은 사물에서 실시간으로 발생하는 빅데이터를 처리하는 기술도 필요하다.

> **정답** ①
>
> **풀이** ① 사물 인터넷(Internet of Things, IoT)이란 사물이 통신의 주체로 참여하여 기계가 능동적으로 인간을 지원하는 서비스를 창출하는 기술로서, 유·무선 네트워크를 통해 주변의 사물들이 서로의 정보를 수집하거나 공유하면서 상호작용하는 기술을 말한다. 하지만, IoT는 단순히 물건 하나하나가 인터넷과 연결된다는 의미는 아니다. 20년 전에도 센서기능을 장착한 물건들을 서로 연결하여 공장자동화, 사무자동화, 가정자동화를 이루자는 논의가 되고 있었다. 하지만, 단순한 물건들의 연결 기반의 자동화 기술과 달리, IoT는 모든 영역에 있는 사물들이 서로 연결되어 하나의 유기체처럼 사물 간 능동적으로 정보를 교환하고 상호작용하는 한 단계 높은 기술이다. IoT라는 용어는 1999년 케빈 애시턴(Kevin Ashton)이 처음 제안한 것으로 인간, 사물, 서비스 세 가지 구성요소에 대해 인간이 특별한 작업을 하지 않아도 사물들이 능동적으로 상호작용하여 센싱, 네트워킹, 정보처리 등 지능적 관계를 형성하는 사물들의 연결망을 지향했다.

핵심정리 사물인터넷의 기술 요소

(1) 의의

사물인터넷의 기술 요소는 크게 센싱 기술, 유·무선 통신 및 네트워크 인프라 기술, 서비스 인터페이스 기술 등 3가지로 구분한다.

(2) 센싱 기술

센싱 기술은 필요한 사물이나 장소에 전자태그를 부착하여 주변 상황 정보를 획득하고, 실시간으로 정보를 전달하는 사물인터넷의 핵심 기술로서, 전통적인 온도·습도·열·가스·초음파 센서 등에서부터 원격 감지·전자파흡수율(SAR)·레이더·위치·모션·영상 센서 등 주위 환경과 사물의 변화를 감지하고 정보를 얻는 물리적 센서를 포함한다. 대표적으로 RFID 및 USN 등과 같은 기술요소를 포함한다.

(3) 유·무선 통신 및 네트워크 기술

유·무선 통신 및 네트워크 기술은 사물이 인터넷에 연결되도록 지원하는 기술로, IP를 제공하거나, 무선통신 모듈을 탑재하는 방식이 대표적인 예이다.

(4) 사물인터넷 서비스 인터페이스

사물인터넷 서비스 인터페이스는 사물인터넷을 구성하는 요소들을 서비스 및 애플리케이션과 연동하는 역할을 수행한다.

(5) 보안 기술

보안 기술은 네트워크, 단말 및 센서, 대량의 데이터 등 사물인터넷 구성 요소에 대한 해킹 및 정보 유출을 방지하기 위한 기술로, 적용 분야별로 기능·애플리케이션·인터페이스 등이 상이하기 때문에 개별적으로 적합한 보안 기술 적용이 요구된다.

1113

사물인터넷의 기술요소로 볼 수 없는 것은?

① 센싱 기술
② 유·무선 통신 및 네트워크 인프라 기술
③ 인공지능 기술
④ 서비스 인터페이스 기술

정답 ③

풀이 ③ 인공지능 기술은 사물 인터넷의 기술 요소로 볼 수 없다. 사물 인터넷의 기술 요소로는 센싱 기술, 유·무선 통신 및 네트워크 인프라 기술, 서비스 인터페이스 기술 이외에도 보안 기술이 있다.

1114

사물인터넷에 대한 설명으로 틀린 것은?

[2021년 기출]

① 사물인터넷이라는 용어는 케빈 애쉬턴(Kevin Ashton)이 1999년에 처음 사용하였다.

② 무선통신 기술의 발달로 사람 대 사람, 사람 대 사물, 사물 대 사물로 통신 가능 범위가 확대되고, 나아가 사물간의 자율적 통신도 가능한 사물 지능 통신(M2M)으로 발전하였다.

③ 사물인터넷 서비스 인터페이스 기술은 서로 다른 디바이스를 연결하는 물리적 연결을 지원한다.

④ 스마트팩토리(smart factory)는 사물인터넷 기술을 이용해 제품개발, 공급망관리, 자원관리 등 중요한 의사 결정을 스스로 내릴 수 있는 공장을 말한다.

정답 ③

풀이 ③ 유·무선 통신 및 네트워크 인프라 기술에 대한 설명이다. 사물인터넷 서비스 인터페이스 기술은 사물인터넷을 구성하는 요소들을 서비스 및 애플리케이션과 연동하는 역할을 수행한다.

1115

사물인터넷의 기술 요소에 대한 설명으로 틀린 것은?

① 센싱 기술은 대표적으로 RFID 및 USN 등과 같은 기술요소를 포함한다.

② 유·무선 통신 및 네트워크 기술은 주변 상황 정보를 획득하고, 실시간으로 정보를 전달하는 사물인터넷의 핵심 기술이다.

③ 사물인터넷 서비스 인터페이스는 사물인터넷을 구성하는 요소들을 서비스 및 애플리케이션과 연동하는 역할을 수행한다.

④ 보안 기술은 적용 분야별로 기능·애플리케이션·인터페이스 등이 상이하기 때문에 개별적으로 적합한 기술 적용이 요구된다.

정답 ②

풀이 ② 주변 상황 정보를 획득하고, 실시간으로 정보를 전달하는 사물인터넷의 핵심 기술은 센싱 기술이다. 유·무선 통신 및 네트워크 기술은 사물이 인터넷에 연결되도록 지원하는 기술로, IP를 제공하거나, 무선통신 모듈을 탑재하는 방식이 대표적인 예이다.

1116

사물인터넷의 밸류 체인에 대한 설명으로 틀린 것은?

① 칩 벤더, 모듈 및 단말 벤더, 플랫폼 사업자, 네트워크 사업자, 서비스 사업자로 구성된다.

② 칩 벤더와 모듈 및 단말 벤더는 다수의 소규모 기업들에 의해 주도된다.

③ 맞춤형 솔루션 서비스를 제공하기 위한 플랫폼 업체들은 클라우드 기술을 결합한 커넥티드 단말 플랫폼 구축 솔루션에 주력한다.

④ 각 국의 대표적인 통신사업자들은 단말 인증 센터, 개방형 플랫폼 연구, 플랫폼 업체와의 협력, 해외 통신사들과의 제휴 등 생태계 구축을 위한 다각적인 노력을 기울이고 있다.

정답 ②

풀이 ② 칩 벤더와 모듈 및 단말 벤더는 해외 주요 소수 기업이 주도한다. 칩셋은 퀄컴(Qualcomm), 인텔(Intel), ARM, 텍사스 인스트루먼트(Texas Intsrument, TI) 등이 주도하고 모듈은 전세계 공급량의 78%를 씬테리온(Cinterion), 텔릿(Telit), 시에라(Sierra), 심컴(SIMCOM) 등 4개 업체가 공급한다.

'양자'와 양자컴퓨터의 기본 원리

핵심정리 양자컴퓨터의 역사

(1) 의의

- 양자컴퓨터는 1965년 리처드 파인만(Richard Feynman)이 처음 제안한 개념으로 양자역학의 원리에 따라 작동하는 컴퓨터이다.

- 기존 컴퓨터가 0과 1의 조합인 비트(bit) 단위로 모든 연산을 수행하는 것과 달리, 양자컴퓨터는 0과 1이 중첩된 상태인 큐비트(qubit) 단위로 연산을 수행한다. 큐비트를 이용하면, 기존 컴퓨터로 약 1,000년이 걸려야 풀 수 있는 암호를 양자 컴퓨터로 4분만에 풀 수도 있다.

- 양자컴퓨터를 사용하면 기존 컴퓨터로는 연산하기 어려웠던 많은 양의 데이터를 빠른 속도로 처리할 수 있기 때문에, 인공지능(AI), 암호, 기후, 교통 등 다양한 분야에서 사용될 것으로 예상된다.

(2) 등장배경

- 초기 컴퓨터는 진공관을 이용하여 너무 크고 무겁다는 단점을 가지고 있어 전화기를 만들었던 벨 연구소(Bell Labs)에서 트랜지스터(transistor)를 개발하면서 크기가 작아지기 시작했다.

- 계속해서 기술이 발전하여 트랜지스터를 집적시킨 IC칩이 개발되어 컴퓨터는 오늘날의 크기를 가지게 되었는데, 트랜지스터의 크기는 14나노미터로 HIV 바이러스보다 직경이 8배 작고 적혈구보다 500배나 작으며, 현재에는 컴퓨터의 부품들이 원자 크기에 가까워지기 시작했기 때문에 기술이 더욱 발달하여 IC칩을 더욱더 작게 만드는 것은 물리적인 한계에 다다랐다.

- 트랜지스터가 원자 크기에 가까워지면, 원자 크기만큼 줄어들어 양자 터널(tunnel effect)에 의해 막혀있는 통로를 그냥 통과해 버릴 것이다. 입자와 파동의 성질을 모두 가지고 있는 양자역학의 불확정성 원리에 의해 통로를 통과하면 스위치의 역할을 하는 트랜지스터가 기능하지 못하게 되며, 과학자들은 이러한 양자의 속성을 컴퓨터의 장점으로 만들기 위해 노력했고 양자 컴퓨터가 등장할 수 있었다.

(3) 역사

- 양자컴퓨터는 물질의 양자적 성질을 활용해 디지털 컴퓨터 보다 압도적인 연산 능력으로 주목받는 분야이다.

- 양자컴퓨터의 개념은 1982년 미국의 이론 물리학자 리처드 파인만(Richard Feynman)에 의해 처음 제안되었으며, 1985년 영국 옥스퍼드대학교(University of Oxford)의 데이비드 도이치(David Deutsch)에 의해 구체적인 개념이 정립되었다.

- 그 후 1985년 IBM에서 정부 차원의 지원을 받으며 처음으로 본격적인 양자컴퓨터 연구를 시작했다. 미국에서는 암호해독 관심이 높은 국방성과 CIA, 국가안보국(NSA) 등에서 지속해서 큰 관심을 두고 지원했다. 1997년, IBM이 아이작 추앙이 최초의 2큐비트 기반의 양자컴퓨터 개발에 성공했다.

- 이후 2011년 5월, 캐나다 기업인 디웨이브즈(D-Waves)가 최초로 128큐비트의 상용 양자컴퓨터 디웨이브 1(D-Wave 1)을 개발하고 양산하기 시작해 양자컴퓨터 상용화의 발판을 마련했다. 디웨이브1 출시 당시 양자컴퓨터의 진정한 의미에 맞는가에 대한 논란이 있었으나, 구글과 나사(NASA)의 실험 결과 특정 문제에 대해 1억 배 이상의 처리속도 향상을 확인하였다. 2013년 5월 디웨이브즈는 512큐비트 기반의 양자컴퓨터인 디웨이브 2(D-Wave 2)를, 2015년과 2017년에는 각각 디웨이브 2X, 디웨이브 2,000Q를 개발하였다. 디웨이브즈는 현재까지 양자컴퓨팅을 활용한 최초의 기업이자 최초로 양자컴퓨터를 상용화한 기업이라고 평가받고 있다.

(1) 의의

• 양자 컴퓨터를 구현하는 방식은 아날로그 방식과 디지털 방식 두 가지가 있다. 아날로그 방식은 디웨이브즈, 디지털 방식은 IBM이 각각 대표하고 있다.

• 흔히 알고 있는 양자 컴퓨터는 보통 원리적으로 기존 컴퓨터에 가까운 디지털 방식이다. 아날로그 방식보다 활용도가 훨씬 다양하기 때문에 업계에서는 범용 양자컴퓨터라고도 불린다.

• 구글의 양자 컴퓨터는 아날로그와 디지털을 통합해 하이브리드 방식을 채택 중이다. 사용 소자에 따라 초전도 큐비트 형, 스핀 큐비트 형, 이온 트랩 형 등 다양한 방식으로 개발한다.

(2) 큐비트(qubit)

• 큐비트는 양자를 뜻하는 퀀텀(quantum)과 컴퓨터의 정보 저장 최소 단위인 비트(bit)를 합성한 말로써, 양자컴퓨터에서 정보를 저장하는 최소 단위를 말한다. 비트 단위를 쓰는 기존 컴퓨터와는 다르게 양자컴퓨터는 큐비트 단위를 쓴다.

• 기존 비트는 0과 1 두 숫자의 조합으로 모든 것을 표현한다. 이 때문에 용량을 늘리는 데 한계가 있었다. 그에 반해 양자컴퓨터는 0, 1의 두 개의 상태를 동시에 가질 수 있다. 양자 정보의 기본 단위는 큐비트 또는 양자비트라고 한다. 하나의 큐비트가 더해질 때마다 성능은 두 배로 올라간다. 17큐비트는 6큐비트보다 2^{11}, 즉 2,000배 이상 더 높은 성능을 가질 수 있다.

• 기존 슈퍼컴퓨터로 몇억 년부터 수십 년이 걸리는 소인수분해나 250자리 암호체계도 양자컴퓨터는 몇 분이면 풀 수 있다. 또한, 비트코인(Bitcoin) 같은 암호화폐 채굴도 지금과 비교가 안 될 정도로 쉬워진다.

(3) 양자 역학

① 의의

양자는 띄엄띄엄한 양이라는 의미의 라틴어에서 나온 영어로, 양자역학은 원자 세계와 전자가 어떻게 돌아다니는지를 기술한 학문이다. 또한 양자 역학은 쪼갤 수 없는 최소량의 에너지 단위인 양자(quantum)를 기반으로 전자, 광자, 양전자, 중성자 등의 소립자를 연구하는 물리학의 한 분야이다. 양자역학은 기존 고전 물리학과 달리, 양자의 중첩 현상, 양자얽힘 현상, 불확정성 원리 등 양자가 가지는 3가지 특징을 가지며 다음과 같다.

② 양자중첩(superposition)

• 양자컴퓨터의 특징 중 하나인 큐비트는 회전상태, 혹은 두 가지 자기장 상태의 양자 시스템이 가능하다. 0, 1 중 하나의 상태가 아닌 동시에 두 가지 비율의 상태가 될 수 있는데 이것을 중첩이라고 부른다.

• 고전적인 컴퓨터는 하나의 입력값에 대해 하나의 결과만 내놓는다. 입력하는 값에 따라 출력값이 선형적으로 결정되는 결정론적인 체계이다. 이에 비해 양자적 수준 소립자를 이용하는 양자컴퓨터는 중첩을 이용한다. 중첩은 여러 가지 상태가 동시에 하나의 입자에 나타나는 것을 말하며 양자의 불확정성과 연관된다.

• 중첩이란 단순히 가능성만을 이야기하는 것이 아니다. 양자적 수준에서는 값이 관측되기 전까지 여러 상태가 확률적으로 중첩된 상태로 존재하다가, 관측하거나 조작을 하는 순간 어느 하나의 상태로 고정된다. 이러한 특징 때문에 양자 컴퓨터는 적은 큐비트로도 많은 경우의 수를 표현 가능하며 큐비트 자체가 비결정론적이라 여러 가지 결괏값을 한 번에 내는 게 가능하다.

• 또한 양자컴퓨터는 양자를 확률 파동함수로 표현했을 때 상반되는 상태가 상쇄되기 때문에 오답을 빨리 제거할 수 있다. 이런 장점은 양자컴퓨터의 작동 원리가 기존 컴퓨터와 본질적으로 다르기 때문에 나타난다. 이 때문에 우리가 컴퓨터에 기대하는 빠름과 양자컴퓨터의 빠름과는 적용 분야나 성격에 큰 차이가 나는 것이다.

③ 양자얽힘(entanglement)
- 중첩된 상태가 필터를 거치면 분극화가 일어나게 되는데, 이를 측정하는 순간 하나의 명확한 상태로 와해가 되어 원하는 값을 볼 수 있게 된다. 즉 정보를 읽어 들이기 전까지 0과 1이 동시에 있고 관측하는 순간 그 값이 결정되는 것이다. 여기서 양자얽힘은 동시에 존재하는 정보 하나만 관측해도 나머지 하나의 정보 값을 결정지을 수 있다.
- 기존 비트는 각각 4개의 다른 수치들이 고정되어 16가지의 조합밖에 나타낼 수 없지만, 중첩상태의 큐비트는 16가지뿐만 아니라 16가지의 조합들을 동시에 구현할 수 있다. 즉 20개의 큐비트가 있으면 2^{20}(1,048,576)에 달하는 값들을 동시에 저장할 수 있으니 많은 차이가 있다. 50큐비트만 가지고도 슈퍼컴퓨터 이상의 성능을 가질 수 있다. 이런 특징을 얽힘이라고 한다.
- 큐비트들이 멀리 떨어져 있는 것과 관계없이 순간적으로 각각의 큐비트는 다른 상태의 변화로 반응하게 된다. 얽힘의 특징 때문에 큐비트 하나를 측정할 때, 또 다른 얽힌 큐비트를 관측할 필요 없이 속성을 바로 사용할 수 있고 동작도 예측할 수 있게 된다.
④ 불확정성 원리
- 불확정성 원리는 서로 다른 특징을 갖는 상태의 중첩에 의해 측정값이 확률적으로 주어지게 되는데, 이를 응용한 양자컴퓨터에서는 이른바 큐비트라 불리는 양자비트 하나로 0과 1의 두 상태를 동시에 표시할 수 있다.
- 따라서 데이터를 병렬적으로 동시에 처리할 수도 있고, 또한 큐비트의 수가 늘어날수록 처리 가능한 정보량도 기하급수적으로 늘어나게 된다. 즉 2개의 큐비트라면 모두 4가지 상태(00, 01, 10, 11)를 중첩하는 것이 가능하고 n개의 큐비트는 2^n만큼 가능하게 되므로, 입력 정보량의 병렬 처리 때문에 연산 속도는 기존의 디지털 컴퓨터와 비교할 수 없을 만큼 빨라진다.
- 수학에서 시간이 오래 걸리는 난문제로 유명한 소인수분해를 예로 들 때, 지금의 컴퓨터로는 250디지트(2진 단위)의 수를 소인수분해 하려면 80만 시간이 걸릴 것이라고 예상된다고 한다. 1000디지트 수라면 10^{25}시간이 필요하며, 이는 우주의 나이보다도 더 많은 시간이다. 그러나 양자컴퓨터로는 몇 십분 정도면 충분할 것이고, 또한 현재의 컴퓨터로는 해독하는 데 수백 년 이상 걸리는 암호체계도 양자컴퓨터를 이용하면 불과 4분만에 풀어낼 수 있다.

1117
양자컴퓨터에 대한 설명으로 틀린 것은?   [2020년 기출]

① 양자는 띄엄띄엄 존재하는 물리량을 최소화하여 정수로 표시한 단위이다.
② 양자컴퓨터는 중첩, 얽힘 등 양자의 고유한 물리학적 특성을 이용하여, 다수의 정보를 동시 처리할 수 있는 새로운 개념의 컴퓨터이다.
③ 양자컴퓨터는 큐비트를 사용하는데, 큐비트는 0과 1을 동시에 가질 수 있고 2개의 큐비트를 사용하면 모두 4가지(00, 01, 10, 11) 상태를 중첩하는 것이 가능하다.
④ 양자컴퓨터는 큐비트를 정보처리의 기본단위로 하는 양자병렬처리를 통해 정보 처리 및 연산 속도가 지수 함수적으로 증가하여 소인수분해, 대량 데이터 탐색, 최적경로탐색 등 복잡한 계산과 빅데이터 처리에 강점이 있다.

1118

양자컴퓨터에 대한 설명으로 틀린 것은?

① 1982년 미국의 이론 물리학자 리처드 파인만에 의해 처음 제안되었다.

② 1997년, IBM의 아이작 추앙이 최초의 2큐비트 기반의 양자 컴퓨터 개발에 성공했다.

③ 양자는 띄엄띄엄한 양이라는 의미의 라틴어에서 나온 영어로, 양자역학은 원자 세계와 전자가 어떻게 돌아다니는지를 기술한 학문이다.

④ 양자컴퓨터의 특징 중 하나인 큐비트는 회전상태, 혹은 두 가지 자기장 상태의 양자 시스템이 가능한데 0, 1 중 하나의 상태가 아닌 동시에 두 가지 비율의 상태가 될 수 있고 이것을 양자얽힘이라고 부른다.

1119

양자컴퓨터에 대한 설명으로 틀린 것은?

① 불확정성 원리를 응용한 양자 컴퓨터에서는 양자비트 하나로 0과1의 두 상태를 동시에 표시할 수 있다.

② 중첩은 여러 가지 상태가 동시에 하나의 입자에 나타나는 것을 말하며 양자의 불확정성과 연관된다.

③ 불확정성의 원리 때문에 멀리 떨어져 있는 것과 관계없이 순간적으로 각각의 큐비트는 다른 상태의 변화로 반응하게 된다.

④ 얽힘의 특징 때문에 큐비트 하나를 측정할 때, 또 다른 얽힌 큐비트를 관측할 필요 없이 속성을 바로 사용할 수 있고 동작도 예측할 수 있게 된다.

1120

양자역학과 양자컴퓨터에 대한 설명으로 틀린 것은?

① 양자역학의 특징 중 하나인 슈퍼포지션 원리는 양자컴퓨터에서 큐비트의 상태를 나타내는 데 사용된다.

② 양자컴퓨터에서 정보는 전통적인 이진 비트 대신 큐비트라는 새로운 정보 단위로 처리된다.

③ 양자컴퓨터는 고전 컴퓨터에 비해 속도가 느리지만 복잡한 계산을 할 수 있는 능력이 뛰어나다.

④ 양자역학의 불확정성 원리에 따르면, 어떤 입자의 위치와 운동량을 동시에 정확하게 측정할 수 없다는 것을 의미한다.

정답 ③

풀이
① 슈퍼포지션 원리는 양자역학의 핵심 원리 중 하나로, 양자시스템이 여러 가능한 상태의 '중첩' 상태에 있을 수 있다는 것을 의미한다. 이 원리는 양자컴퓨터의 큐비트에서 이용되어, 큐비트는 0과 1의 상태를 동시에 가질 수 있다.

② 양자컴퓨터에서 정보 처리의 기본 단위는 '큐비트'이다. 큐비트는 고전적인 이진 비트와 다르게, 슈퍼포지션 원리에 따라 0과 1의 상태를 동시에 가질 수 있다.

③ 양자컴퓨터는 특정 작업(특히 복잡한 수학적 문제나 데이터 분석 등)에 대해 고전 컴퓨터보다 훨씬 빠르게 처리할 수 있는 능력을 가지고 있다. 그러나 이는 양자컴퓨터가 모든 작업에 대해 고전 컴퓨터보다 빠르다는 의미는 아니다.

④ 불확정성 원리는 양자역학의 기본 원리 중 하나로, 어떤 입자의 위치와 운동량을 동시에 정확하게 측정할 수 없다는 것을 의미한다. 이 원리는 헤이젠베르크에 의해 처음 제안되었다.

1121

Quantum Computing(양자 컴퓨팅)에 대한 설명으로 틀린 것은?

① 얽힘(entanglement)이나 중첩(superposition) 같은 양자역학적인 현상을 활용하여 자료를 처리하는 계산 기계이다.

② 고전적인 컴퓨터에서 자료의 양은 비트로 측정되고 양자 컴퓨터에서 자료의 양은 큐비트로 측정된다.

③ 정보를 나타내는 원자 입자(예 전자 및 이온)가 양자 상태에서 작동하는 표준적인 컴퓨팅 유형이다.

④ 한 개의 처리 장치에서 여러 계산을 동시에 처리할 수 있어 정보 처리량과 속도가 지금까지의 컴퓨터에 비해 뛰어나다.

정답 ③

풀이
③ 양자 컴퓨팅(QC)은 정보를 양자 비트(큐 비트 : 양자 컴퓨팅에서 정보저장의 최소 단위)로 표시된 요소로써, 정보를 나타내는 원자 입자(예 전자 및 이온)가 양자 상태에서 작동하는 비표준적인 컴퓨팅 유형이다.

(1) 마이크로코즘(Microcosm)

지은이 조지 길더는 「마이크로코즘」이란 제목의 이 책에서 양자물리학에 기원을 두고 있는 현대기술의 의미와 장래에 대해 언급하고 있다. 그는 현대의 기술과 경제가 양자혁명에 의한 극단적인 미시(미시)의 세계, 즉 마이크로코즘에 지배되고 있다는 전제하에서 이야기를 전개시키고 있다. 중요한 것은 그가 이 마이크로코즘의 세계를 통념적인 물질의 세계가 아닌 「정신의 세계」로 파악하고 있다는 점이다. 「양자물리학」이 낳은 현대기술이 「물질의 폐기」로 말미암아 자연과학을 지배해오던 물질적 고체성의 관념이 사라지게 됐고 그로부터 기술 · 기업 · 정치에 혁명적인 변화의 연쇄반응이 일어나게 됐다는 것이다. Ⅰ부에서 Ⅲ부까지는 반도체의 발달과정을 다루었고, Ⅳ부에서는 양자물리학이 낳은 현대기술의 전형적 제품인 컴퓨터의 문제를, Ⅴ부에서는 경제 · 사회 · 국가 · 철학에 관련된 문제 등을 각각 기술하고 있다.

(2) 텔레코즘(Telecosm)

길더가 이야기하는 텔레코즘이란 컴퓨터 CPU의 성능보다 컴퓨터들이 연결되었을 때 발생하는 힘이 더 중요하다는 것이다. 컴퓨터 개개의 성능보다는 광통신망으로 연결된 네트워크의 힘이 정치 · 경제 · 문화 전반을 변화시키는 동력이라는 것이다. 물론 텔레코즘 시대의 핵심기술은 인터넷과 휴대폰이다. 요컨대, 한 통신회사의 광고 카피처럼 '네트워크로 하나 되는 세상'이 바로 텔레코즘의 세상이다. 1989년 조지 길더는 「마이크로코즘(Microcosm)」이란 책을 통해 마이크로칩 혁명이 가져올 새로운 풍요의 시대를 예견했었는데 이번에는 동력혁명, 마이크로칩 혁명에 이은 제3의 '풍요의 시대'를 예측하고 있다. 마이크로코즘에서 20세기 최대의 사건이 '물질(matter)의 몰락'이라고 주장했던 길더는 "컴퓨터 시대가 끝나는 자리에는 텔레코즘의 세상이 있다"고 말한다. 20세기의 마지막 10년을 휩쓴 대사건은 인터넷과 휴대폰으로 이어지는 통신기술혁명이지만 텔레코즘 세상의 실현을 위해서 통신 속도(대역폭)가 너무 제한적이다. 초고속통신망 사용자는 전 세계 인터넷 유저의 30퍼센트를 넘지 못하고, 제공되는 속도의 질도 고르지 않으며, 게다가 최근 4~5년간 통신 속도는 거의 제자리에 머물고 있다. 'World Wide Web'이어야 하는 인터넷이 아직 'World Wide Wait'의 언저리에서 머뭇거리고 있는 것이다. 이는 기존 통신 시스템이 가지고 있는 구조적 한계 때문인데, 길더가 제시하는 통신 속도의 혁명적 변화를 이끌 해답은 '光인터넷'이다. 길더는 광학기술과 무선인터넷 기술을 통해 대역폭의 체증을 근본적으로 극복할 수 있으며, 그 무한 대역폭을 통해 인간 커뮤니케이션이 전 세계적으로, 동시에, 거의 무료로 확장될 수 있을 것이라 주장한다. 텔레코즘은 무한한 영역인 전자기 스펙트럼을 활용하는 범세계적 통신망이다.

핵심정리   5G의 기술진화 방향

(1) 초고속(eMBB)
- eMBB에서 4K이상의 AR/VR 및 홀로그램 등 대용량 미디어 서비스가 기능하려면 대용량 데이터 전송 기술이 필요하고 이를 위해서는 더 큰 주파수 대역폭을 사용해야한다.
- 따라서 더 많은 안테나를 사용하여 사용자당 100Mbps에서 최대 20Gbps까지 훨씬 빠른 데이터 전송속도를 제공해야한다.
- 단순히 속도만 빨라지는 것이 아니라 안테나 신호가 약한 지역(Cell Edge)에서도 100Mbps급의 속도를 제공할 수 있게 된다.
- 이렇게 되면 한 장소에 많은 사람들이 있더라도 끊김 없는 대용량 데이터 전송이 가능해 대용량이 필요한 다양한 미디어 서비스가 가능하게 된다.

(2) 초저지연 통신(URLLC)
- 초저지연 통신(Ultra-Reliable and Low Latency Communication, URLLC)은 자율주행차 및 스마트 공장, 실시간 Interactive 게임, 원격진료, 원격 주행(비행)까지 실시간 반응속도가 중요한 서비스를 대비하기 위한 것으로서, 기존보다 월등히 짧은 지연시간을 보여주고 있다.
- 이를 위해 네트워크 설계 등에서 최적화가 선행되어야 한다.

(3) 초연결(mMTC)
초연결(massive Machine-Type Communication, mMTC)은 수많은 기기들, 특히 IoT를 대비하기 위한 것으로써 1km² 당 1백만 개의 기기를 연결할 수 있는 것이 목표다.

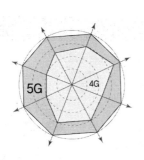

Item	4G	5G
Peak data rate	1Gbps	20Gbps
User experienced data rate	10Mbps	100Mbps
Spectrum efficiency	−	×3
Area traffic capacity	0.1Mbps/m²	10Mbps/m²
Latency	10ms	1ms
Connection density	100,000/km²	1,000,000/km²
Network energy efficiency	−	×100
Mobility	350km/h	500km/h

(1) 의의

5G 구현에 필요한 기술요소는 주파수, 기지국 수, Massive MiMO, 네트워크 슬라이싱이라고 할 수 있다.

(2) 주파수

- 먼저 주파수는 4G보다 넓은 주파수 대역을 요구하고 있다.
- 3.5GHz와 2.8GHz 대역을 주로 활용한다.
- 고주파 대역은 데이터의 전송가능 용량이 커지는 대신에 전파의 도달거리가 짧아지며, 회절성이 약해져 건물 등의 장애물을 피하는 것이 아래 대역보다 쉽지 않다.
- 이와 같은 특징에 따라 4G에서는 2.6GHz대역을 주로 활용한 반면, 5G에서는 전국망 구축에는 3.5GHz를 활용하고, 28GHz를 인구밀집 지역에 보조망으로 활용할 수 있다.
- 이와 같은 특성 때문에 기지국이 4G에 비해서 촘촘히 구성되어야 하며, 수 Km의 광대역 커버리지를 지원하는 매크로 셀, 1Km 이내를 커버하는 마이크로 셀, 수십 미터를 커버하는 피코셀의 배치가 필요해 더욱 광범위한 기지국 투자가 필요해진다.
- 피코셀의 경우 음영지역을 최소화 하는 설계가 필요하다.

(3) Massive MIMO

- Massive MIMO는 수많은 안테나 배열(Massive Antenna Array)을 이용하여 같은 무선 자원을 다중 사용자에게 동시에 활용하는 기술이다.
- 5G에서는 수십 개 이상의 안테나(64×64)를 2차원으로 연결해, 수직과 수평방향에서 모두 사용자를 구분하여 신호를 정밀하게 보낼 수 있다.
- 이에 사용되는 기술이 빔포밍 기술인데, 이를 통해 에너지 손실을 줄이고 전송거리를 확장할 수 있다.

(4) 네트워크 슬라이싱

- 네트워크 슬라이싱은 여러 개의 가상 네트워크로 데이터 서비스의 품질을 구분하는 기술이다.
- 이를 통해 동영상 스트리밍에 필요로 하는 네트워크는 높은 속도와 고지연 시간을 부여하고, 자율주행차용 네트워크에는 낮은 속도와 초저지연성을 설정한다.
- 즉 필요로 하는 수준으로 네트워크를 가상으로 나눠 활용할 수 있는 기술로 이를 통해 네트워크 자원의 효율성을 극대화할 수 있게 한다.

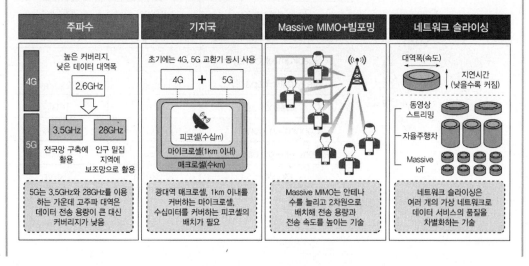

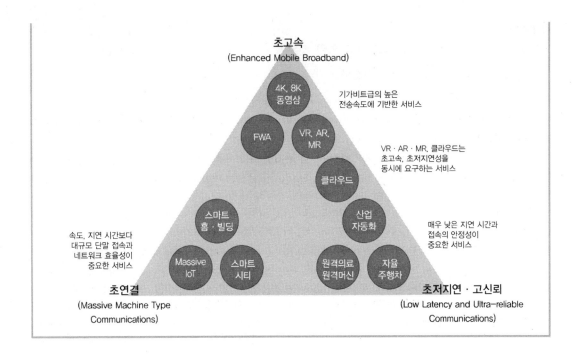

1122

5G에 대한 설명으로 틀린 것은?

[2020년 기출]

① 5G는 국제표준화기구인 ITU－R에서 정의한 IMTd－2020이다.

② 5G는 한 사람의 이용자에게 최대 10Gbps(1초에 2.5GB 전송), 최소 100Mbps(1초에 12.5MB 전송) 속도를 유지할 수 있다.

③ 한국 이동통신 3사와 미국 이동통신 업체 버라이즌 사이에 누가 세계 최초로 5G 상용화에 성공했는지를 놓고 논쟁을 벌였다.

④ 5G 기술의 핵심은 28GHz에 있지만 현재는 6GHz 이하 주파수 대역인 3.5GHz으로만 서비스 되고 있다.

정답 ②

풀이 ② 이론적으로 5G의 최고 속도는 20Gbps로 4G 서비스보다 최소 수십 배 빠른 속도를 지원한다.

1123

5G의 필수 기술 요소에 대한 설명으로 틀린 것은?

① 3.5GHz와 28GHz 대역을 주로 활용한다.

② 매크로 셀의 경우 음영지역을 최소화하는 설계가 필요하다.

③ Massive MIMO는 수많은 안테나 배열(Massive Antenna Array)을 이용하여 같은 무선 자원을 다중 사용자에게 동시에 활용하는 기술이다.

④ 네트워크 슬라이싱을 통해 동영상 스트리밍에 필요로 하는 네트워크는 높은 속도와 고지연 시간을 부여하고, 자율주행차용 네트워크에는 낮은 속도와 초저지연성을 설정한다.

> **정답** ②
>
> **풀이** 고주파 대역은 데이터의 전송가능 용량이 커지는 대신에 전파의 도달거리가 짧아지며, 회절성이 약해져 건물 등의 장애물을 피하는 것이 아래 대역보다 쉽지 않다. 이와 같은 특징에 따라 4G에서는 2.6GHz대역을 주로 활용한 반면, 5G에서는 전국 망 구축에는 3.5GHz를 활용하고, 28GHz를 인구밀집 지역에 보조망으로 활용할 수 있다. 이와 같은 특성 때문에 기지국이 4G에 비해서 촘촘히 구성되어야 하며, 수 Km의 광대역 커버리지를 지원하는 매크로 셀, 1Km 이내를 커버하는 마이크로 셀, 수십 미터를 커버하는 피코셀의 배치가 필요해 더욱 광범위한 기지국 투자가 필요로 해진다. 피코셀의 경우 음영지역을 최소화하는 설계가 필요하다.

1124

5G의 필수 기술 요소에 대한 설명으로 틀린 것은?

① Massive MIMO는 수많은 안테나 배열(Massive Antenna Array)을 이용하여 같은 무선 자원을 다중 사용자에게 동시에 활용하는 기술이다.

② 5G에서는 수십 개 이상의 안테나(64×64)를 2차원으로 연결해, 수직과 수평방향에서 모두 사용자를 구분하여 신호를 정밀하게 보낼 수 있다.

③ 4G에서는 2.6Ghz대역을 주로 활용한 반면, 5G에서는 전국망 구축에는 3.5Ghz를 활용하고, 28Ghz를 인구밀집 지역에 보조망으로 활용할 수 있다.

④ 빔포밍 기술을 이용하여 동영상 스트리밍에 필요로 하는 네트워크는 높은 속도와 고지연 시간을 부여하고, 자율주행차용 네트워크에는 낮은 속도와 초저지연성을 설정한다.

> **정답** ④
>
> **풀이** ④ 네트워크 슬라이싱은 여러 개의 가상 네트워크로 데이터 서비스의 품질을 구분하는 기술이다. 이를 통해 동영상 스트리밍에 필요로 하는 네트워크는 높은 속도와 고지연 시간을 부여하고, 자율주행차용 네트워크에는 낮은 속도와 초저지연성을 설정한다. 참고로 무선통신에서 빔포밍(beamforming)은 스마트 안테나(smart antenna)의 한 방식으로 안테나의 빔을 특정한 단말기(수신기기)에 집중시키는 기술이다. 스마트 안테나(smart antenna)는 효율성을 높이기 위해 다수의 안테나를 이용해 구현될 수 있다. 다수의 안테나를 송신기와 수신기 모두에 구현한 경우를 MIMO라고 한다.

1125

5G의 필수 기술 요소에 대한 설명으로 틀린 것은?

① 빔포밍 기술은 수십 개 이상의 안테나(64×64)를 2차원으로 연결해, 수직과 수평방향에서 모두 사용자를 구분하여 신호를 정밀하게 보낼 수 있는 기술로서 에너지 손실을 줄이고 전송거리를 확장할 수 있다.

② 5G에서는 수십 개 이상의 안테나(64×64)를 2차원으로 연결해, 수직과 수평방향에서 모두 사용자를 구분하여 신호를 정밀하게 보낼 수 있다.

③ 4G에서는 2.6Ghz대역을 주로 활용한 반면, 5G에서는 전국망 구축에는 3.5Ghz를 활용하고, 28Ghz를 인구밀집 지역에 보조망으로 활용할 수 있다.

④ Massive MIMO를 이용하여 동영상 스트리밍에 필요로 하는 네트워크는 높은 속도와 고지연 시간을 부여하고, 자율주행차용 네트워크에는 낮은 속도와 초저지연성을 설정한다.

> **정답** ④
>
> **풀이** ④ Massive MIMO는 수많은 안테나 배열(Massive Antenna Array)을 이용하여 같은 무선 자원을 다중 사용자에게 동시에 활용하는 기술이다. 반면에 네트워크 슬라이싱은 여러 개의 가상 네트워크로 데이터 서비스의 품질을 구분하는 기술이다. 이를 통해 동영상 스트리밍에 필요로 하는 네트워크는 높은 속도와 고지연 시간을 부여하고, 자율주행차용 네트워크에는 낮은 속도와 초저지연성을 설정한다. 참고로 무선통신에서 빔포밍(beamforming)은 스마트 안테나(smart antenna)의 한 방식으로 안테나의 빔을 특정한 단말기(수신기기)에 집중시키는 기술이다. 스마트 안테나(smart antenna)는 효율성을 높이기 위해 다수의 안테나를 이용해 구현될 수 있다. 다수의 안테나를 송신기와 수신기 모두에 구현한 경우를 MIMO라고 한다.

1126

네트워크 슬라이싱에 대한 설명으로 틀린 것은?

① 여러 개의 가상 네트워크로 데이터 서비스의 품질을 구분하는 기술이다.

② 수직과 수평방향에서 모두 사용자를 구분하여 신호를 정밀하게 보낼 수 있어서 에너지 손실을 줄이고 전송거리를 확장할 수 있다.

③ 초연결은 속도, 지연 시간보다 대규모 단말 접속과 네트워크 효율성이 중요한 서비스로 Massive IoT, 스마트 시티 등을 구현할 수 있다.

④ 동영상 스트리밍에 필요로 하는 네트워크는 높은 속도와 고지연 시간을 부여하고, 자율주행차용 네트워크에는 낮은 속도와 초저지연성을 설정한다.

> **정답** ②
>
> **풀이** ② Massive MIMO에 대한 설명이다. Massive MIMO는 수많은 안테나 배열(Massive Antenna Array)을 이용하여 같은 무선 자원을 다중 사용자에게 동시에 활용하는 기술이다. 5G에서는 수십 개 이상의 안테나(64 × 64)를 2차원으로 연결해, 수직과 수평방향에서 모두 사용자를 구분하여 신호를 정밀하게 보낼 수 있다. 이에 사용되는 기술이 빔포밍 기술인데, 이를 통해 에너지 손실을 줄이고 전송거리를 확장할 수 있다.

1127

5G 특화망에 대한 설명으로 틀린 것은?

① 전용 주파수를 통해 특정공간(건물, 시설, 장소 등)에서 수요기업이 도입하고자 하는 최첨단 서비스를 구현할 수 있는 맞춤형 네트워크이다.

② 소수의 사업자가 할당받은 주파수를 통해 전국 단위 대규모 네트워크를 구축하여 대국민 서비스를 제공한다.

③ 수요기업 또는 사업자가 건물 · 시설 · 토지 등 제한된 범위 내에서 5G 서비스를 적용하기 위해 기업 맞춤형으로 무선 네트워크 구축이 가능하다.

④ 수요기업은 행정적 신청절차를 통해 4.7GHz, 28GHz 대역의 특화망 주파수를 지정 또는 할당받아 특화망 통신 네트워크를 구축 · 활용할 수 있다.

정답 ②

풀이 ② 기존의 5G 이동통신망은 소수(3개)의 사업자가 할당받은 주파수를 통해 전국 단위 대규모 네트워크를 구축하여 대국민 서비스를 제공한다. 반면 5G 특화망은 수요기업 또는 사업자가 건물 · 시설 · 토지 등 제한된 범위 내에서 5G 서비스를 적용하기 위해 기업 맞춤형으로 무선 네트워크 구축이 가능하다는 점에서 5G 이동통신망과 차이가 있다.

〈5G 이동통신과 특화망 비교〉

구분		5G 이동통신	5G 특화망
서비스 시장측면	서비스 범위	전국	토지/건물
	사업자 수	소수(3개)	다수
네트워크 구축 측면	주파수 이용	전국적 주파수 사용	지역적 공동 사용
	주파수 수요	경합성 높음	경합성 낮음
	설비 투자 규모	대규모 투자 필요	소규모 투자 가능
통신망 이용 측면	주 공급자	이동 통신 사업자	수요기업 · 기관(자가망 형태)
	주 사용자	이동통신 가입 소비자 (개인 · 기업)	수요기업 · 기관 및 서비스 이용 고객
	주요용도	음성, 데이터 등 전송	다양 (수요기업 · 기관 활용형태에 따라)

1128

6세대 이동 통신(6G)에 대한 설명으로 틀린 것은?

① 5G까지는 지상과 위성통신이 따로 존재했으나 6G 시대에는 지상과 위성의 수직통합 입체통신 기술이 본격 적용된다.

② 하나의 통합 단말로 음영 지역 없이 안정적인 데이터 통신이 가능하고 어디서나 고속인터넷을 활용할 수 있다.

③ 군에서도 비가시권의 경우 저궤도 위성망을 통해 실시간 무인기 제어 및 백홀 서비스가 가능하다.

④ 저궤도 위성통신은 지상 이동통신의 한계를 극복하기 위한 핵심기술이며 위성통신 기술이 군집 저궤도 위성통신에서 단일 정지궤도 위성통신으로 변하고 있다

정답 ④

풀이 ④ 저궤도 위성통신은 지상 이동통신의 한계를 극복하기 위한 핵심기술이며 위성통신 기술의 발전 동향이 단일 정지궤도 위성통신에서 군집 저궤도 위성통신으로 변하고 있다.

Theme 190 미네르바 스쿨(Minerva School)

1129

정해진 캠퍼스 없이 학기마다 전 세계주요 도시를 돌아다니며 수업을 듣는 대학으로 지난 2011년 벤처기업가 출신인 벤 넬슨이 설립한 대학으로 옳은 것은?

① 우니베르시타스(UNIVERSITAS)

② 스콜라리움(SCHOLARIUM)

③ 수투디아 게네랄레(SUTUDIA GENERALE)

④ 미네르바 스쿨(Minerva School)

정답 ④

풀이 ④ 미네르바 스쿨(Minerva School)에 대한 설명이다.

디지털 뉴딜

1130
디지털 뉴딜에 대한 설명으로 틀린 것은?

① 대표 사업으로 D.N.A 생태계 강화, 교육 인프라 디지털화, 비대면 산업 육성, SOC 디지털화가 있다.

② D.N.A 생태계 강화는 Data, Network, AI의 생태계를 강화하는 것으로 신제품 서비스 창출 및 우리 경제 생산성 제고를 위한 전 산업 데이터·5G·AI 활용 가속화를 목표로 한다.

③ 데이터 댐은 5세대이동통신(5G)·블록체인 등 디지털 신기술을 활용, 국민에게 맞춤형 공공서비스를 미리 알려주고 신속히 처리해주는 똑똑한 정부 구현하는 것을 주요 과제로 한다.

④ 디지털 집현전은 분산되어 있는 도서서관 데이터베이스, 교육콘텐츠, 박물관·미술관 실감콘텐츠 등을 연계하여 통합검색·활용 서비스 제공한다.

정답 ③

풀이 ③ 5세대이동통신(5G)·블록체인 등 디지털 신기술을 활용, 국민에게 맞춤형 공공서비스를 미리 알려주고 신속히 처리해주는 똑똑한 정부 구현하는 것을 주요 과제로 하는 것은 지능형(AI) 정부이다. 데이터 댐은 데이터 수집·가공·거래·활용기반을 강화하여 데이터 경제를 가속화하고 5세대이동통신(5G) 전국망을 통한 전 산업 5세대이동통신(5G)·인공지능 융합 확산을 주요 과제로 한다.

1131

ESG, 지속가능경영에 대한 설명으로 옳은 것은?

① ESG는 Environmental(환경), Social(사회), Governance(지배구조)의 앞글자를 딴 약자로, 기업의 비(非)재무적 성과를 판단하는 기준을 의미한다.

② 좋은 일을 해야 한다는 당위가 아니라 ESG를 추구함으로써 기업의 지속가능성을 개선한다는 실증론적 기준으로 2015년 처음 등장하였다.

③ 인적 자원 관리, 이사회 구성과 활동, 산업안전, 하도급 거래, 제품/서비스의 안전성 등은 Social(사회)에 해당한다.

④ 공정경쟁, 주주 권리, 감사제도, 뇌물 및 부패, 임원 보상, 로비, 배당과 같은 요소가 Governance(지배구조)에 해당된다.

정답 ①

풀이 ② ESG는 2005년 처음으로 등장하였다.
③ 이사회 구성과 활동은 Governance(지배구조)에 해당한다.
④ 공정경쟁은 Social(사회)에 해당한다.

〈ESG란?〉

환경(Environmental)	사회(Social)	지배구조(Govenance)
기후변화 및 탄소배출	고객만족	이사회 구성
대기 및 수질오염	데이터 보호 및 프라이버시	감사위원회 구조
생물의 다양성	성별 및 다양성	뇌물 및 부패
삼림 벌채	직원참여	임원 보상
에너지 효율	지역사회 관계	로비
폐기물 관리	인권	정치 기부금
물 부족	노동기준	내부 고발자 제도

블랜디드 러닝

1132

블랜디드 러닝에 대한 설명으로 틀린 것은?

① 물리적 공간의 폐쇄성을 극복할 수 있다.

② 학습자의 내적 동기를 높여 학습만족도를 높일 수 있다.

③ 학습자의 상호작용을 높이는 데 기여할 수 있다.

④ 면대면 학습을 통해 시간과 비용을 절약할 수 있다.

정답 ④

풀이 ④ 블랜디드 러닝은 두 가지 이상의 학습방법을 결합하여 이루어지는 학습이다. 일반적으로는 온라인 학습과 면대면 학습을 혼합한 형태로 이루어진다. 시간과 비용을 절약하기 위해 일반적인 개념이나 지식은 온라인 교육을 통해 개인별로 학습한다.

1133

다음 중 컴퓨터를 교육의 도구로 활용하는 시스템은 무엇인가?

① CAI(Computer Assisted Instruction)

② CAM(Computer Aided Manufacturing)

③ FMS(Flexible Manufacturing System)

④ CAD(Computer Aided Design)

정답 ①

풀이 ① 컴퓨터 보조 수업(Computer Assisted Instruction, CAI)은 보조적 수단으로써 컴퓨터를 활용하여 이루어지는 수업이다. 예를 들어 컴퓨터에 내장되어 있는 CAI 프로그램에 따라 컴퓨터는 각종 개시 절차를 거쳐 학습자에게 제공할 질문을 단말기에 제시한다. 학습자가 응답하면 컴퓨터는 응답의 옳고 그름을 판정하여 다음 정보를 단말기에 제시한다. 한 사람의 학생이 한 사람의 교사와 대화하듯이 컴퓨터를 통해 학습을 진행할 수 있다.

② CAM(Computer Aided Manufacturing), 즉 컴퓨터의 지원에 의한 제조는 컴퓨터를 이용하여 제조공정의 생산성향상을 꾀하는 것이다. 생산 공장에서 로봇을 움직이려면 제조하는 물건 가공(加工)순서를 기억하고 있는 소프트웨어나 물건의 크기 등의 데이터가 필요하다. 이 소프트웨어나 데이터를 인간이 알기 쉬운 말로 컴퓨터에 입력함으로써 자동적으로 생산하는 것이 CAM의 구체적 이미지이다. CAD와 CAM은 시스템으로서는 따로 발전해 왔지만 최근에는 데이터베이스를 공용(共用)함으로써 통합화되어 가고 있다.

③ FMS(Flexible manufacturing system), 즉 유연 생산시스템은 제조 공장에서 사용되는 각종 공작기계, 로봇, 반송기계 등을 계산기에 의해 제어, 운용하여 생산에서의 조작성, 융통성, 기동성 등을 높이고 특히 다품종 소량 생산의 생산성 향상을 노린 것이지만 최근에는 대량 생산 분야에서도 채용되고 있다. CAD/CAM을 그 기반으로 하고 있지만 전 공장을 공장 LAN으로 결합하여 강력한 통신망을 구축하여 기동적인 시스템을 실현하고 있다.

④ CAD(Computer Aided Design), 즉 컴퓨터 지원 설계는 공학자, 건축가 그리고 설계 활동에서 전문적인 설계를 지원하는 컴퓨터 기반 도구의 다양한 영역에서 사용한다. 제품 수명 주기 관리 처리 내부에서 주된 기하학 저작 도구이고 소프트웨어와 가끔 특정 용도의 하드웨어를 포함한다.

(1) MES(Manufacturing Execution System) 생산관리시스템

제품주문에 의한 착수에서 완성품의 품질검사까지 전 생산 활동을 관리하는 시스템으로 생산 현장의 각종 정보, 즉 생산실적, 작업자활동, 설비가동, 제품 품질정보 등을 실시간으로 수집하여 집계·분석·모니터링 및 생산 공정을 제어함으로써 고품질의 수익 지향적 생산체제를 갖추게 하는 통합생산관리시스템 을 말한다.

(2) CIM(computer integrated manufacturing) 컴퓨터 통합생산 시스템

정보 네트워크 시스템을 통해 설계, 제조, 관리하는 서로 다른 기능을 통합한 유연한 시장 적응력 전략 생산체계이다. 제품의 설계, 생산설계, 생산제어, 생산관리, 생산프로세스를 통합적 처리 지향한다.

(3) CAD(Computer Aided Design) 컴퓨터 지원 설계

컴퓨터 지원 설계(computer-aided design)는 공학자, 건축가 그리고 설계 활동에서 전문적인 설계를 지원하는 컴퓨터 기반 도구의 다양한 영역에서 사용한다. 제품 수명 주기 관리 처리 내부에서 주된 기하학 저작 도구이고 소프트웨어와 가끔 특정 용도의 하드웨어를 포함한다.

(4) CAM(Computer Aided Manufacturing) 컴퓨터의 지원에 의한 제조

CAM은 컴퓨터를 이용하여 제조공정의 생산성향상을 꾀하는 것이다. 생산 공장에서 로봇을 움직이려면 제조하는 물건 가공(加工)순서를 기억하고 있는 소프트웨어나 물건의 크기 등의 데이터가 필요하다. 이 소프트웨어나 데이터를 인간이 알기 쉬운 말로 컴퓨터에 입력함으로써 자동적으로 생산하는 것이 CAM의 구체적 이미지이다. CAD와 CAM은 시스템으로서는 따로 발전해 왔지만 최근에는 데이터베이스를 공용(共用)함으로써 통합화되어 가고 있다.

(5) SCM(Supply Chain Management) 공급망 관리

기업에서 원재료의 생산·유통 등 모든 공급망 단계를 최적화해 수요자가 원하는 제품을 원하는 시간과 장소에 제공하는 '공급망 관리'를 뜻한다. SCM은 부품 공급업체와 생산업체 그리고 고객에 이르기까지 거래관계에 있는 기업들 간 IT를 이용한 실시간 정보공유를 통해 시장이나 수요자들의 요구에 기민하게 대응토록 지원하는 것이다.

(6) FMS(Flexible manufacturing system) 유연 생산시스템

제조 공장에서 사용되는 각종 공작기계, 로봇, 반송기계 등을 계산기에 의해 제어, 운용하여 생산에서의 조작성, 융통성, 기동성 등을 높이고 특히 다품종 소량 생산의 생산성 향상을 노린 것이지만 최근에는 대량 생산 분야에서도 채용되고 있다. CAD/CAM을 그 기반으로 하고 있지만 전 공장을 공장 LAN으로 결합하여 강력한 통신망을 구축하여 기동적인 시스템을 실현하고 있다.

(7) ERP(Enterprise Resource Planning) 전사적 자원 관리

기업 내 생산, 물류, 재무, 회계, 영업과 구매, 재고 등 경영 활동 프로세스들을 통합적으로 연계해 관리해 주며, 기업에서 발생하는 정보들을 서로 공유하고 새로운 정보의 생성과 빠른 의사결정을 도와주는 전사적자원관리시스템 또는 전사적 통합시스템을 말한다.

제조 현장에서의 생산성 향상을 위한 정보 기술 활용의 역사는 1970년대로 거슬러 올라간다. 당시에는 조립, 전자, 전기 공업 분야에서 공업 유압 기술, 치공구(治工具) 기술, 부품 이송 기술 등이 공장 자동화(Factory Automation, FA)에 이용되었다. 그 뒤로 FMS(Flexible Manufacturing System) 도입으로 생산의 자동화가 가능해졌으며 그 이후 생산된 제품의 불량 유무 검출, 판매, 재고, 설계, 분석 등을 데이터베이스화하여 기업 경영에 활용하는 CIM(Computer Integration System)이 등장했다. 최근에는 단순한 생산 과정이 아닌 주문 단계에서 완성 단계에 걸친 모든 생산 활동을 최적화하는 MES(Manufacturing Execution System)이나 APS(Advanced Planning & Scheduling) 등이 그 뒤를 잇고 있다.

1134

e-Learning에 대한 설명으로 틀린 것은?

① 네트워크 기반을 통해 교육이 제공되고, 상호작용이 일어나며, 촉진되는 모든 형태의 교육을 지칭한 용어이다.

② 개인 학습자의 학습스타일, 학습능력, 학습요구를 최대한 반영함으로써 개별화 학습을 실현할 수 있는 효과적인 수단이 될 수 있다.

③ 온라인 학습은 동기적으로(synchronously) 또는 비동기적으로(asynchronously)이루어지거나, 때로는 그 두 가지 형태를 혼합하여 이뤄진다.

④ 최신의 방대한 정보를 접하고 정보교류 대상의 영역을 확장할 수 있으나 협동 학습이 곤란하여 역동적이고 살아있는 지식을 구성할 수 없다는 문제점이 있다.

정답 ④

풀이 ④ e-Learning 학습의 경우, 최신의 방대한 정보를 접하고 정보교류 대상의 영역을 확장함으로써 그리고 동시적, 비동시적 상호작용을 통하여 협동 학습이 이루어짐으로써 역동적이고 살아있는 지식을 구성할 수 있다. 학습은 개인의 잠재능력을 한층 키워줄 때 그 효과가 크다. e-Learning은 이러한 잠재능력을 하루가 다르게 변화시킬 수 있는 역동적 지식 생성에 크게 도움을 준다.

에이커스(Ronald Akers)의 사회학습이론

🔑 핵심정리   허쉬(Travis Hirschi)의 사회통제이론

(1) 의의

허쉬는 '개인이 속한 집단이 약할수록 개인은 그 집단에 덜 의존하게 되면서 결과적으로 그 자신에 더 의존하게 되고 집단의 규칙보다는 개인의 이익을 따르게 된다'는 뒤르켐의 글을 바탕으로 유대에 대해 설명한다. 그에 따르면 개인이 타인과 사회적 유대감을 구성하는 데 네 가지 주요한 요인이 있는데 바로 애착(attachment), 관여(commitment), 참여(involvement), 신념(belief)이다.

(2) 애착(attachment)

'애착'은 개인이 타인에게 느끼는 친밀한 정서적 관계를 뜻한다. 타인들에게 애착을 가지면 그들의 기대에 어긋나지 않으려 노력하고 그러한 애착이 없을수록 자기 통제가 약화되어 규범을 위반하게 된다고 보았다. 특히 부모에 대한 애착과 부모의 관리·감독이 아동의 비행을 통제하는 데 가장 중요하며 또래 친구와의 애착 역시 비행 방지에 도움이 된다고 하였다. 허쉬는 애착의 대상보다도 타인에 대한 애착 그 자체를 가졌느냐를 중요하게 생각하여 또래 친구가 비행 청소년이거나, 부모가 범죄인이라 하더라도 그들에 대해 강한 애착을 가질 수록 비행에 덜 빠지게 된다고 생각했다. 이는 서덜랜드의 차별적 교제 이론의 내용과는 다소 상반되는 부분이라 할 수 있다. 즉 허쉬는 비행의 원인으로서 비행 친구의 영향력을 중요하게 생각하지 않았으며, 그는 비행 친구와 비행 간의 관계는 '순응에의 이해관계(stake in conformity)'라는 변수를 제거하면 사라지게 되는 허위적 관계라고 보았다.

(3) 관여(commitment)

'관여'란 개인이 사회에서 얼마나 열심히 살고 있는지, 사회생활에 얼마나 비중을 많이 두고 있는지를 설명하는 요소이다. 학생의 경우 학교 공부는 얼마나 열심히 하는지, 성적은 좋은지, 미래에 대해 중요하게 여기는지가 비행과 크게 관련이 있다고 본다. 학교생활에 관여를 많이 하는, 즉 관심이 많은 학생일수록 비행을 하게 되면 그만큼 성적이 떨어지거나 진학에 문제가 생길 수 있다는 걱정 때문에 비행을 하지 않게 되는 것이다. 사회통제 학자 잭슨 토비는 이를 순응에의 이해관계라고 표현했는데 즉 순응에 쏟은 노력을 상실하게 되는 비용 때문에 사람들은 불법행위를 피하게 된다는 다소 합리적인 요소이다. 다시 말하면 공부를 못하거나 학교생활, 자신의 미래 등에 관심이 없는 학생은 비행을 통해 별로 잃을 것이 없다고 생각하여 비행을 저지르는 데 있어 망설이지 않게 된다.

(4) 참여(involvement)

'참여'는 개인이 관습적이고 통상적인 사회 활동에 얼마나 적극적으로 많은 시간을 쏟는지를 뜻한다. 학교 대내외 활동이나 가족과 보내는 시간, 여기활동 등에 많은 시간을 쏟고 열중하게 되면 그만큼 시간적으로 바빠서 비행을 저지를 가능성이 낮아진다는 것이다.

(5) 신념(belief)

'신념'이란 법과 사회 규범에 대해 도덕적으로 타당하다는 믿음 즉 그것을 지켜야한다는 생각을 의미한다. 허쉬는 만약 청소년들이 법이 더 이상 공평하다고 믿지 않는다면 그들의 사회에 대한 결속도가 약해지고 법을 어기는 행위를 할 가능성이 증가하게 된다고 보았다.

(6) 결론

허쉬는 부모, 어른, 학교 선생님, 친구들과의 관계에서 위 네 가지 요인들이 강할수록 개인의 행동은 사회에 순응하도록 통제되며, 반면 어느 한 가지 요인이라도 결핍되어 있으면 개인은 일탈할 가능성이 커진다고 주장했다. 또 네 가지 요소는 서로 관련이 있어 만약 한 사람이 네 가지 중 한 요소를 가지고 있으면 나머지 사회 요소도 역시 가지고 있을 것이라고 보았고, 만약 네 가지 중 어느 한 요소가 결핍되어 있다면 그로 인해 다른 요인 역시 약해지기 쉬울 것으로 생각했다. 허쉬의 이러한 주장은 머튼의 아노미 이론과는 반대 입장이라고도 볼 수 있다. 머튼은 사람들이 목표와 수단 간의 불일치에서 오는 긴장 때문에 일탈을 하게 된다고 주장했는데, 허쉬는 그 반대로 비행을 저지르도록 강요하는 긴장은 없으며 오히려 비행을 저지르지 못하게 하는 요인만 있다고 주장했다.

♀ 핵심정리 │ 서덜랜드(Sutherland)의 차별접촉이론(사회학습이론)

• 사람들이 주위사람들로부터 법 위반에 호의적인 가치나 태도를 학습하게 되면 범죄의 가능성이 높다고 주장. 즉 범죄는 학습되는 것이고, 그것은 친밀한 관계에 있는 주위사람들과의 상호작용과 의사소통에 의해 학습된다.

• 청소년들이 법 위반에 더 호의적인 주위사람과 더 접촉하고, 상호작용하게 되면 그만큼 법 위반에 호의적인 가치와 태도를 학습하게 되고, 내면화하게 되어 그 가치, 태도대로 행동하다보면 비행을 하게 된다고 보았다. 이처럼 차별접촉이론에서는 범죄자와의 접촉이 범죄의 중요한 원인이 된다고 보았다.

• 범죄행위 학습의 주요부분은 친밀한 개인적 집단 내에서 발생하고, 차별적 접촉은 빈도, 기간, 우선순위 그리고 강도에 있어 다양할 수 있다. 예컨대 범죄자와 얼마나 자주 만나는지(빈도), 얼마나 오래 만나왔는지(기간), 어릴 때 처음 사귀었던 친구가 누구였는지(우선순위), 얼마나 친한지(강도)에 따라 학습의 정도가 달라진다고 보았다.

📍 핵심정리　**에이커스(Akers)의 사회학습이론**

- 서덜랜드는 일반적 학습기제는 범죄행위에도 연관된다고 주장했는데, 일반적 학습기제가 무엇인지를 구체적으로 밝히지 않았다. 에이커스는 1966년 학습 기제를 사회학습이론에서 구체화시켰다.

- 학습과정들 중 가장 중요한 것은 조작적 조건화(operant conditioning)이다. 조작적 조건화에서 사람들은 강화(reinforcements)를 통해 혹은 보상(rewards)과 처벌(punishment)을 통해 행동을 학습한다. 즉 어떤 행동에 따른 보상이 증가하고 처벌이 감소된다면, 그 행동을 하는 빈도는 증가한다.

- 차별적 접촉은 개인은 범죄자들과 개인적 접촉을 통하여 일탈정의(deviance definition)를 배우고, 이런 일탈적 정의를 지닌 개인은 법을 위반할 가능성이 높아진다는 것이다. 차별접촉의 집단 가운데 가장 중요한 것은 가족과 친구 같은 일차적 집단이다. 이런 일차적 집단의 구성원들과의 접촉이 우선성(priority), 지속성(duration), 빈도(frequency), 강도(intensity)가 높을수록 그 영향력은 커진다.

- 정의(definition)는 주어진 행위에 대해 개인이 부여하는 의미와 태도라고 할 수 있다. 즉 행위에 대한 옳음과 그름, 선이나 악, 정당함과 부당함 등에 대한 스스로의 평가이다. 개인이 어떤 행위를 거부하는 정의나 태도를 가질수록, 그러한 행위를 할 가능성은 적어진다. 범죄에 대한 우호적인 정의를 받아들이는 것은 적극적(positive)이거나 중화적(neutralizing)일 때 가능하다. 적극적 정의는 그 행위가 도덕적으로 바람직하거나 전적으로 허용될 수 있다는 신념이며 중화적 정의는 범죄를 정당화하거나 변명을 통하여 범죄에 대해 우호적인 태도를 가지는 것을 말한다.

- 차별적 강화는 어떤 행위의 결과로 나타나는 예상되거나 실제적인 보상과 처벌간의 균형이라고 할 수 있다. 비행행위가 저질러지고 반복될 가능성은 승인, 돈, 음식, 즐거운 감정 등의 보상이, 체포, 범죄자로 낙인, 발각될 가능성 등과 같은 처벌보다 더 클 경우에 일어난다. 즉 개인의 행동에 대한 강화가 클수록, 강화가 빈번하게 일어날수록, 강화의 가능성이 클수록 행동은 반복적이고 자주 일어날 가능성이 높다.

- 모방은 다른 사람의 행동을 관찰한 후에 그것과 유사하게 행동하는 것을 의미한다. 이 때 가족이나 친구 같은 일차적 집단이 주로 모방의 대상이 되지만 요즘은 TV나 신문, 잡지 같은 대중매체가 중요한 대상이 되기도 한다. 모방은 이전의 행위를 유지하거나 중단하는 것보다 새로운 행위의 시도나 수행에서 중요한 역할을 한다.

- 따라서 사회학습이론을 종합해 보면, 한 개인이 범죄자들과 차별적 접촉의 빈도가 높을수록, 그 범죄에 대한 긍정적 정의나, 중화적 정의가 강할수록, 비행의 결과로 예상되는 보상이 처벌보다 많을수록, 범죄자들의 행위를 모방하면 할수록 범죄를 저지를 가능성이 높아진다.

- 사회학습이론은 모든 범죄 및 비행의 일반적 과정을 다루기 때문에 설명범위가 넓은 이론이지만 사회구조적 측면을 등한시했다는 비판을 받았다. 이에 따라 에이커스는 사회 구조적 요인이 개인의 학습환경에 영향을 미친다고 주장했다. 즉, 계급, 인종, 성, 종교, 가족, 또래집단, 학교, 교회, 등이 개인의 범죄를 유발시키기고 하고 억제시키는 중요한 역할을 한다고 주장했다.

📍 핵심정리　**비행하위문화이론**

사회경제적 하층민의 사람들이 범죄적 행동을 옹호하는 특성이 있는 하위문화에 의해 사회화되어 범죄를 저질러도 괜찮다고 여기게 된 것을 범죄원인으로 보는 견해들을 통틀어 하위문화이론이라고 하며 이러한 하위문화이론 중에서 하층문화의 성격을 중산층의 지배문화에 대한 반항문화로 보고 이를 범죄원인으로 지목하는 Cohen의 이론을 비행하위문화이론이라고 한다.

1135

서덜랜드(Sutherland)의 차별 접촉 이론을 행동적 관점에서 재구성한 이론으로 옳은 것은?

① 하위문화이론

② 사회학습이론

③ 낙인이론

④ 사회통제이론

정답 ②

풀이 ② 에이커스의 사회학 학습이론은 차별적 접촉이론을 행동적 관점에서 재구성한 이론이다.

1136

에이커스(Ronald Akers)의 사회학습이론에 대한 설명으로 틀린 것은?

① 차별적 접촉이론을 상황접근적 관점에서 재구성한 이론이다.

② 차별적 강화는 보상과 처벌 간의 균형을 의미한다.

③ 정의는 특정 행위에 대해 '좋다, 나쁘다'를 정의하는 방향이나 태도를 말한다.

④ 모방은 다른 사람의 행동을 관찰한 후 그에 따라 행동하는 것을 의미한다.

정답 ①

풀이 ① 에이커스의 사회학 학습이론은 차별적 접촉이론을 행동적 관점에서 재구성한 이론이다.

반다나 시바(Vandana Shiva)

1137

반다나 시바(Vandana Shiva)에 대한 설명으로 틀린 것은?

① '자연과 지식의 약탈자들'의 저자이다.

② 자연과 여성의 관점에서 서구의 과학기술문명과 다국적기업의 폭력에 대한 재정의가 필요하다고 본다.

③ 잉여는 자연과 여성들에게서 폭력적인 방식으로 강탈하고 착취한 것이라고 본다.

④ 에코페미니스트로서 여성을 단순한 희생자로 부각할 위험성이 있다는 비판을 받고 있다.

정답 ④

풀이 ④ 에코페미니스트로서 시바의 중요성은 여성을 단순한 희생자로 부각하지 않는다는 점에 있다. 그는 여성과 자연은 지금까지도 높은 수준의 지식과 창조성과 생산성을 보여주었다고 평가한다. 그러나 시바는 여성적 원리를 강조함으로써 여성을 다시 전통적인 '대지(자연)인 어머니'의 이미지로 묶어둘 위험이 있다.

1138

㉠에 들어갈 말로 가장 적절한 것은?

> ___㉠___ 을(를) 통하여 더 많은 가설을 탐색하고 숨겨진 패턴을 식별할 수 있으며, 개인적인 편견을 제거할 수 있다.

① 인공지능 주도 개발   ② 증강 분석
③ 빅데이터   ④ 자율 사물

정답 ②

풀이 ② 증강 분석에 대한 설명이다. 증강 분석은 특정 영역의 증강 인텔리전스(Augmented Intelligence)에 초점을 맞추고 있으며, 자동화된 기계학습을 이용하여 분석 컨텐츠 개발, 소비, 공유방법을 혁신한다. 증강 분석은 데이터 준비, 데이터 관리, 최신 분석, 비즈니스 프로세스 관리, 프로세스 마이닝, 데이터 과학 플랫폼의 핵심 기능으로 빠르게 발전할 것이다.

1139

주요 업무가 통계 및 분석 분야 바깥에 있는 사용자가 데이터에서 예측 및 규범적 통찰력을 추출할 수 있는 사람들과 가장 밀접하게 관련된 기술로 옳은 것은?

① 자율 사물   ② 증강 분석
③ 인공지능 주도 개발   ④ 디지털 트윈

정답 ②

풀이 ① 로봇, 무인 항공기, 자율 주행 차량과 같은 자율 사물은 사람이 수행하던 기능을 자동화하기 위해 AI를 사용한다.
② 주요 업무가 통계 및 분석 분야 바깥에 있는 사용자가 데이터에서 예측 및 규범적 통찰력을 추출 할 수 있는 사람들은 시민 데이터 과학자이다. 증강 분석은 시민 데이터 과학자를 통해 데이터 과학자들의 인력 부족 현상을 해결하는 데 도움을 줄 수 있다.
③ 인공지능 주도 개발은 AI를 애플리케이션에 내장하기 위한 툴, 기술, 최적화된 프로세스에 대하여 연구하며, 개발과정 자체에서 사용되는 AI 기반의 툴 개발을 연구한다.
④ 디지털 트윈은 현실 세계의 실체 또는 시스템을 디지털로 표현한 것이다.

1140

현실 세계의 실체 또는 시스템을 디지털로 표현한 것으로 기업의 의사 결정을 크게 향상시킬 수 있는 기술로 옳은 것은?

① 디지털 트윈

② 자율성을 가진 엣지

③ 자율 사물

④ 딥러닝

> **정답** ①
>
> **풀이** ① 디지털 트윈은 실제 시스템과 연결되어 사물이나 시스템의 상태를 파악하고 변화에 대응해 운영 개선 및 가치를 창출하는 데 이용되므로, 잘 설계된 디지털 트윈은 기업의 의사결정을 크게 개선할 수 있다.

1141

지능정보사회의 현신 기술에 대한 설명으로 틀린 것은?   [2019년 기출]

① 디지털 트윈은 현실 세계의 실체 또는 시스템을 디지털로 표현한 것이다.

② 딥러닝은 생물학의 신경망에서 영감을 얻은 통계학적 학습알고리즘을 이용하여 데이터를 군집화하거나 분류하는 데 사용하는 기술이다.

③ 인간의 신경계를 소프트웨어적으로 모사한 인공 신경망과 달리뉴로모픽 칩은 하드웨어적으로 신경세포를 모사한 최초의 딥러닝 하드웨어이다.

④ 인지컴퓨팅은 초기값을 사람이 설정하면 빅데어티 기반 훈련 예제를 통해 하드웨어 또는 소프트웨어가 가중치를 스스로 조정할 수 있는 기술 플랫폼을 의미한다.

> **정답** ④
>
> **풀이** ④ 인지컴퓨팅(Cognitive computing, CC)은 광의적으로는 인공지능과 신호 처리의 과학적 원리에 기반한 기술 플랫폼을 의미한다. 이 플랫폼들은 기계 학습, 추론, 자연어 처리, 음성 인식, 비전(물체 인식), 인간-컴퓨터 상호작용, 텍스트, 이미지, 음악, 비디오 등 새로운 콘텐츠 생성 등의 기술을 포함한다. 인지컴퓨팅에 포함된다고 볼 수 있는 머신러닝이나 딥러닝에서 초기값은 임의로 기계가 설정한다.

1142

'디지털 그물(Digital Mesh)'에 대한 설명으로 틀린 것은?

① 다양한 디바이스와 사람 간의 복잡한 연결성을 보장한다.

② 디바이스에는 기기·콘텐츠·서비스가 포함된다.

③ 블록체인은 그물망 영역으로 분류할 수 있다.

④ 기기가 연결된 상태 그 자체를 의미한다는 점에서 사물인터넷과 구분된다.

정답 ④

풀이 ④ 디지털 그물과 사물인터넷의 차이점은 사물인터넷은 기기가 연결된 상태 그 자체를 의미하지만 디지털 메시는 연결된 상태뿐만 아니라 기능적인 면까지를 고려한 것이다.

1143

스마트 공간은 사람과 기술이 활성화된 시스템이 점차 개방적이고, 연결되며, 조정되는 지능적인 생태계에서 상호 작용하는 물리적 혹은 디지털 환경이다. 스마트 공간의 핵심에 대한 설명으로 틀린 것은?

① 개방성 – 스마트 공간에서 요소에 대한 접근성의 정도를 나타낸다.

② 연결성 – 연결형 모델에서는 시스템이 표준 메커니즘을 통해 광범위한 사용자에게 공개되고 액세스 가능한 데이터를 통해 서로를 인식하게 된다.

③ 조정 – 조정은 연결성을 기반으로 하는 스마트 공간에서 보다 적극적인 측면으로 볼 수 있다. 연결성은 다양한 요소를 연결할 수 있는 기회를 찾는 반면, 조정은 요소 간의 상호 작용 및 협력의 실제 수준 확인한다.

④ 지능 – 자동화를 스마트 공간으로 유도하고 그 안에 있는 사람들의 활동을 도와주는 서비스를 제공하기 위해 기계 학습 및 기타 인공지능 기법을 사용하는 것을 말한다.

정답 ②

풀이 ② 개방성에 대한 설명이다. 연결성이란 스마트 공간에서 요소 간 링크의 깊이, 폭 및 견고함을 나타낸다. 연결성은 개방성과 밀접한 관련이 있다. 응용 프로그램의 속성, 데이터 및 기능에 액세스하는 메커니즘이 증가함에 따라 개방성이 증가한다. 액세스 가능한 특성, 데이터 및 기능의 세분성을 높이면 연결성도 높아진다.

1144

다음 글에서 설명하고 있는 전략 기술 트렌드로 옳은 것은?

> 인공지능(AI), 머신 러닝(ML)과 같은 고급 기술을 적용하여 점점 더 프로세스를 자동화하고 점점 더 인간을 증강한다. 종종 조직의 디지털 트윈이라는 결과물을 만들어낸다.

① 초자동화(Hyperautomation)
② 인간 증강(Human augmentation)
③ 증강 분석(Augmented Analytics)
④ 인공지능 주도 개발(AI－Driven Development)

정답 ①

풀이 ① 초자동화에 대한 설명이다.

1145

다음 글에서 설명하고 있는 전략 기술 트렌드로 옳은 것은?

> 대폭 간소화 된 인터페이스와 전문가 시스템으로 사용자가 기술에 쉽게 액세스하도록 하는 트렌드를 말한다. 이는 아마추어나 신입 사원이 훈련 받은 적이 없는 높은 수준의 스킬을 활용할 수 있게 되는 것과 같은 현상이다.

① 민주화(Democratization)
② 인간 증강(Human augmentation)
③ 증강 분석(Augmented Analytics)
④ 인공지능 주도 개발(AI－Driven Development)

정답 ①

풀이 ① 민주화에 대한 설명이다.

1146
다음 글에서 설명하고 있는 개념으로 옳은 것은?

> 비대면 시대 비즈니스 영속성을 위하여 어디서나 운영할 수 있고 접속할 수 있는 정보기술 인프라의 디지털 트랜스포메이션(Digital Transformation)이 요구된다. 기존의 구조화된 프로세스를 가진 조직과 전통적 문화와 채용 방식을 가진 기업은 문화를 먼저 재구축해야 한다. 비대면 시대에 금융시장의 은행계좌와 증권계좌 등은 비대면·비접촉으로 개설할 수 있어야 하고 자금이체와 서비스가 원활하게 작동해야 하며 매장에서도 비접촉으로 지불하거나 체크아웃할 수 있는 끊임없는(Seamless) 디지털화로 진화해야 비즈니스의 가치를 제공하기 때문이다

① 초자동화(Hyperautomation)
② 분산 클라우드(Distributed cloud)
③ 어디서나 운영(Anywhere operations)
④ 자율권을 가진 엣지(Empowered Edge)

정답 ③

풀이 ③ 어디서나 운영(Anywhere operations)에 대한 설명이다.

1147
다음에서 설명하는 전략 기술 트렌드로 옳은 것은?

> 행동을 물리적, 디지털로 표현하는 모든 종류의 데이터를 포착, 분석, 이해하고 이를 활용해 수익을 창출하는 다양한 접근법으로 구성된다. 이렇게 모은 데이터를 분석해 원하는 행동을 유도하도록 동기를 유발하는 데 사용할 수 있다.

① 행동인터넷(IoB)

② 토털 경험(total experience)

③ 어디서나 운영(anywhere operations)

④ 인간 증강(Human augmentation)

정답 ①

풀이 ① IoB로 행동 이벤트를 포착함으로써 산업 현장에서 보건 규정 준수 여부를 모니터링 할 수 있다. 사람이나 주변 환경에 부착된 센서나 RFID 태그를 써서 직원들이 정기적으로 손을 씻는지 파악할 수 있다. 컴퓨터 비전으로 직원들이 마스크 착용 규정을 지키는지 알 수 있다. 또 주변에 있는 인공지능 스피커로 규정 위반에 대해 경고할 수 있다.

② 토털 경험(total experience)은 멀티경험, 고객 경험, 직원 경험, 사용자 경험을 연결해 보다 통일된 접근법을 제시한다. 예컨대 코로나19 대응의 일환으로 한 기업은 온라인 방문 예약 시스템을 만들고 이를 회사 앱과 통합했다. 고객이 점포 인근 75피트(22.85미터) 이내로 들어오면 알림 메시지를 통해 체크인 과정을 안내한다. 직원들은 자신의 태블릿으로 고객과 공동 브라우징을 하면서 물리적으로 고객의 모바일 기기를 만지지 않고 안내한다.

③ 어디서나 운영(anywhere operations)은 어디서나 고객과 직원을 지원하고 디지털 기술을 적용해 비즈니스 서비스를 어디서나 제공하도록 설계된 비즈니스 및 운영 모델이다. 여러 은행이 모바일 전용 원격 지점 운영으로 이 트렌드에 동참하고 있다. 물리적 사업장을 운영 중인 기업의 경우 어디서나 운영을 위해서 점포 내 고객의 비접촉 체크아웃, 사무실이나 공장 환경에서 센서를 사용한 사회적 거리두기 집행 등의 사례가 있다.

④ 인간 증강 트렌드는 기술을 이용해 인간의 인지 및 물리적 경험을 증강하는 데 초점을 두고 있다. 따라서 다른 여러 트렌드와의 교차점에 있다. 멀티경험을 통해 더 나은 인터페이스를 제공하고 초자동화로 갈수록 많은 활동을 자동화하며 전문가 시스템과 자율주행 사물 등이 모두 새로운 인간 증강 경험을 지원한다.

1148

다음 글에서 설명하고 있는 개념으로 옳은 것은?

> 하나의 콘텐츠를 영화, 게임, 음반, 애니메이션, 캐릭터상품, 장난감, 출판, 등의 다양한 방식으로 판매해 부가가치를 극대화하는 방식이다. 특히 하나의 인기 소재만 있으면 추가 비용 부담을 최소화하면서 다른 상품으로 전환해 높은 부가가치를 얻을 수 있다는 점에서 각광받고 있다.

① 재매개(remediation)

② 다중 윈도즈(multiple windows)

③ 문화식민주의(cultural imperialism)

④ 원소스 멀티유즈(One-Source Multi-Use)

정답 ④

풀이 ④ 원소스 멀티유즈(One-Source Multi-Use)에 대한 설명이다.

학자와 저서

1149

학자와 그 저서의 연결이 틀린 것은?

① 매클럽(F.Machlup) − 지식, 산업

② 존 나이스비트(John Naisbitt) − 대변혁

③ 카스텔(Manuel Castells) − 후기산업사회의 도래

④ 피터 드러커(Peter Ferdinand Drucker) − 단절의 시대

> 정답 ③
>
> 풀이 ③ 후기산업사회의 도래는 탈산업사회의 도래를 다른 방식으로 번역한 것이다. 후기산업사회의 도래는 다니엘 벨의 책이다.

1150

근본적으로 새로운 것은 '이론적 지식'의 부호화라고 주장하면서 경험주의에 대한 이론의 우위를 강조한 학자와 그 저서로 옳은 것은?

① 다니엘 벨(Daniel Bell) : 탈산업사회의 도래

② 앨빈 토플러(Alvin Toffler) : 제 3의 물결

③ 존 나이스비트(John Naisbitt) : 메가트렌드

④ 마뉴엘 카스텔(Manuel Castells) : 네트워크 사회의 도래

> 정답 ①
>
> 풀이 ① '이론적 지식'은 다니엘 벨(Daniel Bell)이 '탈산업사회의 도래'에서 강조하였다.

1151

학자와 그 저서의 연결이 옳은 것은?

① 맥루한(Herbert Marshall McLuhan) – 네트워크 사회의 도래
② 피터 드러커(Peter Drucker) – 내일의 이정표
③ 카스텔(Manuel Castells) – 구텐베르크 은하계
④ 웹스터(Frank Webster) – 이데올로기의 종언

> **정답** ②
>
> **풀이** ① 맥루한(Herbert Marshall McLuhan) – 구텐베르크의 은하계
> ③ 카스텔(Manuel Castells) – 네트워크 사회의 도래
> ④ 웹스터(Frank Webster) – 정보사회이론

1152

학자와 그 저서의 연결이 틀린 것은?

① 기든스 – 자연의 종말, 제조된 위기, 전통의 종말
② 포스터 – 제2미디어 시대, 생산양식 대 정보양식, 정보양식
③ 보드리야르 – 생산의 거울, 소비의 사회, 시뮬라시옹
④ 맥루한 – 공감의 시대, 노동의 종말, 3차 산업혁명

> **정답** ④
>
> **풀이** ④ 공감의 시대, 노동의 종말, 3차 산업혁명 모두 제레미 리프킨의 저서들이다.

1153

학자와 그 저서의 연결이 틀린 것은?

① 글로벌 빌리지 – 맥루한   ② 통신피부 – 네트라벨리의
③ 구조화 이론과 사회 행위 – 기든스   ④ 시공간 압축 – 리프킨

> **정답** ④
>
> **풀이** ④ 시공간 압축(time – space compression)은 데이비드 하비(David Harvey)의 저서이다. 자본주의 사회에서 자본축적이 가속화되는 경향으로 동일한 단위 시간 동안에 더 많은 일을 하고, 더 멀리 이동해야 하는 압력이 존재하는 현상을 일컬어 '시공간 압축'이라고 하였다.

1154

학자와 그 저서의 연결이 틀린 것은?

① 폴 길스터 – 디지털 리터러시
② 피터 드러커 – 미래기업
③ 폴 비릴리오 – 정보과학의 폭탄
④ 마크 포스터 – 제1미디어의 시대

정답 ④
풀이 ④ 포스터의 저서는 「제2미디어의 시대」이다.

1155

학자와 그 저서의 연결이 틀린 것은?

① 로빈슨&웹스터 – 인공지능의 미래
② 카스텔 – 네트워크 사회
③ 토플러 – 권력 이동
④ 네그로폰테 – 디지털이다

정답 ①
풀이 ① '인공지능의 미래'는 제리 카플란의 저서이다.

1156

케인스와 함께 경제학의 양대 산맥으로 평가받은 인물이며, '창조적 파괴'라는 개념 확립에 공헌한 연구자로 옳은 것은? [2022년 기출]

① 마셜
② 프리드먼
③ 아담 스미스
④ 조세프 슘페터

정답 ④
풀이 ④ 슘페터에 대한 설명이다.

1157

조지프 슘페터(Joseph Schumpeter)의 저서로 틀린 것은?

① 「경제발전론」(1912)

② 「자본주의, 사회주의, 민주주의」(1942)

③ 「경제분석의 역사」(1954)

④ 「자유헌정론」(1959)

정답 ④

풀이 「자유헌정론」(1959)은 프리드리히 하이에크(Friedrich Hayek)의 저서이다.

1158

기술경제패러다임론에 대한 설명으로 틀린 것은?

① 1980년대 중후반에 제기되었다.

② 새로운 정보 통신 기술이 기존 자본주의 경제 상황의 중요한 변화 요인으로 작용했다는 점을 강조한다.

③ 조지프 슘페터(Joseph Schumpeter)는 자본주의 경제가 공업화 이후 40~60년 주기로 상승, 번영, 하강, 침체의 순환을 반복한다고 주장했다.

④ 프리먼(Chris Freeman)은 현재 전개되는 새로운 기술 패러다임의 전환은 이전 단계의 에너지 집약적이고 비유연적이며 대량 유통적인 생산 기술이 정보 집약적이고 유연적인 전산 기술, 즉 정보 기술 패러다임으로 바뀐 데서 비롯된다고 본다.

정답 ④

풀이 니콜라이 콘드라티예프(Nikolai Kondratiev)의 장기파동론의 설명이다. 슘페터(Joseph Schumpeter)는 기술 경제패러다임의 변동은 기업가의 심리적 요인 및 그에 의한 중심 기술(heartland technology)의 혁신에 있다고 주장한다.

1159

크리스 프리먼(Chris Freeman)의 기술경제패러다임에 대한 설명으로 틀린 것은?

① 문화혁명은 정보 기술의 확산에 따른 기업의 관리 구조나 과정 및 태도 등에서의 근본적인 변화이다.

② 급속한 기술 혁신은 물론 산업 부문에서의 비용 하락과 가격 면에서의 인플레 억제 효과를 가져다준다.

③ 신기술 체계에 있어서의 어떤 변화가 아주 드물기는 하지만 극적인 양상을 띠게 될 때 새로운 기술 패러다임이 출현하게 된다.

④ 철강과 포드주의 대량 생산 패러다임기(1930~1980)인 제4차 파동기를 거쳐 오늘날에는 극소전자공학, 즉 새로운 정보 통신 기술이 핵심적인 기술을 이루는 제5차 파동으로 이행한다.

> **정답** ④
>
> **풀이** ④ 카를로타 페레즈(Carlota Perez)의 기술경제패러다임이다. 1980년대 중후반에 제기된 기술경제패러다임 론적 관점의 연구는 새로운 정보 통신 기술이 기존 자본주의 경제 상황의 중요한 변화 요인으로 작용했 다는 점을 강조함으로써 간접적으로나마 미디어 기술이 사회 변화에 기여한다는 또 다른 경제적 근거를 제공해 준다. 이러한 관점의 대표적인 주창자로는 카를로타 페레즈(Carlota Perez)와 크리스 프리먼(Chris Freeman) 등을 들 수 있다. 이들의 관점은, 자본주의 경제가 공업화 이후 40~60년 주기로 상승, 번영, 하강, 침체의 순환을 반복한다는 니콜라이 콘드라티예프(Nikolai Kondratiev)의 장기파동이론과, 그 원인이 기업가의 심리적 요인 및 그에 의한 중심 기술(heartland technology)의 혁신에 있다는 조지브 슘페터 (Joseph Schumpeter)의 주장에 크게 의존한다. 그들은 당시 극소전자공학 및 그 중심 기술인 정보 통신 기술의 혁신에 의한 자본주의 경제의 새로운 조정 국면을 '5차 파동의 상승 국면'이라고 주장했다.

1160

사회변동에 관한 논의 중 진화론적 발전론은 사회가 낮은 단계에서 더 높은 단계로 발전해 간다고 보는 관점으로, 이러한 모델은 이후 근대화 이론의 바탕이 된다. 이 이론을 지지한 학자로 틀린 것은?

[2023년 기출]

① 오귀스트 콩트(Auguste Comte) ② 허버트 스펜서(Herbert Spencer)
③ 에밀 뒤르켐(Emile Durkheim) ④ 조지프 칼(Joseph Kahl)

> **정답** ④
>
> **풀이** 진화론적 발전론은 사회가 낮은 단계에서 더 높은 단계로 점진적이고 일관적으로 발전해 간다는 관점이다. 대표적인 지지자로는 오귀스트 콩트, 허버트 스펜서, 에밀 뒤르켐 등이 있다.
> ① 오귀스트 콩트는 사회가 '신론적 단계', '형이상학적 단계', 그리고 '실증적 단계'로 발전한다고 설명하였다.
> ② 허버트 스펜서는 군사형 사회에서 산업형 사회로 발전한다고 설명하였다.
> ③ 에밀 뒤르켐은 사회의 복잡성이 증가하면서 사회의 결속방식이 기계적 연대에서 유기적 연대로 발전한 다고 설명하였다.
> ④ 조지프 칼은 진화론적 발전론자가 아니다. 그는 주로 사회의 계급 구조와 사회 모빌리티에 관심을 가지 고 연구를 수행하였습니다. 그의 연구는 사회의 발전 단계보다는 사회 내에서 개인이나 그룹이 어떻게 움직이고 변화하는지에 초점을 맞추었다.

1161

군사형 사회에서 산업형 사회로 발전한다고 설명한 사상가의 이름으로 옳은 것은?

① 오귀스트 콩트(Auguste Comte)

② 허버트 스펜서(Herbert Spencer)

③ 에밀 뒤르켐(Emile Durkheim)

④ 조지프 칼(Joseph Kahl)

②

풀이 허버트 스펜서(Herbert Spencer)의 설명이다.

1162

뒤르켐의 기계적 연대와 유기적 연대에 관한 다음 설명 중 옳은 것은?

① 기계적 연대는 사회의 복잡성과 개인화가 진전됨에 따라 사라지게 되는 연대의 형태다.

② 유기적 연대는 사회 구성원 간의 유사성에 의해 형성되는 연대의 형태다.

③ 기계적 연대는 사회 구성원들이 서로 다른 역할을 가지며, 이러한 차이가 연대를 이루는데 중요하다.

④ 유기적 연대는 강력한 집단의식을 바탕으로 형성되며, 개인의 독립성이 상대적으로 약하다.

정답 ①

풀이 뒤르켐의 사회이론에 따르면, 기계적 연대와 유기적 연대는 사회 연대의 두 가지 형태다. 기계적 연대는 전통적이고 단순한 사회에서 주로 발견되며, 사회 구성원들 사이의 유사성에 기반한다. 반면 유기적 연대는 복잡하고 현대적인 사회에서 주로 발견되며, 사회 구성원들 간의 역할 차이와 상호의존성에 의해 형성된다.

  ① 기계적 연대는 사회의 복잡성과 개인화가 진전됨에 따라 사라지게 되는 연대의 형태이다. 유기적 연대는 복잡하고 현대적인 사회에서 주로 발견되며, 사회 구성원들 간의 역할 차이와 상호의존성에 의해 형성된다.

  ② 유기적 연대는 사회 구성원들 간의 역할 차이와 상호의존성에 의해 형성된다.

  ③ 기계적 연대는 사회 구성원들 사이의 유사성에 기반한다.

  ④ 유기적 연대는 사회 구성원들 간의 역할 차이와 상호의존성에 의해 형성된다. 이는 개인의 역할이 중요해지고, 개인의 독립성이 강화되는 현대 사회의 특징을 반영한다.

1163

탤컷 파슨스(Talcott Parsons)의 구조기능주의에 대한 설명으로 틀린 것은?

① 사회 변동과 관련하여 가장 적극적인 관점이다.

② 사회는 크게 경제, 정치, 사회, 문화와 같은 4개의 하부 체계로 구성되어 있다.

③ 하부 체계는 각각 적응, 목표 달성, 통합 잠재적 유형 유지와 같은 기능적 책무를 지니고 있다.

④ 하부 체계는 그 자체가 갖는 고유한 기능과 역할이 있기 때문에 그러한 역할 수행을 통해 사회 전체의 체제 안정을 유지하려는 속성이 있다.

정답 ①

풀이 사회 변동과 관련하여 가장 소극적인 관점이다.

1164

The American Class Structure의 저자로서 미국의 사회계층과 사회이동에 대해 연구한 학자의 이름으로 옳은 것은?

① 조지프 칼(Joseph Kahl)

② C. 라이트 밀스(C. W. Mills)

③ 어빙 고프만(Erving Goffman)

④ 탤컷 파슨스(Talcott Parsons)

정답 ①

풀이 조지프 칼에 대한 설명이다. 칼의 연구는 미국 사회의 계급 구조에 대한 이해를 크게 발전시켰다. 특히, 그의 연구는 미국 사회가 계급 사회라는 사실을 명확히 보여주었으며, 계급 구조가 개인의 삶에 미치는 영향을 연구하는 데 중요한 기초를 제공하였다.

1165

각 연구자와 사회의 변화에 대한 설명의 연결로 틀린 것은?

① Auguste Comte : 신학적 단계-실증적 단계-형이상학적 단계

② Herbert Spencer : 군사형 사회-산업형 사회

③ Emile Durkheim : 기계적 연대-유기적 연대

④ Max Weber : 합리화의 진전

정답 ①

풀이 ① 사회학이란 이름을 만들어 흔히 사회학의 창시자로 거론되는 오귀스트 콩트는 사회 진보를 결정하는 중심적 요인으로 지식의 진보를 들고, 인류사회가 신학적 단계에서 형이상학적 단계를 거쳐 실증적 단계로 발전했다고 주장한다. 여기서 신학적 단계란 공상적인 정신이 지배하는 단계이고, 형이상학적 단계는 추상적인 정신이 지배하는 단계이며, 실증적 단계는 과학적 정신이 지배하는 단계이다.

1166

지구를 샅샅이 뒤져 쓸 만한 자원을 모두 사유재산으로 만드는 다국적 기업의 생명체에 대한 특허 부여 행위를 고발한 책으로 옳은 것은?

① 샌드라 하딩 「과학, 기술, 민주주의」

② 반다나 시바 「자연과 지식의 약탈자들」

③ 로지 브라이도티 「변신 : 되기의 유물론을 향해」

④ 도나 해러웨이 「사이보그 선언 : 20세기말 과학, 기술, 그리고 사회주의-페미니즘」

정답 ②

풀이 ② 지구를 샅샅이 뒤져 쓸 만한 자원을 모두 사유재산으로 만드는 다국적 기업의 생명체에 대한 특허 부여 행위를 고발한 책은 반다나 시바 「자연과 지식의 약탈자들」이다.

1167

앤디 클라크(Andy Clark)의 입장으로 틀린 것은?

① 도구적 인간(homo faber)의 의미를 자연적으로 태어난 사이보그(natural-born cyborg)로 규정한다.

② 연장된 정신(the extended mind)은 몸을 매개로 외부로 연장되어, 인공도구들이나 장치들과 네트워크를 통해 하나의 인지시스템을 구성한다.

③ 인간의 연장을 통해 전과는 다른 인지 네트워크 시스템이 구성되고, 이를 통해 마음이 연장되어, 정신적 역량이 초거대화(supersizing)된다.

④ 마음은 심리적이고 정신적이고 계산적인 내적 활동으로 그 자체로서 무언가를 이루어내기 위해 진화한 기관(organ)이다.

> **정답** ④
>
> **풀이** ④ 마음은 심리적이고 정신적이고 계산적인 내적 활동을 넘어, 오히려 몸과 더불어 그리고 외부세상과 함께 연동된 과정이다. 체현은 마음이란 몸과 불가분리한 과정이다. 마음은 그자체로가 아니라 생물학적 몸을 제어하기 위한 기관이다. 마음의 가장 원초적인 기능이 몸을 제어하기 위한 것이라면, '마음'은 그 어떤 경우에도 육체성을 결여한(disembodied) 무엇이 될 수 없다.

1168

유발 하라리(Yuval Noah Harari)의 입장으로 틀린 것은?

① 호모 데우스의 호모(Homo)는 사람 속을 뜻하는 학명이고, 데우스(Deus)는 라틴어에서 유래된 말로 '신'이라는 뜻이다. 호모 데우스는 말하자면 '신이 된 인간'이라고 할 수 있다.

② 데이터 종교는 종교가 디지털 네트워크 시대에 적응하는 것을 의미하는 것이 아니라, 빅데이터가 종교가 되어 정치, 경제, 사회의 모든 것을 결정하게 되는 시대를 말한다.

③ 데이터 종교의 시대에 전체 인간 종은 하나의 단일한 데이터 처리 시스템이 되고, 개별 인간은 그 시스템을 구성하는 칩(chip)으로 작동한다.

④ 인간 스스로 자신의 정신을 네트워크에 업로드하여 호모 데우스를 실현하려는 성향은 굶주림, 질병, 폭력 등 짐승 수준의 생존 투쟁에서 벗어난 문명의 업그레이드를 의미한다.

> **정답** ④
>
> **풀이** ④ 인간 스스로 자신의 정신을 네트워크에 업로드하여 "호모 데우스"를 실현하려는 성향은 문명의 업그레이드를 의미하는 것이 아니라, 오히려 적자생존과 무한경쟁의 기호 자본주의적 경쟁문화 속에서 이겨서 살아남고자 하는 욕망으로부터 비롯된 것이다. 그래서 호모 데우스의 시대는 정확히 불평등의 업그레이드 시대이다.

1169

⊙에 들어 갈 말로 옳은 것은?

> 인류는 지금까지 이룩한 성취를 딛고 더 과감한 목표를 향해 나아갈 것이다. 전례 없는 수준의 번영, 건강, 평화를 얻은 인류의 다음 목표는, 과거의 기록과 현재의 가치들을 고려할 때, 불멸, 행복, 신성이 될 것이다. 굶주림, 질병, 폭력으로 인한 사망률을 줄인 다음에 할 일은 노화와 죽음 그 자체를 극복하는 것이다. 사람들을 극도의 비참함에서 구한 다음에 할 일은 사람들을 더 행복하게 만드는 것이다. 짐승 수준의 생존투쟁에서 인류를 건져 올린 다음에 할 일은 인류를 신으로 업그레이드하고, '호모 사피엔스'를 ⊙ 로 바꾸는 것이다.

① 사이보그   ② 호모 데우스
③ 트랜스 휴먼   ④ 포스트 휴먼

정답 ②

풀이 ② 제시문은 유발 하라리의 「호모 데우스」의 일부이다. '호모 데우스'의 '호모(Homo)'는 '사람 속을 뜻하는 학명', '데우스 Deus'는 라틴어에서 유래된 말로 '신'이라는 뜻이다. '호모 데우스'는 말하자면 '신이 된 인간'이라고 할 수 있다.

1170

제임스 베니거의 사상에 대한 설명으로 틀린 것은?

① 사회 체제는 물질 처리 체계라는 하부 체계와 정보 처리/전달 체계라는 상부 체계를 가지고 있다.
② 기본적으로 사회 체제를 살아 있는 유기체와 같이 스스로의 균형 상태를 유지하려는 욕구를 가진 것으로 본다.
③ 어떤 체제에 있어서든 전문화나 분화가 심화되면 그에 따른 기능들을 조정해야 하는 욕구가 커지게 된다.
④ 생산, 유통, 소비 등과 같은 물질 처리 체계의 변화에 정보 처리/전달 체계가 대응하지 못하면 그에 따른 통제 위기가 나타나게 된다.

정답 ①

풀이 사회 체제는 물질 처리 체계와 정보 처리/전달 체계라는 하부 체계를 가지고 있다. 베니거는 기본적으로 사회 체제를 살아 있는 유기체와 같이 스스로의 균형 상태를 유지하려는 욕구를 가진 것으로 본다. "어떤 체제에 있어서든 전문화나 분화가 심화되면 그에 따른 기능들을 조정해야 하는 욕구가 커지게 된다."는 것이다. 여기서 기능 조정의 욕구란 통합의 욕구를 의미하는 것이다. 베니거는 사회체제가 물질 처리 체계와 정보 처리/전달 체계라는 하부 체계를 가지고 있는 것으로 본다. 그리고 그들 하부 체계의 기술 혁신이 계속되면서 사회는 역동적인 변화를 계속한 것으로 본다. 생산, 유통, 소비 등과 같은 물질 처리 체계의 변화에 정보 처리/전달 체계가 대응하지 못하면 그에 따른 통제 위기가 나타나게 되며, 그에 따라 그러한 위기를 극복할 수 있는 새로운 통제 기술이 필요하게 된다는 것이다.

1171

베니거(James Beniger)의 입장에 대한 설명으로 틀린 것은?

① 사회유기체론에 입각해 있다.

② 통제기술의 출현이 새로운 사회 도래의 동인이라는 주장을 전개하였다.

③ 커뮤니케이션을 통한 정보교환은 사회체계의 항상성을 유지하는 데 필수적인 통제기제이다.

④ 정보사회의 도래는 정보기술의 혁신을 직접적인 원인으로 하여 통제혁명의 진화과정으로서의 통제기술에 의한 것이다.

정답 ④

풀이 ④ 베니거는 통제기술과 함께 정보기술이 발전하게 된 점이 정보사회로 이행하게 된 결정적인 동인이라고 본다. 이는 기술결정론의 시각에서 벗어난 관점이다. 베니거는 정보사회가 도래한 것은 정보기술의 혁신을 직접적인 원인으로 하지 않고 통제혁명의 진화과정으로서의 통제기술, 즉 정보기술에 의한 것이라고 설명하고 있다.

1172

제임스 베니거(James Beniger)의 통제혁명에 대한 설명으로 틀린 것은?

① 정보사회라는 새로운 사회로의 이행이라는 사회 구조적 변화를 인정한다.

② 사회 체제를 살아 있는 유기체와 같이 스스로의 균형 상태를 유지하려는 욕구를 가진 것으로 본다.

③ 어떤 체제에 있어서든 전문화나 분화가 심화되면 그에 따른 기능들을 조정해야 하는 욕구가 커지게 된다.

④ 세계화를 통한 소득 격차의 심화로 새로운 통제 기술을 요구하는 경제적, 정치적, 사회적 통제 위기가 발생했다고 본다.

정답 ④

풀이 ④ 베니거는 오늘날 컴퓨터를 비롯한 새로운 정보 통신 기술도 그러한 통제 위기의 극복을 위해 등장한 것으로 본다. 그러므로 정보 사회의 기술적, 경제적 조건으로서의 통제 위기는 이미 2차 세계 대전 이전에 존재하고 있었다고 보았다. 18세기 중후반의 급속한 산업화 과정에서의 시장 확대와 관료제 발전 과정에서의 관리 업무의 전문화, 그리고 동시에 사회 분화에 따른 아노미 현상의 증대 등은 이미 그 자체가 새로운 통제 기술을 요구하는 경제적, 정치적, 사회적 통제 위기였다는 것이다.

1173

다음에서 설명하는 이론으로 옳은 것은?

> 1920년대에서 1940년대까지 독일 프랑크푸르트와 미국 뉴욕에서 활동했던 일군의 학자들이 견지한
> 이론적 관점이자 경향성으로, 프랑크푸르트학파의 사상으로도 불린다. 양차 세계대전을 낳은 서구
> 합리성에 대한 반성, 자본주의의 병폐와 자본주의적 문화에 대한 비판, 맑시즘과 정신분석학에 영향
> 을 받은 모습을 보인다. 대표적 학자로 호르크하이머, 아도르노, 마르쿠제 등이 있다. 인간을 제약하
> 는 총체적 · 사회적 조건들을 변화시킬 수 있는 지식과 비판, 변화를 추구한다.

① 계보학(Genealogy)
② 비판이론(Chtical theory)
③ 담론이론(Discourse Theory)
④ 조절이론(The Theory of Regulation)

정답 ②

풀이 ② 비판이론에 대한 설명이다.

1174

빈센트 모스코(Vincent Mosco)에 대한 설명으로 틀린 것은?

① 정치경제학을 "미디어를 통한 자원의 생산과 유통, 소비를 상호적으로 구성하는 사회적 관계를 연구
   하는 학문"으로 정의하고 있다.
② 상호적으로 구성된 여러 사회적 관계 가운데 권력관계, 특히 미디어와 이용자 간의 권력관계를 연구
   하기 위한 진입점으로 '상품화', '공간화', '구조화'를 들고 있다.
③ 포털 사이트는 이용자들의 주목을 조회수와 페이지뷰, 방문자수, 체류시간으로 계산하여 이를 광고주
   에게 판매한다고 볼 수 있다.
④ 미디어 이용자들은 텔레비전 프로그램과 같은 상품을 공짜로 시청한다고 착각하지만, 실제로는 광고
   를 시청하는 일종의 노동 행위를 통해 상품을 구매하는 것이 된다.

정답 ④

풀이 ④ 미디어 이용자들은 텔레비전 프로그램과 같은 상품을 공짜로 시청 한다고 착각하지만, 실제로는 광고를
   시청하는 일종의 노동 행위를 통해 상품을 구매하는 것이 된다고 주장한 연구자는 스마이드(Smythe)이
   다. 스마이드는 이러한 원리를 '수용자 상품'이라는 개념으로 설명하였다. 즉, 미디어가 메시지를 판매
   한다는 것은 환상이고 본질은 메시지를 본 수용자들의 시청 행위를 시청률과 같은 지표로 환산하여 광
   고주에게 판매하는 것이다.

1175

빈센트 모스코(Vincent Mosco)가 미디어를 통한 자원의 생산과 유통, 소비를 상호적으로 구성하는 사회적 관계에서 나타나는 권력 관계를 설명하기 위해 진입점으로 사용한 개념으로 볼 수 없는 것은?

① 시간화
② 공간화
③ 상품화
④ 구조화

정답 ①

풀이 ① 모스코가 미디어와 권력관계를 연구하기 위한 진입점으로 '상품화', '공간화', '구조화'라는 핵심 개념을 제시했다. 첫 번째 진입점인 '상품화'는 "사용가치를 교환가치로 바꾸는 과정"을 의미한다(Mosco, 2008). 따라서 상품화는 자본주의 시스템에서 미디어 기업이 사용가치를 교환가치로 전환해 가치를 얻는 자본주의 이윤 축적의 원리와 방식을 이해하는 것이 목적이다. 두 번째 진입점은 '공간화'이며, 이 개념은 유연한 자원으로서 시간과 공간의 변화에 관심을 기울인다. 좀 더 구체적으로 설명하면 공간화는 보통 비즈니스 목적으로 발생하는 기업 간 전략적 제휴나 수직적 통합, 수평적 결합, 교차 소유와 같은 미디어 기업의 사업 확장 전략을 연구하기 위해 고안된 개념이다. 세 번째 진입점인 '구조화'는 "구조가 인간과 상호적으로 구성되는 과정" 또는 인간 행위자가 매개 작용을 함으로써 구성되는 구조를 설명하기 위해 고안된 개념이다.

1176

빈센트 모스코(Vincent Mosco)가 미디어와 권력관계를 연구하기 위한 진입점으로 제시한 '공간화'와 관련이 없는 것은?

① 미디어 시장의 경쟁 정도
② 미디어 기업의 소유구조
③ 미디어 기업의 사업 확장 전략
④ 미디어 기업이 이용자들의 사회적 관계에 미치는 영향

정답 ④

풀이 ④ 미디어 기업이 이용자들의 사회적 관계에 미치는 영향은 구조화와 관련이 있는 내용이다. 공간화는 보통 비즈니스 목적으로 발생하는 기업 간 전략적 제휴나 수직적 통합, 수평적 결합, 교차 소유와 같은 미디어 기업의 사업확장 전략을 연구하기 위해 고안된 개념이다. 빈센트 모스코(Mosco)에 따르면, 공간화라는 개념에 생산 논리와 권력 논리를 동시에 포함하기 때문에 거대 미디어 기업의 소유구조를 분석하면 기업이 경제 영역, 나아가 사회 전반에 미치는 영향력을 파악할 수 있다고 본다. 즉, 미디어 기업이 지닌 경제권력의 속성을 이해할 수 있다는 것이다.

1177

빈센트 모스코(Vincent Mosco)가 미디어와 권력관계를 연구하기 위한 진입점으로 제시한 '구조화'에 대한 설명으로 틀린 것은?

① 젠더, 인종, 계급 등 여러 사회 행위자들이 조직하는 사회적 관계와 권력 작용이 포함되는 다소 광범한 사회적 관계를 다룬다.

② 기든스의 구조화이론을 미디어 영역에 접목하여 특정 구조를 결정주의 시각으로 보는 경향을 배제하고 사회변동을 행위-구조의 상호적 관계 속에서 분석한다.

③ 구조화 개념을 활용하면 다양한 포털 사이트의 상품과 서비스가 포털 이용자들의 사회적 삶과 사회적 관계에 미치는 영향을 분석할 수 있다.

④ 정보를 생산하는 통제 주체는 정치적·경제적 지배 권력이라는 전제에서, 이들의 계급적·정치적 재생산을 위한 이데올로기적 영향력을 특히 강조한다.

> 정답 ④
>
> 풀이 ④ 비판이론과 초기 미디어 정치경제학은 이러한 정보를 생산하는 통제 주체가 정치적·경제적 지배권력이라고 보고 이들의 계급적·정치적 재생산을 위한 이데올로기적 영향력을 특히 강조하였다. 그러나 이후에 비판이론을 계승한 사람들은 특정 지배권력이 미디어의 정보 생산을 통제하는 것이(여전히 막강하지만) 유일한 힘은 아니라고 판단하고, 다양한 사회적 권력관계 속에서 정보 헤게모니를 두고 벌이는 투쟁의 양상을 보는 것이 중요하다는 입장을 취했다.

1178

'자원과 전유(appropriation)이론'을 종합적인 개념적 틀로 활용하여, 사회문화적 접근, 관계론적 접근, 행동주의적 기술 수용 접근 등 다양한 이론적 관점을 통합, 디지털 미디어를 통해 제공되는 자원과 그것을 전유하는 과정이 어떻게 양적인 되먹임(feedback) 과정을 거쳐 사회적 불평등을 강화시키는지를 보여주려고 노력한 연구자의 이름으로 옳은 것은?

① 다이크(Dijk)

② 몰나(Molnar)

③ 모스버거(Mossberger)

④ 부시와 뉴하겐(Bucy · Newhagen)

> 정답 ①
>
> 풀이 ① 얀 판 데이크(Jan van Dijk, 다이크)에 대한 설명이다.

(1) 디지털 미디어와 소셜 미디어의 발전으로 인해 우리가 사는 세상의 연결성은 20세기의 정보사회와는 비교할 수 없이 달라졌다. 이러한 새로운 연결성의 속성을 가장 잘, 다차원적으로 분석하는 학자 중 한 명은 요세 판 데이크(Jose van Dijck)라 할 수 있다. 판 데이크는 「연결성의 문화」(2013)라는 책에서 페이스북, 트위터, 유튜브, 플리커, 위키 피디아의 사례를 구체적으로 살펴보면서, 그곳에서 나타나는 사회성의 모습, 공유의 모습, 상업적 모습, 공동체의 모습 등 다채로운 면모를 묘사한다.

(2) 이러한 미디어를 통해 개인들의 사회성은 플랫폼상에서 이루어지고(platforined sociality), 사회적 연결에 대한 욕구를 바탕으로 여기에 참여 하는 개인은 점차 자동화된 연결과, 이용자들이 생산해 내는 데이터와 콘텐츠를 상업적으로 활용하는 플랫폼기업들의 사업 생태계에 깊숙이 포섭된다. 이러한 과정을 판 데이크는 행위자-연결망이론과 정치 경제학적 논의를 바탕으로 서술해 낸다. 그는 흔히 '소셜 미디어'라고 부르는 것들을 그것들이 기초해 있는, 그것을 제공하는 기업들의 상업적 목적을 좀 더 분명히 드러내기 위해 연결 미디어(connective media)로 명명한다.

(3) 이러한 연결 미디어는 사회적 상호작용과 사회성이 작동하는 플랫폼으로서 작동하는데, 이에 대한 이해는 여러 기관, 제도, 주체들 간의 상호작용에 대한 분석을 총체적으로 요구한다. 현대 정보사회에서 사회적 상호작용이 이와 같은 이질적이고 다차원적인 힘들이 중첩되는 공간에서 이루어진다는 점은 이를 이해하기 위해 광범위한 사회학적 상상력이 요구된다는 것을 의미한다.

1179

요세 판 데이크(Jose van Dijck)에 대한 설명으로 틀린 것은?

① 「연결성의 문화」의 저자로서 페이스북, 유튜브, 위키피디아 등의 구체적 사례를 바탕으로 플랫폼 상에 나타나는 사회성의 모습, 공유의 모습, 상업적 모습, 공동체의 모습 등에 대해 기술하였다.

② 루만의 체계 이론과 정치경제학적 논의를 바탕으로 현대 정보사회에서 사회적 상호작용이 이질적이고 다차원적인 힘들이 중첩되는 공간에서 이루어진다고 주장한다.

③ 미디어를 통해 개인들의 사회성은 플랫폼 상에서 이루어지고(platforined sociality), 사회적 연결에 대한 욕구를 바탕으로 여기에 참여하는 개인은 점차 자동화된 연결과, 이용자들이 생산해 내는 데이터와 콘텐츠를 상업적으로 활용하는 플랫폼기업들의 사업 생태계에 깊숙이 포섭된다.

④ '소셜 미디어'라고 부르는 것들을 그것들이 기초해 있는, 그것을 제공하는 기업들의 상업적 목적을 좀 더 분명히 드러내기 위해 연결 미디어(connective media)로 기능한다.

정답 ②

풀이 ② 요세 판 데이크는 행위자–연결망이론과 정치 경제학적 논의를 바탕으로 이론을 전개하였다.

1180

릴리 쿨리아라키(Lilie Chouliaraki)의 「반어적 관찰자 : 후기 인간주의시대의 연대」에 대한 설명으로 틀린 것은?

① 디지털 미디어 환경에서 고통이 전시되고 소비되는 방식에 대한 연구이다.

② 밀레니얼 방식의 자선은 이전과는 다른 방식으로 이루어진다고 주장한다.

③ 도움 받는 사람의 모습을 부각하여 이들의 주체성을 부정하고 대상화할 위험성을 지적한다.

④ 자선은 미디어가 인간의 욕구를 다루는 방식을 반영하고, 기업화와 상업화의 방식을 따르는 연대의 모습을 보여준다.

> **정답** ③
>
> **풀이** ③ 릴리 쿨리아라키(Lilie Chouliaraki)에 따르면 밀레니얼 방식의 자선(charity)은 이전과는 다른 방식으로 이루어지는데, 여기에 반어적 측면이 있다. 예를 들어 서구의 유명 연예인이 경제적으로 어려운 국가에 가서 시청자와는 멀리 떨어져 있는 누군가를 돕는 모습을 보여주는 경우, 도움 받는 사람의 모습은 희미하게만 제시되고 도움을 주는 특정 서구인의 모습에 집중하면서 그의 역량과 인간성이 부각된다. 즉, 어려운 처지에 있는 사람들의 고통이 아닌, 자선 활동을 펼치는 서구인의 이미지와 감정, 능력이 고양된 형태로 제시된다. 이는 미디어가 인간의 욕구를 다루는 방식을 반영하고, 기업화와 상업화의 방식을 따르는 연대의 모습을 보여준다.

1181

버지니아 유뱅크스(Virginia Eubanks)에 대한 설명으로 틀린 것은?

① 실천적 활동가의 관점에서 정보통신기술이 어떻게 "대중들의 기술"로, 사회적 약자를 위해 사용될 수 있는지를 본인이 직접 경험한 사례를 통해 상세하게 기술하였다.

② 지역 YMCA의 노동계층 여성들이 실제로 인터넷을 매우 능숙하게 창조적으로 활용할 수 있음을 발견하고, 그러한 지역공동체 테크놀로지 기관이 어떻게 기술에 의한 불평등을 감소시키고, 시민의 참여를 증진시킬 수 있는지에 대한 여러 방안을 제시하였다.

③ 「자동화된 불평등(Automating Inequality)」에서 데이터 마이닝, 빅데이터, 알고리즘과 같은 데이터화와 기술들이 어떻게 불평등을 '자동화'하는지, 그것이 빈곤층의 의료, 건강, 정치, 소득에 어떠한 영향을 미치는지에 대한 비판적 관점을 제시하였다.

④ 젠킨스나 셔키와 같이 분명하게 정보통신기술에 대한 낙관론적 입장에서 맑시스트적 혹은 비판이론적 관점과 같은 부정적 시각으로 해석하는 것에 반대한다.

> **정답** ④
>
> **풀이** ④ 유뱅크스의 연구는 젠킨스나 셔키와 같이 분명하게 긍정적 해석을 내놓은 것은 아니지만, 구체적 사례들을 들여다봄으로써, 부정적 시각으로만 해석하는 것과 달리 현실의 복잡한 그림을 보여주는 연구들에 속한다.

1182

도로시아 클라인(Dorothea Kleine)에 대한 설명으로 틀린 것은?

① ICT의 발전이 가져오는 변화를 선택 틀(choice framework)이라는 개념적 도구를 활용해 분석하였다.

② 지역 YMCA의 노동계층 여성들이 실제로 인터넷을 매우 능숙하게 창조적으로 활용할 수 있음을 발견하고, 그러한 지역공동체 테크놀로지 기관이 어떻게 기술에 의한 불평등을 감소시키고, 시민의 참여를 증진시킬 수 있는지에 대한 여러 방안을 제시한다.

③ 저소득 국가의 사람들은 공공도서관이나 텔레센터 등의 공간에서 무료로 인터넷을 활용함으로써, 정책 입안자들과 소통하거나, 기업가로서 작은 사업을 운영할 수 있는 기회를 갖게 된다.

④ 특히 칠레의 '어젠다 디지털(Agenda Digital)'이라는 성공적 사례에 주목하면서, ICT의 발전이 개인의 역량을 강화하여 자유의 발전을 이룰 수 있다고 주장하였다.

> **정답** ②
>
> **풀이** ② 버지니아 유뱅크스(Virginia Eubanks)에 대한 설명이다. 도로시아 클라인(Dorothea Kleine)은 ICT의 발전이 가져오는 변화를 선택 틀(choice framework)이라는 개념적 도구를 활용해 분석한다. 여기서 그녀는 노벨경제학상 수상자인 아마르티아 센(Amartya Sen)의 역량 접근(capabilities approach)개념을 활용하여, ICT가 저소득 국가의 사람들에게 제공해줄 수 있는 다양한 기회에 주목한다.

1183

다음의 내용을 주장한 연구자의 이름으로 옳은 것은?

> 아날로그로부터 디지털로의 이동은 언제나 무엇인가를 포기하는 과정이다 보니 디지털이 줄 수 있는 것은 현실 세계의 풍성함을 흉내낸 모사에 불과하다. 물론 그 모사는 끊임없이 개선되지만 궁극적으로는 시뮬레이션일 수밖에 없다.

① David Sax

② Gilles Deleuze

③ Jacques Lacan

④ Jean Baudrillard

> **정답** ①
>
> **풀이** ① David Sax의 입장이다.

1184

「대량살상 수학무기」(2016)의 저자로 빅데이터의 축적과 활용, 플랫폼기업의 데이터 독점의 문제가 생기면서 빅데이터와 알고리즘에 의해 불평등이 커지고 민주주의가 침식된다고 주장한 연구자의 이름으로 옳은 것은?

① 캐시 오닐(Cathy O'Neil)

② 저스틴 루이스(Justin Lewis)

③ 콜린 쿠프먼(Colin Koopman)

④ 부시와 뉴하겐(Bucy · Newhagen)

정답 ①

풀이 ① 캐시 오닐(Cathy O'Neil)에 대한 설명이다.

1185

메리앤 프랭클린(Marianne Franklin)에 대한 설명으로 틀린 것은?

① 「디지털 딜레마 : 권력, 저항, 그리고 인터넷」(2014)이라는 저작에서 인터넷이 가지고 있는 사회적 · 경제적 · 정치적 권력과 이에 대한 저항에 대해 분석하였다.

② 마이크로소프트와 같은 거대 기업이 시장을 장악하려는 시도에 미국 법무부가 제동을 걸고자 했던 사례, 오픈소스 운영체제 운동, 홈리스들이 인터넷을 이용해서 자신들의 연결망을 강화하고 자신들이 판매하는 신문의 가시성을 높인 사례 등을 분석하였다.

③ 다차원적 힘과 행위자들의 긴장 관계에 대한 분석, 그리고 행위자들의 실제 실천적 행위에 대한 조명 등을 통해 인터넷 공간의 다양한 힘이 서로 끊임없이 상충하는 곳임을 보여준다.

④ 맑시스트적 혹은 비판이론적 관점에서 인터넷이 집합행동에 "유용한 정보와 자원을 확대시킬 수는 있겠지만 그것이 새로운 사람들을 운동에 참여시킬 수단으로 작용할지는 의문"이라고 주장하였다.

정답 ④

풀이 ④ 다차원적 힘과 행위자들의 긴장 관계에 대한 분석, 그리고 행위자들의 실제 실천적 행위에 대한 조명은, 프랭클린 자신이 주장하다시피, 기존의 맑시스트적 혹은 비판이론적 배경을 가지고 미디어와 인터넷을 거대한 프레임으로만 해석하던 작업들이 지닌 한계를 극복하는 모습을 보여준다.

리모르 시프먼(Limor Shifman)

리모르 시프먼(Limor Shifman)의 「디지털 문화에서의 밈」이라는 책은 싸이의 〈강남스타일〉 뮤직비디오가 세계적으로 인기를 끌었던 사례를 제시하면서 시작하는데, 그러한 인터넷 밈(meme)의 생성과 유행이 전 지구적으로 확산되는 새로운 현상에 주목한다.

1186

「디지털 문화에서의 밈(meme)」의 저자 리모르 시프먼(Limor Shifman)의 밈에 대한 설명으로 틀린 것은?

① 밈은 다윈(Charles Robert Darwin)의 「인간과 동물의 감정표현」에서 문화의 진화를 설명할 때 처음 등장한 용어로서 생명의 진화 과정에 작용하는 자기복제자의 한 종류이다.

② 디지털 문화에서 밈은 단순히 유행하는 어떤 사진이나 그래픽 이미지가 아니기 때문에, 특정 집단의 관점과 지식을 바탕으로 해석을 요구하고, 밈이 변형 되는 과정에 일반 사람들도 창조적으로 참여할 수 있다.

③ 정치학에서 정치적 참여의 예시로 기존에는 투표나 정치적 단체에의 참여를 주로 다루었는데, 웹2.0의 새로운 미디어 환경에서 밈과 같이 사용자들이 만들어 내는 콘텐츠들은 새로운 정치적 참여의 양상을 보여준다.

④ 밈은 정치적 설득과 자극의 도구가 되고, 표현과 공적 토론의 양식이며, 일반인들이 만들어 내는 풀뿌리 행위의 성격을 가지고 있어서 정치적 참여의 도구가 되고 그것을 촉진시키는 역할을 하기도 한다.

> **정답** ①
>
> **풀이** ① 밈은 1976년, 리처드 도킨스의 「이기적 유전자」에서 문화의 진화를 설명할 때 처음 등장한 용어이다. 밈을 주장하는 사람들은 밈과 유전자의 연관성을 들어 밈이 생명의 진화 과정에 작용하는 자기복제자의 한 종류라고 말한다. 유전자가 자가복제를 통해 생물학적 정보를 전달하듯이, 밈은 모방을 거쳐 뇌에서 뇌로 개인의 생각과 신념을 전달한다. 밈은 유전자와 동일하게 변이, 경쟁, 자연선택, 유전의 과정을 거쳐 수직적으로, 혹은 수평적으로 전달되면서 진화한다. 또한 복제되는 밈이 숙주인 인간 입장에서 그 밈이 갖는 유용성과 관련없이 전파된다는 점에서 유전자의 이기적 측면과 유사한 특성을 밈이 가지고 있음을 알 수 있다.

1187

정보통신기술, 소셜 미디어, 빅데이터와 인공지능, 알고리즘에 기반한 자동화의 발전 등을 해석하고 분석하는 정보사회의 연구에 대한 설명으로 틀린 것은?

① Miccoli은 인간성의 본질과 위치에 대해 다시 생각하는 포스트 휴먼적 논의를 전개하였다.

② Roger Silverstone은 현대사회에서 정의와 인권 문제를 다루려면 미디어에 대한 연구와 분석이 이루어져야 한다고 강조하였다.

③ Floridi는 정보와 관련된 윤리적 이슈들을 심도 깊게 다루는 '정보 윤리학(information ethics)'을 발전시켰다.

④ Gordon과 Mihailidis는 다양한 정체성을 가진 세계의 여러 시민들이 타인을 기호로서 소비하거나 배제하지 않는, 글로벌한 미디어 공간으로서 참여적 미디어폴리스(mediapolis)를 구축해야 함을 역설하였다.

정답 ④

풀이 ④ 실버스톤(Roger Silverstone)은 유작인 「미디어와 도덕 : 미디어폴리스의 등장」을 통해 다양한 정체성을 가진 세계의 여러 시민들이 타인을 기호로서 소비하거나 배제하지 않는 글로벌한 미디어 공간으로서 참여적 미디어 폴리스(mediapolis)를 구축해야 함을 역설한 연구자는 실버스톤(Roger Silverstone)이다. Gordon과 Mihailidis는 시민참여적 미디어와, 플랫폼사회에서의 공공가치에 대한 중요성을 강조하였다.

1188

현재의 인터넷, 플랫폼이 불평등을 강화시키는 쪽으로 작동해 왔으며, 이에 맞서기 위해서는 사람을 위한 플랫폼(People's platform)을 만들고 온라인, 오프라인 모두에 걸쳐 공공성에 뿌리를 둔 지속가능한 문화와 실천이 이루어질 필요가 있음을 강조한 연구자의 이름으로 옳은 것은?

① 멜루치(A. Melucci) ② 베넷(Lance Bennett)

③ 테일러(Astra Taylor) ④ 글래드웰(Malcolm Gladwell)

정답 ③

풀이 ③ 테일러(Astra Taylor)에 대한 설명이다.

(1) Bernard Stiegler

- Bernard Stiegler는 기술, 정보, 미디어와 관련된 사회변동을 깊이 있게 분석한 프랑스의 철학자이다. 그는 디지털기술의 발전에 따른 사회적 변화를 철학적으로 그리고 비판적으로 고찰하는 데 가장 큰 영향을 남긴 학자 중 한 명이다. 자크 데리다의 제자인 그는 1990년대부터 2020년까지 매우 방대한 저작물을 내놓은 것으로도 유명하다. 1994년부터 2001년까지 3권으로 출간된 「기술과 시간」에서 그는 기술이 인류 문명의 탄생부터 핵심에 놓여 있었고 철학이 이를 간과하였음을 밝히는 동시에, 인류의 역사를 철학적으로 고찰하면서 시간성을 고려하고 그에 기초해 인류의 미래를 예상하고자 한다면 기술의 문제를 핵심적으로 고려해야 한다고 주장한다.

- 기술 환경의 철학적 의미와 해석, 그리고 이를 바탕으로 한 문명의 진단과 닥쳐올 미래의 문제에 대한 조명은 이후의 저작들을 관통하는 주제의식이 된다. 현대의 문제들을 바라보는 Stiegler의 해석은 결코 낙관적이거나 낭만적이지 않다. 그만큼 인간의 비참과 고통에 예민한 촉각을 세우고 진단을 내린다. 「상징적 비참」에서 그는 디지털기술이 발전하고 소비주의적인 자본주의사회에서 개인들은 더 이상 창의적으로, 비판적으로, 독립적으로 사고하고 행동하기 힘들고, 기술에 의해 주어지는 것만을 소비 할 수밖에 없는 상태에 놓이게 된다고 주장한다. 이는 마치 물리적으로 프롤레타리아가 자본가에게 종속되고 착취당하는 모습처럼, 상징적 영역에 있어 인간의식이 미디어를 포함한 시장이 제공하는 온갖 상품들에 관심을 빼앗기고 종속된 상태, 체계화된 마비 상태에 놓인 것을 묘사한 것이다.

- 2015년에 출간된 「자동화사회」에서는 알고리즘에 의해 대부분의 의사결정이 자동으로 이뤄지는 '초통제(hyper−control)' 사회에서 사람들의 일과 일상은 어떻게 될 것인지를 논의한다. 여기서 자동화는 단지 인공지능과 기계에 의한 자동화뿐 아니라, 인간, 기계, 세포 등과 같은 유기체가 기본적으로 가지고 있는 속성이며, 자동화사회에서는 그러한 자동화의 범위가 더욱 확장되고 심화된다. Stiegler는 그러한 자동화 체제에서 벗어나는 것, 삶의 미학적 부분을 되찾는 것, 계산적 자본주의(computational capitalism)에 의해 박탈되는 진정성에 기초한 사고의 능력을 갖추는 것, 그리고 생산이나 소비가 아닌 (공동체와 관련된) 참여와 기여가 현대사회의 깊어져 가는 광기에 맞서 인간이 자신을 지킬 수 있는 방법임을 역설한다.

(2) Nick Couldry

- Nick Couldry는 '데이터 식민주의(data colonialism)'로 현대 정보사회의 총체적 흐름을 요약한다. 그는 데이터가 현대의 새로운 석유라는 표현과 달리, 데이터는 자연에서 얻는 것이 아니라 인간의 모든 일상을 데이터로 전환시키고 전유하는 과정에서 만들어지며, 이것이 사회적 차별과 행동에 미치는 영향을 해석하기 위해서는 식민주의의 렌즈를 통해 보는 것이 정확하다고 주장한다. 이는 자본주의가 인간의 삶이라는 새로운 착취의 영역을 개척한 것이고, 삶의 자본화라는 자본주의적 움직임이라는 해석이다.

- Couldry는 또한 이보다 더 근본적인 수준에서, 사람들의 일상과 사회가 어떻게 데이터화, 플랫폼, 소셜 미디어 등을 통해 '심층 미디어화(deep mediatization)'를 거치며 구성되는지를 분석한다. 그는 지난 600년간 기계화, 전기화, 디지털화, 그리고 데이터화라는 거시적 미디어화 과정을 통해 인간의 의미작업과 사회적인 것이 매개되고 만들어지는 역사를 밝힌다. 이러한 해석적 작업에는 브루노 라투르, 루만, 엘리아스 등의 관계론적 시각이 깊게 녹아 있다.

(3) Colin Koopman

- Colin Koopman은 '정보적 인간'의 계보학을 파헤치는 작업을 펼친다. Koopman은 제2차 세계대전 이후부터 정보사회로 진입하기 시작되었다는 통상적 믿음을 반박하고, 인간에 대해 정보적으로 접근하고 이를 수집, 관리하는 작업이 20세기 초반부터 어떻게 이루어졌으며, 그것이 18~19세기에 이루어진 국가 통치도구로서의 통계 수집이나, 푸코가 말하는 생명정치(biopolitics)와 훈육의 과정과 어떻게 다른지를 설명한다. 이는 Koopman이 '정보정치학(infopolitics)'이라고 이름붙인 것으로서, 개인의 정보가 정규 포맷에 맞는 형태로 수집, 처리, 저장되는 역사적 과정에 주목한다.

- 그리고 그 과정에서 개인에 대한 정보, 개인이 가지고 있는 정보가 결코 권력 중립적일 수 없는 것을 고려했을 때, 듀이나 하버마스가 이상으로 삼았던 소통을 통한 민주주의, 소통에 기반한 합리성 개념이 가지고 있는 본연적 한계를 지적한다. 이러한 비판적 서술을 Koopman은 한편으로는 문제를 새롭게 제기하는 계보학적 작업으로서, 다른 한편으로는 문제를 해결하는 프래그머티즘(pragmatism)적 작업으로서 풀어 나간다.

(4) Justin Lewis

Justin Lewis는 미디어와 정보산업이 '소비자자본주의'에 종속되었음을 강조한다. 소비자로서 시민들이 미디어를 소비하는 사회에서는, 사람들의 상상력이 근본적으로 제한되고, 발전과 혁신은 모바일 기기의 성능에 국한되며, 사람들은 소비의 쳇바퀴 위에서 끊임없이 달리면서 진정한 인간의 진보라고 하는 것에 대해 상상할 수 없게 된다는 것이다.

(5) Christian Fuchs

오스트리아의 사회학자 Christian Fuchs는 「디지털 노동과 칼 마르크스」, 「미디어를 점령하라! 자본주의 위기에서의 점령 운동과 소셜 미디어」, 「비판적 미디어학과 정보학의 원천들」 등, 비판이론적 관점에서 미디어와 정보사회의 특징들을 밝히고자 하는 노력이 담긴 작품들을 저술하였다.

1189

학자와 그 저서의 연결이 틀린 것은?

① Bernard Stiegler − Symbolic Misery
② Nick Couldry − The Costs of Connection
③ Colin Koopman − Genealogy as Critique
④ Justin Lewis − Technics and Time

정답 ④

풀이 ① Bernard Stiegler는 기술, 정보, 미디어와 관련된 사회변동을 깊이 있게 분석한 프랑스의 철학자이다. 그는 디지털기술의 발전에 따른 사회적 변화를 철학적으로 그리고 비판적으로 고찰하는 데 가장 큰 영향을 남긴 학자 중 한 명이다. 자크 데리다의 제자인 그는 1990년대부터 2020년까지 매우 방대한 저작물을 내놓은 것으로도 유명하다. 1994년부터 2001년까지 3권으로 출간된 「기술과 시간」에서 그는 기술이 인류 문명의 탄생부터 핵심에 놓여 있었고 철학이 이를 간과하였음을 밝히는 동시에, 인류의 역사를 철학적으로 고찰하면서 시간성을 고려하고 그에 기초해 인류의 미래를 예상하고자 한다면 기술의 문제를 핵심적으로 고려해야 한다고 주장한다. 기술 환경의 철학적 의미와 해석, 그리고 이를 바탕으로 한 문명의 진단과 닥쳐올 미래의 문제에 대한 조명은 이후의 저작들을 관통하는 주제의식이 된다. 현대의 문제들을 바라보는 Stiegler의 해석은 결코 낙관적이거나 낭만적이지 않다. 그만큼 인간의 비참과 고통에 예민한 촉각을 세우고 진단을 내린다. 「상징적 비참」에서 그는 디지털기술이 발전하고 소비주의적인 자본주의사회에서 개인들은 더 이상 창의적으로, 비판적으로, 독립적으로 사고하고 행동하기 힘들고, 기술에 의해 주어지는 것만을 소비 할 수밖에 없는 상태에 놓이게 된다고 주장한다. 이는 마치 물리적으로 프롤레타리아가 자본가에게 종속되고 착취당하는 모습처럼, 상징적 영역에 있어 인간의식이 미디어를 포함한 시장이 제공하는 온갖 상품들에 관심을 빼앗기고 종속된 상태, 체계화된 마비 상태에 놓인 것을 묘사한 것이다. 2015년에 출간된 「자동화사회」에서는 알고리즘에 의해 대부분의 의사결정이 자동으로 이뤄지는 '초통제(hyper−control)' 사회에서 사람들의 일과 일상은 어떻게 될 것인지를 논의한다. 여기서 자동화는 단지 인공지능과 기계에 의한 자동화뿐 아니라, 인간, 기계, 세포 등과 같은 유기체가 기본적으로 가지고 있는 속성이며, 자동화사회에서는 그러한 자동화의 범위가 더욱 확장되고 심화된다. Stiegler는 그러한 자동화 체제에서 벗어나는 것, 삶의 미학적 부분을 되찾는 것, 계산적 자본주의(computational capitalism)에 의해 박탈되는 진정성 에 기초한 사고의 능력을 갖추는 것, 그리고 생산이나 소비가 아닌 (공동체와관련된) 참여와 기여가 현대사회의 깊어져 가는 광기에 맞서 인간이 자신을 지킬 수 있는 방법임을 역설한다.

② Nick Couldry는 '데이터 식민주의(data colonialism)'로 현대 정보사회의 총체적 흐름을 요약한다. 그는 데이터가 현대의 새로운 석유라는 표현과 달리, 데이터는 자연에서 얻는 것이 아니라 인간의 모든 일상을 데이터로 전환시키고 전유하는 과정에서 만들어지며, 이것이 사회적 차별과 행동에 미치는 영향을 해석하기 위해서는 식민주의의 렌즈를 통해 보는 것이 정확하다고 주장한다. 이는 자본주의가 인간의 삶이라는 새로운 착취의 영역을 개척한 것이고, 삶의 자본화라는 자본주의적 움직임이라는 해석이다. Couldry는 또한 이보다 더 근본적인 수준에서, 사람들의 일상과 사회가 어떻게 데이터화, 플랫폼, 소셜 미디어 등을 통해 '심층 미디어화(deep mediatization)'를 거치며 구성되는지를 분석한다. 그는 지난 600년간 기계화, 전기화, 디지털화, 그리고 데이터화라는 거시적 미디어화 과정을 통해 인간의 의미작업과 사회적인 것이 매개되고 만들어지는 역사를 밝힌다. 이러한 해석적 작업에는 브루노 라투르, 루만, 엘리아스 등의 관계론적 시각이 깊게 녹아 있다.

③ Colin Koopman은 '정보적 인간'의 계보학을 파헤치는 작업을 펼친다. Koopman은 제2차 세계대전 이후부터 정보사회로 진입하기 시작되었다는 통상적 믿음을 반박하고, 인간에 대해 정보적으로 접근하고 이를 수집, 관리하는 작업이 20세기 초반부터 어떻게 이루어졌으며, 그것이 18~19세기에 이루어진 국가 통치도구로서의 통계 수집이나, 푸코가 말하는 생명정치(biopolitics)와 훈육의 과정과 어떻게 다른지를 설명한다. 이는 Koopman이 '정보정치학(infopolitics)'이라고 이름붙인 것으로서, 개인의 정보가 정규 포맷에 맞는 형태로 수집, 처리, 저장되는 역사적 과정에 주목한다. 그리고 그 과정에서 개인에 대한 정보, 개인이 가지고 있는 정보가 결코 권력 중립적일 수 없는 것을 고려했을 때, 듀이나 하버마스가 이상으로 삼았던 소통을 통한 민주주의, 소통에 기반한 합리성 개념이 가지고 있는 본연적 한계를 지적한다. 이러한 비판적 서술을 Koopman은 한편으로는 문제를 새롭게 제기하는 계보학적 작업으로서, 다른 한편으로는 문제를 해결하는 프래그머티즘(pragmatism)적 작업으로서 풀어 나간다.

④ Technics and Time(기술과 시간)은 Bernard Stiegler의 저서이다. Justin Lewis의 대표적 저서로는 Beyond Consumer Capitalism(소비 자본주의를 넘어서)이 있다. Justin Lewis는 미디어와 정보산업이 '소비자본주의'에 종속되었음을 강조한다. 소비자로서 시민들이 미디어를 소비하는 사회에서는, 사람들의 상상력이 근본적으로 제한되고, 발전과 혁신은 모바일 기기의 성능에 국한되며, 사람들은 소비의 쳇바퀴 위에서 끊임없이 달리면서 진정한 인간의 진보라고 하는 것에 대해 상상할 수 없게 된다는 것이다.

1190

Bernard Stiegler의 입장으로 볼 수 없는 것은?

① 기술은 인류 문명의 탄생부터 핵심에 놓여 있었고 철학이 이를 간과하였다.

② 소비주의적인 자본주의사회에서 개인들은 기술에 의해 주어지는 것만을 소비할 수밖에 없는 상태에 놓이게 된다.

③ 상징적 영역에서 인간의식은 미디어에 종속된 상태, 체계화된 마비 상태에 놓이게 된다.

④ 인공지능과 기계 등 자동화를 기본 속성으로 하는 범위가 확장되고 심화되어 인간, 세포 등 자동화를 속성으로 하지 않는 영역들이 착취되고 파괴된다.

정답 ④

풀이 ④ 자동화는 단지 인공지능과 기계에 의한 자동화뿐 아니라, 인간, 기계, 세포 등과 같은 유기체가 기본적으로 가지고 있는 속성이며, 자동화사회에서는 그러한 자동화의 범위가 더욱 확장되고 심화된다.

1191

다음의 내용을 주장한 연구자의 이름으로 옳은 것은?

디지털기술이 발전하고 소비주의적인 자본주의사회에서 개인들은 더 이상 창의적으로, 비판적으로, 독립적으로 사고하고 행동하기 힘들고, 기술에 의해 주어지는 것만을 소비할 수밖에 없는 상태에 놓이게 된다. 이는 마치 물리적으로 프롤레타리아가 자본가에게 종속되고 착취당하는 모습처럼, 상징적 영역에 있어 인간의식이 미디어를 포함한 시장이 제공하는 온갖 상품들에 관심을 빼앗기고 종속된 상태, 체계화된 마비 상태에 놓인 것이다.

① Bernard Stiegler
② Nick Couldry
③ Colin Koopman
④ Christian Fuchs

정답 ①

풀이 Bernard Stiegler가 「상징적 비참」에서 주장한 내용이다.

1192

다음에서 설명하는 연구자의 이름으로 옳은 것은?

사람들의 일상과 사회가 어떻게 데이터화, 플랫폼, 소셜 미디어 등을 통해 '심층 미디어화(deep mediatization)'를 거치며 구성되는지를 분석하여, 지난 600년간 기계화, 전기화, 디지털화, 그리고 데이터화라는 거시적 미디어화 과정을 통해 인간의 의미작업과 사회적인 것이 매개되고 만들어지는 역사를 밝혔다. 이러한 해석적 작업에는 브루노 라투르, 루만, 엘리아스 등의 관계론적 시각이 깊게 녹아 있다.

① Bernard Stiegler
② Nick Couldry
③ Colin Koopman
④ Christian Fuchs

정답 ②

풀이 Nick Couldry에 대한 설명이다.

1193

다음에서 설명하는 연구자의 이름으로 옳은 것은?

> '정보적 인간'의 계보학을 파헤치는 작업을 통해 제2차 세계대전 이후부터 정보사회로 진입하기 시작되었다는 통상적 믿음을 반박하고, 인간에 대해 정보적으로 접근하고 이를 수집, 관리하는 작업이 20세기 초반부터 어떻게 이루어졌으며, 그것이 18~19세기에 이루어진 국가 통치도구로서의 통계 수집이나, 푸코가 말하는 생명정치(biopolitics)와 훈육의 과정과 어떻게 다른지를 설명한다.

① Bernard Stiegler
② Nick Couldry
③ Colin Koopman
④ Christian Fuchs

정답 ③

풀이 Colin Koopman에 대한 설명이다.

1194

다음에서 설명하는 닉 쿨드리(Nick Couldry)의 개념으로 옳은 것은?

> 개인이 행위를 하거나 다른 개인들, 사회, 환경과 상호작용할 때 기술이나 미디어 조직에 의해 그 방식과 과정이 결정적으로 영향 받음을 의미한다. 특히 미디어 테크놀로지가 대면 상호작용과 일상적 실천, 그리고 사회의 전 영역에 영향을 미치는 것을 묘사하는 용어이다.

① 매개(mediation)
② 체계화(codification)
③ 미디어화(mediatization)
④ 제도화(Institutionalization)

정답 ③

풀이 ③ 미디어화에 대한 설명이다.

1195

콜린 쿠프먼(Colin Koopman)의 입장으로 옳은 것은?

① 제2차 세계대전 이후부터 정보사회로 진입했다.

② 미디어화의 역사를 계보학적 방법으로 연구하였다.

③ 인간에 대한 정보적 접근은 푸코가 말하는 생명정치로부터 시작되었다.

④ 하버마스가 말하는 의사소통의 합리성에 기반한 민주주의의 한계를 지적하였다.

정답 ④

풀이 ①. ③ 쿠프먼은 제2차 세계대전 이후부터 정보사회로 진입하기 시작되었다는 통상적 믿음을 반박하고, 인간에 대해 정보적으로 접근하고 이를 수집, 관리하는 작업이 20세기 초반부터 어떻게 이루어졌으며, 그것이 18~19세기에 이루어진 국가 통치도구로서의 통계 수집이나, 푸코가 말하는 생명정치와 훈육의 과정과 어떻게 다른지를 설명한다.

② 쿨드리가 미디어화의 역사를 살펴보았다면, 콜린 쿠프먼(Colin Koopman)은 '정보적 인간(informational person)'의 계보학을 파헤치는 작업을 펼쳤다.

④ 개인이 가지고 있는 정보가 결코 권력 중립적일 수 없는 것을 고려했을 때, 듀이나 하버마스가 이상으로 삼았던 소통을 통한 민주주의. 소통에 기반한 합리성 개념이 가지고 있는 본연적 한계를 지적한다. 이러한 비판적 서술을 쿠프먼은 한편으로는 문제를 새롭게 제기하는 계보학적 작업으로서, 다른 한편으로는 문제를 해결하는 프래그머티즘적 작업으로서 풀어 나간다.

1196

다음 괄호 안에 들어갈 용어로 가장 적절한 것은?

[2024년 기출]

> 네트워크는 상호 연관된 (ㄱ)의 집합이다. (ㄱ)(이)라는 것은 네트워크의 구체적인 형태에 따라
> 달라진다. 예컨대, 유럽연합을 통치하는 정치 네트워크에서 (ㄱ)(이)란 장관과 유럽 집행위원회의
> 국가집행위원회다. 전 세계 마약 유통 네트워크에서는 코카인 재배자와 양귀지 재배지, 비밀 연구
> 소, 거리의 갱들 등이 (ㄱ)(이)다. 네트워크는 네트워크 내에서 소통할 수 있는 한, 새로운 (ㄱ)
> (를)을 통합하여 무한히 뻗어나갈 수 있는 개방구조다. 이전의 (ㄴ) 흐름이 점차 (ㄷ) 네트워크
> 에 의해 초시간적 공간에서 운영되면서 자본축적이 진행되고 가치 창출이 이루어진다는 특징이 있다.

① (ㄱ) 구조 − (ㄴ) 정보 − (ㄷ) 지식   ② (ㄱ) 결절 − (ㄴ) 정보 − (ㄷ) 지식
③ (ㄱ) 구조 − (ㄴ) 금융 − (ㄷ) 지식   ④ (ㄱ) 결절 − (ㄴ) 금융 − (ㄷ) 정보

정답 ②

풀이 ② 네트워크는 결절의 집합이고 정보의 흐름이 점차 지식네트워크에 의해 초시간적 공간에서 운영된다. 지식네트워크란 지식의 공유를 바탕으로 인식이나 실천을 같이하는 집단들이 구성하는 네트워크라고 할 수 있다. 다이앤 스톤과 사이먼 맥스웰은 지식 네트워크를 "특정 분야를 중심으로 조직된 전문 기관, 학회, 연구 공동체로 구성된 네트워크"라고 정의하였다. 이러한 네트워크에 참여하는 개인과 기관은 공식적인 평가 절차를 거쳐 전문성을 인정받고, 이는 학문적 역량과 연구의 신뢰성을 보증하는 역할을 한다. 지식 네트워크의 주요 목표는 지식을 창출하고 발전시키고, 공유하며 확산하는 것이며, 경우에 따라 정책으로 구체화하여 실제로 적용하기도 한다.

1197

악성 범죄자의 신상 정보를 공개해 사회적 심판을 받도록 할 목적으로 운영하는 웹사이트로서 신상 정보가 공개되는 인물의 범죄 여부를 확인하기 어렵고 확인된다고 하더라도 사적 복수나 집단적 모욕주기라는 문제점을 지닌 용어로 가장 적절한 것은?

[2024년 기출]

① 판옵티콘   ② 디지털 교도소
③ 온라인 모니터   ④ 좌표 찍기

정답 ②

풀이 ② 디지털 교도소에 대한 설명이다.

1198

다음에서 설명하는 개념으로 가장 적절한 것은?

[2024년 기출]

오그번(W. OgBurn)이 물질 및 기술적인 문화와 비(非) 물질적인 문화 사이의 변화 속도의 차이를 강조하기 위해 사용한 개념이다.

① 기술혁신　　　　　　　　　　　② 기술지체

③ 문화혁신　　　　　　　　　　　④ 문화지체

정답 ④

풀이 ④ 문화지체에 대한 설명이다.

1199

다음 설명 중 틀린 것은?

[2023년 기출]

① 랜더링 기술이란 표시 장치에 보여지는 몰입 콘텐츠를 고해상도 및 고화질로 구현하는 데 필요한 하드웨어 및 소프트웨어 기술을 의미한다.

② 딥러닝이란 여러 층을 가진 인공신경망을 사용하여 머신러닝 학습을 수행하는 것으로 심층학습이라고도 부른다.

③ 강화학습이란 어떤 환경에서 정의된 주제가 현재의 상태를 관찰하여 선택할 수 있는 행동들 중에서 가장 최대의 보상을 가져다주는 행동이 무엇인지를 학습하는 방식이다.

④ 블랙 웹이란 일반인들이 접근하는 웹을 토대로 TOR와 같은 특수한 통신 프로토콜을 추가 설치함으로써 이를 설치한 사람들끼리 익명으로 정보를 주고받을 수 있도록 한 웹이다.

정답 ④

풀이 ④ 다크웹(dark web)에 대한 설명이다.

1200

다크웹에 대한 설명으로 틀린 것은?

① 다크웹은 일반적인 웹 브라우저나 검색 엔진으로는 접근할 수 없는 인터넷의 숨겨진 부분이다.

② 암호화된 네트워크를 통해 운영되며, 사용자의 익명성을 보호하도록 설계되었다.

③ 다크웹에 접근하려면 토르(Tor)나 야시(Yacy)와 같은 특수 소프트웨어가 필요하다.

④ 토르(Tor)는 어니언 라우터(The Onion Router)'의 약어로 공개 열쇠 암호화 방식과 메시지의 연쇄적 전달 경로를 통해 통신의 완전한 익명화를 추구한다.

> **정답** ③
>
> **풀이** 야시(YaCy)는 다크웹 사용에 필요한 소프트웨어라고 할 수 없다. 야시(YaCy)는 분산 검색 엔진으로, 사용자들이 직접 참여하여 웹 페이지를 색인화하고 검색 결과를 제공하는 방식으로 작동하기 때문에 상업적 검색 엔진과 포털에 의존하지 않고서도 인터넷의 모든 정보와 콘텐츠를 자유롭게 생산하고 소비할 수 있다.

1201

토르(Tor)에 대한 설명으로 틀린 것은?

① 익명성 네트워크이다.

② 사용자의 인터넷 트래픽을 암호화하고 라우팅한다.

③ 정부나 기업에 의해 차단된 웹사이트에 액세스할 수 있다.

④ 분산 검색 엔진으로 상업적 검색 엔진과 포털에 의존하지 않고 인터넷을 사용할 수 있다.

> **정답** ④
>
> **풀이** 야시(YaCy)에 대한 설명이다.

1202

컴퓨터, 게임 등 어느 한 분야에 지나치게 몰입하는 중독된 세대(chemical generation)를 일컫는 말로 사용되기 시작한 C세대에 대한 설명으로 틀린 것은?   [2022년 기출]

① 컴퓨터 세대, 또는 사이버 세대라는 의미도 가진다.

② 소유욕을 근거로 하는 것이 아니라 가벼운 소비를 중시한다.

③ 각종 디지털 기기를 통해 스스로 콘텐츠를 직접 생산한다.

④ 블로그 등 온라인 후기보다 전문가의 의견에 따라 소비한다.

1203

C세대의 의미 변화를 시간 순으로 옳게 나열한 것은?

① 중독된 세대 – 콘텐츠 세대 – 컴퓨터 세대
② 중독된 세대 – 컴퓨터 세대 – 콘텐츠 세대
③ 컴퓨터 세대 – 중독된 세대 – 콘텐츠 세대
④ 콘텐츠 세대 – 중독된 세대 – 컴퓨터 세대

♀ 핵심정리   MZ세대

(1) 의의

　　MZ세대는 1979년부터 1995년생까지를 일컫는 밀레니얼(Millennial)세대와 1996년생부터 2010년생까지를 뜻하는 Z세대를 합친 말이다. 2019년 통계청 인구총조사에 따르면 국내 인구의 약 34% 정도를 차지한다. MZ세대는 기업 또는 조직의 캠페인에 있어 핵심적인 의사결정을 하는 중요한 세대로 분류돼 이들에 대한 다양한 분석이 이뤄지고 있다.

(2) 특징

　　① 특정 이슈에 대한 평가 및 태도 형성에 있어 자신만의 기준이 분명하게 설정돼 그 기준에 맞춰 움직이는 경향이 강하다는 것을 알 수 있다.

　　② 특정한 취향을 중심으로 가치관이 형성돼 있고, 소신을 자연스럽고도 거리낌 없이 이야기하는 스피커로서의 특성이 강하게 나타난다.

③ 특정 이슈에 관해 검색결과보다 신뢰할 수 있는 사람을 따르는 경향이 강하다. 마지막으로, 현실과 같은 생생한 감각에 끌려 하는 경향이 있어 '실감 세대'라고 일컬어지기도 한다.

(3) 기존 세대와의 차이점

① MZ세대가 행복감을 느끼고 미래를 가꿔 가는 삶의 방식은 기성세대와 학교가 가르쳐 준 가치관을 따르지 않는다. 저출산으로 인해 1인 자녀 환경에서 태어난 데다가 글로벌 문화를 쉽게 경험하고 교류하면서도, 자기 문화에 대한 감수성과 자부심을 가질 수 있는 환경에서 성장한 지금의 MZ세대는 과거세대보다 훨씬 더 온전한 나로서의 정체성을 확고히 한다.

② 특히 사회의 한 축을 구성하는 젊은 세대는 네트워크화된 공간에서 자신의 삶과 정체성을 공개하며, 물리적·시간적 공간의 제약을 받지 않고 활발히 활동하고 있다. 이들은 남들이 볼 때 극히 평범해 보일 수 있는 소소한 보통 정서와 다소 무의미해 보이는 것들도 자신이 좋아하고 관심이 있는 것이라며 떳떳하게 밝히는, '나' 스스로에게 가장 솔직할 수 있는 단단하고 건강한 자존감을 가진 세대라 할 수 있다. 또한 커뮤니케이션을 위한 채널의 선택에 있어 새로움을 추구한다. SNS 등을 중심으로 뉴미디어에 대한 관심도 높고, 적응력과 활용도가 높다.

1204

MZ세대에 대한 설명으로 틀린 것은?　　　　　　　　　　　　　　　　　[2023년 기출]

① 1980년대 초·중반부터 1990년대 중반에 출생한 밀레니얼 세대와 그 이후부터 2010년까지 태어난 Z세대로 일컫는 세대들을 통칭하는 용어이다.

② 특정 이슈에 대한 평가와 태도 형성에 있어 자신만의 기준이 분명하게 설정되어 그 기준에 맞춰 움직이는 경향이 강하다.

③ 특정 이슈에 대해 신뢰할 수 있는 사람보다 검색 결과를 따르는 경향이 강하고, 오감을 만족시키는 현실 같은 감각에 끌리는 실감 세대이다.

④ 태어나고 자라는 시점에서 이미 인터넷과 컴퓨터에 익숙하고 모바일 디바이스 등의 사용이 자유로운 디지털 원주민의 특성을 가지고 있다.

정답 ③

풀이 ③ 특정 이슈에 관해 검색결과보다 신뢰할 수 있는 사람을 따르는 경향이 강하다.

1205

다음 각각의 세대에 대한 설명으로 틀린 것은?

① X세대는 우리나라 최초로 20대에 PC통신을 접하고 인터넷 문화를 형성하기 시작한 세대이다.

② 밀레니얼 세대는 1980년대 초반~2000년대 초반 출생한 세대를 가리키는 말로, 「세대들, 미국 미래의 역사(Generations : The History of America's Future)」에서 처음 언급되었다.

③ 밀레니얼 세대는 X세대 다음 세대라고 해서 Y세대로 불리거나 컴퓨터 등 정보기술(IT)에 친숙하다는 이유로 테크세대라고도 불린다.

④ Z세대는 태어날 때부터 디지털 기기를 활용하며 디지털 영향권 내에서 성장하여 모바일과 SNS를 통한 네트워크 확장에 적극적인 특성을 보인다는 이유로 디지털 유목민(digital nomade)이라고도 불린다.

정답 ④

풀이 ④ 디지털 유목민(digital nomade)이라고 불리는 세대는 밀레니얼 세대이다. 밀레니얼 세대의 경우 청소년 기부터 PC를 접한 덕분에 각종 IT기술에 능통하며 모바일과 SNS를 통한 네트워크 확장에 적극적인 특성을 보인다. 디지털 유목민(digital nomade)이라 불리기도 하는 이 세대는 인터넷 접속을 통한 디지털 기기 활용의 일상화로 시공간의 제약을 받지 않고 온라인과 오프라인 공간을 자유로이 이동하며 생활하고, 특히 취향 소비를 중심으로 한 온라인 문화 형성에 앞장서고 있다. 반면에 태어날 때부터 디지털 기기를 활용하며 디지털 영향권 내에서 성장하였다 하여 디지털 네이티브(digital native) 또는 포노사피엔스(phono sapiens) 등으로 불리는 Z세대는 과거 소수의 방송사만이 제공할 수 있었던 전통 콘텐츠의 수동적 시청자 역할을 넘어, 적극적인 콘텐츠 제작자로까지 나아간다. 이들은 단순한 여가 선용이나 취미 활동을 위해 디지털 기기를 사용할 뿐만 아니라 유튜브, 틱톡, 브이라이브 등을 일상적으로 사용함으로써 동영상 이용의 생활화를 이루고 있다. 아울러 실시간 라이브나 댓글 활용 등을 통한 쌍방향적 소통 방식을 통해 타 세대와는 또 한 번 차별화된 온라인 문화를 형성하고 있다.

1206

화력이나 원자력, 그리고 태양광 및 풍력을 이용한 신재생 에너지 발전 등으로 생산된 전기 에너지를 저장하고 필요할 때 사용할 수 있는 장치로 옳은 것은?

① UPS
② EMS
③ ESS
④ MDMS

정답 ③

풀이 ESS(Energy Storage System)에 대한 설명이다. 참고로 UPS(Uninterruptible Power Supply)는 무정전 전원 공급장치이고 EMS(Energy Management System)는 에너지효율 향상 목표를 설정하고 이를 달성하기 위해 관리체제를 체계적이고 지속적으로 추진하는 전사적 에너지관리 시스템이다. 마지막으로 MDMS(Meter Data Management System)는 스마트미터로부터 수요 측 데이터를 수집 · 분석 후 가치 있는 정보로 변환시켜 전력 소비자와 유틸리티에 유용한 서비스를 제공하는 시스템이다.

1207

인터넷 선물 · 상품 경제에 대한 설명으로 틀린 것은?

① 선물과 상품의 양면성을 지니는 인터넷 경제이다.

② 2000년대 중반 '인터넷 2.0' 혹은 '웹 2.0'이 등장하면서 활성화되었다.

③ 인터넷 이용자들을 인터넷 기업의 기업 가치를 높이거나 인터넷 플랫폼을 이용하는 광고주에게 팔리는 상품이다.

④ 스마이드는 인터넷 이용자들을 생산소비자(생비자) 상품 혹은 생산이용자(생리자) 상품으로 구분하였다.

정답 ④

풀이 인터넷 이용자들을 생비자 상품과 생리자 상품으로 구분한 이론가는 푹스(Fuchs)이다. 푹스는 선물 · 상품 인터넷 경제(the gift commodity internet economy)는 매스미디어 상황에서 댈러스 스마이드(Dallas Smythe)의 수용자 상품(audience commodity)의 현대적 형태를 보여 준다고 주장했다. 스마이드가 말한 '수용자 상품'이란 매스미디어 상황에서 미디어는 자신들의 콘텐츠를 미끼로 해서 독자나 시청자들을 끌어 모으게 되고, 그때 독자와 시청자들은 미디어가 제공하는 콘텐츠와 함께 제공되는 광고에 노출되게 함으로써, 결과적으로는 그들 독자나 시청자는 미디어가 광고주에게 팔아넘기는 상품이 된다는 것이다.

[인터넷 선물 · 상품 경제의 구조]

구분	인터넷 선물 경제	인터넷 상품 경제
핵심기술	공공재로서의 지식과 정보	상품으로서의 지식과 정보
정보 생산과 소유	정보의 집단적(사회적/협동적/역사적) 생산	정보의 사적 전유(배타적 소유)
정보 이용	무료	제한적 유료화
개인	표준화된 서비스	지능형 서비스
경제적 특징	협동적	경쟁적
주요 모델	대안적 생산 모델	전유(배타적 소유) 모델
구체 사례	위키피디아, 리눅스	구글, 페이스북
관련 사회 평가	참된 정보 사회	거짓 정보 사회

인터넷 선물 · 상품 경제	
상품화와 개인화의 변증법	지배 이익에 의한 사회(미디어, 웹 2.0)의 상품화와 식민화 개인화 이데올로기 → 생산소비자 상품화 → 소셜 네트워킹 플랫폼의 확장과 정교화 → 보다 많은 생산소비자 유인 → 개인화 촉진 → 개인화 이데올로기

1208

IC 칩과 무선을 통해 다양한 개체들의 정보를 식별, 관리할 수 있는 비접촉 인식 기술로 옳은 것은?

① NFC(Near Field Communication)

② USN(Ubiqutious Sensor Network)

③ RFID(Radio Frequency Identification)

④ BcN(Broadband convergence Network)

정답 ③

풀이 RFID에 대한 설명이다. NFC(Near Field Communication)는 근거리 무선 통신 기술로, 비접촉 인식 기술과 유사하지만, RFID와 달리 짧은 거리에서만 작동하며, 데이터 전송 속도가 빠르다는 특징이 있다. RFID가 IC 칩과 무선 통신을 사용하여 개체 정보를 식별하는 기술인 반면, NFC는 근거리 무선 통신 기술로서 개체 정보 식별 기능보다는 데이터 전송 및 결제 기능에 초점을 맞추고 있다.

1209

강연결(tightly copied) 분산 시스템으로 볼 수 없는 것은?

① Data Flow Machine

② Multiprocessor

③ Local Area Network

④ Neural Network Computer

정답 ③

풀이 자료흐름기계(Data Flow Machine)와 멀티프로세서(Multiprocessor) 시스템과 같이 분산된 거리가 짧고 처리기 사이의 상호 작용이 많은 분산 시스템을 강연결(tightly copied) 분산 시스템이라고 부른다. 강연결 분산 시스템의 예로 대표적인 것은 신경망 컴퓨터(neural network computer 또는 neuro-computer)로서, 인간의 시신경을 모델로 개발되어 문자나 기호, 패턴의 인식을 비롯하여 로봇 눈의 기능을 담당하는 데에도 한몫을 하고 있다. 한편, 분산된 거리가 비교 적 길고 처리기 사이의 상호 작용이 비교적 적은 분산 시스템을 약연결(loosely coupled) 분산 시스템 이라고 부른다. 분산 시스템의 관점에서 볼 때 컴퓨터 통신망은 약연결 분산 시스템이 되며, 여기에는 소규모 컴퓨터 통신망인 LAN(Local Area Network), 중규모인 MAN(Metropolitan Area Network), 대규모인 WAN(Wide Area Network) 등이 있다.

1210

다음에서 설명하고 있는 기술로 옳은 것은?

기존의 전력망에 정보통신 기술을 접목하여, 전력망을 지능화·고도화함으로써 고품질의 전력서비스를 제공하고 에너지 이용효율을 극대화하는 전력망을 말한다. 에너지효율 향상에 의해 에너지 낭비를 절감하고, 신재생에너지에 바탕을 둔 분산전원의 활성화를 통해 에너지 해외의존도 감소 및 기존의 발전설비에 들어가는 화석연료 사용 절감을 통한 온실가스 감소효과로 지구온난화도 막을 수 있게 된다.

① EMS   ② MDMS

③ Smart Grid   ④ Smart Transportation

정답 ③

풀이 ① EMS(Energy Management System)는 에너지효율 향상 목표를 설정하고 이를 달성하기 위해 관리체제를 체계적이고 지속적으로 추진하는 전사적 에너지관리 시스템으로 공장, 가정, 국가 전력계통운영시스템 등에서 에너지 사용을 최적화하도록 IT 소프트웨어로 관리한다. 이외에도 첨단 전력망에 대한 사이버공격을 사전에 차단하거나, 즉각 대응할 수 있는 보안시스템이 필요하며 첨단시스템이라 할 수 있는 Smart Grid를 최상의 상태로 운영할 수 있는 인재들도 양성하여 운영되는 부분을 포함하기도 한다.

② MDMS(Meter Data Management System)는 스마트미터로부터 수요 측 데이터를 수집·분석 후 가치 있는 정보로 변환시켜 전력 소비자와 유틸리티에 유용한 서비스를 제공하는 시스템이다.

③ Smart Grid에 대한 설명이다. Grid는 전력망이다. Smart Grid의 주요 구성요소로는 에너지저장시스템(ESS), 지능형 원격검침 인프라(AMI), 에너지관리시스템(EMS), 전기차 및 충전소, 분산전원, 신재생에너지, 양방향 정보통신 기술, 지능형 송·배전시스템 등으로 구성된다. ESS(Energy Storage System)는 전력 인프라를 구성하는 가장 핵심이 되는 기술로, 에너지를 대형 배터리에 저장하여 전력공급 및 수용의 균형을 조절하여 전력 계통을 유연하게 운영할 수 있다. AMI(Advanced Metering Infrastructure)는 스마트미터에서 측정한 데이터를 원격 통신인프라를 통하여 전력 사용 현황을 자동 분석하는 기술로, 이를 통해 소비자에게 실시간 요금 단가와 정보 및 에너지 사용 패턴 등을 분석한 정보제공이 가능하다.

④ Smart Transportation은 차세대 교통수단인 전기자동차의 운행을 위한 충전 인프라를 구축하고 충전소 전력공급 및 충전 요금 부가 등의 부가 서비스를 제공하는 운영 시스템을 구축하는 사업이다. Smart Transportation 사업은 단순히 전기자동차 충전 인프라에만 국한되는 것이 아니라 크게는 전기자동차의 운행 관리와 전기자동차의 배터리 전력을 되파는 사업까지 포함한다.

1211

다음에서 설명하고 있는 기술로 옳은 것은?

태양광, 진동, 열, 풍력 등과 같이 자연적인 에너지원으로부터 발생하는 에너지를 미세하게 수확하여 전기에너지로 변환시켜 저장 또는 사용하는 일련의 기술을 의미하고, 에너지변환 단계에서 적용되는 기술로는 광전, 열전, 압전 그리고 전자기파 변환 기술 등이 있다.

① UPS   ② ESS

③ CAES   ④ Energy Harvesting

① UPS는 Uninterruptible Power Supply의 약어로, 무정전 전원 공급장치라고도 불린다. 데이터 센터나 보안, 연구시설과 같이 정전 시 치명적인 피해가 발생하는 중요 시설에 필수적으로 설치되고 있다.

② ESS는 Energy Storage System의 약어로 에너지 저장 장치이다. ESS는 화력이나 원자력, 그리고 태양광 및 풍력을 이용한 신재생 에너지 발전 등으로 생산된 전기 에너지를 저장하고 필요할 때 사용할 수 있는 장치를 말한다.

③ CAES는 Compressed Air Energy Storage의 약어로, 압축공기 에너지 저장 기술이다. 그러나 최근 유가 상승과 더불어 온실가스 저감이 세계적으로 화두가 되면서 풍력, 태양광 등 신재생에너지 보급이 증가하여 간헐적 출력 특성을 가진 신재생에너지를 효율적으로 활용하기 위한 전력저장의 필요성이 증가하고 있다.

④ 에너지 하베스팅(Energy Harvesting)은 태양광, 진동, 열, 풍력 등과 같이 자연적인 에너지원으로부터 발생하는 에너지를 미세하게 수확하여 전기에너지로 변환시켜 저장 또는 사용하는 일련의 기술을 의미하고, 에너지변환 단계에서 적용되는 에너지 하베스팅 기술로는 광전, 열전, 압전 그리고 전자기파 변환 기술 등이 있다. 초기 에너지 하베스팅은 소자의 집적도 및 크기를 키워 효율을 높이고, 많은 양의 에너지를 생산하는 데 주력하였으나, 최근에는 작고 휴대가 가능하며 유연한 소자를 제조하는 기술들이 개발되고 있어 응용 분야가 다양화될 것으로 전망된다. 특히 무선네트워크나 자동차의 소형 전자장치, 모바일기기 그리고 웨어러블 디바이스 등 저전력기기 중심의 보급이 활발해질 것으로 예상되며, 에너지 하베스팅 기술 보급의 활성화, 탄소 배출 감소의 필요성 증대 그리고 사물인터넷(IoT) 기술의 적용 증가 등이 에너지 하베스팅 기술의 성장을 견인할 것으로 예측되고 있다.

1212

노년층의 삶의 질을 향상시키기 위해 기술을 활용하는 학문 분야로 옳은 것은?

① Senior care
② Gerontechnology
③ AIP(Aging in Place)
④ AAL(Ambient and Assisted Living Programme)

풀이 Gerontechnology에 대한 설명이다.

1213

노인들이 안전하고 편안하게 집에서 생활할 수 있도록 돕는 환경 조성 및 기술 지원 프로그램으로 옳은 것은?

① Senior care
② Gerontechnology
③ AIP(Aging in Place)
④ AAL(Ambient and Assisted Living Programme)

 AAL(Ambient and Assisted Living Programme)에 대한 설명이다.

1214

노인들이 자신의 집에서 최대한 오랫동안 독립적으로 생활할 수 있도록 지원하는 사회 정책 및 서비스 체계로 옳은 것은?

① Senior care
② Gerontechnology
③ AIP(Aging in Place)
④ AAL(Ambient and Assisted Living Programme)

정답 ③

풀이 AIP(Aging in Place)에 대한 설명이다.

1215

다음에서 설명하고 있는 기술로 옳은 것은?

> 실버 세대를 위한 기술, 고령화를 대비한 기술이다. 디지털 헬스, 교통 및 이동에 관련된 기술 등 일상생활 관련 기술의 분야에서 다양한 기술을 선보이고 있다. 코로나19 상황에서 비대면 돌봄 서비스를 위한 기술도 중요해지고 있다. 디지털 헬스, 스마트홈, 자율주행, 로봇 기술, 스마트 시티 등 여러 분야의 관련 기술들이 실버산업에 응용될 수 있다.

① Senior care
② Gerontechnology
③ AIP(Aging in Place)
④ AAL(Ambient and Assisted Living Programme)

정답 ②

풀이 ② 제론테크놀로지(Gerontechnology)에 대한 설명이다. 제론테크놀로지(Gerontechnology)는 노년학(gerontology)과 기술(technology)의 합성어로 고령화를 대비한 기술이다.

1216

다음에서 설명하고 있는 기술로 옳은 것은?

> 저작권이 있는 콘텐츠에 개인 고유의 정보를 삽입하는 것으로 디지털 콘텐츠의 불법 유통을 막고
> 이를 식별하기 위한 기술이며, 저작권자나 판매자의 정보가 아니라 구매자의 정보를 삽입함으로써,
> 이후 발생하게 될 콘텐츠 불법 유통을 추적하는 데 활용된다.

① Data Loss Prevention

② Digital fingerprinting

③ Digital Rights Management

④ Digital Restrictions Management

정답 ②

풀이 ② 디지털 지문(Digital fingerprinting)에 대한 설명이다. 사람의 개인적 특징인 지문처럼 저작권이 있는 콘텐츠에 개인 고유의 정보를 삽입하는 것으로 디지털 워터마킹과 비슷하다. 디지털 콘텐츠의 불법 유통을 막고 이를 식별하기 위한 기술이며, 저작권자나 판매자의 정보가 아니라 구매자의 정보를 삽입함으로써, 이후 발생하게 될 콘텐츠 불법 유통을 추적하는 데 활용된다.

1217

사람들이 인터넷을 사용하면서 웹상에 남겨 놓는 다양한 디지털 기록을 일컫는 말로 옳은 것은?

① digital forensics

② digital footprint

③ digital fingerprinting

④ digital watermarking

정답 ②

풀이 ② digital footprint에 대한 설명이다.

③ 디지털 콘텐츠를 구매할 때 구매자의 정보를 삽입하여 불법 배포 발견 시 최초의 배포자를 추적할 수 있게 하는 기술이다. 판매되는 콘텐츠마다 구매자의 정보가 들어 있으므로 불법적으로 재배포된 콘텐츠 내에서 핑거프린팅된 정보를 추출하여 구매자를 식별하고, 법적인 조치를 가할 수 있게 된다. 유사한 기술인 워터마킹(watermarking)은 저작권자 또는 판매자의 정보를 인간의 의식 체계 또는 감지 능력으로는 검출할 수 없는 방식으로 콘텐츠에 숨겨 놓는 기술로서 삽입되는 정보가 모든 콘텐츠에 동일하다는 점에서 핑거프린팅과 구분된다.

1218

디지털 콘텐츠를 구매할 때 구매자의 정보를 삽입하여 불법 배포 발견 시 최초의 배포자를 추적할 수 있게 하는 기술로 옳은 것은?

① digital forensics
② digital footprint
③ digital fingerprinting
④ digital watermarking

정답 ③

풀이 ② 사람들이 인터넷을 사용하면서 웹상에 남겨 놓는 다양한 디지털 기록이다.

③ 디지털 콘텐츠를 구매할 때 구매자의 정보를 삽입하여 불법 배포 발견 시 최초의 배포자를 추적할 수 있게 하는 기술이다. 판매되는 콘텐츠마다 구매자의 정보가 들어 있으므로 불법적으로 재배포된 콘텐츠 내에서 핑거프린팅된 정보를 추출하여 구매자를 식별하고, 법적인 조치를 가할 수 있게 된다. 유사한 기술인 워터마킹(watermarking)은 저작권자 또는 판매자의 정보를 인간의 의식 체계 또는 감지 능력으로는 검출할 수 없는 방식으로 콘텐츠에 숨겨 놓는 기술로서 삽입되는 정보가 모든 콘텐츠에 동일하다는 점에서 핑거프린팅과 구분된다.

1219

IP 주소, 운영 체제, 브라우저 정보, 쿠키, 스크립트 등을 포함한 특정 장치나 사용자를 식별하는 데 사용되는 고유한 정보 조합으로 옳은 것은?

① digital Shadow
② digital footprint
③ digital fingerprinting
④ digital watermarking

정답 ③

풀이 digital fingerprinting에 대한 설명이다.

1220

개인의 온라인 활동과 관련된 정보를 수집하고 분석하여 개인의 프로필을 만드는 기술로 옳은 것은?

① digital Shadow
② digital footprint
③ digital fingerprinting
④ digital watermarking

정답 ①

풀이 digital Shadow에 대한 설명이다.

1221

저작권 보호, 위조 방지, 추적 등 다양한 목적으로 디지털 콘텐츠에 삽입된 숨겨진 정보로 옳은 것은?

① digital Shadow   ② digital footprint

③ digital fingerprinting   ④ digital watermarking

정답 ④

풀이 digital watermarking에 대한 설명이다.

1222

다음에서 설명하는 온라인 교육 플랫폼으로 옳은 것은?

> 스탠포드 대학교의 컴퓨터 공학 교수 앤드류 응(Andrew Ng)과 대프니 콜러(Daphne Koller)가 비싼 등록금을 내지 못하거나, 교육의 기회를 가질 수 없는 사람들을 위하여 자유로운 온라인 강의 사이트를 설립하였다. 이들 강의에는 다양한 여러 대학교들의 교수들이 참여하고 있다.

① 무크(mooc)   ② 에드엑스(edEX)

③ 코세라(Coursera)   ④ 유다시티(Udacity)

정답 ①

풀이 코세라(Coursera)에 대한 설명이다.

1223

다음에서 설명하는 온라인 교육 플랫폼으로 옳은 것은?

> 스탠포드 대학 출신의 3명의 공동 설립자-세바스찬 스런(Sebastian Thrun), 데이비드 스테븐스(David Stavens), 마이크 소콜스키(Mike Sokolsky)-가 설립하였다. 처음부터 유료강의를 적극적으로 제작했으며, 온라인 스튜디오를 구비하고 온라인만을 위한 강의를 별도로 제작한다. 대학이 아닌 기업들과 파트너를 맺어 대학의 강의를 제공하는 것이 아니라, 실리콘밸리의 IT 기업의 실무 전문가들이 강의를 제공한다.

① 무크(mooc)   ② 에드엑스(edEX)

③ 코세라(Coursera)   ④ 유다시티(Udacity)

1224

다음에서 설명하는 온라인 교육 플랫폼으로 옳은 것은?

2008년 캐나다에서 시작된 온라인 교육 플랫폼으로 대규모 공개 온라인 강좌를 제공한다. 인터넷이 되는 곳이면 국가나 지역에 상관없이 언제 어디서나 들을 수 있는데, 교수와 학생 간, 학생과 학생 간의 온라인 커뮤니케이션이 가능해 온라인상의 협력적 과제 수행이나 상호 평가가 가능하며 수강생들끼리 그룹을 구성해 공부할 수도 있다.

① 무크(mooc)   ② 에드엑스(edEX)
③ 코세라(Coursera)   ④ 유다시티(Udacity)

1225

다음에서 설명하고 있는 개념으로 옳은 것은?

인터넷을 활용한 대규모 공개 온라인 강좌이다. 인터넷이 되는 곳이면 국가나 지역에 상관없이 언제 어디서나 들을 수 있다. 교수와 학생 간, 학생과 학생 간의 온라인 커뮤니케이션이 가능하여 온라인 상의 협력적 과제 수행이나 상호 평가가 가능하며 수강생들끼리 그룹을 구성해 공부할 수도 있다.

① 무크(mooc)   ② 에드엑스(edEX)
③ 코세라(Coursera)   ④ 유다시티(Udacity)

② 코세라(Coursera)는 스탠포드 대학교의 컴퓨터 공학 교수 앤드류 응(Andrew Ng)과 대프니 콜러 (Daphne Koller)가 비싼 등록금을 내지 못하거나, 교육의 기회를 가질 수 없는 사람들을 위하여 자유로 운 온라인 강의 사이트를 설립하였다. 이들 강의에는 다양한 여러 대학교들의 교수들이 참여하고 있다.

③ 에드엑스(edEX)는 2012년 하버드대학교와 MIT에 의해 공동으로 설립된 비영리단체이다. 단순 교양 강 좌가 아니라 대학 수준의 코스를 제공하고 있다.

④ 유다시티는 스탠포드 대학 출신의 3명의 공동 설립자 - 세바스찬 스런(Sebastian Thrun), 데이비드 스 테븐스(David Stavens), 마이크 소콜스키(Mike Sokolsky) - 가 설립하였다. 2011년 세바스천 스런 교수 의 '인공지능 입문(Introduction Into AI)'이라는 강의를 무료로 온라인에 공개하였는데, 당시 전 세계 195개 나라 16만 명의 학생들이 수강신청을 하고, 2천 여 명에 이르는 자원봉사자들이 직접 나서 각 나라 언어로 번역을 했다. 2012년 유다시티를 설립하였고, 한동안은 코세라와 에드엑스처럼 대학강의를 제공하였다. 다른 점이 있다면, 처음부터 유료강의를 적극적으로 제작했으며, 온라인 스튜디오를 구비 하고 온라인만을 위한 강의를 별도로 제작했다는 점이다. 현재의 유다시티는 코세라, 에덱스와 보다 차 별화되어 운영되고 있다. 대학의 강의를 제공하는 것이 아니라, 실리콘밸리의 IT 기업의 실무 전문가들 이 강의를 제공한다는 점이다. 따라서 대학이 아닌 기업들과 파트너를 맺어 강의를 제작하여 제공한다.

1226

디지털 공간에서 자기만의 표현방식으로 항상 '나'를 중심에 두고 이야기 하는 사람을 나타내는 용어 로 옳은 것은?

① 호모날리지언
② 호모노마드
③ 호모나랜스
④ 호모 모벤스

풀이 ① 호모 날리지언(homo knowledgian)은 미래학자들이 21세기를 좌우할 주역, 신지식인 또는 신인류로 내 세우는 새로운 종류의 인간군이다. 호모 날리지언이 되려면 지식사회와 지식경제를 능동적으로 이끌어 갈 수 있는 지식 마인드, 정보기술 능력과 관찰하고 추론, 통합사고할 수 있는 능력, 전문성과 사회 보 편성을 조화시킬 수 있어야 하며, 세계의 다양한 문화에 대한 안목이 필요하다.

② 호모노마드(homo nomad)는 인터넷과 최첨단 정보통신 기기를 가지고 사무실 없이 새로운 가상 조직 을 만들며 살아가는 인간형이다. 디지털 노마드라고도 한다. 프랑스 사회학자 자크 아탈리는 「21 세기 사전」에서 21세기형 신인류의 모습으로 디지털 유목민을 제시하였다. 정보기술(IT)의 발달로 인류는 한 곳에 정착할 필요가 없어진다고 예견하고 정보와 지식이 중심인 현재 디지털 시대에는 자신의 삶의 질 을 극대화하기 위해 자유로우면서 창조적인 생각을 하는 유목민이 증가하고, 이들이 생산과 소비를 주 도하면서 사회의 주도 세력으로 등장하고 있다고 분석한다.

④ 호모모벤스(Homo Movence)는 라틴어로 사람이라는 뜻의 호모(homo)와 움직인다는 뜻의 모벤스 (movence)의 합성어로 탈공업화사회·정보화사회에서의 새로운 인간의 개념이다. 옛날부터 인간을 정 의하는 말로 표현된 것은 그리스인이 정의한 호모사피엔스(생각하는 사람), 독일의 철학자 M. 셸러가 정의한 호모파베르(만드는 사람), 네덜란드의 문화사가(文化史家) J. 호이징가가 정의한 호모루덴스(노 는 인간) 등이 있다. 그러나 이것만으로는 고도의 정보화사회에 사는 인간을 충분히 파악할 수 없다. 이 격변하는 혼돈 속에서 '움직인다'는 것을 적극적으로 평가하는 새로운 가치를 가진 인간형을 일본의 건 축가 구로카와(黑川紀章)는 호모모벤스라고 해 다음 세대를 담당할 인간의 전형으로 보았다.

1227

다음 정보 사회 관련 용어들에 관한 설명으로 틀린 것은? [2020년 기출]

① 정보리터러시 – 컴퓨터나 인터넷 등을 이용하여 정보를 수집하거나 선택하거나 활용 하는 능력을 말한다.

② 시소러스 – 일반적으로는 분류와 사전의 결합으로 "상위 및 하위개념 사이의 전후 관계를 명확히 하기 위해 공식적으로 조직, 통제된 색인어의 어휘집을 말하지만 컴퓨터 등의 정보 검색(檢索)에서 적확한 정보를 가려내기 위하여 사용되는 검색어의 어휘집을 말하기도 한다.

③ 유니코드 – 전 세계의 모든 문자를 컴퓨터에서 일관되게 표현하고 다룰 수 있도록 설계된 산업 표준으로 문자를 2bit의 숫자로 표현한 것이다.

④ 오픈 API – API(Application Programming Interface, 응용 프로그램 프로그래밍 인터페이스)는 응용 프로그램에서 사용할 수 있도록, 운영 체제나 프로그래밍 언어가 제공하는 기능을 제어할 수 있게 만든 인터페이스를 뜻하고, 오픈 API는 누구나 사용할 수 있도록 공개된 API를 말하며, 개발자에게 사유 응용 소프트웨어나 웹 서비스에 프로그래밍적인 권한을 제공한다.

> **정답** ③
>
> **풀이** ③ 유니코드 – 전 세계의 모든 문자를 컴퓨터에서 일관되게 표현하고 다룰 수 있도록 설계된 산업 표준으로 문자를 16bit(2byte)의 숫자로 표현한 것이다.

1228

컴퓨터의 문자 표현에 대한 설명으로 틀린 것은?

① Baudot 코드는 1874년경 전신업에 종사했던 프랑스 기술자의 이름으로부터 유래되었다.

② ASCII 코드는 8비트 인코딩으로 총256개의 문자를 표현할 수 있다.

③ 유니코드는 전 세계의 모든 문자를 컴퓨터에서 일관되게 표현하고 처리할 수 있도록 설계된 국제 표준이다.

④ 16비트 유니코드는 UCS – 2라고 불리며 0부터 65535까지의 숫자를 사용하여 최대 65,536개의 문자를 표현할 수 있다.

> **정답** ②
>
> **풀이** ASCII 코드는 7비트 인코딩으로, 33개의 출력 불가능한 제어 문자들과 공백을 비롯한 95개의 출력 가능한 문자들로 총128개로 이루어진다.

1229

7비트의 정보와 패리티(parity) 검사를 위한 1비트로 구성된 8비트 코드로 옳은 것은?

① 유니코드
② ASCII 코드
③ Baudot 코드
④ Murray 코드

1230

㉠에 들어갈 말로 가장 적절한 것은?

생활체육의 확산과 더불어 마라톤 등과 같이 운동하는 삶을 공유하는 집단들이 늘어나고 있다. 인터넷 카페 등은 이런 생활체육 동호인들이 교류할 수 있는 장을 엶으로써 '동호인'이라는 정체성을 강화하는 데 기여한다. 최근에는 이같이 오프라인 활동의 보조 수단을 넘어서 온라인 활동 자체가 라이프 스타일을 공유하는 사람들의 핵심적인 장소로 등장하고 있는데, ⎣ ㉠ ⎦이 바로 그러한 것 중 하나이다. 이 공동체의 특색은 비록 온라인으로만 소통하지만 오프라인에서의 물리적인 활동을 공유한다는 것이다.

① Crossfit
② Virtual Community
③ Physical Community
④ The great good place

1231

비즈니스 환경 범위 내에서 분석적 조작 및 데이터 표현을 통해 실용적인 비지니스 결정을 내리는 프로세스로 옳은 것은?

① Big data analytics

② Business Intelligence

③ Executive Infomation System

④ Management Information Systems

 정답 ②

풀이 ② 비즈니스 인텔리전스(Business Intelligence, BI)에 대한 설명이다. BI는 기업에서 데이터를 수집, 정리, 분석하고 활용하여 효율적인 의사결정을 할 수 있는 방법에 대해 연구하는 학문이다. 기업의 비전을 달성하기 위하여 비즈니스의 전략을 효율적이고 효과적으로 지원하여 각 조직의 구성원(종업원, 중간 관리자, 의사결정자 등)에게 적시에 의사결정을 할 수 있도록 지원하는 정보체계라고 정의하기도 한다.

1232

'AI Next'로 명명된 미래 인공지능을 향한 보다 큰 계획의 일환으로 '설명 가능한 인공지능' 프로젝트를 추진하는 기관으로 옳은 것은?

① NSF(National Science Foundation)

② DARPA(Defence Advanced Research Projects Agency)

③ CISE(Computer & Information Science & Engineering)

④ NASA(National Aeronautics and Space Administration)

 정답 ②

풀이 ② DARPA 즉 미국 방위고등연구계획국이 '설명 가능한 인공지능 프로젝트'를 추진하고 있다.

1233

다음에서 설명하는 개념으로 옳은 것은?

두 세계, 즉 물리적(phsysical) 세계와 디지털(digital) 세계의 뒤얽힘을 나타낸다. 이 세계는 "실재와 가상이 혼재하는 혼합현실"이면서, "디지털 플랫폼 기술에 의해 주로 중개된 물질계와 비물질계를 잇는 경계 지대"이다.

① 피지털(phygital)
② 메타버스(Metaverse)
③ 가상현실(virtual reality)
④ 증강현실(augmented reality)

정답 ①

풀이 ① 피지털(phygital)에 대한 설명이다.

1234

디지털 플랫폼 기술에 의해 주로 중개된 물질계와 비물질계를 잇는 경계 지대로 옳은 것은?

① 피지털(phygital)
② 메타버스(Metaverse)
③ 가상현실(virtual reality)
④ 증강현실(augmented reality)

정답 ①

풀이 피지털(phygital)에 대한 설명이다.

1235

피지털 세계에 대한 설명으로 틀린 것은?

① 실재와 가상이 혼재하는 혼합현실이다.
② 플랫폼 논리가 물질계의 질서를 압도한다.
③ 물질계의 논리가 비물질계를 좌우한다.
④ 데이터는 피지털계의 새로운 자원이다.

정답 ③

풀이 ③ 비물질계의 논리가 물질계를 좌우한다.

1236

고령자가 자신의 가정에서 독립적이고, 활동적인 생활을 유지할 수 있도록 지원하는 혁신기술의 연구 개발을 지원하는 EU의 프로그램으로 옳은 것은?

① Aging in Place
② Gerontechology
③ Welfare Technology
④ Ambient assisted living

정답 ④

풀이 ④ Ambient assisted living에 대한 설명이다.

1237

AAL(Ambient assisted living)의 서비스 영역으로 볼 수 없는 것은?

① 예방(Prevention)
② 지역사회 계속 거주(Aging in place)
③ 보상과 지원(Compensation & Support)
④ 독립적 · 능동적 노화(Independent & Active Ageing)

정답 ②

풀이 ② 지역사회 계속 거주(Aging in place)는 AAL과는 다른 개념의 프로젝트이다. AIP는 고령자가 거주하고 있는 집 혹은 지역사회 내에서 사람들과 관계를 맺으며 독립적으로 여생을 보내는 것을 의미한다.

1238

다음에서 설명하는 개념으로 옳은 것은?

사회는 수많은 요소로 구성되어 있으며, 이러한 구성 요소들은 서로 상호작용을 한다. 이때 구성 요소들의 개별적인 특성과는 다른 거시적인 새로운 현상과 질서가 나타나게 된다.

① 진화
② 창발
③ 복잡계
④ 총체성

정답 ②

풀이 ② 창발에 대한 설명이다. 참고로 복잡계 이론은 사회가 점점 더 복잡하고 역동적으로 변화된다는 이론이다.

1239

신경계에 있는 뉴런들 사이의 연결 전체로서 뇌의 지도를 의미하는 말로 옳은 것은?

① neuron
② Synapse
③ Connectome
④ Neural Network

1240

3D 프린터 기술에 대한 설명으로 틀린 것은?

① 1984년에 미국의 찰스 홀(Charles W. Hull)이 설립한 회사 3D 시스템즈에서 발명되었다.
② 연속적인 계층의 물질을 쌓아 올리거나, 하나의 큰 덩어리를 자르는 방식으로 3차원의 물체를 만들어 내는 프린터를 말한다.
③ 요즘 나오는 3D 프린터는 대부분 하나의 큰 덩어리를 조각하듯 깎아서 물체를 만드는 절삭형 프린터이다.
④ 종이에 정보를 인쇄하는 전통적인 프린터와는 다르지만 컴퓨터에서 만들어진 데이터를 현실 세계에 물리적으로 구현하는 방식이 유사하기 때문에 프린터의 범주로 분류한다.

1241

QR코드(Quick Response Code)에 대한 설명으로 틀린 것은?

① 사각형의 가로세로 격자무늬에 다양한 정보를 담고 있는 2차원(매트릭스) 형식의 코드이다.

② 기존 바코드와 마찬가지로 스마트폰만 있으면 소비자들이 직접 상품 정보를 파악할 수 있다.

③ 숫자 최대 7,089자, 문자(ASCII) 최대 4,296자, 이진(8비트) 최대 2,953바이트, 한자 최대 1,817자를 저장할 수 있다.

④ 1994년 일본 덴소웨이브사(社)가 개발하였으며, 덴소웨이브사가 특허권을 행사하지 않겠다고 선언하여 다양한 분야에서 널리 활용되고 있다.

> **정답** ②
>
> **풀이** ② 기존 바코드를 읽을 수 있는 전용단말기는 상품 판매자만 소유할 수 있어 소비자들이 바코드를 이용하여 정보를 파악하는 것이 불가능했지만, QR코드의 경우 스마트폰만 있으면 소비자들이 직접 상품 정보를 파악할 수 있다.

1242

GPU에 대한 설명으로 틀린 것은?

① 3D 그래픽 처리와 같이 막대한 연산이 필요한 작업을 CPU 대신 처리하는 역할을 수행한다.

② 복잡하고 정교하게 설계된 다수의 코어로 구성되는 CPU와 달리 GPU는 상대적으로 단순한 소수의 코어를 보유하고 있다.

③ 일반 컴퓨터에서는 매순간 막대한 그래픽 연산이 요구되지는 않기 때문에 GPU의 연산능력은 낭비되기 쉽다.

④ GPGPU(General Purpose GPU) 기술은 GPU의 연산능력을 그래픽 처리 외의 다른 작업에서도 빌려쓰는 기술이다.

> **정답** ②
>
> **풀이** ② 복잡하고 정교하게 설계된 소수의 코어로 구성되는 CPU와 달리, GPU는 상대적으로 단순하지만 대단히 많은 수의 코어를 보유하고 있다. 3D 그래픽 처리와 같은 작업의 경우 GPU의 많은 코어들이 병렬적으로 작업할 경우 CPU보다 훨씬 빠르게 처리할 수 있다.

1243

일반 컴퓨터에서는 매순간 막대한 그래픽 연산이 요구되지는 않기 때문에 GPU의 연산능력은 낭비되기 쉽다. 이 때문에 GPU의 연산능력을 그래픽 처리 외 다른 작업에서도 빌려 쓰는 기술이 유용할 수 있는데 이러한 기술로 옳은 것은?

① GPGPU
② DirectX
③ OpenCL
④ 이기종 컴퓨팅

정답 ①

풀이 ① GPGPU에 대한 설명이다.

1244

무선태그(RFID) 기술 중 하나로 비접촉식 근거리 무선통신 모듈이며, 10cm 이내의 가까운 거리에서 다양한 무선 데이터를 주고받는 통신 기술로 옳은 것은?

① NIC
② NFC
③ Bridge
④ Bluetooth

정답 ②

풀이 ① 네트워크 인터페이스 카드(NIC)는 컴퓨터와 컴퓨터 또는 컴퓨터와 네트워크를 연결하는 장치로 정보 전송 시 정보가 케이블을 통해 전송될 수 있도록 정보 형태를 변경한다. 이더넷 카드(LAN 카드) 혹은 어댑터라고도 한다.
② NFC(Near Field Communication)에 대한 설명이다. 특히 NFC 중에서도 비접촉식 근접형 통신기술을 스마트카드(Smart Card)라고 한다. 이는 IC 카드라고도 하며, 이 중에서도 완전히 비접촉식으로 작동하는 사례로는 교통카드가 대표적이다.
③ 브리지(Bridge)는 두 개의 근거리 통신망(LAN) 시스템을 이어주는 접속 장치로서 양방향으로 데이터의 전송만 해줄 뿐 프로토콜 변환 등 복잡한 처리는 불가능하다. 네트워크 프로토콜과는 독립적으로 작용하므로 네트워크에 연결된 여러 단말들의 통신 프로토콜을 바꾸지 않고도 네트워크를 확장할 수 있다.
④ 블루투스(Bluetooth)는 휴대폰, 노트북, 이어폰, 헤드폰 등의 모바일 기기를 서로 연결하여 정보를 교환할 수 있게 하는 근거리 무선 기술 표준으로 주로 10미터 안팎의 초단거리에서 사용한다.

1245

통신망을 통해 확보된 위치 정보를 기반으로 교통 안내, 긴급 구난, 물류 정보 등을 제공하는 이동형 정보 활용 서비스로 옳은 것은?

① API
② LBS
③ GPS
④ Telematics

정답 ④

풀이 ④ 텔레매틱스에 대한 설명이다. 참고로 LBS는 위치기반서비스(Location-based service)이고 GPS는 Global Positioning system의 약어로 위성항법시스템 또는 범지구적 위치결정시스템이라고도 한다.

1246

GPS에 대한 설명으로 틀린 것은?

① 전파의 수신에 의한 위치결정 방식이므로 관찰자의 위치를 드러내지 않는다.
② 수신기에 의한 위성전파 수신이 대부분이기 때문에 고도의 기술이 필요하지 않다.
③ 위성 우주 부분(space segment), 제어 부분(control segment), 사용자 부분(user segment)의 3가지로 구성되어 있다.
④ GPS 수신기가 최소 2개 이상의 GPS 위성의 신호를 받아서 수신기에 수신된 신호의 시간차를 측정하여 위성과 수신기 사이의 거리를 구할 수 있다.

정답 ④

풀이 ④ GPS는 GPS 수신기가 최소 3개 이상의 GPS 위성의 신호를 받아서 수신기에 수신된 신호의 시간차를 측정하여 위성과 수신기 사이의 거리를 구할 수 있다. 3개의 위성과의 거리와 각각의 위성의 위치를 알면 삼변측량에서와 같은 방법을 이용하여 수신기의 위치를 계산할 수 있다. 그러나 위성에 장착된 시계와 수신기에 장착된 시계는 일치하지 않아서 오차가 발생할 수 있기 때문에 4개 이상의 위성에서 전파를 수신을 받아야 정확한 위치를 파악할 수 있다.

1247

GPS 오차수준을 획기적으로 줄일 수 있어서 우리나라 전역에 정밀 위치정보를 제공할 수 있는 서비스로 옳은 것은?

① KPS
② KASS
③ KLBS
④ KUAM

정답 ②

풀이 ② 한국형 항공위성시스템(Korea Augmentation Satellite System, KASS)에 대한 설명이다. 2022년 6월 23일 국토교통부는 우리나라 전역에 정밀한 위치정보 서비스를 제공하기 위한 한국형 항공위성서비스(KASS)의 '항공위성 1호기' 발사에 성공했다고 밝혔다. 참고로 LBS는 위치기반서비스(Location-based service)이고 GPS는 Global Positioning system의 약어로 위성항법시스템 또는 범지구적 위치결정시스템이라고도 한다. UAM은 Urban Air Mobility의 약어로 도시항공모빌리티를 의미한다. KPS, KLBS, KUMA는 없는 말이다.

1248

지구 화성 간 통신망을 구축할 목적으로, 기존 위성 통신망 및 수중 광케이블의 단점을 개선하고, 동시에 유선 인터넷과 그에 기반한 무선 통신망의 한계를 극복하기 위해 구상된 신개념 위성 인터넷 사업으로 옳은 것은?

① 인마샛(Inmarsat)
② 스타링크(Stalink)
③ 글로벌 스타(Globalstar)
④ 이리듐 계획(Iridium satellite constellation project)

정답 ②

풀이 ② 스타링크(Stalink)에 대한 설명이다. 우크라이나군이 온라인 통신이 어려운 지역에서 감시 드론과 폭격용 무인 항공기 조종을 위해 스타링크를 적극적으로 활용하고 있는 것으로 알려졌다.

1249

스타링크에 대한 설명으로 틀린 것은?

① 일론 머스크가 설립한 우주기업 스페이스X가 제공하는 위성 인터넷서비스이다.

② 스타링크는 전쟁 전 우크라이나에 서비스를 제공하지 않았지만 위급 환자를 구출하고 민간인 보호를 위해 통신수단이 필요하다는 우크라이나 정부의 요청을 받아들여 서비스를 제공하기도 했다.

③ 스타링크는 정지궤도위성으로 위성이 궤도를 도는 주기와 지구의 자전주기가 같아 항상 같은 자리에 정지하고 있는 것이 되어 통신과 방송 신호를 안정적으로 주고받는 데 유리하다.

④ 스타링크의 소형 군집위성들은 수천 개의 위성이 머리 위를 지속적으로 지나가며 통신 가능한 범위를 벗어나게 되면 차례로 다가오는 위성에게 신호를 '핸드오버'하는 방식으로 연결이 유지된다.

> **정답** ③
>
> **풀이** ③ 기존에 위성통신 서비스를 제공하던 정지궤도위성은 고도 3만 6000km에 위치한다. 정지궤도 위성은 위성이 궤도를 도는 주기와 지구의 자전주기가 같아 지상에서 봤을 때 항상 같은 자리에 정지하고 있는 것처럼 보인다. 통신과 방송 신호를 안정적으로 주고받는 데 유리하다. 스타링크의 소형 군집위성은 고도 약 550km의 지구 저궤도를 돈다. 정지궤도 위성과 달리 수천 개의 위성이 머리 위를 지속적으로 지나간다. 인터넷 연결이 됐던 위성이 통신 가능한 범위를 벗어나게 되면 차례로 다가오는 위성에게 신호를 '핸드오버'하는 방식으로 연결이 유지된다. 이동통신 용어인 핸드오버란 서비스 중인 기지국 영역을 벗어나 인접 기지국으로 이동할 때 통화나 인터넷 연결을 계속 유지하기 위해 인접한 기지국으로 신호를 자동 동조하는 것을 말한다.

1250

Splinternet에 대한 설명으로 틀린 것은?

① 중국이 만리방화벽(Great Firewall)을 세우면서 본격화되었다.

② 최근 우크라이나-러시아 전쟁으로 가속화되고 있다.

③ 세계화가 가속화될수록 더욱 심화될 것으로 예상된다.

④ CNN 방송은 월드와이드웹이 끝날 수 있다고 진단했다.

> **정답** ③
>
> **풀이** ③ Splinternet은 오프라인 세상에서 벌어지는 반세계화 및 지역블록화 추세와 맞물려 있다고 할 수 있다.

1251

무인(無人) 비행기로, 사전적 의미로는 '(벌 등이) 왱왱거리는 소리' 또는 '낮게 웅웅거리는 소리'를 뜻하는 드론은 사람이 접근하기 힘든 곳이나 위험지역 등에 투입되어 정보를 수집하기도 하고, 공격용 무기를 장착하여 지상군 대신 적을 공격하는 공격기의 기능으로 활용되고 있고 최근에는 군사적 역할 외에도 다양한 민간 분야에서 활용되고 있다. 드론의 구조와 관련이 적은 것은? [2022년 기출]

① 리모트 콘트롤 ② 통신링크
③ GPS ④ 아바타

정답 ④

풀이 ④ 아바타는 드론의 구조와 관련된 개념이라고 볼 수 없다.

1252

드론의 기본 구조를 구성하는 요소로 적절하지 않은 것은?

① 카메라 ② GPS 모듈
③ 비행 제어 장치 ④ 송신기 및 수신기

정답 ①

풀이 카메라는 드론의 촬영 기능을 담당하는 부품이지만 드론의 기본 구조를 구성하는 필수 요소는 아니다.

1253

드론(drone)에 대한 설명으로 틀린 것은?

① VR 드론을 통해 인간의 시점으로는 볼 수 없는 각종 풍경을 즐길 수 있다.
② 비행 시 카메라의 흔들림을 최소화하는 핵심 기술로는 드론 기체 내부제어, 즉 FC(Flight Controller)의 제어기술을 들 수 있다.
③ 무인항공기(Unmanned Aerial Vehicle, UAV)를 가리키는 의미로 유인기에 비해 에너지 소비가 적으며 더 장시간 비행할 수 있다.
④ Lidar 센서나 Sonar 센서의 경우 각각 레이저스캔, 초음파를 사용하여 근거리의 장애물을 인식하는 방식으로 근거리의 장애물을 판단하는 데 사용된다.

정답 ②

풀이 ② 드론의 비행 시 카메라의 흔들림을 최소화하기 위해서 짐벌(gymball)이라는 장치를 사용한다. 짐벌은 방송용 카메라, 휴대폰을 이용한 촬영 등 드론에 적용하기 전에 이미 사용되어 온 장치다. 짐벌의 동작원리는 드론의 기울어짐에 따라 짐벌에 장착된 모터가 반대로 움직여 카메라가 흔들리지 않게 하는 원리이다.

1254

다음 개념에 대한 설명으로 틀린 것은?

[2022년 기출]

① 인터넷은 미국 국방부 산하 연구기관들의 컴퓨터와 소프트웨어들을 서로 연결한 알파넷(ARPAnet)이라는 통신망 구축에서 시작되었다.

② 군사 목적으로 구축된 ARPAnet이 본격적으로 가동되면서 기종에 상관없이 정보 교환이 가능하게 되었다.

③ 패킷 스위칭은 컴퓨터들 간의 원활한 통신을 위해 지키기로 약속한 규약이다.

④ 프로토콜은 원래 국가 간 원활한 교류를 위해 만들어진 국가 의정서라는 외교상의 의미를 가진다.

> **정답** ③
>
> **풀이** ③ 프로토콜에 대한 설명이다.

1255

다음 개념들에 대한 설명으로 틀린 것은?

[2022년 기출]

① 세계 최초의 인터넷은 미국 국방부의 고등 연구 계획국의 주도하에 만들어진 ARPAnet인데, 월드와이드웹(www)이 개발되기 이전에는 텍스트 기반으로 검색만 가능하였다.

② 이더넷(ethernet)은 제록스(Xerox)사(社)의 팔로알토연구소에서 개발한 컴퓨터 네트워크 기술로 LAN 제품이 등장하면서 성장하였다.

③ 하이퍼텍스트를 활용하여 주로 다른 종류의 시스템, 특히 인터넷에 연결된 시스템끼리 데이터를 쉽게 주고받을 수 있는 언어는 URL이다.

④ 최상위 국가 도메인은 해당 국가에서 관리하는데, 국가의 도메인 관리 권한은 인터넷주소관리기구의 위임을 받은 것이다.

> **정답** ③
>
> **풀이** ③ 하이퍼텍스트언어는 웹페이지가 어떻게 구조화되어 있는지 브라우저로 하여금 알 수 있도록 하는 마크업 언어이다.

1256

다음 정보 사회 관련 용어들에 관한 설명으로 틀린 것은?

① Divergence는 둘 이상의 가전, 정보, 통신기기를 하나의 기기로 통합하여 부가 기능을 창출하는 것으로 스마트폰이 Divergence의 대표적인 예로 볼 수 있다.

② Digital Archiver는 디지털 정보자원을 장기적으로 보존하기 위한 작업, 아날로그 콘텐츠는 디지털로 변화해 압축해서 저장하고, 디지털 콘텐츠는 체계적으로 분류하여 메타데이터를 만들어 DB화하는 작업이다. 디지털 아카이빙은 늘어나는 정보자원의 효율적인 관리와 이용을 위해 필요한 작업이다.

③ 나이스비트(Jhon Naisbitt)는 Megatrends에서 사회가 첨단 기술사회로 진입할수록 고감도 반응(High-touch reaction)이 일어난다고 하였다.

④ Digital Convergence는 아날로그 기반 시스템과는 달리 디지털 기반 시스템으로 데이터의 전송과 변환이 용이하다.

> **정답** ①
>
> **풀이** ① Digital Convergence에 대한 설명이다. Divergence는 여러 기능들이 모여 있는 컨버전스 트렌드가 갖는 단점을 보완하려는 움직임이다. 한 곳에 모여 있던 기능들이 반대로 흩어지는 '탈융합'이다. 여러 기능을 한데 묶은 Convergence 전자제품을 해체하여 다기능에서 오는 거품을 빼고 본연의 핵심기능에 집중한다. 예를 들어 카메라는 카메라 기능에, 세탁기는 세탁기 기능에 주력함으로써 제품을 단순화하는 대신 값을 내리는 전략이다.
> ④ 컨버전스는 사전적으로는 한 점에의 집중, 집중성 내지는 수렴이라는 정의를 가지고 있으며, 디지털 컨버전스는 디지털(digital)과 컨버전스(convergence)가 결합되어 IT(정보통신)분야의 단위기술들의 융합 또는 수렴을 통하여 등장하는 새로운 제품이나 서비스와 그런 경향을 일컫는 용어로 정의할 수 있다.

1257

정보화 과정에서 파생되고 있는 인간을 표현하는 여러 용어 중 그 설명이 틀린 것은?

① 인류는 호모 크레이트리오(Homo Creatrio)에서 호모 파베르로 변모하고 있다.

② 호환성 생산방식에 따라 호모 사피엔스(Homo Sapiens), 호모 파베르(Homo Faber), 호모 에코노미쿠스(Homo Economicus)로 구분한다.

③ 호모 파베르(Homo Faber)는 도구의 인간을 뜻하는 용어로 인간의 본질을 도구를 사용하고 제작할 줄 아는 존재로 파악하는 인간관으로 베르그송이 처음으로 사용한 용어이다.

④ 호모 텔레포니쿠스(Homo Telephonicus)는 휴대전화를 갖고 도시의 빌딩 숲을 헤매는 21세기의 유목민을 지칭해 만든 신조어다. 휴대전화가 없으면 불안해하거나, 아무 일도 하지 못하는 현대인의 우스꽝스런 모습을 빗댄 말이다.

> **정답** ①
>
> **풀이** ① 인류는 Homo Faber(도구인)에서 Homo Creatrio(창조인)으로 변모하고 있다.

사회학자 조지 리처(George Ritzer)는 베버(M. Weber)의 합리화이론(theory of rationalization)을 현대 미국 사회에 적용하면서, 패스트 푸드점인 맥도널드를 20세기 전반에 걸쳐 진행된 일련의 합리화 과정의 절정을 상징하는 모델로 삼았다. 맥도널드화란 효율성. 예측가능성, 계산가능성, 인간을 통제하는 무인기술의 지배 등을 특징으로 하는 패스트푸드점의 원리가 노동, 교육, 의료, 여가, 정치를 막론하고 사회의 전 부문을 지배해가는 과정을 말한다.

1258
다음의 법 또는 개념들에 대한 설명으로 틀린 것은?

① 미키마우스법 – 미키마우스의 저작권 연한을 베른 협약의 '저작자 사후 50년'에서 '저작자 사후 70년'으로 연장한 법이다.

② 맥도널드화 – 효율성, 예측가능성, 계산가능성, 인간을 통제하는 무인기술의 지배 등을 특징으로 하는 패스트푸드점의 원리가 노동, 교육, 의료, 여가, 정치를 막론하고 사회의 전 부문을 지배해가는 과정을 말한다.

③ 모바일워크 – 종래의 사무실 근무를 벗어나 정보통신기술을 이용해 시간과 장소의 제약 없이 언제 어디서나 효율적으로 업무를 수행하는 근무형태를 이르는 말로서 모바일기기를 이용해 업무를 수행할 수 있는 모바일 오피스, 영상회의 시스템 등을 활용하는 원격근무, 재택근무 등이 포함된다.

④ 플래시몹 – 특정 웹사이트의 접속자가 한꺼번에 폭증하는 현상을 뜻하는 '플래시 크라우드(Flash Crowd)'와 의견이 일치하는 대중을 뜻하는 '스마트몹(Smart Mob)'의 합성어이다.

정답　③

풀이　③ 스마트워크에 대한 설명이다.

1259

다음 정보 사회 관련 용어들에 관한 설명으로 틀린 것은?

① EDVAC은 이전의 ENIAC, EDSAC 컴퓨터와는 달리 10진수가 아닌 이진수로 처리하였고, 최초의 이진수를 사용한 프로그램 내장 컴퓨터이다.

② 인터넷은 동서냉전이 한창이던 1969년 미국국방부고등연구계획국이 핵전쟁에 신속히 대처하기 위해 국방부 산하 연구기관들의 컴퓨터와 소프트웨어들을 서로 연결한 알파넷(ARPAnet)이라는 통신망 구축에서 시작되었다.

③ 1987년 미국국립과학재단망(NSFNET)이 ARPAnet을 대신하여 인터넷 기간망 역할을 담당하면서, 미국 내 모든 대학교의 연구소와 학술단체 그리고 일반 영리법인이 인터넷을 이용할 수 있게 되었다.

④ 월드와이드웹은 팀 버너스리(Tim Beners-Lee)가 1989년 CREN(스위스 제네바에 있는 유럽에너지물리실험실)에 근무하면서 과학자들이 연구한 정보를 쉽게 공유할 목적으로 개발한 소프트웨어 프로토콜이다.

정답 ③

풀이 ③ 미국국립과학재단(NSF)도 1986년부터 TCP/IP를 사용하는 미국국립과학재단망(NSFNET)이라는 새로운 통신망으로 전 미국 내 5개소의 슈퍼컴퓨터 센터를 상호 접속하기 위하여 구축되었는데 1987년 ARPAnet을 대신하여 인터넷 기간망 역할을 담당하면서 인터넷은 본격적으로 자리 잡았고 ARPAnet은 2년 후 막을 내렸다. 이 시기부터 인터넷은 상품 광고 및 상거래 매체로 이용하는 상업적 이용 수요가 증가하였으나 정부 지원으로 운영하는 NSFNET은 그 성격상 이용 목적을 교육 연구용으로 제한하는 방침(Acceptable Use Policy, AUP)을 지켰다.

COVID-19 관련 이슈(Issue)

1260

전세계적으로 특정 전염성 질병이 최악의 수준으로 유행하는 것으로 세계보건기구(WHO) 전염병 경보 단계 중 최고 위험등급을 이르는 말로 옳은 것은?

[2020년 기출]

① 팬데믹

② 에피데믹

③ 엔데믹

④ 라스트마일

정답 ①

풀이 ① 세계 보건 기구에서 정의한 감염병 단계 중 최상위 단계인 6단계이다.
② 특정지역에서 한정적으로 감염이 발생되는 것을 말한다.
③ 한정된 지역에서 주기적으로 발생하는 전염병을 뜻한다.
④ 상품 등이 최종 목적지에 도착하기 전의 마지막 이동 구간을 이르는 말이다.

1261

코로나 이후의 공유경제에 대한 내용으로 틀린 것은?

[2021년 기출]

① 공유경제는 이제 단순한 공유활동 그 자체보다 부가가치를 만들어 내는 공유경제 플랫폼으로 진화할 것이다.

② 5G 인프라와 모바일 인프라가 계속해서 발전하면서 공유경제의 기술장벽은 더욱 사라질 것이다.

③ B2B 위주의 공유경제는 B2C로 확장될 것이다.

④ 과거에는 높은 가격으로 쉽게 구매할 수 없는 자동차와 같은 제품의 공유가 활발해졌다면, 향후에는 값싸고 일상의 물건까지 공유하게 될 것이다.

정답 ③

풀이 ③ B2C(Business to Customer) 위주의 공유경제는 B2B(Business to Business)로 확장될 것이다. 공유주방과 공유사무실을 시작으로 B2B 공유경제는 공유물류, 공유공장 등 비즈니스 전반에 걸쳐 공유가 활발해질 것이다. 우리나라의 마이창고(Mychango), 영국의 스토우거(Stowga), 일본의 오픈로지(Openlogi)가 유휴 물류창고를 공유하고 있다. 아직은 시범단계이나 일부에서는 공장을 공유하는 공유공장 서비스도 등장하고 있다. 대구의 스마트웰니스 규제자유특구에서는 한 개 공장의 3D프린터 등 제조 인프라를 공유해 장비구매 비용을 절감하고 있다. 중국에서는 스마트 공장과 친환경 제조와 함께 공유공장 생태계를 정책적으로 지원하고 있다.

1262

독일 드레스덴 공과대학이 코로나 19 여파로 온라인 수업을 진행하고 있는 재택학습으로 인한 집중력 약화와 학습 효율 저하 문제를 해결하기 위해 재택학습 커뮤니티로 개설한 것은?

① Abitur

② TU Matrix

③ LERNraum Berlin

④ DigitalPakt Scuhule

 정답 ②

풀이 ② TU Matrix에 대한 설명이다.

찾아보기

1, 2, 3, 5

1차 산업혁명	792
1차 정보	47
2차 산업혁명	792
2차 정보	47
3차 산업혁명	792
3차 정보	47
5G 서비스	901

A~X

A/B 테스트	88
adverse selection	51
Airbnb	448
ANT	139, 791
API	99
APT	655
Axley	228
B2B	675
B2C	675
B2G	675
Backbone Network	365
Bartol	33
Batch	87
Bernard Stiegler	947
BERT(버트)	848
Block Chain	868
Bourdieu	388
Brehm	389
Brooking	33
Bus Topology	362
CAD	681, 913
CALS	680
CAM	681, 913
Christian Fuchs	948
CIM	681, 913
Cleveland	34
CNN	823
CODASYL	80
Coleman	388
Colin Koopman	947
Convolutional Neural Network	823
CRM	83
Daft	33
danger	127
Davis and Olson	34, 40
DDoS	635, 654
DeFi	884
Design Principle	446
Digital Convergence	982
Distributed hash table	532
Distributed Ledger Technology	874
DLP	727
DLT	874
DMA	652
DOI	359
DRM	726
Dropout	830, 832
DSA	653
DT(Digital Transformation)	801
EDI	677

EDSAC	730
EDVAC	731
EMS	961
ENIAC	730
ERP	83, 682, 913
ESG	910
Explosion	246
e-Learning	912
e-거버넌스	578, 582
factor X	784
Fedora	22
Fine-tuning	844
FMS	681, 913
FTP	366
Fukuyama	389
G2C	675
GAN	824
GDPR	644, 645
Generative Adversarial Network	824
Generative Pre-trained Transformer 3	852
GFDL	435, 438
Giddens	121
GNR 혁명	784
GNU 자유 문서 사용 허가서	435
GNU	438
GPL	438
GPT-3	852
Granovetter	388
Harrington	34
Hashtag	69
HCI	742
Hive	85, 86, 87
HTML	61, 62
HTTPS	334
IaaS(infrastructure as a Service)	521
IAHC	341
IANA	341
ICANN	340, 341
IMAP	338
Implosion	246
Interaction	744, 745
Internet Protocol Suite	339
IPsec	339
IPTV	321
Justin Lewis	948
Katz	372
KISA	341
KOSIS	48
Machlup	34
MARC	61
Mark-1	730
markup language	61, 62
Martin	33
Massive MIMO	902
matrix	362
McGarry	40
MES	681, 913
Mesh Topology	362
MODS	61
moral hazard	51
Nahapiet	388
NFT	729

NIC	341	Semantic Web	67
Nick Couldry	947	Shannon and Weaver	33
NSFNET	330	Shannon	33
O2O(Online-To-Offline)	795	Shapiro	372
OA 학술지	443, 444	SMCR 모형	227
OECD 8원칙	697	SMTP	338
Ontology	64, 66	SSD(Solid State Device)	25
OODB	81	Star Topology	362
open access	441, 443	TCP/IP	366
Ostrom	445	TDF	670
OTT	318	Telegram	328
PaaS(Platform as a Service)	521	Teskey	34
parameter	852	TETRA	322
POP3	338	Thompson	34
PURL	359	TLD	342
Putnam	388	TLS	334, 335, 340
Rahn	389	Toffler	34
RDB	80	Transborder Data Flow	670
RDF	63	Tree Topology	362
Recurrent Neural Network	823	TRIPs	722
RFID	889	TRS	322, 323
Ring Topology	362	TU Matrix	986
risk	127, 128	Uber	448
RITE	536	UCC	722
RNN	823	UNIVAC	731
Robinson	34	UPS	344, 961
Root Server	350	URI	359
Roszak	33	USB 저장매체	24
SaaS(Software as a Serviece)	521	User Experience	744
Sahlins	385	User Interface	744, 745
SCM	83, 681, 913	W3C	63

Wag the Dog 860
Web Server 345
Webster 33
Wiener 33
WIPO 신조약 724
WIPO 722
WordNet 847
XML 61, 62

ㄱ

가명정보 701
가상 공동체 381, 382, 383
가상 물리 시스템(Cyber−Physical System)
802
가상네트워크 372
가상현실 302
가족의 비즈니스화 597
감시의 행정적 기능 620
값(Value) 531
강화학습(Reinforcement Learning) 817
개방형 EDI 679
개방형 블록체인(public blockchain) 871
개인정보 보호법 701
개체초월성 756
객체지향형 데이터베이스 81
갠드크랩 663
거래 플랫폼 475
거버넌스 579
거부자 집단(rejectors) 618
거시적 관점 138

검색엔진 350
게이트웨이(Gateway) 367
겸업 금지 504
경계의 모호화 103
경제적 기회격차 611
경직된 선 763
경합성 49
경험재 52
계단 함수 842
계몽주의 216
계산의 중심(번역의 중심) 791
계층형 데이터 모델 80
고용량의 유연화 183
고프먼 288
공간 편향성 매체 243
공간적 관점 101
공감의 시대 453
공개주소(Public address) 878
공공데이터 98
공공영역 188
공동창조형(cocreating) 422
공론장 189
공론장의 구조 변동 189
공명 764
공식 정보 46
공유경제 448, 457
공유의 비극 445
공유형(sharing) 422
공적 정보 46
공정 이용(fair−use) 506, 508
공중 403

공표권 718
과타리 759
관계형 데이터베이스 80, 81
구글세 498
구독경제 457
구성주의 사회운동론 401
구조적 관점 224
구조화 이론 121
국가통계포털 48
국민 배당 513
국제 표준 기구 59
국제인터넷주소관리기구 341
국제인터넷특별위원회 341
군중 403
군집화(Clustering) 816
권터 안더스 277
규칙기반 전문가 시스템 812
균형적 호혜성(balanced reciprocity) 385
그누텔라 533
그루신 296
근본 서버 350
금산분리 504
긍정적 피드백 효과 52
기계론 759
기기 사용 능력 접근 613
기능적 관점 226
기든스 128, 620
기록체계 1800 253
기록체계 1900 253
기본 소득 보장 513
기술격차 611

기술결정론 138
기술적 복제 752
기술적 이미지 264
기술철학 138
기여형(contributing) 422
기호정보 43
길더의 법칙 370
길버트 아라베디언 654

ㄴ

나이스비트(John Naisbitt) 148
남성 생계 부양자 모델 547
내비게이셔널 데이터베이스 80
냅스터 526, 533
네그로폰테 155
네트워크 권력 198
네트워크 기업 588
네트워크 사회운동론 399
네트워크 슬라이싱 902
네트워크 조직 588
네트워크 포렌식 710
네트워크 효과 52
네트워크정보센터 341
네트워크형 데이터베이스 80
네트워크화 103
네트워크화된 권력 198
네트워킹 권력 198
노나카 이쿠지로 108
노동과정 186
노동과정의 유연성 183

노동도구 186
노동력의 아웃소싱 183
노동시간의 유연화 183
노동의 유연성 183
노동의 종말 453
노베르트 볼츠 276
노벡(Noveck) 578
노웨어(know-where) 33
노하우(know-how) 33
뉴 페이지 패트롤(New Page Patrollers) 433
뉴거버넌스 579
뉴로모픽(Neuromorphic) 827
뉴미디어 278
뉴하겐 613
니체 214
닉 보스트롬 766
닐 배드밍턴 767

ㄷ

다각적 바이러스 661
다니엘 벨 162
다이크(Dijk) 613
다중 403
다층인공신경망(multi-layer neural network) 819
단순긍정피드백 372
단순링크 347
단절론 152
담론 404
담론적 기회 구조 404

대중 403
대화형 EDI 679
더블린 코어 56
데이터 3법 700
데이터 스모그 619
데이터 처리 시스템 683
데이터(Data) 14, 32
데이터마이닝 알고리즘 90
데이터마이닝 84
데이터베이스 포렌식 710
데이터베이스 81
데이터의 구성단위 78
도구론 138
도덕적 해이 51
도큐먼트(Document) 14
독립적 영역구조 163
독점 지대 488
동기적 접근 613
동료 생산 460
동일성유지권 718
드로모스(dromos) 272
드로모크라티 271, 272
드로몰로지(Dromology, 질주학) 272
들뢰즈 759
디렉터리 검색엔진 350
디스크 포렌식 710
디웨이브즈(D-Waves) 895
디지털 과의존 286
디지털 그물 922
디지털 뉴딜 909
디지털 서비스법 653

디지털 소외　286
디지털 시민성　409
디지털 시장법　652
디지털 정보격차　605
디지털 제약 관리　726
디지털 지문　964
디지털 콘텐츠 저작권 보호 기술　726
디지털 트윈　921
디지털이다(Being Digital)　155
디지털포렌식　710, 711
딥러닝　809, 828
딥링크　347
딥블루　815
뜨거운 미디어　250

ㄹ

라우터(Router)　367
라우팅(routing)　533
라인골드(Rheingold)　382, 383
라인-스탭 조직　588
라자스펠드　401
라투르　788
럼멜하트(David E. Rumelhart)　819
레비　428
레이 커즈와일　766
레코드(Records)　14
로마협약　723
로버트 보크(Robert Bork)　501
로봇 3원칙　865
로봇 검색엔진　350

로봇세　498
로지 브라이도티　778
루만　116, 128
루빅스 알고리즘　859
리나 칸(Lina Khan)　501, 503
리드의 법칙　370
리서슈머(researsumer)　601
리오타르　222
리처드 파인만(Richard Feynman)　895
리피터(Repeater)　367

ㅁ

마빈 민스키(Marvin Lee Minsky)　808
마스터 부트 레코드 바이러스　661
마이크로코즘　900
마크업 언어　61, 62
말뭉치　848
망중립성　332
매개변수　852
매크로 바이러스　662
매티슨(Mathiesen)　628
머신러닝　809
메타데이터　56
메타버스　312
메트칼프의 법칙　370
모바일 정보격차　605
모바일 포렌식　710
모스버거　611
몰나(Molnar)　615
몸짓　237

몽타주 349
무관자 집단(indifferent) 618
무기력 집단(inadequate) 618
무역관련 지적재산권협정 722
무조건적 기본 소득 513
무크 967
문화(culture) 163
문화적 자본 393
물리적 접근 613
미네르바 스쿨 908
미디어 편향성 239
미래쇼크 159
미셸 칼롱 788
미시적 관점 138
미쟝센느 290
미첼(Mitchell) 618
민주적 격차 611
민주화 923

ㅂ

바놉티콘(ban-opticon) 624
바우만 624
바티모 222
반다나 시바 919
반달리즘 433
반도체 저장매체 24
반독점 전통 501
반전문가주의 431
반정형 데이터 82
반향실 효과(Echo Chamber Effect) 664, 666

발전양식 200
방법지 109
배양효과 이론 405
배제성 49
백도어 654
백스터 806
밴덜프루프(VandalProof) 433
버퍼 오버플로 655
버핏세(Buffet Tax) 498
번역(translation) 139, 790
베넷 399, 409
베른협약(Berne Convention) 723
벡 124
벤야민 746
벤클러(Benkler) 460
변경 불가 692
보급이론 605
보드리야르 218
보장 소득(guaranteed income) 513
보장 임금(wage) 513
보편적 기본 소득 513
보편적 인구 보조금(universal demogrant) 513
볼터 296
봇넷(botnet) 655
부르디외 393
부시 613
부유세(capital tax) 498
부인 불가 692
부정적 호혜성(negative reciprocity) 385
부탕(Boutang) 462

부트 섹터 바이러스   661
분권화   587
분산 네트워크   525
분산원장기술   874
분산해시테이블   532
분포 가설   848
불변의 가동물(immutable mobiles)   791
불연계성   690
불추적성   690
불확정성 원리   897
브레이버만   594
브루노   788
블라우너(Blauner)   594
블랜디드 러닝   911
블록체인   868
비공식 정보   46
비대칭키 암호 시스템   693
비릴리오   268
비언어적 의사소통   232
비언어적 행위   234
비일자성   778
비자발적 고립   286
비정형 데이터   82
비지도학습(Unsupervised Learning)   816
비트코인 지갑   878
비트코인(Bitcoin)   878
비판적 포스트모더니즘   767
비판적 포스트휴먼   765
비허가형 블록체인(permissionless blockchain)   871
비현용 기록   15

빅데이터   82

ㅅ

사고대응 포렌식   710
사교환경   119
사라지는 경사(vanishing gradient)   829, 832, 833
사르노프의 법칙   370
사물인터넷   889
사물지   109
사실지   109
사이버 범죄   634
사이버 테러   635
사이버 테러형 범죄   634
사이버 펑크   307
사이버불링   633
사이보그   772
사적 정보   46
사전학습(Pretraining)   829, 833
사회 배당(social dividend)   513
사회-공장   493
사회구성론   138
사회문제   544
사회자본 강화론   286
사회자본 보완론   286
사회자본 축소론   286
사회적 자본   387, 388
사회적 지지(social support)   289, 290
사회적 환경 구성   119
사회체계이론   116

산업 4.0 795
산업의 정보화 계수 537
산업의 정보화 150
상수시간 532
상징 238
새 문명의 창출 573
샐린스 385
생명자본주의 493
생산수단 186
생성적 적대 신경망 824
서덜랜드 916
서명 알고리즘 693
서명자 인증 692
서버-클라이언트 네트워크 523
서비스 사회 113
서비스형 블록체인(Blockchain as a Service) 872
선형시간 532
성명표시권 718
세계도시 203
세계저작권협약 722
세계지적재산권기구 722
센싱 기술 892, 893
셀프 아카이빙(green OA) 443
셍크 619
소셜 그래프 620
소셜 미디어 278
소유의 종말 452
소프트화 103
솔리디티 885
수공적 복제 752

수량적 유연성 183
수준환경 119
수직적 통합 502, 503
수평화 587
수학적 모형 224, 225
수확 가속의 법칙 783
순환신경망 823
슈람(Schramm) 226
슈만 593
슈퍼 파놉티콘 627
슈퍼비전 809
스누핑 654
스니핑 654
스마트 계약(Smart contract) 885
스마트 공간 922
스마트 사회 807
스마트워크 598
스몰 시스터 632
스테판 헤어브레히터 767
스텐스버리 611
스토리지 26
스푸핑 654
스피넬로 671
시각화(Visualization) 817
시간 편향성 매체 243
시공간의 관례화 123
시공간의 원격화 121
시그모이드 함수 842
시놉티콘 628
시맨틱 웹 67
시몽 노라(Simon Nora) 278

시몽동 755
시뮬라시옹 217
시뮬라크르 217
시민 소득 513
시분할컴퓨팅 364
시빌 공격(sybil attack) 872
시선 237
시소러스 847
시행착오적 탐색 817
신공공관리론 579
신세계정보질서 177
신용정보법 704
신체언어 236
실물네트워크 372
실시간 처리 시스템 683

ㅇ

아글리에타 182
아비투스(Habitus) 395
아웃바운드 링크 352
아이작 아시모프 865
아카이브(Archives) 14
안전피난처 506
안토니 웨팅거(Anthony Oettinger) 278
알랭 밍크(Alain Minc) 278
알파넷 330
암묵지 107
앤여왕법 718
앨런 뉴얼(Allen Newell) 808
앨런 튜링 808

앨빈 토플러 157
약탈적 가격 502, 503
양자얽힘(entanglement) 897
양자중첩(superposition) 896
양자컴퓨터 895
어디서나 운영 924
언더 피팅(under fitting) 833, 844
에드모도(Edmodo) 424
에이커스 915
에지랭크(EdgeRank) 495
엑스플로잇(Exploits) 655
역U자 가설 594
역선택 51
역소득세(negative income tax) 513
역의제 설정 545
역전파 알고리즘 829
연결주의 820
연극이론 288
연속론 152
오버 피팅(over fitting) 833, 844
오프라인 처리 시스템 684
오픈 AI 852
오픈 API 99
오픈 소스 운동 467
오픈 액세스 441
오픈소스 프로젝트 466
온라인 저널리즘 377
온라인 처리 시스템 684
온톨로지 64, 66
온프레미스(On-premise) 520
옹 240

와일드카드 검색	533
왓슨	806
외부링크	352
외화(外化)된 정신	861
원격근무(telework)	596
원격근무	599
원격민주주의론	574
원격현전	308
원소스 멀티유즈	926
월드와이드웹	336
웰먼	132
웹 1.0	354
웹 2.0	354
웹 3.0	354
위성방송	314
위조 불가	692
위키스캐너(Wikiscanner)	433
위키피디아	432
위험	124
위험사회	124
유니코드	969
유비쿼터스 네트워크 사회	135
유비쿼터스 컴퓨팅	305
유연한 선	763
유전 알고리즘	812
유튜브 광고 수익 제한 표시	511
융합화	795
은닉층	819
의도적 관점	227
의무적 시민	409
의무통과점(obligatory passage point)	791
의제 설정 이론	545
의제 파급	545
이니스	243, 246
이더리움(Ethereum)	885
이모티콘	375
이상 탐지(anomaly detection)	817
이식혁명	269
이용 목적에 따른 분류	43
이용 주체에 따른 분류	44
이중도시	203
익명적 관계	548
인간 기계 앙상블	755
인간 몸의 확장	248
인간-기계의 아상블라주	768
인공신경망	812
인공지능	808
인바운드 링크	352
인지자본주의	462
인터넷 EDI	679
인터넷 방송	315
인터넷 실명제	636
인터넷 포렌식	710
인터넷번호할당기관	341
일괄처리 시스템	683
일반 사이버 범죄	634
일반적 호혜성(generalized reciprocity)	385
임금유연성	183
임베디드 링크	347
임플로전(Implosion)	239, 246
입력층	819
잊힐 권리	645

ㅈ

자기 전시주의 288
자기성취환경 119
자기실현적 시민 409
자동화 103
자발적 고립 286
자세 238
자연어 처리(Natural Language Processing) 847
자유·무료 노동 513
잠김 효과 52
장이론(field theory) 395
재매개 295
재사용 불가 692
재화의 유형 49
저작권 718
저작인격권 718
저작인접권 719
저작재산권 718
전문정보 43
전송망 사업자 314
전용 블록체인(private blockchain) 871
전이학습(Transfer Learning) 844
전자 지불 시스템 690
전자상거래 673
전자서명 692
전자정부법 565
전자지갑형 690
전자화폐 690

전환 비용 52
절대 지대 488
접근격차 611
정겨운 장소 384
정동 757
정보 비대칭성 51
정보 사회 운영 원리 103
정보 프로슈머(information prosumer) 601
정보(Information) 14, 28
정보가치의 대립 관계 41
정보격차 605
정보과잉 619
정보도시 203
정보사회 담론 137
정보사회를 바라보는 관점 101
정보설비지표 542
정보양식 256, 257
정보의 산업화 150
정보이용지표 542
정보자본론 176
정보재 52
정보재의 가격결정 55
정보지형론 201
정보추출 포렌식 710
정보통신망법 704
정보화 지수 540
정보화 지표 539
정보화지원지표 542
정서적 감동 757
정서정보 43
정책 의제 설정 544

정체(polity)   163
정치적 기회 구조   404
정형 데이터   82
제1기술   746, 747, 748
제2기술   746
제2차 구술시대   242
제3의 장소   384
제네바음반협약   723
제도 디자인 원리   446
제레미 리프킨   452
제론테크놀로지   963
제어정보   43
제임스 맥클리랜드(James McClelland)   819
제프리 힌튼(Geoffrey Hinton)   809
조기 멈춤(Early stopping)   830
조에(zoe)   778
조절양식   180
조절이론   180
조지 길더   900
조화환경   119
존 로   788
존 매카시(John McCarthy)   808
종합유선방송국   314
주보프(Zuboff)   593
준거의 틀   229
준프라이버시   289
준현용 기록   15
중역정보시스템   592
증강 분석   920
증강현실   302
지도학습(Supervised learning)   816

지식 변화 모형   107
지식격차가설   605
지역화   123
지연보상   817
직·간접 혼합형 민주주의   573
진취적 소수의 결의 원칙   573
진화론   167
질주정   272
집단지성   420

ㅊ

차가운 미디어   250
차별접촉이론   916
차액 지대   488
차원축소(Dimensionality reduction)   817
참여군중   429
체험사회   119
체화된 인지   785
초연결성   795
초자동화   923
초지능화   795
최상위 도메인 네임   342
축적체제   181
출력층   819
침묵의 나선 이론   406

ㅋ

카스텔	195
카운터-반달리즘 유닛(Counter Vandalism Unit)	
	433
캐리 울프	767
캐빈 애시톤(Kevin Ashton)	889
캐서린 해일스	767
캐츠	401
커먼센스미디어	413
커뮤니케이션 모형	226
컴퓨터 바이러스	661
컴퓨터 비전(Computer Vision)	844
컴퓨티케이션(computication)	278
케른	593
케이블 TV	314
코기토	760
코나투스	757
코드	262
코퍼스(corpus)	848
콘텐츠 기반 필터링	857
큐비트(qubit)	896
크리에이티브 커먼즈	439
클라우드 컴퓨팅	518
클라우스 슈바프	795
클로드 섀넌(Claude Elwood Shannon)	808
클린업 태스크포스(Cleanup Taskforce)	433
키(key)	528, 531
키바	806
키틀러	252

ㅌ

탈주선	763
탈중심 네트워크	525
탈포드주의	181
태그 구름	71
태그(tag)	69, 70
테드 넬슨	304
테일러리즘	187
테크노리얼리즘	436
텔레마틱스(telematics)	278
텔레코즘	900
토빈세(Tobin Tax)	498
톨버트	611
통계 기반 기법	848
통합 플랫폼	475
통합환경	119
투자 플랫폼	475
트랜스포머(Transformer)	849
트랜스휴먼	765, 766
트로이 목마	654
트윈슈머(Twinsumer)	601
특성에 따른 분류	42
특징(Feature)	816
팀 버너스리	336

ㅍ

파노플리 효과   217
파라미터   852
파스퀴넬리(Pasquinelli)   488
파워슈트   806
파일 감염 바이러스   661
패러다임   201
패킷   365
팬데믹   985
퍼트넘(Putnam)   285
페이지랭크(PageRank)   495
포드주의   181
포디즘   187
포랫   102
포스터   256, 627
포스트휴먼 담론   765
포용자 집단(embracers)   618
폰 노이만 구조   730
폴라니   107
표정   237
푸코   216
프라이버시   289
프라이버시법   642
프레이밍 링크   347
프로그램 공급자   314
플래시 메모리(flash memory)   24
플래시몹   429
플랫폼 경제   475
플랫폼   472
플레이슈머(playsumer)   601
플루서   262

플리토(Flitto)   424
피싱(Phishing)   656
피크노렙시(picnolepsie)   270
피투피 네트워크   523
필드   79
필수시설(essential facilities)   504
필터 버블   664, 667

ㅎ

하둡   85
하버마스(Habermas)   188, 189
하비(Harvey)   488, 489, 490
하이터치   106
하이테크   106
하이퍼 텍스트 기술 언어   61
하이퍼리얼리티   217
하이퍼매개   296
하이퍼텍스트   349
한국인터넷진흥원   341
한스 모라벡   766
합성곱신경망   823
해시(Hash)   528, 531
해시태그   69
해시테이블   528, 531, 532
해시함수   528, 531
행동인터넷   925
행위자 네트워크 이론   788
허가형 블록체인(permissioned blockchain)   871

허버트 사이먼(Herbert Alexander Simon) 808
허브(Hub) 367
혁신 플랫폼 475
현용 기록 15
협업 필터링 855
형식지 107
호모 날리지언(homo knowledgian) 968
호모 크레이트리오 982
호모필리(homophily principle) 664
호혜성 385
혼합형 피투피 네트워크 525
홉스(Renee Hobbs) 410
확장성 생성 언어 61
확증편향 664
활성화 함수 842
활용 접근 613
후쿠야마 390
훌루(Hulu) 320
흐름의 공간 204